第七冊

冊府元龜

中華書局影印

册府元龜第七册目録

冊府元龜

巡按福建監察御史臣李嗣京　訂正
知長樂縣事　臣　夏允彝　參閱
知建陽縣事　臣　黃國琦　較釋

憲官部

總序

古之王者建邦立制設都鄙官府之治分班爵品職之序創刑典以詰暴慢脩禮範而别等威百職竝分萬邦承式乃設糾督之任以專察舉之事刺檢宄慝枰正違繆然後内外之政允釐姦宄之萌自塞者矣

天官經星太微南蕃中二星閒曰端門西曰執法御史大夫之象所以舉刺不法者也三五之世官簿散逸靡得而詳焉周監二代之制春官之屬有御史掌邦國都鄙及萬民之治令以贊冢宰并掌王之贊書非糾舉之任而天官小宰掌建邦之宫刑以治王宫之政令凡宫之糾禁鄭康成爲漢御史中丞之職又有柱下史老聃嘗爲之戰國有執史執法之官御史掌記事執法若糾彈之任（秦趙澠池之會各命御史書其事淳于髡謂齊王曰執法在傍御史在後卽其事也）秦置御史大夫位上卿掌副丞相有兩丞其一御史丞其一御史中丞在殿中蘭臺掌圖籍秘書外督部刺史領侍御史員十五人受公卿奏事舉劾按章（中丞亦謂之中執法）及有監御史掌監郡漢因秦制（叔孫通定儀有御史執法舉不如儀者是也）武帝時侍御史有繡衣直指出討姦猾治火獄不常置元狩五年置丞相司直掌佐丞相舉不法征和四年置司隸校尉持節中都官徒千二百人捕巫蠱督大姦猾後罷其兵察三輔三河常農亦皆糾察之職（周禮秋官有司隸掌五隸之法罪隸謂四翟之隸也其名與漢同而所職異）元帝初元四年去司隸節成帝元延四年省其官綏和元年更名御史大夫爲大司空比丞相置長史如中丞官職如故（故事選郡守相高第爲之任職者爲丞相）哀帝

初復置司隸無校尉之名屬大司空比司直建平二年復以大司空爲御史大夫其任無改元壽二年復爲大司空而御史中丞常爲憲臺之率（謝靈運晉書載漢御史爲憲臺）又有諸吏爲加官亦得漢遵用西京之制唯諸吏之職無聞焉（更始至長安以隗囂爲御史大夫光武中元元年東巡太山以張純爲御史大夫從封禪）又有治書侍御史二人掌選明法律者爲之凡天下諸讞疑事掌以法律當其是非（蔡質漢儀曰選侍御史高第補之胡廣曰孝宣感路温舒言秋季後諸讞時帝幸宣室齋居而决事令侍御史二人治書御史起於此後因别置與符節郎共平廷尉奏罪當其輕重）又有蘭臺令史掌書劾奏建武中復置司隸校尉領一州（蔡質漢儀曰職任典京師外部諸郡無所不糾）

封侯外戚三公以下無尊卑入宮門中道稱使者每會後到先去之也從事史十二人都官從事主察舉百官犯法者功曹從事主州選署及衆事別駕從事主校尉行部卽奉引錄衆事部曹從事主財穀簿書其有軍事則置兵書從事主兵事及所部京兆尹左馮翊右扶風河南河內河東凡七郡郡各從事一人手督促文書察舉非法假佐二十五人主簿錄閤下事省文書門亭長主州正門功曹書佐主選用孝經師主監試經月令師主時節祠祀律令師主平法律令簿曹書佐主簿書其餘都官書佐及每郡國各有典郡書佐一人各主一郡文書以郡吏補而侍御史二漢所掌凡五曹一曰令曹掌律令二曰印曹掌刻印三曰供曹掌齋祀四曰馬曹掌廐馬五曰乘曹掌護駕獻帝建安十三年罷三公官復置御史大夫以御憲爲之魏文帝黄初二年又以御史大夫爲司空自魏以前御史大夫皆三公之職非專主於風憲而中丞嘗主憲臺彈糾不法令并叙者蓋詳

述御史之職稱也改中丞爲宮正後皆復舊名侍御史八人又置治書執法掌奏刻治書侍御史但掌律令吳亦有御史大夫孫休永安元年命大將軍孫綝領之後又置左右御史大夫五年以廷尉丁密光祿勳孟宗分爲之晉初罷大夫因漢制以中丞爲臺主置治書侍御史員四人泰始四年又置黄沙獄治書侍御史一人掌詔獄及廷尉不當者皆治之秩與中丞同侍御史員九人所掌有十三曹吏曹課第曹直事曹印曹中都督曹外都督曹媒曹符節曹水曹中壘曹營軍曹法曹筭曹又置殿中侍御史四人魏制蘭臺遣二御史居殿中伺察非法卽其始也而司隸校尉之官歷魏不替官屬有功曹都官曹從事諸曹從事部郡從事主簿錄事門下書佐省事記室書佐諸曹書佐守從事武猛從

等員凡吏一百人卒三十二人又有尚書左丞主臺內禁令亦爲彈糾之任漢成帝建始四年初置尚書有四丞後漢光武減其二爲左右丞歷魏至晉不改又有禁防御史魏晉官品有此亦蘭臺之職後省黄沙治書侍御史太康中又省治書侍御史二員江左省殿中侍御史二人侍御史所掌曹有課弟曹置庫曹掌廐牧牛馬市租後分曹置外左庫內左庫又有撿校御史孝武大元中以吳琨爲之亦蘭臺之職司隸校尉自元帝渡江卽罷其官其職卽楊州刺史宋因晉制置御史丞一人掌奏劾不法治書侍御史掌舉劾官品第六以上侍御史十人文帝元嘉中省外左庫而內左庫直云左庫孝武大明中復置前廢帝景和元年又省順帝初省營軍并水曹省以筭曹并法曹吏曹不置御史凡十御史焉而殿中侍御史遂

廢齊氏因之梁國初建又置大夫天監元年復曰中丞置一人掌督司百僚皇太子以下其在宮門行馬內違法者皆糾彈之雖在行馬外而監司不舉亦得奏之自齊梁皆謂中丞爲南司其侍御史員九人復置殿中御史四人掌殿中禁衛內事陳氏因之元魏之盛建號北土置御史中尉乃中丞之職又有置書侍御史殿中侍御史北齊御史臺置中尉一人治書侍御史二人侍御史八人殿中侍御史撿校御史十二錄事四人自梁歷後魏至北齊御史臺或謂之爲南臺後周六官之建改中丞爲司憲中大夫御史臺爲司憲屬秋官府置司憲上士二

人中士人數闕下士八人隋革周制復置御史臺避諱改中丞爲大夫置一人治書侍御史二人侍御史八人殿內侍御史監察御史各十二人錄事二人煬帝大業三年置主簿書二人掌印及受事發辰勾撿稽失漢張忠爲大夫置孫寶爲主簿後無聞焉唐因隋制侍御史殿中侍御史各置四人監察御史置八人貞觀二十二年加殿中監察各二人高宗初避諱改治書侍御史爲御史中丞龍朔二年改御史臺爲憲臺大夫爲大司憲中丞爲司憲大夫咸亨元年復舊光宅元年改置左右肅政臺左臺專在京暨百司及監軍旅右臺案察京

師外文武官僚各置大夫中丞一人侍御史殿中監察各二十人又置肅政臺使六人署同御史尋廢中宗神龍元年改爲左右御史臺睿宗景雲三年廢右臺明皇先天二年復置右臺停諸道按察使其年又置諸道按察使罷右臺初置兩臺每年春秋發使春日風俗秋日廉察以察州縣已後奉勑乃巡每年不出開元之制中丞加一人侍御史置四人主簿一人錄事二人令史十五人書令史二十五人亭長六人掌固十二人殿中侍御史置六人令史八人書令史十人監察御史置十人史三十四人侍御史年深者一人判臺事知公廨雜事等次知西推贓贖三司受事監奏定糾察推理匭殿中侍御史掌殿庭供奉之儀式郊祀巡省撿察彈糾兩京城內分知左右巡監察御史掌分察百寮巡案郡縣糾視刑獄肅整朝儀及監嶺南黔府選補監決囚徒忌齋行香分察尚書六司知大府司農出納監察監議館驛使本司直門頒訟而侍御史六職其三司理匭則與給事中中書舍人更直朝堂受表臺中唯四職推彈廨雜而已又有內供奉裏行裏使推官之名貞觀末置監察御史裏行始太宗令馬周作監察御史裏行遂置此名中丞亦舊有裏行一人武后文明元年置殿中裏行以三員爲定其殿中第一人監倉第二人監庫聖曆中加中丞內供奉一人尋省長安二年始置侍御史內供奉不得過正員之數先天中復增御史中丞內供奉一人開元二十二年三月以中丞爲京畿採訪處置使自是不改乃古司隸之任其後知雜御史多以省官兼之監察裏行及試以七員爲定開元初又置侍御史裏使殿中裏使等官裏行同無員數尋罷建中三年又置推官二人與本推御史同推覆興元元年罷推官以殿中第一同知東推第二同知西推其後遂有四推之名曰臺一推臺二推殿一推殿二推尚書左右丞掌糾舉

憲章御史糾劾不當者兼得彈奏亦憲官之任也東都留司置御史臺中丞侍御史各一人殿中侍御史二人監察御史三人天曆後多以留臺中丞兼東都畿汝觀察處置使元和後但以侍御史殿中侍御史監察御史共主留臺之務而三院御史亦不常備焉五代憲臺之制皆因其舊而員多不備其四推但以御史從上配之晉天福初罷省郎知雜但委年深御史開運二年後以省郎兼之稽夫處風憲之任當繩糾之職秉驄簪豸車服之異等霜簡白筆職業之尤重所以振肅內外提正綱紀故其選任之際必加精擇其有克揚儁望以著乎威稜內蘊剛志允歸乎正直典章之繄墜務於修舉臣工之頗僻行於案劾居官有塞職

之舉事上顯盡忠之節斯皆無忝厥位休有烈光至乃以殘害爲事唯阿曲是圖希媚以合上之旨巧誣以致人之罪以至不稱其服彰於外議罔愼所履蒙於朝譏斯固歸於爲惡自貽乎伊戚其或善行昭著時應寵賞寮寀參佐形於論拔者亦皆類而次之凡憲部十有五門

選任　稱職　威望

選任

夫憲官之職大則佐三公統理之業以宣導風化小則正百官紀綱之事以糾察是非故漢魏以還事任

尤重至於選用必舉賢才乃有負謇諤之稱彰才識之譽得法平允敷奏詳明端愼克成其官政婞直不畏於權幸繼乃執我公憲助茲朝治使豪戚斂手奸邪屏跡允所謂邦之司直者焉爲官擇人於斯爲善矣

漢蓋寬饒爲大中大夫使行風俗多所稱舉貶黜奉使稱意擢爲司隷校尉

諸葛豐爲郡文學名特立剛直貢禹爲御史大夫除豐爲屬舉侍御史元帝擢爲司隷校尉

晉高光字宣茂陳留圉城人魏太尉柔之子也光少習家業明練刑理爲潁川太守時武帝置黃沙獄以典詔囚以光歷世明法用爲黃沙御史秩與中丞同

庾峻爲秘書丞長安有大獄久不決拜峻侍御史往斷之朝野稱允

侯史光爲城門校尉武帝泰始初詔曰光忠亮篤素有居正執義之心歷職内外恪勤在公其以光爲御史中丞雖屈其列校之位亦以伸其司直之才也

陳壽爲長廣太守不就杜預爲鎮南入辭口啓陳壽才史通博宜補黃散也武帝曰壽可作治書否預對曰惟在聖詔即手詔用之

傅咸爲議郎長兼司隷校尉咸前後固辭詞旨懇切惠帝不聽勑使者逼就拜咸後送還印綬公車不通催使稱職

李臣爲石季龍殿中侍御史時豪戚侵恣賄託公行季龍患之擢臣爲御史中丞時親任之自此百寮震懾州郡肅然季龍曰我聞良臣如猛獸高步通衢而豺狼避路信矣哉

宋蕭惠開爲御史中丞孝武與劉秀之詔曰今以蕭惠開爲憲司冀當稱職但一往眼額已自殊有所震

大明八年入爲侍中詔曰惠開前在憲司奉法直繩

不可權威朕甚嘉之可更授御史中丞
梁張綰爲中軍宣城王長史從御史中丞武帝遣其
弟中書舍人綱宣旨爲國之急惟在執憲直繩用人
本不限升降晋宋世周閔蔡郭並以侍中爲之卿勿
疑是左遷也時宣城王府望重故有此旨焉
後魏温子昇文章清婉孝明熙平初中尉東平王康
博召辭人以充御史同時射策者八百餘人子昇與
盧仲宣搴等二十四人爲高第大被引决康使子昇
當之皆受屈而去搴謂人曰朝來麾旗亂轍者皆子
昇逐退遂補御史時年二十臺中彈文皆委焉

北齊崔暹爲吏部郎文襄用暹爲御史中尉宋遊道
爲尚書左丞謂之曰卿一人處南臺一人處北省當
使天下肅然
李廣魏末時中尉崔暹選御史皆是世胄廣獨以才
學兼御史脩國史南臺文奏多其辭也
後周李旭爲黄門侍郎太祖嘗謂旭曰卿祖昔在中
朝爲御史中尉卿操尚貞固理應不墜家風但觚以
中尉彈劾之官愛憎所在故未郎授耳然此職久曠
無以易卿乃奏旭爲御史中尉
唐李素立丁憂高祖令所司奪情授一七品清要官
所司擬雍州司錄參軍高祖曰此官要而不清又擬
秘書郎高祖曰此官清而不要遂擢授侍御史
張行成太宗貞觀初累補殿中侍御史糾劾不避權
戚帝以爲能謂房玄齡曰觀古今用人皆因媒介若
行成者朕自舉之無先容也王志悟爲汴州刺史太
極元年睿宗以志悟有政聲名兼御史中丞
李栖筠爲蘇州刺史大歷六年栖筠自蘇州入覲數
奏詳明不事權貴代宗嘉其忠讜留掌邦憲特出内
制授御史大夫以寵之
穆贊爲刑部郎中因次對德宗嘉其材擢爲御史中

丞
薛存誠爲給事中瓊林庫使奏占工役太廣存誠以
爲此者姦人竄名以避征徭不可許咸陽縣尉袁儋
與軍鎮相競軍人無理遂肆侵誣儋反受罰二勑繼
至存誠皆執之憲宗聞甚悦命中使嘉意之由是擢
拜御史中丞未幾再授給事中數月中丞闕帝思存
誠前効謂宰臣曰持憲無以易存誠遂復爲御史中
丞
丁居晦爲翰林學士文宗於麟德殿召對因面授御
史中丞翼日制下帝謂宰臣曰丁居晦作中丞何如

因悉數大臣而品第之歎曰宋申錫堪任此官惜哉
又曰牛僧孺可爲大夫宰臣鄭覃曰僧孺頃爲中丞
未嘗搏擊恐無風望帝曰不然鸞鳳與鷹隼事異帝
入曰居晦作得此官朕曾以時諺謂杜甫李白輩爲
四絶問居晦居晦曰此非君上要知之事帝以此記
得居晦今所以擢爲中丞
漢逸蔚天福十二年爲御史中丞時高祖幸東京以
將整朝倫務求能者至是有斯命焉

稱職

禮曰其人存則其政舉傳曰守道不如守官故上無

虚授必擇於髦俊下無苟得克效於智能然後官事
允釐王命無曠者矣乃有居憲簡之任當紀綱之重
勤勞于位惕厲在公或獻言以盡規或持法而惟允
或申明事典或糾正邪慝藹然風望動於朝倫斯乃
任能物官使人以器者之謂也
漢薛宣以明習文法成帝初詔補御史中丞是時成
帝初卽位宣爲中丞執法殿中外總部刺史上疏曰
陛下至德仁厚哀閔元元躬有日昃之勞而亡佚豫
之樂（周書無逸之篇稱文王之德日至于日中昃弗皇暇食宣引此言也昃古側字也佚與逸同）
允執聖道刑罰惟中（允信也中行仲切）然而嘉氣尚凝陰陽
不和（凝謂不通也）是臣下未稱而聖化獨不洽者也臣竊
伏思其一端殆吏多苛政政敎煩碎大率咎在部刺
史或不循守條職（刺史所察本有六條今則踰越故事信意擧劾妄爲苛刻也六條解在百官公卿表）擧錯各以其意多與郡縣事（錯置也音千故切與讀曰豫
干也）至開私門聽讒佞以求吏民過失譴呵及細微責
義不量力（言求備於人）郡縣相迫促亦內相刻流至衆庶
是故鄉黨闕於嘉賓之懽九族忘其親親之恩飮食
周急之厚彌衰送往勞來之禮不行（勞郎到切來音郎代切）夫
人道不通則陰陽否鬲（否閉也音皮鄙切鬲與隔同）和氣不興未
必不由此也詩云民之失德乾餱以愆（詩小雅伐木之詩也餱食

也音侯）鄙語曰苛政不親煩苦傷恩方刺史奏事時宜
明申勅（中束也約束也）謂使昭然知本朝之要務臣愚不知
治道惟明主察焉帝嘉納之宣數言政事便宜擧奏
部刺史郡國二千石所貶退稱進白黑分明（稱擧也白黑猶
言清濁也）繇是知名
後漢宣秉爲司隷校尉務擧大綱簡畧苛細樊準字
幼陵爲御史中丞擧正非法
鮑昱爲司隸校尉典司京都執憲持平多所擧正
陳謙爲御史中丞執憲奉法多所糾正
馬嚴爲御史中丞擧劾案章申明舊典奉法案擧無

所迴避
晉庾峻爲御史時長安大獄久不決峻斷之朝野稱
當
劉暾五爲司隸允協物情
傅玄爲司隸校尉每有奏劾或值日暮捧白簡整簪
帶竦踊不寐坐而待旦
石鑒爲御史中丞多所糾正
嗣譙王恬爲御史中丞正有幹局
宋蔡廓爲御史中丞多所糾奏
鄭鮮之爲御史中丞甚得司直之體

荀伯子爲御史中丞位職勤恪有匪躬之稱殷冲爲
御史中丞有司直之稱
梁樂藹爲御史中丞性公強居憲臺甚稱職褚球爲
御史中丞性公強在憲司甚稱
劉潛爲御史中丞在職彈糾元所顧望當時稱之
臧盾爲御史中丞性公強居憲臺甚稱職
陳宗元饒爲御史中丞性公平善持法諳曉政事明
練治體吏有犯法政不便民及於名教不足者隨事
糾正多所裨益
褚玠爲御史中丞甚有直繩之稱自梁末喪亂朝章
廢弛司憲因循守其分華玠方欲改張大爲條例綱
維畧舉而編次未訖
孔奂爲御史中丞善持禮所糾劾
後魏高道穆爲御史在公有能名
王顯爲御史中尉糾折庶獄究其奸回
北齊司馬子瑞爲御史中丞正色舉察爲朝廷所許
隋梁毗爲治書侍御史名爲稱職
徐有功爲左臺侍御史則天時褒異之時遠近聞有
功授職皆欣然相賀
唐唐臨太宗時爲侍御史在官簡肅甚爲時所稱

齊澣弱冠爲監察御史彈劾違犯先於風教當時以
爲稱職
崔隱甫爲御史大夫故事大夫與監察競爲官政畧
無承稟隱甫一切督責之無大小悉令諮決稍有忤
意列上其罪前後貶黜者過半群寮側息玄宗嘗謂
曰卿爲大夫海内咸云稱職深副朕所委也
顏真卿爲御史大夫軍國之事知無不言
李夷簡爲御史中丞奏彈京兆尹楊憑當時翕然謂
紀綱復振及遷御史大夫風彩益峻未踰月遷門下
侍郎平事章

王播為工部郎中知雜事整持臺憲頗有能稱
崔植為御史中丞入閤彈事頗振紀綱

威望

夫案章糾劾督察中外繩愆繆而振綱紀者御史之任也自漢以來頗重其選乃有懷剛毅之節履中正之道厲厥鋒氣申其搏擊不畏強禦無憚權右靡阿貴戚除姦佞倖以抨彈為任梃謇直之風邦憲以之脩明姦邪為之讋畏此詩所謂邦之司直者歟至或洞達治體善舉官業罔事苛細弗為繳察中立而不撓率職而敢行譽望著於朝右威稜振於輦轂布之

謠誦隆乎任遇茲豈惟風采之足尚固亦器識之不群者哉

漢嚴延年為侍御史宣帝即位劾奏霍光擅廢立奏雖寢然朝廷肅然敬之
鄭賓明法律為御史名公直
蓋寛饒宣帝為司隸校尉刺舉無所迴避小大輙舉所劾奏衆多廷尉處其法半用半不用以其峻刻故有不用者公卿貴戚及郡國吏繇使至長安皆恐懼莫敢犯禁繇讀與傜同供傜役及為使而來者京師為清
鮑宣為中丞執法殿中外總部刺史郡國二千石所貶退稱進白黑分明由是知名
陳咸為中丞總領州郡奏事課第諸刺史執法殿中公卿以下皆敬憚之
諸葛豐元帝時為司隸校尉刺舉無所避京師為之語曰間何闊逢諸葛言間者何久闊不相見以逢諸葛故也上嘉其節加豐秩光祿大夫
翟方進為丞相司直旬歲間舉奏免兩司隸旬徧也滿也旬歲猶言滿歲也若十日之一周朝廷由是憚之
後漢鮑永光武建武十一年徵為司隸校尉帝叔父趙王良尊戚貴重永以事劾良不敬由是朝廷肅然莫不戒慎乃辟扶風鮑恢為都官從事恢亦抗直不避彊禦帝曰貴戚且宜斂手以避二鮑其見憚如此

牟融為司隸校尉典司京都執憲持平多所舉正百僚莫不敬憚
宣秉遷司隸校尉務舉大綱簡略苛細百僚敬之說文曰苛細草也以喻煩雜也
陳忠為司隸校尉糾正中官外戚賓客近倖憚之不欲忠在內明年出為江夏太守復留拜尚書令
桓典為侍御史執正無所迴避常乘驄馬京都畏憚為之語曰行行且止避驄馬御史
應奉為司隸校尉糾舉姦違不避豪戚以嚴厲為名

樊準爲御史中丞舉止正法百僚震悚
陳謙字伯讓拜御史丞執憲奉法多所糾正爲百僚所敬
馬嚴爲御史中丞舉劾案章申明舊典奉法案舉無所廻避百寮憚之
趙謙爲司隷校尉車師王侍子爲董卓所愛數犯法謙收殺之卓大怒殺都官從事而素敬憚謙故不加罪
魏徐邈爲司隷校尉百寮敬憚之
鮑勛爲宮正宮正即御史中丞也百寮嚴憚罔不肅

然
晉何魏世爲司隷校尉時校事尹模憑寵作威曾奏劾之朝廷稱焉時人敬憚之
傅玄爲司隷校尉每有奏劾或值日暮捧白簡整簪帶竦踊不寐坐而待旦於是貴遊懾伏臺閣生風
傅咸爲司隷校尉奏免河南尹何攀等京都肅然貴戚懾伏
石鑒爲御史中丞多所糾正朝廷憚之
顧和爲御史中丞百寮憚之
劉毅爲司隷都官從事後爲司隷校尉糾正豪右京師肅然司部守令望風投印綬者甚衆時人以毅方之諸葛豐蓋寬饒
周處爲御史中丞正繩直筆權豪震肅
李喬爲御史中丞恭恪直繩百官憚之
崔洪爲御史治書奏免散騎常侍翟嬰官朝廷憚之尋爲尚書左丞時人爲之語曰叢生棘刺來自博陵在南爲鷂在北爲鷹
溫嶠爲司隷都官從事時散騎常侍庾敳有重名而頗聚歛嶠舉奏之京都振肅
卞壼爲御史中丞忠於奉上權貴屏跡
鍾雅爲御史丞直法繩違百寮皆憚之

嗣譙王恬爲御史大夫忠正有幹局在朝憚之
宋王准之初爲宋臺御史中丞爲寮友所憚
孔琳之爲御史中丞奏劾尚書令徐羨之自是百寮震肅莫敢犯禁
袁顗字景章陳郡人初庾徽之爲御史中丞性豪麗服玩甚華顗代之衣冠器用莫不麄率蘭臺令史並三吳富人咸有輕顗之意顗蓬首緩帶風貌清嚴皆重跡屏氣莫敢欺犯
荀伯子爲御史中丞莅職勤恪有匪躬之稱立朝正色內外憚之

蕭惠開拜御史中丞在任百寮畏憚之
蔡廓爲御史中丞多所糾奏百寮震肅
王僧之爲御史丞秉正不撓百寮憚之
南齊袁昂爲御史中丞劾奏不憚權豪當時號爲正直
梁江淹在齊爲御史中丞彈中書令謝朏等及諸郡二千石并大縣官長多被劾治内外肅然明帝謂淹曰宋世以來不復有嚴明中丞君今日可謂近世獨步
陸泉爲御史中丞性悻直無所顧望臺稱不畏強禦
到洽爲御史中丞彈糾無所顧望號爲勁直

張緬爲御史中丞彈糾無迴避豪右憚之
孔休源爲御史中丞正色直繩無所迴避百寮莫不憚之
劉潛爲御史中丞彈糾無所顧望當時稱之
陳孔奐爲御史中丞奐性剛直善持理多所糾劾朝廷甚敬憚
袁憲爲御史中丞朝野皆嚴憚焉
褚玠爲御史中丞甚爲直繩之稱
後魏李彪遷御史中尉彪性剛直多所彈糾遠近畏之豪右屏氣

元仲景性嚴峭莊帝時兼御史中尉京師肅然每向臺常駕赤牛時人號赤牛中尉
陽固爲治書侍御史使懷荒鎮鎮將方貢望風逃走
王顯爲御史中尉多所彈劾百寮肅然
北齊趙郡王深初仕魏爲御史中尉正色糾彈無所迴避遠近肅然
竇泰爲御史中尉泰以勳戚居臺雖無多糾舉百寮畏懼
崔暹爲御史中丞文襄欲假暹威勢諸公在坐令暹高視徐步兩人掣裾而入文襄分庭對揖暹不讓席

而坐觴拜行便辭退文襄曰下官薄有蔬食願公少留暹曰適受勅在臺以撿校遂不待食而去文襄降階送之旬月後文襄與諸公出之東山遇暹於道前驅爲赤棒所擊文襄回馬避之暹後彈尚書令司馬子如及尚書元羨殷州刺史慕容獻又彈大師咸陽王坦并州刺史可朱渾道元罪狀極筆並免官其餘死黜者甚衆神武書與鄴下諸貴曰崔暹昔事家弟爲定州長史後吾兒開府諮議及遷左丞吏部郎吾未知其能也始居憲臺乃爾糾劾咸陽王司馬令並是吾對門布衣之舊尊貴親昵無過二人同時獲罪吾

不能救諸君其慎之又文襄嘗謂暹曰我尙畏羡何
況餘人由是威名日盛內外莫不畏服
隋柳彧爲治書侍御史當正色甚爲寮之所敬憚
陸知命爲治書侍御史侃然正色爲百寮所憚後又
奏勅齊王暕百寮震慄
皇甫誕字玄慮少剛毅有器局開皇中累遷治書侍
御史朝臣無不肅憚焉
唐王志愔中宗神龍中累除左臺御史執法剛正百
寮畏憚時人呼爲早鶻言其贍人吏如鵰鶚之視雀
也

李栖筠爲御史大夫正身守道無所顧憚朝綱益振
百度肅然名重於時
竇參爲御史中丞不避權貴理獄以嚴稱
李夷簡爲御史中丞彈奏京兆尹楊憑當時翕然謂
紀綱復振
李鋒爲御史大夫威望時振
魏謩爲御史中丞彈駙馬都尉杜中立贓罪貴戚憚
之
孔緯爲御史中丞器志方雅嫉惡如讎既總憲綱中
秋不繩而自肅

終

第十八頁三行後脫一條
李憙爲御史中丞當官正色不憚彊禦百僚震
肅焉

冊府元龜

巡按福建監察御史臣李嗣京　訂正
知閩縣事臣曹嵩臣參閱
知建陽縣事臣黃國琦較釋

憲官部

公忠　引薦　褒賞

公忠

士君子策名委質有死無貳公忠之義諒在茲矣乃有典司邦憲表式朝右厲氷霜之志執金石之心正色不回讜言無隱竭誠於顛越之際獻規於疑貳之

始或明辨其飛語或申雪其冤訟以至逢危殞命抱義立節千古之下莫不仰其清風而思見其人者也

後漢种暠順帝時為侍御史監護太子承光宮中常侍高梵受勅迎太子不齎詔書以衣車載太子欲出太子傅高褒不知所以力不能止開門臨去暠至橫劍當車曰御史受詔監護太子太子國之儲副人命所繫常侍來無一尺詔書安知非挾奸邪今日之事有死而已梵不敢爭

楊衆以謁者僕射從獻帝入關累遷御史中丞及帝東遷夜走度河衆率諸官屬步從至太陽拜侍中太陽縣屬河東郡建安二年追前功封務亭侯

晉劉暾為司隸校尉時惠帝立羊玄之女為皇后成都王以討玄之為名廢后為庶人處金墉城大駕幸長安留臺復后位永興初河間王顒矯詔遣尚書田淑勅留臺賜后死詔書累至暾與尚書僕射荀藩河南尹周馥馳上奏曰奉被手詔伏讀惶悴臣按古今書籍亡國破家毀喪宗祊皆由犯衆違人之所致也陛下遷幸舊京廓然衆庶悠悠罔所依倚家有跛踵之心人想變興之聲思望大德釋兵歸農而兵纏不解處處互起豈非善者不至人情猜隔故邪今上官

巳犯闕稱兵焚燒宮省百姓諠駭宜鎮之以靜而大使卒至赫然執藥當詣金墉內外震動謂非聖意羊庶人門戶殘破廢放空宮門禁峻密若絕天地無緣得與姦人搆亂衆無愚智皆謂不然刑書猥至罪不值辜人心一憤易致興動夫殺一人而天下喜悅者宗廟社稷之福也今殺一枯窮之人而令天下傷慘臣懼凶豎承間妄生變故臣忝司京輦觀察衆心實以深憂宜當含忍不勝所見謹密啓聞願陛下更深與大宰參詳勿令遠近疑惑取謗天下顒見表大怒乃遣陳顏呂郎東收暾暾奔青州後遂得免帝還洛

迎后復位初羊后反官遣使謝暾曰賴劉司隸忠誠之志得有今日

唐蘇珦垂拱初爲監察御史則天使珦按韓魯諸王獄珦奏據狀無徵則天召見詰問珦執奏不回則天不悅曰卿大雅之士當郎有驅使此獄不假卿也遂令珦於河西監軍神龍中珦爲右御史大夫會節愍太子敗詔珦窮其黨與時睿宗在洛爲得罪者所引珦因辨析事狀密奏以保明之中宗意解因是多所原免擢珦爲戶部尚書

蕭志忠爲御史中丞中宗神龍三年自節愍太子舉

兵誅武三思之後安樂公主及兵部尚書宗楚客兄弟侍御史冉祖雍李悛共誣構安國相王及鎮國太平公主主與太子連謀舉兵請收制獄因此欲加卤悉帝召志忠令鞫其狀志忠泣而奏曰陛下富有四海貴爲天子豈不能容一弟一妹忍受人羅織竊念宗社存亡實在於此臣雖至愚竊爲陛下不取漢書曰一尺布尚可縫一斗粟尚可舂兄弟二人不相容願陛下詳察此言初則天皇后欲立相王累日不食請迎陛下固讓之誠天下傳說足明冉祖雍所奏咸是構虛帝旣與相王公主素相友愛深納志忠之言志忠自此又彌加保護由是公主獲安

盧奕爲御史中丞留臺東都天寶十四載安祿山犯東都與留守李憕誓無避死人吏奔散奕在臺獨居爲賊所執與憕同見害

趙涓永泰初爲監察御史時禁中失火焚屋室數十間火發處與東宮稍近代宗深疑之涓爲巡使俾令卽訊涓周歷壖圍按據迹狀乃上直中官遺火所致也推鞫明審頗盡事情旣奏代宗稱賞焉德宗時在東宮常感涓之究理詳細及刺衢州年考旣深又與觀察使韓滉不相得滉奏免涓官德宗見其名謂宰

相曰豈非永泰初御史趙涓乎對曰然卽日拜尚書左丞

齊映與元初爲御史中丞從德宗幸梁州每過險映嘗執轡會帝馬驚跳奔甚帝懼傷映令捨轡映堅執久之乃止帝問故對曰馬奔蹶不過傷臣如捨之或犯清塵雖臣萬死何以塞責帝嘉歎無巳

孔緯爲太子少傅時沙陁逼京師昭宗幸鳳翔邠師朱玫引兵來迎駕田令孜挾帝幸山南時中夜出幸百官不及扈從而隨駕者黃門衞士數百人而已帝駐寶鷄候館詔授緯御史大夫時遣中使傳詔令緯

率百寮赴行在時京師急變從駕官屬至盩厔（上張流切下音窒）並爲亂兵所剽（匹妙切）資裝殆盡緯承令見宰相論事蕭遘以田令孜在帝左右意不欲行辭疾不見緯緯遣臺吏促百官上路皆以袍笏不具爲辭緯無如之何乃召三院御史謂之曰吾輩世荷國恩身居憲秩雖六騑（音飛）奔迫而咫尺天顏累詔追徵皆無承稟非臣子之義凡布衣交舊緩急猶相救䘏况在君親策名委質安可背耶言竟泣下三院曰人豈不懷但盩厔剽剝之餘丐食不給今若首塗聊營一日之費俟信宿繼行可也緯拂衣而起曰吾妻危疾旦不

保夕丈夫豈以妻子之故忽君父之急耶公輩善自爲謀吾行決矣卽日見李昌符告曰王上再有詔命令促百寮前進觀群公之意未有發期僕忝憲闕不宜居後道塗多梗明公幸假五十騎送至陳倉昌符嘉之謂緯曰路無頓遞裹糧辦耶及送錢五十緡令騎士援緯達散關緯知朱玫必蓄異志奏曰關城小邑不足以駐六師請速幸梁州翌日車駕離陳倉纔入關而邠岐之兵圍寶雞攻散關微緯之言幾危矣

引薦

詩曰蒸民髦士蓋美其得賢傳曰舉爾所知誠廣其薦善况夫總司彝憲糾正庶工固宜念則哲之明先舉類之義審擇儒雅博衍雋良薦於朝廷縻以組綬其或忠讜之士邪佞所仇文致厥辜淪陷非辟而能表薦其行請宥其刑皆所以爲國愛材進人以道劉楚之詩斯作沉僚之歎罔興豈止致位於台槐受寵於龜紫固可以紀其勞懿爲南司之表式焉

漢張湯爲御史大夫尹齊以刀筆吏稍遷至御史事湯湯數稱薦以爲廉武帝使督盜賊又以倪寬爲掾舉侍御史擢大中大夫

蕭望之爲御史大夫除薛廣德爲屬數與論議器之

薦廣德經行宜充本朝爲博士論石渠

繁延壽爲御史大夫（郎李延壽也一姓繁音蒲河切）聞谷永有茂材除補屬舉爲太常丞

貢禹爲御史大夫琅邪諸葛豐以明經爲郡文學名特立剛直禹除爲屬侍御史

後漢杜林爲侍御史林先與鄭興同寓隴右乃薦之曰竊見河南鄭興執義堅固敦悅詩書好古博物見疑不惑有公孫僑觀射父之德宜侍帷幄典職機密昔張仲在周燕翼宣王而詩人悅喜惟陛下留聽少察以助萬分乃徵爲太中大夫

樊準爲御史中丞時龐參坐法輸作若盧準上疏薦參曰臣聞鷙鳥累百不如一鶚昔孝文皇帝悟馮唐之言而赦魏尚之罪使爲邊守匈奴不敢南向夫以一臣之身折方面之難者選用德也伏臣見故左校令河南龐參勇謀不測卓爾奇偉高才武畧有魏尚之風前坐微法輸作經時今羌戎爲患大軍西屯臣以爲如參之人宜在行伍惟明詔採前世之舉觀魏尚之功免赦參刑以爲軍鋒必有成效宣助國威鄧太后納其言即擢參於徒中召拜謁者使西督三輔諸軍屯

應奉爲司隷校尉時河南尹李膺欲奉牟元群臧罪元群賂官豎膺反坐輸作左校初膺與廷尉馮緄大司農劉祐等共同心志糾罰奸倖緄祐時亦得罪輸作奉上疏李膺等曰昔秦人觀寶於楚昭奚恤莅以群賢梁惠王瑋其炤乘之珠齊威王荅以四臣夫忠賢武將國之心膂切見左校施刑徒前廷尉馮緄大司農劉祐河南尹李膺等執法不撓誅舉邪臣糾之以法衆庶稱宜季孫行父親逆君命遂出呂僕於舜之功二十之一今膺等投身彊禦畢力致罪陛下既不聽察而猥受譖訴遂令忠臣同愆元惡自春迄冬不蒙降恕遐邇觀聽爲之歎息夫立政之要紀功忘失是以武帝捨安國於徒中宣帝徵張敞於亡命混前討蠻荊均吉甫之功祐數臨督司有不吐茹之節膺著威幽幷遺愛度僚今三垂蠢動王旅未振易稱雷雨作解君子以赦過宥罪乞原膺等以備不虞書奏乃悉免其刑

後魏元正爲御史中尉高選御史高道穆奏記於正正大喜曰吾久知其人適召之遂引爲御史又以内行長山條兼侍御史入臺五日便遇正會條司神武門其妻從叔爲羽林隊主撾直長於殿門條即劾奏

正善之俄然奏正

李彪爲御史中尉以尚書主客郎酈道元秉法清勤引爲治書侍郎

高道穆爲御史中尉選用御史皆當世名輩李希宗李繪陽休之陽斐封君義邢子明蘇淑宗世良等四十人

北齊崔暹東魏孝靜武定初遷御史中尉選畢義雲盧潛宋欽道李愔崔瞻蕤稽曄酈伯偉崔子武李廣皆爲史世稱其知人

唐張循憲爲侍御史長安中爲河東採訪使薦蕭州

人張嘉貞材堪憲官請以已秩官受之則天召見垂簾與之言嘉貞奏曰以臣草萊得入謁九重是千載一遇也咫尺之間如隔雲霧竟不覩日月恐君臣之道有所未盡則天遽令卷簾與語大悅擢拜監察御史

張廷珪為監察御史李邕少知名長安初廷珪薦邕詞高行直堪為諫諍之官由是召拜左拾遺

李栖筠為御史大夫時河中少尹嚴郢召至京師元載言郢於代宗帝已疎忌載拒而不納是時帝委腹心於栖筠亦嘗薦延之帝曰郢方為元載所厚寧可

信乎栖筠曰如郢材力陛下不自採拔豈使為姦人用乎郎日擢授河南尹兼御史中丞水陸運使

崔寧為御史大夫寧以為選擇御史當出大夫不謀及宰相乃奏請以李衡于結等數人為御史楊炎大怒其狀遂寢

常貞伯為御史中丞德宗貞元初袁滋為岳鄂從事部有邑長下吏誣以盜金滋察其冤竟出之貞伯聞之薦為侍御史

高郢為御史大夫時右拾遺翰林學士李建罷職降詹事府司直郢表授殿中侍御史

裴度為御史中丞奏崔從為侍御史知雜及度作相又奏從自代為中丞從所取御史必先知其重貞退者時論嘉之

李夷簡為御史中丞櫟陽尉徐晦本楊憑所薦及憑得罪貶官臨賀縣尉親交無敢祖送獨晦至藍田與憑言別時故相權德輿與憑交分最深知晦之行因謂晦曰今日送臨賀誠為厚矣無乃反為累乎晦曰自布衣沭楊公之知不一送他日相公為姦邪所譖焉可不送相公乎德輿大歎因稱之於人不數日夷簡請為監察晦至官之日白夷簡曰晦不由公門公

何所取信而見奬拔於千萬人中哉答曰君送楊臨賀寧肯負國乎由是名益振

高有翼為御史中丞奏職方員外郎鄭處誨兼侍御史知權制曰御史中丞有翼上言曰御史府其屬三十八例以中臺郎一人稽參其事以重風憲如處誨族親胄貴能博文論義理無不講求朝廷典章飽於聞見乞為副二以佐紀綱以爾處誨當居内廷草具密旨自以疾去于今借之俞其言如我得有翼為爾之知已矛為有翼之德鄰上下交舉豈有私受勉修職業所報非一

後唐蕭頃爲御史中丞請孔邈爲御史

褒賞

夫處風憲之地當糾繩之任綱紀所屬委賴尤重而能方嚴以自律勁直而不撓彈擊違謬無所畏避摧伏豪横未嘗寬假侃侃而正色蹇蹇而匪躬善守厥官不懈于位繇是推懋賞之典加異數之寵申之以賜予賁之以采章形於詔奬接以體貌敦借以聳其氣慰勉以成其名故首公之臣立志之士莫不感激以思自効摩厲以期稱職然後知信賞之爲勸非可以忽巳

漢諸葛豐元帝時爲司隸校尉刺舉無所避帝嘉其節加豐秩光祿大夫

後漢宣秉字巨公爲侍中建武元年拜御史中丞上時詔御史中丞與司隸校尉尚書令會同並專席而坐故京師號曰三獨坐秉遷司隸校尉秉性節約常服布被蔬食瓦器帝嘗幸其府舍見而歎曰楚國二龔不如雲陽宣巨公卽賜布帛帳帷什物杜詩建武初爲侍御史安集洛陽時將軍蕭廣放縱兵士暴横民閒百姓惶擾詩勅曉不改遂格殺廣還以狀聞世祖召見賜以棨戟

鮑永建武十一年爲司隸校尉以事劾帝叔父趙王良大不敬朝廷肅然乃辟扶風鮑恢爲都官從事恢抗直不避彊禦帝常曰貴戚且宜斂手以避二鮑鮑昱永子中元元年昱拜司隸校尉詔昱詣尚書使封胡降檄若今之露布也光武遣小黄門問昱有所怪不對曰臣聞故事通官文書不著姓又當司徒露布漢官儀曰群臣上書公卿校尉諸將不言姓凡制書皆璽封尚書令重封唯赦贖令司徒印露布州郡也怪使司隸下書而著姓也帝報曰吾故欲令天下知忠臣之子復爲司隸也

馬嚴拜御史中丞賜冠幘衣服車馬

晉李憙武帝時爲司隸校尉劾中山王睦等各占官三更稻田詔曰易稱王臣蹇蹇匪躬之故今憙亢志在公當官而行可謂邦之司直者矣光武有云貴戚且斂手以避二鮑豈其然乎其申劾群寮各愼所司寬宥之恩不可數遇也憙爲二代司隸朝野稱之

傳咸以議郎長兼司隸校尉咸前後固辭辭旨懇切武帝不聽勅使者遍就拜咸復送還印綬公車不通催使攝職咸以身無兄弟喪祭無主重自陳乞遂不見聽於官舍設靈坐朔望奉祭元康四年卒官時詔贈司隸校尉朝服一具衣一襲錢二十萬謚曰貞

劉暾爲左丞兼御史中丞奏免尚書僕射東安公繇
等十餘人朝廷嘉之遂郎貞
熊遠爲御史中丞中宗每歎其公忠謂遠曰卿在朝
正色不如柔吐剛忠亮至劲可謂王臣
宋孔琳之爲御史中丞劾奏徐羨之自是百僚震肅
莫敢犯禁高祖甚嘉之行經蘭臺親加臨幸
蕭惠開爲御史中丞百僚畏憚之入爲侍中孝武詔
曰惠開前任憲司奉法直繩不阿權戚朕甚嘉之可
更授御史中丞
梁江淹在齊爲御史中丞多所奏劾内外肅然明帝

謂淹曰宋世以來不復有嚴明中丞君今日可謂近
世獨步
張緬爲御史中丞居憲司推繩無所顧望號爲劲直
高祖乃遣畫工圖其形於臺省以厲當官
陳袁憲爲御史中丞領羽林監嘗陪讌承香閣賓退
之後宣帝留憲與衞尉樊俊從席山亭談宴終日帝
目憲而謂俊曰袁家故爲有人其見重如此
後魏李彪爲御史中尉多所劾糾豪右屏氣高祖嘗
呼彪爲李生於是從容謂群臣曰吾之有李生猶漢
之有汲黯

高道悅爲治書侍御史正色當官不憚彊禦奏舉任
城王澄等免官高祖詔褒美之
元正爲御史中尉嚴於彈糾始彈於忠次彈高聰等
免官靈太后並不許違其糾惡之心又慮其辭解欲
獎安之進號安南將軍
高恭之字道穆爲御史中尉莊帝姊壽陽公主行犯
清路執赤棒卒呵之不止道穆令卒棒破其車公主
泣以訴帝帝謂主曰高中尉清直之人彼所行者公
事豈可以私恨責之耶道穆後見帝帝曰一日家姊
行路相犯極以爲愧道穆免冠謝帝曰朕以愧卿卿

反謝朕
北齊崔暹仕魏爲御史中尉神武如京師群官迎於
紫陌神武帝握暹手而勞之曰往前朝廷豈無法官
而天下貪婪莫肯糾劾中尉盡心爲國不避豪彊遂
使遠近肅清群公奉法衝鋒陷陣代有其人當官正
色今始見之今榮華富貴直是中尉自取高歡父子
無以相報賜暹良馬使騎之以從且行且語暹下拜
馬驚走神武爲擁之而授轡魏帝宴於華林園謂神
武曰自頃朝貴牧守令長所在百司多有貪暴侵漁
下人朝廷之中有用心公平直言彈劾不避親戚者

王可勸酒神武降堦跪而言曰准御史中尉崔暹一人謹奉明旨敢以酒勸并臣所射賜物千段乞回賜之帝曰崔中尉爲法導俗齊整遐邇曰此自陛下風化所加大將軍臣澄（澄神武長子文襄也）勸奬之力文襄退謂暹曰我尚畏羨何况餘人神武將還晉陽又以所乘馬加綵物賜暹由是威名日盛內外莫不畏服

隋柳彧開皇中爲治書侍御史當朝正色甚爲百僚之所敬憚文帝嘉其梗直謂彧曰大丈夫當立名於世無容悅而已賜錢十萬米百石後以忤旨免未幾後令視事因謂彧曰無改爾心以其家貧勅有司爲

之築宅因曰柳彧正直士國之寶也其見重如此

游元大業中爲侍御史遼東之役宇文述等九軍敗元案獄數其罪仍以狀劾之帝嘉其公正賜朝服一襲

唐杜淹爲御史大夫太宗幸其弟親疾

張行成爲殿中侍御史糾劾不避權戚太宗以爲能謂房玄齡曰觀古今用人必因媒介若行成者朕自舉之無先容也

崔隱甫開元中爲御史大夫群寮側息玄宗嘗謂曰卿爲大夫深副朕所委

李勉至德初從至靈武拜監察御史劾勲臣管崇嗣失禮肅宗特原之歎曰吾有李勉始知朝廷尊矣

盧坦爲御史中丞元和三年舉奏前山南西道節度使柳晟前浙東觀察使閻齊美違勅貢獻肅宗召坦對褒慰久之

裴度爲御史中丞時吳元濟盜兵柄求襲父任憲宗俾師伐叛詔度巡營壘勞士卒度計其險易密陳攻取之策帝深然之遷刑部侍郎兼御史中丞

王播爲御史中丞入閣候宰相出方隨之異常例也

後唐許光義明宗天成四年除御史中丞光義謝賜

絹五十疋銀器一事

劉贊爲御史中丞長興二年十二月詔曰國祚中興皇綱再整合須公事偏委群臣先勅收錄六典法書分爲二百四十卷從朝至夕自夏徂冬御史臺官員等或同切催驅或遞專勘讀校前王之舊制布當代之明規宜有獎酬以勵勤恪御史中丞劉贊近別除官今加階爵宜從別勅處分呂琦姚顗致宜加朝散大夫仍賜柱國勲干遂李壽並朝散大夫徐禹卿張可復王曉並賜緋魚袋

巡按福建監察御史臣李嗣京訂正
知甌寧縣事臣孫以敬參閱
知建陽縣事臣黃國琦較釋

憲官部　三

剛正

書曰剛而塞彊而義詩曰靖恭爾位好是正直朔夫風憲之任抨彈攸屬所以案舉不法表正庶尹震肅綱紀奮揚望威而能雅志公亮峻節矜厲舉遵直道無所屈撓善善惡惡不吐不茹使邪臣知懼懦夫有

立須復逆忤貴倖搆聚怨隙被以巧詆陷於申文亦無憚焉斯古人所謂執德不回當官有守者也

漢嚴延年為御史掾舉侍御史時大將軍霍光廢昌邑王尊立宣帝宣帝擢初即位延年劾奏光擅廢立王主無人臣禮不道奏雖寢然朝廷肅焉敬之

諸葛豐特立剛直元帝擢為司隸校尉時侍中許章以外屬貴幸奢淫不奉法度賓客犯事與章相連豐案劾章欲奏其事適逢許侍中私出豐駐車舉節詔章曰下欲收之章迫窘馳車去豐追之章因得入公門自歸上（歸城乞哀於天子也）豐亦上奏於是收豐節司隸去節自豐始豐上書謝曰臣豐駑怯文不足以勸善武不足以執邪陛下不量臣能否拜為司隸校尉未有以自效復秩臣為光祿大夫官尊貴重非臣所當處也又迫年數衰暮常恐卒塡溝渠無以報厚德使論議士譏臣無補長獲素飧之名（素恐也言不舉職務空食祿俸而已）故常願捐一旦之命不待時而斷姦臣之首縣於都市編書其罪（編謂聯次簡牘也）以使四方明知為惡之罰然後却就斧鉞之誅誠臣所甘心也夫以布衣之士尚猶有刎頸之交今以四海之大曾無伏節死誼之臣率盡苟合取容阿黨相為念私門之利忘國家之政邪穢

濁溷之氣上感於天是以災變數見百姓困乏此臣下不忠之效也臣誠耻之也已凡人情莫不欲安存而惡危亡然忠臣直士不避患害者誠為君也今陛下天覆地載物無不容使尚書令堯（臣欽若等曰堯史不載姓）賜臣豐書曰夫司隸者刺舉不法善善惡惡非得專之也免處中和順經術意恩深德厚臣豐頓首幸甚臣竊不勝憤懣願賜清宴惟陛下裁幸帝不許是後所言益不用

蓋寬饒為司隸校尉刺舉無所迴避平恩侯許伯入第（許伯皇太子外祖也入第者治第新成始入居之）丞相御史將軍中二千

石皆賀寬饒不行許伯請之乃徃從西階上東鄉持坐（言自尊抗無所屈也）許伯自酌曰盖君後至寬饒曰無多酌我我乃酒狂丞相魏侯（臣欽若等曰魏侯魏相也）笑曰次公醒而狂何必酒也坐者皆屬目卑下之（屬猶佯也）酒酣樂作長信少府檀長卿起舞爲沐猴與狗鬬（沐猴獮猴）坐皆大笑寬饒不說仰視屋而歎曰美哉然富貴無常忽則易人如此傳舍所閲多矣（言如客舍行客輙過之故多所歷也）唯謹愼爲德久君侯可不戒哉因起趨出劾奏長信少府以列卿而沐猴舞失禮不敬帝欲罪少府許伯爲謝良久帝乃解

孫寶字子嚴哀帝即位爲諫大夫遷司隸初傳太后與中山孝王母馮太后倶事元帝有郤（以當熊事慙而妬之）傳太后使有司考馮太后令自殺衆庶寃之寶奏請復治傳太后大怒曰帝置司隸五使察我馮氏反事明白故欲擿觖以揚我惡（擿觖謂挑發之也）我當坐之帝乃順旨下寶獄尚書僕射唐林爭之上以林朋黨比周左遷敦煌魚澤帳侯大司馬傅喜光祿大夫龔勝固爭帝爲言太后出寶復官

鄭兵朋法律爲御史事貢公（貢禹也）名公直

涓勳爲司隸校尉時北地浩商爲義渠長所捕亡（義渠北之縣也商被縣長捕而逃亡）長取其母與猳豬連繫都亭下（以深辱之）（猳牡豕也）商兄弟會賓客自稱司隸掾長安縣尉殺義渠長妻子六人亡丞相御史請遣掾史與司隸校尉部刺史并力逐捕察無狀者（無狀謂商及義渠長本狀之遺曲也）奏可勳奏言春秋之義王人微者序乎諸侯之上尊王命也臣幸得奉使以督察公卿以下爲職（都祖也）今丞相宣（薛宣也）請遣掾史以宰士督察天子奉使命大夫（謂丞相掾史爲宰士者言其宰相之屬官而信爲士也奉使命大夫謂司隸也）甚誖逆順之理（誖乖也）宣本不師受經術因事以立姦威案浩商所犯一家之禍耳印書欲專權作威乃害于國不可之大者

（周書洪範云臣之有作福作威乃凶于乃國害于厥躬故引之）願下中朝特進列侯將軍以下正國法度議者以爲丞相掾不宜移書督趣司隸會浩商捕得伏誅家屬徒合捕

後漢鮑永建武中爲司隸校尉辟扶風鮑恢爲都官從事恢亦抗直不避彊禦帝嘗曰貴戚且宜歛手以避二鮑

何敞爲侍御史章帝時尚書僕射郅壽譏刺竇等辭官甚切憲怒陷壽以買公田誹謗下吏當誅敞上疏理之曰臣聞聖王闢四門開四聰延直言之路下不諱之詔立諫諍之旗聽敢言之鼓歌謠於路評臣七

人以自鑒炤考知政理違失人心輒改更之故天人並應傳福無窮臣伏見尚書僕射郅壽坐於臺上與諸上書論擊匈奴言議過差及上書請買公田遂繫獄考劾大不敬臣愚以爲壽機密近臣正救爲職若懷默不言其罪當誅今壽違衆正議以安宗廟豈其私邪又臺閣平事公爭可否雖唐虞之隆三代之盛猶謂諤諤以昌不以誹謗爲罪請買公田人情細過可裁隱忍壽若被誅臣恐天下以爲國家横罪忠直賊傷和氣忤逆陰陽臣所以敢犯嚴威不避夷戮觸死瞽言非爲壽也忠臣盡節以死爲歸臣雖不知壽

度其甘心安之誠不欲聖朝行誹謗之誅以傷晏清之化杜塞忠直垂譏無窮臣敞謬豫機密言所不宜罪名明白當塡牢獄先壽僵仆萬死有餘書奏壽得減死論

宋意爲司隸校尉和帝永元初大將軍竇憲兄弟貴盛步兵校尉鄧疊河南尹王調故蜀郡太守廉范等群黨出入憲門負勢放縱意隨違舉奏無所迴避由是與竇氏有隙

周紆初爲洛陽令部吏止奸亭長霍延遮止按劍肆詈皇后弟竇篤坐免後爲御史中丞又坐免竇氏貴盛兄弟秉權睚眦宿怨無不僵仆篤等以紆公正而怨隙有素遂不敢害永元五年徵爲御史中丞諸竇雖誅而夏陽侯環猶尚在朝紆疾之復乃上疏曰臣聞臧文仲之事君也見有禮於君者事之如孝子之養父母見無禮於君者誅之如鷹鸇之逐鳥雀案夏陽侯環本出輕薄志邪在僻學經術而妄搆講舍外招儒徒實會姦桀輕忽天威侮慢王室又造作巡狩封禪之書惑衆不道之當伏誅戮而主者營私不爲國計夫涓流雖寡浸成江河爝火雖微卒能燎野履霜有漸可不懲革宜尋呂產專竊之亂永惟王莽篡逆

之禍上安社稷之計下解萬夫之惑會環歸國

華松爲司隸校尉是時貴戚專勢有司軟弱莫敢糾罰松奏馬氏三侯群豪斂手

桓典拜侍御史是時宦官秉權典執政無所迴避

應奉爲司隸校尉糾舉姦僞不避豪戚以嚴厲名

虞詡順帝永建中爲司隸校尉數月間奏大傅馮石太尉劉熹中常侍程璜陳秉孟生李閏等百官側目號爲苛刻時中常侍張防特用權勢每請託受取詡輒按之而屢寢不報詡不勝其憤乃自繫廷尉奏言日昔孝安皇帝任用樊豐遂交亂嫡統幾亡社稷今

曰張防復弄威柄國家之禍將重至矣臣不忍與防
同朝謹自繫以聞無令臣襲楊震之跡震爲樊豐等所譖而死
奏防流涕訴帝詡坐論輸左校防必欲害之二日之
中傳考四獄獄吏勸詡自引詡曰寧伏歐刀以示遠
近歐刀刑人之刀也詡子顥與門生百餘人候中常侍高梵
車訴言枉狀梵入言之即日赦出詡
李膺桓帝時拜司隸校尉時張讓弟朔爲野王令貪
殘無道至乃殺孕婦聞膺厲威嚴懼罪逃還京師因
匿兄讓弟舍藏於合柱中膺知其狀率將吏卒破柱
取朔付洛陽獄受辭畢即殺之讓訴冤於帝詔膺入

殿御親臨軒詰以不先請便加誅辟之意膺對曰昔
晉文公執衛成公歸于京師春秋是焉禮云公侯有
罪雖曰宥之有司執憲不從昔仲尼爲魯司寇七日
而誅少正卯今臣到官已積一旬私懼以稽留爲愆
不意獲速疾之罪誠自知釁責死不旋踵特乞留五
日尅殄元惡退就鼎鑊始生之願也帝無復言顧謂
讓曰此汝弟之罪司隸何愆乃遣出之自此諸黄門
常侍皆鞠躬屏氣休沐不敢復出宮省帝怪問其故
並叩頭泣曰畏李校尉
韓演爲司隸校尉奏中常侍左悺罪惡及其兄太僕
南鄉侯稱請託州郡聚斂爲姦賓客放縱侵犯吏民
悺稱皆自殺演又奏中常侍具瑗兄沛相恭臧罪徵
詣廷尉瑗詣獄謝上還東武侯印綬詔貶爲都鄉侯
袁紹爲司隸校尉董卓議欲廢立謂紹曰天下之主
宜得賢明每念靈帝令人憤毒董侯獻帝也似可今當
立之紹曰今上富於春秋未有不善宣於天下若公
違禮任情廢嫡立庶恐衆議未安卓案劍叱紹曰豎
子敢然天下之事豈不在我我欲爲之誰敢不從紹
詭對曰此國之大事請出與太傅議之卓復言劉氏
種不足復遺紹勃然曰天下健者豈惟董公橫刀長

揖徑出懸節於上東門而奔冀州
魏王觀字偉臺明帝幸許召觀爲治書侍御史典行
臺獄時多有倉卒喜怒而觀不阿意順旨
吳徐應爲侍御史性忠壯好直言
晉何曾魏世爲司隸校尉撫軍校事尹模憑寵作威
姦利盈積朝野畏憚莫敢言者曾奏劾之朝廷稱焉
時步兵校尉阮籍負才放誕居喪無禮曾面質籍于
文帝座曰卿縱情背禮敗俗之人今忠賢執政綜核
名實若卿之曹不可長也因言於帝曰公方以孝治
天下而聽阮籍以重哀飲酒食肉於公座宜擯四裔

無令汚染華夏帝曰此子亷病若此君不能爲吾恐
邪曾重引據辭理甚切帝雖不從時人敬憚
劉毅魏末辟司隷都官從事京邑肅然毅將彈河南
尹司隷不許曰攫獸之犬鼷鼠蹈其背毅曰既能攫
獸又能殺鼠何損於犬投傳而去武帝咸寧初爲司
隷校尉糾正豪右京師肅然司部守令望風投印綬
者甚衆時人以毅方之諸葛豐蓋寬饒一太子朝鼓
吹將入東掖門毅以爲不敬止之於門外奏劾保傅
以下詔赦之然後得入帝嘗因南郊禮畢喟然問毅
曰卿以朕方漢何帝也對曰可方桓靈帝曰吾雖德

不及古人猶克己爲政又平吳令混一天下方之桓
靈其已甚乎對曰桓靈賣官錢入官庫陛下賣官錢
入私門以此言之殆不如也帝大笑曰桓靈之世不
聞此言今有直臣故不同也散騎常侍鄒湛進曰世
談以陛下比漢文帝人心猶不多同昔馮唐荅文帝
云不能用頗牧而文帝怒今劉毅言犯順而陛下歡
然以此相校聖德乃過之矣帝曰我平天下而不封
禪焚雉頭裘行布衣禮卿初無言今於小事何見褒
之甚湛曰臣聞猛虎在田荷戈而出凡人能之蜂蠆
作於懷袖勇夫爲之驚駭出於意外故也夫君臣有
自然之尊卑言語有自然之逆順向劉毅始言臣等
莫不變色陛下發不世之詔出思慮之表臣之喜慶
不亦宜乎時景皇后從父弟羊琇爲中護軍琇輙乘
羊車毅糾劾其罪琇典禁兵放恣犯法每爲有司所
貸毅劾之應至重刑武帝以舊恩直免官而已
劉暾爲侍御史武庫大尚書郭彰率百人自衛而不
救火暾正色詰之彰怒曰我能截君角也暾勃然謂
彰曰君何敢恃寵作威作福天子法官冠而欲截角
乎求紙筆奏之彰伏不敢言衆人解仟乃止彰久貴
豪侈每出輙從百餘人自此之後務從簡素後兼中

丞奏免尚書僕射等十餘人朝廷嘉之遂以卽貞
崔洪武帝世爲御史治書時長樂馮恢父爲弘農太
守愛少子淑欲以爵傳之恢父終服闋乃還鄉里結
草爲廬陽瘖不能言淑得襲爵恢始仕爲博士祭酒
散騎常侍翟嬰薦恢高行邁俗侔繼古烈洪奏恢不
敦儒業令學生番直左右雖有讓侯微善不得稱無
倫輩嬰爲浮華之目遂免嬰冠朝廷憚之尋爲尚書
左丞時人爲之語曰叢生棘刺來自博陵在南爲鷂
在北爲鷹傅玄爲司隷校尉玄天性峻急不能有所
容每有奏劾或値日暮捧白簡整簪帶竦踊不寐坐

而待旦於是貴遊懾伏臺閣生風
劉喬爲御史丞齊三冏復心董艾勢傾朝廷百僚莫
敢忤旨喬二旬之中奏劾艾罪纍者六艾諷尚書右
丞苟晞免喬官
周處字子隱爲御史中丞凡所糾劾不避寵戚奏征
虜將軍石崇大將軍梁王肜等正繩直筆權豪震肅
杜錫爲衛將軍長史趙王倫篡位以爲治書御史孫
秀求交於錫而錫距之秀雖銜之憚其名高不敢害
江績爲御史中丞奏劾無所屈撓令稽世子元顯專
政夜開六門績密啓會稽王道子欲以奏聞道子不

許車胤亦曰元顯驕縱宜禁制之道子默然元顯聞
而謂衆曰江績車胤間我父子遣之密讓之俄而績
卒朝野悼之
司馬恬爲御史中丞値海西廢簡文帝登祚未解嚴
大司馬桓溫屯中堂吹警角恬奏歎曰一劾溫大不
敬請科罪溫視奏歎曰此兒乃敢彈我眞可畏也恬
忠正有幹局在朝憚之
宋荀伯子爲御史中丞莅職勤恪有匪躬之稱立朝
正色凡所奏劾莫不深相訶毀其言切直
鄭鮮之仕晉爲御史中丞性剛直不阿強貴明憲直
繩甚得司直之體外甥劉毅權重當時朝野莫不歸
附鮮之盡心高祖獨不屈意於毅毅甚恨焉義熙六
年鮮之使治書侍御史丘洹奏彈毅曰上言傳詔羅
道盛輒開牋遂盜發密事依法棄市奏報行刑而毅
以道盛身有侯爵輒復停宥案毅勳德光重任居次
相旣殺之非已無緣生之自由又奏之於先而弗請
於後閫外出疆非此之謂中丞鮮之於毅舅甥制不
相糾臣請免毅官詔無所問
孔琳之爲御史中丞明憲執法無所屈撓
傅隆爲御史中丞當官而行甚得司直之體

南齊王思遠明帝輔政爲御史中丞時臨海太守沈
昭略贓私思遠依事劾奏帝及思遠從兄晏昭略叔
父文季請止之思遠不從案事如故
袁昂爲御史中丞時尚書令王晏弟詡爲廣州多納
財貨依事劾奏不憚權豪當時號爲正直
梁陸杲爲御史中丞性婞直無所顧望山陰令虞肩
在職贓汙數百杲奏收治中書舍人黃睦之以肩事
託杲杲不荅高祖聞之以問杲杲荅曰有人帝曰卿
識睦之不杲荅曰臣不識其人時睦之在御側帝指
示杲曰此人是也杲謂睦之曰小人何敢以罪人屬

奇司隸之失色領軍將軍張稷是杲從舅嘗以公事彈稷稷因侍宴訴高祖曰是杲臣親通小事彈臣不貸高祖曰杲職司其事卿何得爲嫌杲在臺號稱不畏強禦

到洽爲御史中丞彈糾無所顧望號爲勁直

張綰再爲御史中丞加通直散騎常侍綰再爲憲司彈糾無所廻避

張緬爲御史中丞居憲司推繩無所顧望號爲勁直

江革爲御史中丞彈奏權貴一無所避

劉潜爲御史中丞在職彈糾無所顧望當時稱之

劉覽爲尚書左丞當官清正無所私姊夫御史中丞褚湮從兄吏部郎孝緈在職頗通贓貨覽劾奏並免官孝緈怨之常謂人曰犬嚙行路覽嚙家人

陳袁憲爲御史中丞時豫章王叔英不奉法度逼取人馬憲依事劾奏叔英由是坐免黜自是朝野皆嚴憚焉

徐凌爲御史中丞時安成王頊爲司空以帝弟之尊勢傾朝野眞兵鮑僧叡假王威權抑塞辭訟大臣莫敢言者凌聞之乃爲奏彈道從南臺官屬引奏案而入元帝見凌服章嚴肅若不可犯爲斂容正坐凌進讀奏狀時安成王殿上侍立仰視世祖流汗失色凌遣殿中御史引王下殿遂劾免侍中中書監自此朝廷肅然

徐儉爲御史中丞儉性公平無所阿附尚書令江總望重一時亦爲儉所糾劾後王深委任之

褚玠爲御史中丞剛毅有膽決甚有直繩之稱

冊府元龜

巡按福建監察御史臣李嗣京 訂正

新建縣舉人臣戴國士 叅閱

知建陽縣事臣黃國琦 較釋

憲官部 四

剛正第二

後魏高謐獻文時爲治事掌攝內外彈糾非法當官而行無所廻避甚見稱賞

李彪爲御史中尉彪既爲孝文所寵性又剛直遂多所劾糾遠近畏之豪右屏氣帝常呼彪爲李生於是

從容謂群臣曰吾之有李生猶漢之有汲黯

高道悅拜治書御史正己當官不憚強禦奏舉任城王澄等免官孝文詔褒美之

王顯爲御史中尉多所彈劾百僚肅然

陽固爲治書侍御史宣武末中尉王顯起宅既成集寮屬饗宴酒酣問固曰此宅何如固對曰晏嬰湫隘流稱于今豐屋生災著於周易此蓋同傳舍耳唯德能卒願公勉之顯嘿然他日又謂固曰作大府卿庫藏充實卿以爲何如固對曰公使百官之祿四分之一州郡贓悉入京藏以此充府未之爲多且有聚歛之臣寧有盜臣豈不戒哉顯大不悅以此銜固又有人間於顯顯因奏固剩請米麥免固官

山偉爲內行長孝明初御史中丞元正以偉兼侍御史入臺五日便遇正會偉司神武門其妻從兄爲羽林隊主撾直長於殿門偉即劾奏正善之俄然奏正

綦雋爲御史中尉於路與僕射賈顯度相逢顯度恃勳貴排雋騶列雋忿見於色自入奏之

封回孝明時爲七兵尚書領御史中尉尚書右僕射元欽與從父兄麗妻崔氏姦通回乃劾奏時人稱之

崔亮爲御史中尉侍中廣平王懷以母弟之親左右

不遵憲法勑亮推治孝明禁懷不通賓客者久之後因宴集懷恃親使忿欲陵突亮亮乃正色責之即起於帝前脫冠請罪遂拜辭欲出帝曰廣平麤踈向來又醉卿之所悉何乃如此也遂詔亮復坐令懷謝焉

酈道元爲御史中尉道元素有嚴猛之稱司州牧汝南王悅嬖近左右丘常念與臥起及選州官多縣於念匿於悅弟時還其家道元收念付獄悅啓靈太后請全之勑赦之道元遂盡其命因以劾悅

高恭之字道穆御史中尉元正引爲御史其所糾擿不避權豪臺中事物多爲正所顧問道穆曾進說於

正曰古人有言罰一人則千萬人懼豺狼當道不問狐狸明公荷國重寄宜使天下知法正深然之後道穆爲御史中尉莊帝姊壽陽公主行犯清路執赤棒卒呵之不止道穆令卒棒破其車公主深以爲恨泣以訴帝帝謂公主曰高中尉清直之人彼所行者公事豈可私恨責之也道穆後見帝帝曰一日家姊行路相犯極以爲愧道穆免冠謝曰臣蒙陛下恩守陛下法不敢獨於公主虧朝廷典章以此負陛下帝曰朕以愧卿卿反謝朕時僕射爾朱世隆當朝權盛因見衣冠失儀道穆便即彈糾又云恭之爲御史中尉兼黄門侍郎外秉直繩

內叅機密諫諍極言無所顧憚

北齊趙郡王琛魏天平中除御史中尉正色糾彈無所廻避遠近肅然

司馬子瑞爲御史中丞正色舉察爲朝廷所許

後周王誼閔帝時爲主中侍上士時大冢宰宇文護執政帝拱默無所關預有朝士於側微不恭誼勃然而進將擊之其人惶懼請罪乃止自是朝臣無敢不肅遷御正大夫

隋柳彧開皇中爲治書侍御史當朝正色文帝嘉其婞直謂彧曰大丈夫當立名於世無容容而已賜錢十萬米百石右僕射楊素當途顯貴百寮慴憚無敢忤者嘗以少譴勅送南臺素恃貴坐彧牀彧從外來見素如此於階下端笏整容謂素曰奉勅治公之罪素據下彧據案而坐立素於庭辯詰事狀素繇是銜之彧時方爲帝所信任故素未有以中之

梁毗煬帝即位爲刑部尚書并攝御史大夫事奏劾宇文述私役部兵帝議免述罪毗固諍因忤旨遂令張衡代爲大夫毗憂憤數月而卒

房彥謙煬帝世徵爲司隸刺史慨然有澄清天下之志凡所薦舉皆人倫表式其彈射當之者曾無怨言

司隸別駕劉炫陵上侮下訐以爲直刺史彈之皆爲之拜唯彥謙執志不撓元禮長揖有識嘉之炫亦不敢爲恨

游元大業中爲朝請大夫兼侍御史宇文述九軍敗績帝令元案其獄述時貴倖其子士及又尚陽公主勢傾朝廷遣家僮南造元有所請囑元不之見佗日數述曰公任屬親賢腹心是寄當咎身責己以勸事君乃遣人相造欲何所道案之愈急仍以狀劾之帝嘉其公正賜朝服一襲

李德饒大業中爲監察御史糾正不避貴戚

陸知命初爲普寧鎮將人或言其正直者舉是侍詔於御史臺拜治書侍御史佩然正色爲百寮所憚帝甚敬之後坐事免歲餘復職時齊王暕頗驕縱暱近小人知命奏劾之陳竟得罪百寮震慄

唐孫伏伽爲治書侍御史武德九年十月民部尚書裴矩奏突厥殘暴之處戶請給絹一疋太宗曰朕於天下唯誠與信不欲空有存恤之名而無其實但戶有大小各須存濟給物雷同豈公思之至也伏伽進曰裴矩愛國恩賞未聞陳讓救恤百姓則欲苟釣虛名用心若是豈當朝寄請鞫其罪太宗從之其後討

口爲率貧人賴焉

柳範爲侍御史奏彈吳王恪好田獵損居人田苗太宗因謂侍臣曰權萬紀事我兒不能輔正其罪合死範進曰房玄齡事陛下猶不能諫止畋獵豈可獨罪萬紀乎

唐臨爲殿中侍御史大夫韋待價責臨以朝列不整臨曰此以小事不足介意今日以後爲之明日江夏王道宗共大夫離立私談臨趨進曰王亂班道宗曰共大夫語何至於是臨曰大夫亦亂班帝失色而退

李乾祐貞觀初爲殿中侍御史時有鄃令裴仁軌私役門夫太宗欲斬之乾祐奏曰法令者陛下制之於上率土遵之於下與天下共之非陛下獨有也仁軌犯輕罪而致極刑是乖畫一之理刑罰不中則民無所措手足臣忝憲司不敢奉制太宗意解仁軌竟免

張行成爲殿中侍御史糾劾不避權戚

王義方高宗朝爲侍御史以彈李義府貶爲萊州司戶叅軍義方將赴萊州義府謂之曰王學士得御史是義府所舉今日之事豈無愧乎對曰義方爲公不爲私昔孔子爲魯司寇七日誅少正卯於兩觀之下今義方任御史旬有六日不能除姦臣於雙闕之前

實以爲醜義府大怒義方至萊州又爲義府中傷竟坐免官

王本立爲侍御史乾封中御史遭長官於塗皆免帽降乘長官戢轡辭而上馬本立意氣頗高塗逢長官端揖而已

魏貞宰爲監察御史深爲高宗所委信嘗從容問曰外聞以朕方自古何天子也對曰周之成康漢之文景帝曰有遺恨乎曰有之王義方一代英傑時人以爲臯陶稷禹之流而使不免貧賤死於草澤議者謂陛下不能用賢也帝曰我適欲用義方爲著作郎聞

其已死既往不諫追悔無及貞宰日兆部員外郎劉藏器才行相副陛下所知今年尚七十始爲尚書郎部下徒歎王義方已殂藏器見在何爲棄之馮唐所謂雖得頗牧不能用也帝默然

王無競爲殿中侍御史正班於閤門外宰相團立于班北無競前曰去上不遠公雖大臣自須肅敬以笏揮之請齊班（時朝議是非參半）

肅至忠爲監察御史彈鳳閣侍郎同鳳閣鸞臺三品蘇味道贓汚貶官御史大夫李承嘉嘗召諸御史責之曰近日彈事不諮大夫禮乎衆不敢對至忠進曰

故事臺中無長官御史人君耳目比肩事主得各自彈事不相闘或先白大夫而許彈事如彈大夫不知白誰也承嘉默然而憚其剛正

韋思謙爲監察御史時中書令褚遂良賤市中書譯語人地思謙奏劾其事大理丞張山壽斷遂良徵銅二十斤少卿張叡冊以爲價當官估罪宜從輕思謙奏曰官市依估私但兩和且園宅及田不在市肆豈應用估叡冊侮弄文法附下罔上罪在當誅高宗曰獄刑至重人命所懸叡冊曲憑估價斷爲無罪大理之職豈可使此人處之遂良左授同州刺史叡冊亦貶官及遂良復用思謙不得進出爲清水令謂人曰吾狂鄙之性假以雄權觸機便發固宜爲身災也大丈夫當正色之地必明目張膽以報國恩終不能爲碌碌之臣保妻子耳乾封中除侍御史與公卿相見未嘗行拜禮或勉之思謙曰鵰鶚鷹鸇豈衆禽之偶柰何設拜以狎之且耳目之官故當特立乃曰御史銜命出使不能動搖山嶽震懾州縣誠曠官耳永淳初歷尚書左丞御史大夫時武侯將軍田仁會與侍御史張仁禕不協而誣奏之高宗臨軒問仁禕仁禕惶懼應對失次思謙歷階而進曰臣與仁禕連曾頗

知事繇仁禕懦而不能自理若仁會眩惑聖聽致仁禕非常之罪即臣亦事君不盡矣謂專對其狀詞辯縱橫音旨朗暢高宗深納之後爲右肅政大夫大夫舊與御史抗禮思謙獨坐受其拜或以爲詞思謙曰國家班列自有差等柰何姑息爲事耶

張仁愿少有文武材幹累遷殿中侍御史時有御史郭霸上表稱則天是彌勒佛身鳳閣舍人張嘉福與雒州人王慶之等請立武承之爲皇太子皆請仁愿連名署表仁愿正色拒之甚爲有識所重

蘇珦垂拱初拜臺監察御史時則天將誅韓魯等諸

王使珣按其密狀珣訊問皆無徵驗或誣告珣與乾曾等同情則天召見詰問珣抗議不回則天不悦曰卿大雅之士朕當別有驅使此獄不假卿也遂令珣於河西監軍後爲右肅政臺御史大夫神龍初武三思擅權雍州人韋月將告三思將有逆謀返爲三思所搆中宗令斬之珣奏非時不可行刑繇是忤三思旨轉爲右御史大夫尋出爲岐州刺史

馬懷素爲左臺監察御史長安中御史大夫魏元忠爲張易之所搆配徙嶺表太子僕射崔貞愼東宮率獨孤禕等送之郊外易之大怒後使人誣告貞愼與

元忠謀反則天令懷素按鞫又遣中使促迫諷令搆成其事懷素執政不受則天怒召懷素親命加詰問懷素奏曰元忠犯罪配流貞愼等以親故相送誠爲可責若以爲謀反臣豈誣罔神明昔彭越以反伏誅欒布奏事於其屍下漢朝不坐況元忠罪非彭越陛下豈加追送之罪陛下當生殺之柄欲加之罪取決聖衷可矣若付臣推鞫臣敢不守陛下之法則天意解貞愼等繇是獲免

宋璟爲御史中丞張昌宗恩幸之盛歷代無比長安四年秋有許州人楊元嗣上言昌宗去年九月遣方術人李孔泰卜相孔泰謂昌宗面有天子相勸於定州造佛寺則天下歸心則天令鳳閣侍郎韋承慶司刑卿崔慶與璟推鞫之承慶奏言昌宗欵稱所得李孔泰占相之語旣已聞奏准法狀當首露孔泰輒出妖詞請付法科罪璟與大理丞封全禎奏曰昌宗旣位列九卿爵窮五等榮貴之極理絕覬覦召問卜祝之流已是心懷悖亂况孔泰卜得純乾卦云是天子卦如知妖妄之詞何因不卽擒送近雖自奏終是包藏日久准法合處斬破家請收付制獄更窮理其罪則天久而不荅璟又奏曰臣聞天無私覆地無私載

若不禁身推勘臣恐天下歸心於昌宗伏乞陛下以義斷恩允臣此奏則天曰卿且停推勘待更詳簡文狀璟退左拾遺李邕進曰向觀宋璟所奏事緣社稷不爲身謀願陛下可其所請竟不許又載易之與弟昌宗縱恣益橫傾朝附之昌宗私引相張工李太占吉凶言涉不順爲飛書所告璟先奏請窮究其居則天曰易之等已自奏問不可加罪璟曰易之等事露自陳情在難恕且謀反大逆無容首免請勒就御史臺推勘以明國法易之等久蒙驅使分外承恩臣必知言出禍從然義激於心雖死不恨則天不悅內史兆壽恐忤旨遽宣勅令璟出璟曰天顏咫尺親奉德音不煩宰臣擅宣王命則天意稍解乃收易之等就臺將加鞫問俄有特勅原之仍命易之等詣璟辭謝竟拒而不見曰公事當公言之若私見則法無私自是易之等常欲因事中傷之則天察其情竟以獲免

魏傳弓神龍中爲監察御史時監門左大將軍薛簡內常侍輔信義尤稱縱暴傳弓將奏請誅之御史大夫竇從一旣黨附宦竪乃謂傳弓曰信義之徒深爲安樂公主所眷威勢甚高言成禍福何輙請殺之傳弓曰今王綱漸壞君子道消正繇此輩弄權耳若得今日殺之明日受誅無所恨也從一無以荅但固止之傳弓又劾奏銀青光祿大夫西明寺主惠範姦贓四十餘萬請寘于極法帝召傳弓傳弓進曰刑賞者國之大事陛下賞已妄加豈宜刑所不及帝乃削惠範銀青光祿大夫寺主放歸于家惠範者長安胡僧也嘗好滸權門與

易之兄弟相善後張易之等伏誅又妄稱預謀遂賜爵上庸郡公加銀青光祿大夫俸祿同于職事又嘗表稱先聖功德留付貧道固請於東都創造聖善佛寺及帝幸長安又勸請於長樂坡造大像凡所糜費巨億萬計府爲之虛竭海內宂之俄又制授簡較聖善中天及上都西明三寺主帝又御行親送之惠範倚權震外內當時莫敢言者一朝遽爲傳弓所奏朝野莫不稱慶

袁從之爲左御史臺侍御史景龍中長寧及安樂安定等公主多縱奴僕刼掠百姓子女以爲奴婢從之悉收主家奴僕繫獄將窮竟其罪主遂訴之於帝制令放免從之又執奏曰陛下今若曲受主言而縱奴掠良人何以理天下臣知放則免罪於私門劾則得罪於公主終不忍全身遠害屈法偷生惟陛下垂炤察帝竟不納

薛謙光景雲中擢拜御史大夫時僧惠範恃太平公主權勢逼奪百姓店肆州縣不能理謙光錄狀彈奏或請寢之謙光曰憲臺理宂滯何所迴避朝彈暮黜可矣遂與侍御史慕容珣奏彈之反爲太平公主所搆出爲岐州刺史惠範旣誅遷太子賓客轉刑部尚書加金紫光祿大夫昭文館學士

崔日用爲監察御史神龍中爲秘書監鄭普思納女後宮潛謀左道日用知之遽奏于中宗時普思承恩中宗不之省日用廷爭懇至詞甚抗直普思竟伏其

罪

王志愔神龍中爲左臺御史執法剛正百寮畏憚

韋虛心爲御史神龍年推按大獄時僕射竇懷貞侍中劉幽求意欲寬假虛心執法令有不可奪之志

楊瑒爲侍御史開元初崔日知爲京兆尹貪暴犯法御史大夫李傑糾劾之反爲日知所搆瑒廷奏曰糾彈之司若遭恐脅以成姦人謀御史臺固可廢也玄宗以其言切直遽令傑依舊視事貶日知歙縣丞

崔隱甫爲御史大夫臺中一切督責之事無大小悉令諮決稍有忤意列上其罪前後貶黜者過半群僚

側目玄宗謂曰卿爲大夫深副所委

翟璋爲監察御史裴行會殿中侍御史出使晝璋知班乃牒中書省勘侍郎王琚及太子左庶子竇希瓘入晚遂爲所擠出爲岐陽令

韋陟爲御史大夫拾遺杜甫上表論房琯有大臣度眞宰相器聖朝不容詞旨迂誕肅宗令崔光遠與陟及憲部尚書顏眞卿同訊之陟因入奏曰杜甫所論房琯事雖被貶黜不失諫臣大體上踈此踈陟

張鎰爲殿中侍御史肅宗乾元初華原令盧擬以公事呵責邑人内侍齊令詵詵銜之搆巫外發鎰按驗

擬當降官及下有司擬當杖死鎰具公服白其母曰上疏理擬必免死某必坐貶若以私則鎰負於當官貶則以大夫人爲憂敢問所安母曰爾無累於道吾所安也執奏正擬罪故擬得配流鎰貶撫州司户

嚴郢爲監察御史道士申泰芝託使鬼物却老之術得幸於肅宗因使往湖南宣慰受姦贓鉅萬又以詭言惑衆潭州刺史龐承鼎按其事以聞肅宗不之信召泰芝赴京師下承鼎於江陵獄詔郢窮理之郢具以泰芝姦状聞帝又令中使與觀察使呂諲同驗理諲亦執奏泰芝姦状帝皆不納時御史中丞敬羽希旨附會泰芝郢堅爭其事帝大怒叱郢令去郢進而言曰龐承鼎所奏申泰芝贓得贓状按爲妖言皆泰芝書跡而泰芝所論承鼎捕魚放生池國忌日殺羊事皆微細又無證驗陛下柰何欲罪承鼎而宥泰芝臣雖殺身不敢順旨收繫泰芝引支證廷辯曲直帝曰卿且罷去郢復上疏理承鼎且言泰芝妖逆罪在不捨臣縱殺身尚當尸諫況今未死豈敢求生詞甚切直帝大怒竟杖殺承鼎流郢於建州頃之泰芝妖妄不道伏誅乃追還承鼎本官召請郢復爲監察御史

顏眞卿爲御史大夫軍國之事知無不言爲宰相所忌出爲同州刺史

李勉爲監察御史屬朝廷右武勳臣恃寵多不知禮大將管崇嗣於行在朝堂背闕而坐言笑自若勉劾之拘於有司肅宗特原之歎曰吾有李勉始知朝廷尊矣

李衎爲殿中侍御史代宗永泰元年正月壬子章敬皇太后忌辰百寮於興唐寺行香内侍魚朝恩置齋饌於寺外之商賬軍坊延宰相及臺省官就食朝恩恣口談時政公卿惕息衎與户部郎中相理造以正

言折之術詞直而強突頗忤朝恩遂罷會

李栖筠爲御史大夫時元載專政栖筠正身守道無所顧憚以酬任遇之恩華原尉侯莫陳忞以主郵傳優攷長安尉臺參栖筠面詰其勞考忞恐懼不敢隱諱乃以詐冐成優問其故卽吏部侍郎徐浩私戚京兆尹杜濟吏部侍郎薛邕因緣請託共成罔冐三人皆宰臣相厚遂劾奏之帝依違未决栖筠陳請之際屬日蝕帝問其故對曰臣聞日蝕修德月蝕修刑今誣上行私之罪未理此天所以儆戒於明堂聖蹤是感悟坐忞者皆貶謫自此朝綱益振百度肅然中朝

選用帝皆密訪於栖筠栖筠盡心知無不爲四五年間載克位而已

王翃爲御史大夫貞亮鯁直名於當代

竇參德宗初爲刑部郎中侍御史知雜事無幾遷御史中丞不避權貴理獄以嚴稱數蒙召見言天下事又與執政議多異嘗帝器之或參决大政時宰相頗忌之多所排抑亦無以傷參貞元三年十月擒獲謀逆賊李廣孔等六人令中官王希遷鞫之於內侍詔獄皆欵伏參請令三司覆驗詔從之宰相李泌亦有所請與參同

穆贊爲御史中丞以強直不附權倖卒爲裴延齡譖毀罷官無幾又貶饒州別駕

武元衡爲御史中丞順宗初卽位王叔文專政以其黨數人爲御史在臺元衡薄其爲人待之莽鹵皆有所憾而叔文又以元衡在風憲欲使其黨誘以權利元衡不爲之動時奉德宗山陵元衡爲儀仗使監察御史劉禹錫叔文所厚也求儀仗使判官元衡不與其黨滋不悅數日罷爲右庶子

盧坦爲御史中丞舉奏前山南西道節度使柳晟前浙東觀察使閻濟美違詔貢獻二人皆得罪於朝堂憲宗召坦對褒慰久之曰晟等所獻皆以家財朕已

許原不可失信坦曰數令陛下之大信也天下皆知之今二臣違令是不畏法陛下柰何受小信而失大信乎帝曰朕已受之如何坦曰歸之有司不入內藏使四方知之以昭明德帝深善其言右僕射裴均交結權倖得貴位在班列嘗踰位而立坦請退之均不受坦曰姚南仲爲僕射列如此均曰南仲何人坦曰南仲是守正而不交權倖者也尋罷坦爲右庶子時人歸咎於均

李元素爲侍御史元和中東都留守杜亞素惡大將令狐運會盜發維成之北運適與其部下畋于北邙

亞意其爲盜遂執訊之逮繫者四十餘人監察御史楊寧按其事亞以爲不直表陳之寧遂得罪命元素就覆亞迎路以獄成告元素驗之元素盡什其四以還亞大驚且怒親追送馬上責之元素不答又上疏論元素元素還奏言未畢上怒曰出俟命元素曰臣未盡詞帝又曰且去元素復奏曰臣一出不復得見陛下乞容盡詞帝意稍緩元素盡言運寃狀明白帝乃悟曰非卿孰能辯之後數月竟得真賊

薛存誠爲御史中丞時有僧鑒虛盜爲姦濫積財巨萬事發獄成中外掌權者更欲撓動之帝初令什其

罪存誠不受詔明日帝又宣旨曰吾要此僧面詰其事非赦之也存誠又奏曰鑒虛罪狀已具陛下將詔之請先貶臣然後可取帝嘉其有守遂令杖殺之

李夷簡爲御史中丞時京兆尹楊憑驕倨矜太班列惡之夷簡疏憑前後四犯彈奏之憑坐貶臨賀尉賜夷簡金紫當時翕然謂紀綱復振

裴度爲監察御史密疏論權倖詞切忤旨出爲河南功曹

柳公綽遷御史大夫韓弘病自河中入朝以弘守司徒中書令詔百寮問疾弘遣其子達情言不能按見公綽謂其子曰聖上以公官重令百寮省問異禮也如拜君賜宜力疾公見安有臥令子弟傳言耶弘懼扶疾而出人皆聳然

崔從爲侍御史知雜遷御史中丞正色立朝彈奏不避權倖事關臺閣或付仗內者必抗章疏論列請歸有司

孔戣爲殿中侍御史分司時昭義節度使盧從史判官徐玫以狡慝助成從史之姦逆從史旣擒孟元陽按節至軍復欲署玫爲從事戣遂牒澤潞收玫以候詔命然後列狀上聞竟流玫於播州

獨孤郎爲御史中丞故事憲府選御史多因其長有請然後除授崔晃鄭居中同時除監察皆出於丞相郎卽拒而不納晃改授太常博士居中分司東都

丁居晦爲御史中丞頗銳志當官不畏強禦然而措置或乖中道執政請移易遂復舊官帝疑與當軸者不叶故復舊職（居晦前爲中書舍人翰林學士）

李景讓爲御史大夫慷慨有大志正色立朝言無避忌時宣宗皇帝舅鄭光卒詔罷朝三日景讓上言朝典有素無容過越優詔報之乃罷朝兩日

王華爲侍御史乾符末右散騎常侍李損有子凝吉

武寧軍節度使支詳辟爲判官及廣明中徐之偏將時溥逐支詳擅稱留後中和中朝廷加節制溥奏本州幕下賓客一切舊貫至是欲以腹心代之咸誣其寘毒然而後奏仍表疑吉父損密通具情乞下御史臺鞫理時軍容使田令孜與溥賄賂交結乃遣御史中丞盧渥鞫而成之華執理雪焉令孜怒乃遣人傳宣取歸本軍華拒而不遣乃白宰臣蕭遘云李損與疑吉雖是父子相去數千里誣以知情實曰非辜乃非時請開延英面奏帝遂然之以時溥有勳令孜抗奏遂有詔罷時溥蕭遘王華盧渥襄亂之後未失朝廷大綱深爲處當也

冊府元龜

巡按福建監察御史臣李嗣京　訂正
分守建南道左布政使臣胡維霖　叅閱
知建陽縣事臣黃國琦較釋

憲官部

振舉

夫奮庸亮采所以幹於事功宿業脩方所以舉乎官政矧乃中司之局紀綱是賴平反措枉用清於庶獄繩違糾繆以肅乎外庭政治之攸先法度之所出莅斯職者實重其選自非秉方正之節挺中立之志居

位自稱臨事生風謹除教而有嚴專抨彈而無避亦何以充厥任哉元魏之後乃有振攸司之務論庶官之失脩舉廢墜釐整班制儆率其違慢縫彌其愆闕使衆目咸振彝倫式叙斯固得持憲之躰焉

後魏孝莊時元子思爲御史中尉先是兼尚書僕射元順奏以尚書百揆之本至於公事不應爲送御史至子思奏曰案御史令云中尉督司百寮治書侍御史糺察禁內又云中尉出行車輻前驅除道一里王公百辟避路時經四帝前後中尉二十許人奉以周旋未曾暫廢府事臺省並從此令唯肅宗之世爲臨洮舉哀故兼尚書左僕射臣順不肯與名又不送簿故中尉臣酈道元舉而奏之而順復啓云尚書百揆之本令僕納言之貴不宜下隷中尉送名御史尋亦蒙勅聽如其奏從此迄今使無準一臣初上臺具見其事意欲申請决議但以權兼斯未宜便爾日復一日遂歷炎凉去月朔旦臺移尚書索應朝名帳而省稽留不送尋復移催并主吏忽爲尚書郎中裴獻伯後注云案舊事御史中尉逢臺郎於復道中尉下車執板郎中車上舉手禮之以此而言明非敵躰臣旣見此深爲怪愕旅省二三未解所以正謂都省別被

新式改易高祖舊命即遣移問事何所依又獲尚書郎中王元旭報出蔡氏漢官似非穿鑿始知裴王亦規壞典謨兩人心欲自矯臣案漢書宣秉云詔徵秉爲御史中丞與司隷校尉尚書令俱會殿庭並專席而坐京師號之爲三獨坐又尋魏書崔琰傳晉文陽傳嘏傳皆云旣爲中丞百寮震悚以此而言則中丞不揖省郎蓋已久矣憲臺不屬都堂亦非今日又尋職令云朝會失時即加彈糺則百官簿帳應送尚書臺灼然明矣又皇太子以下違犯憲制皆得糺察則令僕朝名宜付御史又亦彰矣不付名至臧否何驗

臣順專執未爲平遍先朝曲遂豈是正法謹案尚書郎中臣裴献伯王元旭等妄班士流早忝清官輕弄矩礼斐然若斯苟執異端忽然至此此而不綱將繆朝令請以見事免献伯等所居官付法科處尚書納言之本令僕百揆之要同彼浮虛助之乖失宜明首從節級其罪詔曰國家異政不可據之古事付司檢高祖舊格推處得失以聞尋從子思奏仍爲元天穆所忿遂停

高道穆孝莊時爲御史中尉上疏曰臣聞舜命皐陶姦宄是託禹泣辜人刑辟爲念所以舉直錯枉事切

曩賢明德慎罰議存先典高祖大和之初置廷尉司直論形辟是非雖事非古始文濟時要所謂禮樂雅興不相公襲者矣臣以無庸忝當今任所思報効未忘寤興但識謝知今業懸稽古未能進一言以利國說一策以興邦索米長安豈不知愧至今職司其憂猶望俛俛竊見御史出外悉受風聞雖時獲罪人亦不無枉濫何者得情之罰不能不然守令爲治容有愛憎姦猾之徒嘗思報惡多有妄造無名共相誣謗御史一經簡究恥於不成杖木之下以虛爲實無罪不能自雪者豈可勝道哉臣雖愚短守不假器繡衣所指無以清肅若仍踵前失或傷善人則尸祿之責無所逃罪所以夙夜爲憂思有悛革如臣鄙見請依太和故事還置司直十人名擬廷尉秩以五品選歷官有稱心平輔政者爲之御史若出糾劾即移廷尉令知人數廷尉遣司直御史俱發所到州郡分居別館御史簡了移付司直覆問事訖與御史俱還中尉彈聞廷尉科案一如舊式庶使獄成罪定無復稽寬爲惡取敗不得稱枉若御史司直糾劾失實依所以獄罪之聽以所簡迭相糾發如二使阿曲有不盡理聽家訴門下通訴別加案簡如此則肺石之傍怨訟

可息叢棘之下無受罪吞聲者矣詔從之復置司直

唐高宗永徽四年崔義玄爲御史大夫舊例御史臺不受訴訟有通詞狀者即於臺門候御史御史競往門外收採知可彈者略其姓名皆云風聞訪知及義玄爲大夫始受定事御史人知一日劾狀題告人姓名

則天萬歲通天元年左臺殿中侍御史徐有功奏論天官秋官及朝堂三司理匭使愆失具略曰自陛下即位以來海內官員一定而天下選人漸多掌選之曹用舍不平補擬乖次應留即放應放翻留囑請公行顏面罔惧遂使囂謗滿路怨讟盈朝侵以爲常

殊無愧懼又往屬唐朝季年時多逆節鞫訊結斷刑
獄至嚴革命已來載祀遽積餘風未殄用法猶冴令
推鞫者恣行酷法不依律文妄搆異端虛立證據刼
略爲罪捨法用情格律昭然無心遵奉斷事則不依
款占問據條章狀表生情法外搆理率心任意輕重
自由天下稱寃莫不據此陛下九重嚴秘萬機事揔
何能一一躬覽事事親詳近臣畏罪而不言大臣重
祿而不奏遂使刻薄之吏弊法未悛士子朝臣屛氣
累息皆不自保恐墜網羅又陛下令朝堂受表設匭
投狀空有其名竟無其實並不能正直各自訪開延

引歲時拖拽來去叩閽不聽撾鼓不聞抱恨懷寃呼
嗟而已至誠所感和氣必傷豈不由受委任者不副
天心是陛下務使直申其寃是有司務在重增其枉
塵垢聖德隱蔽宸聽者是臣等不忠不誠死罪死罪
臣今請考選官詮註不平致令在外怨讟者臣即察
訪糾而彈之以復其曲伏望貶考奪祿以愧其心罪
仍依法度其刑獄推斷之官有行酷法妄考妄斷臣
即按驗奏而刻之獲枉狀請即付法斷罪亦准前條
奪祿貶考以懲其德其三司受表及理匭申寃使不
速與奪致令擁滯有理不爲申者亦望准前彈奏貶

考奪祿然臣昔處法司猥蒙擢用臣愚無以上荅聖
造願以執法酬恩無縱詭隨不避強禦猛噬摯擊是
臣之分如天恩允臣所奏請降敕施行庶不越旬時
可以除殘革弊刑措不用天下幸甚制從之
玄宗開元十四年崔隱甫爲御史大夫故事大夫與
監察競爲官政略無承稟及隱甫爲大夫一切督責
之事無大小悉令諮决稍有忤意列上其罪前後貶
黜者過半群寮側息帝嘗謂曰卿爲大夫深副朕所
委
德宗禎元二年七月司門員外王休爲左贊善大夫

以判刑部斷獄失理爲右丞元琇所奏故就冗秩時
政尚因循宰相簡轄琇獨舉其職議者多之
八年正月御史臺奏伏以臺司推事多是制獄其中
或有准勑便須處分要知法理又緣大理刑部斷獄
亦皆申報臺司儻或差錯事須詳定比來皆却令刑
部大理法直簡勘必恐自相扶會縱有錯失無由辨
明伏請置法直一員與斷結之際事無闕遺其課料
請取臺中諸色錢物量事支給其功優等請准刑部
大理處分勑旨依奏
九年二月御史臺奏今後府縣諸司公事有推問未

畢輙攄皷進狀者請却付本司推問斷訖猶稱抑屈
使任詣臺司案覈若實抑屈所由官錄奏推典量罪
決責如告事人所訴不實亦准法處分
姚庭筠為御史中丞奏稱律令格式懸之象魏奉而
行之事無不理比見諸司寮案不能遵守章程事無
大小皆悉聞奏臣聞為君者任臣為臣者奉法故云
汝為君目將司明也則知萬機務綜不可徧覽也所
以設官分職者委任責成百工惟時以成垂拱之化
比者或脩一水碨或伐一枯木並皆上聞旒扆取斷
宸衷豈代天理物至公之道也自今以後若緣軍國

大事及牒式無文者任奏取進止自餘據章程合行
者合令准法處分其有故生疑滯有致稽失者請令
御史隨事糾彈從之
憲宗永貞元年十月武元衡為御史中丞奏貞元二
年御史中丞竇參所奏凡諸使兼憲官者除元帥都
統節度觀察都團練防禦等使余並在本官之位其
後蘇弁于頔以度支郎中兼御史中丞鄧泳以易州
刺史兼御史大夫皆奉進旨令在同類之上伏以前
後異同遵守不一臣謹議伏請自今常參官兼御史
大夫中丞者准簡省官立在本品同類之下從之

元和元年三月辛未御史中丞武元衡奏中書門下
御史臺五品已上官尚書省四品已上官諸司正三
品已上及從三品職事官東都留守轉運鹽鐵節度
觀察都團練防禦招討經略等使河南尹同華州刺
史諸衛將軍三品已上官除授皆入閤門謝其餘官
許於宣政南班拜訖便退詔曰如此例中有加使及
職掌並准此又奏吏部兵部尚書侍郎官并禮部侍
郎每選舉限內自十月至二月不奉朝參若稱事繁
卽中書門下御史臺度支京兆府公事至重朝請如
常况旬節已賜歸休又許分日一月之內纔奉十日

朝參甚寡又蒙矜放臣詢求故實以為王顏任中丞
日常論其事舉奏甚詳伏請准貞元十二年四月二
十七日仍永為常式從之
二年十二月癸亥御史臺奏文武常參官准乾元元
年三月十四日勅如有朝堂相弔慰跪拜待漏行立
失序語笑諠譁入衛門執笏不端行立遲慢立班不
正趨拜失儀言語微諠穿伏出閤門無故離位廊下
食行坐失儀語鬧入朝不從正門出入非公事入中
書寺每犯奪一月俸班列不肅所由指揭猶或飾非
仍拒抗者錄奏貶官今商量舊條每罰各減一半所

貴有犯必舉如所由指撝報告抵拒飾非即准舊具名聞奏必異衆知禀敬朝列肅清從之

四年五月御史臺奏准舊例監察御史從下六人各察尚書省一司又准典元元年十月勑令監察從上第一人察吏部禮部第二人察兵部工部第三人察戸部刑部者伏以監察第一第二人已充監察及館驛等使新人除出使外並無職掌無以觀其能否今請守舊制新人分察從之

十二月御史中丞李夷簡奏諸使諸州有兩稅外雜率其違格勑不法事請諸道鹽鐵轉運度支巡院訪

察狀報臺司以憑聞奏從之

五年二月御史中丞王播奏監察御史舊例在任二十五月轉准具員不加今請仍舊殿中侍御史舊例在任十三月轉准具員加十三月今後減至十月從之播爲中丞振舉朝章百職脩舉

十二年九月御史臺奏御史同制除官承前名字高下爲班位先後爲名在前身在外到却在舊人上後先有紊劳逸不均今請以上日爲先後未上不得計月數制可其勑名在前上日在後之人但不逾一月不在此限行位班次即宜以勑内先後爲定十五年三月御史中丞崔植奏當臺新除三院御史授上日職事先後去元和十二年御史臺奏請應除御史職事但據上日爲先後未上日不得計月數者准其年九月七日勑不逾一箇月不在此限行立班次即宜以勑内先後爲定臣伏以御史除官之時據來處各有遠近若據一月便爲懲創恐乖舊例殊未合宜伏緣臺司職事各有定分先後次第不可踰越若行立班次既依勑令公事先後須繫到日則院長本職翻然在下制置錯亂無所遵承行之累年轉見其弊伏請自今以後三院御史職事行立一切依勑文先後

爲定以後赴職稽慢量道路遠近則臺司別其名開奏須議懲責豈止顛倒職事而已從之

穆宗長慶二年正月御史中丞牛僧孺奏諸道節度觀察等使請在臺御史充判官臣伏見貞元二年勑在中書門下兩省供奉官及尚書省御史臺見任郎官御史諸司諸使並不得奏請任使仍永爲常式者近日諸道奏請皆不守勑文臣昨十三日巳於延英面奏伏蒙允許重舉前勑不許更有奏請制曰可時段文昌自宰相出鎮肅蜀奏諫官御史南宮郎三人爲參佐以其職帶台鉉上故可之不踰年又表侍御史王由伯監察蘇景裔留中不下中執法舉舊章議者以爲當

三年二月御史臺奏差定朝拜公卿除准式假外有臨時請假者請同臨祭出齊罰俸又拜陵官辭訖便須發不得止宿於家十一月御史臺奏伏以臺司奏報並有舊條昨因左延奏疎闕已准勑科罰聞奏訖臣今簡尋條件本不該詳事須添改令可遵守伏請添一節文應諸司科決人致死雖不死而事異於常稍稍涉非理者並准前條聞奏禁城内不在此限庶得從今已後免有闕遺勑旨依奏

四年侍御史知彈奏溫造請復置朱衣豸冠於外廊大臣沮而不行

敬宗寶曆元年閏七月監察御史劉寬夫上言近日攝祭多差王府官僚位望既輕有乖嚴敬伏請以後攝太尉差尚書省三品以上及保傅賓詹等官如人少即請取丞郎攝從之

九月御史臺奏近日新置刺史赴官多違條限請准舊制不逾十日常參官及六品以下分司官比來淹延亦動經累月自今已後常參官分司請勑下後二十日發其六品以下分司官請待臺牒到發限外如妄稱事故不發常參官奏聽進止六品已下官臺司舉罰兩月俸料從之

文宗太和元年十二月御史臺奏伏以京城囚徒准勑科決者臣當司准舊例差御史一人監決如囚稱寃即收禁聞奏便令監決御史覆勘者伏慮監決之時各懷疑憚務求省便難寃寃辭恐至無告屈之人失陛下好生之理且臺司本定四推以讞疑獄六察職事已重不合分外領推伏請自今以後有囚稱寃者監察御史聞奏勑下後便配四推所異獄無寃滯事得論理從之

四年二月御史臺奏内外六品以下官有不之任諸色事故勾留等伏以任官員數素定奉公無分有常

一處闕人庶務失本法苟不舉弊恐滋深今國計所須江淮是賴江淮州縣官俸料稍厚處勾留倍多除准勑正額勒留人外有事故離任者每年須部送兩税左藏庫行綱不知處差常務例置以官糜費因緣所害甚廣況勤勞責累移在他人俸祿資考則爲已有欲將求於致理先是察其曠官伏請起今除元有勑額勾留之司及宰相節度使幼小子弟恩例一官不之任外縱有要籍並須具事由聞奏挾名勑下即任離本官任仍當時牒報御史臺有違請免所居官并殿三選其州府長史奏聽進止可之

三月壬寅御史臺奏三院御史盡入到朝堂從前無止泊處今請置祗候屋宇門下直省院西京兆府尹院東有官地請准長慶元年八月於中書南給官地起造請度支給錢一千貫文臺司自勾當便從便起造可之

十月丁卯御史中丞宇文鼎奏今月十三日宰臣奉宣進止自今以後欲對並令前一日進狀來者伏以延英開日群臣皆不前知遇陛下坐時如進狀請對或令司各有要事便得奏聞今遣應對官前一日進狀以争當公事不假面論只且於表章足達更俟後

坐動喻數辰處置之間便有不及以兹限約恐失事機竊以請對官狀入之時合在平旦苟或居後則乖敬恭致令臨事掛比時有失次伏乞重賜宣示俾其曉知限以狀入者並在卯前如在卯後聽不收覽自然人各遵奉理將中可之

是月御史臺奏伏准六典故事外官授命皆便道之官蓋緣任鈌其人則朝廷切於摠理近日皆顯陳私便不顧國經越理劳人迂行縣道或路非傳置創設供承况每道館驛有數使料有條則例苟踰支計失素使偏州下吏何以洛陪又准假寧令守官五考一給拜掃假今皆稱幸從便路願謁枌榆則是展墓足以因行赴官得皆枉道臣今月五日巳於延英面奏伏奉聖旨今將狀來伏乞起今公私行李勒依紀律敢有違越請委所司論劾勅旨依奏

是月御史臺奏諸司諸使及諸州府并監院等公事申牒臣當臺各令遵守時限并臣當司行牒勘事多緣准勅推勘刑獄或是遠方人事有抑寃凡於開繁盡須勘逐事節不精即慮滯屈比來行牒有累月不申兼頻牒不報者遂使刑獄淹恤攞涉慢官其間或有須且禁身動經時月者若無條約弊恐轉深臣等

今勘則各得遠近程限及往復日數限外經十日不報者其本判官勾官等各罰三十直如兩度不報者其本判官勾官各罰五十直如三度不報者其本判官勾官各罰一百直如涉清故違勅限者本判官勾官牒考功書下考如經過所由輙有停滯其所由官典并節級別舉處分其間如事須轉行文牒諸處追尋亦須具事由先報勅旨依奏

五年三月御史臺奏應截耳進狀人准開元十三年八月二十四日勅比來有小小訴競即自刑害自今以後犯者先決四十然後勘事文准建中元年三月

十一日敕節文自今以後除事有不合所司論者即任奏聞其餘不得妄有進狀如有違犯及自刑害者即令所司送官准法處分仍委臺府具前後格敕分析告示者伏以近日截耳論訴其徒寔繁且將自刑以冀上達未必皆負其屈州府不與申論臣謹詳前後敕制如前伏請自今已後如有此色者並准元敕付司先决四十後推勘宜令待推勘無理即本犯之外准元敕處分

是月丙寅御史臺奏伏見在京諸司兼諸道方鎮每奏請賓僚及州縣官等改名多言與近使從伯叔名

冊府元龜　憲官部　振舉　卷之五百一十六　十五

同敕旨皆允在於典法宜爲重難若於宗族之中服屬又近創名之日合慮有妨而曾不是思但將自便紊朝廷之典章滋選部之姦濫苟無懲革實謂幸門或以孤更名禮經不可繫於名教合守格言伏請嚴示敕文俾其止絕諸司使自今已後不得輒奏聞如有事故必須爲改即請具所奏同名人下付有司以出身以來官銜切加磨勘事實顯者方可聽從之

九年八月御史臺奏京兆尹及少尹兩縣令合臺參官等舊例新除大夫中丞府縣官自京尹以下並就臺參見其新除三院御史並不到臺參亦不於廊下參見此爲闕禮尤甚伏請自今以後應三院有新除御史等並請勒京兆尹及少尹兩縣令就廊下參見冀使禀奉之禮不虧臨制之儀可守臺司令史及驅使官并諸色所由有罪犯須科决等或有異犯稍重者皆是愚人常態不可一一奏聞便欲隨事科繩又緣臺杖稍細以細枝而止大罪必恐兇徒不懲自今已後如有情故難容不足上塵聖聽者許臣等據所犯判决杖下數勒送京兆府用常行杖科决訖報冀得戒懼之意稍嚴姦欺之心可革從之

開成元年正月御史中丞李珝奏御史臺舊制大藏

冊府元龜　憲官部　振舉　卷之五百一十六　十六

左藏庫以殿中侍御史兩人分監令珝請以監察二人代之仍放朝參本俸外依舊加給三十千出納小差委以彈舉從之

二月御史臺奏舊以第一第二殿中御史知東西推竊以故事三院御史皆初領繁劇後即漸輕近以新入監察兩人監倉監庫殿中既無倉庫兼俸空負推獄憂勤即與臺中從劇入輕頗乖舊例今請殿中第三人第四人分知兩推希同漸殺之文可之前奏監察監倉亦御史中丞李珝上請且御史新入皆先外府推事是從劇之甚者倉庫厚俸酬其勤勞是入輕之優者李珝皆倒置之乃自言從劇入輕頗乖舊例聞者莫不笑其無素

四年四月御史中丞高元裕奏伏以天下三司監院官帶御史者從前謂之外臺得以察訪所在風俗按舉不法元和四年御史中丞李夷簡亦曾奏知監院官多是臺中寮屬伏請委以各訪察本道使司及州縣有違格勑不公等事罕能遵行歲月既久事須振起伏請自今以後三司知監院官帶御史者并屬臺司凡有紀綱公事得以指使從之

武宗會昌元年二月御史大夫陳夷行奏奉中書門下牒伏准今年正月二十八日宣應館驛近日因循多致敗闕郵遞馬畜每事闕供蕃客往來皆有論奏

委中書門下與夷行同商量條流聞奏所置館驛鞍馬什物並作人多少及功價資課每年破用取何色錢物添脩支遣其驛馬數勘每驛見欠多少速具分析奏來者臣今商量請准勑先牒諸州府勘鞍馬什物作人功價粮課并勘每年緣館驛占留錢數諸色破用及使料粟麥遞馬草料待諸州府報到續具聞奏今具簡前後勑文行用相當者条立新格逐意條流除館驛弊事

宣宗大中元年四月御史臺奏伏以御史臺臨制百事糾繩不法若事簡則風憲自肅事煩則紀綱轉輕至如婚田兩競息利交關凡所陳論皆合先陳府縣如屬諸軍諸使亦且合於本司披論近日多便詣臺論訴煩褻既甚爲弊頗深自今以後伏請應有論理公私債負及婚田兩競且令於本司及本軍本州府論理不得即詣臺論訴如有先進狀及接宰相下狀送到臺司勘當審知先未經本司論理者亦且請送本司如已經本司論理不平即任經臺司論訴若臺司推勘寃屈不虛其本司本州元推官典並請追赴臺推勘量事情輕重科斷本推官若罪輕即罰直書門下考稍重即停見任貶降以此懲責庶免曠官臣

今月三日已於延英面奏令臣將狀來者勑旨依奏

四年二月御史臺奏應文武常叅官本朝及入閤追朝不到并連請假故久闕朝叅等臣今月二十一日延英面奏進止以班行務在嚴肅令臣切加提舉者臣伏見元和元年御史中丞武元衡奏止於是吏部兵部禮部三司尚書侍郎郎官等選舉限內久廢朝叅雖事在奉公猶奉請釐革近者已久絕提舉稍涉因循應文武常叅官多妄請假不妨人事無廢宴遊但務便安有虧誠敬以至上勞聖念俾肅朝行臣忝憲司親承睿旨苟或避事實虞曠官臣請起自今已

後文武常參官等除准式假及病灼然爲衆所知外有以事故請假者並望許臣舉察錄奏其所陳假牒請准舊例每牒不得過三日每月不得再陳牒如本合朝日無故一不到請准常條書罰再不到臣請倍罰頻三朝不到便請具名銜奏聽進止其追朝入閤近例全合赴班一不到准條已倍書罰頻兩朝不到便請具銜聞奏所貴臣寮稍加惕厲班列得以整齊勑旨依奏

九月御史臺奏准舊例京兆府准勑科決囚徒合差監察御史一人到府門監決御史未至其囚已引至

科決處縱有冤屈披訴不及今後請許令御史先到引問如囚不稱冤然後行决其河南府准此諸州府有死囚仍委長史差官監决並先引問從之

懿宗咸通十四年春正月丙寅御史中丞韋蟾奏應諸州刺史除授正衙辭謝后託故陳牒請假實爲容易自今後如實有故爲衆所知者三日外不在陳牒之限應内外除官入京合便朝謝如有犯條章頗乖禮敬自今已後望准故事如未朝謝須候於都亭驛如違臺司勘當申奏從之

册府元龜

巡按福建監察御史臣李嗣京　訂正

知長樂縣事臣夏允彝叅閱

知建陽縣事臣黄國琦較釋

憲官部

振舉第二

後唐莊宗同光元年十二月庚辰御史中丞李德休奏當司刑部大理寺本朝法書自朱温僭逆删改事條或重貨財輕人生命或自徇枉過濫加刑罰今見在三司收貯刑書并是僞廷删改者兼僞廷先下諸

道追取本朝法書焚毁或經兵火所遺皆無舊本即目只定州勑庫有本朝法書具在請勑定州節度使速寫副本進納庶刑法並合本朝式令勑李德休譽洽朝端任隆臺憲將舉行於舊典請删定其法書載閲申陳備見公切從之

二年三月三十日御史臺奏新除諸道節度觀察防禦經略等使刺史縣令及諸道募府兼諸司帶憲銜兼官納合光臺錢謹具本朝元納及後減落錢數如後兼御史大夫元納三十貫減落外今納一十五貫兼御史中丞元納二十貫減落外今納一十貫文兼侍御史元納八貫三百減落外今納五貫一百五十文兼殿中侍御史元納一十一貫三百減落外今納五貫六百五十文兼監察御史元納一十三貫三百減落外今納六貫六百五十文以前臺司准本朝例及減落外後徵前數分折如前應有諸道節度觀察使刺史經略防禦等使及諸道募府上佐官并諸司班行新授兼官者並合送納前件光臺憲禦禮錢今欲准例勒辭謝驅使官申報牒兵部勒告身案除准宜取外准例須候送納光臺禮錢了朱鈔到方可給付轉帖諸道進奏及知後院等准從前事例申報催

徵無致有隳舊規從之（至周顯德五年閏七月一日御史臺申臺司見行事件應新除節度防禦團練使刺史賓募州縣官兼帶五院憲御合徵光臺禮錢如是已曾納過准舊例不徵兼御史大夫元徵三十貫今徵六貫文兼御史中丞元徵二十貫今徵四貫文兼侍御史元徵八貫三百今徵一貫六百六十文兼殿中侍御史元徵一十二貫三百今徵二貫二百二十文兼監察御史元徵一十三貫三百今徵二貫六百六十文）

五月己酉御史臺奏准本朝故事當司六察合行職事條例如後史察應吏部行内南北兩曹磨勘選人合具駁放判成人具名銜報分察使及三銓應鏁注官後具前銜後擬報分察使典簡如有踰濫即察使舉追本行令使推勘兵察應兵部司公事一一合報

使戶察應戶部司諸州戶帳貢物出給關符具事件合報察使刑察應刑部司法律赦書德音流貶量移斷罪重輕合報察使禮察應禮部補轉鑄印諸祠祭料法物合報察使工察應工部司工役等合報察使伏以御史臺六員監察謂之分察使察訪糾舉動靜必行但緣曠廢久不施行今欲重行條貫從之

明宗天成元年七月侍御史臺奏每月文明殿入閤及百官五日一赴中興殿等事伏准故事每月百官入閤所司排儀仗金吾勘契入後有侍制次對官各舉論本司公事左右起居分記言動以付史館編脩

帝錄此本朝經久之制也昨陛下初膺大寶思致治平遂降綸言特申聖旨百官除宰朝外依宰臣每五日一度入內起居所貴得預數陳俾凝庶績此蓋陛下切於百司各言於時政特令五日一面於天顏雖眷聦以丁寧限朝儀之拘束序班而入拜手而廻縱有公事要言亦且卷行須出百司何由舉職兩史無以記言外則因此廢侍制次對之官內則無以分延英衆人之别以臣愚見竊有所陳欲乞陛下每月一日十五日兩度出御文明殿排入閤之儀諸司依前轉對奏論令司公事其百官就食謂之廊飡則中外旣有區分禁庭亦更嚴察如陛下切於群臣有所敷陳卽乞因宰臣五日一度延英之際班行內有要奏事者臨門狀到便許引入此又於旅進旅退事理不同言路旣開别彰聖德如或以山陵日近朔望不坐卽取次日亦合舊規候過陵園還如法制臣叨司邦憲獲典朝儀儻遇事而不言卽奉公而何取乞宣付中書門下商量曾獲經久者中書奏議曰此令五日內殿起居慮百司有事論奏中外或爲擁隔至於朔望入閤亦是朝廷舊儀李琪自領憲綱每循故事備官條奏頗叶國章望依所奏勑旨曰五日起居之意

所貴數見群臣俾陳時事憲司所奏朔望入閤等事旣合往例得以允俞其五日一度起居之際班行內有要奏事者便出行奏對仍付所司自後言事者又奏請五日內殿起居之日請令日官次第轉對奏事又從之自是百官五日內殿起居以所言事形於牋奏錄在笏記明敭於殿庭而素無文學及不閑理體者其文句鄙陋詞繁理寡敷奏之際人皆竊笑然以次第當言無所辭避而冗散之徒或行路假手俛俛供職愁苦無憀時議者以爲不便後竟罷之始知李琪所奏浮達理體矣

八月御史臺奏凡新除官及差使者合於正辭每遇

内殿起居日百官不於正衙敘班其差使及新除員其日辭謝不得或恐差使者已定發日除官者准宣催發以一日無班便妨辭謝臣愚忝詳每内殿起居日百寮先叙班於文明殿庭候辭謝官退則班入内殿冀便於官吏辭謝者從之

十月庚戌以吏部侍郎盧文紀爲御史中丞文紀初領事於御史府諸道進奏官來賀文紀曰事例如何臺吏喬德威等言朝廷在長安日進奏官見大夫中丞如首吏見長官之禮及僞梁將革命本朝微弱諸藩強據人主大臣皆姑息邸吏時中丞上事邸吏雖

至皆於客次傳語竟不相見自今兵亂便以爲常文紀令臺吏諭以舊儀相見據按端簡通名贊拜邸吏輩既出怒不自勝十一月丙子進奏官等相率於閤門求見騰口喧訴狀奏曰臣等今月四日中丞上事禮合至臺比期不越前規依舊傳語忽蒙處分通出參則在取指揮要明審的又蒙問大夫相公上事日如何臣等云大夫曾爲宰相進奏官伏事中書事躰之間寔爲舊吏者以别官除授合云傳語又堅傳指揮便合通出臣等出身藩府不會朝儀拒命則恐有奏問違稟則全褻則例伏恐此後到臺參賀儀則不定者上謂宰臣趙鳳曰進奏官此外何官鳳曰府縣發遣知後之流也帝曰乃吏卒耳安得慢吾法官乃詔曰御史臺是本朝執憲之司乃四海繩違之地凡居中外皆待整齊藩侯尚展於公參邸吏豈宜於抗禮遽覩論列可驗侮輕但以喪亂滋多綱紀隳紊霜威掃地風憲銷聲今則景運惟新皇圖重正宜加提舉漸止澆訛宜令御史臺凡關舊例並須行舉稍不稟承當行朝典

十二月丙戌御史臺奏常朝辭謝官常朝則南班横行與百官齊拜入閤日數正門外序班亦伏南横行

百官雖不拜候喚伏時辭謝官便展拜儀今伏見每内殿起居日先於文明殿庭序班百官固不該拜只候宰相至便入起居固不傳宣命若有南班辭謝稍似非儀請自今後其日不許辭皆令次日候有常朝即得辭謝若遇急切公事即准舊例令隔門辭謝或於閤門祗候宣放其文武兩班不更於文明殿序立至於中興殿門外立班祗候宰臣到便依次第入起居又准故事常參官每日趁朝不合無故請假如寔疾病不朝參間不得私行人事新官未謝不合私人事到宰相宅每月請假不得過三日吏部南曹郎中

請以鑠院前五日免朝若遇起居入閤衆假追朝御樓謝賀行香城外班並合到不到書罰三司河南府職事帶正員官如南曹例勑旨盧文紀自領憲綱頗思振舉備覩條奏皆叶通規李琪以內殿起居不廢辭謝蓋慮留滯乃是權儀盧文紀以正衙序班恐隳故事請候次日亦可允依所請三銓免朝事繫繁省選人旣少公務非多宜且依所奏鑠銓前五日免朝將來人數漸多須容點簡即許開曹後免朝永以爲例付所司庚戌御史臺奏京城坊市士庶工商之家有婢僕自經投井非理物故者近年以來凡是死亡

皆是臺司左右巡舉勘驗施行已久仍恐所差人吏及皆市胥卒同於民家因事邀頡取索臣詢訪故事當司今有舊京往例凡京城民庶之家死喪委府縣簡舉軍家委軍巡商旅委戶部然諸司簡舉後具事由申臺其間或枉濫情故臺司訪聞即行舉勘如是文武兩班官吏之家即是臺司簡舉臣自今已後欲准故事施行者兼左右巡使錄到喪葬車輿格例比緣官品等差無官秩之家過爲僭侈供應者固當行責今則凡是葬儀勁踰勑格但官中只行簡察在人情各盡孝思徇彼稱家之心許便送終之禮又難抑孝心盡決嚴刑遂以供六例行書罰以助本司支費兼緣設此防禁爲此權豪之家違禮厚葬若貧民簞飲不充無憂僭禮書罰兩京即是臺司州府元無條例者勑旨今後文武兩班及諸司官吏諸道商旅凡喪亡即准臺司所奏施行其坊市民庶軍士之家凡死喪及婢僕非理物故臺司所奏委府縣軍巡同簡舉仍不得縱其吏卒於物故之家妄有邀頡或恐暑月屍柩難停若待申聞簡舉縱無邀頡亦須經時日今後仰其家喚四鄰簡究無他故逐便葬理具結罪文狀報官或後別聞枉濫妄有保證官中訪知勘詰

不虛本戶鄰保量事科罪如聞諸道州府坊市死喪取分巡院簡舉頗致淹停人多流怨亦仰約京城事例處分所奏喪葬車輿格例今後據品秩之外如庶人喪葬宜令御史臺差御史一員點簡供任行人如有違越據所犯科罪臺司不得書罰擾微行人支非憲綱事體付所司

是月十一日御史臺奏謹具本朝舊例合行公事如右應諸道進奏院准本朝例各合置臺巡驛使官一人凡有公事並合申報臺巡逐日在臺祗候應奉公事應諸道進奏官每四孟月初及五月冬至新除大

夫中丞弁合臺叅伏自僞朝以來全隳舊例今准敕
命條流請准本朝舊例施行應諸道節度觀察防禦
經略團練使及諸州刺史新除付任及郎幕上佐官
等得替及准宣進奉到闕及歸本道並合廊叅正衙
謝見辭如遇大夫中丞入臺並合臺叅兼凡有公事
及到發日並合申報如遇追勘進奏官典勘責科罰
又伏以僞朝已來全隳往制既未條理轉失繩規伏
乞特降明敕指揮免令隳紊奉敕宜依
二年四月御史臺奏今月三日廊下設食百官坐定
兩省方來自五品已下輙起敕舞赴廊飡如對御宴

若行私禮是失朝儀宜各罰半月俸
九月御史臺奏每遇入閤日只一員侍御史在龍墀
邊祗候彈奏公事或有兩班叅雜失儀點簡不及難
於舉奏者伏以入閤之儀務在整肅或少虧於恪敬
則有慢於典經今欲依甞朝例差殿中御史二員押
鍾鼓樓位仍各綴供奉班出入所冀共爲糾察免失
規程敢將舉職之程粗益朝天之敬從之
四年三月二十日御史臺奏臺中舊有格杖近年不
行每有決遣公事皆於河南雒陽兩縣追取人杖今
緣臺中甞有囚徒勘責苦一一於兩縣追取又緣地

理遥遠及後差人往來交妨指揮公事者今臺司請
置甞行人杖免有妨滯公事奉敕宜依
長興三年三月敕近日累據御史臺奏陳狀訴屈人
據狀内皆是勘責多時却曉示陳狀人送本道依次
第論對及州府追到支證本人又不到彼處恐紊規
繩須行條理宜令御史臺今後諸色人論訟稱已經
州府斷遣後抑屈更不在牒本道勘逐便可據狀施
行若未經州府論訴驀越陳狀郎須畱本人據事理
詰勘如實未經本處訴論便可具事由勒本道進奏
官差人賫牒監送本處就關連人勘斷後申奏仍不

得虛有禁繫
四年五月二十四日御史中丞龍敏等奏陳事如後
一伏以臺司除御史中丞隨行印及左右廵事監察
使弁出使印等外其御史臺印一面先准令式郎是
主簿監臨近年已來緣無主簿遂至内彈御史權時
主持甞隨本官出入不定伏緣臺中公事不同諸司
動繫重難甞憂遲滯當奏申堂之際及牒州牒府之
時事無輕重並使此印今准令式逐日有御史一員
臺直承受制敕公文其御史臺印令欲勒畱臺中不
令在外遝差令史一人帖司一人同知此印凡有諸

色文按印發之時指揮諸司各置印曆一道具其事節件數書在曆中卽於直官面前點簡印發其印至夜封閉候交直轉付下次直官共議執行保無差謬者伏以御史臺事總朝綱職司天憲所管人吏色役最多上至朝堂次及班列或在京勾簡公事或外地催勘稽遠監守徒牢行遣按牘或隨從出使或祠祭監臨凡有係於臺司皆須藉其人吏俾無闕事以贊國容近年以來人數極少及月限者授官出外爲官滿者追呼未來人力旣到不勉公事便至停滯切以往歲臺中亦闕人吏曾於諸州抽取今欲於諸州使

院內量事差取十人據臺中諸司闕人臨時量才塡補者一　其臺中令史今欲條流凡出官考滿却來歸司者便具到日申堂請以到日繫其選限如有經年不到追領不來卽具申堂便乞除落名姓奉勑宜依凡京百司人吏考滿歸司繫其選限亦宜令准此末帝清泰元年御史中丞張鵬奏文武常參官入閤日廊下設食每宣放伏拜後就食相承以爲謝食拜臣以每日常朝宣不坐後拜退豈謝食之謂乎如臣所見自今宣放伏拜後具就次候將設食別降使於敷政門外宣賜酒食群臣謝恩後食從之是年鵬又自舉內殿起居門外序班與御史晚到失儀詔各罰一月俸料故事御史府不治尚書左右丞舉奏令鵬自彈則尚書左右可知矣

二年十一月知彈御史奏今月二日班入遇雨移班廊下知班臺吏董璉引僕射在中丞三院御史之下僕射頭問董璉稱准常例臺司判都省請簡討舊儀都省稱國朝以端揆之重師長百僚雖在別司皆爲統屬且左右僕射常朝不在中丞之下赴寡廊食並在中丞之上况中丞有公參之禮避路之儀詳其道理自有等降臺司又堅稱李琪盧質任僕射日日亦如此又引通事舍人在一品班上尋申中書門下奉

宰臣判令廊下使重定班位廊下使言今後遇雨移班廊下欲請依殿前塼位次第二品在三品前一品後如中丞大夫俱置卽大夫在中丞前其西班准此謹聞勑宜令置一品二品三品塼位

晉高祖天福二年三月御史臺奏唐朝令式南衙常參官文武百僚每日朝退於廊下賜食謂之常食自唐末亂離常食漸廢仍於入閤起居日賜食每入閤禮畢閤門宣放伏群官俱拜謂之謝食至清泰年中入閤禮畢更差中使至正衙門口宣賜食百官立班重謝交失本根今後入閤賜食望不差中使口宣從

之
四月御史臺奏文武百官每月朔望入閤禮畢賜廊下食在京時祗於朝堂幕次兩廊下今在行朝於正衙門外權爲幕次房廊隘狹伏恐五月一日朝會禮畢准例賜食於幕次難爲排比伏見唐明宗時兩省官於文明殿前廊下賜食今未審入閤日權于正衙門兩廊下排比賜食爲復別有處分勑宜依明宗朝舊規廊下賜食
四年三月御史臺奏按六典侍御史掌糾舉百僚推鞫獄訟居上者判臺知公廨雜事次知西推贓贖三

司受事次知東推理匭伏乞今後准故事施行勑宜依舊制尋以尚書駕部員外郎兼侍御史知雜事劉皡爲河南少尹自是無尚書郎知雜者
五月御史臺奏尚書郎知雜之時赴臺禮上軍巡即吏咸集公參府司并兩縣皆呈印伏今年深御史判雜上事欲准前例從之
五年二月乙巳御史中丞竇貞固奏國忌日宰臣跪爐焚香僧人表讚孝思述祖先遠世之事而文武百辟儼然列坐竊惟禮非天降酌在人情今古通規君親至敬對像佛行香之日實帝王不樂之辰豈有聽

烈祖之勳舊加冠光祿贊冠諸王則郎中加冠中尉贊冠合同於諸皇則重依於諸王則輕又春秋之義不以父命辭王父命禮父在斯爲子君在斯爲臣皇太子居臣子之節無專用之道南郡雖處蕃國非支庶之例宜禀天朝之命徵申冠阼之禮晉武帝詔稱漢魏遣使冠諸王非古正典此蓋謂庶子對王合依公冠自主之義至於國之長孫遣使惟允宜使太常持節加冠大鴻臚爲贊醮酒之儀亦歸二卿祝醮之辭附准經記別更撰立不依蕃國嘗躰國官陪位拜賀自依舊章其日內外二品清官以上詣止車門集

賀并詣東宮南門通牋別日上禮宮臣亦詣門稱慶如上臺之儀既冠之後尅日謁廟以弘尊祖之義此既大典宜通關八座承郎并下二學詳義僕射王奐等十四人議并同并撰立贊冠醮酒二辭詔可
伏曼容爲太子步兵校尉永明初王金輅建碧旂象大輅建赤旂曼容議以爲齊德尚青五輅牛及五色幡旗並宜以先青爲次軍容是月殿中侍御史賈玭殿中侍御史劉載狀內自漢朝初每遇內殿起居臺司定左右巡使先入起居後於殿廷左右立定百官始入起居有官失儀具彈奏者自今後欲依入閤彈

奏儀折腰奏候宣徽使言所奏知通事舍人喝拜兩拜訖使喝好去便退如兩廵使自有失儀亦候班退左廵使失儀右廵使彈奏右廵使失儀左廵使彈奏

世宗顯德五年閏七月一日御史臺奏文武百官每日赴朝參不到如是常朝不到於本官料錢上每貫罰二十二文如是内殿起居入閤行香出城衆集及非時慶賀御樓御殿横行參假不到並是倍罰臺司先榜幕次曉告本官限三日外即牒三司尅折如有故曾陳牒即將領由呈驗又十六愆條准元和二年十二月内御史臺奏文武常參官准乾元元年三月

勑如有朝堂相吊慰跪拜待漏行立失序談笑喧嘩入衙門執笏不端行立遲慢至班列行立不正趨拜失儀拜跪不俯伏舒腳穿班伏出閤門不即就班無故離位廊下食行坐失儀拜起振衣退朝不從正衙門出非公事入中書每犯者奪一月俸今商量此舊條各减一半如所由指揮尚或抵拒即准舊例錄奏貶降從之

同日御史臺由臺司見管四推臺一推臺二推殿一推殿二推或准勑命宣頭堂帖指揮送到公事并諸道州府論訴准例三人巳上三院御史從上輪次配推兼具差定推官名銜申奏申中書門下如是三人巳上即本彈推勘若四推者有公事外更有刑獄即差次官推勘兼便逐日輪差官吏臺直照簡刑獄同日御史臺申臺司或准勑命宣頭委臺司差官出外推勘刑獄臺司舊例於監察御史内從下差定如是特勑定名不拘此例

冊府元龜

册府元龜

巡按福建監察御史臣李嗣京　訂正

知閩縣事臣曹冉臣參閱

知建陽縣事臣黃國琦較釋

憲官部

彈劾

秦置御史之職掌舉察非法受公卿群吏奏事有違失舉劾之歷代因之以爲風憲之任故使專其搏擊重其威權蓋所以震肅外庭紀綱百辟者也乃有居是任者特禀剛毅之性内懷骨鯁之操嫉惡以自任

臨事而不或靡畏於疆禦無避於貴倖正言以斥其短露章以暴其過使恃寵者褫鬼懷姦者喪膽激揚風烈聳動倫類斯固足以稱專席之任光耗筆之選成繡衣直指之義振惠文彈治之業者也而漢初叔孫生之制禮亦曰御史舉不如儀者輒引去之東漢凡祠郊廟及大朝會大封拜則御史一人監威儀劾違失此又成廟庭之尊致禮容之肅故雖暴威武者亦知懼焉

漢張湯爲御史大夫時徐偃以博士使行風俗矯制度膠東魯國鼓鑄鹽鐵（鑄銅鐵扇熾火謂之鼓）還奏事徙爲太常丞湯劾偃矯制大害法至死偃以爲春秋之義大夫出疆有可以安社稷存萬民顓之可也湯以致其法不能詘其義有詔下終軍問狀軍詰偃曰古者諸侯國異俗分百里不通時有聘會之事安危之勢呼吸成變故有不受辭造命顓已之宜今天下爲一萬里同風故春秋王者無外偃巡封域之中稱以出疆何也且鹽鐵郡有餘藏（先有蓄積）正二國廢國家不足以爲利害而以爲安社稷存萬民爲辭何也又詰偃膠東南琅邪北接北海魯國西枕泰山東有海受鹽鐵偃度四郡口數田地率其用器食鹽不足以弃給二

郡邪將勢宜有餘而吏不能也何以言之偃矯制而鼓鑄者欲及春耕種贍民器也今魯國之鼓當先具其備（備者備言調度）至秋乃能舉火此言與實反者非（重問之）偃已前三奏無詔（不報聽也）不惟（惟思也）所爲不許而直矯作威福以從民望干名采譽（干求也采取也）此明聖所必加誅也枉直尺尋孟子稱其不可今所犯罪重所就者小偃自予必死而爲之邪予將幸誅不加欲以采名也偃窮詘服罪當死軍奏偃矯制顓行非奉使體請下御史徵偃即罪奏可上善其詰有詔示御史大夫

嚴延年爲侍御史宣帝立延年劾奏大將軍霍光擅

癈立主無人臣禮不道奏雖寢朝廷肅焉敬憚又劾大司農田延年持兵干屬車干犯也屬車天子後車也大司農自訟不干屬車事下御史中丞譴責延年何以不移書宮殿門禁止大司農而令得出入宮於是覆劾延年闌內罪人法至死故事有所劾奏並移宮禁止不得入覆反也反以此事劾之延年亡命

蓋寬饒宣帝時爲司隸校尉平恩侯許伯入第許伯皇太祖外祖也入第者治第新成始入居之丞相御史將軍中二千石皆賀寬饒不行許伯請之迺往酒酣樂作長信少府檀長卿起舞爲沐猴與狗鬬沐猴獮猴坐皆大笑寬饒不說因

起趨取劾奏長信少府以列卿而沐猴舞失禮不敬帝欲罪少府許伯爲謝良久帝迺解

王駿爲司隸校尉奏免丞相康衡初衡封僮之樂安鄉屬臨淮郡鄉本田提封三千一百頃南以閩伯爲界閩者伯之名也初元元年郡國誤以閩伯爲平陵伯積十餘歲封平陵伯在閩伯南誤以十餘歲衡乃始封此鄉臨淮郡遂封貞平陵伯以爲界多四百頃至建始元年郡迺定國界上計薄更定圖言丞相府衡謂所親吏趙商曰主簿陸賜故居奏曹習事曉知國界署集曹掾明年治計時衡問商國界事曾欲奈何商曰賜以爲舉計令郡實之舉發上計之簿令郡改從平陵伯以爲實定恐郡不肯從實可令家丞上書衡曰顧當得不耳何至上書顧念也亦不告曾使舉也聽曾爲之後賜與屬明舉計曰案故圖樂安鄉南以平陵伯爲界不足故而以閩伯爲界解何不足者不使故圖而滿足也解何者以分解此時意猶今言分疏意也郡卽復以四百頃付樂安國衡遣從使之僮收取所還田租穀千餘石入衡家駿與少府忠行廷尉事劾奏衡監臨盜所主守直十金以上十金以上當時律定罪之次若今律條言一尺以上一匹以下春秋之義諸侯不得專地所以大一統尊法制也衡位三公輔國政領計簿知郡實正國界計簿巳定而背法制專地盜

土以自益及賜明阿承衡意猥舉郡計亂減縣界猥曲也附下罔上擅以地附益大臣皆不道於是帝可其奏勿治丞相免爲庶人

王尊爲司隸校尉元帝時中書謁者令石顯貴幸專權爲姦邪丞相衡御史大夫張譚皆阿附畏事顯不敢言久之成帝卽位顯徙爲中大僕內當侍之屬官不復典權衡譚乃奏顯舊惡請免顯等尊於是劾奏丞相衡御史大夫譚位三公典五常九德五常仁義禮智信也九德寬而栗柔而立愿而恭亂而敬擾而毅直而溫簡而廉剛而塞強而義也事見虞書皋陶謨以總方略一統類廣教化美風俗爲職知中書謁者令顯等專

權擅勢大作威福縱恣不制無所畏忌爲海内害不以時白奏行罰而阿諛曲從附下罔上懷邪迷國無大臣輔政之義也皆不道在赦後衡譚舉奏顯不自陳不忠之罪而反揚著先帝任用傾覆之徒妄言百官畏之甚於主上卑君尊臣非所宜稱失大臣體又正月行幸曲臺臨饗罷衛士諸衛士更盡得代去故天子自臨而饗之衡與中二千石大鴻臚等賞會坐殿門下臣欽若等按百官表賞姓告衡南鄉賞等西鄉衡更爲賞布東鄉席起立延賞坐私語如食頃衡知行臨天子當臨饗士時百官共職萬衆會聚而設不正之席使下坐上相比爲小惠於中門

之下動不中禮亂朝廷爵秩之位衡又使官大奴入殿中問行起居還言漏上十四刻行臨到衡安坐不變色改容無怵惕肅敬之心驕慢不謹皆不敬有詔勿治於是衡慙懼免冠謝罪上丞相侯印綬天子以新郎位重傷大臣重難傷大臣也乃下御史丞奏問狀劾奏尊妄詆非欺謗赦前事猥歷奏大臣無正法節成小過以塗汙宰相摧辱公卿輕薄國家奉使不敬有詔左遷尊爲高陵令

翟方進爲丞相司直從上至甘泉宮會廷中司隸較尉陳慶與廷尉范延壽語時慶有章劾自道行事以贖論當祭泰時時行事有闕失罪合贖今尚書持我事來當於此決前我爲尚書時嘗有所奏事忽忘之留月餘言此者冀尚書忘已之事不奏方進於是舉劾慶曰慶等奉使刺舉大臣故爲尚書知機事周密一統明主躬親不解慶有罪未伏誅無恐懼心豫自設不坐之比比例也入暴揚尚書事言遲疾無所在虧損聖德之聰明奉詔不謹皆不敬既自云不坐又言遲疾無比之二條皆爲不敬臣謹以劾慶坐免官又故事司隸較尉位在司直下初除謁兩府兩府丞相及御史也其有所會居中二千石前與司直並迎丞相御史初方進新視事而涓勳亦初拜爲司隸不肯謁丞相御史

大夫後朝會相見禮節又倨方進陰察之勳私過光祿勳辛慶忌又出逢帝舅成都侯商道路下車立須過乃就車須待也於是方進舉奏其狀因曰臣聞國家之興尊尊而敬長爵位上下之禮王道綱紀春秋之義尊上公謂之宰海内無不統焉丞相進見聖主御坐爲起在輿爲下漢舊儀云皇帝見丞相起謁者贊稱曰皇帝爲丞相起起立乃坐皇帝在道丞相迎謁謁者贊稱曰皇帝爲丞相下車乃立升車群臣宜皆承順聖化以視四方勳吏二千石幸得奉使不遵禮儀輕慢宰相賤易上卿而又詘節失度邪諂無常私過新慶忌見王商而下專是邪諂色厲内荏墮國体墮毁也亂朝廷之序不宜處位

臣請下丞相免勳遂貶勳爲昌陵令
孫寶成帝時爲丞相司直帝舅紅陽侯立使客因南
郡太守李尚占墾草田數百頃隱度而取之也草田荒田也頗有
民所假少府陂澤略皆開發舊爲陂澤本屬少府其後以假百姓百姓皆已田之
而立總爲草田占云新自墾上書願以入縣官立上書云新墾得此田請以入官也有
詔郡平田予直受其田而準償價值也錢有貴一萬萬以上增於賈
價寶聞之遣丞相史案驗發其姦劾奏立上懷姦罔
上狡猾不道尚下獄死立雖不坐後兄大司馬衛將
軍商薨次當代商帝度立而用其弟曲陽侯根爲大司
馬驃騎將軍度過也過立而用根

解光爲司隸較尉哀帝卽位奏曲陽侯王根宗重身
尊三世據權五將秉政天下輻湊自效根行貪邪贓
累鉅萬縱横恣意大治室第第中起土山立市殿上
赤墀戶青瑣遊觀射獵使奴從者被甲持弓陳爲步
兵止宿離宮水衡共張發民治道百姓苦其役內懷
姦邪欲筦朝政推親近吏主簿張業以爲尚書蔽上
內塞王路外交藩臣驕奢僭上壞亂制度案根骨肉
至親社稷大臣謂先帝棄天下根不悲哀思慕山陵
未成公聘取故掖庭女樂五官殷嚴王飛君等五官內官
名也置酒歌舞捐忘先帝厚恩背臣子義及根兄子成
都侯況幸得以外親繼父爲列侯侍中不思報厚恩
亦聘取故掖庭貴人以爲妻皆無人臣禮大不敬不
道於是天子曰先帝遇根況父子至厚也今乃背忘
恩義以根嘗建社稷之策謂立哀帝爲嗣也遣就弟免況爲
庶人歸故郡根及況父商爲薦舉爲官者皆罷
陳崇爲丞相司直時陳遵爲河南太守而弟級爲荆
州牧當之官俱過長安富人故淮陽王外家左氏飲
食作樂後崇聞之劾奏遵兄弟幸得蒙恩超等歷位
遵爵列侯備以郡守級州牧奉使以舉直察枉宣揚
聖化爲職不正身自慎如遵初除乘藩車入閭巷藩車

之有屏者過寡婦左阿君置酒謳歌遵起舞跳梁頓仆坐
上暮因留宿爲侍婢扶卧遵知飲酒飫宴有節安食日飫
禮不入寡婦之門而湛酒混肴亂男女之別輕辱爵
位羞汙印韍韍謂印之組也惡不可忍聞臣請皆免
後漢鮑永建武十年爲司隸較尉光武叔父良遵威
貴重永以事劾良大不敬時良從送中郎將來歙喪
還入夏城門中與五官將軍相逢道迫良怒召門候
岑尊叩頭馬前永劾奏良曰今月二十七日車駕臨
故中郎將來歙喪還車駕過須臾趙王良從後到與
右中郎將張邯相逢城門中道迫狹叱邯旋車又召

侯岑尊詰責使前走數十步接見諸侯藩臣業恩人侍知尊帝城門侯吏六百石而肆意加怒令叩頭都道奔走馬頭前無藩臣之禮大不敬也由是朝廷肅然莫不戒慎

馬嚴章帝初爲御史中丞奏益州刺史朱酺揚州刺史倪說涼州刺史尹業等每行考事輒有物故又選舉不實曾無貶坐是使臣下得作威福也書奏帝納其言而免酺等官

宋意爲司隸校尉永元初大將軍竇憲兄弟貴盛步兵校尉鄧疊河南尹王調故蜀郡太守廉范等群黨

出入憲門負勢放縱意隨違舉奏無所迴避由是與竇氏有隙

陳忠爲尚書安帝永寧元年西南夷撣國王獻樂及幻人能吐火自支解易牛馬頭明年元會作之於庭帝與群臣共觀大奇之諫議大夫陳禪獨離席舉手大言曰昔齊魯爲夾谷之會齊作侏儒之樂仲尼誅之又曰放鄭聲遠佞人帝王之庭不宜設夷狄之技忠劾奏禪曰古者合歡之樂舞於堂四夷之樂陳於門故詩云以雅以南靺任朱離今撣國越流沙踰縣度萬里貢獻非鄭衛之聲佞人之比而禪言廷訕朝政請劾禪下獄有詔勿收左轉爲玄菟候城障尉詔敢不之官上妻子從者名禪旣行朝廷多訟之

張綱爲御史順帝漢安元年選遣八使循行風俗皆耆儒知名多歷顯位唯綱年少官次最微餘人受命之部而綱獨埋其車輪於雒陽都亭曰豺狼當道安問狐狸遂奏曰大將軍冀河南尹不疑蒙外戚之援荷國厚恩以芻蕘之資居阿衡之任不能敷揚五教翼贊日月而專爲封豕長蛇肆其貪叨甘心好貨縱恣無底多樹諂諛以害忠良誠天威所不赦大辟所宜加也謹條其無君之心十五事斯皆臣子所切齒

者也書御京師震竦（御進也）將冀妹爲皇后內寵方盛諸梁姻族滿朝帝雖知綱言直終不忍用

种暠順帝末爲侍御史時所遣八使光祿大夫杜喬周舉等多所糾奏而大將軍梁冀及諸宦官互爲請救事皆被寢遏暠自以職主刺舉志案姦違法乃復劾諸爲八使所舉蜀郡太守劉宣等罪惡章露宜伏歐刀又奏請勑四府條舉近臣父兄及知親爲刺史二千石尤殘穢不勝任者免遣案罪帝乃從之

陳翔爲侍御史時正旦朝賀大將軍梁冀威儀不整奏冀恃貴不敬請收案罪時人奇之

虞詡爲司隸校尉數月間奏大傅馮石太尉劉熹中
常侍程璜陳秉孟生李閏等
韓演爲司隸校尉時中常侍新豐侯單超武原侯徐
璜東武陽侯具瑗上蔡侯左悺汝陽侯唐衡五侯宗
族賓客虐偏天下民不堪命起爲寇賊演因奏悺罪
惡及其兄太僕南鄉侯稱請託州郡聚斂爲姦賓客
放縱侵犯吏民悺稱皆自殺演又奏瑗兄沛兒弟相
恭贓罪徵詣廷尉瑗詣獄謝上還東武陽侯印綬詔
貶爲都鄉侯卒於家超及璜衡襲封者並降爲鄉侯
租入歲皆三百萬子弟分封者悉奪爵土

朱穆桓帝時爲侍御史値帝臨辟雍行禮畢公卿出
虎賁置弓階上公卿下堦皆避弓穆過呵虎賁曰執
天子器何故投於地虎賁怖卽攝弓穆劾奏虎賁抵
罪公卿皆慙曰朱御史可謂臨事不惑者也
晉何曾魏嘉平中爲司隸校尉撫君校事尹謨憑寵
作威姦利盈積朝野畏憚莫敢言曾劾奏朝廷稱之
劉毅爲司隸校尉皇太子朝鼓吹將入東掖門毅以
爲不敬止之於門外奏劾保傅以下詔赦之然後得
入又劾奏何曾侈汰無度帝以曾重臣一無所問又
護軍羊琇乘車羊爲教所奏武帝詔曰羊車雖無制
非素者所服免官
劉享爲都官從事奏何曾華侈以銅鈎紖車瑩牛
蹄角
侯史光爲御史中丞太保三祥久疾廢朝光奏請免
之詔優祥而寢光奏
崔洪武帝世爲御史治書時長樂馮恢父爲弘農太
守愛少子淑玉以爵傳之恢父終服闋乃還鄉里結
草爲廬陽瘖不能言淑得襲爵恢始仕爲博仕祭酒
散騎常侍翟嬰薦恢高行邁俗侔繼古烈洪奏恢不
敦儒業令學生番直左右雖有讓恢微善不得稱無

倫輩嬰爲浮華之目遂免嬰官朝廷憚之
傅祗爲司隸校尉武帝時荆州刺史石崇得鴆鳥雛
以與後軍將軍王愷時制鴆鳥不得過江祗糾劾奏
詔原之燒鴆於都街
傅咸爲尚書左丞時司隸荀愷從兄喪自表赴哀詔
聽之而未下愷乃造楊駿咸奏曰死喪之戚兄弟孔
懷同堂亡隕方在信宿聖恩矜愍聽使臨喪詔未下
而便以行造急諂媚之敬無友于之情宜加顯貶以
隆風教帝以駿管朝政有詔不問駿甚憚之後爲議
郎長兼司隸校尉時朝廷寬弛豪右放恣交私請託

朝野洶洶咸奏免河南尹澹左將軍倩廷尉光兼河南尹何攀等京都肅然貴戚攝伏咸以聖人久於其道天下化成是以唐典三載考績九年黜陟其在周禮三年大比孔子亦云三年有成而中間以來長史到官未幾便遷百姓困於無定吏卒疲於送迎時僕射王戎兼吏部咸奏戎備位台輔兼掌選舉不能謐靜風俗以凝庶績至令人心傾動開張浮競中郎李重李義不規相請免戎等官詔曰政道之本誠宜久於其職咸稱是也戎職在論道吾所崇委其解禁止王戎爲甲午制凡選舉皆先治百姓然後受用咸奏戎日書稱三載考績三考黜陟幽明今內外羣官居

職未朞而戎奏還旣未定其優劣且送故迎新相望道路巧詐逓生傷農害政戎不仰依堯舜典謨而驅動浮華虧敗風俗非徒無益乃有大損宜免戎官以敦風俗戎舉賈郭通親竟得不坐御史中丞解結以咸劾戎爲違典制越局侵官干非其分奏免咸官詔亦不舉咸上事以爲按臨御史中丞督司百僚皇太子以下其在行馬內有違法憲者皆彈糾之雖在行馬外而監司不糾亦得奏之如令之文行馬之內有違法憲謂禁防之事耳宮內禁防外司不得而行故專施中丞今道路橋梁不修鬬訟屠沽不絕如此之比中丞推責州坐郎令所謂行馬內語施於禁防旣云中丞督司百僚矣何復說行馬之內乎旣云百僚而不得復說行馬內外者禁防之事已於中丞說之故也中丞司隸俱糾皇太子以下則共對司內外矣不爲中丞專司內百僚自有中丞司隸以來更互奏內外衆官惟所糾得無內外之限也而結一旦横挫臣臣前所以不羅縷者冀因結奏得從私願也今旣所願不從而敕云但爲過耳非所不及也以此見原臣忝直繩之任宜當正已率人若其有過不敢受原是以申陳其愚司隸與中丞俱共糾皇太子以下則從皇太子以下無所不糾也得糾皇太子而不得糾尚書臣之闇塞旣所未譬皇太子爲在行

馬之內邪皇太子在行馬之內而得糾之尚書在行馬之內而不得糾無有此理此理昭然而結以此挫臣臣可無恨耳其於觀聽無乃有怪邪臣識石公前在殿上脫衣爲司隸荀愷所奏先帝不以爲非于時莫謂侵官今臣裁糾尚書而當有罪乎咸累自上稱引故事條理昭然朝廷無以易之

劉暾爲侍御史時司徒王渾主簿劉輿獄辭連暾將收廷尉渾不欲使府有過欲距劾自舉之輿暾更相曲直渾怒便遜位還第暾乃奏渾曰謹按司徒王渾蒙國厚恩備位鼎司不能上佐天日調和陰陽下遂

萬物之宜使卿大夫各得其所敢因劉輿距扞詔使
私欲太府輿長獄訟昔陳平不答漢文之問丙吉不
問死人之變誠得宰相之體也旣與刑獄愆懟而退
舉動輕速無大臣節請免渾官右長史楊立亭侯劉
肇便辟善柔苟於阿順請大鴻臚削爵土諸閫職奏
者皆歎美之璥後爲左丞兼侍御史中丞奏免尚書
僕射東安公繇及王粹董艾等十餘人朝廷嘉之遷
司隸校尉奏免武陵王澹及何綏劉𢘿温畿李胆等
顧和爲御史大夫中丞劾奏尚書左丞戴抗贓百萬
付法議罪幷免尚書傳玩郎劉傭官百僚憚之

温嶠爲司隸都官從事散騎常侍庾敳有重名而頗
聚歛嶠舉奏之京都震肅
張輔爲侍御史中丞時積弩將軍孟觀與明威將軍
郝彥不協而觀因軍事害彥又賈謐潘岳石崇等共
相引重及義陽王威有詐冒事輔並糾劾之
傅宣爲御史中丞東海王越誅繆播王延等皆上依
劉輿之謀延愛妾荆氏有音伎延尚未殯輿便聘之
未及迎又爲大傅從事中郎王俊所爭奪宣劾奏之
越不問輿而免俊官
熊遠轉御史中丞時尚書刁協用事衆皆憚之尚
書郎盧綝將入直遇協於大司馬門外協醉使綝
避之綝以當直不肯廻協令䧺捽墮馬至協車前而
後釋遠奏請免協官詔令白衣領職
劉隗遷丞相司直委以刑憲時建康尉收護軍士而
爲府將篡取之隗奏免護軍將軍戴若思官世子文
學王籍之居叔母喪而婚隗奏之帝下令曰詩稱殺
禮多婚以會男女之無夫家正今日之謂也可一解
禁止自今以後宜爲其防東閤祭酒顏含在叔父喪
嫁女隗又奏之廬江太守梁龕明日當除婦服今日
請客奏伎丞相長史周顗等三十餘人同會隗奏曰

夫嫡妻長子皆杖居廬故周景王有三年之喪旣除
而宴春秋猶譏況龕匹夫暮宴朝祥慢服之愆宜肅
喪紀之禮請免龕官削侯爵顗等知龕有喪吉會非
禮宜各奪俸一月以肅其違從之祖約爲從事中郎
典選舉約妻無男而姓妬約亦不敢違忤嘗夜寢於
外忽爲人所傷疑其妻所爲約求去職帝不聽約便
從右司馬營東門私出隗劾之曰約幸荷殊寵顯位
選曹銓衡人物衆所具瞻當敬以直内義以方外杜
漸防萌式遏寇害而乃變起蕭墻患生婢妾身被刑
傷虧其膚髮群小噂沓囂聲遠被塵穢清化玷累明

時天恩含垢猶復諭慰而約違命輕出既無朔知以
保其身又孤恩蔑命宜加貶黜以塞衆謗帝不之罪
隗重加執據終不許丞相行參軍宋挺本揚州刺史
劉陶門人陶亡後挺聚陶愛妾以爲小妻建興中挺
又割盜官布六百餘疋正刑棄市遇赦免而奮武將
軍阮抗請爲長史隗劾奏曰挺蔑其死主而專其室
悖在三之義傷人倫之序當投之四裔以禦魑魅請
除挺名禁錮終身而奮武將軍太山太守阮抗請爲
長史抗締交經武剖符東藩當庸勳忠良昵近仁賢
而褒求贓汚舉頑用嚚請免抗官下獄理罪奏可而

挺病死隗又奏符旨挺已喪亡不復追貶愚惷意闇
未達斯義昔鄭人斲子家之棺漢明追討史遷經傳
褒貶皆追書先世數百年間非徒區區欲釐當時亦
將作法垂於來世當朝亡夕沒便無善惡也請曹如
前追除挺名爲民錄妾還本顯證惡人班下遠近從
之南中郎將王含以族彊貴驕傲自恣一請參佐及
守長二十許人多取非其才隗劾奏文致甚苦事雖
被寢王氏深忌疾之而隗之彈奏不畏彊禦皆此類
也建興中丞相府斬督運令史淳于伯而血逆流隗
又奏曰古之爲獄必察五聽三槐九棘以求民情雖

明庶政不敢折獄死者不可復生刑者不可復續是
以明王哀矜用刑曹參去齊以獄市爲寄自頃蒸荒
殺戮無度罪同斷異刑罰失宜謹案行督運令史淳
于伯刑血著柱遂逆上終極柱末二丈三尺旋復下
流四尺五寸百姓諠譁士女縱觀咸曰其冤伯息忠
訴辭稱枉云伯督運訖去二月事畢代還無有稽乏
受賕使役罪不及死軍是戍軍非爲征軍以乏軍興
論於理爲枉四年之中供給運漕凡諸徵發租調百
役皆有稽停而不以軍興論至於伯也何獨明之捶楚
之下無求不得四人畏痛飾辭應之理曹國之典刑

而使忠等稱冤明時謹按從事中郎周莚法曹參軍
劉胤屬李正幸荷殊寵並登列曹當思敦奉政道詳
法慎殺使兆庶無枉人不稱訴而令伯枉同周音冤
魂哭於幽都訴靈恨於黃泉嗟歎甚於杞梁血妖過
於壞城故有隕霜之人夜哭之鬼伯有晝見彭生爲
豕刑殺失中妖眚並見以古況今其揆一也皆由莚
等不勝其任請皆免官於是右將軍王導等上疏引
咎請解職帝曰刑政失中皆吾闇塞所由尋示愧懼
思聞忠告以補其闕而引過求退豈所望也由是導
等一無所問隗遷御史中丞周嵩嫁女門生斷道解

盧砍傷二人建康左尉赵變又被斫隗劾嵩兄吏部
尚書顗曰顗幸荷殊寵列位上僚當崇明憲典協和
上下刑于左右以御于家邦而乃縱肆小人群爲宄
害公於廣都之中白日刄尉遠近詾赫百姓讙譁虧
損風望漸不可長旣無大臣簡御之節不可對揚休
命宜加貶黜以肅其違顗坐免官
卞壼爲御史中丞忠於事上權貴屏跡時淮南小中
正王式繼母前夫終更適式父式父終喪服訖議還
前夫家前夫家亦有繼子奉養至終遂合葬於前夫
式自云父臨終母求去父許諾於是制出母齊衰朞

壼奏曰就如是父臨終許諾必也正名依禮爲無所
據若父有命須顯七出之責當存時棄之無緣以絕
義之妻留家制服若式父臨困謬亂使去留自由者
此必爲相要以非禮則存亡無所得從式宜正之以
禮魏顆父命不從其亂陳乾昔欲以二婢子殉其子
以非禮不從春秋禮記善之並以妾媵猶正以禮況
其母乎式母於夫生事奉終非爲旣絕之妻夫亡制
服不爲無義之婦自云守節非爲更嫁離絕之斷在
夫沒之後夫之旣沒是其從子之日而式以爲出母
此母以子出也致使存無使客居沒無所託也寄命
於它人之門埋尸於無名之冢若式父亡後母尋沒
於式家必不以爲出母明矣許諾之命一耳以爲母
於同居之時至沒前子之門而不以爲母此爲制離
絕於二居裁出否於意斷離絕之斷非式而誰假使
二門之子皆此母之生母戀前子求去求絕非禮於
後家還反又非禮於前門去不可去還不可還則爲
無寄之人也式必內盡規諫外極防閑不絕明矣何
至守不移於至親略情禮於假繼乎繼母如母聖人
之教式爲國士閨門之內犯禮違義開闢未有於父
則無追亡之善於母則無孝敬之道存則去留自由

亡則合葬路人可謂生事不以禮死葬不以禮者也
虧損世教不可以居人倫銓正之任案侍中司徒臨
潁公組敷宣五教實在任人而含容違禮曾不貶黜
揚州大中正侍中平望亭侯㬌淮南大中正散騎侍
郎弘顯執邦論朝野取信曾不能率禮正違崇孝敬
之教並爲不勝其任請以見事免組㬌弘官大鴻臚
削爵土廷尉結罪疏奏詔特原組等式付鄉邑清議
廢棄終身
鍾雅成帝初爲御史中丞時國喪未朞而尚書梅陶
私奏女妓雅劾奏曰臣聞放勳之殂八音遏密雖在

凡庶僉能三載自茲以來歷代所同肅祖明皇帝棄背萬國尚未朞月聖王縞素泣血臨朝百僚慘𢥞動無歡容陶無大臣忠慕之節家庭侈靡聲妓紛葩絲竹之音流聞衢路宜加放黜以整王憲請下司徒論正清議穆后臨朝特原不問雅直法繩違百僚憚之

司馬恬爲御史中丞值海西廢簡文帝登祚未解嚴大司馬桓溫屯中堂吹警角恬奏劾溫大不敬請科罪溫視奏嘆曰此兒乃敢彈我真可畏也恬忠正有幹局在朝彈之

江績爲御史中丞王恭將伐譙王尚之先遣何澹之

孫無終向句容左衛將軍桓修以左衛領振武將軍與輔國將軍陶無忌距之修次句容俄而恭敗無終遣書求降脩既旋軍而楊佺期已至石頭時朝廷無備內外惶駭脩進說曰殷桓之下專恃王恭恭既破滅莫不失色今若優詔用玄玄必內喜則能制仲堪佺期使並順命朝廷納之以修爲龍驤將軍荊州刺史假節權領左衛文武之鎮又令劉牢之以千人送之轉仲堪爲廣州修未及發而立等盟於潯楊求誅牢之尚之弁訴仲堪無罪獨被降黜於是詔復仲堪荊州績奏脩承受楊佺期之言交通信命宣傳不盡以爲身計疑誤朝算收付廷尉特詔免官

褚粲爲御史中丞中書令中領軍王國寶與會稽王道子恃威權扇動內外及弟忱卒國寶自表求解職迎母并奔忱喪詔特賜假而盤桓不時進發爲粲所奏國寶懼罪衣女子衣託爲王家婢詣道子告其事道子言之於帝故得原後驃騎將軍王徵請國寶同讌國寶素驕貴使酒怒尚書左丞祖台之攘袂大呼以盤盞樂器擲台之台之不敢言復爲粲所彈詔以國寶縱肆情性甚不可長台之懦弱非監司體並坐免官

王禎之爲御史中丞司馬休之爲荊州刺史桓振襲江陵休之戰敗出奔襄陽寧朔將軍張暢之高平相劉懷肅自汚攻振走之休之還鎮禎之奏休之失戍免官朝廷以豫州刺史魏詠之代之徵休之還京師

阮歆之爲御史中丞後將軍司馬休之與尚書虞嘯父犯禁嬉戲歆之奏劾休之降號征虜將軍

宋鄭鮮之在晉爲御史中丞外甥劉毅權重當時朝野莫不歸附鮮之盡心高祖獨不屈意於毅毅甚恨然義熙六年鮮之使治書侍御史丘洹奏彈毅曰上言傳詔羅道盛輒開箴遂盜發密事依法棄市奏報

行刑而敎以道盛身有侯爵輙停宥筞敎勲德光重任居次相旣殺之非巳無緣生之自由又奏之於先而弗請於後閫外出疆非此之謂中丞鮮之於敎男甥制不相糾臣請免敎官詔無所問

王弘宋國初建爲尚書右僕射奏彈謝靈運曰臣聞王假有家垂訓大易作威專戮致戒周書斯典或違刑兹無赦世子左衛率康樂縣公臣謝靈運力人桂興淫其嬖妾殺輿江濵棄尸洪流四發京畿播聞遐邇宜加重劾肅正朝風案世子左衛率康樂縣公謝靈運過蒙恩奬頻承榮授聞禮知禁爲日巳久而不

能防閑閫闈致兹紛穢罔顧憲軌忿殺自由此而勿治典刑將替請以見事免靈運所居官上臺削爵土收付大理治罪御史中丞都亭侯王准之顯居要任邦之司直風聲噂喈曾不彈舉若知而弗糾則情法斯撓如其不知則尸昧巳甚豈可復預清階式是國憲請免所居官以侯還散輩中內臺舊體不得用風聲舉彈此事彰赫曝之朝野執憲蔑聞群司循舊國典旣頹所虧者重臣弘忝承人乏位副朝端若復謹守常科則終莫之糾正所以不敢拱默自同秉彝違舊之愆伏須准裁高祖令曰靈運免官而巳餘如奏端右簡正風軌誠副所期豈拘常儀自今爲永制

孔琳之爲御史中丞奏劾尚書令徐羡之曰臣聞事上以奉憲爲恭臨下以威嚴爲整然後朝典惟明莅衆必肅斯道或替則憲綱其頹臣以今月七日預皇太子正會會畢車去逬猥臣停門待闕有何人乘馬當臣車前收捕驅遣命去何人罵詈收捕諮審欲錄臣尚慮有紛紜語令勿問而何人獨罵不止臣乃使錄何人不肯下馬連叫大喚有兩威儀走來擊臣收捕尚書令省事倪宗又牽威儀手力擊臣下人宗云中丞何得行兇敢錄令公人凡是中丞收捕威儀悉

皆縛取勑臣下人一不得鬬凶勢輙張有頃乃散又有群人就臣車側錄收捕樊馬子於行棨馬子頃伏不能還臺臣自錄非本無對較而宗敢乘勢凶恣篡奪罪身尚書令臣羡之與臣列車紛紜若此或云羡之不禁或云羡之禁而不止縱而不禁旣乖國憲禁而不止又不經通陵犯監司凶聲章赫容縱宗等曾無糾問虧損國威無大臣之體不有准繩風軌何寄羡之內居朝右外司輦轂位任隆重百辟所瞻而不能弘惜朝章肅是風軌致使宇下縱肆凌暴憲司凶赫之聲起自京邑所謂巳有短垣而自踰之又宗爲

簒奪之主縱不糾問二三虧違宜有裁貶請免羨之所
居官以公還第宗等簒奪之愆已屬掌故御史隨事
簡處詔曰小人難可簡御司空無所問餘如奏羨之
任居朝端不欲以犯憲示物時羨之領揚州刺史琳
之弟璩之爲治中羨之令解釋琳之停寢其事琳之
不許璩之固陳琳之謂曰我觸忤宰相正當罪止一
身汝必不應從坐何須勤勤邪自是百寮震肅莫敢
犯禁
荀赤松爲尚書左丞顔延之爲國子祭酒司徒左長
史坐啓買人田不肯還直赤松奏之曰求田問舍前

賢所鄙延之唯利是視輕買陳聞依傍詔恩拒捍餘
直附及周年猶不畢了昧利苟得無所顧忌延之昔
坐事屏斥復蒙抽進而曾不悛革怨誹無已交遊闒
茸沉迷麴櫱横興議謗詆毀朝士仰竊過榮增憤薄
之性私恃顧盼成彊梁之心外示寡求内懷奔競干
祿祈遷不知已極預讌班觴肆罵上席山海含容每
存遵養愛兼彫虫未忍遐棄而驕放不節日月彌著
臣聞聲聞過情孟軻所恥況聲非外來聞由已出雖
心智薄劣而高自比擬客氣虚張曾無愧畏豈復弼
亮五教增曜台階請以延之訟田不實妄干天聽以
彊凌弱免所居官詔可
何承天爲御史中丞謝元爲尚書左丞太尉江夏王
義恭歲給資費錢三千萬布五萬疋米七萬斛義恭
素奢侈用甞不充元嘉二十一年逆就尚書換明年
資費而舊制出錢二十萬布五百疋以上並應奏聞
元輒命議以錢二百萬給太尉事發覺元乃使令史
取僕射孟顗命元時新除太尉諮議參軍未拜爲承
天所糾帝大怒遣元長歸田里禁錮終身元時又舉
承天賣茭四百七十束與官屬求貴價承天坐白衣
領職

劉瑀爲御史中丞瑀使氣尚人爲憲司甚得志彈蕭
惠開云非才非望非勲非地彈王僧達云廕籍高華
人品冗末朝士莫不畏其筆端
蔡准爲治書御史泰始二年西討解嚴車駕還宮徐
孝嗣登殿不著靺准奏罰金二兩
袁豹爲御史中丞時鄱陽縣侯孟懷玉上母檀拜國
太夫人有司奏許豹以爲婦人從夫之爵懷玉父大
司農綽見居列卿妻不宜從子奏免尚書右僕射劉
柳左丞徐羨之郎何邵之官詔並贖論

冊府元龜

巡按福建監察御史臣李嗣京訂正
知甌寧縣事臣孫以敬參閱
知建陽縣事臣黄國琦較釋

憲官部

彈劾第二

南齊任遐爲左丞太祖建元元年驃騎諮議沈憲等坐家奴客爲刼子弟被刼憲等晏然御史中丞陸澄不糺遐奏請免澄官澄上表自理曰周稱舊章漢言故事爰自河維降逮淮海朝之憲度動尚先准若乃

任情違古率意專造豈謂酌諸故實擇其茂典案遐遷啓彈新除諮議參驃騎大將軍軍事沈憲太子庶子沈曠并弟恩勑付建康而憲被使曠受假俱無歸罪事狀臣以不糺憲等爲失伏尋晉宋左丞案奏不乏於時其及中丞者從來殆無王獻之習達朝章近代之宗其爲左丞彈司徒屬王濛憚罰自觧屬疾游行初不及中丞桓秘不奔山陵左丞鄭襲不彈秘宜彈中丞孔欣時又云別攝蘭臺簡較此徑彈中丞之謂唯左丞庾登之奏鎮北檀道濟北伐不進致虎牢陷沒蕃岳宰臣引咎謝書而責帥之劾曾莫奏聞議收治道濟免中丞何萬歲失山陵情敬之極北伐專征之大秘覇季之責道濟元勲之盛所以咎及南司事非常憲然秘事猶非及中丞也今若以此爲例恐人之貴賤事之輕重物有其倫不可相方左丞江奥彈段景文又彈裴方明左丞甄法崇彈蕭珍又彈杜驥又彈段國又彈范文伯左丞羊玄保彈蕭汪左丞尹景熈史遺兩彈左丞何天彈呂萬齡並不歸罪皆爲重劾凡兹十彈差是憲曠之比悉無及中丞之文左丞荀萬秋劉藏江謐彈王僧郎王雲之陶寶度不及中丞最是近例之明者謐彈在今龕黎之後事行聖炤

遠取十奏近徵二案自宜依以爲体豈得捨而不遵臣竊膺承乏謬奉國憲今遐所糺旣行一時若黙而不言則向爲來准後人被繩方當追誚素飡之責貽塵千載所以脩舉顯例弘通國典雖有愚心不在徼躬請出臣表付外詳議若所陳非謬裁蹤天監鑒詔委外詳尚書令褚淵奏宋世左丞荀學彈彭城令單道欣等坐男刼累發不禽免道欣等官中丞王准不糺亦免官左丞羊玄保彈豫州刺史管義之譙梁群咨免義之官中丞傳隆不糺亦免隆官左丞羊玄保又彈兖州刺史鄭從之濫上布及加課租綿免從之

中丞傳隆不糺免隆官左丞陸展彈建康令丘珍孫
丹陽尹孔山士刼發不禽免珍孫山士官中丞何勗
不糺亦免勗官左丞劉𤍠彈青州刺史劉道隆失火
燒府庫免道隆官中丞蕭惠開不糺免惠開官左丞
徐爰彈左衞將軍薛安都屬疾不直免安都官中丞
張永結不糾亦免永結官澄讜聞庸見貽撓後昆上
掩皇明下籠朝識請以見事免澄所居官詔曰澄表
擬多謬不足深劾可白衣領職
孔稚珪爲御史中丞武帝永明十一年王奐爲鎮北
將軍雍州刺史輒殺寧蠻長史劉興祖帝大怒稚珪

奏其事曰雍州刺史王奐啓錄小府長史劉興祖虛
稱興祖扇動山蠻規生逆謀誣言誹謗言辭不遜勑
使送興祖下都奐慮所啓欺妄於獄打殺興祖詐啓
稱自經死止今体傷撻創譙事曝聞聽攝興祖門生
劉倪到臺辨問列興祖與奐共事不能相和自去年
朱公恩領軍征蠻失利興祖啓聞以啓呈奐奐因此
便相嫌恨若云興祖有罪便應事在民間民聞恬然
都無事迹去十年九月十八日奐使仗身三十人來
稱勑錄興祖付獄安定郡蠻先在郡藏私興祖旣知
其取與郎牒啓奐不問興祖後執錄奐仍令蠻領伏
身於獄守視興祖未死之前於獄以物畫漆柈子中
出密報家道無罪令啓乞出都一辦萬死無恨又云
奐驅興祖嚴禁信使欲作方便殺以除口舌又云奐
意乃可奐第三息彪隨奐在州凡事是非皆干豫扇
構密害興祖又云興祖家餉糜中下藥食兩口便覺
迴乞獄子食者皆大利興祖大叫道糜中有藥近獄
之家無人不聞又云奐治着興祖曰急判無濟理十
一月二十一日奐使獄吏來報興祖家道興祖於獄
自經死尸出家人共洗浴之見興祖頸下有傷肩胛
烏黳陰小破碎實非興祖自經死家人及門義共見

非是一人重攝簡雍州都留田文喜列與倪符同狀
興祖在獄嘆苦望聞旣蒙降旨欣願始通豈容於此
方復自經勑以十九日至興祖以二十一日死推理
簡迹灼然矯假辱勑使送下奐輒拒詔所謗諸條悉
出奐意毁故丞相陳顯達誹訕朝事莫此之深彪私
隨父之鎮敢亂王法罪合竝窮戮從之
沈昭略爲左丞永明中建康令蕭誕與秣陵令司馬
廸之同乘行車前導四卒昭略奏凡有鹵薄官共乘
不得兼列騶等請免誕等官詔贖論
徐孝嗣爲御史中丞永明中富陽人唐寓之聚黨攻

陷郡縣守宰多奔敗寓之旣平孝嗣奏曰風聞山東羣盜剽掠列城雖不日而殄要覽千王略郡縣闕攻守之宜倉府多侵耗之弊舉眷懲惡應有攸歸侯郡所領盐官令蕭元蔚桐盧令王天愍新城令陸赤奮等縣爲自刼破掠竝不經格戰委職散走元蔚天愍還臺赤奮不知所在又錢唐令劉彪富陽令何珣乃率領吏民拒戰不敵未委歸臺餘建德壽昌在劫斷上流不知被刼掠不吳興所領餘抗縣被刼令樂琰乃率吏民斷戰不敵委走出都會稽所領諸暨縣爲刼所破令陵居之不經格戰委城奔走不知所在案

元蔚等妄藉天私作司近服昧斯隱慝職啓虔劉會稽郡丞張思祖謬因承乏摠任是尸涓誠蔑效終焉無紀平東將軍吳郡大守文季征虜將軍吳興太守西昌侯鳥任屬闗河威懐是寄輙下禁止彪琰珣思祖文季視事如故鸞等結贖論詔元尉等免思祖鸞文季原孫緬爲左丞儀曹郎張融請假奔叔父喪道中罰幹錢敬鞭杖五十寄繫延陵獄大明五年制二品清官行僮幹杖不得出十融爲緬所奏免官

梁江淹齊少帝初爲御史中丞時明帝作相因謂淹曰君昔在尚書中非公事不妄行在官寛猛能折衷今爲南司足以震肅百寮淹荅曰今日之事可謂當官而行便恐才劣志薄不足以仰稱明旨耳於是彈中書令謝朏司徒左長史王績護軍長史庾弘遠竝以久疾不預山陵公事又奏收益州刺史劉悛梁州刺史陰智伯竝贓貨巨萬收付廷尉治罪臨海太守沈昭略永嘉太守庾臺隆及諸郡二千石并大縣官長多被劾治內外肅然

任昉爲御史中丞天監四年夏高祖讌於華光殿謂羣臣曰朕日昃聽政思聞得失卿等可謂多士宜各盡猷替尚書左丞范鎮起曰司徒謝朏本有虛名陛

下擢之如此前尚書令王亮頗有治實陛下棄之如彼是愚臣所不知帝變色言卿可更餘日鎮固執不巳帝不悅昉因奏曰風聞尚書左丞臣范鎮自晉安還語人云我不諂餘人唯諂王亮不餉餘人唯餉王亮輙收鎮自從左右萬休到臺辨問與風聞符同又今月十日御餞梁州刺史臣珍國宴私旣洽羣臣竝巳謁退時詔留侍中丞昂等十人訪以政道鎮不荅所問而橫議沸騰遂毀裁司徒臣朏舉庶人王亮臣于時預奉恩留竝耳目所接差非風聞之牽王游有豫親御軒陛義深推轂情優湛露酒闌宴罷當戾正

立記事在前記言在後貽早朝之念深求瘼之情而
錚言不遜妄陳保貶傷濟之風鈇側席之望不有
嚴裁憲准將鈇鑕即王臣謹案尚書左丞臣范鎮衣
冠緒餘言行舛駁誇諸里落喧詬周行曲學謏聞未
知去代羨口鳴舌祇足飾非乃者義師近次鎮丁離
艱棘曾不呼問墨縗景附頗同先覺實奉龍顔而今
黨協覺餘黐爲矛楯人亦無嘗成茲奸詖且飲至策
勳功徵賞厚出守名邦入司管轄苞篚罔遺而假稱
折轅衣裾所繫而讒激失所詩與庇廢廷辱民宗自
居樞憲繩奏寂漠顧望縱容無至公之識惡自醜正

有私許之談所宜寘之徽纆肅正國典臣等叅議請
以見事免鎮所居官輒勒外收付廷尉法獄治罪結
諸連逮委之獄官以法制從事鎮位應黄紙臣輒奉
白簡詔聞可璽書語鎮曰亮少乏才能無聞時輩昔
經冐入羣英相與蚩薄晚節諂事江祐爲吏部末又
協附梅虫兒茹法珍遂執昏政比屋離禍盡家塗炭
四海沸騰天下橫潰此誰之咎食亂君之祿不死於
世治亮協固凶黨作威作福靡衣玉食女樂盈房勢
危事逼自相吞噬建函首題啓靡曾請罪朕錄其白
旗之來貫其既往之咎亮反覆不忠姦賄彰暴有何
可論妄相談述具以狀對所許十條鎮荅支離而已
又征虜將軍蕭頴達乞魚軍稅昉奏彈曰臣聞貪觀
所取窮視不爲在於布衣窮居能敎此行尚可激貪
厲俗停此薄夫況乎伐冰之家爭雞豚之利衣繡之
士受賈人之服風聞征虜將軍臣蕭頴達啓乞魚軍
稅輒攝頴達宅督彭難當到臺辨問列稱尋生魚典
稅先本是鄧僧琰啓乞限訖今年五月十四日主人
頴達于時謂非新立仍啓乞接代僧琰即蒙降許登
稅與史法輪一年收直五十萬如其列狀則與風聞
符同頴達即主臣謹案征虜將軍太子左衛率作唐

縣開國侯臣頴達備位大臣預聞執憲私謁丞陳至
公寂寞居守之志異乎鮑肆之求魚飧之資不侔潛
有之數遂復申茲文二追彼十一風體若茲準繩斯
在陛下弘借勳良每爲曲法臣當官執憲敢不直繩
臣等叅議請以見事免頴達所居官以侯還第有詔
原之
元魏圖司州刺史蔡道恭城中負版而沒郢州刺史
曺景宗望門不出但縱軍遊獵而已司州城陷昉奏
劾之高祖以功臣寢而不治
虞曒爲治書侍郎御史伏暅爲永陽內史在郡清絜

徙爲新安太守清恪如永陽時徵爲國子博士領長水校尉時始與內史何遠累著清績高祖詔擢爲黃門侍郎俄遷信武將軍監吳郡暅自以名輩素在遠前爲吏俱稱廉白遠累見擢暅階而已矣意望不滿多託疾居家尋求假到東陽迎妹喪因留會稽築宅自表觧帝詔以爲豫章內史暅乃拜疇奏曰臣聞失忠與信一心之道以虧貌是情非兩觀之誅宜及豈有凌犯名教要習君親而可緯俗經邦者也風聞豫章內史伏暅去歲啓假以迎妹喪爲辭因停會稽不大入東之始貨宅賣車以此而推則是本無還意暅

歷典二邦少免貪濁此自爲政之本豈得稱功常謂人才品望居何遠之右而以請見擢名位轉隆暅深誹怨形於辭色興居歎咤寤寐失圖天高聽卑無私不照去年十二月二十一日詔曰國子博士領長水校尉伏暅爲政廉平宜加將養無使恚望致虧士風可豫章內史豈有人臣奉如此之詔而不亡魂破膽歸罪有司擢髮抽腸少自論謝而脩奉傲然了無異色暅識所到足達此旨而冒寵不辭玄斯苟得故以士流解體行路沸騰辨跡求心無一可恕竊以暅踉踣落覡三十餘年皇運勃興咸與維始除舊布新濯之江漢一紀之間三世隆顯曾不能少懷感激仰荅萬分反覆拙謀成茲巧罪不忠不敬於斯已極請以暅大不敬論以事詳法應弃市刑輒收付所司近獄如法所稱暅即主臣謹案豫章內史臣伏暅含疵表行籍滓成心語嘿一違資敬兼盡率屬昌時擢以不次溪壑可盈志欲無滿要君東走豈曰止足之歸負志觧巾異乎激處之致并此脂膏孰非荼苦佩茲龜組豈殊縲紲宜明風憲肅此簡書臣等參議請以見事免暅所居官凡諸位任一皆削除有詔勿治暅遂得就郡

袁昂仕齊爲御史中丞時尚書令王晏弟詡爲廣州多納財貨昂依事劾奏不憚權豪

陸杲爲御史中丞性婞直無所顧望時山陰令虞肩一名冒在任贓汙數百萬杲奏收劾之

到洽爲御史中丞時劉孝綽爲廷尉攜妾入官府其母猶停私宅洽遣令史案其事遂奏之孝綽免官

劉賢爲尚書左丞時從兄孝綽爲吏部郎在職頗通贓貨賢劾奏免官

陳徐陵爲御史中丞時安成王爲司空以帝弟之尊勢傾朝野直兵鮑僧叡假王威權抑塞辭訟大臣莫

敢言者凌聞之乃爲奏彈導從南臺官屬引奏案而入世祖見凌服重嚴肅若不可犯爲斂容正色凌進讀奏狀時安成王殿上侍立仰視帝流汗失色凌遣殿中御史引王下殿遂劾免侍中中書監自此朝廷肅然

徐君敷爲御史中丞南康嗣王方泰爲寧遠將軍直殿省尋加都督當侍量置佐吏大建十一年高宗幸大壯觀因大閱武命都督任忠領步騎十萬陣於玄武湖都督陳景領樓艦五百出于瓜步江帝登玄武門安羣臣以觀之因幸樂游苑設絲竹會仍重幸大

壯觀集衆振旅而還是時方泰當從啓稱所生母疾不行因與亡命楊忠期等二十人微服往民間淫人妻爲州所錄又率人仗抗拒傷損禁司爲有司所奏帝大怒下方泰獄方泰初但承行淫不承拒格禁司上曰不承則上測方泰乃投列承引於是君敷駁奏曰臣聞王者之來匪漏網而私物至治之本無屈法而申慈謹案南康王陳方泰宗屬雖遠憑託葭莩刺舉莫成共理罕績聖上引以悔往許其錄用宮闈寄切宿衛是尸豈有金門旦啓王輿曉蹕百司馳騖千隊騰驤憚此翼從之勞妄興晨昏之請釁以危冠淇上袪服桑中臣子之譽莫斯爲大宜從霜簡允寘秋官臣等參議請依見事解方泰所居官下宗正削爵土謹以白簡奏聞帝可武陵王伯禮爲吳興太守在郡恣行暴掠太建十一年被代徵還伯禮遂遷延不發君敷奏曰臣聞車轙不俟君命之通規夙夜匪懈臣子之嘗節謹案雲旗將軍持節都督吳興諸軍事吳興太守武陵王伯禮早擅英猷久馳令聞惟良寄重粉鄉是屬聖上愛育黔黎留情政本共化求瘼早赴皇心遂復稽緩歸驂取移凉燠遑遑去鵠空淹載路淑愼未彰違惰斯在繩譽簡迹以爲懲誡臣等參

議以見事免伯禮所居官以王還第謹以白簡奏聞詔曰可

宗元饒爲御史中丞時蔡景歷爲散騎常侍中書通事舍人太建五年高宗銳意河南景歷諫稱師老將驕不宜過窮遠略帝大怒出爲豫章內史未行爲飛章所劾以在省之日贓汙狼籍帝令有司案問景歷但承其半於是元饒奏曰臣聞忠以事上廉以持身苟違斯道刑茲罔赦謹案宣遠將軍豫章內史新豐縣開國侯景歷因籍多幸豫奉興王皇運初隆頗參締構天嘉之世贓賄狼籍聖恩錄用許以更鳴裂壤

崇階不遠斯役不能改節自勵以報曲成遂乃專擅
貪汙彰於遠近一則已甚其可再乎宜寘刑書以明
秋憲臣等參議以見事免景歷所居官下鴻臚削爵
土謹奉白簡以聞詔曰可於是徙居會稽合州刺史
陳裒贓汙狠籍遣使就渚歛魚又於六郡乞米百姓
甚苦之元饒劾奏曰臣聞建旟求瘼實寄廉平褰帷
恤隱本資仁恕如或貪汙是肆徵賦無厭天網雖疎
茲焉弗漏謹案鍾陵縣開國侯合州刺史臣裒因籍
多幸豫逢抽擢爵由恩被官以私加曾無功能坐尸
柒貴譙肥之地又淪非所皇威尅復物仰仁風新邦

用輕彌俟寬惠應斯作收其寄尤重爰降曲恩祖典
宣室親承規誨事等言提雖廉絜之懷誠無素蓄稟
茲嚴訓可以厲精遂乃擅行賦歛專肆貪取求粟不
厭愧王沈之出賑徵魚無限異羊續之懸枯寘以嚴
科實惟明憲臣等參議請依旨免裒所應覆除官其
應禁錮及後選在降本資悉依免官之法遂可其奏
吳興太守武陵王伯禮豫章內史南康嗣王方泰并
驕蹇放横元饒案奏之皆見削黜
袁憲為御史中丞時豫章王叔英不奉法度逼取人
馬憲依事劾奏叔英由是坐免黜

徐儉為御史中丞性公平無所阿附尚書令江總望
重一時為儉所糾劾
後魏高道悅為治書侍御史孝文車駕南征徵兵秦
雍大期秋季閱集雒陽道悅以使者治書御史薛聰
中散元志等稽違期會奏舉其罪又奏兼左僕射吏
部尚書任城王澄位㧾朝政任屬戎機兵使會否曾
不檢奏尚書左丞公孫良職維樞轄蒙目莫舉請以
見事免良等所居官
李彪為御史中丞趙郡王幹為司州牧車駕南討詔
幹都督中外諸軍事幹貪淫不遵治典彪將糺劾之

會遇幹於尚書下舍因屏左右而謂幹曰殿下比有
風聞即欲起彈恐損聖明委託之旨若改往脩來彪
當不言脫不悛改夕聞旦發而幹悠然不以為意彪
乃表彈之孝文省表以忿惋詔幹與北海王祥俱隨
太子詣行在所既至詳獨得朝見幹不蒙引接密令
左右察其意色知無憂悔乃親數其過杖之一百免
所居官以王還第
李冲為尚書僕射孝文南伐散騎常侍李彪兼度支
尚書與冲及任城王等參理留臺事彪素性剛豪與
冲等議意乖異遂形於聲色殊無降下之心自謂身

爲法官莫能糺劾已者遂多專恣冲積其前後罪過乃於尚書省禁止彪上表曰臣聞範國庇人光化昇治輿服典章理無豐失故晋文功建九合猶見抑於請隧季氏藉政三世尚受譏於璵璠固知名器之重不可以妄假先王既憲章於古陛下又經綸於今用能車服有叙禮物無墜按臣彪昔於凡品特以才拔等望清華司文東觀綢繆恩眷繩直憲臺加以金璫右珥蟬冕東省宜感恩厲節忠以報德而竊名忝職身爲違傲貪勢高亢公行僭逸坐於禁省私取官財輙駕乘黄無所憚懾肆志傲然愚聾視聽此而可忍

誰不可懷臣輙集尚書已下令史已上并治書御史臣酈道元等於尚書都座以彪所犯罪狀告彪訊其虚實若或不知須訊部下彪答臣言事見在目實如所劾皆彪所知何須復召部下臣今請以見事免彪所居職付廷尉治獄冲又表曰臣與彪相識以來垂二十載彪始南使之時見其色厲辭辯才優學博臣之愚識謂是拔萃之一人及彪位官升達參與言宴聞彪評章古今商略人物興言於侍筵之次啓論於衆英之中賞忠識正發言懇惻惟直是語辭無隱避雖復諸王之尊侍近之要至有是非多面抗折酷疾

矯詐毒譽非違厲色正辭如鷹鸇之逐雀懍懍然實似公清之操臣雖下才輙亦尚其梗槩欽其正直微識其褊急之性而不以爲瑕及其初登憲臺始居司直首復騶唱之儀肇正直繩之躰當時識者僉以爲難而彪秉志信行不避豪勢其所彈劾應弦而倒赫赫之威振於下國肅肅之稱著自京師天下改目貪暴斂手臣時見其所行信謂言行相符忠清内發然時有私於臣云其威暴者臣以直繩之官人所忌疾風謗之際易生音謠往年以河陽事曾與彪在領軍府共太尉司空及領軍諸卿等集閱廷尉所問囚

徒時有人訴枉者二公及臣少欲聽採語理未盡彪便振怒東坐攘袂揮赫口稱賊奴叱吒左右高聲大呼云南臺中取我木手去搭奴肋折雖有此言終竟不取即言南臺所問惟恐枉活終無枉死但可依此時諸人以所枉至重有首實者多又心難彪遂各嘿尒因緣此事臣遂心疑有濫審加情察知其威虐猶未體其採訪之由訊簡之狀商略而言酷急小罪毒禁爲大會而言之猶謂益多損少故懷寢所疑不以申徹實失爲臣知無不聞之義及去年大駕南行以與留務是已非人專恣忌害尊身忽物安已凌上身

作深過劾他人犯巳不事人好人佞巳聽其言同振
古忠恕之賢效其行是天下佞暴之賊典任城畢躬
克巳若順弟之奉暴兄其所欲者事雖非禮無不屈
從依事求實悉有成驗如臣列得實宜極彪於此以
除姦矯之亂政如臣引無證宜投臣於四裔以息青
蠅之白黑孝文在懸瓠覽表歎愕曰不意留京如此
也有司處彪大辟孝文恕之除名而巳
王顯爲御史中尉宣武委政於尚書令高肇宗室傾
憚惟度支尚書元匡與肇抗衡先自造棺置於廳事
意欲輿棺詣闕論肇罪惡而自殺肇聞而惡之後因

與太常劉芳議爭權量遂與肇聲色顯奏元日自金
行失御群僞競興禮壞樂隳彝倫攸斁高祖孝文皇
帝以睿聖統天尅復舊典乃命故中書監高閭廣旌
儒林推尋樂府以黍裁寸將均周漢舊章屬雲構中
遷尚未云就高祖睿思玄深參考經記以一黍之大
用成分體准之爲尺宣布施行暨正始中太樂令孫
公崇輒自立意以黍十二爲寸別造尺度定律刊鍾
皆向成訖表求觀試時勑太常卿臣劉芳以崇造旣
請集朝英議其得否芳疑崇尺度與先朝不同察其
作者於經史復異推造勘據非所宜行時尚書令臣
肇清河王懌等以崇造乖謬與周禮不同遂奏臣芳
依周禮更造成訖量較從其善者而芳以先朝尺度
事合古典乃依前詔書以黍刊寸竝呈朝廷用裁金
石于時議者多云芳是准黃門侍郎臣孫惠蔚與崇
扶同二途參差頻經考議而尚書令臣肇以芳崇造
物之後而惠蔚亦造一尺仍云以比崇尺自相乖背
量省二三謂芳一尺而尚書臣元表云劉孫二尺長
短相傾稽考兩律所容殊異言取中黍較此二家云
竝參差仰中無所自立一途請求議判當時議者或
是於元兩途舛駁未即時定肇又云權斛斗尺班行

巳久今者所論豈踰先旨宜仰依先朝故尺爲定自
爾以後而元與肇厲言都座聲色相加高下失其當
倫爭競無復尊序元更表列據巳十是云芳十非又
云肇前被勑旨令共營督規立鍾石之名希播製作
之譽乃憑樞衡之尊籍舅氏之勢與奪任心臧否自
巳阿黨劉芳遺絕臣事望勢雷同者接以恩言依經案
古者即被怒責雖未指鹿作馬移天徙日實使蘊藉
之士聳氣坐端懷道之末結舌筵次又言芳昔與崇
競當言自作今共臣論忽稱先朝豈不前謂可行輒
欲自取後知錯謬便推先朝殊非大臣之體深失爲

下之義復考較勢臣之前量度偏頗之手臣必刖足內朝抱璞人外囂言肆意彰於朝野然元職當出納獻替所在斗尺權度正是所司若已有所見能練藏否宜應首唱義端早辨諸惑何故嘿心隨從不關一言見芳成事方爲此語計芳才學與元殊懸所見淺深應不相疋今乃始發恐此由心借智於人規成虛譽況元表云所據銅權刑如古誌明是漢作非莽別造及案權銘黄帝如祖德布於新若莽佐漢時事寧有銘僞新之號哉又拿莽傳云莽居攝卽變漢制度考較二證非漢權明矣芳之所造又短先朝之尺臣

旣比之權然相合更云芳尺與千金堰不同臣覆量比因見其異二三浮濫難可據准又云共構虛端妄爲疑似託以先朝云非已製臣按此欺詐乃在於元不在於芳何以言之芳先被敕專造鍾律管籥優劣是其所裁權斛尺度本非其事此前門下索芳尺度而芳牒報云術先朝所班新尺復應下黍更不增損而造鍾律調正分寸而已覈元造時在牒後一歲芳於爾日元未共爭已有此牒豈爲欺也計崇造寸積黍十二群情共和而芳造寸唯止十黍亦俱見先朝詔書以成黍寸首尾歷然寧有輙欲自取之理肇任居端右百寮是望言行動靜必副具瞻若侍權阿黨詐託先朝將指鹿作馬徙日移天卽是魏之趙高何以宰物肇若無此元旣誣毁宰相訕謗時政阻惑朝聽不敬至甚請以肇元竝禁尚書推窮其原付廷尉定罪詔日可有司奏元誣肇處元死刑宣武恕死降爲光祿大夫顯又奏前荆州刺史元志在州日抑買良人爲婢會赦免又秦梁二州刺史羊祉掠州人爲奴婢爲顯所彈免

甄琛爲御史中丞宣武時張彝爲侍中親政罷六輔彝與兼尚書邢巒聞處分非常出京奔走爲琛所彈

云非虎非兕率被曠野詔書切責之

任城王澄孝明時爲尚書令奏高陽王雍曰臣聞賞必以道用防小人之奸罰不濫及以戒良士之困刑者例也每垂三宥秉律執請不得已而用之是故小吏之獄察之以情一人吁嗟或虧王道刑罰得失乃興廢之所由也竊聞司州牧高陽王臣雍拷殺奉朝請韓元昭前門下錄事姚敬資敬賢雖因公事理實未盡何者太平之世草下横伐行葦之育事驗隆周若昭元等死罪以定應刑於都市與衆棄之如其疑似不分情理未究不宜以三請九流之官杖下便死

輕絕民命傷理敗法往年州於大市鞭殺五人及簡狀全無寸尺今復酷害一至於此朝野云云咸懷驚愕若殺生在下並專於臣人君之權安所復用此開古以來明明之世未聞斯比也武王曰吾不以一人之命而易天下蓋重民命也請以見事付廷尉推究驗其爲劫之狀察其榜殺之理使是非分明幽魂獲雪詔從之

元正爲御史中尉孝明初侍中領軍于忠侍中崔光等同在門下皆加封邑及靈太后臨朝出忠冀州刺史正奏曰臣聞事主不以幽貞革心奉上不以趣捨

虧節是以倚秦宮而慟哭復楚之功誠多歎盧龍而樹勳廣魏之勳不淺而申包避賞君子於是義之田疇拒命良吏所以稱美竊以宮車宴駕天人位易正是忠臣孝子致節之秋前領軍將軍臣忠不能砥礪名行自求多福方因矯制擅相除假清官顯職歲月隆崇臣守蕃之時乃心家國書諮往來憤氣成疚傷禮敗德臣忠卽主臣謹案臣忠世以鴻勳盛德受遇累朝出入承明左右機近幸國大災肆其愚戇專擅朝命無人臣之心裴郭受冤於既往宰輔黜辱於明世自又矯旨爲儀同三司尚書令領崇訓衛尉原其此意便欲無上旣處自事在恩後宜加顯戮請御史一人令史二人就州行決崔光與忠雖同受詔而謂光旣儒望朝之禮宗攝心虛遠不關世務但忠以光聲望崇重故逼光爲助光若不同又有危禍伏度二聖欽明深垂昭恕而自去歲正月十三日世宗宴駕以後八月一日皇后未親覽以前諸有不由階級而權臣用命或發門下詔書或由中書宣敕擅相拜受者已經恩宥正可免其叨竊之罪卽非時望朝野所知冒階而進者並求追奪靈太后令曰直繩所糾實允明朝憲但忠事經肆青又蒙特原無宜追非餘如

奏

陽固爲治書侍御史劾奏廣平王懷汝南王悅南陽長公主又劾弘農太守裴粲免官

李平爲御史中尉時南兗州刺史崔暹盜官凡贓汚狼籍爲平所糺免官

酈道元爲御史中尉司州牧汝南王悅嬖近左右丘念及選州官多由于念念匿於悅弟時還其家道元收念付獄悅啓靈太后請全之勑赦之道元遂盡其命因以劾悅

巡按福建監察御史臣李嗣京　訂正
新建縣舉人　臣戴國士　參閱
知建陽縣事　臣黃國琦　較釋

憲官部

彈劾

北齊崔暹魏末爲御史中尉彈尚書令司馬子如及尚書元羨殷州刺史慕容獻又彈太師咸陽王坦并州刺史可朱渾道元罪狀極筆並免官其餘死黜者甚衆高祖書與鄴下諸貴曰崔暹糾劾咸陽王司馬

令並是吾對門布衣之舊尊貴親昵無過二人同時獲罪吾不能救諸君其愼之又儀同高岳錄事參軍裴景融弟景顏被劾廷尉景融入選吏部擬郡選彈其貪昧苟進遂坐免官

司馬子瑞爲尚書左丞奏彈司徒左長史畢義雲稱天保元年四月竇氏皇后姨祖載日内外百官赴第弔省義雲唯遣御史修名身遂不赴又義雲啓云喪婦孤貧後娶李世安女爲妻世安身雖父服未終其女爲祖已就平吉特乞闇迎不敢備禮及義雲成婚之夕衆諸僕設赴日拜閤鳴騶清路盛列羽儀兼差臺史二十人責其鮮服侍從車後直是苟求成婚誣罔干上義雲資產宅宇足稱豪室忽道孤貧亦爲矯詐法官如此直繩焉寄又駕幸晉陽都坐判拜起居表四品五品已上令預前一日赴南郡署表三品已上臨日署訖義雲乃乖例署表之日索表就家先署臨日遂稱私忌不來於是詔付廷尉科罪尋勑免推子瑞又奏彈義雲事十餘條多煩碎罪止罰金不除免

隋梁毗爲侍御史時劉昉爲柱國舒國公遇京師饑文帝令禁酒昉使妾賃屋當壚酤毗劾奏昉曰臣聞

處貴則戒之以奢持滿則守之以約昉既位列群公秩高庶尹縻爵稍久厚祿已淹正當戒滿歸盈鑒斯止足何乃規麴蘗之潤競錐刀之末身昵酒徒家爲逋藪若不糾繩何以肅勵有詔不治

楊素爲御史大夫高祖第五女妻王誼子奉孝奉孝卒踰年誼上表言公主少請除服素劾誼曰臣聞喪服有五親疏異節喪制有四降殺殊文王者之所常行故曰不易之道也是以賢者不得踰不肖者不得不及而儀同王奉孝既尚蘭陵公主奉孝以去年五月身喪始經一周而誼便請除釋竊以雖曰王姬終

成下嫁之禮公則主之猶在移大之義況復三年之
喪自上逵下及朞釋服在禮未詳然夫婦則人倫攸
始喪紀則人道至大苟不重之取笑君子故鑽燧改
火責以居喪之速朝祥暮歌譏以忘哀之早然詖雖
不自彊爵位以重欲爲無禮其可得乎乃薄俗傷教
爲父則不慈輕禮易喪致婦於無義若縱而不止恐
傷風俗請付法推科有詔勿治然恩禮稍薄
劉行本開皇初爲治書侍御史于時天下大同四夷
內附行本以党項羌密迩封域最爲後服上表劾其
使者曰臣聞南蠻尊軟尉之統西域仰都護之尊比

見西羌鼠竊狗盜不父不子無君無臣異類殊方於
斯爲下不悟羈縻之惠詎知含養之恩狼戾爲心獨
乖正朔使人近至請付推科帝奇其志焉
陸知命爲治書侍御史時齊王暕頗驕縱暱近小人
知命奏劾之暕竟得罪
柳彧爲治書侍御史於時刺史多任武將類不稱職
彧上言曰方今天下太平四海清謐共治百姓須任
真才昔漢光武一代明哲起自布衣備知情僞與二
十八將披荆棘定天下及功成之後無所職任伏見
詔書以上柱國和十子爲杞州刺史其人年垂八十
鐘鳴漏盡前任趙州闇於職務政由群小賄賂公行
百姓吁嗟歌謠滿道乃云老禾不早殺餘種穢良田
古人有云耕當問奴織當問婢此言各有所能也十
子弓馬武用是其所長治民莅職非其所解至尊思
治無忘興寢如謂優老尚年自可厚賜金帛若令刺
舉所損殊失臣死而後已敢不竭誠帝善之十子竟
免又應州刺史唐君明居母喪娶雍州長史庫狄士
文之從妹彧劾之曰臣聞天地之位旣分夫婦之禮
斯著君親之義生焉尊卑之敘攸設是以孝爲行本
禮實身基自國刑家率由斯道竊以愛敬之情因心

至切喪紀之重人倫所先君明鑽燧雖改在文無變
忽劬勞之疾成嬿爾之親冒此苴縗命彼褕翟不義
不昵春秋載其將亡無禮無儀詩人欲其遄死士文
贊務神州名位通顯整齊風教四方是則棄二姓之
重匹違六禮之軌儀請禁錮終身以懲風俗二人竟
坐得罪
元壽爲尚書左丞高祖嘗出苑觀射文武並從焉開
府蕭摩訶患且死奏請遣子向江南收其家產御史
見而不言壽奏劾之曰臣聞天道不言功成四序聖
皇垂拱任在百司御史之官義存糾察直繩莫舉憲

典誰寄今月五日鑾輿從蹕親臨射苑開府儀同三
司蕭摩訶幸厠朝行預觀盛禮奏稱請遣子世略暫
往江南重收家産妻妾遇患爾晉有日安若長逝世
略不合此行竊以人倫之義伉儷爲重資愛之道烏
鳥弗虧摩訶遠念資財近忘匹好又命其子捨危援
之毋爲聚斂之行一言縱發名教頓盡而兼殿内侍
御史臣韓徵之等親所聞見竟不彈糾若知非不舉
事涉阿縱如不以爲非豈聞理識謹案儀同三司太
子左庶子簡較治書侍御史臣劉行本出入宮省備
蒙任遇攝職憲臺時月稍久庶能整肅綴冕澄清風

教而在法司虧失憲體糀璧壘恥何所逃愆臣謬膺
朝寄忝居左轄無容寢嘿謹狀以聞其行本徵之等
請付大理帝嘉納之

郎茂煬帝時爲尚書左丞參掌選事茂尤工法理爲
世所稱時工部尚書宇文愷左翊衛大將軍于仲文
競河東銀窟茂奏劾之曰臣聞貴賤殊禮仕農異業
所以人知局分家識廉恥宇文愷位望已隆祿錫優
厚拔葵去織寂爾無聞求利下交曾無愧色仲文大
將宿衛近臣趍侍堦庭朝夕聞道虞芮之風抑而不
慕分銖之利知而必爭何以貽範庶寮示民軌物若
不糾繩將虧政教愷與仲文竟坐得罪

唐杜正倫爲治書侍御史時張瑾爲冠將軍大宗以
瑾先朝耆舊每謁見輒賜座於廊下以禮之正倫劾
瑾年在懸車而安寵懷祿由是始歸于家

溫彦博爲御史大夫時王君廓爲幽州都督特奔突
厥爲野人所殺太宗念其功遣收葬待其家如初彦
博奏君廓殺人北走稱入突厥國之叛臣合寘嘗憲
不宜封侯食邑乃免爲庶人

權萬紀爲治書侍御史貞觀四年正月紀奏宇文智
及受隋厚恩而裁棄君親首爲弒逆人臣之所同疾

萬代之所不原今其子乃任千牛侍衛左右請從屏
黜以爲懲戒制可之

蕭瑀爲御史大夫貞觀四年五月奏請李靖破頡利
牙帳軍令無法突厥珍物累億萬計多靖取之由是
部下虜掠隨手而盡請付法推科大宗以其有平冦
之功特勅勿劾

柳範爲侍御史時吳王恪好畋獵損居人範奏彈之

唐臨爲御史丞相貞觀十七年劾奏尚書右僕射上
柱國贈司空審明公封德彝曰臣聞事君之義盡命
弗渝爲臣之節歲寒無貳苟虧其道罪不容誅德彝

操履無聞輕險有素往在隋代恩遇已深苞藏姦忒
畜懷梟獍叶同大憝傾覆國經論其悖迹合從遐棄
幸逢寬政復蒙收錄策名藩邸陳力周行位至鼎司
恩隆胙土無心報效乃肆姦謀熒惑儲藩獎成元惡
寘於常典理合誅夷但包藏之狀死而後發猥加贈
謚未正嚴科罪既彰露宜加貶黜豈可仍疇爵邑尚
列台槐此而不懲將何勸沮又劾故尚書右僕射上
柱國贈司空萊成公杜如晦曰臣聞樹德立功允應
高秩之賞干紀逆節必加夷戮之誅苟違斯道實虧
政理如晦昔陪藩邸頗効微庸出震惟新參謀帷幄

遂得爵分茅社位踐台衡然而幾鑒未充周慎多爽
昧貽厥之嘉猷闕義方之明訓其子逆賊構荷等竝
禀氣凶悖早挾邪謀深禹山之同惡甚玁狁之連禍
徙邊棄市既伏其辜食釆疇邑猶均雨露昔石碏純
臣早爲子厚之所日磾忠謹先加弄兒之罰皆所以
防萌杜漸安國全家如晦識滯生前愆遺身後舊榮
昔寵已忝月於曩日削土除國宜申法於今辰詔竝
付議
韋仁約爲監察御史高祖永徽元年十月劾中書令
褚遂良抑買中書譯語人宅地大理丞張山壽斷以
當徵銅二十斤少卿張叡册以爲准估無罪仁約又
奏曰遂良賤買地宅叡册准估斷爲無罪然估價之
設屬國家所須非關臣下之事私自交易豈得准估
爲定叡册舞弄文法附下罔上罪在當誅是日左遷
遂良爲同州刺史叡册爲循州刺史
王義方爲侍御史時中書侍郎李義府聞婦人淳于
氏有美色繫大理乃諷大理寺丞畢正義枉法出之
將納爲妾或有密言其狀者高宗令給事中劉仁軌
侍御史張倫鞫之義府恐洩其謀遂逼正義自縊帝
知而特原義府之罪侍御史王義方奏曰臣聞春鶯

鳴於獻歲蟋蟀鳴於始秋物有微而應時人有賤而
言忠臣今年歲首自雲陽縣丞蒙擢授著作佐郎極
文學之清選未幾又拜侍御史濫膺憲臺之雄職顧
視喻涯殞首非報雅欲有犯無隱以廣天聽今李義
府擅殺寺丞陛下雖已釋放臣不應更有鞫問然天
子置三公九卿二十七大夫八十一元士本欲水火
相濟鹽梅相成然後庶績咸熙風雨交泰則知人主
不得獨是獨非皆由聖旨昔唐堯至聖失之於四凶
漢祖深仁失之於逢萌魏武勇略英雄失之於張邈
此竝英傑之主莫不失之於前得之於後陛下繼聖

撫有萬邦蠻陬夷落猶懼刑網況輦轂咫尺姦臣肆虐殺一六品寺臣足使忠臣抗憤義士扼腕縱令正義自取絞縊此事彌不可容便是畏義府之權勢能殺身以滅口此則生殺之威上非主出賞罰之柄下移姦佞臣恐履霜堅氷積小成大請乞重勘審正義致死之由雪寃氣於幽泉誅姦臣於白日對仗叱義府令下義府顧望不肯退義方三叱帝旣無言義府始趨出義方乃讀彈文曰臣聞附下罔上聖主之所宜誅心狠貌恭明君之所必罰是以隱賊掩義不容唐帝之朝竊幸秉權終蔽漢皇之劒中書侍郎參知

政事李義府善柔成性佞媚為姿昔事馬周分桃見寵後交劉洎割袖承恩生其羽翼長其光價因緣際會遂階通顯不能盡忠端節對揚玉休策蹇勵駑祗奉皇眷而反憑附城社蔽虧日月請託公行交游群小貪冶容之好原有罪之淳于恐漏洩其謀殞無辜之正義雖挾山超海之力望此猶輕廻天轉日之威方斯更劣此而可恕孰不可容金風戒節王露啓途霜簡與秋典共清忠臣將鷹鸇並擊請除君側少荅鴻私碎首王階庶明臣節伏請付法推斷以申典憲不從

狄仁傑為侍御史時司農卿韋機兼領將作少府二司高宗以恭陵玄宮狹小不容送終之具遣機續成其功機於埏之左右為便房四所又造宿羽高山上陽等宮莫不壯麗仁傑奏其太奢機竟坐免官

楊德裔為司憲大夫龍朔二年鐵勒道行軍大總管左武衛大將軍鄭仁泰右武衛大將軍薛仁貴等破鐵勒之衆於天山時仁貴娶所部為妾并交財賂及至京師德裔奏劾之曰臣聞師出以律煥乎青史殺降不祥紀諸彝訓是以分閫作將杖鉞專征苟或乖違明法斯在謹按鐵勒道大摠管右武衛大將軍鄭

仁泰等猥以非才謬荷拔擢或名參列位或職典禁戎屬北狄孤恩皇威遠振遂得擁旄瀚海問罪天山理應虔奉廟算恭行天罰而福心無謀短懷復諫不肅將御靡愛戎士無心体國有意徇私鐵勒思結多臘葛等雖鹿走趨險蓋緣懼死鳥窮思入虛懷可張仁泰等情冀勳庸志希貨賄不聞存慰必實誅夷乃肆凶殘恣行殺戮向若大軍初到明喻天旨撫納前降招來後伏則鐵勒反善不日斯平仁泰素闕遠圖莫曉機事師徒無紀軍令不明遂使稽顙屈膝者先被塗原之誅懼死懷生者因成絕漠之計鐵勒迯散

術未梟懸屢擾干戈實由于此加以沙塞綿邈風霜
嚴凝不量士馬疲痾不計粮食多少乃令班師凍餒
征夫殞斃骼胔委積剝剔縱橫暴骨交衢下實泉壤
可悼成規不守乃明典刑所誅況且士卒殲亡戈甲
拋棄彌山遍野並資戎狄自聖朝創平天下廓清寓
縣東征西怨後舞前歌未有如仁泰此行損威挫鋭
之甚又仁貴動戎遠征不捷貪殘有素平允乖方旣
曰監臨豈宜交涉存沒枉濫從此而生娶妾雖作逗
留准法便須離正雖或事有從赦然而敗累過多縱
矜所得不補所喪豈可並恣誣罔不寘準繩撫悼存

亡理宜懲肅其仁泰等及諸軍故殺降人饑殺兵士
並軍中罪大失應須勘當及改正者並請付法推科
以申典憲仁泰等以功贖罪竟原之
張仁愿爲侍御史萬歲通天二年監察御史孫丞景
監清邊軍戰還畫戰圖以奏每陣必畫丞景躬當矢
石先鋒禦賊之狀則天歎曰御史乃能盡誠如此擢
拜右肅政臺中丞令仁愿敘錄丞景下立功人仁愿
未發都先問丞景對陣勝負之狀丞景身實不行問
之皆不能對又虛增功狀仁愿庭奏丞景罔上之罪
於是丞景左遷崇仁令擢仁愿爲右肅政臺中丞簡
較幽州都督
紀履忠爲監察御史劾奏御史中丞來俊臣犯狀有
五一專擅國權二謀害忠善三贓賄貪濁四失儀悖
禮五淫昏狠戾論茲五罪合至萬誅請下獄理罪
蕭至忠爲監察御史彈鳳閣侍郎同鳳閣鸞臺三品
蘇味道贓汚貶官
馬懷素爲左臺監察御史時夏官侍郎李迥秀侍張
易之勢受納貨賄懷素劾之迥秀遂罷知政事
崔琬爲監察御史時兵部尚書宗楚客與其弟蔣作
大匠晉卿侍中紀處訥咸專權共爲朋黨贓汚狼藉

先是娑葛以阿史那忠節頻侵暴邊境奏請徙于內
地楚客取忠節金二十兩處訥取七百兩竟不納其
奏娑葛知而大怒景龍三年遂舉兵入寇甚爲邊患
琬劾奏楚客等曰臣聞四牡項領良御不乘二心事
君明罰無赦謹按兵部尚書同中書門下三品宗楚
客侍中紀處訥等立性險詖志越溪壑幸以遭逢聖
王累忝殊榮承愷悌之恩居弼諧之地不能刻意砥
礪憂國如家微效涓塵以裨川岳遂乃專作威福敢
樹朋黨有無君之心闕大臣之節潛通玁狁納賄不
貲公引頑凶受賂無限醜問充斥穢迹昭彰且境外

之交情狀難測今淩蔑反叛逷鄙不寧由此賊臣取
死中國論之者懼禍而結舌語之者避罪而鉗口但
晉卿昔居榮職表闕忠誠屢抵嚴刑皆由黷貨今又
叨忝頻沐殊恩厚祿重權當朝莫比曾無悛改苟徇
贓私此而可容孰不可恕臣謬參直指義在觸邪請
除巨蠹用答大造楚客處訥晉卿等驕恣跋扈人神
同疾不加天誅詎稱王度並請收禁差三司推鞫舊
制大臣被御史彈劾者皆即府傴趍出立朝堂待罪
楚客紲更咤䚡作色而進自言執性忠鯁被琬誣奏
中宗性餒寬仁竟不窮其事令釋之

魏傳弓為監察御史劾奏內常侍輔信義縱暴御史
大夫竇懷貞曰輔常侍深為安樂公主所信任權勢
甚高常成禍福何得輒有彈糾傳弓曰王綱漸壞君
子道消正由此輩擅權耳若得今日殺之明日受誅
無所恨景龍元年又劾奏銀青光祿大夫西明寺主
惠範姦贓四十萬請寘於極法中宗召傳弓有寬惠
範之色傳弓進曰刑賞者國家之大事陛下賞已妄
加豈宜刑所不及帝削惠範官放歸于第

冊府元龜

巡按福建監察御史臣李嗣京訂正

新建縣舉人臣戴國士參閱

知建陽縣事臣黃國琦較釋

憲官部

彈劾

唐李商隱爲監察御史景隆三年與監察御史李懷讓同奏吏部侍郎崔湜鄭愔有所挾附贓汚很藉詔監察御史裴漼按其事時安樂公主用事諷漼寛之漼遂對仗重彈奏愔湜竟從貶削一云靳掌所劾恐誤

劉藏器爲侍御史時衛尉卿尉遲寶琳抑人爲妾藏器奏請還其父母帝既可其奏寶琳私奏乞之帝又從之藏器復執奏帝又可之寶琳又請如是再三藏器進言曰法者海内之懸衡上下之所共若刑罰不中則人無所措手足陛下若用捨恣情愛憎踰己則國之刑憲何所施陳今寶琳請陛下從之臣所執奏陛下亦從之今日從之又明日改之欲令下人何以遵奉夫人無信不立匹夫匹婦尚不可失信况爲天子安可戲言今陛下二三其言處分不定臣恐四海之内無所適從帝從藏器所奏

薛謙光拜御史大夫時僧惠範恃太平公主權勢逼奪百姓肆店州縣不能理謙光時加彈奏或請寢之謙光曰憲臺理寃滯何所迴避朝彈暮黜亦可矣遂與殿中慕容珣奏彈之

郭震玄宗初爲殿中侍御史劾刑部尚書趙彦昭太子賓客韋嗣立青州刺史韋安石曰彦昭以女巫趙五娘左道亂常託爲諸姑潛相影援既因提挈遂踐台階或驅車造門著婦人之服或攜妻就謁申猶子之情同惡相濟至於此又張易之兄弟勢傾朝野嗣立此際結爲舅甥神龍之初已合誅死天網疏漏脫

領誤全與安石託附阿韋編諸屬籍中宗晏駕擲大皇輔政之制定阿韋臨朝之策比時朝野危懼人神怨憤臣忝司清憲敢不糾彈彦昭等並請准法處分於是並貶官

倪若水爲左臺侍御史先中宗朝國子祭酒祝欽明司業郭山惲上言南郊皇后合助祭建義以皇后爲亞獻安樂公主爲終獻詔浚陵陽渠匿詔不行時若水著豸冠於紫宸殿彈之唐紹蔣欽緒與之固爭乃止玄宗踐祚若水劾奏欽明山惲曰欽明等本自腐儒素無操行崇班列爵實爲叨忝而消塵莫效諂佞

為心遂使曲臺之禮圜丘之制百王故事一朝墜失所謂亂常改作希旨病君人之不才遂至於此今聖朝馭歷良臣入用惟茲小人猶在朝列臣請並依黜削以肅周行於是左授欽明饒州刺史山惲沂州刺史

李傑為御史大夫開元二年京兆尹崔日知貪暴犯法傑糾劾之反為日知所構侍御史楊瑒廷奏曰糾彈之司若遭恐脅以成姦人之謀御史臺固可廢却上以其言切直遽令傑依舊視事貶日知為黜縣丞

崔隱甫為御史大夫開元十四年與御史中丞宇文

融李林甫等奏彈右丞相張說引術士伺解星候及狥私僭侈交通小人賄賂很藉詔宰臣源乾曜及刑部尚書韋杭大理少卿明珪與隱甫融等同於御史臺詳鞫說坐不法與彈狀協帝念其舊臣特寬朝典停說兼中書令

李勉至德初監察御史屬朝廷右武勲臣恃寵多不知禮法大將管崇嗣於靈武行在朝堂背闕而坐言笑自若勉劾之拘於有司肅宗特原之而曰吾有李勉始知朝廷尊矣

崔光遠為御史大夫至德二年肅宗議大舉將收復二京患其馬少有詔於公卿百寮有後乘者率以助軍給事中李廙署云無馬光遠劾之貶廙江淮大守

顏眞卿為御史大夫時代宗為廣平王天下兵馬元帥統衆二十萬討安祿山旣出當闕不乘馬步出木馬門而後登車武將管崇嗣為王都虞候先王乘馬眞卿奏彈之肅宗曰朕之子朕每訓之何敢失墜崇嗣老將宜優容之又中書舍人兼吏部侍郎崔漪帶酒容入朝諫議大夫李何忌在班不肅眞卿劾之貶漪為右庶子何忌西平司馬

張著為監察御史德宗建中元年京兆尹兼御史中

丞嚴郢奏劾初縉為夏州節度性貪虐多隱没軍賜匏渾種落苦其漁擾遂引西蕃為寇著奏得縉前在夏州遣將於度支請將士軍糧及腳價共計三萬三千三百餘貫文不支給將士畱於上都私第及雜市易送本道贓狀明白乃貶縉房州員外司馬弁本判官刑蕭盧仲道皆貶步將趙崇流涪州

崔縱為御史大夫貞元元年時萬年丞源為京兆尹李齊運所抑捽至死縱奏劾之

殷永為侍御史貞元元年邠寧節度使張獻甫入閤失儀永廷劾奏之勅奉誠軍節度康日知朝覲失儀為御史彈奏詔捨之因勅御史臺

有節將始至朝禮少失勿劾及是永廷劾韍甫韍甫
素服待罪闕下帝召見慰諭之以永志其前命有詔
免
官
崙頁伯爲御史中丞貞元九年劾奏吏部貞元七年
冬以京兆府濫解選巳授官摠六十六人或有不到
京銓試懸受官告又案選格銓狀選人自書試日書
迹不同即綾放殿選違格文者不覆驗及降資坏盡
或與注官伏以丞前選曺乖謬未有如此遂使衣冠
以貧乏待闕姦濫以賄賂成名非陛下求才審官之
意由是刑部尚書及吏部侍郎杜黃裳皆坐削一階
王顏爲御史中丞貞元十二年奏吏部兵部侍郎郎

冊府元龜　憲官部　彈劾　卷之五百二十下　十八

中員外共一十三員起去年十一月一日至今年三
月三十日竝不入朝臣此謂選限內不朝實憑格勑
去三月二十一日奉勑轉朝前件官竝闕奉慰臣中
書門下省弁兵部吏部簡格勑竝無文狀國朝故事
開元以前旬假節日百官盡入朝至天寶五載始有
勑放旬節假日不入比及近來又賜常參分日伏緣
前後優待之厚致有慢易遺失之愆臣忝職司合當
舉正庶使朝行自肅典禮克行伏請釐革
鄭儒立爲殿中侍御史貞元十四年閏五月以太子
詹事蘇弁入朝班位失序對仗彈之弁於金吾待罪
數刻特釋放舊制太子詹事班次大常宗正卿貞元
三年御史中丞竇參叙定班位移詹事班位在河南
太原等尹之下弁乃引舊制班立臺官詰之乃給云
巳白宰相請依舊制故儒立彈之
韓泰爲監察御史貞元二十年考功員外郎陳歸爲
嶺南選補使選人留放注官美惡違背令文唯意出
入復供求無厭郵傳患之泰奏劾得罪
路郡爲監察御史監祭史穆宗長慶元年七月奏今
月九日孟秋饗大廟攝大尉國子祭酒韓愈唯式合
起今月六日於大廟致齋今於國子監宿有違格令

冊府元龜　憲官部　彈劾　卷之五百二十下　十九

勑旨宜罰一季俸料
溫造爲侍御史長慶四年李祐自夏州入拜大金吾
進馬一百五十疋造正衙彈奏祐退服戰流汗私謂
人曰吾夜偸蔡州城擒吳元濟未嘗心動今日膽落
溫御史吁可畏哉後爲御史中丞劾僞官王杲等九
十余員杖殺曺吏李賓等於都市時朝廷有喪不如
禮配不以類者又劾之造爲御史大夫大和九年劾
天平軍節度使殷侑不稟制旨增監軍俸入賦歛於
人帝不問以庾丞宣代還
蕭徹爲侍御史敬宗寶曆元年四月京兆尹崔元略

誤用詔條徵識內放錢萬七千貫徵於閤門彈奏詔
命刑部郎中趙元亮大理正元從質待御史溫造鞫
其事不謬元略削兼御史大夫
劉幼復為侍御史知彈文宗太和元年幼復廷奏前
福建觀察使衛中行擅用官錢三萬餘貫伏請付法
周太玄為侍御史太和三年彈奏鄭滑節度使李聽
曰臣聞賞罰不立無以示天下是非一貫莫能建大
中竊見義成軍節度使李聽昨者資其承藉委以統
戎俾代憲誠付之雄鎮摠二萬貔貅之衆位極寵榮
兼兩藩節制之權心無報效冀其撫安危疑上副恩

遇況陛下授以神筴假以天威入魏之期尅日先定
而李聽擁族觀望按甲廷延扇或人心逗撓軍政遂
使憲誠陷於屠戮亂衆肆其姦兇失六郡於垂成困
危巢於已覆委貝州而不守燒劫無遺望殘口而疾
驅狼狽就道自圖苟免不憚簡書
元稹憲宗元和初為監察御史分務東臺浙西觀察
使韓皐封杖湖州吉安令孫澥四日內死徐州監軍
使孟昇卒節度使王召傳送昇喪柩還京給券乘驛
仍於郵舍安喪柩稹並劾奏以法河南尹房式為不
法事稹欲追攝擅令停務既飛表聞奏罰式一月俸

盧坦為御史中丞元和三年奏前山南西道節度使
柳晟授任方隅所寄尤重至於赦令首合遵行一昨
歸朝固違明旨復脩貢獻有紊典章伏請付法又奏
前浙東觀察使閻濟美到城亦有進獻當時勘責稱
離越州後方見赦文道路已遥付納無處既經恩赦
須為商量將誡來者之心今舉贖刑之典已書罰訖
伏准今年正月赦自今以後諸道長吏有離任赴闕
廷者並不得取本道錢物妄稱進奉苟有違越必舉
憲章柳晟等既違新令不敢不奏帝曰山南所進與
柳晟並不相關先釋放訖閻濟美赦書頒下之時身

離本道身已在近物須有歸以此奏請進納非赦文
所革之意其罰亦宜釋放坦既奏舉晟濟美二人皆
待罪於朝堂帝詔坦對褒慰久之曰晟等所獻皆是
家財朕已許原不可失信坦奏曰赦令陛下之大信
也天下皆知之今二臣違令是不畏法陛下奈何受
小信而失大信乎帝曰朕已受之如何坦曰歸之有
司不入內藏使四方知之以昭聖德帝嘉納之
李夷簡為御史中丞元和四年奏京兆尹楊憑前為
江西觀察使贓罪及佗不法事勅付御史臺刑部尚
書李鄘大理卿趙昌同鞫問貶憑賀州臨賀縣尉又

追捕憑前江西判官監察御史楊瑗繫在臺命大理少卿胡珦左司員外胡証侍御史韋凱同推初憑歸朝參修第於永寧里廣畜妓妾於永樂里夷簡乘衆議舉劾前事帝即位以法制臨下夷簡首舉憑罪故時議以爲宜然繩之大過物論又譏其深切矣

崔植爲御史中丞元和十五年二月奏攝衞王傅田縉詰臺按差茂蘩朝章有同兒戲魏州之亂職聽之繇論其負恩萬死猶幸伏以封黨清河南失律斬於闕門高霞寓唐鄧破傷投諸遐裔渾鎬節制易定將戰而兵力不支表滋逗遛西川欲進而兗渠尚在或

親當矢石或躬履艱危勢屈賊鋒竟中朝典未曾貸法必振皇威今李聽罪惡流聞中外憤惋比之聳情等輩萬萬過之若陛下猶示含弘不極眞法臣等恐憲章墜地天下寒心伏請付法初中丞溫造召殿中侍御史崔蠡以聽失律告之俾爲彈文及是以其文付知彈侍御史周太玄正衙對百官舉奏聽貪姦奢侈凡領方鎮所至無理化及山東失律聽又廣以金帛交通權貴及是爲有司彈奏中外莫不稱當

翟璋爲左臺侍御史太和七年帝御紫宸殿朝集使魏州長史敬讓辰州長史周利貞俱欲奏事璋監殿庭揖利貞先進而讓前稱利貞受武三思使枉害臣父璋劾讓不待監引請付法上曰讓訴父枉不可不矜朝議亦不可不肅可奪一季祿而已貶利貞爲邕州長史

李款爲侍御史大和七年九月閤內彈奏前邠州行軍司馬鄭注內通敕使外連朝官兩地往來卜射財貨晝伏夜動干竊化權人不敢言道路以目請付法司旬日之內諫章數十上繇是授注通王府司馬兼侍御史充右神策軍判官中外駭歎

歸融爲戶部侍郎兼御史中丞開成元年湖南觀察

使盧周仁進羨餘錢一十萬貫文融狀奏曰天下一家何非君土所在方鎮官庫錢皆陛下庫緡錢也盧周仁輕黷宸嚴輒陳小利務期容受妄說異端若言南方多有火災故外須防戎寇恐成煨燼請納京師則所進之餘安可遂無此盧周仁罔思大体姑徇私誠人財貨以干榮待清朝而何淺貢之無藝實紊彝章伏見今年正月一日赦文天下藩方四節獻賀三年內猶皆權停周仁所進頗玷皇化何裨國用臣伏恐萬方從此相效皆以羨餘爲名縱無羨餘亦因緣刻剋生人受弊起自周仁寖不稱陛下臨軒求大平

意也其盧周仁應須重責以例長人者所進錢伏請却還湖南道收貯以備水旱倉貸貧下戶納兩稅支代相承不得擅用使九有穫蘇一方知感天下幸甚奏彈之後詔湖南所進錢委度支於河陰收貯以備佗處水旱

狄兼謩爲侍中丞開成二年眨前秘書監吳士矩爲蔡州別駕兼謩上疏曰縣令刺史觀察使皆陛下守土之臣守陛下土地財貨行陛下教條恩澤而已非得盈縮自己與奪自專況軍戎事不可容易添給添給之後損減至難豈唯一道一軍之獘實江淮十餘

鎮聲聞相傳如或引例其若之何吳士矩恐須勘驗取實以窒定江淮十鎮之意日月無私照雷霆無私怒陛下奬任士矩本非私也今負陛下而理之亦非私也臣忝憲職不敢尸祿其吳士矩請付東臺差清彊御史就江西推勘聞奏（士矩前爲江西觀察使在任日應軍中諸色加給匆給錢八萬八千貫文米一萬六千三百石故貶之）

魏謩爲右補闕開成二年荊南觀察使韋長以監軍使呂令琮下官健入江陵縣凌辱縣令韓忠事申西院院即內樞密院也謩上疏曰臣見諸司雜報韋長送狀西院分析監軍下凌毀江陵縣令事伏以州縣侵屈祗合上聞中外周連須遵舊制韋長任膺觀察体合精詳公事都不奏論私情擅爲逾越況事無大小不可將迎儻縣官官業有乖便宜理罪監軍職司侵軼即合聞天或以處煩聖聰何不但申門下令則首參當與理合糾繩伏望陛下宣示宰臣速加懲戒疏奏不報中書門下御史臺竝無彈奏其事遂寢時論惜之

韋溫爲尚書左丞開成三年彈奏吏部員外郞張文規長慶中父弘靖陷在幽州文規逗留京雖不便赴難不宜在南宮故出文規爲安州刺史

後唐趙光逢唐末時昭宗駕在華州爲御史中丞帝置藥院於禁中有道士許巖士瞽者馬道殷出入無問縣至列卿宫相因此左道求進者衆光逢持憲糾之伏法自是其徒頗息

崔沂梁開平中爲御史司憲金吾街使寇彥卿入朝過天津橋市民梁觀者不時廻避前道伍伯捽之投石欄以致斃彥卿自首於梁祖命通事舍人趙可封宣諭令出私財與死者之家以贖其罪沂奏劾曰彥卿位是人臣無專殺之理況天津橋御路之要正對端門當事駕出入之途非街使振怒之所況梁觀不

特廻避其過止於鞭笞捽首投軀深乖朝憲請論之
以法梁祖惜彥卿令沂以過失論沂引鬬競律以估
勢力爲罪首下手者減一等又鬬毆條不鬬故毆傷
人者加傷人者一等沂表入責授彥卿游擊將軍左
衛中郎將沂剛正守法人士多之
呂琦天成中爲侍御史舉劾吏部侍郎王權將作監
王澄太僕少卿魏仁鍔庫部郎中孔崇弼司門郎中
李殷夢河南縣令郭正封等六人妻叙封郡君縣君
者勑首叙封之例勑格甚明况在所司備經其事旣
成差誤蓋是因循顯有糾彈實爲允當欺罔難恕錯

即可矜然欲示戒懲須行責罰本行令史馬仁珪决
臀杖七十勒停本判郎中裴垣罰兩月俸王權等六
人妻進封叙封郡縣邑號官告宜令所司追納毀廢
初郊天後赦書節文云朝臣並與追封贈及叙封後
不在此限其年七月十二日中書以前赦書節文不
該據品秩依格例施行又奏覆在朝臣寮限兩月內
一齊聞奏並據品秩依格例施行河南縣令郭正封
制前任考功員外郎朝議郎階具是六品制後迁河
南縣令加朝請大夫正五品其妻乃叙封縣君及被
舉劾乃招僞濫有涉情故

李堪爲御史大夫時安重晦爲樞密使而弄權任氣
制置諸夏當纘紹之初內外無不畏懾過御史臺門
有內臣誤衝行李遂追斬於馬前時堪彈奏之以功
大莫能動也
趙礪爲兩京留臺侍御史礪上言臺司奉去年四月
勑西京留司官員雖有留臺點簡如聞多不整齊宜
令太子太師盧文紀都更提轄今有自去年五月後
至今每稱疾請假最多太子太保王延太子洗馬張
季凝舊例朝臣百日假滿落班簿延與季凝每遇百
日將蒲即一度赴拜表行香俱是拜跪不任昨高祖

神主祔廟之時留司班列至彭婆鎮奉迎其王延只
到五鳳樓前季凝稱有疾不出陳力就列往聖之明
規拜表行香留司之常務旣疾疢不任於出入觔骸
難彊於扶持所宜上稟憲章內思貪冐虔遷退休之
懇用循止足之文雖優弘縶自於朝廷而彈舉敢隳
於職業勑王延等宜以本官致仕時西京留司朝人
或有弛慢者朝廷欲儆其失乃令盧文紀簡轄文紀
乖於本體至令朝士不得出城制置甚煩趙礪嫉之
故有是奏欲移過於文紀也

第十五頁十七行終獻下自詔浚陵陽渠起至
紫宸殿彈之止二十一字應移在第十七頁十
一行嚴郢奏(當作奉)下
第十七頁十一行劾初縉起至十六行流涪州
止共一百十一字應移在第二十二頁七行縉
詣臺按下
第十九頁八行起至第二十頁十五行止共二
十八行應移在第二十二頁七行着字上
第二十頁十五行末簡書二字為笆字之誤
第二十二頁七行着下茂葉二字為蒐棄之誤

冊府元龜　補　卷之五百二十下　二十八

冊府元龜
巡按福建監察御史臣李嗣京　訂正
分守建南道左布政使臣胡維霖　參閱
知建陽縣事臣黄國琦較釋

憲官部　十

不稱　希旨　殘酷

不稱

夫糾察之官是持憲邦耳目之任以司若聽故職修則事舉官邪則政廢矧乃君夫彈劾必當罄其謇諤共或簡畧是務靡見於繩愆畏避為心坐貽於官謗

授受之際蓋兩失歟器人之能未易議也

宋荀子伯為御史中丞凡所奏劾莫不深相訶毀或延及祖禰其言切祖又頗雜嘲戲故世人以此非之

梁謝幾卿自尚書三公郎為侍書侍御史舊郎官轉為此職者謂為南奔幾卿頗失志多陳疾臺事略不復理徙為散騎侍郎

後魏爾朱承世領御史中尉人才猥劣備員而已

甄琛為侍中領中尉倪眉畏避不能繩糾貴遊凡所劾治率多下吏

唐楊國忠初名釗玄宗天寶中以貴妃從父之子為監察御史去就同率驟履清憲衆人皆指釗

韋陟肅宗時為御史大夫時朝臣六班多不整肅至有班頭相弔哭者乃罷陟御史大夫以顏眞卿代

鄉渾代宗時為監察御史憲臺執法之地動循儀軌渾性放曠不堪撿束其僚長局吏咸忿其疎縱渾旣不樂乞守外職執政惜其才奏為左補闕

王翃代宗時為御史大夫奉職雖不能舉正綱條以廉謹知名

張延賞代宗時為御史大夫初元載持權歲久寵賂日彰朝綱爵賞無不大壞帝思得正人為己腹心漸

收載權以肅朝政繇是浙西觀察使李栖筠與延賞赴闕時延賞為河南尹以地近先至除大夫適會前成都府司錄李少良與殿中侍御史陸珽等密上封事論載得失帝付臺問狀延賞疑懼不敢鞫遂託疾以避其事內不能平猶惜人望出延賞為淮南節度使

敬恬代宗時為御史大夫從容養望不舉綱紀士亦以此少之

于頎德宗建中時為御史大夫初頎為河南尹以無政代還時徵汾州刺史劉暹暹剛愎嫉惡歷典數州皆為廉使畏憚宰相盧杞恐暹為御史大

夫廚沮巳之所建遂稱薦頎爲之以其柔佞易制也
李元素憲宗時爲御史大夫是官自貞元中位缺久難其人至是元素以名望召拜中外聳聽及居位一無修舉但規求作相久之寢不得志見客必日無以官散相疎也見屬官必先拜脂帝在列大失人情
李珝文宗開成初爲御史中丞帝御紫宸殿宰臣李固言奏曰李珝在臺雖無甚過以爲人疎易不稱此官此官乃天下綱紀有司繩準苟用人非當則紊亂典章帝曰李珝官業應不堪舉然爲人豈不長厚耶固言對曰臣所奏緣與御史中丞不相宜人卽長厚

且憲司彈奏事亦至難官要得宜者
杜宣猷與栁瓌崔郢魏中庸高弘簡俱爲監察御史開成四年四月詔以宣猷爲河南府司録參軍瓌爲監察縣令郢爲侍御史充鄜坊節度使判官先是御史中丞高元裕上言御史府官屬選用至重宣猷等才望不稱請出之因有是命
後唐崔協莊宗同光初爲御史中丞憲司舉奏多以文字錯誤屢受責罰崔協器宇宏爽高談虛論多不近理時人以爲虛有其表
李琪明宗天成初爲御史大夫時樞密使安重誨宅與御史臺差相對重誨前騶至臺門殿直馬延衝前騶重誨卽命斬於臺門琪以重誨權重不敢舉其過又慮諫官論奏乃白於宰相任圜託先聞於重誨卽具上聞琪卽奏重誨言於臺門斬人事辭旨依違不敢正言其罪
梁文矩天成中爲御史中丞上表曰臣近聞有勑命夏秋苗稅取天成二年額爲長定雖聖王時行憂軫而黎民未甚聞知伏請再降明勑令粉壁曉告文矩初執憲綱志在舉職而首陳此議論者以爲欲云邪指佞理甚迂闊

盧損末帝清泰中爲御史中丞時有赦放繫囚白文審者延安之劇賊也繫于臺圄久之是日釋放翌日衆知之大駭乃重詳赦文此不該放者頼臺司復捕獲文審損與知雜韋棁本推御史魏遜皆停任

希旨

夫執霜簡峩豸冠立赤墀之下蓋所以振肅紀綱糾繩違謬是曰邦之司直者矣則有性本頗邪志必憸險承望風旨迎合意趣或文致其罪惡或増飾其左驗陰中良善寄排忠賢多所剿絶自求進取無靦於面目不畏於簡書雖曰人之不臧亦乃政之多辟云

耳
後漢郗慮爲御史大夫少府孔融見曹公雄詐漸著
數不能堪故發辭偏宕多致乖忤偏邪跌宕不拘正理曹公憚
之以融名重天下外相容忍而潛忌正議屢承望風
旨以微法奏免融官
晉王宏武帝時爲司隸校尉於是簡察士庶使車服
異制庶人不得衣紫絳及綺繡錦繢帝嘗遣左右微
行觀察風俗宏緣此復遣吏科簡婦人相服至褰發
於路論者以爲暴年謬妄繇是獲譏於世復坐免官
南齊孔稚珪爲御史中丞初王融爲竟陵王子良掾

置寧朔軍主武帝疾篤融欲立子良鬱林忿之即位
十日收下廷尉使稚珪倚爲奏曰融姿性剛險立身
浮競動跡驚羣抗言異類近塞外微塵苦求將領遂
招納不逞扇誘荒傖狡筭聲勢專行權利反覆脣齒
之間傾動頰舌之內威福自己無所忌憚誹謗朝政
歷毀王公謂己才流無所推下事曝遠近使融依原
據荅融辭曰囚實頑蔽觸行多愆但夙忝門素得奉
教君子爰自總髮迄將立年州閭鄉黨見許愚慎朝
廷衣冠謂無釁咎過蒙大行皇帝獎育之恩又荷文
皇帝職任之重司徒公賜預士林安陸王曲垂眄接
旣身被國慈必欲以死自効前後陳伐虜之計亦仰
開先朝今假大羊乍擾令囚草撰符詔又司徒宣勑
招募同例非一實以戎事不小不敢承教續蒙軍號
賜使招集銜勑而行非敢虛扇且格取亡叛不限傖
楚狡筭聲勢應有形迹專行權利又無贓賄反覆脣
齒之閒未審悉與誰言輕動頰舌之內不容都無主
此但聖主膺教實所沐浴自上甘露頌及銀甕啓三
日詩序接虜使語辭竭思稱揚得非誹謗且王公百
司唯賢是與高下之敬等秩有差不敢踰濫豈應訕
毀四才分本劣謬被策用悚怍之情夙宵兢惕未嘗

誇示里閭彰曝遠近自循自省竝愧流言良繇應接
寡虞致貽囂謗伏惟皇明臨宇普天蒙澤戊寅赦恩
輕重必宥百日曠期始蒙旬日一介罪身獨嬰憲劾
若事實有徵爰對有在身死之日無恨泉壤詔獄賜
死時年二十七臨死歎曰我若不爲百歲老母當吐
一言融意欲指斥帝在東宮時過失也融被收朋友
部曲參問此等相繼於道融請救於子良憂懼不敢
救
後魏甄琛宣武時爲御史中尉時趙修盛寵琛傾身
事之琛父凝爲中散大夫弟僧林爲本州別駕皆託

修申達至修奸事露明當收考今日乃舉其罪及縣
决修猶想隱惻琛告人日趙修小人背如土牛殊耐
鞭杖有識以此非之
北齊封孝琰廢帝時爲通直散騎常侍兼尚書左丞
其所彈射多承意旨
隋裴蘊爲御史大夫時蘇威爲納言煬帝時盜賊不
止天下大亂威每諷諫帝彌不平後復問伐遼東事
威對願赦羣盜遣討高麗帝益怒蘊希旨令白衣張
行本奏威昔在高陽典選濫授人官畏怯突厥請還
京師帝令案其事及獄成下詔曰威立性朋黨好爲

異端懷挾詭道徼幸名利詆訶律令謗訕臺省昔歲
薄伐奉述先志凡預切問各盡胸臆而威不以開懷
遂無對命啟沃之道其若是乎資敬之義何其甚薄
於是除名爲民蘊又與裴矩虞世基參掌機密蘊善
候伺人主微意若欲罪者則曲法順情鍛成其罪所
欲宥者則附從輕典因而釋之是後大小之獄皆以
附蘊憲部大理莫敢與奪必稟承進止然後決斷蘊
亦機辯所論法理言若懸河或重或輕皆由其口剖
折明敏時人不能致語
唐崔義玄高宗時爲御史大夫希密旨陰中長孫無
忌等罪立皇后武氏
袁守一爲監察御史時節愍太子重俊搆亂魏元忠
子昇時爲脇從宗楚客等將誣元忠通謀侍中楊再
思中書令李嶠又希楚客旨欲致其罪中宗不從守
一遂表彈元忠曰臣聞去疾宜速史策攸存惡逆不
誅禍難未已故潘崇進說宮甲遂興霍禹陰謀芒刺
可驗謹案魏元忠擢自布衣越昇台袞十旬遽至一
歲九遷日月借其光彩風雲姿其鳴躍享營丘之大
名食睢陽之茅土當須竭誠畢命徇義酬恩而乃搆
惑儲宮躬爲謀主位高勢重很顧豺聲親典五兵又

司百揆儲宮向闕先召賊臣北軍斬關未聞死難主
於陷重俊令犯逆誘臣下使謀君戎馬蒲於宮中戰
場在於闕下宸座驚逼兆庶憂懼一日之間中外隔
絕禍亂之首實階元忠宜肅朝章以明典法用塞人
祇之怨稍清郊廟之恥罪狀既實自孽難逃義士忠
臣誰不憤激重俊是陛下之子猶加昭憲元忠非勳
非戚焉得獨漏嚴刑縱陛下惡死好生其如國典何
元忠等請汙宮以謝罪赤族以申刑伏望付法據狀
科斷
敬羽爲御史中丞時道士申泰芝託使鬼物郄老之

術得幸於肅宗因使徃湖南宣慰受奸贓鉅萬又以訛言惑衆潭州刺史龐承鼎按其事以聞肅宗不之信召泰芝赴京師下承鼎於江陵獄詔嚴郢窮理之郢具以泰芝奸狀聞肅宗又令中使與呂諲同驗諲亦執奏泰芝無狀肅宗皆不納豖希旨附會泰芝肅宗大怒竟抶殺承鼎

賈全爲御史中丞德宗貞元中夏州節度使韓潭朝京師其監軍賈英秀在鎮挾誣捕州人焉翊節度推官王游順典李縉朝以枷拉殺翊翊子琪以寃上訴兼告英秀贓狀下御史臺按之全希旨以附中人奏

請留免英秀於内侍省餘黨於臺推得實故游順等坐死英秀獨削一階

殘酷

書曰與其殺不辜寧失不經此聖哲知一成而不可變故矜恤之心至矣暨夫失政之世強猜多忌峻刑罰以懾下委酷吏以爲能擢之憲臺恣彼兇忍或求官屬之陰罪或屠流人以逞威始爲嫉惡如讐異叅柄用終則舞文深詆謂其敢決招集同惡則千里嚮應自臨筮朴則五毒備極行路爲之寒心舉朝爲之累足其後雖萬乘易慮何補寃痛異代覽之孰不嗟慨

漢王温舒武帝時以廷尉史事張湯爲御史督盜賊殺傷甚多減宣武帝時爲御史及中丞使治主父偃及淮南反獄所以微文深詆殺者甚衆詆誣也稱爲決疑數廢數起爲御史中丞者幾二十歲幾音巨衣反

杜周武帝時以廷尉史事張湯至御史使案邊失亡邊卒多亡也一云郡縣主守有所失亡也所論殺甚衆奏事中上意任用與減宣相編更爲中丞十餘歲其治與宣相放然重遲外寬内深刺骨其用罪深刻至骨

後漢周紆章帝時爲御史中丞和帝即位太傅鄧彪

奏在任過酷不宜典司京輦免歸田里永元五年復徵爲御史中丞遷司隷校尉六年夏旱車駕自幸雒陽録囚徒二人被掠生蟲左除騎都尉

陽球靈帝時爲司隷校尉先是球爲尚書令時中常侍王甫曹節等姦雩弄權扇動外内球嘗拊髀發憤曰若陽球作司隷此曹子安得容乎光和二年遷爲司隷校尉王甫休沐里舍球詣闕謝恩奏收甫及中常侍淳于登袁赦封昻中黄門劉毅小黄門龐訓朱禹齊盛等及子弟爲守令者姦猾縱恣罪合滅族太尉段紀明諂附佞倖宜竝誅戮於是悉收甫紀明等

送雒陽獄及甫子永樂少府萌幷相告球自臨考甫等五毒備極萌謂球曰父子旣當伏誅少以楚毒假借老父球曰若罪惡無狀死不滅責乃欲求假借邪萌乃駡曰爾前奉事吾父子如奴奴敢反汝主乎今日困吾行自及也球使以土窒萌口箠朴交至父子悉死杖下紀明亦自殺乃僵磔甫屍於夏城門大署榜曰賊臣王甫盡沒入財産妻子皆徙比景球旣誅甫復欲以次表曹節等乃勑中都官從事曰且先去大猾當次案豪右權門聞之莫不屛氣諸奢飾之物皆各緘縢不敢陳設京師畏震時順帝虞貴人塟百

官會喪還曹節見磔甫屍道次慨然抆淚曰我曹自可相食何宜使犬䑛其汁乎語諸常侍今且俱入勿過里舍也節直入省白帝曰陽球故酷暴吏前三府奏當免官以九江微功復見擢用愆過之人好爲妄作不宜使在司隸以騁毒虐帝乃徙球爲衛尉時球出謁陵節勑尚書令召拜不得稽留尺一球被召急因求見帝叩頭曰臣無清高之行橫蒙鷹犬之任前雖糾誅王甫段紀明盡簡落狐狸未足宣示天下願假臣一月必令豺狼鴟梟各服其辜叩頭流血殿上呵叱曰衛尉扞詔邪至於再三乃受拜

後魏李彪爲御史中尉號爲嚴酷以姦欵難得乃爲木手擊其脇腋氣絶而復屬者時有焉又慰喩汾州叛胡得其土渠皆鞭面殺之彪之病也體上往往瘡病痛毒備極

北齊宋游道仕東魏爲御史中尉性剛直疾惡如讐見人犯罪皆欲致之極法彈糾見事又好察陰私問獄察情捶撻嚴酷別劾吉寧等五人同死有欣悅色朝士甚鄙之

唐來俊臣則天時爲御史按制獄素小不合意者必引之前後坐族千餘家擢拜左臺御史中丞與侍御

史侯思止王弘義郭霸李敬仁評事康暐衛遂忠等同惡相濟招集告事者數百人共爲羅織數州相連千里響應欲誣陷一人卽數頭別告皆事狀不異異口同音以惑上下仍具云請付來俊臣等推勘必獲實又造告密羅織經一卷其意皆網羅前人織成反狀俊臣每鞫囚無問輕重多以醋灌鼻禁地牢中或盛之於瓮以火圜繞炙之兼絶其糧餉至有抽衣絮以噉之者又令寢處糞穢備諸苦毒自非身死終不得出每有制書寬宥囚徒俊臣先遣獄卒盡殺重囚然後宣示又與游擊將軍索元禮等作大枷凡有十

號一日定百脈二日喘不得三日突地吼四日着即承五日失魂魄六日實同反七日反是實八日死豬愁九日求即死十日求破家復有鐵籠頭遣其加者輪轉於地斯須悶絶矣囚人無貴賤必先布枷棒于地召囚前曰此是作具見之魂膽飛越無敢自誣矣則天重其賞以酬之故吏兢勸爲酷毒繇是告密之徒紛然道路俊臣復按大軍張虔勗大將軍内侍范雲仙於維州收院虔勗等不堪其苦自訟於徐有功言辭頗厲俊臣命衛士亂刀斬殺之雲仙亦言歷事先朝使臣寃苦俊臣命截去其舌士庶破膽無敢言

者俊賊汚滋甚荒淫無度百官妻子及商人財貨多被其逼奪御史紀履忠劾奏其狀准犯當誅則天以俊臣告事有功特恕其死

侯思止則天時爲左臺侍御史既按制獄苛酷日甚嘗按中丞魏元忠曰急承白司馬不然即喫孟青白司馬者雒陽有坂號曰司馬孟青者將軍姓孟名青棒即殺瑯琊王冲者也思止閭巷庸奴嘗以此謂諸囚也元忠辭氣不屈思止怒而倒曳元忠徐起曰我薄命如乘惡驢墜腳爲鐙所擊被拖曳思止大怒又曳之

萬國俊則天時爲司刑評事長壽二年二月有上封事人言嶺表流人有陰謀逆者則天遣國俊攝監察御史就按之若得反狀便斬決國俊至廣州遍召流人置於別所矯制賜自盡竝號呼稱寃不伏國俊乃引出擁之水曲以次加戮立百餘人一時併命然後鍛錬曲成反狀仍便誣奏云諸道流人咸有怨望若不推究爲變不遥則天深然其奏又命右衛翊二府兵曹參軍劉光業司刑評事王德壽苑南面監丞鮑思恭尚輦直長王大貞右武威衛兵曹參軍屈貞筠竝攝監察御史分往劒南黔中安南嶺南等六道按

鞫諸州流人尋擢授國俊朝散大夫行左肅政臺侍御史光業等見國俊盛殺得加榮賞并受鸞臺侍郎傅游藝之旨乃共肆其凶惡唯恐後之故所在殺戮光業誅七百一云九百德壽五百人一云七百其餘少者下减百人一云五百亦有雜犯及遠年流人本非革命時犯罪者亦枉及禍焉則天知其寃濫制被六道所誅家口未歸者遞還本貫國俊等俄相次被誅其不死者坐事流竄而衆議咸以爲殘酷所致

王弘義則天時爲左臺侍御史每暑月繫囚必於小房中積高而施氈褥遭之者斯須氣絶矣與來俊臣

嘗行移文牒州縣慴懼自矜曰我之文牒有如狼毒野葛也

郭覇則天時爲左臺殿中侍御史嘗推坊州刺史李思徵榜棰楞禁不勝而死

胡元禮爲侍御史長壽中左臺侍御史王弘義流放瓊州妄稱勅追時元禮使嶺南次于襄鄧會而按之弘義詞窮乃請曰與公氣類元禮曰足下任御史元禮任雒陽尉元禮今爲御史公乃背流思復何氣類乃榜殺之

周利貞中宗神龍中爲侍御史出爲嘉州司馬桓彦

範袁恕已等爲武三思誣構流桓彦範於瀼州敬暉爲崖州袁恕已於環州三思猶慮重被進用納崔湜計令利貞攝右臺侍御史就嶺南矯制殺之彦範行至貴州利貞遇之於途乃令左右執縛曳於竹槎之上肉盡至骨然後杖殺之恕已至環州爲利貞所逼飲野葛汁數升恕已嘗服黄金飲毒訖憤悶以手掘地取土而食爪甲殆盡竟不死乃擊殺之

姚紹之爲監察御史中宗朝駙馬都尉王同皎與張仲之祖延慶謀誅武三思事洩乃勅左臺大夫李承嘉與紹之按於新開獄紹之初將直盡其事詔宰相李嶠等對問諸相懼三思但俛俛佯不問仲之延慶言不已宰相有附會三思者屢與承嘉耳語復詭誘紹之其事乃變遂密置人力十餘引仲之對問至則爲紹之所擒塞口反接送獄中紹之還謂仲之曰張三事不諧矣仲之固言三思反狀紹之命捧之而臂折大呼天者六七謂紹之曰反賊臂且折矣命已輸爾當訴爾於天帝乃自誣反而遇族

王旭玄宗時爲左臺侍御史開元初光祿少卿盧崇道以崔湜妻父貶於嶺外逃歸匿於東都爲讐家所發詔旭究其獄旭欲擅其威權因捕崇道親黨數十

人皆極其楚毒然後結成其罪累遷左司郎中嘗帶侍御史旭爲人嚴苛左右無敢支吾每銜命推劾一見無不輸欵者

敬羽肅宗時爲監察御史作大枷有鉤尾榆着即悶絶又卧囚於地以門關輾其腹號爲肉餺飥掘地爲坑實以棘刺以敗席覆上領囚臨坑訊之必墜其中萬刺攢之有胡人康謙爲試鴻臚卿知山南東路驛人嫉之告其陰通史朝義謙髭鬚長三尺按之兩宿鬚髮皆秃膝踝亦栲碎視之者以爲鬼物非人類也

冊府元龜

巡按福建監察御史臣李嗣京　訂正
知長樂縣事臣夏允彝　叅閱
知建陽縣事臣黃國琦　較釋

憲官部　一十一

私曲　譴讓　誣調

夫耳目之官糾轄之任必資方正以崇風憲苟非其人卽豪威式而廻徇緣公議快復私讐或造飛語風聞以汚黷良善或憑深文巧詆以傾陷忠賢城社是

依搏擊莫及豈唯人之不幸抑亦國之巨蠹矣

後漢故种爲司隸校尉與王宏有隙及宏下獄种遂迫促殺之宏臨命詬曰宋翼曰儒不足議大計胡种樂人之禍福將及之种後眼輒見宏以杖擊之因發病數日死

李暠爲司隸校尉初蘇謙爲扶風郡都郵時暠爲美陽令與中常侍具瑗交通貪暴爲民患前後監司畏其勢莫敢糾問及謙至部案得其贓論輸左挍謙累遷至金城太守去郡歸鄉里漢法免罷守令自非詔徵不得妄到京師而謙後私至雒陽暠收謙詰掠死獄中暠又因刑其屍以報苦怨

段紀明爲司隸挍尉紀明曲意宦官故得保其富貴遂黨中常侍王甫枉誅中常侍鄭颯董騰等

晉荀愷爲司隸挍尉牽秀爲司空從事中郎與帝舅王愷素相輕侮王愷奏秀夜在道中載高平國守士田興妻秀卽表訴彼誣論穢行文辭亢厲以譏抵外戚于時朝臣雖多證明其行而秀盛名美譽繇是而損遂坐免官

宋荀伯子爲御史中丞凡所奏劾莫不深相汚毀或延及祖禰示其切直又頗雜嘲戲故世人以此非之

南齊袁彖爲御史中丞誣彈謝超宗簡奏依違免官

袁昂爲御史中丞先是沈淵爲御史中丞彈昂從兄吳興太守彖及昂爲中丞到官數日奏彈淵子續父在僦白幰車免官禁錮陸澄爲御史丞弟鮮爲楊州主簿顧測以兩奴就鮮質錢鮮死子暐誣爲買券測與澄書相往反後又牋與太守蕭緬云澄欲子之非未近義方之訓此趨販所不爲况縉紳領袖儒宗勝達乎測遂爲證所排抑世以此少之

梁到洽爲御史中丞初劉孝綽與洽友善同游東宮孝綽自以才優於洽每於宴坐嗤鄙其文洽銜之及

孝緯爲廷尉卿攜妾入官府其母猶停私宅洽遣令
史案其事遂劾奏之云攜少妹於華省棄老母於下
宅高祖爲隱其惡改妹爲姝坐免官
陳劉孝儀爲御史中丞與徐陵有隙及陵出爲上虞
令孝儀風聞劾陵在縣贓汙因坐免
後魏高道悅爲治書侍御史時徵兵閣集道悅奏王
文中散元志等稽違期會時道悅兄現爲外兵郎中
而道悅有黨兄之負孝文詔責然以事經恩宥遂寢
而不論
崔亮爲御史中尉初邢巒爲度支尚書侍中盧昶與

巒不平昶與元暉俱宣武所寵亮昶之黨也昶陴令
亮糾巒事成許言於帝以亮爲侍中亮於是奏劾巒
在漢中掠良人爲奴婢亮外雖方正內亦承候時情
宣傳左右郭神安頗被孝明識遇以弟託亮亮引爲
御史及神安貶後因集禁中孝明令兼侍中盧昶宣
旨責亮身在法官何故受左右囑請亮拜謝而已無
以上對
王顯爲御史中尉屬官不悉稱職諷求更換詔委改
選務盡才能而顯所舉或有請囑未皆得人於是衆
口喧譁聲望致損

北齊高愼爲御史中尉選用御史多其親戚鄉閭不
稱朝望文襄奏令改選焉
張子階爲御史初畢義雲爲司馬子瑞所彈而子瑞
從兄消難爲北豫州刺史義雲遣子階詣州采風聞
先禁其典籤家客等消難危懼遂叛入周時論歸罪
義雲雲具覆執子瑞事亦上聞以前譴賞義雲嘗預
從此後集見稍疎聲望大損
隋裴蘊爲御史大夫煬帝親征遼東以尚書左丞郎
茂爲晉陽宮留守恒山贊治王文同與茂有隙奏茂
朋黨附下罔上詔遣納言蘇威與蘊雜治之茂素與

蘊等不平蘊因深文巧詆成其罪狀帝大怒及其弟
司隸別駕楚之皆除名爲民徙且末郡
唐袁異式爲監察御史初右相劉仁軌爲給事中受
詔按李義府殺畢正義之事仁軌既不曲掩其狀義
府銜之繇是見排出爲青州刺史俄又以運糧失船
異式馳往鞫之承義府之旨逼仁軌令自殺辭曰仁
軌劾官不辦國有常刑公若以法斃之則將欲逃死亦
不可得也今若遽自絞縊以快讐者竊所未甘心焉
於是結奏仁軌罪詔削官爵令於遼東効力
宇文融爲御史中丞時中書令張說惡其爲人屢排

擠之融乃與崔隱甫劾奏說贓狀說繇是罷相

張著爲監察御史冠豸冠彈京兆尹兼御史中丞嚴郢於紫宸殿劾郢奉詔發人浚陵陽渠匿詔不時行故使奔蹷以歸怨於上帝即位之初侍御史朱敖請復制置朱衣豸冠於内廊有犯者御史服以彈帝許之又令御史得專彈舉不復關白於中丞大夫至是著首行之乃劾郢御史中丞而著特賜緋魚袋自是懸衣冠于宣政之左廊然著承楊炎意彈郢無何御史張滂復以朋黨私黨彈中丞元全柔衆議不直乃詔御史不得專舉

竇參爲御史中丞多率情壞法初定百官俸料以嘗爲司直黨其官故給俸過於本寺丞又定百官班秩初令太常少卿在左右庶子之上又惡詹事李昇遂移詹事班退居諸府尹之下甚爲識者所嗤

嚴郢爲御史大夫初郢爲京兆尹兼御史中丞時楊炎爲相惡其異己誣以他罪削兼中丞及盧杞將傾炎炎罷相乃引郢爲御史大夫與協謀發炎罪及河中觀察使趙惠伯下御史臺獄箠楚無驗搆成其罪貶炎于崖州惠伯于費州郢既報怨過當人頗不直郢後得罪既至費州道左睹柩殯問其姓名或曰得罪趙惠伯之殯也郢默然慙恧歲餘而卒

李夷簡爲御史初京兆尹楊憑在江西日夷簡自御史出官在巡屬憑頗疎縱不顧接之夷簡嘗切齒及憑歸朝修第於永寧里功作并興又廣蓄伎妾於永樂里之别宅時人大以爲言夷簡乘衆議舉劾前事且言修營之僭將欲殺之及下獄置對數日未得其事夷簡持益急上聞且貶焉追舊從事以驗自貞元已來居方鎮者爲德宗所姑息故窮極僭奢無所疑忌及憲宗即位以法制臨下夷簡首舉憑罪故時議以爲宜然繩之太過物議又譏其深切矣

崔元畧任刑部郎中知雜時中丞改京兆尹物議以吏部郎中崔植有風憲之望元畧因入閤妄稱植失儀命御史彈之時二人皆進擬中丞旨果授元畧植深銜之

竇易直爲御史中丞時吏部尚書鄭餘慶議僕射上日儀制不當與隔品官元禮易直時奏非餘慶所議及易直爲右僕射却行隔品致敬之禮時論非之

諡讓

周官小宰之職所以糾邦禁秦制御史之任所以持國憲蓋言責之攸重必剛正以自守官或有曠咎將

馬徃若乃論奏失中案劾非實稽留諸事抑滯徃愬
逮捕而靡審報聞而自擅畏避不舉遠慢弗恭縱吏
受賕徇私成黨舞文以巧詆罔上以飾詐忌書馬之
爲愼恣逆鱗而忤旨自作弗靖罔求諸已用是譴罷
實取衆棄其有備員臺署憎視簡牘不練習於舊典
惟專事于外剛蔑聞令猷實損朝望繇茲坐免不亦
媿乎
後漢鮑永光武建武中爲司隸校尉大司徒韓歆坐
事永固請之不得以此忤帝意出爲東海相
鮑昱爲司隸校尉明帝永平五年坐救火遲免

晉傅祗爲司隸校尉楚王瑋之矯詔也祗以聞奏稽
留免官
范泰爲御史中丞坐議殷祠事謬白衣領職
宋王準之爲御史中丞坐世子右衛率謝靈運殺人
不舉免官
何承天爲御史中丞尚書左丞謝元舉承天賣茭四
百七十束與官屬求貴價承天坐白衣領職
南齊陸澄爲御史中丞太祖建元元年驃騎諮議沈
憲等坐家奴客爲劫子弟被劾憲等晏然左丞任遐
奏澄不糺請免澄官澄上表自理言舊例無左丞糺
中丞之義詔外詳議尚書令褚彥回簡宋已來左丞
糺正而中丞不糾免官者甚衆奏澄謏聞膚見貽撓
後昆上掩皇明下籠朝職請以見事免澄所居官詔
曰澄表據多謬不足深劾可白衣領職
梁張緬爲御史中丞坐收捕人與外國使鬬左降黃
門兼領先職
陳王政爲御史中丞時始興王叔陵所作尤不軌侵
淫上聞宣帝遣責政以不舉奏免政官
北齊高愼爲御史中丞以不稱朝望文襄奏令改選
焉愼前妻吏部郎中崔暹妹爲愼所棄暹時爲文襄

委任愼謂其構己性旣狷急積懷憤恨因是罕有糾
劾多所縱舍高祖嫌責之彌不自安出爲北豫州刺
史
袁聿修爲司徒左長史加驃騎大將軍領兼御史中
丞司徒録事叅軍盧思道私貸庫錢四十萬聘大原
王文女爲妻而王氏已先納陸孔文禮聘爲定聿修
坐爲首寮又是國之司憲知而不劾被責免中丞
隋張衡爲御史大夫煬帝欲大汾陽宮令衡與紀弘
整具圖奏之衡承間進諫曰比年勞役繁多百姓疲
弊伏願留神稍加折損帝意甚不平後嘗目衡謂侍

臣曰張衡自謂繇其計畫令我有天下也時齊王暕失愛於上帝密令人求暕罪失有人譖暕違制將伊闕令皇甫詡從之汾陽宮又錄前幸涿郡及祠北嶽時父老謁見者衣冠多不整帝譴衡以憲司皆不能舉正出爲榆林太守

劉子翊大業中爲持書侍御史從幸江都値天下亂帝猶不悟子翊因侍切諫繇是忤旨令子翊爲丹陽留守

唐泰令言爲監察御史時維州長史譙國公許力士以子欽明犯奸贓配流建州令言以按事失實觧任

初令言受詔推欽明客謂令言曰君鼠目不應利見戒在奏事令言曰此素所便也不習而入及奏不稱旦謂力士爲許長史帝怒曰對我猶喚許長史此豈推得事更令法司重鞫之力士又侵居人田宅以廣園池占渚田以爲馬牧繇是力士令言皆得罪

崔謐爲御史中丞以推明崇儼事失實貶爲虔州長史

張洽爲御史中丞開元十年以維陽縣主簿王鈞坐贓杖殺之玄宗謂宰相張嘉貞曰兩臺御史河南尹韋湊作何政理遣吏官侵漁朕思復淳風永懷壽域聲覈之下豈圖有此等官慢法何謂有司春秋責帥即其義也嘉貞對曰陛下深愛黎元爲之除害韋湊等不明不肅實負聖朝臣望各貶其官以勸長吏即日遂貶湊爲曹州刺史洽爲通州司馬

韋陟肅宗至德中爲御史大夫時右拾遺杜甫上表論房琯尚有大臣度眞宰相器聖朝不容詞旨迂誕帝令崔光遠與陟及憲部尚書顏眞卿同訊之陟入言甫所陳讜言論房琯被黜不失諫臣大體帝由此益踈遂罷御史大夫受吏部尚書

房宗偃爲御史中丞建中元年坐與劉晏友善貶虔

州司馬

楊護代宗大曆八年爲殿中侍御史分職左巡時衙模哭市護不聞奏帝以爲壅蔽貶護爲連州桂陽縣丞員外置

呂渭爲殿中侍御史德宗初即位以李涵爲太子少傅充山陵副使渭爲判官上言涵父名少康今官名犯諱恐乖禮典宰相崔祐甫奏曰若朝廷事有乖舛羣臣悉能如此實太平之道除渭司門員外郎尋有人言涵昔爲宗正少卿此時無言今爲少傅渭妄有奏議詔曰呂渭僣陳章奏爲其本使薄訢官名朕以宋有司城之嫌晉有司曹之諱歎其忠於

宋有司城之嫌晉有司晉之譏歟其忠於所事亦謂
確以上聞乃加殊恩俾膺厚賞近聞所陳少字徃歲
已任少卿昔是今非罔我何甚豈得謬當朝典更側
周行宜佐遐藩用誡薄俗可歙州司馬同正錄是改
涵為簡較工部尚書兼光祿少卿仍充山陵副使
崔薳貞元十九年為監察御史初建中元年勑京城
諸使及府縣季終命御史分曹巡按繫囚省其冤濫
以聞近年以此軍職在禁密移牒而已御史未嘗至
其軍薳任官近嚴明遇下下思陷之知薳不練故事
今至右神策軍云奉制巡覆軍使等以為持有制令

御史推覆不詳其舊例也頗驚愕軍中遽奏之帝發
怒笞薳四十配崖州
元稹憲宗元和五年為監察御史分司以攝河南尹
房式於臺擅令停務罰俸料一季追赴西臺旋貶江
陵府士曹參軍
盧則為監察御史出按連州刺史崔簡得實及還其
下吏受觀察使李衆賂綾六百疋簡弟訐訴推吏決
杖配流勑御史出使動為摽式功在肅下不唯撿事
監察御史盧則奉使推鞫致使官曲犯贓被人告訴
失在周慎亦可薄懲宜停見任

韋乾度元和十二年為御史中丞時監察御史韋楚
材請按河中觀察使趙宗儒擅用貯備凶荒羨餘錢
及贓罰錢米貫石數至八萬詔監察御史崔鄯覆則
宗儒以行營軍用且有詔命以楚材舉不實貶為江
陵兵曹參軍楚材以無公券因宿於城東別墅三日
方達藍田縣會乾度疏理楚材事楚材素與裴度善
時度與李逢吉不叶憲宗以事連宰相故召給事中
張賈中書舍人李程召乾度及比部郎中兼侍御史
知雜宋景兼追楚材等鞫辨之其所追堂帖先至商
州數日後楚材方到帝皆知之又本推覆楚材所舉

趙宗儒事御史崔鄯稱奉使回謁辭乾度於私第乾
度引之外堂約鄯令附會楚材事故兼以崔鄯同鞫
之於是貶乾度為朗州刺史宋景為韶州司馬景初
被鞫對曰侍御史知雜事所以贊中丞也今若以乾
度為過即景無所逃責故貶焉
李道樞敬宗寶曆初為侍御史被酒詣中丞獨孤朗
宅請事醉不能去即劾奏之故以道樞為太子司議
郎分司東都
王源植寶曆二年為殿中侍御史源植於衢路為教
坊樂伎所侮源植道從訶叱不止遂成忿競京兆尹

劉栖楚科責伎者訴於本司因有詔令御史臺勘詰時中丞獨孤朗論之稍過帝怒遂貶源植爲昭州司馬同正

高少逸寶曆二年爲侍御史時金吾將軍李岵入閤失儀少逸爲知彈御史以不彈奏貶太子左贊善大夫御史丞獨孤朗侍御史竇華不彈奏少逸宜各罰一月俸

温造爲御史中丞文宗太和二年宮中遺火造奏初聞宮中遺火緣妖賊並禁在臺恐有奸謀遂追集人吏設備隄防然後奔走入朝到稍在後兩巡使崔宜

姚合其日臺中忽聞有火遂追集所領赴朝堂到稍在後臣等職列紀律之次庶寮動皆取則若不重罰難勵衆情自罰三十直宜合請各罰三十直宰臣等奏禁中火燭所及迫近正衙宰相已下皆在火所御史中丞合率僚屬先至闕下其日兩巡使直至申時火滅始到中丞隔宿追朝隨例方至物情不可議論喧然其所議罰纔比臺司錯失既以上聞又不待罪有乖敬慎恐須別議責罰奉勑事出非常臺有妖賊官曹警備亦謂慮周即合待罪朝堂候聽處分量罰自許事涉乖儀温造姚合崔宜等各罰一月俸所請罪錢宜並放賜

梁蕭頃爲御史司憲太祖開平三年鄆州百姓劉郁於駕前陳狀論金吾大將軍石彥辭賣宅不肯交割怨御史臺論理不爲推窮事頃與侍御史盧麻各罰兩月俸

孔邈爲殿中侍御史乾化元年貶爲同州澄縣尉以扈從北征後至行在故也

鄭觀爲監察御史乾化二年御史臺奏准堂帖送到臘饗行事官秘書監苗暐等五人狀稱十二月二十六日臘祭百神十九日早於都省受誓戒至午時監

察御史鄭觀狀稱其日泥雪稍深所乘驢畜瘦劣墜車數四遂至遲違者奉勑國之重典祀事爲先監察御史本處不恪今則衆官晨興已到御史日晏方來既紊國章難虧朝典其鄭觀宜停見任

後唐崔協爲御史中丞莊宗同光中與殿中侍御史韋說魏遜詣東上閤門進狀待罪罰俸有差刑獄奏牘脫畧文字故也

趙玉爲侍御史明宗天成四年七月推劾汴州相國寺僧崇德宗内誤書僧審方入罰一月俸

盧損末帝清泰三年爲御史中丞初延州保安鎮將

白文審郡之劇賊高行周作鎮時差人往替不受代屬前年春擾亂文審專殺郡人趙思謙等十餘人後經赦放罪去年春思謙弟思誨詣闕訴兄之冤帝亦素知文審之兇惡寄令本道捕之下獄遣殿中少監張仁愿於鄆州置獄推鞫文審伏殺十餘人罪未盡疑乃追赴京師連坐者二十八人繫臺獄方按鞫屬五月十二日御札自今年五月十二日已前除五逆十惡放火刼舍持杖殺人外並委長吏如已得事情或未見贓驗不在追窮枝蔓以所招疾速斷遣損爲人輕易即破械釋文審後奏帝大怒復收文審誅之堂

帖勘臺公文云奉德音釋放不得追領祗證中書詰云御札云不在追窮枝蔓無不得追領祗證六字擅添改勑語詔責授右贊善大夫知雜御史韋棁責授太僕寺丞侍御史魏遜責授太府寺主簿王岳責授司農寺主簿

晉薛融爲御史中丞高祖天福四年融乘馬入尚書省門罰俸一月

李鼎爲侍御史天福八年勑曰李鼎方居憲府合禀朝章豈可八月中喪妻亡十月後供狀欺公冒寵以死爲生旣彰罔上之愆難逃觸邪之地止停見任尚示寬恩宜勑停見任初侍御史鄭搏彈奏云伏見李鼎今月十一日銜謝妻陳叙封事察認群言似踰嘗例臣遂簡詳按內具李鼎去年八月中請妻亡准式假十月終供狀請叙封有此過尤致招羣論竊循職分理合舉明者勑下臺司勘狀不虛鼎稱准去年七月十七日德音特叙封鼎妻八月中病亡十月內中書大例遍取朝臣父母妻官諱邵氏遂供文狀自後不觧闕落申報者所司奏聞遂有是命

周邊歸讜爲御史中丞顯德五年奪俸一季先是百官因事班於廣德殿門外歸讜忽厲聲聞於帝座

觀者無不悚然故寘於罰

誣調

夫職司邦憲位振朝綱則必篤之以嚴明守之以正直行之以禮奉之以仁故法靡不通事無不舉若乃誣調以肆其意高下以快其心或以報仇讐或以伸怨憾或搆譏以成其罪或邀寵以重其法無辜受禍因私被戮夫如是苟逃人患必致天誅士君子束髮從官出身事主可不鑒於斯而已夫

唐來子珣爲侍御史天授二年臘月誣搆文昌左相魏王承嗣文昌右相岑長倩監修國史殿中監河內

王懿宗兼簡較右金吾衛大將軍雍州刺史劉行實及弟渠州刺史行瑜尚衣奉御行感并兄子鷹揚衛將軍虔通並以謀反誅

來俊臣累遷侍御史天授初王公百僚皆勸革命右衛將軍李安靜太子少保綱之孫獨義形於色無所陳請及被收下制獄俊臣詰其反狀安靜謂曰以我是唐家老臣須殺任殺若問以謀反實無可對俊臣竟誣搆殺之

二年臘月劉行感兄弟坐謀反制令納言史務滋與俊臣同鞫其獄俊臣奏言務滋素與行感周密意欲

寢其反狀則天怒令俊臣鞫之務滋恐被陷於極刑遂自殺俊臣遷御史中丞三年十月奏鳳閣侍郎任知古地官侍郎狄仁傑冬官侍郎裴行本司農卿裴宣禮前文昌右丞盧獻御史中丞魏元忠潞州刺史李嗣眞並謀逆請誅之制不許特令免死文昌左相魏王承嗣曰仁傑等包藏逆節事迹並彰陛下雖欲屈法申恩無以懲戈凶慝則天曰朕好生惡殺志在恤刑渙汗已行不可更返殿中侍御史霍獻可奏曰陛下不殺裴宣禮等臣請絶命於前遂以頭觸殿階流血覆面獻可即禮之甥以此表人臣之節鳳閣舍人向光道侍御史張知黙又抗言請誅之不許唯左授知古江夏縣令仁傑彭澤令宣禮夷陵令元忠涪陵令獻西鄉令行本嗣眞流於嶺表又羽林將軍蘇幹遷東官尚書俊臣素忌疾之遂誣奏在魏州與琅琊王沖書疏往復因繫獄發憤而卒又泉獻誠爲右衛大將軍俊臣怒遂誣其謀反縊殺之又俊臣與太僕少卿李昭德素不協遂誣搆以反罪

姚庭筠爲御史中丞節愍太子之舉兵魏元忠子昇爲其脅從遂稷爲亂兵所殺庭筠誣奏曰臣聞貞觀中兵部尚書侯君集有社稷元勳蒙賜鐵券后與太

子承乾謀反法司斷以極法太宗臨朝謂羣臣曰君集有功于國朕將乞其性命公卿等許我乎于時羣臣爭進皆云君集擬傾危社稷天地不容請處斬之以明大法太宗涕泣與訣令依國典斬於四達之衢以謝天下其后房遺愛薛萬徹及齊王祐等作逆雖是懿親皆從國法誅戮今魏元忠與李多祚等結搆謀反并男俱入逆從陛下仁恩欲掩其過臣今許揚是犯龍鱗忤主意但以事緣宗社豈能希旨不言且元忠功不逮君集身又非國戚君集等反形纔見未有兵戈元忠等兵纏紫微圍逼宸座今朝廷諠議皆

云掾元忠纍逆合赤族汙官在朝廷有朋黨寛救其惡爲飾詐詞以惑聖聽昔宣尼爲魯司寇七日誅少正卯臣蒙擢居憲司已經十日不能誅鋤逆黨息朝廷紛議可謂素飡尸祿負陛下鬥鑊之烹願行兩觀之誅以絶四凶之慝中宗頗然之繇是貶元忠宋州員外司馬

冉祖雍爲侍御史與冬官侍郎朱敬則不協遂誣其與王同皎親善貶授涪州刺史未行朝廷知其非罪轉廬州刺史俄以疾卒

宇文融爲御史中丞開元中盧從愿代韋抗爲刑部

尚書頻年充較京外官考使前後咸稱允當時融承恩用事以括獲田之功本司較考爲上下從愿抑不與之融頗以爲恨遂密奏從愿廣占良田至有百餘頃其後玄宗嘗擇堪爲宰相者或薦從愿帝曰從愿廣占田園是不廉也遂止不用

楊國忠貴妃從父之子天寶中爲監察御史時李林甫於皇太子有不利之纍乃潛圖傾覆以避後患侍御史楊愼矜承望風旨密誣奏韋堅與皇甫惟明私謁太子狀以興動搖玄宗素知太子無他愼矜歴舉其別犯奏議畏却以國忠怙寵敢言援之爲黨俾按其事京兆府法曹吉温浮文醜誣爲國忠爪牙因浮竟堅及太子良娣親屬柳績杜昆吾等痛繩其罪以樹權於長安中別起推事院自是歲連大獄追捕擠陷誅夷者數百家皆國忠發之林甫方以浮阻保位國忠凡所劾奏涉疑似於太子者林甫雖不明言以指導之皆林甫所使國忠乘而爲邪得以肆意累遷御史中丞日加親幸初楊愼矜白林甫引王鉷爲御史中丞同其奸謀及太獄屬構帝終無疑太子意愼矜稍自退將避後禍因與鉷有隙鉷與國忠連奏愼矜抵以不道誅於是權傾内外公卿累息

唐旻肅宗時爲御史誣蒲州刺史顔眞卿貶饒州刺史

竇羣性險躁喜營爲與李吉甫善元和三年吉甫擢爲御史中丞及得權反與知雜事呂温侍御史羊士諤等黨比同構陷吉甫每陰伺其過吉甫嘗召術者陳登宿於安邑第翌日羣命吏捕登考鞫僞構吉甫陰事密以上聞憲宗召登立辯其僞貶温爲均州刺史士諤資州刺史羣出爲灃州刺史旣行又貶爲黔州刺史

韋楚材爲監察御史元和十二年楚材請按河中觀

察使趙宗儒擅用貯備凶荒羨餘錢及贓罰錢米貫
石數至八萬詔發監察御史隺郜覆之則宗儒以行
營軍用且詔命三州分數不同勑趙宗儒取晋絳等
州錢物事皆有繇水旱錢穀亦爲明據遂釋放以楚
材舉不實貶楚材爲江陵府兵曹叅軍

册府元龜

册府元龜 憲官部 誣調 卷之五百二十二 二十一

册府元龜

巡按福建監察御史臣李嗣京訂正
知閩縣事臣曹鼎臣參閱
知建陽縣事臣黄國琦較釋

諫諍部一

總序

傳曰天子有諍臣七人又曰命百官箴王闕孔子之述諫有五一曰諷諫二曰順諫三曰直諫四曰評諫五曰贛諫蓋古之王者莫不開諫諍之路延讜直之議思聞已過以救時弊然後上下之情無壅大小之

政咸叙以臻夫至治者也太古之世朴畧而無紀三五以降則軒轅有明堂之議堯有衢室之問舜有進善之旌禹有五聲之聽湯有好問之語武王有大道之訪咸所以詳延嘉話頻彌縫其闕故前史所載自王以下各有父兄子弟以補察其政至於朝夕起居不忘納誨在輿有旅賁之規位宁有官師之典倚几有誦訓之諫居寢有贄御之箴臨事有瞽史之詔燕居有史工之詞至於大夫上有規訓傳言之告庶人商旅有誹謗陳僨之儆百工之賤許執藝以獻喻道人之職專徇鐸以采詩謡夫諫諍之所繇來者舊矣漢氏之後居人上者何嘗不遐廸古訓諮諏善道稽農博采盧巳以延納濟務爰詔下及幽隱退託不明求所裨益自秦置諫議大夫專掌論議漢廢其職至武帝復置諫大夫隷光禄勲無常員率用名儒宿德以任其職周旋侍從參相諷議世祖增議字員三十人魏氏遵之逮晉而罷江東唯梁陳有此官後魏置諫議大夫七十隷集書省北齊因之後周之官府有保氏大夫掌規諫又有諫議誠議等大夫隋置諫議大夫七人屬門下省煬帝廢之唐武德初置四員屬門下龍朔中改爲正諫大夫武后垂拱中又置補闕

拾遺左右各二人供奉左右箴規得失天授中左右各加三員共十人神龍初復舊四員正議大夫復爲諫議大夫開元定制左右補闕拾遺各二員復有内供奉各一員凡十二人左屬門下右屬中書貞元四年分置左右諫議大夫各四員隷兩省元和元年止置諫議大夫四員罷左右之名會昌二年復置左右以備兩省員數無所加朱梁至周無所改易咸以叅侍親近專職論諫大則廷議小則上封秩序清峻推擇精妙尸厥職者頗難其人今兹考歷代論諍之烈取古五諫之義第其品次垂爲訓典若夫事君有勿

欺之義延諫有仗死之節危言以期寤主逆耳而思
益國是之謂直諫酌王度而糾繆攻時病而盡規本
獻可替否之猷遵救惡弼違之訓是之謂規諫陳古
義以喻今寓文辭而導意託事類以進說因訪問而
申對是之謂諷諫排姦罔避乎惡訐救危靡俟乎旋
踵蓄憤排而有犯本質亮而不回是之謂強諫含忠
有素齎志將沒忘軀而圖國忍死以緒言是之謂遺
諫以是五者列而敘之凡率土之濱皆爲臣子雖草
萊之淪賤士伍之卑冗咸被延納得以言事今之所
采良無間然至有嘉其鯁亮特蒙獎遇申之賞賚存

乎激勸亦用論著備乎品目凡諫諍部六門云爾

諷諫一

孔子曰諫有五吾從其諷蓋所以因事託物寓情見
意與言之者無罪而聞者之自戒爾三代而下良臣
踵武志存納誨言思利國乃有陳之箴訓形於風什
敷引經義援述古道假文以詮理藉辭而獻規誠心
內激精義濡發周定紬繹旨意微婉亦有曲終而奏
雅勸百而風一始於浮夸終於節儉又曷嘗不感悟
時主補其闕而救其惡哉故人臣之禮不顯諫者得
事君之道矣

周辛甲武王時爲太史命百官官箴王闕闕過也百官各爲箴
以誠王過也於虞人之箴曰虞人掌田獵者芒芒禹跡畫爲九州
芒芒遠邈也畫分也經啓九道九道九州之道也啓開也民有寢廟獸有茂
草各有攸處德用不擾人神各有歸故德不亂也在帝夷羿冒于
原獸冒忘其國恤而思其麀牡言但念獵武不可重重猶數也
用不恢于夏家羿以好武雖有夏家而不能恢大也獸臣司原敢告僕
夫獸臣虞人也告僕夫不敢斥尊也
召康公成王時爲太保作公劉泂酌卷阿以戒成王
王將涖政戒以民事美公劉之厚於民也公劉后稷曾孫夏末
迫逐遷於邠而有居民之道也其詩曰篤公劉匪居匪康迺場迺疆

篤厚也厚乎公劉之爲君也不以所居爲居不以所安爲安邰國乃有疆場也乃積乃倉乃
裹餱糧于槖于囊思輯用光言公劉爲夏人迫逐己之故不忍鬬其民乃裹
糧食於囊槖之中棄其餘而去思在和其民人用光大其道爲今子孫之基泂酌言皇天
親有德饗有道也其詩曰泂酌彼行潦挹彼注茲可
以餴饎泂遠也餴餾也饎酒食也言遠酌流潦投大器之中又挹之注之於此小器而可以沃酒
食之餴者以有忠信之德齊絜之誠以薦之故也豈弟君子民之父母樂以強教
之易以悅安之民皆有父之尊有母之親卷阿言求賢用吉士也其詩曰
有卷者阿飄風自南卷曲也阿大陵也迴風從長養之方來入之喻王當屈體以待
賢者賢者則猥來就之豈弟君子來游來歌以矢其音矢陳也言王能
待賢者如是則樂易君子來就王游而歌以陳出其齊感王之善心也

優旃者秦倡朱儒善爲笑言然合於大道秦始皇時置酒而天雨陛楯者皆沾寒優旃見而哀之謂之曰汝欲休乎陛楯者曰幸甚優旃曰我即呼汝汝疾應曰諾居有頃殿上上壽呼萬歲優旃臨檻大呼曰陛楯郎曰諾優旃曰汝雖長何益幸雨立我雖短也幸休居於是始皇使陛楯者得半相代始皇嘗議欲大苑囿東至函谷關西至雍陳倉優旃曰善多縱禽獸於其中寇從東方來令麋鹿觸之足矣始皇以故輟止二世立又欲漆城優旃曰善主上雖無言臣固將請漆城雖於百姓愁費然佳哉漆城蕩蕩寇來不能

上即欲就之易爲漆耳顧爲蔭室於是二世笑之以其故止居無何二世殺優旃歸漢數年而卒

漢東方朔武帝時待詔公車帝欲起上林苑朔進諫曰泰階六符以觀天變不可不省因奏泰階之事帝迺拜朔爲大中大夫給事中賜黄金百斤黄帝泰階六符經曰大階者天之三階也上階爲天子中階爲諸侯公卿大夫下階爲士庶人上階上星爲男主下星爲女主中階上星爲諸侯三公下星爲卿大夫下階上星爲元士下星爲庶人三階平則陰陽和風雨時社稷鬼神皆獲其宜天下大安是爲太平三階不平則五鬼乏祀日有食之水潤不侵稼穡不成冬雷夏霜百姓不寧故治道傾天子行暴令好興兵甲修宮榭廣苑囿則上階爲之奄疏闊也以孝武皆有此事故朔爲陳之

司馬相如蜀郡成都人孝景時爲武衛常侍因病免客游梁作子虛賦至武帝時爲狗監帝讀子虛賦善之子虛虛言也爲楚稱烏有先生者烏有此事也爲齊難亡是公者亡是人也欲明天子之義故虛藉此三人爲辭以推天子諸侯之苑囿其卒章歸之於節儉因以諷諫賦奏帝以爲郎相如爲郎數歲會唐蒙通夜郎僰中巴蜀民大恐帝遣相如使蜀時蜀長老多言通西南夷之不爲用大臣亦以爲然相如欲諫業已建之不敢乃著書藉蜀父老爲辭而詰難之以風天子且因宣其使指令百姓皆知天子意又相如

從獵還過宜春宮奏賦以哀二世行失宜春本秦之離宮胡亥於此爲閻樂所殺故感其處而哀之又相如爲孝文園令見帝好僊曰臣嘗爲大人賦未就請具而奏之相如以爲列僊之儒居山澤間形容甚臞此非帝王之仙意也乃奏大人賦天子大說

王褒蜀人也宣帝時徵褒既至詔褒作聖主得賢臣頌末句云何必偃仰詘信若彭祖呴噓呼吸如喬松是時帝頗好神僊故褒對及之官至諫大夫

枚皐爲侍郎詔衛皇后立皐奏賦以戒終

揚雄成帝時待詔承明之庭帝方郊祠甘泉泰畤汾

陰后土以求繼嗣雄奏甘泉賦以風甘泉本因秦離宮既奢泰本秦之林光宮也而武帝復增通天高光迎風宮外近則洪厓旁皇儲胥弩阹遠則石關封巒鳷鵲露寒棠梨師得遊觀屈奇瑰偉棠梨宮在甘泉苑垣外師得宮在櫟陽界其餘皆甘泉苑垣日之宮觀也非木摩而不彫墻塗而不畫周宣所考盤庚所遷夏卑宮室唐虞採椽三等之制也小雅斯干之詩序曰宣王考室也考謂成盤庚殷王名也遷謂都亳也唐虞謂堯舜也採柞木也三等土階三等言不過也且其爲已久矣非成帝所造欲諫則非時欲默則不能已故遂推而隆之廼上比於帝室紫宮若帝謂天也曰此非人之力之所爲儻鬼神河也時趙昭儀方大

幸每上甘泉嘗法從法從者以言法當從耳非失禮一曰從法駕也在屬車間豹尾中大車屬車八十一乘作三行尚書御史乘之最後一乘縣豹尾豹尾以前皆爲省中故雄聊盛言車騎之衆參麗之駕非所以感動天地逆釐三神又言屏王女郤虙妃以徽戒齋肅之事賦成奏之天子異焉三月帝將祭后土廼帥羣臣横大河湊汾陰既祭行遊介山回安邑顧龍門覽鹽池登歷觀陟西嶽以望八荒迹殷周之虛眇然以思唐虞之風雄以爲臨川羨魚不如歸而結網還上河東賦以勸十二月帝羽獵楊雄從以爲昔在二帝三王宮館臺榭沼池苑囿林麓藪澤財足以奉郊廟御賓客充庖廚而已不奪百姓膏腴穀土桑柘之地女有餘布男有餘粟國家殷富上下交足故甘露零其庭醴泉流其唐爾雅廟中路謂之唐鳳凰巢其樹黃龍游其沼麒麟臻其囿神爵棲其林昔在禹任益虞而上下和山木茂成湯好田而天下用足文王囿百里民以爲尚小齊宣王囿四十里民以爲大裕民之與奪民也裕饒也武帝廣開上林南至宜春鼎湖御宿昆吾旁南山而西至長楊五柞北繞黃山瀕渭而東穿昆明池象滇河營建章鳳闕駁娑殿名也漸臺泰液漸臺在泰液池中象海水周流方丈瀛洲蓬萊遊觀侈靡窮妙極麗雖頗割

其三垂以贍齊民然至羽獵田車戎馬器械諸侍禁御所營尚太奢麗誇詡詡大也非堯舜成湯文武三驅之意也又恐後世復修前好不折中呂泉臺魯莊公築臺非禮也至文公毀之公羊譏云先祖爲之而毀之勿居而已今楊雄以宮觀之盛非成帝所造勿修而已當以泉臺折中也故聊因校獵賦以風明年秋命右扶風發民入南山西自褒斜東至弘農南歐漢中張羅網罝罘捕禽獸載以檻車輸長楊射熊館長楊宮名在盩厔縣其中有射熊館是時農民不得收斂雄從帝還上長楊賦聊因筆墨之文章故藉翰林以爲士人子墨爲客卿以風劉向爲光祿大夫校中五經祕書成帝元舅陽平侯

王鳳爲大將軍秉政專國權兄弟七人皆封列侯時數有大異向以爲外戚貴盛鳳兄弟用事之應見尚書洪範箕子爲武王陳五行陰陽休咎之應向乃集合上古以來歷春秋六國至秦漢符瑞災異之記推迹行事專傳禍福著其占驗比類相從各有條目凡十一篇號曰洪範五行傳論奏之天子心知向精忠故爲鳳兄弟起此論然終不能奪王氏權又向睹俗彌奢淫而趙衛之屬起微賤踰禮制趙謂趙皇后昭儀衛謂衛婕妤向以爲王教繇内及外自近者始故採取詩書所載賢妃貞婦興國顯家可法則及嬖亂亡者序次爲列

女傳凡八篇以戒天子

後漢杜篤京兆杜陵人光武都雒陽以關中表裏山河先帝舊京不宜改營雒邑乃上奏論都賦後終從事中郎

張衡連辟公府不就時天子承平日久自王侯以下莫不踰侈衡乃擬班固兩都作二京賦因諷諫精思傳會十年乃成

傅毅明帝時爲大將軍司馬以帝求賢不篤士多隱處故作七激以爲諷

班固初爲蘭臺令史後爲郎將京師修起宮室濬繕城隍而關中耆老猶望朝廷西顧因感前世相如壽王東方之徒造構文辭終以諷勸乃上兩都賦

馬融安帝永初中爲校書郎中詣東觀典校祕書是時鄧太后臨朝大將軍鄧騭兄弟輔政而俗儒世士以爲文德可興武功宜廢遂寢蒐狩之禮息戰陣之法故猾賊縱橫乘此無備融乃感激以爲文武之道聖賢不墜五才之用無或可廢元初二年上廣成頌以諷諫

陳忠安帝時爲尚書屬常侍江京李閏等皆爲列侯共秉權任帝又愛信阿保王聖封爲野王君忠内懷

憤懣而未敢陳諫乃作搢紳先生論以諷

趙岐靈帝時爲司徒胡廣所辟岐以綱維不攝閹豎專權擬前代連珠之書四十章上之留中不出

魏劉劭明帝時爲散騎常侍嘗作趙都賦帝美之詔劭作許都雒陽賦時外興軍旅内營宮室劭作二賦皆諷諫焉

晉張華惠帝時爲侍中懼后族之盛作女史箴以爲諷賈后雖凶妬而知敬重華

庾義愍帝時爲吳國内史帝頗愛文義義至郡獻詩頗存諷諫因上表曰陛下以聖明之德方隆唐虞之

化而事役殷曠百姓凋殘以以數州之資經贍四海之務其為勞弊豈可具言昔漢文居隆盛之世躬自儉約斷獄四百殆致刑措賈誼歎息猶有積薪之言以古況今所以益其憂懼陛下明鑑天挺無幽不燭弘濟之道豈待瞽言臣受恩奕世思盡絲髮受任到東覩臨所見敢緣弘政獻其丹愚伏願聽斷之假少垂察覽

桓伊為右軍將軍謝安女婿王國寶專利無撿行安惡其為人每抑制之國寶讒諛之計稍行於主相之間而好利險詖之徒以安功名極盛而搆會之嫌隙

遂成孝武召伊飲讌安侍坐帝命伊吹笛伊神色不遷即吹為一弄乃放笛云臣於箏分乃不及笛然自足以韻合歌管請以箏歌幷請一吹笛人帝善其調達乃勑御妓奏笛伊又云御府人於臣必自不合臣有一奴善相便串帝彌賞其放率乃許召之奴旣吹笛伊便撫箏而歌怨詩曰為君旣不易為臣良獨難忠信事不顯乃有見疑患周旦佐文武金縢功不刊推心輔王政二叔反流言聲節慷慨俯仰可觀安泣下霑衿乃越席而就之捋其鬚曰使君於此不凡帝甚有愧色

南齊周顒明帝時為輔國府主簿時帝頗好言理以顒有辭義引入殿內親近宿直帝所為慘毒之事顒不敢顯諫輒誦經中因緣罪福事帝亦為之小止悞

後魏成淹獻文時為著作郎帝於仲冬之月欲巡漠北朝臣以寒甚固諫竝不納淹上拔與釋遊論帝覽之詔尚書李訢等曰卿諸人不如成淹論通釋人意乃勑停行

高允孝文時為鎮軍大將軍領中書監允上酒訓曰被勑論集往世酒之敗德以為酒訓臣以朽邁人倫所棄而殊恩過隆錄臣於將殁之年勗臣於已墜之

地奉命驚惶喜懼兼甚不知何事可以上答伏願陛下以叡哲之姿撫臨萬國太皇太后以聖德之廣濟育羣生普天之下罔不稱賴然日昃憂勤虛求不已思監往事以為警戒此之至誠感悟百靈而況於百官庶士萬民乎臣不勝踊躍謹竭其所見作酒訓一篇但臣愚短加以荒廢辭義鄙拙不足觀採伏願聖慈體臣悾悾之情恕臣狂瞽之意其辭曰自古聖王其為饗也玄酒在堂而醍酒在下所以崇本重原降於滋味雖泛爵旅行不及於亂故能禮章而敬不虧事畢而儀不忒雖非斯致是失其道將何以範時軌

物垂之於世歷觀往代成敗之效吉凶繇人不在數也商辛耽酒殷道以之亡公旦陳誥周德以之昌子反昏酣而致斃穆生不飲而身光或長世而為戒或百代而流芳酒之為狀變惑性情雖曰哲人孰能自覺任官者殆于政也為下者慢於令也聰達之士荒於聽也柔順之倫興于諍也久而不悛致於病也乃損其命諺亦有云其益於毫其損如刀言所益者不亦寡乎言所失者不亦夥乎無以酒荒而陷其身無以酒狂以喪其倫迷邦失道流浪漂津不師不遵反將何因詩不言乎如切如磋如琢如磨朋友之義也

作官以箴之申謀以禁之君臣之道也其言也善則三復而佩之言之不善則哀矜而貸之此實先王納規之意往在有晉士多失度肆散誕以為不羈縱長酣以為高達諷酒德之頌以相眩曜稱堯舜有千鍾百觚之飲著非法之言引大聖為譬以則天之明豈其然乎且子思有云夫子之飲不能一升以此推之千鍾百觚皆為妄也今大魏應圖重明御世化之所暨無思不服仁風淳洽於四海太皇太后以至德之隆誨而不倦憂勤備於皇誥訓導行於無外故能道協兩儀功同覆載仁恩下逮罔有不遵普天率土靡不蒙賴在朝之士有位之人宜尅己從善履正存貞節酒以為度順經以為德悟昏飲之美疢審敬慎之彌榮遵孝道以致養顯父母而揚名蹈閔曾之前軌還仁風於後生仰以荅所授俯以保其戒可不勉歟可不勉歟高祖悅之常置左右後又上大都賦因以規諷亦二京之流

陽固為治書侍御史曹武委任羣下不甚親覽好桑門之法尚書令高肇以外戚權寵專決朝事又咸陽王禧等並有釁故宗室大臣相見疎薄而王畿民庶勞斃益甚固乃作北二郡賦稱嘗代田漁聲樂侈靡

之事節以中京禮儀之式因以諷諫

張彝宣武時為光祿大夫上歷帝圖表曰臣聞昊窮高朗尚假列星以助明洞庭淵湛猶藉衆流以增大莫不孤照不諧其幽獨深未盡其廣先聖識其若此必取物以自誡故堯稱則天設謗木以曉未明舜稱盡善懸諫鼓以規闕少虞人以獻箴規之旨盤盂著舉動之銘庶幾見善而思齊聞惡以思改眷眷于悔往之衢孜孜於不逮之路用能聲高百王卓絕中古經十世而不渝歷千祀以彌儁伏惟太祖撥亂奕代重光世祖以不世之才開盪函夏顯祖以溫明之德

潤沃九區高祖大聖臨朝經營云始未明求衣日旻忘食開翦荊棘徒御神縣更新風軌冠帶朝流海東雜種之渠衞南異服之帥沙西氊頭之戎漢北辮髮之虜重譯納貢請吏稱藩積德懋於夏殷畱仁盛于周漢澤教旣周武功亦匝猶且濬發明詔思求直士信是蒼生薦言之秋祝史陳辭之日况臣家自奉國八十餘年紆金鏘玉及臣四世過以小才藉蔭出仕學慙專門武闕方畧早荷先帝眷顧之恩末蒙陛下不遺之施陪侍兩宮官歷嘗伯忝牧秦藩號兼安撫實思碎首膏原仰酬二朝之惠輕塵碎石遠增崇岱

之高輙私訪舊書竊觀圖史其帝皇興起之元配天隆家之業修造益民之奇龍麟雲鳳之瑞甲宮愛物之仁釋網改祝之澤前歌後舞之應囹圄寂寞之美可爲輝光景行者輙謹編丹青以標獻範至如太康好田遇窮后追禍武乙逸禽罹震雷暴酷夏桀淫亂南巢有非命之誅殷紂昏酗牧野有倒戈之陣周厲逐獸彘不旋踵幽王遇惑死亦相尋暨於漢成失御亡新篡奪桓靈不綱魏武遷鼎晉惠闇弱骨肉相屠終使聰曜鴞視并州勒虎狼據燕趙如此之輩罔不畢載起元唐羲終於晉末凡十六代百二十八帝歷三千一百七年雜事五百八十九合成五卷名曰歷帝圖亦謗木諫鼓虞人盤盂之類脫蒙置御座之側時復披覽輿或起于左右上補未萌伏願陛下遠惟宗廟之憂近存黎民之念取其賢君棄其惡主則微臣雖沉淪地下無異乘雲登天矣宣武善之

北齊魏收後魏孝武時爲中書侍郎帝嘗大發士卒狩于嵩少之南旬有六日時天寒朝野嗟怨帝與后宮及諸妃王奇伎異飾多非禮度收欲言則懼欲默不能已乃上南狩賦以諷焉雖富言淫麗而終歸雅正帝手詔報焉甚見褒美滎陽鄭伯調之曰卿不遇

老夫猶應逐兔

張晏之陪文宣後園讌坐客皆賦詩晏之詩云天下有道主明臣直雖休勿休永貽世則文宣咲曰得卿箴諷深以慰懷

隋陸知命高祖時爲儀同三司見天下一統勸高祖都雒陽因上太平頌以諷焉

劉炫爲殿中將軍開皇中國家殷盛皆以遼東爲意炫以爲遼東不可伐作撫夷論以諷焉當時莫有悟者及大業之季三征不尅炫言方驗

蘇威爲光祿大夫從煬帝幸鴈門廼屬五月五日百

寮上饋多以珍玩成獻尚書一部微以諷帝
唐張蘊古貞觀初自幽州記室直中書省以太宗初即位上大寶箴深存規戒之體太宗嘉納之賜以束帛焉
謝偃爲王府功曹太宗聞而召見獻惟皇誡德賦以申諷諫
郭山惲中宗時爲國子司業帝數與近臣及修文館學士宴游或令各效伎藝以爲咲樂工部尚書張錫舞談容娘將作大匠宗晉卿舞渾脫左衛將軍張洽舞黃麞左金吾將軍杜元琰誦婆羅門呪給事中李

行言唱車駕西河中書舍人盧藏用効道士上章山惲獨奏曰臣無所解請歌古詩兩篇帝許之山惲先歌鹿鳴篇曰呦呦鹿鳴食野之苹我有嘉賓鼓瑟吹笙吹笙鼓簧承筐是將人之好我示我周行呦呦鹿鳴食野之蒿我有嘉賓德音孔昭視民不恌君子是則是效又歌蟋蟀篇曰蟋蟀在堂歲聿其暮今我不樂日月其除無以太康職司其居好樂無荒良士瞿瞿蟋蟀在堂歲聿其逝今我不樂日月其邁無以太康職司其外好樂無荒良士蹶蹶山惲奏此歌未畢中書令李嶠以其詞規諷恐忤旨遽催促止之

李景伯景龍中爲諫議大夫中宗嘗與宰臣貴戚內宴酒酣遞唱廻波樂甚喧雜失禮次至景伯歌曰廻波爾時酒卮微臣職在箴規禮飲只合三爵君臣雜混非宜席爲之散時人稱之
鄧汪爲長上果毅延載年檢校內史李昭德用事爲朝野所惡汪著石論數千言備述昭德專權之狀鳳閣舍人逢弘敏遽奏上其書則天謂納言姚璹等曰昭德官爲內史身備殊榮若其實如所言足是懸負家國竟坐免爲欽州南賓尉
李日知爲黃門侍郎時安樂公主池館新成中宗親

往臨幸從官皆陪賦詩日知獨存規誡其末章曰所願暫思居者逸莫使人稱作者勞論者多賞之
魏知古玄宗時爲侍中從獵於渭川因獻詩諷曰嘗聞夏太康五弟訓禽荒我后來冬狩三驅盛禮張順時鷹隼擊講事武功揚奔走未及去翺飛豈暇翔非熊從渭水瑞翟想陳倉此欲誠難縱茲遊不可常子雲陳羽獵僖伯諫漁棠得失鑒齊楚仁恩念禹湯邕熙諒在宥亭毒匪多傷辛甲今爲史虞箴遂孔彰
宋璟開元初手寫尚書無逸一篇爲圖以獻玄宗置之內殿出入觀省

崔日用爲吏部尚書嘗採毛詩大雅小雅二十篇及擬司馬相如封禪書因玄宗生日表上之以申規諷并述告成之事玄宗省表嘉嘆賜衣一副帛五十疋以酬其意

裴諝建中初爲金吾將軍以法吏舞文多挾宿怨因獻獄官箴以諷

杜希積功至朔方軍節度使嘗獻體要八章多所規諫德宗深納之

蔣乂本名武元和中嘗因奏對爲上言曰陛下今日偃武修文臣下亦當順承上意因請改名乂憲宗悅

而從之時討王承宗兵初罷乂恐天子易於用武故因以此諷焉

栁公綽元和中爲吏部郎中獻太醫箴曰惟天布寒暑不私於人品類旣一崇高以均惟人謹好愛能保其身清靜無瑕輝光以親寒暑滿天地之間浹肌膚於外好愛溢耳目之前誘心志於內端絜爲隄奔射猶敗氣行無間隙不在大睿聖之姿清明絶俗心正無邪志高寡欲謂天高矣氣蒙晦之謂地厚矣橫流潰之聖情超越萬方賴之飲食所以資身也過則生患衣服所以表德也後則生慢惟過與後生心必蕳之氣與心流疾亦伺之聖心不惑孰能移之畋遊恣樂流情蕩志馳騁勞形叱咤傷氣惟天之重從禽爲累不養其外前脩所忌聖心非之孰敢違之人乘氣而生嗜欲以萌氣離有患氣凝則成巧必喪眞智必誘情去彼煩慮在此誠明爲之上者理於未然患居慮後防處事先心靜樂行體知道全然後能德施萬物以享億年聖人在上各有攸處庶政有官羣藝有署臣司太醫敢告諸御上深嘆賞之降中使勞問

韋處厚爲中書舍人翰林侍講學士時穆宗以幼主荒怠不親政務旣居納誨之地宜有以啟道性靈乃

銓擇經義雅言以類相從爲二十卷謂之六經法言獻之

李德裕爲浙西觀察使身居廉鎭乃心王室遣使獻丹扆箴六首曰臣聞心乎愛矣遐不謂矣此古之賢人所以篤於事君者也夫迹疏而言親者危地遠而意忠者忤然臣切念拔自先聖徧荷寵光若不愛君以忘則是上負靈鑑臣頃事先朝屬多陰沴嘗獻大明賦以諷頗蒙先朝嘉納臣今日盡節明主亦繇是心昔張敞之守遠郡梅福之在遐徼尚竭誠盡規不避尤悔况臣嘗學舊史頗知官箴雖在疏遠猶思獻

替譴獻丹扆箴六首仰塵膚鑒伏積兢惶德裕意在切諫不欲斥言託箴以盡意宵衣諷坐朝稀晚也正服諷服御乖異也罷獻諷徵求翫好也納誨諷侮棄讜言也辨雅諷信任羣小也防微諷輕出遊幸也敬宗雖不能盡用其言命學士韋處厚殷勤荅詔頗嘉納其心焉

漢張允初仕晉爲左散騎常侍天福初允以國朝頻有肆赦乃進駮赦論曰管子云凡赦者小利而大害久而不勝其禍無赦者小害而大利久而不勝其福又漢紀云吳漢疾篤帝問所欲言對曰唯願陛下無

爲赦耳如是者何蓋行赦不以爲恩不行赦亦不以爲無恩爲罰有罪故也切觀自古帝王皆以水旱則降德音而宥過開獄牢以放囚冀感天地以救其災者非也假有二人訟一有罪一無罪若有罪者見捨則無罪者銜寃銜寃者彼何疎見捨者此何親乎如此則是致災之道非救災之術也自此小民遇天災則喜皆相勸爲惡曰國家好行捨必捨我以救災如此則是國家教民爲惡也且天道福善禍淫若以捨爲惡之人而便變災爲福則又是天助其惡民也細而災之必不然矣儻或天降之災蓋欲警戒人主節嗜慾務勤儉郵鰥寡正刑罰不濫捨有罪不僣殺無辜使美化行於天下聖德聞於上則雖有水旱亦不爲沴矣豈以濫捨有罪而反能救其災乎彰其德乎是知赦之不可行也明哉明哉帝覽而嘉之降詔奬飾云張允位居近侍志奉遠圖屬將來之助致小康覩已往之頻行大赦若惠姦稍甚則蠹政亦多推恩務洽於華夷作觧憤調於疎數所貢論宜付史館

冊府元龜

册府元龜

巡按福建監察御史臣李嗣京訂正
知甌寧縣事臣孫以敬叅閲
知建陽縣事臣黄國琦較釋

諫諍部

規諫二

古者史爲書瞽爲詩工誦箴諫大夫規誨士傳言庶人謗商旅于市以至在御有旅賁之規位宁有官師之典居寢有暬御之箴皆所以救過而懲慾弼違而繩闕周旋顧省夙夜祇慄然後安處民上而臻乎叡

聖者也然臣之事君守死無貳進有盡忠之訓退有後言之戒至於獻可替否有犯無隱批逆鱗而靡憚納苦言而罔懈勤勤懇懇以規其失者盖其分焉三代而下方牘所記忠賢餘烈可得而徵也乃有揚搉治道敷引往昔形於論述言之有味以至切問近對援理以悟上心因類取譬指事以箴時病内發於悃幅外著於話言純誠篤至嘉猷灼叙其或有所感動申其規益濟世成務納君於善傳曰仁人之言其利溥哉斯之謂矣殷祖巳高宗祭成湯有飛雉升鼎耳而雊（耳不聽之謂雉鳴）祖巳訓諸王（賢臣也以訓道諫王）作高宗肜日（祭之明日又祭殷日肜周日繹）曰高宗肜日越有雊雉（於日有異雉）祖巳曰惟先格王正厥事（言至道之王遭變異正其事而異自消）乃訓于王曰惟天監下民典厥義（祖巳既言遂以道訓諫王言天視下民以義爲常）降年有永有不永非天夭民民中絶命（言天之下年與民有義者長無義者不長非天欲夭民民自不修義以致絶命）民不若德不聽罪天既孚命正厥德（不順德言無義不服罪言不改修天已信命正其德謂有永有不永）乃曰其如台（祖巳恐王未受其言故乃後日天道其如我所言）嗚呼王司敬民罔非天胤典祀無豐于昵

周家父爲大夫誦節南山之詩以諫幽王

富辰爲大夫襄王使伯服游孫伯如鄭請滑鄭伯不

聽王命而執二子王怒將以狄伐鄭富辰諫曰不可臣聞之大上以德撫民（無親疎也）其次親親以相及也（先親以及疎推恩以成義）昔周公弔二叔之不咸故封建親戚以蕃屏周（弔傷也咸同也周公傷夏殷之叔世疏其親戚以至滅亡故廣封其兄弟）管蔡郕霍魯衛毛聃郜雍曹滕畢原酆郇文之昭也（十六國皆文王子也管國在滎陽京縣東北雍國在河内山陽縣西畢國在長安縣西北酆國在始平鄠縣東）邘晉應韓武之穆也（四國皆武王子應國在襄陽城父縣西南韓國在河東郡界河内野王縣西北有邘城）凡蔣邢茅胙祭周公之胤也（胤嗣也蔣在弋陽縣期思縣西南平昌邑縣西有茅鄉東郡燕縣西南有胙亭）召穆公思周德之不類故糾合宗族于成周而作詩（類善也糾收也召穆公周卿士名虎召采地扶風雍縣東

（南有召亭周厲王之時周德衰微兄弟道缺召穆公于東都收會宗族特作此周公之樂歌棠棣詩屬小雅）曰棠棣之華鄂不韡韡（棠棣棣也鄂鄂然華外發不韡韡言韡韡以喻兄弟和睦則有強盛而有光輝韡韡然）凡今之人莫如兄弟（言致韡韡之盛莫如親兄弟）其四章曰兄弟鬩于墻外禦其侮（鬩訟爭貌言內雖不和猶宜外捍異族之侵侮）如是則兄弟雖有小忿不廢懿親（懿美也）今天子不忍小忿以棄鄭親其若之何庸勳親親暱近尊賢德之大者也（庸用也暱親也）卽聾從昧與頑用嚚姦之大者也棄德崇姦禍之大者也（崇聚也）鄭有平惠之勳（王東遷晉鄭是依惠王出奔虢鄭納之是其勳也）又有厲宣之親（鄭始封之祖桓皮大周厲王之子宣王之母弟）棄嬖寵而用三良（七年殺嬖臣申侯十六年殺寵子華也三良叔

詹堵叔師叔所謂尊賢）於諸姬爲近（道近當暱之）四德具矣耳不聽五聲之和爲聾目不別五色之章爲昧心不則德義之經爲頑口不道忠信之言爲嚚狄皆則之四姦具矣周之有懿德也猶曰莫如兄弟故封建之（當周公時故言周之有懿德）其懷柔天下也猶懼有外侮捍禦侮者莫如親親故以親屏周召穆公亦云（周公作詩召公歌之故言亦云）今周德旣衰於是乎又渝周召以從諸姦無乃不可乎（變周召親兄弟之道）民未忘禍王又興之（前有子頹之亂中有叔帶召狄故曰民未忘）其若文武何（言將廢文武之功業）王弗聽又王子帶奔齊富辰言於王曰請召大叔（富辰周大夫叔王子帶）詩曰協比其鄰昏姻孔云（王者爲政先和協近親則昏姻甚相歸附也鄰猶近也孔甚也云旋也）吾兄弟之不協焉能怨諸侯之不睦王悅王子帶自齊復歸於京師王召之也

漢張釋之爲謁者僕射從登虎圈文帝問上林尉禽獸簿十餘問尉左右視盡不能對虎圈嗇夫從旁代尉對帝所問禽獸簿甚悉欲以觀其能口對響應無窮者帝曰吏不當如此耶尉亡賴詔釋之拜嗇夫爲上林令釋之前曰陛下以絳侯周勃何如人也帝曰長者又復問東陽侯張相如何如人也帝曰長者釋之曰夫絳侯東陽侯稱爲長者此兩人言事曾不出

口豈效此嗇夫喋喋利口捷給哉且秦以任刀筆之吏爭以亟疾苛察相高其敝徒文具亡隱惻之實以故不聞其過陵夷至於二世天下土分今陛下以嗇夫口辯而超遷之臣恐天下隨風靡爭口辯亡其實且下之化上疾於影響舉措不可不察也帝曰善迺止不拜嗇夫又爲中郎將從行至霸陵上居外臨廁（廁岸之邊側也）時慎夫人從帝指慎夫人新豐道曰此北走邯鄲道也使慎夫人鼓瑟帝自倚瑟而歌（倚瑟卽今之以歌曲合也）意悽愴悲懷謂羣臣曰嗟乎以北山石爲椁用紵絮斮陳漆其間豈可動哉左右皆曰善釋之前曰使

其中有可欲雖錮南山猶有隙使其中亡可欲雖亡
石椁又何戚焉文帝稱善
賈誼文帝時爲梁王太傅數年梁王勝死亡子誼上
疏曰陛下卽不定制如今之勢不過一傳再傳(二傳二世也)
諸侯猶且入恣而不制豪植(立也)而大強漢法不得行
矣陛下所以爲蕃扞及皇太子之所持者唯淮陽代
二國耳(蕃翰得宜則嗣王安國故云皇太子之所恃也)代北邊匈奴與強敵
爲鄰能自完則足矣而淮陽之比大諸侯僅如黑子
之著面適足以餌大國耳(餌謂爲其所吞食)不足以有所禁
禦方今制在陛下制國而令子適足以爲餌豈可謂

工哉人主之行異布衣者飾小行競小廉以自託於
鄉黨人主唯天下安社稷固不以高皇帝瓜分天下
以王功臣反者如蝟毛而起(蝟虫名也其毛爲刺)以爲不可故
蘄去不義諸侯而虛其國(不義諸侯彭越黥布等蘄謂芟州也)擇良日
立諸子雒陽上東門之外(諸侯國皆在關東故於東門外立之也東面最北出門曰上東門)
畢以爲王(畢猶盡也)而天下安故大人者不牽小
行以成大功今淮南地遠者或數十里越兩諸侯(越過也兩諸侯梁及淮南)
而縣屬於漢(爲縣而屬於漢)其吏民繇役往來長
安者自悉而補中道衣敝(自悉其家資則補縫作衣悉盡也)錢用諸
費稱此其苦屬漢而欲得王至甚逋逃而歸諸侯者
巳不少矣其埶不可久臣之愚計願舉淮南地以益
淮陽以爲梁王立後割淮陽北邊二三列城(列城縣)與
東郡以益梁不可者可徙大王而都睢陽梁起於新
郪以北著之河(新郪潁州縣也)淮陽包陳以南揵之沍(包取也沍計界也或曰揵接也)
則大諸侯之有異心者破膽而不敢謀梁
足以扞齊趙淮陽足以禁吳楚陛下高枕終亡山東
之憂矣此二世之利也(從誼言可二世安申文帝身及太子嗣位之時也)當
今恬然適遇諸侯之皆少(恬安也少謂少年)數歲之後陛下
且見之矣夫秦日夜苦心勞力以除六國之禍今陛
下力制天下頤指如意(但動頤指麾則所欲皆如意)高拱以成六

國之禍難以言智苟身亡事畜亂宿禍孰視而不定
萬年之後傳之老母弱子將使不寧不可謂仁臣聞
聖主言問其臣而不自造事(欲發言則問其臣)故使人臣得
畢有愚忠唯陛下財幸(財與裁同裁擇而幸從其言)文帝於是從
誼計廼徙淮陽王威爲梁王北界泰山西至高陽得
大縣四十餘城徙城陽王喜爲淮南王撫其民時又
封淮南厲王四子皆爲列侯誼知帝必將後王之也
上疏諫曰竊恐陛下接王淮南諸子(謂接今時當卽王之言不久也)
接(接猶續也猶今人言續後爾)曾不與如臣者孰計之也淮南王之
悖逆亡道天下孰不知其辠(悖惑也)陛下幸而赦遷之

自疾而死天下孰以王死之不當今奉尊罪人之子適足以負謗於天下耳言若尊王其子則是厲王無罪漢枉殺之此人少壯豈能忘其父哉少壯猶言稍長大白公勝所爲父報仇者大夫與伯父叔父也白公楚平王之孫太子建之子也大父即祖謂平王也伯父叔父平王諸子也事見春秋傳白公爲亂非欲取國代主發忿快志剡利也手以衝仇人之匈固爲俱靡而已言與仇人俱滅斃死靡碎也淮南雖小黥布嘗用之矣漢存特幸耳言漢之勝黥布得存此直天幸耳夫擅仇人足以危漢之資於策不便言假四子以資權則當危漢雖割而爲四四子一心也子之衆積之財此非有子胥白公報於廣都之中卽疑有剸諸荊軻起

於兩柱之間剸諸刺吳王荊軻刺秦皇事見春秋傳燕丹子也所謂假賊兵爲虎翼者也周書云無爲虎傅翼將飛入邑擇人而食願陛下少留計

賈山爲潁陰侯騎謂騎馬而從也孝文時言治亂之道借秦爲諭名曰至言曰臣聞爲人臣者盡忠竭愚以直諫主不避罪亡之誅者臣山是也臣不敢以久遠諭願借秦以爲諭唯陛下少加意焉夫布衣韋帶之士修身於內成名於外而使後世不絶息至秦則不然貴爲天子富有天下賦斂重數百姓任罷赭衣半道羣盜滿山使天下之人戴目而視傾耳而聽戴目者言常遠視有異志也傾耳而聽言樂禍亂也一夫大譁天下響應者陳勝是也秦非徒如此也起咸陽而西至雍離宮三百離宮非常所居也鍾鼓帷帳不移而具又爲阿房之殿高數十仞阿房者言殿之四阿皆爲房也東西五里南北千步從車羅騎四馬騖馳旌旗不撓爲宮室之麗至於此使其後世曾不得聚廬而託處焉爲馳道於天下東窮燕齊南極吳楚江湖之上瀕海之觀畢至道廣五十步三丈而樹厚築其外隱以金椎樹以靑松爲馳道之麗至於此使其後世曾不得邪徑而託足焉死葬乎驪山吏徒數十萬人曠日十年下徹三泉合采金石冶銅錮其內漆塗其外被以珠玉飾以翡翠中成觀游上成山林爲

葬薶之侈至於此使其後世曾不得蓬顆蔽冢而託葬焉顆謂土塊蓬顆言塊上生蓬者耳秦以熊羆之力虎狼之心蠶食諸侯并吞海內而不篤禮義故天殃以加矣臣昧死以聞願陛下少留意而詳擇其中臣聞忠臣之事君也言切直則不用而身危不切直則不可以明道故切直之言明主所欲急聞忠臣之所以蒙死以竭之也地之磽者雖有善種不能生焉江皋河瀕雖有惡種無不很大者昔者夏商之季世雖關龍逢箕子比干之賢身亡死而道不用文王之時豪俊之士皆得竭其知芻蕘採薪之人皆得盡其力此周之所以

興也故地之美者善養禾君之仁者善養士雷霆之所擊無不摧折者萬鈞之所壓無不糜滅者今人主之威非特雷霆也勢重非特萬鈞也開道而求諫和顏色而受之用其言而顯其身士猶恐懼而不敢自盡又廻況於縱欲恣行暴雪惡聞其過乎震之以重則雖有堯舜之智孟賁之勇豈有不摧折者哉如此則人主不得聞其過失矣弗聞則社稷危矣古者聖王之制史在前書過失工誦箴諫瞽誦詩諫公卿比諫比方事類以諫也士傳言諫過庶人謗於道商旅議於市然後君得聞其過失也聞其過失而改之見義而從

之所以求有天下也天子之尊四海之內其義莫不為臣然而養三老於大學親執醬而餽執爵而酳進食曰餽酳者少少飲酒謂食已而蕩口也祝餶在前祝鯁餶謂食不下也以老人好饐鯁故為備祝以視之公卿奉杖大夫進履舉賢以自輔弼求循正之士使直諫故以天子之尊尊養三老視孝也立輔弼之臣者恐驕也置直諫之士者恐不得聞其過也學問至於芻蕘者求善無饜也商人庶人誹謗已而改之從善無不聽也昔者秦政力并萬國富有天下破六國以為郡縣築長城以為關塞秦地之固大小之勢輕重之權其與一家之富一夫之彊故可勝

計也然而兵破於陳涉地奪於劉氏者何也秦王貪很暴虐殘賊天下窮困萬民以適其欲也昔者周蓋千八百國以九州之民養千八百國之君用民之力不過歲三日什一而籍什一謂十分之中公取一也籍借也謂借人力一日為簿籍而稅之君有餘財民有餘力而頌聲作秦皇帝以千八百國之民自養力罷不能勝其役財盡不能勝其求一君之身其所以自養者馳騁捕獵之娛天下無能供也勞罷者不得休息饑寒者不得衣食亡罪而死刑者無所告訴人與之為怨家與之為讐故天下壞也秦皇帝身在之時天下已壞矣而弗自知也秦皇

帝東巡狩至會稽琅邪刻石著其功自以為過堯舜統縣石鑄鍾虡節土築阿房之宮自以為萬世有天下也古者聖王作諡三四十世耳雖堯舜禹湯文武歷世廣德以為子孫基業無過三二十世者也秦皇帝曰死而以諡法是父子名號有時相襲也以一至萬則世世不相復也故死而號曰始皇帝其次曰二世皇帝者欲以一至萬也秦皇帝計其功德度其後嗣世世無窮然身死纔數月天下四面而攻之宗廟滅絕矣秦皇帝居滅絕之中而不自知者何也天下莫敢告也其所以莫敢告者何也亡養老之義亡輔

弼之臣亡進諫之士縱恣行誅退誹謗之人殺忠諫之士是以道諛媮合苟容比其德則賢於堯舜課其功則賢於湯武天下已潰而莫之告也詩曰匪言不能胡斯畏忌聽言則對誦言如醉此之謂也又曰濟濟多士文王以寧天下未嘗忘士也然而文王獨言以寧者何也文王好仁則仁興得士而敬之則士用用之有禮義故不致其愛敬則不能盡其心不能盡其心則不能盡其力不能盡其力則不能成其功故古之賢君於其臣也尊其爵祿而親之疾則臨視之亡數死則往弔哭之臨其小斂大斂已棺塗而後爲

之復錫衰麻絰而三臨其喪未斂不飲酒食肉未葬不舉樂當宗廟之祭而死爲之廢樂故古之君人者於其臣也可謂盡禮矣服法服端容貌顏色然後見之故臣下莫敢不竭力盡死矣報其上功德立於後世而令聞不忘也今陛下念思祖考術追厥功圖所以昭光洪業休德使天下舉賢良方正之士天下皆訢訢焉曰將興堯舜之道三王之功矣天下之士莫不精白以承休德今方正之士皆在朝廷矣又選其賢者使爲常侍諸吏與之馳敺射獵一日再三出臣恐朝廷之解弛百官之墮於事也諸侯聞之又必怠

於政矣陛下卽位親自勉以厚天下損食膳不聽樂減外徭衛卒止歲貢省廐馬以賦縣傳去諸苑以賦農夫出帛十萬餘疋以賑貧民禮高年九十者一子不事八十者二算不事一子不事蠲其賦役二算不事免二口之算賦也賜天下男子爵大臣皆至公卿發御府金賜大臣宗族亡不被澤者赦罪人憐其亡髮賜之巾憐其衣赭書其背父子兄弟相見而賜之衣平獄緩刑天下莫不悅喜是以元年膏雨降五穀登此天之所以相陛下也刑輕於它時以犯法者寡衣食多於前年而盜賊少此天之所以順陛下也臣聞山東吏布詔令民

雖老羸癃疾扶杖而往聽之願少須臾毋死思見德化之成也今功業方就名聞方昭四方鄉風今從豪俊之臣方正之士直與之日日獵射擊兔伐狐以傷大業絶天下之望臣竊悼之詩曰靡不有初鮮克有終臣不勝大願願少衰射獵以夏歲二月時以十月爲歲首則爲夏正之首爲五月今欲定制度循其古法時云用夏歲一月也定明堂大學修先王之道風行俗成萬世之基定然後唯陛下所幸耳古者大臣不媟故君子不常見有齊嚴之色肅敬之容大臣不得與宴游方正修絜之士不得從射獵使皆務其方以高其節則羣臣莫敢不正身修行盡心

以稱大禮如此則陛下之道尊敬功業施於四海垂於萬世子孫矣誠不如此則行日壞而榮日滅矣夫士修之於家而壞之於天子之廷臣竊愍之陛下與衆臣宴游與大臣方正朝廷論議夫游不失樂朝不失禮議不失計禮義不失計軌事之大者也

主父偃齊人上書闕下諫伐匈奴曰臣聞明主不惡切諫以博觀忠義不避重誅以直諫是故事無遺而功流萬世今臣不敢隱忠避死以效愚計願陛下幸赦而少察之司馬法曰國雖大好戰必亡天下雖平忘戰必危（司馬穰苴善用兵著書言兵法謂之司馬法一說司馬古王兵之官有軍陳用兵之

冊府元龜　諫諍部　規諫二　卷之五百二十四　十三

法）天下既平天子大愷（大愷周師還師振旅之樂也）春蒐秋獮諸侯春振旅秋治兵所以不忘戰也（春為陽中其行木也秋為陰中其行金也金木兵器所資故於此時蒐獮治兵也蒐索也取不孕者獮應殺氣也振整旅衆也）且怒者逆德也兵者凶器也爭者末節也古之人君一怒必伏尸流血故聖王重（貴也）行之夫務戰勝窮武事未有不悔者也昔秦皇帝任戰勝之威蠶食天下并吞戰國海內為一功齊三代務勝不休欲攻匈奴李斯諫曰不可夫匈奴無城郭之居委積之守遷徙鳥舉難得而制輕兵深入糧食必絕運糧以行重不及事得其地不足以為利得其民不可調而守之（不可和調也）勝必棄之非民父母靡敝中國甘心匈奴非完計也秦皇帝不聽遂使蒙恬將兵而攻胡卻地千里以河為境地固澤鹵不生五穀（地多沮澤而醎鹵）然後發天下丁男以守河北暴兵露師十有餘年死者不可勝數終不能踰河而北是豈人衆之不足兵革之不備哉其勢不可也又使天下飛芻輓粟（運載芻槀令其疾至故曰飛芻也輓謂引車船也）起於黃腄琅邪負海之郡轉輸河北（黃腄二縣名也並在東萊言自東萊及琅邪緣海諸郡皆令轉輸至河北也）率三十鍾而致一石（六斛四斗為鍾計其道路所費只用百九十二斛乃得一石至）男子疾耕不足於糧餉女子紡績不足於帷幕百姓靡敝孤寡老弱不能相

冊府元龜　諫諍部　規諫二　卷之五百二十四　十四

養道死者相望（道死謂死於路也）蓋天下加叛也及至高皇帝定天下畧於邊聞匈奴聚代谷之外而欲擊之御史成諫曰不可夫匈奴獸聚而鳥散從之如搏景（搏擊也轉人之陰景言不可得也）今以陛下盛德攻匈奴臣竊危之高帝不聽遂至代谷果有平城之圍高帝悔之迺使劉敬往結和親然後天下亡干戈之事故兵法曰興師十萬日費千金秦帝積衆數十萬人雖有覆軍殺將係虜單于適足以結怨深讎不足以償天下之費夫匈奴行盜侵敺所以為業天性固然（來侵邊境而敺掠人畜也）上自虞夏殷周固不程督（程課也督視責也）禽獸畜之不比為

人夫不上觀虞夏殷周之統而不循近世之失此臣之所以大恐百姓所以疾苦也且夫兵久則變生事苦則慮易（言思慮變易失其常也）使邊境之民靡敝愁苦將吏相疑而外市（與外國交求己利若章邯之比也）故尉佗章邯得成其私而秦將不行權分二子此得失之效也故周書曰安危在出令存亡在所用（此周書者大書尚書之餘）願陛下孰計之而加察焉徐樂燕無終人也上書曰臣聞天下之患在於土分不在瓦解古今一也何謂土分秦之末世然也陳涉無千乘之尊疆土之地身非王公大人名族之後鄉曲之譽非有孔曾墨子之賢陶朱猗頓

之富也然起窮巷奮棘矜（棘戟也矜者戟之把也時秦銷兵故但有戟之把也）偏袒大呼天下從風此其故何也繇民困而主不恤下怨而上不知俗已亂而政不修此三者陳涉之所以爲資也此之謂土分故曰天下之患在乎土分何謂瓦解吳楚齊趙之兵是也七國謀爲大逆號皆稱萬乘之君帶甲數十萬威足以嚴其境内財足以勸其士民然不能西攘尺寸之地（攘謂侵取漢地）而身爲禽於中原者此其故何也非權輕於匹夫而兵弱於陳涉也當是之時先帝之德未衰而安土樂俗之民衆故諸侯無境外之助此之謂瓦解故曰天下之患不在

瓦解繇此觀之天下誠有土分之勢雖布衣窮處之士或首難而危海内（首難謂首唱而作難也）陳涉是也况三晉之君或存乎（韓魏趙三國本共分晉故稱三晉）天下雖未治也誠能無土分之勢雖有彊國勁兵不得還踵而身爲禽吳楚是也况羣臣百姓能爲亂乎此二體者安危之明要賢王之所留意而深察也間者關東五穀數不登年歲未復民多窮困重之以邊境之事推數循理而觀之民宜有不安其處者矣不安故易動易動者土分之勢也故賢主獨觀萬化之原明於安危之機修之廟堂之上而銷未形之患也其要期使天下無土

分之勢而已矣故雖有彊國勁兵陛下逐走獸射飛鳥引遊燕之囿淫縱恣之觀極馳騁之樂自若（自若言如其常無所虧損也）金石絲竹之聲不絶於耳帷幄之私俳優朱儒之笑不乏於前而天下無宿（久也）憂名何必夏子俗何必成康（夏禹也子湯也子姓）雖然臣竊以陛下天然之質寬仁之資而成以天下爲務則湯文不難侔而成康之俗未必不復興也（侔等也）此二體者立然後處尊安之實揚廣譽於當世親天下而服四夷餘恩遺德爲數世隆南面背依攝袂而揖王公此陛下之所服事也臣聞圖王不成其敝足以安（言其蔽未之法猶足自安也）安

則陛下何求而不得何威而不成奚何也征而不服哉嚴安者臨淄人也以故丞相史上書曰臣聞鄒子曰鄒衍之書也政教文質者所以云救也以救敝當時則用過則舍之舍其時則廢置也可易則易之可變易者則易也故守一而不變者未睹治之至也今天下人民用財侈靡車馬衣裘宮室皆競修飾調五聲使有節奏節飾也奏進也雜五色使有文章重五味方丈於前以觀欲天下觀猶顯也顯示之使其慕欲也彼民之情見美則願之是教民以侈也侈而無節則不可贍贍足也民離本而徼末矣徼要求也末不可徒得徒空也故搢紳者不憚爲詐帶劍者夸殺人以矯

奪夸大也競也矯僞也而世不知媿故姦軌浸長浸漸也夫佳麗珍怪固順於耳目故義失而泰樂失而淫禮失而采采者文過其實也教失而僞僞采淫泰非所以範民之道也範謂爲之立法也是以天下人民逐利無已犯法者衆臣願爲民制度以防其淫使貧富不相燿以和其心心既和平其性恬安恬安不營則盜賊銷盜賊銷則刑罰少刑罰少則陰陽和四時正風雨順草木暢茂五穀蕃熟六畜遂字蕃多也遂字生也民不夭厲和之至也厲病也臣聞周有天下其治三百餘歲成康其隆也刑錯四十餘年而不用及其衰亦三百餘年故五伯更起

伯者常佐天子興利除害誅暴禁邪輔正海內以尊天子五伯既沒賢聖莫續天子孤弱號令不行諸侯恣行強陵弱衆暴寡田常篡齊六卿分晉並爲戰國此民之始苦也於是強國務政弱國修守合從連衡馳車轂擊車轂相擊言其衆多也介胄生蟣蝨民無所告愬及至秦王蠶食天下并吞戰國稱號皇帝一海內之政壞諸侯之城銷其兵鑄以爲鍾虡虡懸鍾者也示不復用元元黎民得免於戰國逢明天子人人自以爲更生言天下以戰國之苦逢聖明之主則可以更生而秦皇反爲虐政以殘害也鄉使秦緩刑罰薄賦斂省繇役貴仁義賤權利上篤厚不侫巧變

風易俗化於海內則世世必安矣秦不行是風循其故俗爲知巧權利者進篤厚忠正者退法嚴令苛諂諛者衆日聞其美意廣心逸欲威海外使蒙恬將兵以北攻強胡辟地進境戍於河北飛芻輓粟以隨其後又使尉屠睢將樓船之士攻越使監祿鑿渠運糧深入越地越人遁逃曠日持久糧食乏絕越人擊之秦兵大敗秦乃使尉佗將卒以戍越當是時秦禍北構於胡南挂於越持縣也宿留也兵於無用之地進而不得退行十餘年丁男被甲丁女轉輸苦不聊生自經於道路死者相望及秦皇帝沒天下大畔陳勝吳廣

蜂舉（舉謂起兵也）武臣張耳舉趙項梁舉吳田儋舉齊景駒舉郢周市舉魏韓廣舉燕窮山通谷豪士並起不可勝載也然本皆非公侯之後非長官之吏（長官謂官之長也）無尺寸之勢起閭巷杖棘矜應時而動不謀而俱起不約而同會壞長地進至乎伯王（長進益也言其稍稍攻民進益士境以至疆大也）時教使然也秦貴為天子富有天下滅世絕祀窮兵之禍也故周失之弱秦失之強不變之患也今徇南夷朝夜郎降羌僰略歲州建城邑深入匈奴燔其龍城（燔燒也龍城匈奴祭天處）議者美之此人臣之利非天子之長策也今中國無狗吠驚而外累於遠方之

備靡敝國家非所以子民也（子謂養之如子）行無窮之欲甘心快意結怨於匈奴非所以安邊境也禍拏而不解兵休而復起（拏相連引也）近者愁苦遠者驚駭非所以持久也今天下鍛甲摩劍矯箭控弦（矯正曲使直也控引也）轉輸運糧未見休時此天下所共憂也夫兵久而變起事煩而慮生今外郡之地或幾千里外城數十形束壤制（言其士地形勢足以束制其民）帶脇諸侯（帶者言諸侯之郡守譬若佩帶謂輕小也脇者謂其力足以脇人也一曰帶在脇旁附著之義）非宗室之利也上觀齊晉所以亡公室卑削六卿太盛也下覽秦之所以滅刑嚴文刻欲大無窮也今郡守之權非特六卿之重也地幾千里非特閭巷之資也甲兵器械非特棘矜之用也以逢萬世之變則不可勝諱也（言不可盡諱者言必滅亡也）後以安為騎馬令（主天子之騎馬也）

賈捐之字君房賈誼之曾孫也元帝初郎位上疏言得失召待詔金馬門初武帝征南越元封元年立儋耳珠厓郡皆在南方海中洲居（居海中之洲也水中可居者曰洲）廣袤可千里（袤長也）合十六縣戶二萬三十餘其民暴惡自以阻絕數犯吏禁吏亦酷之率數年一反殺吏漢輒發兵擊定之旨初為郡至昭帝始元元年二十餘年間凡六反叛至其五年罷儋耳郡并屬珠厓至宣

帝神爵三年珠厓三縣復反後七年甘露九年九縣反輒發兵擊定之元帝初元元年珠厓又反發兵擊之諸縣更叛連年不定帝與有司議大發軍捐之曰珠厓内屬為郡久矣今皆叛逆節而云不當擊長蠻夷之亂虧先帝功德經義何以處之（於六經之内當何者之科條也）捐之對曰臣得遭明盛之朝蒙危言之策無忌諱之患（危言直言也言出而身危故云危言論語稱孔子曰邦有道危言危行）敢昧死竭卷卷臣聞堯舜聖之盛也禹入聖域而不優（禹之功德裁入聖人區域但不能優泰耳）故孔子稱堯曰大哉韶曰盡善禹曰無間以三聖之德地方不過數千里西被流沙東漸于海

朔南暨聲教迄于四海欲與聲教則治之不欲與者
不強治也故君臣歌德言皆有德可歌頌含氣之物各得其
宜武丁成王殷周之大仁也武丁殷之高宗然地東不過江
黃西不過氐羌南不過蠻荊北不過朔方是以頌聲
並作視聽之類咸樂其生越裳氏重九譯而獻遠國使來
因九譯言乃通也越裳國名王充論衡作越裳此非兵革之所能致及其衰
也南征不還謂昭王也為楚所溺也齊桓救其難謂襄王也初為太子而惠
王欲立王子帶齊桓公為首止之盟以定太子之位事在左傳僖九年孔子定其文孔子
作春秋夷狄之國雖大自稱王者皆貶為子以至乎秦興兵遠攻貪外虛
內務欲廣地不慮其害然地南不過閩越北不過太

原而天下潰畔禍卒在於二世之末也卒終也長城之
歌至今未絕賴聖漢初興為百姓請命平定天下至
孝文皇帝閔中國未安偃武行文則斷獄數百民賦
四十丁男三年而一事常賦歲百二十歲一事時天下民多故出賦四十三歲而
一事時有獻千里馬者詔曰鸞旗在前屬車在後鸞旗編以
羽毛列繫橦旁載於車上大駕出則陳於道而先行屬車相連屬而陳後也吉行日五十
里朕乘千里之馬獨先安之安之言何所適往於是還馬與
道里費而下詔曰朕不受獻也其令四方毋求來獻
當此之時逸游之樂絕奇麗之賂塞鄭衛之倡微矣
夫後宮盛色則賢者隱處佞人用事則諍臣杜口而

文帝不行故謚為孝文廟稱太宗至孝武皇帝元狩
六年太倉之粟紅腐而不可食粟久腐壞則色紅赤也都內之
錢貫朽而不可較較謂數計也迺探平城之事追計其事故言探
錄冒頓以來數為邊害厲兵馬因富民以攘服之攘卻
也西連諸國至于安息東過碣石以玄菟樂浪為郡
辱哉今關東大困倉庫空虛無一相贍又以動兵非
特勞民凶年隨之其罷珠厓郡民有慕義欲內屬便
處之欲有來入內郡者所至之處郎安置也不欲勿強珠厓繇是罷
東方朔為郎中武帝時天下侈靡趨末末謂工商之業百姓
多離農畝帝從容問朔吾欲化民豈有道乎朔對曰

堯舜禹湯文武成康上古之事經歷數千載尚難言
也臣不敢陳願近述孝文皇帝之時當世耆老皆聞
見之貴為天子富有四海之內身衣弋綈弋黑色也綈厚繒
足履革舄革生皮也不用柔韋言儉率也以韋帶劍但空用韋不加飾莞蒲
為席莞夫離也今謂之葱蒲以莞及蒲為席亦尚質也兵木為及兵器如木而無刄言
不大治兵器也衣縕無文縕亂絮也言內有亂絮上無文綵也集上書囊以為
殿帷集謂合聚也以道德為麗以仁義為準麗美也準平法也於
是天下望風成俗昭然化之今陛下以城中為小圖
起建章左鳳闕右神明鳳闕闕名神明臺名也號稱千門萬戶
木土衣綺繡狗馬被繢罽繢五綵也罽織也即繢之屬宮人簪瑇

琩垂珠璣設戲車教馳逐飾文采叢珍怪撞萬石之鍾擊雷霆之鼓作俳優舞鄭女上爲淫侈如此而欲使民獨不侈奢失農事之難者也陛下誠能用臣朔之計推甲乙之帳燔之於四通之衢却走馬示不復用則堯舜之隆宜可與比治矣易曰正其本萬事理失之豪釐差以千里願陛下留意察之

路溫舒守廷尉史宣帝即位上書言宜尚德緩刑其辭曰臣聞齊有無知之禍而桓公以興晉有驪姬之難而文公用伯近世趙王不終諸呂作亂而孝文爲太宗繇是觀之禍亂之作將以開聖人也故桓文扶

微興壞尊文武之業澤加百姓功潤諸侯雖不及三王天下歸仁焉文帝永思至德以承天心崇仁義省刑罰通關梁一遠近敬賢如大賓愛民如赤子內恕情之所安而施之於海內是以囹圄空虛天下太平夫繼變化之後必有異舊之恩此聖賢所以昭天命也往者昭帝即世而無嗣大臣憂戚焦心合謀皆以昌邑尊親援而立之（援引也）然天不授命淫亂其心遂以自亡深察禍變之故迺皇天之所以開至聖也故大將軍受命武帝股肱漢國（謂霍光）披肝膽决大計黜亡義立有德輔天而行然後宗廟以安天下咸寧臣

聞春秋正即位大一統而愼始也陛下初登至尊與天合符宜改前世之失正始受命之統滌煩文除民疾存亡繼絶以應天意臣聞秦有十失其一尚存治獄之吏是也秦之時羞文學好武勇賤仁義之士貴治獄之吏正言者謂之誹謗遏過者謂之妖言（遏止也）故盛服先王不用於世忠良切言皆鬱於胸（鬱積也）譽諛之聲日滿於耳虛美熏心實禍蔽塞（熏氣烝也）此乃秦之所以亡天下也方今陛下賴陛下恩厚亡金革之危饑寒之患父子夫妻戮力安家然太平未治者獄亂之也夫獄者天下之大命也死者不可復屬（屬連也）

書曰與其殺不辜寧失不經（虞書大禹謨載咎繇之言辜罪也經常也言人命至重治獄宜愼寧失不常之過不濫無罪之人所以崇寬恕也）今治獄吏則不然上下相毆以刻爲明深者獲公名平者多後患故治獄之吏皆欲人死非憎人也自安之道欲人之死是以死人之血流離於市被刑之徒比肩而立大辟之計歲以萬數此聖人之所以傷也太平之未治凡以此也夫人情安則樂生痛則思死捶楚之下何求而不得故囚人不勝痛則飾辭以視之吏治者利其然則指導以明之上奏畏卻則鍛練而周內之（精熟周悉致之法中也卻退也畏爲上所卻退）蓋奏當之成（當謂處其罪也）雖咎繇聽之猶

以爲死有餘辜[咎繇作士善所獄訟故以爲喻也]何則成鍊者衆文致之罪明也是以獄吏專爲深刻殘賊而亡極媮爲一切[媮苟且也切權時也]不顧國患此世之大賊也故俗語曰畫地爲獄議不入刻木爲吏期不對[畫獄木吏尚不入對況眞實乎期猶必也議必不入對]此皆疾吏之風悲痛之辭也故天下之患莫深於獄敗法亂正離親塞道莫甚乎治獄之吏此所謂一尚存者也臣聞烏鳶之卵不毁而後鳳凰集[烏鴟也]誹謗之罪不誅而後良言進故古人有言山藪藏疾川澤納汙瑾瑜匿惡國君含詬[詬恥言也山藪之有草木則毒害者居之川澤之形廣大則能受於汙濁人君之善御下亦當恐恥病也]唯陛下除誹

謗以招切言開天下之口廣箴諫之路掃亡秦之失尊文武之德省法罰寬刑罰以廢治獄則太古之風可興於世永履和樂與天亡極天下幸甚[與天長久無窮極也]

帝善其言遷廣陽私府長

廵按福建監察御史臣李嗣京　訂正
新建縣舉人臣戴國士　參閱
知建陽縣事臣黄國琦　較釋

諫諍部 三

規諫二

漢張敞爲京兆尹劉更生獻淮南枕中洪寶苑秘之方（洪大也苑秘者言秘術之苑圃也）宣帝令尚方鑄作事不驗更生坐論敞上疏諫曰願明主時忘車馬之好斥遠方士之虛語游心帝王之術太平庶幾可與也後尚方待

詔皆罷

匡衡元帝世爲太子少傅傅昭儀及子定陶王愛幸寵於皇后太子衡上疏曰臣聞治亂安危之機在乎審所用心蓋受命之王務在創業垂統傳之無窮繼體之君心存於承宣先王之德而褒大其功昔者成王之嗣位思述文武之道以養其心休烈盛美皆歸之二后而不敢專其名是以上天歆享鬼神祐焉其詩曰念我皇祖陟降廷止言成王常思祖考之業而鬼神祐助其治也陛下聖德天覆子愛海内然陰陽未和姦邪未禁者殆論者未丕揚先帝之盛功爭言制度不可用也務變更之所更或不可行而復復之是以羣下更相是非吏民無所信臣竊恨國家釋樂成之業而虛爲此紛紛也願陛下詳覽統業之事留神於遵制揚功以定羣下之心大雅曰無念爾祖聿修厥德孔子著之孝經首章蓋至德之本也成帝初衡又上疏戒妃匹勸經學威儀之則曰陛下秉至孝傷哀思慕不絶於心未有游虞弋射之宴（虞與娛同）誠隆於慎終追遠無窮已也竊願陛下雖聖性得之猶復加聖心焉（言天性已自然又當加意也）詩云㷀㷀在疚言成王喪畢思慕意氣未能平也蓋所以就文武之業崇大化

之本也

谷永爲北地太守徵入爲大司農成帝末年頗好鬼神亦以無繼嗣故多上書言祭祀方術者皆得待詔祠祭上林苑中長安城旁費用甚多然無大貴盛者永說上曰臣聞明於天地之性不可惑以神怪知萬物之情不可罔以非類皆背仁義之政道不遵五經之法言而盛稱奇怪鬼神廣崇祭祀之方求報無福之祠及言世有僊人服食不終之藥遥興輕舉（興起也謂起而去遠也）登遐倒景（在日月之上反從下照下照故其景倒）覽觀縣圃浮游蓬萊（崑崙九城上者縣圃即閶闔天門）耕耘五德朝種暮穫（翼氏

風角五德（東方甲南方丙西方庚北方壬中央戊五種色禾於地而耕耘也）與山石無極（言獲長壽北於山石無窮也）黃治變化（黃者鑄黃金也道家言治丹沙令变化可鑄作黃金也）堅氷淖溺（方士詐以藥石若帽氷九投之水上氷卽消液因假爲神仙道使然也淖濡甚也）化色五倉之術者（思身中五色腹中有五倉神五色存則不死五倉存則不饑）
皆姦人惑衆挾左道懷詐僞以欺罔世主（邪僻之道非正義也）
聽其言洋洋蒲耳若將可遇（洋洋美甚之貌也）求之盪盪如
係風捕景終不可得是以明主距而不聽聖人絶而
不語（謂孔子不語怪神）昔周史萇弘欲以鬼神之術輔尊靈
王會朝諸侯而周愈微諸侯愈叛楚懷王隆祭祀事
鬼神欲以獲福助却秦師以兵挫地削身辱國危秦

始皇初并天下甘心於神仙之道遣徐福韓終之屬
多齎童男童女入海求神采藥因逃不還天下怨恨
漢興新垣平齊人少翁翁孫卿欒大等皆以仙人黃
治祭祀事使物入海求神采藥貴幸賞賜累千金大
尤尊盛至妻公主爵位重累震動海內元鼎元封之
際燕齊之閒方士瞋目扼腕言有神仙祭祀受福之
術者以萬數其平等皆以術窮詐得誅夷伏辜至初
元中有天淵玉女鉅鹿人神轑陽侯師張宗之姦紛
紛復起（轑陽侯江人也元帝時坐使家丞上印綬隨宗學仙免官）夫周秦之末三
五之隆已當專意散財厚爵祿竦精神舉天下以求
之矣曠日經年靡有毫氂之驗足以揆今經曰享多
儀儀不及物惟曰不享（周書雒誥之辭也言祭享之道唯以絜誠若多其容儀而不及禮物則不爲神所享也）論語曰子不語怪神唯陛下距絶此
類毋令姦人有以窺伺者上善其言
耿育哀帝時爲議郎有司奏成帝趙后之罪育上疏
言臣聞繼嗣失統廢適立庶聖人法禁古今至戒然
太伯見歷知適遂循固讓（歷謂王季知適謂知其當爲適嗣也）委身吳
粵權變所設不計常法致位王季以崇聖德最備是
以尊號追及太王故世必有非常之變然後迺有非
常之謀孝成皇帝自知繼嗣不以時立念雖未有皇

太子萬歲之後未能持國權柄之重制於女主女主
驕盛則嗜欲無極少主幼弱則大臣不使（謂不可使從命也）
世無周公抱負之輔恐危社稷傾亂天下知陛下有
賢聖通明之德仁孝子愛之恩懷獨見之明內斷於
身故廢後宮就館之漸絶微嗣禍亂之根乃欲致位
陛下以安宗廟愚臣旣不能深援安危定金匱之計
又不知推演聖德述先帝之志乃反覆校省內暴露
私燕誣汙先帝傾惑之過成結寵妾妬媚之誅甚失
賢聖遠見之明逆負先帝憂國之意夫論大德不拘
俗立大功不合衆此迺孝成皇帝至恩以萬萬於衆

臣陛下聖德盛茂所以符合於皇天也豈當世庸庸斗筲之臣能是及且褒廣將順君務之美拯捄銷滅既往之過古今通義也事不當時固爭防禍於未然各隨指阿從以求容媚晏駕之後尊號已定萬事已訖迺探追不及之事訐揚幽昧之過此臣所深痛也願陛下下有司議即如臣言宜宣布天下使咸曉知先帝聖意所起不然空使謗議也上及山陵下流後世遠聞百蠻近布海內甚非先帝託後之意也蓋孝子善述父之志善成人之事唯陛下省察哀帝為太子亦頗得趙太后力遂不竟其事

楊宣為諫議大夫時王莽王仁智就國天下多冤王氏宣上封事言孝成皇帝深惟宗廟之重稱述陛下至德以承天序聖策深遠恩德至厚惟念先帝之意豈不欲以陛下自代奉承東宮哉太皇太后春秋七十數更憂傷勑令親屬引領以避丁傅行道之人為之隕涕況於陛下時登高遠望獨不慙於延陵乎哀帝深感其言

後漢馮衍為曲陽令建武六年日食衍上書陳八事其一曰顯文德二曰褒武烈三曰修舊功四曰招俊傑五曰明好惡六曰簡法令七曰差秩祿八曰撫邊境書奏光武將召見為尚書令王護等共排閒衍遂不得入

桓譚為議郎給事中建武中上疏陳時政所宜曰臣聞國之廢興在於政事政事得失繫乎輔佐輔佐賢明則俊士充朝而理合世務輔佐不明則論失時宜而舉多過事夫有國之君俱欲興化建善然而政道未理者其所謂賢者異也昔楚莊王問孫叔敖曰寡人未得所以為國是也叔敖曰國之有是衆所惡也恐王不能定也王曰不定獨在君亦在臣乎對曰君驕士曰非我無從富貴士驕君曰君非士無從安存

人君或至失國而不悟士或至饑寒而不進君臣不合則國是無從定矣莊王曰善願相國與諸大夫共定國是也蓋善政者視俗而施教察失而立防威德更興文武迭用然後政調於時而躁人可定昔董仲舒言理國譬若琴瑟其不調者則解而更張夫更張難行而拂衆者亡是故賈誼以才逐而鼂錯以智死世雖有殊能而終莫敢談者懼於前事也且設法禁者非能塞天下之姦皆合衆人之所欲也大抵取便國利事多者則可矣夫張官置吏以理萬人縣賞設罰以別善惡惡人誅傷則善人蒙福矣今人相殺傷

雖已伏法而私結怨讐子孫相報後忿深前至於滅戶殄業而俗稱豪健故雖怯弱猶勉而行之此爲聽人自理而無復法禁者也今宜申明舊令若已伏官誅而私相殺傷者雖一身逃亡皆徙家屬於邊其相傷者加常二等不得顧山贖罪如此則讐怨自解盜賊息矣夫理國之道舉本業而抑末利是以先帝禁人二業錮商賈不得官爲吏此所以抑并兼長廉耻也今富商大賈多放錢貨中家子弟爲之保役趨走與臣僕等勤收稅與封君比入是以衆人慕効不耕而食至乃多通侈靡以淫耳目今可令諸商賈自相

糾告若非身力所得皆以藏畀告者如此則役專一已不敢以貨與人事寡力弱必歸功田畝田畝修則穀入多而地力盡矣又見法令决事輕重不齊或一事殊法同罪異論姦吏得因緣爲市所欲活則出生議所欲陷則與死比是爲刑開二門也今可令通義理明習法律者挍定科比一其法度班下郡國蠲除故條如此天下知方而獄無怨濫矣書奏不省

朱浮爲執金吾光武以二千石長吏多不勝任時有纖微之有過者必見斥罷交易分擾百姓不寧六年有日食之異浮因上疏曰臣聞日者衆陽之所宗君上之位也凡居官治民據郡典縣皆爲王爲上爲尊長若陽上不明尊長不足則干動三光垂示王者五典紀國家之政鴻範別災異之文皆宣明天道以徵來事者也陛下哀愍海內親離禍毒保宥生人使得蘇息而今牧人之吏多未稱職小違理實輙見斥罷豈不粲然黑白分明哉然以堯舜之盛猶加三考大漢之興亦累功効吏皆積久養老於官至名子孫因爲氏姓當時吏職何能悉理論議之徒豈不諠譁蓋以爲天地之功不可倉卒艱難之業當累日也而間者守宰數見換易迎新相代疲勞道路尋其視事日

淺未足昭見其職旣加嚴切人不自保各相顧望無自安之心有司或因睚眦以騁私怨苟求長短求媚上意二千石及長吏迫於舉劾懼於刺譏故爭飾詐僞以要虛譽斯皆羣陽騷動日月失行之應夫物暴長者必夭折功卒成者必亟壞如摧長久之業而造速成之功非陛下之福也天下非一時之用也海內非一旦之功也願陛下遊意於經年之外望化於一世之後天下幸甚帝下其議羣臣多同於浮自是牧守易代頗簡舊制州牧奏二千石長吏不任位者事皆先下三公三公遣掾史案驗然後省退帝時用

明察不復委任三府而權歸刺舉之吏浮復上疏曰陛下清明履約率禮無違自宗室諸王外家后親皆奉遵繩墨無黨勢之名至或乘牛車齊於編人斯固法令整齊下無作威者也求之於事宜以和平而災異猶見者而豈徒然天道信誠不可不察竊見陛下疾往者上威不行下專國命即位以來不用舊典信刺舉之官黜鼎輔之任至於有所劾奏便加免退覆按不關三府罪譴不蒙澄察陛下以使者爲腹心而使者以從事爲耳目是尚書之平決於百石之吏故羣下苛刻各自爲能兼以私情容長憎愛在職皆競

張空虛以要時利故有罪者必不厭服無罪者坐被空文不可經盛衰貽後王也夫事積久則吏自重吏安則人自靜傳曰五年再閏天道乃備夫以天地之靈猶五載以成其化況人道哉臣浮愚戇不勝惓惓願陛下留心千里之任省察偏言之奏

郅惲爲上東門候建武十七年郭皇后廢惲乃言於光武曰臣聞夫婦之好父不能得之於子況臣能得之於君乎是臣所不敢言雖然願陛下念其可否之計無令天下有議社稷而已帝曰惲善恕己量主知我必不有所左右而輕天下也

班彪辟司徒玉況府時東宮初建諸王國並開而官屬未備師保多闕彪上言曰孔子稱性相近也習相遠也賈誼以爲習與善人居不能無善猶生長於齊不能無齊言也習與惡人居不能無惡猶生長於楚不能無楚言也是以聖人審所與居而戒慎所習昔成王之爲孺子出則周公召公太公史佚入則大顛閎夭南宮适散宜生左右前後禮無違者故成王一日即位天下曠然太平是以春秋愛子教以義方不納於邪驕奢淫佚所自邪也詩云詒厥孫謀以燕翼子言武王之謀遺子孫也漢興太宗使鼂錯導太子

以法術賈誼教梁王以詩書乃至中宗亦令劉向王褒蕭望之周堪之徒以文章儒學保訓東宮以下莫不崇簡其人就成德器今皇太子諸王雖結髮學問修習禮樂而傅相未值賢才官屬多闕舊典宜博選名儒有威重明通政事者以爲太子太傅東宮及諸王國備置官屬又舊制太子食湯沐十縣設周衛交戟五日一朝因坐東箱省視膳其非朝日使僕中允旦旦請問而已明不媟黷廣其敬也書奏帝納之

鍾離意明帝永平中爲僕射會連有變異意上疏曰伏惟陛下躬行孝道修明經術郊祀天地畏敬鬼神

憂恤黎元勞心不怠而天氣未和日月不明水泉滯溢寒暑違節者咎在羣臣不能宣化理職而以苛刻爲俗吏殺良人繼踵不絶百官無相親之心吏人無雍雍之志至於骨肉相殘毒害彌深感逆和氣以致天災百姓可以德勝難以力服先王要道民用和睦故能致天下和平災害不生禍亂不作鹿鳴之詩必言宴樂者以人神之心洽然後天氣和也願陛下垂聖德揆萬機詔有司愼人命緩刑罰順時氣以調陰陽垂之無極帝雖不能時用然知其至誠亦以此故不得久留出爲魯相

陳寵章帝初爲尚書是時承永平故事吏政尚嚴切尚書決事率近於重寵以帝新即位宜改前世苛俗乃上疏曰臣聞先王之政賞不僭刑不濫與其不得已寧僭不濫故唐堯著典眚災肆赦周公作戒勿誤庶獄伯夷之典惟敬五刑以成三德繇此言之聖賢之政以刑罰爲首往者斷獄嚴明所以威懲姦慝姦慝旣平必宜濟之以寬陛下即位率繇此義數詔羣僚弘崇晏晏而有司執事未悉奉承典刑用法猶尚深刻斷獄者急於篣格酷烈之痛執憲者煩於詆欺放濫之文或因公行私逞縱威福夫於政猶張琴瑟大弦急者小弦絶故子貢非臧孫之猛法而美鄭僑之仁政（臧孫曾大夫猛行政子貢非之曰夫政猶張琴瑟也大弦急則小弦絶矣故曰罰得則姦邪正賞得則下歡悦子之賊心見矣得不聞子産之相鄭乎推賢舉能抑惡揚善有大畧者不問其短有厚德者不非小疵家給人足囹圄空虛子産卒國人皆叩心流涕三月不聞竽琴之音其生也見愛死也可悲故曰德莫大於仁禍莫大於刻今子病而人賀子愈而人相懼曰嗟乎何命之不善臧孫子又不死臧孫慙而避位終身不出）詩云不剛不柔布政優優方今聖德充塞假於上下宜隆先王之道蕩滌煩苛之法輕薄箠楚以濟羣生全廣至德以奉天心帝敬納寵言

韋彪章帝建初末爲大鴻臚以世承二帝吏化之後多以苛刻爲能又置官選職不必以才因盛夏多寒

上疏諫曰臣聞政化之本必順陰陽伏見立夏以來當暑而寒殆以刑罰刻急郡國不奉時令之所致也農人急於務而苛吏奪其時賦歛充常調而貪吏割其財此其巨患也夫欲急人所務當先除其所患天下樞要在於尚書尚書之選豈可不重而間者多從郎官超昇此位雖曉習文法長於應對然察察小慧類無大能簡嘗歷州宰素有名者雖進退舒遲時有不逮然端心向公奉職周密宜鑒嗇夫捷給之對深思絳侯木訥之功也往時楚獄大起故置令史以助郎職而類多小人好爲姦利今者務簡可皆停省又

諫議之職應用公直之士通才謇正有補益於朝者令或從徵試輩爲大夫又御史外遷動據州郡並宜清選其任責以言績其二千石視事雖久而爲吏民所便安者宜增秩重賞勿妄遷徙惟留聖心書奏帝納之

樂恢爲議郎車騎將軍竇憲出征匈奴恢上書諫曰春秋之義王者不理夷狄得其地不可墾發得其人無益於政故明王之於夷狄羈縻而已孔子曰遠人不服則修文德以來之以漢之盛不務修舜禹周公之術而無故興干戈動兵革以求無用之物臣誠惑

之

張酺爲河南尹會竇氏敗酺上疏曰臣實愚惷不及大體以爲竇氏雖伏厥辜而罪刑未著後世不見其事但聞其誅非所以垂示國典貽之將來宜下理官與天下平之方憲等寵貴羣臣阿附唯恐不及皆謂憲受顧命之託懷伊呂之忠至乃復比鄧夫人於文母今嚴威旣行皆言當死不復顧其前後考折厥衷臣復見夏陽侯瓌每行忠善前與臣言常有盡節之心撿勑賓客未嘗犯法臣聞王政骨肉之刑有三宥之義過厚不過薄今議者爲瓌選嚴能相恐其迫切必不完免宜裁加貸宥以崇厚德和帝感酺言徙瓌封就國而已

龐參爲左校直諫令坐法輸作若盧（若盧獄名）永初元年凉州先零種羌反叛遣車騎將軍鄧騭討之參於徒中使其子俊上書曰方今西州流民擾動而徵發不絕水源不休地力不復（言其乘損不復於舊）重之以大軍疲之以遠戍農功消於轉運資財竭於徵發田疇不得墾闢禾稼不得收入搏手困窮無望來秋（兩手相搏言無計也）百姓力屈不復堪命臣愚以爲萬里運糧遠就羌戎不若總兵養衆以待其疲車騎將軍騭宜且振旅留征

西校尉任尚使督凉州士民轉居三輔休徭役以助其時上煩賦以益其財令男得耕種女得織紝（織紝織繒布也）然後畜精鋭乘懈沮出其不意攻其不備則邊人之讐報奔北之恥雪矣書奏御史中丞樊準上疏薦參鄧太后從之而徵鄧騭還

樊準永初中爲御史中丞會連年水旱災異郡國多被饑困準上疏曰臣聞傳曰饑而不損茲曰太厥災水春秋穀梁傳曰五穀不登謂之大侵大侵之禮百官備而不製羣神禱而不祠猶是言之調和陰陽實在儉節朝廷雖勞心元元事從省約而在職之吏尚

未奉承建化致理錄近及遠故詩曰京師翼翼四方是則今可先令大官尚方考功上林池籞諸官實減無事之物五府調省中都官吏京師作者如此則化及四方人勞省息伏見被災之郡百姓凋殘恐非賑給所能贍雖有其名終無其實可依征和元年故事遣使持節慰安尤困乏者徙置荆揚熟郡既省轉運之費且令百姓各安其所今雖有西屯之役宜先東州之急如遣使者與二千石隨事消息悉留富人守其舊土轉尤貧者過所衣食誠父母之計也願以臣言下公卿平議鄧太后從之悉以公田賦與貧人

陳忠爲尚書安帝親政事後連有災異詔舉有道公卿百僚各上封事忠以詔書既開諫争慮言事者必多激切或致不能容乃上疏豫通廣帝意曰臣聞仁君廣山藪之大納切直之謀忠臣盡謇諤之節不畏逆耳之害是以高祖舍周昌桀紂之譬孝文嘉袁盎人豕之譏武帝納東方朔宣室之正元帝容薛廣德自刎之切昔晉平公問於叔向曰國家之患孰爲大對曰大臣重祿不極諫小臣畏罪不敢言下情不上通此患之大者公曰善於是下令曰吾欲進善有謁而不通者罪致死今明詔崇高宗之德推宋景之誠引咎克躬諮訪羣吏言事者見杜根成翊世等新蒙表錄顯列二臺必承風響應争爲切直若嘉謀異策宜輒納用如其管穴妄有譏刺雖苦口逆耳不得事實且優游寬容以示聖朝無諱之美若有道之士對問高者宜垂省覽特遷一等以廣直言之路書奏御有詔拜有道高第士沛國施延爲侍中

左雄爲尚書令順帝永建三年京師漢陽地皆震裂水泉湧出四年司冀復有大水雄推較災異以爲下人有逆上之徵又上疏言宜密爲備以俟不虞尋而青冀揚州盜賊連發數年之間海内擾亂其後天下

大赦賊雖頗解而官猶無備流叛之餘數月復起雄與僕射郭虔共上疏以爲寇賊連年死亡太半一人犯法舉宗羣亡宜及其尚微開令改悔若告黨與者聽除其罪能誅斬者明加其賞書奏並不省

張衡順帝初再爲太史令時政事漸損權移於下衡因上疏陳事曰代爲陛下宣哲克明繼體承天中遭傾覆龍德泥蟠今乘雲高蹤盤桓天位誠所謂將隆大位必先倥傯之也親履艱難者知下情備經險易者達物僞故能一貫萬機靡所疑惑百揆允當庶績咸熙宜獲福祉神祇受譽黎庶而陰陽未和災眚累

見神明幽遠宜鑒在茲福仁禍淫景響而應因德隆休乘失致咎天道雖遠吉凶可見近世蔡鄭江樊周廣王聖皆爲效矣故恭儉畏忌必蒙祉祚奢淫諂慢鮮不夷戮前事不忘後事之師也夫情勝其性流遯忘反豈唯不肖中才皆然苟非大賢不能見得思義故積惡成釁罪不可解也向使能瞻前顧後援鏡自戒則何陷於凶患乎貴寵之臣衆所屬仰其有愆尤上下知之褒美譏惡有心皆同故怨讟溢乎四海神明降其禍辟也頃年雨常不足思求所失則洪範所謂僭常陽若者也懼羣臣奢侈昏踰典式自下逼上

用速咎徵又前年京師地震土裂裂者威分震者人擾也君以靜唱臣以動和威自上出不趣於下禮之政也竊懼聖思厭倦制不專己恩不忍割與衆共威威不可分德不可共洪範曰臣有作威作福玉食害于而家凶于而國天監孔明雖疎不失災異實人前後數矣而未見所革以復徃悔自非聖人不能無過願陛下思惟所以稽古率舊勿令刑德八柄不繇天子若恩從上下事依禮制禮制修則奢僭息事合宜則無凶咎然後神望允塞災消不至矣初光武善讖及顯宗肅宗因祖述焉自中興之後儒者爭學圖緯

兼復附以訞言衡以圖緯虛妄非聖人之法乃上疏曰臣聞聖人明審律歷以定吉凶重之以卜筮雜之以九宮經天驗道本盡於此或觀星辰逆順寒燠所繇或察龜策之占巫覡言其所因者非一術也立言於前有徵於後故智者貴焉謂之讖書讖書始出蓋知之者寡自漢取秦用兵力戰功成業遂可謂大事當此之時莫或稱讖若夏侯勝眭孟之徒以道術立名其所著述無讖一言劉向父子領校書閱定九流亦無讖錄成哀之後乃始聞之尚書堯使鮌理洪水九載績用不成鮌則殛死禹乃嗣興而春秋讖云共

工理水凡讖皆云黃帝伐蚩尤而詩讖獨以爲蚩尤敗然後堯受命春秋元命包中有公輸班與墨翟事見戰國非春秋時也又言別有益州益州之置在於漢世其名三輔諸陵世數可知至於圖中訖于成帝一卷之書互異數事聖人之言埶無若是殆必虛僞之徒以要世取資徃者侍中賈逵摘讖互異三十餘事諸言讖者皆不能說至於王莽簒位漢世大禍八十篇何爲不戒則知圖讖成於哀平之際也且河雒六藝篇錄已定後人皮傅無所容簒衛集上事云河雒五九六藝四九謂八十一篇也方言曰秦晉言非其事謂之皮傅謂不深得其情核膚淺近強相傅會也莊子曰竄句

也續漢書亦作寃本作篡者義亦通也永元中清河宋景遂以歷紀推言水災而僞稱洞視玉版遯甲開山圖日禹遊於東海得玉版碧色長一尺二寸圖如日月以自炤達幽明直言宋景歷紀推之水災非洞視玉版所見也或者棄家業入山林後皆無效而復采前世成事以爲證驗至於永建復統則有能知此皆欺世罔俗以昧埶位情僞較然莫之糾禁且律歷卦候九宮風角數有徵效世莫肯學而競稱不占之書譬猶畫工惡圖犬馬而好作鬼魅誠以實事難形而虛僞不窮也宜收藏圖讖一禁絶之則朱紫無所眩典籍無瑕玷矣

冊府元龜

巡按福建監察御史臣李嗣京　正
分守建南道左布政使臣胡維霖　輯
知建陽縣事臣　黄國琦　較

諫諍部　五百二十六

規諫三

後漢陳龜桓帝時爲京兆尹會羌胡寇邊殺長吏驅畧百姓帝以龜世諳邊俗拜爲度遼將軍龜臨行上疏曰臣龜蒙恩累世馳騁邊垂雖展鷹犬之用頓斃胡虜之庭魂骸不反薦享狐狸猶無以塞厚責荅萬

分也臣至駑頑器無鈆刀一割之用過受國恩榮秩兼優生年死日永懼不報臣聞三辰不軌擢士爲相蠻夷不恭拔卒爲將臣無文武之才而忝鷹揚之任上慙聖朝下懼素餐雖殁軀體無所云補今西州邊鄙土地塉埆（埆音覺又音確謂土薄也）鞍馬爲居射獵爲業男寡耕稼之利女乏機杼之饒守塞候望懸命鋒鏑聞急長驅去不圖反自頃年以來匈奴數攻營郡殘殺長吏侮畧良細戰夫身膏沙漠居人首係馬鞍或舉國掩戶盡種灰滅孤兒寡婦號哭空城野無青草室如懸磬雖含生氣實同枯朽往歲并州水雨災螟互生稼穡荒耗租更空闕老者慮不終年少壯懼不困厄陛下以百姓爲子品庶以陛下爲父焉可不日昃勞神垂撫育之恩哉唐堯親捨其子以禪虞舜者是欲民遭聖君不令遇惡主也故古公杖策其民五倍文王西伯天下歸之豈復輿金輦寶以爲民惠乎近孝文皇帝感一女子之言除肉刑之法體德行仁爲漢賢主陛下繼中興之統承光武之業臨朝聽政而未留聖意且牧守不良或出中官懼逆上旨取過目前呼嗟之聲招致災害胡虜凶悍因衰緣隙而令倉庫殫于豺狼之口功業無銖兩之效皆由將帥不忠聚

姦所致前涼州刺史祋良初除到州多所糾罰太子令長貶黜將半致未踰時功效卓然實應賞異以勸功能改任牧守去斥姦殘又宜更選匈奴烏桓護羌中郎將校尉簡練文武授之以法令除并涼二州今年租更寬赦罪隸掃除更始則善吏知奉公之祐惡者覚營私之禍胡馬可不窺長城塞下無候望之患矣帝覺悟乃更選幽并刺史自營郡太守都尉以下多所革易下詔爲陳將軍除并涼一年租賦以賜吏民

趙典桓帝時任爲大鴻臚時恩德諸侯以無勞受封

羣臣不悅而莫敢諫典獨奏曰夫無功而賞勞者不勸上忝下辱亂象干度左傳曰國無功不用善則自取謫于日月之災故政不可不愼務三而已一則曰擇人二曰從時前書曰成帝時同日封王氏五侯其日天氣赤黃霧四塞哀帝封丁氏曰亦然是不用善傳人則亂象干度且高祖之誓非功臣不封宜一切削免爵土以存舊典帝不從

桓鸞爲議郎上陳五事舉賢才審授用黜佞倖省苑囿息賦役書奏御忤内監故不省

蔡邕爲議郎初直諫靈帝好學自造黃義篇五十章因引諸生能爲文賦者本頗以經學相招后諸爲尺牘及工書鳥篆者皆加引召遂至數十人侍中祭酒

册府元龜　諫諍部　規諫　卷之五百二十六　三

樂松賈護多引無行趨埶之徒並侍鴻都門下憙陳方俗閭里小事帝甚悅之待以不次之位又市賈小民爲宣陵孝子者復十人悉除爲郎中太子舍人時頻有雷霆疾風傷樹拔木地震隕雹蝗蟲之害又鮮卑犯境役賦及民六年七月制書引咎制羣臣各陳政要當施行邕上封事曰臣伏讀聖旨雖周風訊諸執事宣王遭旱密勿祇畏無以或加臣聞天降災異緣象而至辟歷數發辟音普歷切霹陽氣之動也殆刑誅繁多之所生也風者天之號令所以教人也夫昭事上帝則自懷多福宗廟致敬則鬼神以著國之大事實先祀典天子聖躬所當恭事臣自在宰府及備釆衣宰府謂司徒橋玄府也釆衣謂祭官也漢官儀日漢家赤行齊者絳紛韝音文代切迎氣五郊而車駕稀出四時之敬屢委有司雖有解除猶爲踈廢故皇天不悅顯此諸異鴻範傳曰政悖德隱厥風聲發屋拆木坤爲地道易稱安貞陰氣憤盛則當靜反動法爲下叛夫權不在上則雹傷物政有苛暴則虎狼食人貪利傷民則蝗蟲損稼去年六月二十八日太白與月相迫兵事惡之鮮卑犯塞所從來遠今之出師未見其利上違天文下逆人事誠當博覽衆議從其安者臣不勝憤懣謹條宜所施行七事表左表左謂陳

册府元龜　諫諍部　規諫　卷之五百二十六　四

之於表左也猶今云如左如右一事明堂月令天子以四立及季夏之節迎五帝於郊天子居明堂各依其月布政故云明堂月令四立謂立春立夏立秋立冬各以其日天子親迎氣于其方并祭其方之帝季夏之末祭中央帝也所以導致神氣祈福豐年清廟祭祀追往孝敬養老辟雍示人禮化皆帝者之大業祖宗所祇奉也而有司數以蕃國踈喪宮内產生及吏卒小汙屢生忌故小汙謂病及死也竊見南郊齋戒未嘗有廢至于他祀輒興異議豈南郊卑而他祀尊哉孝元皇帝策書曰禮之至敬莫重于祀所以竭心親奉以致肅祇者也又元和故事復申先典章帝元和二年制曰山川百神應典禮者尚未咸秩其儀修群祀以祈豐年又宗祀五帝于汶

上明堂三年望祀華霍柴東岱宗爲人祈福前後制書推心懇惻而近者以來更任太史忌禮敬之大任禁忌之書拘信小故以虧大典禮妻妾產者齋則不入側室之門無廢祭之文也禮記曰妻將生子及月辰居側室夫使人日再問之夫齋則不入側室之門也所謂宮中有卒三月不祭者謂士庶人數堵之室共處其中耳儀禮曰有死于宮中者則爲之三月不舉祭豈謂皇居之曠臣妾之衆哉自今齋制宜如故典庶答風霆災妖之異二事臣聞國之將興至言數聞內知己政外見民情是故先帝雖有聖明之資而猶廣求得失又因災異援引幽隱重賢良方正敦樸有道之選危言極諫不絕于

朝陛下親政以來頻年災異而未聞特舉博選之旨誠當思省述修舊事使抱忠之臣展其狂直以解易傳政悖德隱之言三事夫求賢之道未必一塗或以德顯或以言揚項者立朝之士曾不以忠信見賞恒被謗訕之誅遂使群下結口莫圖正詞郎中張文前獨盡狂言聖聽納受以責三司臣子曠然衆庶解悅漢名臣奏張文上䟽其畧曰春秋義曰螟者貪擾之氣所生天意若曰貪狼之人蠶食百姓若螟食禾稼而擾萬民獸齧人者象暴政若獸而齧人京房易傳曰小人不義而反尊榮則虎食人辟殺人亦象暴政妄有喜怒政以賄成刑以放縱推類叙意探旨求原皆象群下貪狼威教妄施或若螟蟲宜勑正衆邪清審選舉退屏貪暴魯僖公小國諸侯勑政修己斥退邪臣尚獲其報六月甚雨之應豈況萬乘之主修善求賢宜舉敦樸以輔善政陛下體堯舜之聖秉獨見之明恢太平之業敦經好學流布遠近可留須臾神慮則可致太平招休徵矣詔曰下人尉司徒司空夫瑞不虛至災必有緣朕以不德秉統未明以招祆僞將何以昭顯憲法哉三司任政者也所當夙夜而各拱默訖未有聞將何以奉答天意救寧我人其各悉心思所崇改務消復之術稱朕意焉臣愚以爲宜擢文右職以勸忠謇宣聲海內博開政路四事夫司隸校尉諸州刺史所以督察姦枉分別白黑者也伏見幽州刺史楊憙益州刺史龐芝涼州刺史劉虔各有奉公疾姦之心憙等所糾其效尤多餘皆枉撓不能稱職或有抱罪懷瑕與下同疾紀綱弛縱莫相舉察公府臺閣亦復默然五年制書議遣八使又令三公謠言奏事漢官儀曰三公

聽採長吏臧否人所疾苦條奏之是爲舉謠言是也是時奉公者欣然得志邪枉者憂悸失色未詳斯議所因寢息昔劉向奏曰夫執狐疑之計者開群枉之門養不斷之慮者來讒邪之口今始聞善政旋復變易足令海內測度朝政宜追定八使糾舉非法更選忠清平章賞罰三公歲盡差其殿最使吏知奉公之福則衆災之原庶可塞矣五事臣聞古者取士必使諸侯歲貢尚書大傳曰古諸侯之于天子者年一貢士一適謂之攸好德再適謂之三賢賢三適謂之有功注云適猶得也孝武之世郡舉孝廉又有賢良文學之選於是名臣輩出文武並興漢之得人數路而已數路謂孝廉文學之路也夫書畫辭賦

才之小者經國理政未有其能陛下即位之初先涉經術聽政餘日觀看篇章聊以游意當代博奕非以教化取士之本而諸生競利作者鼎沸其高者頗引經訓風諭之言下則連偶俗語有類俳優或竊成文虛冒名氏臣每受敎于盛化門差次錄第其未及者亦復隨輩皆見拜擢旣加之恩難復收改但守俸祿於義已弘不可復使理人及仕州郡昔孝宣會諸儒於石渠章帝集學士於白虎通經釋義其事優大文武之道所宜從之若乃小能小善雖有可觀孔子以爲致遠則泥君子固當志其大者六事墨綬長吏職

典理人漢官儀曰秩六百石銅章墨綬也皆當以利惠爲績日月爲勞褒責之科所宜分明而今在任無復能省及其還者多召拜議郎郎中若器用優美不宜處之宂散如有釁故自當極其刑誅豈有伏罪懼考而反求遷轉更相放效臧否無章先帝舊典未嘗有此可皆斷絕以覈眞僞七事伏見前一切以宣陵孝子者有以爲太子舍人臣聞孝文皇帝制喪服三十六日惟繼體之君父子至親公卿列臣受恩之重皆屈情從制不敢踰越今虛僞小人本非骨肉旣無私幸之恩又無祿仕之實惻隱思慕情何緣生而羣聚山陵假名稱孝行不隱心義無依至有姦軌之人通容其中當思皇后祖載之時東郡有盜人妻者亡在孝中本縣追捕乃伏其辜虛僞雜穢難得勝言又前至得拜後輩被遣或經年陵次以暫歸見漏或以人自代以掌寵榮爭訟怨懟凶凶道路太子官屬宜搜選令德豈有但取丘墓凶醜之人其爲不祥莫與大焉宜遣歸田里以明詐僞書奏帝乃親迎氣北郊及行辟雍之禮又詔宣陵孝子爲舍人者悉改爲丞尉焉

盧植爲尚書靈帝光和元年有日食之異植上封事諫曰臣聞五行傳曰晦而月見謂之朓王侯其舒此

謂君政舒緩故日食晦也春秋傳曰天子避位移時言其相掩不過移時而間者日食自巳過午旣食之後雲霧晻曖比年地震彗孛互見臣聞漢以火德化當寬明近色信讒忌之甚者如火畏水故也按今年之變皆陽失陰侵消禦災凶宜有其道謹畧陳八事一曰用良二曰原禁三曰禦癘四曰備寇五曰修禮六曰遵堯七曰禦下八曰散利用良者宜舉州郡覈舉賢良隨方委用責求選舉原禁者凡諸黨錮多非其罪可加赦恕申宥回枉禦癘者宋后家屬並以無辜委骸橫尸不得收葬疫癘之來皆由于此宜勑收

拾以安遊寃后以王甫程阿所構憂死父及兄弟並被誅靈帝後夢見桓帝怒曰宋皇后何罪而絕其命也訴于天上帝震怒罪在難救也備冠者侯王之家賦稅減削
愁窮思亂必致非當宜使給足以防未然修禮者應
徵有道之人若鄭玄之徒陳明洪範攘服災咎遵堯
者今郡守刺史一月數遷宜依黜陟以章能否縱不
九載可滿三歲禦下者請謁希爵一宜禁塞遷舉之
事責成主者散利者天子之體理無私積宜弘大務
蠲畧納徵帝不省

孔融爲少府荆州牧劉表不供職貢多行僭僞遂乃
郊祀天地擬斥乘輿詔書班行其事融上疏曰竊聞

領荆州牧劉表桀逆放恣所爲不軌至乃郊祀天地
擬議社稷雖昏僭惡極罪不容誅至于國體宜且諱
之何者萬乘至重天王至尊身爲聖躬國爲神器陛
級懸遠祿位限絕猶天之不可階日月之不可踰也
每有一豎臣輒去圖之若行之四方非所以杜塞邪
萌愚謂雖有重戾必宜隱忍賈誼所謂投鼠忌器蓋
謂此也是以齊兵次楚唯責包茅王師敗績不書晋
人前以露袁術之罪今復下劉表之事是使跛牂欲
闚高岸天險可得而登也按表跋扈擅誅列侯遏絕
詔命斷盜貢篚招呼元惡以自營衛專爲羣逆主萃
淵藪郜鼎在廟章孰甚焉桑落瓦解其勢可見臣愚
以爲宜隱郊祀之事以崇國防

魏劉廙魏國初建爲黄門侍郎太祖在長安欲親征
蜀廙上疏曰聖人不以智輕俗王者不以人廢言故
能成功于千載者必以遠察近智周于獨斷者不恥
于下問亦欲博采必盡于衆也且韋弦非能言之物
而聖賢引以自規臣才智闇淺願自比于韋弦昔樂
毅能用弱燕破大齊而不能以齊兵定卽墨者夫自
爲計者雖弱必固欲自潰者雖强必敗也自殿下起
軍以來三十餘年敵無不破彊無不服今以海内之

兵百勝之威而孫權負險于吳劉備不賓于蜀夫夷
狄之臣不當冀州之卒權備之籍不比袁紹之業然
本初亡而二寇未捷非闇弱于今而智武于昔也私
自爲計者與欲自潰者異勢耳故文王伐崇三駕不
下歸而修德然後服之秦爲諸侯所征必服及兼天
下東向稱帝匹夫大呼而社稷用隳是力斃于外而
不恤民于内也臣恐邊寇非六國之敵而世不乏才
分土之勢此不可不察也天下有重得有重失勢可
得而我勤之此重得也勢不可得而我勤之此重失
也於今之計莫若料四方之險擇要害之處而守之

遂天下甲卒隨方面而歲更爲殿下可高枕于廣厦潜思于治國廣農事從節約修之旬年則國富民安矣太祖遂進前而報廙曰非但君知臣臣亦當知君今欲使吾坐行西伯之德恐非其人也

賈詡爲大中大夫文帝爲五官將而臨菑侯植有奪宗之思太祖嘗屏除左右問詡詡默然不對太祖曰與卿言而不答何也詡曰屬適有所思故不卽對耳太祖曰何思詡曰思袁本初劉景昇父子也太祖大笑于是太子遂定

王朗文帝時爲御史大夫上疏勸育民省刑曰起兵

以來三十餘年四海蕩覆萬國殄瘁賴先王芟除盜賊扶育孤弱遂使華夏復有綱當鳩集兆民于兹魏土使封鄙之內雞鳴狗吠達于四境蒸庶欣欣喜遇昇平今遠方之寇未賓兵戎之役未息誠令復除足以懷遠人良宰足以宣德澤阡陌咸修四民殷熾必復過于曩時而富于平日矣易稱敕法書著祥刑一人有慶兆民賴之愼法獄之謂也昔曹相國以獄市爲寄路溫舒疾治獄之吏夫治獄者得其情則無冤死之囚丁壯者得盡地力則無饑饉之民窮老者得仰食倉廩則無餒饑之殍嫁娶以時男女無怨曠之憾胎養必全則孕者無自傷之哀新生必復則孩者無不育之累壯而後役則幼者無離家之思二毛不戎則老者無頓伏之患醫藥以療其疾寬柔以樂其業威罰以抑其强恩仁以濟其弱賑貸以贍其乏十年之後旣笄者必盈巷二十年之後勝兵者必滿野矣

辛毗爲侍中文帝欲大興軍征吳毗諫曰吳楚之民險而難禦道隆後服道汚先叛自古患之非徒今也陛下祚有海內夫不賓者其能久乎昔尉佗稱帝子陽僭號歷年未幾或臣或誅何則違逆之道不久全

而大德無所不服也方今天下新定地廣民稀夫廟筭而後出軍猶臨事而懼況今廟有闕而欲用之臣誠未見其利也先帝屢起銳師臨江而旋今六軍不增于故而復循之此未易見也今日之計莫若修范蠡之養民法管仲之寄政則充國之屯田明仲尼之遠懷十年之中强壯未老童齔勝戰兆民知義將士思奮然後用之則役不再舉矣帝曰如卿意更當以虜遺子孫耶毗對曰昔周文王以紂遺武王惟知時也苟時未可庸得已乎帝竟伐吳至江而還

高柔爲廷尉魏初三公無事又希與朝政柔上疏曰

天地以四時成功元首以輔弼興治成湯仗阿衡之佐文武憑旦望之力逮至漢初蕭曹之儔並以元勲代作心膂此皆明王聖主任臣于上賢相良輔股肱于下也今公輔之臣皆國之棟梁無所具瞻而置之三事不使知政遂各偃息養高鮮有進納誠非朝廷崇用大臣之義大臣獻可替否之謂也古者刑政有疑輒議于槐棘之下自今之後朝有疑議及刑獄大事宜數以咨訪三公三公朝朔望之日又可得延入講論得失博盡事情庶有裨起天聽弘益大化文帝加納焉至明帝卽位爲博士是時禁殺鹿者身死財

產沒官有能覺告者厚加賞賜上疏曰聖王之御世莫不以廣農爲務儉用爲資夫農廣則穀積用儉則財蓄蓄財積穀而有憂患之虞者未之有也古者一夫不耕或爲之饑一婦不織或爲之寒中間以來百姓供給衆役親田者旣減加頃復有獵禁群鹿犯暴殘食生苗處處爲害所傷不貲民雖障防力不能禦至如滎陽左右周數百里歲略不收元元之命實可矜傷方今天下生財者甚少而麋鹿之損者甚多卒有兵戎之役凶年之災將無以待之惟陛下覽先聖之所念愍稼穡之艱難寬放民間使得捕鹿遂除其禁則衆庶永濟莫不悅豫矣又魏名臣奏載桑上疏曰臣深思陛下所以不盡取此鹿者誠欲使極蕃息然後大取以爲軍國之用然臣竊以爲今鹿但有日耗終無從得多也何以知之今禁地廣輪且千餘里臣計其中有虎大小六百頭狼有五百頭狐萬頭有大虎一頭三日食一鹿一虎一歲百二十鹿是爲六百頭虎一歲食七萬二千頭鹿也使十狼日共食一鹿是爲五百頭狼一歲共食萬八千頭鹿也鹿子始生未能善走使十狐一日共食一子比至健走一月之間是爲萬狐一月共食鹿子二萬頭也大凡一歲所食十二萬頭其鵰鶚所害臣置不計以此推之終

無從得多不如早取之爲便也

和洽明帝時爲光祿勲太和中散騎常侍高堂隆奏時風不至而有休廢之氣必有司不勤職事以失天常也詔書虛謙引咎博諮異同洽以爲民稀耕少浮食者多國以民爲本民以穀爲命故廢一時之農則失育命之本是以先王務蠲煩費以專耕農自春夏以來民窮于役農業有廢百姓囂然時風不至未必不由此也消復之術莫大于節儉太祖建立洪業奉師徒之費供軍賞之用吏士豊于資食倉府衍于穀

帛猶不飾無用之官絕浮華之費方今之要固在省息勞煩之役損除他餘之務以爲軍戎之備三邊守禦宜在備豫料賊虛實蓄士養衆筭廟勝之策明攻取之謀詳詢衆庶以求厥中若謀不素定輕弱小敵軍人數舉舉而無庸所謂玩武無震古人之戒也高堂隆爲侍中明帝用法深重隆上疏曰夫拓跡垂統必俟聖明輔世致治亦須良佐用能庶績其凝而品物康乂也夫移風易俗宣明道化四表同風回首面内德教光熙九服慕義固非俗吏之所能也今有司務糾刑書不本大道是以刑用而不措俗弊而不敦

宜崇禮樂班敘明堂修三雍大射養老營建郊廟尊儒士舉逸民表章制度改正朔易服色布愷悌尚儉素然後備禮封禪歸功天地使雅頌之聲盈于六合緝熙之化流于後嗣斯蓋至治之美事不朽之貴業也則九域之内可揖讓而治矣尚何憂哉苟不正其本而求其末譬猶棼絲非理政也可命髦公卿士通儒造具其事以爲典

蔣濟爲中護軍明帝時中書監令號爲專任濟上疏曰大臣太重者國危左右太親者身蔽古之至戒也往者大臣秉事外内扇動陛下卓然自覽萬幾莫不祇肅夫大臣非不忠也然威權在下則衆心慢上勢之嘗也陛下既已察之于大臣願無忘於左右左右忠正遠慮未必賢于大臣至于便辟取舍或能工之今外所言輒云中書雖使恭愼不敢外交但有此名猶惑世俗況實握事要日在目前儻因疲倦之間有所割制衆臣見其能推移于事即亦因時而向之一有此端因當内設自完以此衆語私招所交爲之内援若此臧否毀譽必有所興功負賞賜必有所易直道事上者或壅曲附左右者反達因微而入緣形而出意所狎信不復猜覺此宜聖智所當畱聞外以經意

則形察自見或恐朝臣畏言不合而受左右之怨莫適以聞臣竊亮陛下潛神默思公聽並觀若事有未盡于理而物有未周于用將改曲易調遠與黄唐角功近昭武文之迹豈近習而已哉然人君猶不可悉天下事以適已明有所付三官任一臣非周公旦之忠又非管夷吾之公則有弄機敗官之弊當今柱石之士雖少至于行稱一州智效一官忠信竭命各奉其職可並驅策不使聖明之朝有專吏之名也詔曰夫骨鯁之臣人主之所仗也濟才兼文武服勤盡節每軍國大事輒有奏議忠誠奮發吾甚壯之就遷爲

護軍加散騎常侍
鍾毓爲散騎常侍時蜀將諸葛亮圍祁山明帝欲親征毓上疏曰夫策貴廟勝功尚帷幄不下殿堂之上而決勝千里之外車駕宜鎮守中土以爲四方威勢之援今大軍西征雖有百倍之威于關中之費所損非一且盛暑行師詩人所重實非至尊動軔之時也遷黄門侍郎時大興雒陽宫室車駕便幸許昌天下當朝正許昌許昌偪狹于城南以氊爲殿備設魚龍蔓延民罷勞役毓諫以爲水旱不時帑藏空虚凡此之類可須豐年又上宜復關内開荒地使民肆力于

農事遂施行
王肅爲散騎常侍大司馬曹眞征蜀肅上疏曰前志有之千里饋糧士有饑色樵蘇後爨師不宿飽此謂平塗之行軍者也又況于深入險阻鑿路而前則其爲勞必相百也今又加之以霖雨山阪峻滑衆逼而不展糧縣而難繼實行軍之大忌也聞曹眞發已踰月而行裁半谷治道功夫戰士悉作是賊偏得以逸而待勞乃兵家所憚也言之前代則武王伐紂出關而復論之近事則文武征權臨江不濟豈非所爲順天知時通于權變者哉兆民知聖上以水雨艱劇之故休而息之後日有釁乘而用之則所謂悦以犯難民忘其死者矣于是遂罷
何晏爲尚書正始八年七月奏曰善爲國者必先治其身治其身者愼其所習所習正則其身正身正則不令而行所習不正則其身不正其身不正則雖令不從是故爲人君者所與遊必擇正人所觀覽必察正象放鄭聲而不聽遠佞人而弗近然後邪心不生而正道可行也季末闇主不知損益斥遠君子引近小人忠良疏遠便佞褻狎亂生近暱譬之社鼠考其昏明所積以然故聖賢諄諄以爲至慮舜戒禹曰鄰哉鄰

哉言愼所近也周公戒成王曰共明言愼所與也詩云一人有慶兆民賴之可自今以後御幸式乾殿及游豫後園皆大臣侍從因從容戲宴兼省文書詢謀政事講論經義爲萬世法
孔晏乂爲散騎常侍諫議大夫正始八年十二月奏曰禮天子之宫有斲礱之制無朱丹之飾宜循禮復古今天下已平君臣之分明陛下但當不懈于位平公正之心審賞罰以使之可絶後園習騎乘馬出必御輦乘車是天下之福臣子之願也晏乂咸因闕以進規諫

程曉齊王嘉平中爲黄門侍郎時較事放横曉上疏曰周禮之設官分職以爲民極春秋傳曰天有十日人有十等愚不得臨賢賤不得臨貴於是並建聖哲樹之風聲明試以功九載考績各修厥業思不出位故欒書欲拯晋侯其子不聽死人横于街路邴吉不問上不責非職之功下不務分外之賞吏無兼統之勞民無二事之役斯誠爲國要道治亂所由也遠覽典志近觀秦漢雖官名改易職司不同至于宗上仰下顯明分例其致一也初無校事之官干與庶政者也昔武皇帝大業草創衆官未備而軍旅勤苦民心

不安乃有小罪不可不察故置較事取其一切耳然檢御有方不至縱恣也此覇世之權宜非帝王之正典其後漸蒙見任復爲疾病轉相因仍莫正其本遂令上察宮廟下攝衆司官無局業職無方限隨意任情惟心所適法造于筆端不依科詔獄成于門下不顧覆訊其選官屬以謹慎爲粗疏以謥詷爲賢能其治事以刻暴爲公嚴以循理爲怯弱外則託天威以爲聲勢内則聚群姦以爲腹心大臣恥與分勢含忍而不言小人畏其鋒芒鬱結而無告至使尹模公于目下肆其姦慝罪惡之著行路皆知纖惡之過積年不聞旣非周禮設官之意又非春秋十等之義也今外有公卿將較總統諸署内有侍中尚書綜理萬機司隸較尉督察京輦御史中丞董攝宮殿皆高選賢才以充其職申明科詔以督其違若此諸賢猶不足任較事小吏益不可信若此諸賢各思盡忠效其區區亦復無益各更高選國士以爲較事則是中丞司隸重增一官耳若如舊選尹模之姦今復發矣進退推筭無所用之昔桑弘羊爲漢求利卜式以爲獨烹弘羊天乃可雨若政治得失必感天地臣恐水旱之災未必非較事之由也曹恭公遠君子近小人國風

託以爲刺衛獻公舍大臣而與小臣謀定姜謂之有罪縱令較事有益于國以禮義言之尚傷大臣之心又况姦回暴露而據不罷是衮闕不補迷而不返也於是遂罷較書官

吳闞澤文帝時領中書權嘗問書傳篇何者爲美澤欲諷諭以明治亂因對以賈誼過秦論最善權覽讀焉

全琮爲吳大司馬右軍師爲人恭順善于承顏納規言辭未嘗切迕初權將圍珠崖及夷州皆先問琮琮以聖朝之威何向而不克然殊方異域隔絶障海水

士氣毒自古有之兵入民出必有疾病咸相汙染往者懼不能返所獲何可多致𢗅虧江岸之兵以冀萬一之利愚臣有所不安權不聽軍行經歲士衆疾疫死者十有八九權深悔之後言次及之琮對曰當是時羣臣有不諫者臣以爲不忠

冊府元龜

冊府元龜

巡按福建監察御史臣李嗣京　訂正
知長樂縣事　臣　夏允彝　叅閱
知建陽縣事　臣　黄國琦　較釋

諫諍部　五百二十七

規諫四

晉傅玄爲散騎常侍武帝初即位廣納直言開不諱之路玄上疏曰臣聞先王之臨天下也明其大教長其義節道化隆於上清議行於下上下相奉人懷義心秦蕩滅先王之制以法術相御而義心亡矣近者

魏武好法術而天下貴刑名魏文慕通達而天下賤守節其後綱維不攝而虛無放逸之論盈於朝野使天下無復清議而亡秦之病復發於今陛下聖德龍興受禪弘堯舜之化開正直之路體夏禹之至儉宗殷周之典文臣詠歎而已將又奚言惟未舉清遠有禮之臣以敦風節未退虛鄙以懲不恪臣是以猶敢有言詔報曰舉清遠有禮之臣者此尤今之要也乃使玄草詔進之又玄爲御史中丞時頗有水旱之災玄上疏曰臣聞聖帝明王受命天時未必無災是以堯有九年之水湯有七年之旱惟能濟之以人事耳故洪水滔天而免沉溺野無生草而不困匱伏惟陛下聖德欽明時小水旱人未大饑下祇畏之詔求極意之言同禹湯之罪己侔周文之夕惕臣伏勸喜上便宜五事其一曰耕夫務多種而耕暵不熟徒喪功力而無收又舊兵持官牛者官得六分士得四分自持私牛者與官中分施行來久衆心安之今一朝減持官牛者官得八分士得二分持私牛及無牛者官得七分士得三分人失其所必不歡樂臣愚以爲宜佃兵持官牛者與四分持私牛與官中分則天下兵作歡然悅樂愛惜成穀無有損棄之憂其二曰以二

千石雖奉務農之詔猶不勤心以盡地利昔漢氏以墾田不實徵殺二千石以十數臣愚以爲宜申漢氏舊法以警戒天下郡縣皆以死刑督之其三曰以魏初未留意於水事先帝統百揆分河堤爲四部并本凡五謁者以水功至大與農事並興非一人所周故也今謁者一人之力行天下諸水無時得徧伏見河堤謁者車誼不知水勢轉爲他職更選知水者代之可分爲五部使各精其方宜其四曰古以百步爲畝今以二百四十步爲一畝所覺過倍近魏初課田不務多其頃畝但務修其功力故白田收至十餘斛水

田收數十斛自頃以來日增田頃畝之課而田兵益甚功不能修理至畝數斛已還或不足以償種非與曩時異天地橫遇災害也其病正在于務多頃畝而功不修耳竊見河堤謁者石恢甚精練水事及田事知其利害乞中書召恢委曲問其得失必有所補益其五曰臣以爲胡夷獸心不與華同鮮卑最甚本鄧艾苟欲取一時之利不慮後患使鮮卑數萬散居人間此必爲害之勢也秦州刺史胡烈素有恩信於西方今烈往諸胡雖已無惡必且消弭然獸心難保不必其可久安也若後有動釁烈計能制之惟恐胡虜

適困于討擊便能東入安定西赴武威外名爲降可動此二郡非烈所制則惡胡東西有窟穴浮游之地故復爲患無以禁之也宜更置一郡於高平川因安定西州都尉募音慕樂徙民重其復除以克之以通北道漸以實邊詳議此二郡及新置郡縣皆使并屬秦州令烈得專御邊之宜詔曰此誠爲國之大本當今急務也

傅咸咸寧初襲父爵拜太子洗馬累遷尚書右丞出爲冀州刺史三旬之間遷司徒左長史時帝留心政事詔訪朝臣政之損益咸上言曰陛下處至尊之位而修布衣之事親覽萬機勞心日昃在昔帝王躬自菲如毛反薄以利天下未有踰陛下也然泰始開元以暨于今十有五年矣而軍國未豐百姓不贍一歲不登便有菜色者由官衆事殷復除猥濫蠶食者多而親農者少也臣以頑疏謬忝近職每見聖詔以百姓饑饉爲慮無能云補伏用慙恧女六反敢不自竭以對天問舊都督有四今并監軍乃盈于十夏禹敷土分爲九州今之刺史幾向一倍戶口比漢十分之一而置郡縣更多空校牙門無益宿衛而虛立軍府動有百數五等諸侯復坐置官屬諸所廩給皆生於百姓

一夫不農有受其饑今之不農不可勝計縱使五稼並收僅足相接暫有災患便不繼贍以爲當今之急先并官省吏靜事息役上下用心惟農是務也咸爲車騎司馬以世俗奢侈上書曰臣以爲穀帛難生而用之不節無緣不匱故先王之化天下食肉衣帛皆有其制竊謂奢侈之費甚于天災古者堯有茅茨今之百姓競豐其屋古者臣無玉食今之賈豎皆厭粱肉古者后妃乃有殊飾今之婢妾被服綾羅古者大夫乃不徒行今之賤隸乘輕驅肥人稠地狹而有儲蓄由於節也今土曠人稀而患不足由於奢也欲時

之儉當詰其奢奢不見詰轉相高尚昔毛玠爲吏部尚書時無敢好衣美食者魏武帝歎曰孤之法不如毛尚書令使諸部用心各如毛玠風俗之移在不難矣咸惠帝初卽位遷御史中丞會有詔群僚舉郡縣之職以補內官咸上書曰興化之要在於官人才非一流職有不同譬諸林木洪纖枉直各有攸施故明揚逮于側陋疇咨無拘內外之任出處隨宜中間選用惟內是隆外舉旣頽復多節目競內薄外遂成風俗此敝誠宜亟革之當內外通塞無所偏耳旣使通塞無偏若選用不平有以深責責之苟深無憂不平

也且膠柱不可以調瑟況乎官人而可以限者以選防不能出入不能出入當隨事而制無須限法法之有限其於致遠無乃泥乎或謂不制其法以何爲貴臣聞刑懲小人義責君子君子之責在心不在限也正始中任何晏以選舉內外之衆職各得其才粲然之美於斯可觀如此非徒御之以限法之所致乃委任之由也委任之懼甚于限法是法之失非己之尤尤不在己責之無懼所謂齊之以刑人免無恥者也苟委任之一則慮罪之及二則懼致怨謗已快則朝野稱詠不善則衆惡見歸此之戰戰孰與倚法以苟免乎

孫楚爲衞將軍司馬時龍見武庫井中羣臣將上賀楚上言曰頃聞武庫井中有二龍羣臣或有謂之禎祥而稱賀者或有謂之非祥無賀者可謂楚旣失之而齊亦未爲得也夫龍或俯鱗潜于重泉或仰攀雲漢游乎蒼昊而今蟠于坎井同于蛙蝦者豈獨管庫之士或有隱伏厮役之賢沒于行伍故龍見光景有所感悟陛下赦小過舉賢才垂夢于傅巖望想于渭濱修學官起淹滯申命公卿舉獨行君子可惇風厲俗者又舉亮采秀異之才可以撥煩理難矯世抗言

者無繫世族必先賤役夫戰勝攻取之勢并兼混一之威五霸之事韓白之功耳至于制禮作樂闡揚道化甫是士人出筋力之秋也伏願陛下擇狂夫之言

華嶠太康末爲侍中時武帝頗親宴樂又多疾病屬瘳嶠與侍臣表賀因微諫曰伏惟聖體漸就平和上下同慶不覺抃舞臣等愚戇竊有微懷以爲收功于所忽事乃無悔慮禍于否成祚乃日新惟願陛下深垂聖明遠思所忽之悔以成日新之福冲靜和氣嗇養精神頤身于清簡之宇留心于虛曠之域無厭世俗嘗戒以忽羣下爲言則豐慶日延天下幸甚帝乎

詔報曰輒自消息無所爲慮
李重爲始平王文學上疏陳九品曰先王議制以時因革因革之理唯變所適九品始于喪亂軍中之政誠非經國不刊之法也且其檢防轉碎徵刑失實故朝野之論僉謂驅動風俗爲弊已甚而至於議改又以爲疑臣以革法創制當先盡開塞利害之理舉而措之使體例大通而無所否滯亦未易故也古者諸侯之治分土有常國有定主人無異望卿大夫世祿仕無出位之思臣無越境之交上下體固人德歸厚秦及斯道罷侯置守風俗淺薄自此來矣漢革其弊

斟酌周秦並建侯守亦使分土有定而牧司必各舉賢貢士任之鄉議事合聖典比蹤三代方今聖德之隆光被四表兆庶顒顒欣覩太平然承魏氏彫弊之疏人物播越仕無常朝人無定處郎吏蓄於軍府豪右聚于都邑事體駁錯與古不同謂九品既除宜先開移徙聽相并就宜明貢舉之法不濫于境外則冠帶之倫將不分而自均均則土斷之實行矣又建樹官司功在簡久階級少則人心定久其事則政化成而賢否著此三代所以直道而行也以爲選例九等當今之要所宜施用也聖王知天下之難常從事于其易故寄縣括于閭伍則邑至皆爲有司若任非所由是非所覈則雖竭聖智猶不足以贍其事由此而觀誠令二者既行即人思反本修之於鄉華競自息而禮讓日隆矣
劉頌爲淮南相在郡上疏曰臣昔忝河內臨辭受詔卿所言悉要事宜大小數以聞嘗苦多事或不能悉有報勿以爲疑臣受詔之日喜懼交集益思自竭用忘其鄙願以熒燭增暉重光到郡草具所陳如左未及書上會臣嬰丁天罰頓寢累年今謹封上前事臣雖才不經國言淺多違猶願陛下垂省使臣微誠得

經聖鑒不忽棄于常案如有足採與補萬一伏見詔書開啓土宇以支百世封建戚屬咸出之藩夫豈不懷公理然也樹國全制始成於今超秦漢魏氏之局節紹五帝三代之絶跡功被無外光流後裔巍巍盛美三五之君殆有慭德何則彼因自然而就之異乎絶跡之後經更創之雖然封幼稚皇子於吳蜀臣之愚慮謂未盡善夫吳越剽輕庸蜀險絶此故變釁之所出易生風塵之地且自吳平以來東南六州將士更守江表此時之至患也又內兵外守吳人有不自信之心宜得壯王以撫鎮之使內外各安其舊又孫

氏爲國文武衆職數擬天朝一旦壅替同於編戸不識
所蒙更生之恩而災困逼身自謂失地用懷不靖今得
長王以臨其國隨才受任文武並敘士卒百役各獲其
所於事爲宜宜取同姓諸王年二十以上才高者分王
吳蜀以其去近就遠割裂土宇令倍於舊以徙封故地
用王幼稺須皇子長乃遣君之於事未晚也急所須地
交得長王此事宜也日所陳封建今大義已舉然餘衆
事倘有足採以參成制故皆並列本事臣聞不憚危悔
之患而願獻所見者盡忠之臣也垂納逆耳井納苦言
者齊世之君也臣幸遇無諱之朝雖嘗抗疏陳辭汜論

政體猶未悉所見指言得失徒荷恩寵不興凡流臣竊
自愧不於漢魏之先三祖崛起易朝之爲未可一旦直
繩御下誠時宜也然至於爲政矯世衆務自宜漸出公
塗法正威斷日遷就肅譬猶行舟雖不横截迅流然漸
靡而往終得其濟積微稍著以至於今可以言政自泰
始來政功美績未稱聖旨凡諸事業不莪既往以陛下
明聖猶未及叔世之弊以成始初之隆傳之後世不無
慮乎意者臣言豈不少槩聖心夫顧惟萬載之事理在
二端天下大器一安難傾一傾難正故慮經後世者必
損目下之政政安遺業使數世賴之若乃建諸侯樹藩
屛深根固蔕則祚延無窮可以比跡三代如或當身
之政遺風餘烈不及後嗣雖樹親戚而成國之制不
建使夫後世獨任智力以安大業若未盡其理雖經異
時憂責猶追在陛下將如之何願陛下善當今之政
樹不拔之勢則天下無遺憂矣夫聖明不世及後嗣
不必賢此天理之當也故善爲天下者任勢而不任
人任勢者諸侯是也任人者郡縣是也郡縣之察小
政理而大勢危諸侯爲邦近多運而遠慮固聖王惟
終始之弊權輕重之理包彼小違以據大安然後足
以藩固内外綏鎮九服夫武王聖主也成王賢嗣也

然武王不恃成王之賢而廣封建者慮經無窮也且
善言今者必有驗之於古唐虞以前書文殘缺其事
難詳至于三代則並建明德及興王之顯親列爵五
等開國承家以藩屛帝室延祚久長近者五六百歲
遠者將千載逮至秦氏罷侯置守子弟不分尺土孤
立無輔二世而亡漢承周秦之後雜而用之前後二
代各二百餘年揆其封建不用雖強弱不敵制度舛
錯不盡事中然跡其喪亡嘗在同姓失職諸侯微時
不在強盛昔呂氏作亂幸賴齊代之援以寧社稷亡
國叛逆梁王捍之卒弭其難自是之後威權削奪諸

侯示食租奉甚者至乘牛車是以王莽得擅本朝遂其奸謀傾蕩天下毒流生靈光武紹起雖封樹子弟而不建成國之制祚亦不延魏氏承之圜閉親戚幽囚子弟是以神器速傾天命移在陛下長短之應禍福之徵可見於此魏氏雖正位居體南面稱帝然三方未賓正朔有所不加實有戰國相持之勢大晉之興宣帝定燕太祖平蜀陛下滅吳可謂功格天地土廣三王舟車所至人力所及皆爲臣妾四海大同始于今日宜承大勳之籍及陛下明盛之時開啓土宇使同姓必王建久安于萬載垂長世于無窮臣又聞

國有任臣則安有重臣則亂而王制人君立子以適不以長立適以長不以賢此事情之不可易者也而賢明至少不肖至衆此固天理之當也物類相求感應而至又自然也是以闇君在位則重臣盈朝明君臨政則任臣列職夫任臣之于重臣俱執國統而立斷者也然成敗相反邪正相背其故何也重臣假所資以樹私任臣因所籍以盡公盡公者政之本也樹私者亂之源也推斯言之則泰日少亂日多政教漸頹欲國之無危不可得也又非徒唯然而已借令愚劣之嗣蒙先哲之餘緒得中賢之佐而樹國本根不深無幹輔之固則所謂任臣者化而爲重臣矣何則國有可傾之勢則執權者見疑衆疑難以自信而甘受死亡者非人情故也若乃建基既厚藩屏彊禦雖置幼君赤子而天下懼異之所謂重臣者今悉以忠而爲任臣矣何則理無危勢懷不自猜忠誠得著不惕于邪故也聖王知賢哲之不世及故立相持之勢以御其臣是以五等既列臣無怠慢同於竭節以徇其上辟后既建繼體賢鄙亦均一契等於無慮且樹國苟固則所任之臣得賢益理次委中智亦足以安何則勢固易持故也然則建邦苟盡其理則無向不

可是以周室自成康以下逮至宣王宣王之後至于赧王其間歷載朝無名臣而宗廟不隕者諸侯維持之也故曰爲社稷計莫若建國夫邪正逆順者人心之所繫服也今之建置宜審量事勢使諸侯率義而動同忿俱奮令其力足以維帶京邑若包藏禍心惕於邪而起孤立無黨所蒙之籍不足獨以有爲然齊此甚難陛下宜與達古今善識事勢之士深共籌之建諸侯之理使君樂其國臣榮其朝各流福祚傳之無窮上下一心愛國如家視百姓如子然後能保荷天祿兼翼王室今諸侯裂土皆兼于古之諸侯而君

賤其爵臣恥其位莫有安志其故何也法同郡縣無
成國之制故也今之建置宜使率由舊章一如故典
然人心繫常不累十年好惡未改情願未移臣之愚
慮以爲宜早創大制遲回衆望猶在十年之外然後
能令君臣各安其位榮其所蒙上下相持用成藩輔
如今之爲適足以虧天府之藏徒棄穀帛之資無補
鎮國衛上之勢也古者封建旣定各有其國後雖王
之子孫無復尺土此今事之必不行者也若推親疎
轉有所廢以有所樹則是郡縣之職非建國之制今
宜豫開此地令十世之內使親者得轉處近十世之

表近郊地盡然後親疎相維不得復如十世之內然
猶樹親有所遲天下都滿已彌數百千年矣今方始
封而親疎倒施甚非所宜更大量天下土田方里之
數都更裂土分人以王同姓使親疎遠近不錯其宜
然後可以永安古者封國大者不過十方百里然後
人數殷衆境內必盈其力足以備充制度今雖一國
周環近將千里然力實寡不足以奉國典所遇不同
故當因時制宜以盡事適今宜令諸王國容少而軍
容多然於古典所應有者悉立其制然非急所須漸
而備之不得頓設也須專田器械旣具群臣乃服綵
章倉廩已實乃營宮室百姓已足乃備官司境內充
實乃作禮樂惟宗廟社稷則先達之至于境內之政
官人用才自非內史國相命於天子其餘衆職及死
生之斷穀帛資實慶賞刑威非封爵者悉得專之今
臣所舉二端蓋事之大較其所不載應在二端之屬
者以此爲率今諸國本一郡之政耳若備舊典則官
司以數事所不須而以虛制損實力至于慶賞刑斷
所以衛下之權不重則無以威衆人而衛上故臣之
愚慮欲令諸侯權具國容少而軍容多然亦終于必
備今事爲宜周之建諸侯長享其國與王者並遠者

僅將千載近者猶數百年漢之諸王傳祚暨至曾玄
人性不甚相遠古今一揆而短長甚違其故何邪意
立本殊而制不同故也周之封建使國重于君公侯
之身輕于社稷故無道之君不免誅放敦興滅繼絕
之義故國祚不泯不免誅放則群后思懼裔嗣必繼
是無亡國也諸侯思懼然後軌道下無亡國天子乘
之理勢自安此周室所以長在也漢之樹置君國輕
重不殊故諸王失度陷于罪戮國嗣以亡不崇興滅
繼絕之序故下無固國下無固國天子居上勢孤無
輔故姦臣擅朝易傾大業今宜反漢之弊修周舊跡

國君雖武失道陷于誅絶又無子應苟有始封支裔不問遠近必紹其祚若無遺類則虛建之須皇子生以繼其統然後建國無滅又班固稱諸侯失國亦由網密今又宜都寬其檢且建侯之理本經盛衰大制都定班之矜后著誓丹青書之玉版藏之金匱置諸宗廟副在有司寡弱小國猶不可危豈况萬乘之主承難傾之邦而加其上則自然永久居重固之安可謂根深華嶽而四維之也惟臣之愚願陛下置天下於自安之地寄大業於固成之勢則可以無遺憂矣今閒闕少名士官司無高能其故何也清議不肅人

不立德行在取容故無名士下不專局又無考課吏不竭節故無高能無高能則有疾世事少名士則後進無準故臣思立吏課而肅清議夫欲富貴而惡貧賤人理然也聖王大諳物情知不可去故直同公私之利而詭其求道使夫知富者必先由貧欲貴者必先安賤安賤則不矜不矜然後廉恥厲守貧者必節欲節欲然後操全以此處務乃得盡公盡公者富貴之徒也爲無私者終得其私故公私之利同也今欲富者不由貧自得富欲貴者不安賤自得貴公私之塗既乖而人情不能無私私利不可以公得則當背

公而横務是以風節日頽公理漸替人以富貴非執道之所得以此爲政小在難期然教頽來既久難反一朝又世故都靡嘗欲比肩群士渾然庸行相似不可頓肅甚殊黜陟也且教不求盡善盡善在仰尤多後之中猶有甚泰使夫昧適情之樂者損其顯榮之貴俄在不辭之地約己潔素者蒙儉德之報列于清官之上二業分流令各有蒙然俗都放奢不可頓肅故臣思慮願先從事於漸也天下至大萬事至衆人君至少同于天日故非垂聽所得周覽是以聖王之化執要而已委務于下而不以是自嬰也分職既定無

所與焉非憚日昃之勤而牽于逸豫之虞誠以政體宜然事勢致之也何則夫造創謀始逆闇是非以別能否甚難察也既以施行因其成敗以分功罪甚易識也易識在考終難察在造始故人君當居其易則安人臣不處其難則亂今陛下每精事始而略于考終故群吏慮事懷成敗之懼輕飾文采以避目下之譴重此政功所以未善也今人主能當居易執要以御其下然後人臣功罪形于成敗之徵無逃其誅賞故罪不可蔽功不可誣功不可誣則能者勸罪不可蔽則違慢日肅此爲國之大略也臣切願陛下聖心

意在盡善懼政有違故精事以求無失又以衆官勝任者少故不委務寧居日昃也臣之愚慮切以爲今欲盡善故宜考終何則精始難校故也又群官多不勝任亦宜委務使能者得以成功不能者得以著敗敗著可得而廢功成可得遂任然後賢能當居位以善事闇劣不得尸祿害政如此不已則勝任者漸多經年小久即群司徧得其人矣比較才秀實政之至務也今人主不委事仰成而與諸下共造事始則功罪難分下不專事居官不久故能否不別何以驗之今世事決不悉良能也又決不悉疲軟也然今欲舉

一忠賢不知所賞求一負敗不知所罰及其免退自以犯法耳非不能也登進者又自以累資及人間之譽耳非功實也若謂不然則當今之政未稱聖旨此其徵也陛下御今法爲政將三十年而功未日新其咎安在古人有言琴瑟不調甚者必改而更張凡臣所言誠政體之當然古今異宜所遇不同陛下縱未得其仰成之理都委務于下至于今事應奏御者蠲除不急使要事得精可三分之二古者六卿分職冢宰爲師秦漢以來九列職事丞相都總今尚書制斷諸卿奉成于古制爲重事所不須有然今未能省并可出衆事付外寺使得專之尚書爲其都統若丞相之爲惟立法創制死生之斷除名流徙退免大事及造度支之事臺乃奏處其餘外官皆專斷之歲終臺閣課功較簿而已此爲九卿造創事始斷而行之尚書主賞罰繩之其勢必愈考成司非而已於今親掌者勤受成于上上之所失不得以罪下歲終事功不逮不知所責也夫監司以法舉罪獄官案劾盡實法吏據辭守文大較雖同然至于施用監司與夫法獄體宜小異獄官惟實法吏惟文監司則欲舉大而略小何則夫細過微闕謬妄之失此人情之所必有而

悉糾以法則朝野無仁人此所謂欲理而反亂者也故善爲政者綱舉而網疏綱舉則所羅者廣網疏則小必漏所羅者廣則爲政不苛此爲政之要也而自近世以來爲監司者類大綱不振而微過必舉微過不足以害政舉之則微而益亂大綱不振則豪强橫肆豪强橫肆則百姓失矣此錯所急而倒所務之由也今宜令有司反所當之政使天下可善化及此非所難也人主不善碎密之案必擇犯軀舉尤之奏當責以盡公則害政之姦自然禽矣夫大姦犯政而亂兆庶之罪者類出富强而豪富者其力足憚其貨足欲是

以害長顧勢而頓筆下吏縱姦懼所司之不舉則謹密網以羅微罪使奏劾相接狀似盡公而撓法不亮固已在其中矣非徒無益政體清議乃由此而益傷古人有言曰君子之過如日之蝕焉又曰過而能改又曰不貳過凡此數者皆是賢人君子不能無過之言也苟不至于害政則皆天網之所漏所犯在甚泰然後王誅所必加此舉罪淺深之大例者也故君子得全美以善事不善者必夷戮以警衆此爲政誅赦之率式也何則所謂賢人君子苟不能無過小疵不可以廢其身而輒繩以法則愧于明時何則雖有所

犯輕重甚殊於士君子之心受責不同而名不異者故不軌之徒得引名自方以惑衆聽因名可亂假力助直故清議益傷也凡舉過彈違將以肅風論而整世教今舉小過清議益頹是以聖王深識人情而達政體故其稱曰不以一眚掩大德又曰赦小過舉賢才又曰無求備於一人故古冕而前旒充纊塞耳意在善惡之報必取其尤然後簡而不漏大罪必誅法禁易全也何則害法在犯尤而謹搜微過何異放兕豹於公路而禁鼠盜於隅隙古人有言鈇鉞不用而刀鋸日弊不可以爲政此言大事緩而小事急也時

政所失少有此類陛下宜反而求之乃得所務也夫權制不可以經常政乖不可以守安此言政守之術異也百姓雖愚望不虛生必因時而發有因而發則望不可奪事變異嘗則時不可違明聖達政應赴之速不及下車故能動合事機大得人情昔魏武帝分離天下使人役居戶各在一方既事勢所須且意有曲爲權假一時以赴所務非正典也然遂延至今積年未改百姓雖身丁其困而私怨不生誠以三方未悉蕩并知時未可以求安息故也是以甘役如歸視險若夷至于吳平之日天下懷靜而東南二方六州

郡兵將士武吏戍守江表或給京城運漕父南子北室家分離咸更不寧又不習水土運役勤瘁並有死亡之患勢不可久此宜大見處分以副人望魏氏錯役亦應改舊此二者各盡其理黔首感恩懷德謳吟樂生必十倍于今也自董卓作亂以至今近出百年四海勤瘁丁難極矣六合渾并始于今日兆庶思寧非虛望也然古今異宜所遇不同誠亦未可以希遵在昔放息馬牛然使受百役者不出其國兵備待事其鄉實在可實爲繼復不得悉然爲之苟盡然其理可靜三分之二吏役可不出千里之內但如斯而已

天下所棠已不訾矣政務多端世事之未盡理者難
徧以疏舉振領總綱要在三條凡政欲靜靜在息役
息役在無爲倉廩欲實實在利農利農在平糴爲政
爲政在著信著信在簡賢簡賢在官久官久非難也
連其班級自非才宜不得傍轉以終其課則事審矣
平糴已有成制其未備者可就周足則穀積矣無爲
匪他却功作之勤抑以益而損之利如斯而已則天
下靜矣此三者既舉雖未足以厚化然可以爲安有
餘矣夫王者之利在生天地自然之財農是也所爲
指于此事誠有功益苟足防農皆務所息此悉似益

而損之謂也然今天下自有事所必須不得止已或
用功甚少而所濟至重目下爲之雖少有廢而終計
已大益農官有十百之利及有妨害在始似如未急
終作大患宜逆加功以塞其漸如河汴將合沉萊苟
善則役不可悉諸如此類亦不得已已然事患緩急
權計輕重自非近如此類準以爲可乃可與爲其餘
皆務在靜息然能善筭輕重審權宜知可與可廢甚
難了也自非上智遠才不幹此任夫創業之美動在
垂統使夫後世棠頼以安其爲安也雖昏猶明雖愚
若智齊不以者實在善化之爲要在靜國至夫修飾

官署凡諸作役務爲嘗傷過泰不患不舉此將來所
不須于陛下而自能者也至于仰棠前緒所憑日月
者實在遺風繫人心餘烈輔幼弱而今勤所不須所
以傷所憑均此二者可務孰急陛下垂恩迴慮詳擇
所安則大理盡矣世之私議竊比陛下於孝文臣以
爲聖德隆殺將在乎後不在當今何則陛下龍飛鳳
翔應期踐祚有創業之勳矣掃滅强吳奄征南海文
有之矣以天子之貴而躬行布衣之所難孝儉之德
冠于百王文有之矣履宜無細動成軌度文有之矣
善當身之政建藩屛之固使晉代久長後世仰瞻遺

跡較功考事實與湯武比隆何孝文足云臣之此言
非臣下褒上虛美嘗辭其事實然若所以資爲安之
理或未盡善則恐良史書勳不得遠盡弘美甚可惜
也然不可使夫知政之士得參聖慮經年少久終必
有成願陛下少察臣言詔答曰得表陳封國之制宜
如古典任刑齊法宜復肉刑及六州將士之役居職
之宜諸所陳聞具足知卿乃心爲國也動靜數以聞

巡按福建監察御史臣李嗣京 訂正
知閩縣事臣曹喈臣參閱
知建陽縣事臣黃國琦較釋

諫諍部 五百二十八

規諫五

晉段灼泰始中爲議郎上書陳時宜曰臣聞天時不如地利地利不如人和三里之城五里之郭環圍而攻之有不克者此天時不如地利城非不高池非不深穀非不多兵非不利委而去之此地利不如人和

然古之王者三里之城五里之郭不可攻也人心不和雖金城湯池不能守也臣推此以廣其義舜彈五絃之琴詠南風之詩而天下自理由堯人可比屋而封也昔者多難姦雄屢起擾亂衆心刀鋸相乘流死之孤哀聲未絶故臣以爲陛下當深思遠念杜漸防萌彈琴詠詩垂拱而已其要莫若推恩以協和黎庶故推恩足以保四海不推恩不足以保妻子是故唐堯以親睦九族爲先周文以刑于寡妻爲急明王聖主莫不先親後踈自近及遠臣以爲太宰司徒衞將軍三王宜留洛中鎮守其餘諸王自州征足任者年十五以上悉遣之國爲選中郎傅相才兼文武以輔佐之聽于其國繕修兵馬廣布恩信必撫下如子愛國如家君臣分定百世不遷連城開地爲晉魯衞所謂磐石之宗天下服其強矣雖云割地譬猶囊漏貯中亦一家之有耳若慮後世強大自可豫爲制度使得推恩以分子弟如此則枝分葉布稍有削小漸使轉至萬國亦後世之利非所患也昔在漢世諸呂自疑內有朱虛東牟之親外有諸侯九國之強故不敢動搖于今之宜諸侯強大是爲太山之固非我族類其心必異而魏法禁錮諸王親戚隔絶不祥莫大焉

間者無故又瓜分天下立五等諸侯上不象賢下不議功而是非雜揉例受茅土似權時之宜非經久之制將遂不改此亦煩擾之人漸亂之階也夫國之興也由于九族親睦黎庶協和其衰也由于骨肉踈絶百姓離心故夏邦不安伊尹歸殷殷邦不和呂氏入周殷鑒在于夏后去事之誠誠來事之鑒也又陳曰昔伐蜀募取涼州兵馬羌胡健兒許以重報五千餘人隨鄧艾討賊功皆第一而乙亥詔書州郡將督不與中外軍同雖在上功無應封者惟金城太守楊欣所謂領兵以逼江由之勢得封三十人自金城以西

非在欣部無一人封者苟在中軍之側雖下功必侯如州郡雖下功高不封所謂近不重施遠不遺恩之謂也臣聞魚懸由于甘餌勇夫死于重報故荆軻慕燕丹之義專諸感闔閭之愛匕首振于秦庭吳刀耀于魚腸視死如歸豈不有由也哉夫功名重賞士之所競不平致怨由來久矣詩云尸鳩在桑其子七兮淑人君子其儀一兮臣以爲此等宜蒙爵封灼前後陳事輒見省覽然身微官孤不見進序乃取長假還鄉里臨去遺息上表曰臣受恩三世剖符守境試用無績沉伏有年犬馬之力無所復堪陛下弘廣納之

聽採狂夫之言原臣侵官之罪不問干忤之愆天地厚恩於臣足矣臣聞忠臣之於其君猶孝子之於其親進則有欣然之慶非貪官也退則有感然之憂非懷祿也其意在于不忘光君榮親情所不能已已者也臣伏自悼私懷至憾生長荒裔而久在外任自還抱疾未嘗覲見陛下竟不知臣何人此臣之憾一也遭運會之世値有事之時而不能垂功名于竹帛此臣之憾二也逮事聖明之君而阨瘁羸劣陳力又不能當歸死地下此臣之憾三也哀二親早亡隕兄弟並凋喪孝敬無復施于家門此臣之憾四也夏之日忽以過冬之夜奄復來人生百歲尚以爲不足而臣中年嬰災此臣之憾五也愁日月之所養恨昊蒼而無報此臣之所以懷五憾而歎息臨歸於路自悼者也語有之日華言虛也至言實也苦言藥也甘言疾也臣欲言天下太平而靈龜神狐未見仙芝蓂莢未生麒麟未游乎靈禽之囿鳳凰未儀于太極之庭此臣之所不敢華言而爲佞者也昔漢高祖初定天下于時戍卒婁敬上書諫曰陛下取天下不與成周同而欲比隆成周臣竊以爲不侔于是漢祖感悟深納其言賜姓爲劉氏又顧謂陸賈曰爲我著秦所以亡

而吾所以得之者賈乃作新語之書述敘前世成敗以爲勸戒又田肯建一言之計非親子弟莫可使王齊者而受千金之賜故世稱漢祖之寬明博納所以能成帝業也今之言世者皆曰堯舜復興天下已太平矣臣猶以爲未亦竊有所勸焉且百王垂制聖賢吐言來事之明鑒也孟子曰堯不能以天下與舜則舜之有天下也天與之也昔舜爲相堯三年之喪畢舜避堯之子于河南天下諸侯朝覲者訟獄者不之堯之子而之舜舜曰天也乃之中國踐天子位焉若居堯之宮逼堯之子非天所與者也曩昔西有不臣

之蜀東有僭號之異三主鼎足並稱天子魏文帝奉萬乘之衆受禪于靡陂而自以德同唐虞以爲漢獻卽是古之堯自謂卽是今之舜乃謂孟軻荀卿不通禪代之變遂作禪代之文刻石垂誡班示天下傳之後世亦安能使將來君子皆曉然心服其義乎然魏文徒希慕堯舜之名推所集之魏欲以同于唐虞之盛忽骨肉之恩忘藩屏之固竟不能使四海賓服混一皇化而于時群臣莫有諫者不其過矣哉荀卿曰堯舜禪讓是不然矣天下者至重也非至强莫之能任至大也非至辨莫之能分至衆也非至明莫之能

治此三至者非聖人莫之能盡者也由此言之荀卿孟軻亦各有所不取焉陛下受禪從東府入西宮兵刃耀天旌旗翳日雖應天順人同符唐虞然法度損益則亦不異于魏文矣故宜資三至以彊制之而今諸王有國之名而無襟帶之實又蜀地有自然之險是歷代姦雄之所闚闞逋逃之所聚也而無親戚子弟守此豈深思遠慮杜漸防萌者乎昔漢文帝據巳成之業六合同風天下一家而賈誼上疏陳當時之勢猶以爲譬如抱火厝于積薪之下而寢其上火未及然因謂之安此言誠存不忘亡安不忘亂者也然

臣之倭倭亦願陛下居安思危無曰高高在上常念臨深之義不忘履氷之戒盡除魏世之弊法綏以新政之大化使萬邦欣欣喜戴洪恩昆蟲草木咸蒙恩潤朝廷詠康哉之歌山藪無伐檀之人此固天下所視望者也陛下自初踐祚發無諱之詔置箴諫之官赫然寵異謇諤之臣以明好直言之信恐陳事者知直之不用皆杜口結舌祥瑞亦何由來哉臣無陸生之才不在顧問之地蓋聞主聖臣直義在于有犯無隱臣不惟疏遠未信而言敢歷論前代隆名之君及亡敗之主廢興所由又博陳舉賢之路廣開養老之

制崇必信之道又張設義者之難凡五事以聞臣之所言皆直陳古今所行故事非新聲異端也辭議實淺不足採納然臣私心誠謂有可發起覺悟遺忘願陛察臣愚忠愍臣狂直無使天下以言者爲戒疾痛增篤退念桑梓之詩惟孤死之義輙長取休歸近墳墓顧瞻宮闕繫情皇極不勝丹款遣息謁表言其一日臣聞善有章也著在經典惡有罰也戒在刑書上自遠古下洎秦漢其聖王霸主及亡國闇君故可得而稱至于忠蹇賢相及諂佞姦臣亦可得而言故朝有謇諤盡規之臣無不昌也任用諛阿唯唯之士無

不亡也是有國者皆欲求忠以自輔舉賢以自佐而亡國破家者相繼皆由任失其人所謂賢者不賢忠者不忠也臣謹言前任賢所由典任不肖所以亡者堯之末年四凶在朝而不去八元在家而不舉然終至天地平寧四門穆穆其功固在重華之爲相夏癸放于鳴條商辛梟于牧野此俱萬乘之主國滅身擒由不能屬任賢相因婦人之言荒淫無道肆志沉宴作靡靡之樂長夜之飲于是登糟丘臨酒池觀牛飲望肉林龍逢忠而被害比干諫而剖心天下之所以歸惡者也太甲暴虐顛覆湯之典刑於是伊尹放之

桐宮而能改悔反善三年而後歸于亳既已放而復還殷道微而復興諸侯咸服號稱太宗實賴阿衡之盡忠也周室既衰諸侯並爭天王微弱政遂陵遲齊桓公淫亂之主耳然所以能九合一匡之功有尊周之名誠管夷吾之力及其死也虫流出門豈非任豎刁之過乎但一桓公之身得管仲其功如彼任豎刁其亂如此夫榮辱存亡實在所任可不審哉秦穆伯弱之後微微小邑至秦仲始大有車馬禮樂侍御之好焉自穆公至于始皇皆能留心待賢遠求異士招由余于西戎致五羖于宛市取丕豹于晉卿迎蹇叔于宋里由是四方雄俊繼踵而至故能世爲彊國吞滅諸侯奄有天下兼稱皇帝由謀臣之助也道化未淳死于沙丘胡亥乘虐用詐自立不能弘濟統緒克成堂構而乃殘賊仁義毒流黔首故陳勝吳廣奮臂大呼而天下響應于是趙高逆亂閻樂承指二世窮迫自殺望夷子嬰雖立去帝爲王孤危無輔四旬而亡此由邪臣擅命指鹿爲馬所以速秦之禍也秦失其鹿豪傑競逐項羽既得而失之其咎在烹韓生而范增之謀不用假令羽既距項伯之邪說斬沛公于鴻門都咸陽以號令諸侯則天下無敵矣而羽距韓

生之忠諫背范增之深計自謂霸王之業已定都彭城還故鄉爲晝被文繡此蓋世俗兒女之情耳而羽榮之是故五載爲漢所擒至死尚不知覺悟乃曰天亡我非戰之罪甚庸矣哉且夫士之歸仁猶水之歸下禽之走曠野故曰爲川驅魚者獺也爲藪驅雀者鸇也爲湯武驅人者桀紂也漢高祖起于布衣提三尺之刃而有天下用六國之資無唐虞之禪豈徒賴良平之奇謀畫英雄之智力而已乎亦由項氏爲驅人也子孫承基三百餘年逮成帝委政舅家使權勢外移安昌侯張禹者漢之三公成帝保傅也帝親幸

其家拜禹牀下深問天災人事禹當推大臣之節為社稷深慮忠言嘉謀陳其災患則王氏不得專權寵王莽無緣秉勢位遂託雲龍而登天衢令漢祚中絶也禹諂佞不忠挾懷私計徒低昂于五侯之間苟取容媚而已是以朱雲抗節求尚方斬馬劒欲以斬禹以戒其餘可謂至忠矣而成帝尚復不悟乃以為居下訕上廷辱保傅罪死無赦詔御史將雲下欲急烹之雲攀殿折檻幸賴左將軍辛慶忌叩頭流血以死爭之若不然則雲已摧碎矣後雖釋檻不修欲以彰明直臣誠足以為後世之戒亦何益于漢室之所由

亡也哉然世之論者以為亂臣賊子無道之甚莫過于莽此亦猶紂之不善不如是之甚也傳稱莽始起外戚折節力行以要名譽宗族稱孝朋友歸仁及其輔成哀之際勤勞國家動見稱述然于時人士詣闕上書薦莽者不可勝紀內外群臣莫不歸莽功德遭遇漢室中微國嗣三絶而太后壽考為之宗主故莽得遂策命孺子而奪其位也昔湯武之興亦逆取而順守之耳向莽深惟殷周取守之術崇道德務仁義履信實去華偽施惠天下十有八年恩足以感百姓義足以結英雄人懷其德豪傑並用如此宗廟社稷宜未滅也光武雖復賢才大業詎可冀哉莽即位之後自謂天人之助以為功廣三王德茂唐虞乃自驕矜奮其威詐班宣符讖震暴殘酷窮凶極惡人怨神怒冬雷霆以警其耳目夏地動以惕其心腹而莽猶不知覺悟方復重與不順時之命竟連伍之刑媚佞者親幸忠諫者誅夷由是天下忿懥外內俱發四海分離城池不守身死于匹夫之手為天下笑豈不異哉其所由然者非取之過而守之非道也莽既屠六合雲擾劉聖公已立而不辯盆子承之而復敗公孫述又稱帝于蜀漢如此數子固非所謂應天順人

者徒為光武之驅除者耳夫天下者蓋亦天下之天下非一人之天下也殷商之旅其會如林失于牧野維予侯興又曰侯服于周天命靡常由此言之主非常人也有德則天下歸之無德則天下叛之故古之明王勞心遠慮常如臨川無津涯于是法天地象四時隆恩德敬大臣近忠直遠佞人仁孝著乎宮牆弘化洽于兆庶平直如砥矢信義感人神雖有椒房外戚之寵不受其委曲之言雖有近習愛幸之豎不聽其姑息之辭四門穆穆闢而不闔待諫者而無忌常戰戰慄慄不忘戒懼所以欲永終天祿恐為將來聖

賢之驅除也且臣聞之懼危者嘗安者也憂亡者嘗
存者也使夫有國之君能安不忘危存不忘亡則本
支百世長保榮祚名位與天地無窮亦何慮乎爲來
者之驅除哉傳有之曰狂夫之言明主察焉其二曰
士之立業行非一槩吳起貪官母死不歸殺妻求將
不孝之甚然在魏使秦人不敢東向在楚則三晉不
敢南謀曾參閔騫誠孝子也不能宿夕離其親豈肯
出身致死涉危險之地哉今大晉應期運之所受齊
聖夫于有虞而吳人不臣稱帝私附此亦國之羞也
陛下誠欲致熊羆之士不二心之臣使奮威淮浦震

服蠻荊者故宜疇咨博採廣開貢士之路薦巖穴舉
賢才徵命考試匪俊莫用今臺閣選舉塗塞耳目九
品訪人誰問中正故據上品者非公侯之子孫則當
塗之昆弟也二者苟然則華門蓬戶之俊安得不有
陸沉者哉其三曰昔田子方養老馬而窮士知所歸
況居天下之廣土立天下之正位行天下之大化乎
昔明王聖主無不養老老人衆多未必皆賢不可悉
養故父事三老所以明孝宗事五更所以明敬孟子
曰老吾老以及人之老幼吾幼以及人之幼今天下
雖定而華山之陽無放馬之群桃林之下未有休息

之牛故以吳人尚未臣服故也夫饑者易爲食渴者
易爲飲天下元元瞻望新政願陛下思子方之仁念
犬馬之勞思惟蓋之報發仁惠之詔廣開養老之制
其四曰法令賞罰莫大乎信古人有言曰人而無信
不知其可況有養人以惠使民以義而可以不信行
之哉臣前爲西郡太守被州所下已未詔書羌胡道
遠其但募取樂行不樂勿彊臣被詔書輒宣廣募示
以賞信所得人名卽條言征西其晉人自可羌簡丁
彊如法調取至于羌胡非恩義告喻則無欲度金城
河西者也自往歲興軍度河未曾有變故刺史郭綏

勸帥有方深加獎勵要計重報是以所慕感恩利賞
逐立績效功在第一今州郡督將並已受封羌胡健
兒或王或侯不賞論敘也晉文猶不貪原而失信齊
桓不肯惜地而背盟況聖主乎其五曰昔周漢之興
樹親建德周因五等之爵漢有河山之誓及其衰也
神器奪于重臣國祚移于他人故滅周者秦非姬姓
也代漢者魏非劉氏也于今國家大計使異姓無裂
土專封之邑同姓並據有連城之地縱復令諸王後
世子孫還自相并蓋亦楚人失繁弱于雲夢尚爲未
亡其弓也其于神器不移他族則始祖不遷之廟萬

年億兆不改其名矣大晉諸王二十餘人而公侯伯子男五百餘國若言其國皆小乎則漢祖之起俱無尺土之地況有國者哉將謂大晉世世聖賢而諸侯之裔常不肖邪則放勳欽明而有丹朱瞽叟頑凶而有虞舜天下有事無不由兵而無故多樹兵本廣開亂原臣故曰五等不便也臣以爲可如前表諸王宜大其國增益其兵悉遣守藩使形勢足以相接則陛下可高枕而臥矣臣以爲諸侯伯子男名號皆宜更易之使封爵之制祿奉禮秩並同天下諸侯之例臣聞與覆車同軌者未嘗安也與死人同病者未嘗存

也與亡國同法者未嘗存也況乎巍巍大晉方將登太山禪梁父刻石書勳垂示無窮宜遠鑒往代興廢深爲嚴防使着事奮筆必有紀焉昔伊尹恥其君不爲堯舜此臣所以私懷慷慨自忘輕賤者也灼書奏帝覽而異焉擢爲明威將軍魏興太守卒于官

稽紹爲侍中惠帝初反正紹上疏曰臣聞改前轍者則車不傾革往弊者則政不爽大一統于元首百司役于多士故文武興于上成康穆于下也存不忘亡易之義善願陛下無忘金城大司馬無忘潁上大將軍無忘黃橋則禍亂之名無由兆矣

索綝爲衛將軍三秦人尹桓解武等數千家盜發漢覆杜二陵多獲珍寶愍帝問綝曰漢陵中物何乃多耶綝對曰漢天子卽位一年而爲陵天下貢賦三分之一供宗廟一供賓客一充山陵漢武帝享年久長比葬而茂陵不復容物其樹皆已可拱赤眉取陵中物不能減半于今猶朽帛委積珠玉未盡此二陵是儉者耳亦百世之誡也

應詹爲後軍將軍元帝大興中三吳大饑詔百官各上封事詹表曰夫一人不耕天下必有受其饑者而軍興以來征戰運漕朝廷宗廟百官用度旣已殷廣

下及工商流寓僮僕不親農桑而游食者以十萬計不思開立美利而望足國給人豈不難哉古人言曰饑寒並至堯舜不能使野無盜寇貧富並兼雖皐陶不能使強不陵弱故有國家者何嘗不務農穀近魏武皇帝用棗祗韓浩之議廣建屯田又于征伐之中分帶甲之士隨宜開墾故下不甚勞而大功克舉也間者流人奔東吳東吳今儉皆已還江及西良田曠廢未久火耕水耨爲功尤易宜簡易流人興復農官功勞報賞皆如魏氏故事一年中與百姓二年分稅三年計賦稅以使之公私兼濟則倉盈庾億可計日

而待也又曰昔高祖使蕭何鎮關中光武令寇恂守河內魏武委鍾繇以西事故能使八表夷蕩區內輯寧今中州蕭條未蒙釐理此兆庶所以企望壽春一方之會去此不遠宜選都督有文武經略者遠以振江洛之形勢近以作徐豫之藩鎮綏集流散使人有攸依專任農功令事有所寄趙充國農于金城以平西零諸葛亮耕于渭濱規抗上國今諸軍自不對敵皆宜齊課

虞預爲抗著作郎大興二年大旱詔求讜言直諫之士預上書諫曰大晉受命于今五十餘載自元康以

來王德始缺戎翟及于中國宗廟焚爲灰燼千里無煙爨之氣中華無冠帶之人自天地開闢書籍所載大亂之極未有若茲者也陛下聖德先覺超然遠鑒作鎮東南聲教遐被上天眷顧人神贊謀雖云中興其實受命少康宣王誠未足喻然南風之歌不著而陵遲之俗未改者何也臣愚謂爲國之要在于得才得才之術在于抽引苟其可用讎敗必舉高宗文王思佐發夢傳巖彼以爲相載釣老而師之下至列國亦有斯事故燕重郭隗而三士競至魏式干木而秦兵退舍今天下雖獘人士雖寡十室之邑必有忠信世不乏驥求則可致而束帛未賁于丘園蒲輪頓轂而不駕所以大化不洽而雍熙有闕者也預以寇賊未平當須良將又上䟽曰臣聞承平之世其教先文撥亂之運非武不克故牧野之戰呂望杖鉞淮夷作難召伯專征玁狁爲暴衞霍長驅故陰陽不和擢士爲相三軍不勝拔卒爲將漢帝既定天下猶思猛士以守四方孝文志在鉅鹿馮唐進說魏尚復守詩稱赳赳武夫公侯干城折衝之佐豈可忽哉況今中州荒獘百無一存牧守官長非戎貊之族類即寇竊之幸脫陛下登作威暢四遠故令此等反善向化然狼

子獸心輕薄易動羯虜未殄益使難安周撫陳川相係背叛徐龕驕黠無所拘忌放兵侵掠罪已彰灼昔葛伯遠道湯獻之牛吳濞失禮錫以几杖惡成罪著方復加戮龕之小醜何足不滅然預備不虞古之善教矧乃有虞可不爲防爲防之術宜得良將將不素簡難以應敵壽春無鎮祖逖孤立前有勁虜後無係援雖有智力非可持久願陛下咨之群公博舉于衆若當局之才必允其任則宜獎勵使不顧命旁料冗猥或有可者厚加寵待足令忘身昔英布見慢恚欲自裁出觀供置然後勁力禮之恩可不隆哉誠知山

河之量非塵露可益神鑒之慮非愚淺所測然匹夫嫠婦猶有憂國之言況臣得厠朝著之末蒙冠帶之榮者乎後爲著作郎咸和初夏旱詔衆官各陳致雨之意預議曰臣聞天道貴信地道貴誠誠信者蓋二儀之所以生植萬物人君之所以保乂黎蒸是以殺伐擬于震雷推恩象于雲雨刑罰在于必信慶賞在于平均臣聞間者以來刑獄轉繁多力者則廣牽連逮以稽年月無援者則嚴其櫝楚期于入重是以百姓放然感傷和氣臣愚以爲輕刑耐罪宜速決遣殊死重囚加以請寬徭息役務遵節儉砥礪朝臣使各

知禁蓋老牛不犧禮有常制而自頃衆官拜受祖贈轉相誇尚屠殺牛犢動有十數醉酒沉湎無復限度傷財敗俗所虧不少昔殷宗修德以消桑林之異宋景善言以退熒惑之變楚國無災莊王是懼盛德之君未嘗無眚應以順信天佑乃降臣學見淺闇言不足採

周嵩爲御史中丞元帝以王敦勢盛漸疎忌王導等嵩上疏曰臣聞明君思隆其道故賢智之士樂在其朝忠臣將明其節故量時而後仕樂在其朝故無過任之譏將明其節故無過寵之謗是以君臣並隆功格天地近代以來德廢道衰君懷術以御臣臣挾利以事君君臣交利而禍亂相尋故得失之迹難可詳言臣請較而明之夫傅說之相高宗申召之輔宣王管仲之佐齊桓衰范之翼晉文或宗師其道垂拱受成委以重權終致尊主未有憂其逼己還爲國蠹者也如田氏擅齊王莽篡漢皆藉封土之强假累世之寵因闇弱之主資母后之權槸比周之黨階絶滅之勢然後乃能行其私謀以成簒奪之禍耳豈遇立功之主爲天人所相而能運其姦計以濟其不軌者哉光武以王族奮于閭閻因時之望收攬英奇遂續漢

業以美中興之勤及天下既定頗廢黜功臣者何哉武力之士不達國體以立一時之功不可久假以權勢其興廢之事亦可見矣近者三國鼎峙並以雄略之才命世之能皆委賴俊哲終成功業貽之後嗣未有愆失遺將來之憾者也今王導王廙等方之前賢猶有所後至于忠索竭誠義以輔上共隆洪基翼成大業亦昔之亮也雖陛下乘奕世之德有天人之會割據江東奄有南極龍飛海隅興復舊物此亦群才之明豈徒陛下之力也哉今王業雖建羯寇未梟天下蕩蕩不賓者衆公私匱竭倉庾未充梓宮沉淪妃

后不及正委能任賢推轂之日也功業垂就晉祚方隆而一旦聽孤臣之言惑疑似之說乃更以危爲安以疎易親放逐舊德以佞任賢遠虧既往之明顧傷伊管之效傾巍巍之望喪如山之功將令賢智杜心義士喪志近招當時之患遠遺來世之笑夫安危在號令存亡在寄任以古推今豈可不寒心而哀歎者哉臣兄弟受遇無彼此之嫌而臣干犯時諱觸忤龍鱗者何誠念社稷之憂欲報之于陛下也古之明王思聞其過悟逆耳之言以明成敗之由故採納愚言以考虛實上爲宗廟無窮之計下收億兆元元之命

臣不勝憂憤竭愚以聞疏奏帝感悟故遵等獲全

熊遠自元帝爲丞相引爲主簿時朝廷草創議斷不循法律人立異議高下無狀遠奏曰禮以崇善法以閑非故禮有常典法有常防人知惡而無邪心是以周建象魏之制漢創畫一之法故能弘大道以至刑厝律令之作由來尚矣經賢智歷夷險隨時斟酌最爲周備自軍興以來法度陵替至于處事不用律令競作屬命人立異議曲適物情虧傷大例府立節度復不奉用臨事改制朝作夕更至于主者不敢任法每輒關咨委之大官非爲政之體若本曹處事不合法令監司當以法彈違不得動用開塞以壞成事按法蓋麤術非妙道也矯割物情以成法耳若每隨物情輒改法制此爲以情壞法法之不一是謂多門開人事之路廣私請之端非先王立法之本意也凡爲駮議者若違律令節度當合經傳及前此故事不得任情以破成法愚謂宜令錄事更立條制諸立議者皆當引律令經傳不得直以情言無所依準以虧舊典也若開塞隨宜以權道物此是人君之所得行非臣子所宜專用王者當徵文據法以是爲斷耳是時帝以權宜從事尚未能從

郭璞爲著作佐郎于時陰陽錯謬而刑獄繁興璞上疏曰臣聞春秋之義貴元愼始故分至啓閉以觀雲物所以顯天人之說存休咎之徵臣不揆淺見輒依歲首有所占卦得解之既濟按爻論思方涉春木王親德之時而爲廢水之氣來見乘加外陽未布陰陰仍積坎爲法象刑獄所麗變坎加離厥象不燭以義推之皆爲刑獄殷煩理有壅濫又去年十二月二十九日太白蝕月月者屬坎羣陰之府所以炤察幽情以佐太陽者也太白金行之星而來犯之天意若曰刑理失中自壞其所以爲法者也臣術學庸近不練

內事封理所及敢不盡言又去秋以來沉雨跨年雖
爲金家沴火之祥然亦是刑獄克溢怨歎之氣所致
往建興四年十二月中行丞相令史淳于伯刑于市
而血逆流長漂伯者小人雖罪在未允何足感動靈
變致若斯之惟耶明皇天所以保佑金家子愛陛下
屢見災異勤動無已陛下宜側身思懼以應靈譴皇
極之譴事不虛降不然恐將來必有愆陽苦雨之災
摧震薄蝕之變狂狡蠢戾之妖以益陛下旰食之勞
也臣謹尋按舊妏所以緣咎而致慶因異而邁政故
木不生庭太戊無以隆雉不鳴鼎武丁不爲宗夫負

畏者所以享福怠傲者所以招患此自然之符應不
可不察也按解卦繇云君子以赦過宥罪旣濟云思
患而豫防之臣愚以爲宜發哀矜之詔引在予之責
蕩除瑕釁贊陽布惠使幽斃之人應蒼生以悅育否
滯之氣隨谷風而釋散此亦寄時事以制用藉開塞
而曲成者也臣竊觀陛下心明仁恕體之自然天假
其祚奄有區夏啓重光于已昧廓四祖之遐武祥靈
表瑞人鬼獻謀應天順時殆不過此然陛下即位以
來中興之化未闡雖躬綜萬機勞逾日昃玄澤未加
于群生聲教未被乎宇宙臣子未寧于上黔細未緝
于下鴻雁之詠不興康哉之歌不作何也杖道之情
未著而任刑之風先彰經國之畧未振而執物之跡
屢遷夫法令不一則人情惑職次數改則覬覦生官
方不審則粃政作懲勸不明則善惡渾此有國者之
所愼也臣竊爲陛下惜之夫以區區之曹參猶能遵
　公之一言倚清靜以鎮俗寄市獄以容非德音不
忘流詠于今漢之中宗聰悟獨斷可謂令主然厲意
刑名用虧純德老子以禮爲忠信之簿況刑又是禮
之糟粕者乎夫無爲而爲之不宰而宰之固陛下之
所體者也恥其君不爲堯舜者亦豈惟古人是以敢

肆狂瞽不隱其懷若臣言可採或所以爲塵露之益
若不足採所以廣納聽之門願陛下少留神鑒賜察
臣言疏奏優詔報之璞文According日有黑氣上疏曰臣前
疏奏優詔報之所見陛下不遺狂言事蒙御者伏讀
聖詔歡懼交戰臣前云三陽未布陰陰仍積坎爲法
象刑獄所麗變坎加離厥象不燭擬將來必有薄蝕
之變也此月四日日出山六七丈精光潛抹而色都
赤中有異物大如雞子又有青黑之氣共相薄繫良
久乃解按時在歲首純陽之月日在癸亥全陰之位
而有此異殆元首供禦之義不顯消復之理不著之

所致也詐去秋所陳未及一月而更有此變蓋明皇天留情陛下懇懇之至也往年歲末太白蝕月今年歲始日有咎謫曾未數旬大眚再見日月告釁見懼詩人無曰天高其鑒不遠故宋景善言熒惑退次光武寧亂呼沲結冰此明天人之懸符有若形影之相應應之以德則休祥臻酬之以怠則咎徵作陛下宜恭承靈譴敬天之怒施沛然之恩諧玄同之化上所以克塞天意下所以弭息群謗又上疏曰臣聞人多幸國之不幸赦不宜數實如聖旨臣愚以爲子産知鑄刑書非政之善然不得不作者須以救弊故也今

之宜赦理亦如之隨時之宜亦聖人所善者此國家大信之要誠非微臣所得干預今聖朝明哲思弘謀猷方闢四門以亮采訪輿誦於群心況臣衆珥筆朝末敢不竭誠盡規

范甯自中書侍郎出爲豫章太守臨發上疏曰臣聞道尚虛簡政貴平靜坦公亮于幽顯流子愛于百姓然後可以經夷險而不憂乘休否而常夷先王所以致太平者如此而已今四境晏如烽燧不舉而倉庾虛耗帑藏空匱古者使人歲不過三日今之勞擾殆無三日休停至有殘形翦髮以要復除生兒不復舉養鰥寡不敢娶妻豈不怨結人鬼感傷和氣恐社稷之憂積薪不足以爲喻臣久欲粗啓所懷日復一日今當永離左右不欲令心有餘憾請出臣啓事付外詳擇帝詔公卿牧守普議得失甯又陳時政曰古者分土割境以益百姓之心聖王作制籍無黃白之別昔中原喪亂流寓江左庶有旋反之期故許其挾注本郡至于漸久人安其業丘壟墳柏皆已成行雖無本邦之名而有安土之實今宜正其封疆以土斷人戶明考課之科修閭伍之法難者必曰人各有桑梓俗自有南北一朝屬戶長爲人隸君子則有風土之

慨小人則有懷下役之慮斯誠幷兼者之所執而非通理者之篤論也古者失地之君猶臣所寓之主列國之臣亦有違適之禮隨會任秦致稱春秋樂毅官燕見褒良史且今普天下之人原其氏出皆隨世遷移何至于今而獨不見況荒郡之人星居東西遠者千餘近者數百而舉召役調皆相資須期會差違輒致嚴坐人不堪命叛爲盜賊是以山湖日積刑獄愈滋今荒小郡縣皆宜幷合不滿五千戶不得爲郡不滿千戶不得爲縣守宰之任宜得清平之人頃者選舉惟以恤貧爲先雖制有六年而富足便退又郡守

長吏牽制無常或兼臺職或帶府官天府以統州州以監郡郡以涖縣如令一相領帖則是下官反爲上司賦役無復節限且牽曳百姓營起廨舍東西流遷人人易處文書簿籍少有存者先王之室宇皆爲私家後來新官復應修理其爲弊也胡可勝言又方鎮去官皆割精兵器仗以爲送故米布之屬不可稱計監司相容初無彈糾其中或有清白亦復不見甄異送兵多者至有千餘家少者數十戸既力入私門復資官稟布兵役既竭枉服良人牽引無端以相克補若是功勲之臣則已享列土之祚豈應封外復置吏

兵乎謂送故之格宜爲節制以三年爲斷夫人性無涯奢侈由勢今並兼之士亦多不贍非力不足以厚身非祿不足以富家是得之有由而用之無節蒱酒永日馳騖卒年一宴之饌費過十金麗服之美不可貲筭盛狗馬之飾營鄭衛之音南畝廢而不耕講誦闕而無聞凡庸競馳傲誕成俗謂宜驗其鄉黨考其業尚試其能否而後升進如此匪惟家給人足賢人豈不繼踵而至哉官制讁兵不相襲代頃者小事便以補役一愆之違辱及累世親戚傍支罹其禍毒戸口減耗亦由于此皆宜料遣以全國信禮十九爲長殤以其未成人也十五爲中殤以爲尚童幼也今以十六爲全丁則備成人之役矣以十三爲半丁所任非復童幼之事矣豈可傷天理違經典困苦萬姓乃至此乎今宜修禮文以二十爲全丁十六至十九爲半丁則人無夭折生長滋繁矣帝善之初寧之出非帝之意故所啓多合旨

周祗爲國子博士義熙三年劉裕表遣劉敬宣率衆五千伐蜀祗書諫裕曰自義旗之戰所征無不克此可謂天人交助信順之徵也今大難已夷君臣俱泰頃五穀轉豐民無饑苦劫盜之患亦爲弭息此誠漸

足無事宜大寧治本蜀賊宜平六合宜一非爲不爾也古人有言天時不如地利地利不如人和今往伐蜀萬有餘里泝流天險動經時歳若此軍直指成都徑擒譙氏者復是將帥奮威一快之舉耳然益士殘荒野無青草成都之内殆無孑遺計彼得利與今行軍之費不足相補也而今往艱險雨雪方降驅三州三吳之人投之三巴三蜀之士其中疾病死亡豈可勝計此一疑也賊必不守窮城將決力戰今我往勞困彼來甚逸若使師行不利人情波駭大勢挫衄此二疑也且千里饋糧士有饑色況今泝險萬里所在

無儲若兵不解運漕不繼雖韓白之將何以成功此三疑也今云可征者云彼親離衆叛恐謂不然彼以一匹夫而能致今日之事若衆力離散亦可以至此官所遣兵皆烏合受募之人亦必無千人一心有前無退者矣夫爲治者固先定其內而理其外先安其近而懷其遠自頃狂狡不息誅戮相繼未可謂人和也天險如彼未可謂地利也毛脩之家儲不虐正應以得死爲限劉敬宣嘗生存之恩亦宜性命仰報將軍欲驅二死之甘心而忘國家之重計愚謂竊所未安閫門之外非所宜豫苟有其心不覺披盡不從敬

宣遂無功而還歿死者大半

宋沈懷文武帝大明二年遷尚書吏部郎時朝議欲依古制置王畿揚州移治會稽猶以星變也懷文曰周制封畿漢司隸各因時宜非存相反安民寧國其揆一也苟民心所安天亦從之未必改今追古乃致平一神州舊壤歷代相承異于邊州或罷或置既物情不悅容虧化本帝不從

謝莊爲侍中領前軍將軍大明中世祖出行夜還勅開門莊居守以棨信或虛執不奉旨須黑詔乃開帝後因酒讌從容曰卿欲效致君章耶對曰臣聞蒐廵有度郊祀有節盤于游田著之前誡陛下今蒙犯塵露晨往宵歸切恐不逞之徒忘生矯詐臣是以伏須神筆乃敢開門耳

范泰文帝時以散騎常侍致仕元嘉二年表賀元正并陳旱災曰元正改律品物惟新陛下蘊日新以蓄德仰乾元以復祚吉祥集室百福來庭頃旱魃爲虐亢陽愆度通川燥流異井同竭老弱不堪遠汲貧家殫于負水租輸既重賦稅無降百姓怨咨臣年過七十未見此旱陰陽并革則和氣不交豈惟凶荒必生疾疫其爲憂虞不可備序雩禜之典以誠會事巫祝

嘗祚罕能有感上天之譴不可不察漢東海枉殺孝婦及祭其墓澍雨立降歲以有年是以衛人伐邢師興而雨伏願陛下式遵遠猷思隆高構推忠恕之愛矜寃枉之獄進心下民之瘼曆思幽冥之紀令謗木監闕諫鼓鳴朝察芻牧之言總統御之要如此則苞桑可繫危幾無兆斯而災害不消未之有也故夏禹引百姓之罪殷湯甘萬方之過太戊資桑穀以進德宋景藉熒惑以修善斯皆因敗以轉成往事之明晰也修末俗者難爲風就正路者易爲雅臣疾患日篤夕不謀朝會及歲慶得以聞達微誠少亮無恨泉壤

永違聖顏拜表悲咽三年秋旱蝗又上表曰陛下昧旦丕顯求民之瘼明斷庶獄無倦政事理出群心澤謡民口百姓翕然皆以爲遇其時也災變雖小要有以致之守宰之失臣所不能究上天之譴臣所不敢誣有蝗之處縣官多課民捕之無益于枯苗有傷于殺害臣聞桑穀時亡無假斤斧楚昭仁愛不禜自瘳卓茂去無知之蟲宋均囚有異之虎蝗生有由非所宜殺石不能言星不自隕春秋之旨所宜詳察禮婦人有三從之義而無自專之道周書父子兄弟罪不相及女人被宥由來尚矣謝誨婦人猶在尚方始貴

後賤物情之所甚苦匹婦一室亦能有所感激臣於謝氏不容有情常國重恩寢處思報伏度聖心已嘗有在禮春秋教詩無一而闕也臣近侍坐聞立學當在八年陛下經畧粗達意存民食入年則農功興農功興則田里闕入秋治庠序入冬集遠生二途並行事不相害夫事多以淹稽爲戒不遠爲患甚大學宮竟無微績徒墜天施無情自虞臣之區區不望目覩聖化竊慕子囊成郢之心庶免苟偃不瞑之恨臣比陳愚見便是都無可採徒煩天聽愧怍反側書奏帝乃原謝誨婦女時災旱未已加以疾疫又上表曰頃亢旱歷載疾疫未已方之常災實爲過差古以爲王澤不流之徵陛下昧旦臨朝無懈治道躬自菲薄勞心民庶以理而言不應致此意以爲上天之於賢君正自殷勤無已陛下同規禹湯引百姓之過言動于心道敷自遠桑穀生朝而殞熒惑犯心而退非惟消災弭患乃所以大啓聖明靈雨立降百姓改瞻應感之來有同影響陛下近當仰推天意俯察人謀升平之化尚存舊典顧思與不思行與不行耳宋雖揖讓受終未積有虞之道先帝登遐之日便是道消之初至乃嗣主被殺哲藩嬰禍九服徘徊有心喪氣佐命

託孤之臣俄爲戎首天下蕩蕩王道已淪自非神英撥亂反正則宗社非復宋有革命之興隨時其義尤大是以古今異用修方必壅大道隱于小成欲速或未必達深根固蔕之術未洽于愚心是用猖狂妄作而不能緘默者也臣頑且鄙不達治宜加之以篤疾重之以惛耄言或非是而復不能無言陛下錄其一毫之誠則臣不知厝身之所

冊府元龜

巡按福建監察御史臣李嗣京　訂正
知甌寧縣事臣孫以敬　參閱
知建陽縣事臣黄國琦　較釋

諫諍部　五百二十九

規諫第六

宋何偃爲太子中庶子文帝欲更北伐訪之群臣偃議曰内幹胡法宗宣詔逮問北伐伏計大舉易亂藏殄非難今雖廟筭無遺而兵未講習緣邊鎮戍充實者寡邊民流散多未附業控引所資取給根本斷根

本以殉邊患宜動必不克往歲挫傷續以内釁侮亡取亂誠爲沛然淮泗數州實亦彫耗流傭未歸創痍未起且攻守不等客主形異薄之則勢艱圍之則曠日進退之間奄虞玄起竊謂當今之弊易卿方來之寇不深宜含垢藏疾以齊天道

周朗爲建平王宏中軍錄事參軍孝武普責百官讜言朗上疏曰仲尼有言治天下若寘諸掌豈徒言哉方策之政悉舉在人蓋當世之君不爲之耳況乃運鍾澆暮世膺亂餘重以宗廟遭不更之酷江淮被未有之痛千里連死萬井垂泣而秦漢餘弊尚行于今化崇于古却行及前之言積薪待燃之譬臣不知所以方然陛下既甚之以孝又申之以仁民所疾苦敢不畧薦凡治者何哉爲教而已今教衰已久民不知則又隨以刑逐之豈爲政之道歟欲教者宜二十五家選一長百家置一師男子十三至十七皆令學經十八至二十盡使修武訓以書記圖律忠孝仁義之理廉讓恭勤之則授以兵經戰畧軍部舟騎之容挽彊擊刺之法官長皆月至學所以課其能習經者五年有立則言之司徒用武者三年善藝亦升之司馬若七年而經不明五年而勇不達則更求其言政置

謀迹其心術行覆不足取者雖公卿子孫長歸農畝終身不得爲吏其國學則宜詳考古數部定子史令書不煩行習無靡力凡學雖凶荒不宜廢也農桑者實民之命爲國之本有一不足則禮節不興若重之宜罷金錢以穀帛爲賞罰然愚民不達其權議者好增其異凡自淮以北萬疋爲市從江以南千斛爲貨亦不患其難今宜聽市至千錢以還者用錢餘皆用絹布及米其不中度者坐之如此則墾田自廣民資必繁盜鑄者罷人死必息又田非膠水皆播麥菽地堪滋養悉藝紵麻蔭巷緣藩必樹桑柘列庭接宇惟

植竹栗若此令既行而善其事者庶民則敘之以爵
有司亦從而加賞若田在草間木物不植則撻之而
伐其餘桑在所以次坐之又取稅之法宜計人爲輸
不用以資云何使富者不盡貧者不蠲仍令桑長一
尺以圍爲價田進一畝以度爲錢屋不得瓦皆責貰
實民以此樹不敢種土畏妄墾棟焚榱露不敢加泥
豈有剝善害民禁衣惡食若此苦者方今若重斯農
則宜務削滋法凡爲國不患威之不立患恩之不下
不患土之不廣患民之不育自華夷爭戰戎夏競威
破國則積尸竟邑屠將則覆車滿野海內遺生蓋不

餘半重以惡政嚴刑天災歲役貧者但供吏死者弗
埋鰥居有不願娶生子每不敢舉又戍淹徭人妻
老嗣絶乃淫奔所孕皆復不收是殺之日有數途生
之歲無一理不知後百年間將盡以草木爲世耶此
最是驚心悲魂慟哭太息者法有禁殺子之科設蚤
娶之令然觸刑罪恐悼痛而爲之豈不有酷其處耶
宜令家寬其役戶減其稅女子十五不嫁家人坐之
雌雉可以聘妻妾大布可以事舅姑若待禮足而行
則有司加糾凡宮中女隸必擇不復字者庶家內役
皆令各有所配要使天下不得有終獨之生無子之

老所謂十年存育十年教訓如此則二十年間長戶
勝兵必數倍矣又亡者亂傚鍾人盈甸皆是不爲其
存計而任之遷流故饑寒一至慈父不能保其子欲
其不爲寇盜豈可得耶既御之使然復止之以殺彼
於有司何酷至是且草樹既死皮葉皆枯是其梁肉
盡矣冰霜已厚苫蓋難資是其衣裘敗矣比至陽春
生其餘幾今自江南所在皆穰有食之處須官與役
宜募遠近能食五十口一年春賞爵一級不過千家
故近食十萬口矣使其受食者悉令就田淮南多其
長帥給其粮糧凡公私游手歲發佐農令提胡盡修

原陸並起仍量家立社計地設閭檢其出入督其游
惰須待大熟可移之復舊淮以北悉使南過江東旅
客盡令西歸故毒之在體必割其緩處幽淵靈區閑
爲荒窟伊洛神基蔚成茂草豈可不懷歎歷下泗間
何足獨戀議者必以爲胡衰不足避而不知我之病
甚于胡矣若謂民之既從狄必就之若其來從我之
願也胡若能來必非其種不過山東雜漢則是國家
由來所欲覆育既華得坐實戎寇自遠其爲來利固
善也今空守孤城徒費財役亦行見淮北必非境復
有者矣不亦重辱喪哉使虜但發輕騎三千更互出

入春來犯麥秋至侵禾水陸漕輸居然復絶于賊不勞而邊已困不至二年卒散民盡可蹻足而待也設使胡滅則中州必有興者决不能有奉土地率人民以歸國家矣誠如此則齊徐終逼亦不可守且夫戰守之法當持人之不敢攻頃年兵之所以敗皆及此也今人之不以伞追很蠻捕鼠而令重車弱卒與肥馬悍胡相逐其不能濟固宜矣漢之中年能事胡者以馬多也胡之後服漢者亦以馬少也既兵不可出車騎應畜今宜募天下使養馬一匹者蠲一人役三匹者除一人爲吏自此以進階賞有差邊亭徼驛一

無發動又將者求其死也自能執干戈幸而不忘筋力盡于戎役其望上者固已深矣重有澄風掃霧之勤驅穢滌塵之力此所自矜尤復爲甚近所功賞人知其濃然似頗謬虛實懟怨實衆壅臂而反唇者往往爲部耦語而觖望者處處成群凡武人意氣特易推沮設一旦有變則向之怨者皆爲敵也今宜國財與之共竭府粟與之同罄若去應遣濃加寵爵發所在之祿將秩未克餘費宜闕他事員輦長不應與淮可殺以蒐狩之禮習以鉦鼓之節若假勇以進務黜其老至期而罷賞延于嗣又緣淮城壘皆與復使烽

火相達兵食相連若邊民請師皆莫允許遠夷貢至止於報答語以國家之未暇示以事而非吾須內教既立徐料寇形辨騎卒四十萬而國中不擾取穀支二十歲而遠邑不驚然後越淮窮河跨隴出漢亦何適而不可又教之不敦一至于是今士大夫以下父母在而兄弟異計十家而七矣庶人父子殊產計八家而五矣凡甚者乃危亡不相知饑寒不相卹嫉謗殘害其間不可稱數宜明其禁以革其風先有善於家者即務其賞自今不改則没其財又三年之喪天下之達喪以其哀並中出故制同外興日久均痛故

愈遲齊典漢氏節其臣則可矣薄其子則亂也云何衰苴之容盡鳴號之音息夫佩玉啓旒深情弗忍是珠眂朝不亦甚乎凡法有變于古而刻于情則莫能順焉至乎敗于禮而安于心必處而奉之何乃厚于惡而薄于善乎今陛下以大孝始基宜反斯謬且朝享臨御當近自身始妃主典制宜漸加矯正凡舉天下以奉一君何患不及或帝有集皂之陋后有帛布之鄙亦無取焉且一體玄金不及百兩一歲美衣不過數襲而必收寶連櫝集服累笥目岂嘗視身未時親是櫝帶實笥著衣空散國家之財徒奔天下之貨

而主以此情禮妃以此傲家是何纍蠹之劇惑鄙之
甚逮至婢豎皆無定科一婢之身衆婢以使一豎之
家列豎以役塗金披綉蕃酒霍肉者不可稱紀至有
列斡以遊遨飾兵以駈叱不亦重甚哉若禁行賜薄
不容致此且細作始并以爲儉而衣造華椎飾傳于
民如此遷也非罷也凡天下得治者以實治天下者
當虛民之耳目旣不可誑治之盈耗立亦隨之故凡
厥庶民制度日侈商販之室飾等王侯鑪賣之身製
均妃后凡一袖之大足斷爲兩一裙之長可分爲二
見車馬不辨貴賤視冠服不知尊卑尚方今造一物

小民明已睥睨宮中朝制一衣庶家晚已裁學侈靡
之源實先宮闈又妃主所賜不限高卑自今以去宜
爲節目金珀翠玉錦綉縠羅奇色異章小民旣不得
服在上亦不得賜若工人復造奇技淫器則皆焚之
而重其罪又置官者將以燮天平氣贊地成功防姦
禦難治煩理劇使官稱事立人稱官置無空樹散位
繁進冗人今高卑貿實大小反稱徒云名定是謂官
邪而世廢姬公之制俗傳秦人之法惡明君之典好
闇主之事其甚矣今則宜先省事徒而并官置位以
周典爲式變名以適時爲用秦漢末制何足取也當

使德厚者位尊位尊者祿重能薄者官淺官淺者秩
輕纓冕紱珮稱官以服車騎容衞當職以施又寄各
州郡宜通廢罷舊地民戶應更置立豈吳邦而有徐
邑楊境而宅兖民上淆辰紀下亂畿甸其地如朱方
者不宜置州上如都江者應更建邑又民少者易理
君近者易歸凡吏皆宜每詳其能每厚其秩爲縣不
得復用蒙恩之家爲郡不得復選勢族之老貴人王
侯識未堪用不應𡚾仕須合冠而啓封能政而議爵
且帝子未官人誰謂賤但宜詳置賓友茂擇正人亦
何必列長史參軍別駕從事然後爲貴哉又世有先

後業有難易明帝能令其兒不比光武之子馬貴人
能使其家不比陰后之族盛矣哉此於後世不可忘
也內外當與抑首之忿陛殿延屛蔽之威此亦復不
可忘也內外之政實不可雜若妃主爲人請官其人
宜終身不得爲官若請罪者亦終身不得赦罪凡天
下所須者才誠難知也有深而言寡則蘊學而無由
知有卑處而事隔則懷奇而無由進或復見忌於親
故或亦遭讒於貴賞期欲致車右而動御席語天下
而辨治亂焉可得哉漫言舉賢則斯人固未得矣宜
使世之所稱通經連史辨辭精數吏能將謀偏術小

道者使玂纓危膝博求其用制内外與官之遠近及仕之類令各以所能而造其室降情以誘之畢身以安之然後察其擢唇吻擻頰眩動精神發意氣語之所至意之所執不過數四間不亦盡可知哉若忠孝廉清之比疆幹惇柔之倫難以檢格立可須臾定宜使鄉部求其行守宰察其能竟皆見之于選貴呈之于相主然後處其職宜定其位用如此故應愚鄙盡捐賢明悉舉矣又俗好以毀沉人不知察其所以致毀以譽進人又不知測其所以致譽毀徒皆鄙則宜擢其毀者譽黨悉庸則宜進其譽者如此則毀譽不

妄善惡分矣又既謂之才則不宜以踏級限不應以年齒齊凡貴者好疑人少不知其少于人矣老者亦輕人少不知其不及少矣自釋氏流教其來有源淵檢精測固亦深矣舒引容潤既亦廣矣然君慧者目替其東修誡者月繁其過遂至糜散錦帛侈飾車徒復假精醫術託雜卜數匹妹滿室置酒夾堂寄夫託妻者不無殺子乞兒者繼有猶而倚靈假象背親傲君欺責疾老震損宫邑是乃外刑之所不容戮内教之所不悔罪而廣天地之間莫之糾察人不得然豈其鬼與令宜申嚴佛律禪重國令其疵惡顯著悉皆罷遣餘則隨其藝行各爲之條使禪義經誦人能其一食不過蔬衣不出布若應更度者則令先習藝行本其神心必能草腐人天踈精以往者雖侯王家子亦不宜拘凡鬼道惑衆妖巫破俗觸木而言怪者不可數遇絲而稱神者非可筭其本源是亂男女合飲食因之而以祈祝從之而以報請是亂不誅爲害未息凡一苑始立一神初興淫風輒以之而甚今修堤以北置國百里峻山以右居靈十方糜財敗俗其可稱恨又針藥之術世寡復修診脉之技鮮能達民因是益徼于鬼遂棄于醫重令耗惑不反死夭復半今

大醫宜男女習教在所應遣吏受業如此故當愈於媚神之愚懲艾腠理之弊矣凡無世不有言事未時不有令下然而升平不至昏危是繼何哉蓋設令之本非實也又病言不出于謀臣事不便于貴戚輕者訴訾呵駭重者死厭窮擯故西京有方調之誅東都有黨錮之戮陛下若欲申甞令修末典則群臣在焉若欲改舊章興王道則微臣在矣敢昧死以陳願陛下察之書奏忤旨自解去職

南齊劉獻除尚書祠部郎不拜太祖踐祚召獻入華林園談語謂獻曰吾應天革命物議以爲何如獻對

曰陛下誠前軌之失加之以寬厚雖危可安若循其
覆車雖安必危矣旣出帝顧謂司徒褚淵曰方直乃
爾
劉思效爲員外郎太祖初表陳讜言曰宋自大明以
來漸見彫弊徵賦有增於往天府尤貧於昔兼軍警
屢動傷夷不復戍役殘丁儲無半菽小民嗷嗷無樂
士之色貴世之流貨寶之族車服伎樂爭相奢麗亭
池第宅競趨高華生於山澤之人不敢採飲其水草
貧富相輝損源尚末陛下宜發明詔吐德音布惠澤
禁邪僞薄賦斂省徭役絕奇麗之賜塞鄭衞之倡變

曆運之化應質乏之用不亦大哉又彭沛有鴟梟之
巢青丘爲狐兎之窟虐害踰紀殘暴日滋鬼泣舊泉
人悲故壤童孺視編髮而慙生耆老看左衽而恥沒
陛下宜仰荅天人引領之望下弔沉黎傾首之勤授
鉞衞霍之將遣策蕭張之師萬道俱前窮山蕩谷此
卽嘗山不足指而傾渤海不足飲而竭豈徒殘寇塵
滅而已哉帝詔曰朕夙夜惟甞思弘道義紓夢巖濱
垂精管庫旰食舊懷其勤至矣吳郡顧歆散騎郎劉
思效或自至園丘或越在宂位並能獻書金門匑辭
鳳閣辯章政體有協朕心今出其表外可詳擇所宜

以時敷奏歡近以加於賁終思效可付選銓序以顯
讜言
崔祖思爲給事黃門郎太祖建元初啓陳政事曰禮
誥者人倫之襟冕帝王之樞柄自古開物成務必以
教學爲先世不習學民忘志義悖競因斯而興亂禍
是焉而作故篤俗昌治莫先道教不得以夷險革慮
儉泰移業今無員之官空受祿力三載無考績之效
九年闕登黜之序國儲以之空匱民力爲之彫散能
否無章涇渭混流宜太廟之南弘修文序司農以比
廣開武校臺州國限外之職問其所樂依方課習各

盡其能月供僮幹如廣克給若有廢惰遣還故郡殊
經奇藝待以不次士修其業必有異等民識其利能
無勉勵又曰漢文集上書囊以爲殿帷身衣弋綈以
韋帶劍愼夫人衣不曳地幃中民十家之產不爲露
臺劉備取帷構銅鑄錢以充國用魏武遣女以帛帳
東阿婦以綉衣賜死王景興以折米見誚武帝以節
儉過人張妃房帷碧綃蚊幬三齊茵席五盞盤桃花
米飯殷仲文勸令畜伎答云不解聲仲文曰但畜自
解又答畏解故不畜歷觀帝王未嘗不以約素興侈
麗亡也伏惟陛下體唐成儉踵虞爲樸寢殿則素木

單構鏤器則陶匏充御瓊簪玉笏碎以爲纍珍裘繡服焚之如草斯實風高上代民偃下世矣然教信雖孚民染未革宜加甄明以速歸厚詳察朝士有柴車蓬篰高以殊等彫牆華輪甲其談謂馳禽荒色長違清編嗜音酣酒守官不拘物識義方且懼且勸則調風變俗不俟終日又曰憲律之重由來尚矣故曹參去齊惟以獄市爲寄餘無所言路溫舒言秦有十失其一尚存治獄之吏是也實宜清置廷尉茂簡三官寺丞獄主彌重其選研習律令刪除繁苛詔獄及兩縣一月三訊觀貌察情欺枉必達使明慎用刑無忝

大易寧失不經靡悅周書漢末治律有家子孫並世其業聚徒講授至數百人故張于二氏絜譽文宣之世陳郭兩族流稱武明之朝决獄無冤慶昌支裔槐衮相襲蟬紫傳輝今廷尉律生乃令史門戶族非咸弘庭闕于訓刑之不肅抑此之由如詳擇篤厚之士使習律令試簡有徵擢爲廷尉僚屬苟官世其家而不羡其績僻矣廢其職而欲善其事未之有也若劉累傳守其業庖人不乏龍肝之饌斷可知矣又曰樂者動天地感鬼神正情性立人倫其義大矣按前漢編戶千萬大樂伶官方八百二十九人孔光等奏罷不合經法者四百四十一人正樂定員惟置三百八十八人今戶口不能百萬而太樂雅鄭元徽時校試千有餘人後堂雜伎不在其數糜費力役傷敗風俗今欲撥邪歸道莫若罷雜伎王庭惟置鍾簴羽戚登歌而已如此則官充給養國反淳風矣又曰論儒者以德化爲本談法者以刻削爲體道教治世之粱肉刑憲亂世之藥石故以教化比雨露刑法方風霜是以有恥且格敬讓之樞紐令行禁止爲國之關鍵然則天下治者賞罰而已矣賞不事豐所病于不均罰不在重所困于不當如今甲功少乙功多賞甲而捨

乙天下必不勸矣丙罪重丁眚輕罰丁而赦丙天下必不悛矣是賞罰空行無當乎勸沮將令見罰者寵習之臣受賞者佗讎之士戮一人而萬國懼賞匹夫而四海悅又曰籍稅以厚國國虛民貧廣田以實廩國富民散堯資用天之儲實拯懷山之數湯憑分地之積以勝流金之運近代魏置典農而中都足食晉開汝潁而河汴委儲今將掃闕咸華題鏤龍漢宜簡役敦農開田廣稼特罷山池之威禁浮抑豪右之兼擅則兵民優贍可以出師又曰古者左史記言右史記事故君舉必書盡直策而不汙上無妄動知如絲

之成綸今著作之官起居而已述事之徒褒諫爲體
世無董狐書法必隱時闕南史直筆未聞又曰廢諫
官則聽納靡依雖課勵朝僚徵訪芻輿莫若推舉賢
直職思其憂夫越任干事在言爲難當官而處亂或
易物議既以無言望已已亦當以吞默懸人中丞雖
謝咸玄未有全廢劾簡廷尉譏非釋之寧容都無訊
牒故知與其謬人寧不廢職目前之明效也漢徵貢
禹爲諫大夫失言先策夏侯勝狂直拘縶出補諷職
伐柯非遐行之節善又曰天地無心賦氣自均寧得
迴秀往古而獨寂寥一代將在知與不知用與不用

爾夫有賢而不知知賢而不用用賢而不委委賢而
不信此四者古今之通患也今誠重郭隗而招劇辛
任鮑叔以來夷吾則天下之士不待召而自至矣帝
優詔報答
梁賀琛爲散騎常侍高祖時任職者皆緣飾姦諂深
害時政琛遂啓陳事條封奏曰臣荷拔擢之恩曾不
能效一職居獻納之任又不能薦一言切聞慈父不
愛無益之子明君不畜無益之臣臣所以當食廢餐
中宵而歎息也輒言時事列之于後非謂謀猷寧云
啓沃獨緘胸臆不語妻子辭無粉飾削藁則焚脫得
聽覽試加省鑒如不允合亮其戇愚一事曰今北邊
稽顙戈甲解息正是生聚教訓之時而天下戶口減落
誠當今之急務雖是處彫流而關外彌甚郡不堪州
之控總縣不堪郡之哀削更相呼擾莫得治其政迷
惟以應赴徵斂爲事百姓不能堪命各事流移或依
於大姓或聚於屯封蓋不獲已而竄亡非樂之也國
家於關外賦稅蓋微乃至年常租課動致逋積而民
失安居寧非牧守之過東境戶口空虛皆由使命繁
數夫犬不夜吠故民得安居今大邦大縣舟舸銜命
者非惟十數復窮幽之鄉極遠之邑亦皆必至每有

一使所至驚擾深爲民害駑困邑宰則拱手聽其漁
獵桀黠長吏又因之而爲貪殘縱有廉平猶爲掣肘
故邑宰懷印類無考績細民棄業流冗者多雖年降
復業之詔屢下蠲賦之恩而終不得反其居也其二
事曰聖主恤隱之心納隍之念無間於遐邇至于翾
飛蠕動猶且度脫況在兆民而州郡無恤民之志故
天下顒顒惟注仰于一人誠所謂愛之如父母仰之
如日月敬之如鬼神畏之如雷電苟須應病進藥豈
可不治之哉今天下宰守所以皆尚貪殘罕有廉白
者由風俗靡侈使之然也淫奢之弊其事多端粗舉

二條言其尤者夫食方丈于前所甘一味今之燕喜
相競誇豪積菓如山嶽列肴同綺繡露臺之產不啇
一燕之資而賓主之間裁取滿腹未及下堂已同臭
腐又歌姬舞女本有品制二八之錫良待和戎今畜
妓之夫無有等秩雖復庶賤微人皆盛姬妾務在貪
汙爭飾綺羅故爲吏牧民者競爲剝削雖致賢臣憶
罷歸之日不支數年便以消散盖由晏酣所廢既破
數家之產歌謠之具必俟千金之資所費事等丘山
爲歡止在俄頃乃更追憾向所取之少今所費之多
如復傳翼增其摶噬一何悖哉其餘淫奢著之凡百

習以成俗日見滋甚欲使人守廉隅吏向清白安可
得耶今誠宜嚴爲禁制導之以節儉貶除彫飾糾奏
浮華使衆皆知變其耳目改其好惡夫失節之嗟亦
民所患正恥不及群故勉彊而爲之苟力所不至還
憂其弊矣今釐其風而正其失易於反掌夫論至治
者必以淳素爲前先正雕流之弊也其三事曰聖躬
荷負蒼生以爲任弘濟四海以爲心不憚胼胝之勞
不辭癯瘠之苦豈止日旻忘饑夜分廢寢至于百司
莫不奏事上息責下之嫌下無逼上之咎斯實道邁
百王事超千載但斗筲之人藻梲之子既得伏奏帷

房便欲詭競求進不識國之大體不知當一官處一
職貴使理其紊亂救其不及心在明恕事乃平章但
務吹毛求疵擘肌分理運挈瓶之智徼分外之求以
深刻爲能以繩逐爲務迹雖似于奉公事更成其威
福犯罪者復多巧避莅職者因而曠怠惠惡增姦實
由于此今誠欲責其公平之效試其黜過之心則上
安下謐無徼求之患矣其四事曰自征伐北境帑藏
空虛今天下無事而猶日不暇給者良有以也夫國
弊則省其事而息其費事省則養民費息則財聚止
或五年之中必能使國豐民阜若復積以歲月斯乃

范蠡滅吳之術管仲伯齊之由今計內省職掌各檢
其所部凡京師治署邸肆所爲或十條宜省其五或
三條宜省其一及國容戎備在昔應多在今宜少雖
於後應多即事未須皆悉減省四方屯傳邸治或舊
有或無益或防民有所宜除除之有所宜減減之凡
厥興造凡厥費財有非急者有役民者又凡厥討召
凡厥求取雖關國計權其事宜皆須靜息不息費則
無以聚財不休民則無以聚力故蓄其財者所以大
用之也息其民者所以大役之也若言小事不足害
財則終年不息矣以小役不足妨民則終年不止矣

擾其民而欲求殷阜不可得矣聚其財而務賦歛與造作則姦詐盜竊彌生是弊不息而其民不可使也則難可以語富强而圖遠大矣自普通以來二十餘年戎役薦起民力彫流今魏氏和親疆場無警若不及於此時大息四民使之生聚減省國費令府庫蓄積一旦異境有虞關河可掃則國弊民疲安能振其遠略事至方圖所及矣言奏高祖大怒

後魏崔浩爲祭酒明元有微疾怪異屢見乃使中貴人密問於浩曰春秋星孛北斗七國之君皆將有咎今茲日蝕于胃昴趙代之分朕病彌年療治無損恐

一旦奄忽諸子並少將如之何其爲我設圖後之計浩曰陛下春秋富盛聖業方隆德以除災幸就平愈且天道懸遠或消或應昔宋景見災修德熒惑退舍願陛下遣諸憂慮恬神保和納御嘉福無以闇昧之說致損聖思必不得已請陳瞽言自聖化龍興不崇儲貳是以永興之始社稷幾危今宜蚤建東宮選公卿忠賢陛下素所委仗者使爲師傅左右信臣簡在聖心者以充賓友入總萬機出統戎政監國撫軍六柄在手若此則陛下可以優遊無爲頤神養壽以進醫藥萬歲之後國有成主民有所歸則姦宄息望旁無覬覦此乃萬代之令典塞禍之備也今長皇子壽年漸一周明叡温和衆情所繫時登儲副則天下幸甚立太子以長禮之太經若須並大成人而待倒錯天倫則生履霜堅冰之禍自古以來載籍所記興衰存亡鮮不繇此帝納之

高允爲著作郎太武問曰萬機之務何者爲先是時多禁封良田又京師遊食者衆允因言曰方百里則爲地方一里則爲田三頃七十畝萬里則田三萬七千頃若勤之則畝益三升不勤則畝損三升方百里損益之率爲粟二百三十二萬斛況以天下之廣乎

若公私有儲雖遇饑年復何憂哉帝善之遂除田禁悉以授民

高祐孝文時爲秘書令上疏曰今之選舉不採識治之優劣專簡年勞之多少斯非盡才之謂宜停此薄藝棄彼朽勞惟才是舉則官方斯穆又勳舊之臣雖年勤可錄而非才撫人者則可加之以祿賞不宜委之以方任所謂王者可私人以財不私人以官者也孝文善之

李彪爲秘書丞上表曰臣聞昔之哲王莫不亹亹孜孜思讜言以康黎庶是以訪童問老不避淵澤詢謀

諮善不棄蒭蕘用能光茂實于竹素播徽聲于金石臣屬生有道遇無諱之朝敢循往式編揆時宜謹冒死上封事七條狂瞽之言伏待刑戮其一曰自太和建號踰於一紀典刑德政可得而言也立圜丘以詔孝則百神不乏享矣舉賢才以酬諮則多士盈朝矣開至誠以輭物則朝無佞人矣敦六順以教人則四門無凶人矣制冠服以明秩則典式復彰矣作雅樂以恊人倫則人神交慶矣深慎罰以明刑則庶獄得衆矣薄服味以示納則儉德光昭矣殫宮女以妃鰥則人無怨曠矣傾府藏以振錫則大賚周渥矣省賦

役以育人則編戶巷歌矣宣德惠以懷遠邇則華荒抃舞矣垂至德以暢幽顯則禎祥效質矣生生得所事事惟新巍巍乎猶造物之曲成也然臣愚以爲行儉之道猶自闕始何者今庶人豪富之家習華旣深敦樸情淺未識儉素之易長而行奢靡之難久莊制地宅美飾車馬僕妾衣綺羅土木被紋繡僭度違衆者衆矣古先哲王之爲制也自天子以至公卿下及抱關擊柝其宮室車服各有差品小不得逾大賤不得逾貴夫然故上下序而人志定今時華相競情無常守大爲消功之物又置費力之事豈不謬哉消功

者錦繡雕文費力者廣宅高宇莊制麗飾是也其妨農業害女工者焉可稍言哉漢文時賈誼上疏云今之王政可爲長太息者六此是其一也夫上之所好下必從之故越王好勇而士多輕死楚靈好瘠而國有饑人今二皇躬行儉素詔令殷勤而百姓之奢華猶未革者豈楚越之人易變如彼大魏之士難化如此蓋朝制弗宣人未見德使之然耳臣愚以爲第宅車服自百官以至於庶人宜爲其等制使貴不逼賤卑不僭高不可以稱其侈意用違經典令或者以爲習俗日久不可卒革臣謹言古人革之漸昔子產爲

政一年百姓歌之曰我有田疇子產辟之我有衣冠子產貯之孰殺子產吾其與之及三年乃歌曰我有田疇子產殖之我有子弟子產誨之子產若死其誰繼之然則鄭人之智豈前昏而後明哉且從政者須漸受化者難頓故也今若爲制以差品之始末之情魏士與鄭人同矣旣同鄭人是爲卒有善歌豈可憚其初怨而不爲終善哉夫尚儉者開富之源好奢者起貧之兆然則儉約易以教行華靡難以財澹是以聖人留意焉賢人希準焉故夏禹卑宮室而惡衣服殷湯寢黃屋而乘輅輿此示儉于後王後王所宜觀

其意而取折衷也孔子爲魯司寇乘柴車而駕駑馬晏嬰爲齊正卿冠濯冠而衣敝裘此示儉于後臣後臣所宜識其情而消息之也前志云作法於凉其弊猶貪此言雖畧有違治道臣之瞽言倘或可採比及三年可以有成有成則人務本人務本則奢費除奢費除則穀帛豐穀帛豐則人逸樂人逸樂則皇基固矣其二曰易稱主器者莫若長子傳曰太子奉冢嫡之粢盛然則祭亡主則宗廟無所享冢嫡廢則神器無所傳聖賢知其如此故垂語以爲長世之法昔姬主得斯道也故恢崇儒術以訓世嫡世嫡於是乎習

成懿德用大協于黎烝是以世統生人載祀八百逮嬴氏之君于秦也殄棄德政坑焚儒典弗以義方教厥冢子冢子於是習成凶德肆虐以臨黔首是以享年不永二世而亡亡之與興其道在於師傅師傅之損益可得而言益者周公傳成王教以孝仁義禮逐去邪人不使見惡又選天下之端士孝弟博聞有道術者以爲衞翼此周道之所以長久也損者趙高傳胡亥教以刑戮斬劓及夷人族逐去正人不得見善士諂佞讒賊者爲其左右此秦祚之所以促短也夫皇天輔德也豈私周而疏秦哉由所行之道殊故禍福之途異爾昔光武議爲太子置傅以問其羣臣羣臣望意皆言太子舅執金吾新陽侯陰就可博士張逸正色曰今立太子爲陰氏乎爲天下乎即爲陰氏則陰侯可爲天下則固宜用天下之賢才光武稱善曰置傅以輔太子也今博士之不難正朕況太子乎即拜逸爲太子太傅漢明卒爲賢主然則逸之傅漢明非乃生之漸也尚或有稱而況乃生訓之以正道其爲益也固已大矣故禮曰太子生因舉以禮使士負之有司齋肅端冕見于南郊明冢嫡之重見乎天下過闕則下過廟則趨明孝敬之道也然古之太子

自爲赤子而教固已行矣此則遠世之鏡也高宗文成皇帝慨少時師不勤教嘗謂群臣曰朕始學之日年尚幼冲情未能專既臨萬機不遑溫習今而思之豈惟予咎抑亦師傅之不勤尚書李祈免冠而謝此則近日之可鑒也伏惟太皇太后翼贊高宗訓成顯祖使巍巍之功邈乎前王陛下幼蒙鞠誨聖敬日躋及儲宮誕育復親撫告日省月試實勞神慮今誠宜準古立師傅以訓導太子訓導正則太子正太子正則皇家慶皇家慶則人幸甚矣其三曰臣聞國本黎元人資粒食是以昔之哲王莫不勤勸稼穡盈蓄倉

廪故堯湯水旱人無菜色者蓋由備之有漸積之有素暨于漢家以人食少乃設嘗平以給之魏氏以兵糧乏制屯田以供之用能不匱當時軍國取濟又記云國無三年之儲謂國非其國光武以一畝不實罪及牧守聖人之憂世重穀殷勤如彼明君之恤人勸農相效如此項年山東饑去歲京師儉内外人庶出入就豐既廢營產疲而乃達又於國體實有虛損君先多積穀安而納之豈有脅老弱糊口千里之外以今況古誠可懼也臣以爲宜折州郡當調九分之二京都度支餘各立官司年豐糴積于倉時儉則加私

之二糴之於人如此民必力田以買官絹又務郎以取官粟年登則嘗積歲凶則直給又别立農官取州郡戶十分之一以爲此人相水陸之宜料頃畝之數以賦贖雜物餘財帛中科給令其肆力以一夫之日歲貢六十斛甄其課并征戍雜役行此二事數年之中則穀積而人足雖災不爲害臣又聞前代明主皆務懷遠人禮賢引滯故漢高過趙求樂毅之胄晉武廓定族吳蜀之彥臣謂宜于河表七州人中擢其門才引令赴闕依中州官比隨能存之一可以廣聖朝均新舊之義二可以懷江漢歸有道之情其四曰昔

帝舜命咎繇惟刑之恤周公誥成王勿誤于庶獄斯皆君臣相誠重刑之至也今二聖哀矜罪辜小大以情讞決之日多從降恕時不得已必垂惻隱雖前王之勸聽肆赦亦如斯而已至若行刑犯時愚臣切所未安漢制舊斷獄報重嘗盡季冬至孝章時改盡十月以育三微後歲旱論者以不可十月斷獄陰氣微陽氣泄以故致旱事下公卿尚書陳寵議冬至陽氣始萌十一月有簡虆于芸荔之應天以爲正周以爲春十二月陽氣上通雉雊雞乳地以爲正殷以爲春十三月陽氣已至天地以交萬物皆出蟄虫始振夏

以爲春三微成著以通三統三統之月斷獄流血是不稽天意也月令仲冬之月身欲寧事欲靜以起陰怒不可謂寧以行大刑不可謂靜章奏帝善其言卒以十月斷令京都及四方斷獄報重竟季冬不推三正以育三微寛宥之情每過於昔遵時之憲猶或闕然今豈所謂助陽發生垂奉微之仁也（微三微也）誠宜遠稽周典近採漢制天下斷獄起自初秋盡於孟冬不於三統之春行斬絞之刑如此則道協幽顯仁垂後昆矣其五曰古者大臣有坐不廉而廢者不謂之不廉乃曰簠簋不飾此君之所以禮貴臣不明言其過

也臣有大譴則白冠氂纓盤水加劍造室而請死此臣之所以知罪而不敢逃刑也聖朝寬過大臣禮同古典自太和以降有負罪當陷大辟者多歸第自盡遣之日深垂隱愍言發悽淚百官莫不見四海莫不聞誠足以感將死之心慰戚屬之情然恩發至衷未著永制此愚臣所以敢陳末見也昔漢文時人有告丞相周勃謀反者逮繫長安獄頓辱之與皂隸同賈誼乃上書極陳君臣之義不宜如是夫貴臣者天子爲其改容而禮貌之吏人爲其俯伏而敬貴之其有罪過廢之可也賜之死可也若束縛之輸之司寇榜

笞之小吏罵詈之殆非所以令衆庶見也及將刑也臣則北面再拜跪而自裁天子曰大夫自有過耳吾遇子有禮矣此上不使人抑而刑之也孝文深納其言是後大臣有罪則自殺不受刑至孝武時稍復入獄良由孝文行之當時不爲永制故耳伏惟聖德慈惠豈與孝文比隆哉今天下有道庶人不議之時臣安可陳瞽言於朝但恐萬世之後繼禮之主有若漢武事焉夫道貴長久所以樹之風聲也法尚不虧所以貽厥孫謀也焉得行恩當時而不著長世之制乎其六曰孝經稱父子之道天性也書云孝乎惟孝友于兄弟二經之旨蓋明一體而同氣可共而不離者也及其有罪罪不相及者乃君上之厚恩至若有懼懼應相連者固自然之常理也無情之人父兄繫獄子弟無慘惕之容子弟逃刑父兄無愧惡之色宴安榮位遊從自若車馬仍華衣冠猶飾寧是同體共氣分憂均戚之理也哉楚人滅江秦伯素服而示懼宋弘未舉桓譚免冠而謝罪則子弟之於父兄父兄之於子弟惟其情至豈與結盟相知者同年語其深淺哉二聖清簡風俗孝慈是先臣愚以爲父兄有犯宜令子弟素服肉袒詣闕請罪子弟有坐宜令父兄露

板引咎無解所司若職任必要不宜許者慰勉留之如此足以敦勵凡薄使人知有所恥矣其七曰禮云臣有大喪居三年不呼其門此聖人緣情制禮以終孝子之情者也周季陵夷喪禮稍亡是以要絰即戎素冠作刺逮乎虐秦殆皆泯矣漢初軍旅屢興未能遵古至宣帝時民當從軍屯者遭大父母父母死未滿三月皆弗徭役其朝臣喪制則未有聞至後漢元初中大臣其重憂始得去官終服暨魏武孫劉之世日尋干戈前世禮制復廢而不行晉時鴻臚鄭典喪親固請終服武帝感其孝誠遂著令以爲嘗聖魏之

初撥亂反正未遑建喪之制今四海無虞百姓安逸
識是孝慈道洽禮教興行之日也然愚臣所懷竊有
未盡伏見朝臣丁父憂者假滿赴職衣錦乘軒從郊
廟之祀鳴玉垂緌同郎慶之醼傷人子之道虧天地
之經愚謂如有遭大父母父母喪者皆聽終服若無
其人有曠庶官者則優旨慰諭起令視事但綜所司
出納敷奏而已國之吉慶一令無預其軍戎之警墨
縗從役雖愆于禮事所宜行也如臣之言必有可採
頽付有司別爲條制孝文覽而善之尋皆施行

冊府元龜　諫諍部　五百二十九　二十九

冊府元龜

册府元龜

巡按福建監察御史臣李嗣京　訂正
新建縣舉人臣戴國士恭閱
知建陽縣事臣黃國琦較釋

諫諍部五百三十

規諫第七

後魏郭祚爲黃門侍郎時孝文以李彪爲散騎常侍祚因入見帝謂祚曰朕昨誤授一人官祚對曰陛下聖鏡照臨掄才授職進退可否黜陟幽明品物旣彰人倫有序豈容聖詔一行而有差異帝沈吟曰此自

應有讓因讓朕欲別授一官須之彪有啓云伯石辭卿子產所惡臣欲之已久不敢辭讓帝歎謂祚曰卿之忠諫李彪正辭使朕遲廻不能復決不換彪官也

李沖爲侍中時車騎南伐以沖兼左僕射留守洛陽車駕渡淮別詔安南大將軍元英平三州將軍劉藻討漢中召雍涇岐兵六千人擬戍南鄭克城則遣沖表諫曰秦州險阨地接羌夷自西師出後餉援連續加氐胡叛逆所在奔命運糧擐甲迄茲未已今復預差戍卒懸擬山外雖加優復恐猶驚駭脫終攻不尅徒動民情連胡結夷事或難測輒依旨密下刺史待軍尅鄭城然後差遣如臣愚見猶爲未足何者西道險阨單徑千里今欲深戍絕界之外孤據群賊之中敵攻不可卒援食盡不可運糧古人有言雖鞭之長不及馬腹南鄭於國實爲馬腹也且昔人攻伐或城降而不取仁君用師或撫民而遺地且王者之舉情在拯民夷寇所守志在吾地校之二義德有淺深惠聲已遠何遽於一城哉且魏境所掩九州過八民人所臣十分而九所可未民者惟漢北之與江外耳覊之在近豈急于今日宜待大開疆宇廣拔城聚多積資糧食足支敵然後置邦樹將爲吞并之舉今鍾

離壽春密邇未拔堵城新野跬步弗降所尅者舍之而不取所降者撫之而旋越東道旣未可以近力守西蕃寧可以遠兵固若果欲置者臣恐終以資敵也又今建都中土地接寇壤方須大收死士平蕩江會輕遣單寡棄令陷沒恐後舉之日衆以留守致懼求其死效未易可獲推此而論不戍爲上帝從之

高閭爲中書令時出師討淮北閭表曰伏見廟筭有事淮海雖成事不說猶可思量臣以愚劣本非武用至於軍旅尤所不學直以無諱之朝敢肆狂瞽區區短見竊有所疑臣聞兵者凶器不得已而用之今天

下開泰四方無虞立宜鑑世干戈妄動疑一也淮北之城凡有五處難易相兼皆須攻擊然攻守難圖力懸百倍反覆思量未見其利疑二也縱使歸心于國無用發兵遠入費損轉多若不置城是謂空爭疑三也脫不如意當延日月屯軍聚費于何不用疑四也伏願思此四疑時速返旆文明大后令曰六軍電掃有若摧朽何慮四難也後閭爲相州刺史時孝文遷都洛陽閭表諫言遷有十損必不得已請遷于鄴孝文頗嫌之南齊雍州刺史曹虎據襄陽請降詔劉昶薛真度等四道南伐車駕親幸懸瓠閭表諫曰洛陽

草創虎既不遣質任必非誠心無宜輕舉帝不納虎果虛詐諸將皆無功而還後又上表曰臣聞爲國之道其要有五一曰文德二曰武功三曰法度四曰防固五曰刑賞故遠人不服則修文德以來之荒狡于命則審武功以威之民未知戰則制法度以齊之暴敵輕侵則設防固以禦之臨事制勝則明刑賞以勸之用能闢國寧方征伐四剋北狄悍愚同于禽獸所長者野戰所短者攻城若以狄之所短奪其所長則雖衆不能成患雖來不能內逼又狄散居野澤隨逐水草戰則與家産並至奔則與畜牧俱迯不齎資糧而飲食足是以古人伐北方攘其侵掠而已歷代爲邊患者良以倏忽無常故也六鎮勢分倍衆不鬬互相圍逼難以制之昔周命南仲城彼朔方趙靈秦始長城是築漢之孝武踵其前事此四代之君皆帝王之雄傑所以同此役者非智術之不長兵衆之不足乃防狄之要事其理宜然故也易稱天險不可升地險山川丘陵王公設險以守其國長城之謂歟今宜依故六鎮之北築長城以禦北虜雖有暫勞之勤有永逸之益如其一城惠及百世即於要害往往開門造小城於其側因施却敵多置弓弩狄來有城可守

有兵可捍既不攻城野掠無獲草盡則走終始必懲又宜發近州武勇四萬人及京師二萬人合六萬人爲武士於苑內立征北大將軍府選忠勇有志幹者以充其選下置官屬分爲三軍三萬人專習弓射二萬人專習戈楯二萬人專習騎矟修立戰場十日一習採諸葛亮八陣之法爲平地禦寇之方使其解兵革之宜識旌旗之節兵氣精堅必堪禦寇使將有定兵兵有常主上下相信晝夜如一七月發六郡兵萬人各備戎作之具勑臺北諸屯倉庫隨近米俱送北鎮至八月征北部率所領與六鎮之兵直至磧南揚

咸漢北北狄若來拒之與决戰若其不來然後散分其地以築長城計六鎮東西不過千里若一夫一日之功當三步之地三百人三里三千人三十里三萬人三百里則千里之地彊弱相兼計十萬人一月必就運糧一月不足爲多人懷永逸勞而無怨計築長城其利有五罷遊防之苦其利一也北部放牧無抄掠之患其利二也登城觀敵以逸待勞其利三也省境防之虞息無時之備其利四也歲常游運永得不遺其利五也又任將之道特須委任送之以禮恕之以情閫外之事有利輒决赦其小過安其大功足以

兵力資其給用君臣相體若身之使臂然後忠勇可立制度可果是以忠臣盡其心征將竭其力雖三敗而踰榮雖三背而彌寵詔曰覽表具卿安邊之策此當與卿面論後又上表曰奉癸未詔書以春秋少雨饑饉之方臻愍黎元之傷瘁同禹湯罪己之誠齊堯舜引咎之德慮災致懼詢及卿士令各上書極陳損益深恩被于蒼生厚惠流于后土伏惟陛下天啓聖姿利見纂極欽若昊天光格宇宙太皇太后以睿哲贊世稽合三才高明柔克道被無外七政昭宣于上九功咸序于下君人之量逾高謙光之旨彌篤修復

祭儀宗廟所以致敬飭正器服禮樂所以宣和增儒官以重文德簡勇士以昭武功慮獄訟之未息定刑書以理之懼蒸民之姦軌置鄰黨以穆之究庶官之勤劇班俸祿以優之知勞逸之難均分民土以齊之甄忠明孝矜貧恤獨開納讜言抑絕讒佞明訓以體率土移風雖未勝殘去殺成無爲之化足以仰答三靈者矣臣聞皇天無私降鑒在下休咎之徵咸由人召故帝道昌則九疇敘君德衰而彝倫斁休瑞並應享以五福則康於其邦咎徵屢臻罰以六極則害於其國斯乃洪範之實徵神祇之明驗及其厄運所纏

世鍾陽九數乖於天理事違於人謀時則有之矣故堯湯逢歷年之災周漢遭水旱之患然立功修行終能弭息今孝治則有如此之風計運未有如彼之害而陛下慇懃引過事邁前王徙星澍雨之徵指辰可必消災滅禍之符灼然自見雖王畿之内頗爲少雨關外諸方禾稼仍茂苟動之以理綏之以和一歲不收未爲大損但豫備下虞古之善政安不忘危有國常典竊以北鎮新徙家業未就思親念本人有愁心一朝有事難以禦敵可寬其往來頗使欣慰開雲中平城之倉以賑恤之足以感德致力邊境矣明察畿

旬之民饑甚者出靈丘下館之粟以救其乏以安慰孤寡樂業保土使幽定安并四州之租隨運以益其處開關弛禁薄賦賤糴以消其費道路資其東西隨豐逐食貧富相贍可以免度凶年不爲患苦又聞當士困則濫竊生匹婦餒則慈心薄凶儉之年民輕違犯可緩其使役急其禁令宜於未然之前申勑外牧又一夫幽枉王道爲虧京師之獄或恐未然可集見囚於都曹使明折庶獄者加究察輕者卽可決遣重者定狀以聞罷非急之務放無用之獸此乃救凶之嘗法且以見憂於百姓論曰不患貧而患不安苟安

而樂生雖遭凶年何傷於民庶也愚臣所見如此而已詔曰省表聞之當勑有司依此施行出爲鎮南將軍相州刺史孝文攻鍾離未尅將於淮南修故城而置鎮戍以撫新附之民賜閭璽書具論其狀閭表曰南土亂亡僭主屢易陛下命將親征威陵江左望風慕化尅拔數城施恩布德攜民襁負可謂澤流邊方威惠普著矣然無非大舉興發後時本爲迎降戎卒實少兵稱十則圍之倍則攻之所率既寡東西懸濶難以並稱伏承欲留戍淮南招撫新附昔世祖以迴山倒海之威步騎數十萬南臨瓜步諸郡盡降而盱眙小人攻而弗尅班師之日兵不戍一郡士不闢一廛夫豈無人以大鎮未平不可守小故也堰水先塞其源伐木必拔其根源不塞根不拔雖翦枝竭流終不可絕矣壽陽盱眙淮陰淮南之本源也三鎮不尅其一而留兵守郡不可自全明矣旣逼敵之大鎮隔深淮之險少置兵不以自固多留衆運糧難可克又欲修渠通漕路必繇于泗口泝淮而上須經角城淮陰大業舟船素蓄敵因先積之資以拒始行之路若元戎旋旆兵士挫怯夏雨水長救援實難忠勇雖奮事不可濟淮陰東接山陽南通江表兼近江都海西

之資西有盱眙壽陽之鎮且安土樂本人之常情若必留戍軍還之後恐爲敵擒何者鎮戍新立懸在異境以勞禦逸以新擊舊而能自固者未之有也昔彭城之役旣尅其城戍鎮已定而思叛外向者猶過數萬角城蕞爾處在淮北去淮陽十八里五固之役攻圍歴時卒不能克以今比昔事兼數倍今以向熱水流方降兵刃旣交雖以恩恤降附之民及諸守令亦可徙置淮北如其不然進兵臨淮速渡士卒班師還京踵太武之成規營皇居于伊洛蓄力以待敵釁布德以懷遠人使中國清穆化被遐裔淮南之鎮自效

可期天安之捷指辰不遠車駕還幸石濟閭朝於行宫孝文詔閭曰朕往年之意不欲决征但兵士已集恐爲幽王之災不容中止發洛之日正欲至于懸瓠以觀形勢然機不可失遂至淮南而彼諸將並列州鎮至元所獲定縣晚一月日故也閭對曰人皆其所事而非其所不事猶犬之吠非其主且古者攻戰之法倍則攻之十則圍之聖駕親戎誠應大捷所以無大獲者良繇兵少故也且徙都天下之大事今京邑甫爾庶事造創臣聞詩云惠此中國以綏四方臣願陛下當從容伊瀍優游京洛使德被四海中國輯寧

然後向化之徒自然樂附高祖曰願從容伊瀍實亦不少但未獲耳閭曰司馬相如臨終恨不見封禪今雖江介不賓小賊未殄然中州之地畧亦盡平豈可於聖明之辰而闕盛禮齊桓公覇諸侯猶欲封禪而況萬乘高祖曰此桓公屈於管仲荆楊未一豈得如卿言也閭曰漢之名臣皆不以江南爲中國且三代之境亦不能遠高祖曰淮海惟楊州荆及衡陽惟荆州此非近中國乎

朱延儁爲中書侍郎宣武專心釋典不事墳籍延儁上疏諫曰臣聞有堯文思欽明稽古嬀舜體道墳典作聖漢光神武軍中讀書魏武英規馬上翫籍先帝天縱多能克文克武營遷謀伐手不釋卷良以經史義深補益處廣雖則劬勞不可暫輟斯乃前王之美實後王之冰鏡善足以遵惡足以誡也陛下道悟自深淵鑒獨得昇法坐於宸闈釋覺善於日宇凡在聽矚塵蔽俱開然五經治世之範六籍軌俗之本蓋以訓物有漸應時匪妙必須先粗後精乘近即遠伏願經書玄覽孔釋兼存則內外俱周真俗斯暢

韓麒麟爲齊州刺史麒麟以新附之人未階臺官士人沉抑乃表曰齊土自屬僞方歷載久遠舊州府寮

動有數百里自皇威開被并職從省守寄闕任不聽士人監督竊惟新人未階朝官州郡局任甚少沉塞者多願言冠冕輕爲去就愚謂守宰有闕宜推用豪望增置官員廣延賢哲則華族蒙榮良才獲敘懷德安上庶或在兹朝議從之太和十一年京南大饑麒麟表陳時務曰古先哲王經國立治積儲九稔謂之太平故躬籍千畝以勵百姓用能衣食滋茂禮教興行逮于中代亦崇斯業刈粟者與斬敵同爵力田者與孝弟均賞寔百王之常軌爲治之所先今京師民庶不田者多游食之口三分居二蓋一夫不耕或受

其儀況於今者動以萬計故頃年山東遭水而民有餒終今秋京都遇害穀價踴貴實由農人不勸素無儲積故也惟陛下天縱欽明道高三五昧旦憂勤思恤民獘雖帝虞一日萬幾周文昃不暇食蔑以爲喻上垂覆載之澤下有凍餒之人皆由有司不爲明制長吏不恤其本自承平日久豐穰積年競相矜夸遂成侈俗車服第宅奢僭無限喪葬婚娶爲費實多富貴之家童妾袨服工商之族玉食錦衣而農夫餔糟糠蠶婦乏短褐故令耕者日少田有荒蕪穀帛罄於府庫寶貨盈於市里衣食匱於室麗服溢於露饑寒

之本實在於斯愚謂凡珍異之物皆宜禁斷吉凶之禮備爲格式令貴賤有別民歸樸素制天下男女計口受田宰司四時廵行臺史歲一案檢勤相勸課嚴加賞罰數年之中必有盈贍雖遇災凶免于流亡矣往年校比戶貫租賦輕少臣所統齊州租粟僅可給俸畧無入倉雖與民爲利而不可久長脫有戎役或遭天災恐供給之方無所取濟可減絹布增益穀租年豐多積歲儉出賑所謂私民之穀寄積則民無荒年矣

甄琛爲河南尹琛表曰詩稱京邑翼翼四方是則若京邑是四方之本安危所在不可不清是以國家居代患多盜竊世祖太武皇帝親自憤發廣置主司里宰皆以下代令長及五等散男有經畧者乃得爲之又多置吏士爲其羽翼崇而重之始得禁止今遷都以來天下轉廣四方赴會事過代都五方雜沓難可備簡宼盜公行劫害不絕此由諸方混雜釐比不精主司闇弱不堪檢察故也凡使人攻堅木者必爲之擇良器今河南郡是陛下天山之堅木槃根錯節亂植其中六部禮尉卽攻堅之利器非真剛精銳無以治之今擇尹旣非南金里尉鉛刀而割欲望清肅都

邑不可得也理正乃流外四品職輕任碎多是不才人懷苟且不能督察故使盜得容姦百賦失理鄉邊外小縣所領不過百戶而令長皆以將軍居之京邑諸坊大者或千戶或五百戶其中皆王公卿尹貴勢姻戚豪猾僕隸蔭養姦徒高明遂宇不可干問又有州郡俠客蔭結貴游附黨連群陰爲布劫比之邊縣難易不同今難彼易此實爲未愜王者立法隨時從宜改弦易調明主所急先朝立品不必卽是施而觀之不便則改今閑官靜任猶聽長兼況煩劇要務不得簡能下領請取武官中人品將軍已下幹用貞濟

者以本官俸恤領里尉之任各食其祿高者領六部尉中者領經途尉下者領里正不爾請少高里尉之品選下品中應選之者進而爲之督責有所輦轂可清詔曰里正可進至勳品經途從九品六部尉正九品請職中簡取何必須武人也琛又奏以羽林爲游軍於諸坊巷司察盜賊於是京邑清靜至今踵焉

游肇爲侍中將軍高肇伐蜀肇諫曰臣聞遠人不服則修文德以來之兵者凶器不得已而用之當今治雖太平論征未可何者山東關右瘡傷水復頻年水旱百姓空虛宜在安靜不宜勞役然往若開拓皆因

城主歸欵故有征無戰今之向化者惟假官號眞僞難分或有怨於彼不可全信且蜀地險隘稱之自古鎭戍晏然更無異趣豈得虛承浮說而動大軍舉不愼始悔將何及討蜀之舉願俟後圖宣武不納又肇爲黄門侍郎時盧昶在朐山肇諫曰朐山蕞爾遐在海濱山湖下勢民無居者於我非急於賊爲利故必致死而爭之非急故不得已而戰以不得已之衆擊必死之師恐稽延歲月所費甚多假令必得朐山徒致交爭終難全守所謂無益之日也如賊將屢以宿豫求易朐山愚臣謂此言可許朐山又悍危弊宜速審之若必如此宿豫不征而自伏捐此無用之地復彼舊有之疆兵役時解其利爲大宣武將從之尋而昶敗

楊固爲治書侍御史時宣武廣詢得失固上讜言表曰臣聞爲理不在多方在力行而已當今之務宜早正東儲立師傅以保護立官司以防衛以係蒼生之心攬權衡親宗室強幹弱枝以立萬世之計舉賢良黜不肖使野無遺才朝無素飡孜孜萬機躬親庶務使民無謗讟之響省徭役薄稅歛修學官遵舊章貴農桑賤工商絕談虛窮微之論簡桑門無用之費以

存元元之民以救饑寒之苦上合昊天之心下悅億兆之望然後備器械修甲兵習水戰滅吳會撰封禪之禮襲軒唐之軌同彼七十二君之徽號恊問鼎嵩河之心副高祖殷勤之志上與三皇比隆下與武帝齊美豈不茂哉臣位卑識昧言不及義屬聖明廣訪敢獻瞽言伏願陛下留神少垂覽察

封回爲都官尚書靈太后臨朝詔百官問得失群臣不敢言回對曰昔孔丘爲司寇七日而誅少正卯魯國肅然欺巧自息姬旦行戮不避兄弟周道用隆徐偃專行仁義其國乃滅自古及今未有不厲威刑而

能治者頃來頗出長吏寬大侵剝百姓盜賊群起請
肅刑書以懲未犯太后意納之而不能用
路思令爲尚書右侍郎時天下多事思令乃上疏曰
臣聞國之大事惟祀與戎戎之有功在於將帥三代
不必別民取治不等五覇不必異兵各能克定至于
湯武之賢猶須伊望之佐堯舜之聖尚有禹稷之輔
得其人也六合唾掌可清失其人也三河方爲戰地
何者動之甚易靖之甚難竊以比年以來將帥多是
寵貴子孫軍幢統領亦皆效義託附貴戚子弟未經
戎役至于御杯躍馬志逸氣浮軒眉攘腕便以攻戰

自許及臨大敵怖懼交懷雄圖銳氣一朝頓盡及令
羸弱在前以當銳强壯居後以安身兼復器械不精
進止不集任羊質之將驅不練之兵當負險之衆敵
數戰之虜欲令不敗豈有得哉是以兵知必敗始集
而先逃將又怖敵遷延而不進國家便謂官號未滿
重爵屢加復疑賞賚之輕金帛日賜帑藏空虛民財
殫盡致使賊徒更增膽氣益盛生民損耗荼毒無聊
主歎臣哀何心寢食臣雖位微竊不遑舍臣聞孝行
出于忠貞節義率多果決德可感義夫恩可勸死士
今若捨上所輕求下所重黜陟幽明刑賞善惡蒐徒

簡卒練兵習武甲密弩强弓調矢勁謀夫旣設辯士
先陳曉以安危示其禍福如其不悛以我義順之師
討彼叛逆之豎豈異礪肅斧而伐朝菌鼓洪爐而燎
毛髮雖愚者知其不旋踵矣敢以愚短昧死陳誠
王椿爲瀛州刺史時有風雹之變詔書廣訪讜言椿
乃上疏曰伏奉詔書以風雹厲威上動天睠訪讜辭
於百辟詢輿誦於四海宸衷懇切備在絲綸祗承兢
感心焉靡厝伏惟陛下啓籙應期叡育萬物承綴旒
之艱運纂纖絲之危緒忘飡日昃求衣未明俾上帝
下臨愍茲荼蓼永擠溝壑而滄浪降灾作害中秋上

帝照臨義不虛變竊惟風者爲號令皇天所以示威
雹者氣激陰陽有所交爭殆行令殊節殊悉失中之
所致也昔澍雨千里寔緣敬祀之誠災星三舍寧非
善言之力讜不空發徵豈謬應誰謂盖高實符人事
伏願陛下留心曲覽垂神遠察禮賢登士愼擧審官
擢滯中冤振窮省役使夫丘樊林藪之彥畢居朝右
儀表丹青之位未或虛加圜土絶五毒之民揆日息
千門之費巖巖廊署無不過之士忪忪惸獨荷酒帛
之恩則物見昭蘇人知休泰徐奏薰風之曲無論鴻
雁之歌豈不天人幸甚冕神咸忭

李瑒字踞羅爲高陽王主簿于時民多絶戶爲沙門瑒上言禮以教世法導將來迹用旣殊區流以別故三千之罪莫大于不孝不孝之大無過於絶祀然則絶祀之罪重莫甚焉定能輕縱背禮之情而肆其向法之意也正使佛道亦不應然假令聽然猶須裁之以禮一身親老棄家絶養旣非人理尤乖禮情滅大倫且闕王貫交鈌當世之禮而求將來之益孔子云未知生焉知死斯言之至亦爲備矣安有棄堂堂之政而從鬼教乎夫君子無故不游天地屬心百神佇望故宜敦崇將禮咸秩無文而告朔朝廟不親于明

堂嘗禘郊社多委於有司覩射游苑躍馬騁車危而非典豈清蹕之意殖不思之業損巨費於生民滅祿削力近供無事之僧崇飾雲殿遠邀未然之報昧爽之臣稽首於外玄寂之衆遨遊於內愆禮忤時人靈未穆愚謂從朝夕之因求祇劫之果未若先萬國之忻心以事其親使天下和平災害不生者也伏願淑愼威儀萬邦作式躬致郊廟之禮親紆朔望之虔釋奠成均竭力千畆明發不寐潔誠禋禚孝悌可以通神明德教可以光四海則一人有喜兆民賴之然後精進三寶信心如來道踰化深故諸漏可盡法隨禮積故彼岸可登量徹僧寺不急之華還復百官久缺之秩已興之構務從簡約將來之造權令停息仍舊亦可何必改作況今南殿未靜衆役乃煩百姓之情多方避役若復聽之恐捐棄慈孝比屋而是沙門矣臣學不經遠言多猛浪忝職其憂不敢默爾都統僧暹等忿瑒鬼教之言以瑒爲謗毁佛法泣訴靈太后責之瑒自理曰竊欲清明佛法使道俗兼通非敢排棄眞學妄爲訾毁且鬼神之名皆通靈達稱自百代正典敘三皇五帝皆爲鬼天地曰神祇人死曰鬼易曰知鬼神之情狀周公自美亦曰能事鬼神禮曰明

則有禮樂幽則有鬼神是以明者爲堂堂幽者爲鬼教佛非天非地本出于人應世導俗其道幽隱名之爲鬼愚謂非謗且心無不善以佛道爲教者正可達衆妙之門耳靈太后雖知瑒言爲允然不免暹等之意猶罰瑒金一兩

張普惠爲諫議大夫以天下民調幅度長廣尚書計奏復徵綿麻之調遵先皇之軌夙宵惟度忻戰交集何者聞復高祖舊典所以忻惟新但可復而不復所以戰違法抑惟高祖廢大斗去長尺改重秤所以愛萬姓從薄賦知軍國須綿麻之用故云幅度之間億

兆應有綿麻之利故絹上稅綿八兩布上稅麻十五斤萬姓得廢大斗去長尺改重秤荷薄賦之饒不適於綿麻而已故歌舞以供其賦奔走以役其勤天子信于上億兆樂于下故易曰悅而使民民忘其勞此之謂也自玆以降漸漸長濶百姓嗟怨聞于朝野伏惟皇太后臨朝之前陛下居諒闇之日宰輔不尋其本知天下之怨綿麻不察其幅廣度長秤重斗大革其所弊存其所存而特放綿麻之調以悅天下者也尚書既知國少綿麻不惟法度之幅易言民之可畏便欲去天下之大信棄已行之成詔追前之非遂後

之失奏求還復綿麻以克國用不思庫中大有綿麻而群臣共竊之愚臣以爲於理未盡何者今宫人請調度造衣服必度忖秤量絹布匹有尺丈之盈猶不計其廣絲綿斤兼百銖之剩夫無益之貨勿重于時虧德之器勿陳于側則民知德矣臣又聞之爲治之要在于選舉若差之毫釐則有千里之失後來居上則致積薪之譏是以古之善爲治者貫魚以次任必以能爵人於朝不以私愛簡才以授其官量能以任其用官得其才用當其器六轡既調坐致千里虞舜選衆不仁者遠則庶事康哉民知其化矣帝覽而嘉

之時史官尅日蝕預罷朝普惠以逆廢非禮上疏陳之又表論時政得失一曰審法度平斗尺租調務輕賦役務省二曰聽輿言察怨訟三曰進忠謇退不肖任賢勿貳去邪勿疑四曰興滅國繼絶世勳親之胄所宜收敘正光中詔遣楊鈞送蠕蠕王阿那瓌還國普惠謂遣之將貽後患上疏曰臣聞乾元以利貞爲大非義則不動皇王以博施爲功非類則不從故能遂萬物而化天下者也伏惟陛下聰哲欽明道光虞舜八表宅心九服清晏蠕蠕搆害於朔垂妖師扇亂於江外此乃封豕長蛇不識王度天將悔其罪所以

奉皇魏故荼毒之辛苦之令知至道之可樂也宜安民以悅其志恭已以懷其心而先自勞擾艱難下民興師郊甸之内遠投荒塞之外救累世之勍敵可謂無名之師諺曰惟亂門之無過愚情未見其可當是邊將窺竊一時之功不思兵爲凶器不得已而用之者也夫白登之役漢祖親困之樊噲欲以十萬衆横行匈奴中季布以爲不可請斬之千古以爲美况今旱酷異常聖慈降膳乃以萬五千人使楊鈞爲將而欲定蠕蠕忤時而動其可濟乎阿那瓌投命皇朝撫之可也豈容困疲我兆民以資天喪之虜昔莊公納

子斜以致乾時之敗魯僖小邾國而有懸冑之舉今
蠕蠕喪亂後主既立雖云喪亡姦虞難抑旣有井陘
之慮楊約之肉其可食乎高車蠕蠕連兵積年饑饉
相仍須其自斃小亡大傷然後一舉而弁之此卞莊
之高界所以獲兩虎不可不圖之今土山告難簡書
相續蓋亦無能爲也正與今舉相會天其或者欲以
告戒人不欲使南北兩疆並興大衆脫狂狡構閒于
其間而復事連中國何以寧之今宰輔專欲好小名
不圖安危大計此微臣所以寒心者也郡環之不還
負何信義此機之際北師宜停臣言不及義文書所

經過不敢不盡兵猶火也不戢將自焚二虜自滅之
形可以爲殷鑒伏願輯和萬國以靜四境混一之期
坐而致矣臣愚昧多違必無可採匹夫之智願以呈
獻表奏詔荅曰夫窮鳥歸人尚或興惻況郡環嬰禍
流離遠來依庇在情在國何容弗矜且納亡興喪有
國大義皇魏堂堂寧廢斯德後主亂亡似當非謬此
送彼迎想無拒戰國宜表朝筆已深決卿深誠厚慮
脫用嘉哉但此段機畧不獲相從脫後不逮勿憚正
言
樂運爲萬年縣丞高祖嘗幸同州召運赴行在既至
高祖謂運曰卿來日見太子否運曰臣來日奉辭高
祖曰卿言太子何如人運曰中人也時齊王憲以下
並在帝側高祖顧謂憲等曰百官佞我皆云太子聰
明睿智惟運獨云中人方驗運之忠直耳於是因問
運中人之狀運對曰班固以齊桓公爲中人管仲相
之則霸豎貂輔之則亂謂可與爲善亦可與爲惡也
高祖曰我知之矣遂妙選宮官以輔弼之仍超拜運
京兆郡丞宣帝時數行赦宥運又上疏曰臣謹按周
官曰國君之過市刑人赦此謂市者交利之所君子
無故不游觀焉若游觀則當惠以悅之也尚書曰眚

災肆赦此謂過誤爲害罪雖大當緩赦之呂刑云五
刑之疑有赦此謂赦疑從罰罰疑從免論語曰赦小
過舉賢才謹尋經典未有罪無輕重傳天大赦之文
逮茲末葉不師古訓無益於治未可則之故管仲曰
有赦者奔馬之委轡不赦者痤疽之礪石又曰惠者
民之仇讎法者民之父母吳漢遺言有云惟願無赦
王符著論亦云赦者非盛世之所宜有大之尊豈可
數施非常之惠以肆姦宄之惡乎帝不納
北齊唐邕爲侍中從武成帝幸晉陽帝至武軍驛因
醉責虞候都督范洪將殺之邕諫以爲若非酒行戮

族誅人無所怨假使有大罪因酒殺人恐招橫議洪
因得免死
王紘後主時爲散騎常侍武平初上言突厥與宇文
男來女往必當相與影響南北寇邊宜選九州中男
强弩多據要險之地伏願陛下哀忠念舊愛孤恤寡
矜愚嘉善舍過記功敦骨肉之情廣寬仁之路思堯
舜之風慕禹湯之德克己復禮以成美化天下幸甚
後周樂遜爲左光祿大夫武成元年六月以霖雨經
時詔百官上封事遜陳時宜一十四條其五條切于
政要其一崇治方曰竊惟今之在官者多求清身克

濟不至惠民愛物何者比來守令年期既促歲責有
成若謂猛濟爲賢未甚優養此政既成後者復然夫
政之正民過急則刻薄緩則弛慢是以周失舒緩秦
敗急酷民非赤子遇之宜在舒疾得衷不使勞擾頃
承魏之衰政人習逋違先王朝憲備行民咸識法但
可宜風改俗納民軌訓而已自非軍旅之中何用過
爲迫切至于興邦致治事由德教漸以成之非在倉
卒竊謂姬周盛德治興文武政穆成康自斯厥後不
能無事昔申侯將奔楚子誨之曰無適小國言以政
狹法峻將不汝容敬仲入齊稱曰幸若獲宥及於寬

政然關東諸州淪陷日久塗炭之後當慕息肩若不
布政優優聞諸境外將何以使彼勞民就歸樂土其
二省造作曰頃者魏都洛陽一時殷盛貴勢之家各
營第宅居服器玩皆尚奢靡世逐浮競人尚澆薄使
禍亂交興天下喪敗比來朝廷器服稍華百工造作
盡務奇巧臣誠恐物逐好移有損政俗如此等事頗
宜禁省記言無作淫巧以蕩上心傳稱宮室崇侈民
力凋獘漢景有云黄金珠玉饑不可食寒不可衣雕
文刻鏤傷農事者也錦繡纂組害女工者也以二者
爲饑寒之本源矣然國家非爲軍戎器用時事要須

而造者皆徒費功力損用害民未如廣勸農桑以衣
食爲務使國儲豐盈大功易立其三明選舉曰選曹
賞録勳賢補擬官爵必宜與衆共之有明揚之授使
人得盡心如覩白日其材有升降其功有厚薄禄秩
所加無容不審卽如州郡選置猶集鄉閭況天下選
曹不取物望若方州列郡自可內除外付曹銓敘者
既非機事何足可密人生處世以榮禄爲重脩身履
行以纂修爲名然逢時既難失時爲易其選置之日
宜令衆心明白然後呈奏使功勤見知品物稱悅其
四重戰伐曰魏祚告終天眷在德而高洋稱僭先迷

未改擁逼山東事切肘腋嚳猾碁劫相持爭行先後若一行非當或成彼利誠應含小營大先保封域不宜貪利在邊輕爲興動捷則勞兵分守敗則所損巳多詩云得則不競何憚于病惟德可以庇民非恃強也夫力均勢敵則德者盛君子道長則小人道消故昔之善戰者先爲不可勝以待敵之可勝彼行暴矣我則寬仁彼爲刻薄我必惠化使德澤傍流人思有道然後觀釁而作可以集事其五禁奢侈曰按禮人有貴賤物有差等使用者飾品類有度焉后爲天下母而身服大練所以率下也季孫相三君矣家無衣

帛之妾所以厲俗也比來富貴之家爲意稍廣無不資裝僕隸作車後容儀服飾華美炫曜街衢乃使行者輟足路人傾蓋論其輸力公家未若介冑之士然其坐受嘉賞有逾攻戰之人縱令不惜功費豈不有虧清德必其儲蓄之餘孰與矜恤軍士曾莊公有云衣食所安不敢愛也詩言豈曰無衣與子同袍皆所以取人力也又陳事上議之徒亦應不少當有上徹天聽者未聞是非陛下雖念存物議欲盡天下之情而天下之情猶爲未盡何者取人愛言貴在顯用若納而不顯是而不用則言之者或寡矣

黎季明武帝時爲外史大夫保定三年盛營宮室春夏大旱詔公卿百僚極言得失季明上書曰臣聞成湯遭旱以六事自陳宣王大甚而珪璧斯竭豈非遠慮元元俯哀兆庶方今農要之月時雨猶愆率土之心有懷渴仰陛下垂情萬類子愛群生覲禮百神未敢豐洽者豈誠作事不節有違時令舉錯失中倘邀斯旱春秋君舉必書動爲典禮水旱陰陽莫不應行而至孔子曰言行君子之所以動天地可不慎乎春秋莊公三十一年冬不雨五行傳以爲是歲一年而三築臺奢侈不恤民也僖公二十一年夏大旱五行

傳以爲時作南門勞民興役漢惠帝二年夏大旱五年夏大旱江河少水谿澗水絶五行傳以爲先是發民十四萬六千人城長安漢武帝元狩三年夏大旱五行傳以爲是歲發天下故吏穿昆明池然則土木之功動民興役天輒應之以異典籍作誡倘或可思上天譴告改之則善今若息民省役以荅天譴庶靈澤時降嘉穀有成則年昇可覬子來非晚詩云民亦勞止迄可小康惠此中國以綏四方或恐極陽生陰秋多雨水年復不昇民將無覬如又荐饑爲慮更甚是時豪富之家競爲奢侈季明上書曰臣聞寬大所

以兼覆慈愛所以懷衆故天地稱其高厚者萬物得其容養焉四時著其寒暑者庶類資其忠信焉是以帝王者寬大象天地忠信則四時揺招柬指天下識其春人君而德率士懷其惠伏惟陛下資乾御字品物咸亨時乘六龍自强不息好問受規天下幸甚自古至治之君亦皆虛延博訪詢採芻微置鼓榜木以求其過頃者亢旱逾時人懷望歲陛下爰發明詔廣求人瘼同禹湯之罪巳高宋景之守正澍雨應時年穀斯稔克巳節用慕質惡華此則尚矣然而朱紫仍耀于衢路綺縠猶侈于豪家短褐未充于細民糟糠

未厭于編戸此則勸道之理有所未周故也今雖導之以德齊之以刑風俗固難於一矣昔文帝集尚書之囊以作帷帟十家之產不造露臺後宮所幸衣不曳地方之今日宮室之飾不如婢隸之服然而以身率下國富刑淸廟稱太宗良有以也臣聞聖人久于其道而天下化成今夫魏氏衰亂之後貞信未興先尊五美屛四惡華浮華之俗抑流競之風察洪都之小藝焚雉頭之異服無益之貨勿重于時虧德之器勿陳于側則民知德矣臣又聞

盧愷爲内史下大夫武帝在雲陽宮勑諸屯簡老牛欲以享士愷進諫曰田子方贖老馬君子以爲美談何奉明勅欲以老牛享士有虧仁政帝美其言而止

册府元龜

巡按福建監察御史臣李嗣京　訂正
分守建南道左布政使臣胡維霖　參閱
知建陽縣事臣黄國琦較釋

諫諍部九

規諫第八

隋于宣敏開皇初爲奉車都尉使奉撫慰巴蜀還上疏曰臣聞磐石之宗漢室於是惟永建維城之固周祚所以靈長昔秦皇置牧守而罷諸侯魏后暱諂邪而疎骨肉遂宗社移於他族神器傳于異姓此事之

明甚於觀火然山川設險非親勿居且蜀土沃饒人物殷阜西通邛僰南屬荆巫周德之衰兹土遂成戎首炎政失御此地便爲禍先是以明者防于無形治者制其未亂方可慶隆萬世年逾七百伏惟陛下日角龍顔膺樂推之運參天貳地居揖讓之期億兆宅心百神受職理須樹建藩屏封植子孫繼周漢之宏圖改秦魏之覆軌抑近習之權勢崇公族之本枝但三蜀三齊各稱天險分王戚屬今正其時若使利建合宜封樹得所臣猾息其非望姦臣杜其邪謀盛業洪基同天地之長久英聲茂實齊日月之炤臨臣雖學謝多聞然情深體國輒申管見戰慄惟深帝省表嘉之謂高熲曰于氏世有人焉竟納其言遣蜀王秀鎮於蜀

何妥爲通直散騎常侍納言蘇威兼領五職高祖甚親重之妥奏威不可信任又以掌天文律度皆不稱職妥又上八事以諫今所載者四事而已其一事曰臣聞知人則哲惟帝難之孔子曰舉直錯諸枉則民服舉枉錯諸直則民不服由此言之政之治亂必愼所舉故進賢受上賞蔽賢蒙顯戮察今之舉人良異於此無論諂直莫擇賢愚志欲崇高則起家喉舌之

任意須屈抑必白首郎署之官人之不服實由於此臣聞爵人於朝與衆共之刑人于市與衆棄之伏見留心獄訟愛人如子每應決獄無不詢訪群公刑之不濫君之明也刑既如此爵亦宜然若有懋功簡在帝心者便可擢用自斯以降若選重官必須參以衆議勿信一人之舉則上不偏私下無怨望其二事曰孔子云定察阿黨則罪無掩蔽又曰君子周而不比小人比而不周所謂比者卽阿黨也謂心之所愛旣已光華榮顯猶加提挈心之所惡旣已沉滯屈辱薄言必怒提挈旣成必相掩蔽則欺上之心生矣屈辱

既加必有怨恨則謗讟之言出矣伏願廣加遴訪勿使闕黨路開威恩自任有國之患莫大於此其三事曰臣聞舜舉十六族謂八元八凱也計其賢明理優今日猶復擇才授任不相侵濫故得四門雍穆庶績咸熙今官員極多用人甚少有一人身上乃兼數職爲是國無人也爲是人不善也今萬乘大國髦彥不少縱有明哲無由自達東方朔言曰尊之則爲將卑之則爲虜斯言信矣今當官之人不度德量力既無呂望傅說之能自負傅巖滋水之氣不慮憂深責重惟畏總領不多安斯寵任輕彼權軸好致顛蹶蓋此

之由也易曰鼎折足覆公餗其形渥凶言不勝其任也臣聞窮力舉重不能爲用伏願更徙賢良分才叅掌使各行有餘力則庶事康哉其四事曰臣聞禮云析言破律亂名改作執左道以亂政者殺孔子曰仍舊貫何必改作伏見比年以來改作者多矣至如范威漏刻十載不成趙翊尺秤七年方決公孫濟迂誕醫方費逾巨萬徐道慶廻互子午糜耗飲食嘗明破律多歷歲時王渥亂名曾無紀極張山居未知星位前已蹂藉太常曹魏祖不識北辰今復轄轢太史莫不用其短見使自誇毗邀射名譽厚相誣罔請今日已後有如此者若其言不驗必加重罰庶令有所畏忌不敢輕奏狂簡時蘇威權兼數司先嘗隱武功故妄言自負傅巖滋水之氣以此激上書奏威大御之

柳彧爲治書侍御史見高祖勤於聽受百僚奏請多有煩碎因上疏諫曰臣聞自古聖帝莫過唐虞象地則天布政施化不爲叢脞是謂欽明語曰天何言哉四時行焉故知人君出令誡在煩數是以舜任五臣堯咨四岳設官分職各有司存垂拱無爲天下以治所謂勞於求賢逸於任使又云天子穆穆諸侯皇皇此言君臣體裁有別比見四海一家萬機務廣事無

大小咸關聖聽留心治道無憚疲勞亦由群官懼罪不能自決取判天旨聞奏過多至營造細小之事出給纖微之物一日之內酬荅百司至乃日旰忘食夜中未寢動以文簿憂勞聖躬伏願思臣至言少減煩務以怡神爲意以養性爲懷思武王安樂之義念文王憂勤之理若其經國大事非臣下裁斷者伏願詳決自餘細務責成所司則聖體盡無疆之壽臣下蒙覆育之賜也高祖覽而嘉之

楊尚希爲上儀同高祖每旦臨朝日昃不倦尚希諫曰周文王以憂勤事損壽武王以安樂延年願陛下

舉大綱責成宰輔繁碎之務非人主所宜親也帝歎然曰公愛我

張美仕後周爲司城中大夫以年老致政高祖遷都龍首美上表勸以儉約上優詔答之

裴肅仁壽中爲貝州長史見皇太子勇蜀王秀左僕射高熲俱廢黜遣使上書曰臣聞事君之道有犯無隱愚情所懷敢不聞奏竊見高熲以天挺良才元勳佐命陛下光寵亦已優隆但鬼瞰高明世疵俊異側目求其長短者豈可勝道哉願陛下録其大功忘其小過臣又聞之古先聖帝教而不誅陛下至慈度越

前聖二庶人得罪已久寧無革心願陛下弘君父之慈顧天性之義各封小國觀其所爲若能遷善漸更增益如或不悛貶削非晚今者自新之路永絶愧悔之心莫見豈不哀哉書奏帝謂楊素曰裴肅憂我家事此亦至誠也

蘇威爲民部尚書兼納言文帝嘗與文獻皇后對觴召威及高熲楊素廣平王雄四人謂曰太史言朕祚運盡於三年朕憂懣故舉此酒耳今欲營南山險處與公等固之以觀時變將如何威進曰周文修德旋地動之災宋景一言星退三舍願陛下恢崇德度享天之休若棄德恃險同舟之人誰非敵國縱南山之阻安足固哉帝善其言屬之以酒又從煬帝征遼東領右禦衛大將軍楊玄感之反也帝引威帳中懼見於色謂威曰此小兒聰明得不爲患乎威曰夫識是非審成敗者乃所謂聰明玄感麤疎非聰明者必無所慮但恐寖成亂階耳威見勞役不息百姓思亂微以此諷帝竟不悟後從幸鴈門爲突厥所圍朝廷危懼帝欲輕騎潰圍而出威諫曰城守則我有餘力輕騎則彼之所長陛下萬乘之主何宜輕脫帝乃止突厥俄亦觧圍而去車駕至太原威言於帝曰今者盜

賊不止士馬疲敝願陛下還京師深根固本爲社稷之計帝初然之竟用宇文述等議遂往東都時天下大亂威知帝不可改意甚患之屬帝問侍臣盜賊事宇文述曰盜賊信少不足爲虞威不能詭對以身隱於殿柱帝呼威而問之威對曰臣非職司不知多少但患其漸近帝曰何謂也威曰他日賊據長白山今者近在滎陽汜水帝不悦而罷尋屬五月五日百僚上遺多以珍翫威獻尚書一部微以諷帝帝彌不平

唐孫伏伽爲萬年縣法曹武德元年初以三事上諫其一曰臣聞天子有諍臣雖無道不失於天下父有

諍子雖無道不陷於不義故曰子不可以不諍於父臣不可以不諍於君以此言之臣之事君猶子之事父故也隋後主所以失天下者何也止爲不聞其過當時非無直言之士由君不受諫自謂德盛唐堯功高夏禹窮侈其慾以恣其心天下之士肝腦塗地戶口減耗盜賊日滋而不覺知者皆由朝臣不敢告之也向使修嚴公之法開直言之路選賢任能賞罰得中人人樂業誰能搖動者乎所以前朝好爲變更不師古訓者止爲天誘其咎將以開今聖唐也陛下龍舉晋陽天下響應計不旋踵大位遂隆陛下勿以唐

得天下之易不知隋失之不難也陛下貴爲天子富有天下動則左史書之言則右史書之既爲竹帛所拘何可恣情不慎凡蒐狩須順四時旣代天理安得非時妄動陛下二十日龍飛二十一日有獻鷂雛者此乃前朝之弊風少年之事務何忽今日行之又聞相國參軍事盧牟子獻琵琶長安縣丞張安道獻弓箭頻蒙賞勞但普天之下莫非王土率土之濱莫非王臣陛下必有所欲何求而不得陛下所少者豈此物哉願陛下察臣愚心則天下幸甚其二曰百戲散樂本非正聲有隋之末大見崇用此謂淫風不可不改近者太常官司於人間借婦女裙襦五百餘具以充散妓之服云擬五月五日於玄武門遊戲臣竊思審實損皇猷亦非貽厥孫謀爲後代法也故書云無以小怨爲無傷而弗去恐從小至於大故也論語云放鄭聲遠佞人又云樂則韶舞以此言之散妓定非功成之樂也如臣愚見請並廢之則天下不勝幸甚其三曰臣聞性相近而習相遠以其所好相染也故書云與治同道罔弗興與亂同事罔弗亡以此言之興亂斯在所與皇太子及諸王等左右群僚不可不擇而任之也如臣愚見但是無義之人乃先來無賴

家門不能邕睦及好奢華馳獵馭射專作慢遊狗馬聲色歌舞之人不得使親而近之也此等止可悅耳目備驅馳至於拾遺補闕決不能爲也臣歷窺往古下覩近代至於子孫不孝兄弟離間莫不爲左右之亂也願陛下妙選賢才以爲皇太子僚友如此卽克隆磐石永固維城矣高祖覽之大悅以爲治書侍御史及平王世充竇建德大赦天下旣而責其黨與竝令配遷伏伽上表諫曰臣聞王言無戲自古格言去食存信傳諸舊典故書云爾無不信朕不食言又論語云一言出口駟不及舌以此而論言之出口不可

不慎伏惟陛下光臨區宇覆育群生率土之濱誰非臣妾緜綸一發取信萬方使聞之者不疑見之者不惑陛下今月二日發雲雨之制光被黔黎無所間然公私蒙賴旣云嘗赦不免皆赦除之此非直赦其有罪亦與天下斷當許其更新以此言之但是赦後即無事因何王世充及建德部下赦後始欲遷之此是陛下自違本心遣下人若爲取則若欲子細推尋逆城之內人誰無罪故書云殲厥渠魁脅從罔治若論渠魁充等爲首渠魁尚免脅從何辜且古人云蹠狗吠堯吠非其主在東都城内及建德部下及有與陛

下積小故舊編髮友朋猶尚有人敗後始至者此等豈忘陛下皆云被擁故也以此言之自外踈者竊謂無罪又書云非知之艱行之惟艱上古以來何代無君所以只稱堯舜之善者何也直由爲天子者實難善名難得故也往者天下未平威權須應機而作今四方旣定設法須與人共之但法者陛下自作之還須守之使天下百姓信而畏之今自爲無信欲遣兆人若何信畏故書云無偏無黨王道蕩蕩無黨無偏王道平平賞罰之行達乎貴賤聖人制法無限親踈如臣愚見世充建德下僞官經赦合免責情欲遷配若請竝放之則天下幸甚又上表請置諫官高祖皆納焉

孔穎達爲給事中太宗初即位留心庶政穎達數進忠言益見親待太宗嘗問曰論語云以能問於不能以多問於寡有若無實若虛何謂也穎達對曰聖人設教欲人謙光已雖有能不自矜大仍就不能之人求訪能事已之才藝雖多猶以爲少仍就寡少之人更求所益已之雖有其狀若無已之雖實其容若虛非惟匹庶帝王之德亦當如此夫帝王内蘊神明外須玄默使深不可測度不可知易稱以蒙養正以明

夷蒞衆若其位居尊極炫耀聰明以才凌人飾非拒諫則上下情隔君臣道乖自古滅亡莫不由此也太宗深善其對

李大亮爲凉州都督以惠政聞太宗謂侍臣曰大亮可謂忠直矣朕遣使至其所見有佳鷹諷令獻朕大亮因密表責朕云陛下久絶田獵而使者求鷹若是陛下之意深乖昔旨如其自擅使罪其人朕覽表嘉歎不能自已有臣若是朕復何憂於是賜之金壺以彰忠讜

戴胄爲民部尚書太宗將修雒陽宮諫曰關中河外

近置軍團富室強丁並從戎旅重以九城作使餘丁向盡去京二千里內先配司農將作假有遺餘勢何足紀亂離俯爾戶口單苦一人就役舉家便廢入軍者督其戎仗從役者責其餱糧盡室經營多不能濟以臣愚見恐致怨嗟今丁役既盡賦調不入費用不止帑藏甚虛且雒陽宮殿足蔽風雨數年功畢亦謂非晚若頓修營恐傷勞擾上嘉之因謂其侍臣曰戴胄於我非骨肉之親但以忠直勵行情深體國事有機要無不以聞

張玄素爲給事中太宗發卒修雒陽宮玄素諫曰陛

下承百王之末屬凋弊之餘必欲節之以禮制陛下宜以身爲先東都未有幸期卽令補葺豈疲人之所望也陛下初平東都之始層樓廣殿皆令徹毀天下翕然同心欣仰豈有初則惡其侈靡今乃襲其雕麗臣每承德音未卽巡幸此則事不急之務成虛費之勞國無兼年之積何用兩都之好臣聞阿房成秦人散章華就楚衆離又乾陽畢工隋人解體且以陛下今時功力何如隋日役瘡痍之人襲亡隋之弊深恐甚於煬帝者矣願陛下思之無爲由余所笑則天下幸甚上大悅謂房玄齡曰本修雒陽意在便於百姓今玄素上表實亦可依必事理須行露坐亦復何苦所修宜卽停之

褚遂良爲諫議大夫太宗問曰舜造漆器禹雕其俎當時諫舜禹者十餘人食器之間苦諫何也遂良對曰彫琢害農事纂組傷女工首創奢淫危亡之漸漆器不已必金爲之金器不已必玉爲之所以諍臣必諫其漸及其滿盈無所復諫太宗以爲然因曰夫人君不憂百姓而事奢淫危亡之機可反手而待也又皇子年幼者多任都督刺史遂良上疏曰昔兩漢以郡國理人除郡以外分立諸子割土分疆雜用周制

皇唐州縣粗依秦法皇子幼年或授刺史陛下豈不以編王骨肉鎮扞四方此之造制道高前烈如臣愚見有小未盡何者刺史郡帥民仰以安得一善人部內蘇息遇一不善人合州勞弊是以人君愛恤百姓嘗爲擇賢或稱河潤九里京師蒙福或人興歌詠生爲立祠漢宣帝云與我共理者惟良二千石乎如臣愚見陛下兒子內年齒尚幼未堪臨人者且留京師教以經學一則畏天之威不敢犯禁二則觀見朝儀自然成立因此卽習自知爲人審堪臨州然後遣出臣謹按漢明章和三帝能有愛子弟自茲已降取爲

准的封立諸王各有國土年尚幼小者召留京師訓以禮法垂以恩惠訖三帝世諸王數十百人惟二王稍惡自餘飡和染教皆爲善人此則前事已驗惟陛下詳察太宗深納之又太宗謂侍臣曰當今國家何等爲急遂良曰卽日四方仰德誰敢爲非取太子諸王須有定分陛下宜爲萬代法以遺子孫太宗曰此言是也朕年將五十已覺衰怠既以長子守器東宮弟及庶子數將五十心常憂慮頗在此耳但自古嫡庶無良何嘗不傾敗國家公等爲朕捜訪賢德以輔儲宮爰及諸王咸求正士但事人歲久卽分義情深

非意闚闟多由此作其王府官僚宜限以四方考而代也後爲黃門侍郎太宗於寢殿側置一院令太子居之絶不令往東宮遂良上疏諫曰臣聞周兩問安三至必退漢儲侍膳五日乃來前賢作法規模弘遠禮曰男子十年出就外傳出宿於外學書計然則古之達者豈無私愛欲使成立凡人尚猶如此況君之世子乎自當春誦夏絃親近師傅體人間之庶事識君臣之大道使翹足延首皆聆善聲若獻歲之有陽春玄天之有日月弘此懿德乃作元良伏惟陛下道育三才功包九德新樹太子莫不欣然既云廢昏立明須稱天下瞻望而教成之道實深乖闕不離膝下常居宮內保傅之說無暢經籍之談蔑如且朋友不可以深交交深必有怨父子不可以滯愛愛滯或生慾伏願遠覽殷周近遵漢魏不可頓革事須階漸常計旬日半遣還宮專學藝以潤身布芳聲於天下則微臣雖死之日猶生之年太宗從之又太宗伐遼將發遂良上疏曰臣旁求史籍訖于近代爲人之主無自伐遼人臣往征則有之矣漢則荀彘楊僕魏代則每丘儉王頎司馬懿猶爲人臣慕容眞僭號之子皆爲其主長驅高麗虜其人畜削城平慕陛下立功同

於天地美化包於古昔自當超邁百王豈止俯同六子陛下昔剪平冦逆大有爪牙年齒未衰猶堪任用惟陛下之所使亦何行而不尅今太子新立年實幼少自餘藩屏陛下所知今一朝棄金湯之安渡遼海之外臣忽三思煩愁竝集特乞天慈一垂省察

虞世南爲祕書監雖容貌懦懦若不勝衣而志性抗烈每論昔古先帝王爲政得失必存規諷多所補益貞觀中隴右山摧大蛇屢見山東及江淮多大水太宗以問世南對曰春秋時山摧晉侯召伯宗而問焉對曰國主山川故山摧川竭君爲之不舉降服乘縵徹樂

出次祝幣以禮焉梁山晉所主也晉侯從之故得無害漢文帝元年齊楚地震二十九山同日摧大水出令郡國無來貢獻施惠於天下遠近歡洽一不爲災後漢靈帝時青蛇見御坐晉惠帝時大蛇長三百步見齊地經市入廟案蛇宜在草野而入市朝所以可爲怪耳今蛇見山澤蓋深山大澤必有龍蛇亦不足怪也又山東足雨雖則其常然陰淫過久恐有冤獄宜省繫囚庶幾或當天意且妖不勝德惟修德可以消變太宗以爲然因遣使者賑恤饑餒申理獄訟多所原宥後有星孛于虛危歷于氐百餘日乃滅太宗

謂群臣曰天見彗星是何妖也世南曰昔齊景公時彗星見公問晏嬰對曰公穿池沼畏不深起臺榭畏不高行刑罰畏不重是以天見彗星爲公誡耳景公懼而修德後十六日而星沒臣聞天時不如地利地利不如人和若德義不修雖獲麟鳳終是無補但政事無闕雖有災何損於時然願陛下勿以功高古人而自矜伐勿以太平漸久而自驕怠愼終於始彗星雖見未足爲憂太宗斂容謂曰吾之撫國良無景公之過但吾纔弱冠舉義兵年二十四平天下未三十而居大位自謂三代以降撥亂之主莫臻於此重以薛舉之驍雄宋金剛之鷙猛竇建德跨河北王世充據洛陽當此之時足爲勍敵皆爲我所擒及逢家難復決意安社稷遂登九五降服北夷吾頗有自矜之意以輕天下之士此吾之罪也上天見變良爲是乎秦始皇平六國隋煬帝富四海既驕且逸一朝而敗吾亦何得自驕也言念於此不覺惕焉震懼又太宗狩于濟源之麥山帝曰古者先驅以供宗廟今所獲鹿宜令所司造脯醢以充薦享世南諫曰陛下因聽覽之餘成順天以殺伐將欲摧班碎掌親御皮軒窮猛獸之窟穴盡逸材之林藪夷凶剪暴以衛黎元收

革擢羽用充軍器舉旗効獲或遵前古然黃屋之尊金輦之貴八方之所仰德萬國之所係心清道而行猶虞銜橜斯蓋重愼防微爲社稷計也是以馬卿直諫於前張昭變色於後臣誠微末敢忘斯義且天弧星畢所殪已多頒食肆獲皇恩亦溥伏願時息獵車且韜長戟不拒芻蕘之請降納溝澮之流袒裼從搏任之群下則貽範百王永光萬世

高季輔貞觀中爲中書舍人上疏曰竊見密王元撓等皆是懿親陛下友愛之懷義高古昔分以車服委以藩維須依禮儀以副瞻望比見帝子拜諸叔諸叔

亦荅拜王爵既同家人有禮詎合如此顛倒昭穆伏
望一垂訓誡永循彝則
馬周爲監察御史貞觀六年將幸九成宮周上疏曰
伏見明勑以四月二日幸九成宮臣竊惟太上皇春
秋已高陛下所宜朝夕視膳而晨昏起居今所幸宮
去京三百餘里鑾輿動軔嚴蹕經旬非可以旦暮至
脫太上皇情或思感而欲卽見陛下者將何以赴之
且車駕今行本爲避暑而往然則太上皇尚留熱所
而陛下自遂涼處溫清之道臣竊未安然勑書既出
業已成就願示速反之期以開衆惑十一月從幸雒

陽又上疏曰臣歷觀前代自夏殷及漢氏之有天下
傳祚相繼者八百餘年少者猶四五百年皆爲積德
累業恩結於人心豈無僻王賴前哲以免自魏晉以
還降及周隋多者不過五六十年少者纔二十三年
而亡良由創業之君不務廣恩化當時僅能自守後
無遺德可思故傳嗣之主政教少衰一夫大呼而天
下土分矣今陛下雖以大功定天下而稱德日淺故
當思隆禹湯文武之道廣施德化使恩有餘地爲子
孫立萬代之基但令政教無失以持當年而已然自
古明王聖主雖因人設教寬猛隨時而大要唯以節
用於身恩加於人二者是務故其下愛之如日月畏
之如雷霆此其所以卜祚遐長而禍亂不作也今百
姓承喪亂之後比於隋時纔十分之一而供官徭役
道路相繼兄去弟還首尾不絕遠者往來五六千里
春秋冬夏略無休時陛下雖每有恩詔令其減省而
有司作既不廢自然須人徒行文書役之如故臣每
訪問四五年來百姓頗有嗟怨之言以爲陛下不存
養之昔唐堯茅茨土堦夏禹惡衣菲食如此之事臣
知不可復行於今漢文帝惜百金之費輟露臺之役
集上書囊以爲殿帷所幸愼夫人衣不曳地至景帝

以錦繡纂組妨害女功特詔除之所以百姓安樂至
孝武帝雖窮奢極侈而承文景遺德故人心不動向
使高祖之後卽有武帝天下必不能全此於時代差
近事迹可見今京師及益州諸處營造供奉器物并
諸王妃主服飾議者皆不以爲儉臣聞昧旦丕顯後
世猶怠作法於理其弊猶亂陛下少處人間知百姓
辛苦前代成敗目所親見上猶如此而皇太子生長
深宮不更外事卽萬歲之後固聖慮所當憂也臣竊
尋往代以來成敗之事但有黎庶怨叛聚爲盜賊其
國無不卽滅人主雖改悔未有重能安全者凡修政

教當修於可修之時若事變一起而後悔之則無益者也故人王每見前代之亡則知其政教之所由喪而皆不知其身之失是知殷紂笑夏桀之亡而幽厲亦笑殷紂之滅隋煬帝大業之初又笑齊魏之失國今之視煬帝亦猶煬帝之視齊魏也故京房謂漢元帝云臣恐後之視今亦猶今之視古此言之不可不誡也往者貞觀之初率土霜儉一疋絹纔得一斗米而天下怡然百姓知陛下甚憂憐之故人人自安曾無謗讟自五六年頻歲豐稔一疋絹得粟十餘石而百姓皆以爲陛下不憂憐之咸有怨言又今所營爲

者寔頗多不急之務故也自古以來國之興亡不由積蓄多少惟在百姓苦樂且以近事驗之隋家貯雒口倉而李密因之東都積布帛而王充據之西京府庫亦爲國家之用至今未盡向使雒口東都無穀帛則世充李密未必能聚大衆但貯積者固是有國之常事要當人有餘力而後收之豈人勞而強斂之更以資寇積之無益也然儉以息人貞觀之初陛下已躬爲之故今行之不難也爲之一日則天下知之式歌且舞矣若人既勞矣而用之不息儻中國被水旱之災邊方有風塵之患狂狡因之一竊發則有不可測之事非徒聖躬旰食晏寢而已古語云動人以行不以言應天以實不以文以陛下之明誠欲厲精爲政不煩遠采上古之術但及貞觀之初則天下幸甚昔賈誼謂漢文帝云可慟哭及長歎息者言當韓信王楚彭越王梁英布王淮南之時使文帝卽天下位必不能安又言賴諸王年少傅相制之長大之後必生禍亂歷代以來皆以誼言爲是臣竊觀今諸將功臣陛下所與定天下者皆仰稟成規備鷹犬之用無威略振主如韓彭之難駕馭者而諸王年並幼小縱其長大當陛下之日必無他心然卽萬代之後不可

不慮自漢晉以來亂天下者何嘗不是諸王皆爲樹置失宜不預爲節制以至於滅亡人主孰知其然但溺於私愛故使前車旣覆而後車不改轍也今天下百姓極少諸王甚多寵遇之恩有過厚者臣之愚慮不惟慮其恃恩驕矜也昔魏武帝寵陳思及文帝卽位防守禁閉有同獄囚以先帝加恩大多故嗣王疑而畏之也此則武帝寵陳思適所以苦之也且帝子何患不富貴身食大國封戶不少好衣美食之外更何所須而每年別加優賜曾無紀極里語曰貧不學儉富不學奢言自然也今大聖創業豈惟處置見在

子弟而已當制長久之法使萬代遵行又言臨天下
者以爲人本欲百姓安樂惟在刺史縣令縣令既衆
不可皆賢若毎州得良刺史則合境蘇息天下刺史
悉稱賢則陛下端拱巖廊之上百姓不慮不安自古
郡守縣令皆妙選賢德欲有擢昇宰相必先試以臨
人或從二千石入爲丞相今朝廷獨重內官縣令刺
史頗輕其選刺史多是武夫勳人或京官不稱職方
始外出而折衝果毅之內身材強者先入爲中郎將
其次始補州任邊遠之處用人更輕其材堪宰莅以
德行見稱擢者十不能一所以百姓未安殆由於此

疏奏太宗稱善久之先是京城諸街毎至晨暮遣人
傳呼以警衆周遂奏請街置鼓毎擊以警衆令罷傳
呼時人便之太宗益加賞勞又城陽公主改適饒州
刺史薛昱之子瓘將成婚太宗使卜人卜之曰兩火
俱食始則同榮末亦雙悴若晝日行合巹之禮則終
吉太宗將從之周諫曰臣聞朝謁以朝思相戒也講
習以晝思相成也讌飲以昃思相歡也婚合以夕思
相親也是以上下有威內外有規動息有時吉凶有
宜先王之教不可瀆也今陛下欲謀其始而亂其紀
不可爲也夫卜筮者所以定猶豫決嫌疑若瀆禮亂
嘗先王所不用也太宗又從其言而止
岑文本爲中書侍郎太宗謂侍臣曰當國家何等最
急各爲我言之文本曰傳稱道之以德齊之以禮由
斯而言禮義爲急貞觀十一年文本從至雒陽宮會
穀雒汎溢文本上封事曰臣聞創撥亂之業者其功
既難守已成之基者其道不易故居安思危所以定
其業也有始有卒所以隆其基也今雖億兆乂安方
隅寧謐既承喪亂之後又接凋弊之餘戶口減損尚
多田疇墾開猶少覆燾之恩著矣而創痍未復德教
之風被矣而資產屢空是以古人譬之種樹年紀綿

遠則枝葉扶疏若種之日淺根本未固雖壅之以黑
墳暖之以春日一人搖之必致枯槁今之百姓頗類
於此嘗加含養則日就滋息暫有征役則隨而凋耗
凋耗既甚則人不聊生人不聊生則怨氣充塞怨氣
充塞則離散之心生矣故帝舜曰可愛非君可畏非
人孔安國曰人以君爲命故可愛君失道人叛之故
可畏仲尼曰君猶舟也人猶水也水所以載舟亦所
以覆舟是以古之哲王雖休勿休日愼一日者良爲
此也伏惟陛下覽古今之事察安危之機上以社稷
爲重下以億兆係念明選舉愼賞罰進賢才退不肖

聞過旣改從諫如流爲善在於不疑出令期於必信
願神養性省畋遊之娛去奢從儉減工役之費務靜
方内而不求闢土載櫜弓矢而無忘武備凡此數者
雖爲國之常道陛下之所常行臣之愚心惟願陛下
思之而不倦行之而不怠則至道之美與三五比隆
億載之祚隨天地長久雖使桑穀爲妖龍蛇作孽雉
雊於鼎耳石言於晉地猶當轉禍爲福變咎爲祥况
水雨之患陰陽常理豈可謂之天譴而繫聖心哉臣
聞古人有言農夫勞而君子養焉愚者言而知者擇
焉輙陳狂瞽伏待斧鉞是時魏王盛修第宅文本以

爲侈不可長上疏盛陳節儉之義言泰宜有抑損太
宗竝嘉之侯君集初破高昌曾未奏請輙配沒無罪
人又私取寶物將士知之亦競來盜竊君集恐發其
事不敢制及京師有司請推其罪詔下獄文本以爲
功臣大將不可輕加屈辱上疏曰君集等或位居輔
佐或職爲爪牙竝蒙拔擢受將帥之任不能正身奉
法以報陛下之恩舉措肆情罪負盈積實宜繩之刑
典以肅朝倫但高昌昏迷人神共棄在朝議者以其
地在遐荒咸欲置之度外惟陛下運獨見之明授決
勝之䇲君集等奉行聖算遂得指期平殄若論事實

竝是陛下之功君集等有道路之勞未足稱其勳力
而陛下天德弗宰乃推功於將帥露布初至便降大
恩從征之人皆霑浩蕩及其凱旋特蒙曲宴又對萬
國加之重賞内外文武咸欣陛下賞不踰時而不經
旬日竝付大理雖乃君集等自挂網羅而在朝之人
未知所犯恐海内又疑陛下惟錄其過似遺其功臣
以下才謬參近職旣有所見不敢默然臣聞古之人
君出師命將克敵則獲重賞不克則受嚴刑是以當
其有功也雖貪殘淫縱必蒙青紫之寵當其有罪也
雖勤躬潔己不免鈇鉞之誅故周書曰記人之功忘

人之過宜爲君者也昔漢貳師將軍李廣利捐五萬
之師靡億萬之費經四年之勞惟獲駿馬三十匹雖
斬宛王之首而貪不愛卒罪惡甚多武帝爲萬里征
伐不錄其過遂封廣利海西侯食邑八千戶又較尉
陳湯矯詔興師雖斬友單于而湯素分盜所取康君
財物事多不法爲司隸所係湯乃上疏曰與吏士共
誅友幸得擒滅今司隸乃收繫案驗是爲友報讎也
元帝赦其罪封湯關内侯賜黃金百斤又晉龍驤將
軍王濬有平吳之功而王渾等論濬違詔不受節度
軍人得孫皓寶物并燒皓宮及船濬上表曰今年平

吳誠爲大慶於臣之身更爲咎累武帝赦而不推拜輔國大將軍封襄陽侯賜絹萬匹近隋新義郡公韓擒虎平陳之日縱士卒暴亂叔寶宮内文帝亦不問罪雖不進爵拜擒虎上柱國賜物八千段由斯觀之將帥之臣廉慎者少貪求者衆是以黄石公軍勢曰使智使勇使貪使愚故智者樂立其功勇者好行其志貪者邀趨其利愚者不計其死是知前聖莫不收人之長棄人之短良爲此也臣又聞之天地之道以覆載爲先帝王之德以含弘爲美夫以區區漢武及歷代諸帝猶能宥廣利等況陛下天縱神武振寵圖以定

六合豈獨正茲刑網不行古人之事哉伏惟聖懷自當已有斟酌臣今所以陳聞非敢私君集等庶以螢爝末光增輝日月陛下降雨露之澤收雷電之威録其微勞忘其大過使君集重升朝列復預驅馳雖非清貞之臣猶是貪愚之將斯則陛下聖德雖屈法而德彌顯君集等愆過雖蒙宥而過更彰足使立功之士因茲而皆勸負罪之將由斯而改節矣疏奏乃釋

劉洎爲散騎常侍貞觀十七年皇太子初立洎謂宜尊賢重道以弘聖德上書曰臣聞郊迎四方孟侯所以成德齒學三讓元良由是作貞師皆屈主祀之尊申下交之義故得嘉言咸薦曆問旁通不出軒庭坐知天壤率由兹道永固鴻基者焉是故周儲上哲師望奭而加裕漢嗣深仁引園綺而昭德原夫太子宗祧是繫善惡之際興亡斯在不勤於始將悔於終是以晁錯上書令先通政術賈誼獻夙振明允篤誠之美孝友仁義之方皆自天資非受審論固以華夷仰德翔泳希風矣然則寢門視膳已表於三朝藝官論道宜弘於四術伏惟陛下誕睿膺圖登庸歷試多才多藝道著於正時允武允文功成於纂紀萬方即序九國清晏尚且雖休勿休日愼一日求異聞於振古

勞睿思於當年乙夜觀書事高漢帝馬上披卷勤過魏皇陛下自勵如此而今太子優游棄日不習圖書臣所未諭一也加以暫屏機務即寓雕蟲紆睿思於天文則長河韜映摛玉字於仙札則流霞成彩固以錙銖萬代冠冕百王屈宋不足以升堂鍾張何偕於入室陛下自好如此而今太子悠然靜處不尋篇翰臣所未諭二也陛下備該衆妙獨秀寰中猶晦天聰俯詢凡識聽朝之隙引見群官降以溫顏訪以古今得失朝廷是非里閭好惡凡有巨細必關聽覽陛下自行如此而今太子交友趨侍不接正人臣所未諭

三也陛下若謂無益則何事勞神若謂有成則宜申貽厥蔑而不急未見其可伏願俯惟睿範訓及儲君授以良書娛之嘉客朝披經史觀成敗於前蹤晚接賓遊訪得失於當代間以書禮繼以篇章則日聞所未聞日見所未見副德逾光群生之福也古之太子問安而退所以廣敬於君父異宮而處所以分别於嫌疑今太子一侍天闈動移旬朔師傅以下無由接見假令供奉有隙暫還東朝拜謁既疎且事欣仰規諫之道固所未暇陛下不可以親教宮中無因以進言雖列百僚竟將何補伏願不循前躅稍抑下位弘

遠大之規展師友之義則離輝克茂帝圖斯廣凡在黎元孰不慶賴太子溫良恭儉聰明睿哲含靈所悉臣豈不知淺識勤思效愚忠者願滄溟益潤日月增華自此勑令洎與岑文本褚遂良往東宮與太子遊處爲賓客焉太宗既博總群書勵精政術每與公卿言及古今必詰難往復洎上書諫曰帝王之與凡庶聖哲之與庸愚上下相懸擬倫斯絶是知課至愚而對至聖以極卑而對極尊徒思自強不可得也陛下降恩旨假慈顔凝旒以聽其言虛襟以納其説猶恐群下未敢對揚況動神機縱天辯飾辭以禮其理援古以排其議欲令凡蔽何階應荅臣聞皇天以無言爲貴聖人以不言爲德老君稱大辨若訥莊生稱至道無聞此皆不欲煩也且多記則損心多語則損氣心氣内損形神外勞初雖不覺久必爲累須爲社稷自愛豈爲性好自傷乎竊以今日升平皆力行所致欲其久長非由辯博但當忘彼愛憎慎兹取舍每事敦朴無非至公若貞觀之初則可矣至如秦政強辯失人心於自矜魏文宏才虧衆望於虛説此才辯之累較然可知矣伏願畧兹雄辯浩然養氣簡彼緗圖澹爲怡目固萬壽於南岳齊百姓於東戸則天下幸

甚皇恩斯畢

冊府元龜

巡按福建監察御史臣李嗣京訂正
知長樂縣事臣夏允彝參閱
知建陽縣事臣黃國琦較釋

諫諍部十

規諫第九

唐張行成爲太子詹事以本官簡較尚書左丞太宗幸靈州太子當從行成上疏曰臣愚以爲太子養德春宮日月未幾華夷遠邇停聽德音如留京師監國接對百僚決斷庶務明習政理旣爲京師重鎭且示

四方盛德與其出就私愛曷若俯從公道太宗以爲忠進位銀青光祿太夫

郝處俊爲中書侍郎高宗御含元殿東翔鸞閣觀大酺時京城四時及太常音樂分爲東西兩朋帝令雍王賢爲東朋周王顯爲西朋務以角勝爲樂處俊諫曰臣聞禮所以示童子無誑者恐其欺詐之心生也伏以二王春秋尚少意趣未定當須推梨讓棗相親如一今忽分爲二朋遞相誇競且俳優小人言辭無度酣樂之後難爲禁止恐其交爭勝負譏誚失禮非所以遵仁義示和睦也帝瞿然曰卿之遠識非衆人所及也遽令止

陳子昂垂拱初爲秘書省正字子昂上疏曰臣伏見陛下憂勤政理而未以刺史縣令爲念臣竊見吏部選人補縣令如補一縣尉耳但以資次考第從官遊歷即補之不論賢良德行何能以化人而拔擢見補者縱使吏部侍郎特有知此弊而欲超越用人則天下小人已囂然則謗矣所以然者皆於常也所以天下庸流皆任縣令庸流一雜賢人不肖莫分但以資次爲選不以能得職所以天下凌遲百姓無由知陛下聖德勤勞夙夜之念但以愁怨以爲天子之令遣

如是也自有國已來此弊最深而未能除也又曰竊惟刺史縣令之職實陛下政教之首也得其人則百姓家見而戶聞不得其人但委棄有司而挂壁耳陛下欲使家傳禮義吏習清勤不重選刺史縣令將何道以致之耶臣比在草下爲百姓久矣縣令之化臣實委知國之興衰莫不在此職也何者一州得賢明刺史以至公循良爲政者則十萬家賴其福若得貪暴刺史以徇私苛虐爲政者則十萬家受其禍一州禍福且如是況天下之衆豈得勝道哉固臣以爲陛下政化之首國家興衰在此職也伏願深思妙選以

救此弊

魏玄同垂拱初爲鸞臺侍郎兼天官侍郎以吏部選舉不得人上表曰漢諸侯得自置吏四百石已下其傅相大官則漢爲之置州郡掾吏督郵從事悉任之於牧守爰自魏晉始歸吏部遞相祖襲以迄於今用刀筆以量才按簿書而察行法令之弊由來久矣蓋君子重因循而憚改作有不得已者亦當運獨見之明定卓然之議如今選司所行者非上皇之令典乃近代之權道所宜遷革實爲至要且天下之大士人之衆而可委之數人之手乎假如平如權衡明如水

鏡力有所極炤有所窮銓索既多紊失斯廣又以比居此任時有非人情故既行何所不至悠悠風塵此馬奔競擾擾遊宦同乎市井加以厚貌深衷險如溪壑擇言觀仁猶懼不周今吏考行寵能折衷於一面具僚庶品專斷於一司不亦難乎況今諸色人流歲有千計群司列位無復新加官有常員人無定限選集之始霧積雲屯擢序於終十不收一淄澠既混玉石難分用捨去就得失相半周穆王以伯冏爲太僕正命之曰愼簡乃僚無以巧言令色便僻側媚其唯吉士此則命其自擇下吏之文也太僕正中大夫耳尚以僚屬委之則三公九卿亦必然矣夫委任責成君之體也所委者衆所用者精故能得濟濟之多士盛芃芃之棫樸裴子野有言曰官人之難先王言之尚矣居家視其孝友鄉黨服其誠信出入觀其志義憂難取其智謀煩之以事以觀其能臨之以義以察其廉始之於學校掄之於州里告諸六事而後貢之於王庭其在漢家猶尚然矣州郡積其功能然爲五府所辟五府舉其掾屬而昇於朝三公參得除署尚書奏之天子一人之身所關者衆一賢之進其課也詳故能官得其人鮮有敗事晉魏反是所失弘多子

野所論蓋區區之宋耳猶謂不勝其弊而況於當今乎今不待州縣之舉直取之於書判恐非先德行而後言語之義也臣又聞漢書云張耳陳餘之賓客皆天下俊傑彼之蕞爾猶能若斯況以國家而不建久長之策爲無窮之根盡得賢取士之術而但顧望魏晉之遺風流意周隋之末事臣竊惑之伏願依周漢之規以分吏部之選卽望所用精詳鮮於差失

朱敬則爲右補闕聖曆二年請告絶羅織之徒上疏曰臣聞李斯之相秦也行申商之法重刑名之家杜私門張公室棄無用之費損不急之官惜日愛功疾

耕悉戰人繁國富遂屠諸侯此救弊之術也故曰刻薄可施于趨進變詐可陳於攻戰兵猶火也不戢自焚況鋒鏑已銷石城又毀諒可易之以寬泰潤之以淳和八風之樂以柔之三代之禮以導之秦旣不然淫虐滋甚往而不返卒至土分此不知變之禍也陸賈叔孫通之事漢王也當滎陽成臯之間糧饋已窮知勇俱困不敢開一說効一奇進豪猾之才薦貪暴之客及區宇適平干戈向戢金鼓之聲未歇傷痍之痛尚聞二子顧眄雍容綽有餘態廼陳詩書說禮樂闡王道謀帝圖高皇帝忿然曰吾以馬上得之安事

詩書乎對曰陛下馬上得之安可馬上理之乎高皇默然於是陸賈著新語叔孫通定禮儀始知天子之尊方覺帝王之貴此則變之善也向使高皇排二子而不收置詩書而不顧重攻戰之吏尊首級之材復道爭功張良已知其變拔劍擊柱吾屬不得無謀卽咎漏難逾何十二帝乎亡秦是續何二百年乎故曰仁義者聖人之蘧廬禮經者先王之陳迹然謂祝詞向畢芻狗須投淳精已流糟粕可棄仁義尚捨況輕於此者乎自文明草昧天地屯蒙二叔流言四凶構難不設鈎距無以應天順人不峻刑名不可摧姦息

暴故置神匭以開告端曲直之影必呈包藏之心盡露神道助直無罪不除人心保能無妖不戮以玆妙筭窮造化之幽深用此神謀入天人之祕術故能計不下席聽不出闈蒼生晏然紫宸易主大哉偉哉無得而稱也豈比造攻鳴條大戰牧野血變草木頭折不周可同日而語乎然而急趨無善跡膠柱少和聲拯溺不規行療饑非鼎食卽向時之妙策乃當今之芻狗也伏願覽秦漢之得失考時事之合宜審糟粕之可遺覺蘧廬之須毀見機而作豈勞于終日陛下必不可偃蹇太平徘徊中路伏願改法制立章程下

怡愉之辭流曠蕩之澤刓萋菲之牙角頓姦險之鋒鉼杜告密之源絶羅織之迹使天下蒼生坦然大悅豈不樂哉

王方慶聖曆中爲麟臺監時欲以冬季講武有司稽緩延入孟春方慶上䟽曰謹案禮記月令孟冬之月天子命將帥講武習射御角力此乃三時務農一時講武習射御校才力蓋王者常事安不忘危之道也孟春之月不可以講兵兵者干戈甲胄之總名兵金也金性克木春盛德在木而舉金以害盛德逆生氣孟春行冬令則水潦爲敗雪霜大摯首種不入蔡邕

月令章句云大陰新收少陽尚微而行冬令以導水氣故水潦至而敗生物也雪霜大摯折陽者也大陰于時雨雪而霜故大傷首種謂宿麥也麥以秋種故爲之首種入收也春爲沍寒所傷故夏至麥不成長令孟春講武是行冬令陰政犯陽氣害發生之德臣恐水潦敗物雪霜損稼夏麥不登無所收入也伏望天恩不逆時令至孟冬教習以順天道手制荅曰此爲久屬太平多歷年載人皆廢戰並習學文今者用耀兵威故令教習卿以春行冬令則水潦爲敗舉金傷木則便害發生循覽所陳深合典禮若違卿請乃

月令虛行佇啓直言用依來表

張說爲右補闕久視中以車駕在三陽宮不時還都上疏曰陛下屯萬乘幸離宮暑退凉歸未降還旨愚臣固陋非爲長策請爲陛下陳其不可三陽宮至離城一百六十里有伊水之隔嶠坂之峻過夏涉秋水潦方積道壞山險不通轉運河廣無梁咫尺千里扈從兵馬日費資給連雨彌旬卽難周濟陛下太倉武庫並在都邑紅粟利器蘊若丘山柰何去宗廟之上都安山谷之僻處是猶倒持劍戟示人鐏柄夫禍變之生在人所忽故曰安樂必戒無行所悔今國家北有胡寇覷邊南有夷獠伺釁淛西小旱耕稼是憂安東近平輸漕方始臣願陛下及時旋駕彼蒼群生莫不幸甚

劉知幾天授中爲獲嘉縣主簿上疏曰臣聞漢宣帝云與我共理天下其惟良二千石乎二千石者今之刺史也移風易俗其寄不輕求瘼字人僉屬斯在然則歷觀兩漢已降迄乎魏晉之年方伯岳牧臨州按都或十年不易或一紀仍留莫不盡其化下之方責以理人之術旣而日就月將風加草靡故能化行千里恩漸百城今之牧伯有異於是倏來忽往蓬轉萍

流近則日月仍遷遠則踰年必徙待廳事爲逆旅以下車爲傳舍或云來歲入朝必應改職或道今茲會計必是移藩旣懷苟且之謀何暇循良之績用使百城千邑無聞廉杜之歌萬國九州罕見趙張之政臣願自今已後刺史非三歲已上不可遷官仍以明察功過精甄賞罰冀弘共理之風以贊垂衣之化又上疏曰昔有唐御曆列職命官國多刓印之識人有積薪之歎自陛下臨朝頓革此風然矯枉過正以爲甚矣至如六品已下職事清官遂乃方之土芥比之砂礫其有行無聞於十室卽厠朝流識不反於三隅俄

登士伍斯固比肩咸是舉目皆然罕聞翹楚之歌惟見代擅之刺今尸祿謬官其流非一若遂不加沙汰城恐有累皇風

薛謙光爲左補闕天授三年上䟽曰戎夏不雜自古所誡夷狄無賴易動難安故斥居塞外不遷中國前史所稱其來久矣然而帝德廣被有時朝謁受向化之誠請納梯山之禮貢事畢則歸其父母之國導以指南之車此三王之盛典也自漢魏已後遂革其風務飾虛名徵求侍子諭令解辮使襲衣冠築室京師不令歸國此又中葉之故事也較其利害則三王是

而漢魏非論其得失則拒邊長而徵質短殷鑒在乎往世豈可不懷經遠之慮哉昔郭欽獻策於武皇江統納諫於惠王咸以爲夷狄處中夏必爲變更晉武不納二臣之遠策好慕向化之虛名縱其習史漢等書官之以五部都尉此皆計之失也竊惟突厥吐蕃契丹等往因入侍竝叨殊奬或執戟丹墀策名戎秩或曳裾庠序高步黌門服改氊裘語兼中夏明習漢法覩衣冠之儀目覽朝章知經國之要窺成敗於圖史察安危於古今識邊塞之盈虛知山川之險易或委以經畧之功令其展効或矜其首丘之志放使歸蕃於國家雖有冠帶之名在夷狄廣其縱橫之智雖有慕化之美苟悅於當時而狼子孤恩旋生於過後及歸部落卩不稱兵邊鄙罹災寔由於此故老子曰國之利器不可以示人在於齊人猶不以示之况於夷狄乎又按秦漢帝遷五部匈奴於汾晉其後卒有劉石之難向使五部不徙則晉祚猶未可量也鮮卑不遷幽州則慕容無中原之僭又按漢書陳湯云夫胡兵五而當漢兵一何者兵刃頗鈍弓弩不利今聞頗得漢工然由三而當一由是言之利兵尚不可使胡人得法况處之中國而使其習是哉臣竊計漢初

冒頓之疆盛乘中國虛弊高祖餒厄平城而冒頓不能入中國者何也非兵不足以侵諸夏力不足以破汾晉其所以解圍而縱高祖者爲不習中土之風不安中國之美生長磧漠之北以穹廬勝於城邑以氊罽美於章紱既安其所習而樂其所生是以無窺中國之心者爲生不習漢故也豈有心不樂漢而欲深入者乎劉元海五部離散之餘而卒能自振於中國者爲少居內地明習漢法元海悅漢而漢亦悅之一朝背誕四人饗應遂鄙單于之號竊帝王之寶賤沙漠而不居擁平陽而冄峙若爲居漢故也向使元海

不曾內徙正當劫邊人繒綵麴蘖以歸陰山之北安能使倡亂邪當今皇風遐覃含識革面凡有𤯝性莫不懷馴方使由余效忠日磾盡節以臣愚慮者國家方傳無窮之祚於後脫備守不謹邊防失圖則夷狄稱兵不在方外非所以肥中國削四夷經營萬乘之業貽厥孫謀之道也臣愚以爲願充侍子者一皆禁絶必若在中國亦可使歸蕃則夷人保疆邊邑無事矣

徐堅爲萬年主簿如意元年六月上䟽曰臣聞書有五聽之道慮失情實也今著三覆之奏恐致虛枉也

切見比有勑勘當反逆令使者得實便決殺人命至重死不可生儻萬分之中有一不實欲訴無路懷枉誰明飲恨呑聲赤族從戮豈不痛哉此不足肅姦逆而明刑典適所以長威福而生疑懼臣望絶此處分依法覆奏則死者甘伏知泣辜之恩生人深悅見祥刑之意又法官之任人命所懸若不簡擇恐招枉濫諸官僚之內有用法寬平百姓所稱者願親而任之有處事深酷不允衆望者願疎而退之則囹圄無寃億兆幸甚臣又聞罰不及嗣虞帝之明規罪不至孥漢君之茂德故郤芮作亂而郤缺登朝嵇康被刑而嵇紹卒用終能立功白狄効死湯陰千載美談斯爲稱首父子猶其若此餘親尚何疑哉切見逆人之親選曹廣責至於無親無服亦數十條士子之中十將三四今聖人在上寶命維新有道賤貧實爲深恥遂令此等長從遐棄懷才抱器將何望哉是以聖意哀矜頻降恩制令同嘗例各使坦懷故姚璹之徒皆逢任委而在下僚列不識天恩爲求微疵不弘大體又准勑逆人同堂親不得任京及兩畿三輔准法刑戮緦麻親不得充近侍宿衛臣望申勑有司勑令之外不得輒爲勘責收其賢能示之曠蕩斯則巍巍之德

作範百王穆穆之風垂裕千祀

張柬之爲蜀州刺史舊例每歲差兵募五百人往姚州鎭守路越山險死者甚多柬之表論其弊曰臣竊按姚州者古哀牢之舊國絶域荒外山高水深自生人已來洎於後漢不與中國交通前漢唐蒙開夜郎滇筰而哀牢不附至光武季年始請內屬漢置永昌郡以統理之乃收其鹽布氈罽之稅以利中土其國西通大秦南通交趾奇珍異寶進貢歲時不闕劉備據有巴蜀嘗以甲兵不充及備死諸葛亮五月渡瀘收其金銀臣布以益軍儲使張伯岐選其勁卒甲兵

以增武備故蜀志稱自亮南征之後國以富饒甲兵充足由此言之則前代置郡其利頗深今臣布之税不供珍奇之貢不入戈戟之用不實於戎行實貨之資不輸於大國而空竭府庫驅率平人受役蠻夷肝膽塗地臣竊爲國家惜之昔漢以得利既多歷博南山涉蘭滄水更置博南哀牢二縣蜀人愁怨行者作歌曰歷博南越蘭津渡蘭滄爲他人盖譏漢貪珍奇鹽布之利而爲蠻夷之所驅役也漢獲其利人且怨歌今減耗國儲費用日廣而使陛下之赤子身膏野草骸骨不歸老母幼子哀號望祭於千里之外於國

家無絲髮之利在百姓受終身之酷臣竊爲國家痛之往者諸葛亮破南中使其渠率自相統領不置漢官亦不留兵鎮守人問其故亮言置官留兵有三不易大意以置官夷漢雜居猜嫌必起留兵運糧爲患更重忽若反叛勞費更多但粗設紀綱自然久定臣竊以亮之此策妙得羈縻蠻夷之術今姚府所置之官既無安邊靜寇之心又無諸葛且縱且擒之伎惟知詭謀狡筭恣情割剥貪婪刼掠積以爲常扇動酋渠遣成朋黨折技諂笑取媚蠻夷拜跪趨伏無復慚恥提挈子弟嘯引凶惡聚會蒲博一擲累萬劍南逋逃中原亡命有二千餘戶見散在彼州專以掠奪爲業姚州本龍朔中武陵縣主簿石子仁奏置之後長史李孝讓辛文協並爲群蠻所殺前朝遣郎將趙武貴討擊貴及蜀兵應時破敗噍類無遺又使將軍李義總等往征郎將劉惠基在陣戰死其州乃廢臣竊以諸葛亮稱置官留兵有三不易其言乃驗至垂拱四年蠻郎將王善寶昆州刺史爨乾福又請置州奏言所有課税自出姚府管内更不勞擾蜀中及置州後錄事參軍李陵爲蠻所殺延載中司馬成琛奏請於瀘南置鎮七所遣蜀兵防守自此蜀中搔擾于今

不息且姚府總管五十七州巨猾遊客不可勝數國家設官分職本以化俗防姦無恥無厭很籍至今不問夷夏負罪並深見道路刼殺不能禁止臣恐一旦驚擾爲禍轉大伏乞省罷姚州使隷嶲府歲時朝覲同之蕃國瀘南諸鎮亦皆悉廢於瀘北置關百姓自非奉使入蕃不交通往來增嶲府兵選擇精良宰牧以統理之臣愚將爲穩便疏奏則不納

盧藏用爲左拾遺長安四年正月毁三陽宫取其材木造興泰宫於壽安縣之萬安山藏用上表諫曰臣愚雖不達時變竊嘗讀書見自古帝王之迹衆矣臣

閭土堦三尺茅茨不剪彩椽不斵者唐堯之德也卑宮室菲飲食盡力於溝洫者大禹之行也惜中人十家之產而罷露臺之制者漢文之明也並能垂名無窮爲帝王之烈豈不以克念徇物博施濟衆以臻於仁恕哉今陛下崇臺邃宇離宮別館亦已多矣更窮人之力以事土木臣恐議者以陛下爲不愛人務奉已也左右近臣多以順意爲忠朝廷具僚皆以犯忤爲患至今陛下不知百姓失業百姓亦不知左右傷陛下之仁也小臣固陋不識忌諱敢冒死上聞乞下臣此章與執政者議其可否

宋務光爲右衛騎曹參軍神龍元年七月雒水暴溺壞百姓廬舍二千餘家溺死者數百人八月一日以水災令文武九品以上直言極諫務光上疏曰伏見明制令文武九品以上直言極諫大哉德音眞堯舜之用心禹湯之責已也臣嘗謂天人相與之際休咎冥符之兆有感必通其間甚密是以政失於此變生於彼亦猶影之象形響之赴聲動而輒隨各以類應故曰天垂象見吉凶聖人象之竊見自夏已來水氣勃戾天下郡國多罹其災去月二十七日雒水暴溺漂損百姓臣謹按五行傳曰簡宗廟廢祠祀則水不潤下夫王者即位必郊祀天地嚴配祖宗是故見神歆饗多獲福助自陛下光臨寶極綿歷炎涼郊廟遲留時不殷薦山川寂寞未議懷柔水之貽災殆因此發臣又按水者陰類臣妾之道陰氣盛滿則水泉逆溢加以虹蜺紛錯澍雨滯霪雖丁厥時而汨嘗度亦陰勝陽之沴也臣恐後庭近習或有離中饋之職干外朝之政伏願陛下深思天變杜絕其萌以萬方爲念不以聲色爲娛以百姓爲憂不以犬馬爲樂暫勞宵旰用緝明良豈不休哉夫災變應天實係人事故日蝕修德月蝕修刑若乃雨暘或僣則貌言之咎雩

禜之法存乎禮典今暫降霖雨即閉坊門棄先聖之明訓遵後來之淺術時偶中者安足神邪蓋當屏翳收津豐隆戢響之日也豈有一坊一市遂能感召皇靈暫閉暫開便欲發揮神道必不然矣何其謬哉至今巷議街談共呼坊門爲宰相謂能節宣風雨燮理陰陽天工人代乃爲虛設悠悠蒼生復何望哉

呂元泰神龍初爲清源縣尉上疏陳時政所宜曰臣聞國家者至公之神器神器一正則難傾神器一傾則難正遠自虞夏及乎周秦金水相生成敗相繼者豈惡於成而欲於敗蓋迷於事而失於幾者也夫幾

者事之微也當今中興之初政教之始幾微之際可不愼哉昔夏之興也畢官菲食四海會同其衰也峻宇彫墻五子咸怨殷之興也佑賢輔德寧邦家其亡也崇信姦回放出師保周自文武及乎成康風化大行夷夏有截曁乎幽厲王室遂卑強弱相呑寓縣交戰秦皇以降罷侯置守焚書坑儒頭會箕歛嚴刑峻法驪山之徒未息閭左之兵已起夫夏桀殷紂非不欲傳子孫也周幽秦皇非不欲保社稷也而軍敗牧野烏竄南巢國殘於犬戎地奪於項籍者豈不以侮慢自賢反道敗德開邪僻之路鉗忠直之口左右

侍奉惜祿位而不俉焉伏惟應天皇帝陛下再造區宇重光日月應五行之運景嗣累聖之洪基九服歸心三靈叶贊廻羲舒之燿無幽不燭灑雲雨之澤無生不潤然萬方百姓顒顒然莫不傾耳以聽拭目以視思聞太平之風願見先朝之化如農夫之望歲固善人之愒日自頃營建寺塔廣度僧尼朝夕依歸襯施不絕陛下好善之德以被蒼生然濟時之道恐非急務何則頃者林胡叛渙傈虜侵擾帑藏虛竭戶口流亡豈人有厭於枌楡乃事良由於賦歛下人失業不可謂太平也邊兵未解不可謂無事也水旱爲災

不可謂年登也倉廩未實不可謂國富也而乃驅役饑凍雕鐫木石營搆不急勞費日深恐陛下中興之務又異如來慈悲之法臣比見都邑坊市相率爲渾脫隊駿馬胡服名爲蘇莫遮旗鼓相當軍陣之勢也騰逐喧譟戰爭之象也錦繡誇競害女工也徵歛貧弱傷政體也胡服相觀非雅樂也渾脫爲號非美名也安可以禮義之朝法胡虜之俗以軍陣之勢列庭闕之下竊見諸王亦有此好衣馬每盛奢麗相高今藩邸初開庶官必具何不董之賢傅教之義方明君臣之禮磐石之固豈不偉哉方乃驅率下人相尚胡

戲自家刑國豈若是焉詩云京邑翼翼四方是則非先王之禮樂而示則於四方者斯實愚臣之所未喻也臣謹按洪範八政曰謀時寒若君能謀事則時寒順之何必裸露形體澆灌衢路鼓舞跳躍而索寒焉又禮記曰立秋之月行夏令則寒暑不節夫陰陽不調政教之失也休咎之應君政之感也理均影響可不戒哉夫樂者動天地感鬼神移風易俗布德施化重戎狄之曲不足以移風也非宮商之度不足以易俗也無八佾之制不足以布德也非六代之樂不足以施化也四者無一何以教人臣本凡愚不識忌諱

而生草澤頗曉物情知而不言非忠也言而不實罔上也忠於國者以臣爲讜言佞於朝者以臣爲誹謗伏惟陛下少留意焉臣聞君舉必書有國彝訓書而不法後嗣何觀臣又聞建國君人尊師重道禮由天作樂以地制禮樂備風化行焉伏願陛下敦風化之本重黎庶之費興念或躍思締構之艱難矜孤恤窮思時政之可否安人和衆覽先朝之事業非軍國之衆則息而罷之有佞諛之言則察而退之有忠直之諫則誘而進之豈惟天下幸甚實亦社稷之大計也臣奉陛下搜賢之制忝所知直之言舉雖乘鴈雙鳧

不爲損益而主聖臣直敢不庶幾安能和光同塵懷忠蓄憤上失陛下求賢之望下虧愚臣事主之節亦何以視息於人間飲啄於聖代伏惟陛下少加詳擇

疏奏不納

成大琬爲絳州刺史景龍中宴侍臣於梨園亭因問以時政得失大琬對曰夫釋教之設以慈悲爲主蓋欲饒益萬姓濟拔群生若乃邃宇層軒珍臺寶塔耗竭府庫勞役生人懼非菩薩善利之心或異如來大悲之旨臣備職方岳叨膺洪化敢陳芻蕘任妄死罪

中書令蕭至忠奏言方今百姓貧乏邊境未寧府藏內空倉廩不實誠宜節財用之費省土木之工務存農時愛惜人力寺觀之役實可且停大琬之言伏希采納帝曰善

韋嗣立爲兵部尚書景龍中上疏曰設官分職量事置吏官得其人天下自理古者取人必須採鄉曲之譽然後辟於州縣有聲州縣然後辟於五府才著五府然後升之天朝此則用一人所擇者甚悉擢一士所歷者甚深用得其才則理用非其才則亂理亂所繫焉可不深擇之哉今之取人有異此道多未試効則頓至遷擢夫趨競者人之常情僥倖者人之所趣

而今務進不避僥倖者接踵比肩布於文武之列補授無限員闕不供遂至員外置官數倍正闕官署典吏困於祇承府庫倉儲竭於資奉國家大事豈甚於此古者懸爵待士唯有才者得之若任以無才則有才之路塞賢人君子所以遁迹消聲懷歎恨也

盧懷慎景龍中爲御史中丞上疏言時政得失其一曰臣聞孔子曰爲邦百年可以勝殘去殺又曰如有用我期月而已三年有成故書云三載考績拔其功也昔鄭子產相鄭更法令布刑書一年而人歌之曰取我田疇而伍之取我衣冠而褚之孰殺子產吾其

與之三年而人又歌之曰我有子弟子產教之我有田疇子產殖之子產而死誰其嗣之終有遺愛流芳史策子產賢者也其爲政尚累年而化成况其常材乎臣竊見比來州牧上佐及兩畿縣令下車布政罕終四考在任多者一二年少者三五月遽即遷除不論課最或有歷時未改便傾耳而聽企踵而望爭求冒進不顧廉耻亦何暇爲陛下宣風布化求瘼恤人哉禮義不能興行風俗未能齊一戶口所以流散倉米所以空虛百姓彫弊日更滋甚職爲此也何則人知吏之不久則不從其教吏知遷之不遙又不盡其力

偷安爵祿但養資望陛下雖勤勞之懷宵衣旰食然僥倖路啓上下相蒙共爲苟且而已寧盡於公乎此國之病也昔賈誼所謂盜蹠之疾乃小小者耳此弊久而不革臣恐爲膏肓雖和緩不能療豈蹠盭而已哉漢宣帝綜覈名實興理教化黃霸良二千石也就增秩賜金以旌其能而不遷於潁川前代之美政也又古之爲吏者長子孫倉氏庫氏即其後也書云事不師古以克永世匪說攸聞臣望請諸州郡都刺史上佐及兩畿縣令等在任未經四考已上不許遷除察其課效尤異者或錫以車裘或就加祿秩或降使臨問并璽書慰勉若公卿有闕則擢以勸能其政績無聞其犯貪暴者放歸田里以明聖朝賞罰之信則萬方之人一變于道矣致此之美革彼之弊易於反掌何惜而不行哉其二曰臣聞尚書云唐虞稽古建官惟百夏商官倍亦克用乂此省官之義也又云官不必備惟其材又言無曠庶官天工人其代之此爲官擇人之義也臣竊見京諸司員外官所以委積多者數餘十倍近古以來未之有也官不必備此則有餘人代天工多不釐務廣有除拜無所裨益

甯原悌睿宗時爲諫議大夫上疏五條具陳政體一

曰臣聞俗正時康則因循而易守人訛道替則馳騖而難安或垂衣而有餘或日昃而不足雖唐虞之盛烈文武之鴻徽未有不委任股肱留情陟用故善人者天地之綱紀帝王之羽翼靡革於仇讐莫限於芻隸不可失也自天授以來二十餘載周興來俊臣等譖害忠良壅蔽正直先皇舊臣夷戮殆盡惟有狄仁傑魏元忠尚存仁傑等處先帝之朝猶爲小吏及周室之際實謂忠臣或樹績當時徇身王室近者變故頻及衣冠掃地忠臣名士纔餘數人爲陛下之棟梁作聖朝之耳目今者元惡已誅佞臣咸黜而人訛俗

壞爲日巳久理宜開張聖德杜絶猜嫌用是求人宣力王室使醜正惡直之士不有容其間隙讒邪佞媚之徒無所施其巧辯然後可以議黎元安邦國則僥倖源塞聖王道興若使浸潤旁通危人路啓顔俊忠而獲罪茂先直以招怨雖有渭濱之賢傅巖之秀途遘卒遇難以爲用也則危亡之期或未可保拯濟之道將安所施二曰求材之難每留連於大聖知人不易亦惆悵於先哲今天下諸州良牧蓋寡何者古難其選今侮其職也然而代所重於京都時見輕於州縣者何也古者牧守政成擢登三事郎官特秀先宰

一同潁川則黄霸爲公會稽則五倫入輔事不師古何能垂濟誠願尚書曠職則於方伯求材郎位闕官必以循良擢用事懸象魏道著彝章茲令克行仁風大闡考績三載誠爲故實三曰隆周之君垂仁義以易後亡秦之主訓刑罰以流嗣或八百延慶或二代亡家餘烈可知前史明鑒伏以太子初建養德春宫諸王在藩飭躬朱邸並請遠去邪佞親近正人知好佞之危身識尊儒之廣德動遵師傅之訓察納風雅之言誠使宫府官僚賓客侍讀日資其道德月奏其藝能興仁義於邦家樹邕穆於天下臣又以悖逆庶人先朝之愛女也肆讒慝干朝政崇甲館之華麗極宇内之驕奢新都宜城先朝之庶孽也（新都宜城二公主邑名）賜不踰於巳分言不預於外謀抑以全身疎以遠害故寵者則驕矜而遇害疎者則抑損而獲全誠使悖逆新都易地而處則存亡去就可立而待也故長安非賢燕后爲愛古今明驗斷可知矣誠願公主駙馬不得假以權要所犯必有懲所書必有藝則九族旣睦萬邦以寧臣觀老尚虚無釋尚寂滅義極幽玄之旨思遊通方之外故入道流者則虚室生白淨慮玄門該釋教者則春池得寶澄心淨域然後法貫群有

道垂兼濟過此以往莫非邪惑其有黷販先覺詭飾浮言以複殿爲經坊用層臺爲道法皆無功於玄應誠有害於生人梁武靡報於前先朝殷鑒於後咸耳目所接黎元憤怨伏以公主入道京城置觀雖昭報之成有功於天旨而社稷之計莫踰於净人若使廣事修營假飾圖像盡宇内之功巧傾萬國之資儲爲福則靡効於先朝樹怨則取謗於天下自隋室以降寺觀尤多禪定東明之域足受緇黄之衆更爲建立罕見其宜後失請收前弊未遠又先朝所抑僧衆或有猶居聖側無益於政理有紊於朝章並請屏退無

令親近五日夷狄有釁廟堂之憂也近壘多虞大夫之耻也今聞黠虜擅命堅昆婆葛養精蓄鋭以南侵爲多事而人戶全虛府庫半臧儻或後歲之始來秋之末良弓漸勁塞草將衰朔代交鋒靈夏受敵中國將何卒應哉伏願共天下以禦匈奴率王公以憂邊事輕租薄斂和下士之心簡賢任能結衆人之愛去奢從儉實府庫之積推仁重信納將士之謀去私恩布公道故知兩夷有隙上國之資也高壁藏威待兵覩變因二虜之相持擅漁夫之厚利計有可舉時不可失斯五者竝政之要也伏願陛下舉宏綱省衆務

高拱嵓廊責成賢哲徘徊於大道之域從容於無爲之場故立綱埀制後嗣流範至仁也安上全下先業不墜至孝也感而必通姦不暇伏至明也神化風行萬方草靡至德也必使休徵累及聖政日隆遐邇宅心戎夷慕義神功光乎區宇鴻業格乎天地三代之興皆由此也帝覽而善之

韓琬景雲中爲監察御史上疏陳時政曰臣敢以耳目所聞見而陳之伏願少留意省察臣竊聞永淳之初尹元貞任岐州雍縣令界內婦人修路御史彈免之頃年婦人夫役修平道路蓋其常也調露之際劉憲任懷州河內縣尉父思立在京身亡選人有通索闕者于時選司以名教所不容頃者以爲見機後人矣頃年國家和市所由以尅剥爲公雖以和市爲名而實抑奪其價殊不知百姓足君孰與不足矣往年兩京及天下州縣學生佐史里正坊正每一員闕先擬者輙十人頃年差人以充猶致仕逸往年選司從容安問而以禮敬待頃年選司無復曩時引接但如仇敵估道耳往年效官交替者必儲蓄什物以待之頃年替人必諠競爲隙手執省符紛然不已往年召募之徒人百其勇爭以自效頃年差點勤遣逃亡相

繼若此者臣粗言之不可勝數夫量事置官量官置人使官稱其人須人不虛位除此之外使其耕桑任其商賈何爲引令入仕廢其本業臣愚以爲國家開仕進之門廣矣皆棄農戰工商而爭趨之當今一夫耕而其數百人食庶使公私皆無儲蓄矣若不釐革其弊必引政令風化年年不等也

冊府元龜

巡按福建監察御史臣李嗣京訂正
知閩縣事臣曹學臣叅閱
知建陽縣事臣黃國琦較釋

諫諍部一十一

規諫第十

唐楊武本名弘武乾封中自司戎少常伯遷西臺侍郎高宗嘗問曰卿在司戎受非其才何也武曰臣妻剛悍其所囑不敢違阻高宗嘉其不隱笑而遣之或以武言諷帝之用后言也及在政事謙慎自守而已

李景伯景龍中爲給事中又遷諫議大夫中宗嘗宴侍臣及朝集使酒酣令各爲廻波詞衆皆爲諂佞之詞及自要榮位次至景伯曰廻波爾時酒卮微臣職在箴規侍宴既過三爵諠譁竊恐非儀中宗不悅中書令蕭至忠稱之曰眞諫官也

楊相如先天中爲常州晋陽尉上疏陳便宜曰臣聞賈生之言曰人君之於天下猶今人置器置之安處則安危處則危是國之安危政之理亂亦由乎陛下所置甚易爲也今陛下以命代之主率易爲之資握黎元之命包宇宙之廣盡係之於陛下陛下可不置之於安處乎書云一人有慶兆民賴之斯之謂矣陛下在黎人之上居萬乘之重將欲爲也天下已隨之將所尚也天下已尚之然風俗之端邪正之首者皆從陛下所爲也非徒風俗邪正所係亦禍福存亡在焉陛下取舍運爲甚不可忽也臣不敢遠徵古昔博引傳記請以隋煬帝太宗文武皇帝言之煬帝籍文皇之資躡太寶之位兵加海外威震區中乃自恃其強不憂時政大縱驕慾恣成猜險所爲不軌所行不順忌忠正之義黜廢賢良狎便佞之言昵愛邪僻荒淫酒色窮極綺麗兵戈不息調役非時奇技淫巧者

率獲登遷力邀擾冦者皆愈財賞不恤人之疾苦不知政之理亂君臣阻隔上下相蒙雖制勅交行而聲實舛謬言同堯舜迹如桀紂爲行若是人何克從夫推心不誠欲人之附已資惡内熾望俗之無邪猶却行追人向日避影孔子曰子帥以正孰敢不正其身不正雖令不從煬帝不節其慾而欲禁人之慾其可得乎故四海之風淫天下之情僞其人怨其俗蕩貞髦擯逐姦逆競馳皇綱紊而隙生禍釁滋而難作昔之有隋也今轉爲大唐豈不以縱慾無厭危患不恤舉天下之大一擲而棄之荒迷沉亂終不自覺要之

覆滅死於人手爲天下笑甚可痛哉詩云殷監不遠在夏后之世諺云前車覆後車誡然則主社稷承宗廟者可不極思慮深曷勵乎夫昏主即聖君之資亂邦爲開國之始是用集我昌運太宗以聖德英武雄才奮畧掃除昏虐大濟生人叱叱而四維更張指麾而六合復正其知人任使盡得其才或取諸俘虜讎敵並推懐而用之意豁如也故房玄齡識之於月品尉遲敬德狎之而不疑接李靖以優禮此天下之智謀所以得輸其赤心天下之勁勇所以得盡其死力也帝業既就寰中已安後武先文勵精爲理務堯舜

之道想致羲皇之俗開禮賢之館置十八學士聽朝之後單思典墳周通百家樂而忘倦所謂武以得之文以守之其帝王臧否安危成敗政刑理亂風俗興衰皆鑒於前古比之明鏡故以書籍爲古鏡魏徵爲人鏡見善則行之不善則去之聞直言則欣然受納得一士則喜見於朝諂諛便媚者不得臻於前梗正貞賢者從容於左右矣貞觀之際太平俗洽官人得材功賞必實刑不謬及禮無愆度于時天下晏如遺糧在畝盛德洽於人心而祥風游乎海内矣非太宗之明懿聽達虛心治道與天下貞臣正士同心戮力

豈能致於此乎初東巡以供奉不精而有罰既到雒邑入理隋之舊宫頗趣遊畋或見可欲魏徵驟諫太宗欣然罷之曰非公無此語也自是帝節欲向道思愆納正用斯而言則聖人之情不必無欲也且物懸於外情動於中情之動中則無窮也物之衒外則不極也以不極之物衒無窮之情動而不爲之節制雖有聖智亦安得致升平之事乎故太宗之情非無欲也擬致升平之資故樽節維持之耳往以隋人失御天命有歸而始終經綸斯亦勤矣首建大義提三尺安八紘創萬代立社稷傳子孫位已重矣功已大矣

亦安得不思盈滿之誡而撿嗜欲之情乎故太宗之於崇臺邃宇非不愛之惜人力也寶衣玉石非不美之節人財也妍倡絶豔非不樂之妨聽政也犬馬畋獵非不好之蕩心意也此數者皆能裁抑之是使人之賦歛也輕歲之調役也寡舉人之利甚惇資國之用不費國用不費人利是豐則不言而禮讓自行清淨而仁義大洽非徒太宗之爲理若是古之明王聖主曷不繇茲道乎臣歷觀有國有家莫不以驕矜放縱而滅畏慎謙恪而興然鮮蹈興平之衢多遵覆滅之路者何也實以在既安之日側忘兢畏及危逼之

勢始思悔咎徒成追恨亦何補乎臣誠以人主之在
深宮方安平之日若能先慮危難以自悔鼎去不經
之道防可欲之原務任賢之規除輕暴之迹則履萬
有必安之途而無顛蹶覆辱之患矣行之甚易在人
主爲之臣所以舉隋氏縱慾而亡太宗抑慾而昌願
陛下詳擇今天下皆拭目而視傾耳而聽欲望陛下
兢兢業業以致太平也臣誠以爲宜劝太宗去邪佞
之士進忠賢之人與之討論詩書談議得失以見先
古之成敗以較當今之可否行其所長棄其不善如
此則朝廷無僻謬國政必清平矣臣又聞書籍所載

美惡具存採其陳迹爲之鑒誡陶然其中甚足樂也
亦何必窮逐聲色巡遊罔倦不務詩書之樂乎非獨
妨於政理徒勞棄日矣往者太宗嘗勑魏徵作群書
理要五十篇大論得失臣誠請陛下温凊閑暇以時
觀覽其書雖簡畧不備亦足以見忠臣之讜言知經
國之要會矣夫古之人主莫不委任忠正廣務才賢
而保正全忠者稀傾側向背者衆非緣人主知其不
忠不正而用之也盖似正而非正似忠而不忠深心
以藏邪厚貌而難測乎所以嘗患謬用之而不辨其
真實也且非忠正尚不辨其真實況實忠正豈得知

而信任乎故有獨行而見踈有懷忠而受讒矣此先
古帝王迷惑錯誤以不忠爲忠以賢爲不賢率皆十
八九也書曰知人則哲惟帝難之非夫聖主明王則
不能知也今陛下聰明在位慶祚方遠若欲任人擇
士取致太平必宜先辨忠賢以別邪佞若忠賢既辨
邪佞不雜正人爲之羽翼邪人不造其間則有仁義
道德行於四方而無諂諛傾巧以亂陛下也且忠賢
邪佞雖有難知今以陛下明悟神聰孜孜選用更垂
之以睿鑒又加之以審察豈有不知之者乎然其審
察之宜可以意測可以情恕矣以意測者測邪佞之

臣也以情恕者恕忠賢之臣也夫忠不似佞佞則似
忠請陛下測之恕之則可知也臣聞人之性分不可
轉移邪佞忠賢各有所趣順道違俗忠賢也違道順
俗邪佞也若言之咈耳行之忤心動遵先王之道事
極終始之慮志惟安國衛主者忠賢之所爲也故邪
質而不佞勤誠而取容務正道而抗節人主聞之固
將踈遠之矣此真忠賢之臣也陛下可不恕而用之
乎順欲從旨甘言美飾不遵先聖之道思亂國家之
政務於要利以惑主者邪佞之所爲也故發小惠以
買信忘大義而苟合權寵勢而挾威伺愉悅而爭媚

人主見之固將親近之矣此眞邪佞之臣也陛下可不測而去之乎大率人君皆惡其臣忤心而欲人之順已賢臣正直安得不忤心乎邪臣謟詐安得不順已乎故積忤生憎禍之路也積順生愛福之門也此邪佞所以常親而寵賢臣所以常疎而辱也自古帝王之使臣佐者曷不多論此弊乎陛下誠能反是而求之精心而察之愛其所忤而收忠賢憎其所順而去邪佞則天下之忠正可以比肩重足天下之太平可以千秋萬歲太宗之政化復行堯舜之淳風日用矣此愚臣所以請陛下審察忠佞測恕之之術也國

家自垂拱以後至於近年寇賊屢興兵革數動邊師潰喪日費滋多加以觀寺修營錫賚繁數郡縣之吏未息侵漁寰區之氓率盡周健官班冗贅淫費頻煩近者人獻直言時有切諫徒聞讜議竟不施行至于營造未甚休息是使國儲不足人蓄久空俗弊之繇其來已漸又制勅甚重姦非莫懲節限雖多逾越極梟孤覇寡援者小罪必罰貨賂朋黨者大愆不繩聽斷之獄不審寃中之罪未肅也夫法貴簡而能禁罰宜輕而必行陛下方興崇至德大布新政譬琴之不理宜在更張路之不平終當從轍若不改創而求理其猶揚湯以止沸不可得也臣請一皆除去碎密不察小過小過不察則無煩苛大罪不漏則止姦慝使簡而難犯寬而能制此所謂天網恢恢踈而不漏矣然後停不急之務漸無為之理休罷造作節減之賦息徭役除贅官絕吏之侵漁復人之本業斯則人安而俗富也且俗富則國富人安則國安所為之術無他惟此而已矣帝覽而善之

張九齡開元三年為左拾遺上疏曰古之選用取其聲稱或遙聞辟召或一見任之是以士修業行而流品不雜臣以為吏部始造簿書以備人之遺志今反

求於案牘不急於人才亦何異遺劍中流而刻舟以紀去之彌遠可為傷心凡有稱吏部之能者則曰從尉於主簿從主簿與縣丞斯選曹執文而善知官次者也惟論合與不合不論賢與不肖大畧如此豈不謬哉臣以為選部之法弊於不變變法之易在陛下渙然行之夫以一詩一判定其是非適使賢人君子從此遺逸而有識者之所歎息也

褚無量為右散騎常侍開元五年太廟四室壞無量上疏請修德曰臣聞尚書洪範傳云王者陰盛陽微則先祖見其變昔成湯遇旱引事自責云女謁盛邪

今大廟毀壞耶是事先祖變見後宮之中非所幸者親厚之後簡出少多以應其變又竊聞左右近臣妾奏云國家大廟其材木本是苻堅時舊殿隋文帝創立新都移宇文廟故殿改造此廟臣按地志隋文帝開皇初創置長安城郎造此廟元非苻堅及宇文氏所作況我國家及隋文帝貴爲天子富有四海豈復遞取苻堅之舊殿以充大廟者乎此則言僞而辨殊不足採納伏願精選舉用賢良節奢靡輕賦稅繼絶代慎刑罰納諫諍察諂諛夫如是則人和人和則氣和氣和則天地和矣人天和會災異自銷伏願虔奉

神心允諧天誡呂向爲起居舍人玄宗東封嘗令突厥入仗馳射向上䟽諫曰鴟梟不鳴未爲瑞鳥猛武雖服豈齊仁獸由是醜性毒行久務嘗積今夫突厥者正與此類今陛下收其頭劾雜以從官赴封禪之禮衆玉帛之會詔許侍遊召入禁仗賜以馳逐使操弓矢競飛鏃於前同獲獸之樂倘此等各懷犬吠交肆盜憎荆卿詭動何羅竊至蹔逼嚴蹕稍冒清塵縱單于爲醢穹廬爲汚何塞過責伏願勿復親近使有分限侍不失嘗歸於得所孰不幸甚

劉彤爲給事中開元十七年朝五陵每發行宮天尚未曉彤上䟽諫曰將事發軫路猶曛黑紅塵四合白刃交馳往來不相知左右不相識假令有敗車逸馬枯木朽株則變在不虞患生所忽不可輕也伏願慮及細微以安宗社拜陵之日必候朝光几百歡心普天幸甚制曰朕夙敬之志惟在昧爽卿重愼之誠欲及辨色國體宜爾用納良規然要須早朝稍盡夜漏耳

高適爲彭州刺史時劍南自玄宗還京後於綿益州各置一節度百姓勞擾適上䟽論西山三城事曰劍南雖名東川西川其實一道自邛關黎雅界於南蠻

也茂州而西經羌中里平戎數城界於吐蕃也臨邊小郡各舉軍戎並取給於劍南也其運糧戍以全蜀之力兼山南佐之而猶不舉今梓遂果閬等八州分爲東川節度歲月之計西川不可得而參也而嘉陵比爲夷獠所陷今雖小定瘡痍未平又一年以來耕織都廢而衣食之業皆貿易於成都則其人不可得而役明矣今可賦稅者但成都彭蜀漢四州也又以四州殘弊當他十州之重役其終久不亦至艱又言利者穿鑿萬端皆取之百姓應差科者自朝至暮案牘千重官吏相承懼於罪譴或責之於鄰保或威之

以杖罰督促不已遠逃逬溢欲無流亡安可得矣此日關中米貴而衣冠士庶頗亦出城山南劍南道路相望村坊市肆與蜀人雜居其外合鬪備皆求於蜀人矣且田地彊界蓋亦有涯賦稅差科乃無涯矣爲蜀人之計不亦難哉今所界吐蕃堡而瘦於蜀人不過平戎以西數城矣邈在窮山之巔垂於險絕之末運糧於東馬之路坐甲於無人之鄉以戎狄而言之不足以利戎狄以國家而言之不足以廣土宇奈何以險阻彈丸之地而困於全蜀太平之人哉恐非今日之急務也國家若將已戍之地不可廢已鎮之兵

如不可收當宜却停東川併力從事猶恐佷佷安可仰於成都彭蜀漢四州哉慮乖聖朝洗盪關東掃清逆亂之意也倘蜀人復擾豈不貽陛下之憂昔公孫弘願罷西南滄海專奏朔方賈捐之請棄珠崖以寧中土讜言正本匪一朝一夕臣愚望罷東川節度併於劍南西川不急之城稍以減削則事無窮頓疲免倒懸陛下若以微臣所陳有萬分之一下宰相廷議降公忠大臣定其損益與劍南節度終始處置疏奏不納

趙退翁志行修潔不求聞達寶應中兵荒頗甚人多艱乏又將營奉泰建二陵或稱奢侈退翁褐衣上疏以爲宜遵儉薄時人稱之

裴諝大曆中爲河東道租庸鹽鐵等使時關輔大旱諝請入計代宗召見便殿問諝推酤之利一歲出入幾何諝久之不對帝復問之對曰臣有所思帝曰何思對曰臣自河東來其間所歷三百里見農人愁歎穀菽未種誠爲陛下軫念先問人之疾苦而乃責臣以利孟子曰理國者仁義而已何以利爲是未敢即對也帝前坐曰微公言吾不聞此拜左司郎中帝時訪以事

元稹元和初爲左拾遺旣居諫垣事無不言卽日上疏論諫職又以前時王叔文王伾以很藝待詔蒙幸太子永貞之際大撓朝政是以訓導太子宮官宜選正人乃獻教本書曰臣伏見陛下降明詔修廢學增胄子選司成大哉堯之爲君伯夷典禮夔教胄子之深旨也然而事有萬萬於此者臣敢冒昧殊死而言之臣聞諸賈生曰三代之君仁且久者教之然也誠哉是言且夫周成王人之中才也近管蔡則讒入親周召則義聞豈可謂天聰明哉然而克終於道者得不謂教之然邪伯禽唐叔與之游禮樂詩書爲之習

目不得悅淫艷妖誘之色耳不得聞優笑淩亂之音口不得習操斷擊搏之書居不得近容順陰邪之黨游不得縱追禽戮獸之樂玩不得有遐異僻絕之珍凡此數事非謂備之於前而不爲也亦將不得見之矣及其長而爲君也血氣既定遊習既成雖有放心快己之事日陳於前固不能奪已成之習已定之心矣則彼忠直道德之言固吾之所習聞也諫之者有所諭焉故庸佞違道之說固吾之所積懼也諂之者有以辨焉人之情莫不欲耀其所能而當其所近苟將得志則必快其所蘊矣物之性亦然是以魚得水

而遊馬逸駕而走鳥得風而翔火得薪而熾此皆物之快其所蘊也今夫成王所蘊道德也所近聖賢也是以舉其近則周公左而召公右伯禽魯而太公齊快其蘊則興禮樂而朝諸侯措刑罰而美教化教化之至也可不謂信然哉及夫秦則不然滅先王之學曰將以愚天下黜師保之位曰將以明君臣胡亥之生也詩書不得聞聖賢不得近彼趙高者詐宦之戮人也而傳之以殘忍戕賊之術且曰恣睢天下之人人未盡愚而胡亥固已不能分獸畜矣趙高之威攝天下而胡亥固已自幽於深宮矣彼李斯者秦之寵

丞相也因讒冤死無所自明而況於疏遠之臣庶乎若秦則亾有以致之也漢高承之以兵革漢文守之以謙讓卒不能蘇復大訓是景武昭宣天資甚美才可以免禍亂哀平之間則不得虞篡弒矣然而惠帝廢昜之際猶賴羽翼以勝邪心是後有國之君議教化者莫不以興廉舉孝設學崇儒爲意曾不知教化之不行自貴始畧自貴者教其賤者無乃鄰於倒置乎洎我太宗皇帝之在藩邸以爲太子也選知道德者十八人與之遊習卽位之後雖遊宴飲食之間若十八人者實在其中上失無不言下情無不達不四

三年而名高盛古豈一日二日而致是乎遊習之漸也貞觀已還師傅皆宰相兼領其餘官寮亦甚重焉周以位高恨不得爲司議郎此其驗也文皇之後漸疏賤之用至母后臨朝剪棄王室當中睿二聖勤勞之際雖有骨鯁敢言之士旣不得在調護保安之職終不能吐扶衛之一詞而令鑿匠安金藏剖腹以明之豈不大哀哉邪兵興已來滋弊尤甚師資保傅之官非疾廢耗聵不任事者爲之卽休戎罷帥不知書者處之至於友諭贊試之徒疏冗散賤之甚者縉紳恥遊之夫以匹士之愛其子者猶求明哲慈惠之師

以教之直諒多聞之友以成之豈天下之元良而可
以疾廢眊聵不知書者爲之師踈冗散賤不適用者
爲之友乎此何不及上下之甚也近制官寮之外徃
往沉滯僻老之儒克侍直侍讀之選而又踈棄斥逐
之越月踰時不得召見彼又安能傳成道德而保養
其身躬哉臣以爲積此弊者豈不以皇天眷佑祚我
唐德以舜生舜以堯繼堯傳陛下一十聖矣莫不生
而神明長而仁聖以是爲屑屑習儀者故不知省矣
臣獨以爲列聖之謨則可也計傳後嗣則不可膠或
萬代之後若有周成之中才而又生於深宫優笑之

間無周召保助之教則將不能知喜怒哀樂是之所
自也況稼穡艱難乎今陛下以上聖之資肇臨海內
是天下人人傾耳注心之日特願陛下思成王訓道
之功念文皇將習之漸選重師保慎擇官寮皆用傳
厚弘深之儒而又練達機務者爲之更相進見日就
月將因令皇子衆傳諸生定齒胄講業之儀行嚴師
問道之禮至德要道以成之徹膳記過以警之血氣
未定則輟禽色之娛以就學聖質以備則資遊習之
善以弘德此所謂一人元良萬邦以貞之化也豈直
修廢學選司成而足倫匹其盛哉則俾知百王莫不

幼同師長同術識君道之素定知天倫之自然然後
選用賢良樹爲藩屏出則有晉鄭魯衛之盛入則有
東平朱虛之強盖所爲宗子維城犬牙盤石之勢也
又豈與夫魏晉已降因賤其兄弟而剪其本枝者同
年而語哉憲宗覽之甚悅

白居易爲右拾遺翰林學士時元稹自監察御史謫
爲江陵府士曹掾翰林學士李絳崔群上前面論稹
無罪居易累疏切諫曰臣昨緣元稹左降頻已奏聞
臣内察事情外聽衆議元稹左降有不可者三何者
元稹守官正直人所共知自授御史已來舉奏不避

權勢秪如奏李左公等事多是朝廷親情人誰無私
因以挾恨或假公議將報私嫌遂使誣謗之聲上聞
天聽臣恐元稹左降已後凡在位者每欲舉職必先
以元稹爲誡無人肯爲陛下當官守法無人肯爲陛
下嫉惡繩愆内外權貴親黨縱有大過大罪者必相
容隱而已陛下從此無繇得知此其不可者一也昨
元稹所追勘房式之事心雖徇公事稍過當既從重
罰足以懲違況經謝恩旋又左降雖引前事以爲責
辭然外議喧喧皆以爲稹與中使劉士元爭聽因此
獲罪至於爭聽事理已具前狀奏陳況聞士元蹋破

驛門奪將鞍馬仍索弓箭嚇辱朝官承前已來未有此事今中官有罪未聞處置御史無過却先貶官遠近聞知實損聖德臣恐從今已後中官出使縱暴益甚朝官受辱必不敢言縱有被凌辱毆打者亦以元稹爲誡但吞聲而已陛下從此無緣得聞此其不可者二也臣又訪問元稹自去年以來舉奏嚴礪在東川日枉法沒入平人資產八十餘家又奏王紹違法給券令監軍神柩及家口入驛又奏裴玢違勑徵百姓草又奏韓皐使軍將封杖打殺縣令如此之事前後甚多屬朝廷法行悉有懲罰計天下方鎭皆怒元

稹守官令貶爲江陵判司卽是送與方鎭從此方便報怨朝廷何繇得知臣伏聞德宗時有崔善貞者告李錡必反德宗不信送與李錡錡掘坑熾火燒殺善貞曾未數年錡果反至今天下爲之痛心臣恐元稹貶官方鎭有過無人敢言陛下無繇得知不法之事此其不可者三也若無此三不可假如朝廷誤在降一御史蓋是小事臣安敢煩瀆聖聽至於再三誠以所損者深所關者大以此思慮敢不極言疏入不報又淄青節度使李師道進絹爲魏徵子孫贖宅居易諫曰徵是陛下先朝宰相太宗嘗賜殿材成其正室尤與諸家第宅不同子孫典貼其錢不多自可官中爲之收贖而令師道掠美事實非宜憲宗深然之嘗又欲加河東王鍔平章事居易諫曰宰相是陛下輔臣非賢良不可當此位鍔誅剝民財以市恩澤不可使四方之人謂陛下得王鍔進奉而與之宰相無深益於聖朝乃止

蔣乂爲右拾遺史館修撰張茂宗居母喪有詔起復尚義章公主乂上疏抗論以奪情之事本屬金革脫縗成婚敗禮尤甚德宗召對申諭之然竟不從

李渤爲贊善大夫分司東都遣使奏表陳時政凡五

事一曰禮樂二曰食貨三曰政刑四曰議都五曰辯讎渤元和初詔以嵩岳處事起爲拾遺後歷補闕著作以論時政得失爲已任前後章疏上者尤四十餘條手是雖以散秩處東雒而諫疏不已

張仲方寶曆中爲諫議大夫時鄠縣令崔發因辱小黃門敬宗赫怒命臺推鞫及元日大赦獨發不得宥仲方上疏其畧曰鴻恩將布於天下而不行御前霈澤始被於昆蟲而獨遺崔發由是發得不死時論美之

張皐長慶四年正月以處士上疏曰臣聞神慮澹則

血氣和嗜慾勝則疾疹作和則必臻於壽考作則必致於傷殘是以古之聖賢務自頤養不以外物撓耳目不徇聲色敗性情繇是和平自臻福慶斯集故易曰無妄之疾勿藥有喜詩曰自天降康降福穰穰此皆理合天人著在經訓然則藥以攻疾無疾故不可餌之高宗朝有處士孫思邈者精識高遠深達攝生其所著千金方三十卷行之於代序論云凡人無故不宜服藥藥勢偏有所助令人藏氣不平思邈此言可謂洞於事理也或寒暑爲冦節宣有乖事資醫方尚須重慎故禮云醫不三世不服其藥施於凡庶猶

且如此況在天子豈得自輕先朝暮年頗信方士徵集非一嘗試亦多累致危疾聞於中外足爲殷鑒皆陛下素所詳知必不可更踵前車自貽後悔今朝野之人紛紜竊議直畏忤旨莫敢獻言臣蓬艾微生麋鹿同處旣非邀寵亦又何求但以曾覽古今粗知忠義有聞而默於理不安願陛下無忽蒭蕘庶俾萬一時穆宗頗好金石之藥疏奏帝嘉歎久之竟訪臯不獲

殷侑文宗初爲衛尉卿會滄鎮不定兵久未解詔令五品巳上都省集議時宰臣方務剪除賊冦莫敢異議獨侑抗疏其畧云伏願以宗社安危爲大計以善師攻心爲神武以含垢安人爲遠圖以漏網吞舟爲至德帝雖不納深所嘉歎

韋溫太和中爲右補闕時宗正寺奏太廟第四室第六室破漏有司不時興工將作監王堪及度支判官等各罰俸遣命中人領工徒於禁中郎月修營材木修葺溫上疏曰臣伏見今月五日勑將作監等修葺太廟稽遲各巳罰俸特命親臣專知繕理有以見陛下奉宗廟孝思之至也臣聞條合其職國家所以理事歸於正朝廷所以尊今朝廷備制度置百官事存

典故用有經費最重者奉宗廟也大廟當修詔不踰月有司弛惰曾不加誡宜黜慢官者以懲不恪之罪擇可任者責以繕完之功此乃事歸於正官理其業而聖思不勞百職無曠矣今慢官不恪止於罰俸憂軫所切便委内臣是許百司之官公然廢職以宗廟之重爲陛下所私群官有司便同委棄此臣竊爲聖朝惜也事關宗廟皆書史策苟非舊典不可率然伏乞更下詔書復委所司營葺則制度不嘉官業交修矣疏奏帝甚加納由是追止中人命有司嚴加修奉

王直方開成中爲右補闕上疏曰臣伏見近歲巳來

災害不作兵革休息百穀豐稔四方寧泰者非他是陛下恭儉清淨日慎一日之所致也伏見陛下事異於前時中外之心有所驚惜比者雖有教坊音樂陛下未嘗賞悅因有錫宴與人共之如此則雖有伶人不害於事陛下卽位之始宣徽教坊悉令停減人數聞近來稍不如此樂工弟子賜與至廣每有此事向外流傳傷陛下聖德豈容易也臣以爲鄭聲娛人音樂動聽能使人情迷亂捨棄萬事而爲樂不足也臣伏以聖體未安加以聲色之翫侵蠹聖祚得不憂乎帝覽奏嘉歎賜帛百疋并以表示宰臣令宣付史官

魏謨開成中爲右拾遺時有詔以敘州司戶參軍董昌齡爲硤州刺史昌齡前在邕南以殺衡方原得罪無何復有是命謨上疏曰臣聞王者渙汗之恩凡罪寬宥惟故殺人者死乃百王不易之典也其董昌齡比者錄以微効仕之方隅不能祇慎寵光恣其狂暴無辜殺戮事跡顯彰妻孥含冤萬里來訴伏蒙陛下膚聖慈憫念其枉橫特令鞫劾尋得罪源尚以微績曲全性命中外言議竊爲未當今授之牧守以理疲人則殺人者遭拔擢冤苦者何申訴此則法理所紊定爲不可臣忝備諫列不敢不言況陛下愼恤刑獄朔望猶省慮有冤枉濫以及生人儻事理稍乖則傷聖化今茲寵授物議囂然伏乞陛下速迴成命以警列士則天下幸甚疏奏數日昌齡復改爲洪州別駕

崔承嘏爲諫議大夫帝以淮南諸道仍歲大旱租賦不登國用多闕及是以度支戶部分命宰臣專之承嘏上言宰相者上調陰陽下安黎庶致君堯舜致時雍熙俾之閱簿書算緡帛非所宜也帝極嘉歎

後唐杜崇龜清泰初爲翰林待詔右贊善大夫同正上言曰近日星辰變度苦雨霖霪是生靈共感之災致緯象垂芒之異惟宜修德以荅玄穹臣竊以修德

遍在君臣非獨在於君父自古創業守文之主未有無災變者但能修德省躬則化災爲福臣見今月三日夜五更初有二星變異一出軒轅前路一出室壁之間凡五星之氣不合五行一德稍虧五星變異臣恐自戰爭已來或有功臣義士枉抱幽冤或有名山大川失於禋祀今九月震雷極爲異事雷者天之號令八月收聲今震伏不時是號令失節之象陛下繼噩赦宥虔禮神祇惟德動天其災必退更宜師古以合天心惡殺好生資於睿化詔曰杜崇龜術精玄象職在崇廷覩苦雨之霖霪視文星之變異形於章奏

足驗忠勤修德省躬朕誠有愧見災而懼安敢忘懷載閱所陳深所嘉奬後唐馬勝清泰中爲深州司功請闕上封事曰夫道貴適時謀須應務不可專遵前古不可苟徇今時必在合宜方能致理臣見賊盜律凡盜竊資財多少及放火燒塲據所燒物數爲錢數裁斷比來法司嘗行此律令若情敦去殺道在恤刑欲令惡爲移聲小人華弊致風行草偃須以猛濟寬臣竊見鄉村人有殺牛賭錢嗜酒不事家產者初則恣其兇頑後則利於財物若以嚴刑止絶因茲蟻結蜂屯便成群盜耳臣以爲但是竊盜不計財物多少

及放火劫舍並望且行極法俟餘風稍殄澆俗既移然後用輕刑未爲晚也臣又見諸州置捕賊巡務比來以備警巡近者却被爲非人詐爲巡司刼盜閭里既難辯認爲惡滋深乞一切去除此務凡盜賊出於百姓其原出於屠牛賭博飲酒不務營生請下諸州府巡屬普令沙汰此色之人嚴刑條法則無盜矣何必別置巡司臣又見州縣鄉村有力戶於衙府投名服事如有差役秪配貧下戶臣請州縣節級立定人數其餘令歸田里卽不困貧民詔曰馬勝所陳理亦公當嚴刑去盜正切救時付中書門下告諭中外於極刑之中不得因緣枉濫務在懲惡止姦審詳行遣

蕭希甫爲散騎常侍天成三年希甫上言曰臣聞天地助順神理福謙既物性之德宜何虛心之致誤伏惟陛下自統臨四海勤恤萬方每崇恭儉之風嘗布仁慈之德卽合陰陽無爽災沴不生百穀豐盈五兵偃息今乃川瀆決溢水旱愆違必恐是調燮有乖烝祀未潔軫吾君宵旰之憂負陛下覆育之恩臣實痛心誰廻愧色伏乞特頒明詔下訪有司詢其消遣之方採彼妖祥之本應是前皇古帝徃哲先賢或有遺祠但存舊址在祀典者咸加嚴飭禀靈通者盡畧修

崇悉遵虔肅之誠無惰精祈之懇然後別宣長吏側聽庶民稍關疾苦之繇須罄無循之策冀其昭感仰贊昇平

趙鳳明宗朝爲端明殿學士有周玄豹者自言善相術明宗爲將時玄豹曰貴不可言帝素異之卽位後命爲少列頻召之鳳奏曰玄豹是臣鄉里人侍臣不薄前代術士妄言致人破家滅族者多矣玄豹藝術雖精臣不欲置之都下昔言陛下應運今已効矣陛下無事更詢而輕薄彼妄之徒不知命有定分若玄豹至京師則人士奏其門臣竊思之無益於是乃止

晉石昂天福中爲宗正丞上言曰臣伏見銅臺逆豎漳水叛城始見利而忽起禍心終負釁而難歸至化遂使雄師大舉元惡未除雖寵極後興宜奮雷霆之怒而勢窮力屈可哀螻蟻之生兇師老費財民勞失本赦過宥罪素垂範於典經含垢匿瑕事頗關於仁恕伏望陛下施雲天之澤收霜雪之威捨獨夫百死之愆救一鎮萬家之命俾范延光令移本任別與小藩於滄邢兩州自選一鎮庶令省過俾遂自新率彼百萬之資金犒我千營之將士庶明陛下不將威脅但以得柔施好生惡殺之仁彰捨短從長之道暫行

虛刃必致太和所有隨從官員一任將行赴任或是本城兵士屬府職寮亦仰依舊主持更無移改普覃恩惠不問罪愆臣自請獨駕單車徑入逆壘布穹昊不言之信闡陽春不報之恩佇見偃武修文再覩唐堯之化放牛歸馬必興姬發之風

漢張昭遠漢唐天成中爲左輔闕上言曰臣聞周家創業七百年漢氏延洪四百載非惟天命抑亦人謀臣雖至愚粗聞其要叨居諫列備敢奏陳古者人君即位之後立嫡以爲儲闈列土而封子弟旣尊之以名器復敎之以訓詞則驕奢淫逸不萌於心仁智賢明以習其性良繇擇正人以爲師傅聞善事益其聰明假使中材亦成良器凡人善惡之性多因染習而成將創無窮所宜重甚竊以元良宗子拜國本根或陛下未欲封崇先宜敎導所貴識古今之成敗知稼穡之艱難使驕縱不期於心正道嘗聞於耳輙條爾管仰瀆冕旒事具於後一帝王之子生長深宮爰自幼冲便居逸樂目厭彫華之翫耳煩絲竹之音所謂不與驕期而驕自至倘非天生聰惠神授賢明持此驕盈焉能無惑苟不預爲敎導何以致之盤維臣竊見先帝時皇弟皇子盡喜俳優聞無稽玩物之言則

娛心悅耳告致理經邦之說則俛目頻眉入則務飾姬姜出則思泰僕馬親賓滿座無非優笑之徒食客盈門罕有賢能之士以此知識以此宗師必若託以維城付之主鬯無難亡之國無不破之家其則非遙可謂殷鑒臣請諸皇子各依古議置師傅之官如陛下厚之以渥恩課之以訓導令皇子屈身師事每日講說善道一日之中但記一事一歲之內所記漸多每至月終令師傅具錄聞奏或皇子上謁之時陛下更令侍臣面問十中得五爲益良多何必讀書自然博識旣達安危之理兼知成敗之繇主鬯維城何往

不可臣雖短識事繫遠圖伏乞陛下詢於公卿以爲可否一臣聞古之人君卽位而加太子封拜諸王寵其所繇蓋有深旨一則欲尊儲闈而作盤石繫我宗枝一則欲分嫡庶而辨親疎各歸名分使庶不亂嫡疎不間親禮秩有常邪慝不作臣竊見近代聖后賢君或有失於此道以此邦家搆患釁隙萌生昔隋祖聰明煬帝亦傾於揚勇太宗睿聖魏王終覆於承乾臣每讀古書深悲其事願于聖代無此厲階其于卜貳封崇在臣不敢輕議臣請諸皇子於恩澤賜與之間婚姻省侍之際依嫡庶而爲禮秩據親疎而定節

文示以等威絕其僥倖保宗之道莫大于斯一臣聞上聖之才不修崇而合道中人之性隨染習而無常是故告以話言束之名教猶蹈覆車之轍不師銘座之言而況左右全闕正人染習不聞善事欲求賢行其可得乎伏見近代師傅之官所設備員而已未聞調護太子訓導諸王坐食俸錢誠爲尸祿臣請皇子中當爲儲位者雖未封拜先要切磋應在朝官寮師傅之官請每日謁見皇子或講論時政或習熟禮容日增月修有益無損在臣愚職以此爲憂伏乞陛下付公卿詳議以爲可否伏惟皇帝陛下仁深拜善道

在爾精行慈儉而愛生靈正賞罰而激貞濫內外皆無闕政左右盡是賢臣諫者無以措詞多士惟期自勵臣豈合遽陳狂瞽輒犯宸嚴但以恩未報於君親事忽關於國本庶禪萬一聊罄再三乾祐中爲太常卿上言臣聞江海不讓於細流所以成其大山岳不讓其撮土所以成其高王者不倦昌言所以成其聖臣歷觀前代乃至近朝遍閱聖君無不好學故楚靈王軍中央勝不忘倚相之書漢高帝馬上爭衡猶聽陸生之說遂得宸謀益治宗社延長伏惟皇帝陛下纘禹丕圖受堯成法春秋鼎盛四聰不惑於咨詢廊

廟謀深六藝何妨於講習古者或立儒宮或開文館旁求巖穴之士延納草澤之才雖有前規伏恐未暇况國家設官分職選賢任能有輔弼講其國經有師傅啓其言路可以談天人之際可以陳理亂之繇但能厲耳於典謨何必服膺於卷軸伏望陛下聽政之餘數召近臣討論經義所冀熟三綱五常之要窮九疇八政之源縱無取於儒冠猶冀賢於博奕時帝年十九猶有童心疎遠正人昵比群小但與郭允明段贊等褻詞醜語宮中手放紙鳶太后每提耳規之卽日經國之謀閫閣無宜預也外間頗聞故有是奏以

諷之蘇逢吉謂昭曰先帝在藩時今上已總丱命兄事逢吉令誨之以正道今雖君臣禮隔乘閒猶獻忠言昔親狎不嘗吾友所陳深中其病中書欲商量有所發明但以疏内有輔弼講國之言難别敷奏曰蘇之益深所愧懷

册府元龜

册府元龜　諫諍部　卷之五百三十三
規諫　二十九

冊府元龜
巡按福建監察御史臣李嗣京　訂正
知甌寧縣事臣　孫以敬參閱
知建陽縣事臣　黄國琦較釋

諫諍部一十二

直諫

夫極言切諫以弼違旋闕拂心逆耳而有犯無隱觸法靡悔守死不貳此忠臣之志也若夫南面萬乘之貴中堂千里之奥威福已任條舒立致乃敢奮發於悃愊規切其過失面折廷諍以救其非露章封事以

溺其道斯張良喻之於苦口韓非比之於批鱗非徒矣一時之意且將蹈不測之禍自非誠心内蘊精忠感厲冀一悟於人主而有利於國家者疇能若是哉茲所謂匪躬之臣仗節之士者也然而奪美顯惡非人臣之禮王文諷諫若風雅之義又何必以倖直訕許爲任哉

夏關龍逢事桀桀爲酒池足以運舟糟丘足以望七里一鼓之而牛飲者三千人關龍逢進諫曰爲人君身行禮義愛人節財故國安而身壽也今君用財若毋盡用人若恐不能死不革天禍必降而誅必至矣君其革之立而不去朝桀因囚拘之君子聞之曰未之命矣夫

周芮良夫爲厲王好利近榮夷公良夫諫厲王曰王室其將卑乎夫榮公好專利而不知大難夫利百物之所生也天地之所載也而有專之其害多矣天地百物皆將取焉何可專也所怒甚多而不備大難以是教王王其能久乎夫王人者將導利而布之上下者也使神人百物無不得極極中也猶日怵惕懼怨之來也故頌曰思文后稷克配彼天立我蒸民莫匪爾極大雅曰陳錫載周言文王布錫施利以載成周道也是不布利而

懼難乎故能載周以至於今今王學專利其可乎匹夫專利猶謂之盜王而行之其歸鮮矣榮公若用周必敗也厲王不聽卒以榮公爲卿士諸侯不享王流于彘享獻也

富辰爲大夫襄王十三年鄭人伐滑王使游孫伯請滑游孫伯周大夫鄭人執之鄭人文公捷也鄭怨惠王之入而不與厲公爵又怨襄王之與衛滑故不聽王命而執二使王怒將以翟伐鄭翟隗姓之國也富辰諫曰不可人有言曰兄弟讒鬩侮人百里鬩很也兄弟雖以讒言相違很猶禁禦他人侵侮已者百里喻遠也周文公之詩曰兄弟鬩于墻外禦其侮文公之詩周公旦所作棠棣之篇禦禁也雖相與很於墻室之内然能外禦異族侮害已者

君是則閩乃內侮不敗親也雖內相很外禦他人故不敗親在鄭天子兄弟也言與襄王有兄弟之親鄭武莊有大勳力于平桓武公桓公之子突也莊武公之子莊公寤生也王功曰勳平幽王之子平王宜臼也桓平王之孫文太子之子桓王林也幽王既滅鄭武公以卿士夾輔平王東遷雒邑桓王即位鄭莊公爲之卿士以王命討不庭伐宋入城凡我周之東遷晉鄭是依東遷謂平王也謂鄭武公與晉文侯戮力一心股肱周室夾輔平王也子頹之亂又鄭之繇定子頹周莊王之子惠王叔父襄惠王而立惠王出居鄭厲公殺子頹而立之事在周語上今以小忿棄之是以小怨置大德也無乃不可乎置廢也云云忘我大德思我小怨也且夫兄弟之怨不徵召於他徵召也他謂翟也徵於他利乃外矣外利在翟章怨外利不義章明棄親即翟不祥祥善以怨報德

不仁義所以生利也祥所以事神也仁所以保民也保養不義則利不阜阜厚不祥則福不降不仁則民不至古之明王不失三德者三仁義祥故能廣有天下而和寧百姓令聞不忘王其不可以棄之王不聽十七年王降翟師以伐鄭降下王德翟人將以其女爲后富辰諫曰不可夫婚姻禍福之階也利內則福繇之利外則禍今王外利矣樹利於翟其無乃階禍乎昔摯疇之國也繇大任摯疇二國任姓奚仲仲虺之後大任之家也大任王季之妃文王之母一云摯仲氏任又曰思齊大任文王之母也杞繒繇大姒杞繒二國姒姓夏禹之後大姒之家也大姒文王之妃武王之母齊許申呂繇大姜四國皆姜姓四岳之後大姜之家也大姜大王之妃王季之母也陳繇大姬陳嬀姓舜後也大姬周武之女成王之姊傳曰以元女大姬配虞胡公而封之陳是皆能內利親親者也內利內行七德親親以申固其家也昔鄢之亡也繇仲任鄢妘姓之國仲任任氏之女爲鄢夫人唐尚書云鄢爲鄭武公所滅非取任氏而亡也昭謂幽王爲西戎所殺云言褒姒滅之明禍有所繇也密須繇伯姞伯姞密須之女世本云密須姞姓也鄶繇叔妘鄶妘姓之國叔妘同姓之女爲鄶夫人唐尚書云亦鄭武公滅之不繇女亡也昭爲公羊傳曰先鄭伯有善乎鄶云者通乎夫人以取其國此之謂也聃繇鄭姬聃姬姓文王之子聃季之國鄭姬鄭女爲聃夫人同姓相取猶魯昭公娶於吳氏亦其黷姓息繇陳嬀息姬姓之國陳嬀陳女爲息侯夫人蔡哀侯亦娶於陳息嬀將過蔡蔡哀侯止而見之弗賓嬀以告息侯息侯導楚伐蔡侯怨因稱息嬀之美於楚子遂滅息以息嬀歸也鄧繇楚曼鄧曼姓楚曼鄧女爲楚武王夫人生文王文王過鄧而利其國遂滅鄧而兼之羅繇季

姬羅熊姓之國季姬季姬氏之女爲羅夫人盧繇荊嬀盧嬀姓之國荊嬀盧女爲荊夫人荊楚也是皆外利離親者行淫僻小利於外不能親親以亡其國王曰利何如而內何如而外對曰尊貴明賢明顯庸勳長老庸用勳也長老尚齒也愛親禮新親舊是利之內也若七德離判民乃攜貳判分攜離也七德謂尊貴其親舊各以利退退自營也上求不暨是其外利也暨至夫翟無列於王室列位次鄭伯南也王而卑之是不尊貴也南者在南服之侯伯也或云南南而君也按內傳鄭在南服禮畿外侯伯世位其見侍重於萊地之君故是不尊貴也翟豺狼之德也鄭未失周典王而蔑之是不明賢也蔑小平桓莊惠皆受鄭勞王而棄之是不庸勳也平王東遷依鄭武公桓王即位鄭莊公佐之桓王之子莊

王他也惠莊王之孫僖王之子惠王母倞也爲子頹所篡出居於鄭鄭厲公納之自平王以來鄭世有功故日皆受鄭勞公者也鄭伯捷之齒長矣王而弱之是不長老矣捷鄭文公名弱稚也翟隗姓也隗姓赤翟鄭出自宣王王而虐之是不愛親也鄭桓公文宣王之弟出者鄭國之封出於宣王夫禮新不間舊間代王以翟女間姜任非禮且棄舊姜氏任氏之女爲王女嬪王一舉而棄七德臣故曰利外矣書有之曰必有忍也若能有濟也逸書也若乃也濟成也言能有所忍乃能有成功也王不忍小忿而棄鄭又登叔隗以階翟陛階翟禍翟封豕豺狼也不可厭封大厭足王弗聽十八年王黜翟十年魯僖二十四年黜廢也翟后立通於王子帶故王廢之翟人來誅殺譚伯誅責也翟人奉子帶攻王而殺譚伯譚伯周大夫

富辰曰昔吾驟諫王王弗從以及此難若我不出王其以我爲懟乎乃以其屬死之帥其徒屬以死翟師

州鳩爲伶人景王二十四年鑄無射鍾成伶人告和王謂伶州鳩曰鍾果和矣對曰未可知也伶人媚王謂之和故曰未可知王曰何故對曰上作器民備樂之則爲和言聲音之道與政通今財亡民罷莫不怨恨臣不知其和也亂世之音怨以怒故曰不知其和也且民所曹好鮮其不濟也曹群其所曹惡鮮其不廢也故諺曰衆心成城衆心所好莫之能敗其固如城衆口鑠金鑠銷也衆口所毀雖金石猶可銷也今三年之中而害金再興焉害金害民之金謂錢鍾也懼一之廢也二金之中其一必廢王曰爾老耄矣何知八十曰耄老耄昏惑明年悼王立王室亂鍾不龢

秦茅焦齊人也始皇初爲秦王九年遷太后於雍焦說秦王曰秦方以天下爲事而大王有遷母太后之名恐諸侯聞之繇此倍秦也一云茅焦諫曰陛下車裂假父有嫉妬之心囊撲兩弟有不慈之名遷母咸陽有不孝之行臣竊爲陛下危之言畢乃解衣趣鑊始皇下殿左手援之曰先生起矣假父嫪毐也一弟太后所生二子也秦王乃迎太后於雍而入咸陽一云秦王立茅焦爲傅又爵之上卿太后大喜曰天下抗直使敗復成安秦社稷使妾母子復相見皆茅君之力也復居甘泉宮咸陽南宮也

淳于越齊人始皇三十四年置酒咸陽宮博士僕射周青臣等頌稱始皇威德越進諫曰臣聞之殷周之

王千餘歲封子弟功臣自爲友輔今陛下有海內而子弟爲匹夫卒有田常六卿之患臣無輔弼何以相救哉事不師古而能長久者非所聞也今臣青等又面諛以重陛下過非忠臣也始皇下其議丞相謬其說絀其辭

漢賈誼文帝時爲梁王傅上疏曰臣竊惟事勢可爲痛哭者一可爲流涕者二可爲長太息者六若其他背理而傷道者難徧以疏舉言不可盡條記也進言者皆曰天下已安已治矣進言者謂陳說於天子前者也臣獨以爲未也曰安且治者非愚則諛實謂治安則是愚也知其不爾而假言之是諂諛也皆非

實知治亂之體者也夫抱火厝之積薪之下而寢其上厝置也火未及燃因謂之安方今之勢何以異此本末舛逆首尾衡決國制搶攘搶攘亂貌非甚有紀紀理也胡可謂治陛下何不壹令臣得熟數之於前因陳治安之策試詳擇焉夫射獵之娛與安危之機孰急言二事之中何者爲急使爲治勞智慮苦身體乏鍾鼓之樂勿爲可也樂與今同而加之諸侯軌道兵革不動軌道言遵法制也民保首領匈奴賓服四荒鄉風百姓素朴獄訟衰息大數既得則天下順治海內之氣清和咸理生爲明帝沒爲明神名譽之美垂於無窮禮祖有功而宗有

德使顧成之廟稱爲太宗上配太祖與漢亡極建久安之勢成長治之業以承祖廟以奉六親至孝也以幸天下以育羣生至仁也立經陳紀輕重同得後可以爲萬世法人雖有愚幼不肖之嗣猶得蒙業而安至明也以陛下之明達因使少知治體者得佐下風致此非難也其具可素陳於前願幸無忽臣謹念此至熟也雖使禹舜復生爲陛下計亡以易此夫樹國固必相疑之勢今建立國泰大其勢必固相疑也下數被其殃上數爽其憂甚非所以安上而全下也今或親弟謀爲東帝淮南厲王長親兄之子西鄉而擊謂齊悼惠王子興居而爲齊北王反欲擊反滎陽也今吳又見告矣吳王之不循漢法有告之者天子春秋鼎盛行義未過德澤有加焉猶尚如是況莫大諸侯莫大謂無有大於其國者言最大也權力且十此者乎十倍於此然而天下少安何也大國之王幼弱未壯漢之所置傅相方握其事數年之後諸侯之王大抵皆冠大抵猶言大畧也血氣方剛漢之傅相稱病而賜罷彼自丞尉以上偏置私之如此有漢異淮南濟北之爲邪此時而欲爲治安雖堯舜不治黃帝曰日中必熭操刀必割太公六韜曰日中不熭是謂失時操刀不割失利之期言當及時也熭謂暴曬之也今令此道順而全安甚易不肯蚤爲已迺墮骨肉之屬而抗剄之墮毀也抗舉也剄割剄也

豈有異秦之季世乎夫以天子之位乘今之時因天之助尚憚以危爲安以亂爲治假設陛下居齊桓之處將不合諸侯而安天下乎臣又知陛下有所必不能也假設天下如曩時淮陰侯尚王楚黥布王淮南彭越王梁韓信王韓張敖王趙貫高爲相盧綰王燕陳豨在代令此六七公皆亡恙當是時而陛下即天子位能自安乎臣有以知陛下之不能也天下殽亂高皇帝與諸公併起非有仄室之勢以豫席之也禮卿大夫之支子爲仄室席籍也言非有仄室之勢爲之資藉也諸公幸者乃爲中涓其次廑得舍人廑言纔得舍人材之不逮至遠也高皇帝以

明聖威武即天子位割膏腴之地以王諸公多者百
餘城少者乃三四十縣德至渥也渥厚也然其後十年
之間反者九起陛下與諸公非親角材而臣之也又
非身封王之也自高皇帝不能以是一歲爲安故臣
知陛下之不能也然尚有可諉者曰疏諉者託也尚可託言信越
等以疏故反其下句曰臣請試言其親者親者亦恃强爲亂明信等不以疏也臣請試言其
親者假令悼惠王王齊元王王楚中子王趙幽王王
淮陽共王王梁靈王王燕厲王王淮南六七貴人皆
亡恙當是時陛下即位能爲治乎臣又知陛下之不
能也若此諸王雖名爲臣實皆布衣昆弟之心慮亡

不帝制而天子自爲者慮大計也諸侯皆欲同皇帝之制度而爲天子之事擅
爵人赦死罪甚者或戴黃屋漢法令非不行也雖行
不軌如厲王者令之不肯聽召之安可致乎幸而來
至法安可得加動一親戚天下圜視而起圜睛正視言驚愕也
陛下之臣雖有悍如馮敬者馮無擇子名忠直爲御史大夫奏淮南厲王誅
之適啓其口七首已陷其匈矣始欲設官節制諸侯王則爲刺客所殺
陛下雖賢誰與領此故疏者必危親者必亂已然之
效也其異姓負强而動者漢已幸勝之矣又不易其
所以然同姓襲是迹而動既有徵矣其執盡又復然
殃禍之變未知所移明帝處之尚不能以安後世將

如之何屠牛坦一朝解十二牛坦屠牛者之名也事見管子將軍左
刃不頓者芒刃謂刃之利如毫芒也所排擊剝割皆衆理解也至
於髖髀之所非斤則斧髀股骨也髖髀大也言其骨大故須斤斧也夫仁
義恩厚人主之芒刃也權勢法制人主之斧斤也今
諸侯王皆衆髖髀也釋斤斧之用而欲嬰以芒刃臣
以爲不缺則折胡不用之淮南濟北勢不可也臣竊
迹前事大抵强者先反淮陰王楚最强則最先反韓
信倚胡則又反貫高因趙資則又反陳豨兵精則又
反彭越用梁則又反黥布用淮南則又反盧綰最弱
最後反長沙廼在二萬五千戶耳功少而最完勢疏

而最忠非獨性異人也亦形勢然也曩令樊酈絳灌
據數十城而王今雖以殘亡可也令信越之倫列爲
徹侯而居雖至今存可也然則天下之大計可知已
欲諸王之皆忠附則莫若令如長沙王欲臣子勿葅
醢則莫若令如樊酈等欲天下之治安莫若衆建諸
侯而少其力力少則易使以義國小則亡邪心令海
內之勢如身之使臂臂之使指莫不制從諸侯之君
不敢有異心輻輳並進而歸命天子雖有細民且知
其安故天下咸知陛下之明割地定制令齊趙楚各
若干國使悼惠王幽王元王之子孫畢以次各受且

之分地地盡而止及燕梁他國皆然其分地衆而子
孫少者建以爲國空而置之須其子孫生者舉使君
之諸侯之地其削頗入漢者爲徙其侯國及封其子
孫也徙其侯國列侯國邑在諸侯王封内而犬牙相入者則正其疆界令其隔絶也封其子孫者分諸侯王之國邑各自封其子孫而受封之人若有罪黜其地皆入其漢故云頗入也所有數償
之一寸之地一人之衆天子亡所利焉償者謂所王列侯疆界有侵諸侯王者則漢償之誠以定治而已故天下咸知陛下之廉
地制一定宗室子孫莫慮不王慮計也下無倍畔之心
上無誅伐之志故天下咸知陛下之仁法立而不犯
令行而不逆貫高利幾之謀不生柴奇開章之計不

萌柴奇開章皆與淮南王謀反者也細民鄉善大臣致順故天下咸
知陛下之義臥赤子天下之上而安植遺服朝委裘
而天下不亂置遺服朝委裘皆未有所知也委裘若容衣天子未坐朝事先帝裘衣也當
時大治後世謂聖一動而五業之陛下雖憚而久不
爲此天下之勢方病大瘇腫足曰瘇一脛之大幾如要一
指之大幾如股平居不可屈信一二指慉身慮亡聊
慉謂動而痛也聊賴也失今不治必爲錮疾錮疾堅久之疾後雖有扁
鵲不能爲已病非徒瘇也又若蹠盭足下曰蹠今所呼腳掌是也言足蹠反戾不可行也元王之子帝之從弟也楚元王高帝之弟其子於文帝爲從弟
今之王者從弟之子也惠王親兄子也今之王者

兄子之子也惠王齊悼惠王親者或亡分地以安天下疏者
或制大權以偪天子臣故曰非徒病瘇也又若蹠盭
可痛哭者此病是也天下之勢方倒縣凡天子者天
下之首何也上也蠻夷者天下之足何也下也今匈
奴嫚侮侵掠至不敬也爲天下患至亡已也而漢歲
致金絮采繒以奉之夷狄徵令是主上之操也徵召也令號令也操謂主上之所操持也天子共貢是臣下之禮也足反居上
首顧居下顧亦反也言如人反顧然倒縣如此莫之能解猶爲國
有人乎顛倒如此而不能解救豈謂國有明智之人乎非但倒縣而已又類
辟且病痱辟足病痱風也夫辟者一面病痱者一方痛今西

邊北邊之郡雖有長爵不輕得復長爵高爵也雖受高爵之賞猶將繇冠不得復除逆豫也不易得復除言難也五尺以上不輕得息五尺謂小兒也斥
候望烽燧不得臥邊方備胡寇作高櫓上作桔槔頭兜零以薪草置其中常抵之有寇卽火然舉之以相告曰烽又多積薪寇至卽然之以望其煙曰燧晝則燔煙夜則舉烽將吏被
介冑而睡臣故曰一方病矣醫能治之而上不使可
爲流涕者此也陛下何忍以皇帝之號爲戎人諸侯
勢旣卑辱而禍不息長此安窮進謀者率以爲是固
不可解也亡具甚矣臣竊料匈奴之衆料量也音聊不過
漢一大縣以天下之大困於一縣之衆甚爲執事者
羞之陛下何不試以臣爲屬國之官以主匈奴行臣

之計請必繫單于之頸而制其命伏中行說而笞其
背（說奄人也漢使送公主妻匈奴說不肯行强之因以漢事告匈奴也）舉匈奴之衆唯
上之令今不獵猛敵而獵田彘不搏反寇而搏畜菟
翫細娛而不圖大患非所以爲安也德可遠施威可
遠加而直數百里外威令不信可爲流涕者此也今
民賣僮者（僮謂隸妾也）爲之繡衣絲履偏諸緣（偏諸若今之織成以
爲要襻及褾領者也古謂之車馬君言其上爲乘車及騎從之象也）內之閑中（閑賣奴婢闌也）
是故天子后服所以廟而不宴者也（入廟則服之宴處則不着蓋貴
之也）而庶人得以衣婢妾白穀之表薄紈之裏緁以偏
諸（謂以偏諸緁之也）美者黼繡（黼者織爲斧形繡者刺爲衆文）是故天子之

服今富人大賈嘉會召客者以被墻古者以奉一帝
一后而節適（得其節而合宜）今庶人屋壁得爲帝服倡優下
賤得爲后服然而天下不屈者殆未有也且帝之身
自衣皁綈而富民墻屋被文繡天子之后以緣其領
庶人孽妾緣其履此臣所謂舛也夫百人作之不能
衣一人欲天下亡寒胡可得也一人耕之十人聚而
食之欲天下亡饑不可得也饑寒切於民之肌膚欲
其亡爲姦邪不可得也國已屈矣盜賊直須時耳然
而獻計者曰毋動爲大耳（好爲大語者）夫俗至大不敬也
至亡等也至冒上也進計者猶曰毋爲可爲長太息

者此也商君遺禮義棄仁恩并心於進取行之二歲
俗日敗故秦人家富子壯則出分家貧子壯則出贅
（贅壻也其不出妻家猶人身體之有贅）借父耰鉏慮有德色（耰摩田器也言以耰
及鉏借與其父而容色自矜爲恩德也）母取箕箒立而誶語（誶責讓也）抱哺
其子與公併倨（言婦抱子而哺之乃與其舅併倨無禮之甚也）婦姑不相說
則反脣而相稽（稽計也相與計較也）其慈子耆利不同禽獸者
亡幾耳然并心而赴時猶曰蹶六國兼天下（蹶謂拔而取之）
功成求得矣終不知反廉愧之節仁義之厚信併兼
之法遂進取之業天下大敗衆掩寡智欺愚勇威怯
壯陵衰其亂至矣是以大賢起之威震海內德從天

下（大賢謂高祖也德從天下天下從其德）曩之爲秦者今轉而漢矣然
其遺風餘俗猶尚未改今世以侈靡相競而上亡制
度棄禮義捐廉恥日甚可謂月異而歲不同矣逐利不
耳慮非顧行也（言其所追趣惟計利不念慮之中非顧行之善惡）今其甚者
殺父兄矣盜者剟寢戶之簾（剟謂割求之也）搴兩廟之器（搴取
也兩廟高祖惠帝廟也）白晝大都之中剽吏而奪之金矯僞者
出幾十萬石粟（言詐爲文書以出倉粟近十萬石耳）賦六百餘萬錢乘
傳而行郡國（言矯僞之人詐爲詔令妄作賦歛其數甚多又詐乘傳而行郡國）此其
亡行義之尤至者也而大臣特以簿書不報期會之
間以爲大故（特徒也言公卿大夫徒以簿書期會而不知正風俗厲行義也）至於俗

流失世壞敗因恬而不知怪慮不動於耳目以爲是適然耳夫移風易俗使天下回心而鄉道類非俗吏之所能爲也俗吏之所務在於刀筆筐篋（刀所以削書札筐篋所以盛書）而不知大體陛下惜之夫立君臣等上下使父子有禮六親有紀此非天之所爲人之所設也夫人之所設不爲不立不植則僵不修則壞管子曰禮義廉恥是謂四維四維不張國乃滅亡使管子愚人也則可管子而少知治體則是豈可不爲之寒心哉秦滅四維而不張故君臣乖亂六親殃戮姦人並起萬民離叛凡十三歲而社稷爲虛（虛謂丘墟）今四維猶未備

也故姦人幾幸而衆心疑惑豈如今定經制令君君臣臣上下有差父子六親各得其宜姦人亡所幾幸而羣臣衆信上不疑惑此業一定世世常安而後有所持循矣若夫經制不定是猶渡江河亡維楫中流而遇風波船必覆矣可爲長太息者此也夏爲天子十有餘世而殷受之殷爲天子二十餘世而周受之周爲天子三十餘世而秦受之秦爲天子二世而亡人性不甚相遠也何三代之君有道之長而秦無道之暴也其故可知也古之王者太子廼生固舉以禮（廼始也）使士負之有司齊肅端冕見之南郊見於天子過闕則下過廟則趨孝子之道也故自爲赤子而教固已行矣昔者成王幼在襁褓之中召公爲太保周公爲太傅太公爲太師保保其身體傅傅之德義師道之教訓此三公之職也於是爲置三少皆上大夫也曰少保少傅少師是與太子宴者也故廼孩提有識三公三少固明孝仁義禮以道習之逐去邪人不使見惡行於是皆選天下之端士孝悌博聞有道術者以衞翼之使與太子居處出入故太子廼生而見正事聞正言行正道左右前後皆正人也夫習與正人居之不能毋正猶生長於齊不能不齊言也習與

不正人居之不能毋不正猶生長於楚之地不能不楚言也故擇其所耆必先受業乃得嘗之擇其所樂必先有習廼得爲之孔子曰少成若天性習貫如自然及太子少長知妃色（妃色妃匹之色）則入于學學者所學之官也（官謂官舍）學禮曰帝入東學上親而貴仁則親疏有序而恩相及矣帝入南學上齒而貴信則長幼有差而民不誣矣帝入西學上賢而貴德則聖智在位而功不遺矣帝入北學上貴而尊爵則貴賤有等而下不踰矣帝入大學承師問道退習而考於太傅太傅罰其不則而救其不及則德智長而治道得矣五

學者旣成於上則百姓黎民化輯於下矣及太子旣冠成人免於保傅之嚴則有記過之史徹膳之宰進善之旌誹謗之木敢諫之鼓瞽史誦詩工誦箴諫大大進謀士傳民語習與智長故切而不愧化與心成故中道若性三代之禮春朝朝日秋暮夕月所以明有敬也春秋入學坐國老執醬而親餽之所以明有孝也行以鸞和（鸞和車上鈴也）步中采齊（樂詩名）趣中肆夏（亦樂詩名趣疾步也）所以明有度也其於禽獸見其生不忍其死聞其聲不食其肉故遠庖廚所以長恩且明有仁也夫三代之所以長久者以其輔翼太子有此具也及

秦而不然其俗固非貴辭讓也所上者告訐也（訐謂互相斥罪也）固非貴禮義也所上者刑罰也使趙高傅胡亥而教之獄所習者非斬劓人則夷人之三族也故胡亥今日卽位而明日射人忠諫者謂之誹謗深計者謂之妖言其視殺人若刈草菅然（菅茅也）豈非胡亥之性惡哉彼其所以道之者非其理故也鄙諺曰不習爲吏視已成事又曰前車覆後車誡夫三代之所以長久者其已事可知也然而不能從者是不法聖智也秦世之所以極絶者其轍迹可見也然而不避是後車又將覆也夫存亡之變治亂之機其要在是矣

天下之命縣於太子太子之善在於早諭教與選左右（與猶及也）夫心未濫而先諭教則化易成也開於道術智誼之指則教之力也若其服習積貫則左右而已夫胡粤之人生而同聲嗜欲不異及其長而成俗累數譯而不能相通行者有雖死而不相爲者則教習然也臣故曰選左右早諭教最急夫教得而左右正則太子正矣太子正而天下定矣書曰一人有慶兆民賴之此時務也凡人之智能見已然不能見將然夫禮者禁於將然之前而法者禁於已然之後是故法之所用易見而禮之所爲難知也若夫慶賞以勸

善刑罰以懲惡先王執此之政堅如金石行此之令信如四時據此之公無私如天地耳豈顧不用哉（顧猶反也）然而曰禮云禮云者貴絶惡於未萌而起教於微眇使民日遷善遠罪而不自知也孔子曰聽訟吾猶人也必也使無訟乎爲人主計者莫如先審取舍取舍之極定於內而安危之萌應於外矣安者非一日而安也危者非一日而危也皆以積漸然不可不察也人主之所積在其取舍以禮義治之者積禮義以刑罰治之者積刑罰刑罰積而民怨背禮義積而民和親故世主欲民之善同而所以使民善者或異或

道之以德教或敺之以法令道之以德教者德教洽而民氣樂敺之以法令者法令極而民風衰衰樂之感禍福之應也秦王之欲尊宗廟而安子孫與湯武同然而湯武廣大其德行六七百歲而弗失秦王治天下十餘歲則大敗此無他故矣湯武之定取舍審而秦王之定取舍不審矣夫天下大器也今人之置器置諸安處則安置諸危處則危天下之情與器亡以異在天子之所置之湯武置天下於仁義禮樂而德澤洽禽獸草木廣裕德被蠻貊四夷累子孫數十世此天下所共聞也秦王置天下於法令刑罰德澤

亡一有而怨毒盈於世下曾惡之如仇讎禍幾及身子孫誅絶此天下之所共見也是非其明效大驗邪人之言曰聽言之道必以其事觀之則言者莫敢妄言今或言禮義之不如法令教化之不如刑罰人主胡不引殷周秦事以觀之也人主之尊譬如堂羣臣如陛衆庶如地故陛九級上廉遠地則堂高陛亡級廉近地則堂卑高者難攀卑者易陵理勢然也故古者聖王制爲等列内有公卿大夫士外有公侯伯子男然後百官師小吏（官師一官之長）延及庶人等級分明而天子加焉故其尊不可及也里諺曰欲投鼠而忌器此善諭也鼠近於器尚憚不投恐傷其器況於貴臣之近主乎廉恥節禮以治君子故有賜死而亡戮辱是以黥劓之罪不及大夫以其離主上不遠也禮不敢齒君之路馬蹴其芻者有罰見君之几杖則起遭君之乘車則下入正門則趨君之寵臣雖或有過刑罰之罪不加其身者尊君之故也此所以爲主上豫遠不敬也（遠離也）所以體貌大臣而厲其節也（體貌謂加禮容而敬之）今自王侯三公之貴皆天子之所改容而禮之也古天子之所謂伯父伯舅也而今與衆庶同黥劓髡則笞傌棄市之法然則堂不亡陛乎被戮辱者不

泰迫乎（迫迫天下也）廉恥不行大臣無迺握重權大官而有徒隸亡恥之心乎夫望夷之事二世見當以重法者投鼠而不忌器之習也臣聞之履雖鮮不加於枕冠雖敝不以苴履（苴者履中之籍也）夫嘗已在貴寵之位天子改容而體貌之矣吏民嘗俯伏以敬畏之矣今而有過帝令廢之可也退之可也賜之死可也滅之可也若夫束縛之繫緤之（緤謂以長繩繫之也）輸之司寇編之徒官司寇小吏詈罵而榜笞之殆非所以令衆庶見也夫卑賤者習知尊貴者之一旦（言知其有一旦之刑）吾亦迺可以加此也非所以習天下也非尊尊貴貴之化也夫

天子之所嘗敬衆庶之所嘗寵死而死耳賤人安宜
得如此而頓辱之哉豫讓事中行之君智伯伐而滅
之移事智伯及趙滅智伯豫讓釁面吞炭釁熏也以毒藥熏之
必報襄子五起而不中人問豫子豫子曰中行衆人
畜我我故衆人事之智伯國士遇我我故國士報之
故此一豫讓也反君事讎行若狗彘已而抗節致忠
行出乎烈士人主使然也故主上遇其大臣如遇犬
馬彼將犬馬自爲也如遇官徒彼將官徒自爲也頑
頓亡恥呰詬亡節廉恥不立且不自好苟若而可若猶
然也故見利則逝見便則奪逝往也主上有敗則因而挻

之矣主上有患則吾苟免而已立而觀之耳有便吾
身者則欺賣而利之耳人主將何便於此羣下至衆
而主上至少也所託財器職業者粹於羣下也粹純也言
其勢悉在羣下俱亡恥俱苟妄則主上最病故古者禮不及
庶人刑不至大夫所以厲寵臣之節也古者大臣有
坐不廉而廢者不謂不廉曰簠簋不飾坐汙穢淫亂
男女亡別者不曰汙穢曰帷薄不修坐罷軟不勝任
者不謂罷軟曰下官不職故貴大臣定有其罪矣猶
未斥然正以諱之也尚遷就而爲之諱也故其在大
譴大訶之域者可問也聞譴訶則白冠氂纓以毛作纓白冠喪服

也盤水加劒造請室而請罪耳請室請罪之室胡公漢官車駕出有請室
令在前先驅此官有別獄也加劒當以自刎也或曰殺牲者以盤水明頸血故不若此也上不執
縛繫引而行也其有中罪者聞命而自弛中罪非大非小也弛
廢也自廢而死上不使人頸盭而加也不戾其頸而親加刀鋸也其有大
罪者聞命則北面再拜跪而自裁上不使捽抑而刑
之也捽持頭髮也曰子大夫自有過耳吾遇子有禮矣遇
之有禮故羣臣自憙嬰以廉恥故人矜節行上設廉
恥禮義以遇其臣而臣不以節行報其上者則非人
類也故化成俗定則爲人臣者主耳忘身國耳忘家
公耳忘私利不苟就害不苟去惟義所在上之化也

故父兄之臣誠死宗廟法度之臣誠死社稷輔翼之
臣誠死君上守圄捍敵之臣誠死城郭封疆故曰聖
人有金城者此物此志也言聖人厲此節行以御羣下則人皆懷德戮力同心
國家安固不可毀狀若金城也彼且爲我死故吾得與之俱生彼且
爲我亡故吾得與之俱存夫將爲我危故吾得與之
俱安顧行而忘利守節而仗義故可以託不御之權
可以寄六尺之孤此厲廉恥行禮誼之所致也主上
何喪焉此之不爲而顧彼之久行顧反也言何不爲投鼠忌器之法而
反久行無陛級之事故曰可爲長太息者此也是時丞相絳侯
周勃免就國人有告勃謀反逮繫長安獄治卒亡事

後爵邑故賈誼以此譏帝帝深納其言養臣下有節是後大臣有罪皆自殺不受刑初文帝自代王入即位後分代爲兩國立皇子武爲代王參爲太原王小子勝則梁王矣後又徙代王武爲淮陽王而太原王參爲代王盡得故地居數年梁王勝死亡子誼復上疏曰陛下即不定制如今之勢不過一傳再傳（一世傳世也）諸侯猶且入恣而不制豪植而大彊（植立也）漢法不得行矣陛下所以爲藩扞及皇太子之所恃者惟淮陽代二國耳（藩翰得宜則嗣主安國故云皇太子之所恃也）伐北邊匈奴其彊敵爲鄰能自完則定矣而淮南之比大僅能如黑

子之著面（黑子今所謂黶子也）適足以餌大國耳（餌謂爲其所吞食）不足以有所禁禦方今制在陛下制國而令子適足以爲餌豈謂工哉人主之行異布衣布衣者飭小行競小廉以自託於鄉黨人主惟天下安社稷固不耳高皇帝瓜分天下以王功臣反者如蝟毛而起（蝟蟲名也其毛爲剌）以爲不可故蘄去不義諸侯而虛其國（不義謂諸侯彭越黥布等蘄謂芟刈之）擇良日立諸子雒陽上東門之外（諸侯皆在國東故於東門外立之也東面最北出門曰上東門）畢以爲王（畢猶盡）而天下安故大人者不牵小行以成大功今淮南地遠者或數千里越兩諸侯（越過也兩諸侯梁及淮陽）而縣屬於漢（爲縣而屬於漢）其使

民繇役往來長安者自悉而補中道衣敝（悉謂也）錢用諸費稱此其苦屬漢而欲得王至甚逋逃而歸諸侯者已不少矣其執不可久臣之愚計願舉淮南地以益淮陽而爲梁王立後割淮陽北邊二三列城（列城縣也）與東郡以益梁不可者可徙代王而都淮陽梁起於新郪以北著之河（新郪穎川縣也）淮陽包陳以南揵之江（包取也揵謂立封界也）則大諸侯之有異心者破膽而不敢謀梁足以扞齊趙淮陽足以禁吳楚陛下高枕終亡山東之憂矣此二世之利也（言帝享及太子嗣位之時）當今恬然適遇諸侯之皆少（恬安也少謂年少）數歲之後陛下且見之矣夫

秦日夜苦心勞力以除六國之禍今陛下力制天下頤指如意（但動頤指麾則所欲皆如其意也）高拱以成六國之禍難以言智苟身忘事畜亂宿禍孰視而不定萬年之後傳之老母弱子將使不寧不可謂仁臣聞聖主言問其臣而不自造事（欲發言則問其臣）故使人臣得畢其愚忠惟陛下財幸（財與裁同裁擇而幸從其言）文帝於是從誼計廼徙淮陽王武爲梁王北界泰山西至高陽得大縣四十餘城徙陽城王喜爲淮南王撫其民時又封淮南厲王四子皆爲列侯誼知上必將復王之也上疏諫曰竊恐陛下接王淮南諸子（謂接今時當即王之言不久也接猶續也猶今人言）

（橫後爾）曾不與如臣者孰計之也淮南王之悖逆無道天下孰不知其罪（悖惑也）陛下幸而赦遷之自疾而死天下孰以王死之不當今奉尊罪人之子適足以負謗於天下耳（言若尊王其子則是厲王無罪漢枉殺之）此人少壯豈能忘其父哉（少壯猶言稍長大）白公勝所為父報讎者大父與伯父叔父也（白公是平王之孫太子建之子也大父即祖為平王也伯父叔父平王諸子也）白公為亂非欲取國代主發忿快志剡手以衝仇人之匈（剡利也）固為俱靡而已（言與仇人俱滅斃死靡也）淮南雖小黠布嘗用之矣漢存特幸耳（言漢之勝布得存此直天幸耳）夫擅仇人足以為漢之資於策不便（言假四子以資權則當危漢）雖割而為四

四子一心也予之眾積之財此非有子胥白公報於廣都之中即疑有剸諸荊軻起於兩柱之間（剸諸刺吳王荊軻刺秦王）所謂假賊兵為虎翼者也（周書云無為虎傅翼將飛入邑擇人而食）之願陛下少留計

冊府元龜

巡按福建監察御史臣李嗣京訂正
新建縣舉人臣戴國士參閱
知建陽縣事臣黃國琦較釋

諫諍部十三

直諫第二

漢東方朔武帝時待詔於公車而大中大夫吾丘壽王與待詔能用筭者二人舉籍阿城以南（舉計其數而爲簿籍也阿城本秦阿房宮也以其牆壁崇廣故俗呼爲阿城）盩厔以東宜春以西提封頃畝及其賈直（提封亦謂提舉四封之內總計其數也）欲除以爲上

林苑屬之南山（屬連也）又詔中尉左右內史表屬縣草田欲以償鄠杜之民（時未爲京兆馮翊扶風故云中尉及左右內史也草田謂荒田也）吾丘壽王奏事帝大說朔時在旁進諫曰臣聞謙遜靜愨天表之應應之以福驕溢靡麗天表之應應之以異今陛下累郎臺恐其不高也（郎臺下周屋）弋獵之處恐其不廣也如天不爲變則三輔之地盡可以爲苑何必盩厔鄠杜乎（中尉及左右內史則爲三輔矣非必謂京兆馮翊扶風也）奢侈越制天爲之變上林雖小臣尚以爲大也夫南山天下之阻也南有江淮北有河渭其地從汧隴以東商雒以西（商與上雒二縣也汧汧水也隴隴坻也）厥壤肥饒漢興去三河之地止霸產以西都涇渭之南此所謂天下陸海之地（高平曰陸關中地高故稱耳海者萬物所出言關中山川物產饒富是以謂之陸海也）秦之所以虜西戎兼山東者也其山出玉石金銀銅鐵豫章檀柘異類之物不可勝原（原本也言說不能盡其根本）此百工所取給萬民所仰足也又有秔稻梨栗桑麻竹箭之饒土宜薑芋水多鼃魚（芋草名其葉似藕荷而長不圓其根正白可食鼃即蛙字也似蝦蟇而小長腳蓋人亦取食之）貧者得以人給家足無饑寒之憂故豐鎬之間號爲土膏其價畝一金今規以爲苑絕陂池水澤之利而取民膏腴之地上乏國家之用下奪農桑之業棄成功就敗事損耗五穀是其不可一

且盛荊棘之林而長養麋鹿廣狐兔之苑大虎狼之墟又壞人塚墓發人室廬令幼弱懷土而思耆老泣涕而悲是其不可二也斥而營之垣而囿之騎馳東西車鶩南北又有深溝大渠夫一日之樂不足以危無限之輿（一日之樂謂田獵也無限之輿謂天子富貴無限限也）是其不可三也故務苑囿之大不恤農時非所以彊國富人也夫殷作九市之宮而諸侯畔（紂於宮中綴設九市）靈王起章華之臺而楚民散（楚靈王作章華之臺納美人以實之卒有乾谿之禍也章華臺在華容地也）秦興阿房之殿而天下亂糞土愚臣忘生觸死逆盛意犯隆旨罪當萬死不勝大願帝迺拜朔爲大中大

夫後爲中郎武帝爲竇太主（竇太后女故云太主）置酒宣室使謁者引内董君是時朔陛戟殿下辟戟而前曰董偃有斬罪三安得入乎曰何謂也朔曰偃以人臣私侍公主其罪一也敗男女之化而亂婚姻之禮傷王制其罪二也陛下富於春秋積思於六經留神於王事馳騖於唐虞折節於三代偃不遵經勸學反以靡麗爲右奢侈爲務盡狗馬之樂極耳目之欲行邪枉之道徑淫辟之路是乃國家之大賊人主之大蜮偃爲淫首其罪三也昔伯姬燔而諸侯憚奈何乎陛下上默然不應良久曰吾業以設飲食後而自改朔曰不

可夫宣室者先帝之正處也非法度之政不得入焉故淫亂之漸其變爲簒是以豎貂爲淫而易牙作患慶父死而魯國全管蔡誅而周室安上曰善有詔止更置酒北宫引董君從東司馬門東司馬門更名東交門賜朔黄金三十斤董君之寵繇是日衰

司馬相如爲郎嘗從武帝至長楊獵是時天子方好自擊熊豕馳逐埜獸相如因上疏諫其辭曰臣聞物有同類而殊能者故力稱烏獲捷言慶忌勇期賁育臣之愚竊以爲人誠有之獸亦宜然今陛下好陵阻險射猛獸猝然遇逸材之獸駭不存之地犯屬車之清塵輿不及還轅人不暇施巧雖有烏獲逢蒙之技不得用枯木朽株盡爲難矣是胡越起於轂下而羌夷接軫也豈不殆哉雖萬全而無患然本非天子之所宜近也且夫清道而後行中路而馳猶時有銜橛之變況乎涉豐草騁丘墟前有利獸之樂而内無存變之意其爲害也不亦難矣夫輕萬乘之重不以爲安樂出萬有一危之塗以爲娛臣竊爲陛下不取蓋明者遠見於未萌而智者避危於無形禍固多藏於隱微而發於人之所忽者也故鄙諺曰家累千金坐不垂堂此言雖小可以諭大臣願陛下留意幸察帝善之

令狐茂壺關三老也武帝末戾太子殺江充舉兵長安中太子兵敗亡不得帝怒甚羣下憂懼不知所出茂上書曰臣聞父者猶天母者猶地子猶萬物也故天平地安陰陽調和物迺茂成父慈母愛室家之中子乃孝順陰陽不和則萬物夭傷父子不和則室家喪亡故父不父則子不子君不君則臣不臣雖有粟吾豈得而食諸昔者虞舜孝之至也而不中於瞽瞍孝已被謗伯奇放流骨肉至親父子相疑何者積毀之所生也繇是觀之子無不孝而父有不察今皇太

子爲漢適嗣承萬世之業體祖宗之重親則皇帝之宗子也江充布衣之人閭閻之隷臣耳陛下顯而用之御至尊之命以迫蹵皇太子造飾奸詐羣邪錯謬是以親戚之路鬲塞而不通太子進則不得上見退則困於亂臣獨寃結而亡告不忍忿忿之心起而殺充恐懼逋逃子盜父兵以救難自免耳臣竊以爲無邪心詩曰營營青蠅止于藩愷悌君子無信讒言讒言罔極交亂四國往者江充讒殺趙太子天下莫不聞其罪固宜陛下不省察深過太子以太子爲罪過而深責之發盛怒舉大兵而求之三公自將臣欽若等曰謂丞相劉屈氂也智者

不敢言辯士不敢說臣竊痛之臣聞子胥盡忠而忘其號比干盡仁而遺其身忠臣竭誠不顧鈇鉞之誅以陳其愚志在正君安社稷也詩云取彼譖人投畀豺虎唯陛下寛心慰意少察所親毋患太子之非亟罷甲兵無令太子久亡臣不勝惓惓出一旦之命待罪建章闕下書奏天子感寤

夏侯勝爲光祿大夫昌邑王嗣立數出每出遊戲也勝當乘輿前諫曰天久陰而不雨臣下謀上者陛下欲出何之王怒謂勝爲妖言縛以屬吏屬委吏也吏白大將軍霍光光不舉法是時光與車騎將軍張安世謀欲廢昌邑王光讓安世以爲泄語安世實不言廼召問勝勝對言在洪範傳曰皇之不極厥罰常陰時則下人有代上者惡察察言惡謂忌諱也察謂計謀不敢明顯言之故云臣下有謀光安世繇此遂重儒者

王吉舉孝廉爲郎補若盧右丞遷雲陽令舉賢良爲昌邑中尉而王好遊獵驅馳國中動作亡節吉上疏諫曰臣聞古者師日行三十里吉行五十里詩云匪風發兮匪車揭兮顧瞻周道中心怛兮說曰是非古之風也發發者是非古之車也揭揭者葢傷之也今者六王幸方與曾不半日而馳二百里百姓頗廢耕

桑治道牽馬臣愚以爲民不可數變昔召公述職當民事時舍於棠下而聽斷焉是時人皆得其所後世思其仁恩至虖不伐甘棠之詩也六王不好書術而樂逸游馮式訢銜馳騁不止口倦乎叱咤手苦於箠轡身勞乎車輿朝則冒霧露晝則被塵埃夏則爲大暑之所暴炙冬則爲風寒之所匽薄數以耎脆之玉體犯勤勞之煩毒非所以全壽命之宗也又非所以進仁義之隆也夫廣廈之下細旃之上明師居前勸誦在後上論唐虞之際下及殷周之盛考仁聖之風習治國之道訢訢然發憤忘食日新厥德其樂豈銜

櫎之間哉休則俛仰詘信以利形進退步趨以實下吸新吐故以練臧專意積精以適神於以養生豈不長哉大王誠留意如此則心有堯舜之志體有喬松之壽美聲廣譽登而上聞則福祿其臻而社稷安矣皇帝仁聖至今思慕未怠於宮館囿池弋獵之樂未有所幸大王宜夙夜念此以承聖意諸侯骨肉莫親大王大王於屬則子也於位則臣也一身而二任之責加焉恩愛行義纖芥有不具者於以上聞非享國之福也臣吉愚戇願大王察之王賀雖不遵道然猶知敬禮吉乃下令曰寡人造行不能無惰中尉甚忠

數輔吾過使謁者千秋賜中人牛肉五百斤酒五石脯五束其後復放縱自若吉輒諫爭甚得輔弼之義雖不治民國中莫不敬重焉久之昭帝崩亡嗣大將軍霍光秉政遣大鴻臚宗政迎昌邑王吉即奏書戒王昌邑以行淫亂廢宣帝頗修武帝故事宮室車服盛於昭帝時外戚許史王氏貴寵而上躬親政事任用能吏吉上疏言得失曰陛下躬聖質總萬方帝王圖籍日陳于前惟思世務將與太平詔書每下民欣然若更生臣伏而思之可謂至恩未可謂本務也言天子如此恩治百姓爲之更生然未盡政務之本也欲治之主不世出言有時過之不嘗值也公卿幸得遭遇其時言聽諫從然未有建萬世之長策舉明主於三代之隆者也其務在於期會簿書斷獄聽訟而已此非太平之基也臣聞聖主宣德流化必自近始朝廷不備難以言治左右不正難以化遠民者弱而不可勝愚而不可欺也聖主獨行於深宮得則天下稱誦之失則天下咸言之行發於近必見於遠故謹選左右審擇所使左右所以正身也所使所以宣德也詩云濟濟多士文王以寧此其本也春秋所以大一統者六合同風九州共貫也今俗吏所以牧民者非有禮義科指可世世通行者也獨

設刑法以守之其欲治者不知所繇以意穿鑿各取一切權譎自任故一變之後不可復脩也言其弊深難久行也是以百里不同風千里不同俗戶異政人殊服詐僞萌生刑罰亡極萌生言其爭出如草木之初生質樸日銷恩愛寖薄孔子曰安上治民莫善於禮非空言也王者未制禮之時引先王之禮宜於今者而用之臣願陛下承天心發大業與公卿大臣延及儒生述舊禮明王制毆一世之民躋之仁壽之域以仁撫下則羣生安逸而壽考則俗何以不若成康壽何以不若高宗高宗殷王武丁也享國百年也竊見當世趨務不合於道者謹條奏唯陛下財擇焉吉意以

爲夫婦人倫大綱夭壽之萌也蹊之而生故云萌也世俗嫁娶太早未知爲人父母之道而有子是以教化不明而民多夭聘妻送女亡節則貧人不及故不舉子又漢家列侯尚公主諸侯則國人承公主娶天子女曰尚公主國人娶諸侯女曰承公主尚承皆卑下之名也使男事女夫詘於婦逆陰陽之位故多女亂古者衣服車駕貴賤有章以褒有德而別尊卑今上下僭差人人自制言無節度是以貪財誅利不畏死亡周之所以能致治刑措而不用者以其禁邪於冥冥絕惡於未萌也冥冥言未有端緒又言舜湯不用三公九卿之世而舉皋陶伊尹不繼世而爵也言皋陶伊尹非三公九卿之世

不仁者遠任用賢人放出讒佞今使俗吏得任子弟子弟以父兄任爲郎率多驕驁不通古今至於積功治人亡益於民此伐檀所爲作也伐檀詩篇名刺不用賢也宜明選求賢除任子之令外家及故人可厚以財不宜居位去角氐戲樂府省尚方尚方主功作也明示天下以儉古者工不造琱琢商不通侈靡非工商之獨賢政教使之然也民見儉則歸本本立而末成其指如此帝以其言迂濶不甚寵異也

鄭昌愍爲諫大夫宣帝時蓋寬饒上書坐劾誹謗昌愍傷寬饒忠直憂國以言事不當意而爲文吏所詆挫上書訟寬饒曰臣聞山有猛獸藜藿爲之不采國有忠臣姦邪爲之不起司隸校尉寬饒居不求安食不求飽進有憂國之心退有死節之義上無許史之屬下無金張之託職在司察直道而行多仇少與上書陳國事有司劾以大辟臣幸得從大夫之後官以諫爲名不敢不言帝不聽遂下寬饒吏寬饒引佩刀自剄北闕下衆莫不憐之

蕭望之宣帝時爲大行治禮丞大將軍霍光薨子禹復爲大司馬望之以霍氏彊盛上疏乞口陳災異下少府問狀望之對以爲春秋昭公三年大雨雹是時

季氏專權卒逐昭公鄉使魯君察於天變宜亡此害今陛下以聖德居位思政求賢堯舜之用心也然而善祥未臻陰陽不和是大臣任政一姓擅勢之所致也附枝大者賊本心私家盛者公室危本心樹之本株也唯明主躬萬機選同姓舉賢材以爲腹心與參政謀令公卿大臣朝見奏事明陳其職以考功能如是則庶事理公道立姦邪塞私權廢矣對奏天子拜望之爲謁者

貢禹爲諫大夫元帝初即位數虛己問以政事虛己謂聽受其言也是時年歲不登郡國多困禹奏言古者宮室有

制宮女不過九人秣馬不過八匹秣養也謂以粟米飯也牆塗而不琱木摩而不刻車輿器物皆不文畫苑囿不過數十里與民共之任賢使能什一而稅亾它賦斂繇戍之役使民歲不過三日千里之內自給千里之外置貢職而已言天子以畿內賦斂自供千里之外令其以時入貢不欲煩勞也故天下家給人足頌聲並作至高祖孝文景皇帝循古節儉宮女不過十餘廐馬百餘匹孝文皇帝衣綈履革綈厚繒器無琱文金銀之飾後世爭為奢侈轉轉益甚臣下亦相放效衣服履絝刀劒亂於主上主上時臨朝入廟衆人不能別異甚非其宜然非自知奢僭也

昔魯昭公曰吾何僭矣今大夫僭諸侯諸侯僭天子天子過天道其日久矣承衰救亂矯復古化在於陛下正曲曰矯臣愚以為盡如太古難宜少放古以自節焉論語曰君子樂節禮樂論語稱孔子曰益者三樂樂節禮樂樂道人之善樂多賢友也方今宮室已定亡可奈何矣其餘盡可減損故時齊三服官輸物不過十笥三服官主作天子之服在齊地笥盛衣器也方今齊三服官作工各數千人一歲費數鉅萬蜀廣漢主金銀器歲各用五百萬三工官官費五千萬三工官謂少府之屬官考工室也右工室也東園匠也止言蜀漢主金銀器是不入三工之數也東西織室亦然廐馬食粟將萬匹臣禹嘗從之東宮從天子往太后宮也見賜杯案盡文畫金銀飾非當所以賜食臣下也東宮之費亦不可勝計天下之民所為大饑餓死者是也今民大饑而死死又不葬為犬豬食食人之骨也人至相食而廐馬食粟若其大肥氣盛怒至乃日步作之日日行步而動作之以散克其氣王者受命於天為民父母固當若此乎天下不見邪武帝時又多取好女至數千人以填後宮及棄天下昭帝幼弱霍光專事不知禮正妄多藏金銀財物鳥獸魚鼈牛馬虎豹生禽凡百九十物盡瘞藏之又皆以後宮女置於園陵大失禮逆天心又未必稱武帝意也昭帝晏駕光復行之至孝

宣皇帝時陛下惡有所言不能自言減省之事羣臣亦隨故事甚可痛也故使天下承化取女皆大過度諸侯妻妾或至數百人豪富吏民畜歌者至數十人是以內多怨女外多曠夫曠空也室家空也及庶衆葬埋皆虛地上以實地下其過自上生自從也上謂天子也皆大臣不循故事之辠也唯陛下深察古道從其儉者減損乘車服御器物三分去二產子多少有命審察後宮擇其賢者留二十餘人悉歸之言人產子多少自有定命非繇廣妾媵也故請上留二十餘人及諸陵園女亡子者宜悉遣獨杜陵宮人數百誠可哀憐也廐馬可亡過數十匹獨舍長安城南苑地以為

田獵之囿（舍置也獨留置之其餘皆廢去）自城西南至山西至鄠皆復其田以與貧民方今天下饑饉可亡大自減損以救之稱天意乎天生聖人蓋爲萬民非獨使自娛樂而已也故詩曰天難諶斯不易惟王上帝臨女毋二爾心（大雅大明之詩也諶誠也上帝亦天也言承天之意此誠難矣王者之命不妄改易天當降監信可畏也毋二爾心機事難矣勿猶豫也）當仁不讓（論語稱孔子曰當仁不讓於師故引之也）獨可以聖心參諸天地揆之往古（揆度也）不可與臣下議也若其阿意順指隨君上下（上下猶言高下謂苟順從也）臣禹不勝拳拳不敢不盡愚心天子納善其忠

翼奉東海人元帝初元二年二月戊午地震其夏齊地人相食七月丁酉地復震因赦天下舉直言極諫之士奉奏封事曰臣聞之於師曰天地設位懸日月布星辰分陰陽定四時列五行以視聖人名之曰道聖人見道然後知王治之象故畫州土建君臣立律歷陳成敗以視賢者名之曰經賢者見經然後知人道之務則詩書易春秋禮樂是也易有陰陽詩有五際（君臣父子兄弟夫婦朋友也又詩內傳曰五際卯酉午戌亥也陰陽始終際會之歲此則有變改之政也）春秋有災異皆列終始推得失考天心以言王道之安危至秦乃不說傷之法是以大道不通至於滅亡今陛下明聖深懷要道燭臨萬方布德流惠靡有闕遺罷省不急之用振救困貧賜醫藥賜棺錢恩澤深厚又舉直言求過失盛德純備天下幸甚臣奉竊學齊詩聞五際之要十月之交篇知日蝕地震之效昭然可明猶巢居知風穴處知雨亦不足多適所習耳臣聞人氣內逆則感動天地天變見於星氣日蝕地變見於奇物震動所以然者陽用其精陰用其形猶人之有五藏六體五藏象天六體象地故藏病則氣色發於面體病則欠申動於貌今年太陰建於甲戌律以庚寅初用事歷以甲午從春（太陰在甲戌則太歲在子十一月庚寅日黃鍾律初起用事也）歷中甲寅律得參陽性中仁義情得公正廉貞（甲庚皆三陽卯在東方爲仁庚在西方爲義戌爲公正寅午爲廉貞木數三寅在東方木位之始故曰參陽也）百年之精歲也正以精歲本首王位日臨中時接律而地大震其後連月久陰雖有大令猶不能復（大令謂虛倉廩開府庫之屬也復禱也）陰氣盛矣古者朝廷必有同姓以明親親必有異姓以明賢賢此聖王之所以大通天下也同姓親而易進異姓疏而難通故同姓一異姓五迺爲平均今左右亡同姓獨以舅后之家爲親異姓之臣又疏二后之黨滿朝非特處位勢尤奢僭過度呂霍上官足以卜之甚非愛人之道又非後嗣之長策也陰氣之盛不亦宜乎臣又聞未央

建章甘泉宮才人各以百二皆不得天性若杜陵園其已御見者臣子不敢有言雖然太皇太后之事也諸侯王國與其後宮宜爲設員出其過制者此損陰氣應天救邪之道也今異至不應災將隨之其法大水極陰生陽反爲大旱甚則有火災春秋宋伯姬是矣唯陛下財察明年夏四月乙未孝武園白鶴館災奉自以爲中上疏曰臣前上地震之效曰極陰生陽恐有火災不合明聽未見省答臣竊内不自信今白鶴館以四月乙未時加於卯月宿亢災與前地震同法臣奉䌹深知道之可信也不勝拳拳願復賜問卒

其終始上復延問以得失

康衡臣欽若等曰衡姓本犯太祖廟諱上字也元帝時爲給事中是時有日蝕地震之變帝問以治政得失衡上疏曰臣聞五帝不同禮三王各異教民俗殊務所遇之時異也陛下躬聖德開太平之路閔愚吏民觸法抵禁抵觸也比年大赦比頻也使百姓得改行自新天下幸甚竊見大赦之後姦邪不爲衰止今日大赦明日犯法相隨入獄此殆導之未得蓋保民者陳之以德義示之以好惡保養也陳施也孝經曰陳之以德義而民莫遺其親示之以好惡而民知禁故衡引以爲言也覩其失而制其宜故動之而和綏之而安今天下俗貪財賤義好聲色尚侈靡廉恥之節薄淫辟之意縱綱紀失序疏者踰内疏者妻妾之家内者同姓骨肉也踰謂過越也親戚之恩薄婚姻之黨隆苟合徼幸以身設利不改其原設施也原本也雖歲赦之刑猶難使錯而不用也歲赦謂每歲一赦也錯置也臣愚以爲直臺曠然大變其俗孔子曰能以禮讓爲國乎何有論語載孔子之言謂能以禮讓治國則其事甚易也朝廷者天下之楨幹也公卿大夫相與循禮恭讓則民不爭循順也好仁樂施則下不暴上義高節則民興行寬柔和惠則衆相愛四者明王所以不嚴而成化也何者朝有變色之言則下有爭鬬之患上有自專之士則下有不

讓之人上有克勝之佐則下有傷害之心上有好利之臣則下有盜竊之民此其本也言下之所行皆取化於上也今俗吏之治皆不本禮讓而上克暴或忮害好陷人於罪忮堅也謂酷害之心堅也貪財而慕執故犯法者衆姦邪不止雖嚴刑峻法猶不爲變此非其天性有繇然也非其天性自惡繇上失於教化耳臣竊考國風之詩周南召南被聖賢之化深故篤於行而廉於色篤厚也謂樂得淑女以配君子憂在進賢不淫其色之類鄭伯好勇而國人暴虎詩鄭風大叔于田之篇曰襢裼暴虎獻于公所將叔無狃戒其傷汝襢裼肉袒也暴虎空手以搏之也公鄭莊公也將請也叔莊公之弟大叔也狃快也言以莊公好勇之故大叔肉袒空手搏虎取而獻之國人愛大叔故請之曰勿快爲之恐傷汝也秦穆

貴信而士多從死秦穆公與羣臣飲酒酣公曰生共此樂死共此哀於是奄息仲行鍼虎許諾及公薨皆從死黃鳥詩所爲作也陳夫人好巫而民淫祀胡公夫人武王之女太姬無子好祭鬼神鼓舞而祀故其詩云坎其擊鼓宛丘之下無冬無夏值其鷺羽晉侯好儉而民畜聚唐風山有樞之詩序云刺晉昭公也不能修道以正其國有財不能用有鐘鼓不能以自樂其詩曰子有衣裳弗曳弗婁子有車馬弗馳弗驅宛其死矣它人是愉故其俗皆吝嗇而積財也太王躬仁而邠國貴恕太王周文王之祖即古公亶父也國於邠修德行義戎狄攻之欲得地與人人皆怒欲戰古公曰以我故戰殺人父子而君之予不忍也乃與其私屬度漆沮之梁山止於岐下及它旁國聞古公仁亦多歸之邠即今邠州是其地也言化太王之仁故其俗皆貴誠恕繇此觀之治天下者審所上而已上謂崇尚也今之僞薄忮害不讓極矣臣聞教化之流非家至而人說之

也言非家家皆到人人勸說之也賢者在位能者布職朝廷崇禮百僚敬讓道德之行繇內及外自近者始然後民知所法遷善日進而不自知是以百姓安陰陽和神靈應而嘉祥見詩曰商邑翼翼四方之極壽考且寧以保我後生商頌殷武之詩也商邑京師也言商邑之禮俗翼翼然可則傚乃四方之中正也王則壽考且安以此令守而我子孫也此成湯所以建至治保子孫化異俗而懷鬼方也鬼方遠方也今長安天子之都親承聖化然其俗習無以異於遠方郡國來者無所則或見侈靡而放效之放依也此教化之原本風俗之樞機宜先正者也臣聞天人之際精祲有以相盪祲謂陰陽氣相侵漸以成災祥者也善惡有以相推事作乎下者象動乎上陰陽之理各應其感陰變則靜者動陽蔽則明者晻靜者動謂地震也明者晻謂日蝕也水旱之災隨類而至今關東連年饑饉百姓乏困或至相食此皆生於賦斂多民所共者大而吏安集之不稱之效也陛下祇畏天戒哀閔元元大自減損省甘泉建章宮衛罷珠崖偃武行文將欲度唐虞之隆絕殷周之衰度過也絕謂除其惡政也諸見罷珠崖部書者莫不欣然人自以將見太平也直遂減宮室之度省靡麗之飾考制度修內外近忠正遠巧佞放鄭衛進雅頌舉異材開直言任溫良之人退刻薄之吏顯

潔白之士昭無欲之路昭亦明也覽六藝之意察上世之務明自然之道博和睦之化以崇至仁救失俗易民視救正也易變也令海內昭然咸見本朝之所貴道德引於京師淑問揚乎疆外淑善也問名也然後大化可成禮讓可興也帝說其言遷衛爲光祿大夫

谷永成帝時爲涼州刺史奏事京師訖當之郡時有黑龍見東萊帝使尚書問永受所欲言永有所言令尚書即受之永對曰臣聞王天下有國家者患在上有危亡之事而危亡之言不得上聞如使危亡之言輒上聞如若也有即上聞則商周不易姓而迭興三王不變改而更用夏

商之將亡也行道之人皆知之晏然自以若天有日莫能危自謂如日在天而無有能傷危也是故惡日廣而不自知大命傾而不寤易曰危者有其安者也亡者保其存者也言安必思危存不忘亡乃得保其安存也陛下誠垂寬明之聽無忌諱之誅使蒭蕘之臣得盡所聞於前不懼於後患直言之路開則四方衆賢不遠千里輻輳陳忠羣臣之上願社稷之長福也漢家行夏正夏正色黑黑龍同姓之象也夏以建寅爲正萬物在地中色黑今黑龍見同姓象也龍陽德繇小之大言因小以至大故爲王者瑞應未知同姓有見本朝無繼嗣之慶多危殆之隙欲因擾亂舉兵而起者邪將動

心冀爲後者殘賊不仁若廣陵昌邑之類臣愚不能處也處謂斷決也元年九月黑龍見其晦日有食之今年十月巳未夜星隕乙酉日有食之六月之間大異四發二三而同月臣欽若等曰謂一月之內兩度災異也三代之末春秋之亂未嘗有也臣聞三代所以隕社稷喪宗廟者皆繇婦人與羣惡沈湎於酒書曰乃用婦人之言自絕于天周書太誓之辭婦人妲己言紂用妲己之言自取殘滅非天之絕也四方之逋逃多罪是崇是長是信是使亦太誓之辭也崇尊也言紂容納逃亡多罪之人親信使用尊而長之詩云燎之方陽寧或滅之赫赫宗周褒姒威之小雅正月之詩威亦滅也言火燎方熾寧有能滅之者乎而宗周之盛乃爲褒姒所滅悲其甚也易曰濡其首有孚失是未濟上九爻辭言飲樂無節飲酒濡首有信之道於是遂失也濡濕也秦所以二世十六年而亡者養生泰奢奉終泰厚也二者陛下兼而有之臣請略陳其效易曰在中饋无攸遂家人六二爻辭饋食也言婦人之道居中主食遂順而已无所必遂言婦人不得與事也詩曰懿厥悊婦爲梟爲鴟匪降自天生自婦人大雅瞻卬之詩懿美也悊智也言幽王以悊婦爲美實乃爲梟鴟也婦謂褒姒也梟鴟惡鳥之聲故以諭焉又言此禍亂非從天而下以寵褒姒之故生災建始河平之際許班之貴傾動前朝許皇后及班婕妤之家熏灼四方賞賜無量空虛內藏女寵至極不可上矣上猶加也今之後起天所不享什倍于前謂趙李本從卑賤起也廢先帝法度聽用

其言官秩不當從釋王誅從放也釋解也王誅謂王法當誅者驕其親屬假之威權從橫亂政刺舉之吏莫敢奉憲又以掖庭獄大爲亂阱穿地爲坑阱以拘繫人也亂者言其非正而又多也榜箠瘠於炮烙瘠痛也炮烙紂所作也膏塗銅柱加之火令罪人行其上輒墮炭中笑而以爲樂也絕滅人命主爲趙李報德復怨復亦報也反除白罪建治正吏罪之明白者反而除之吏之公正者建議劾治也多擊無辜掠立迫恐掠笞服之立其罪名至爲人起息分利受謝言富貴有錢假託其名代之爲主放與它人以取利息而共分之或受報謝別取財物生出死入者不可勝數是以日食再旣旣盡也以昭其辜昭明也王者必先自絕然後天絕之陛下棄萬乘之至貴樂家人之賤事謂私畜田及奴婢賤

物也厭高美之尊號好匹夫之卑守成帝好微行更作私字以相呼崇聚僄輕無義羣小以爲私客僄疾也數離深宮之固挺身晨夜與小人相隨烏集雜會飲酒吏民之家言聚散不常如烏烏之集也亂服共坐流湎媟嫚溷淆無別閔免遁樂晝夜在路閔免猶黽勉也遁流遁也典門戶奉宿衞之臣執干戈而守空宮公卿百僚不知陛下所在積數年矣王者以民爲基民以財爲本財竭則下畔下畔則上亡是以明王愛養基本不敢窮極使民如承大祭言當畏慎今陛下輕奪民財不愛民力聽邪臣之計去高敞初陵捐十年功緒緒謂功作之端次改作昌陵反天地之性因下

爲高積土爲山發徙起邑並治宮館大興繇役重增賦斂徵發如雨言其多也役百乾谿費儗驪山儗比也言勞役之功百倍於楚靈王費財之廣比於秦始皇也靡敝天下靡散也五年不成而後反故又廣旰營表旰大也發人冢墓斷截骸骨暴揚尸柩百姓財竭力盡愁恨感天災異屢降饑饉仍臻仍頻也流散冗食餧死於道以百萬數冗亦散也餧餓也公家無一年之畜百姓無旬日之儲上下俱匱無以相救詩云殷監不遠在夏后之世大雅蕩之詩也願陛下追觀夏商周秦所以失之以鏡考行巳鏡謂鑒照之考較也有不合者臣當伏妄言之誅言帝之所爲違於節儉皆與永言同漢興九世百九十餘載繼體之主七皆承天順道遵先祖法度或以中興或以治安至於陛下獨違道縱欲輕身妄行當盛壯之隆無繼嗣之福有危亡之憂積失君道不合天意亦已多矣爲人後嗣守人功業如此豈不負哉方今社稷宗廟禍福安危之機在於陛下陛下誠肯發明聖人之德昭然遠寤畏此上天之威怒深恐危亡之徵兆蕩滌邪辟之惡志厲精致政專心反道反猶還也絕羣小之私客免不正之詔除除謂除補爲官者悉罷北宮私奴車馬媠出之具媠出媠游也克己復禮毋貳微行出飲之過貳謂重爲之也以防迫切之禍深惟日食再旣之意

抑損椒房玉堂之盛寵椒房皇后所居玉堂嬖幸之舍也毋聽後宮之請謁除掖庭之亂獄去炮烙之陷阱誅戮佞邪之臣及左右執左道以事上者以塞天下之望且寢刱陵之作止諸繕治宮室闕更減賦盡休力役闕亦謂減削之更謂更卒也存卹振救困乏之人以彌遠方彌安也厲崇忠直放退殘賊無使素餐之吏久尸厚祿以次貫行固執無違貫聯續也謂上所陳衆條諸事宜次第相續行之不當更違異也夙夜孳孳婁省無忌婁省自觀省也舊愆必改新德旣章章明也纖介之邪不復載心則赫赫大異庶幾可銷天命去就庶幾可復去就者言去離無德而就有德社稷宗廟庶幾可保唯陛下留

神反覆熟省臣言臣幸得備邊部之吏不知本朝舊
言觸忌諱罪當萬死成帝性寛而好文辭又久無繼
嗣數爲微行多近幸小臣趙李臣欽若等曰謂趙皇后李倢伃之親也
從微賤專寵皆皇太后與諸舅夙夜所常憂至親難
數言故推永等使因天變而切諫勸帝納用之永自
知有内應展意無所依違展申也每言事輒見荅禮加禮
而荅之至上此對帝大怒衛將軍商密擿永令發去擿謂
發動也帝使侍御史收永勑過交道廄者勿追交道廄去長安
六十里近延陵御史不及永還帝意亦解自悔後爲光祿大
夫給事中元延中爲北地太守時災異尤數永當之

官帝使衛尉淳于長受永所欲言永對曰臣永幸得
以愚朽之材爲大中大夫備拾遺之臣從朝者之後
進不能盡思納忠輔宣聖德退無被堅執鋭討不義
之功猥蒙厚恩仍遷至北地太守絶命隕首身膏野
草不足以報塞萬分陛下聖德寛仁不遺易忘之臣
垂周文之聽下及蒭蕘之愚有詔使衛尉受臣永所
欲言臣聞事君之義有言責者盡其忠有官守者脩
其職臣永幸得免於言責之辜有官守之任當畢力
遵職養綏百姓而已不宜復關得失之辭忠臣之於
上志在過厚是故遠不違君死不忘國昔史魚旣没
餘忠未訖委柩後寢以屍達誠汲黯身外思内發憤
舒憂遺言李息經日雖爾身在外乃心無不在王室
臣永幸得給事中出入三年雖執干戈守邊陲思慕
之心常存于省闥是以敢越郡吏之職陳累年之憂
臣聞天生蒸民不能相治爲立王者以統理之方制
海内非爲天子列土封疆非爲諸侯皆以爲民也垂
三統列三正去無道開有德不私一姓明天下廼天
下之天下非一人之天下也王者躬行道德承順天
地博愛仁恕恩及行葦籍税取民不過常法宫室車
服不踰制度事節財足黎庶和睦則卦氣理效五徵

時序百姓壽考庶草蕃滋符瑞並降以昭保佑失道
妄行逆天暴物窮奢極欲湛湎荒淫婦言是從誅逐
仁賢離逖骨肉羣小用事峻刑重賦百姓愁怨則卦
氣悖亂咎徵著郵上天震怒災異屢降日月薄蝕五
星失行山摧川潰水泉涌出妖孽並見茀星耀光饑
饉荐臻百姓短折萬物夭傷終不改寤惡洽變備不
復譴告更命有德詩云乃眷西顧此惟予宅夫去惡
奪弱遷命賢聖天地之常經百王之所同也加以功
德有厚薄期質有脩短時世有仲季天道有盛衰陛
下承八世之功業當陽數之標季涉三七之節紀遭

無妄之卦運直百六之災阨三難異科雜焉同會建始元年以來二十載之間羣災大異交錯蜂起多於春秋所書八世著記久不塞除重以今年正月己亥朔日有食之三朝之會（歲月日三者之始故曰三朝）四月丁酉四方衆星白晝流隕七月辛未彗星横天乘三難之際會商衆多之灾異因之以饑饉接之以不贍彗星極異也七精所生流隕之應出於饑變之後兵亂作矣厥期不久隆德積善懼不克濟内則爲深宮後庭將有驕臣悍妾醉酒狂悖卒起之敗北宮苑囿街巷之中臣妾之家幽閒之處徵舒崔杼之亂外則爲諸夏

上將有樊並蘇令陳勝項梁奮臂之禍内亂朝暮日戒諸夏（内亂則禍在朝暮諸夏則日戒有兵）舉兵以火角爲期（以熒惑芒角爲期）安危之分界宗廟之至憂臣永所以破膽寒心豫言之累年下有其萌然後變見於上願陛下正君臣之義無復與羣小媟黷燕飲中黄門後庭素驕慢不謹嘗以醉酒失臣禮者悉出勿留勤三綱之嚴脩後宮之政抑遠驕妒之寵崇近婉順之行加惠失志之人懷柔怨恨之心保至尊之重秉帝王之威朝覲法出而後駕陳兵清道而後行無復輕身獨出飲食臣妾之家三者旣除内亂之路塞矣諸夏舉兵萌於民饑饉而吏不卹興於百姓困而賦斂重發於下怨離而上不知易曰屯其膏小貞吉大貞凶（易屯卦九五爻辭也膏者所以潤人肌膚爵祿亦所以養人者也小貞臣也大貞君也遭屯難飢荒君當開倉廩百姓而反吝則凶臣吝嗇則吉論語曰出内之吝謂之有司）傳曰饑而不損茲謂泰厥災水厥咎亡訞辭曰闕動壯飛（臣欽若等曰壯所以下閉者也以鐵爲之若今之鏁也）辟爲無道臣爲非厥咎亂臣謀篡（易訞占之辭也）王者遭衰難之世有饑饉之災不損用而大自潤故凶百姓困貧無以共求愁悲怨恨故水城闕守國之固固將去焉故壯飛往年郡國二十一傷於水災禾黍不入今年蠶麥咸惡百川沸騰江河溢決大水泛濫郡國

五十有餘比年喪稼時過無宿麥百姓失業流散群輩守關大異較炳如彼水災浩浩黎庶窮困如此宜損嘗稅小自潤之時（言所潤益於己者當減小之）而有司奏請加賦甚繆經義逆於民心布怨趨禍之道也壯飛之狀殆爲此發古者穀不登虧膳災屢至損服凶年不塈塗明王之制也詩云凡民有喪扶服救之論語曰百姓不足君孰與足臣願陛下勿許加賦之奏益減大官導官中御府均官掌畜廩賦用度止尚方織室京師郡國工服官發輸造作以助大司農流恩廣施振贍困乏開關梁内流民恣所欲之以救其急立春遣

使者循行風俗宣布聖德存卹孤寡問民所苦勞二
千石勑勸耕桑毋奪農時以慰綏元元之心防塞大
姦之隙諸夏之亂庶幾可息臣聞上主可與爲善而
不可與爲惡下主可與爲惡而不可與爲善陛下天
然之性疏通聰敏上主之姿也少省愚臣之言感寤
三難深畏大異定心爲善捐忘邪志毋二舊欲厲精
致政至誠應天則積異塞於上禍亂伏於下何憂患
之有竊恐陛下公志未專私好頗存尚愛羣小不肯
爲耳對奏天子甚感其言成帝末年頗好鬼神亦以
無繼嗣故多上書言祭祀方術者皆得待詔祠祭上

林苑中長安城旁費用甚多然無大貴盛者永説帝
曰臣聞明於天地之性不可惑以神怪知萬物之情
不可罔以非類諸皆仁義之正道不遵五經之法言
而盛稱奇怪鬼神廣崇祭祀之方求報無福之祠及
言世有仙人服食不終之藥遥興輕舉登遐倒景覽
觀縣圃浮游蓬萊耕耘五德朝種暮穫（翼氏風角五德東方甲南方丙西方庚北方壬中央戊種五色禾於地而耕耘也）與山石無極黃冶變化
堅冰淖溺（方士詐以藥石若陷冰片投之冰上冰卽消液因假爲神仙道使然也）化腹中五倉之術者（思身中有五色腹中有五倉存則不飢）皆姦人惑衆挾
左道懷詐僞以欺罔世主聽其言洋洋滿耳若將可
遇求之盪盪如繫風捕景終不可得是以明王距而
不聽聖人絶而不語昔周史萇弘欲以鬼神之術輔
尊靈王會朝諸侯而周愈微諸侯愈叛楚懷王隆祭
祀事鬼神欲以獲福助郤秦師而兵挫地削身辱國
危秦始皇初并天下甘心於神仙之道遣徐福韓終
之屬多齎童女入海求仙采藥因逃不還天下怨恨
漢興新垣平齊人少翁公孫卿欒大等皆以仙人黃
冶祭祀事鬼神使物入海求神采藥貴幸賞賜累千
金尤大尊盛至妻公主爵重位絫震動海内元鼎元
封之際燕齊之間方士瞋目扼掔言有神仙致福之

術者以萬數其平等皆以術窮詐得誅夷伏辜至初
元中有天淵玉女鉅鹿人神轑陽侯師張宗之姦紛
紛復起夫周秦之末三五之隆已嘗專意散財厚爵
祿竦精神舉天下以求之矣曠日經年靡有毫氂之
驗足以揆今經曰享多儀儀不及物惟曰不享（周書雒誥之辭也言祭享之道唯以潔誠若多其容儀而不及禮物則不爲神所享也）論語曰子不
語怪神唯陛下拒絶此類毋令姦人有以窺朝者上
善其言

冊府元龜

巡按福建監察御史臣李嗣京　訂正
分守建南道左布政使臣胡維霖　參閱
知建陽縣事臣黄國琦　較釋

諫諍部十四

直諫第三

漢王章成帝時爲京兆尹章素剛直敢言以爲大將軍王鳳建遣定陶興王之國非是廼奏封事言日蝕之咎天子召見章延問以事章對曰天道聰明佐善而菑惡以瑞異爲符效今陛下以未有繼嗣引近定

陶王所以承宗廟重社稷上順天心下安百姓此正議善事當有祥瑞何故致菑異菑異之發爲大臣顓政者也今聞大將軍猥歸日蝕之咎於定陶王建遣之國苟欲使天子孤立於上顓擅朝事以便其私非忠臣也且日蝕陰侵陽臣顓君之咎今政事大小皆自鳳出天子曾不一舉手鳳不内省責反歸咎善人推遠定陶王且鳳誣罔不忠非一事也前丞相樂昌侯商本以先帝外屬内行篤有威重位歷將相國家柱石臣也其人守正不肯詘節隨鳳委曲卒用閨門之事爲鳳所罷身以憂死衆庶愍之又鳳知其小婦弟張美人已嘗適人於禮不宜配御至尊託以爲宜子内之後宮苟以私其妻弟聞張美人未嘗任身就館也且羌胡尚殺首子以盪腸正世況於天子而近已出之女也此三者皆大事陛下所自見足以知其餘及它所不見者鳳不可令久典事宜退使就第選忠賢以代之自罷商後遣定陶王也上不能平及聞章言天子感悟納之謂章曰微京兆尹直言吾不聞社稷計且唯賢知賢君試爲朕求可以自輔者於是章奏封事薦中山孝王舅琅琊太守馮野王以王舅出以賢復入明聖主樂賢也上自爲太子時數聞野

王先帝名卿聲譽出鳳遠甚方欲倚以代鳳而上以皇太后故章竟下獄而死

梅福成帝時爲昌尉帝委任大將軍王鳳鳳專勢擅朝而京兆尹王章素忠直譏刺鳳爲所誅王氏浸盛菑異數見羣下莫敢正言福上書曰臣聞箕子佯狂於殷而爲周陳洪範叔孫通遁秦歸漢制作儀品夫叔孫先非不忠也箕子非疏其家而畔親也不可爲言也昔高祖納善若不及從諫若轉圜聽言不求其能舉功不考其素陳平起於亡命而爲謀主韓信拔於行陳而建上將故天下之士雲合歸漢爭進其異

智者竭其策愚者盡其慮勇士極其節怯夫勉其死合天下之知幷天下之威是以舉秦如鴻毛取楚若拾遺此高祖所以亡敵於天下也孝文帝起於代谷非有周名之師伊吕之佐也循高祖之法加以恭儉當此之時天下幾平繇是言之循高祖之法則治不循則亂何者秦爲亡道削仲尼之迹滅周公之軌壞井田除丑等禮廢樂賤王道不通故欲行王道者莫能致其功也孝武皇帝好忠諫說至言出爵不待廉茂慶賜不須顯功是以天下布衣各厲志竭精以赴闕廷自衒鬻者不可勝數漢家得賢於此爲盛使孝

武皇帝聽用其計昇平可致於是積尸暴骨快心胡越故淮南王安緣間而起所以計慮不成而謀議泄者以衆賢聚於本朝故以大臣勢陵不敢和議也方今布衣廼窺國家之隙見間而起者蜀郡是也成帝鴻嘉中廣漢男子鄭躬等反是也及山陽亡徒蘇令之羣蹈藉名都大郡求黨與索隨和而亡逃匿之意此皆輕量大臣無所畏忌國家之權輕故匹夫欲與上爭衡也是士者國之重器得士則重失士則輕詩云濟濟多士文王以寧廟堂之議非草茅所當言也臣誠恐身塗野草尸幷卒伍故數上書求見輒報罷臣聞齊桓之時有以九九見者桓公不逆欲以致大也今臣所言非特九九也陛下距臣者三矣此天下士所以不至也昔秦武王好力任鄙叩關自鬻繆公行伯繇余歸德今欲致天下之士民有上書求見者輒使詣尚書問其所言言可採取者秩以升斗之祿賜以一束之帛若此則天下之士發憤吐懣忠言嘉謀日聞於上天下條貫國家表裏爛然可睹矣夫以四海之廣士民之數能言之類至衆多矣然其儁傑指陳世政言成文章質之先聖而不繆施之當世合時務若此者亦亡幾人故爵祿束帛者天下之底石高祖所以厲世摩

鈍也孔子曰工欲善其事必先利其器至秦則不然張無道之罔以爲漢毆除倒持泰阿授楚其柄故誠能勿失其柄羣下雖有不順莫敢觸其鋒此孝武皇帝所以辟地建功爲漢世宗也今不循伯者之道廼欲以三代選舉之法取當世之士猶察伯樂之圖求騏驥於市而不可得亦已明矣故高祖棄陳平之過而獲其謀晉文名天王齊桓用其讎亡益於時不顧逆順此所謂伯道者一色成體謂之醇白黑雜合謂之駁欲以承平之法治暴秦之緒猶以鄉飲酒之禮理軍市也今陛下既不納天下之言又加戮焉夫鵲

鵲遭害則仁鳥增逝愚者蒙戮則知士深退間者愚民上疏多觸不急之法或下廷尉而死者衆自陽朔以來天下以言爲諱朝廷尤甚羣臣皆承順上指莫有執正何以明其然也取民所上書陛下之所善試下之廷尉廷尉必曰非所宜言大不敬以此下之一也故京兆尹王章資質忠直敢面引廷爭孝元皇帝擢之以厲具臣而矯曲朝及至陛下戮其妻子且惡惡止其身王章非有反叛之辜而殃及家折直士之節結諫臣之舌羣臣皆知其非然不敢爭天下以言爲戒最國家之大患也願陛下循高祖之軌杜亡秦

之路數御十月之歌留意亡逸之戒除不急之法下亡諱之詔博覽兼聽謀及疏賤令深者不隱遠者不塞所謂闢四門明四目也且不急之法誹謗之微者也往者不可及來者猶可追方今君命犯而主威奪外戚之權日以益隆陛下不見其形願察其景建始以來日蝕地震以率言之三倍春秋水菑亡與此數陰盛陽衰金鐵爲飛此何景也漢興以來社稷三危呂霍上官皆母后之家也親親之道全爲之右當與之賢師良傅教以忠孝之道今迺尊寵其位授以魁柄使之驕逆至於夷滅此失親親之大者也自霍光之賢不能爲子孫慮故權臣易世則危書曰毋若火始燄燄勢陵於君權隆於上然後防之亦亡及已上遂不納成帝久亡繼嗣福以爲宜建三統封孔子之世以爲殷後復上書曰臣聞不在其位不謀其政者職也位卑而言高者罪也越職觸罪危言世患雖伏質橫分臣之願也守職不言沒齒身全死之日尸未腐而名滅雖有景公之位伏櫪千駟臣不貪也故願一登文石之陛赤墀之塗當戶牖之法坐盡平生之愚慮亡益於時有遺於世此臣寢所以不安食所以忘味也願陛下深省臣言臣聞存人所以自立也

壅人所以自塞也善惡之報各如其事昔者秦滅二周夷六國隱士不顯佚民不舉絕三統滅天道是以身危子殺厥孫不嗣所謂壅人以自塞者也故武王克殷未下車存五帝之後封殷於宋紹夏於杞明著三統示不獨有也是以姬姓半天下遷廟之主流出於戶所謂存人以自立者也今成湯不祀殷人亡後陛下繼嗣久微殆爲此也春秋經曰宋殺其大夫穀梁傳曰其不稱名姓以其在祖謂尊之也此言孔子故殷後也雖不正統封其子孫以爲殷後禮亦宜之何者諸侯奪宗聖庶奪嫡傳曰賢者子孫宜有土而

況聖人又殷之後哉昔成王以諸侯禮葬周公而皇天動威雷風著藹今仲尼之廟不出闕里孔氏子孫不免編戶以聖人而歆匹夫之祀非皇天之意也今陛下誠能據仲尼之素功以封其子孫則國家必獲其福又陛下之名與天亡極何者追聖人素功封其子孫未有法也後聖必以爲則不滅之名可不勉哉福孤遠又譏切王氏故終不見納

杜業封建平侯哀帝即位業上書言王氏世權日久朝無骨鯁之臣宗室諸侯微弱與繫囚無異自佐史以上至於大吏皆權臣之黨曲陽侯根前爲三公輔

政知趙昭儀殺皇子不輒白奏反與趙氏比周恣意妄行譖愬故許后被加以非罪誅破諸許族敗元帝外家內族妬同產兄姉紅陽侯立及淳于氏皆老被放棄新喋血京師威權可與高陽侯薛宣有不養母之名安昌侯張禹姦人之雄惑亂朝廷使先帝負謗於海內尤不可不慎陛下初即謙讓未皇孤獨特立莫可據杖權臣易是意若援湯宜蚤以義割恩安百姓心竊見諸博忠信勇猛材畧不世出誠國家雄俊之寶臣也宜徵博置左右以鎮天下此人在朝則陛下可高枕而臥矣昔諸呂欲危劉氏賴有高祖遺臣周勃陳平尚存不者幾爲姦臣笑也

母將隆哀帝時爲執金吾侍中董賢坊貴帝使中黃門發武庫兵前後十輩送董賢及上乳母王阿舍將隆奏曰武庫兵器天下公用國家武備繕治造作皆度大司農前大司農錢自乘輿不以給供養勞則一出少府蓋不以本藏給末用不以民力共浮費別公私示正路也古言諸侯方伯得顓征伐迺賜斧鉞漢家邊吏職在距寇亦賜武庫兵皆任其事然後蒙之春秋之誼家不藏甲所以抑臣威損私力也今賢等便僻弄臣私恩微妾而以天下之公用給其私門棄

國威器共其家備民力分於弄臣武兵設於微妾建立非宜以廣驕僭非所以示四方也孔子曰奚取於三家之堂臣謂收還武庫帝不說

鮑宣爲諫議大夫時哀帝祖母傅太后欲與成帝母俱稱尊號封爵親屬丞相孔光大司空師丹何武大司馬傅喜始執正議失傅太后指皆免官丁傅子弟並進董賢貴幸宣上書諫曰竊見孝成皇帝時外親持權人人牽引所私以充塞朝廷妨賢人路濁亂天下奢泰亡度窮困百姓是以日蝕且十彗星四起危亡之徵陛下所親見也今奈何反覆劇於前乎朝臣

亡有大儒骨鯁白首耆艾魁壘之士論議通古今喟
然動心憂國如饑渴者臣未見也敦外親小童及幸
臣董賢等在公門省戶下陛下欲與此共承天地安
海內甚難今世俗謂不智者爲能謂智者爲不能昔
堯放四凶而天下服今除一吏而衆皆惑古刑人尚
服今賞人反惑請寄爲姦羣小日進國家空虛用度
不足民流亡去城郭盜賊竝起吏爲殘賊歲增於前
凡民有七亡陰陽不和水旱爲菑一亡也縣官重責
更賦租稅二亡也貪私亡公受取不已三亡也豪彊
大姓蠶食亡厭四亡也苛吏繇役失農桑時五亡也

部落鼓鳴男女遮迣六亡也盜賊劫掠取民財物七
亡也七亡尚可又有七死酷吏毆殺一死也治獄深
刻二死也冤陷無辜三死也盜賊橫發四死也怨讎
相殘五死也歲惡饑饉六死也時氣疾疫七死也民
有七亡而無一得欲望國安誠難民有七死而無一
生欲望刑措誠難此非公卿守相貪殘成化之所致
邪羣臣等幸得居尊官食重祿豈有肯加惻隱於細
民助陛下流敎化者邪志但在營私家稱賓客爲姦
利而已以苟容曲從爲賢以拱默尸祿爲智謂如臣
宣等爲愚陛下擢臣巖穴誠冀有益毫毛豈徒欲使
臣美食大官重高門之地哉天下乃皇天之天下也
陛下上爲皇天子下爲黎庶父母爲天牧養元元視
之當如一合鳲鳩之詩今貧民菜食不厭衣又穿空
父子夫婦不能相保誠可謂酸陛下不救將安所歸
命乎奈何獨私養外親與幸臣董賢多賞賜以千萬
數奴從賓客漿酒藿肉（視酒如漿視肉如藿也）蒼頭廬兒皆用
致富非天意也及汝昌侯傅商亡功而封夫官爵非
陛下之官爵也陛下取非其官官非其人而望天說
民服豈不難哉方陽侯孫寵宜陵侯息夫躬辯足以
移衆彊可用獨立姦人之雄惑世尤劇者也宜以時

罷退及外親幼童未通經術者皆宜令休就師傅急
徵故大司馬傅喜使領外親故大司空何武師丹故
丞相孔光故左將軍彭宣經皆更博士位皆歷三公
知謀威信可與建敎化圖安危龔勝爲司直郡國皆
愼選舉三輔委輸官不敢爲奸可大委任也陛下前
以小不忍退武等海內失望陛下尚能容亡功德者
甚衆曾不能忍武等邪治天下者當用天下之心爲
心不得自專快意而已也上之皇天見譴下之庶黎
怨恨次有諫諍之臣陛下苟欲自薄而厚惡臣天下
猶不聽臣雖愚戇獨不知多受祿賜美食大官廣田

宅厚妻子不與惡人結佹惡安身邪誠追大義官以諫諍爲職不敢不竭愚惟陛下少留神明覽五經之文原聖人之至意深思天地之戒臣宣吶鈍於辭不勝惓惓盡死節而已帝以宣明儒優容之是時郡國地震民訛言行籌是時民驚走持藁或麻稈一枝相傳日行詔籌明年正月朔日蝕帝乃徵孔光免孫寵息夫躬罷侍中諸曹黃門郎數十人宣又上書曰陛下父事天母事地子養黎民即位已來父虧明母震動子訛言相驚恐今日蝕於三始正月一日爲歲之朝月之朝日之朝始日朝也誠可畏懼小民正月朔日尚恐毀敗器物何況於日虧乎陛下深內自

責避正殿舉直言求過失罷退外親及旁佞素餐之人徵拜孔光爲光祿大夫發覺孫寵息夫躬過惡免官遣就國衆庶歙然莫不說喜天人同心人心說則天意解矣乃二月丙戌白虹蚒日連陰不雨此天有憂結未解民有怨望未塞者也侍中駙馬都尉董賢本無葭莩之親葭莩喻輕薄而附著也但以令色諛言自進令善也諛諂也賞賜無度竭盡府藏幷合三第尚以爲小復壞暴室時以三第攄爲一第賜賢猶嫌陋小復取暴室之地以增益之也賢父子坐使天子使者將作治第行夜吏卒皆得賞賜爲爲賢第上時時行夜上家有會輒大官爲供海內貢獻當養一君今

反盡之賢家豈天意與民意邪天不可久負厚之如此反所以害之也誠欲哀賢宜爲謝過天地解讎海內免遣就國收乘輿器物還之縣官如此可以父子終其性命不者海內之所仇未有得久安者也孫寵息夫躬不宜居國可皆免以視天下復徵何武師丹彭宣傅喜曠然使民易視以應天心易改也建立大政以興太平之瑞高門去省戶數十步求見出入二年未省不被省視也欲使海瀕庂陋自通遠矣瀕涯也願賜數刻之間刻漏刻也間空隙也極竭毣毣之思毣毣猶蒙蒙也如淳曰謹厚之貌也退入三泉死亡所恨三重之泉言其深也帝感大異納宣奏

鄭崇字子游哀帝擢爲尚書僕射數求見諫諍帝初納用之每見曳革履帝笑曰我識鄭尚書履聲久之帝欲封祖母傅太后從弟商崇諫曰孝成皇帝封親舅五侯天爲赤黃晝昏日中有黑氣今祖母從昆弟二人已侯孔鄉皇后父爲高武侯以三公封尚有因緣今無故欲復封商壞亂制度逆天人心非傅氏之福也臣聞師曰逆陽者厥極凶短折犯人者有亂亡之患犯神者有疾天之禍故周公著戒曰惟王不知艱難唯耽樂是從時亦罔有克壽周書亡逸之篇也故衰世之天折蚤沒此皆犯陰之害也臣願以身命當國咎

崇因持詔書案起（案即寫詔之文）傳太后大怒曰何有爲天子乃反爲一臣所顓制邪帝竟封焉崇又以董賢事貴寵過度諫繇是重得罪數以職事見責

後漢譙玄巴郡人成帝時爲議郎帝始作期門數爲微行立趙飛燕爲皇后后專寵懷忌皇子多橫夭折玄上書諫曰臣聞王者承天繼宗統極保業延祚莫急脩嗣故易有幹蠱之義詩咏衆多之福今陛下聖嗣未立天下屬望而不惟社稷之計專於微行之事愛幸用於所惑曲意留於非正竊聞後宮皇太子産而不育臣聞之怛然痛心傷剝竊懷憂國不忘須臾

夫警衞不修則患生非常忽有醉酒狂夫分爭道路既無尊嚴之儀豈識上下之别此爲胡狄起於轂下而賊亂發於左右也願陛下念天下之至重愛金玉之身均九女之施存無窮之福天下幸甚銚期爲衞尉光武嘗輕與期門近出期頓首車前曰臣聞古今之戒變生不意誠不願陛下微行數出帝爲之回輿而還

郅惲爲上東城門侯光武嘗出獵車駕夜還惲拒關不開乃從東門入明日惲上書諫曰昔文王不敢槃于游田以萬人爲憂而陛下遠獵上林夜以繼晝其如社稷宗廟何暴虎馮河未至之戒誠小臣所竊憂也書奏賜布百匹貶東中門侯爲參封尉蔡茂爲廣漢太守時雒陽令董宣舉糾湖陽主光武始怒收宣既而赦之茂喜宣剛正欲令朝廷禁制貴戚乃上書曰臣聞興化致教必繇進善康國寧人莫大理惡陛下聖德係興再隆大命即位以來四海晏然誠宜夙興夜寐雖休勿休然頃者貴戚椒房之家數因恩勢干犯吏禁殺人不死傷人不論臣恐繩墨棄而不用斧斤廢而不舉近湖陽公主奴殺人西市而與主共輿出入宮省逋罪積日寃魂不報雒陽令董宣直道

不顧于主討姦陛下不先證審詔欲加箠當宣受怒之勑京師側耳及其蒙宥天下拭目今者外戚憍逸賓客放濫宜勑有司案理姦罪使執平之吏永申其用以厭遠近不緝之情光武納之

鄭興爲大中大夫建武七年三月晦日蝕興上疏曰春秋以天反時爲菑地反物爲妖人反德爲亂亂則妖菑生往年以來譴咎連見意者執事頗有闕焉案春秋昭公十七年夏六月甲戌朔日有食之傳曰日過分而未至三辰有菑於是百官降物君不舉避移時（避正寢過日食時也）樂用鼓祝用幣史用辭今孟夏純乾用

事陰氣未作其菑尤重夫國無善政則謫見日月變咎之來不可不愼其要在因人之心擇人處位也堯知鯀不可用而用者是屈己之明因人之心也齊桓反政而相管仲晋文歸國而任郤縠者是不私其私擇人處位也今公卿大夫多舉漁陽太守郭伋可大司空者而不以時定道路流言或曰朝廷欲用功臣功臣用則人位繆矣願陛下上師唐虞下覽齊晋以成屈己從衆之德以濟羣臣讓善之功夫日月交會數應在朔而頃年日蝕每多在晦先時而合皆月行疾也日君象而月臣象君亢急則臣下促迫故行疾

也今年正月繁霜自爾以來率多寒日此亦急咎之罰天於賢聖之君猶慈父之於孝子也丁寧申戒欲其反政故菑變仍見此乃國之福也今陛下高明而羣臣惶促宜留思柔克之政垂意洪範之法博採廣諫羣下之策書奏多有所納

桓譚爲議郎給事中時光武信讖多以決定嫌疑又酧賞少薄天下不時安定譚上疏曰前獻瞽言未蒙詔報（臣欽若等曰譚先上疏陳時政所宜事具規諫門）不勝憤懣冒死復陳愚夫策謀有益於正道者以合人心而得事理也凡人情忽於見事而貴於異聞觀先王之所記述咸以仁義正道爲本非有奇怪虛誕之事蓋天道性命聖人所難言也自子貢以下不得而聞況後世淺儒能通之乎今諸巧慧小才伎數之人增益圖書矯稱讖記以欺惑貪邪詿誤人主焉可不抑遠之哉臣譚伏聞陛下窮折方是黃白之術甚爲明矣而乃欲聽納讖記又何誤也其事雖有時合譬猶卜數隻偶之類陛下宜垂明聽發聖意屏羣小之曲說述五經之正義畧雷同之俗語解通人之雅謀又臣聞安平則尊道術之士有難則貴介冑之臣今聖朝興復祖統爲人臣主而四方盜賊未盡歸伏者此權謀者未得也

臣譚伏觀陛下用兵諸所降下旣無重賞以相思誘或至虜掠奪其財物是以兵長渠率各生狐疑黨輩連結歲月不解古人有言曰天下皆知取之爲取而莫知與之爲取陛下誠能輕爵重賞與士共之則何招而不至何說而不釋何向而不開何征而不尅如此則能以狹爲廣以遲爲速亡者復存失者復得矣帝省奏愈不悅

陳元以才高著名辟司空李通府時大司農江馮上言宜令司隸校尉督察三公事下三府元上疏曰臣聞師臣者帝賓臣者霸故武王以太公爲師齊桓以

夷吾爲仲父孔子曰百官揔已聽冢宰近則高帝優相國之禮太宗假宰輔之權及亡新王莽遭漢中衰專操國柄以偷天下況已自喻不信羣臣奪公輔之任損宰相之威以刺舉爲明徼訐爲直至乃陪僕告其君長子弟變其父兄因密法峻大臣無所措手足然不能禁董忠之謀身爲世戮故人君患在自驕臣失在自任不在任人是以文王有日旻之勞周公執吐握之恭不聞其崇刺舉務簒察也方今四方尚擾天下未一百姓觀聽或張耳目陛下宜修文武之聖典襲祖宗之遺德勞心下士屈節待賢誠不宜使有

司察公輔之名帝從之宜下其議

楊終爲蘭臺校書章帝建初元年大旱穀貴終以爲廣陵楚淮陽濟南之獄徙者萬數又遠屯絕域吏民怨曠乃上疏曰臣聞善善及子孫惡惡止其身百王常典不易之道也秦政酷烈違忤天心一人有罪延及三族高祖平亂約法三章太宗至仁除去收孥萬姓廓然蒙被更生澤及昆蟲功垂萬世陛下聖明德被四表今以比年久旱蓄疫未息躬自菲薄廣訪失得三代之隆無以加焉臣切按春秋水旱之變皆應暴急惠不下流自永平以來仍連大獄有司窮考轉相牽引掠拷寃濫家屬徙邊加以北征匈奴西開三十六國頻年服役轉輸煩費又遠屯夷吾樓蘭車師戊已民懷土思歸怨結邊域傳曰安土重居謂之衆庶昔殷民近遷雒邑且猶怨望何況去中國之肥饒寄不毛之荒極乎且南方暑濕瘴毒互生愁困之民足以感動天地移變陰陽矣陛下留念省察以濟元元書奏帝下其章司空第五倫亦同終議太尉牟融司徒鮑昱校書郎班固等難論以施行既久孝子無改父之道先帝所建不宜回異終復上書曰秦築長城功役繁興胡亥不革卒亡四海故孝元棄珠崖之

郡光武絕西域之國不以介鱗易我衣裳魯文公毀泉臺春秋譏之曰先祖爲之而已毀之不如勿居而已以其無妨害於民也襄公作三軍昭公舍之君子大其復古以爲不舍則有害於民也今伊吾之役樓蘭之屯久而未還非天意也帝從之聽還徙者悉罷邊屯

朱意爲尚書章帝性寬仁而親親之恩篤故叔父濟南中山二王每數入朝特加恩寵及諸昆弟並留京師不遣就國意以爲人臣有節不宜踰禮過恩乃上疏諫曰陛下至孝烝烝恩愛隆深以濟南王康中山

王焉先帝昆弟特蒙禮寵聖情戀戀不忍遠離比年朝見久畱京師崇以叔父之尊同之家人之禮車入殿門即席不拜分甘損膳賞賜優渥昔周公懷聖人之德有致太平之功然後王曰叔父加以錫幣今康焉幸以支庶享食大國陛下即位蠲除前過還所削黜衍食屯縣男女少長並受爵邑恩寵踰制禮敬過度春秋之義諸父昆弟無所不臣所以尊尊卑卑彊幹弱枝者也陛下德業隆盛當爲萬世典法不宜以私恩損上下之序失君臣之正又西平三羨等六王皆妻子成家官屬備具當早就藩國爲子孫基趾而

室第相望久盤京邑婚姻之盛過於本朝僕馬之衆充塞城郭驕奢僭擬寵祿隆過今諸國之封並皆膏腴風氣平調道路夷近朝聘有期行李不難且割情不忍以義斷恩發遣康焉各歸藩國令羨等速就便時以塞衆望帝納之

魯恭爲侍御史和帝初立議遣車騎將軍竇憲與征西將軍耿秉擊匈奴恭上疏諫曰陛下親勞聖恩日昃不食憂在軍役誠欲以安定兆庶爲人除患定萬世之計也臣伏獨思之未見其便社稷之計萬人之命在於一舉數年以來秋稼不熟人食不足倉庫空虛國無畜積會新遭大憂人懷恐懼陛下躬大聖之德履至孝之行盡諒陰三年聽於冢宰百姓闕然三時不聞警蹕之音莫不懷思皇皇若有求而不得今乃以盛春之月興發軍役擾動天下以事戎夷誠非所以垂恩中國改元正時繇內及外也萬民者天之所生天愛其所生猶父母愛其子一物有不得所者則天氣爲之舛錯況於人乎故愛人者必有天報昔大王重人命而去邠故獲上天之佑夫戎狄者四方之異氣也蹲夷踞肆與鳥獸無別若雜居中國則錯亂天氣汙辱善人是以聖王之制羈縻不絕而已今

邊境無事宜當修仁行義尚於無爲令家給人足安業樂產夫八道乂於下則陰陽和於上祥風時雨覆被遠方夷狄重譯而至矣易曰有孚盈缶終來有它吉言甘雨滿我之缶誠來有我而吉已夫以德勝人者昌以力勝人者亡今匈奴爲鮮卑所殺遠藏於史侯河南去塞數千里而欲乘其虛耗利其微弱是非義之所出也前太僕蔡肜遠出塞外卒不見一胡而兵已困白山之難不絕如綫都護陷沒士卒死者如積迄今被其辜毒孤寡哀思之心未弭仁者念之以爲累息奈何復欲襲其跡不顧患難乎今始徵發而

大司農調度不足所以使者在道分部督趣上下相迫民間之急亦已甚矣三輔竝涼州少雨麥根枯燋牛死日甚此其不合天心之效也羣僚百姓咸曰不可陛下獨奈何以一人之計棄萬人之命不卹其言乎上觀天心下察人志足以知事之得失臣恐中國不爲中國豈徒匈奴而已哉惟陛下留聖恩休罷士卒以順天心書奏不從

何敞爲侍御史時車騎將軍竇憲大發軍擊匈奴而詔使者爲憲弟篤景竝起邸第興造勞役百姓愁苦敞上疏諫曰臣聞匈奴之爲桀逆久矣平城之圍慢

書之恥此二辱者臣子所爲捐軀而必死高祖呂后忍怒還忿含而不誅伏惟皇太后秉文母之操陛下履晏晏之姿匈奴無逆節之罪漢朝無可慙之恥而盛春東作興動大役元元怨恨咸懷不悅而猥復爲衛尉篤奉車都尉景繕修館第彌街絕里臣雖斗筲之人誠竊懷怪以爲篤景親近貴臣當爲百僚表儀今衆軍在道朝廷焦脣百姓愁苦縣官無用而遽起大第崇飾玩好非所以垂令德示無窮也宜且罷工匠專憂北邊恤人之困書奏不省後拜爲尚書復上封事曰夫忠臣憂世犯主嚴言譏刺貴臣至以殺身滅家而猶爲之者何邪君臣義重有不得已也臣伏見往事國之危亂家之將凶皆有所由較然易知昔鄭武姜之幸叔段衛莊公之寵州吁愛而不教終至凶戾由是觀之愛子若此猶饑而食之以毒適所以害之也伏見大將軍憲始遭大憂公卿比奏欲令典幹國事憲深執謙退固辭盛位懇懇勤勤言之深至天下聞之莫不悅喜今踰年無幾大禮未終卒然中改兄弟專朝憲秉三軍之重篤景總宮衛之權而虐用百姓奢侈僭偪誅戮無罪肆心自快今者論議凶凶咸謂叔段州吁復生於漢臣觀公卿懷持兩端不

肯極言者以爲憲等若有匪懈之志則已受吉甫褒申伯之功如憲等陷於罪辜則自取陳平周勃順呂后之權終不以憲等吉凶爲憂也臣敞區區誠欲計策兩安絕其緜緜塞其涓涓上不欲令皇太后損文母之號陛下有誓泉之譏下使憲等得長保其福祐然臧獲之謀上安主父下存主母猶不免於嚴怒臣伏惟累祖蒙恩至臣八世復以愚陋旬年之間歷顯位備機近每念厚德忽然忘生雖知言必夷滅而冒死自盡者誠不忍目見其禍而懷默苟全駙馬都尉瓌雖在弱冠有不隱之忠比請退身願抑家權可與

參謀聽順其意誠宗廟至計竇氏之福也
樂恢爲尚書僕射竇憲兄弟放縱恢上疏諫曰臣聞百王之失皆繇權移於下大臣持國常以執盛爲咎伏念先帝聖德未永早棄萬國陛下富於春秋纂承大業諸舅不宜幹正王室以示天下之私經曰天地乖互衆物夭傷君臣失序萬人受殃政失不救其極不測方今之宜上以義自割下以謙自引四舅可長保爵土之榮皇太后永無慙負宗廟之憂誠策之上者也書奏不省時竇太后臨朝和帝未親萬機恢以意不得行乃稱疾乞骸骨詔賜錢太醫視疾恢薦任

城郭城均陽高鳳而遂稱篤拜騎都尉上書辭謝曰仍受厚恩無以報效夫政在大夫孔子所疾世卿持權春秋以戒聖人懇惻不虛言也近世外戚富貴必有驕溢之敗今陛下思慕山陵未遑政事諸舅寵盛權行四方若不能自損誅罰必加臣壽命垂盡臨死竭愚惟留神詔聽上印綬乃歸鄉里
唐羌和帝時爲臨武長交州舊以龍眼荔支及生鮮獻之驛馬晝夜傳送之至有遭虎狼毒害頓仆死亡不絕道經臨武羌上書諫曰臣聞上不以滋味爲德下不以貢膳爲功故天子食大牢爲尊不以果實爲珍伏見交趾七郡獻生龍眼等鳥驚風發南州土地惡蟲猛獸不絕於路至於觸犯死亡之害死者不可復生來者猶可救也此二物升殿未必延年益壽帝從其奏而罷之
翟酺爲尚書安帝始親政事追感祖母宋貴人悉封其家又元舅耿寶及皇后兄弟閻顯等並用威權酺上疏諫曰臣聞微子佯狂而去殷孫叔通背秦而歸漢彼非自疏其君時不可也臣荷殊絕之恩蒙值不諱之政豈敢雷同受寵而以戴天履地伏惟陛下應天履祚歷值中興當建太平之功而未聞致化之道

蓋遠者難明請以近事徵之昔竇鄧之寵傾動四方兼官重紱盈金積貨至使議弄神器改更社稷豈不以勢尊威廣以致斯患乎及其破壞頭顙墮地願爲孤豚豈可得哉夫致貴無漸失必暴受爵非道殃必疾今外戚寵幸功均造化漢元以來未有等比陛下誠仁恩周洽以親九族然祿去公室政移私門覆車重尋寧無摧折而朝臣在位莫肯正議翕翕訾訾更相佐附臣恐威權外假歸之良難虎翼一奮卒不可制故孔子曰珠吐於澤誰能不含老子稱國之利器不可以示人此最安危之極戒社稷之深計也夫儉

德之恭政存約節故文帝愛百金於露臺飾帷帳於皂囊或有譏其儉者上曰朕爲天下守財耳豈得妄用之哉至倉穀腐而不可食錢貫朽而不可較今自初政已來日月未久費用賞賜已不可筭斂天下之財積無功之家帑藏單盡民物彫傷卒有不虞復當重賦百姓怨叛既生危亂可待也昔成王立政周公在前召公在後畢公在左史佚在右四子挾而維之目見正容耳聞正言一日即位天下曠然言其法度素定也今陛下有成王之尊而無四子之佐雖欲崇雍熙致太平其可得乎自去年以來蕃譴頻數地拆

天譴高岸爲谷修身恐懼則轉禍爲福輕慢天戒則其害彌深願陛下親自勞郵研精致思勉求忠貞之臣誅遠佞諂之黨損玉堂之盛尊天爵之重割情欲之歡罷晏私之好帝王圖籍陳列左右心存亡國所以失之鑒觀興王所以得之庶蕃害可息豐年可招矣書奏不省而外戚寵臣咸惡之

陳忠爲尚書僕射安帝數遣黄門常侍及中使伯榮（伯榮帝乳母王聖女）往來甘陵而伯榮負寵驕蹇所經郡國莫不迎爲禮謁又霖雨積時河水涌溢百姓騷動忠上疏曰臣聞位非其人則庶事不敘庶事不敘則政有得失政有得失則感動陰陽妖變爲應陛下每引蕃自厚不責臣司臣司狃恩莫以爲負故天心未得隔年屢蘗青冀之域淫雨漏河徐岱之濱海水盆溢兗豫蝗蝝滋生（蝝蟲子也）荆稻收儉薄并涼二州羌戎叛戾加以百姓不足府帑虛匱自西徂東杼柚將空臣聞洪範五事一曰貌貌以恭恭作肅貌傷則狂而致常雨春秋大水皆爲君上威儀不穆臨涖不嚴臣下輕慢貴倖擅權陰氣盛彊陽不能禁故爲淫雨陛下以不得親奉孝德皇園廟比遣中使致敬甘陵朱軒軿馬相望道路可謂孝至矣然臣竊聞使者所過威權

翕赫震動郡縣王侯三千石至爲伯榮獨拜車下儀體上僭侔於人主長吏惶怖譴責或邪諂自媚發人修道繕理亭傳多設儲跱徵役無度老弱相隨動有萬計賂遺僕從人數百匹頓踣呼嗟莫不叩心河間託叔父之屬清河有陵廟之尊及剖符大臣皆猥爲伯榮屈節車下陛下問必以陛下欲其然也伯榮之威重於陛下陛下之柄在於臣妾水蕃之發必起於此昔韓嫣託副車之乘受馳視之使江都誤爲一拜而嫣受歐刀之誅臣願明主嚴天元之尊正乾剛之位職事巨細皆任賢能不宜復令女使干錯萬機重

察左右得無石顯泄漏之姦尚書納言得無趙昌譖崇之詐公卿大臣得無朱博阿傅之援外屬近戚得無王鳳害商之謀若國政一繇帝命王事每決於已則下不得偪上臣不得干君嘗雨大水必當霽止四方衆異不能爲害書奏不省時三府任輕機事專委尚書而菑眚變咎動輒免公台忠以爲非國舊體上疏諫曰臣聞君使臣以禮臣事君以忠故三公稱曰冢宰王者待以殊敬在輿爲下御坐爲起入則參對而議政事出則監察而董是非漢典舊事丞相所請靡有不聽今之三公雖當其名而無其實選舉誅賞

一繇尚書尚書見任重於三公陵遲以來其漸久矣臣忠常獨不安是故臨事戰懼不敢冗見有所興造冗冗言不廣也又不敢希意同僚以謬平典而謗讟日聞罪足萬死近以地震策免司空陳褒今者菑異復欲切讓三公昔孝成皇帝以妖星守心移咎丞相使賁麗納說方進方進自引卒不蒙上天之福徒乖宋景之誠故知是非之分較然有歸矣又尚書決事多違故典罪法無例詆欺爲先文勝言醜有乖章憲宜責求其意割而勿聽上順國典下防威福置方員於規矩審輕重於衡石誠國家之典萬世之法也

終

冊府元龜

巡按福建監察御史臣李嗣京　訂正

知長樂縣事臣夏允彝　參閱

知建陽縣事臣黃國琦　較釋

諫諍部　十五

直諫第四

後漢張浩爲廷尉安帝廢皇太子爲濟陰王浩與太常桓焉太僕來歷廷諍之不能得浩退而上疏曰昔賊臣江充造搆讒逆至令戾園興兵終及禍難後壺關三老一言上乃覺悟雖追前失悔之何逮今皇太

子春秋方始十歲未見保傅九德之義宜簡賢輔就成聖質書奏不省

左雄爲尚書令順帝初廢爲濟陰王乳母宋娥與黃門孫程等共議立帝帝後以娥前有謀遂封爲山陽君邑五千戶又封大將軍梁商子冀襄邑侯雄上封事曰夫裂土封侯王制所重高皇帝約非劉氏不王非有功不侯孝安皇帝封江京王聖等遂至地震之異永建二年封陰謀之功又有日食之變數術之士咸歸咎於封爵今青州饑虛盜賊未息民有乏絕上求稟貸陛下乾乾勞思以濟民爲務宜循古法寧靜無爲以求天意以消災異誠不宜追錄小恩虧失大典帝不聽雄復諫曰臣聞人君莫不好忠正而惡讒諛然而歷世之患莫不以忠正得罪讒諛蒙倖者蓋聽忠難從諛易也夫刑罪人情之所甚惡貴寵人情之所甚欲是以時俗爲忠者少而習諛者多故令人主數聞其美稀知其過迷而不悟至於危亡臣伏見詔書顧念阿母舊恩欲特加顯賞案尚書故事無乳母爵邑之制唯先帝時阿母王聖爲野王君聖造生讒賊廢立之禍生爲天下所咀嚼死爲海內所歡快桀紂貴爲天子而庸僕羞與爲比者以其無義也夷

齊賤爲匹夫而王侯爭與爲伍者以其有德也今阿母躬蹈約儉以身率下羣僚蒸庶莫不向風而與王聖並同爵號懼違本操失其常願臣愚以爲凡人之心理不相遠其所不安古今一也百姓深懲王聖傾覆之禍民萌之命危於累卵常懼時世復有此類怵惕之念未離於心恐懼之言未絕於口乞如前議歲以千萬給奉阿母內足以盡恩愛之歡外可不爲吏民所怪梁冀之封事非機急宜過災厄之運然後平議可否會復有地震緱氏山崩之異雄復上疏曰先帝封野王君漢陽地震今封山陽君而京城復震專

政在陰其菑猶大臣前後瞀言封爵至重王者可私
人以財不可以官宜還阿母之封以塞尤異今與巳
高議山陽君亦宜崇其本節雄言雖切至娥亦畏懼
辭讓而帝戀戀不能巳卒封之後阿母遂以交遘失
爵
黃瓊為尚書僕射順帝時連有菑異瓊上疏曰間者
以來封位錯謬寒燠相干蒙氣數興日暗月散原之
天意殆不虛然陛下宜開石室案河雒外命史官悉
條上永建以前至漢初菑異與永建以後訖于今日
孰為多少又使近臣儒者參考政事數見公卿察問

得失諸無功德者宜皆斥黜
張綱為侍御史時順帝委縱宦官有識危心綱嘗感
激慨然歎曰穢惡滿朝不能奮身出命埽國家之難
雖生吾不願也退而上書曰詩曰不愆不忘率繇舊
章竊大漢初隆及中興之世文明二帝德化尤盛觀
其理易循易見但恭儉守節約身尚德而巳中官常
侍不過兩人近倖賞賜裁滿數金惜廢重人故家給
人足夷狄聞中國優富信任道德所以姦謀自消而
和氣感應而頃者以來不遵舊章無功小人皆有爵
官富之驕之而復害之非愛人重器承天順道者也

伏願陛下少留聖恩割損左右以奉天心書奏不省
胡廣為尚書僕射時順帝欲立皇后而貴人有寵者
四人莫知所建議欲探籌以決定選廣與尚書郭虔
史敞上疏諫曰竊見詔書以立后事大謙不自專欲
假之籌策決疑靈神篇籍所記祖宗典故未嘗有也
恃神任筮既不必當賢就值其人猶非德選夫岐嶷
形於自然俔天必有異表宜參良家簡求有德德鈞
以年年鈞以貌稽之典經斷之聖慮政令猶汗往而
不反詔文一下形之四方臣職在拾遺憂深責重是
以焦心冒昧陳聞帝從之以梁貴人良家子定立為

皇后
楊倫為侍中順帝時郃陵令任嘉在職貪穢因遷武
威太守後有司奏嘉贓罪千萬徵考廷尉其所牽染
將相大臣百有餘人倫乃上書曰臣聞春秋誅惡及
本本誅則惡消振裘持領領正則毛理今任嘉所生
狼籍未受辜戮猥以垢身改典大郡自非案坐舉者
無以禁絕姦萌往者湖陸令張疊蕭令四賢徐州刺
史劉福等釁穢既彰咸伏其誅而豺狼之吏至今不
絕者豈非本舉之主不加之罪乎昔齊威之霸殺姦
臣五人并及舉者以弭謗讟當斷不斷黃石所戒夫

聖王所以聽僮夫匹婦之言者猶塵加嵩岱霧集淮海雖未有益不爲損也惟陛下留神省察奏御有司以倫言公直辭不遜順下之尚書奏倫探知客事徼以求直坐不敬結鬼薪（結正其罪鬼薪取薪以給宗廟三歲刑之）詔書以倫數進忠言特原之免歸田里

郎顗舉有道不就順帝陽嘉二年正月就徵公車時菑異屢見顗乃詣闕拜章曰臣聞天垂妖象地見菑符所以譴告人主責躬修德使正機平衡流化興政也易内傳曰凡菑異所生各以其政變之則除消之亦除伏惟陛下躬日昃之聽溫三省之勤思過念舊

務消祗悔方今時俗奢佚淺恩薄義夫救奢必於儉約拯薄無若敦厚安上理人莫善於禮修禮遵約蓋惟上興革文變薄事不在下故周南之德關雎政本本立道生風行草從澄其源者流清溷其本者末濁天地之道其猶鼓籥以虛爲德自近及遠者也伏見往年以來園陵數菑炎光熾猛驚動神靈易天人應日君子不思遵利茲謂無澤厥菑火燒其宮又曰君居高臺府犯陰侵厥菑火又曰上不儉下不節菑火並作燒君室自頃繕理西苑修復太學宮殿官府多所構飾昔盤庚遷殷去奢即儉夏后卑室盡力致美又魯人爲長府閔子曰仍舊貫何必改作臣愚以爲諸所繕修事可省減稟卹貧人賑贍孤寡此天之意也人之慶也仁之本也儉之要也焉有應天養人爲仁爲儉而不降福者哉土者地祗陰性澄靜宜以施化之時敬而勿擾竊見正月以來陰闇連日易内傳曰久陰不雨亂氣也蒙之比也蒙者君臣上下相冒亂也又曰欲德不用厥異常陰夫賢者化之本雲者雨之具也得賢而不用猶久陰而不雨也又頃前數日寒過其節氷既解釋還復凝合夫寒往則暑來暑往則寒來此言日月相推寒暑相避以成物也今立

春之後火卦用事當溫而寒違反時節繇功賞不至而刑罰必加也宜須立秋順氣行罰臣伏案非候參察衆政以爲立夏之候當有雲氣涌水之害又比熒惑失度盈縮往來涉歷輿鬼環繞軒轅火精南方夏之政也政有失禮不從夏令則熒惑失行正月三日至乎九日三公卦三公上應台階下同元首政失其道則寒陰反節節彼南山詠自周詩股肱良哉著於虞典而今之在位競託高虛納累鍾之奉忘天下之憂棲遲偃仰寢疾自逸彼策文得賜錢即復起矣何疾之易而愈之速以此消夫菑青輿致升平其可得

乎今選舉牧守委任三府長吏不良既咎州郡州郡
有菑豈得不歸責舉者而陛下崇之彌優自下慢事
愈甚所謂大綱疏小綱數三公非臣之仇臣非狂夫
之作所以發憤忘食懇懇不已者誠念朝廷欲致興
平非不能面譽也臣生長草野不曉禁忌披露肝膽
書不擇言伏鑕鼎鑊死不敢恨謹詣闕奉章伏待重
誅書奏帝復使對尚書顗對曰臣聞明王聖主好聞
其過忠臣孝子言無隱情臣備生人倫視聽之類而
禀性愚慤不識忌諱故出死忘命懇懇重言誠欲陛
下修乾坤之德開日月之明披圖籍案經典覽帝王

之務識先後之政如有闕遺退而自改本文武之業
擬堯舜之道攘菑延慶號令天下此誠臣顗區區之
願夙夜夢寐盡心所計謹條序前章暢其旨趣條便
宜七事宜具狀對一事陵園至重聖神攸馮而菑火
炎赫迫近寢殿魂而有靈猶將驚動宮殿官府近始
永平歲時未積便更修造又西苑之設禽畜是處離
房別觀本不常居而皆當修積土木營建無已消功
殫財巨億爲計易內傳曰人君奢侈多飾宮室其時
旱其菑火是故魯僖遭旱修政自勑下鍾鼓之懸休
繕治之官雖則不寧而時雨自降繇此言之天之應

人敏於影響（敏速也）今月十七日戊午徵日也日甲加
風從寅來丑時而止丑寅甲皆徵也不有火菑必當
爲旱願陛下校計繕修之費永念百姓之勞罷將作
之官減彫文之飾損庖廚之饌退宴私之樂易中孚
傳曰陽感天不旋日（易中孚傳曰陽感天不旋日言天子爲善一日天立應以善爲惡一日天立應以惡也）如是則景雲降集眚沴息矣二事去年
以來兌卦用事類多不効易傳曰有貌無實佞人也
有實無貌道人也寒溫爲實清濁爲貌今三公皆令
色足恭外厲內荏以虛事上無國佐之實故清濁效
而寒溫不效也是以陰寒侵犯消息（陽君陰臣侵消息者或陰專政

或陰侵陽也）占曰日乘則有妖風日蒙則有地裂如是三
年則致日食侵其陽漸積所致立春前後溫氣應節
者詔令寬也其復寒者無寬之實也夫十室之邑必
有忠信率土之人豈無貞賢未聞朝廷有所賞援非
所以求善贊務引齊元元宜採納良臣以助聖化三
事臣聞天道不遠三五復反今年少陽之歲法當乘
起恐後年已往將遂驚動涉歷天門菑成戊己今春
當旱夏必有水臣以六日七分候之可知夫菑眚之
來緣類而應行有玷缺則氣逆於天精感變出以戒
人君王者之義時有不登則損滋徹膳數年以來穀

收稍減家貧戶饉歲不如昔百姓不足君孰與足水旱之菑雖尙未至然君子遠覽防微慮萌老子曰人之饑也以其上食稅之多也故孝文皇帝綈袍革舃木器無文約身薄賦時致升平今陛下聖德中興宜尊前典惟節惟約天下幸甚易曰天道無親當與善人是故高宗以享福宋景以延年四事臣竊見皇子太子不明熒惑以去年春分後十六日在婁五度推步三統熒惑今當在翼九度今反在柳三度則不及五十餘度去年八月二十四日戊辰熒惑歷輿鬼東入軒轅出后星北東去四度北旋復還軒轅者後宮

也熒惑者至陽之精也天之使也而出入軒轅繞還往來易曰天垂象見吉凶其意昭然可見矣禮天子一娶九女嫡媵畢具今宮人侍御動以千計或生而幽隔人道不通鬱積之氣上感皇天故遣熒惑入軒轅理人倫垂象見異以悟至上昔武王下車出傾宮之女表商容之閭以理人倫以表賢德故天授以聖子成王是也今陛下多積宮人以違天意故皇子多夭嗣體莫寄詩云敬天之怒不敢戲豫方今之福莫若廣嗣廣嗣之術可不深思宜簡出宮女恣其姻嫁則天自降福子孫千億惟陛下丁寧再三留神於此左右貴幸亦宜雅臣之言以悟陛下蓋善言古者合於今善言天下者合於人願訪問百僚有違臣言者臣當苟言之罪五事臣竊見去年閏十月十七日巳丑夜有白氣從西方天苑趨左足入玉井數日乃滅春秋日有孛星於大辰大辰者何大火也大火爲大辰代又爲大辰北極亦爲大辰所以孛一宿而連三宿者言北辰王者之宮也凡中宮無節政教亂逆威武衰微則此三星以應之也罰者白虎其宿主兵其國趙魏變見西方亦應三輔凡金氣爲變發在秋節臣恐立秋以後趙魏關西將有羌寇畔戾之患宜豫

宣告諸郡使敬授人時輕徭役薄賦斂勿妄繕起堅倉獄備守衛回選賢能以鎭撫之金精之變責歸上司宜以五月丙午遣大尉服干戚建井旗書玉版之策引白氣之異於西郊責躬求愆謝咎皇天消滅妖氣蓋以火勝金轉禍爲福也六事臣竊見今月十四日乙卯巳時虹貫日凡日傍氣色白而純者名爲虹貫日中者侵太陽也見於春者政變當也方今中宮外司各各考事其所考者或非急務又恭陵火菑主名未立多所收捕備經考毒尋火爲天戒以悟人君可順而不可違可敬而不可慢陛下宜恭已內省以

備後蓄凡諸考案幷須立秋又易傳曰公能其事序賢進士後必有喜反之則白虹貫日以甲乙見者則譴在中台自司徒居位陰陽多謬久無虛已進賢之策天下興議異人同咨且立春以來金氣再見金能勝木必有兵氣宜黜司徒以應天意陛下不早攘之將負臣言遺患百姓時劉琦爲司徒至陽嘉三年策免七事臣伏惟漢興以來三百三十九歲於詩三基基當作朞謂以三朞之法推之高祖起亥仲二年今在戌仲十年詩氾歷樞曰卯酉爲革政午亥爲革命神在天門出入候聽言神在戌亥司候帝王興衰得失厥善則昌厥惡則亡於易雄

雌秘歷今值困乏凡九二困者衆小人欲共困害君子也經日困而不失其所其唯君子乎唯獨賢聖之君遭困遇險能致命遂志不去其道陛下乃者潛龍養德幽隱屈厄即位之元紫宮驚動歷運之會時氣已應然猶恐妖祥未盡君子思患而豫防之臣以爲戌仲已竟來年入季文帝改法除肉刑之罪至今適三百年宜因斯際大蠲法令官名稱號輿服器械事有所更變大爲小去奢就儉機衡之政除煩爲簡改元更始招來幽隱擧方正徵有道博採異謀開不諱之路臣陳引際會恐犯忌諱書不盡言未敢究暢臺

詰顗曰對云白虹貫日政變常也朝廷率繇舊章何所變易而言當又言當大蠲法令革易官號或云變常以致蓄或改舊以除異何也又陽嘉初建復欲改元據何經典其以實對日方春東作布德之元陽氣開盛而養導萬物王者因天視聽奉順時氣宜發崇溫柔遵其行令而令立春之後考事不息秋冬之政行乎春夏故白虹春見掩蔽日曜凡邪氣乘陽則虹蜺在日斯皆臣下執事刻急所招殆非朝廷優寬之本此其變常之咎也又今選擧皆歸三司非有周名之才而當則哲之重每有選用輒參之掾屬公府門

巷賓客塡集送去迎來財貨無已其當遷者竟相薦謁各遣子弟充塞道路開長姦門興致浮僞非所謂率繇舊章也尚書職任機衡宮禁嚴密私曲之意差不得通偏黨之恩或無所用選擧之任不如還在機密臣誠愚戇不知折中斯固遠近之論當今之宜又孔子曰漢三百載斟歷改憲三百四歲爲一德五德千五百二十歲五行更用自春徂夏改青服絳者也自文帝省刑適三百年而輕微之禁漸已殷積王者之法譬猶江河當使易避而難犯也故易曰易則易知簡則易從易簡而天下之理得矣今去奢即儉以

先天下改易名號隨事稱謂易曰君子之道或出或處同歸殊途一致百慮是知變當而善可以除菑變當而惡必致於異今年仲竟來年入季仲終季始歷運變改故可改元所以順天道也臣顗愚蔽不足以答聖問顗又上書薦黃瓊李固并陳便宜四事一事孔子作春秋書正月者敬歲之始也王者則天之象因時之序宜開發德號爵賢命士流寬大之澤垂仁厚之德順助元氣含養庶類如此則天文昭爛星辰顯列五緯循軌四時和睦不則太陽不光天地混濁時氣錯逆霾霧蔽日自立春以來累經旬朔未見仁

德有所施布但聞罪罰考掠之聲夫天之應人疾於影響而自從入歲常有蒙氣月不舒光日不宣耀日者太陽以象人君政變於下日應於天清濁之占隨政抑揚天之見異事無虛作豈獨陛下倦於萬機帷幄之政有所闕歟何天戒之數見也臣願陛下發揚乾剛援引賢能勤求機衡之政以獲斷金之利臣之所陳輒以太陽爲先者明其不可久闇急當改正其異雖微其事甚重臣言雖約其旨甚廣惟陛下乃眷臣章深留明思二事孔子曰靁之始發大壯始君弱臣強從解起今月九日至十四日大壯用事消息之卦也於此六日之中雷當發聲發聲則歲氣和王道興也易曰雷出地奮豫先王以作樂崇德殷薦之上帝雷者所以開發萌芽辟陰除害萬物須雷而解資雨而潤故經曰雷以動之雨以潤之王者崇寬大順春令則雷應節不則發動於冬當震反潛故易傳曰當靁不靁太陽弱也今蒙氣不除日月變色則其效也天網恢恢疏而不失隨時進退應政得失大人者與天地合其德與日月合其明璇機動作與天相應雷者號令其德生養號令殆廢當生而殺則雷反作其時無歲（雷以冬鳴則歲飢也）陛下若欲除菑招祉順天致和

宜察臣下尤酷害者加斥黜以安黎元則大皓悅和靁聲乃發（大皓天也）三事去年十月二十日癸亥太白與歲星合明於房心太白在北歲星在南相離數寸光芒交接房心者天帝明堂布政之宮孝經鉤命决曰歲星守心年穀豐尚書洪範記日月行中道移節應期德厚受福重華留之重華者謂歲星在心也今太白從之交合明堂金木相賊而反同合此以陰陵陽臣下專權之異也房心東方其國主宋石氏經曰歲星出左有年出右無年今金木俱東歲星在南是爲出右恐年穀不成宋人饑也陛下宜審詳明堂布政

之務然後妖異可消五緯順序矣四事易傳曰陽無德則旱陰僭陽亦旱陽無德者人君恩澤不施於人也陰僭陽者祿去公室臣下專權也自冬涉春訖無嘉澤數有西風反逆時節朝廷勞心廣爲祈禱薦祭山川暴龍移市臣聞皇天感物不爲僞動當變應人要在責己若令雨可請降水可禳止則歲無隔并太平可待然而菑害不在此也立春以來未見朝廷賞祿有功表顯有德存問孤寡賑恤貧弱而但見雒陽郡官奔車東西收繫纖介牢獄充盈臣聞恭陵大處比有曜光明此天菑非人之咎丁丑大風掩蔽火地

風者號令天之威怒皆所以感悟人君忠厚之戒又連月無雨將害宿麥若一穀不登則饑者十三四矣陛下誠宜廣被恩澤貸贍元元昔堯遭九年之水人有十載之蓄者簡稅防蓄爲其方也願陛下早宜德澤以應天功若臣言不用朝政不改者立夏之後乃有澍雨於今之際未可望也若政變於朝而天不雨則臣爲誣上愚不知量分當鼎鑊書奏特詔拜郎中辭病不就即去歸家至四月京師地震遂陷其夏大旱秋鮮卑人馬邑城破代郡兵明年西羌寇隴右皆略如顗言耳

杜喬爲大司農順帝時梁冀子弟五人及中常侍等以無功並封喬上書諫曰陛下越從藩臣龍飛即位天人屬心萬邦攸賴不急忠賢之禮而先左右之封傷善害德興長佞諛臣聞古之明君褒罰必以功過末世闇主誅賞各緣其私今梁氏一門宦者微孽並帶無功之紱裂勞臣之土其爲乖濫胡可勝言夫有功不賞爲善失其望姦回不詰爲惡肆其凶故陳資斧而人靡畏班爵位而物無勸苟遂私道豈伊傷政爲亂而已喪身亡國可不慎哉書奏不省

周舉永和末爲諫議大夫時連有菑異順帝詔舉於

顯親門問以變眚舉對曰陛下初立遵修舊典興化致政遠近肅然頃年以來稍違於前朝多寵倖祿不序德觀天察人準今方古誠可危懼書曰僭常陽若夫僭差無度則言不從而下不正陽無以制則上擾下竭宜密嚴敕州郡察彊宗大姦以時擒討其後江淮猾賊周生徐鳳等處處並起如舉所陳

劉陶爲太學生桓帝時大將軍梁冀專朝而桓帝無子連歲凶荒饑菑異數見陶上疏陳事曰臣聞人非天地無以爲生天地非人無以爲靈是故帝非人不立人非帝不寧夫天之與帝帝之與人猶頭之與足

相須而行也伏惟陛下年隆德茂中天稱號襲嘗存之慶循不易之制目不視鳴條之事耳不聞檀車之聲天菑不有痛於肌膚震食不即損於聖體故蔑三光之謬輕上天之怒伏念高祖之起始自布衣拾暴秦之敝追亡周之鹿合散扶傷克成帝業功既顯矣勤亦至矣流福遂祚至於陛下陛下既不能增明烈考之軌而忽高祖之勤妄假利器委授國柄使群醜刑隸芟刈小民彫敝諸夏虐流遠近故天降衆異以戒陛下陛下不悟竟令虎豹窟於麑場豺狼乳於春囿斯豈唐咨禹稷益典朕虞議物賦上蒸民之意哉

又令牧守長吏上下交競封豕長蛇蠶食天下貨殖者爲窮冤之魂貧餒者作饑寒之鬼高門獲東觀之辜豐室罹妖叛之罪死者悲於窀穸生者戚於朝野是愚臣所爲咨嗟長懷歎息者也且秦之將亡正諫者誅諛進者賞嘉言結於忠舌國命出於讒口擅閻樂於咸陽授趙高以車府權去已而不知威離身而不顧古今一揆成敗同勢願陛下遠覽強秦之傾近察哀平之變得失昭然禍福可見臣又聞危非仁不扶亂非知不救故武丁得傅說以消鼎雉之菑周宣用申甫以濟夷厲之荒竊見故冀州刺史南陽朱穆前烏桓校尉臣同郡李膺皆履正清平貞高絕俗穆前在冀州奉憲操平摧破姦黨民清萬里歷典牧守正身率下及掌戎馬威揚朔北斯實中興之良佐國家之柱臣也宜還本朝夾輔王室上齊七曜下鎮萬國臣敢吐不時之義於諱言之朝猶冰霜見日必至消滅臣始悲天下之可悲今天下亦悲臣之愚惑也書奏不省

袁著爲郎中年十九見梁冀凶縱不勝其憤乃詣闕上書曰臣聞仲尼歎鳳鳥不至河不出圖自傷卑賤不能致也今陛下居得致之位又有能致之資而和

氣未應賢愚失序者勢分權臣上下壅隔之故也夫四時之用功成則退高爵厚寵鮮不致菑今大將軍位極功成可爲至戒宜遵懸車之禮高枕頤神傳曰木實繁者披枝害心若不抑損權盛將無以全其身矣左右聞臣言將側耳切齒臣特以童蒙見拔故敢忘忌諱昔舜禹相戒無若丹朱周公戒成王無若殷王紂願除誹謗之罪以開天下之口書奏不省

楊秉爲侍中尚書時桓帝微行私過幸河南尹梁胤府舍是日大風拔樹晝昏秉上疏諫曰臣聞瑞繇德至菑應事生故傳曰禍福無門唯人自招天不言語

以菑異譴告是以孔子迅雷風烈必有變動詩云敬天之威不敢驅馳王者至尊出入有常警蹕而行静室而止自非郊廟之事則鑾旗不駕故詩稱自郊徂宫易曰王假有廟致孝享也諸侯如臣之家春秋尚列其誡（齊莊公如崔杼家爲崔杼所殺）況以先王法服而私出槃游降亂尊卑等威無序侍衛守空宫紱璽委女妾設有非變任章之謀上負先帝下悔靡及臣奕世受恩得備納言又以薄學充在講勸特蒙哀識見照日月恩重命輕義使士死敢憚摧折畧陳其愚帝不納應奉爲司隸校尉桓帝時錄貴人見幸帝有建立之議奉

以田氏微賤不宜超登后位上書諫曰臣聞周納狄女襄王出居乎鄭漢立飛燕成帝胤嗣泯絶母后之重興廢之所因宜思關雎之所求遠五禁之所忌帝納其言竟立竇皇后

李雲爲白馬令桓帝延嘉二年中常侍單超等五人皆以誅梁冀功並封列侯專權選舉又立掖庭民女亳氏爲皇后數月間后家封者四人賞賜巨萬是時地數震裂衆菑頻降雲素剛憂國將危心不能忍乃露布上書移副三府曰臣聞皇后天下母德配坤靈得其人則五氏來備（五氏卽史記所謂庶徵曰雨曰暘曰燠曰寒曰風五者來備也）不得其人則地動搖宫比年灾異可謂多矣皇天之戒可謂至矣高祖受命至今三百六十四歲君期一周當有黄精代見姓陳項虞田許氏不可令此人居太尉太傅典兵之官舉厝至重不可不慎班功行賞宜應其實梁冀雖持權專擅虐流天下以罪行誅猶名家臣搤殺之耳而猥封謀臣萬户以上高祖聞之得無見非西北列將得無解體（列將謂皇甫規等）孔子曰帝者諦也今官位錯亂小人諂進財貨公行政化日損尺一拜用不經御省是帝欲不諦乎帝得奏震怒下有司逮雲死黄門獄中

朱穆桓帝時坐忤宦者趙忠輸作左校赦出居家數年在朝諸公多有相推薦者於是徵拜尚書穆既深疾宦者及在臺閣旦夕共事志欲除之乃上疏曰案漢故事中常侍参選士人建武以後乃悉用宦者自延平以來浸益貴盛假貂璫之飾處常伯之任天朝政事一更其手權傾海内寵貴無及子弟親戚並荷榮任故放濫驕溢莫能禁御凶狡無行之徒媚以求官恃勢怙寵之輩漁食百姓窮破天下空竭小人愚臣以爲可悉罷省遵復往初率由舊章更選海内清淳之士明達國體者以補其處卽陛下可爲堯舜之

君衆僚皆爲稷契之臣兆庶黎民蒙被聖化矣帝不納後稷進見□復陳曰臣聞漢家舊典置侍中中嘗侍各一人者尚書事黃門侍郎一人傳發書奏皆用姓族自和熹太后以女主稱制不接公卿乃以閹人爲嘗侍小黃門通命兩宮自此以來權傾人主窮困天下宜皆罷遣博選耆儒宿德與參政事帝怒不應稷伏不起左右傳出（聲傳令出）良久乃趨而去自此中官數因事稱詔詆毀之稷素剛不得意居無幾憤懣發疽卒

陳蕃爲光祿勳桓帝時封賞踰制內寵猥盛蕃上疏

諫曰臣聞有事社稷者社稷是爲有事人君者容悅是爲今臣蒙恩聖朝備位九列見非不諫則容悅也夫諸侯上象四七垂耀在天下應分土藩屏上國高祖之約非功臣不侯而聞追錄河南尹鄧萬世父尊之微功更爵尚書令黃門雋先人之絕封近習以非義授邑左右以無功傳賞授位不料其任裂土莫紀其功至乃一門之內侯者數人故緯象失度陰陽謬序稼用不成民用不康臣知封事已行言之無及誠欲陛下從是而止又比年收斂十傷五六萬人饑寒不聊生活而採女數千食肉衣綺脂油粉黛不可貲計鄙諺言盜不過五女門以女貧家也今後宮之女豈不貧國乎是以傾宮嫁而天下化楚女悲而西宮蔚且聚而不御必生憂悲之感以致兵革水旱之困夫獄以禁止姦邪官以稱才理物若法虧於平官失其人則王道有缺而今天下之論皆謂獄錄怨起爵以賄成夫不有臭穢則蒼蠅不飛陛下宜採求得失擇從忠善尺一選舉委尚書三公使褒責誅賞各有所歸豈不幸甚帝頗納其言爲出宮女五百餘人但賜雋爵關內侯而萬世南鄉侯延熹六年車駕幸廣成校獵（廣成苑名）蕃上疏諫曰臣聞人君有事苑囿唯仲

秋西郊順時講武殺禽助祭以敦孝敬如或違此則爲肆縱故皐陶戒舜無放逸遊周公戒成王無槃於遊田虞舜成王猶有此戒況德不及二王者乎夫安平之時尚宜有節況當今之世有三空之厄害田野空朝廷空倉庫空是謂三空加兵戎未戢四方離散是陛下焦心毀顏坐以待旦之時也豈宜揚旗耀武騁心輿馬之觀乎又前秋多雨民始種麥今失其勸種之時而令給驅禽除路之役非賢聖恤民之意也齊景公欲觀於海放乎琅琊晏子爲陳百姓惡聞旌旗輿馬之音舉首顰眉之慼景公感之不行周穆王

欲肆車轍馬跡祭公謀父爲詔祈招之詩以止其心
誠惡逸遊之害人也書奏不納
襄楷平原人桓帝時宦官專朝政刑暴濫又比失皇
子灾異尤數楷自家詣闕上疏曰臣聞皇天不言以
文象設教堯舜雖聖必歷象日月星辰察五緯所在
故能享百年之壽爲萬世之法臣竊見去歲五月熒
惑入太微犯帝座出端門不軌常道其閏月庚辰太
白入房犯心小星震動中耀中耀天王也傍小星者
天王子也夫太微天廷五帝之座而金火罰星揚光
其中於占天子凶又俱入房心法無繼嗣今年歲星

久守太微逆行西至掖門還切執法歲爲木精好生
惡殺而淹留不去者咎在仁德不修誅罰太酷前七
年十二月熒惑與歲星俱入軒轅逆行四十餘日而
鄧皇后誅其冬大寒殺鳥獸害魚鼈城傍竹柏之葉
有傷枯者臣聞師曰柏傷竹枯不出三年天子當之
今雒陽城中人夜無故叫呼云有火光人聲正讙於
占亦與竹柏同自春夏以來連有霜雹及大雨雷而
臣作威作福刑罰急刻之所感也太原太守劉質南
陽太守成瑨志除姦邪其所誅翦皆合人望而陛下
受閹豎之譖乃遠加老逮三公上書乞哀瓆等不見

採察而嚴被譴讓憂國之臣將遂杜口矣臣聞殺無
罪誅賢者禍及三世陛下即位以來頻行誅伐梁寇
孫鄧並見族滅其從坐者又非其數李雲上書明主
所不當諱杜衆乞死諒以感悟聖朝曾無赦宥而幷
被殘戮天下之人咸知其冤漢興以來未有拒諫誅
賢用刑太深如今者也永平舊典誅當重論皆須冬
獄先請後刑所以重人命也頃數十歲以來州郡玩
習又欲避請讞之煩輒託疾病多死牢獄長吏殺生
自己死者多非其罪魂神冤結無所歸訴淫厲疾疫
自此而起昔文王一妻誕致十子今宮女數千未聞

慶育宜修德省行以廣螽斯之祚又七年六月十三
日河內野王山上有龍死可長數十丈扶風有星隕
爲石聲聞三郡夫龍形狀不一小大無常故易況之
大人帝王爲符瑞或聞河內龍死諱以爲蛇夫龍能
變化蛇亦有神皆不當死者秦之將衰華山神操璧
以授鄭客曰今年祖龍死始皇逃之死於沙丘王莽
天鳳二年訛言黃石山宮有死龍之異後漢誅莽光
武復興虛言猶然況於實邪夫星辰麗天猶萬國之
附王者也下將畔上故星亦畔天石者安類墜者失
勢春秋五石隕宋其後襄公爲楚所執秦之亡也石

隕東郡今隕扶風與先帝園陵相近不有大喪必有畔逆案春秋以來及古帝王未有河清及學門自壞者也臣以爲河者諸侯位也清者屬陽濁者屬陰河當濁而反清者陰欲爲陽諸侯爲帝也大學天子教化之官其門無故自壞者言文德將喪教化廢也京房易傳曰河水清天下平今天垂異地吐妖人厲疫三者並時而有河清猶春秋麟不當見而見孔子書之以爲異也臣前上瑯琊宫崇受于吉神書不合明聽臣聞布穀鳴於孟夏蟋蟀吟於始秋物有微而至信人有賤而言忠臣雖至賤誠願賜清閒極盡所言

書奏不省十餘日復上書曰臣伏見太白北入數日復出東方其占當有大兵中國弱四夷強臣又推步熒惑今當出而潛必有陰謀皆繇獄多冤結忠臣被戮德星所以久守執法亦爲此也陛下宜承天意理察冤獄爲劉瓆成瑨虧除罪辟追錄李雲杜衆等子孫夫天子事天不孝則日食星鬭比年日食於朔三光不明五緯錯戾前者宫崇所獻神書專以奉天地順五行爲本亦有興國廣嗣之術其文易曉參同經典而順帝不行故國嗣不興孝冲孝質頻世短祚臣又聞之得主所好自非正道神爲生虐故周衰諸侯以力征相高於是夏育申休宋萬彭生任鄙之徒生於其時殷紂好色妲巳是出葉公好龍真龍游廷今黄門常侍天刑之人陛下愛待兼倍常寵係嗣未兆豈不爲此天官宦者星不在紫宫而在天市明當給使主市里也今乃反處常伯之位實非天意又聞宫中立黄老浮屠之祠此道清虚貴尚無爲好生惡殺省慾去奢今陛下嗜慾不去殺罰過理既乖其道豈獲其祚哉或言老子入夷狄爲浮屠（或言當時老子西入夷狄始爲浮屠之化）浮屠不三宿桑下（言浮屠之人寄桑下者不經三宿便即移去也）不欲久生恩愛精之至也天神遺以好女浮屠曰此但革

囊盛血遂不眄之其守一如此乃能成道今陛下婬女豔婦極天下之麗甘肥飲美殫天下之味奈何欲如黄老乎書上即詔尚書問狀楷曰臣聞古者本無宦官武帝末春秋高數游後宫始置之耳後稍見任至於順帝遂益繁熾今陛下爵之十倍於前至今無繼嗣者豈獨好之而使之然乎尚書上其對坐論司寇

終

册府元龜

廵按福建監察御史臣李嗣京訂正
知閩縣事臣曹兕臣參閱
知建陽縣事臣黄國琦較釋

諫諍部一十六

直諫第五

後漢爰延桓帝時爲大鴻臚太史上言客星經帝座密以問延延因上封事曰臣聞天子尊爲無上故天以爲子位臨臣庶威重四海動靜以禮則星辰順序意有邪僻則晷度錯違陛下以河南尹鄧萬有龍潛

之舊封爲通侯恩重公卿惠豐宗室加頃引見與之對博上下媟黷有虧尊嚴臣聞之帝左右者所以咨德政也故周公戒成王曰其朋其朋言慎所與也昔宋閔公與彊臣共博列婦人於側積此無禮以致大蓄武帝與倖臣李延年韓嫣同卧起尊爵重賜情欲無厭遂生驕淫之心行不義之事卒使延年被戮嫣伏其辜夫愛之則不覺其過惡之則不知其善所以事多放濫物情生怨故王者賞人必酬其功爵人以甄其德善人同處則日聞嘉訓惡人從游則日生邪情孔子曰益者三友損者三友邪臣惑君亂妾危主以非所言則悦於耳以非所行則翫於目故令人君不能遠之仲尼曰唯女子與小人爲難養近之則不遜遠之則怨蓋聖人明戒也昔漢光武皇帝與嚴光俱寢上天之異其夕即見夫以光武之聖德嚴光之高賢君臣合道尚降此變豈況陛下今所親倖以賤爲貴以卑爲尊哉惟陛下遠讒諛之人納謇謇之士除左右之權寤宦官之敝使積善日熙佞惡消殄則乾菑可除帝省其奏因以病自上乞骸骨還家

趙典桓帝時爲大鴻臚典以恩澤諸侯無勞受封羣臣不悦而莫敢諫獨奏曰夫無功而賞勞者不勸上

忝下辱亂象干度且高祖之誓非功臣不封宜一切削免爵土以存舊典帝不從

劉瑜桓帝時舉賢良方正到京師上書曰臣瑜自念東國鄙陋得以豐沛枝裔被蒙復除不給卒伍故太尉楊秉知臣竊闚典籍猥見顯舉誠與臣愚直有補萬一而秉忠謨不遂命先朝露臣在下土聽聞歌謡驕臣虐政之事遠近呼嗟之音竊爲辛楚泣血漣如幸得引録備答聖問泄寫至情不敢庸回誠願陛下且以須臾之慮覽今往之事人何爲咨嗟天曷爲動變蓋諸侯之位上法四七垂文炳燿關之盛衰者也

今中官邪孽比肩裂土皆競立胤嗣繼體傳爵或乞子疎屬或買兒市道殆乖開國承家之義古者天子一娶九女娣姪有序河圖受嗣正在九房今女嬖令色充積閨帷皆當盛其玩飾冗食空宫勞散精神生長六疾此國之費也生之傷也且天地之性陰陽正紀隔絶其道則水旱爲并詩云五日爲期六日不詹怨曠作歌仲尼所録況從幼至長幽藏殁身又常侍黄門亦廣娶妻妾怨毒之氣結成妖眚行路之言官發略人女取而復置轉相驚懼孰不悉然無緣空生此謗鄒衍匹夫杞氏匹婦尚有城摧霜隕之異況乃

羣輩咨怨能無感乎秦作阿房國多刑人今第舍增多窮極奇巧掘木攻石不避時令促以嚴刑威以法政民無罪而復入之民有田而復奪之州郡官府各自考事姦情賕賂皆爲吏餌民愁鬱結起入賊黨官趣與兵誅討其罪貧困之民或有賣其首級以要酬賞父兄相代殘身妻奴相視分裂窮之如彼代之如此豈不痛哉又陛下以北辰之尊神器之寶而微行近習之家私幸宦者之舍賓客市買熏灼道路因此暴縱無所不容今三公在位皆博達道藝而各正諸已莫或裨益者非不智也畏死罰也惟陛下設置七臣以廣諫道及開東序金縢史官之書從堯舜禹湯文武致興之道遠佞邪之人放鄭衛之聲則致和平德感祥風矣臣悾悾推情言不足採懼以觸忤恒當惕悸於是詩詔名瑜問蓄咎之徵指事按經讖以對執政者欲令瑜依違其辭而更策以他事瑜復悉心以對八千餘言有功於前帝竟不能用拜爲議郎瑜與竇武同誅其後宦官悉焚其上書以爲訛言

審忠梁人爲郎中靈帝初中常侍曹節與長樂五官史朱瑀等矯詔誅大將軍竇武太傅陳蕃遷竇太后於南宫連有蕃異忠以爲朱瑀等罪惡所感乃上書

曰臣聞理國得賢則安失賢則危故舜有臣五人而天下治湯舉伊尹不仁者遠陛下即位之初未能萬機皇太后念在撫育權時攝政故中常侍蘇康管霸應時誅殄太傅陳蕃大將軍竇武考其黨與志清朝政華容侯朱瑀知事覺露禍及其身遂興造逆謀作亂王室撞蹋省闥執奪璽綬迫脅陛下聚會羣臣離間骨肉母子之恩遂誅蕃武及尹勳等因共割裂城社自相封賞父子兄弟被蒙尊榮素所親厚布在州郡或登九列或據三司不惟祿重位尊之責而苟營私門多蓄財貨繕修第舍連里竟巷盜取御水以作

魚釣車馬服玩擬於天家羣公卿士杜口吞聲莫敢有言州牧郡守承順風旨辟名選舉釋賢取愚故蟲蝗爲之生夷寇爲之起天意憤盈積十餘年故頻歲日食於上地震於下所以譴戒人主欲令覺悟誅鉏無狀昔高宗以雉雊之變故獲中興之功近者神祇啓悟陛下發赫斯之怒故王甫父子應時馘截行路人士莫不稱善若除父母之讎誠怪陛下復忍孽臣之類不悉殄滅昔秦信趙高以危其國吳使刑人身遘其禍虞公抱寶牽馬魯昭見逐乾侯以不用宮之奇子家駒以至滅辱今以不忍之恩赦夷族之罪姦

謀一成悔亦何及臣爲郎十五年皆耳目聞見瑀之所爲誠皇天所不復赦願陛下留漏刻之聽裁省臣表埽滅醜類以答天怒與瑀考驗有不如言願受湯鑊之誅妻子幷徙以絕妄言之路章寢不報宦官誅後辟公府

張奐靈帝時爲大司農熹平元年青蛇見於御座軒前又大風雨雹霹靂拔樹詔使百僚各言菑應奐上疏曰臣聞風爲號令動物通氣木生於火相須乃明蛇能屈伸配龍騰蟄順至爲休徵逆來爲殃咎陰氣專用則凝積爲雹故大將軍竇武太傅陳蕃或志寧社稷或方正不回前以讒勝並伏誅戮海內默默人懷震憤昔周公葬不如禮天乃動威今武蕃忠貞未被明宥妖眚之來皆爲此也宜急爲改葬徙還家屬其從坐禁錮一切蠲除又皇太后雖居南宮而恩禮不接朝臣莫言遠近失望宜思大義顧復之報天子深納奐言以問諸黃門常侍左右皆惡之帝不得自從

謝弼爲郎中熹平初青蛇之異弼上封事曰臣聞和氣應於有德妖異生於失政上天告譴則王者思其愆政道或虧則姦臣當其罰夫蛇者陰氣所生鱗者

甲兵之符也洪範傳曰厥極弱時則有蛇龍之孽又熒惑守亢徘徊不去有近臣謀亂發於左右不知陛下所與從容帷幄之內親信者爲誰宜急斥黜以消天戒臣又聞惟虺惟蛇女子之祥伏惟皇太后定策宮闈援立聖明書云父子兄弟罪不相及竇氏之誅豈宜咎延太后幽隔空宮愁感天心如有霧露之疾陛下當何面目以見天下昔周襄王不能敬事其母戎狄遂至交侵孝和皇帝不絕竇后之恩前世以爲美談禮爲人後者爲之子今以桓帝爲父豈得不以太后爲母哉援神契曰天子行孝四夷和平方今邊

境月感兵革鋒起自非孝道何以濟之願陛下仰慕有虞蒸蒸之化俯思凱風慰母之念臣又聞爵賞之設必酬庸勳開國承家小人勿用今功臣久外未蒙爵秩阿母寵私乃享大封大風雨雹亦發於茲又故太傅陳蕃輔相陛下勤身王室夙夜匪懈而見陷羣邪一旦誅滅甚爲酷濫駭動天下而門生故吏並羅徙錮蕃身已往人百何贖宜還其家屬解除禁錮夫台宰重器國命所係今之四公唯司空劉寵斷斷守善餘皆素餐致寇之人必有折足覆餗之凶可因蕃異並加罷黜徵故司空王暢長樂少府李膺並居政

事庶蕃變可消國祚惟永臣山藪頑闇未達國典策曰儻有所隱敢不盡愚用忘諱忌伏惟陛下裁其誅罰左右惡其言出爲廣陵府丞

楊賜爲光祿勳熹平初青蛇之異靈帝以問楊賜上封事曰臣聞和氣致祥乖氣致異休徵則五福應咎徵則六極至夫善不空來蕃不空發王者心有所惟意有所想雖未形顏色而五星以之推移陰陽爲其變度以此而觀天之與人豈不符哉尚書曰天齊乎人假我一日是其明徵也夫皇極不建則有蛇龍之孽詩云維虺維蛇女子之祥故春秋兩蛇鬬於鄭門昭公殆以女敗康王一朝晏起關雎見幾而作夫女謁行則讒夫昌讒夫昌則苞苴通故殷湯以之自戒終濟亢旱之蕃惟陛下思乾剛之道別內外之宜崇帝乙之制受元吉之祉抑皇甫之權割豔妻之愛則蛇變可消禎祥立應殷武宋景其事甚明後爲光祿大夫光和元年有虹蜺晝降於嘉德殿前靈帝惡之引賜及議郎蔡邕等入金商門崇德署使中常侍曹節王甫問以祥異禍福所在賜仰天而嘆謂節等曰吾每讀張禹傳未嘗不憤恚嘆息既不能竭忠盡情極言其要而反留意少子乞還女壻朱雲欲得上方

斬馬劍以理之固其宜也吾以微薄之學充先師之末累世見寵無以報國猥當大問死而後已乃書對曰臣聞之經傳或得神以昌或得神以亡國家休明則鑒其德邪僻昏亂則視其禍今殿前之氣應爲虹蜺皆妖邪所生不正之象詩人所謂蝃蝀者也於中孚傳曰蜺之比無德以色親方今內多嬖倖外任小人上下並怨諠譁盈路是以蕃異屢見前後丁寧今復投蜺可謂熟矣案春秋讖曰天投蜺天下怨海內亂加四百之期亦復垂及昔虹貫牛山管仲諫桓公無近妃宮易曰天垂象見吉凶聖人則之今妾媵嬖

人闕尹之徒共專國朝欺罔日月又鴻都門下招會羣小造作賦說以蟲篆小技見寵於時如驩兜共工更相薦說旬月之間竝各拔擢樂松處常伯任芝居納言郤儉梁鵠俱以便辟之性佞諛之心各受豐爵不次之寵而令搢紳之徒委伏畎畝口誦堯舜之言身蹈絶俗之行棄捐溝壑不見逮及冠履倒易陵谷代處從小人之邪意順無知之私欲不念板蕩之作虺蜴之誡殆哉之危莫過於今幸賴皇天垂象譴告周書曰天子見怪則修德諸侯見怪則修政卿大夫見怪則修職士庶人見怪則修身惟陛下慎經典之

誡圖變復之道斥遠佞巧之臣速徵鶴鳴之士內親張仲外任山甫斷絶尺一抑止槃游留思庶政無敢怠遑與上天還威衆變可弭老臣過受師傅之任數蒙寵異之恩豈敢愛惜垂沒之年而不盡其慺慺之心哉書奏甚忤曹節等以師傅之恩故得免咎

蔡邕爲議郎光和祄妖異數見人相驚擾靈帝詔問邕曰比菑變竝生未知厥咎朝廷焦心載懷恐懼每訪羣公卿士庶聞忠言而各存括囊莫肯盡心以邕經學深奥故密特稽問宜披露失得指陳政要勿有依違自生疑諱且對經術以皀囊封上邕對曰臣伏惟陛下聖德允明深悼菑咎褒臣末學特垂訪及非臣螻蟻所能堪副斯誠輸寫肝膽出命之秋豈可以顧患避害使陛下不聞至戒哉臣伏思諸異皆亡國之怪也天於大漢殷勤不已故屢出妖變以當譴責欲令人君感悟改危即安今菑眚之發不於他所遠則門垣近則寺署其爲監戒可謂至切蜺墮鷄化皆婦人干政之所致也前者乳母趙嬈貴重天下生則貲藏侔於天府死則丘墓踰於陵園兩子受封兄弟典郡續以永樂門史霍玉依阻城社又爲姦邪今者道路紛紛復云有程大人者察其風聲將爲國患宜

高爲隄防明設禁令深惟趙霍以爲至戒今聖意勤勤思明雅正而聞太尉張顥爲玉所進光祿勳偉章有名貪濁又長水校尉趙玹屯騎校尉蓋升竝叨時幸榮富優足宜念小人在位之咎退思引身避賢之福伏見廷尉郭禧純厚老成光祿大夫橋玄聰達方直故太尉劉寵忠實守正竝宜爲謀主數見訪問夫宰相大臣君之四體委任責成優劣已分不宜聽納小人雕琢大臣也又尚方工技之作鴻都篇賦之文可且消息以示惟憂詩云畏天之怒不敢戲豫天戒誠不可戲也宰府孝廉士之高選近者以辟名不慎

切責三公而今並以小文超取選舉開請託之門違明王之典衆之不厭莫之敢言臣願陛下忍而絕之思惟萬機以荅天望聖朝既自約厲左右近臣亦宜從化人自抑損以塞咎戒則天道虧滿鬼神福謙矣臣以愚戇感激忘身敢觸忌諱手書具對夫君臣不密上有漏言之戒下有失身之禍願寢臣表無使盡忠之吏受怨姦仇章奏帝覽而歎息竟爲中官所搆坐徙朔方

和海爲上祿長靈帝時詔州郡考黨人門生故吏父子兄弟其在位者免官禁錮爰及五屬（謂五服也）海上言

禮從祖兄弟別居異財恩義已輕服屬疎末而今黨人錮及五族既乖典訓之文有謬經常之法（左傳曰父子兄弟罪不相及也）帝覽而悟之黨錮自祖以下皆得解釋

陸康爲樂安太守時靈帝欲鑄銅人而國用不足乃詔調民田畝斂十錢而比水旱傷稼百姓貧苦康上疏諫曰臣聞先王治世貴在愛民省徭輕賦以寧天下除煩就約以崇簡易故萬姓從化靈物應德末世衰主窮奢極侈造作無端興制非一勞割自下以從苟欲故黎民吁嗟陰陽感動陛下聖德承天當隆盛化而卒被詔書畝斂田錢鑄作銅人伏讀惆悵悼心失圖夫十一而稅周謂之徹徹者通也言其法度可通萬世而行也故魯宣稅畝而蝝蓄自生襄公增賦而孔子非之豈有聚奪民物以營無用之銅人捐舍聖戒自蹈亡王之法哉傳曰君舉必書書而不法後世何述焉陛下宜留神省察改敝從善以塞兆民怨恨之望書奏內侍因此譖康援引亡國以譬聖明大不敬檻車徵詣廷尉侍御史劉岱典考其事岱爲表陳解釋免歸田里復徵拜議郎

劉陶爲侍御史靈帝時鉅鹿張角僞託大道妖惑小民陶與奉車都尉樂松議郎袁貢連名上疏言之曰

聖王以天下耳目爲視聽故能無不聞見今張角支黨不可勝計前司徒楊賜奏下詔書切勑州郡護送流民會賜去位不復捕錄雖會赦令而謀不解散四方私言云角等竊入京師覘視朝政鳥聲獸心私共鳴呼州郡忌諱不欲聞之但更相告語莫肯公文宜下明詔重募角等賞以國土有敢回避與之同罪帝殊不悟從京兆尹稱疾徵諫議大夫是時天下日危寇賊方熾陶憂致亂復上疏曰臣聞事之急者不能安言心之痛者不能緩聲竊見天下前遇張角之亂後遭邊境之寇每聞羽書告急之聲心灼內熱四體

驚悚今西羌逆類私署將帥皆多段熲時吏曉習戰陳識知山川變詐萬端臣嘗懼其輕出河東馮翊鈔西軍之後東之函谷據阸高望今果已攻河東遂更豕突上京如是則南道斷絕車騎之軍孤立關東破膽四方搖動威之不來叫之不應雖有田單陳平之策計無所用臣前驛馬上便宜急絕諸郡賦調與尚可安事付主者留連至今莫肯求問今三郡之民皆以奔亡南出武關北徙壺谷水駭風散唯恐在後今其存者尚十三四軍吏士民悲愁相守民有百走退死之心而無一前鬬生之計西寇使前去營咫尺胡

騎分布已至諸陵將軍張溫天性精勇而主者旦夕迫促軍無後殿假令失利其敗不救臣自知言數見厭而意不自裁者以爲國安則臣蒙其慶國危則臣亦先亡也謹復陳當今惡急八事乞須臾之間深垂納省其八事大較言天下大亂皆繇宦官宦官事急共議陷下獄死

張鈞中山人爲郎中靈帝時內官張讓趙忠及夏惲郭勝孫璋畢風栗嵩段珪高望張恭韓悝宋典十二人皆爲中常侍封侯貴寵父子兄弟布列州郡所在貪殘爲人蠹害黄巾既作盜賊糜沸鈞上書曰竊惟張角所以能興兵作亂萬人所以樂附之者其源皆繇十常侍多放父兄子弟婚親賓客典據州郡辜搉財利侵掠百姓百姓之冤無所告訴故謀議不軌聚爲盜賊宜斬十常侍懸頭南郊以謝百姓又遣使者布告天下可不須師旅而大寇自消天子以鈞章示讓等皆免冠徒跣頓首乞自致雒陽詔獄並出家財以助軍費有詔皆冠履視事如故帝怒鈞曰此真狂子也十常侍固當有一人善者不鈞復重上猶如前章輒寢不報詔使廷尉侍御史考爲張角道者御史承讓等旨遂誣奏鈞學黄巾道收掠死獄中而讓等

實多與張角交通

魏霍性爲度支中郎將延康元年六月文帝爲魏王將出南征性上疏諫曰臣聞文王與紂之事是時天下括囊無咎凡百君子莫肯用訊今大王體則乾坤廣開四聰使賢愚各建所規伏惟先王功無與比而今能言之類不稱爲得故聖人曰得百姓之歡心兵書曰戰危事也是以六國力戰強秦承弊豳土不爭周道用興愚謂大王且當委重本朝而守其雌抗威虎臥功業可成而今創基便復起兵兵凶器必有凶擾擾則思亂亂出不意臣謂此危危於累卵昔夏啓

隱神三年易有不遠而復論有不憚改誤頃大王揆古察今深謀遠慮與士大夫算其長短臣沐浴先王之遇又初改政復受重任雖知言觸龍鱗阿諛近福竊感所謂危而不持奏通帝怒剌姦就考竟殺之旣而悔之追原不及

毛玠爲尚書僕射時太子未定立臨淄王植有寵玠諫曰近袁紹以嫡庶不分覆宗滅國廢立大事非所宜聞會玠起更衣太祖謂左右曰國之司直我之周昌

鮑勛爲侍中文帝受禪勛每陳今之所急唯在軍農

寬惠百姓臺榭苑囿宜以爲後文帝將出游獵勛停車上疏曰臣聞五帝三王靡不明本立教以孝治天下陛下仁聖惻隱有同右烈臣冀當繼蹤前代令萬世可則也如何在諒陰之中修馳驅之事乎臣冒死以聞唯陛下察焉帝手毀其表而競行獵中道頓息問侍臣曰獵之爲樂何如八音也侍中劉曄對曰獵勝於樂勛抗辭曰夫樂上通神明下和人理隆治教化萬邦咸乂故移風易俗莫善於樂況獵暴華蓋於原野傷生育之至理櫛風沐雨不以時隙哉昔魯隱觀魚于棠春秋譏之雖陛下以爲務愚臣所不願也因奏劉曄佞諛不忠阿順陛下過戲之言昔梁丘據取媚於遄臺曄之謂也請有司議罪以清皇朝帝怒作色罷還出勛爲右中郎將黃初六年秋帝欲征吳羣臣大議勛爲宮正面諫曰王師屢征而未有所克者蓋以吳蜀脣齒相依憑阻山水有難拔之勢故也往年龍舟飄蕩隔在南岸聖躬蹈危臣下破膽此時宗廟幾至傾覆爲百世之戒今又勞兵襲遠日費千金中國虛耗令黠虜玩威臣竊以爲不可帝益忿之左遷勛爲治書執法

棧潛爲侍中黃初三年文帝欲立郭后潛上疏曰在

昔帝王之治天下不惟外輔亦有內助治亂所繇盛衰從之故西陵配黃英娥降嬀竝以賢良流芳上世桀奔南巢禍階妹喜紂以炮烙怡悅妲己是以聖哲慎立元妃必取先代世族之家擇其令淑以統六宮虔奉宗廟陰教聿修易曰家道正而天下定繇內及外先王之令典也春秋書宗人釁夏云無以妾爲夫人之禮齊桓誓命於葵丘亦曰無以妾爲妻今後宮嬖寵嘗亞乘輿若因愛登后使賤人暴貴臣恐後世下陵上替開張非度亂自上起也文帝不從遂立爲皇后明帝時衆役竝興戚屬疏斥潛諫曰天生蒸民

而樹之君長所以覆燾羣生熙育兆庶技方制四海
匪爲天子裂土分疆匪爲諸侯也始自三皇爰暨唐
虞咸以博濟加于天下醇德以洽黎元賴之三王旣
徽降逮于漢理日益少喪亂弘多自時厥後亦罔克
乂太祖濬哲神武芟除暴亂克復王綱以開帝業文
帝受天明命廓恢皇基踐祚七載每事未遑陛下聖
德纂承洪緒宜崇晏晏與民休息而方隅匪寧征夫
遠戍有事海外縣旌萬里六軍騷動水陸轉運百姓
舍業日費千金大興殿舍功作萬計徂徠之松刊山
窮谷怪石珷玞浮于河淮都圻之內盡爲甸服當供

稾秸銍粟之調而爲苑囿擇禽之府盛林莽之穢豐
鹿兔之藪傷害農功地繁茨棘蓄疫流行民物大潰
上減和氣嘉禾不植臣聞文王作臺經始勿亟百姓
子來不日而成靈沼靈囿與民共之今宮觀崇侈雕
鏤極妙忘有虞之總期思殷辛之瓊室禁地千里舉
足投網罹擬阿房役百乾谿臣恐民力雕盡下不堪
命也昔秦據殽函以制六合自以德高三皇功兼五
帝欲號謚至萬葉而二世顚覆願爲黔首繇枝幹旣
杌本實先拔也蓋聖王之御世也克明峻德庸勳親
親俊乂在官則功業可隆親親顯用則安危同憂濟

根固本並爲幹翼雖歷盛衰內外有輔昔成王幼冲
未能涖政周召名畢並在左右今旣無衞侯康叔之
監分陝所任又非旦奭東宮未建天下無副願陛下
留心關塞永保無極則海內幸甚
董昭爲侍中文帝幸苑征南大將軍夏侯尚書等攻
江陵未拔時江水淺狹尚欲乘船將步騎入渚中安
屯作浮橋南北往來議者多以爲城必可拔昭上疏
曰武皇帝智勇過人而用兵畏敵不敢輕之若此也
夫兵好進惡退常然之數平地無險猶尚艱難就當
深入還道宜利兵有進退不可如意今屯渚中至深

也浮橋而濟至危也一道而行至狹也三者兵家所
忌而今行之賊頻攻橋設有漏失渚中精銳非魏之
有將轉化爲吳矣臣私感之忘寢與食而議者怡然
不以爲憂豈不惑哉加江水向長一旦暴增何以防
禦就不破賊尚當自全奈何乘危不以爲懼事將危
矣惟陛下察之帝悟昭言卽名尚等促出賊兩頭並
前官兵一道引去不時得泄將軍石建高遷僅得自
免軍出旬日江水暴長帝曰君論此事何其審也正
使張陳當之何以復加
蔣濟爲護軍將軍太和中明帝遣平州刺史田豫乘

海渡幽州刺史王雄陸道共攻遼東濟諫曰凡非相吞之國不侵叛之臣不宜輕伐伐之而不制是驅使爲賊故曰虎狼當路不治狐狸先除大害小害自已今海表之地累世委質歲選計者不乏職貢議者先之正使一舉便克得其財不足爲富倘不如意是爲結怨失信也帝不聽豫行竟無成而還景初中外勤征役內務宮室怨曠者多而年穀饑儉濟上疏曰陛下方當恢崇前緒光濟遺業誠未得高枕而治也今雖有十二州至於民數不過漢時一大郡二賊未誅宿兵邊陲且耕且戰怨曠積年宗廟宮室百事草創

冊府元龜　諫諍部　直諫五　卷之五百三十八　十九

農桑者少衣食者多今其所急唯當息耗百姓不至甚弊弊攰之民倘有水旱百萬之衆不爲國用凡使民必須農隙不奪其時夫欲大興功之君先料其民力而與休之句踐養胎以待用昭王恤病以雪仇故能以弱燕服彊齊羸越滅勁吳今二敵不攻不滅不事卽侵當身不除百世之責也以陛下聖明神武之畧舍其緩者專心討賊臣以爲無難矣又歡娛之躭害於精爽神太用則竭形太勞則弊願大簡賢妙足以充百斯男者其冗散未齒且悉分出務在清淨詔曰微護軍吾弗聞斯言也

楊偉爲侍中明帝治宮室偉諫曰今作宮室斬伐生民墓上松柏毀壞碑獸石柱辜及亡人傷孝子心不可以爲後世之法則辛毗爲衞尉明帝方修殿舍百姓勞役毗上疏曰竊聞諸葛亮講武理兵而孫權市馬遼東量其意指似欲相左右倘豫不虞古之善政而今者宮室大興加連年穀麥不收詩云民亦勞止迄可小康惠此中國以綏四方唯陛下爲社稷計帝報曰二虜未滅而理宮室直諫者立名之時也夫王者之都當及民勞兼辦使後世無所復增是蕭何爲漢規模之畧也今卿爲魏重臣亦宜解其大歸帝又

冊府元龜　諫諍部　直諫五　卷之五百三十八　二十

欲平北芒令於其上作臺觀則見孟津毗諫曰天地之性高高下下今而反之旣非其理加以損費人功民不堪役且若九河盈溢洪水爲害而丘陵皆夷將何以禦之帝乃止

高柔爲廷尉明帝世大興殿舍百姓勞役廣采衆女充盈後宮後宮皇子連夭繼嗣未育柔又上疏曰二虜狡猾潛自講肆謀動干戈未圖束手宜畜養將士繕治甲兵以逸待之而頃興造殿舍上下勞擾若使吳蜀知人虛實通謀幷勢復歸送死甚不易也昔漢文惜十家之資不營小臺之娛去病慮匈奴之害不

進治第之事況今所損者不惟百金之費所憂者非徒北狄之患乎可粗成見所營立以充朝宴之儀訖罷作者使得就農二方平定復可徐興昔軒轅以二十五子傳祚彌遠周室以姬國四十歷年滋多陛下聰達窮理盡性而頃皇子連多夭逝熊羆之祥又未感應羣下之心莫不悒戚周禮天子后妃以下百二十人嬪嬙之儀旣已盛矣竊聞後庭之數或復過之聖嗣不昌殆亦緜此臣愚以爲可妙簡淑媛以備內官之數其餘盡遣還家且以育精養神專靜爲寶如此則螽斯之徵可庶而致矣帝報曰知卿忠允乃心

王室輒克昌言他復以聞

楊阜爲將作大匠明帝時帝理宮室發美女以充後庭數出入弋獵秋大雨震電多殺鳥雀阜上疏曰臣聞明主在上羣下盡辭堯舜聖德求非索諫大禹勤功務卑宮室成湯遭旱歸咎責己周文刑於寡妻以御家邦漢文躬行節儉身衣弋綈此皆能昭令聞貽厥孫謀者也伏惟陛下奉武皇帝開拓之大業守文皇帝克終之元緒誠宜思齊往古聖賢之善理總觀季世放盪之惡政所謂善理者務儉約重民力也所謂惡政者從心恣欲觸情而發也惟陛下稽古世代之初所以明赫及季世所以衰弱至於泯滅近覽漢末之變足以動心誠懼矣曩使桓靈不廢高祖之法法文景之恭儉太祖雖有神武於何施其能邪而陛下何緜處斯尊哉今吳蜀未定軍旅在外願陛下動則三思慮而後行重慎出入以往鑒來言之若輕成敗甚重頃者天雨又多卒暴雷電非常至殺鳥雀天地神明以三者爲王也政有不當則見菑譴克己內訟聖人所記惟陛下慮患無形之外愼萌纖微之初法漢孝文出惠帝美人令得自嫁頃所調送小女遠聞不令宜爲後圖諸所繕理務從約節書曰九族旣

睦協和萬邦事思厥宜以從中道精心計謀省息費用吳蜀以定爾乃上安下樂九親熙熙如此以往祖考心歡堯舜其猶病諸今宜開大信於天下以安衆庶以示遠人時雍丘王植怨於不齒藩國至親法禁峻密故阜又陳九族之義焉詔報曰間得密表先陳往古明王聖主以諷闇政切至之辭款誠篤實退思補過將順營救備至矣覽思若言吾甚嘉之後遷少府時大司馬曹眞伐蜀遇雨不進阜上疏曰昔文王有赤烏之符而猶日昃不暇食武王白魚入舟君臣變色而動得吉瑞猶尙憂懼況有蕃異而不戰竦者

今吳蜀未平而天屢降變陛下宜深有以專精應答及席而坐思示遠以德綏邇以儉間者諸軍始進便有天雨之患稽閡山險已積日矣轉運之勞擔負之苦所費已多若有不繼必違本圖傳曰見可而進知難而退軍之善政也徙使六軍困於山谷之間進無所畧退又不得非王兵之道也武王還師殷卒而亡知天期也今年凶民饑宜發明詔損膳減服技巧珍玩之物皆可罷之昔邵信臣為少府於無事之世而奏罷浮食今者軍用不足益宜節度帝即召諸軍還

帝愛女淑未期而夭帝痛之甚追封平原公主立廟

雒陽葬於南陵將自臨送阜上疏曰文皇帝武宣皇后山陵陛下皆不送葬所以重社稷備不虞也何至孩抱之赤子而可送葬也哉帝不從帝既新作許宮又營雒陽宮殿觀閣阜又上疏曰堯尚茅茨而萬國安其居禹卑宮室而天下樂其業及至殷周或堂崇三尺度以九筵耳古之聖帝明王未有極宮室之高麗以彫獘百姓之財力者也桀作璇臺象廊紂為傾宮鹿臺以喪其社稷楚靈以築章華而身受其禍秦始皇作阿房而殃及其子天下叛之二世而滅夫不度萬民之力以從耳目之欲未有不亡者也陛下當以堯舜禹湯文武為法則夏桀殷紂楚靈秦皇為深戒高高在上實監后德慎守天位以奉祖考巍巍大業猶恐失之不夙夜敬止克恭卹民而乃自暇自逸惟宮臺是侈是飾必有顛覆危亡之禍易曰豐其屋蔀其家闚其戶閴其無人王者以天下為家言豐屋之禍至於家無人也方今二虜合從謀危宗廟十萬之軍東西奔走邊境無一日之娛農夫廢業民有饑色陛下不以是為憂而營作宮室無有已時使國亡而臣可以獨存臣又不言也君作元首臣為股肱存亡一體得失同之孝經曰天子有諍臣七人雖無道

不失其天下臣雖駑怯敢忘諍臣之義言不切至不足以感悟陛下陛下不察臣言恐皇祖烈考之祚將墜於地使臣身死有補萬一則死之日猶生之年也謹叩棺沐浴伏俟重誅奏御天子感其言忠手筆詔答明帝著繡帽被縹綾半袖嘗以見直臣阜諫曰此於禮何法服邪帝默然

杜恕為黃門侍郎明帝時樂安廉昭以才能拔擢頗好言事恕上疏極諫曰伏見尚書郎廉昭奏左丞曹璠以罰當關不依詔坐判問奏云諸當坐者別奏尚書令陳矯自奏不敢辭罰亦不敢以處重為恭意至

懇惻臣竊慇然爲朝廷惜之夫聖不擇世而興不易
民而治然而生必有賢智之佐者蓋進之以道帥之
以禮故也古之帝王所以能輔世長民者莫不遠得
百姓之懽心近盡羣臣之智力誠使今朝任職之臣
皆天下之選而不能盡其力不可謂能使人若非天
下之選亦不可謂能官人陛下憂勞萬機或親燈火
而庶事不康刑禁日弛豈非股肱不稱之明效歟原
其所繇非獨臣有不盡忠亦主有不能使百里奚愚
於虞而智於秦豫讓苟容中行而著節智伯斯則古
人之明驗矣今臣言一朝皆不忠是誣一朝也然其

事類皆可推而得陛下感帑藏之不充實而軍事未
息至乃斷四時之賦衣薄御府之私穀帥繇聖意舉
朝稱明與聞政事密勿大臣寧有懇憂此者乎騎都
尉王才幸樂人孟思所爲不法振動京都而其罪狀
發於小吏公卿大臣初無一言自陛下踐祚以來司
隸較尉御史中丞寧有舉綱維以督姦宄使朝廷肅
然者邪若陛下以爲今世無良才朝廷乏賢佐豈可
追望稷契之遐蹤坐待來世之儁乂乎今之所謂賢
者儘有大官而享厚祿矣然而奉上之節未立向公
之心不一者委任之責不專而俗多忌諱故也臣以

爲忠臣不必親親臣不必忠何者以其居無嫌之地
而事得自盡也今有疏者毀人不實其所毀而必曰
私報所憎譽而必曰私愛所親左右或因之以進憎
愛之說非獨毀譽有之政事損益亦皆有嫌陛下當
思所以闡廣朝臣之心篤厲有道之節使之自同古
人望與竹帛耳反使如廉昭者擾亂其間臣懼大臣
遂將容身保位坐視得失爲來世戒也昔周公戒魯
侯曰無使大臣怨乎不以言賢愚明皆當用也堯數
舜之功稱去四凶不言大小有罪則去也今者朝臣
不自以爲不能以陛下爲不任也不自以爲不知以

陛下爲不問也陛下何不遵周公之所以用大舜之
所以去使侍中尚書坐則侍帷幄行則從車輦親對
詔問所陳必達則羣臣之行能否皆可得而知忠能
者進闇劣者退誰敢依違而不自盡以陛下之聖明
親與羣臣論議政事使羣臣人得自盡人自爲親人
思所以報賢愚能否在陛下之所用以此理事何事
不辦以此建功何功不成每有軍事詔書嘗曰誰當
此憂者邪吾當自愛耳近詔又曰憂公忘私者必不
然但先公後私卽自辦也伏讀明詔乃知聖恩究盡
下情然亦怪陛下不理其本而憂其末也人之能否

實有本性雖臣亦以為朝臣不盡稱職也明主之用人也使能者不敢貴其力而不能者不得處非其任選舉非其人未必為有罪也舉朝共容非其人乃為怪耳陛下知其不盡力也而代之憂其職知其不能也而教之理其事豈徒主勞而臣逸哉雖聖賢並世終不能以此為理也陛下又患臺閣禁令之不密人事請屬之不絕聽伊尹作迎客出入之制選司徒更惡吏以守寺門威禁錄之實未得為禁之本也昔漢安帝時少府竇嘉辟廷尉郭躬無罪之兄子猶見舉奏章劾紛紛近司穀較尉孔夷辟大將軍任勃之弟

而有司嘿爾望風希指甚於受屬選舉不以實人事之大者也嘉有親戚之寵躬非社稷重臣猶尚如此以今況古陛下自不督必行之罰以絕阿黨之源耳伊尹之制與惡吏守門非理世之具也使臣之言少蒙察納何患於姦不消滅而養若昭等乎夫糾擿姦宄忠事也然而世憎小人行之者以其不顧道理而苟求容進也若陛下不復考其終始必以違衆迕世為奉公密行白人為盡節焉有通人大才而更不能為此邪誠顧道理而弗為耳使天下皆背道而趨利則人主之所最病者陛下將何樂焉胡不絕其萌乎先意承旨以求容美率皆天下淺薄無行義者其意務在於適人主之心而已非欲理天下安百姓也陛下何不試變業而示之彼豈執其所守以違聖意哉夫人臣得人主之心安業也處尊顯之官榮事也食千鍾之祿厚實也人臣雖愚未有不樂此而喜干迕者也迫於道自彊耳誠以為陛下當憐而祐之少委任焉如何反錄昭等傾側之意而忽若人者乎今者外有伺隙之寇內有貪黷之民陛下當大計天下之損益政事之得失誠不可以怠也恕在朝八年其論議亢直皆此類也

冊府元龜

巡按福建監察御史臣李嗣京　訂正
知甌寧縣事臣孫以敬　參閱
知建陽縣事臣黄國琦　較釋

諫諍部一十七

直諫第六

魏董尋爲司徒軍議掾景初元年明帝於芳林園大起土山植竹樹尋上書諫曰臣聞古之直士盡言於國不避死亡故周昌比高祖於桀紂劉輔譬趙后於人婢天生忠直雖白刃沸湯往而不顧者誠爲時主

愛惜天下也建安以來野戰死亡或門殫戶盡雖有存者遺孤老弱若今宮室狹小當廣大之猶宜隨時不妨農務况乃作無益之物黄龍鳳凰九龍承露盤土山淵池此皆聖明之所不興也其功參倍於殿舍三公九卿侍中尚書天下至德皆知非道而不敢言者以殿下春秋方剛心畏雷霆今陛下既尊羣臣顯以冠冕被以文繡載以華輿所以異於小人而使穿方舉土面目垢黑沾體塗足衣冠了鳥毁國之光以崇無益甚非謂也孔子曰君使臣以禮臣事君以忠無忠無禮國何以立故有君不君臣不臣父不父子不子上下不通心懷鬱結使陰陽不和災害屢降凶惡之徒因間而起誰當爲陛下盡言是者乎又誰當干萬乘以死爲戲乎臣今言出必死而臣自比九牛之一毛生既無益死亦何損秉筆流涕心爲世辭臣有八子臣死之後累陛下矣將奏沐浴既通帝曰董尋不畏死耶主者奏收尋有詔勿問

明帝取農民以理宮室典農毌丘儉上疏曰臣愚以爲天下所急除者二賊所急務者衣食誠使二賊不滅士民飢凍雖崇美宮室猶無益也

張茂爲太子舍人青龍中大理雒陽宮納士民妻女

茂以吳蜀數動諸出征而帝盛興宮室留意於玩好賜與無度帑藏空竭又錄奪士女前已嫁爲吏民妻者還以配士既聽以生口自贖簡選其姿首者內之掖庭乃上書諫曰臣伏見詔書諸士女嫁非士者一切錄以配戰士斯誠權時之宜然非大化之善者也臣請議之陛下天之子也百姓吏民亦陛下之子也禮賜君子小人不同所以殊貴賤也吏屬君子士爲小人今奪彼以與此亦無以異於奪兄之妻妻弟也於父母之恩偏矣又詔書聽得以生口年紀顔色與妻相當者自代故富者則傾家盡產貧者則假貸貫

貲買生口以贖其妻繫官以配士得婦者未有歡心而失妻者必有憂色或窮或愁皆不得志夫君有天下而不得萬姓之懽心者尠不危殆且軍師在外數千萬人一日之費非徒千金舉天下之賦以奉此役猶將不給況復有宮庭非員無錄之女椒房母后之家賞賜橫與內外交引其費半軍昔漢武帝好神仙信方士掘地爲海聚土爲山賴是時天下爲一莫敢與爭者爾自衰亂以來四五十載馬不捨鞍士不釋甲每一交戰血流丹野創痍號痛之聲于今未已彊寇在疆圖危魏室陛下不兢兢業業念崇節約思所

以安天下者而乃奢靡是務中尚方純作玩弄之物炫燿後園建承露之盤斯誠快耳目之觀然亦是以騁寇讐之心矣惜乎舍堯舜之節儉而爲漢武之侈事臣竊惟陛下不取也願陛下沛然下詔萬機之事無益而有損者悉除去之以所除無益之費厚賜將士父母妻子之飢寒者問民所疾而除其所惡實倉廩繕甲兵恪恭以臨天下如是吳賊面縛蜀虜輿櫬不待誅而自伏太平之路可計日而待也陛下可無勞神思於海表軍師高枕戰士備員今羣公皆結舌而臣所以不敢不獻瞽言者臣昔上要言散騎奏臣書以聽諫篇爲善詔曰是也擢臣爲太子舍人且臣爲書譏爲人臣不能諫諍今有可諫之事而臣不諫此爲作書虛妄而不能言也臣年五十常恐至死無以報國是以投軀沒命冒昧以聞惟陛下裁察書通上顧左右曰張茂恃鄉里故也以事付散騎而已

高堂隆爲散騎常侍青龍中大治殿舍西取長安大鐘隆上疏曰昔周景王不儀刑文武之明德忽公旦之聖制既鑄大錢又作大鐘單穆公諫而弗聽伶州鳩對而弗從遂迷不反周德以衰良史記焉以爲永鑒然今之小人好說秦漢之奢靡以盪聖心求取亡

國不度之器勞役費損以傷德政非所以興禮樂之和保神明之休也是日帝幸上方隆與卞蘭從帝以隆表授蘭使難隆曰興衰在政樂何爲也化之不明豈鐘之罪隆曰夫禮樂者爲治之大本也故簫韶九成鳳凰來儀雷鼓六變天神以降政是以平刑是以措和之至也新聲發響商辛以沒大鐘既鑄周景以斃存亡之機嘗繇斯任安在察興之不階也君舉必書古之道也作而不法何以示後聖王樂聞其闕故有箴規之道忠臣願竭其節故有匪躬之義也帝稱善遷侍中猶領太史令有星孛于太辰隆上疏曰凡

帝王徙都立邑必先定天地社稷之位敬恭以奉之將營宮室則宗廟爲先廐庫爲次宮室爲後今圜丘方澤南北郊明堂社稷神位未定宗廟之制又未如禮而崇飾宮室士民失業外人咸云宮人之用與戎軍國之費所盡畧齊民不堪命皆有怨怒書曰天聰明自我民聰明天明畏自我民明威與人作頌則嚮以五福民怒吁嗟則威以六極言天之賞罰隨民言順民心也是以臨政務在安民爲先然也夫采椽之化格于上下自古及今未嘗不然也夫采椽卑宮唐虞大禹之所以垂皇風也玉臺瓊室夏癸商辛之所以犯

昊天也今之宮室實違禮度乃更建立九龍華飾過前天慧章灼始起於房心犯帝座而干紫微此乃皇天子愛陛下是以發教戒之象始卒皆於尊位殷勤鄭重欲必覺陛下斯乃慈父懇切之訓宜崇孝子祗從之禮以率先天下以昭示後昆不宜有忽以重天怒景帝初愈增崇宮殿彫飾觀閣鑿太行之石英采穀城之文石起景陽山於芳林之園建昭陽殿於太極之北鑄作黃龍鳳凰奇偉之獸飾金墉陵雲臺陵霄闕百役繁興作者萬數公卿以下至學生莫不展力帝乃躬自掘土以率之而遼東不朝悼皇后山陵

天作淫雨冀州水出漂沒民物隆上疏諫曰蓋天地之大德曰生聖人之大寶曰位何以守位曰仁何以聚人曰財然則士民者乃國家之鎮也穀帛乃士民之命也穀帛非造化不育非人力不成是以帝耕以勸農后桑以成服所以昭事上帝告虔報施也昔在伊唐世值陽九厄運之會洪水滔天使鯀理之績用不成乃舉文命隨山刊木前後歷年二十載災青之甚莫過於彼力役之興莫久於此堯舜君臣南面而已禹敷九州庶士庸勳各有差等君子小人物有報章今無若時之急而使公卿大夫並與厮徒共供事

役聞之四夷非嘉聲也垂之竹帛非令名也是以有國有家者近取諸身遠取諸物嫗煦養育故稱愷悌君子民之父母今上下勞役疾病凶荒耕稼者寡饑饉薦臻無以卒歲宜加愍恤以救其困臣觀在昔書籍所載天人之際未有不應也是以古先哲王畏上天之明命循陰陽之逆順兢兢業業惟恐有違然後理道用興德與神符災異既發懼而修政未有不延期流祚者也爰及末葉闇君荒主不崇先王之令軌不納正士之直言以遂其情志恬忽變戒未有不尋踐禍難至於顛覆者也天道既著請以人倫論之夫

六情五性同在於人嗜欲廉貞各居其一及其動也交爭于心欲彊質弱則縱濫不禁精誠不禁則放溢無極夫情之所在非好則美而美好之集非人力不成非穀帛不立苟情無極則人不堪其勞物不充其求勞求並至將起禍亂故不割情無以相供仲尼云人無遠慮必有近憂緣此觀之禮義之制非苟拘分將以遠害而興理也今吳蜀二賊非徒白地小虜聚邑之寇乃據險乘流跨有士衆僭號稱帝欲與中國爭衡今若有人來告權備竝修德政復履清儉輕省租賦不理玩好動咨耆賢事遵禮度陛下聞之豈不

惕然惡其如此以爲難卒討滅而爲國憂乎若使告者曰彼二賊竝爲無道崇侈無度役其士民重其徵賦下不堪命吁嗟日甚陛下聞之豈不勃然忿其困我無辜之民而欲速加之誅其次豈不幸彼疲弊而取之不難乎苟如此則可易心而度事議之數亦不遠矣且秦始皇不築道德之基而築阿房之宮不憂蕭墻之變而修長城之役當其君臣爲此計也亦欲立萬世之業使子孫長有天下豈意一朝匹夫大呼而天下傾覆哉故臣以爲使先代之君知其所行將至於敗則弗爲之矣是以亡國之主自爲不亡然後至於亡賢聖之君自謂將亡然後至於不亡昔漢文帝稱爲賢主躬行儉約惠下養民而賈誼方之以爲天下倒懸可謂痛哭者一可爲流涕者二可謂長歎息者三况今天下彫弊民無儋石之儲國無終年之畜外有強敵六軍暴邊內興土功州郡騷動若有寇警則臣懼版築之士不能投命虜庭矣又將吏俸祿稍見折減方之於昔五分居一諸受休者又絕廩賜不應輸者今皆出半此爲官入兼各於舊其所出與參少於昔而度支經用更每不足牛肉小賦前後相繼反而推之凡此諸費必有所在且夫祿賜穀帛人

主所以惠養吏民而爲之司命者也若今有貴是奪其命矣既得之而又失之此生怨之府也周禮天府掌九伐之則以給九式之用入有其分出有所不相干乘而用各足各足之後乃以式貢之餘供王玩好又上用財必考于司會今陛下所與共坐廊廟理天下者非三司九列則臺閣近臣皆腹心造膝宜在無諱若見豐省而不敢以告從命奔走惟恐不勝是則具臣非輔弼也昔李斯教秦二世曰爲人主而不恣睢命之曰天下桎梏二世用之秦國以覆斯亦滅族是以史遷譏其不正諫而爲世誠書奏帝覽焉謂中

書監今日觀隆此奏使朕懼哉
王肅為散騎常侍明帝宮室盛興而期會迫急有稽
限者帝親召問言猶在口身首已分肅抗疏曰大魏
承百王之極生民無幾干戈未戢誠宜息民而惠之
以安靜遐邇之時也夫務畜積而息疲民在於省徭
役而勤稼穡今宮室未就功業未訖運漕調發轉相
供奉是以丁夫疲於力作農者離其南畝種穀者寡
食穀者衆舊穀既没新穀既繼斯則有國之大患而
非備豫之長策也今見作者三四萬人九龍可以安
聖體其內足以列六宮顯陽之殿又向軍畢惟泰極

已前功夫尚大方向盛寒疾疢或作誠願陛下發德
音下明詔深愍役夫之疲勞厚矜兆民之不贍取常
食廩之士非急要者之用選其丁壯擇留萬人使一
朞而更之咸知息代有日則莫不悅以即事勞而不
怨矣計一歲有三百六十萬夫亦不為少當一歲成
者聽且三年分遣其餘使皆即農無窮之計也倉有
溢粟民有餘力以此興功何功不立以此行化何化
不成夫信之於民國家大寶也仲尼曰自古皆有死
民無信不立夫區區之晉國微微之重耳欲用其民
先示以信是故原雖將降顧信而歸用能一戰而霸

于今見稱前車駕當幸雒陽發民為營有司命以營
成而罷既成又利其功力不以時遣有司徒營其目
前之利不顧經國之體臣愚以為自今以後儻復使
民宜明其令使必如期若有事以次寧復更發無或
失信凡陛下臨時之所行刑皆有罪之吏宜死之人
也然衆庶不知謂為倉卒故願陛下下之於吏而暴
其罪鈞其死也無使汙于宮掖而為遠近所疑且人
命至重難生易殺氣絕而不續者也是以聖賢重之
孟軻稱殺一不辜以取天下仁者不為也漢時有犯
蹕驚乘輿馬者廷尉張釋之奏使罰金文帝怪其輕

而釋之曰方其時上使誅之則已今下廷尉廷尉天
下之平也一傾之天下用法皆為輕重民安措其手
足臣以為大失其義非忠臣所宜陳也廷尉者天子
之吏也猶不可以失平而天子之身反可以惑謬乎
斯重於為己而輕於為君不忠之甚也周公曰天子
無戲言言則史書之工誦之士稱之士稱之言猶不
戲而況行之乎故釋之之言不可不察周公之戒不
可不法也又陳諸禽獸無用之物而有芻穀人徒之
費皆可蠲除
王基為中書侍郎明帝盛修宮室百姓勞瘁基上疏

曰臣聞古人以水喻民曰水所以載舟亦所以覆舟故在民上者不可以不戒懼夫民逸則慮易苦則思難是以先王居之以儉約俾不至於生是患者顏淵云東野子之御馬力盡矣而求進不已是以知其將敗今事役勞苦男女離曠願陛下深察東野之弊留意舟水之喻息奔駟於未盡節力役於未困昔漢有天下下至孝文時唯有同姓諸侯而賈誼憂之曰置火積薪之下而寢其上因謂之安也今寇賊未殄猛將擁兵簡之則無以應敵久之則難以遺後當盛明之世不務以除患若子孫不競社稷之憂也使賈誼

復起必深切於曩時矣

衛覬爲尚書明帝時百姓凋匱而役務方殷覬上疏曰夫變情厲性彊所不能人臣言之既不易人主受之又艱難且人之所樂者富貴顯榮也所惡者貧賤死亡也言此四者君上之無制也君愛之則富貴顯榮君惡之則貧賤死亡也順之者愛之所繇來逆意者惡之所從至也故人臣皆爭順指而避逆意非破家爲國殺身成君者誰能犯顏色觸忌諱建一言開一說陛下留意察之則臣下之情可見矣今議者多好悅耳其言理政則比陛下於堯舜其言征伐則比二虜於貍鼠臣以爲不然昔漢文之時諸侯彊大賈誼累息以爲至危況今四海之內分而爲三羣士陳力各爲其主其來降者未肯言舍邪就正咸稱迫於困急是與六國分理無以爲異也當今千里無烟遺民困苦陛下不善留意將遂彫弊難可復振禮天子之器必有金玉之飾飲食之餚必有八珍之味至於凶荒則徹膳降服然後奢儉之節必視世之豐約也武皇帝之時後宮食不過一肉衣不用錦繡茵蓐不緣飾器物無丹漆用能平定天下遺福子孫此皆陛下之所親覽也當今之務宜君臣上下竝用籌策計

較府庫量入爲出深思句踐滋民之術繇恐不及而尚方所造金銀之物漸更增工役不輟後靡日崇帑藏日竭昔漢武信求神仙之道謂當得雲表之露以餐玉屑故立仙掌以承高露陛下通明每所非笑漢武有求於露而繇尚見非陛下無求於露而空設之不益於好而糜費功夫誠皆聖慮所宜裁制也覬歷漢魏時獻忠言率如此

蜀譙周爲太子家令時後主頗出游觀增廣聲樂周上疏諫曰昔王莽之敗豪傑竝起跨州據郡欲弄神器於是賢才智士思望所歸未必以其勢之廣狹惟

其德之厚薄也是故於時更始公孫述及諸有大衆者多已廣大然莫不快情恣欲怠於爲善游獵飲食不恤民物世祖初入河北馮異等勸之曰當行人所不能爲遂務理寃獄節儉飲食動遵法度故北州歌歎聲布四遠於是鄧禹自南陽追之吳漢寇恂未識世祖遥聞德行遂以權計舉漁陽上谷突騎迎于廣阿其餘望風慕德者邳彤耿純劉植之徒至于輿病齎棺襁負而至者不可勝數故能以弱爲强屠王郎吞銅馬折赤眉而成帝業也及在雒陽嘗欲小出車駕已御銚期諫曰天下未寧臣誠不願陛下數出即

時還車及征隗囂潁川盜起世祖還雒陽但遣寇恂往恂曰潁川以陛下遠征故姦猾起叛未知陛下還恐不時降陛下自臨潁川賊必即降遂至潁川竟如恂言故非急務欲小出不敢至於急務欲自安不爲故帝者之欲善也如此故傳曰百姓不徒附誠以德先之也今漢遭厄運天下三分雄哲之士思望之時也陛下天姿至孝悽踰三年言及隕涕曾閔不過也敬賢任才使之盡力有踰成康故國內和一大小勠力臣所不能陳然臣不勝大願願復廣人所不能者夫載大重者其用力苦不衆拔大艱者其善術苦不廣且承事宗廟者非徒求福祐所以率民尊上也至於四時之祀或有不臨池苑之觀或有仍出臣之愚滯私不自安夫憂責在身者不暇盡樂先帝之志堂構未成誠非盡樂之時願省減樂官後宮所增造但修奉先帝所施下爲子孫節儉之教

吳張紘爲長史大帝征合肥率輕騎將往突敵紘諫曰夫兵者凶器戰者危事也今麾下恃盛壯之氣忽强暴之虜三軍之衆莫不寒心雖斬將搴旗威震敵場此乃偏將之任非主將之宜也願抑賁育之勇懷霸王之計大帝納紘言而止既還明年將復出軍紘

又諫曰自古帝王受命之君雖有皇靈佐於上文德播於下亦賴武功以昭其勲然而貴於時動乃後爲威耳今麾下値四百之厄有扶傾之功宜且隱息師徒廣開播植任賢使能務崇寬惠順天命以行誅可不勞而定也於是遂止不行

薛綜爲尚書僕射公孫淵降吳而復叛大帝盛怒欲自親征綜上疏諫曰夫帝王者萬國之元首天下之所係命也是以居則重門擊柝以戒不虞行則清道按節以養威嚴蓋所以存萬安之福鎮四海之腹心昔孔子疾時託乘桴浮海之語季繇斯喜拒以無所

取材漢元帝欲御樓船薛廣德請刎頸以血染車何則水火之險至危非帝王所宜涉也諺曰千金之子坐不垂堂況萬乘之尊乎今遼東戎貊小國無城郭之固備禦之術器械鉄鈍犬羊無政往必禽克誠如明詔然其方土寒埆穀稼不植民習鞍馬轉徙無常卒聞大軍之至自度不敵鳥驚獸駭長驅奔竄一人匹馬不可得見雖獲其地守之無益此不可一也加又洪流滉瀁有成山之難海行無常風波難免倏忽之間人船異勢雖有堯舜之德計無所施賁育之勇力不得設此不可二也加以鬱霧冥其上鹹水蒸其

下善生流腫轉相洿染凡行海者稀無斯患此不可三也天生神聖顯以符瑞當承平喪亂康此民物嘉祚日集海內垂定逆虜凶虐滅亡在近中國一平遼東自斃但當拱手以待耳今乃違必然之圖尋至危之阻忽九州之固肆一朝之忿既非社稷之重計又開闢以來所未嘗有斯誠羣僚所以傾身側息食不甘味寢不安席者惟陛下抑雷霆之威忍赫斯之怒遵乘橋之安遠履水之險則臣子賴祉天下幸甚時羣臣多諫權遂不行

陸瑁為選曹尚書大帝忿公孫淵之狙詐反覆欲親征之瑁上疏諫曰臣聞聖王之御遠夷羈縻而已不常保有故古者制地謂之荒服言慌惚無常不可保也今淵東夷小醜屏在海隅雖託人面與禽獸無異國家所為不愛貨寶遠以爵命加之者非嘉其德義也誠欲誘納愚弄以規其馬耳淵之驕黠恃遠負命此乃荒貊常態豈足深怪昔漢諸君亦嘗銳意以事外夷馳使散貨充滿西域雖時有恭從然其使人見害財貨并沒不可勝數今陛下不忍悁悁之忿欲越巨海身踐其土羣臣愚議竊謂不安何者北寇與國壤接地連苟有間隙應機而至夫所以越海求馬曲

意於淵者為赴目前之急除腹心之疾也而更棄本追末捐近治遠忿以改規激以動眾斯乃猾虜所願聞非大吳之至計也又兵家之術以功役相疲勞逸相待得失之間所覺輒多且沓渚去淵道里尚遠今到其岸兵勢三分使強者進取次當守船又次運糧行人雖多難行悉用加以單步負糧輕遠深入賊地多馬邀截無常若淵狙詐與北未絕動眾之日脣齒相濟若實孑然無所憑賴其畏怖遠遁或難卒滅使天誅稽於朔野山虜乘間而起恐非萬安之長慮也帝未許瑁重上疏曰夫兵革者固前代所以誅暴亂

威四夷也然其役皆在姦雄已除天下無事從容廟堂之上以餘議議之至於中夏鼎沸九域槃牙之時率湏深根固本愛力惜費務自將養以待隣敵之闕未有正於此時舍近治遠以疲軍旅者也昔尉佗叛逆僭號稱帝于時天下乂安百姓殷阜帶甲之數糧食之計可謂多矣然漢文猶以遠征不易重興師旅告喻而已今凶桀未殄疆埸猶警雖蚩尤鬼方之亂故當以緩急差之未宜以淵爲先願陛下抑威任計暫寧六師潛神嘿規以爲後圖天下幸甚帝再覽琮書嘉其詞理端切遂不行

傾譚爲平尚書事魯王霸有盛寵與太子和齊衡譚上疏曰臣聞有國有家者必明嫡庶之端異尊卑之禮使上下有差階級踰邈如此則骨肉之恩生覬覦之望絶昔賈誼陳治安之計論諸侯之勢以爲勢重雖親必有逆節之累勢輕雖疏必有保全之祚故淮南親弟不終饗國失之於勢重也吳芮疏臣傳祚長沙得之於勢輕也昔漢文帝使慎夫人與皇后同席袁盎退夫人之坐帝有怒色及盎辨上下之儀陳人彘之戒帝既悅懌夫人以悟今臣所陳非有所偏誠欲以安太子而便魯王也繇是霸與譚有隙

步隲爲驃騎將軍時中書吕壹典較文書多所糾舉隲上疏曰伏聞諸典較摘抉細微吹毛求瑕重案深誣趣欲陷人以成威福無罪無辜横受大刑是以使民跼天蹐地誰不戰慄昔之獄官惟賢是任故皐陶作士吕侯贖刑張于廷尉民無寃枉休泰之祚實繇此與今之小臣動與古異獄以賄成輕忽人命歸咎于上爲國速怨夫一人吁嗟王道爲虧甚可仇疾明德慎罰哲人惟刑書傳所美自今蔽獄都下則宜諮顧雍武昌則陸遜潘濬平心專意務在得情隲黨神明受罪何恨又曰天子父天母地故宮室百官動法

列宿若施政令欽順時節官得其人則陰陽和平七曜循度至於今日官僚多闕雖有大臣復不信任如此天地焉得無變故頻年枯旱亢陽之應也又嘉禾六年五月十四日赤烏二年正月一日及二十七日地皆震動地陰類臣之象陰氣盛故動臣下專政之故也夫天地見異所以警悟人主可不深思其意哉又曰丞相顧雍上大將軍陸遜太常潘濬深貴重臣在竭誠夙夜兢兢寢食不寧念欲安國利民建久長之計可謂心膂股肱社稷之臣矣宜各委任不使他官監其所司責其功效課其負殿此三者思慮不到

則已豈敢專擅威福欺負所天乎又曰懸賞則顯善設刑以威姦任賢而使能審明于法術則何功而不成何事而不辦何聽而不聞何視而不覩哉若今郡守百里皆各得其人共相經緯如是庶政豈不康哉竊聞諸縣並有備吏吏多民煩俗以之弊但小人因緣御命不務奉公而作威福無益視聽更爲民害愚以爲可一切罷省帝亦覺悟遂誅呂壹隲前後薦達屈滯救解患難書數十上帝雖不能悉納然時釆其言多蒙濟賴

羊衜爲督軍使者時太子和與弟魯王霸不睦衜上

疏曰臣聞古之有天下者皆先顯別適庶封建子弟所以尊重祖宗爲國藩表也二宮拜授海内稱宜斯乃大吳興隆之基頃聞二宮並絶賓客遠近悚然大小失望竊從走下風聽採衆論咸謂二宮智達英茂自正名建號於今三年德行内著美稱外昭西北二隅久所服聞謂陛下當副遐邇所以歸德勤命二宮賓延四遠使異國聞聲思爲臣妾今既未垂意於此而發明詔省奪備衛抑絶賓客使四方禮敬不復得通雖實陛下敦尚古義欲令二宮專志於學不復顧慮視聽小宜期於溫故博物而已然非臣下傾企顒顒之至願也或二宮不遵典式此臣所以寢息不寧就如所嫌猶宜補察密加九酌不使遠近得容異言臣懼積疑成謗久將宣流而西北二隅去國不遠異同之語易以聞達聞達之日聲論當興將爲二宮有不順之愆不審陛下何以解之若無以解異國則無以釋境内境内守疑異國興謗非所以育巍巍鎮社稷也願陛下早發優詔使二宮周旋禮命如初則天清地晏萬國幸甚矣

華覈爲中書丞時孫皓更營新宫制度弘廣飾以珠玉所費甚多是時盛夏興工農守並廢覈上疏諫曰

臣聞漢文之世九州晏然秦民喜去慘毒之苛政歸劉氏之寛仁省役約法與之更始分王子弟以藩公室當此之時皆以爲泰山之安無窮之基也至於賈誼有以爲可痛哭及流涕者三可爲長歎息者六乃曰今時之勢何異抱火於積薪之下而寢其上火未及然而謂之安其後變亂皆如其言臣雖下愚不識大倫竊以曩時之事揆今之勢誼云復數年間諸王方剛漢之傳相稱疾罷歸欲以此爲治雖堯舜不能安今大敵據九州之地有大半之衆習攻戰之餘術乗戎馬之舊勢欲與中國爭相吞之計其猶楚漢勢

不兩立非徒漢之諸王淮南濟北而已誼之所欲痛
哭比今爲緩抱火卧薪之喻於今爲急大皇帝覽前
代之如彼察今勢之如此故廣開農桑之業積不訾
之儲恤民重役務養戰士是以大小感恩各思竭命
期運未至早棄萬國自是之後强臣專政上詭天時
下違衆議亡安存之本邀一時之利數興軍旅傾竭
府藏兵勞民困無時獲安今之存者乃創痍之餘衆
哀苦之餘民耳遂使軍資空匱倉廩不實布帛之賜
寒暑不周重以失業家戸不贍而北方積穀養民專
心東向無復他警蜀爲西藩土地險固加承先主統

御之術詒其守御足以長久不圖一朝奄至傾覆唇
亡齒寒古人所懼交州諸郡國之南土交阯九真二
郡已没日南孤危存亡難保合浦以北民皆搖動因
連避役多有離叛而備戍減少威鎮轉輕常恐呼吸
復有變故昔海虜窺窬東縣多得離民地習海行扭
於往年鈔盜無日今胷背有嫌首尾多難乃國朝之
厄運也誠宜除建立之役先備豫之計勉墾植之業
爲飢乏之救惟恐農時將過東作向晚有事之日整
嚴未辦若舍此急盡力功作卒有風塵不虞之變當
委版築之役應烽燧之急驅怨苦之衆赴白刃之難

此乃大敵所因爲資也如但固守曠日持久則軍糧
必乏不待接刃而戰士已困矣昔大戊之時桑穀生
庭懼而修德怪消殷興熒惑守心宋以爲災景公下
從瞽史之言而熒惑退舍景公延年夫修德於身而
感異類言發於口而通神明臣以愚蔽誤忝近侍
不能翼宣仁澤以感靈祇仰慙俯愧無所逃處退伏
思惟熒惑桑穀之異天示二主至如他餘錙介之妖
近是門庭小神所爲驗之天地無有他變而徵祥符
瑞前後雙臻明珠旣覿白雀繼見萬億之祚實靈所
挺以九域爲宅天下爲家不與編戸之民轉徙同也

又今之宮室先帝所營卜土立基非爲不祥又楊市
土地與宮連接若大功畢輿駕遷住門行之神皆轉
移猶恐長久未必勝舊屢遷不可留則有嫌此乃愚
臣所以夙夜爲憂灼也臣省月令季夏之月不可以
興土功不可以會諸侯不可以起兵動衆舉大事必
有天殃今雖諸侯不會諸侯之軍與會無異六月戊
巳土行正王既不可犯加又農月時不可失昔魯隱
公夏城中丘春秋書之垂爲後戒今築宮爲長世之
洪基而犯天地之大禁襲春秋之所書廢禁授之上
務臣以愚管竊所未安又恐所名離民或有不至者

討之則糜役興事不討則日月滋蔓若悉並到大衆
聚會希無疾病且人心安則念善苦則怨叛江南精
兵北土所難欲以一卒當東一人天下未定深可憂
惜之如此宫成死叛十五則北軍之衆更增五萬若
到萬人則倍增十萬病者有死亡之損叛者傳不善
之語此乃大敵所以歡喜也今當角力中原以定强
弱正於際會彼益我損加以勞困此乃雄夫智士所
以深憂臣聞先王治國無三年之儲曰國非其國安
寧之世戒備如此況敵强大而忽農亡畜今雖頗種
植間者大水沉没其餘存者當須耘穫而長吏怖期

上方諸郡身涉山林盡力伐材糜農棄務士民妻孥
羸小墾殖又薄若有水旱則永無所獲州郡見米當
待有事冗食之衆仰官供濟若上下空乏運漕不供
而北敵犯疆使周召更生良平復出不能爲陛下計
明矣臣聞君明者臣忠主聖者臣直是以慺慺昧犯
天威乞垂哀省書奏皓不納衆還東觀令領右國史
時倉廩無儲世俗滋侈衆上疏曰今寇虜充斥征伐
未已居無積年之儲出無應敵之畜此乃有國者所
宜深憂也夫財穀所生當出於民趨時務農國之上
急而都下諸官所掌別異各自下調不計民力輒與
近期長吏畏罪晝夜催民委舍佃事遑赴會日徙送
到都或蘊積不用而徒使百姓消力失時到秋收月
督其限入奪其播殖之時而責其今年之稅如有逋
懸則籍没財物故家戸貧困衣食不足宜暫息衆役
專心農桑故人稱一夫不耕或受其飢一女不織或
受其寒是以先王治國惟農是務軍興已來已向百
戰農人廢南畝之務士女停機杼之業推此揆之則
蔬食而長飢薄衣而履氷者固不少矣臣聞主之所
求於民者二民之所望於主者三二謂求其爲已勞
也求其爲已死也三謂飢者能食之勞者能息之有

功者能賞之民以致其二事而主失其三望者則怨
心生而功不建今帑藏不實民勞役猥主之二求已
備民之三望未報且飢者不待美饌而後飽寒者不
俟狐貉而後溫滋味者口之奇文繡者身之飾今事
多而役繁民貧而俗奢百工作無用之器婦人爲綺
靡之飾不勤麻枲並繡文黼黻轉相倣傚恥獨無有
兵民之家猶復逐俗內無儋石之儲而出有綾綺之
服至於富賈商販之家重以金銀奢恣尤甚天下未
平百姓不贍宜益生民之原豐穀帛之業而棄功於
浮華之巧妨日於侈靡之事上無尊卑等級之差下

有耗財費力之損今吏士之家少無子女多者三四少者一二通令戶有一女十萬家則十萬人織績一歲一束則十萬束矣使四疆之內同心戮力數年之間布帛必積恣民五色惟所服用但禁綺繡無益之飾且美貌者不待華采以崇好豔姿者不待文綺以致愛五彩之飾足以麗矣若極粉黛窮盛服未必無醜婦廢華彩去文繡未必無美人也若實如諭有之無益廢之無損者何愛而不暫禁以充府藏之急乎此救乏之上務富國之本業也然管晏復生無以易此漢之文景承平繼統天下已定四海無虞猶以雕

文之傷農事錦繡之害女工開富國之利杜飢寒之本況今六合分乖豺狼充路兵不離彊甲不解帶而可以不廣生財之原充府藏之積哉

冊府元龜

廵按福建監察御史臣李嗣京　訂正
新建縣舉人臣戴國士　叅閱
知建陽縣事臣黃國琦　較釋

諫諍部一十八

直諫第七

吳賀郃爲中書令時孫皓兇暴驕矜政事日弊郃上疏諫曰古之聖王所以潛處重闈之內而知萬里之情垂拱衽席之上明炤八極之際者任賢之功也陛下以至德淑姿統承皇業宜率身履道恭奉神器旌

賢表善以康庶政自頃年以來朝列紛錯眞僞相貿上下空任文武曠位外無山嶽之鎭內無拾遺之臣佞諛之徒拊翼天飛干弄朝威盜竊榮利而忠良排墜信臣被害是以正士摧方而庸臣苟媚先意承指各希時趣人執反理之評士吐詭道之論遂使清流變濁忠臣結舌陛下處九天之上隱百重之室言出風靡令行景從親洽寵媚之臣竊聞順意之辭將謂此輩實賢而天下已平也臣心所不安敢不以聞臣聞興國之君樂聞其過荒亂之主樂聞其譽聞其過過日消而福臻聞其譽譽日損而禍至是以古之人君揖讓以進賢虛己以求過譬天位於乘犇以虎尾爲警戒至於陛下嚴刑法以禁直辭黜善士以逆諫臣眩耀毀譽之實沉淪近習之言昔高宗思佐夢寐得賢而陛下求之如忘忽之如遺故常侍王蕃忠恪在公才任輔弼以醉酒之間加之大戮近鴻臚葛奚先帝舊臣偶有逆忤昏醉之言耳三爵之後禮所不諱陛下猥發雷電謂之輕慢飲之醇酒中毒隕命自是之後海內悼心朝臣失圖仕者以退爲幸居者以出爲福誠非所以保光洪緒熙隆道化也又何定本趨走小人僕隷之下身無錙銖之行能無鷹犬之用

而陛下愛其佞媚假其威柄使定恃寵放恣自擅威福口正國議手弄天機上虧日月之明下塞君子之路夫小人求入必進姦利定間妄興事役發江邊戍兵以驅麋鹿結罝山陵芟夷林莽殫其九野之獸聚於重闈之內上無益時之分下有損耗之費而兵事罷於運送人力竭於驅逐老弱饑凍大小怨歎臣竊觀天變自比年以來陰陽錯謬四時逆節日食地震中夏隕霜參之典籍皆陰氣陵陽小人弄勢之所致也臣嘗觀覽書傳驗諸行事菑祥之應所爲寒慄昔高宗修己以消鼎雉之異宋景崇德以退熒惑之變

願陛下上體皇天譴告之誡下追二君穡畜之道遠覽前代任賢之功近寤今日謬授之失清澄朝位旌敘俊乂放退佞邪抑奪姦勢如是之輩一勿復用廣延淹滯容受直辭祗承乾旨敬奉先業則大化光敷天人望塞也傳曰國之興也視民如赤子其亡也以民爲草芥陛下昔韜神光潛德東夏以聖哲茂姿龍飛應天四海延頸八方拭目以成康之化必隆於旦夕也自登位以來法禁轉苛賦調益繁中宮內豎分布州郡橫興事役競造姦利百姓罹杼軸之困黎民罷無已之求老幼饑寒家戶菜色而所在長吏迫畏

罪負嚴刑峻法苦民求辦是以人力不堪家戶離散呼嗟之聲感傷和氣又江邊戍兵遠當以拓土廣境近當以守界備難宜特優育以待有事而徵發賦調煙至雲集衣不全短褐食不贍朝夕出當鋒鏑之難入抱無聊之慼是以父子相棄叛者成行願陛下寬賦除煩賑恤窮乏省諸不急盪禁約法則海內樂業大化普洽矣夫民者國之本食者民之命也今國無一年之儲家無經月之蓄而後宮之中坐食者萬有餘人內有離曠之怨外無損耗之費使庫廩空於無用士民饑於糟糠又北敵注目伺國盛衰陛下不恃己之威德而怙敵之不來忽四海之困窮而輕虜之不爲難誠非長策廟勝之要也昔太皇帝勤身苦體創基南夏割據江山拓土萬里雖承天贊實繇人力也餘慶遺祚至於陛下宜勉崇德器以光前烈愛民養士保全先軌何可忽顯祖之功勤輕難得之大業忘天下之不振替興衰之巨變哉臣聞否泰無常吉凶繇人長江之限不可久恃苟我不守一葦可航也昔秦建皇帝之號據殽函之阻德化不修法政苛酷毒流生民忠臣杜口是以一夫大呼社稷傾覆近劉氏據三關之險守重山之固可謂金城石室萬世之

業任授失人一朝喪沒君臣係頸共爲羈僕此當世之明鑒目前之徼戒也願陛下遠考前事近覽世變豐基強本割情從道則成康之治興而聖祖之祚隆矣書奏皓深恨之

晉秦秀爲博士時王濬有平吳之勳而爲王渾所譖毀武帝雖不從無明賞罰以濬爲輔國大將軍天下咸爲之怨秀上言曰自大晉啓祚輔國之號率以舊恩此爲王濬無功之時受九列之顯位立功之後更得寵人之辱號也四海視之孰不失望蜀小吳大平蜀之後二將皆就加三事今濬還而降等天下安得

不惑乎吳之未亡也雖以三祖之神武猶躬受其屈以孫皓之虛名足以驚動諸夏每一小出雖聖心知其垂亡然中國輒懷惶怖當爾時有能借天子萬乘之衆平而有之與國家結兄弟之交臣恐朝野寔皆甘之耳今濬舉蜀漢之卒數旬而平吳雖舉吳人之財寶以與之本非已分有爲而遽與計較乎

武帝會朝臣立議齊王攸當之藩尚書左僕射散騎常侍王渾上書諫曰伏承聖詔憲章古典進齊王攸爲上公崇其禮儀遣攸之國昔周氏建國大封諸姬以藩帝室永世作憲至於公旦武王之弟左右王事

輔濟大業不使歸藩明至親義著不可遠朝故也是故周公得以聖德光弼幼主忠誠著於金縢光述文武仁聖之德攸於大晉姬旦之親也宜贊皇朝與聞政事實爲陛下腹心不二之臣且攸爲人修潔義信加以懿親志存忠貞今陛下出攸之國假以都督虛號而無典戎幹方之實去離天朝不豫王政傷母弟至親之休虧友于款篤之義懼非陛下追述先帝文明太后待攸之宿意也若以攸望重於事宜出者今以汝南王亮代攸亮宣皇帝子文皇帝弟伷俊各處方任在內外之資論以後慮亦不爲輕攸今之國適足長異同之論以損仁慈之美耳而令天下窺陛下有不崇親親之情臣竊爲陛下不取也若以后妃外親任以朝政則有王氏傾漢之權呂產專朝之禍若以同姓至親則有吳楚七國逆亂之殃歷觀古今苟事輕重所在無不爲害也不可事事曲設隄防慮方來之患者也唯當任正道而求忠良若以智計猜物雖親見疑至於疏遠者亦何能自保乎人懷危懼非爲安之理此最有國家者之深忌也愚以爲太子太保缺宜留攸居之與太尉汝南王亮衛將軍王珧其爲保傅幹理朝事三人齊位足相持正進有補納廣

義之益退無偏重相傾之勢今陛下有篤親親之恩使攸蒙仁覆之惠臣同國休戚義在盡言心之所見不能默已私慕魯女存國之志敢陳愚見觸犯天威欲陛下每盡善與萬分之助臣而不言誰當言者帝不納

庾旉爲博士齊王攸之就國也下禮官議崇錫之物旉與太叔廣劉暾繆蔚郭頤秦秀傅珍等上表諫曰書稱帝堯克明峻德以親九族武王光有天下兄弟之國十有六人同姓之國四十人元勳睦親顯以殊禮而魯衛齊晉大啟土宇並受分器所謂惟善所在

親疎一也大晉龍興隆唐周之遠蹟王室親屬佐命
功臣咸受爵土而四海乂安今吳會已平詔大司馬
齊王出統方嶽當遂撫其國家將準古帝以垂永制
昔周之選建明德以左右王室也則周公爲太宰康
叔爲司寇聃季爲司空及召畢毛諸國皆入居公
卿大夫之位明股肱之任重守地之位輕也未聞古
典以三事之重出之國者漢氏諸侯王位尊勢重在
丞相三公上其入贊朝政者乃有兼官其出之國亦
不復假台司虛名爲隆寵也昔申無宇曰五大不在
邊先儒以爲貴寵公子公孫累世正卿也又曰五細

不在庭先儒以爲賤妨貴少陵長遠間親新間舊小
加大也不在庭不在朝廷爲政也又曰親不在外羈
不在內今棄疾在外鄭丹在內君其少戒之叔向有
言公室將卑其枝葉先落公室公族之本而去之諺
所謂庇焉而縱尋斧者也今使齊王賢邪則不宜以
母弟之親尊居魯衛之嘗職不賢邪不宜大啓土宇
表建東海也古禮三公無職坐而論道不聞以方任
嬰之惟周室大壞宣王中興四夷交侵救急朝夕然
後命召穆公征淮夷故其詩曰徐方不回王曰旋歸
宰相不得久在外也今天下已定六合爲家將數延
三事與論太平之基而更出之去王城二千里違舊
章矣旉草議先以呈父純純不禁太常鄭默博士祭
酒曹志並過其事武帝以博士不荅所問荅所不問
大怒旉等並除名又博士秦秀等以爲齊王宜輔內
朝政不可之藩祭酒曹志魏曹植之子嘗恨其父不
得志於魏因愴然嘆曰安有如此之才如此之親不
得樹本助化而遠出海隅晉朝之隆其殆乎哉乃奏
議曰伏聞大司馬齊王當出藩東夏備物盡禮同之
二伯今陛下爲聖君稷契爲賢臣內有魯衛之親外
有齊晉之輔坐而守安此萬世之基也古之夾輔王

室同姓則周公其人也異姓則太公其人也皆身在
內五世反葬後雖有五霸代興桓文譎主下有請隧
之僭上有九錫之禮終於譎而不正驗於尾大不掉
豈與召公之歌棠棣周詩之詠鶺鴒同日論哉今聖
朝創業之始始之不諒後事難工榦植不強枝葉不
茂骨鯁不存皮膚不充自羲皇以來豈是一姓之獨
有欲結其心者當有磐石之固夫欲享萬世之利者
當與天下議之故天聽明自我人聽明秦魏欲獨擅
其威而財得役其身周漢能分其利而親疎爲之用
皆自聖王之深恩日月之所炤事雖淺當深謀之言

雖輕當重思之志備位儒官若言不及禮是志寇竊
知忠不言議所不敢志以爲當如博士等議議成當
上見其從弟高邑公嘉嘉曰兄議甚切百年之後必
書晉史目下將見責邪帝覽議大怒曰曹志尚不明
吾心況四海乎以議者不指答所問橫造異論策免
太常鄭默於是有司奏收志等結罪詔惟免志官以
公還第
裴頠爲左僕射侍中惠帝時以陳準子康韓蔚子嵩
竝侍東宮頠諫曰東宮之建以儲皇極其所與遊接
必簡英俊宜用成德康嵩幼弱未識人理立身之節

東宮實體夙成之表而今有童子侍從之聲未足光
闡遐風之弘理也
閻纘爲西戎校尉愍懷太子之廢也纘輿棺詣闕上
書理太子之冤曰伏見赦文及榜下前太子遹手疏
以爲驚愕自古以來臣子悖逆未有如此之甚也幸
賴天慈全其首領臣伏念遹生於聖父而至此者繇
於長養深宮沈淪富貴受饒先帝父母驕之每見選
師傅下至羣吏率服膏粱擊鍾鼎食之家希有寒門
儒素如衛綰周文石奮疎廣洗馬舍人亦無汲黯鄭
莊之類遂使不見事父事君之道臣案古典太子居

以士禮與國人齒以此明先王欲令知先賤然後乃
貴自頃東宮亦微太甚所以致敗也非但東宮歷觀
諸王師友學問皆豪族力能得者率非龔遂王陽能
以道訓友無亮直三益之節官以文學爲名實不讀
書但共鮮衣怒馬縱酒高會嬉遊博奕豈有切磋能
相長益臣嘗恐公族陵遲以此歎息今遹可以爲戒
恐其被斥棄逐遠郊始當悔過無所復及昔戾太子
無狀稱兵距命而壺關三老上書有田千秋之言猶
曰子弄父兵罪應笞耳漢武感悟築思子之臺今遹
無狀言語悖逆受罪之日不敢失道猶爲輕於戾太

子尚可禁持重選保傅如司空張華道德深遠乃心
忠誠以爲之師光祿大夫劉寔寒苦自立終始不衰
年同呂望經籍不廢以爲之保尚書僕射裴頠明允
恭肅體道居正以爲之友置游談文學皆選寒門孤
官以學行自立者及取服勤更事涉履艱難事君事
親名行素聞者使與共處使嚴御史監護其家絕貴
戚子弟輕薄賓客如此左右前後莫非正人師傅文
學可令十日一講使共論議於前勑使但道古今孝
子慈親忠臣事君及思愆改過之義皆聞善道庶幾
可全昔太甲有罪放之三年思庸克復爲殷明王又

魏文帝懼於見廢夙夜自祇竟能自全及至明帝因母得罪廢爲平原侯爲置家臣庶子師友之學皆取正人共相規矯兢兢慎罰事父以孝父沒事母以謹聞於天下于今稱之漢高皇帝數置酒於庭欲廢太子後四皓爲師子房爲傅竟復成就前事不忘後事之戒孟軻有云孤臣孽子其操心也危其慮患也深故多善功李斯云慈母多敗子嚴家無格虜繇陛下驕適使至於此庶其受罪以來足自思改方今天下多虞四夷未寧將何國隙儲副大事不宜空虛宜爲大計小復停留先加嚴誨依平原侯故事若不悛改

棄之未晚也臣素寒門無力仕官不經東宮情不私適念昔楚國處女諫其王曰有龍無尾言年四十未有太子臣當備近職雖未能自結天日情同閽寺悾悾之誠皆爲國計臣老母見臣爲表乃爲臣卜卦云書御卽死妻子守臣涕泣見止臣獨以爲頻見拔擢當爲近職此恩難忘何以報德唯當陳誠以死獻忠輒具棺絮伏須刑誅書奏御不省皇太孫立纘復上疏曰臣前上書訟太子之枉不見省覽昔壺關三老陳衛太子之寃而漢武築思子之臺高廟令田千秋上書不敢正言託以鬼神之教而孝武大感月中三遷位至丞相乘車入殿號曰車氏恨臣精誠微薄不能有感竟使太子流離沒命許官向令陛下卽納臣言不至此禍天贊聖意三公獻謀庶人賜死罪人斯得太子以明臣恨其晚無所復及詔書慈悼迎喪反葬復其禮秩誠副衆望不意呂霍之變復生於今日伏言詔書建立太孫斯誠陛下上順先典以安社稷中慰慈悼寃魂之痛下令萬國心有所繫追惟庶人所爲無狀幾傾宗廟賴相國太宰至忠憤發潛謀俱斷奉贊聖意以成神武雖周誅二叔漢摘諸呂未足以喻臣願陛下因此大更釐改以爲永制禮制太子

居以士禮與國人齒爲置官屬皆如朋友不爲純臣旣使上厭至尊以崇孝道又令不相嚴憚易相規正昔漢武旣信姦讒危害太子復用望氣之言欲盡誅詔獄中囚邴吉以皇孫在焉閉門距命後遂擁護皇孫督罰乳母卒至成人立爲孝宣皇帝篤志於忠無徃不可歷觀古人雖不避死亦繇世教寬以成節雖距詔書事在於忠故宥而不責自晉興以來用法太嚴遲速之間輒加誅斬一身伏法猶可强爲今世之誅動輒滅門昔呂后臨朝肆意無道周昌相趙三召其王而昌不遣先徵昌入後復召王此繇漢制本寛

得使爲快假令如今呂后必誚昌已夷其三族則誰敢爲殺身成義者哉此法宜改可使經遠又漢初廢趙王張敖其臣貫高謀殺高祖高祖不誅以明神道田叔孟舒十人爲奴髡鉗隨王隱親侍養故令平安向使晉法得容爲義東宮之臣得如周昌固護太子得如邴吉距詔不坐伏死諫諍則聖意必變太子以安如田叔孟舒侍從不罪者則隱親左右姦凶毒藥無緣得設太子不夭也臣每責東宮臣故無侍從者後聞頗有人於道路望車拜辭而有司收付維陽獄奏科其罪然臣固莫從良有以也又本置三率盛

其兵馬所以宿衛防虞而使者卒至莫有警嚴覆請審者此孫恐畏滅族今皇孫冲幼世事多故若有不虞强臣專制姦邪矯詐雖有相國保訓東宮擁佑之恩同於邴吉適可使玉體安全宜開來防可著于令自今以後諸有廢典倉卒羣臣皆得輒嚴須録詣殿前面受口詔然後爲信得同周昌不遣王節下聽臣子隱親得如田叔孟舒不加罪責則永固儲副以安後嗣之遠慮也來事難知往事可改臣前每見詹事裴權用心懇惻舍人秦戭數上疏啓諫而爱倩贈以九列權有忠意獨不蒙賞謂宜依倩爲比以寵其魂

推尋表疏如秦戭輩及司隸所奏諸敢拜辭於道路者明詔稱揚使微異於衆以勸爲善以奬將來也纘又陳今相國雖已保傅東宮保其安危至於旦夕訓誨輔導出入動静勉勞宜選寒苦之士忠貞清正老而不衰如城門校尉梁柳白衣南安朱冲比者以爲師傅其侍臣以下文武將吏且勿復取盛戚豪門子弟若吳太妃家室及賈郭之黨如此之輩生而富溢無念修己率多輕薄浮華相驅放縱皆非所補益少主者也皆可擇寒門篤行學問素士更履險易節義足稱者以備羣臣可輕其禮儀使與古同於相切磋

爲益昔魏文帝之在東宮徐幹劉禎爲友文學相接之道竝如氣類吳太子登顧譚爲友諸葛恪爲賓臥同床帳行則參乘加交如布衣相呼以字此則近代之明比也天子之子不患不富貴不患人不敬畏患於驕盈不聞其過不知稼穡之艱難耳至於甚者乃不知名六畜可不勉哉昔周公親撻伯禽曹參笞窋二伯聖考慈父皆不傷恩今不忍小相維持令至闕失頓相罪責不亦誤哉在禮太子朝夕視膳昏定晨省跪問安否於情得盡五日一朝於敬既簡於恩亦疏易致搆間故曰一朝不朝其間容刀五日之制起

漢高祖身爲天子父猶庶人萬機事多故闕私敬耳
今王上臨朝太子無事專主孝養宜改此俗文王世
子篇曰王季一飯亦一飯再飯亦再飯安有逸豫五
日一覲哉纘又陳今迎太子神柩孤魂獨行太孫幼
冲不可涉道謂可遣妃奉迎遠路令其父衍隨行衛
護皇太子初見誣陷臣家門無祐三世假親具嘗辛
苦以家覩國固知太子有變臣故求副監國欲依邴
吉故事距違來使供養擁護身親飲食醫藥冀足救
危主者以臣名貲輕淺不肯見與世人見笑謂爲此
職進退難居有必死憂臣獨以爲苟全儲君賈氏所

誅甘心所願今監國御史直副皆當三族侍衛無狀
實自宜然臣謂其小人不足具責故曾子曰可以託
六尺之孤臨大節而不可奪是以聖王愼選故河南
尹向雄昔能犯難定故將鍾會文帝嘉之始拔顯用
至於先帝以爲右率如問之事若得向雄之比則豈
可觸哉此二使者但爲愚怯亦非與謀但可誅身自
全三族如郭俶郭斌則於刑爲當又東宮亦宜妙選
忠直亮正如向雄比陛下千秋萬歲之後太孫幼冲
遐置兵衛安得枉石之士如周昌者世俗淺薄士無
廉節賈謐小兒恃寵恣雎而淺中弱植之徒更相翕

習故世號魯公二十四友又謐前見臣表理太子曰
閻兒作此爲徤然觀其意欲與諸司馬家同皆爲臣
寒心伏見詔書稱明滿奮樂廣侍郎賈某（名犯太祖廟諱下字）
與謐親理而亦疏遠徙免父喪之後停家五年雖爲
小屈有識貴之潘岳繆徵等皆謐父黨共相沉浮人
士羞之聞其晏然莫不爲怪今詔書暴揚其罪竝皆
遣出百姓盛云清當臣獨謂非但岳徵二十四人宜
皆齊出以肅風教朝廷善其忠烈擢爲漢中太守
顧榮爲元帝丞相軍司散騎常侍凡所謀畫皆以諮
焉榮旣南州望士躬處右職朝野甚推敬之時帝所

幸鄭貴嬪有疾以祈禱頗廢萬機榮上疏諫曰昔文
王父子兄弟乃有三聖可謂窮理者也而文王日昃
不暇食周公一沐三握髮何哉誠以一日萬機不可
不理一言蹉跌患必及之故也當今衰季之末屬亂
離之運而天子流播豺狼塞路公宜露營野次星言
夙駕伏軾怒鼃以募勇士懸膽於庭以表辛苦貴嬪
未安藥石實急禱祀之事誠復可修豈有便塞參佐
白事斷賓客問訊今強賊臨境流言滿國人心萬端
去就紛紜願冲虛納下廣延俊彥思畫今日之要塞
鬼道淫祀引九合之勤雪天下之恥則羣生有賴開

泰有期矣

丁潭爲元帝丞相西閤祭酒稱制使各陳時事損益潭上書曰爲國者恃人須才蓋二千石長史是也安可不明簡其才使必允當旣得其人使久於其職在官者無苟且居下者有嘗心此爲政之較也今之長吏遷轉旣數有送迎之費古人三載考績三考黜陟中才處局各難以速成夫兵所以防禦未然鎮塞姦宄周雖三聖功成縣武今戎戰之世益宜留心簡選精銳以備不虞無事則優其身有難則責其力竊聞今之兵士或私有役使而營事不充夫爲國者猶爲

其家也計財力之所任審取舍之舉動不營難成之功損棄分外之役今兵人未彊尙審其宜經塗遠舉未獻大捷更使力殫財盡而威望挫弱也

熊遠爲御史中丞元帝時冬雷電且大雨帝下書責躬引過遠上疏曰被庚午詔書以雷電大震暴雨非時深自克責雖禹湯罪己未足以喻臣聞於天道竊以人事論之陛下節儉敦朴愷悌流惠而王化未興者羣公卿士不能夙夜在公以益大化素飧負乘殆誠明時之責也今逆賊滑夏暴虐滋甚二帝幽殯梓宮未反四海延頸莫不東望而未能遣軍北討雪敗未報此一失也昔齊侯旣敗七年不飲酒食肉況此恥尤大是臣子之責宜在枕戈爲王前驅若此志未果者當上下克儉恤人養士徹樂減膳惟修戎事陛下憂勞於上而羣官未同戚容於下每有會同務在調戲酒食而已此二失也選官用人不料實德惟在白望不在才幹鄉舉道廢請託交行有德而無力者退修望而有助者進稱職以違俗見譏虛資以從容見貴是故公違道虧私塗日開強弱相陵冤枉不理今當官者以理事爲俗吏奉法爲苛刻盡禮爲諂諛從容爲高妙放蕩爲達士驕蹇爲簡雅此三失也世

所謂三失者公法加其身私議貶其非轉見排退陸沉泥滓時所謂三善者王法所不加清論美其賢漸相登進士不輟官搴龍附鳳翱翔雲霄遂使世人削方爲圓撓直爲曲豈待顧道德之清塗踐仁義之區域乎是以萬機未整風俗僞薄皆此之繇不明其黜陟以審能否則此俗未可得而變也今朝廷羣司以從順爲善相違見貶不復論才之曲直言之得失也時有言者或不見用是以朝少辨諍之時士有祿仕之志焉郭翼上書武帝擢爲屯留令又置諫官所以從受直言誘進將許來故人得自盡言無隱諱任官

然後爵之位定祿之數奏以言明試以功車服以庸舜猶歷試諸難而今先祿不試甚違古義亂之所繇也求才急於疎賤用刑先於親貴然後令行禁止野無遺滯堯取舜於側陋舜拔賢於巖穴姬公不曲繩於天倫叔向不虧法於孔懷今朝廷法吏多出於寒賤是以章書日奏而不足以懲物官人選才而不足以涖事宜招賢良於屠釣聘耿介於丘園若此道不改雖并官省職無救弊亂也能哲而惠何憂乎驩兜何遷乎有苗何畏乎巧言令色孔壬此官得其人之益也

郭璞爲尚書郎永昌元年皇孫生璞上疏曰有道之君未嘗不以危自持亂世之主未嘗不以安自居故存而不忘亡者三代之所興也亡而自以爲存者末季之所廢也是以古之令主開納忠讜以弼其違標顯切直用攻其短乃至聞一善則拜見規誡則懼何者蓋不私其身處天下以至公也臣竊惟陛下符運至著勳業至大而中興之祚不隆聖敬之風未躋者殆繇法令太明刑教太嚴故水至清則無魚政至察則衆乖此自然之勢也臣去春啓事以囹圄充斥陰陽不和推之大理宜因郊祀作赦以蕩滌瑕穢不然將來必有愆陽苦雨之菑摧震薄蝕之變狂狡蠢戾之妖其後月餘日果薄鬬去秋以來諸郡並有暴雨水皆洪潦歲用無年適聞吳興復欲有搆妄者咎徵漸成臣甚惡之頃者以來役賦轉重獄犴日結百姓困擾甘亂者多小人愚險共相扇動雖勢無所至然不可不虞案洪範傳君道虧則日蝕人憤怨則水涌溢陰氣積則下代上此微理潛應已著實於事者也假令臣遂不幸謬中必貽陛下側席之憂今皇孫載育天固靈基黔首顒顒實望惠潤又歲涉午位金家所忌宜於此時崇恩布澤則火氣潛消菑譴不生矣

陛下上承天意下順物情可因皇孫之慶大赦天下然後明罰勑法以肅理官克厭天心慰塞人事兆庶幸甚禎祥必臻矣臣今所陳暫而省之或未允聖旨久而尋之終亮臣誠若所啓上合願陛下勿以臣身廢臣之言臣言無隱而陛下納之適所以顯君明臣直之義耳疏奏納焉即大赦改年時暨陽人任谷因耕息於樹下忽有一人著羽衣就淫之旣而不知所在谷遂有娠積月將產羽衣人復來以刀穿其陰下出一蛇子便去谷遂成宦者後詣闕上書自云有道術帝留谷宮中璞復上疏曰任谷所爲妖異無有因

錄陛下玄鑒廣覽欲知其情狀引之禁内供給安處臣聞爲國以禮正不聞以邪所聽惟人故神降之吉陛下簡黙居正動遵典刑按周禮奇服怪人不入宫況谷妖詭怪人之甚者而登講肆之堂密邇殿省之側塵黷日月穢亂天聽臣之私情切所不取也陛下若以谷信爲神靈所憑者則應敬而遠之夫神聰明正直接以人事若以谷爲妖蠱詐妄者則當投彼裔土不宜令褻近紫闥若以谷或是神祇告譴爲國作責者則當克己修禮以弭其妖不宜令谷安然自容肆其邪變也臣愚以爲陰陽陶烝變化萬端亦是狐

貍魍魎憑假作慝願陛下採臣愚懷特遣谷出臣以人乏忝荷史任敢忘直筆惟義是規其後明帝即位谷因亡走

孫霄爲瑯琊國右常侍瑯琊悼王焕薨年一歲元帝悼念不已營起園陵工役甚衆霄上疏諫曰臣聞法度典制先王所重吉凶之禮事貴不過是以世豐不使奢放凶荒必務約殺朝聘嘉會足以展庠序之儀殯葬送終務以稱哀榮之節上無奢泰之謬下無匱竭之困故華元厚葬君子謂之不臣嬴博至儉仲尼稱其合禮明傷財害時古人之所譏節省簡約聖賢之所嘉也語曰上之化下如風靡草京邑翼翼四方所則明教化法制不可不慎也陛下龍飛踐祚興微濟弊聖懷勞謙務從簡儉憲章舊制猶欲節省禮典所無而反尚飾此臣愚情切所不安也棺槨輿服旒翣之屬禮典舊制不可廢闕凶門柏歷禮典所無天晴可不用遇雨則無益此至宜節省者也若瑯琊一國一時所用不爲大費臣在機近義所不言今天臺所居王公百僚聚在都輦凡有喪事皆當供給材木百數竹薄千計凶門兩表衣以細竹及材木價值既貴又非表凶哀之宜如此過飾宜從粗簡又按禮記

國君之葬棺槨之間容柷大夫容壺士容甒以壺瓶爲差則柷財大於壺明矣槨周於棺槨不甚大也語曰葬者藏也藏欲其深而固也槨大則難爲堅固無益於送終而有損於財力凶荒殺禮經國常典既減殺而猶過舊此爲國之所厚惜也又禮將葬遷柩於廟祖而行及墓即窆葬之日即反哭而虞如此則柩不宿於墓上也聖人非不哀親之在土而無情於丘墓蓋以墓非安神之所故修虞於殯宮始則營草宮於山陵遷神柩於墓側又非典也非禮之事不可以訓萬國臣至愚至賤忽求革前之非可謂狂瞽不知

忌諱然今天下至弊自古所希宗廟社稷遠託江表
半州之地彫殘以甚加之荒旱百姓困弊非但不足
死亡是懼此乃陛下至仁之所矜愍可憂之至重正
是規矯末俗改張易調之時而猶當竭已罷之人營
無益之事殫已困之財修無用之費此固臣之所不
敢安也今瑯琊之於天下國之最大若割損非禮之
事務遵古典上以彰聖朝簡易之至化下以表萬世
無窮之規則此芻蕘之言有補萬一塵露之微有增
山海表寢不報
江逌爲吏部郎長兼侍中時穆帝將修後池起閣道

逌上疏曰臣聞王者處萬乘之極享富有之大必顯
明制度以表崇高盛其文物以殊貴賤建靈臺濬辟
雍立宮館設苑囿所以弘皇上之尊彰臨下之義前
聖創其禮後代遵其矩當代之君咸營斯事周宣興
百堵之作鴻雁歌安宅之歡魯僖修泮水之宮林芹
有思樂之頌蓋上之有爲非以予欲是盈下之奉上
不以劬勞爲勤此自古之令典軌儀之大式也夫理
無常然三正相詭司牧之體與世而移致飾則素故
賁返於剝有大必盈則受之以謙損上益下順兆庶
之悅享以二簋用至約之義是以唐虞流化於茅茨
夏禹垂美於卑室過儉之陋非中庸之制然三聖行
之以致至道漢高祖當營建之始怒宮庫之壯孝文
處既富之世愛十家之產亦以播惠當時著稱來葉
今者二虜未殄神州荒蕪舉江左之衆經略艱難漕
揚越之粟北饋河雒兵不獲戢運戍悠遠倉軍內罄
百姓力竭加春夏以來水旱爲害遠近之收普減嘗
年財傷人困大役未已軍國之用無所取給方之往
代豐弊相懸損之又損實在今日伏惟陛下聖質天
縱凝曠清虛闡日新之盛茂欽明之量無欲體於自
然沖素刑乎萬國部既盡美則必盡善宜養以玄虛
守以無爲登覽不以臺觀游豫不以苑沼偃息必於

仁義馳騁極於六藝觀巍巍之隆鑒二代之文仰味
羲農俯尋周孔其爲逍遙足以尊道德之輔親縉紳
之秀疇咨以時顧問不倦獻替諷諫日日而聞則庶
績惟凝六合咸熙中興之盛邁於殷宗休嘉之慶流
乎無窮昔漢起德陽鍾離抗言魏營宮殿陳羣正辭
臣雖材非若人然職忝近侍言不足採而義在以聞
帝嘉其言而止
孫綽字興公爲散騎常侍領著作郎時大司馬桓溫
欲經緯中國以河南粗平將移都雒陽朝廷畏溫不

敢爲異而北土蕭條人情疑懼雖並知不可莫敢先諫綽上疏曰伏見征西大將軍臣溫表便當躬率三軍討除二寇蕩滌河渭清灑舊京然後神旂電舒朝服濟江反皇居於中土正玉衡於天極斯超世之宏圖千載之盛事然臣之所懷竊有未安以爲帝王之興莫不藉地利人和以建功業貴能以義平暴因而撫之懷愍不建淪胥秦京遂令胡戎交侵神州絕綱土分之釁誠由道喪然中夏蕩蕩一時橫流百郡千城曾無完郛者何哉亦以地不可守投奔有所故也天祚未革中宗龍飛非惟信順協於天人而已實賴

萬里長江畫而守之耳易稱王公設險以守其國險之時義大矣哉斯已然之明效也今作勝談自當任道而遺險較實量分不得不保小以固存自喪亂以來六十餘年蒼生殄滅百不遺一河維丘墟函夏蕭條井堙木刊阡陌夷滅生理茫茫永無依歸播流江表已經數世存者長子老孫亡者丘隴成行雖北風之思感其素心目前之哀實爲交切若遷都旋輪之日中與五陵即復緬成遐域泰山之安既難以理保烝烝之思豈不纏於聖心哉溫今此舉誠欲大覽始終爲國遠圖向無山陵之急亦未首決大謀獨任天下之至難也今發憤忘食忠慨亮到凡在有心孰不致感而百姓震駭同懷危懼者豈不以反舊之樂賒而趣死之憂促哉何者植根於江外數十年矣一朝拔之頓驅踧於空荒之地提挈萬里踰險浮深離墳墓棄生業富者無三年之糧貧者無一餐之飯田宅不可復售舟車無從而得捨安樂之國適習亂之鄉出必安之地就累卵之危將頓仆道塗飄溺江川僅有達者夫國以人爲本疾寇所以爲人衆喪而寇除亦安所取裁此人者所宜哀矜國家所宜慮也自古今帝王之都豈有常所時隆則宅中而圖大勢屈則

遵養以待會使德不可勝家有三年之積然後始可謀太平之事耳今天時人事有未至者矣一朝欲一宇宙無乃頓而難舉乎臣之愚計以爲且可更遣一將有威名資實者先鎮雒陽於陵所築三壘以奉衛山陵掃平梁許清一河南運漕之路既通然後盡力於開墾廣田積穀漸爲徙者之資如此賊見亡徵勢必遠竄如其迷逆不化復欲送死者南北諸軍風馳電赴若身首之救痛癢率然之應首尾山陵既固中夏小康陛下且端委紫極增修德政躬行漢文簡樸之志去小惠節游費省官人練甲兵以養士滅寇爲

先十年行之無使墮廢則貧者殖其財怯者先其勇人知天德赴死如歸以此致政猶運諸掌握何故捨百勝之長理舉天下而一擲故陛下春秋方富溫克壯其猷君臣相與弘勝德業括囊元吉豈不快乎今溫唱高議聖朝互同臣以輕微獨獻管見出言之難實在今日而臣區區必聞天聽者竊以無諱之朝狂瞽進説芻蕘之謀聖賢所採所以不勝至憂觸冒干陳若陛下垂神溫少留思豈非屈於一人而允億兆之願哉如以干忤罪大欲加顯戮使丹誠上達退受刑誅雖沒泉壤尸且不朽桓溫見綽表不悅曰致意興公何不尋君遂初賦知人家國事邪

許榮爲左領衛將軍時孝武帝以會稽王道子輔政朝政既紊榮上疏曰今臺府局吏直衛武官及僕隸婢兒取母之姓者本臧獲之徒無鄉邑品第皆得命議用爲郡守縣令並帶職在內委事於小吏手中僧尼乳母競進親黨又受貨賂輒臨官領衆無衞霍之才而比方古人爲患一也臣聞佛者清遠玄虛之神以五戒爲教絕酒不淫而今之奉者穢慢阿尼酒色是耽其違二矣夫致人於死未必手刃害之若政教不均暴濫無罪必夭天命其違三矣盜者未必躬竊人財江乙母失布罪緣令尹今禁令不明劫盜公行其違四矣在上化下必信爲本昔年下書敕使盡規而衆議兼集無所採用其違五矣尼僧成羣依傍法服五戒粗法尚不能遵況精妙乎而流惑之徒競加敬事又侵漁百姓取財爲惠亦未合布施之道也又陳太子宜出臨東宮克奬德業疏奏並不省

聞人奭爲傳平令時孝武帝以會稽王道子輔政道子既爲皇太妃所愛時失禮敬帝不能平然以太平之故加崇禮秩奭上疏曰驃騎諮議參軍茹千秋協附宰相起自微賤竊弄威權衒賣天官其子壽齡爲

樂安賍私狼藉畏法奔逃竟無罪罰傲然還縣又尼姏屬類動亂時穀賤人饑寒流殣不絕縣百姓單貧役調深刻又振武將軍庾恒鳴角京邑主簿戴良夫苦諫被囚殆至沒命而恒以醉酒見怒良夫以執忠廢棄又權寵之臣各開小府施置吏佐無益於官有損於國疏奏帝並不平而逼於太妃無所廢黜

冊府元龜　終

冊府元龜

巡按福建監察御史臣李嗣京　訂正

分守建南道左布政使臣胡維霖　參閱

知建陽縣事臣黃國琦　較釋

諫諍部　十九

直諍第八

朱鄭鮮之朸爲宋國奉常赫連佛佛（南朝以勃勃爲佛佛）虜陷關中高祖復欲北討行意甚盛鮮之上表諫曰伏思聖略淵遠臣之愚管無所厝其意然臣愚竊有所懷虜之凶狡情狀可見自關中再敗皆是師徒違律非

是內有事故致外有敗傷虜聞殿下親御六軍必謂見伐當重兵潼關其勢然也若凌威長驅臣寔見其未易若輿駕頓雒則不足上勞聖躬如此則進退之機宜在孰慮賊不敢乘勝過陝遠懾天威故也今畫用兵之筭事從屈伸遣師撲討而南夏清晏賊方懼將來永不敢動若輿駕造雒而反凶醜更生揣量之心必啓邊戎之患此既必然江南顒顒注輿駕忽聞遠伐不測之淺深必以殿下大申威靈未還人情恐懼事又可推往年西征劉鍾危殆前年劫盜破廣州人士都盡三吳心腹之內諸縣屢敗皆由勞役所致又聞處處大水加遠師民獘至於敗散自然之理殿下在彭城劫盜破諸縣事非偶爾皆是無賴凶愚凡順而撫之則百姓思安違其所願必爲亂矣古人所以救其煩穢正在於斯漢高身困十城呂后受匈奴之辱魏武軍敗赤壁宣武喪師枋頭神武十功無所一損況偏師失律無虧於廟堂之上者耶耶之事寔非敗之謂唯齡石等可念耳若行也或速其禍反覆思惟愚謂不煩殿下親征小劫西虜或爲河雒之患今正宜通好北虜則河南安河南安則濟泗靜伏願聖鑒察臣愚懷

范泰爲散騎常侍景平初致仕少帝在位多諸愆失泰上封事極諫曰伏聞陛下時在後園頗習武備鼓鞞在宮聲聞於外黷武掖庭之內諠譁省闥之間不聞將帥之臣統御之主非徒不足以威四夷秪生遠近之怪近者東寇紛擾皆欲伺國瑕隙今之吳會軍過二漢關河根本既搖于何不有如水旱成災役夫不息無寇而戒爲費漸多河南非復國有羯虜難以理期此臣所用忘寢食而干非其位者也陛下踐祚委政宰臣實同高宗諒闇之美而更親狎小人不免近習俱非社稷至計經世之道王言如絲其出如綸

下覩而化疾於影響伏願陛下思引古道式遵遺訓
從理無滯任賢無疑如此則天下歸德宗社惟永書
云一人有慶兆民賴之天高聽卑無幽不察興衰在
人成敗如曉未有治政在於上而人亂於下者也臣
蒙先朝過遇陛下殊私實欲盡心竭誠少報萬分而
惛耄已及百疾牙生便爲永遠聖顏無復自盡之路
貪及視息陳其往瞽陛下若能哀其所請留心覽察
則臣夕殞于地無恨九泉少帝雖不能納亦不加譴
元嘉二年遂輕舟遊東陽時太祖雖當陽親覽而徐
羨之等猶秉重權泰復上表曰伏承廬陵王已復封

爵猶未加贈陛下孝慈天至友于過隆伏揆聖心已
自有在但司契以不唱爲高冕旒以因寄成用臣雖
言不足採誠不亮時但猥蒙先朝忘醜之眷復沾廬
陵矜顧之末息晏委質有蕪黨欵契濶戎陣顛倶艱
危厚德無報授令路絶此老臣蕪不能自已者也朽
謝越局無所逃刑泰諸局子禁之表竟不奏
張約之堂邑人前爲吉陽令廬陵王義眞既爲徐羨
之等所廢約之上疏諫曰臣聞仁義之在天下若中
原之有菽理感之被萬物無不繫於貴賤是以考叔
反悔誓於及泉壺闘復冤覔於湖邑也當斯之時豈
無尊卿賢輔哉或以事迫心遠或以道壅謀屈何嘗
不願聞善於輿隸與藥石於何氏哉臣雖草芥備充
黔首少不量力頗高殉義之風習蹈善於朝聞愈徒
生於白首用敢千禁忘戮披敘冊愚伏惟高祖武皇
帝誕茲神武撫運龍興仰青天步則齊德有虞附廊
九州則侔功大夏故處順天人享有萬國雖靈祚修
長聖躬弗永陛下繼明紹統遐邇一心藩王哲茂四
維寧謐傾耳康哉之詠企踵外平之風竊念廬陵王
少蒙先皇優慈之遇長受陛下穆愛之恩故在心必
言所懷必亮容犯臣子之道致招驕恣之愆至於天

資夙成寔有卓然之美宜在容養録善掩瑕訓盡義
方進退以漸今猥加剥辱幽徙遠郡上傷陛下棠棣
之篤下令遠近憫然失圖士庶杜口人爲身計臣伏
思大宋之興雖協應符籙而開基造次根條未繁宜
廣樹藩戚敦睦以道使兄弟之美比輝魯衛龜策告
同祚均七百豈不善哉陛下富於春秋慮未重復忽
安危之遠筭肆不忍於一朝特願留神九思重加詢
採上考前代興亡之由中存武皇締搆之業下顧蒼
生顒顒之望特開曲宥反王都邑選保傅於舊老求
四友於髦俊引誘情性導達聰明凡人在若皆能自

厲況王質朗心聰易加訓範且中賢之人未能無過過貴自改罪願自新以武皇之愛子陛下之懿弟豈可以其一眚長致淪棄哉謹昧死詣闕伏地以聞惟願冊誠一經天聽退就斧鑊無愧地下矣書奏以約之爲梁州府參軍尋又見殺

何尚之爲尚書右僕射時文帝行幸還多侵夕尚之表諫曰萬乘宜尊重不可輕此聖心所鑒豈假臣啓輿駕比出還多冒夜群情傾懼寔有未寧清道而動帝王成則古今深戒安不忘危若值汲黯辛毗必將犯顏切諫但臣等碌碌每存順默耳伏望少採愚誠

恩垂省察以慰四海之望優詔納之

扶令育爲龍驤參軍時彭城王義康出鎮豫章令育詣闕上表曰蓋聞哲王不逆切旨之諫以博聞爲道人臣不忌殲夷之罰以盡言爲忠是故周昌極諫馮唐面折孝惠所以克固諸嗣魏尚所以復任雲中彼二臣豈好逆主干時犯顏違色者哉又袁盎之諫孝文曰淮南王若道遇疾死則陛下有殺弟之名奈何文帝不用追悔無及臣草莽微臣竊不自揆敢抱葵藿傾陽之心仰慕周易匪躬之志故不遠千里願言命侶譴貢冊愚希垂察納伏惟陛下躬執大象首出萬物王化咸通三才必理闢天人之路開大道之門搜殊逸於巖穴招奇英於側陋窮谷無白駒之唱喬岳無遺賢之嗟羅飛翮於垂天網沉鱗於溟海況於彭城王義康先朝之愛子陛下之次弟哉一旦出削遠送南垂恩絕於內形隔於遠取離明主身放聖朝草萊黔首皆爲陛下痛之臣惟景平元嘉之釁幾於危殆三公託以興廢之宜寄懷不臣之計台輔伺隙於京甸強楚闚闞於上流或苞惡而窺國或顯逆而凌主有生之所惴恐神祇之所忿恚也賴宗社靈長廟筭流遠灑滌塵埃殄馘醜類氛霧時靖四門載清

肅之時義康豈不願參皇謀均比休咎哉且陛下舊楚形勝非親勿居遂以驃騎之號任以藩夏之重撫政南郢綏民遏寇播皇宋之澤以治幽荒陛下之潤被之九有豈有南荊之民沾渥而已焉遂召之以宰輔又宰之以和味既居三事又牧徐楊所以幽顯齊歎人神同忭莫不言陛下授之爲得義康受之爲是也今如何信疑貌之似闕兄弟之恩乎若有迷謬之愆可責之罪正可數之以善惡導之以義方且廬陵王往事足以知今此乃陛下前車之殷鑒後乘之靈龜也夫曾子之不殺人雖二告而猶織仁主之令範

也故詩云無信人之言人寔不信又云兄弟雖鬩不廢親也尚書曰克明峻德以親九族九族既睦可以親兄弟安可棄乎臣伏願陛下上尋往代黜廢之禍下惟近者讒言之釁廬陵王既申宽寃於后土彭城王亦弭疑懲於宋京此非徒皇代當今之計乃益良史萬世之美也且謟諛難辨是非易黷福始禍先古人之所畏故愛身之士身爲已計莫不結舌杜口孰肯冒忌干主哉臣以頑昧獨獻微管所以勤勤懇懇必許冊誡者寔恐義康年窮命盡奄忽於南遂令陛下有棄弟之責臣雖微賤竊爲陛下羞之況書言計

事之史豈能屈典謨而諂哉脫於臣應陛下恨之何益楊子雲曰獲福之大莫先於和穆遘禍之深莫過於内難每服斯言以爲誓戒矧今觀王室大事豈得韜筆默爾而已哉臣將恐天下風靡離間是懼遂令宇内還觀民庶草心欲致康哉實爲難也陛下徒云惡枝之宜伐豈悟伐柯之傷樹乃往古之所悲當今所宜改也陛下若蕩以平聽屏此猜情垂訊蒭蕘之謀曲察狂瞽之計一發非意之詔遠訪傳古之士遠召義康返于京甸兄弟協和君臣緝穆息宇内之機絶多言之路如是則四海之望塞讒說之道消矣何必司徒公揚州牧然後可以安彭城王哉若臣所啓遣愿於國爲非請即伏誅以謝陛下雖復分形赴鑊膏体烹屍始願所卅豈不幸甚表奏即收付建康獄賜死

蔡興宗爲侍中時孝武新年拜陵興宗負璽陪乘及還帝欲因以射雉興宗正色曰今致虔國陵情敬兼重從禽猶有餘日請待他辰帝大怒遣令下車用是失旨

張邵爲世子中軍參軍十四年武帝以世子鎮荊州邵諫曰儲貳之重四海所繫不宜處外敢以死請從

之

梁郭祖深爲後軍參軍時武帝溺情内教朝政縱弛祖深輿櫬詣闕上封事其略曰大梁應運功高百王慈悲既引憲律如替愚輩罔識悖慢斯作各競奢侈貪穢遂生頗黙陛下寵勲太過馭下太寬故廉潔者自進無途貪苛者取入多徑直弦者淪溺溝壑曲鉤者升進重沓飾口利辭競相推薦訥直守信坐見埋沒勞深勳厚禄賞未均無功側入反加寵擢昔宋人賣酒惡犬致酸陛下之犬其甚矣哉臣聞人爲國本食爲人命故禮曰國無六年之儲謂非其國也推此

而言農爲急務而郡縣苛暴不加勸奬今年豐歲稔人猶有饑色設遇水旱何以救之陛下昔歲尚學置立五館行吟坐詠誦聲溢於境比來慕法普天信向家家齋戒人人懺禮不務農桑空談彼岸夫農桑者今日濟育功德者將來勝因豈可墮本勤末置交效賒也今商旅轉繁遊食轉衆耕夫日少杼軸日空陛下若廣興屯田賤金貴粟勤農桑者擢以階級惰耕織者告以明刑如此數年家給人足廉讓則可生君子小人智計不同君子志於道小人謀於利志於道者安國濟人志於利者損物啚已逆惡者害國小人也

忠良者捍國君子也臣見疾者詣道士則勸奏章僧尼則令齋講俗師則鬼禍須解醫診則湯熨散丸皆先自爲也臣謂爲國之本與療病相類療病當去巫鬼尋華扁爲國當黜佞邪用管晏今之所任腹背之毛耳論外則有勉捨（徐勉周捨也）說內則有雲旻（范雲也旻失其姓）雲旻所議則傷俗盛法勉捨之志唯願安枕江東主慈臣怯息謀外甸使南中士女南望懷寃若賈誼重生豈不慟哭臣今直言犯顏罪或容宥而乖忤貴臣則禍在不測所以不憚昴鑊區區必聞者正以社稷計重而螻蟻命輕使言入身滅臣何所恨夫謀臣良將何代無之貴在見知要在用耳陛下皇基兆運二十餘載臣子之節諫諍是誰執事皆同而不和荅問唯唯而已入對則言聖旨宸衷出論則云誰敢逆耳過寔在下而謫見於上遂使聖皇降誠躬自引咎宰輔晏然曾無讓退且百僚卿士泳有奉公尸祿競利不尚廉潔累金積鏹侍列如仙不日不商何因而爾法者人之父母惠者人之仇讎法嚴則人思善德多則物生惡惡不可長欲不可縱伏願去貪濁進廉平明法令嚴刑罰禁奢侈薄賦斂則天下幸甚謹上封事二十九條伏願抑獨斷之明少察愚瞽時帝大

引釋典將以易俗故祖深尤言其事條以爲都下佛寺五百餘所窮極寵麗僧尼十餘萬貲產沃壤所在郡縣不可勝言道人又有白從尼則畜養女皆不貫人籍天下戶口幾亡其半而僧尼多非養女皆服羅紈其蠹俗傷法抑由於此請精加簡括若無道行四十已下皆使還俗附農罷自從養女聽畜奴婢唯著青布衣僧尼皆令蔬食如此則法與俗盛國富人殷不然恐方來處處成寺家家剃落尺土一人非復國有朝廷擢用勳舊爲三鄣州郡不顧御人之道唯以貪殘爲務迫脅良善害甚豺狼江湘人庶尤受其

獘自三關以外是處遭毒而此勳人投化之始但有一身被及任用皆募部曲而楊佘之人逼以衆役多投其募利其貨財皆虛名上簿送出三津名在遠役身歸鄉里又懼本屬簡問於是迯亡他境僑户之興良由此故又梁興已來發人征役號爲五三及投募將营主將無恩在卹失理多有物故輙利叛亡或有身殞戰場而名在叛目符下討捕稱爲逋叛録質家丁合家又叛則取同籍同籍又叛則取比伍比伍又叛則望村而取一人有犯則合村皆空雖肆眚時降蕩滌惟始而監符猶下舊日限以嚴程上任信下轉

相督促臺使到州州又遣押使至郡州郡競急切同趣下城令宰多庸才望風畏伏於是斂户課薦其箱使人納重貨許立空文有百里微欲矯俗則嚴科立至自是所在恣意貪利以事上官又請斷界首將生口入北及關津廢督須加糾擿又言盧陵年少不宜鎮襄陽左僕射上疏在喪被起爲吳郡固無辭讓其言深刻又請復郊四星帝雖不能悉用然嘉其直擢爲豫章鍾陵令員外散騎常侍

蕭介爲光祿大夫太清中侯景於渦陽敗走入壽陽高祖勅防默納之介聞而上表諫曰臣抱患私門竊聞侯景以渦陽敗績隻馬歸命陛下不悔前禍復勑容納臣聞凶人性不移天下之惡一也昔呂布殺丁原以事董卓終誅董而爲賊劉牢之反王恭以歸晉還背晉以搆妖何者狼子野心終無馴狎之性養獸之喻必見饑噬之禍侯景獸心之種鳴鏑之類以凶狡之才荷高歡翼長之遇位忝台司任居方伯然而高歡墳土未乾即還反噬逆力不逮乃復迯死關西宇文不容故復投身於我陛下前者所以不逆細流正欲以屬國降胡以討匈奴冀獲一戰之効耳今既亡師失地直是境上之匹夫陛下愛匹夫而棄與

國之好臣竊不取也若國家猶望其高鳴之晨歲暮之効臣竊惟侯景必非歲暮之臣棄鄉國如脫屣背君親如遺芥豈知遠慕聖德爲江淮之淳臣事跡顯然無可致惑一隅尚其如此觸類何可具陳臣朽老疾侵不應輙干朝政但楚襄將死有城郢之患衞魚臨亡亦有屍諫之節臣忝爲宗室遺老敢忘劉向之心伏願天慈少思苦口之語高祖省表歎息卒不能用

陳章華楨明初上書極諫其大略曰昔高祖南平百越北誅逆虜世祖東定吳會西破王琳高宗克復淮

南辟地千里三祖之功亦至勤矣陛下即位于今五年不思先帝之艱難不知天命之可畏溺於嬖寵惑於酒色祠七廟而不出拜妃嬪而臨軒老臣宿將棄之草莽諂佞讒邪昇之朝庭今疆埸日蹙隋軍壓境陛下如不改弦易轍臣見麋鹿復遊於姑蘇矣書奏後主大怒即日命斬之

後魏崔浩爲祭酒神瑞二年秋穀不登太史令王亮蘇垣因華陰公等言讖書國家當治鄴應大樂五十年勸明元遷都浩與特進周澹言於明元曰今國家遷都於鄴可救今年之饑非長久之策也東州之人

嘗謂國家居廣漠之地民畜無筭號稱牛毛之衆今留守舊都分家南徙恐不滿諸州之地參居郡縣處榛林之間不便水土疾疫死傷情見事露則百姓意沮四方聞之有輕侮之意屈丐蠕蠕必提挈而來雲中平城則有危殆之慮阻隔箕代千里之險須欲救援赴之甚難如此則聲實俱損矣今居北方假令山東有變輕騎南出燿威桑梓之中誰知多少百姓見之望塵震服此是國家威制諸夏之長策也至春草生乳酪將出兼有菜菓足接來秋若得一熟事則濟矣帝深然之曰唯此二人與朕意同復使中貴人問浩澹曰今既餬口無以至來秋或復不熟將如之何浩等對曰可簡下窮乏户諸州就穀若來秋無年願更圖也但不可遷都帝從之於是分民詣山東三州就食出倉穀以稟之來年遂大熟賜浩澹妾各一人御衣一襲絹五十疋緜五十斤

高允爲中書侍郎給事中熟善明性多機巧欲逞其能勸文成大起宮室允諫曰臣聞太祖道武皇帝既定天下始建都邑其所營立必因農隙不有所興今建國已久宮室已備永安前殿足以朝會萬國西堂溫室足以安御聖躬紫樓臨望可以觀望遠近若廣

修壯麗爲異觀者宜漸致之不可倉卒計斫材運土及諸雜役須二萬人丁夫充作老小供餉合四方人半年可訖古人有言一夫不耕或受其饑一婦不織或受其寒況數萬之衆其損廢亦以多矣推之於古驗之於今必然之効也此誠聖心所宜思量帝納之

張白澤爲雍州刺史時獻文詔諸監臨之官所監治受羊一口酒一斛者罪至大辟與者以坐論糾告得尚書以下罪狀者各隨所糾官輕重而授之白澤上表諫之曰伏見詔書禁尚書已下受禮者刑身糾之者代職伏惟三載考績黜陟幽明斯乃不易之令軌

百王之通式今之都曹古之公卿也皆挾羨萬機讚
徽百揆風化藉此而平治道由玆而穆且周之下士
尚有代耕況皇朝貴任而服勤無報豈所謂祖述堯
舜憲章文武者乎羊酒之罰若行不已臣恐姦人闚
望忠臣懈節而欲使事靜民安治清務簡至於委任
責成不亦難辯如臣愚量謂依律令舊法稽同前典
班祿酬廉斥去亂群嘗刑無赦苟能如此則升平之
軌朞月可望刑措之風三年必致矣獻文納之後爲
雍州刺史大和初懷州民伊祁苟初三十餘人謀反
將殺刺史文明皇后欲盡誅一城之民白澤諫曰臣

聞上天愛物之生明王重民之命故殺一人而取天
下仁者不爲且書云父子兄弟罪不相及今群凶肆
虐轘裂誅盡合城無辜奈何極辟不誣十室而況一
州或有忠焉或有仁者若淫刑濫及殺忠與仁斯乃
西伯所以歎息於九侯孔子所以迴輪於河上伏惟
聖德昭明殷鑒未諳前禮止迅烈之怒抑雷霆之威
則溥天知幸矣昔厲防民口卒滅宗姬文聽輿頌終
摧強楚願不以人廢言留神省察大后從之
陸馛爲選部尚書獻文將禪位於京兆王子推任城
王雲隴西王源賀等並皆固諫馛抗言曰皇太子聖
德承基四海屬望不可橫議千國之紀臣請刎頸殿
庭有死無貳久之帝意乃解詔曰馛直臣也其能保
吾子乎遂以馛爲太保與太尉源賀持節奉皇帝璽
綬傳位于孝文
李沖爲侍中孝文南伐加沖輔國大將軍統衆翼從
自發大都至於雒陽霖雨不霽仍詔六軍發軫孝文
戎服執鞭御馬而出群臣稽顙於馬首之前帝曰長
驅之謀廟筭已定今大將軍運公等更欲何云沖進
曰臣等不能折衝帷幄坐制四海而令南有竊號之
渠寔臣等之咎陛下以文軌未一親勞聖駕臣等誠

思亡軀盡命効死戎行然自京都淫雨士馬困弊前
路尚遙水潦方甚且伊雒境內水小猶尚致難況長
江浩汗越在南境若營舟檝必須停滯師老糧乏進
退爲難矜喪反旆於義爲允帝曰一同之意前已具
論卿等正以水雨爲難然天時頗亦可知何者夏既
炎旱秋故雨多去冬之初必當開爽比後十月閒若
雨猶不已此乃天也脫於此而晴行則無害古不伐
喪請諸侯同軌之國非王者統一之文已至於此何
容停駕沖又進曰今者之舉天下所不願唯陛下欲
之漢文言吾獨乘千里馬竟何至也臣有意而無其

辭敢以死請帝大怒曰方欲經營宇宙一同區域而卿等儒生屢疑大計斧鉞有常卿勿復言策馬將出於是大司馬安定王休兼左僕射任城王澄等並殷勤泣諫帝乃喻以遷都洛陽之意遂南伐

崔挺爲光州刺史時以犯罪配邊者多有逃越遂立重制一人犯罪逋亡合門充役挺上書以爲周書父子罪不相及天下善人少惡人多以一人犯罪延及合門司馬牛受桓魋之罰柳下惠嬰盜跖之誅豈不哀哉辭甚雅切孝文納之

成淹爲謁者僕射以遷都與家累至雒陽行次靈丘

屬南齊遣使勑驛馬徵淹車駕濟淮淹於路左請見孝文竚駕而進之淹曰蕭鸞悖逆幽明同棄陛下俯應人神按見江淚然敵不可小蜂蠆有毒而況國乎深願聖明保萬全之策詔曰前車之轍得不慎乎淹曰伏聞發雒已來諸有諫者解官奪職恐非聖明納下之義帝曰此是我命耳卿不得干於斧鉞淹曰昔文王詢於芻蕘晉文聽輿人之誦臣雖卑賤敢同匹夫帝優而容之詔賜絹百疋

高道悅爲諫議大夫兼御史中尉留守雒京時宮極初基廟庫未構孝文將水路幸鄴已詔都水廻營構之才已造舟楫道悅表諫曰臣聞傳納輿言君上之崇務箴規輔正臣下之誠節是以置鼓設榜爰自曩日虛襟傳聽義屬今辰臣既昧眷濫蒙榮貫司無獻纇職當無否佩遇恩華願陳聞見竊以都作營構之材部別科擬素有定所工治已訖廻付都水用造舟艫闕永固居宇之功作暫時遊嬉之用損耗殊倍終爲棄物且子來之誠本期營起今不修繕舟檝更爲非務公私徊惶僉深怪愕又欲御泛龍舟經由石濟其沿河挽道久以荒蕪舟楫之人素不便習若欲委棹正流深薄之危古今共慎若欲挽牽取進授衣之

月裸形水陸恐乖視人若子之義且鄴雒相望陸路平直時乘沃若往來匪難更乃捨周道之安即涉川之殆此乃愚智等慮朝野俱惑進退伏思不見其可又從駕群僚聽將妻累舟揖之間更無限隔士女雜亂內外不分當今景御休明惟新式度又氐胡犯順玉帛未恭西戎內侵介胄仍襲南寇紛擾對接近畿蠻民踈戾每造不軌闚闟間隙或生慮外愚謂應妙選懿親撫寧後事令姦回息覬覦之望邊寇絕闚疆之心臣稟性愚直知而無隱區區冊裹冒昧以聞詔曰省所上事深見乃心但卿之立言半非矣當須陳

非以示謬稱是以彰德然後明所以而不用有由而
爲之不爾則未相體耳廻材都水暫營嬉遊終爲棄
物修繕非務舟檝無限士女雜亂此則卿之失辭矣
浮薄之危撫後之重斯則卿之得言也於是孝文遂
從陸路
盧淵爲散騎常侍孝文議伐齊淵表曰臣誠識不周
覽頗尋篇籍自晋以前承平之世未有皇輿親御六
軍決勝行陣之間者勝不足爲武弗勝有虧威德明
千鈞之弩不爲鼷鼠發機故也昔魏武以弊卒一萬
而袁紹土分胡鋭以步兵三千而苻軍瓦解勝負不

由衆寡成敗在於須臾若用田豐之謀則坐制孟德
矣 益德 張飛字 魏既并蜀迄于晋世分有江水居其上流
大小勢殊德政理絶然猶君臣協謀垂數十載孫皓
暴戾上下携爽水陸俱進一舉始克今蕭氏以蔓殺
之燼政虐役繁又支屬相屠人神同棄吳會之民延
踵皇澤正是齊軌之期一同之會若大駕南巡必左
衽草面閩越倒戈其猶運山壓卵有征無戰然愚謂
萬乘親戎轉漕難繼千里饋糧士有饑色大軍之後
必有凶年不若命將簡鋭盪滌江右然後鳴鑾巡省
告成東岳則天下幸甚率土戴賴臣又聞流言關右

之民自比年以來競設齋會假稱豪貴以相扇惑顯
然於衆坐之中以謗朝廷無上之心莫此之甚愚謂
宜速懲絶其魁帥不爾懼成黄巾赤眉之禍育其微
萌而不詔之毫末斧斤一加恐蹈害者衆臣世奉皇
家義均休戚誠知干忤之愆寔深然不忠之罪莫大
詔曰至德雖一樹功多途三聖殊文五帝異律或張
或弛豈必相因遠惟承平之主所以不親旆五戎者
蓋有由矣英明之主或以同軌無征守庸之君或志
在優伐今若喻之英皇時非昔類比之庸后意有恧
焉脱元極之尊本不宜駕二公之徒革輅之義寧非

爲且曹操勝袁蓋由德義内舉苻堅瓦解當緣立政
未至定非弊卒之力強一萬之衆寡也今則驅先天
之駕用仁義之師審觀成敗庶免斯咎長江之阻
未足可憚踰紀之略亦復何尚洞庭彭蠡竟殷固奮
臂一呼或成漢業經略之義當付之臨機足食之籌
望寄之蕭相將希混一豈好輕動利見之事何得委
人也又水旱之運未必由兵堯湯之難詎因興旅頗
豐之後雖静有之關左小紛已勑禁勒流言之細曷
足以紆大功深録誠心勿恨不相遂耳
陸叡爲尚書令太和十九年叡表曰臣聞先天有弗

違之略後天有順時之規今蕭鸞盜有名自竊據江左惡盈罪稔天人棄之取亂攻昧誠在茲日愚以長江浩蕩彼之巨防可以德招難以力屈南土昏霧暑氣鬱蒸師人經夏必多疾病而昇遷草創庶事甫爾臺省無論政之館府寺靡聽治之所百寮居上事等行路況雨炎陽自成癘疫且兵徭並舉聖王所難今介胄之士外攻讎寇羸弱之夫內勤土木運給之費日損千金驅罷敝之兵討堅城之虜將何以取勝乎陛下往冬之舉正欲耀武江漢示威衡湘自春幾夏理宜精甲顧纛旋卷旆爲持久之方崇成帝居浮重

本之固聖懷無內念之虞兆庶休斤板之役循理華區觀風維浦然後簡英略之將任猛毅之雄南取荊袞據其要府則梁秦以西覩機自服撫附振威自麾東指則義陽以左馳聲可制然後布仁化以綏近播恩施以懷遠凡在有情孰不思奮還遣慕德之人效其餘力乘流而赴勢勝萬倍蔑爾閩區敢不稽顙豈必茲年競斯寸尺惟願固存近軌納降而施不紆鑾輿久臨炎暑帝從之

崔光爲太常卿宣武正始元年夏有典事史元顯獻四足四翼鷄詔散騎侍郎趙邕以問光光表荅曰臣謹按漢書五行志宣帝黃龍元年未央殿輅軨中雌鷄化爲雄冠毛變化而不鳴不將（將謂率領其群也）無距元帝初元中丞相府史家嶋鷄伏子漸化爲雄冠距鳴將永光中有獻雄鷄生角劉向以爲鷄者小畜主司時起居人（至時而鳴以爲人起居之節）小臣執事爲政之象也言小臣將秉君威以害政事猶石顯也竟寧元年石顯伏辜此其效也靈帝光和元年南宮寺雌鷄化爲雄一身毛皆似雄但頭冠尚未變詔以問議郎蔡邕對曰貌之不恭則有雌雄禍臣竊推之頭爲元首人君之象也今鷄一身已變未至於頭而上知之是將有

其事而不遂成之象也若應之不精政無所改頭冠或成爲患滋大是後張角作亂稱黃巾賊遂破壞四方疲於賦役民多叛者上不改遂至天下大亂今之鷄狀雖與漢不同而其應頗相類矣向邕並博達之士考物驗事信而有證誠可畏也臣以邕言推之翅足衆多亦群下相扇助之象雛而未大脚羽差小亦其勢尚微易制御也臣聞災異之見皆所以示吉凶明君覩之而懼乃能招福闇主視之彌慢所用致禍詩書春秋秦漢之事多矣此陛下所覩者也今或有自賤而貴關預政事殆亦前代君房之匹比者南境

死亡千計白骨橫野存有酷恨之痛殁爲怨傷亡塊義陽屯師盛夏未反荆蠻役徭征人疫次東州轉輸往多無還百姓困窮絞縊以殞北方霜降蠶婦輟事群生憔悴莫甚於今此亦賈誼哭歎谷永切諫之時同兇行戮君爲之不舉陛下爲民父母所宜矜卹國重戎戰用兵猶火内外恐怨而易以亂離陛下繼欲忽天下豈不仰念太祖取之艱難先帝經營劬勞也誠願陛下留聰明之鑒警天地之意禮處左右節其貴越往者鄧通董賢之盛愛之正所以害之又躬饗如罕晏宗或闕時應親肅郊廟延敬諸父簡訪四方

務加休息愛發慈旨撫鎮貧瘼簡費山池減徹聲妓畫存政道夜以安身惇採芻蕘進賢出佞則兆庶幸甚妖珥廢集矣宣武見之大悅後數日而茹皓等並以罪失伏法於是光愈重正始二年八月光表曰二十八日有物出於太極之西序勑以示臣臣按其形即莊子謂蒸成菌者也又云朝菌不知晦朔蟬門周所稱磨蕭斧而伐朝菌皆指言蒸氣鬱長非有根種柔脆之質彫殞速易不言旬月無擬斧斤又多生墟落穢濕之地罕起殿堂高華之所今棟宇崇麗墻築工密糞朽弗加沾濡不及而茲菌欻構厥狀扶疎誠足異也夫野木生朝野鳥入廟古人以爲敗亡之象然懼災修德者咸致休慶所謂家利而怪先國興而妖豫是故桑穀拱庭太戊以昌雊雉集鼎武丁用熙自比鵶鵲巢于廟殿梟服鳴于宫寢菌生賓階軒坐之正准諸往記信可爲誠且南西未靜兵革不息郊甸之内大旱跨時民勞物悴莫此之甚承天子育者所宜矜恤伏願陛下追殷二宗感變之意側躬聳誠惟新聖道節夜飲之忻強朝御之膳養方富之年保金玉之性則魏祚可以永隆皇壽等於山岳爲中書令永平元年秋將刑元愉妾李氏群官無敢言者勑

光爲詔光逡巡不作奏曰伏聞當刑元愉妾李加之屠割妖惑扇亂誠合此罪但外人竊云李今懷妊例待分產且臣尋諸舊典兼推近事戮至刳胎謂之虐刑桀紂之主乃行斯事君舉必書義無隱昧酷而乖法何以示後陛下春秋已長未有儲體皇子襁褓至有夭失臣之愚識知無不言乞停李獄以俟育孕宣武納之

李平爲河南尹宣武將幸鄴平上表諫曰伏見已丑詔書雲軒鑾輅行幸有期鳳服龍驂鹽梅之相濟郗奚云叔向之賢可及世而康不免其身寔可嗟惜未

幾康除龍驤將軍平州刺史高謙之爲河陰令舊制
二縣令得面陳得失時佞幸之輩悪其有發聞遂共
罷奏謙之乃上疏曰臣以無庸謬宰神邑寔思奉法
不撓稱是官方酬朝廷無貲之恩盡人臣守器之節
但豪家支屬戚里親媾縲紲所及舉目多是皆有盜
憎之色咸起恁上之心縣令輕弱何能克濟先帝昔
發明詔得使面陳所懷臣亡父先帝臣崇之爲雒陽
令甞得入奏是非所以朝貴斂手無敢干政近日已
來此制遂寢致使神宰威輕下情不達今二聖遠遵
堯舜憲章高祖愚臣亦望策其駑蹇少立功名乞親

舊典更明往制庶姦豪知禁頗自屏心詔曰此啓深
會朕意付外量聞謙之又上疏曰臣聞夏德中微少
康成克復之主周道將廢宣王立中興之功則知國
無甞安世無甞弊唯在明主所以變之有萬化之道
耳自正光已來邊城屢擾命將出師相繼於路軍費
戎資委輸不絕至如弓格賞募咸有出身槊刺斬首
又蒙階級故四方壯士願征者多各各爲己公私兩
利若使軍柄付得其人賞勳不失其寔則何賊不平
何征不捷也諸守帥或非其才多遣親者妄稱入募
別倩他人引弓格鬭虚受征官身不赴陣唯遣奴客
充數而已對寇臨敵曾不彎弓則是正爵虚加征夫
多闕賊虜何可殄除忠良何以勸誡也宜近習侍臣
戚屬朝士請託官曹擅作威福如有清身奉法不爲
回者咸共譖毀橫受罪罰在朝顧望誰肯申聞蔽上
擁下虧風敗政使讒諂甘心忠讜息議况且頻年以
來多有徵發民不堪命動致流離苟保妻子競逃王
役不復顧其桑井憚此刑書正由還有必困之理歸
無自安之路若聽歸其本業徭役微甄則還者必衆
墾田增闢數年之後大獲課民今不務以理還之但
欲嚴符切勒臣恐數年之後走者更多安業無幾故

有國有家者不患民心不歸唯患政之不立不恃敵
不我攻唯恃吾不可侮此乃千載共遵百王一致且
琴瑟不韻知音改弦更張騑驂未調善御執轡成組
諺云迷而知反得道不遠此言雖小可以喻大陛下
一日萬幾事難周攬元凱結舌莫肯明言臣雖庸短
世受榮祿竊慕前賢匪躬之義不避斧鉞之誅以希
一言之益伏垂覽察略加推採使朝章重舉軍威更
振海内起惟新之歌天下見復禹之績則臣奏之後
笑入下泉靈大后得其疏以責左右近侍寵要者由
是疾之乃啓大后云謙之有學藝宜在國學以訓冑

子詔從之除國子監傳士

孫紹爲右軍將軍乂之爲徐兗和羅使還朝大陳軍國利害不報紹表曰臣聞文質相用治道以之緝熙汙隆得時人物以之通濟故能事㣲三靈仁洽九服伏惟陛下應靈踐祚中明炤物宰輔忠純伊霍均美既致昇平之基應成無爲之業而漠北叛命隴右冦逆中州驚擾民庶竊議其故何哉皆由上法不通下情怨塞故也臣雖愚短具鑒始末往在代都武質而治安中京以來文濟而政亂故臣昔於大和極陳得失具論四方華夷心動高祖垂納又應可尋延昌正

光奏疏頻上主者収録不蒙報問即日事勢乃至於此盡徹臣豫陳之驗今東南有僣號之豎西北有逆命之冦豈得怨天寔尤人矣臣今不憂荒外正慮中幾急須改張以寧其意若仍持疑變亂辤作肘腋一垂大事去矣然臣奉國四世欣慼是同但職在冗散不関樞密寧濟之計欲陳無所可謂經綸甚多無機可織夫天下者大器也一正難傾一傾難正當今之危躡足之急臣俻肉食痛心無已泣血上陳願垂採緣若得言參執事献可替否冦逆獲除社稷稱慶雖死如生犬馬情畢紹性抗直每上封事常至懇切不憚犯忤但天性疎脫言乍高下時人輕之不見採納

張普惠爲諫議大夫表論時政得失一曰審法度平斗尺租調務輕賦役務省二曰聽輿言察怨訟先皇舊事有不便於政者請悉追改三曰進忠謇退不肖任賢勿貳去邪勿疑四曰興滅國繼絕世勲親之裔所宜收叙書奏孝明靈大后引普惠於宣光殿隨事難詰延對移時令曰寧有先皇之詔一時翻改普慧俛俛不言令曰卿似欲致諫故以左右有人不肯苦言朕爲卿屏左右卿其盡陳之對曰聖人之養庶物愛之如傷況今二聖纂承洪緒妻承夫子承父夫父

之不可安然仍行豈先帝傳委之本意仰惟先帝作事或有司之謬或權時所行在後以爲不可者皆追而正之聖上忘先帝之自新不問理之伸屈一皆抑之豈蒼生黎庶所仰望於聖德太后曰小小細務一一翻動更成煩擾普惠曰聖上之養庶物若慈母之養赤子幾臨危墜將赴水火以煩勞而不救豈赤子所望於慈母太后曰天下蒼生寧有如此苦事普惠對曰天下之親懿莫重於太師彭城王然遂不免枉死微細之苦何可得無太后曰彭城之苦吾以封其三子何足復言普惠曰聖后封彭城之三子天下莫

不欣然至德知慈德之在上臣所以重陳者凡如此
枉乞垂聖察太后曰卿云興滅國繼絕世滅國絕世
竟復誰是普惠對曰昔淮南逆終漢文封其四子蓋
骨肉之不可棄親親故也竊見故大尉咸陽王冀州
刺史京兆王乃皇子皇孫一德之虧自貽悔戾沉淪
幽壤緬焉弗收豈是興滅繼絕之意乞收葬二王封
其子孫愚臣之願太后曰卿言有理朕深識之當命
公卿博議此事又靈太后父司徒胡國珍薨贈相國
太上秦公普惠以前世后父無太上之號詣闕上疏
陳其不可左右畏懼莫敢爲通會聞胡家穿壙下聞

有磐石乃密表曰臣聞優名寳位王者之所光錫尊
君愛親臣子所以慎終必使勳績相侔號秩相可然
後能顯揚當時傳徽萬代者矣竊見故侍中司徒胡
公懷道含靈寔誕聖后載育至尊母儀四海近樞克
唯允之寄居槐體論道之明故以功餘九錫褒假鑾
纛深聖上之加隆極慈后之至愛憲章天下不亦可
乎而太上之號竊謂未衷何者易稱天尊地卑乾坤
定矣故曰大哉乾元又曰至哉坤元明乾坤不可並
大禮記曰天無二日民無二王嘗禘郊社尊無二上
明君不可並上伏見詔書以司徒爲太上秦公夫人
爲太上秦君夫人嘗號於前司徒繫之於後尊光之
美盛矣竊惟高祖受禪於獻文皇帝故仰尊爲太上
皇皆因上上而生名也皇太后稱令以繫敕下蓋取
三從之道遠同文母列於十亂則司徒之爲太上恐
乖繫敕之意春秋傳曰葬稱公臣子辭明不可復加
上也書曰茲予大饗於先王爾祖其從與饗之司徒
位尊屬重必當配饗先朝稱太上以爲臣以事太上
皇恐非司徒翼翼之心漢祖剏有天下尊父曰太上
皇毋曰昭靈后乃帝者之事晉有小子侯尚曰僭之
於天子司徒三公也其可同號於帝乎孔子曰必也

正名乎名不正則言不順言不順則事不成事不成
則禮樂不興禮樂不興則刑罰不中刑罰不中則民
無所措手足易曰有大者不可以盈故受之以謙謙
尊而光卑而不可踰天道虧盈而益謙地道變盈而
流謙鬼神害盈而福謙人道惡盈而好謙又困於上
者必反於下故受之以井比剋吉定兆而以踐攺卜
群心悲惋亦或天地神靈所以垂至戒啓聖情伏願
聖后迴日月之明察微臣之請停司徒逼同之號從
卑下不踰之稱畏困上之監邀謙光之福則天下幸
甚臣聞見災修德災變成善此太戊所以興殷桑穀

以之自滅況今卜遷方始當修葺之會愚以爲無上之名不可假之胱識於千載恐貽不言之咎且君之於臣比莽三臨之禮也司徒誠爲后父寔人臣也雖子尊不加於父乃天下毋以義斷恩不可遂在室之意故曰女子有行遠父母兄弟況乃應坤之載承天之重而朔望於司徒之殯晨昏於郊墓之間雖聖恩烝烝其不虞冝戒離宸極之嚴居疲雲蹕於道路此於億兆蒼生瞻仰失圖伏願尋載馳之不歸存靜方之光大則草木可繁人靈斯穆臣職忝諫司敢献狂瞽謹昌死上聞不敢宣露乞垂省覽昭臣微欵胱得

奉謁聖顔曲盡愚衷者死且不朽太后覽表親至國珍宅召集王公公座卿尹及五品以上博議其事遣使召普惠與相問答又令侍中阮文中嘗侍賈璨監觀得失任城王澄問普惠曰漢高祖作帝尊父爲太上皇今聖母臨朝贈父太上公求之故寔非爲無據且君舉作則何必修舊對曰天子稱詔太后稱令故周臣十亂文母預焉仰思所難竊謂非疋澄曰前代太后亦有稱詔聖母自欲存謙光之義故不稱耳何得以詔命之别而廢嚴父之孝對曰后父太上自昔未有前代母后豈不欲尊崇其親王何以不遠謨古義而近順今旨未審太后何故謙於稱詔而不謙於太上竊願聖后終其謙光大傅清河王懌曰昔在僭晉褚氏臨朝殷浩遺褚褒書曰足下今之太上皇也況太上公而致疑對曰褚褒以女輔政辭不入朝淵源識其不恭淵源殷浩字故有太上之刺本稱其非不記其是不謂殿下以此賜難侍中崔光曰張生表中引晉有小子侯出自鄭注非爲正經對曰雖非正經之文然述正經之旨公好古習禮復同斯難御史中丞尉元康因謂崔光曰張表云晉之小子侯以號同稱僭今者太上公名同太上皇比晉小子義似相類但

不學不敢辨其是非普惠對曰中丞既疑其是不正其非豈所望於三獨尚書崔亮曰諫議所見正以太上之號不應施於人臣然周有太公尚父亦無二名人臣尊重之稱固知非始今日普惠對曰尚父者有德可尚太上者上中之上名同義異此亦非並亮又曰古有文王武王亦有文子武子然則太上皇太上公亦何嫌其同也普惠對曰文武者德行之迹故迹同則謚同太上公者尊極之位豈得通施於臣下廷尉少卿袁飜曰周官上公九命上大夫四命命數雖殊同爲上何必上者皆是極尊普惠厲聲訶飜曰禮

者上卿上士何止大夫歟公但令所行以太加上二名雙舉不得非極雕蟲小藝微或相許至於此處豈卿所及讌甚有慚色默不復言任城王澄曰諫諍之體各言所見至於用捨固在應時卿向答袁氏聲何太厲普惠對曰所言若是宜見採用所言若非懼有罪及是非須辨非爲苟競澄曰朝廷開不諱之門以廣忠言之路卿今意在向義何云乃虞罪罰議者咸以太后當朝志相崇順遂奏曰張普惠辭雖不屈然非臣等所同渙汗已流請依前詔太后復遣阮文賈瑑宣令謂普惠曰朕向召卿與群官對議往復既終

皆不同卿表朕之所行孝子之志卿之所陳忠臣之道群公已有成議卿不得苦奪朕懷後有所見勿得難言普惠於是拜令辭還犳普惠被召傳詔馳騁騶馬來甚迅速佇立催去普惠諸子憂怖流涕普惠謂曰我當休明之朝掌諫議之職若不言所難言諫所難諫便是唯唯曠言尸禄人生有死死得其所夫復何恨然朝廷有道汝輩勿憂及議罷旨勞還宅親故賀其幸甚

元昭業爲諫議大夫孝莊將畋雒南昭業叩馬諫止帝避之而過

卷終

冊府元龜

巡按福建監察御史臣李嗣京　訂正

知長樂縣事臣夏允彝叅閲

知建陽縣事臣黄國琦較釋

諫諍部二十

直諫第九

北齊王紘字師羅爲奉朝請頗爲文宣所知待帝嘗與左右飲酒曰快哉大樂紘對曰亦有大樂亦有大苦帝曰何爲大苦紘曰長夜荒飲不寤亡國破家身死名滅所謂大苦帝默然後責紘曰爾與紇奚舍樂

同事我兄弟舍樂既死爾何爲不死紘曰君亡臣死自是常節但賊竪力薄斫轉故臣不死帝使燕子獻反縛紘長廣王捉頭帝手刃將下紘呼曰楊遵彦崔季舒逃走避難位至僕射尚書冒危効命之士反見屠戮曠古未有此事帝投刀於地曰王師羅不得殺遂捨之

高德政爲尚書右僕射兼侍中與尚書令楊愔綱紀政事多有引益文宣末年縱酒酣醉所爲不法德政屢進忠言後召德政飲不從又進言曰前諫陛下道我舉休今乃甚於既往其若社稷何其若太后何帝不悦

後周柳慶爲尚書右丞太祖嘗怒安定國臣王茂將殺之而非其罪朝臣咸知而莫敢諫慶乃進曰王茂無罪奈何殺之太祖愈怒聲色甚厲謂慶曰王茂當死卿若明其無罪亦須坐之乃執慶於前慶辭氣不撓抗聲曰竊聞君有不達者爲不明臣有不諍者爲不忠慶謹竭愚誠實不敢愛死但懼公爲不明之君耳願深察之太祖乃悟而赦茂已不及矣太祖默然明日謂慶曰吾不用卿言遂令王茂寃死可賜茂家錢帛以旌吾過

樂運爲京兆丞宣帝嗣位葬訖詔天下曰除帝及六宫便議即吉運上疏曰三年喪自天子逹庶人先王制禮安可誣之禮天子七月而葬以俟天下畢至今葬期既促事訖便除文軌之内奔赴未盡隣境遠聞使猶未至若以喪服受弔不可既吉便凶如以玄冠對使未知此何禮進退無據愚臣竊所未安書奏帝不納帝既昏暴滋甚運乃輿櫬詣朝堂陳帝八失一曰内史御正職在弼諧須參議共治天下大尊比來小大之事多獨斷之堯舜至聖尚資輔弼况大尊未爲聖主而可專恣己心凡諸刑罰爵賞爰及軍國大

事請叅諸宰輔與共之二曰內作色荒古人重戒大尊矜臨四海惠德未洽先搜天下羡女用實後宮又詔儀同以上女不許輙嫁貴賤同惡聲溢朝野請姬媵非幸御者放還本族欲嫁女勿更禁之三曰天子未明求衣日旰忘食猶恐萬幾不理天下壅蔽大尊比來一入後宮數日不出所須聞奏多附內豎傳言失實是非可懼事由宦者亡國之徵請垂拱高視居外聽政四曰變故興常乃爲政之大忌嚴刑酷罪非致安之引規若罰無定制則天下皆懼政無常法則民無適從豈有削嚴刑之詔未及半祀尋即追改更

嚴前制政令不定乃至於斯今宿衛之官有一夜不直者罪至削除因而逃亡者遂便籍沒此則大逆之罪與十杖同科雖爲法愈嚴人情愈散一人心散尚或可止若天下皆散將如之何秦網密而國亡漢章疎而祚永請遵經典並依大律則億兆之民手足有所措矣五曰高祖斵雕爲朴本欲傳之萬世大尊朝夕趨庭親承聖旨豈有衰未踰年而遽窮奢麗成父義志豈其然乎請興造之制務從卑儉雕文刻鏤一切勿營六曰都下之民徭賦稍重必是軍國之要不敢憚勞豈容朝夕徵求唯供魚龍爛熳士民從役秖爲俳優角抵紛紛不已財力俱竭業業相顧無復聊生凡此無益之事請並停罷七曰近見有詔上書字誤者即治其罪假有忠讜之人欲陳時事凡有所短文字非工不容失身義無假手脫有殊謬便陷嚴科嬰徑尺之鱗其事非易下不諱之詔猶懼未來更加刑戮寧無鉗口大尊縱不能採誹謗之言無宜杜獻書之路請停此詔則天下幸甚八曰昔桑穀生朝殷王因之而獲福今立象垂誡此亦興周之祥大尊雖減膳撤懸未盡消譴之理誠願諮諏善道循布德政解兆民之慍引萬方之罪則天變可除鼎業方固大

尊若不革茲八事臣見周廟不血食矣帝大怒將戮之內史元巖救之獲免

元巖爲內史大夫宣帝嗣位爲政昏暴京兆郡丞樂運乃輿櫬詣朝堂陳帝八失言甚切至帝大怒將戮之朝臣皆恐懼莫有救者巖謂人曰臧洪同日尚可俱死其比干乎若樂運不免吾將與之俱斃詣閤請見於帝曰樂運知書奏必死所以不顧身命者欲取後世之名陛下若殺之乃成其名落其術內耳不如勞而遣之以廣聖度運獲免

隋王誼自高祖爲丞相以誼爲行軍元帥開皇初帝

將幸岐州諲諫曰陛下初臨萬國人情未洽何用此行帝戲之曰吾昔與公位望齊等一朝屈節爲臣或當恥愧是行也震揚威武欲以服公心耳諲笑而退劉行本開皇初爲諫議大夫簡較中書侍郎高祖嘗怒一郎於前笞之行本進曰此人素清其過又小帝不顧行本正當帝前曰陛下不以臣不肖令臣在左右臣言若是陛下安得不聽臣言若非當致之於理安得輕臣而不顧所言非私因置笏於地而退帝斂容謝之遂原所笞者

長孫平開皇中爲兵部尚書有人告大都督邴紹非

毁朝廷爲憒憒者高祖怒將斬之平進諫曰川澤納汙所以成其深山嶽藏疾所以就其大臣不勝志願陛下弘山海之量茂寬裕之德鄙諺曰不痴不聾未堪作大家翁此言雖小可以喻大邴紹之言不應聞奏陛下又復誅之臣恐百代之後有虧聖德帝於是赦紹因赦群臣誹謗之罪勿復以聞

梁毗爲大理卿位上開府時見左僕射楊素貴寵擅權百僚震慴恐爲國患因上封事曰臣聞臣無有作福臣之作福其害于而家凶于而國竊見左僕射越國公素幸遇愈重權勢日隆搢紳之徒屬其視聽忤意者嚴霜夏零阿旨者膏雨冬沐榮枯由其脣吻廢興俟其指麾所思皆非忠讜所進皆是親戚子弟布列兼州連縣天下無事容息異圖四海稍虞必非福始夫姦臣擅命有漸而來王莽資之於積年桓玄基之於易世而卒殄漢祀終傾晉祚季孫專魯田氏篡齊皆載典誥非臣億說陛下若以素爲阿衡臣恐其心未必伊尹也伏願揆鑒古今量爲處置俾洪基永固率土幸甚輕犯天顔伏聽斧鑕高祖大怒命有司禁止親自詰之毗極言曰素既擅權寵作威作福將領之處殺戮無道又太子及蜀王罪廢之日百僚無

不震悚唯素揚眉奮肘喜見容色利國家有事以爲身幸毗發言謇謇有誠亮之節高祖無以屈也乃釋之素自此恩寵漸疎

庾質爲太史令大業八年煬帝親伐遼東徵詣行在所至臨渝謁見帝謂質曰朕承先旨親事高麗度其土地人民纔當我一郡卿以爲尅否質對曰以臣管窺伐之可尅竊有愚見不願陛下親行帝作色曰朕今總兵至此豈未見賊而自退也質又曰陛下若慮損軍威臣猶願安駕住此命驍將勇士指受規模倍道兼行出其不意事宜在速緩必無功帝不悅曰汝

難行可住此也及師還授大史令九年復征高麗乂問質曰今復何如對曰臣實愚迷猶執前見陛下若親動萬乘糜費實多帝怒曰我自行不能尅直遣人去豈有成功也帝遂行既而禮部尚書楊玄感據黎陽反兵部侍郎斛斯政奔帝大懼而西還謂質曰卿前不許我行當爲此耳

樊子蓋大業十一年從駕汾陽宫至于鴈門車駕爲突厥所圍頻戰不利帝欲以精騎潰圍而出子蓋諫曰陛下萬乘之主豈宜輕脱一朝狼狽雖悔不追未若守城以挫其鋭四面徵兵可立而待陛下亦何所

慮及欲身自突圍因垂泣願暫停遼東之役以慰衆望躬親出慰撫厚爲勳格人心自奮不足爲憂帝從之其後援兵稍至虜乃引去納言蘇威追論勳格太重在斟酌蓋執奏不宜失信帝曰公欲收物情邪子蓋默然不敢對

趙才爲右衛大將軍大業末煬帝將幸江都才見四海亂離恐爲社稷之憂自以荷恩深重無容坐看亡敗於是入諫曰今百姓疲勞府藏空竭盜賊蜂起禁令不行願陛下還京師安兆庶臣雖愚蔽敢以死請帝大怒以才屬吏旬日帝意頗解乃令出之

唐孫伏伽高祖武德元年爲萬年縣法曹以三事上諫其一曰臣聞天子有諍臣雖無道不失於天下父有諍子雖無道不陷於不義故云子不可不諍於父臣不可不諍於君以此言之臣之事君猶子之事父故也隋後主所以失天下者何也止爲不聞其過當時非無直言之士由君不受諫自謂德盛唐堯功過夏禹窮侈極欲以恣其心天下之士肝腦塗地户口減耗盜賊日滋而不覺知者皆由朝臣不敢告之也向使煬帝修嚴父之法開直言之路選賢任能賞罰得中人人樂業誰能動搖者乎所以前朝好爲變更

不師古訓者止爲天下誇其咎辟以開今聖唐也陛下龍舉晉陽天下響應計不旋踵大位遂定陛下勿以唐得天下之易不知隋失之不難也陛下貴爲天子富有天下動則左史書之言則右史書之既爲竹帛所拘何可恣情不慎凡有蒐狩須順四時不可妄動陛下二十日龍飛二十一日有獻鷂雛者此乃前朝之弊風少年之事務何忽今日行之又聞相國參事盧牟子獻琵琶長安縣丞張安道獻弓箭頻蒙賞勞但普天之下莫非王土率土之濱莫非王臣陛下必有所欲何求而不得陛下所少者豈此物哉願

陛下察臣愚心則天下幸甚其二曰百戲散樂本非
正聲有隋末大見崇用此謂淫風不可不改近者大
常官司於人間借女婦裙襦五百餘具以充散妓之
服云擬五日於玄武門遊戲臣竊思審實損皇猷亦
非貽厥孫謀爲後代法也故書云無以小惡爲無傷
而不去恐從小至於大故也論語云放鄭聲遠佞人
又云樂則韶舞以此言之散妓定非功成之樂也如
臣愚見請並廢之則天下不勝幸甚其三曰臣聞性
相近而習相遠以其所好相染故也故書云與治同
道罔弗興與亂同道罔弗亡以此言之興亡在其所

與皇太子及諸王等左右群僚不可不擇而任之也
如臣愚見但是無德義之人及先來無賴家門不能
雝穆及好奢華馳騁獵射專作傳遊狗馬聲色歌舞
之人不得使親而近之也此等止可悅耳目備驅驟
至於拾遺補闕夬不能爲也臣歷窺往古下觀近代
至於子孫不孝兄弟離間莫不爲左右之人也願陛
下妙選賢才以爲皇子僚友如此即克隆盤石永固
維城矣高祖覽之大悅拜伏伽中書侍郎及平王世
充竇建德大赦天下既而責其黨與並令配遷伏伽
上表諫曰臣聞王言無戲自古格言去食存信傳諸
舊典故書云爾無不信朕不食言又論語云一言出
口駟不及舌以此而論言之出口不可不慎伏惟陛
下光臨區宇覆育群生率土之濱誰非臣妾綵綸一
發取信萬方使聞之者不疑見之者無惑也陛下今
月二日發雲雨之制光被黔黎無所間然公私蒙賴
既云常赦不免皆赦除之此非直赦其有罪亦是與
天下斷當許其更新以此言之但是赦後即便無事
因而王世充及建德部下赦後復配遷之此是陛下
自違天心欲遣下人莫爲取則若欲子細推尋逆城
之內人誰無罪故書云殲渠魁充等爲首渠魁尚免

脅從何辜且古人云蹠犬吠堯吠非其主在東都城
內及建德部下乃有與陛下積小故舊編髮友朋猶
尚有人敗後始至者此等豈亡陛下皆云被擁故也
以此言之自外疎者竊謂無罪人書云非知之艱行
之惟艱上古以來何代無君所以只稱堯舜之善者
何也直由爲天子者實難善名難得故也往者天下
未平威權須應機而作今四方既定設法須與人共
之但法者陛下自作之還須守之使天下百姓信而
畏之今自爲無信欲遣兆人君爲信畏故書云無偏
無黨王道蕩蕩無黨無偏王道平平賞罰之行達乎

貴賤聖人制法無限親踈如臣愚見世充建德下僞官經赦合免責情欲遷配者請並放之則天下幸甚又上表請置諫官高祖皆納焉貞觀元年轉大理少卿太宗嘗馬射伏伽上書諫曰臣聞千金之子坐不垂堂百金之子立不倚衡以此言之天下之主不可履險乘危明矣臣又聞天子之居也則禁衛九重其動也則出警入蹕此非直尊其居處乃爲社稷生靈之大計耳故古人云一人有慶兆民賴之臣竊聞陛下猶自走馬射帖娛悅近臣此乃無禁乘危竊爲陛下有所不取也何者一則非光史冊二則未足顯揚

又非所以導養聖躬亦不可以垂範後代此只是少年諸王所務豈得既爲天子今日猶行之乎陛下雖欲自輕其奈社稷天下何如臣愚見竊謂不可太宗覽之大悅褚亮武德初爲秦王文學高祖以寇亂漸平每冬畋狩亮抗表諫曰臣聞堯鼓納諫舜木求箴茂克昌之風致升平之道伏惟陛下應千祀之期拯百王之弊平一天下劬勞帝業旰食思政廢寢憂人用農隙之餘遵冬狩之禮獲車之所遊踐虞旗之所涉歷網惟一面禽止三驅縱廣成之獵士觀上林之手搏廻玉鑾而籍豐草引金陣而蒲平原盡心目之娛翫罝罘之樂發雕弓而追狡兎飛勁矢而摧高鳥斯固畋弋之常規而皇王之壯觀至於親逼猛獸臣竊惑之何者筋力驍悍爪牙輕捷弩一發未必挫其凶心長戟纔揮不能當其憤氣雖復孟賁抗左夏育居前卒然驚軼事生慮表如或奔赴林藪未填坑谷駭屬車之後犯官騎之清塵小臣怯懦私懷慄慄陛下以至聖之資垂將來之教降情納下無隔直言臣切逢明時遊宦藩邸身漸榮渥日用不知敢緣天造冒陳冊慮跪奏高祖納之

唐儉貞觀初自天策府長史遷民部尚書從幸雒陽

苑射猛獸儉見群豕突出林中太宗引弓四發殪四豕有一雄豕突及馬鐙儉投馬搏之太宗拔劍斷豕頭笑曰天策長史不見上將擊賊邪何懼之甚對曰漢祖以馬上得之不以馬上治之陛下以神武定四方豈復逞雄心於一獸太宗納之因爲罷獵

蘇世長武德中爲諫議大夫從幸涇陽校獵至高陵合圍是日獲禽獸於旌門高祖入御營顧臣曰今日畋樂乎世長進諫曰陛下遊獵薄廢萬機不滿十旬未爲大樂高祖色變既而笑曰狂態發邪又對曰爲臣私計則狂爲陛下國計則忠矣及突厥入寇武

功鄠縣多失户口是後下詔將武功較獵世長又諫曰突厥初入大爲民害陛下救恤之道猶未發言仍於其地又更畋獵非但仁育之心有所不足百姓供頓將何以堪高祖不納又嘗引之宴於披香殿世長酒酣進曰此殿煬帝之所作邪何雕麗之若此也高祖曰卿好諫似直其心實詐豈不知此殿是吾所造何須姦詭疑煬帝乎對曰臣實不知但見瓊宫瑶臺琉璃之瓦並非受命帝王愛民節用之所爲也若是陛下作此誠非所宜臣昔在武功幸嘗陪侍見陛下宅纔蔽風霜當于彼時亦以爲足今自隋之後民不

堪命數歸有道而陛下得之實爲懲其奢淫不忘儉約今既有天下而於隋宫之内又加雕飾欲撥其亂而可得乎高祖每優容之

李綱爲禮部尚書武德中高祖拜舞人安叱奴爲散騎侍郎既在朝列咸陪遊宴綱諫曰禮均工樂胥不得預於仕伍雖復才如子野妙等師襄皆終繼世不易其業故魏武帝欲使禰衡擊鼓先解衣服露體而擊之問其故對曰不敢以先生法服而爲伶人之衣也唯齊末高緯封曹妙達爲王安馬駒爲開府有國有家者以爲殷鑒今新定天下開大平之基起義功臣行賞未遍高才碩學猶滯草萊而先令舞胡致仕五品鳴玉曳組趨馳廊廡故非創規模貽子孫之道也高祖不納曰我已授之不可追矣

張行成爲給事中大宗嘗臨軒謂侍臣曰朕豈不能恣情慾取樂當年而勵節苦心卑宫菲食正爲蒼生爾我爲人主兼行將相之事豈不是奪公等名昔漢得蕭曹韓彭天下寧宴舜禹湯武有稷契伊呂四海乂安此事朕並兼行之成上書諫曰有隋失道天下沸騰陛下撥亂反正拯生人於塗炭何周漢君臣之所能擬陛下聖德含光規模弘遠雖文武之烈寔兼

將相臨朝對衆與其較量以萬乘至尊與臣下爭功哉臣聞天何言哉四時行焉又聞汝惟不矜天下莫與汝爭能汝惟不伐天下莫與汝爭功臣備員樞近非敢知獻替之事輒陳狂直伏待葅醢太宗深納之

魏徵武德末爲諫議大夫太宗即位數引入卧内訪以得失徵雅有經國之才性又抗直無所屈撓太宗常勞之曰卿所陳諫前後二百餘事非卿至誠奉國何能若是貞觀二年遷秘書監參預朝政七年代王珪爲侍中臣欽若等曰魏徵自爲秘書監參預朝政侍中專其宰輔諫諍門是年遜位拜特進知門下省事十一年上疏曰臣聞爲國之

甚必資於德禮君之所保唯在於誠信誠信立則下無二心德禮形則遠人斯格然則德禮誠信國之大綱在於父子君臣不可斯須而廢也故孔子曰君使臣以禮臣事君以忠又曰自古皆有死人無信不立文子曰同言而信信在言前同令而行誠在令外然則言而不行言不信也令而不從令無誠也不信之言無誠之令爲上則敗德爲下則危身雖在顛沛之中君子所不爲也自王道休明十有餘載威加海外萬國來庭倉廩日積土地日廣然而道德未益厚仁義未益博者何哉由乎待下之情未盡於誠信雖有

善始之勤未覩克終之美故也其所由來有漸非一朝一夕昔貞觀之始乃聞善若驚暨五六年間猶悅以從諫自茲厥後漸惡直言雖或勉强時有所容非復曩時之豁如也謇諤之士稍避龍鱗便佞之徒肆其巧辯謂同心者爲朋黨謂告訐者爲至公謂彊直者爲擅權謂忠讜者爲誹謗謂之朋黨雖忠信而可疑謂之爲至公雖矯僞而無咎彊直者畏擅權之議忠讜者慮誹謗之尤至於竊斧生疑投杼致惑正人不得盡其言大臣莫能與之爭熒惑視聽鬱於大道妨治損德其在茲乎故孔子惡利口之覆邦家蓋爲此也且君子小人貌同心異君子掩人之惡揚人之善臨難不苟免殺身以成仁小人不恥不仁不畏不義唯利之所在危人則何所不至今將求致此必委之於君子事有得失或訪之於小人其待君子也則敬而踈遇小人也必輕而狎狎則言無不盡踈則情不上通是則毀譽在於小人刑罰加於君子寔興衰之所在亦安可以不慎哉此乃孫卿所謂使智者謀之與愚者論之使修絜之士行之與汚邪之人疑之欲其成功得乎哉夫中智之人豈無小慧然才非經國慮不及遠雖竭力盡誠猶未免於傾敗況内懷姦

宄承顔順旨其患禍不亦深乎故孔子曰君子而或有不仁者焉未見小人而仁者也然則君子不能無小惡惡不積無妨於正道小人或時有小善善不積不足以立忠今謂之善人矣復慮其不有信何異夫立直木而疑其影之不直乎雖竭精神勞思慮其不可得亦已明矣夫君能盡禮臣得盡忠在於内外無私上下相信上不信則無以使下下不信則無以事上信之爲道大矣哉故自天祐之吉無不利昔齊桓公問於管仲曰吾欲使爵腐於酒肉腐於俎得無害於覇乎管仲曰此極非其善者然亦無害覇也公曰

何如而害霸乎管仲曰不能知人害霸也知而不能用害霸也用而不能任任而不能信害霸也既信而又使小人參之害霸也晉中行穆伯攻鼓經年而弗能下饋間倫曰鼓之得失間倫知之請忽疲士大夫而鼓可得穆伯不應左右曰不折一戟不傷一卒而鼓可得君奚爲不取穆伯曰間倫之爲人也佞而不仁若使間倫下之吾可以不賞之乎若賞佞人佞人得志是使晉之士捨仁而爲佞雖得鼓將何用之夫穆伯列國大夫管仲霸者之佐猶慎於信任遠佞避人也如此況乎爲四海之大君應千齡之上聖而可

使巍巍之盛德復將有所間然乎若欲令君子小人是非不雜必待之以信厲之以義節之以禮然後善善而惡惡審賞而明罰則小人絕其邪君子自彊不息無爲之化何遠之有善善而不能進惡惡而不能去罰不及於有罪賞不及於有功則危亡之期或未可保永錫祚胤將何望哉太宗手詔答之太宗嘗嫌上封者衆不近事實欲加黜責徵奏曰古者立誹謗之木欲聞己過今之封事謗木之流也陛下思聞得失祇可恣其陳道若所言衷則有益於陛下若無衷亦無損於國家太宗曰此言是也並勞而遣之

戴冑爲兵部尚書貞觀二年太宗將修雒陽冑諫曰關中河外近置軍團富室強丁並從戎旅重以九成作役餘丁尚盡去京二千里內先配司農將作假有遺餘勢何足紀亂離甫止户口單弱一人就役舉家便廢入軍者督其戎杖從役者責其糇糧盡室經營多不能濟以臣愚慮恐致怨嗟今丁役既盡賦調不入費用不止帑藏其虛且雒陽宮殿足蔽風雨數年功畢亦謂非晚若頓修營恐傷勞擾帝嘉之

張玄素爲給事中貞觀四年詔發卒修雒陽宮乾陽殿以備巡幸玄素上書曰微臣竊思秦始皇之爲君

也藉周室之餘六國之盛將貽之萬世及其子而亡良由逞嗜奔慾逆天害人者也是知天下不可以力勝神祇不可以親恃唯當弘儉約薄賦斂慎終如始可以永固方今承百王之末屬凋弊之餘必欲節之以禮制陛下宜以身爲先東都未有幸期即何須補葺諸王今並出藩又須營搆興發漸多豈疲人之所望其不可一也陛下初平東都之始層樓廣殿皆令撤毀天下翕然同心欣仰豈有初則惡其侈靡今乃襲其雕麗其不可二也每承音旨未即巡幸此則事不急之務成虛費之勞國無兼年之積何用兩都之

好勞役過度怨讟將起其不可三也百姓承亂離之後財力凋盡天恩含育粗見存立饑寒猶切生計未安三五年間恐未平復奈何營未幸之都奪疲人之力其不可四也昔漢高祖將都雒陽婁敬一言即日西駕豈不知地土中貢賦所均但以形勝不如關內也伏惟陛下化凋弊之人革澆漓之俗爲日尚淺未甚淳和斟酌事宜詎可東幸其不可五也臣又嘗見隋室造殿楹棟宏壯大木非隨近所有多從豫章採來二千人曳一柱其下施轂皆以生鐵爲之若用木輪即便大出鐵轂既生行一二里即有破壞仍數百

人別齎鐵以隨之終日不過進二三十里畧計一柱已用數十萬功則餘費又過於此臣聞阿房成秦人散章華就楚衆離及乾陽畢功隋人解體且以陛下今時功力何如隋日役瘡痍之人襲亡隋之弊以此言之恐甚於煬帝深願陛下思之無爲由餘所笑則天下幸甚太宗曰卿謂我不如煬帝何如桀紂對曰若此殿卒興所謂同歸於亂且陛下初平東都太上皇勑大殿高明並宜焚毀陛下以瓦木可用不宜焚灼請別與貧人事雖不行然天下翕然謳歌至德今若遵舊制節是隋役復興五六年間趨捨頓異何以昭示子孫光敷四海帝大悅謂房玄齡曰本修雒陽意在便於百姓今玄素上表實亦可依又事理須行露坐亦復何苦所修宜即停之

馬周爲監察御史貞觀六年上疏曰微臣每讀經史見前賢忠孝之事臣雖小人竊希大道而未嘗不綣卷長思想履其迹臣以不幸早失父母犬馬之養已無所施顧來事何爲者唯忠義而已是以徒步二千里而自歸於陛下陛下不以臣愚瞽過垂齒錄竊自瞻省無階答謝輙以微軀冊欵惟陛下所擇臣伏見大安宮在宮城之西其牆宇宮闕之制方之紫極尚

爲卑小臣伏以東宮皇太子之宅猶處城中大安至尊所居更在城外雖太上皇遊心道素志存清儉陛下重違慈旨愛惜人力而蕃夷朝見及四方觀者有不足焉臣願營築雉堞修起門樓務從高顯以稱萬方之望則大孝昭乎天下矣臣又伏見明勑以二月二日幸九成宮臣竊爲太上皇春秋已高陛下宜朝夕視膳而晨昏起居今所幸宮去京三百餘里鑾輿動軔嚴蹕經旬非以旦暮至也脫太上皇情或思感而欲即見陛下將何以赴之且車駕今行本爲避暑然則太上皇尚留熱所而陛下自逐凉處温清之道

臣竊未安然勑書既出業已成就願示速返之期以開衆惑臣又伏見詔書令宗室勳賢作鎮藩邸貽厥子孫嗣守其政非陛下封植之者誠愛之重之欲其裔嫡承守而與國無疆也臣以爲如詔旨陛下宜思所以安存之富貴之然則何用代官也何則以堯舜之父猶有朱均之子儻有孩童嗣職萬一驕愚兆庶被其殃而國家受其敗正欲絶之也則子文之治猶在正欲留之也而欒黶之惡已彰與其毒害於見存之百姓則寧使割恩於已亡之臣明矣然則向所謂愛之者乃適所以傷之也臣謂宜賦以茅土疇其户

邑必有材行隨器方授則雖其翰翮非彊亦可以獲免尤累昔漢光武不任功臣以吏事所以終全其代者良得其術也願陛下深思其事使夫得奉天恩而子孫終其福禄也臣又聞聖人之化天下莫不以孝爲基故曰孝莫大於嚴父嚴父莫大於配天又曰國之大事在祀與戎孔子曰吾不與祭如不祭是聖人之重祭祀也如此伏惟陛下踐祚以來宗廟之享未曾親事伏緣聖情獨以鑾輿一出勞費稍多所以恐其孝思以便百姓遂使一代之史不書皇帝入廟之事將何以貽厥孫謀垂則來世臣知大孝誠不在俎豆之間然聖人之訓人固有屈已以從物特願聖慈顯省愚款臣又聞致化之道在於求賢審官爲政之基在於揚清激濁故孔子曰唯名與器不以假人是言慎舉之爲重也臣伏見王長通白明達本自樂工輿皁雜類韋槃提斛斯正則更無他材獨解調馬縱使術踰儕輩伎能有取乍可厚賜錢帛以富其家豈得列預士流超授高爵遂使朝會之位萬國來庭騶子倡人鳴玉曳履與夫朝賢君子比肩而立同坐而食臣竊耻之然朝命既往縱不可追謂宜不使在朝班預於士伍大宗深納之尋除侍御史加朝散大夫

十一年周從幸雒陽又上疏曰臣歷觀前代自夏殷至漢氏之有天下傳祚相繼多者八百餘年少者猶四五百年皆爲積德累業恩結於人心豈無辟王賴前哲以免自魏晋以還降及周隋多者不過五六十年少者纔二三十年而亡良由創業之君不廣恩化當時僅能自守後無遺德可思傳嗣之主政教少衰一夫大呼而天下土分矣今陛下雖以大功定天下而積德日淺固當思隆禹湯文武之道廣施德化使恩有餘地爲子孫立萬代之基但令政教無失以持當年而已然自古明王聖主雖因人設教寬猛隨時

而大要唯以禮節於心恩加於人二者是務故其下愛之如日月畏之如雷霆此其所以卜祚遐長而禍亂不作也今百姓承喪亂之後比於隋時纔十分之一而供官徭役道路相繼兄去弟還首尾不絶遠者往來五六千里春秋冬夏略無休時陛下雖每有恩詔令其減省而有司作既不廢自然須人徒行文書役之如故臣每訪問四五年來百姓頗有嗟怨之言以爲陛下不存養之昔唐堯茅茨土階夏禹惡衣菲食如此之事臣知不可復行於今漢文帝惜百金之費輟露臺之役集上書囊以爲殿帷所幸慎夫人衣

不曳地至景帝以錦繡纂組妨害女功特詔除之所以百姓安樂至孝武帝雖窮奢極侈而承文景遺德故人心不動向使高祖之後即有武帝天下必不能全此於時代差近事迹可見今京師及益州諸處營造供奉器物并諸王妃主服飾議者皆不以爲儉臣聞昧旦丕顯後世猶怠作法於理其弊猶亂陛下少處人間知百姓辛苦前代成敗目所親見尚有如此而皇太子生長深宮不更外事即萬歲之後固聖慮所當憂也臣竊尋往代以來成敗之事但有黎庶怨叛聚爲盜賊其國無不即滅人主雖改未有重能安全者凡修政教當修於可修之時若事變一起而後悔之則無益者也故人主每見前代之亡則知其政教之所由喪而皆不知其身之失是知殷紂笑夏桀之亡而幽厲亦笑殷紂之滅隋煬帝大業之初又笑齊魏之失國今之視煬帝亦猶煬帝之視齊魏也故京房謂漢元帝云臣恐後之視今亦猶今之視古此言不可不誡也往者貞觀之初率土霜儉一匹絹纔得一㪷米而天下帖然百姓知陛下甚憂憐之故人自安曾無謗讟自五六年來頻歲豐稔一匹絹得粟十餘石而百姓皆以爲陛下不憂憐之咸有怨言又

今所營爲者頗多不急之務故也自古以來國之興亡不由積蓄多少唯在百姓苦樂且以近事驗之隋家貯雒口倉而李密因之東都積布帛王充據之西京府庫亦爲國家之用至今未盡向使雒口東都無粟帛則世充李密未必能聚大衆但貯積者固是有國家之常事要當人有餘力而後收之豈人勞而彊斂之更以資寇積之無益也然儉以息人貞觀之初陛下已躬爲之故今行之不難也爲之一日則下知之式歌且舞矣若人既勞矣而用之不息儻中國被水旱之災邊方有風塵之患狂狡因之以竊發則有

不可測之事非徒聖躬肝食宴寢而已古語云動人以行不以言應天以實不以文以陛下之明誠欲勵精爲政不煩遠採上古之術但及貞觀之初則天下幸甚昔賈誼謂漢文帝云可慟哭及長歎息者言當韓信王楚彭越王梁英布王淮南之時使文帝即天子位必不能安又言頼諸王年少傅相制之長大之後必生禍亂歷代以來皆以誼言爲是臣竊觀今諸將功臣陛下所與定天下者皆仰禀成規備鷹犬之用無威畧振主如韓彭之難駕馭者而諸王年並幼少縱其長大當陛下之日必無他心然即萬代之後

不可不慮自漢晉以來亂天下者何嘗不是諸王皆爲樹置失宜不預爲節制以至於滅亡人主熟知其然但溺於私愛故使前車既覆而後車不改轍也今天下百姓極少諸王甚多寵遇之恩有過厚者臣之愚慮不唯慮其恃恩驕矜也昔魏武帝寵陳思及文帝即位防守禁閉有同獄囚以先帝加恩太多故嗣王疑而畏之也此則武帝寵陳思適所以苦之也且帝子何患不富貴身食大國封户不少好衣美食之外更何所須而每年加別優賜曾無紀極里語云貧不學儉富不學奢言自然也今大聖創業豈唯處置見在子弟而已當制長久之法使萬代遵行又言臨天下者以人爲本欲令百姓安樂唯在刺史縣令縣令既衆不可皆賢若每州得良刺史則合境蘇息天下刺史悉稱聖意則陛下端拱巖廊之上百姓不慮不安自古郡守縣令皆妙選賢德欲有擢昇宰相必先試以臨人或從二千石入爲丞相今朝廷獨重内官縣令刺史頗輕其選刺史多是武夫勲人或京官不稱職方始出外而折衝果毅之内身材强者先入爲中郎將其次始補州任邊遠之處用任更輕其材堪宰蒞以德行見稱擢者十不能一所以百姓未安

殆由於此疏奏太宗稱善久之

虞世南爲秘書監貞觀九年詔獻陵制度准漢長陵故事務從隆厚程限既促功役勞敝世南上封事諫曰臣聞古之聖帝明王所以薄葬者非不欲崇言光顯珍寶具物以厚其親然審而言之高墳厚隴珍物畢備此適所以貽親之累非曰孝也是以深思遠慮安於菲薄爲長久萬代之計割其常情以定耳昔漢成帝造延長二陵制度甚厚功費甚多諫議大夫劉向上書其言深切皆合事理其畧曰孝文居霸陵悽愴悲懷顧謂群臣曰嗟呼以北山石爲椁用紵絮斮

陳漆其間豈可動哉張釋之進曰使其中有可欲雖錮南山猶有隙使其中無可欲雖無石槨又何戚焉夫死者無終極而國家有廢興釋之所言爲無窮計也孝文寤焉遂以薄葬又漢氏之法也人君在位三分天下貢賦以一分入山陵武帝歷年長久比葬陵中不復容物霍光暗於大體奢侈過度其後至更始之敗赤眉賊入長安破茂陵取物猶不能盡故聚斂百姓爲盜之用甚無謂也魏文帝於首陽東爲壽陵作終制其畧曰昔葬壽陵因山爲體無封樹無立寢殿園邑爲棺槨足以藏骨爲衣衾足以朽肉吾營此

不食之地欲使易代之後不知其處無藏金銀銅鐵一以瓦器自古及今未有不亡之國無不掘之墓喪亂以來漢氏諸陵無不發掘至乃燒取玉匣金鏤骸骨並盡乃不重痛哉若違詔妄有變改吾爲戮屍於地下死而重死不忠不孝使魂而有知將不福汝以爲永制藏之宗廟魏文此制可謂達於事矣向使陛下之德止如秦漢之君臣則緘口而已不敢有言伏見聖德高遠堯舜猶所不逮而俯與秦漢之君同爲奢泰捨堯舜殷周之節儉此臣所以尤戚也今爲丘隴如此其内雖不藏珍寶亦無益也萬代之後但見

高墳大墓豈謂無金玉邪臣之愚計以爲漢文霸陵既因山勢雖不起墳自然高顯今之所卜地勢即平不可不起宜依白武通所陳周制爲三仞之墳其方中制度事皆減少事竟之日刻石於陵側明立封大小高下之式明器所須皆以瓦木合於禮文一不得用金銀銅鐵使萬代子孫並皆遵奉一通藏之宗廟豈不美乎且臣下除服三十六日已依霸陵今爲墳隴又以長陵爲法恐非所宜伏願深覽古今爲久遠之慮臣之赤心唯願萬歲之後神道長安陛下孝名揚於無窮矣書奏不報世南又上疏曰漢家即位之

初便營陵墓近者十餘歲遠者五十方始成就今以數月之間而造數十年之事其於人力亦以勞矣又漢家大郡五十萬户即日人衆未及往時而工役與之一等此臣所以致疑也時公卿又上奏請遵遺詔務從節儉因下其事付所司詳議於是制度頗有減省焉太宗後頗好獵世南上疏諫曰臣聞秋獮冬狩蓋惟常典射隼從禽備乎前誥伏惟陛下因聽覽之餘承順天道殺伐將欲躬摧班掌親御皮軒窮猛獸之窟穴盡逸材之林藪夷凶翦暴以衛黎元收革擢羽用充軍器舉旗效獲式遵前古然黃屋之尊金輿

之貴八方之所仰德萬國之所係心清道而行猶戒
御蹕斯盖重慎防微爲社稷也是以馬卿直諫於前
張昭變色於後臣誠微物敢忘斯義且彫孤星畢所
殪已多頒禽賜獲皇恩亦溥伏願時息獵車且韜長
戰不拒芻蕘之請降納涓澮之流袒裼徒搏任之群
下則貽範百王永光萬代其有犯無隱多此類也太
宗以是益親禮之
姚思廉爲散騎常侍太宗將幸九成宮思廉進諫曰
陛下高居紫極寧濟蒼生應須以欲從人不可以人
從欲然則離宮遊幸此秦皇漢武之事非堯舜禹湯

之所爲也言甚切至太宗嘉言諭之曰朕有氣疾熱
便頻劇故非清好遊幸甚嘉卿意賜帛五十匹
劉仁軌爲樂陽縣丞貞觀十四年太宗欲幸同州較
獵仁軌上疏曰四時蒐狩前王常典事有沿革未必
因循今年甘雨應時秋稼甚盛盡力收穫月半猶未
畢功貧家無力禾下始宜種麥直據尋常科喚田家
已有所妨今既祗供頓事兼之修理橋道縱大簡略
動費一二萬工百姓收斂實爲狼狽臣願陛下少留
萬乘之尊垂聽一介之説退延旬日收刈總丁則人
盡閒暇家得康寧鑾駕徐動公私交泰上降璽書勞

之

冊府元龜

巡按福建監察御史臣李嗣京　訂正

知閩縣事臣曹冓臣參閱

知建陽縣事臣黃國琦較釋

諫諍部　二十一

直諫第十

唐褚遂良爲起居郎貞觀十五年詔有事泰山先幸雒陽有星孛于太微犯郎位遂良言於太宗曰陛下撥亂反正功超前烈將告成東嶽天下幸甚而行至雒陽彗星輙見此或有所未允合者也且漢武優柔

數年始行岱禮臣愚伏願詳擇太宗深然之下詔罷封禪之事其年遷諫議大夫太宗每月給魏王泰料物有踰於皇太子遂良上疏諫曰昔聖人制禮尊嫡卑庶謂之儲君道亞霄極其爲崇重用物不計泉貨財帛與王者共之庶子體卑不得爲例所以塞嫌疑之漸除禍亂之源而先王必本人情然後制法知有國家必有嫡庶然庶子雖愛不得超越嫡子正體特須尊崇如當親者疎當尊者卑則佞巧之姦乘機而動私恩害公或至亂國伏惟陛下功超邃古道冠百王發號施令爲世作法一日萬幾或未盡善臣職在諫諍無容靜默伏見儲君料物翻少魏王朝野見聞不以爲是傳曰臣聞愛子教之以義方忠孝恭儉義方之謂昔漢竇太后及景帝遂驕恣梁孝王封四十餘城苑方三百里大營宮室複道彌望積財鉅萬計出入警蹕小不得意發病死宣帝以驕恣淮陽憲王幾至於敗輔以退讓之臣僅乃獲免且魏王既新出閤伏願常存禮則言提其耳且示儉節自可在後月加歲增妙擇師傅示其成敗既敦之以謙儉又勸之以文學惟忠惟孝因而獎之道德齊禮乃爲良器此所謂聖人之教不肅而成者也太宗納其言遂良後

爲太子賓客時薛延陁遣使請婚太宗許以女妻之納其財聘既而不與遂良上疏曰臣聞信爲國本百姓所歸是以文王許枯骨而不遺仲尼寧去食而存信延陁曩歲迺一斥候耳值神兵北指蕩平沙塞狼山瀚海萬里蕭條陛下加兵諸外而恩起於内以爲餘寇奔波須立酋長璽書鼓纛立爲可汗其懷恩光仰天無極而餘方戎狄莫不聞知以共沐和風同飡恩信頃者頻年遣使請婚大國陛下復降洪私許其姻媾於是報吐蕃告思摩示中國五尺童子人皆知之於是御幸北門受其獻食于時百僚端笏戎夷在

祗虔奉歡宴皆承德音口歌手舞樂以終日百官會畢亦各有言咸以爲陛下欲得百姓安寧不欲邊境交戰遂不惜一女而妻可汗預在含生所以感德今一朝生進退之意有改悔之心臣爲國家惜茲聲聽君子失色於物不失口於人晉文公圍原命三日糧原不降命去之諜出曰原將降矣軍吏請待之公曰信國之寳也民之庇也得原失信何以庇之陛下慮生意表信在言前今者臨事忽然乖殊所惜者少所失滋多情既不通方生嫌隙一方所以相畏忌邊境不得無風塵西州朔方能無勞擾彼胡以主被欺而

必怨此主以主無信而懷慙不可以訓戎兵不可以勵軍事伏惟陛下以聖德神功廓清四表自君臨天下十有七載以仁恩而結庶類以信義而撫戎夷莫不欣然負之無力其見在之人皆思報厚德其所生息胤亦望報陛下子孫今者得一公主配之以成陛下之信有始有卒其惟聖人乎且又龍沙以北部落無筭中國緊之終不能盡亦由可汗敗芮芮興突厥亡延陁盛是以古人虚外寔内懷之以德爲惡在夷不在華失信在彼不在此伏惟陛下聖德無涯威靈遠震遂平高昌破吐渾立延陁滅頡利輕刑薄賦庶事無擁菽粟豐賤祥符累臻此則堯舜禹湯不及陛下遠矣伏願旁垂愷悌廣茲含育而冀奧絶域有意遠藩非偃伯興文之道非止戈爲武之義臣以庸暗忝居左右敢獻瞽言不勝戰懼時太宗欲親征討高麗顧謂侍臣曰高麗莫離支賊殺其主虐用其人夫出師吊伐當乘機便今因其殺虐誅之甚易遂良對曰陛下兵機神筭人莫能知昔隋末亂離手平寇亂及北狄侵邊西蕃失禮陛下欲命將擊之群臣莫不苦諫陛下獨斷進討卒並誅夷海内之人徼外之國畏威慴伏爲此舉也今陛下將興師遼東臣意熒惑

何者陛下神武不比前代人君兵既渡遼指期剋捷萬一差跌無以威示遠方若再發忿興兵則安危難測太宗深然之兵部尚書李勣曰近者延陁犯邊陛下必欲追擊此時陛下取魏徵之言遂失機會若如聖策延陁無一人生還可五十年間疆埸無事帝曰誠如卿言由魏徵誤計耳朕不欲以一計不當而尤之後有良筭安肯矢謀由是從勣之言經畫渡遼之師遂良以太宗鋭意三韓懼其遺悔翌日上疏諫曰臣聞有國家者譬諸身兩京等於心腹四境方乎手足他方絶域若身外臣近於坐下伏奉口勑布語臣

下云自欲伐遼臣數夜思量不達其理高麗王爲陛下之所立莫離支輙殺其主陛下討逆收地斯實承機闕東頼陛下德澤久無征戰但命二三勇將發兵四五萬飛石輕梯取如反掌夫聖人有作必履常規貴能克平凶亂駕馭才傑惟陛下弘兩儀之道扇三五之風提勵人物皆思效命昔侯君集李靖所謂庸夫猶能掃萬里之高昌平千載之突厥皆是陛下發縱指示聲居聖明臣旁求史籍訖乎近代爲人之主無自伐遼人臣往征則有之矣漢朝則荀彘楊僕魏代則毋丘儉王頎司馬懿猶爲人臣慕容真僣號之

子皆爲其主長驅高麗虜其人民削平城墓立功同於天地美化苞於古昔自當超邁於百王豈止俯同於六子陛下昔剪平冦逆大有爪牙年齒未衰猶堪任用惟陛下之所使亦何行而不克方今太子新立年實幼少自除藩屏陛下所知今一旦棄金湯之全渡遼海之外臣忽三思煩愁並集大魚依於巨海神龍擾於川泉此謂人君不可輕而遠也且以長遼之左或遇霖淫水潦騰波平地數尺帶方玄兎海途深測非萬乘所宜行幸留京徑路非遠爲其節度以設軍謀繫莫離支頸獻皇家之廟此實處安全之上計社稷之根本特乞天慈一垂省察太宗不納

蕭鈞爲諫議大夫永徽初左武侯引駕盧文操踰垣盜左藏庫物高宗以引駕職在糾繩身行盜竊命有司誅之鈞進曰文操所犯情實難原然於常法罪不至死今致之極刑將恐天下聞之咸謂陛下輕法律賤人命任喜怒貴財物帝納之

韓瑗爲黄門侍郎永徽中高祖欲廢皇后王氏立武昭儀瑗因奏事泣涕諫之曰皇后是陛下在藩府時先帝所聚今無過愆郎行廢黜四海之士誰不惕然且國家屢有廢立非長久之術願陛下爲社稷大計

無以臣愚不垂採察帝不納瑗又上疏諫曰臣聞王者立后以作配天地比德日月並明則照臨四海如日月有薄蝕則天地昏矣且匹夫匹婦尚相揀擇況天子乎夫皇后毋儀萬國善惡由之故嫫毋輔佐於皇帝妲巳傾覆於殷王前史載之殷鑒不遠詩云赫赫宗周褒姒滅之每覽前古未嘗不輟卷歎息不謂於今塵黷聖代今如不法後嗣何觀伏願陛下詳之無爲後世所笑若使殺身以益國家葅醢之戮臣之分也昔吳王不用子胥之言子胥云臣見麋鹿遊於姑蘇臣今恐海內失望之後有荊棘生於闕庭宗廟

不血食期有日矣中書侍郎來濟又密表諫曰臣聞王者之立后也將以匹乾坤之道象二儀覆育之義主承宗廟毋臨天下以配后土執饋皇姑必擇禮教名家幽閒淑令副四海之望稱神祇之意是故周文造周姒氏而興關雎之化百姓蒙祚孝成任心縱欲以婢爲后遂使皇統亡絶社稷淪傾有周之隆旣如彼大漢之禍又如此惟陛下詳察

李君球爲蔚州刺史龍朔元年四月詔諸道總管率三十五軍川陸分途先觀高麗之釁高宗將親率六軍以繼之君球上疏曰臣聞司馬法曰國雖大好戰

必亡天下雖平忘戰必危兵者凶器戰者危事故聖主明王重行之也愛人力之盡恐府庫之殫懼社稷之危生中國之患故古人之務廣德者昌務廣地者亡昔秦始皇好戰不已至於失國是不愛其內而務其外故也漢武遠討朔方殆乎萬里廣招南海分爲八郡終戶口減半國用空虛至於末年方下哀痛之詔自悔其失彼高麗者僻側小醜潛藏山海之間得其人不足以彰聖化棄其地不足以損天威何至乎疲中國之人傾府庫之實使男子不得耕耘女子不得蠶織陛下爲人父母不垂惻隱之心傾其有限之貨貪於無用之地設令高麗旣滅即不得不發兵鎮守少發即兵威不足多發即人心不安是乃疲於轉戍萬姓無聊生也萬姓無聊即天下敗矣天下旣敗即陛下何以自安故臣以爲征之不如不征滅之不如不滅惟陛下裁斷疏奏不報

張文瓘爲東臺侍郎龍朔三年蓬萊宮成百官奉賀文瓘諫曰人力不可不惜百姓不可不養養之逸則富以康使之勞則怨以叛秦皇漢武廣事四夷多造宮室致使土分瓦解戶口減半臣聞制治於未亂保邦於未危人罔常懷懷於有仁陛下不制之於未亂

之前安能救於旣危之後百姓不堪其弊必搆禍難殷鑒不遠近在隋朝臣願稍安撫之無使生怨帝深納其言

徐齊聃爲西臺舍人咸亨元年三月勅令突厥酋長子弟事東宮齊聃上疏曰昔姬誦與伯禽同業晉儲以師曠爲友匪惟專賴師資故亦詳觀近習皇太子自可招尋園綺寤寐應劉階闥小臣必採於端士馳驅所任並歸於正人方流好善之風未播崇賢之美今乃使氈裘之子入陪望苑在於道義臣竊有疑詩云敬慎威儀以近有德書曰任官惟賢才左右惟其

人蓋殷勤於此防微之至也齊聃俄又上奏曰齊獻公即陛下外氏雖子孫有犯不合上延于祖今周忠孝公廟甚修而齊獻公廟毀不審陛下將何以垂示海內以彰孝理之風帝皆納其言

劉思立爲侍御史儀鳳二年四月詔以河南河北旱儉遣御史中丞崔謐等分道存問賑給思立上疏諫曰今麥序方秋蠶桑未畢三時之務萬姓所先敕使撫巡人皆竦忭忘其家業冀此天恩踊躍參迎必難抑止集聚既廣妨廢亦多加以逾程往還兼之晨夕停滯既緣賑給須立簿書本欲安存却成煩擾又無

驛之處求馬稍難揀擇公私預須追集而後農要特切常情暫廢須臾即虧歲計每爲一馬遂勤數家從此相乘必恐滋甚且委州縣賑給待秋後閑時出使褒貶疏奏謐等遂停不行

袁利貞爲大常博士永隆二年正月王公以下及朝集使以太子初立獻食敕於宣政殿會百官及命婦利貞上疏曰伏以恩旨宣政殿上兼設命婦坐位九部伎及散樂並從宣政門入臣以前殿正寢非命婦宴會之處象闕路門非倡優進御之所望請命婦會於別殿九部伎從東西門入散樂一色伏望停省若於三殿別所自可備極恩私微臣庸蔽不閑典則忝預禮司不敢不奏輕陳狂瞽願垂省察帝從之改向麟德殿陳設至會日群臣樂飲帝使中書侍郎薛元超謂利貞曰卿門承忠鯁能抗疏直言不加厚錫無以獎勸之於是賜百段錦綵

李善感爲監察御史裏行永淳元年造奉天宮於嵩山之南仍置嵩陽縣又於藍田造萬全宮善感諫曰自古帝王莫不以登封告成爲盛事天皇以封泰山告太平致群瑞則與三皇五帝比隆矣但數年以來菽粟不稔百姓餓死道路相望兼四夷交侵日有徵

發天皇宜恭默思道以禳災譴方更營造宮室勞役不已天下聞之莫不失望臣聞不矜細行終累大德臣忝任御史是國家耳目竊以此爲憂帝雖優容之竟不納其奏善感頗涉經學時承平日久諫諍殆絕善感既進諫時人甚以此稱之

蘇良嗣爲荊州都督府長史高宗令宦官緣江採異竹將於苑中植之使者科舟載竹所在縱暴還過荊州良嗣囚之因上疏切諫稱遠方求珍異以疲道路恐非聖人抑己愛人之道又小人竊弄威福以虧皇明言甚切直疏奏帝謂太后曰吾約束不嚴果爲良

嗣所慳遽下手詔慰諭良嗣且令棄竹於江中
朱敬則爲右補闕初則天臨朝稱制天下頗多流言
異議長壽中旣漸寧晏宜絶告密羅織之徒乃上疏
曰臣聞李斯之相秦也行申商之法重刑名之家杜
私門張官室棄無用之費損不急之官惜日愛功疾
耕急戰人繁國富遂屠諸侯此救弊之術也故曰刻
薄可施於進趨變詐可陳於攻戰夫兵猶火也不戢
將自焚況鋒鏑已銷石城又毀諒可易之以寛大潤
之以淳和八風之樂以柔之三代之禮以導之秦旣
不然淫虐滋甚往而不返卒至土分此不變之禍也

陸賈叔孫通之事漢王也當滎陽成皋之間糧饋已
窮智勇俱困不敢開一說効一奇進豪猾之才薦貪
暴之客及區宇適平干戈向戢金鼓之聲未歇傷痍
之痛尚聞二子顧盻綽有餘態乃陳詩書說禮樂開
至道謀帝圖高皇帝忿然曰吾以馬上得之安事詩
書乎對曰陛下馬上得之安可馬上理之乎高皇默
然於是陸賈著新語叔孫通定禮義始知天子之尊
方覺帝王之貴此知變之善也向使高皇排二子而
不收置詩書而不顧重攻戰之吏尊首級之材棱道
爭功張良已知其變拔劔擊柱吾屬不得無謀即晷

漏難逾何十二帝乎亡秦是續何二百年乎故曰仁
義者聖人之蘧廬禮經者先王之陳迹然則祀祠向
畢芻狗須投淳精已竭糟粕可棄二義尚此況輕此
者乎自文明草昧天地屯蒙三叔流言四凶構難不
設鉤距無以應天順人不切刑名不可摧姦息暴故
置神器開告端曲直之影必呈包藏之心盡露神道
助直無罪不除人心保寧無姦不戮以玆妙筭窮造
化之幽深用此神謀入天人之秘術故計不下席聽
不出門蒼生宴然紫宸易主大哉偉哉無得而稱也
豈比造攻鳴條大戰牧野血變草木頭折不周可同

年而語乎然而急趨無善迹促柱少和聲拯溺不廚
行療饑非鼎食即向時之妙策乃當今之芻狗也伏
願覽秦漢之得失考時事之合宜審糟粕之可遺察
蘧廬之須毁見幾而作豈勞終日乎陛下必不可偃
蹇太平徘徊中路伏願改法制立章程下恬愉之詞
流曠蕩之澤絶萋菲之牙角塡姦險之鋒鋩塞羅織
之蹊掃朋黨之迹使天下之蒼生坦然大悅豈不樂
哉則天甚善之
盧藏用爲左拾遺則天將營興泰宮於萬安山藏用
上疏諫曰臣愚雖不達時變竊讀書見自古帝王之

迹參矣臣聞土階三尺茅茨不翦釆椽不斲者唐堯之德也卑宮室菲飲食盡力於溝洫者大禹之行也惜中人十家之産而罷露臺之制者漢文之明也並能垂名無窮爲帝王之烈豈不以克念徇物傳施濟衆以臻於仁恕哉今陛下崇臺邃宇離宮別館亦已多矣更窮人之力以事土木臣恐議者以陛下爲不愛人務奉已且頃歲以來雖年穀頻登而百姓未有儲蓄陛下西幸東巡人未休息土木之役歲月不空陛下不因此時施德布化復廣造宫苑臣恐人未易堪今左右近臣多以順意爲忠朝廷百僚皆以犯忤

爲患至今陛下不知百姓失業百姓亦不知左右傷陛下至仁也臣聞忠臣不避死亡之患以納君於至仁明君不患切直之言以垂名於千載陛下誠能發明恕之制出勞人之詔則天下必以陛下爲惜人力而知民苦也小臣固陋不識忌諱敢昧死上聞乞下此章與執政者議其可而天下幸甚

徐堅爲萬年主簿則天如意元年六月上疏曰臣聞書有五聽之道慮失情實也令著三覆之奏恐致虛枉也竊見比有敕勘當反逆令使者得實便決殺人命至重死不可生儻萬分之中有一不實欲訴無路懷枉誰明飲恨吞聲赤族從戮豈不痛哉此不足肅姦逆而明刑典適所以長威福而生疑懼臣望絶此處分依法覆奏則死者甘伏知泣辜之恩生人荷悅見祥刑之意又法官之任人命所懸若不揀擇恐招枉濫諸百僚之內有用法寬平百姓所稱者願親而任之有處事深酷不允者願疎而退之則囹圄無冤億兆幸甚臣又聞罰不及嗣虞帝之明規罪不至孥漢君之茂德故鄧訪作亂而鄧欽登朝稽康被刑而稽紹入用終能立功白狄效死湯殿千載美談斯爲稱首父子猶其如此余親尚何疑哉竊見逆人之親

疎曹廣責至於無親無服亦數十餘士子之中十將三四今聖人在上寶命惟新有道貧賤實爲深恥遂令此等長從遐棄懷才抱器將何望哉是以聖意哀矜頻降恩制令同當例各使坦懷故姚璹之徒皆逢任委而在下僚列不識天心爲求微疵不弘大體又准敕逆人同堂親不得任京及兩畿三輔准法刑戮緦麻親不得充近侍宿衛臣望申敕有司敕令之外不得輒爲勘責收其賢能示之曠蕩斯則巍巍之德作範百王穆穆之風垂裕千祀

劉承慶爲左拾遺證聖元年正月制九品以上各上

封事承慶上疏曰臣聞自古帝王皆有休祥所以昭
其德災變所以知其善天意之當理王者之當事然
則休祥屢臻不可以矜功而自滿災變奄降不可輕
忽而靡驚故殷宗以桑穀生朝懷懼而內省妖不勝
德遂立中興之功商紂以雀生大鳥恃福而自盈祥
不勝驕終致傾亡之禍故災變之生將以覺悟明主
扶持大業使盛而不衰理須祇畏神心驚懼天誡脩
身正是業業兢兢則凶徃而吉來轉禍而成福昔殷
湯禱身而降雨成王省事以反風朱公憂熒惑之災
而膺三舍之壽高宗懲雉鼎之異而享百年之福此

皆其類也自陛下承天理物至道通神美瑞嘉祥薦
臻徃委非臣所能盡述日者變生大火損其神宮驚
惕聖心震動黎庶臣謹按左氏傳曰人火曰火天火
曰災人火因人而興故指火體而為稱天火不知何
起直以災言之其名雖殊為害不別又漢書五行志
曰火失其性則自上而降及濫燄妄起災宗廟燒宮
觀自上而降所謂天火濫燄妄起所謂人火其來雖
異為患是同王者舉措云為必關幽顯幽為天道顯
為人事幽顯亦通天人理合今匠人宿藏其火本無
於燎之心明堂教化之宮復非延燒之所尊煨潛翕
倏忽成災雖即因人亦關神理臣愚以為火發既從
廟主後及總章意將所云佛舍恐勞而無益但宗佛
教即是津梁何假紺宮方從汲引既僻在明堂之後
又前逼牲牢之筵兼以厥構崇大功多難畢立像弘
法本擬利益黎元傷財役人却且煩勞家國承前大
風折木天誡已顯今者孽燄斯熾人尊復彰聖人動
作必假天人之助一興功役二者俱違厥應昭然殆
將緣此臣以為明堂是正陽之位至尊所居展禮班
當崇化立政玉帛朝會神靈依憑營之可日大功損
之實非輕事既失嚴禋之所復傷孝理之情陛下昨

降明制猶申寅畏之旨群僚理合兢莊震悚勉力司
存豈合承恩耽樂安然酺宴又下人感荷聖德都變
悚惶神體克寧豈非深幸但以火氣初止尚多驚懼
餘憂未息遽以歡事逼之臣恐憂喜相爭傷於情性
故傳曰可憂而樂取憂之道又古者有火祭四墉即
除之氣祈之以禳火災夫火陽氣歡樂陽事火氣方
勝不可復興陽事臣聞災變之興至聖不免聿修其
德來患可禳陛下垂制博訪許陳至理而左史張鼎
以為今既火流王屋彌顯大周之祥通事舍人逢敏
奏稱當彌勒初成佛道時有天魔燒宮七寶臺須史

散壞斯實諂佞之邪言實非君臣之正論曉昧王化無益萬幾夫天道雖高其察彌近神心雖寂其聽彌明交際皇王事均影響今大風烈火譴咎相仍斯寔天人丁寧戒諭聖王使鴻基益固天祿永終之意也伏願陛下乾乾在慮翼翼爲懷若涉巨川如承大祭審其致災之理詳其降告之由無戾天人之心而興不急之役則兆民蒙賴福祿無窮幸甚幸甚

丘悟前爲魯王府功曹參軍延載元年簡較內史李昭德專權用事爲朝野所惡悟上疏言其罪狀曰臣聞百王之失皆由權歸於下宰臣持政常以勢盛爲

殃魏冉誅庶族以安秦非不忠也弱諸侯以強國非無功也然以出入自專擊斷無忌威震朝野不聞有王張祿一進深言卒用憂死向使昭王不卽覺悟魏冉遂以專權則秦之霸業或不傳於子孫陛下創業興王撥亂英主總權收柄司契握圖天授已前萬機發皆命中舉事無遺公卿百僚具職而已自長壽已來厭怠細政委任昭德使長機權然其雖有幹濟小才不堪軍國大用直以性好凌轢氣負剛強盲聾下人匆徇同列刻薄慶賞矯詐憲章國家所賴者微所妨者大南臺見勑自諸處奏事陛下已依昭德請不佞陛下便不依如此改張不可勝數昭德參奉機密獻可替否事有便利不預諸謀要待畫可將行方始別生駮易揚露專擅顯示外人歸美引愆義不如此州縣列位臺寺庶官入謁出辭望塵懾氣一切奏獻與奪事宜皆承旨意會附上言令有秩之吏多爲昭德之人陛下勿謂昭德小心是我手臂臣觀其膽乃大於身鼻息所衝上拂雲漢近者新陷來俊兩族兼挫侯王二讎鋒銳更不可當方寸良難窺測書曰知人則哲然人亦未易知漢光武將以龐萌可以託孤卒爲戎首魏明帝期司馬懿以安國竟肆姦回夫小

家理生有千百之資將以託人尚憂失授況兼天下之重可輕忽委任者乎今昭德作福專威橫絕朝野愛憎與奪傍若無人陛下恩遇至深掩蔽過厚臣聞蟻孔壞隄針芒瀉氣涓流不絕必成江河履霜堅冰須防其漸權重一去收之極難伏願陛下殷鑒古先早爲裁抑無令禍大使至難除臣又聞之譏刺近臣犯顏深諫明王聖主亦有不容臣熟知今日言之於前明日伏誅於後但使國安身死臣實不悔所望陛下深覽臣言爲萬姓自愛昭德竟坐免

張說爲右輔闕則天聖曆三年四月幸三陽宮避暑

不時還都詵上疏諫曰陛下屯萬乘幸離宮暑退涼歸未降還旨愚臣固陋恐非長策請爲陛下陳其不可三陽宮去雒城一百六十里有伊水之隔有塄坂之崄過夏涉秋水潦方積道壞山險不通轉運河廣無梁咫尺千里扈從兵馬日有費給連雨彌旬即難周濟陛下大倉武庫並在都邑紅粟利器蓄若丘山奈何去宗廟之上都安山谷之僻處是猶倒持劍戟示人鐏柄臣竊爲陛下不取夫禍變之生在人所忽故曰安樂必戒無行所悔此不可止之理一也告成褊小萬方輻輳填成監郭併擁無所排斥居人蓬宿

草次風雨暴至不知庇託孤惸老疾流轉衢巷陛下作人之父毋將若之何此不可止之理二也池亭奇巧誘掖上心削巒起觀竭流漲海俯貫地脉仰出雲路易山川之氣奪農桑之土延木石運斧斤山谷連聲春夏不輟勸陛下作此者豈正人耶詩云人亦勞止迄可小康此不可止之理三也御苑東西二十餘里出入往來雜人甚多無墻垣扃禁内有榛蓁谿谷猛獸所伏暴匿是憑陛下往往輕行警蹕不肅歷蒙容乘險巇卒然有逸獸在夫驚犯左右豈不殆哉雖萬全無疑然人主之動不宜易也易曰思患預防願陛下爲萬姓持重此不可止之理四也今國家北有胡寇窺邊南有夷獠騷徼關西小旱耕稼是憂安東近年輸漕方始臣願陛下及時旋駕深居上京息人以展化修德以來遠罷不急之役省無用之費澄心澹慮億萬斯年蒼蒼群生莫不幸甚臣自度芻議十不一從何者畋盤遊之娛間林池之玩規遠圖而替近適要後利而替前歡未沃明主之心已戾賢臣之意然臣盡誠審奏而不愛死者不願負陛下言責之職耳輕觸天威伏地待罪疏奏不納

劉知幾爲懷州獲嘉主簿證聖元年表陳四事其一

曰臣聞小不忍亂大謀小人者大人之賊也竊以赦之爲用復何益於國哉若乃皇業權輿天地開闢嗣君即位黎元更始則時藉非常之慶以申再造之恩必求之政術曾謂未克况乃時非變革代屬清平而輙降彼謬恩原茲罪者乎是以歷觀曼古兩漢舊事康衡儒學之俊才吳漢弼諧之良輔至於讜言規主惟願勿赦劉先主亦嘗謂諸葛亮曰吾周旋陳元方鄭康成間每見啓告亂理之道備矣曾不語赦也若劉景升王秀父子歲歲赦有何益於理及後主嗣業蜀赦漸多故孟光於衆中責費禕曰夫赦者偏枯

之物非明世所宜有也今上賢仁百僚稱職有何旦
夕之急而數患姦軌之徒上犯天時下違人理豈具
瞻之美所望於明德哉自是蜀政㥄遲浸以彫弊竊
惟皇家之受命也肇自攝政負圖之始迄乎維新革
命之初赦宥之澤可謂多矣逮乎六合清晏兆民樂
康而非常之恩猶未寢息近則一年再命遠則每歲
無遺至若違法悖禮之徒無賴不仁之輩編户則寇
攘爲業當官則贓賄是求莫不公然故犯了無疑憚
假使身嬰桎梏跡窘狴牢而元日之朝指期天澤重
陽之節佇降皇恩如其忖度咸果釋免或有名垂結

正罪將斷决竊行貨賄方使規求申請謁於吏部之
曹納金帛於司刑之吏不即剖斷故致稽延推遷荏
苒既霑恩宥且下愚不移習性難改雖頻頻肆眚每
放自新而見利忘義終焉不易用使俗多頑悖時罕
廉隅爲善者不預恩光作惡者獨承徼幸若乃方正
直言之士守善嫉惡之夫每欲攬轡埋輪劾鷹鸇而
報國褰帷露冕去蝥賊以安人而遇赦無以劾其功
聞恩無以施其巧古語云小人之幸君子之不幸斯
之謂也臣望陛下逺覽衛吳陳鄭之說近尋劉葛孟
賁之談而今而後頗節於赦使兆人百姓有罪者無
所逃刑理務當官負㥁者無由免罰自當黎元知禁
姦宄肅清刑期勿刑罰一勸百與夫年年降赦歲歲
承恩而違犯相仍罪責不已較其優劣不可同年而
語哉其二曰臣聞君不虛授臣不虛受授則無失是
曰能官又曰妄受不爲忠妄施不爲惠此皆聖賢之
達論君子之格言也是以古之善爲政者表賢愚甄
善惡才有可紀則白衣登公用無所堪則土牛不進
惟漢代有賜爵一級恩澤封侯此乃曠古殊恩千載
一遇非是頻頻渥澤每歲常行者也臣竊料皇家始
自文明迄乎證聖其間不過十餘年耳海内具僚九

品已上每歲逢赦必賜階勳無功獲賞徼倖實爲深
矣何者天下善人少惡人多其輩務當官尸素尤衆
髫年歷紀竟無絲髮之功准例班隨屢獲丘山之施
而曾無恥愧逾長貪叨每論設官途規求仕進而不
希孝悌取達准擬遭遇便遷或言少一品未脫碧衣
待一階方披朱服遂乃先求笏帶預辦衫袍今日御
則天門必是加勳一轉明朝享正陽觀多應賜級一
班既而如願果諧依期必獲得之者自謂己力受之
者不以爲慚報恩之績未聞知足之情安在至於朝
野宴聚公私集會緋服衆於青衣象板多於木笏皆

榮非德舉位罕才昇紆紫拖青毦將瓔珵並列懷
金佩玉芝蘭與蕭艾連行不知何者爲妍媸何者爲
美惡臣望自今已後稍節私恩使有善者愈效忠勤
無才者咸知勉勵自當人皆匪懈官盡奉公士林載
清人倫有序矣其三曰臣昔見有唐御曆列職命官
國多列邱之譏人有積薪之歎自陛下臨朝踐極頃
革此風然矯枉過正亦爲甚矣至如六品以下職事
清官遂乃方之土芥比之沙礫其有行無聞於十室
郎預朝流議不及於三隅俄登仕伍斯固比肩咸是
舉目皆然咸聞趙楚之誚惟見伐擅之刺故箭中有

諺曰補闕連車載拾遺平斗量杷推侍御史椀脫校
書郎四方流傳遂爲口實臣聞漢明帝代公主有爲
子求尚書郎者帝曰郎官上應列宿非其人則不可
竟不之許而多賜之金夫以國儀之尊一郎之賤猶
尚慎其所舉不以假人况今尸祿謬官其流非一若
遂不加沙汰臣恐有黷皇風其四曰臣聞漢宣帝云
與朕共理天下者其惟良二千石乎今之刺史是也
移風易俗其寄不輕求瘼字人僉屬斯在然則歷觀
兩漢已降迄乎魏晋之年方伯岳牧臨州按部或十
年不易或一紀仍留莫不盡其化下之方責以理人
之術既而日將月就風加草靡故能化行千里恩漸
百成今之牧伯有異於是倏來忽往蓬轉萍流近則
累月仍遷遠則踰年必徙將廳事爲逆旅以下車爲
傳舍或云來歲入貢多應改職或道今茲會計必是
移藩既懷苟且之謀何暇循良之用使百城千邑無
聞廉杜之歌萬國九州罕見趙張之政臣望自今已
後刺史非三歲已上不可遷官仍明察功過尤甄賞
罰庶弘共理之風以贊垂衣之化疏奏帝並加其公
直

冊府元龜卷終

册府元龜

巡按福建監察御史臣李嗣京　訂正
知甌寧縣事臣孫以敬　叅閱
知建陽縣事臣黃國琦　較釋

諫諍部十二

直諫第十一

唐薛謙光爲左補闕萬歲通天二年四夷多遣子入侍其論欽陵阿史德元珍孫萬軒等皆因充侍子遂得徧觀中國兵威禮樂其後竟爲邊害謙光上疏曰臣聞戎夏不雜自古所誡夷狄無信易動難安故斥

居塞外不遠中國前史所稱其來久矣然而帝德廣被有時朝謁受向化之誠請納梯山之禮貢事畢則歸其父母之國導以指南之車此三王之盛典也自漢魏已後遂革襲衣冠築室京師不令歸國此中葉之故事也較其利害則三王是而漢魏非論其得失則拒邊長而徵質短殷鑒在乎往代豈可不懷經遠之慮哉昔郭欽獻策於武皇江統納諫於惠主咸以爲夷狄處中夏必爲變晉武不納二臣之遠策好慕化之虛名縱其習史漢等書授以五部都尉此皆計之失也若前事不忘則後代之元龜此臣所以極言而不隱者也伏惟陛下德洽區外仁被左衽綏懷式遏之方故無遺策豈臣庸淺所敢輕議然而區區之心有所未盡者也切惟突厥吐蕃契丹等往因入侍並叨殊奬或執戟丹墀策名戎秩或曳裾庠序高步黌門服改氊裘語兼中夏明習漢法覩衣冠之儀目擊朝章知經國之要窺成敗於國史察安危於古今識邊塞之盈虛知山川之險易或委以經畧之功令其展効或矜其首丘之志放使歸蕃於國家雖有冠帶之名在夷狄廣其從橫之智雖則慕化之美苟悦於當時而狼子孤恩旋生於過後及歸部落鮮不稱

兵邊鄙羅災實由於此故老子云國之利器不可以示人在於齊人猶不可以示之況於夷狄乎謹按楚申公巫臣奔晉而使於吳使其子孤庸爲吳行人教吳戰陣使之叛楚吳於是始伐楚取巢取駕克棘人州坐子反一歲七奔命其所以能謀楚良以此也又按漢書桓帝遷五部匈奴於分晉其後卒有劉石之難向使五部不徙則晉祚猶未可量也鮮卑不遷幽州則慕容無中原之僭又按漢書陳湯云天胡兵五而當漢兵一何者兵刃鈍弓弩不利今聞頗得漢工猶然三而當一由是言之利兵甫不可使胡人得法

況處之中國而使之習見哉昔漢東平王請太史公書朝臣以爲太史公書有戰國從横之說不可以與諸侯此則内地諸王尚不可與況外國乎臣竊計秦并天下及劉項之際累載用兵人户凋散以晋惠方之八王之喪師輕於楚漢之地冒頓之全實過於五部之微弱當曩時冒頓之强盛乘中國之虛弊高祖餒厄平城而冒頓不能入中國者何也非兵不足以侵諸夏力不足以破汾晋其所以觧圍而縱高祖者爲不習中土之風不安中國之美生長磧漢之北以穹廬賢於城邑以氊罽美於章紱既安其所習而樂

其所生是以無窺中國之心者爲不生漢故也豈有心不樂漢而欲深入者乎劉元海五部離散之餘而卒能自振於中國者爲火居内地明習漢法非元海悦漢漢亦悦之一朝背誕四人響應遂鄙單于之號竊帝王之寶賤沙漠而不居擁平陽而鼎峙者爲居漢故也向使元海不内徙正當劫邊人繒綵麴蘖以歸陰山之北安能使王彌崔懿反爲其用耶當今皇風遐覃含識革面凡在虺性莫不懷馴方使由余効忠日磾盡節以臣愚慮者國家方傳無窮之祚於後脱備預不謹邊臣失圖則夷狄稱兵不在方外非所以肥中國四夷經營萬乘之規貽厥孫謀之道也臣愚以爲願充侍子一皆禁絶必若先在中國者亦不可更使歸蕃則夷人保疆邊邑無事矣疏奏不納

蘇安常冀州武邑人涉獵文史尤明周官及春秋左氏傳大定元年投匭上疏曰臣聞曆數在躬握璇璣者哲后天命攸屬臨寶極者聖人或揖讓而升或干戈以定此二塗也今古共之伏惟皇帝陛下德合天地澤流河海庶物和平萬靈充塞臣謂胥庭之化無以過也陛下欽先聖之顧託受嗣子之推讓豈不以極斯大節成此鴻勲應天順人于今二十餘年臣馳

情緗素繹應丘墳竊見女媧氏之代風俗簡朴人淳易理垂衣拱手不足可言洎漢朝以惠帝幼冲吕后監撫享國八歲日不暇給雖不傳之簡策亦焉足道哉如陛下之在位五星同色四海無波陛下造明堂郎宗文祖武之業也封中岳郎萬代一時之事也受寶圖郎河圖雒書之瑞也功既大矣業復成矣郎當損其犬馬減其服馭觀四大其如遺視萬乘其若脱陛下豈不聞虞舜褰裳周公復辟良以大禹至聖成王既長推位讓國其道備焉故舜之於禹事祇親族旦與成王不離叔父且族親何如子之愛叔父何如

毋之恩今太子孝敬是崇春秋既壯若使統臨宸極何異陛下之身陛下年德既尊寶位將倦幾務殷重浩蕩心神何不禪位東宮自怡聖體陛下縱日愼一日雖休勿休其若天意何陛下輟金輪聖神等號是厭倦萬幾之象此謂天意也太子以姦臣枉搆久已自新相位推位青宮退居朱邸天下聞之莫不謳吟聖代此謂人事也故知天意人事終我聖朝大臣重祿不言近臣畏罪不諫不能使吾君有堯舜之道故書云后德惟臣不德惟臣此其謂也臣又聞自昔明王之孝理天下者不見二姓而俱王也當今梁定河

內建昌諸王等承陛下之蔭覆並得封王臣恐千秋萬歲之後於事非便臣請黜爲公侯任以閑簡曹務臣又聞陛下有三十餘孫今無尺土之封此非長久之計也臣請四面都督府及要衝州郡分土而王之縱今年尚幼小未聞養人之術臣請擇之師傅成其孝敬之道將以夾輔周室藩屏皇家使累業重光享祀不輟斯爲美矣豈不大哉臣今又覩胡賊侵擾窺覘中國陛下居總章申廟筭赫然發怒分閫出師輓粟飛芻十室而九燒範鑠刃以時繫年即士卒不遑府庫空竭故兵法曰興師十萬日費千金此其謂也陛下若能告倦萬幾推位太子分州列郡以王子孫自然四夷聞之繫頸面縛百姓聞之鼓腹擊壤史臣書之曰掩媧燧而邁胥庭後代聞之曰四三皇而六五帝豈虛也哉臣山東草萊耳無繫鍾鼎食之榮有碩學鴻儒之業臣來時跪而辭父父謂臣曰丈夫處代君子生年汝當獻一謀畫一策厥塗不就草木何殊今上有堯舜之德下有稷禼之位古人有言欲安其家先安其國欲安其親必先安其君當今天下雖安亦有未然之計故書云若昔大猷制治於未亂保邦於未危此其謂也臣毋又謂臣曰朝亦倚門而望

汝暮亦倚門而望汝若能上干人主進書獻說揚名後代以榮父毋是吾子也臣感父毋之言明發不寐今故杖策千里徒步三川雖牽拙而無由伺獻符而竊抃陛下陛下若採臣一言之善成國家萬代之基臣之懇誠幸甚幸甚踈奏則天召見賜食慰諭而遣之長安二年安望又上疏曰臣聞忠臣不順時而取寵烈士不惜死而偷生故君道不明者忠臣之過歟伏惟皇帝陛下功格四表道大百王昔者先皇晏駕留其顧託將以萬幾殷廣令陛下兼知政事雖唐堯虞舜君其位而共工伯鯀在其朝間陛下骨肉之恩

阻陛下毋子之愛愚臣謂聖情以運祚將衰扭斯大節天下之人謂陛下微弱李氏貪天之功何以年在耄倦而不能復子明辟使忠言莫進姦佞成朋夷狄紛擾屠害黎庶陛下雖納隍興念亦何能救此生靈臣聞天下者神尭文武之天下也昔有隋失馭小人道長群雄馳鹿四海瞻烏皇唐親事戎旃鳳翔參野剗平寓縣龍飛踐極歃血爲盟指河爲誓非李氏不王非功臣不封陛下雖居正統實因唐氏舊基故詩曰惟鵲有巢惟鳩居之此言雖小可以喻大陛下自坤生德乘乾作主豈不以上服天意下順人心東宮

昔在諒陰相王又非長子陛下恐國嗣將絶所以應其謳歌當今太子追廻年德俱盛陛下貪其寶位而忘毋子深恩臣聞京邑翼翼四方取則陛下蔑太子之元良枉太子之神器何以教天下毋慈子孝焉使天下移風易俗惟陛下思之將何聖顔以見唐家宗廟將何誥命以謁大帝墳陵陛下何故日夜積憂不知鍾鳴漏盡臣愚以爲天意人事還歸李家陛下雖安天位殊不知物極則反器滿則傾故語云當斷不斷反受其亂此之謂也陛下不如高揖幾務自怡聖躬命史臣以書之令樂府以歌之斯亦太平之盛事也臣前後所上事條必知陛下不能用但要不可不言臣聞見過不諫非忠臣也畏死不言非勇士也臣何惜一朝之命而不安萬乘之國哉故苟利國家雖死可矣願陛下覽輟萬幾詳臣愚見陛下若以臣爲忠則從諫如流擇是而用之若以臣爲不忠則斬取臣頭以示天下疏奏不納

桓彦範爲司刑少卿長安中司僕卿張昌宗坐遣術人李弘泰占相云有天分御史中丞宋璟請收付制獄窮理其罪則天不許彦範上疏曰微臣竊見宋璟奏張昌宗令李弘泰占有天分及有天子氣請禁身

勘當恩敕不允者但昌宗無德無才謬承榮寵自宜粉碎肌骨以答殊私豈得包藏禍心有此占相陛下以簪履恩久不忍先刑昌宗以逆亂罪多自招其咎此是皇天降怒非惟陛下故誅違天不祥乞陛下裁擇原其本奏以防事敗事敗即言奏訖不敗則候時爲變此乃姦臣詭計疑惑聖人今果遂其所謀陛下何忍不察向若昌宗措其占相奏後不合更與弘泰往還修福復擬禳厄此則期於必遂元無悔心也縱雖奏聞情實難恕此而可捨誰其可刑陛下黨而不誅養成其惡臣恐更有爲逆者無人敢言縱使昌宗

元無此心今見頻遭事迫亦當不日爲亂况後先有包藏又昌宗經勘當已前其心或防後敗雖有此懼勢仍傾朝况經兩度事彰天恩普皆捨放自亦以爲得計人亦以爲應運郞不勞兵甲天下皆從萬方議之以陛下縱成其亂也臣聞父在子稱尊者尚爲逆子君在臣圖天分是爲逆臣臣逆而不誅社稷其亡矣伏請行鸞臺鳳閣三司考竟其罪疏奏不報

魏靖爲監察御史長安二年十一月上疏曰臣聞國之綱紀在乎降殺理道攸寄人命所懸法務於寬刑期尚簡循慮詆欺過制旋濫不歸臣遠睎前經歷探

故事刑得其中則風雨順而陰陽和法失其宜則怨濫興而災眚作虐臣酷吏者資矯佞以事君行刻薄以臨下矯佞似乎用意刻薄類乎無私侮慝害公弄權撓法倚深之奏似公之請既肆淫巧理難聽察其周興來俊臣丘勣萬國俊王弘義侯思止郭弘霸李敬仁彭先覺王德壽張知默者既堯年四凶矣恣愚騁暴縱虐含毒讎疾在位安忍朝臣罪逐法加刑隨意改當其時也囹圄如市朝廷以目既而神靈不昧冤魂有託行惡期報禍淫可徵具厭天刑以懲亂首臣竊見來俊臣身處極法者以其羅織良善屠陷忠賢籍沒以勸將來顯戮以謝天下臣又聞之道路上至聖王傍洎貴臣明明有羅織事矣俊臣既死推者獲功胡元禮超遷裴談顯授中外稱慶朝廷載安破其黨者既能賞不踰時被其陷者豈可啣冤累歲且稱反之徒須得反狀惟據口辨即請行刑拷楚妄加疑答何限故徐有功以寬平而見忌斛瑟羅以妓女而受拘中外具知枉直斯在借以爲喻其餘可詳臣又聞之郭弘霸自刺而唱快萬國俊被遮而遽亡霍獻可臨終膝拳於項李敬仁將死舌至於臍皆衆鬼滿庭群妖横道推徵集應若響隨聲備在人謠不爲

虛說伯有晝見殆無以過此亦羅織之一據也臣以至愚不識大體儻使平反者數人衆共詳覆來俊臣等所推大獄庶鄧艾獲申於今日孝婦不濫於昔時恩渙一流天下幸甚疏奏制令來俊臣丘勣等所推鞫人身死籍沒者令三司重簡勘其冤濫者雪免

張廷珪爲監察御史則天長安四年四月幸興泰宮欲於白馬坂營建佛象廷珪上疏曰夫佛者以覺知爲義因心而成不可以諸相見故經云若以色見我以音聲求我是人行邪道不能見如來此明如來之果不可外求也陛下信心歸依發弘誓願壯其塔廟

廣其尊容已遍於天下久矣蓋有住於相而行布施
非最上第一希有之法何以言之經云若人滿三千
大千世界七寶以用布施其福甚多若人於此經中
受持乃至四句偈等爲他人演說其福勝彼如佛所
言陛下傾四海之財殫萬人之力窮山之木以爲塔
極冶之金以爲像雖勞則甚矣費則多矣而所獲福
緣不愈於禪房之匹夫沙門之末學受持精進端坐
思惟理亦明矣竊爲陛下小之今陛下廣樹薰修又
置精舍則經云菩薩作福德不應貪着蓋有爲之法
不足高也況此營建事殷土木或開發盤礴峻築基

階或填塞川澗通轉採斫輾壓蟲蟻動盈巨億豈佛
標坐夏之義愍蠢動而不忍害其生哉今陛下何以
爲之又役鬼不可惟人是營通計工匠率土貧屢朝
驅暮役勞筋苦骨簞食瓢飲晨炊星飯饑渴所致疾
疢交集豈佛標徒行之義愍畜獸而不忍殘其力哉
今陛下何以爲之又營築之資僧尼是稅雖乞丐所
致而貧闕猶多郡縣徵斂星火過逼或誅討靡所或
鬻賣以充怨聲溢路和氣未洽豈佛標隨喜之義愍
愚蒙而不忍奪其產哉今陛下何以爲之且邊朔未
寧軍裝日給天下虛竭海內勞敝伏惟陛下慎之重

之思菩薩之行爲利益一切衆生應如是布施則經
所謂不住色布施不住聲香味觸法布施故其福德
若東西南北四維上下虛空不可思量矣何必勤勤
於住相凋蒼生之業崇不急之務乎臣以時政論之
則宜先邊境蓄府庫養人力臣以釋教論之則宜救
苦厄滅諸相崇無爲伏願陛下察臣之愚行佛之意
務以理爲尚不以人廢言幸甚帝從其言卽停作
楊齊哲爲雒陽縣尉長安四年太后幸西京齊哲上
書諫曰臣聞古先哲后咸以爲獨智不可以任已專
欲不可以爲衆所以樹板徵謗懸鼓納諫思聞過而

從善全直言而沃心用能綱紀天下統成大業經曰
無爲而理者其舜也歟夫何爲哉安人之道貴乎省
事也陛下以大定元年冬遷蹕咸京長安三年冬還
雒邑四年又將西幸聖躬得無勞於車輦乎士卒得
無敝於暴露乎扈從僚屬假裝而不齎隨駕商旅棲
泊而匪寧東周之人盛懷嗟怨昔者周穆王欲周行
天下使皆有車轍馬迹祭公謀父作祈招之詩以止
王心陛下玉琯四周金輿三駕車轍馬跡雖未出於
兩都巡符省方事不師於五載雷動天轉海運山移
儼彼六龍歲適千里此亦近於刑人之力矣安人之

道臣用有疑此邦父老抗表留駕陛下告以吐蕃和親爲詞臣愚以爲未得也况吐蕃蕞醜西隅咫尺自京到雒曾不崇朝陛下乃欲務其艱遠惠然從就夫千鈞之弩尚不爲鼷鼠發機况萬乘之君輕爲邊戍枉駕夫人主賤而不可簡至愚而不可欺經曰可畏非人是人不可欺也今陛下言此是欺下也使南史何以書之臣朽才淺學竊爲陛下籌之陛下今幸長安也乃是背逸就勞破益爲損何者神都帑藏儲粟積年充實淮海漕運日夕流衍地當六合之中人悦四方之會陛下居之國無横費長安府庫及倉庾事

空缺皆藉京洛轉輸價直非率户徵科其物盡官庫酬給公私靡耗蓋亦滋多陛下居之是國有横費人疲重徭由此言之陛下之居長安也山東之人財力日匱在雒邑也關西百姓賦役靡加背逸就勞破益爲損殷鑒不遠伏惟念之又王者敬授民時所重惟穀今陛下鑾輅以明年正月即塗歳首是就耕之初駕行非務農之意無乃不可乎

嚴善思爲給事中神龍元年中宗欲合葬則天皇后於乾陵善思抗疏諫曰謹按天元房録葬法云尊者先葬卑者不合於後開入臣伏聞葬則天大聖皇后欲開乾陵合葬然以則天大聖卑於天皇大帝若欲開陵合葬即是以卑動尊事既遠經恐非安穩臣又聞乾陵玄宫其門以石閉塞其石縫隙鑄鐵以固其中今若開陵其門必須鐫鑿然明神之道體尚幽玄今乃動衆加功誠恐多所驚黷又若别開門道以入玄宫即往者葬時神位先定今更改葬爲害益深又以修築乾陵之後國頻有難遂至則天大聖皇后權總萬幾二十餘年其難始定今乃更加營作伏恐還有難生但合葬非古著作禮經緣情爲用無足依准况今事有不安豈可復修斯制臣又伏見漢時諸陵

皇后多不合葬魏晉已降始有合者然以漢之積年向餘四百魏晉之後祚皆不長雖受命應期有因天假然以循機享德亦在時文但陵墓所安必資聖地後之裔嗣用託靈根神靈或有不安後嗣固難長享伏望依漢朝之故事改魏晉之頹綱於乾陵之傍更擇吉地取生墓之法别起一陵既得從葬之儀又成固本之業夫以合葬者緣人私情不合葬者前修故事若以神道有知幽途自得通會若以死者無知合之復有何益然以山川精氣上爲星象若葬得其所則神安後昌若葬失其宜則神危後損所以前哲垂

範具立葬經欲使生人之道克隆死者之神永泰伏望少廻天眷俯鑒臣言行古昔之明規割私情之愛欲使社稷長享天下乂安凡在懷生孰不慶幸疏奏制令百官詳議尋降勑言則天遺命葬乾陵

賈虛已爲左拾遺中宗神龍元年追贈后父故豫州刺史韋玄貞爲上雒郡王虛已上疏諫曰臣聞孔子曰惟名與器不可以假人其非李氏而王自古盟書所棄今陛下創制謀始垂範將來爲皇王令圖子孫明鏡與復未幾后族有私臣雖庸愚尚知不可史官執簡必是直書今萬姓顒然聞一善令莫不途歌里

頌延頸向風欣然慕化日恐不見太平奈何行私惠使樵夫議之郎先朝贈大原郡王殷鑒不遠同雲生於膚寸尋木起於孽栽誠可惜也如渙汗既行憚改成命臣望請皇后抗表固辭使天下知引讓之風形管著冲謙之德則是巍巍聖德無得而稱疏奏不納

靳嘗爲左拾遺神龍初中宗以時屬炎暑制令每隔日方坐嘗上疏諫曰臣聞昔漢制反支日亦通奏事又光武在軍躬自覽疏明帝撫運夜必讀書豈以四序炎寒有妨正理況陛下紹登大位初啓中興六合之內莫不延首傾聽威恩未著忠信未孚勤勞者未達沉滯者未舉逋逃者未還浮僞者未息兼之郡國凋弊倉廩空虛獄訟循繁澆淳尚雜外逼凶寇調發未寧內切饑寒衣食不足人思陛下企望太平乂矣陛下固宜兢兢業業居安慮危絕嗜慾之源崇清淨之化宵衣旰食以答蒼生之望簡賢任能以救蒼生之弊使天下翕然變風變俗奈何以其微熱遂闕一日萬幾之事六合之內不可家到戶說必謂陛下安其宮室重以宴閑忽於黎庶怠於聽政復何以達堯心於天下復何以垂令範於後代臣愚竊爲陛下有所嘆惜帝不納

李邕爲左拾遺神龍初上疏曰蓋人有感一飧之惠殞七尺之軀況臣爲陛下官授陛下祿而得目之所見口不言之是負恩矣自陛下親政日近復在九重所以未聞在外群下竊議道路藉藉皆云鄭普思多行詭惑妄說妖祥惟陛下信之尚見驅使此事若行必撓亂朝政臣至愚至賤不敢以胸臆對揚天威請以古事爲明證孔丘云詩三百一言以蔽之思無邪陛下若使以普思有奇術可致長生久視之道則爽鳩氏久應得之未有天下非陛下今日可得而求若以普思可致仙方則秦皇漢武應得之永有天下亦

非陛下今日可得而求若以普思可致佛法則漢明
梁武應得之永有天下亦非陛下今日可得而求若
以普思可致鬼神之道則墨翟于寶各獻於至尊而
二主得之永有天下亦非陛下今日可得而求此皆
事涉虚妄歷代無效臣愚不願陛下復行之於明時
惟堯舜二帝自古稱聖臣觀所行故在人事敦睦九
族平章百姓不聞以鬼神之道聽理天下伏望陛下
察之則天下幸甚疏奏不納
宋務先爲右衛騎曹參軍神龍初以水災令文武官
九品已上直言極諫務先上疏曰自昔后王樂聞過

冊府元龜　諫諍部　直諫　卷之五百四十四　十七

罔不興拒忠諫罔不亂何者樂聞過則下情通下情
通則政無闕此其所以興也拒忠諫則群議壅群議
壅則上必孤此其所以亂也伏見明制令九品已上
直言極諫大哉德音真堯舜用心禹湯之責已也臣
謬參朝列浸沐聖恩敢不竭愚以副聖旨狂言抵禁
幸陛下寬而宥之臣嘗讀書觀天人相與之際考休
咎冥符之兆有感必應其間甚密是以教失於此變
生於彼亦猶影之象形響之赴聲動而輙隨各以類
應故曰天垂象見吉凶聖人則之竊見自夏已來水
氣勃戾天下郡國多罹其災去前月二十七日維水

暴漲漂損百姓臣謹按五行傳曰簡宗廟廢祠祀則
水不潤下矣夫王者即位必郊祀天地嚴配祖宗是
故鬼神歆饗多獲福助自陛下光臨寶極綿歷炎涼
郊廟遲留不時殷薦山川寂寞未議懷柔水之爲災
殆因此發臣又按水者陰類臣妾之道陰氣滿則水
泉迸溢加傾虹蜺紛錯暑雨滯霪雖丁厥時而泪霣
渡亦陰勝陽之沴也恐後庭近習或有離中饋之職
干外朝之政伏願深思天變杜絶其萌又自春及夏
牛多病死疫氣浸淫於今未息謹按五行傳曰思之
不膚時則有牛禍意者萬幾之事陛下或未躬親乎

冊府元龜　諫諍部　直諫　卷之五百四十四　十八

昔太戊有異木生於朝伊陟戒以修德厥妖用殄高
宗有飛雉雊於鼎祖已陳以政事殷道再興此皆視
優考祥轉禍爲福之明鏡也鼂錯曰五帝其臣不及
則自親之今朝廷英佐雖多皆莫能仰陛下天光伏
願勤思法官少凝大化宜以萬方爲念不以聲色爲
娱以百姓爲憂不以犬馬爲樂暫勞宵旰用緝明良
豈不休哉天下幸甚臣聞三五之辟不能免淫亢太
平之時不能無小孽供禦之道存乎其人若細微之
怪恬而不怪及禍變成象駭而圖之猶水決而繕防
病困而求藥雖復黽勉亦何救哉夫災變應天實繫

人事故月蝕修德月蝕修刑若乃雨暘或愆則貌言之咎雩宗之法存乎禮典今暫逢霖雨即閉坊門棄先聖之明訓尊後來之淺術時偶中者安足神耶蓋當屏翳收津豐隆戢響之日也豈有一坊一市遂能感召皇天暫開暫閉便欲發揮神道必不然矣何其謬哉至今巷議街談共呼坊門爲宰相謂能節宣風雨燮理陰陽夫如是則赫赫師尹是爲虛設悠悠蒼生復何所望也自數年已來公私虛竭戶口減耗家無接新之儲國乏俟荒之蓄陛下不出都邑近觀邑市則以爲率土之人既庶且富及至踐閭陌視鄉亭

百姓食犬彘之食者十室而九矣丁壯盡於邊塞孤孀轉於溝壑猛吏淫威奮其毒暴徵急斂破其資馬困斯伏人窮乃詐或起爲姦盜苟事流亡從而刑之良可悲也臣觀今之風俗率多輕佻人貧而奢不息法設而僞不止長吏貪冒選舉私謁樂多繁淫器尚浮巧稼穡之人少商旅之人衆誠願坦然更化以身先之端本澄源滌瑕蕩穢接凋殘之後宜緩其力役當久弊之極須訓以敦龐良牧樹風賢宰華化十年之後生聚方足三代之美庶幾可還臣聞太子者君之貳國之本易有其卦天有其星今古相循率由茲道陛下自登皇極未建元良非以守器承祧養德贊業離明不可輟曜震位不可久空伏願早擇賢能以光儲副上安社稷下慰黎元且親戚之間謗訟所集假令漢帝無私於廣國元規切讓於中書天下之人安可戶說積疑成患憑寵生災所謂愛之適足以害之也至如左散騎常侍德靜郡王武三思等誠能輟茲機要授彼清閒厚祿以富其身蕃錫以稱其意國家利器不可以假人朝廷高秩已越於彝等且夫貪天之功以爲己力秘書監鄭普思國子祭酒葉靜能等或挾小道而登朱紫或因淺術以帶銀黃既虧國

經實悖天道書曰制理于未亂保邦於未危此誠理亂安危之秋也伏願欽祖宗之丕烈惕王業之艱難遠佞人親有德乳保之母妃主之家以時接見無令媟黷凡此數者今之急務惟陛下留神採納永保康寧疏奏不省景龍三年爲監察御史河南道巡察使以滑州輸丁不多配封全廣有點充封戶者皆歸避甚於行役嗟吁滿道因上疏奏曰臣聞分珪裂土各有方位通邑大都不以封錫前猷未遠古義亦孚自頃命侯稍殊舊式莫居磽埆專擇雄奧徐州貢土之色已乖寢丘辭封讓德不嗣其滑州者國之近甸密

通帝畿地出紋縑人多趨射所以列縣爲七分封爲
五王賦少於侯租入家倍於輸國求諸既往實所未
聞每科封丁有甚征役因而失業莫反其居此州土
風逃者舊少頃日波散良緣封多百姓嗷嗷不堪其
弊伏願稍均封户散配餘州下息疲甿上遵古制則
公侯不失於采地流泛得還於故鄉諸州封户亦望
准此又徵封使者往來相繼既勞傳驛甚擾公私諸
附租庸每年送納望停封使以静下人仍編入新格
庶爲永例又爵五等崇勞百王盛典自非邢茅懿戚
寇鄧鴻勲無以誓彼山河疇其爵土近者封建頗緣

恩澤功無横草人已分茅遂使沃壤名藩多入侯國
邑收家税半於天府經費不足蓋亦有由竊見武德
之初建侯故事于時天寶新定王基剏開佐命如雲
謀臣如雨然而封者不過十數人今禮樂承平邦家
繼代有象賢舊德之裔無野戰攻城之勤至於命封
不合全廣論功少於前葉食邑多於往時既減邊儲
寔虧國用伏惟酌隆姬之前訓含武德之舊章地匪
宗盟勲殊社稷不宜加以寔邑自可寵以虛名如是
庶績其凝彝倫攸叙臣忝當薦問備採風謡灼見不
安豈敢自嘿知必被封家所疾顧寧以報國爲心乞

擇思言訪諸朝宰秋毫有益夕死無恨疏奏不納四
年中宗制東都所造聖善等更開擴五十餘步以增
廣僧房計破百姓數百十家老幼稱冤者甚衆務先
上疏諫曰臣聞有國有家者以恤省爲務節用爲先
故唐堯至化采椽不斵漢文深仁露臺罷搆且西方
之聖道貴融心使下人不寧匹夫竊嘆豈菩薩無相
布施如來慈悲本旨哉陛下罔極孝思崇建佛寺土
木之功裝嚴斯畢僧房精舍宴坐有餘禪宇道場經
行已足更事開擴奪人便利貧者有溝壑之憂富者
無安堵之所幸非急務何至於斯况陽和發生播植

伊始興役丁匠廢棄農工一夫不耕必有饑者三時
之務安可奪焉臣聞失鬼神之心可因巫祝而謝失
君長之心可因左右而謝失父母之心可因親戚而
謝唯失百姓之心不可解也陛下以萬邦爲念何用
傷一物之心臣雖至愚猶有所惑方今西戎尚梗北
虜未羇戰士老於邊庭護軍屯於塞下甿户流散府
藏空虛卒然烽候興一面之虞水旱虐數州之地乘
其不意何以禦之伏惟陛下體唐堯漢文之用心思
菩薩如來之本意傷邊卒艱難之弊察下人勞怨之
聲董道逃休力役寔倉廩急農桑杜邪枉之門止倖

尚之路諸不急之務一切總停應須擴寺請俟農隙如此則國用充給黎元幸甚疏奏不納

王覩爲監察御史神龍初制則天祔廟日令安國相王與遼陽郡王李多祚登輦夾侍覩上疏諫曰竊惟祔廟之禮務令安國相王與李多祚驂乘且多祚夷人有功於國適可加之寵爵豈可逼奉至尊將帝弟以連衡與吾君而共輦誠恐萬方之人不允所望昔漢文帝引趙談驂乘袁盎伏車前曰臣聞天子所與共六尺輿者皆天下豪英今漢雖乏人陛下獨奈何與刀鋸之餘共載於是斥而下之多祚雖無趙談之

累亦非卿相之重不自循省無聞固讓豈國之良輔更無其人史官所書將示後代何袁盎之彊諫獨微臣之不及惟陛下詳擇焉帝謂覩曰多祚雖是夷人緣其有功委以心腹故特令侍輦卿勿復言也

冊府元龜

冊府元龜

巡按福建監察御史臣李嗣京　訂正
新建縣舉人臣戴國士參閱
知建陽縣事臣黃國琦較釋

諫諍部二十三

直諫第十二

唐蕭至忠爲中書侍郎神龍二年上䟽曰臣聞王者列職分司爲人求理求理之道必在用賢得其人則公務克修非其才則厥官如曠官曠則事廢事廢則人殘漸至陵遲率由於此頃者選曹授職致事官人

或異才昇多非德進皆因依貴要牙爲粉飾苟得是務曾無遠啚上下相蒙誰肯言及臣聞官爵者公器也恩倖者私惠也只可金帛富之粱肉食之以存私澤也若以公器而爲私用則公義不行而勞人解體以小私而妨至公則私謁門開而正言路塞纖人遞進君子道消日削月朘卒見凋弊昔館陶公主爲子求郎明帝曰郎官上應列宿出宰百里苟非其人則民受其殃賜錢十萬而已此即至公之道不虧恩私之情無替良史直筆將爲美談于今稱之不輟于口者也臣又聞唐虞之時建官惟百秦漢之後命爵逾多故官衆則事繁人撓則僞起當今列位已廣冗員倍多希求未厭日月增數陛下降不訾之澤近戚有無涯之請賣官利己鬻法徇私臺寺之内朱紫盈滿官秩益輕朝綱日壞纖利之輩冒進而莫識廉隅方雅之流知難而斂分丘壑則才者莫用用者不才二者相形之十有其五故人不効力而官爲匪人欲求其理實亦難遂臣竊見宰臣貴戚及近侍要官子弟親眷多居美爵忽事則不存職務恃勢則公違憲章徒忝官曹無益時政陛下若因循往轍不革前非爲弊已成返改難及惟陛下詳察之詩云東人之子職

勞不來西人之子粲粲衣服私人之子百僚是試或以其酒不以其漿鞙鞙佩璲不以其長此言王政不平衆官廢職私家之子列試於榮班非其才徒長其飾佩無德而禄有類素飡而詩人之言多存諷刺因國風之有暢冀王道之不偏前人之所譏後王之所戒願陛下想居安慮危之義行改弦易張之道貴惜爵賞審量材職官無虛授人必爲官進大德於樞近退小人於間僻法令惟一威恩以信私不害公情無撓法則天下幸甚臣伏見貞觀永徽故事宰相子弟多居外職此蓋爲勢要親戚罕有才藝遞相囑託虛

踐官榮伏願陛下遠稽古典近遵先聖特降明勑令
宰相已下及諸司長官各通内外總麻已上見任京
官九品已上精加簡擇每家量勒一人在兩京餘並
改授外官庶望分職四方共寧百姓表裏相統遐邇
乂安非直抑强宗分大族亦以退不肖進賢才雖言
之稍難而行之甚易其外官有行能乂著淪滯未申
者望令廉使察名以聞即加進用冀四海之内無復
遺才八紘之中同歌聖德帝雖加其意竟不能行焉
唐紹爲左御史臺侍御史神龍二年順天翊聖皇后
上言自妃主及五品已上母妻并不因夫子封者請

自今遷葬之日特給鼓吹宫官亦准此制許之紹上
疏曰竊聞鼓吹之樂本屬軍容昔皇帝涿鹿有功以
爲警衛故撾鼓曲有靈夔吼鵰鶚爭石墜崖壯士怒
之類自昔功臣備禮適得用之夫有四方之功所以
恩加寵錫假如郊天祀地誠是重儀唯有宫懸本無
案架故知軍樂所備尚不洽於神祇鉦鼓之音豈得
接於閨閫唯式公主妃以下葬禮惟有團扇方扇綵
締錦障之色加以鼓吹歷代未聞又准令五品官婚
葬元無鼓吹惟京官五品得借四品鼓吹爲儀今特
給五品已上母妻五品官則不當給限便是班秩本

因夫子儀飾乃復過之事非倫次難爲定制參詳其
理不可常行請停前勑各依常典帝不納
辛替否爲左拾遺景龍中安樂公主府所補官屬多
非其才中宗爲公主廣第宅侈靡過甚并興佛寺百
姓勞敝帑藏爲之空竭替否上疏諫曰臣聞聖人廣
視聽於四方納謳謡於九有蓋欲以上通下達遠聞
邇信元首惟聖股肱惟良若此則國可長久時聞災
害者也臣聞王者牧黎庶建百官莫不慎器與名畏
悠重禍不徼說以求進不貨賄以要榮公侯伯子男
五等各以功爲後先卿大夫士九品各以德爲次第

劉毅無賣官之誚仲經無鬻爵之譏則格于皇天光
於后土何風雨不順陰陽不和之有哉臣聞古之建
官員不必備九卿以下皆有其位而闕其選賞一人
謀乎三事職一人訪乎群司負罷者畏權門而不入
故稱賞不僭官不濫士皆完行家有廉節朝廷有餘
俸百姓有餘食下忠於上上禮於下委裘而無倉卒
之危垂拱而無顛沛之患夫事有惕耳目動心慮作
不師古以行於今者蓋有之矣伏惟陛下百倍行賞
十倍增官金銀不供其印束帛不充於錫何愧於無
用之臣何慚於無力之士至於公府補授罕存推擇

遂使冨商豪賈盡居纓冕之流鬻伎行巫或陟膏腴
之地一則羊頭入輿狗尾生譏將恐巍巍盛唐取譏
於後臣聞於古人曰禍生有胎福生有基伏惟公主
陛下之愛女選賢良以嫁之設官職以輔之傾府庫
以賜之莊第觀以居之廣池臺以嬉之可謂至憐也
然而用不合於古義行不根於人心將恐變愛成憎
翻福爲禍何者竭人之力人怨也費人之財人怨也
奪人之家人怨也愛一女而取三怨於天下使疆埸
之士不盡力朝廷之士不盡忠人之散矣獨持所愛
何所恃乎向者晉王賞同諸婿禮等朝臣則亦有今

日之福無曩時之禍人徒見其禍不知禍之所來所
以禍者寵過於臣子也去年七月五日微之矣今猶
事無更改理尚因循而已哉棄一宅而造一宅忘前
禍而忽後禍臣竊謂陛下憎之矣非愛之也何利於
公主臣聞君以人爲本本固則邦寧邦寧則陛下之
夫婦母子長相保也伏惟外謀宰臣爲乂安久愛以
存之不使姦臣賊子以伺之臣聞微不可不防遠不
可不慮當今疆埸危駭倉廩空虛揭千守禦之士賞
不及肝腦塗地之卒輸不充野多食草人不職穀而
方大起寺舍廣營地宅伐木屯山不足充梁棟運土

塞路不足充墻壁誇古耀今踰章越制百僚鉗口四
海傷心臣聞釋教者以清靜爲基慈悲爲主故常體
道以濟物不爲利欲以損人故當忘己以全真不爲
榮身以害教三時之月掘山穿地損命也殫府虛帑
損人也廣殿長廊榮身也損命則不慈悲損人則不
濟物榮身則不清淨豈大聖大神之心乎臣以爲非
真教非佛意違時行違人欲自像王西下佛教東傳
青螺不入於周前白馬方行於漢後風流雨散千帝
百王飾彌盛而國彌空保彌重而禍彌大覆車繼軌
曾不改途晉臣以佞佛取譏梁主以捨身構隙若以

造寺必其爲集休養人不足爲經邦則殷周已往皆
暗亂漢魏已降皆聖明殷周已往爲不長漢魏已降
爲不短臣聞夏爲天子三十餘代而周受之周爲天
子三十餘代而漢受之自漢已後歷代可知也何者
有道之長無道之短豈因其窮金玉修塔廟方得久
長祚祚乎臣聞於經曰若菩薩心住於法而行布施
如人入暗則無所見又曰一切有爲法如夢幻泡影
如露亦如電臣以爲減雕琢之費以賑貧人是有如
來之德息穿掘之苦以全昆蟲是有如來之仁罷營
構之直以給邊陲是有殷湯之功迴不急之祿以購

廉清是有唐虞之理陛下緩其所急急其所緩親未來而踈見在失真寔而冀虛無重俗人之爲而輕天子之業臣竊痛之矣當今出財依勢者避役姦訛者盡度爲沙彌其所未度者惟貧人與善人將何以作範乎將何以租賦乎將何以役力乎臣以爲出家者捨塵俗離朋黨無私愛今殖貨營生非捨塵俗伎親樹知非離朋黨畜妻養子非無私愛是致人以毁道非崇道以救人伏見今之宫觀臺榭唯京師之與雒陽不曾修飾僧恐奢麗陛下尚欲塡池塹捐苑囿以賑貧人無産業者今天下之寺蓋無其數一寺當陛

下一宫壯麗甚之矣用度過之矣是十分之天下寺有七八陛下何有之矣百姓何食之矣雖以陰陽爲炭萬物爲銅役不食之人使不役之士猶尚不給況資於天生地養風動雨潤而後得之乎

睿宗景雲元年替否爲左補闕上疏陳時政曰臣聞嘗以爲古之用度不時爵賞不當破家亡國者口說不如身逢耳聞不如眼見臣請以有唐以來理國之得失陛下之所眼見者以言之惟陛下審之聽之擇而從之則萬歲之業自可致矣何憂乎黎庶之不康福祚之不永伏以太宗文武聖皇帝陛下之祖撥亂反正開階立極得至治之體設簡要之方省其官清其吏舉天下職司無一虛授用天下財帛無一枉費賞必俟功官必得俊所爲無不成所征無不服不多造寺觀而福祿自至不多度僧尼而殃咎自滅道合乎天地德通乎神明故天地憐之神明祐之使陰陽不僣風雨合度四人樂其業五穀遂其成腐粟爛帛塡街委巷千里萬里貢賦于郊九夷百蠻歸款于闕自古有帝皇已來未有若斯之神聖也故得享國長久多歷年所陛下何不效而則之中宗孝和皇帝陛下之兄嗣先人之業總先人之化不取賢良之言而

恣女子之意官爵非擇虛食祿者數千人封建無功妄食土者百餘户造寺不止枉費財者數百億度人不休免租庸者數十萬是使國家所出加數倍所入減數倍倉不停卒歲之儲庫不停一時之帛所惡者逐逐多忠良所愛者賞賞多讒慝朋佞喋喋交相傾動容身不爲於朝廷保位皆由於黨附奪百姓口中之食以養貪殘剝萬人體上之衣以塗土木於是人怨神怒親忿朋離水旱不調疾疫屢起遠邇殊論公私罄然五六年間再三禍亂享國不永終於宂婦寺舍不能保其身僧尼不能獲妻子取譏萬代見笑四

爽此陛下之所眼見也何不除而改之依太宗文武皇帝之理國則百官以理百姓無憂故太山之安立可致矣依中宗孝和皇帝之理國則萬人以怨百事不寧故累卵之危立可致矣頃自夏以來霖霪不解穀荒于壟麥爛于場入秋已來亢旱成災苗而不實霜損蟲傷草萊汚潰下人咨嗟未知賙賑營寺造觀日繫于時簡較試官乞臺濫署伏惟陛下愛兩女爲造兩觀燒瓦運木載土填坑道路流言皆云用錢百餘萬貫惟陛下明君也無所不見既知且見知倉有幾年之儲庫有幾年之帛知百姓之間可存活乎三

邊之士可薄輸乎當今發一卒以禦邊陲遣一兵以衛社稷多無衣食悉皆饑寒賞賜之間迥無所出軍旅驟敗莫不由斯而反以百萬貫錢造無用之觀以賈六合之怨乎以違萬人之心乎伏惟陛下考阿韋之家宗而不可阿韋之亂政恐棄太宗文武皇帝長久之謀不恐棄中宗孝和皇帝短促之計陛下又何以繼祖宗而觀萬國昔陛下與皇太子在阿韋之時危亡是懼嘗切齒於群兇今貴爲天子富有海內而不改群兇之事臣恐後有切齒於陛下者也陛下又何以非群兇而誅之臣往見明勅自今已後一依貞觀故事且貞觀之時豈有今日之造寺觀加僧尼道士益無用之官行不急之務而亂政者也臣以爲棄其言而不行其事慕其善而不遷其惡陛下又何以刑於四海往者孝和皇帝之憐悖逆也爲姦人之所誤宗晉卿勸爲第宅趙履溫勸爲園亭損數百家之居侵數百家之地工徒斲而未息義兵紛以交馳卒使亭不得遊宅不得坐信邪佞之說成骨肉之刑此陛下之所眼見也今之造觀臣必知非陛下公主之本意得無有趙履溫之徒將勸爲之冀誤其骨肉不可不察也臣聞山家修道者不預其時事專清其身

心以虛薄爲高以無爲爲妙依兩卷老子視一區天尊無欲無營不損不害何必璇臺玉榭寶像珍龕使國困人窮然後爲道哉伏惟陛下行非常之惠權停兩觀以俟豐年以兩觀之財爲公主施貧窮塡府庫則公主福應無窮矣不然臣恐下人怨望不減於前朝又先朝之時愚智知敗人雖有口而不可言言者未發聲禍將及矣韋月將受誅於冊徵燕欽融見殺於紫庭此人皆不惜其身而納忠於主身既死矣主亦危焉故先朝誅之陛下賞之是陛下知直言之士有裨於國臣今直言亦先代之直惟陛下察之疏奏

帝嘉其切直稍遷爲右臺殿中侍御史
呂元泰爲并州清源尉景龍二年以緣邊鎮守稍多
不可廣修佛寺上疏諫曰臣聞天地不私於動植所
以稱其大日月不偏於燭耀所以稱其明陛下六合
爲家萬邦作主布慈悲於沙界樹功業於玄劫蜺旌
寶蓋接影都畿鳳刹龍宫相望都邑雖寶塔踊出真
容再見不足以論其相好不足以並此莊嚴爲萬國
之福田作群生之因果然釋氏真教平等爲宗本之
以慈悲加之以布施臣頃因行役涉歷塞垣人之艱
危盡知之矣緣邊鎮守數十萬衆或野戍孤烽迥臨

沙漠或褁糧帶甲遠伺煙塵歲月既淹衣服久弊形
容枯槁無扞禦之用朝夕殷憂有饑寒之色及邊荒
小醜微有風塵暫交矢石已聞喪敗豈沉謀祕畧有
謝於種虜乃天恩佛法未覆於士卒之所致也乃令
胡馬窺於塞下羽檄傳於上京調發師旅憂勞聖慮
府藏虛竭百姓疲勞臣每思之痛心疾首伏惟陛下
以平施之德成育養之恩廻營造之資充疆埸之費
則如來布施之法也賜之穀帛惠及饑凍則如來慈
悲之化也絲綸既行中外胥悅則如來平等之教也
功德既周賞罰斯明將士知恩則三軍賈勇犬羊懾

息萬里無塵自然烽燧罷燃干戈不用天下士女並
脩耕織倉廩充盈府藏充盈則陛下之浮恩社稷之
大計如來之教不偏於京雒大乘之法遂遍於長沙
今廣費錢力空修棟宇中下士女直覩莊嚴邊疆戍
卒不免饑弊同沐太平之化勞逸以殊俱承雨露之
恩榮枯遂隔恐非如來平等之意又與陛下亭育之
恩臣謹按金剛般若經云若以色見我以音聲求我
是人行邪道不能見如來是知大乘之宗聲色不見
豈釋迦之意雕琢爲功今之作者臣所未喻臣又聞
黄帝堯舜文王盛德充於宇宙餘芳流於絲竹者乃

盡善盡美茅茨土階叶和萬邦親睦九族之致也蓋
非勞搆之功佛法之助晉魏越競梁宋澆漓釋教行
於中國伽藍徧於天下然喪亂不絶邦國未安者豈
佛教之使然乎蓋好尚非所聚斂過度人不堪命之
所致也漢文惜露臺之産化比成康秦皇起阿房之
宫禍成傾覆伏願陛下祖述堯舜憲章文武覽帝王
之成敗驗黎庶之安危則天下幸甚自神功之後百
姓薦饑臣之所見此之爲甚重以林胡叛換六軍齊
沒匈奴侵擾趙定爲墟勁卒壯夫死於鋒刃少妻弱
子遺於驅掠衰老童幼街號巷哭若悲感行路伏惟

陛下爲之父母可不念之昔者匹婦稱孝匹夫稱賢哀慫所及尚致霜旱況忠臣孝子傷心泣血者動以萬計感於陰陽成其水旱不足怪也方修寺造塔塑畫尊容峻宇雕墻刑楹刻桷驅役貧賤斂賦鰥寡以求其福臣用爲疑臣又聞匈奴之俗以騎射爲業以攻繫爲務教卒練兵以日繫月國之所好經行設齋持戒忍辱捧鉢振錫剔髮染衣至於練習弓矢者十室之中未聞其一以此衆戰臣竊惑焉伏願陛下以邊疆爲慮以百姓爲心防之於未萌理之於未亂休力役罷修造恤窮乏勸耕桑愛養戰士愼擇邊將妙

選牧宰招攜亡散則成康文景之風可翹足而致彼氊裘犍醜之虜何足爲憂臣聞主聖臣直有犯無隱誠則愚淺敢不庶幾惟陛下萬幾之暇少垂聽覽疏奏不納

吳兢爲右補闕景龍三年安樂公主及宗楚客侍御史冉祖雍李悛共誣安國相王太平公主與節愍太子連謀兢上疏奏曰今聞道路云云皆言賊臣等竊議以安國相王連謀於重俊共加羅織將欲寘於法臣既忝職諫曹安敢不奏臣聞庶物不可以自生故陽以之亭育大寶不可以獨守子弟成其藩翰昔武王聖主也成王賢嗣也然封建魯衛以扶社稷所以龜鼎相傳七百餘載始皇絕昭襄之業承戰爭之弊忽先王之典制比宗親於黔首孤立無輔二代而亡及諸呂用權將傾劉氏朱虛爲其心膂絳侯作其爪牙劉氏復安豈非宗子之力歟國之安危在於藩屏故設官分職先親後疎詩云宗子維城書云九族既睦自文明之後皇運中衰國之祚裔不絕如綫洎陛下龍興恩被骨肉搜擿竄於炎瘴復衣冠於庭闕萬國歡心孰不慶幸且安國相王實陛下之同氣六合至廣親莫加焉但賊臣等日夜同謀必欲寘于極法

此則禍亂之漸不可不察夫相王之仁孝幽明共知頃遭荼苦哀毁過制以陛下爲性命亦陛下之手足大孝於父母而惡於兄弟者未之有也若信任邪佞委之於法必傷陛下之恩失天下之望所謂芟刈股肱獨任胷臆方涉江漢棄其舟檝可爲寒心可爲慟哭自昔剪伐枝幹委權異族者未有不喪其宗社也何以明之秦任趙高卒致傾敗漢委王莽遂成簒逆晉家以自相魚肉寰瀛鼎沸隋皇以猜忌子弟海縣塵飛驗之覆車安可重跡是以任之以權雖疎必重奪之以勢雖親必輕臣又聞之根朽則木枯源涸則

流竭子弟者國之根源豈可使其朽竭哉先王所以
廣封樹存親親使謀孫翼子柯葉碩茂況皇家枝幹
零落無幾方之先朝十不存一自陛下登極于今四
稔一子以弄兵被誅一子以愆失遠任唯此一弟朝
夕左右斗粟尺布之刺可不愼焉蒼蠅之詩誠可畏
也昔者讒書盈篋難明於主君讒言三至見疑於慈
毋伏願陛下降明制曉群邪使忠臣孝子知友于之
愛姦佞庸回執讒慝之口下全棠棣之美上慰罔極
之心德教加於兆人風化流於千載則群生幸甚臣
本布衣匪求官達聖明過聽拔齒諍臣不勝受恩之

甚謹昧死謹言輕瀆天威伏增戰汗
挪澤前爲右率府鎧曹參軍景雲初姚元之宋璟所
請停孝和朝斜封官數千員及元之等出爲刺史太
平公主又時爲之言於是總令復舊職澤上疏諫曰
臣聞藥不毒不可以蠲疾詞不切不可以補過是以
習其耳旨者非攝養之方邇其諂佞者積危殆之本
臣實愚朴志懷鯁厲或聞政之不當事之不直嘗慷
慨關心憂寐懷憤每願殉身以諫伏死而爭但利於
社稷有便於君上雖蒙禍被難殺身不悔伏惟皇帝
陛下聰明齊聖孝悌通神樂善好諫除繁去惑不邇
聲色不殖貨利仁明睿哲有過於堯舜然而刑政德
教或乖於典則若不革弊易轍塞源拔本愚竊料未
臻於泰平伏願攸之於未多復之於未甚則宗廟有
福生靈甚幸子孫帝王萬代之業也竊見神龍已來
群邪作孽法綱不振綱維大紊實由內寵專命外嬖
擅權側媚姦回亂常綱紀因貴憑寵賣官鬻爵朱紫
之榮出於僕妾之口賞罰之命乖於章程之典妃王
之門有同商賈舉選之署實均闤闠屠販之子悉由
邪而謬官黜斥之臣咸因姦而冐進天下思亂社稷
幾危賴陛下聰明神武拯之將墜此陛下耳目之所

親擊固可永爲鑒戒者也豈不爲寵授謬誤親習請
謁之所致焉可不哀哉臣聞作法於治猶恐其亂作
法於亂誰能救之伏見近來政令不一朝出暮易前
奪後與諠譁之論請謁頗行只在斜封投官皆是僕
妾汲引悉誤先帝眛目前朝豈是孝和情之所憐心
之所愛陛下初即位時納姚元之宋璟之計所以咸
令出之頃日已來又令敘之將爲斜封之人不忍棄
也以爲先帝之意不可違也若斜封之人不忍棄也
是韋月將燕欽融之流亦不可以襃贈也李多祚鄭
克乂之徒亦不可清雪也陛下何不能忍於此而獨

能恐於彼使善惡不一也又斜封之官不承殊澤得免罪戾已沐恩私旬月之中頻繁降旨前勅則令至冬處分後勅又令替人却停使君子道消小人道長爲邪者獲利爲正者鍾寃奈何導人以爲非勸人以爲僻將何以懲風俗將何以正姦邪今海內咸稱太平公主令胡僧範曲引此輩將有誤於陛下矣談議盈耳自嗟滿衢故語曰姚宋爲相邪不如正太平用事正不如邪是年十二月制令選人中被放者各上書陳事許加收擢時有獻書者千餘人唯澤上書詞有可採大畧曰頃者韋氏險詖姦臣同惡賞罰紊弛

紀綱紛綸政以賄成官因寵進言正者獲戾行殊者見疑海內寒心實將莫救賴神明祐德宗社降靈天討有罪人用丕保陛下叡謀神聖勇智聰明安社稷於已危拯黎庶於既溺令龐眉鮐背歡欣踴躍望聖朝之撫輯聽聖朝之德音令陛下蠲煩省徭法明事舉萬邦愷樂家室胥慶又聞危者安其位也亡者保其存也亂者得其理也伏惟陛下安不忘危理不忘亂存不忘亡則克享天心國家長保矣詩云罔不有初鮮克有終伏惟陛下慎厥終惟其初非禮勿動非禮勿聽書曰惟德罔小萬邦惟慶惟不德罔大墜厥宗甚可畏也甚可懼也伏惟陛下禁之於親貴則天下隨風矣制之於寵幸則天下法明矣詩云刑於寡妻至於兄弟以御于家邦若親貴爲之而不禁寵倖撓之而見從是政之不常令之不一則姦詐斯亂暴慢生焉雖嚴刑峻制朝戮暮誅而法不行矣縱陛下親之愛之莫若安之福之也寵祿之過罪之漸也非安之也驕奢之淫危之本也非福之也前事之不忘後事之師也懲惡勸善令之宜也臣恐陛下席安逸而忘危亂願陛下精求俊哲朝夕納誨縱有逆于耳謬于心者無速之以罰姑籌之以道省于厥躬雖木

樸忌忤願恕其直用開諫諍之路也或有順于耳便於身者無稽之事求諸非道稽之典訓其不附於德必寘之以法用杜側媚之行也有羞淫巧於陛下者遽黜之則淫巧息矣有忠讜於陛下者遽賞之則忠讜進矣臣又聞生於富者驕生於貴者傲石碏曰臣聞愛子教之以義方不納於邪驕奢淫逸所自邪也書曰罔遊於逸罔淫於樂穆王有命曰實前後左右有位之士繩愆糾謬革其非心今諸宮肇建王府初啓至於僚友必惟妙擇若因親舊率情奏請恐非其人懼累于德今驕奢之後流遺未變慢遊之樂餘風

或存小人弄臣易合於意奇伎淫巧多適於心臣恐洽於非德厥茲愈怠書曰慎簡乃僚無以巧言令色其惟吉士僕臣正厥后克正僕臣諛厥后自聖伏願揀温良博聞之士恭儉忠鯁之人任以東宮諸王府官仍請東宮量署拾遺補闕之職令朝夕講論出入遊處授以訓誥交修不逮臣又聞馳騁畋獵令人心發狂名教之中自有樂地承前貴戚鮮克由禮或打毬擊鼓比周技術或飛鷹奔犬盤遊藪澤此其爲不道非進德修業之本書曰内作色荒外作禽荒又曰無若册先傲慢遊是好朋淫于家用殄厥代伏惟陛

下誕降謨訓敦勸學業示之以好惡陳之以成敗以義制心圖之於未萌慮之於未有福禄長享與國並休矣臣又聞富不與驕期而驕自至驕不與罪期而罪自至罪不與死期而死自至信矣哉明試自誡項者韋庶人安樂公主武延秀等可謂寵矣權傾人主威震天下然怙侈滅德神怒人棄豈不謂愛之太極富之太多不節之以禮不防之以法終轉吉爲凶變福爲禍千人所指無病而死不其然歟書曰殷鑒不遠在彼夏王今陛下何勸豈非皇祖貽訓之則也今陛下何懲豈非孝和寵愛之甚也夫寵愛之心人則

不免去其太甚閑以禮節適則可矣今諸王公主駙馬亦陛下之爲親愛也矯枉之道在於厥初鑒誡之義其取不遠使觀過務善居寵思危夙夜惟寅聿修厥德經曰在上不驕高而不危所以長守貴也制節謹度滿而不溢所以長守富也富貴不離其身然後能保其社稷書曰制官惟刑警于有位敢有恒舞於宫酣歌于室時謂巫風敢有徇於貨色恒于遊畋時謂淫風敢有侮聖言逆忠直遠耆德比頑童時謂亂風惟茲三風十愆卿士有一於身家必喪邦君有一于身國必亡甚可畏也甚可懼也伏惟陛下必察

而明之必信而觀之有奢僭驕忌者削其禄封樸素修業者賜以車服以易其心使奉其命臣聞非知之艱行之惟艱又曰常厥德保厥位厥德匪常九有以亡伏惟陛下慎之哉前車之覆實爲明證先王之誡可以終吉若陛下奉伊尹之訓崇傅說之命不作無益以啓私門刑不差賞不濫則惟德是輔惟仁之懷天禄永終景福是集倘陛下忽精一之德開恩倖之門爵賞有差刑法無當則忠臣正士不復談矣帝善之命中書省重加詳試又之擢拜監察御史

魏知古爲右散騎常侍景雲二年睿宗女金仙玉真

二公主入道有制各造一觀雖屬季夏盛暑尚營作不止知古上疏諫不納頃之又進諫曰臣聞人以君爲天君以人爲本人安則正理本固則邦寧自陛下翦除兇逆君臨寶位蒼生顒顒以爲朝有新政今風教頹替日甚一日府庫空虛人力凋獘造作不息官員日增今諸司試及員外簡較等官僅至二千餘人太府之布帛已殫太倉之米粟難給又金仙玉真等觀造作咸非急務臣先奏請停竟仍未止今歲前水後旱五穀不熟至若來春必甚饑饉陛下爲人父母欲行何道以賑恤之療饑拯溺須及其時又突厥爲

忠其來日久本無禮義焉有誠信今雖遣使來請結婚豺狼之心首鼠何定弱則卑順彊則驕逆屬草衰月滿弓勁馬肥乘中國饑虛在和親際會倘或窺犯亭鄣國家何以防之臣所論者事甚急切伏願特垂詳察

韓朝宗爲左拾遺睿宗景雲中令諸惡少作乞寒胡戲朝宗上疏諫曰臣聞之傳曰辛有過伊川見被髮於野者曰不及百年此其爲戎乎其禮先亡矣後秦晉遷陸渾之戎于伊川以其中國之人習夷狄之事一言以貫百代可知竊惟王公貴人國之藩翰凡所舉措須合典彝今之乞寒濫觴胡俗臣近來聽於物議咸言非古作事不法無乃爲戎伏願陛下三思籌其所以又道路藉藉咸云皇太子微服親觀此戲且元良國本蒼生是賴輕此馳驟無能蹔蹤況匈奴在邸寇繁有徒刺客竊發亦何可限或憂卒然奔波掩襲無備邂逅驚擾則憂在不測白龍魚服取困豫且浮可畏也伏惟陛下愛人治國憂勤庶政令所施爲豈徒然耳豈不以玄象變見疾厲相仍厭甲兵之災助太陰之氣臣誠愚瞽以爲無益臣聞皇天無親惟德是輔未聞兆亂庶求多福太戊修政桑穀自枯景

公善言熒惑退舍彰善伐惡天之道也伏惟去邪勿疑昭懐以待豈區區末法而能定其休咎哉帝覽而稱善特賜以中上考

韋湊爲太府少卿太極初睿宗爲則天皇后於東都建荷澤寺西京建荷恩寺及金仙玉真公主出家造觀湊上疏曰臣聞諸易曰何以守位曰仁何以聚人曰財然則非財無以建國國之府庫非自殖財還資於人賦歛而制也人之貲産非自然生勞筋苦骨竭力而致也人所以甘於征賦者知用之不爲私也資以散人人有何怨若乃用之或不節散之以非公費

盡而厚斂則人不堪命鮮不怨叛矣歷觀古先有天下者未嘗不以薄賦斂省徭役而興焉征稅重人力殫而滅焉並詳諸載籍列爲龜鏡然曩以邊烽驟驚戎幕薦興每應機須頗傾帑藏臣竊計即時庫物如此嘗用畧支一歲殊恐不足而觀寺興工土木所料動至巨萬更空竭之必不支年矣頃年天下災損流行乏絶稍多申奏相繼每延聖念總令賑恤更加賦稅則人交不堪衣食靡供調斂安出儻邊烽尚警戎虜南牧軍資糧用將何以濟乎此臣所以深憂也今營觀寺者蓋謂修德以禳災也以臣寡聞稽諸史冊

人君修德有異於是昔殷大戊時桑穀生朝七日大拱大戊問伊陟陟曰臣聞妖不勝德帝其修德大戊懼早朝晏退務撫百姓三年遠方重譯而至者六十國桑穀日枯殷道中興此豈造寺觀哉宋景公時熒惑守心公召子韋而問焉子韋曰其禍當君雖然可移於相公曰相所與理國家也曰可移於人公曰人死寡人將誰爲君乎曰可移於歲公曰歲饑人餓必死爲人君而殺其人誰以我爲君乎子韋曰君有至德之言三天必三賞君今夕星必徙舍君延二十一歲公曰子何知之對曰君有三善故有三賞星必三舍舍行七星星當一年君延年二十一矣果如子韋之言此由仁發于衷亦非造寺觀也且修德者謂躋萬姓於仁壽不徇私於一己任忠直退謟諛省賦役也自陛下御極修之久矣何災不禳何祥不至而欲忽生靈之重命崇棟宇於空祠適足爲憂何益聖德此臣竊爲陛下不取也況道德之宗興乎玄元皇帝其經曰聖人後其身而身先外其身而身存以其無私故能成其私此乃抱素守真薄以厚物轉稅節用清淨無爲之旨也今欲困人獘國峻宇雕墻思竭輸餙窮泄麗以希至道其可得乎近古以來脩黄老術者漢

之文景豈造寺觀乎惟寡欲清心愛人省費而時康俗阜海内晏然此得之矣秦始皇規一身之樂忘神器之危銳意神仙將圖羽化此失之矣伏願陛下寵道家之旨備不虞之機緩非急之作務實府庫以育黎甿則寶祚愈隆寰瀛永乂矣臣伏見勑停金仙玉真兩觀以救農時可謂爲得矣今承使司市木仍舊又大脩觀內所費不停國用將空何以克濟支度一失天下不安帝覽而善之

嚴挺之爲左拾遺太極二年二月睿宗詔三日三夜御安福門以觀酺樂挺之上䟽諫曰微臣竊惟陛下

應天順人發號施令躬親大禮昭布鴻澤孜孜庶致業業萬幾蓋以天下心爲心深戒安危之理以成尭舜禹湯之德教也奈何親御城門以觀大酺累日兼夜臣愚竊所未喻夫酺者因人所利合醵爲歡無相奪倫不致靡獘且臣卜其晝史册攸傳君舉必書帝王重慎今乃暴衣冠於上路置妓樂於中宵雜鄭衛之音縱娼優之樂陛下還淳復古宵衣旰食不矜細行恐非聖德所宜臣以爲一不可雖則警夜伐鼓通晨以備非常古之善教陛下不深惟戒慎輕違動息重門弛禁雜合多徒儻有躍馬奔車流言駭叫一塵

聽覽有累宸衷臣以爲二不可且一人向隅滿堂不樂一物失所納隍增慮陛下以北宮多暇西墉蹔臨青春日長已積埃塵之弊紫微漏永重窮歌舞之樂儻合有司跛倚下人幾倦以陛下近猶不恤而況於遠乎聖情攸聞豈不凜然祇畏臣以爲三不可且元正首祚大禮頻光百姓顒顒咸謂業盛配天功垂曠代今陛下恩似薄於衆望酺則過於往年王公貴人各承微旨州縣坊曲競爲課稅吁嗟道路貿易家產損萬人之力營百戲之資適欲同其歡而乃遺其患復令兼夜人何以堪臣以爲四不可書曰罔咈百姓以從己之欲況曰去夏霖滯經冬亢旱農不收成市有騰沸損其實崇其虛馳不急之務擾方春之業前代聖主明王忽於微細而成過患者多矣陛下豈可效之哉伏望晝則歡娛暮令休息要期兼夜恐無益聖明惟陛下裁擇帝納其言而止

冊府元龜卷終

巡按福建監察御史臣李嗣京 訂正
分守建南道左布政使臣胡維霖 參閱
知建陽縣事臣 黄國琦 較釋

諫諍部 二十四

直諫

唐韓思復爲諫議大夫開元初山東蝗蟲大起姚崇爲中書令奏遣使分河南北諸道殺蝗蟲而埋之思復以爲蝗是天災當脩德以禳之恐非力所翦滅上疏曰臣聞河南河北蝗蟲頃日更益繁熾經歷之處

苗稼都損今漸翾飛向西遊食至雒使命來往不敢昌言山東數州甚爲惶懼且天災流行埋瘞難盡臣望陛下悔過責躬發使宣慰損不急之務召至公之人上下同心君臣一德持此誠實以荅休咎前後驅蝗使等伏請總停書云皇天無親惟德是輔人心無常惟惠之懷不可不收攬人心也帝深然之出思復疏以付崇崇廼請遣思復往山東簡視蝗蟲所損之處及還具以實奏又請令監察御史劉沼重加詳覆沼希崇旨意遂箠撻百姓廻改舊狀以奏之由是河南數州竟不得損免思復遂爲崇所擠出爲德州刺史

皇甫憬爲陽翟尉開元初監察御史宇文融請簡察僞濫逃戶憬上疏曰臣聞知者千慮或有一失愚夫千計亦有一得且無益之事繁則不急之務衆不急之務衆則役數役數則人疲人疲則無聊生矣是以太上務德以静爲本其次化之以安爲上但責其疆界嚴其隄防山水之餘即爲見地何必聚人阡陌親遣括量故奪農時遂令受弊又應出使之輩未識大體所由殊不知陛下愛人至深務以勾剥爲計州縣懼罪據牒即徵逃亡之家鄰保代出鄰保不濟又使

更輸急之則都不謀生緩之則憲法交及臣恐逃逸從此更滋至如澄流在源止沸孫火不可不愼今之具寮向踰萬數蠶食府庫侵害黎人國絶數載之儲家無經月之畜雖其厚税亦不可供戶口逃亡莫不繇此縱使伊皐申術管晏陳謀豈息兹弊若以此給將何以堪雖東海南山盡爲粟帛亦恐不足豈括田税客能周給也左拾遺楊相如上言咸陳括爲不便玄宗方委任融侍中源乾祐及中書舍人陸堅皆賛成其事乃貶憬爲盈州尉

柳澤開元二年爲殿中侍御史嶺南監選使會市舶

使右衛威中郎將周慶立波斯僧及烈等廣造奇器異巧以進湋上書諫曰臣聞不見可欲使心不亂是知見欲而心亂必矣竊見慶立等雕鐫詭物制造奇器用浮巧爲珍玩以譎怪爲異寶乃理國之所巨蠹聖王之所嚴罰紊亂聖謀汨斁彝典昔露臺無費明君尚或不忍象箸非多忠臣循且憤歎王制曰作異服奇器以疑衆者殺月令曰無作淫巧以蕩上心巧謂奇伎怪好也蕩謂惑亂情欲也今慶立皆欲求媚聖意搖蕩上心若陛下信而使之是宣奢淫於天下必若慶立矯而爲之是禁典之無赦也陛下即位日

近萬邦作孚固宜昭宣菲薄廣敷節儉則萬姓幸甚

崔向爲右補闕開元七年上疏曰臣聞千金之子坐不垂堂百金之子立不倚衡况居大寶之位也哉陛下宜保萬壽之體副三靈之望安可輕出入重盤遊乎天子三田前古有訓豈唯爲乾豆賓客庖厨者哉亦足以閱兵講武誡不虞也詩美宣王之田徒御不驚有聞無聲謂畋獵時人皆啣枚有言聞而無諠譁也又曰悉率左右以燕天子謂悉驅禽獸順其左右之宜以安待王射也則知大綏將下亦有禮焉側聞畋於渭濱有異於是六飛馳騁萬騎騰躍衝蹊薈蔚蒙籠越巘險靡榛叢紅塵坐昏白日將犒毛羣擾攘羽族繽紛左右戎夷競申驍勇攢鏑亂下交刃霜飛而降尊亂甲爭捷於其間豈不殆哉夫環衛而居暴客攸待清道而出行人尚驚如有墜駕之虞流矢之變獸窮則搏鳥窮則攫陛下復何以當之哉静言思之臣深爲陛下戰慄也書曰不畏入畏又曰從諫則聖惟陛下深思遠慮以誡後圖則其天下孰不幸甚

吴兢爲太子左庶子玄宗東封多射獵兢諫曰陛下爰自雒邑將告禪岱宗行經數州屢以畋獵爲事伏恐外荒之攸漸誠非致理之所急况陳封告成禮容

甚大伏願罷此畋遊之事克備文物之儀又貞觀時太宗文皇帝凡有巡幸則博選識達古今之士以在左右每至前代興亡之地皆問其所繇用爲鑒誡伏願陛下遵而行之則與夫騁奔馬於澗谷要狡獸於叢林不慎垂堂之危不思馭朽之變安可同年而較其優劣

施敬本爲右補闕開元十六年五月六日唐昌公主出降有司進儀注於紫宸殿行五禮敬本與右拾遺張烜左拾遺李銳等連名上疏曰竊以紫宸殿者漢之前殿周之露寢陛下所以負黼扆正黄屋饗萬國

朝諸侯人臣至敬之所猶玄極可見不可得而升也昔周女出降於齊而以魯侯爲主但有外館之法而無露寢之事今欲紫宸殿會禮卽當人臣攝行馬入於庭醴升於牖主人授几逡巡紫座之間賓使就筵登降赤墀之地又據主人辭稱吾子有事至於寡人之室言詞僭越事理乖張既黷威靈浮虧典制其問名納采等竝請權於別所玄宗納其言移於光順門外設次行禮

裴耀卿爲尚書左丞相開元二十四年特進蓋嘉運破突騎施立功還詔加河西隴右兩節度使仍令經

畧吐蕃嘉運既承恩寵日夕酣宴不時赴軍耀卿密上疏曰伏見蓋嘉運立功破賊更委兩軍以勇果之才承戰勝之勢吐蕃小醜不足殲夷然臣近日與其同班觀其舉措精勁勇烈誠則有餘言氣矜誇恐難成事莫敖狃於蒲騷之役舉趾稍高春秋書之以爲懲誡恐其有驕敵之色臣竊憂之入秋防邊日月稍逼接封人吏須識其宜今將撫邊軍未言發日若臨事始去人吏未諳雖決在一時恐非制勝萬全之道况兵未訓練不知禮法人未懷惠士或生心求其忘性命於一時憚嚴刑於少選縱威逼而進因而立功恐其師出以律又長之義又萬人性命決在將軍不得已而行之鑿凶門而即路今酣宴朝夕優渥有餘亦恐非愛人憂國之意不可不察若不可迴綬即望速遣進途仍乞聖恩勗以嚴命疏奏玄宗乃促嘉運赴軍竟以無功而還

梁鎮爲昭應令代宗廣德二年道士李國禎以道術見因奏皇室仙系宜脩崇靈跡請於應昭縣南三十里山頂置天華上宮靈臺大地婆父三皇道君大古天皇中古伏羲媧皇等祠堂并置洒掃宮戶一百人又於縣之東義扶谷故湫置龍堂并許之時歲饑荒

人甚不安鎮上奏曰臣聞國以人爲本害其本則非國神以人爲主虐其主則非神故昔之聖王所以極陳理道明著祀典將愛其人而愼用其材力敬其神而虔恭於祠祭故神享其明德而降之福人受其大賚而盡其力然後神人以和而國家可保也一昨蟊賊作孽水旱爲災雖王畿皆徧而臣縣最若此則神之不能禦大災也明矣又何力於陛下而得烈其祀典哉且以殘弊之餘當凶荒之歲丁壯素出家入仕癃老方飛芻輓粟今但供億王事已不堪命更奔走鬼道何以聊生臣又聞天地之神尊之極者掃地可

祭精意可饗陛下亦何必廢先王之典崇俗巫之說走南畝之客殺東鄰之牛而後異作非妄之福陛下雖欲爲人祈福福未至而人已困矣其不可一也陛下不視昔者有道之君至德之后何不卑宮室菲飲食恭已以遂萬物之牲哉陛下今違神亭育之心竭人疲困之力如是又何從而致其福哉此又不可二也又陛下宗廟之敬極矣尚無一月三祭之禮今此獨爲則宗廟之靈將等以親疎較以厚薄陛下又何以言哉此又不可三也又大地婆父祀典無文言甚不經義無可取若陛下待與大地建祖宗之廟必上

天貽向背之責陛下又何以爲詞哉此其不可者四也夫湫者龍之所居也龍得水則神無水則螻蟻之匹也故知水存則龍在水竭則龍亡此愚智之所以同知也今湫竭亦久龍安所存陛下又崇飾祠宇豐潔奠爲去龍之穴破生人之產人且怨矣神何歆哉此又不可五也其道君三皇五帝則兩京及所都之處皆建宮觀祠廟時設齋醮饗祀國有彝典官有常禮蓋無闕失矣又何勞神役靈此又不可六也臣稽先王典禮觀前聖之執躅休咎豐凶災祥禍福必至帝王五事不在山川百神此又不可七也臣伏察此獘

頗知其繇蓋以道士李國禎等動衆則得人與工則獲利祭祀則受胙主執則有權是以鼓動禁中熒惑天聽踰越險阻負荷粢盛以日繫年無時而息曾不課神功力空止竭人膏血以使人神胥怨灾孽并生罔上害人左道亂政原情定罪非殺而何臣昨受命之時承聖旨務要安緝許遂權宜誠願沉鄠縣之巫安流獘之俗其所興兩祠土木之功丹青之役洒掃之戶謹明宣旨並亦權宜停訖人吏百姓等知陛下以從善爲心嫉惡爲務蠲除不急剗革煩苛皆喧呼於庭忭躍於路所徵糧糗無不樂輸臣伏以國禎等

並交結中貴狡蠹成性臣雖忘身許國不懼讒搆終恐賄及豪右復爲姦惡其國禎等見具狀推勘如獲贓狀伏望許臣徵收便充當縣郵館本用其湫既竭不可置祠堂又不可當爲大地建立祖宗廟臣並請停其三皇道君天皇伏羲女媧等既先各有宮廟望請並於本所依禮齋祭上從之

姚南仲爲右補闕大曆中將葬貞懿皇后代宗思寵所屬令繕陵寢道章敬寺後當遊行幸延地左右莫敢言者南仲上疏曰伏聞貞懿皇后今於城東章敬寺北以起陵廟臣不知有司之請乎陛下之意乎陰

陽家流之希吉乎愚以爲非所宜也謹具疏之伏願暫留天眷而省察焉臣聞人臣宅於家君王宅於國今夫長安城陛下皇居也其可穿鑿興動而建陵墓於其側乎此非所宜一也夫葬者藏也欲人之不得見也是以古帝前王葬后妃莫不馮丘原違郊郭今則西甫宮闕南逼康莊若使近而可見殘而復生雖在西宮待之且何如骨肉歸土魂無不之章敬之北竟何所益示之兆庶則彰溺愛褻之萬代則累明德此非所宜二也夫帝王者居高明燭幽滯先皇所以因龍首建望春蓋爲此今若起陵目前動傷宸慮天

心一傷數日不平且匹夫向隅滿堂爲之不樂萬乘不樂人其可歡心乎又暇日歌鍾於內此地皆聞此非所宜三也伏惟貞懿皇后坤德配天母慈逮下陛下所以切軫旒扆以久俟著龜始議之以貞懿終待之以褻近臣竊惑焉非所以稱述后德光被下泉也今國人皆日貞懿皇后之陵邇於城下者主也上將日省而時望焉斯有損於聖德無益於貞懿將欲罷之而逐辱之此非所宜四也凡此數事實黷大猷天下咸知伏惟陛下熟計而取其長也陛下方將偃武靖人一誤於此其傷實多臣恐君子是非史官貶褒大明忽虧於掩蝕至德翻後於堯舜不其惜哉今指事尚遷改卜何害抑皇情之殊眷成貞懿之美號天下幸甚代宗覽表歎息立從其議賜緋魚袋特加五階宣付史臣

郇模晉州人以麻辮髮持竹籠及葦席哭於東市人問其故對曰有三十字請獻於上若無堪便乃以竹籠貯屍棄之於野京兆府以聞代宗郎詔見賜衣館於禁內客省其獻三十字一字論一事其要者團字監字團者請罷諸州團練使也監者請罷諸道監軍使也

顏真卿爲簡較刑部尚書知省事永泰中元載引用私黨懼朝臣論奏其短乃請百官凡欲論事皆先白長官長官白宰相然後上聞真卿上疏曰御史中丞李進等召百寮傳宰相語稱奉進上緣諸司官奏事頗多朕不憚勞但所奏多挾私讒毀自今論事者諸司官皆須先白長官長官白宰相宰相定可否然後奏聞者臣自聞此語已來朝野囂然人心莫不衰退矣何則諸司長官皆達官也言皆專達於天子也郎官御史者陛下腹心耳目之臣也故其出使天下事無巨細得失皆令訪察迴日奏聞以明四目達四聰

也今陛下欲自屏耳目使不聰明則天下何則焉詩云營營蒼蠅止于棘讒言罔極交亂四國以其能變白爲黑變黑爲白也詩人深惡之故曰取彼譖人投畀豺虎豺虎不食投畀有北則夏之伯明楚之無極漢之江充皆讒人也孰不惡之陛下惡之深得君人之體矣陛下何聽其言虛誣者則讒人也因誅殛之其言不虛誣者則正人也因獎勵之陛下捨此不爲使衆人皆謂陛下不能明察倦於聽覽以此爲辭其諫諍臣竊爲陛下痛惜之臣聞太宗勤於聽覽庶政以理故著司門式云其有無門籍人有急奏者皆令

監門司與伏家引奏不許關礙所以防擁蔽也并置立伏馬二匹須有乘騎便往所以平天下正用此道也天寶已後李林甫威權日盛羣臣不先諮宰相輙奏事者不過仍託以他故中傷猶不敢明約百司令先白宰相又閹官袁思藝日宣詔至中書玄宗動靜必告林甫先意奏請玄宗驚喜若神以此權柄恩寵日甚道路以目上意不下宣下情不上達所以漸致潼關之禍皆權臣誤主不遵太宗之法故也陵夷至於今日天下之蔽盡萃於聖躬豈陛下招致之乎蓋其所從來者漸矣自艱難之初百姓尚未凋弊太平之理立可便致爲李輔國用權宰相專政遞相姑息莫肯直言大開三司不安反側逆賊散落將士比走黨項合集土賊至今爲患僞將更相驚恐因思明危懼扇動却反又令相州敗散東都陷没先帝爲此憂勤至於損壽臣每思之實痛切心骨今天下兵戈未戢瘡痏未平陛下豈得不日聞讜言以廣視聽而欲頓隔忠讜之路乎臣竊聞陛下在陝州時奏事者不限貴賤務廣聞見乃堯舜之事也凡百臣庶以爲太宗之理可翹足而待也臣又聞君子難進而易退繇此言之朝廷開不諱之路猶恐不言況懷厭怠令宰

相宣進止使御史臺作條目不令直進從此人必不敢奏事則陛下聞見只在三數人耳目天下之士方鉗口結舌陛下後見無人奏事必謂朝廷無事可論豈知懼不敢進即林甫國忠復起凡百臣庶以爲危殆之期又翹足至也如今日之事曠古未有雖李林甫楊國忠猶不敢公然如此今陛下不早覺悟漸成孤立後縱悔之無及矣臣實知忤大臣者罪在不測不忍孤負陛下無任懇迫之至其激切如此於是中人爭寫內本布於外

裴諝爲金吾將軍建中初德宗於廟堂別置三司以

决䗁徵爭者輒擊登聞鼓諸上疏曰夫諫鼓謗木之設所以達幽枉延直言今輕猾之徒援桴鳴鼓始動天聽竟因纖微若然者安用吏理乎帝然之悉歸有司

權德輿為左補闕時貞元中裴延齡以巧倖判度支自司農少卿遷戶部侍郎仍判度支德輿上疏曰臣伏以爵人於朝與衆共之況經費之司安危所係延齡頃自權判迨今旬歲不稱之聲日甚於前羣情衆口諠於朝市不敢悉煩聖聽今謹畧舉所聞多云以租賦正額支用未盡者便謂之剩利以為已功又重

破官錢買常平先所收市雜物遂以再給估價用充別貯利錢又云邊上諸軍皆至懸闕自今秋以來並不支糧伏以疆埸之事所虞非細誠誠聖謨前定終事切於有司陛下必以延齡孤貞獨立為時所抑醜正之黨結此流言何不以新收剩利徵其本末今分析條奏又擇朝賢信臣與中使一人巡覆邊軍察其資儲有無虛實償延齡授任已來精意勤力每事省約別收羨餘至於正數各有區別又邊軍儲蓄實須可支身自斂怨為軍國惜費自宜更加優奬以洗羣疑明書厥勞昭示天下如或言者非謬罔上實多豈以邦國重務委之非據臣職在諫曹合採羣議正拜已來今已旬日道路云云無不言此豈京師士庶之衆愚智之多合而為黨共有讐疾陛下似宜稍廻聖監俯察羣心是時拾遺王仲舒亦抗疏論之

許孟容為給事中上疏曰臣竊謂陛下數月來齋居損膳為兆庶心禱又勑有司走於羣望祈於百神而密雲不雨首種未入登觴牢有闕巫祝非誠為陰陽適然豈欵前定何聖意精至并澤未答也臣歷觀自古天人交感未答者未有不繇百姓利病之急者切者邦家教令之大者遠者京師是萬國所會強幹弱

使者自古過規其一年稅錢及地稅出入一百萬貫臣伏冀陛下即日下令全放免之其次三分收二且使旱涸之際更免流亡若播種無望徵斂如舊則必愁怨遷徙不顧墳墓矣臣愚以為德音一發膏澤立應變災為福期在斯須戶部于收掌錢非度支歲計本防緩急別用今此炎旱直支一百餘萬貫代京兆百姓一年差科實陛下巍巍盛謀天下鼓舞歌揚者也復更省察庶政之中有流移征防當還而未還者徒役禁錮當釋而未釋者逋懸饋送當免而未免者沈滯鬱抑當伸而未伸者有一于此則特降明命令

有司條例三日內奉奏其當還當釋當免當伸者詔
下之日所在郎時施行臣愚以爲如此而神不監歲
不稔古未之有疏寢不報
穆質爲給事中元和初掌賦使院多擅禁繫戶人而
有笞掠至於死者質乃論奏塩鐵轉運司應决私塩
繫囚須與州府長吏監决自是刑名畫一四年鎭州
王承宗叛憲宗用內官吐突承璀爲招討使質率同
列伏閤論奏言自古無以中官爲將帥者憲宗雖改
其名心頗不悅尋改質爲太子左庶子
獨孤郁爲左補闕元和四年鎭州王承宗拒命詔以

左神策護軍中尉左衛上將軍吐突承璀爲左右神
策河中河陽浙西宣歙等道赴鎭州行營兵馬招討
處置等使帝御延英殿對度支使李元素塩鐵使李
鄘京兆尹許孟容御史中丞李夷簡諫議大夫孟簡
給事中呂元膺穆質等及郁皆言中官吐突承璀不
可以統師且非舊制郁言尤激切翌日乃削承璀揔
河陽浙西宣歙四道兵但充鎭州已東招討宣慰等
使時論諫者皆以爲中外任殊承璀不宜揔戎招討
至是改處置爲宣慰猶存招討之名
孟簡爲諫議大夫鎭州王承宗拒兵下詔誅伐以中
貴人吐突承璀爲行營招討處置等使宰臣裴垍陳
奏以爲中官不宜統兵言未允納簡與呂元府許孟
容李夷簡穆質等上疏抗論又偕詣延英面陳不可
之狀遂退改承璀使號簡在諫署三年言論切正繇
是出爲常州刺史
裴度爲御史中丞先是五防小使每歲冬以鷹犬出
近畿習狩謂之外按宣徽院供奉官爲其使領數百
或有恃恩恣橫郡邑驚擾皆厚禮迎犒之恣其所便
止舍私邸百姓畏之如冦盜每留旬月方更其所元
和九年冬裴寰爲下封令嫉其暴橫但據名供饋使

處公舘杜其侵擾使者歸或譖寰有慢言上大怒將
以下不敬論宰臣於延英懇救理之帝怒不解及出
逢度將入元衡等謂曰裴寰事上意不開恐不可論
度唯唯而入抗陳其事謂寰無罪帝愈怒曰如卿言
裴寰無罪則當决五防小使小使無罪則當决裴寰
度曰誠如聖旨但以裴寰爲令長愛惜陛下百姓如
此豈可罪之帝怒稍解初令書罰翌日釋之放歸本
縣視事焉
裴潾爲左補闕兩河用兵憲宗寵任內官有至專兵
柄者又以內官充舘驛使有曹進玉者恃恩暴戾遇

四方使多倨有至捽辱者宰相李吉甫奏罷之及淮西用兵使復以內官爲使濟上疏曰館驛之務每驛皆有專官畿內有京兆尹外道有觀察使刺史迭相監臨臺中又有御史充館驛使專察過闕伏知近有敗事上聞聖聰但明示科條督責官吏據其所犯重加貶黜敢不惕懼日夜勵精若令宮闈之臣出𣂏館驛之務則內臣外事職分各殊切在塞侵官之源絕出位之漸事有不便必誡於初令或有防不必在大儻掃靜妖氛之日開太平至理之風澄本正名實在今日言雖不用帝意嘉之濟爲起居舍人時憲宗銳

意方士旣得柳泌盖信金丹藥石之說推心腹之無疑焉濟抗疏曰臣聞除天下之害者受天下之利共天下之樂者饗天下之福故上自黃帝顓頊堯舜禹湯及文王武王咸以功濟生靈德配天地故皆報之以上壽垂祚於無疆伏見陛下以大孝安宗廟以至仁貴黎元自踐祚以來剗積代之妖兇開削平之洪基而又禮敬宰輔待以終始內能大斷外寬小故夫此神功聖化皆自古聖王明君所不及今陛下躬親行之實光映千古矣是則天地神祇必報陛下以山嶽之壽宗廟聖靈必福陛下以億萬之齡四海蒼生咸祈陛下以覆載之永自然萬靈保祐聖壽無疆伏見自去年以來諸處頻薦藥術之士有韋山甫柳泌等或更相稱引迭令薦送漸多臣伏以眞仙有道之士皆匿其名姓無求於代潛遁山林滅影雲壑恐人見之懼人聞之肯干謁公卿自鬻其術者所有誇衒藥術者必非知道之士咸爲求利而來自言飛煉爲神以誘權貴賄賂大言怪論驚聽惑時及假僞敗露曾不恥於逃遁如此情狀豈可深信其術親餌其藥哉禮曰夫人食味別聲被色而生者也春秋左傳曰味以行氣氣以實志又曰水火醯醢鹽梅以烹魚肉

宰夫和之齊之以味君子食之以平其心夫三牲五穀稟自五行發爲五味盖天地生之所以養人也是以聖人節而食之以致康強逢吉之福若夫藥石者前聖以之療疾盖非常食之物況金石皆含酷烈熱毒之性加以燒治動經歲月旣兼烈火之氣必恐難爲防制若乃遠徵前史者則秦漢之君皆信方士如盧生徐福欒大李少君其後皆姧僞事發其藥竟無所成事著史記漢書皆可驗視禮曰君之藥臣先嘗之臣子一也臣願所有金石煉藥人及所薦之人皆先服一年以考其眞僞則自然明驗矣伏惟元和

聖文神武法天應道皇帝陛下合日月照臨之明稟乾元利貞之德崇正若指南受諫如轉規是必發精金之刃斷可疑之網所有藥術虛誕之徒伏乞特賜罷遣禁其幻惑使浮雲盡徹朗日增輝道化侔羲農悠久配天地實在於此矣伏以貞觀以來左右起居有褚遂良杜正倫呂向韋述等咸能竭其忠誠悉心規諫小臣謬忝侍從職奉起居侍臣之中最近左右傳曰近臣盡規則近侍之臣上達忠欵實其本職也疏奏貶澥爲江陵令

韓愈爲刑部侍郎元和十四年憲宗命中使領禁兵

迎護鳳翔法門寺釋迦牟尼佛指骨至京王公士庶瞻禮捨施如恐不及百姓有廢業竭産燒頂灼臂而云供養者又有閭肆惡子不苦焚烙之痛譎言供養而爇其肌膚繇是佛骨所在往往盜發既擒獲或斷之自灼者農人多廢東作奔走京城愈上疏極諫曰臣伏以佛者夷狄之一法耳自後漢時始流入中國上古未嘗有也昔黄帝在位百年年百一十歲少昊在位八十年年百歲顓頊在位七十九年年九十八歲帝嚳在位七十年年百五歲帝堯在位九十八年年百一十八歲帝舜及禹年皆百歲此時天下太平百姓安樂壽考然而此時中國未有佛也其後殷湯以年百歲湯孫太戊在位七十五年武丁在位五十九年書史不言其年壽所極盖亦俱年不減百歲周文王九十七歲武王九十三歲穆王在位百年此時佛法亦未至中國非因事佛而致然也漢明帝時始有佛法時帝在位纔十八年耳其後亂亡相繼運祚不長宋齊梁陳元魏以下事佛漸謹年代尤促惟梁武帝在位四十八年前後三度捨身施佛宗廟之祭不用牲牢晝日一食止於菜菓其後竟爲侯景所逼餓死臺城國亦尋滅事佛求福反更得禍繇此觀之

佛不足信事亦可知矣高祖始受隋禪則議除之當時羣臣材識不遠不能深知先王之道古今之宜推闡明聖以救斯弊其事遂止臣嘗恨焉伏惟睿聖文武皇帝陛下神聖英武數千百年以來未有倫比即位之初不許度人爲僧尼道士又不許創立寺觀臣嘗以爲高祖之志必行於陛下之手今縱未能即行豈可恣之轉令盛也今聞陛下令羣僧迎佛骨於鳳翔御樓以觀舁入大内又令諸寺遞迎供養臣雖至愚必知陛下不惑於佛作此崇奉以祈福祥也直以豐年之樂徇人之心爲京都士庶設詭異之觀戲翫

之具耳安有聖明若此而肯信此等事哉然百姓愚冥易惑難曉苟見陛下如此將謂真心信佛皆云天子大聖猶一心敬信百姓微賤於佛豈合更惜身命所以焚頂燒指百十爲羣解衣散錢自朝至暮轉相倣傚惟恐後時老少奔波棄其業次若不即加禁遏更歷諸寺必有斷臂臠身以爲供養傷風敗俗傳笑四方非細事也佛本夷狄之人與中國言語不通衣服殊製口不言先王之法言身不服先王之法服不知君臣之義父子之情假如其身尚在奉其國命來朝京師陛下容而接之不過宣政一見禮賓一設賜

衣一襲衛而出之於境不令惑於衆也況其死已久枯朽之骨凶穢之餘豈宜以入宮禁孔子曰敬鬼神而遠之古之諸侯行弔於國尚令巫祝先以桃茢祓除不祥然後進弔今無故取穢朽之物親臨視之巫祝不先桃茢不用羣臣不言其非御史不舉其罪臣實恥之乞以此骨付有司投諸水火永絕根本斷天下之疑絕後代之惑使天下之人知大聖人之所作爲出於尋常萬萬也豈不盛哉豈不快哉佛如有靈能作禍福凡有殃咎宜加臣身上天臨鑒臣不怨悔

李渤爲戶部員外郎將皇甫鎛作相剝下以希旨會陳許節度使郗士美卒令渤充弔祭使路次陝西渤上疏曰臣自出使力求利病竊知渭南縣長源鄉本有四百戶今纔四十餘戶閿鄉縣本有三千戶今纔有一千餘戶其他州縣大畧相似其弊所自起於攤逃約十家內一家逃亡即攤賦稅使九家共出稅額長定有逃即攤似投石井中不到底不止攤逃之弊戶不盡不休此皆聚斂之臣剝下以奉上唯思竭澤不慮無魚伏乞詔書絕其攤逃以見在戶家產錢數爲定其餘有欠且特恩免之計不數年人必歸於

農矣夫農者國之本本立然後可以議太平若不踈此而云太平者是佞邪之臣也伏乞陛下察而逐之疏奏仍具狀申中書門下又言道途不脩驛馬多死憲宗覽疏驚異即以飛龍馬數百匹付畿內諸驛渤既以章疏切直大忤時宰謝病東歸徙爲江州刺史張平叔判度支奏徵久遠逋懸渤在州上疏曰伏奉詔勑云度支使奏令臣設計徵塡當州貞元二年逃戶所欠錢四千四百一十貫臣當州管田二千一百九十七頃今已旱死一千九百頃有餘若更勒徵度支使所爲必懼史官書陛下於大旱中徵三十六年

前遣懸臣任刺史罪無所逃臣既上副聖情下不忍
鞭笞黎庶不敢輕離符印特乞放臣歸田遂下詔云
江州所奏實爲懇誠若更抑爲必難務濟所訴逋欠
宜令特放長慶三年爲諫議大夫敬宗冲年即位坐
朝常晚一日入閤久不坐羣臣候立紫宸門外有
耆年衰病者幾將傾仆渤出次白宰相曰昨日拜疏
陳論今坐益晚是諫官不能迴人主之意渤之罪也
請先出閤待罪於金吾仗語次喚仗乃止遷給事中
來年大赦改元中官毆鄠縣令崔發於金鷄竿下渤
上疏曰縣令不合拽中人中人不合毆御囚其罪一

也然縣令所犯在恩前中人所犯在恩後中人事至
於此是朝廷馴致使然若不早正刑法臣恐夷狄於
四方之歸還者各傳其言竊恐慢易之心寖萌於此
楊虞卿爲監察御史穆宗即位初頻遊幸虞卿上疏
諫曰臣聞鳶鵲遭害則仁鳥逝誹謗不誅則良言進
況詔旨勉諭許陳愚誠故臣不敢避誅兗竊聞堯舜
受命以天下爲憂而未聞以位爲樂也況北虜猶梗
西戎未賓西河之瘡痏未平五嶺之妖氛未解生人
之疾苦盡在朝廷之制度莫脩邊儲屢空國用猶屈
固未可以高枕無虞也陛下初臨御宇有憂天下之
志宜日延輔臣公卿百執事詢聽而問造膝以求使
四方內望有所觀焉今自聽政以來六十日矣八開
延英獨三數大臣仰龍顏承聖問其餘侍從詔詰之
臣偕入而偕出何足以聞政事哉諫臣盈庭忠言未
聞於聖聽臣實羞之蓋繇主恩尚疏而衆正之路未
啓也夫公卿大臣宜朝夕見天子論道賜與從容則
君臣之情相接而理道備聞矣方自宰臣以下四五
人時得須刻侍坐天威不遠鞠躬隕越隨旨上下無
能往來此繇君太尊臣太卑故也自公卿以下雖歷
踐清地曾未祗奉天睠以承下問鬱塞正路偷安幸

門況陛下神聖如五帝臣下莫能望清光所宜周遍
顧問惠其氣色使支體相輔君臣無間陛下求理於
公卿公卿求理於臣輩自然上下孜孜相問使進忠
若趨利論政若訴冤如此而不聞過失不致昇平者
未之有也自古帝王居位思安之心不相殊居安慮
危之心不相及故不得皆爲聖帝明王小臣疏賤豈
宜及此獨不忍冒榮偷祿以負聖朝伏惟陛下深憐
之帝令中使宣付宰臣云虞卿所上疏切直可獎後宰臣令狐楚蕭俛段文昌延英奏事因以納諫稱賀
趙知微衡山人長慶初上疏曰臣聞色荒禽荒尚書

以爲至誠前代失德之主鮮不繇此以致顛危故聲
色則惛淫心耳蕩散神精馳騎則蹈涉傾欹變生銜
蹶此前代聖主賢臣最爲深誡者也是以周公作無
逸之篇而成王致理漢文冐馳峻之險而袁盎興諫
皆事理明切著爲格言今陛下嗣守鴻業之初萬方
仰聽之際尤資静慎用副觀聽而旬月以來遊幸未
節優戲在側馳驅無度臣是以內則慮深譏之賢憂
歎與謗外則恐軼材之獸軫轂可虞伏望遠覽古聖
稍息遊玩怡神閒燕肆目經書求理道於既安播休
聲於永代實天下幸甚疏奏帝深嘉歎之

李珏爲拾遺長慶元年穆宗召邠寧節度使李光顔
徐州節度使李愬赴闕或言欲及重陽節與百寮內
宴珏與宇文鼎温會韋瓘馮藥等上疏曰臣聞人臣
之節本於忠盡苟有所見即宜上陳况臣等爲陛下
諫官食陛下美祿豈得腹非誠隱孤負恩榮臣聞諸
道路不知信否皆云遣光顔李愬及重陽令節內宴
百寮儻誠有之乃陛下親羣臣弘德澤之慈旨也然
使以元朔未改園陵尚新雖陛下就易月之期俯從
人欲而禮經著三年之制猶服心喪遵同軌之會適
去於中邦告遠夷之使未復其誠命遑容弛禁盖爲
傍人合讌內庭事將未可夫明主動而爲天下則言
而爲天下法臣恐王言忽降其出如綸苟恭皇猷徒
彰直諫臣等是以昧死上聞曲突徙薪義實在此其
李光顔李愬久統戎旅皆有忠勞今者時當盛秋務
切邊寇及至之日陛下降恩召見詢訪才謀襃其舊
勳付以疆事如此則與歌鐘錫宴酒食邀歡固不同
年而語矣竊見陛下自臨御以來施號發令無非孝
理因心屢形於詔勑行已實感於人倫唯在敬慎威
儀保全聖德臣等不敢緘默輒貢狂言懼不允當伏
待刑憲是年冬羣臣入閤既退諫議大夫鄭覃崔郾

補闕辛丘度拾遺韋瓘温會等廷論得失覃進言曰
陛下即位以來宴樂過多畋遊無度今蕃寇在境緩
急奏報不知乘輿所在臣等忝備諫列不勝憂迫伏
願稍減遊樂留心政道又竊聞陛下晨夜昵狎倡優
近習之徒賞賜過厚凡金銀貨幣皆出於蒼生膏血
不可使無功之人濫沾賜與縱內藏有餘亦乞陛下
恭守節儉勿容易而散如四方有事得以支用免令
有司重斂百姓實天下幸甚帝初訝之顧宰臣蕭俛
曰此輩何人俛進曰諫議大夫鄭覃等帝意稍解謂
俛等曰朕有過失臣下能犯顔直諫豈非忠也又謂

覃等曰允卿所奏宰臣皆蹈舞稱賀旣退宰臣復詣延英奏事帝令宣示覃等曰閤中奏事殊不從容今日已後有事須面論者可於延英請對當與卿等從容講論時久無論諫於內閤者覃等庭諍帝欣然納之中外相賀

陶居簡不知何許人長慶三年稱處士上疏請用正直去諂競穆宗甚嘉之竟不尋訪居簡所在

李德裕爲浙西觀察使長慶四年七月上表曰臣百生多幸獲遇昌期受寄多藩常懼曠職孜孜夙夜上答國恩數年以來災旱相繼罄竭微慮粗免流亡物

力之間尚未完復臣伏見今年三月三日赦文常貢之外不令進獻此則陛下至聖至明細微洞照一恐聚歛之吏成姦一恐凋瘵之人不勝其弊上弘儉約之德下敷惻怛之仁萬國羣甿鼓舞未息又奉五月二十三日明詔令訪茅山真隱將欲師處謙守約之道廣務實去華之美雖無人上塞丹詔實率土以偃玄風豈止微臣獨懷忭賀况進獻之事臣子常心雖有勑文不許亦合竭力上貢且臣之當道本號富饒近年以來與舊頓異貞元中李錡任觀察使日職兼塩鐵百姓除隨貫出榷酒錢外更置官酤兩重納榷獲利至厚又訪問當時進奉亦兼用塩鐵羨餘供獻繁多自後莫及至薛平任觀察使時又奏置榷酒上供之外頗有餘財軍用之間實爲優足自元和十四年七月初三日勑却停榷酤又准元和十五年五月七日赦文諸州羨餘不令送使唯有留使錢五十萬貫每年支用猶欠十三萬貫不足常須是事節儉百計克塡經費之中僅免懸欠至於綾紗等物猶是本州所出易於方圓金銀非當土所有皆須外市去二月奉宣索盝子計當銀九千四百餘兩其時進奉貯備銀無二三百兩皆是諸處招商收市此時亦稍優

饒悉力上供幸免敗闕又奉宣索粧具令先造兩具進來昨所造成兩具以當銀一千三百餘兩並是具廻今年冬至及來年元日常進器物料內金銀充約計二十具共當銀一萬三千餘兩金一百三十餘兩今續於淮南側近百萬收市旋得旋造星夜就功雖見更求實懼不逮臣若因循不奏則負陛下任使之恩若分外誅求又累陛下慈儉之德伏乞陛下覽前件榷酤及諸州羨餘之目則知臣軍用偏短本末有繇伏願陛下平見臣奏論必賜詳悉知臣竭愛君守事之節盡納忠罄直之心伏乞聖慈宣令宰臣商議

何以遣臣得上不違宣索下不關軍儲不困疲人不斂物怨前後詔勑並可遵承輒冒宸嚴敢陳丹懇臣不勝戰汗殞越之至時制罷奇珍之獻曾未數月徵貢之詔道路相繼故德裕有是表焉九月又上表曰巳緣當道宣索昨巳具軍資歲計及近年物力聞奏伏料聖慈必賜省覽又奉詔更令織定羅紗袍緞及可幅盤條繚綾等一千匹伏讀詔書倍增惶灼臣伏見太宗朝臺使至涼州見名鷹諷李大亮獻之大亮密表陳誠太宗賜詔云使遣獻之遂不曲順再三嘉歎載在史官又玄宗朝令中使至江南採鵁鶄諸鳥

至汴州倪若水抗表上論玄宗亦賜詔嘉納鳥即時皆放又令皇甫詢於益州織半臂背子琵琶捍撥鏤牙合子等蘇頲不奉詔書輒自停織太宗玄宗皆不加其罪欣納所陳臣竊以鵁鶄鏤牙至於微細若水等尚以勞人損德瀝款効忠當聖祖之朝有臣如此豈明主之代獨無其人蓋有位者蔽而不言必非陛下拒而不納又伏覩四月二十三日德音云方詔侯伯有位之士無或棄吾謂不可教其有違道傷理徇欲懷安面刺廷攻無有隱諱則是以陛下納誨從善道光祖宗不盡忠規過在臣下況立鵝天馬掬豹盤條文彩珍奇只合聖躬自服今所織千匹費用至多在臣愚誠亦所未諭昔漢文帝綈弋之衣元帝罷輕絹之服仁德慈儉至今稱之伏惟陛下近覽太宗玄宗之容納遠思漢文孝元之恭巳以臣前表宣示羣臣酌臣當道物力所宜更賜節減則海隅蒼生無不受賜臣不勝激切兢惶之至優詔答之許罷進盤條綾一千匹敬宗寶歷二年德裕上疏曰臣聞道之高者莫若廣成玄元人之聖者莫若軒皇孔子昔軒皇問廣成子理身之要可以長久廣成子云無視無聽抱神以靜形將自正必靜必清無勞子形無搖子精

乃可以長生慎守其一以處其和故我脩身千二百歲矣吾形未嘗衰矣又云得吾道者上爲皇而下爲王玄元語孔子曰去子之驕氣與多慾態色與淫志是皆無益於子之身吾所告子者是巳故軒皇發謂天之歎孔子與猶龍之感前聖於道不其忘乎伏惟文武大聖廣孝皇帝陛下稽玄祖宗之訓脩軒皇帝之術凝神曾館物色異人將以覿冰雪之姿屈順風之請恭惟聖感必降真仙若使廣成玄元混迹而至語陛下之道授陛下之言以臣度思無出於此臣所慮赴召者必怪誕之士苟合之徒使物淖水以爲小

術眩耀邪僻蔽欺聰明如文成之五利無一可驗臣所以三年之內四奉詔書未敢以一人塞詔實有所懼臣又聞前代帝王雖好方士未有服其藥者故漢書稱黄金成以爲飲食器則益壽又高宗朝劉道合玄宗朝孫甑生皆成黄金二祖竟不敢服豈不以宗廟社稷之重不可輕易此事炳然具載國史以臣微見儻陛下膺慮精求必致真隱唯問保和之術不求餌藥之功縱使必成黄金止可充於玩好則九廟靈鑒必當慰悦寰海兆庶誰不懽心臣輒罄愚衷以裨王化輒陳懇款伏積兢惶

獨孤郎爲諫議大夫長慶四年十二月淮南節度使王播以錢十萬貫賂遺恩倖求塩鐵使即與諫議大夫張仲方起居郎孔敏行柳公權起居舍人宋申錫補闕韋仁實劉敦儒拾遺李景讓薛延老等十人前一日詣延英抗論其事

薛延老實歷初與舒元褒李濆俱爲拾遺於閤內諫日臣伏見近日除授往往不繇中書進擬或是宣出臣恐自此紀綱寖壞姦邪恣行乞聖恩詳察帝厲聲日更有何事元褒進日陛下近日修造亦太多帝色變日何處脩元褒俛首不能對延老奏日臣等是諫臣有所聞即合論奏亦豈知陛下脩造之所但見船舉尾木絶多即知脩造不已伏乞稍留聖慮帝日所奏知然後各復位議者以爲不廢其職

冊府元龜

巡按福建監察御史臣李嗣京 訂正
知長樂縣事 臣 夏允彝 參閱
知建陽縣事 臣 黄國琦 較釋

諫諍部 二十五

直諫

唐張方仲爲右諫議大夫敬宗即位詔淮南節度使王播造上巳競渡船三十隻播輦船材於京師造作計用半年轉運之費方成仲方詣延英面論言甚懇激帝只令造十隻以進帝又欲幸華清宫仲方諫曰

萬乘所幸出須備儀無宜輕行以失威重帝雖不從慰勞之

崔玄亮爲左散騎常侍文宗太和五年二月晦神策中尉王守澄奏得本軍衛前虞侯豆盧著狀告宋申錫與十六宅漳王謀反又差人於申錫宅十六宅及市肆追捕胥吏以成其獄三月辛丑勅吉令詔師保僕射尚書丞郎常侍給事諫議舍人御史中丞京兆尹太理卿同於中書及集賢院雜驗北軍豆盧著所告宋申錫反狀翌日壬寅國忌宰相復入中書便赴延英召對應昨日議事官上疏召入親自詢訪兩省諫官自常侍以下至午時復於延英請對帝即時召入玄亮與給事中李固言諫議大夫王質補闕盧鈞之舒元褒羅泰蔣係裴休韋宗直韋温拾遺李羣韋端符丁居晦袁都等一十四人皆伏於階下請北軍所告下於中鞫文宗曰吾已謀於公卿大僚詑卿等且出玄亮固言援引古今辭理懇切玄亮涕泣久之上意稍解乃曰今即與宰相商議玄亮等既退於是復召宰相入議申錫遂免死貶開州玄亮爲右散騎常侍太和中宰相宋申錫爲鄭注所搆獄自内起京師震懼玄亮首率諫官詣延英請對於帝徃復數百言帝初不省其諫欲寘申錫於法亮泣奏曰孟軻有言衆人曰殺之未可也卿大夫皆曰殺之未可也天下皆曰殺之然

後殺之方寘於法今至聖之人殺一凡庶尚須合於典法况無辜殺一宰相乎臣爲陛下惜天下法寔不爲宋申錫言俯伏嗚咽帝爲感寤玄亮繇此名重朝廷以疾求爲外任宰相以弘農遂其所請及卒中外嘆息

王質爲諫議大夫太和中王守澄搆陷宰相宋申錫文宗怒欲加極法質與常侍崔玄亮雨泣切諫請付外推申錫方從輕典質爲中人側目執政出爲虢州刺史

蔣係爲補闕太和五年七月富平縣有賊李秫以名隸右神策軍家富強横因事強搆鄉人秫及墓松栢射殺之法寺斷以殺人論文宗以中人所庇特原其

死付京兆府決杖二十流靈州於是係等上疏切諫以李材所坐合處死疏寢不報監決御史柳仲郢奏伏以聖王作憲殺人有必死之令聖帝在上當官無壞法之臣今李材犯殺人之科愚臣備監法之任此賊不死是亂典章臣雖甚微豈敢曠職其李材未敢行決奉勅並准今年五月二十日勅處分監決御史蕭傑又上表論李材合死尋有勅下京兆府行決便流不必御史監決其李材竟以不死論

魏謩爲右拾遺太和中前邕管經畧使董昌齡枉殺錄事參軍衡方厚坐貶敘州司戶至是量移硤州刺

史謩上疏論之曰王者施渙汗之恩以赦有罪唯故意殺人無赦昌齡比者錄以徽效授之方隅不能祗慎寵光恣其枉暴無事專殺事跡顯彰妻孥銜冤萬里披訴及按鞫伏罪貸以微生中外議論以爲屈法今若授之牧守以理疲人則殺人抜擢而冤苦者何伸文宗憲章有乖至理疏奏乃改爲洪州別駕教坊副使雲朝霞善吹笛新聲變律深愜上旨自左驍衛將軍宣受兼楊府司馬宰臣奏楊府司馬品高郎官刺史迭處不可授伶官帝意欲授之因宰相對亟稱朝霞之善謩聞之累疏陳論乃改授潤州司馬開成初文宗命於右軍宣取李孝本女子二人入內孝本皇族爲御史中丞以罪受誅帝知之取置左右謩上疏諫曰臣聞治國成家者必資於德義德義不脩則國家必壞故王者以德服人以義使人服使之術其在脩身脩身之道在於孜孜夫一失百虧之戒存乎久要之源故前王遺言曰勿以小惡而爲之勿以小善而不爲斯則懼於漸也臣又聞君如日焉顯晦之徵人皆所仰炤臨之大何以掩藏是以前哲設敢諫之皷立誹謗之木貴日新其德日聞其過也陛下自即位以來誕敷文德不悅聲色出後宮之怨婦匹在

外之鰥夫洎今十年絕其採納大雅既作淫風不行則上超三皇次出五帝凡百相賀前王比隆斯實天下之幸甚也臣竊觀近自一兩月已來天眷稍迴留神妓樂至於教坊百人二百人選試未已莊宅司收市亹亹有聞昨又宣取李孝本女一人遽將入內宗姓不異寵幸何名如此之事皆不盍慎修有虧一簣臣竊惟陛下九重之內不得聞之凡此之流大生物論實將乖道理之本徒起塵穢之嫌夫欲人不知不若不爲諺曰止寒莫若重裘止謗莫如自脩者也伏惟陛下炤鑒不惑稍抑將來絕其漸門使無怨欲

崇千載之盛德去一旦之譏好教坊停息宗女遣還
則大正人倫之風淳弘王者之體昔漢光武坐側設
列女屏風時宋弘正色諫曰未有好德如好色者光
武因爲徹之謂弘曰聞義有改可乎弘曰陛下進德
臣不勝其喜前史以爲美言今陛下奈何不思宋弘
之諫而欲居光武之下乎臣切不願也職當規諫敢
盡血誠伏地叩頭昧死陳達疏奏上遂出孝本之女
高元裕爲御史中丞時開成四年左神策軍護軍中
尉仇士良奏得百姓趙倫狀告造妖賊賀蘭進與并
徒黨五十九人妄說禍福附會讖書欲謀大逆軍司

追捕推勘各得伏欵文宗慮冤濫召於宣和殿親自
鞫問然付軍司令於東市狗眘嶺集衆斬决元裕上
疏其畧曰伏以左神策軍所推妖因訪聞其徒結黨
聚衆恣爲兇徒合就嚴刑臣亦料軍中推鞫必得情
實然獄宜公共刑貴正名今刑部大理皆是陛下掌
獄之官都不關知便成其獄三尺之法無所憑依伏
乞以元惡三人付大理寺重加覆問若無同異便正
刑書則凡在中外皆知事歸有司不廢彛典彰陛下
慎刑之意快兆人共棄之心臣忝風憲得議刑政事
關國體不敢不論疏入未報起居舍人魏謩上疏曰

臣伏聞傳說官中捕捉造妖徒黨在外人情洶洶浮
所不安恐涉詿誤之嫌或爰愛憎而起兇事出軍鎮
未經臺府咸懷斯懼遍不保生滋蔓儻浮爲患不小
今切在早去枝葉不遺蔓延嗚呼如事繫軍人即委
軍中推勘如名該百姓宜從府縣鞫尋與各盡情兇
稱冤死臣伏以當今聖代不宜有陷平人如罪狀昭
然始可從法其間輕重須有等差臣竊知陛下近對
法官必將訪獄臣伏想此際官吏豈能直言如能直
即皆戴胄之守職也且獄不在有司推劾法官亦焉
得細知伏以陛下愛育生靈不欲一物失所此則事

關刑獄不可輕易處置臣浮慮旦夕詔下忽有冤人
既當發生之時切要審令詳覆成陛下好生之德契
前哲恤刑之心伏請重勅法司再令疎理豈惟全其
大體與不紊於刑章疏奏上遽降中使宣令且停斬
决詔軍司所推鞫妖賊賀蘭進與等五十九人昨令
宰司詳覆推狀款驗節目並無參差緣是妖逆之徒
不同尋常刑獄便令裁斷與免停留今高元裕及魏
謩等論奏請付法司覆問重慎刑辟與衆棄之斯亦
舊章雅當依允其妖賊徒黨除白身及官健四人依
前軍中文狀內推勘餘並宜付御史臺重覆限三日

內聞奏翌日臺司奏差侍御史王礽重覆與軍中所申無差遂依前勑處置先是藍田縣百姓賀蘭進興聚集鄉村百姓爲念佛會因之妄有妖語軍鎮捕捉橫及無辜以要財賄貧者多至自誣及付臺之後皆望有所申明然而推官怯懦迎風聽從不敢異同其事人皆惜之

韋力仁爲諫議大夫開成三年閤內奏日臣伏見軍家捉錢事侵府縣軍司與府縣各有區别今富商大賈名隸軍司着一紫衫府縣莫制當陛下至聖至明之時固不宜有此禁軍司陛下衛士警夜巡晝以備

不虞不合攪擾百姓以干法理伏乞陛下戒勑統帥令各歸其分則人情獲安天下幸甚帝問宰臣等奏日凡論事須當力行所言乃欲生事帝日盖論名分耳李珏日軍家所出牓是自捉軍人百姓即府縣自捉此無乖名分止當廷論此亦似近名然諫官論事不合怪之

劉𫘝咸通四年爲左拾遺時有詔以長安縣尉集賢較理令狐滈爲左拾遺𫘝進疏日臣伏見新除左拾遺令狐滈大中之時其父執政傳家之子弟之法布衣干公相之權瘡痏者莫匪浮憎進拔者悉皆有類凡四方節鎮價同交關三署官司精專與奪潛行遊宴頗雜倡優鼓扇輕浮以爲朋黨籌謀日夜聚蚊如雷變化施張赤地成海天下側足有識寒心竊以官列諫垣號爲供奉縱遣人同刻鵠然則職貴存羊夫陷父之義君家不爲孝子事君之後見利豈爲忠臣伏惟陛下敦崇教化懲艾澆漓凡日名器不當猥濫事之可惜體難盡言臣於滈家本無嫌亹於陛下則是職司謀其身則身輕舉其職則職重不然臣何故結冤權豪之族輕踐危亡之機台日所臨赤誠可見況物如脂膩近則汙人官若薰蕕固難同器誓以愚

見義不比肩干冐聖聰乞廻成命起居郎張雲奏疏日臣伏見今月十五日勑除長安縣尉集賢較理令狐滈充左拾遺者滈頊藉父威不脩子道干權黷貨有口皆知據其輿論之所咨嗟宜於霜憲之所破碎豈可令捧近日月飛翔雲天此則有罪而反榮是乃無辜而可警也伏惟陛下以𪊲文繼代孝德承祧臨天下以至明示天下以至信有善必勸有惡必懲分别昭彰使人不惑也今滈爲諫官是惡人得位善人必疑矣陛下何以執信行令使萬方從化乎滈麻衣如雪干弄朱先穿𦃇穴鼠之墉以欺其父出入吞舟

之綱不畏於人至於朝廷命官公然詑託不封毆最
無取賢愚但權冨貲即爲高第遂使堯官三載黜陟
有繫於金錢孔教四科取舍或係於聲色且令狐綯
進用李琢首亂南方贓罪流聞遠近昭著使天下兵
戈徵斂未有已時而安南舉城化爲凝血矣陛下每
臨朝聽政語及安南事或至掩泣未嘗離心上欲收
復土疆亦欲誡勵臣下琢頃以典郡贓穢廷臣曾有
論封令狐綯比竟用之由滈有納賄故也李琢之罪
旣正刑書則舉以致戎是誰之過此乃目前可驗天
下皆知臣豈苟緣愛憎妄有論列滈爲人子陷父爲

惡豈堪嗚玉曳組爲陛下諫臣乎陛下必有欲推寧
僭之恩以寵於滈豈不念南方赤子流離死亡豈不
念州郡徵斂生人受斃豈不念蔡襲酷沒豈不念國
計空虛凡此數條盡滈之繇也臣頃事先朝任太常
博士以滈專恣威福勢傾朝廷大中十三年五月二
十三日已進密疏直啓九重先帝且務苞含微臣亦
蒙全宥幸得腰領獲事聖朝臣今若顧惜微軀寢而
不奏是臣不以事先帝之心事陛下也生則罪重死
有餘辜但獲上聞聖聰一悟膚旨雖當鼎鑊亦所甘
心伏望改授滈一官以息羣議疏奏不報雲又上疏
日臣一昨以令狐滈負議聖明脫身疎網因緣僣祿
抗奏上論伏自疏奏以來二十餘日未奉明詔異議
喧然臣孤自立持當此大位忽異恐事生不測先及臣
身則一去帝城千里呑恨將求拜疏何畧聞知臣今
再上聞者但以勢不可默也滈之取錢豈令臣見臣
只以貪僣之磬布在人間唯受傳聞即有論列先朝
獻疏已具指陳遷緣此子竊父威權爲過不少而外
人言論上聞於天所以先帝不加責於微臣以言之
無罪不然令狐滈外倚家門之權內連鄭顥之寵臣
每粉碎於先朝矣今日豈得全生更爲陛下明言乎

令狐綯爲先帝權柄大臣獨擅恩澤職當調護國本
訏謨皇家陛下序屬天宗船爲長子先帝親觀齒讓
目覩溫文大中十年十月八日勅右諫議大夫豆盧
籍刑部郎中李鄴並以本官充夔王已下侍讀此令
狐綯交連帝戚位冠鼎臣端坐中書作何行李陛下
受天昭命羣臣定策宫禁之事則臣不知但欲冊夔
王便可知綯臣節兒濫舉李琢致其毒流生人使先
帝貽厥之謀不及陛下好生之德未免憂勤綯只合
辭榮乞骸席藁請罰何顏更令不孝之子濫求官榮
事體旣乖人情實憤李琢本無吏道唯有貪名滈旣

身挫人言琢官實錄賄得綯拔自羣小分符交州琢果大肆兇殘處置杜存誠父子取怨溪洞闔境亂離其坐罪貶官綯猶專爲掩覆依前要用更與壽州蕭倣駮議既行李琢罪狀轉驗琢不自澄省指斥王廷按獄司竊重重貶削分務未久又除宋州直至綯罷相權琢始廢居東格無私宰物當如是乎若令狐綯以琢一時敏辨似有公才用琢如或不知在綯未爲有過豈李琢前儹未塞後惡乃彰知是罪人横身庇護則綯之舉吏自與心違滈之取錢何須眼見衆口紛紜號爲白衣宰相朝廷設進士之科本求才彥鎮

其浮濫屬自宰臣陛下御極之初大臣儀刑百辟豈爲綯言出鎮滈便策名放牓宜麻相去二十三日綯既公然進狀請試春官滈則元在京都不經舉進明言拔辯傍若無人滈爲宰臣之子不患無位且合簡身慎行以成父業有何急切如此攫挐使天下孤寒人人怨嘆謂之無辭及第實則有耳未聞不懼人言一至於此臣若悉書滈過方罄南山之竹恐未盡也臣家唯有童稚更無兄弟自傷側足單居但思引領獲罪令狐綯身榮上相位冠通侯十年桃李之陰兩葉公台之貴煦能生物怒可移山臣子豈無黨人之情有何若切頻將單脆微蔑之身與強家立怨立敵自取傾危也直以曾將滈事上聞先朝滈出網羅偶逋清憲更欲玷黷皇化參侍玉墀人懷怒心而敢指斥是欲以大中威福復行之於舜日也獨臣將經是事豈得逡巡止可碎身權豪之門不可負陛下設官分職況綯有粃政亦何阻直言以其前章猶未明切闔滈黨欲謀害臣恐不及繼言便至貶降臣又思令狐綯負先帝之事陛下不知誤我聖明繇臣惟怯今再得指陳滈事啓達聰明臣於妻子官業已無愛惜矣用捨之宜一俟聖裁

後唐趙都爲左拾遺同光二年二月上疏云無以有威以自大無以足兵以自安無以奇技悅情無以滛聲惑志非社稷之功乞不加於厚賞非股肱之力乞不近於凝旒審內帑之豐虛削無名之經費左右處卑者乞見之有節伶倫濫吹者乞减於盈庭至於畋遊馳騁之娛蹴踘飛馳之樂伏乞寶於大位戒以奔車疏奏不報

薛昭文爲右諫議大夫同光二年五月上疏陳十事曰臣聞夏德未衰未顯中興之運漢儀重覩果成反正之功矜其上代帝王前朝基業未有不中罹屯否

間有凶災是資明聖之謀更廓靈長之祚伏惟昭文睿武王德光孝皇帝陛下繼漢大寶纉禹鴻名與牧野之師功如破竹拔朝歌之壘疾若建瓴俄平國家之讐大刷人祇之憤皇威遠振睿德遐敷自陛下應天順人奄有諸夏九州欣戴萬國樂推既混一於車書方大定於區宇藩服靡不入貢戎夷靡不來庭銳旅雄師無敵於當代謀臣勇將有備於中原然則尚有兇悖之徒竊據於屛翰愚迷之輩憑恃於江山雖闕向化歸朝猶敢改元僭號在陛下武功天縱百越不得不臣在陛下文德日新三苗不慮不格夫人乃

邦之本兵者國之器要在安其人而固其本訓其兵而利其器國富兵强家給人足臣有管窺十條謹錄奏聞伏乞俯迴聖覽其一日陛下復聖唐之運祚雪先帝之讐佗戎狄尚解懷柔藩服豈敢拒命而今數處僭僞之地尚未悛心料此兇狂必自覆滅臣請陛下明宣睿筭大振天威秣馬耀兵亦不指名去處且爲討逆伐叛之計則狡妄之輩饕餮之徒聞我大國萬旅雲屯六軍雷動如此昏迷之黨不俟赫斯之怒經畧之謀彼必歛衽而朝望風而潰自顧納欵歸國矣斯必有征無戰之道也其二日臣伏見隨駕兵士久經戰伐咸著勤勞皆忠勇以難儔尚貧乏而未濟雖陛下告成郊丘之後大行賞給之恩然而或未優豐尚多覬望非不知國力尚闕天府未充臣又聞自古皇王建基業撫軍戎未有不損玉帛輕財寶以餌於戰陣之士是故先代撥亂之君以此皆留意也今以諸道上供錢物進納不時遂致朝廷薄於犒散稍爲經度以濟急須近者藩臣貢奉慶賀財帛及南郊或有經費羨有物色等伏請且據帑藏更加須賚先隨駕兵師宴犒代潞州將健也其三日臣竊見河南兵不少亦是先在僞廷備經訓練頗聞精銳皆堪征

伐自陛下平定汴州以來壽曾選揀或聞諸道分臂之時未堪精細或有勇悍者放歸田里或有懦弱者留在軍都當差發征行則逃避諸處以此散失其數寔繁請宜示租庸司先管兵帳所司子細磨勘向來所係數額多少兼取近年諸道所申逃背名帳較量比舊額少剩即知元數減耗臣聞夫軍伍者以豐財爲務以重賞爲先其河南道先管兵士伏慮三數處僭號不臣之地以厚利誘之歲月滋深耗蠹必甚請陛下詔勑令在京及諸道嘗加點閱安撫兼勤給其衣粮務令得所仍乞嚴勑邊界要害津鋪寅夜鈐轄

無令透漏兼先有放歸農畝者亦諸指揮州縣鎮浦點簡姓名常知所在或緩急追呼稍有前却者請罪本處軍吏節級等庶耕耨不廢征伐有備儻陛下納臣所奏則不臣之人知國家訓戎講武繕甲治兵彼之兇徒必懷懾懼則旦夕相率有臣事本朝之計脫使賞給不充撫養不至非唯士卒生刼掠之心抑以部伍有逋逃之者必慮夫多投逆臣之境更資悖慢之性也其四日臣竊見諸道百姓皆陛下赤子爰自比年以僞廷徵役頻仍租賦繁重饋輓不已疲弊益滋旣不聊生率多逋竄雖有德音軫恤未聞特降招

攜亦請宣取租庸司應河南先在僞廷戶口文帳磨勘從前多少數目兼勘諸道所申近年見管及流亡戶口即知人物增減此則慮借僞之處多方招誘伏乞特降優詔委所在觀察使刺史官吏已下設法撫綏事件無損於官有益於人者仰二縣條貫申奏仍請下中書量其利便並許施行本分稅租稍令假借諸雜科徭特與減等以表撫俗安民興邦固本之道也其五日本朝至德年平祿山之後復京維之初兵革之餘生聚凋瘵屢降恩詔撫恤生靈仍遣使臣訪問閭里今陛下嗣守鴻業光啓雄圖故事前規可得

敬而行之伏請每年准舊事出郎官御史忠良廉潔明幹堪充使者令散往諸道採訪賢良撫問疾苦務安兆庶以拯疲民也其六日竊以僞廷僭號僟逾一紀連年徵剥繁日科徭士不聊生人不堪命生聚塗炭戶口流亡河南之民皆企踵側身日望陛下復我唐之鴻基慰兆民之疾痛今陛下弔民伐罪新有中原所宜簡省斧斤未欲增脩官室昔漢文帝將起露臺計百金之費且日百金中人十家之產吾有先人官室何事臺爲遂罷天下聞之萬古稱漢文之儉德也臣竊以陛下以慈愛爲心以孝理爲念聖德日新

又何讓於漢文矣伏惟陛下慕唐堯土階之事善夏禹卑宮之規停土木之工止營搆之役斯則區下欣悅億兆歌謠自然平揖唐堯漢文之至化也其七日臣聞漢祖初入咸陽令蕭何收秦之圖籍及高祖神堯皇帝平定關中亦允收隋室羣書仍聞歲降使天下搜訪其後盈溢於石渠東觀充滿於秘閣蘭臺以是兩漢之詩書之盛與三代同風也自貞觀開元之後文物煥然何止同風可謂超冠於三代也今陛下嗣周景祚紹禹靈圖膺藻日新盛文天授崇文允武咸五登三將恢偃戢之規在廣訪搜之道伏請降使

采訪天下圖書以示武王偃武虞舜舞干致太平之永遠也其八日臣聞惟王建國辨方正位况河雒之名都帝王之二宅爲萬國輻湊之地乃四方表則之邦若不廣闢康莊何以壯觀輦轂自喪亂已來兵火之後九衢荒廢但長荆榛廣陌蕭條唯滋蔓草今陛下富有四海作宅神都當六龍遊豫之時是萬方朝聘之日雒陽大道所宜法於前規鼎邑長衢豈可驟於舊制其都城六街請下河南府及左右金吾仰仍舊依古制分擘廣狹步數不得縱任居人侵占俾朝會之地免有湫隘之弊也其九日臣伏見諸司行事

官或歷任分明選限尚遠或出身欠少入任無門閩陛下應千年之運建一統之功謂聖日昭臨幽顯不陋皆辭親裹足迢遞而來冀郊禋之時希求恩澤今所司磨勘駮放十分去其九分訪問駐京日多客舍竆悴其見在未出京者伏乞降宣旨稍賜慰安或有粗堪任使者即乞委銓司量才注凝不堪收擢者亦聊錫資財以濟歸路所以閔職勞而示君德也其十日諸戎牧馬務履踐京畿百姓苗稼請於隙地置牧場伏惟陛下察臣愚衷納臣短見俾令遐邇知大君撥亂之功是使黔黎荷聖王無私之德也疏奏不報

蕭項爲右補闕時國步艱難連帥偏強年多奏請欲立家廟於本鎮項上章論奏乃止

張憲爲東京副留守同光三年春莊宗幸鄴時易定王都來朝宴於行宫將擊踘初莊宗行即位之禮卜踘場吉因築壇於其間至是詔毁之憲奏曰即位壇是陛下際接天神受命之所自風燥雨濡之外不可輒毁亦不可脩魏繁陽之壇漢汜水之墠到今猶有兆象存而不毁古之道也即命治之於宫西數日未成會憲以公事獲譴竟毁即位壇

駱鵬舉爲度支員外郎同光四年上疏請節聲樂薄

滋味崇儉約斷形勢影庇冨戶納倉儲去加耗每歲青苗鹽錢雜稅等錢不紐配條錢陌無闕召人耕曠土免三年地租使觀風察俗勅旨以斷形勢影庇納倉租物加耗等從之

李詳爲左補闕長興二年十月上疏曰臣聞天地之道以簡易示人鬼神之情以禍福爲務王者祥瑞至而不喜災異見而輒驚罔不寅畏上玄思咎譴告臣聞北京地震日數稍多臣嘗覽國書伏見高宗時晉州地震上謂羣臣曰朕政教不明使晉州屢有震動耶侍中張行成對曰天陽也地陰也陽君象陰臣象

君宜動轉臣宜安靜今晉州地震彌旬不休將恐女謁使事臣下陰謀且晉州陛下本封今地震爲尤彰其應伏願深思遠慮以杜未萌又開元中泰州地震尋差官宣慰又降使致祭山川所損之家委隨事制宜奏聞伏惟陛下中興唐祚起自晉陽地數震於帝鄉理合思於天誡臣伏思陛下統臨萬國於今六年猛將如雲銳師如虎出無不捷叛無不擒歲稔時豐人安物阜實慮天意恐陛下忘創業艱難之時有功成矜滿之意欲陛下有始有卒於兢兢業業也今伏望聖慈特委親信兼選勳賢且往北京慰安容令懇

察問疾苦於黎庶俾議蠲除備祭祀於山川各加虔禱然後乞陛下鑒前朝得喪之本採歷代聖哲之規近君子而遠小人任賢無貳杜邇言而求讜議擇善而從崇不諱之風罷不急之務則景公脩德熒惑退舍以爲祥太戊小心桑穀生朝而不害自然妖不勝德所謂弘之在人寰瀛永之於無疆遐邇長歸於有道帝甚嘉之

康澄爲大理少卿長興三年上疏曰臣聞安危得失治亂興亡誠不繫於天時固匪繇於地利童謠非禍福之本妖祥豈隆替之源故雊雉昇鼎而桑穀生朝不能止殷宗之盛神馬長嘶而玉龜告兆不能延晉祚之長是知國家有不足懼者五有深可畏者六陰陽不調不足懼三辰失行不足懼小人訛言不足懼山摧川涸不足懼蟊賊傷稼不足懼此不足懼者五也賢人藏匿深可畏四民遷業深可畏上下相徇深可畏廉恥道消深可畏毀譽亂眞深可畏直言蔑聞深可畏此深可畏者六也伏惟陛下尊臨南國奄有八紘蕩三季之澆風振百王之舊典設四科而羅俊彦提五柄以御英雄所以不軌不物之徒咸思革面無禮無義之輩相率悛心然而不足懼者願陛下存

而無論深可畏者願陛下脩而靡忒加以崇三綱五常之教敷六府三事之歌則鴻基與五嶽爭高盛德共盤石永固優詔獎之澄言可畏六事實中當時之弊識者許之

晉何澤初仕後唐同光中爲雒陽令澤以莊宗出獵屢踐民田澤屏其從者伏於叢中截馬諫曰陛下急徵暴斂下不堪命今稼穡將登而從騎耗暴如是使官吏何以集其征賦臣請賜死於此以悟陛下莊宗慰而遣之尋遷倉部郎中

李知損爲刑部員外郎天福二年十一月上言臣近

自作補闕擢爲員外守刑法之司非諫諍之任雖越職干議典制固所不容而爲臣事君聞見宜其無隱臣昨晚於相國寺內忽覩聚衆殺病瘦馬或說奉旨宣賜臣愚昧所見竊有感傷大凡天下耕牛不可宰殺有所犯者罪在無赦國家切於禁防蓋以力耕爲用今之瘦馬抑有前勞是皆久歷戰征備經辛苦以致筋齒疎危飲齕細微振奮莫能廢損及此當於佛寺衆被軍人以布巾蒙其頭大钁鎚其胸及刳剔之際爲觀者所傷方今時未銷兵軍非厭馬木曜方臨於鄭分變輿暫幸於梁園誠於廻賜與之恩亦憫傷

之吉矧復京師之內不同營寨之中况軍人米糧無所乏闕病馬肌肉不濟烹炮伏望明勅所司應有病馬散令宣賜要者任便餵養顯示不殺之恩念羸牛之力耕猶存令式恤老馬之苦戰願立新規臣謬列清朝無裨聖運苟有所見合具上聞帝嘉而納之錫以束帛

薛融爲左諫議大夫天福三年六月上疏曰臣近覩河南留守高行周狀奏脩大內事以大廈旣成鷰雀尚猶相賀皇居是葺臣子豈不同歡然則時方屬於多虞事宜停於不急臣聞帝堯古之聖君也其所居宫室則茅茨不翦土階三尺漢文帝古之聖主也欲造露臺以費百金之直尋罷其役莫不道光圖籍德冠古今爲千載之美談作百王之懿範况漢文承三代之基業御一統之寰區百姓富饒四方寧謐金帛盈於帑藏粟麥溢於囷倉尚惜其財不從其欲今雒陽宫殿雖有先遭焚毁其所存者猶且彌滿於帝堯之茅茨而又重有脩營其所費者豈不倍多於漢文之臺榭伏自陛下一臨華夏再歷寒暄聖猷雖契於上玄皇化未覃於遐徼復又鄴城殘寇歷歲逋誅黎民猶困於轉輸將士頗勞於攻討庫藏虛竭文費殷

繁此則是陛下宵衣旰食之時非陛下營造宫室之日且百姓是陛下之赤子也陛下是百姓之慈父也子旣有疾父寧不憂今則天下黎民莫非疲獘天下州縣靡不凋殘加以率斂頻仍徭役重疊尤宜撫恤俾遂蘇舒勿謂愚而可輕勿謂賤而可棄古人有言民猶水也君猶舟也水所以載舟亦所以覆舟可不畏乎兼自去年正月已來陰陽繼虧星曜失度此則上天垂象使陛下脩德節儉之戒也固合脩德以應之向使百姓安寧則陛下雖當櫛風沐雨未以爲苦也若或兆民愁苦則陛下雖處瑤臺瓊室豈得爲安

乎伏願陛下襲帝堯之舊風繼漢文之餘烈且停工役免費資財使家海之普寧或脩營之未晚則天下幸甚百姓幸甚勑日薛融官居諫署志奉皇圖特貢忠言備彰直道載觀臣節深契朕懷其雒京大內先令葺脩今宜停罷

鄭受益爲右諫議大夫天福七年夏以涇原張彥澤殺害書記張式恣爲不道受益上章請行國典旬日不報又上疏曰臣自貢封事巳及九日未聞施行實深激憤且臣家在晉昌備知蹤跡彥澤在涇州殺式之後至故雍復害軍將楊洪一如式之屠割此乃是

陛下去歲送張式令彥澤屠戮致今春楊洪又遭此苦中外觀者痛入骨髓陛下聞之情無愍傷伏自陛下臨御已來萬方咸歌仁聖一何乖爽大黜皇猷又彥澤在涇州日擅將甲兵討伐蕃部尋皆陷殁靡有孑遺乃行酷虐之令括爲充塡舊數奪取婦女率掠金帛從順者包羞免禍違阻者飲恨被誅近遠聞王周交代條件上聞凡有濫訛應在其內今陛下畧無所問臣實不平沮王周守法奉公黨彥澤殺人害物臣竊慮此後諸侯做作好事者少繼爲惡事者多盖陛下喜怒不分賞罰有濫旣無黜陟之法是退賢良之心今外議沸騰皆言陛下廣受彥澤進獻許行非法之事况在郡括馬將及萬蹄到闕獻誠止滿百疋臣痛恨此賊者致陛下招此惡名故也是敢繼犯宸嚴再具論列必乞速行法令免致天下咨嗟臣又覩陛下前月十八日時降勑命過五日一度內殿起居許臣僚具所見事實封文奏其間勑語曰恐一物失所以百姓爲心可謂憂民疾痛者矣今臣所論奏彥澤盖爲涇州一方陛下詔墨未乾自違其旨如水投石不動聖心臣切慮姦邪潛謀罔惑致其明聖有此二三奈何陛下不與執政之臣商量而聽庸愚之輩

掩蔽伏以宰臣馮道以下皆忠貞直性輔弼當仁久居調鼎之權上賛垂裳之理而况晨趨玉陛日面龍顏每於造膝之時必竭沃心之奏伏乞宣示前後所貢二狀令對御座子細詳讀若臣所論彥澤奴事謬妄不愜聖旨即乞便降朝典令天下知彥澤無罪諫臣妄有陳論兼明陛下無朝令夕改之謗臣職忝諫諍理合抗論不避嚴誅希廻英斷

漢李欽明爲司勳員外郎乾祐二年冬上言伏見天下戶民大半家貧產薄征賦之外差配尤繁豈宜寒耕熱耨之人供游手惰農之輩臣近以簡苗外縣遍

歷鄉村緇侶聚居精舍輝赫每縣不下二十餘處求化齋粮不勝飽飫寺家耕種又免征稅臣竊知淮南不度僧尼不滋醫卜已六十年矣兼不許外求者入境此貴留蠹耗幸我國困民窮古語云一夫不耕一婦不織必有受饑寒者郎自聖化之內且約十萬僧尼每人日米一升十萬日費二千石以日繫月其數可知每人春冬服裝除綾羅紗縠外一僧歲中須絹五匹綿五十兩十萬僧計絹匹五十萬綿兩五百萬此輩不耕不農皆出於蠶織無裨至化實蠹大猷臣以爲聚僧不如聚兵僧富不如民富昔秦皇帝并呑

六國虎視天下以兵多民富故也僧何預焉經曰聖人在上國無幸民民之多幸國之不幸臣嘗三復此言爲之扼腕

周劉皥初任後唐爲駕部員外郎知雜事上言曰藩侯郡牧仗鉞分符繫千里之慘舒行一方之威福自古選任須擢賢明近代統臨爲酧勳績將邦域之生聚展將領之人情識分者附正營私黷貨者嚴刑廣取諸頭剥削多贍牙爪自黄巢已來僞梁之後公署例皆隳壞編戶悉是凋殘若或不近邊陲不屯師旅無城郭郡邑非控扼藩垣試任廉能且權葺理逐年屬州錢物每里甲省區分支遣有餘釐葺供追府軍漸足黎庶稍蘇縱有過愆亦可懲責言雖鄙近望賜施行疏留中不出

李元懿前爲北海令廣順二年投匭獻六事其一臣爲北海令時夏秋苗上每畝麻農具等錢省司元定錢十六及劉銖到任每畝上加四十五每頃配柴五圍炭三秤省條之外嚴刑立使限徵臣竊聞諸道亦有如劉銖配處望令禁止其二臣在任時奉劉銖文字放絲三萬兩配織絹五千匹管內七縣大抵如是及徵收在賦稅之前督責抑麥借役戶民多造店宅

碾磑典庫請朝廷指揮許人論告差軍人百姓五工已上出放物至匹斤以坐贓論自然止絶其三臣在任時見劉銖擅棄國章便行决配凡罪人或刺面塡都或决配沙門島大凢配流加役是朝廷格律令後更請以不道論其四臣見諸處商稅有越常規乃至草木虫魚無不取稅更有歲定稅率即今兒姪傔從主張便行枷棒作事非法有紊國章今後請三司差人諸持止絶斯弊其五臣伏見晉朝曾配百姓食鹽錢每頃配鹽二十斤納錢五十五數足然後許百姓私買煎造自後鹽鐵使指以贍軍爲名禁斷鹽法苗

畝所配不放納錢稅物重徵生靈不易今逢理代宜有改更使人口淡食者多其主糶職員又入沙石消鹵大半今後如國家立法糶鹽乞放却苗上率配稍撫蒸民以安國本其六臣見麴法一條最未中理多與州縣民歲定課利至於酤酢賣糟爲弊尤甚臣請州府榷酒戶鄉村不禁許令私造依明宗朝所行稅戶每畝納麴錢三則酒酢之流民得便用使雖不行又以爲切要

麴廣顯德元年十月爲侍御史知雜事上言曰竊見頻州爲天清節放見禁罪人伏以祝萬壽之延洪但

要齋心潔戀臨一州之生聚當思共理分憂且見禁罪人或干格法或因劫盜或是爭論各有科條須分曲直若負罪者獲免即嚮寃者莫伸此時不有發明諸處便成流例直恐每逢慶節擅放縲徒豈止惠姦深爲長惡望行止絕免紊章程從之

巡按福建監察御史臣李嗣京訂正
知閩縣事臣曹𢌿臣參閱
知建陽縣事臣黃國奇較釋

諫諍部二十六

強諫　遺諫

強諫

左氏之述強諫謂其有愛君之心蓋以其忠悃內發事機外迫竭誠盡規將以紓患而安國之可褒也漢氏而下乃有秉節剛毅立志敦篤均邦國之休戚㕘

帷幄之議論或政治有失舉措非順事等綴旒之危禍同發矢之速則乃批鱗貢說犯顏進諫以至憤發而色變感激而涕流排宮門之闥攬路馬之轡以頭軔車拔刀斫靷伏閣不起引裾以隨露髮輿櫬而叩馬免冠徒跣以自劾觸暴怒而罔憚瀕九死而無悔至或疏賤之列非當言責之任亦有能奮一朝之命而規人主之失者焉雖復仲尼之述五諫非尚乎詆訐范甯之著五論以兵諫爲非然而原其誠心出於忠厚上思以成君之德下冀以救時之失嫉惡將以利國愛賢懼乎濫罰區區之意豈有他哉在人主容之而已

漢周昌高帝時爲御史大夫嘗燕入奏事燕謂安閒之居也高帝方擁戚姬擁抱也昌還走高帝逐得騎昌項上問曰我何如主也昌仰曰陛下卽桀紂之主也於是帝笑之然尤憚昌及帝欲廢太子而立戚姬子如意爲太子大臣固諫莫能得帝以留侯策止而昌庭爭之強帝問其說昌爲人吃又盛怒曰臣口不能言然臣期期知其不可陛下欲廢太子臣期期不奉詔帝欣然而笑卽罷之

樊噲爲武陽侯高帝嘗疾惡見人卧禁中詔戶者無

得入羣臣羣臣絳灌等莫敢入十餘日噲乃排闥直入闥宮中小門也大臣隨之帝獨枕一宦者卧噲等見帝流涕曰始陛下與臣等起豐沛定天下何其壯也今天下已定又何憊也且陛下病甚大臣震恐不見臣等計事顧獨與一宦者卧乎且陛下獨不見趙高之事乎高祖笑而起

袁盎爲中郎將從文帝幸霸陵帝欲西馳下峻阪盎攬轡攬與擥同帝曰將軍怯邪盎言臣聞千金之子不垂堂言富人之子則自愛也垂堂謂坐堂外邊恐墜墮也百金之子不騎衡騎謂跨之也衡樓殿邊欄楯也聖主不乘危不徼幸今陛下騁六龍之奔六馬

者如飛馳不測山有如馬驚車敗陛下縱自輕奈高廟
太后何帝乃止
薛廣德爲御史大夫成帝酎祭宗廟出便門欲御樓
船廣德當乘輿前免冠頓首曰宜從橋詔曰大夫冠
廣德曰陛下不聽臣臣自刎以血汚車輪陛下不得
入廟矣言見死傷不得入廟祠也帝不說說讀曰悅光祿大夫張猛曰
臣聞主聖臣直從橋安從船危聖主不乘危御史大
夫言可聽帝曰曉人不當如是耶乃從橋
朱雲爲槐里令坐法爲城旦成帝時丞相故安昌侯
張禹以帝師位特進甚尊重雲上書求見公卿在前

雲曰今朝廷大臣上不能輔主下亡以益民皆尸位
素飡尸主也素空也尸位者不舉其事但主其位而已素飡者德不稱官空當食祿亡讀曰無孔
子所謂鄙夫不可以事君苟患失之亡所不至者
也臣願賜上方斬馬劒斷佞臣一人以厲其餘尚方少府
之屬官也作供御器物故有斬馬劒劒利可斬馬也帝問誰也對曰安昌侯張
禹帝大怒曰小臣居下訕上廷辱師傅罪死不赦御
史將雲下雲呼攀殿檻檻折呼叫也音火故反臣得下從龍
逢比干遊於地下足矣未知聖朝何如也御史將雲
去於是左將軍辛慶忌免冠解印綬叩頭殿下曰此
臣素著狂直於世使其言是不可誅使其言非故

當容之臣敢以死爭慶忌叩頭流血帝意解然後得
已及後當治檻帝曰勿易因而輯之以旌直臣
後漢申屠剛光武時爲尚書令帝嘗欲出遊剛以隴
蜀未平不宜晏安逸豫諫不見聽遂以頭軔乘輿輪
帝遂爲止軔謂以頭枝車輪也
郭憲字子横爲光祿勳車駕西征隗囂憲諫曰天下
初定車駕未可以動憲乃當車拔刀斷車靷帝不從
遂上隴其後潁川兵起乃回駕而還帝歎曰恨不用
子横之言時匈奴數犯塞帝患之乃召百寮廷議憲
以爲天下疲弊不宜動衆諫諍不合乃伏地稱眩瞀

不復言帝令兩郎扶下殿憲亦不拜帝曰常聞關東
觥觥郭子横竟不虛也憲遂以病辭退卒於家
魏辛毗爲侍中文帝欲徙冀州士家十萬戶實河南
時連蝗民饑羣司以爲不可而帝意甚盛毗以朝臣
俱求見帝知其欲諫作色以見之皆莫敢言毗曰陛
下欲徙士家其計安出帝曰卿謂我徙之非耶毗曰
誠以爲非也帝曰吾不與卿共議也毗曰陛下不以
臣不肖置之左右厠之謀議之官安得不與臣議邪
臣所言非私也乃社稷之慮也安得怒臣帝不答起
入毗隨而引其裾帝遂奮衣不還良久乃出曰佐治

卿持我何太急邪毗曰今徒旣失民心又無以食也
帝遂徙其半
吳張昭爲綏遠將軍孫權於武昌臨釣臺飲酒醉使人以水灑羣臣曰今日酣飲惟醉墮臺中乃當止耳昭正色不言出外車中坐權遣人呼昭還謂曰爲共作樂耳公何爲怒乎昭對曰昔紂爲糟丘酒池長夜之飲當時亦以爲樂不以爲惡也權默然有慙色罷酒
後魏古弼爲尚書令時上谷民上書言苑囿過度民無田業戚大半以賜貧人弼覽見之入欲陳奏遇大

武與給事中劉樹奕碁志不聽事弼侍坐良久不獲申聞乃起於大武前捽樹頭掣下床以手搏其耳以拳毆其背曰朝廷不治寔爾之罪大武失容放碁曰不聽奏事寔在朕躬樹何罪置之弼具狀以聞大武奇弼公直皆可所奏弼曰爲臣而逞其忠於君前者非無罪也乃詣公車免冠徒跣自劾請罪大武遣使者召之及至大武曰卿其冠履吾聞築社之役蹇蹶而築之端冕而事之神與之福然則卿有罪自今以後苟利社稷益國便民者雖復顚沛造次卿則爲之無所顧也

北齊李集爲典御丞文宣帝肆行淫暴凡所殺害多令支解集面諫帝比於桀紂帝令縛置障流中沉沒久之復令引出謂曰吾何如桀紂集曰向來彌不及矣帝又令沉之引出更問如此數四集對如初帝大笑曰天下有如此癡漢方知龍逄比干非是俊物遂解放又被引入見似有所陳帝令搏出腰斬
後周張衡爲大學士武帝居太后憂與左右出獵衡露髮輿櫬叩馬切諫帝嘉焉擢拜漢王侍讀
隋劉行本爲黃門侍郎高祖嘗怒一郎於殿前笞之行本進曰此人素清其過又小願陛下少寬假之帝

不顧行本於是正當帝前曰陛下不以臣不肖置臣左右臣言若是陛下安得不聽臣言若非當致之於理以明國法豈得輕臣而不顧也臣所言非私因置笏於地而退帝斂容謝遂原所笞者
蘇威爲納言高祖嘗怒一人將殺之威入閤進諫不納帝怒甚將自出斬之威當帝前不去碎之而出威又遮之帝拂衣而入良久乃召威謝曰公能若是吾無憂矣
趙綽爲大理少卿時大理掌固來曠告綽濫免徒囚帝使信臣推驗初無阿曲帝又怒曠命斬之綽因爭

以爲曠不合死帝乃拂衣入閤綽又矯言臣更不理
曠自有他事未及奏聞帝又引入閤綽再拜請曰臣
有死罪三臣爲大理少卿不能制馭掌固使曠獨挂
天刑死罪一也囚不合死而臣不能死爭死罪二也
臣本無他事而妄言求入死罪三也帝解頹會文獻
皇后在坐命賜綽二金盃酒飲訖并以盃賜之曠因
免死配廣州

唐袁高爲給事中盧杞爲相以姦邪貶坊州長史貞
元元年德宗詔移杞爲饒州刺史高宿直不肯草制
宰相劉從一等改命舍人爲之及詔出高執之不下

自丁巳至戊午諫臣上疏皆不之改丁卯高又於正
殿奏云陛下用盧杞獨秉鈞軸前後三年棄斥忠良
附下罔上使陛下越在草莽皆杞之過且漢時三光
失序雨旱不時宰相請罪小者免官大者刑戮盧杞
罪合至死陛下好生惡殺赦杞萬死惟貶新州司馬
旋復遷移今除刺史是失天下之望伏惟聖意裁擇
帝謂曰盧杞有不逮是朕之過高復奏曰盧杞姦臣
常懷詭詐非是不逮帝曰朕已有再赦高曰恩赦乃
釋其罪不宜授刺史耳赦文正憂黎民今饒州大郡
若命姦臣司牧是一州蒼生獨受其罪望引輦參官
顧問并擇謹厚中官令就街衢衆詢億兆一人異臣
言臣當死於是補闕拾遺又前諫與高不異帝良久
謂曰若與盧杞刺史太優與上佐可否皆云可遂追
饒州制翌日帝遣中使宣慰高云朕徐思卿言深覺
慨當依卿所奏

陽城爲諫議大夫裴延齡譖諸陸贄等坐貶黜德宗
怒不解在朝無敢救者城聞而起曰吾諫官也不可
令天子殺無罪人而信用奸臣即率拾遺王仲舒等
數人守延英門上疏論延齡姦佞贄等無罪狀德宗
大怒召宰相入語將加城等罪良久乃解令宰相諭

遣之

劉栖楚爲右拾遺敬宗即位後百寮入閤日絕高未
坐羣臣候立紫宸門外有不任其久欲傾踣者諫議
大夫李渤出次白宰相曰昨日已有疏論坐晚今日
又益晚今不能迴上意是渤之罪請出閤赴金吾伏
待罪有頃既坐百官班退栖楚獨留帝前進諫曰臣
歷觀前王嗣位之初莫不躬勤庶政坐以待旦陛下
即位以來放情嗜寢樂色忘憂安卧宫闈日晏方起
西宫密邇未過山陵鼓吹之聲日喧於外以憲宗皇
帝大行皇帝皆是恪勤庶政四方猶有叛亂陛下運

當少主即位未幾惡德布聞臣恐福祚之不長也臣忝諫官致陛下有此請碎首以謝遂以額叩龍墀久之不已宰臣李逢吉出位宣曰劉栖楚休叩額候進止栖楚捧首而起因更陳論槌額見血帝爲之動容以袖連揮栖楚又云不可臣奏臣即碎首而死中書侍郎牛僧孺宣示栖楚曰所進知門外待進止栖楚即拜舞而出待罪於金吾仗然後宰臣更贊其事於帝前命中使就仗宣慰并李渤並令各宜歸第

遺諫

夫愼終於始君子之道圖國忘死忠臣之節中代而

下乃有秉貞純之操敦亢直之志不幸遘疾殆於彌留屬纊忍死口舌爲奏陳端耳之深戒述經邦之丕訓與其感悟以申規益以至乘輿臨省親乞其言使者存問因受其鬱莫不罄肺腑之冊實陳時政之得失周旋悃愊無所回隱復有直躬守道循名顧義思納誨以救惡遂捐軀而卑死將致君於善以舍生爲輕惓惓之誠布於遺禮斯固烈氣貫於穹壤英聲播於無窮歷千祀而如生可以掩卷而太息者矣

史魚爲衛大夫病且死謂其子曰我數言蘧伯玉之賢而不能進彌子瑕不肖而不能退爲人臣生不能進賢而退不肖死不當治喪正堂殯我於室足矣衛君問其故子以父言聞君遽然召蘧伯玉而貴之召彌子瑕而退之徙殯於正堂成禮而後去生以身諫死以尸諫可謂直矣詩曰靖恭爾位好是正直

漢東方朔武帝時爲大中大夫將死諫曰詩云營營青蠅止於蕃愷悌君子無信讒言讒言罔極交亂四國願陛下遠巧佞退讒言帝曰今顧東方朔多善言怪之居無幾何果病死

後漢吳漢光武時爲大將軍病篤帝親臨問所欲言對曰臣愚無所知識唯願陛下愼無赦而已

鍾離意明帝時爲魯相卒官遺言上書陳昇平之世難以急化宜少寬假帝感傷其意下詔嗟嘆賜錢二十萬

樊儵明帝時爲長水校尉卒遣小黄門張音問所遺言先是河南縣亡失官錢典負者坐死其罪徙者甚衆遂委責於人以償其耗卿部吏司因此爲奸儵常疾之又野王歲獻甘醪膏餳每輒擾人吏以爲利儵並欲奏罷之病疾未及得上音歸具以聞帝覽之而悲恒勑二郡並令從之

黄瓊桓帝時爲司空以地震免疾篤上疏曰臣聞天

者務剛其氣君者務強其政是以王者處高自持不可不安履危任力不可不據夫自持不安則傾任力不據則危故聖人升高據上則以德義爲首涉危蹈傾則以賢者爲力唐堯以德化爲冠冕以稷契爲筋力高而益崇動而愈據此先聖所以長守萬國保其社稷者也昔高皇帝應天順民奮劍而王掃除秦項革命創制降德流祚至於哀平而帝道不綱秕政日亂遂使奸佞擅朝外戚專恣所冠不以仁義爲冕所蹈不以賢佐爲力終至顛蹶滅絕漢祚天維陵弛民鬼慘愴賴皇乾眷命炎德復輝光武以聖武天挺繼

統興業創基冰泮之上立足枳棘之林擢賢於衆愚之中畫功於無形之地崇禮義於交爭循道化於亂離自是歷高而不傾任危而不跌興復洪祚開建中興光被八極垂名無窮至於中葉盛業漸衰陛下祚從藩國爰升帝位天下拭目謂見太平而即位以來未有聖政諸梁秉權竪官充朝重封累職傾動朝廷卿校牧守之選皆出其門羽毛齒革明珠南金之寶殷滿其室富擬王府勢回天地言之者必族附之者必榮忠臣懼死而杜口萬夫怖禍而木舌塞陛下耳目之明更爲聾瞽之主故太尉李固杜喬忠以直言德以輔政念國忘身殞歿爲報而坐陳國議遂見殘滅賢愚切痛海內傷懼又前白馬令李雲指言宦官罪穢宜誅皆因衆人之心以救積薪之弊弘農杜衆知雲所言宜行懼雲以忠獲罪故上書陳理之乞同日而死所以感悟國家庶雲獲免而雲既不辜衆又并坐天下尤痛益以怨結故朝野之人以忠爲諱昔趙殺鳴犢孔子臨河而反夫覆巢破卵則鳳凰不翔刳牲夭胎則麒麟不臻誠物類相感理使其然尚書周永昔爲沛令素事梁冀幸其威勢坐事當罪越拜令職見冀將衰乃陽毀示忠遂因姦計亦取封侯又

黃門協邪羣輩相黨自冀興盛腹背相親朝夕圖謀共搆姦軌臨冀當誅無可設巧復疑其惡以要爵賞陛下不加清徵審別真僞復與忠臣並時顯封使朱紫共色粉墨雜揉所謂抵金玉於沙礫碎珪璧於泥塗四方聞之莫不憤歎昔曾子大孝慈母投杼伯奇至賢終於流放夫讒諛所舉無高而不可升相抑無深而不可淪可不察歟臣至頑駑世荷國恩身輕位重勤不補過然懼於永殁負釁益深敢以垂絕之日陳不諱之言庶有萬分無恨三泉其年卒

司馬直靈帝時除鉅鹿太守是時刺史二千石皆責

助軍修宮前直以有清名減責三百萬直被詔悵然曰爲民父母而反割剝百姓以稱時求吾不忍也辭疾不聽行至孟津上書極陳當時之失古今禍敗之戒即吞藥自殺書奏帝爲暫絶修宮錢

魏高堂隆明帝時爲光祿勳疾篤口占上疏曰曾子有疾孟敬子問之曾子曰鳥之將死其鳴也哀人之將死其言也善臣寢疾病有增無損常懼奄忽忠欵不昭臣之丹誠豈惟曾子願陛下少垂省覽渙然改往事之過謬勃然興來事之淵塞使神人響應殊方慕義四靈效珍玉衡曜精則三王可邁五帝可越非

徒繼體守文而已也臣嘗謂世主莫不思紹堯舜湯武之治而蹈踵桀紂幽厲之跡莫不蚩笑李世惑亂亡國之主而不登踐虞夏殷周之軌悲夫以若所爲求若所欲猶緣木而求魚煎水作氷其不可得明矣尋觀三代之有天下也聖賢相承歷載數百尺地莫非其有一民莫非其臣萬國咸寧九有有截鹿臺之金巨橋之粟無所用之仍舊南面夫何爲哉然癸辛之徒恃其有力知足以飾諫才足以拒非諂諛是尚臺觀是崇淫樂是好倡優是說作靡靡之樂安濮上之音上天不蠲眷然回顧宗國爲墟下夷於隷紂縣白旗桀放鳴條天子之尊湯武有之豈伊異人皆明王之胄也且當六國之時天下殷熾秦既兼之不脩聖道乃搆阿房之宮築長城之守矜誇中國威服百蠻天下震蕀道路以目自謂本枝百葉永禆洪祚豈寤二世而滅社稷崩圯近漢孝武承文景之福外攘夷狄内興宮殿十餘年閒天下囂然乃信越巫懟天遷怒起建章之宮千門萬戶卒致江充妖蠱之變至於宮室乖離父子相殘殃咎之毒禍流數世臣觀黄初之際天兆其戒異類其鳥有長燕巢口爪胷赤此魏室之大異也宜防鷹揚之臣於蕭牆之内可選諸

王使君國典兵往往棊跱鎮撫皇畿翼亮帝室昔周之東遷晉鄭是依漢呂之亂實賴朱虛斯蓋前代之明鑒夫皇天無親惟德是輔民詠德政則延期過歷下有怨歎掇録授能繇此觀之天下之天下非獨陛下之天下也臣百疾所鍾氣力稍微輙自輿出歸還里舍若遂沉淪魂而不知結草以報詔曰生廉伴伯夷直過史魚執心堅白謇謇匪躬如何微疾未除退身里舍昔邴吉以陰德疾除而延壽貢禹以守節疾篤而濟愈生其強飲專精以自持 習鑿齒曰高堂隆可謂忠臣矣君侈每思諫其惡將死不忘憂社稷正辭動於人主明戒驗於後身

吳張紘爲太常長史還吳迎家道病卒臨困授子靖留牋曰自古有國有家者咸欲修德政以比隆盛世至於其治多不馨香非無忠臣賢佐闇於治體也繇主不勝其情弗能用耳夫人情憚難而趨易好同而惡異與治道相反傳曰從善如登從惡如傾言善之難也人君承奕世之基據自然之勢操入柄之威甘易同之懽無假取於人而忠臣挾難進之術吐逆耳之言其不合也不亦宜乎雖則有釁巧辯緣間眩於小忠戀於恩愛賢愚雜錯長幼失序其所繇來情之亂也故明君寤之求賢如饑渴受諫而不厭抑情損

欲以義割恩上無偏謬之授下無希冀之望宜加三思含垢藏疾以成仁覆之大紘卒帝省書流涕

陸凱爲左丞相凱疾病孫晧遣中書令董朝問所欲言凱陳何定不可任用宜授外任不宜委以國事奚熙小吏建起浦里田欲復嚴密故迹亦不可聽姚信樓玄賀卲張悌郭逴薛瑩滕脩及族弟喜抗或清白忠勤或姿才卓茂皆社稷之楨幹國家之良輔願陛下重留神思訪以時務各盡其忠拾遺萬一遂卒

晉裴秀爲司空薨友人料其書記得表草言平吳之事其詞曰孫晧酷虐不及聖明御世兼弱攻昧使遺子孫將遂不能臣時有否泰非萬安之勢也臣昔雖已屢言未有成旨今旣疾篤不起謹重尸啓願陛下特與施行乃封以上聞詔報曰司空薨痛悼不能去心又得表草雖在危困不忘王室盡忠憂國省益傷切輒當與諸賢共論也

劉波爲散騎常侍出督淮北諸軍冀州刺史以疾未行上疏曰臣聞天地以弘濟爲仁君道以惠下爲德是以禹湯有身勤之績唐虞有在予之誥用能惠被蒼生勳流後業宣帝開拓洪圖始基成命爰及文武曆數在躬而猶虛心側席卑己崇物然後知積累之

功重勤王之業艱先君之德弘貽厥之賜厚惠王不懷委政內任遂使神器幽淪三光翳曜園林懷九泉之感宮廟集胡馬之跡所謂肉食失之於朝黎庶暴骸於外也賴元皇帝神武應期祚隆淮海振乾綱於已墜紐絶維而更張陛下承宣帝開始之宏基受元帝克終之成烈保大定功戢兵靖亂故使負鱗橫海之鯨僭位滔天之寇望雲旗而霄潰覩太陽而霧散巍巍蕩蕩人無名焉而頃年以來天文違錯妖怪屢生會稽先帝本封而地動經年昔周之文武有魚烏之瑞君臣猶懷震悚況今災變衆集曾莫之疑公旦

有勿休之誡賈誼有積薪之喻臣鑒先徵竊惟今事是以敢肆狂瞽直言無諱往者先帝以玄風御世責成羣后坐運天綱隨造化委順故忘日計之功收歲成之用今禮樂征伐自天子出相王賢儁協和百揆六合承風天下嚮振而釣臺之詠弗聞景亳之命未布將羣臣之不稱陛下用之不盡乎凡聖王之化莫不敦崇忠信存正棄邪傷化毀俗者雖親雖貴必疎而遠之清公貞修者雖微雖賤必親而近之今則不然此風既替利竟滋甚朋黨比周毀譽交興鑽求苟進人希分外見賢而居其上受祿每過其量希吉承

意者以爲奉公共相讚白者以爲忠節舉世見之誰敢正言陛下不明必行之法以絶穿鑿之源者恐脱因疲倦以誤視聽且符堅滅亡於今五年舊京殘毀山陵無衛百姓塗炭未蒙拯救伏願遠觀漢魏哀滅之繇近覽兩朝傾覆之際超然易慮爲於未有則靈根永固社稷無虞臣豈誣一朝之人皆無忠節但任非才求之不至耳今政煩役殷所在凋獘倉廩空虛國用傾竭侵削流亡相屬略計戶口但咸安已來十分去三百姓懷浮流之歎下泉興周京之思昔漢宣有云與我共治天下者其惟良二千石乎是以臨下有方者就加璽贈法苛政亂者恤刑不赦事簡於上人悅於下今則不然告時乞職者以家獘爲辭振罷恤滯者以公爵爲施古者爲百姓立君使之司牧今者以百姓恤君使之蠶食至乃貪汙者謂之清勤慎法者謂之怯劣何反古道一至於此陛下雖躬自節儉哀矜於上而羣寮肆欲縱心於下六司垂翼三事拱默故有職者觀人事以歎息觀天眚而大懼昔宋景退熒惑之災殷宗消鼎雉之異伏願陛下仰觀大禹過門之志俯察商辛沉湎之失遠思國風恭劉之刺深惟定姜小臣之喻暫回聖思大詢羣侯延納衆

賢訪以得失令百寮率職人言損益察其所繇觀其所以審識羣才助鼎和味克念作聖以答天休則四海宅心天下幸甚臣亡祖先臣愧昔荷殊寵匪躬之操猶存舊史有志無時懷恨黄泉及臣凡劣伏蒙罔極之眷恩隆累世實非靡身傾宗所能上報前作此表未及得通暴嬰篤疾恐命在奄忽貪及視息望達愚情氣力惙然不能自宣疏奏而卒追贈前將軍

後魏王叡孝文時爲尚書令疾篤上疏曰臣聞忠於事君者節義著於臨終孝於奉親者淳誠表於垂沒故孔明卒軍不忘全蜀之計曾參疾甚情存善言之

益雖則庸昧敢忘景行臣荷天地覆載之恩蒙父母生成之德漸風訓於華年服道教於弱冠濯纓清朝乖周三紀受先帝非分之眷叨陛下殊常之寵遂乃齊跡功舊內侍帷幄爵列諸王位班上等從容聞道與知國政誠思竭盡力命以報所受不謂事與心違忽嬰重疾每屈輿駕親臨問之榮洽生年惠流身後犬馬之誠嚮佩罔極今所病遂篤慮必不起延首闕庭更戀終日仰恃皇造宿眷之隆敢陳愚昧管窺之見臣聞爲治之要其畧有五一者愼刑罰二者任賢能三者親忠信四者遠讒佞五者行黜陟夫刑罰明

則姦宄息賢能用則功績著親忠信則視聽審遠讒佞則疑間絶黜陟行則貪污改是以欽恤惟刑載在唐典知人則哲惟帝所難周書吾好德之文漢史列防姦之論考省幽明先王大典又八表既廣遠近事殊撫荒裔宜待之以寬信綏華甸宜惠之以明簡哀恤孤獨賑施困窮錄功舊赦小罪輕徭役薄賦斂修福業禁淫祀願聽政餘暇賜垂覽察使子囊之誠重申於當世將墜之志獲用於明時尋薨

隋段文振大業中爲左候衛大將軍遼東之役出南蘇道在道疾篤上表曰臣以庸微幸逢聖世濫蒙獎擢榮冠儕伍而知能無取叨竊已多言念國恩用忘寢食常思效其鳴吠以報萬分而攝養乖方疾患遂篤抱此深愧永歸泉壤不勝餘恨輕陳管穴竊見遼東小醜未服嚴刑遠降六師親勞萬乘但夷狄多詐深須防簡口陳降款心懷背叛詭伏多端勿得便受水潦方降不可淹遲唯願嚴勒諸軍星馳速發水陸俱前出其不意則平壤孤城勢可拔也若傾其根本餘寇自尅如不時定脫遇秋霖深爲艱阻兵糧又竭強敵在前靺鞨出後遲疑不决非上策也後數日卒於師帝省表悲歎久之

唐魏徵爲大師貞觀十七年薨太宗謂侍臣曰徵亡後朕遣人至宅就其書函得表一紙始立表草字皆難識唯前有數行稍可分辨云天下之事有善有惡任善人則國安用惡人則國亂公卿之內情有愛憎憎者唯見其惡愛者唯見其善愛憎之間所宜詳審若愛而知其惡憎而知其善去邪勿疑任賢勿貳可以興矣其遺表如此然在朕思之恐不免斯事公卿侍臣可書之於笏知必諫也

李大亮爲右衛大將軍貞觀十八年太宗幸雒陽令大亮副房玄齡居守後遇疾臨終上表請停遼東之

役又言京師宗廟所在願深以關中爲意表成而卒
房玄齡爲司空貞觀二十二年太宗幸五華宮玄齡
以疾臥總留臺後漸篤玄齡乃謂諸子曰吾自度危
篤而恩澤轉降若辜負聖君則死有餘責當今天下
清謐咸得其宜唯東討不停方爲國患主上含怒意
決臣下莫敢犯顔吾知而不言可謂銜恨入地遂抗
表切諫曰臣聞兵惡不戢武貴止戈當今聖化所覃
無遠不屆自上古所不臣者陛下皆能臣之所不制
者皆能制之詳觀古今爲中國患害無過突厥遂能
坐運神策不下殿堂大小可汗相次束手分典禁闈

執戟行間其後延陁鴟張尋既夷滅鐵勒慕化請置
州縣沙漠以北萬里無塵至於高昌叛換於流沙吐
谷渾首鼠於積石偏師薄伐俱從平蕩高麗歷代逋
誅莫能討擊陛下責其逆亂殺主害人親總六軍問
罪遼碣未經旬日即拔遼東前後虜獲數十萬計分
配諸州無處不滿雪往代之宿恥掩崤陵之枯骨比
功較德萬倍前王此聖人之所以自知微臣安敢備
說且陛下仁風被於率土孝德彰於配天覩夷狄之
將亡則指期數歲授將帥之節度則決機萬里屈指
而候驛視景而望書符應若神筭無遺策擢將於行
伍之間取士於凡庸之末遠夷單使一見不忘小臣
之名未嘗再問箭穿七札弓貫六鈞加以留情墳典
屬意篇什筆邁鍾張詞窮曹馬文鋒既振則宮徵自
諧輕翰暫飛則華葩競發撫萬姓以慈遇羣臣有禮
褒秋毫之善解吞舟之網逆耳之諫必聽膚受之愬
斯絶好生之德禁障塞於江湖惡殺之仁息鼓刀於
屠肆鳧鸖荷稻粱之惠犬馬蒙帷蓋之恩降乘吮思
摩之瘡登堂臨魏徵之柩哭戰亡之卒則哀動六軍
負填道之薪則情感天地重黔黎之大命特留心於
庶獄臣心識昏憒豈足論聖功之深遠談天德之高

大哉陛下兼衆美而有靡不備具微臣深爲陛下惜
之重之愛之周易曰知進而不知退知存而不知亡
知得而不知喪又曰知進退存亡不失其正者其惟
聖人乎繇此言之進有退之義存是亡之微得有喪
之理老臣所以爲陛下惜之者蓋謂此也老子曰知
足不辱知止不殆臣謂陛下威名功德亦可足矣拓
地開疆亦可止矣彼高麗者邊夷賤類不足待以仁
義不可責以常禮古來以魚鼈畜之宜從闊畧若必
欲絶其種類深恐獸窮則搏且陛下每決死囚必令
三覆五奏進素食停音樂者蓋以人命所重感動聖

慈兒令兵士之徒無一罪戾無故驅之於城陣之間委之於鋒刃之下使肝腦塗地寃魄無歸其老父孤兒寡妻慈母望轊車而淹泣抱枯骨而摧心足以變動陰陽感傷和氣實天下之寃痛也且兵者凶器戰者危事不得已而用之向使高麗違失臣節而陛下誅之可也侵擾百姓而陛下滅之可也久長能爲中國患而陛下除之可也有一於此雖日殺萬夫不足爲媿今無此三條坐煩中國內爲舊王雪怨外爲新羅報讐豈非所存者小所損者大願陛下遵皇祖老子止足之戒以保萬代巍巍之名發霈然之恩降寬

大之詔順陽春而布澤許高麗以自新焚陵波之船罷應募之衆自然華夷慶賴遠肅邇安臣老病三公旦夕入地所恨竟無塵露微增海嶽謹以殘魂餘息預代結草之誠儻蒙察以哀鳴臣即死且不朽太宗見表謂玄齡子婦高陽公主曰此人危篤如此尚能憂我國家

令狐楚爲興元節度使開成二年將薨前一日自草遺表其畧曰臣永惟際會受國深恩以祖以父皆蒙褒贈有弟有子竝列班行全腰領以從先人委體魄而事先帝此不自達誠爲甚愚但以永去泉扃長辭雲陛更陳屍諫猶進瞽言雖叫呼之不能豈誠明之敢忘今陛下春秋鼎盛寰海鏡清是修教化之初是復理平之始然自前年秋夏已來貶謫者至多誅戮者不少伏望普加洪造猶霽皇威殁者昭洗以雲雷存者霑濡以雨露使五穀嘉熟兆人安康納臣將盡之苦言慰臣永蟄之幽魄

册府元龜

巡按福建監察御史臣李嗣京訂正

知甌寧縣事臣孫以敬參閱

知建陽縣事臣黄國琦較釋

諫諍部二十七

褒賞

春秋述五諫之義戰國垂三賞之令蓋褒揚諍臣有從來矣非含忠秉直讜言正義挺匪躬之節竭愛君之誠者胡能感悟上心受茲寵錫者巳繇漢室而下以諫諍著稱者乃有激昂辭氣面論爲失或伏閤奏牘傳置飛章挺引古今箴切時病世之賢君樂聞其說釋然嘉納穆然稱善言尉慰喻璽書優奬增加爵秩便蕃賜予至於輟服御之物申宴餘之樂以其話言載之史策皆所以厲骨鯁而懲諛佞焉

漢郅都爲中郎敢直諫從景帝入上林賈姬在厠野彘入厠帝欲持兵救賈姬都伏帝前曰亡一姬復一姬進天下所少寧賈姬乎陛下縱自輕奈宗廟太后何太后聞而嘉之賜都金百斤帝亦錫金百斤

東方朔爲常侍郎武帝使中大夫吾丘壽王與待詔能用筭者二人舉籍阿城以南盩厔以東宜春以西

提封頃畝及其賈直欲除以爲上林苑屬之南山吾丘壽王奏事帝大說稱善時朔在傍進諫曰夫殷作九市之宮而諸侯畔靈王起章華之臺而楚民散秦興阿房之殿而天下亂糞土愚臣忘生觸死逆盛意犯隆指罪當萬死不勝大願願陳泰階六符以觀天變是日因奏泰階之事上迺拜朔爲大中大夫給事中賜黄金百斤又董偃得幸於竇太主帝爲竇太主置酒宣室使謁者引内董偃是時朔陛戟殿下（持戟列陛側）辟戟而前曰偃安得入乎帝曰何謂也朔曰以人臣私侍公主乃國家之大賊人主之大蜮昔伯姬燔而諸侯憚奈何乎陛下武帝默然良久曰吾業以設飲後而自改朔曰不可夫宣室者先帝之正處也非法度之政不得入焉帝曰善乃置酒北宮引偃從東司馬門賜朔黄金三十斤

于定國爲御史中丞昌邑王即位多行淫亂定國上書諫後王廢宣帝立大將軍光領尚書事條奏羣臣諫邑王者皆超遷定國繇是爲光祿大夫平尚書事甚見任用

路溫舒爲廷尉史宣帝初上書請除誹謗以招切言開天下之口廣箴諫之路掃亡秦之失遵文武之德

省法制寬刑罰以廢治獄則太平之風可興於世永履和樂與天罔極天下幸甚（言與天長久無窮極也）帝善其言遷廣陽私府長

康衡爲給事中是時有日蝕地震之變元帝問以政治得失衡上疏言遂宜減宮室之度省靡麗之飾考制度修外內近忠正遠巧佞放鄭衛進雅頌舉異材開直言任溫良之人退刻薄之吏顯潔白之士昭無能之政覽六藝之意察上世之務明自然之道帝悅其言遷衡爲光祿大夫

貢禹爲諫議大夫元帝數虛己問以政事禹上言廐

馬太多請減乘輿服御及請復田與貧民天子納善其忠乃下詔令太僕減食穀馬水衡減食肉獸省宜春下苑以與貧民又罷角抵諸戲及齊三服官遷禹爲光祿大夫

後漢郅惲爲上東城門侯光武嘗出獵車駕夜還惲拒關不開帝令從者見面於門間惲曰火明遼遠遂不受詔帝乃廻從東中門入明日惲上書諫曰昔文王不敢盤於遊田以萬人爲憂而陛下遠獵山林夜以繼晝其如社稷宗廟何暴虎馮河未至之誡誠小臣所竊憂也書奏賜布百疋貶東中門侯爲參封尉

張禹和帝時爲太尉帝南巡祠園廟禹兼衛尉留守聞車駕當進幸江陵以爲不宜冒險遠幸驛馬上諫詔報曰祠謁旣訖當南祀大江會得君奏臨漢回輿而旋及至京禹特蒙賞賜

郭廙爲鄴奚都官上書陳五事以諫言甚切直擢爲屯留令

魏楊阜爲將作大匠明帝初理宮室發美女以充役後庭出入弋獵秋大雨震電多殺鳥雀阜上疏請諸所繕理務從約節等事詔報曰間得密表先陳往古明王聖主以諷闇政切至之辭欵誠篤實退思補過

將順正救備至矣覽思苦言吾甚嘉之帝旣作新宮又營雒陽宮殿觀閣阜又上疏諫之奏御天子感其忠言手筆詔答

晉閻纘爲西戎校尉懷太子之廢也纘輿棺詣闕上書理太子之寃書奏御不省後皇太子孫立纘復上書言東宮宜妙選忠直亮正之士又潘岳繆徵等皆賈謐父黨共相沉抑宜皆齊黜以肅風教朝廷善其忠烈擢爲漢中守

梁郭祖深武帝時爲後軍將軍時帝溺情內教朝政縱弛祖深輿櫬詣闕上封帝嘉其直擢爲豫章鍾陵

令員外散騎常侍

後魏周澹明元時爲特進神瑞二年京師饑朝議將遷都於鄴澹與博士祭酒崔浩進計論不可之意帝大然之日唯此二人與朕意同也詔澹浩妾各一人御衣一襲絹五十疋綿五十斤

崔浩爲祭酒時劉裕在雒議欲以軍絶其後路明元問浩浩對以爲不可帝大悦語至中夜賜浩御縹醪酒十觚水精戎鹽一兩曰朕味卿言若此鹽酒故欲與卿同其旨也

高允文成時爲中書侍郎領著作郎前後諫事非一

帝從容聽之或有觸迕帝所不忍聞者命左右扶出事有不便允輙求見帝知允意逆尋屏左右以待之禮敬甚重晨入暮出或積日居中朝臣莫知所論或上事有得失者帝省而謂群臣曰君父一也父有是非子何爲不作書諫之使人知惡而諫於家内隱處也豈不以父親恐惡彰於外也今國家善惡不能面諫而上表顯諫此豈不彰君之短明己之美至如高允者眞忠臣矣朕有是非常正言面論至朕所不用聞者皆侃侃言說無所避就朕聞其過而天下不知其諫豈不忠乎汝等在左右曾不聞一正言但伺朕喜時求官乞職汝等把弓刀侍朕左右徒立旁耳皆至公王此人把筆輔我國家不過著作郎汝等不自愧乎於是拜允中書令著作如故

宿石爲中壘將軍遷内行令嘗從獵文成親欲射虎石叩馬而諫引帝至高原上後虎騰躍殺人詔曰宿石忠臣叩馬切諫免虎之害後有犯罪宥而勿坐賜駿馬一匹

成淹孝文時爲謁者僕射時孝文自徐泛泗入河還雒淹以黄河浚急慮有傾危上疏陳諫帝勅淹曰朕以常代無運漕之路故京邑民貧今移都伊雒欲通

運四方而黄河浚急人皆難涉我因有此行必須乘流所以開百姓之心知卿至誠而今者不得相納勅賜驊騮馬一匹衣冠一襲

李彪爲秘書丞嘗上封事七條後孝文詔曰歷觀古事求能非一或徵承籍廕著德當時或見拔幽陋流名後葉故毛遂起賤奮亢楚之辯苟有才能何必拘族也彪雖宿非清第本闕華資然識性嚴聰學博墳籍剛辯之才頗堪時用兼憂國若家載宣朝美若不賞庸敘績將何以勸獎勤能可特遷秘書令以酬厥款

高道悅爲治書侍御史加諫議大夫正色當朝不畏強禦詔曰道悅資性寬篤稟操貞亮居法樹平肅之規處諫著必犯之節王公憚其風梗朕實嘉其一至謇諤之誠何愧黯鮑也其以爲主爵下大夫諫議如故

後周張衡武帝時爲大學士帝居太后憂與左右出獵衡露髮輿櫬叩馬切諫帝嘉焉賜衣一襲馬一匹擢拜漢王侍讀

唐孫伏伽武德初爲萬年縣法曹上疏陳三事以諫高祖覽之大悅賜帛百疋擢拜治書侍御史

盧政力武德三年爲屯田郎中高祖謂政力曰每見卿奏諫志存正直古人有言曰君明臣直朕何德而堪之

楊纂武德中爲侍御史數上書言事因被召問擢拜考功郎中

張蘊古貞觀初爲幽州記室直中書省上大寶箴深存規誡之體太宗嘉納之賜以束帛焉

魏徵爲諫議大夫太宗新即位勵精政道數引徵入卧內訪以得失徵雅有經國之才性又抗直無所屈撓太宗每與之言未嘗不忻然納受徵亦喜逢知己之主思竭其用知無不言太宗嘗勞之曰卿所陳諫前後二百餘事非卿至誠奉國何能若是

虞世南爲秘書監太宗謂侍臣曰朕因暇日每與虞世南商畧今古朕有一言之善世南未嘗不悅有一言之失未嘗不一悵恨朕嘗戲作豔詩世南便進表諫曰聖作雖工體制非雅上之所好下必隨之此文一行恐致風靡輕薄成俗非爲國之利賜令繼和輒申狂簡而今之後更有斯文斷以死請不敢奉詔其懇誠若此朕用嘉焉羣臣皆若虞世南天下何憂乎不治因顧謂虞世南曰朕更有此詩卿能死不虞世

南對曰臣聞詩者動天地感鬼神上以風化下下以諷刺上故季札聽詩而知國之興廢盛衰之道實繫於茲臣雖愚誠願不奉詔太宗大悅賜絹五十疋

戴胄爲尚書左丞領諫議大夫貞觀三年遷民部尚書太宗將脩復雒陽宮胄上封事諫太宗甚嘉之因謂侍臣曰戴胄於我無骨肉之親但以忠直勵行情深體國事有機要無不以聞所進官爵以酬厥誠耳

姚思廉爲弘文館學士太宗將幸九成宮思廉進諫曰此秦皇漢武之事耳故非堯舜禹湯之所爲也言甚切至太宗嘉之賜帛五十疋

張行成爲殿中侍御史太宗嘗言及山東門中人意
有同異行成正侍宴跪而奏曰臣聞天子以四海爲
家不當以東西爲意若如是則示人以隘狹太宗然
其言賜名馬一匹錢十萬衣一襲自是每有大政嘗
預議焉
高季輔爲太子右庶子上疏切陳得失太宗特賜鍾
乳一劑曰卿進藥石之言故以藥石相報
李大亮爲凉州都督貞觀三年嘗有臺使到州見有
名鷹諷大亮獻之大亮密表曰陛下久絶畋獵而使
者求鷹若是陛下之意深乖昔旨如其自擅便是使

非其人太宗下書曰以卿兼資文武忠懷貞確故委
藩牧當兹重寄比在州鎮聲績遠彰念此忠勤無忘
寤寐使遺獻鷹遂不曲順論今引古遠獻直言披露
腹心非常懇到覽用嘉歎不能自已有臣若此朕復
何憂宜守此誠終始若一古人稱一言之重侔於千
金卿之此言深足貴矣今賜御金胡缾一枚雖無千
鎰之重是朕自用之物
張玄素爲給事中時發卒脩雒陽宫以備巡狩玄素
上書切諫太宗覽之甚悦謂房玄齡曰雒陽土中朝
貢道均朕故欲脩營意在便於百姓今玄素上表實

亦可依後必事理須行露坐亦復何若所有作役宜
即停之然以卑干尊古來不易非其忠直安能若此
乎可賜絹百疋
谷那律爲諫議大夫嘗從太宗出獵在途遇雨因問
曰油衣若何爲得不漏那律曰能以瓦爲之必不漏
矣太宗太悦賜帛二百疋
杜正倫爲中書侍郎常與御史大夫韋挺秘書少監
虞世南著作郎姚思廉等咸上封事稱旨太宗爲之
設宴因謂曰朕歷觀自古人臣立忠之事若値明王
便得盡誠規諫至如龍逄比干竟不免孥戮爲君不

易爲臣極難我又聞龍可擾而馴然喉下有逆鱗觸
之則殺人人主亦有逆鱗卿等遂不避犯觸各進封
事常能如此朕豈有慮危亡我思卿等此意不能暫
忘故聊設宴樂也仍並賜帛有差
蕭鈞爲諫議大夫有左武候引駕盧文操盜左藏庫
物高宗令殺之鈞進諫遂特免其死罪顧謂侍臣曰
此乃眞諫議也
來公敏爲詳刑大夫總章二年冬高宗特幸凉州時
隴外虚耗議者咸云車駕西巡不便帝聞之御延福
殿召五品巳上謂曰帝王五載一巡狩羣后四朝此

蓋嘗禮朕欲暫幸凉州觀風省俗如聞在外咸謂非宜必若此行不可自合以實聞奏今對而不言退有移議何也宰相已下再三莫有對者公敏進曰臣聞省方出豫王者嘗規陛下愛育蒼生每思静鎮今欲廵幸凉州遐宣王畧求之故實未爲令典但隨時度事臣下竊有所疑既見明制施行所以不敢塵黷奏勅顧問敢不盡言但高麗雖平扶餘尚梗兼西道經畧兵猶未停且隴右諸州人户猶少供侍鑾駕備擬稍難臣聞在外實有竊議帝默然良久曰卿等既有此言我止度隴存問故老蒐狩即還計亦不至勞費

今時已涉秋節候漸冷且賜卿繒綵以充衣段於是賜物有差竟下詔停西幸無何公敏自詳刑少卿擢爲黄門侍郎賞其能直言也

魏元忠儀鳳中以前大學生赴雒陽上封事召見對敭稱旨授秘書省正字令直中書省

袁利貞爲太常博士永隆二年春王公已下及朝集使以太子初立獻食勅於宣政殿會百官及命婦利貞上疏切諫從之改向麟德殿陳設至會日羣臣樂飲帝使中書侍郎薛元超謂利貞曰卿門承忠鯁能抗疏直言不加厚錫無以奬勸於是賜物百段

朱敬則則天長安中爲正諫大夫兼脩國史時賦役繁重户口逃免敬則多所諫奏言甚切至太后大嘉之頻召入禁中訪以時俗要務俄令同鳳閣鸞臺平章事

郭山惲爲國子司業景龍三年春與羣臣宴遊令各効技藝以爲笑樂山惲獨奏曰臣無所解請歌古詩兩篇帝許之乃歌鹿鳴蟋蟀篇翌日帝嘉山惲之意降詔曰郭山惲業優經史識綜古今八索九丘繇來遍覽前言往行實所該詳昨者同有豫遊式延朝彦既乘歡洽咸使詠歌遂能志在輔時雅申諷諭謇謇

之誠彌切諤諤之志僉明宜有褒揚美兹鯁直可錫時服一副

和元祐爲真化府長史景龍末元祐獻詩十首其詞猥陋省寓意變幸而意及兵戈韋氏命鞫於大理而將戮之月餘而韋氏就誅其詩言若符讖景雲初以元祐爲千牛衛長史

韓朝宗爲左拾遺景雲三年上疏諫作乞寒胡戲睿宗覽而稱善特賜以中上考

張九齡韓朝宗玄宗時爲左拾遺先天元年九月將幸新豐之温湯九齡朝宗以時屬收獲恐妨農事上

疏切諫帝大悅召見慰諭各賜衣一副
魏知古爲侍中先天元年十月上詩諫獵玄宗手詔
日卿所進獵渭濱十韻三復研精良增歎美今賜物
五十段以申勸奬
嚴挺之爲左拾遺先天二年三月玄宗御文德殿宣
示百官以挺之上書切直賜物六十段衣一襲
姚南仲代宗時爲右補闕大曆十三年奬葬貞懿皇
后恩寵所屬令繕陵寢邇章敬寺後當遊幸近地左
右莫敢言者南仲上疏諫之代宗覽表歎息立從其
議賜緋魚袋特加五階宣付史臣時左拾遺何士幹

亦上封論事特詔褒賞遷爲補闕
李絳元和二年爲司勳郎中充翰林學士嘗因洛堂
北廊奏對違忤上旨指切時病及論中官縱恣方鎮
進獻事宜憲宗怒甚厲聲曰卿所論事何太過耶絳
前論不已曰臣所陳豈臣身之利是國家之利陛下
不以臣愚使處腹心之地豈可見事虧聖德致損清
時而惜身不言仰屋竊歎是臣負陛下也若不顧患
禍盡誠奏論旁忤倖臣上犯聖旨以此獲罪是陛下
負臣也且臣與內官素不相識又無嫌隙只是恐威
福太盛上損聖朝臣所以不敢不論耳使臣緘默非

社稷之福也上見其誠切不廻怒色却散稍慰喻曰
卿盡節於朝人之不能言者卿悉言之使朕聞使不
聞真忠正誠節之臣也他日南面亦須如今日絳拜
恩而退上遽宣宰臣命與政官中書舍人依前翰林
學士翌日面賜金紫帝親爲絳擇良笏
鄭澣餘慶之子也爲左補闕獻疏切直人爲危之及
餘慶入覲憲宗謂之曰卿之令子朕之直臣可更相
賀遂遷起居舍人
裴潾穆宗即位初自江陵縣令爲兵部員外郎潾前
爲起居舍人以柳泌事抗疏論陳忤旨出官至是酬

奬
高鉞爲中書舍人因諫敬宗以求理莫若躬親用示
憂勤之旨帝深納其言賜絲五十疋
劉栖楚爲左拾遺敬宗卽位初百寮入閤日絶高未
坐羣臣候立紫宸門外有不任其久欲頓踣者諫議
大夫李渤出次白宰相曰昨日已有疏論坐晚今日
又益晚今不能廻上意是渤之罪請出閤赴金吾仗
待罪有頃既坐百官班退栖楚獨留帝前而進諫曰
臣歷觀前王嗣位之初莫不躬勤庶政坐以待旦陛
下卽位已來放情嗜寢樂色忘憂安卧宮闈日晏方

起西宮寮邇未過山陵鼓吹之聲日喧於外伏以憲宗皇帝大行皇帝皆是長君恪勤庶政四方猶有叛亂陛下運當少主即位未幾惡德布聞臣恐福祚之不長也臣忝諫官致陛下有此請碎首以謝遂以額叩龍墀久之不已宰臣李逢吉出位宣曰劉栖楚休叩頭候進止栖楚捧首而起因更陳論檻額見血帝爲之動容以袖連揮令出栖楚又云不可臣奏臣即碎首而死中書侍郎牛僧孺復宣示栖楚曰所奏知門外待進止栖楚即拜舞而出待罪於金吾仗然後宰相臣贊其事於帝前命中人就仗宣諭并李渤並

令各且歸第後數日擢栖楚爲起居郎賜緋栖楚矯讓不拜以疾歸雒是歲淮南節度使王播以錢十萬貫遺恩倖求鹽鐵使諫議大夫獨孤朗張仲方起居郎孔敏行栁公權起居舍人宋申錫補闕韋仁實劉敦儒拾遺李景讓薛廷老十人前一日詣延英抗論其事帝問前時廷諍者得不在其中邪即日宣付宰臣令除栖楚爲諫議大夫

韋處厚爲翰林學士遷兵部侍郎於思政殿中謝恩諫畋遊及晏起曰臣有大罪願面首於陛下前帝曰何處厚對曰臣不以死諫先聖縱先聖好畋及色以致不壽合當誅戮然所不死諫者爲陛下春宮年巳十五今則陛下皇子始一歲矣臣安得更避死亡之誅帝深感其言賜錦綵一百疋銀器四事

崔郾爲給事中敬宗即位遷爲翰林侍讀學士轉中書舍人入思政殿謝恩郾奏曰陛下用臣爲侍講平歲有餘未嘗問臣經義今蒙轉改實慙尸素有愧厚恩帝曰俟朕機務稍閑即當請益高鉞曰陛下意雖樂善既未延接儒生天下之人寧知重道帝深引咎錫之錦綵

李渤爲諫議大夫時長慶寶曆政出多門事歸邪倖

渤居位章疏無虛日敬宗雖日事淫縱亦爲之感悟遷給事中謝日錫紫金魚袋

魏謩爲右拾遺時御史中丞李孝本以罪誅文宗取孝本女二人入宮謩上疏切諫帝立出之尋除右補闕文宗謂宰臣曰太宗皇帝得魏徵採拾闕失彌成政今我得魏謩於疑似之間必極忠諫雖不敢希及貞觀之政庶幾處無過之地今授謩右補闕委舍人善爲之辭未幾遷起居舍人兼弘文館直學士文宗謂曰卿從來論事無所顧望頗有文貞之風甚慰朕懷今故不徇月限擢卿此官因問曰卿家有何舊圖

書詔勑謩曰家書悉無唯有文貞公笏在文宗曰卿可進來鄭覃在側曰在人不在笏文宗曰卿渾未曉但甘棠之義非要笏耳覃大慙又謂謩曰自今有事即論謩曰頃爲諫官合盡規諷今爲起居職在記言伏望遣臣歸職文宗曰凡在兩省官即合論事不得固辭繇是起居舍人超拜諫議大夫其制畧曰朕以邦國之大機務之多惠有所未周化有所未洽不有忠讜之士左右規益逮暗無燭不其難歟今則高選正人俾居諫省朝政闕失期於必聞是用簡自帝心特申褒命所宜稱職豈限常資可諫議大夫仍兼起

居充職

王直方爲右補闕太和八年直方上疏曰臣伏見近歲已來災害不作兵革休息百穀豐稔四方寧泰者非他是陛下事異於前時中外之心有所驚惜比者雖有教方音樂陛下未嘗賞悅因有賜宴與人共之如此則雖有伶人不害於事陛下即位之始宣徽教坊悉令停減人數或聞近來稍不如此樂工弟子賜與至廣每有此事向外流傳傷陛下聖德豈容易也臣以爲鄭聲娛人新音動聽能使人情迷亂捨棄萬事而爲樂不足也臣伏以聖體未安加以聲色之翫使蠱聖躬得不憂乎上覽奏嘉歎賜帛百疋并以表示宰臣令宣付史館

殷侑爲刑部尚書開成元年賜侑黃金十斤命中人就第宣賜以奬直書

竇洵直爲右拾遺開成三年文宗以仙韶樂人尉遲璋爲王府率洵直紫宸廷諫以爲不可伏下後命中人齎絹一百疋賜之

宋祁爲右拾遺開成四年四月宰臣奏事罷退及半庭帝却召論曰昨論坊州事者爲誰楊嗣復曰宋祁帝曰宋祁論事至當殊可奬何時授官李珏曰去年

擢授嗣復曰諫官論事如當陛下記其姓名稍加優奬如不當亦須令知陳夷行曰論事是其本職若論一事即賞何繇得官爵以爲賞此不免有情帝曰情固不免理平之事亦不免夷行曰情若公言即不可翌日賜宋祁絹一百疋先是除郭薳爲坊州刺史祁上疏以薳不可蒞至任以贓罪聞故有是賜

後唐李詳任左補闕長興二年上疏直諫先是太原地震留守客奏人不之知無敢言者及詳奏聞帝甚嘉之賜詳五品章服

晉何澤仕後唐爲維陽令莊宗出獵屢踐民田澤屬

其從者伏於叢薄中截馬諫曰陛下急徵暴斂下不堪命今稼穡將登而縱騎耗暴如是使官吏何以求理集其征賦臣請賜死於此以悟陛下莊宗慰而遣之尋遷倉部郎中明宗天成三年駕在汴水欲幸鄴人情不願孰政近侍進言未從澤因伏門切諫竟罷其行明宗心賞之乃拜吏部侍郎

于鵬爲右拾遺天福二年鵬上章言事其一請頻御外殿採納忠言其二請添擇大臣十人每兵僉諾其三請罷修燒毁宮殿恐勞民力其四以太原傷殘所獨半稅未嘗爲當今請全放勑曰于鵬官居諫諍志

在輔弼所陳貢陳咸關政化備詳端盡良切歎嘉宜陟階資以申酬奬其于鵬加朝散大夫

冊府元龜

廵按福建監察御史臣李嗣京　訂正
新建縣舉人臣戴國士　參閱
知建陽縣事臣黃國琦　較釋

詞臣部

總序

夏商之前詞臣之制蓋未詳聞說命云其代予言則其事也周禮春官之屬大祝作六辭以通上下親疏遠近一曰辭二曰命三曰誥四曰會五曰禱六曰誄內史掌王八柄之法凡命諸侯及孤卿大夫則策命之策謂以簡策言王命王制祿則贊爲之以方出之贊爲之辭也以方出

之以方判書而出之也外史掌書外令王令下畿外若以書使於四方則書其令書王令以授使者御史掌贊書王有命以書致之則贊爲辭若今尚書作贊文皆司言之任也漢制帝之下書有四一曰策書二曰制書三曰詔書四曰誡勑策書者編簡也其制二尺短者半之篆書起年月稱皇帝以命諸侯王三公其罪免以賜策其異者隸書用尺一木兩行而已制書者帝者制度之命其文曰制詔三公皆璽封尚書令印重令仰重封露布州郡也詔書者告也其文曰告某官云如故事告誡勑者謂刺史太守其文曰有詔勑某官他類此又尚書主作文書草下筆爲詔策出言爲詔命後漢因之故尚書陳忠上疏云尚書爲王喉舌之官而諸郎多俗吏鮮有雅才每爲詔文轉詔求請也魏制中書監令並管機密掌贊詔命典作文書屬官通事郎掌草詔即漢尚書郎之任蜀初劉巴爲尚書令先主諸文誥策命皆其所作則尚書之職典詔命矣吳有中書令頗與魏同制而國初文誥之類皆出侍中胡綜則門下兼其事矣晉制以省郎一人管司詔命任在西省謂之西省郎宋齊因之梁世中書舍人用人殊重專掌詔誥故裴子野以

中書侍郎鴻臚卿嘗兼中書通事舍人別勑知詔誥後魏晉已降中書令侍郎即聯掌其事至是舍人始專之又梁集書省置散騎常侍而下事具臺省序爲諸優文策文平處諸文章詩頌後魏初多尊晉制中書令而下掌爲文詔北齊因之後周依周禮建六官太宗伯之屬有內刺外史典命蓋其職也隋有內史舍人專掌詔誥唐循梁陳故事初中書舍人專掌詔誥其以他官領者謂之知制誥凡詔旨制勑璽書册命皆按典故起草其禁有四一曰漏洩二曰稽緩三曰違失四曰妄誤有以他官特詔草制者然未有名號乾

封巳後始名北門學士自永淳巳來天下文章道盛中書舍人爲文事之極任朝廷之盛選中宗朝制詔多出宮中明皇始置麗正殿學士又改爲集仙集賢以典治書籍然亦別草詔書後置翰林待詔又改爲翰林供奉開元二十六年乃爲學士別建學士院於翰林院之南專掌內命然而學士班序未立廷見之際各趨本列暨正元二年九月始勑與諸司官知制誥同例學士無定員上至諸曹尚書下至較書郎皆爲之凡入翰林與諸曹絕迹不拘本司不繫當參初選者中書門下召令右銀臺門候旨其日入院試制

書批答共三道詩一首試畢封進可者翌日受宣後增試賦一首元和中又置承旨一員故事中書之職正言之制有七一日冊書立后建嫡封庶藩屏臨軒備禮則用之二日制書行大賞罰授大官爵釐革舊政赦有降慮則用之三日慰勞制書褒賛賢能勸勉勤勞則用之四日發旨勑書增減官員廢置州縣徵發兵馬除免官爵授六品以下官處流巳上罪則用之五日勑旨謂百司承旨而爲程式奏事施行者六日論事勑書慰諭公卿誡約臣下則用之七日勑條隨事承旨不易舊典則用之凡答疏於王公則用皇帝行寶勞來勳賢則用皇帝之寶徵召臣下則用皇帝信寶答四夷書則用天子行寶慰撫蠻夷則用天子之寶發蕃將兵則用天子信寶元和初學士院別置書詔印凡赦書德音立后建儲大誅討拜免三公將相日制百官班於宣政殿而聽之賜與徵召宣索處分之詔慰撫軍旅之書祠饗道釋之文陵寢薦獻之表答奏疏賜軍號皆學士院主之餘則中書舍人主之其翰林學士中書舍人分爲兩制各置六員梁因之後唐同光元年四月置蕃變制書學士尋能之晉天福五年廢翰林學士其職事並歸中書舍人開

運元年復置翰林學士三年又賜學士院書詔金印周初翰林學士常參官五日一起居顯德五年詔令逐日起居當直則赴晚朝夫代王言頒憲度或以襃功德或以出爵祿或以撫郡國或以制刑辟皆萬方之瞻仰百世之流布必在其言雅正其理流暢可以發揮於治體可以感動於人心與典誥而同風將流俗而殊貫然後謂之稱職協乎得人矣在於兩漢其人未顯獨相如視草而已其後魏有衛覬劉放晉有張華和嶠宋有傅亮南齊有丘靈鞠梁有朱异陳有姚察蔡立景北齊有祖珽魏收後周有李德林隋有

虞世基唐有李伯藥岑文本李嶠蘇頲之類皆其彰灼聞名於世者也復有不係職務近居侍從獨以文義受乎知獎因而受詔俾乎屬辭則有陸賈之書嚴助之賦枚皐之祝楊雄之贊王褒之序蘇綽之誥虞綽之銘其文也或以典雅或以溫麗或以敏速或以體要其人也或以忠讜或以鴻博或以時名或以舊德雖爲用不一而擅美攸同故有膺縟禮升柄臣者焉亦有才不踰衆德不自重雖膺一時之寵終貽多士之羞今竝次其事迹著於編簡凡詞臣部八門

選任　恩獎

選任

夫令出惟行孰可以弗慎官不必備唯在乎得人而況登赤墀之塗遊青瑣之闥居切問之地司誕告之言或申諭四方或傾爵庶尹或褒贊治行或發明憲章列辟是瞻生民爲則典茲任者不亦難哉繇漢而下曷嘗不慎重其選乃有馳辯博之譽韞清麗之才選衆而舉居職自稱若夫當世之主寤寐賢俊其或篤藝文之好特蒙延獎喜讜直之論首被推擇以至膺所知之論薦聳群居之望實寘於嚴署藹乎休問然後知密勿左右誠資乎君子之儒發揮命令必在乎文士之助者也

漢司馬相如字長卿武帝時爲郎帝方好藝文以淮南王安屬爲諸父（安於天子服屬爲從父叔父）辯博善爲文辭甚尊重每爲報書及賜（賜謂賜書也）嘗召相如視草迺遣（草謂文之藁草）

嚴助爲會稽太守上書願奉三年計最（舊法當使承奉歲計今助自欲入奉也最凡要也）詔許因留侍中有奇異輒使爲文（謂非嘗之文）及作賦頌數十篇

王褒蜀人宣帝時召高材劉向張子僑華龍柳褒等得詔金馬門褒與子僑等竝待詔數從褒等放獵（放士衆大獵也一日游放及田獵）所幸宮館輒爲歌頌

晉劉超字世瑜初爲元帝琅琊國記室遂從渡江轉安東府舍人專掌文檄相府建又爲舍人中興建爲中書舍人

孔衍字舒元初爲元帝安東參軍掌記室書文殷積而衍每以稱職見知中興初與庾亮俱補中書郎

徐邈字仙民東莞始幕人孝武帝始覽典籍招延儒學之士邈旣東州儒素太傅謝安舉以應選補中書舍人及爲散騎常侍猶處西省累遷中書侍郎專掌論詔改前衛率授太子經邈雖在東宮猶朝夕入見

參綜朝政修飭文詔
宋傅亮字季友晉義熙元年除員外散騎侍郎直西省典掌詔命轉領軍長史以中書郎滕演代之七年遷散騎侍郎復代演直西省仍轉中書黄門侍郎直西省如故永初元年以佐命功封建城縣公直中書省專典詔命高祖受命表策文誥皆亮之辭也
南齊謝朓字玄暉文章清麗初爲明帝驃騎記室掌霸府文筆又掌中書詔誥尋拜中書郎出爲宣城太守以選復爲中書郎
梁江淹字文通初爲南齊太祖驃騎參軍軍書表記

皆使淹具草相國建補記室參軍事建元初爲建安王記室帶東武令參掌詔冊言遷中書侍郎
任昉字彦昇初爲南齊太子步兵校尉管東宮書記雅善屬文尤長刀筆才思無窮遷中書侍郎高祖霸府初開以昉爲驃騎記室梁臺既建禪讓文誥多昉所具及踐祚拜黄門侍郎
裴子野爲員外郎普通中大舉北侵勑子野爲檄魏文又勑爲書喻魏相元乂武帝深嘉焉遷中書侍郎鴻臚卿仍兼中書通事舍人別勑知制誥
陳陸瓊以文學爲殿中郎武帝時討周迪陳寶應等都官符及諸大手筆並中勑付瓊累遷中書侍郎後主即位直中書省掌詔誥至德元年除度支尚書掌詔誥如故
毛喜初爲宣帝驃騎府中記室府朝文翰皆喜辭也及帝即位除給事黄門侍郎兼中書舍人典軍國機密
姚察遷戎昭將軍撰梁史後主纂集兼東宮通事舍人勑專知優冊謚議等文筆
後魏袁翻少以文學擅美孝明昌中爲中書令領給事黄門侍郎與徐紇俱在門下並掌文翰

溫子昇爲廣陽王深行臺郎中黄門侍郎徐紇受四方表啓答之敏速於深獨沉思曰後有溫郎中才藻可畏元顥入雒以子昇爲中書舍人莊帝還宫爲顥任使者多被廢黜而子昇復爲舍人後除正員郎仍舍人永熈中爲侍讀亦兼舍人
北齊邢邵字子才後魏光祿卿虬之子文章典麗既贍且速莊帝永安初累遷中書侍郎所作詔文體甚嚴
魏收仕後魏爲主客郎中前廢帝立妙簡近侍詔收爲封禪書下筆便就不立草藁遷散騎侍郎仍兼中

書侍郎孝武初又詔收攝本職文誥塡積事咸稱旨
陳元康爲司徒高昻記室初司馬子如高季式與孫搴劇飲搴醉死神武命求好替子如舉魏收他日神武謂季式曰卿飲殺我孫主簿魏收作文書都是能夜闇不稱我意司徒嘗道一人謹密是誰季式以元康對曰是能夜闇書快吏也召之一見使授大丞相功曹內掌機密善陳事意不爲華藻遷大行臺都官郎封安平子
後周王褒初自梁國歸爲內史大中大夫高祖作象經令褒注之引據該洽甚見稱賞褒有器局雅識治

體旣累世在江東爲宰相高祖亦以此重之建德以後頗叅朝議凡大詔誥皆令褒具草東宮旣建授太子少保遷少司空乃掌綸誥乘輿行幸褒嘗從焉
隋李德林初仕北齊爲通直散騎常侍中書侍郎後周武帝平齊入鄴之日勑小司馬唐道和就宅宣慰及從駕還長安授內史上士自此以後詔誥格式及用山東人物一以委之
唐岑文本貞觀中爲中書舍人時中書侍郎顔師古以譴免職頊之溫彥博言於太宗曰師古諳練時事長於文誥時無逮者冀蒙復用帝曰我自舉一人公勿憂也於是以文本爲中書侍郎專典機密
郭正一爲中書舍人高宗永隆年簡較中書侍郎永淳中正除中書累年明習舊事兼有詞學制勑多出其手
元萬頃爲著作郎則天諷高宗廣召文詞之士入禁中述撰萬頃與左史范履氷苗神客右史周思茂胡楚賓咸預其選時人謂之北門學士萬頃屬文敏速則天臨朝遷鳳閣舍人無幾擢鳳閣侍郎
周思茂爲右史時與左史范履氷苗神客俱以文筆於禁中供奉二十餘年至於政事損益多預焉

崔融長安四年除司禮少卿知制誥融爲文典麗當時罕有其比朝廷所須雜出實須則天皇后哀冊文及諸大手筆並手勑付融撰之
賈曾爲玄宗太子舍人睿宗時授曾中書舍人曾以父名忠固辭乃拜諫議大夫知制誥與蘇晉皆以詞學見知
蘇頲爲工部侍郎玄宗謂宰臣曰有從工部侍郎中書侍郎否對曰任賢用能非臣等所及玄宗曰蘇頲可中書侍郎明日加知制誥時李文爲紫微侍郎與頲對掌文誥

張說爲鳳閣舍人歷黄門中書侍郎弘文館集賢院
學士掌文學之任凡三十年說子均垍俱能文說在中書均垍兄弟竝掌綸
翰之
任
張九齡爲司勳員外郎時中書令張說與九齡同姓
叙爲昭穆尤親重之甞謂人曰後來詞人稱首也俄
拜中書舍人九齡以詞學進又視草翰林甚承恩顧
韋陟爲吏部郎中時中書令張九齡一代詞宗引陟
爲中書舍人與孫逖梁涉對掌文誥時人以爲美談
賞衮爲起居郎代宗寶應二年選爲翰林學士考功
員外郎累遷中書舍人衮文章俊拔當時推重

吳通玄與兄通微俱慱學善屬文通玄德宗建中初
策賢良方正通微登文詞清麗等科貞元初竝爲翰
林學士時中書舍人李紓爲昭德王皇后謚冊文宰
相張延賞桺渾爲廟樂章及進皆不稱旨竝詔通玄
重撰
韓皐字仲文晋公滉之子貞元初爲考功員外郎丁
父艱德宗遣中人就第慰問仍宣令論譔滉之事業
皐號泣承命立成數千言帝嘉之及免喪執政者擬
考功郎中御筆加知制誥尋遷中書舍人
韋執誼貞元年應制策高等拜右拾遺召入翰林爲
學士
高叅貞元中爲中書舍人以病免雅庫部郎中張濛
獨知綸翰張延賞李泌累以才可者請皆不許濛又
以姊喪在假或須草制宰相命他官以爲之
楊於陵爲京兆尹出爲絳州刺史德宗雅聞其問望
發日面辭留拜中書舍人
李建嗜學力文舉進士選授秘書省較書郎德宗聞
其名擢充翰林學士
權德輿爲起居舍人歲中兼知制誥轉駕部員外司
勲郎中職如舊遷中書舍人是時德宗親覽庶政重

難除授凡命於朝多肯自御札始德輿知制誥給事
中有徐岱舍人有高郢居歲餘岱卒郢知禮部貢舉
獨德輿直禁垣數旬一歸家居西掖八年其間獨掌
者數歲
白居易憲宗元和初應才識兼茂明於體用科授盩
厔尉集賢較理文詞富豔尤精於詩筆自讐較至結
綬畿甸所著歌詩數十百篇皆意在諷賦箴時之病
補政之缺士君子多之往往流聞禁中憲宗納諫思
理渴聞讜言乃召入翰林爲學士
李德裕爲監察御史穆宗即位召入翰林學士帝在

東宮素聞其父吉甫之名既見德裕尤重之禁中書
詔大手筆多詔德裕草之
高鉞爲起居郎充史館修撰累陳時政得失長慶元
年穆宗憐之面賜緋於思政殿仍命以本官充翰林
學士
韋處厚爲翰林侍讀學士權知兵部侍郎兼史館修
撰敬宗初即位以侍讀及修撰書詔事繁不可兼他
職乃罷侍讀爲翰林學士
柳公權文宗時爲侍書學士太和九年九月癸丑幸
翰林院召學士陳夷行丁居晦及公權對因面授公

權知制誥充翰林學士
白敏中居易從父弟開成末爲戶部員外郎武宗素
聞居易之名及即位欲用之宰相李德裕言居易衰
病不能朝謁因言從弟敏中詞藝類居易即日命知
制誥召入翰林爲學士
梁趙光裔太祖始授禪自外制入爲翰林學士時詔
制叢委中命迅急光裔遣詞供職典而有體時所許
焉三年秋以兄光逢作相不樂在密勿之地堅辭得
請出拜太常少卿乾化二年復命爲中書舍人翰林
學士

後唐王仁裕初仕蜀爲中書舍人蜀亡爲汴州觀察
判官末帝淸泰中汴師范延光言其不可滯於賓佐
末帝亦知其有才乃召爲司封員外知制誥充翰林
學士
周魚崇諒漢隱帝乾祐三年自保義軍節度副使爲
中書舍人充翰林學士崇諒晉朝爲員外郎知制誥
契丹命爲學士漢高祖入汴復召爲學士以母老思
歸乞解職侍養漢高祖嘉之命爲本州副使請領郡
俸王師討三叛時節度使白文珂在軍前崇諒爲副
使知後事凡供軍儲備調發徵促尅期而辦延鎮供

億浮所賴焉會王仁裕請退禁庭選學士議者以爲
文字稱職無踰崇諒乃復徵之至太祖時崇諒母病
篤太祖許歸侍養廣順三年復徵之崇諒累表辭以
母病難於違養太祖賜詔曰卿向以母親高年久嬰
疾恙解職歸止徇意承顏始於疾辭今聞疾愈臻此
康寧之福繇其感應之誠苟徵命以循稽則才能而
虚滯復乃職位式佇論思載覽表章尚形眷戀諭以
前詔俾之侍行子道既以光揚君恩亦須承順速宜
祗赴無或再三崇諒認詔意不敢堅辭復表言比及
撰行節氣凝沍乞至春煖奉親歸朝許之仍詔本州

給行裝借馳馬送至京師授禮部侍郎知制誥充翰林學士

恩獎

古稱登高必賦可以爲大夫盖取其感物造端材智深美而能圖事者也厥後選任文學之士置之近密乃有潤色鴻業宣行大事陟降帝右居處禁中或受對從容或賞賜優洽激其清節褒以美詞使榮冠一時名垂千載儒者之遇於斯爲盛

漢王褒字子淵宣帝時與張子僑等竝待詔數從褒等放獵游放田獵也及所幸宮館輙爲歌頌第其高下以差

賜帛

魏邯鄲淳黃初爲博士給事中作投壺賦千餘言奏之文帝以爲工賜帛千疋

晉劉超字世瑜元帝時爲中書舍人職典文翰而處身清苦衣不重帛每帝所賜皆固辭曰凡陋小臣横竊賞錫無德而錄殃咎是懼帝嘉之不奪其志

南齊傳昭爲中書舍人時居此職者皆權傾天下昭獨廉靜無所干預器服率畧身安麤糲常插燭板床明帝聞之賜漆合燭盤勑曰卿有古人之風故賜卿古人之物

陳陸琰爲法曹外兵參軍直嘉德殿學士文帝聽覽餘暇頗留心史籍以琰博學善占誦引置左右嘗使製刀銘琰援筆即成無所點竄帝嗟賞久之賜衣一襲

後魏董紹爲中書舍人辯於對問爲宣武所賞孝明初紹上御天馬頌帝賞其辭賜帛八十疋

隋李德林初仕北齊爲中書舍人加通直散騎侍郎是時中書侍郎杜臺卿上世祖武成皇帝頌齊後主以爲未能盡善令和云開以頌示德林宣旨云臺卿此文未審朕意卿有大才須叙盛德即宜速作急進

本也德林乃上頌十六章并序後主覽頌善之賜名馬一匹

薛道衡開皇中爲內史侍郎高祖每日薛道衡作文書甚稱我意然誡之以迂誕後高祖善其稱職謂楊素牛弘曰道衡老矣驅使勤勞宜使其朱門陳戟於是進位上開府賜物百段道衡辭以無功高祖曰爾久勞階陛國家大事皆爾宜行豈非功也

虞綽煬帝大業中爲著作佐郎與虞世南庾自直蔡元系等四人常居禁中以文翰待詔恩盼隆洽

唐徐齊聃咸亨中爲西臺舍人善於文誥甚爲當時

所稱高宗愛其文令侍周王等屬文以職在樞劇仍敕間來往焉

蘇頲開元初爲中書侍郎時李乂爲紫微侍郎與頲對掌文誥他日玄宗謂頲曰前朝有李嶠蘇味道謂之蘇李今有卿及李乂亦不謝之卿所製文誥可錄一本對進題云臣頲撰朕要留中披覽其禮遇如此

徐浩大寶末爲中書舍人玄宗傳位誥冊皆浩爲之參兩宫文翰寵遇罕比

于卲德宗建中初爲中書舍人尋兼禮部侍郎加史館修撰爲三司使嘗撰上尊號冊文賜階銀青嘗是

時朝廷有大詔令皆出於卲

姜公輔建中初爲左拾遺召入翰林爲學士歲滿當改官公輔上書自陳以母老家貧以府掾俸給稍優乃求兼京兆府戶曹參軍特承恩顧才高有器識每對見言事德宗多從之

吳通玄建中初爲諫議大夫知制誥詞藻婉麗德宗尤憐之時有詔李紓爲昭德王皇后謚冊文宰相張延賞柳渾爲廟樂章及進皆不稱旨並詔通玄重撰凡中旨撰述非通玄之筆不慊然重之如此

陸贄建中貞元中爲翰林學士艱難中爲內職行止輒隨從精潔小心未嘗有過誤德宗特所親信待之不以嚴特見從容言笑之際或脫玉衣以衣之或以姓第呼爲陸兄同職莫敢望之初德宗自奉天適梁州山路危險往往與從官相失夜至驛求贄不得驚悲涕泣募於衆曰有能得贄者吾與千金久之贄乃至皇太子已下皆賀贄母韋氏在江東時詔中使迎至京師道路以驛搢紳以爲榮及毋卒將合葬於河南復詔中使往護其父柩至河南葬焉免喪權知兵部侍郎復入翰林入見之日德宗爲之改容致詞以弔之

權德輿貞元末爲中書舍人獨直禁垣數旬始歸嘗上疏請除兩省官德宗曰非不知卿之勞苦禁掖清切須得如卿者所以久難其人

張仲素爲翰林學士元和十三年淮西平憲宗御麟德殿對仲素及段文昌沈傳師杜元穎以仲素等自討叛奉書詔之勤賜仲素紫賜文昌等以緋

令狐楚爲職方員外郎知制誥撰元和辯謗畧書成帝嘉其該博轉職方郎中知制誥充翰林學士

崔郾爲翰林侍讀學士轉中書舍人入思政殿謝恩郾奏曰陛下用臣爲侍讀半歲有餘未嘗聞臣經義

今蒙轉改實慙尸素有媿厚恩穆宗曰俟朕機務稍閒卽當請益學士高鉞曰陛下意雖樂善旣未延接儒生天下之人寧知重道帝深引咎錫之以錦綵焉

高鉞爲兵部員外郎翰林學士長慶四年四月禁中有張韶之變敬宗幸左軍是夜鉞從帝宿於左軍翌日賊平賞從臣賜鉞錦綵七十疋轉戶部郎中知制誥

路隨爲翰林學士承旨文宗太和元年四月晡後召隨已下對於大液殿各賜錦綵銀器

鄭覃爲翰林學士太和四年七月文宗於大液亭召

覃已下對賜之錦綵

封敖爲翰林學士武帝深重之嘗草賜陣傷邊將詔警句曰傷君爾體痛在朕躬帝覽而善之賜宮錦

杜讓能中和中爲翰林學士時僖宗幸蜀關中用兵書詔重委讓能草辭敏速筆無點竄動中事機帝嘉之遷戶部侍郎承旨

後唐李琪初仕梁爲翰林學士承旨專掌文翰下筆稱旨寵遇踰倫

盧質爲兵部尚書翰林學士承旨明宗長興初賜號論思輔佐功臣非常例也

李懌爲翰林學士末帝一日御廣壽殿召懌及程遜崔棁和凝李崧舍人王延張昭遠李詳呂琦等賜食帝曰俱掌王言何以分別內外李懌對曰王言本舍人所掌祗自肅宗舉兵靈武後軍中逐急時令學士草詞自後乃分職命將相緜內群臣緜外其實一也食畢人賜馬一匹衣一襲

周扈載爲水部員外郎知制誥從駕南征廻召爲翰林學士賜緋時載臥病不能朝謝者數月一日乃力疾就直帝軫其羸瘠賜告歸第仍降太醫視疾其寵遇也如此

冊府元龜

巡按福建監察御史臣李嗣京　訂正
分守建南道左布政使臣胡維霖　叅閱
知建陽縣事臣黃國琦較釋

詞臣部二

詞學　才敏　器識

詞學

自漢氏之後代言潤色之任歸於省闥非夫學窮物表識通治體藻翰英發可以丹青帝載文辭雅與可以揚導天律亦何能憲章古昔發揮號令使温純郁

穆有上世之風烈哉乃有練識舊典博通經術鋒氣宏拔章彩彬蔚典暢情理率循軌度祖述前訓綽有遺姸約束機務洞臻體要以至藹稱職之譽増時乂之美或屢蒙嘉奬或專以委任布於佳話良以遲歟

魏劉放初爲太祖記室文帝明帝時爲中書令善爲書檄三祖詔命有所招諭多放所爲

吳胡綜爲大帝書部與是儀徐詳俱典軍國密事凡自文帝統事諸文誥策命鄰國書符畧皆綜之所造也

晉孔演爲中書侍郎于時中興肇建庶事草創演經學博通又練識舊典朝儀軌制多取正焉繇是元明二帝竝親愛之

范甯爲中書侍郎專掌西省康帝雅好文學而甯明習五經甚見親愛朝廷疑議輒諮訪之

南齊丘靈鞠宋末爲正員外郎兼中書郎時方禪讓高帝使靈鞠叅掌詔策建元元年轉中書郎勑知東宮手筆靈鞠宋時文名甚盛

王融爲中書郎世祖永明九年幸芳林園禊宴朝臣詔融爲曲水詩序文藻富麗當世稱之

梁任孝恭爲中書通事舍人勑遣製建陵寺刹下銘

又啓撰高祖集序文竝富麗自是專公家筆翰

朱异爲尚書儀曹郎兼中書通事舍人自周捨卒後异代掌機謨方鎮改換朝儀國典詔誥勑書竝兼掌之

丘遲爲中書郎待詔文德殿武帝著連珠詔群臣繼作者數十人遲文最美

陳徐陵初仕梁爲吏部郎掌詔誥有陳創業文檄軍書及禪授詔策皆陵所製而九錫尤美爲一代文宗亦不以此矜物未嘗詆訶作者其於後進文徒接引無倦世祖高宗之世國家大手筆皆陵草之

姚察爲中書侍郎歷嘉德宣明二殿及東宮三學士每有制述多用新奇專志著書白首不倦徐陵名高一代每見察述作尤所推重嘗謂子儉曰姚學士德學無前汝可師之也

後魏趙逸爲中書侍郎太武神䴥三年三月上巳帝幸白虎殿命百僚賦詩逸製詩序時稱爲善

崔光本名孝伯歷中書侍郎給事黃門侍郎甚爲孝文所知待嘗曰孝伯之才浩浩如黃河東注固今日之文宗也

高閭爲中書侍郎軍國書檄詔令碑頌銘贊百有餘

篇其文亦高允之流世稱二高

北齊魏收初仕後魏爲中書舍人與濟陰溫子昇河間邢子才齊譽世號三才收後爲散騎常侍兼中書侍郎神武入朝靜帝授以相國固令收爲啓啓成上王文襄時侍側神武指收曰此人當復爲崔光又季秋大射普令賦詩收詩末云尺書徵建新折簡召長安文襄壯之顧諸人曰在朝今有魏收便是國之光彩雅俗文墨通達縱橫我亦使子才子昇時有所短至於詞氣並不及之吾有志而不語語而不盡意有未及收呈草皆已周悉此亦難有又侯景既陷梁土鄱陽王範時爲合州刺史文襄勑收以書諭之範得書仍率部伍西上刺史崔聖念入據其城文襄謂收曰今定一州卿有其力猶恨尺書徵建鄴未效耳廢帝即位於晉陽驛召收及中山太守楊休之參政議吉凶之禮并掌詔誥文宣謚及廟號陵名皆收議也及孝昭居冢宰事命收禁中爲諸詔文積日不出轉中書監

邢劭字子才爲中書侍郎所作詔文體容麗累遷中書監文宣幸晉陽路中頻有甘露之瑞朝臣皆作甘露頌尚書附令劭爲之序

崔陵爲侍中歷覽羣書兼有詞藻自中興之後迄於武帝詔誥表檄多陵所爲

荀士遜爲中書舍人以文辭見重累遷中書侍郎號爲稱職

顏之推爲中書舍人帝有取索嘗令中使傳旨之推稟承宣誥館中皆受進止所進文章皆是其封署於進賢門奏之待報方出兼善於文字監技繕寫處事勤敏號爲稱職

後周劉祥字休徵爲內史上士高祖北征休徵陪侍帷幄平齊露布即休徵之文也

隋薛道衡為內史侍郎上儀同三司久當樞要才名益顯太子諸王爭相與交高熲楊素雅相推重聲名籍甚無競一時

牛弘為納言上士伐專掌文翰甚有美稱

唐徐齊聃高宗時為西臺舍人齊聃善於文詞甚為當時所稱高宗愛其文令侍周王等屬文以職在樞極仍勑間日往來

郭正一為中書舍人後為中書侍郎在中書累年明習舊事兼有詞學制勑多其手出當時號為稱職

劉憲字玄度則天時為鳳閣舍人文詞為世所稱

李嶠為鳳閣舍人則天深加禮待朝廷每有大文詞令嶠為之

崔融為司理少卿知制誥時張易之兄弟頗招集文學之士融與納言李嶠鳳閣侍郎蘇味道麟臺少監王紹宗等俱以文才降節事之

賈曾開元初為中書舍人與蘇晉同掌制誥皆以詞學見知時人稱為蘇賈

許景先開元中為中書舍人與齊澣王丘韓休張九齡掌知制誥以文翰見稱中書令張說常稱曰許舍人之文雖無峻峯激流斬絕之勢然屬辭豐美得中和之氣亦一時之秀也

席豫為中書舍人與韓休許景先徐安貞孫逖相次掌制誥皆有能名

齊澣為中書舍人潤色王言皆以古義謨誥為準的侍中宋璟中書侍郎蘇頲並重之

孫逖為中書舍人逖掌誥八年制勑所出為時流歎服議者以為自開元以來蘇頲齊澣蘇晉賈曾韓休許景先及逖為王言之最逖尤苦思文理精練加之謙退不伐人多稱之

韋陟為吏部郎中張九齡一代詞宗為中書令引陟

為中書舍人與梁逖對掌綸誥時人以為美談

常袞代宗永泰中為中書舍人袞文章俊拔當時推重與楊炎同掌制誥時稱為常楊

崔元翰德宗時為禮部員外郎竇參為相舉知制誥詔令溫雅合於典訓

令狐楚為職方員外知制誥善於牋表制誥每為一詞纔成衆立傳寫憲宗聞其名召見擢為翰林學士

王仲舒元和中為職方郎中知制誥文思溫雅制誥即出人皆傳寫

元稹穆宗長慶初為禮部郎中知制誥詞誥所出敻

然與古爲侔遂盛傳於代蘇是極承恩顧積嘗爲長慶宮詞數十篇京師競相傳唱

柳公權爲翰林學士文宗嘗因夏日與學士聯句帝曰人皆苦炎熱我愛夏日長公權續曰薰風從南來殿閣生微凉時丁袁五學士皆屬繼臣欽若等曰時丁居晦袁郁竝爲學士帝獨諷公權兩句曰辭淸不可多得乃令公權題於殿壁

梁杜曉開平初爲中書舍人翰林學士居兩制之重祖述前載甚得王言之體

後唐李琪初仕梁專掌文翰下必稱旨寵遇踰倫是

冊府元龜　詞臣部　詞學　卷之五百五十一　七

時琪之名播於海內

趙光逢爲禮部郎中歷內外兩制俱有能名轉尚書左丞翰林承旨

周申文炳太祖廣順初爲中書舍人翰林學士爲文典雅有訓誥之風

才敏

仲尼曰我好古敏以求之者也傳曰敏則有功又曰敏於事蓋敏之時義遠矣哉若乃祗率官次躬膺明詔國典有稽緩之禁公家有疊委之命至於奉間宴陪豫游授簡爲文無容宿構於坐立奏煥然成章非英氣積中天機俊發又安能翰動若飛筆不停綴措辭令於俄頃獻嘉頌於行在夫如是則持橐簪筆端神束帶竝集龍鳳之署待詔承明之廷斯謂無曠其職者也若乃不野不史有德有言然後親日月之光潤金玉之度始可以無媿矣

漢枚皋武帝時爲郎武帝春秋二十九廼得皇子羣臣喜枚皋與東方朔作皇太子生賦及立皇子禖祝禖月令祀於高禖高禖求子之神也武帝晚得太子喜而立此禖祠而令皋作祭祀之文也文詔所爲皆不從故事重皇子也初衞皇后立皋奏賦以戒終令慎終如始也皋爲賦善於朔也從行至甘泉雍河東

冊府元龜　詞臣部　才敏　卷之五百五十一　八

巡狩封泰山塞決河宣房游觀三輔離宮館臨山澤弋獵射馭狗馬蹵鞠刻鏤蹵足蹵之也鞠以韋爲之中實以物蹵蹋爲戲樂也帝有所感輒使賦之爲文疾受詔輒成故所賦者多

吳薛綜爲尚書僕射大帝勑綜祝祖不得用常文綜承詔卒造文義信辭粲爛大帝曰復爲兩頭謂更添一頭更祝之語使滿三也綜復再祝辭令皆新衆咸善

晉鍾會爲中書侍郎時司馬景王命中書令虞松作表再呈輒不可意命松更定以經時松思竭不能改心存之形於顏色會察其有憂問松松以實答會取視爲定五字松悅服以呈景下王曰不當爾邪誰所

定也松曰鍾會向亦欲啓之會公見問不敢襲其能王曰如此可大用可令來會問松王所能松曰博學明識無所不貫會乃絶賓客精思十日平旦入見至二鼓乃出後王獨拊手歎息曰此真王佐林也
南齊劉係宗爲中書通事舍人太祖廢蒼梧明日呼正直舍人虞整醉不能起係宗歡喜奉命太祖曰今天地重開是卿盡力之日使寫諸處分勑令及四方書疏使主書七人書吏二十人配之事皆稱旨
梁裴子野掌中書詔誥高祖普通七年王師北伐勑子野爲諭魏文受詔立成高祖以其事體大召尚書

僕射徐勉太子詹事周捨鴻臚卿劉之遴中書侍郎朱异集壽光殿以觀之時並歎服高祖目子野而言曰其文甚壯俄又勑爲書諭魏相元乂其夜受旨子野謂可待旦方奏未之爲也及五鼓勑催令開齋速上子野徐起操筆昧爽便就奏之高祖深嘉焉自是凡諸符檄皆令草創子野爲文典而速不尚華靡之詞其制作多法古與今文體異時或有詆訶者及末皆翕然重之或問有爲文速者子野答云人皆成於手我獨成於心雖有見否之異其於刊改一也俄遷中書侍郎

朱异普通中爲散騎常侍异容貌魁梧能舉正雖出自諸生甚閑軍國故實自周捨卒後异代掌機密其軍旅謀謨方鎮改換朝儀國典詔誥勑書並掌典之每四方表疏當局簿領諸議詳斷塡委於前屬辭落紙覽事下議縱橫敏贍不暫停筆頃刻之間諸事便了
任孝恭爲中書通事舍人爲文敏速受詔立成若下留思每奏高祖輒稱善累賜金帛
蕭介博涉經史善屬文初高祖招延後進二十餘人置酒賦詩臧盾以詩不成罰酒一斗盾飲盡顏色不

變目若介染翰便成文不加點高祖兩美之曰臧盾之飲蕭介之文即席之美也
劉孺爲太子中書舍人孺少好文章性敏速嘗於御坐爲李賦受詔便成文不加點高祖甚稱賞之
到沆爲太子洗馬通籍文德殿學士省時高祖讌華光殿命羣臣賦詩獨詔沆爲二百字三刻便成沆於坐立奏其文甚美
謝徵爲鴻臚卿時後魏中山王元畧還北高祖餞於武德殿賦詩三十韻限三刻成徵二刻便就其辭甚美高祖稱監焉

謝監爲吏部郎嘗侍高祖坐勑與侍中王暕爲詩答
贈其文甚工高祖善之仍使重作復合旨
王規爲黃門侍郎高祖於文德殿餞廣州刺史元景
隆詔羣臣賦詩同用五十韻規援筆立奏其文又美
高祖嘉焉即日詔爲侍中
褚翔爲太子舍人宣城王主簿高祖宴羣臣樂遊苑
別詔翔與王訓爲五十韻詩限三刻成翔於坐立奏
高祖異焉即日轉宣城王文學
陳蔡景歷高祖初爲中書通使舍人掌詔誥景歷屬
文不尚雕靡而長於叙事應機敏速爲當世所稱

顔晃文帝天嘉初爲中書舍人掌制誥其表奏詔書
下筆立成便得事理而雅有氣質
陰鏗幼聰慧天嘉中爲始興王府中錄事叅軍世祖
嘗讌羣臣賦詩徐陵言之於世祖即日召鏗預讌使
賦新成安樂宮鏗援筆便就世祖甚歎賞之
傅縡爲中書通事舍人掌詔誥縡爲文典麗性又敏
速雖軍國大事下筆輒成未嘗起草沉思者亦無以
加焉甚爲後王所重
後魏徐紇字武伯少好學有明理頗以文詞見稱靈
太后臨朝紇爲中書舍人摠攝中書門下之事軍國

詔命莫不隷之時有急速令數吏執筆或行或臥人
別占之造次俱成不失事理雖無雅裁亦不通傳時
黃門侍郎太原王遵業瑯邪王誦竝稱文學亦不免
爲紇秉筆永其指授文筆駁論數十卷多有遺落時
或有存於世
高恭之字道穆爲中書舍人元顥逼虎牢道穆勸莊
帝北渡循河東下徵大將軍元天穆於滎陽別徵爾
朱王赴河內以犄角之臣竊謂萬全之計不過於此
帝曰高舍人語是其夜到河內郡北未有城守可依
帝命道穆秉燭作詔書數十紙布告遠近於是四方

知乘與所在
北齊魏收初仕後魏爲主客郎中節閔帝立妙簡近
侍詔試收爲封禪書收下筆便就不立藳草文將千
言所改無幾時黃門郎賈思同侍立深奇之帝曰雖
七步之才無以過此時年二十六孝武初又詔收攝
大職文誥塡積事咸稱旨侯景叛入寇梁南境文襄
時在晉陽令收爲檄五十餘紙不日而就又檄梁朝
令送侯景初夜執筆三更便成文過七紙文襄善之
帝曾遊東山勑收作詔宣揚威德譬諭關西俄頃而
花同理宏壯帝對百寮大嗟賞之收自東魏孝靜武

定二年巳後國家大事詔命軍國文詞皆汝所作每有警急受詔立成或時中使催促妝下筆有同宿構敏速之工邢溫所不逮也其參議典禮與邢相將

杜弼爲大行臺郎中從武帝破西魏於邙山命爲露布弼手即書絹曾不起草

盧詢祖有學術文章華靡爲後生之俊舉秀才入京李祖勳嘗宴文士文宣使小黃門勑祖勳母曰茹茹既破何故無賀表使者佇立待之諸賓皆爲表詢祖俄頃便成後朝廷大遷除同日催拜詢祖立於東上車門外爲二十餘人作表文不加點辭理可觀

後周呂思禮沙苑之捷命爲露布食頃便成太祖歎其工而且速

隋楊素初仕周爲車騎大將軍武帝命素爲詔書下筆立成詞義兼美帝嘉之顧謂素曰善自勉之勿憂不富貴素應聲答曰臣但恐富貴來逼臣臣無心圖富貴

唐顏師古武德初爲中書舍人專掌機密于時軍國多務奏請塡委師古性既明敏達於從政凡有詔誥皆成其手

岑文本爲中書舍人武德中詔誥及軍國大文皆出於顏師古至是文本所草詔誥或衆務繁湊即命書僮六七人隨口便寫須臾悉成亦殆盡其妙

張昌齡弱冠以文詞知名舉進士及第翠微宮成詣闕獻頌太宗召見試作息兵詔俄頃而就帝甚悅

楊師道爲侍中時太宗好五言詩見師道所製咸稱善嘗宴近臣謂師道曰卿善篇什工毫翰如聞酬賞之際援筆直疏有如宿構今可試爲之師道拜伏奉詔造次便成畧無點竄仍令再三吟諷舉坐莫不嗟賞

許敬宗爲太子左庶子兼修國史貞觀十九年從太

宗征遼敬宗與高士廉等共知機要及岑文本卒于行所驛召敬宗令草駐蹕山破賊詔書敬宗立於馬前俄頃而就詞甚典麗深見嗟賞自是專知制誥

韋承慶爲鳳閣舍人屬文敏捷雖軍國大事下筆輒成未嘗起草後爲鳳閣侍郎同平章事中宗神龍初坐附推張易之弟昌宗失實配流時易之等伏誅承慶去巾解帶而待罪欲草赦書衆議以爲無如承慶者乃詔承慶爲之承慶神色不擾援筆而成詞甚典美當時咸歎服之

劉禕之字希美則天臨朝拜中書侍郎同中書門下

三品時軍國多事所有詔勑獨出禕之搆思敏速皆
可立待
王勮長壽中爲太子典膳兼知鳳閣舍人事時壽春
王成器衡陽王成義等五王初出閤同日受册有司
撰儀注不載册文及百寮在列方知闕禮宰臣相顧
失色勮乃召小吏五人各執筆口授分寫一時俱畢
詞理典贍時人歎服之
劉幽求爲朝邑尉夜從玄宗平韋庶人是夜所下詔
勑百餘道皆出於幽求
蘇頲爲中書舍人景龍四年玄宗初定内難屬機事

塡委文誥萬計頲在太極殿後手操口對無毫釐差
誤主書韓禮談子陽傳書草詔屢謂頲曰乞明公稍
遲禮等書不及恐手腕將廢中書令李嶠歎曰舍人
思如涌泉嶠所不及也
李白天寶初待詔翰林白與飲徒醉於酒肆玄宗度
曲欲造樂府新詞亟召白白已臥於肆矣召入以水
洒面卽令秉筆頃之成十餘章帝頗嘉之
徐浩肅宗初爲中書舍人時天下事殷詔令多出於
浩浩屬詞贍給又工楷隸肅宗悅其能加兼尚書右
丞

韓皐字仲文父滉檢校左僕射平章事皐爲考工員
外郎丁父艱德宗遣中人就第慰問仍宣令譔滉之
事業皐號泣承命立草數千言德宗嘉之
陸贄爲翰林學士建中四年朱泚謀逆從駕幸奉天
時天下叛亂機務塡委徵發指縱千端萬緒一日之
内詔書數百贄揮翰起草思如泉注初若不經思慮
旣成之後莫不曲盡事情中於機會日吏應答不暇
同舍皆服其能其於議論應對明練理體敷陳剖判
下筆如神當時名流無不推挹
韋處厚穆宗時爲中書舍人侍講學士敬宗嗣位詔

以本官充翰林承旨學士每草詔立就愜會帝旨
柳公權文宗時爲翰林學士中書舍人從幸未央宮
苑中駐輦謂公權曰我有一喜事邊上衣物久不及
時今年二月給春衣訖公權輦前奉賀上曰單賀未
了卿可賀我以詩宮人迫其口進公權應聲曰去歲
雖無戰今春未得歸皇恩何以報春月得春衣上悅
激賞久之
封敖爲翰林學士中書舍人搆思敏速語近而理勝
不務奇澁武宗深重之
陸扆昭宗時爲中書舍人文思敏速初無思慮揮翰

如飛文理俱愜同舍服其能天子顧待特異

後唐劉岳昭宗末爲殿中侍御史召入翰林爲學士岳爲文敏速好詼諧秉筆無滯

李琪初仕梁爲翰林學士累遷户部侍郎翰林承旨梁祖西抗邠岐北攻潞出師燕趙經畧四方暫無寧歲而琪以學士居帳中專掌文翰下筆稱旨寵遇踰倫是時琪之名播於海内

器識

夫天地絣和之氣賢者稟之而生故藴而爲器識發而爲事業乃有踐禁掖之地居文翰之職沉默以遠

勢謙讓以鎮俗敷陳嘉誥聿沮於羣議謦竭明誠克清於大憝或見事於未兆或形言於必中或應機立斷或守正不回斯皆國家之光生民之秀咸用論次垂諸不朽者也

齊傅昭明帝時爲中書舍人時居此職者皆權傾天下昭獨廉靜無干預

唐楊綰爲起居舍人知制誥歷司勳員外郎職方郎中掌誥如故遷中書舍人兼修國史故事舍人年深者謂之閣老公廨雜料歸閣老者五之四綰以爲品秩同列給受宜均悉平分之甚爲時論歸美

崔祐甫爲中書舍人大曆十三年六月隴州汧源縣河西軍都虞候趙貴非營田有猫鼠同乳不爲害隴右節度使朱泚籠而獻之代宗遣內常侍吴承倩出示百寮宰臣常衮等及文武百寮蹈舞稱賀祐甫獨不賀曰猫者猛獸之類本合食鼠猫鼠不相傷是反天性違物理也不宜稱瑞對百寮白于衮衮愕眙久之謂曰國家祥瑞舍人獨執異見聽舍人自奏祐甫將附中使口奏承倩不受乃抗疏曰今日中使吴承倩宣進止以籠盛猫鼠示百寮者臣知天生萬物剛柔有性聖人因之垂訓作則禮記郊特牲篇曰迎猫

爲其食田鼠也然則猫之食鼠載在祀典以其除害利人雖微必錄今此猫鼠不食仁則仁矣無乃失其性乎鼠之爲物晝伏夜動詩人賦之曰相鼠有體人而無禮又曰石鼠石鼠無食我黍其序曰貪而畏人若大鼠也臣旋觀之雖云動物異於麋鹿麏兎彼皆以時殺獲爲國家用此之有害亦何愛而曲全之猫受人養棄職不修亦何異於法吏不勤觸邪驅吏不勤扞敵又按部式具列三瑞無猫不食鼠之文以兹稱賀臣所未詳伏以國家化洽理平天符済至紛綸雜沓史不絶書若以劉向五行論此恐須申命憲司

察視貪吏誡諸邊候無失徼巡則猶能致功鼠不爲害輒塵扆旒伏勝戰越宰臣常衮以爲和同之象上表陳賀及祐甫疏入帝甚嘉之不復省常衮之表

陸贄德宗時爲翰林學士贄性忠藎既居近密感人王重知思有効報故政或有缺巨細必陳繇是顧待益厚建中四年朱泚謀逆從駕幸奉天贄嘗啓帝曰今盜遍天下輿駕播遷陛下宜痛自引咎以感動人心昔湯武以罪己勃興楚昭以善言復國陛下誠能不悋改過以言謝天下使書詔無所忌臣雖愚陋可以仰副聖情庶令反側之徒革心向化帝然之故奉

天所下書詔雖武夫悍卒無不揮涕感激多贄所爲也

姜公輔爲翰林學士建中四年十月涇師犯闕德宗蒼黃自苑北便門出幸公輔馬前諫曰朱泚嘗爲涇原帥得士心昨以朱滔叛坐奪兵權泚嘗憂憤不得志不如使人捕之使陪鑾駕忽羣兇立之必貽國患臣頃曾奏陛下若不能坦懷待之則必殺之養獸自貽其患悔無所及帝曰已無及矣

李紓初自尚書郎出爲蘇州刺史朞月以中書舍人召還不拜謂宰輔曰省郎拜舍人以知制誥爲次序便繇刺史玷綸闈非敢聞命乃以兵部郎中知制誥翌歲拜舍人受之

崔羣爲翰林學士元和七年惠昭太子薨穆宗時爲遂王憲宗以澧王居長又多內助將建儲貳命羣與澧王作讓表羣上言大凡已合當之而不爲則有陳讓之儀理不合當因何遽有讓表今遂王嫡長所宜正位青宮竟從其奏

韋處厚爲翰林學士敬宗寶歷二年十二月中官劉克明作難是時變起宮闈事生倉卒處厚博通古今雅有體識其夕制置皆處厚詳定既行無不得禮爲

時所伏時詔命將降未有所定處厚聞難奔赴昌言曰春秋之法大義滅親內惡必書以明逆順正名討罪於義何嫌安可依違更事恥諱遂奉藩教行焉

後唐盧導明宗長興末爲中書舍人權知貢舉明年春潞王自鳳翔擁大軍赴闕閔帝奔于衞州宰相馮道李愚集百官于天宮寺將出迎潞王時軍衆離潰人情奔駭百官移時未有至者導與舍人張昭先至馮道請導草勸進牋導曰潞王入朝郊迎可也若勸進之事安可造次且潞王與主上皆太后之子或廢或立當從教令安得不稟母后率爾而行馮道曰事

要務實勸進其可已乎導曰今主上蒙塵在外遽以大位勸人若潞王守道修睦以忠義見責未審何辭以對不如率羣臣詣宮門取太后進止即去就善矣道未及對會京地巡撿安從進報曰潞王至矣安得百寮無班即紛然而去是日潞王未至馮道等止于上陽門外又令導草勸進牋導執之如初李愚曰舍人之言是也吾輩信罪人矣導之守正也如是

晉李懌初仕後唐天成初爲中書舍人充翰林學士在職轉戶部侍郎右丞充承旨時常侍張文寶知貢舉中書奏落進士數人仍請詔翰林學士作一詩一

賦下貢部爲舉人格樣學士竇夢徵張礪輩撰格詩格賦各一送中書宰相未以爲允夢徵等請懌爲之懌笑而答曰李懌識字有數頃歲因人偶得及第敢與後生髦俊爲標格假令今却棄進士就春官求試落第必矣格詩不敢應詔君子多其識大體

冊府元龜

巡按福建監察御史臣李嗣京 訂正
知長樂縣事臣夏允彝 叅閱
知建陽縣事臣黄國琦 較釋

詞臣部 三

獻替第一

夫獻可替否彌逢箴闕竭慮以盡規犯顏而無隱者眞邇臣之任也若乃典司命令發揮帝載列位扃闥備問清宴而能蘊直方之節勵忠藎之誠罄其智慮思有云補或剳牘爲奏極於敷陳或乘間以言冀其

感悟嘉話溢於前籍英風聳乎來裔自非秉彝有守特正無撓以謇諤爲已任靡徇嘿而取容不苟貪於寵靈期有利於社稷者又孰能批逆鱗之威進苦口之説哉

唐裴漼爲中書舍人睿宗太極初炎旱寺觀興役漼上疏曰臣謹按禮經春令曰無聚大衆無起大役不可以興土工恐妨農事若號令乖度役使不時則人加疾疫之危國有水旱之變此五行之應也今自春將夏時雨愆期下人憂心莫知所出陛下雖降哀矜之旨兩都仍有寺觀之作時旱之應實此之繇近日已來雨雖不多僅得下種若不勸以農桑恐棄本者多故書云雖有鎡基不如逢時言在乎時不可失也今春告期東作方始正是丁壯就工之日而土木方興臣恐所妨尤多所益尤少耕夫桑妾飢寒之源故春秋莊公三十一年冬不雨五行傳以爲是歲三築臺僖公二十一年夏大旱五行傳以爲不時作南門勞人興役陛下毎以萬方爲念睿旨殷勤安國濟人防深慮遠伏願下明制發德音順天時副人望兩京公私營造及諸處和市木等並請且停則蒼生幸甚若農桑失時戸口流散縱寺觀營搆豈假黎元飢寒之弊哉帝覽而善之

蘇源明爲考功郎中知制誥時肅宗乾元二年十月詔以十七日幸東京又以殿中監李輔國爲行營兵馬使以御史大夫賀蘭進明爲中京留守時公卿皆獻書進帝以制命已行不納源明及給舍等上言諫曰臣等今月四日及七日上言車駕幸東京不便籲天而訴稽首而祈竭誠不精留中不下臣等自咎自毒若惛若狂以爲雨淫孟冬霖積季秋道路且泥甚不可一也從春大旱方始秋苗田農之間十巳秏半方且斂穫猶未收入先之以清道之役申之以祗頓

之苦水欲澄而撓之人欲靜而勞之甚不可二也臣等每立廊下竊見旌旗之下盡是餓夫執殳仆于行門者日見一二市井之中半是餒人或求食死於路傍者日見四五甚不可三也姦人連牆盜兒接棟磨礪以須陛下出爾前塵凌于灞上兇人肆于城中御史大夫必不能愊而禦之甚不可四也臣等伏料之殿鑾不遠近在天寶十五載季夏爾聖皇巡蜀後大都內府財貨朝臣富民資產盡在道路之手有乘馬馱驢入宣政紫宸殿者擾亂如此一至於是兒陛下復二都有四海日淺錢穀滿蓄不及曩時者必爲利

而行此賊臣作計誘掖陛下而已詩曰三星在罶音柳臣不勝嗚咽爲陛下痛之室速下詔書罷東幸不然窮隸樂禍已扼腕爾甚不可五也方今犯王畿者河洛繹騷侮侯服者江湖叛換詩曰中原有菽庶人采之彼愚明康楚元者采菽之庶人也陛下何遽輕萬乘而姝孽速成之邪甚不可六也自河南北盡爲盜境淮東江西又見修阻王公已下未給稟祿將士已來且支日月陛下中官冗食不減往年梨園雜伎有盛今日陛下未得穆然高枕用此奚爲中官指使太常正樂外一切放歸仍給長牒勿事待郎五六年後隨事進退今聚而仰給甚不可七也司空李光弼能拔河陽尚書王思禮應下晉原中丞衞伯玉勁卒接焉者過析支不日且至大夫王玄志壓巫閭臨幽都汝州刺史田南金乘關口過二室楊州長史鄧景山凌長淮龜梁沂然而任賊失身處于緱氏山北不敢逾孟津東不敢過鬐子只待友接耳陛下不坐而受之而欲親征徇一朝之怒甚不可八也王者於天地神祇第付之有司享之牲幣則已夫何求哉記曰不祈土地今方士惷愚巫祝淫瀆妄有開說甚不可九也天子順動人皆幸之之謂幸人皆病之之謂不

幸不幸之謂虐臣等見陛下否而弗聽聯伏赤墀之下頓顙流涕而出陛下或容而免之或毀而罪之凡百之臣如昌言于朝有萬之口必錯謗于外甚不可十也臣聞子不諫於父且焉得爲孝乎臣不諍於君又焉得爲忠乎不孝不忠而苟榮冐祿圈牢之物不若也臣等至賤不能委身圈牢之中使樵夫共指而笑之不勝大願願陛下留神玄微養和淡泊天下幸甚帝省表遂不東幸

常袞代宗永泰中爲中書舍人時內侍魚朝恩恃權寵兼領國子監事袞上疏以爲不可時朝廷多事西

邊北邊連爲寇盜侵逼豪累上表章陳其利害代宗甚顧遇之

令狐峘爲中書舍人德宗初卽位將厚奉元陵峘上疏諫曰臣聞傳曰近臣盡規禮記曰事君有犯而無隱臣幸遇昌運謬參近列敢竭狂愚庶裨分寸伏惟陛下詳察焉臣嘗讀漢書見劉向抗疏論王者山陵之式良史稱歎萬古芬芳何者聖賢之心勤儉是務必求諸道不作無益故舜葬蒼梧不變其肆禹葬會稽不改其列周武葬於畢陌無丘壠之處漢文葬於霸陵因山谷之制禹非不忠也啓非不順也周公非

不友也景帝非不孝也其葬君親皆守徵薄至宋文公始厚葬用蜃炭益車馬其臣華元樂舉春秋書爲不臣秦始皇葬於驪山魚膏爲燈燭水銀爲江海珍寶之藏不可勝計千載非之故桓魋爲石椁夫子曰不如速朽子游問喪具夫子曰稱家有無張釋之對孝文曰使其中無可欲雖無石椁又何戚焉是以漢脩霸陵皆以瓦器不以金銀爲飾繇是觀之有德者葬逾薄無德者葬逾厚昭然可覩矣陛下自臨御天下聖政日新進忠去邪減膳節用不珍雲物之瑞不近鷹犬之娛有司給物悉依元佑利於人也四方底貢唯供祀事薄於巳也故澤州奏慶雲詔曰以時和爲嘉祥邕州奏金坑詔曰以不貪爲寶恭惟聖慮無非至理而獨六月一日制度節文云應緣山陵制度務取優厚當竭帑藏以供費用者此緣仁孝之德切於聖衷伏以尊親之義貴於合禮陛下每下明詔發德音皆比蹤唐虞超邁周漢豈取悅凡常之目有違賢哲之心與失德之君競其奢侈者也臣又伏讀遺詔曰其喪儀制度務從儉約不得以金銀爲緣飾陛下恭順先帝動無違者若制度優厚豈顧命之意邪伏惟陛下遠鑒虞夏周漢之儀深惟夫子釋之之戒

虔奉先旨俯遵禮經爲萬代法天下幸甚今赦書雖頒行諸條猶未出因之奉遺制敷聖理固其時也伏望速詔有司悉從古禮臣聞愚夫之言聖主擇焉況臣忝職史官親述睿德恥同華元樂舉之爲臣也願以禹舜之理紀聖猷也夙夜懇迫不敢不言祇犯聰明實憂罪譴言行身黜雖死猶生詔答曰朕頃議山陵心方迷謬忘遵先旨遂有優厚之文卿聞見該通識達弘遠深知不可切以爲言引古援今依經據理非唯中朕之病兼亦成朕之身今所以令朕免不子之名不遺君親於患者皆卿之力也敢不聞義而從

攸之桑榆奉以始終期無失墜嗟乎古之遺直何以加卿

姜公輔建中初爲京兆府戶曹叅軍翰林學士特承恩顧才高有器識每對見言事德宗多從之四年涇原兵反帝將出自苑便門公輔俯諫曰朱泚嘗總涇原兵以朱滔故坐奪其兵權常憂憤不得志不如使人捕之陪鑾駕忽羣兇立以爲帥恐必爲後害臣昔嘗陳奏云陛下不能寬懷待之當殺之養猛獸自爲患悔且無及帝卒悖不遑聽且曰已無及矣

陸贄建中初爲祠部員外郎充翰林學士性忠藎旣

居近密感人主重知思有以效報政或有缺巨細必陳四年涇原兵叛從幸奉天其年冬議欲以新歲改元而卜祝之流皆以國家數鍾百六凡事宜有變革以應時數德宗謂贄曰往年羣臣請上尊號聖神文武四字今緣寇難諸事並宜改更衆欲於朕舊號之中更加兩字其事如何贄奏曰尊號之興本非古制行於安泰之日已累謙沖襲乎喪亂之時尤傷事體今者鑾輿播越未復宮闈宗祏震驚尚愆禋祀中區多梗大憝猶存此乃人情向背之秋天意去就之際陛下宜深自懲勵收攬羣心痛自貶損以謝靈譴不可近從末議重益美名帝曰卿所奏陳雖理體甚切然時運必須小有改變亦不可執滯卿更思量贄曰古之人君稱謂或稱皇或稱帝或稱王但一字而已至暴秦乃兼皇帝二字後代因之及昏僻之君乃有聖劉天元之號是知人主輕重不在自稱崇其號無補於徽猷損其名不傷於德美然而損之有謙光稽古之善崇之獲矜能納諂之譏得失不侔居然可辨況今時運屯否事屬艱危尤宜恐懼思以自貶抑必也俯稽術數須有變更與其增美稱而失人心不若黜舊號以祗天戒天時人事理必相符人旣好謙天

亦助順陛下誠能斷自宸衷煥發德音引咎降名深示刻責惟謙與順一舉而二美從之帝納焉但改興元年號而已初德宗倉皇出幸府藏委棄凝冽之際士衆多寒服御之外無尺縑文帛及賊泚解圍諸藩貢奉繼至乃於奉天行在貯貢物於廊下仍題曰瓊林大盈二庫名贄諫曰瓊林大盈自古悉無其制傳諸耆舊之說皆云創自開元貴臣貪權飾巧求媚乃言郡邑貢賦所用盍區分賦稅當委於有司以給經費貢獻宜歸於天子以奉私求玄宗悅之新是二庫蕩心侈欲萌柢於茲迨乎失邦終以餌寇記曰貨悖

而出豈其效歟陛下嗣位之初務遵理道敦行儉約斥遠貪饕雖內庫舊藏未歸太府而諸方典獻不入禁闈清風肅然海內丕變近以寇逆亂常鑾輿外幸旣屬憂危之運宜增儆厲之誠臣昨奉使軍營出遊行殿忽覩右廊下牓列二庫之名憬然若驚不識所以何者天衢尙梗師旅方殷瘡痛呻吟之聲噢咻未息忠勤戰守之効賞賚未行諸道貢珍遽私別庫萬目所視孰能忍懷竊揣軍情或生觖望或忿形謗讟或醜肆謠言頗含思亂之情亦有悔忠之意是知甿俗昏鄙識昧高卑不可以尊極臨而可以誠義感頃

者六師初降百物無儲外捍兇徒內防危堞晝夜不息迨將五旬凍餒交侵死傷相枕畢命同力竟夷大難良以陛下不厚其身不欲其欲絶甘以同卒伍輟食以啗功勞無猛制而人不攜懷所感也無厚賞而人不怨悉所無也今者攻圍已解衣食已豐而謠讟方興軍情稍沮豈不以勇夫常性嗜貨矜功其患難旣與之同憂而好樂不與之同利苟異恬默能無怨咨此理之常固不足怪記曰財散則民聚豈其效歟陛下天資英聖見善必遷是將化蓄怨爲銜恩反過差爲至當促殄遺寇永垂鴻名大聖應機固當不俟終日帝嘉納之令去其題署累遷考功郎中諫議大夫依前充學士先是鳳翔衙將李楚琳乘涇師之亂殺節度使張鎰歸款朱泚及奉天解圍楚琳遣使貢奉時方艱阻不獲已命爲鳳翔節度使帝念其弑逆心不能容旣至漢中楚琳使來絶不召對贄諫曰楚琳之罪固不容誅但以乘輿未復大憝猶存勤王之師悉在畿內急宜速告晷刻是爭商嶺則道迂且遙駱谷復爲賊所扼僅通王命唯在褒斜此路若又阻艱南北便成隔絶以諸鎭危疑之勢居二逆誘脅之中恟恟群情各懷向背賊勝則往我勝則來其間事

機不容差跌儻楚琳發憾公肆猖狂南塞要衝東延巨猾則我咽喉梗而心膂分矣其勢豈不病哉帝釋然開悟乃善待楚琳使優詔安慰其心時帝又欲以谷口已北從臣賜號曰奉天定難功臣谷口以南隨扈者曰元從功臣不選朝官內官一例俱賜贄奏曰破賊扞難武臣之效至如宮闈近侍班列員僚但馳走從行而已恐與介胄奮命之士俱號功臣伏恐武臣憤惋乃止李晟旣收京城遣中使宣付翰林院具錄先散失宮人名字令草詔賜渾瑊遣於奉天尋訪以得爲限仍量與資裝送赴行在贄不時奉詔進狀

論之曰頃以理道乖錯禍亂薦鍾陛下思咎懼災務
人罪已屢降大號誓將更新天下之人垂涕相賀懲
憤釋怨煦仁戴明畢力同心共平多難止土壞於絕
岸收版蕩於橫流殄寇清都不失舊物實繇陛下至
誠動於天地深悔感於神人故得百靈降康兆庶歸
德不如此自古何嘗有捐棄宮闕失守宗祧繼逆于
赴難之師再遷於蒙塵之日不踰半歲而復興大業
者乎今渠魁始平法駕將返近自郊甸遠周寰瀛百
役疲瘵之甿重傷殘廢之卒皆忍死扶病傾耳聳肩
想聞德聲翹望聖澤陛下固當感上天悔禍之眷荷

列祖垂裕之休念將士鋒刃之殃愍黎元塗炭之酷
以致寇爲戒以居上爲危以務理爲憂以復言爲急
損之又損尙懼汏侈之易滋艱之惟艱尤恐戒懼之
難久謀始盡善克終已稀始而不謀終則何有夫以
內人爲號蓋是中壼末流天子之尊富有宮掖如此
等輩固繁有徒但恐傷多豈憂乏少翦除元惡曾未
浹旬奔賀往來道途如織何必自虧君德首訪婦人
又令資裝速赴行在萬目闚視衆口流傳恐非所以
答慶賴之心副惟新之望也夫事有先後義有重輕
重者宜先輕者宜後故武王剋殷有未及下車而爲
之者蓋美其不失先後之宜也自翠華播越萬姓靡
依清廟震驚三時乏祀當今所務莫大於斯誠宜速
遣大臣馳傳先往迎復神主修整郊壇展禋享之儀
申告謝之意然後弔恤死義慰犒有功綏輯黎蒸優
問耆耋安定反側寬宥脅從宣暢鬱堙褒奬忠直宜
先不可後也至如崇飾服器繕緝殿臺備耳目之娛
選巾櫛之侍是皆宜後不可先也且散失內人已經
累月既當離亂之際必爲將士所私其人若稍有知
不求當自陳獻其人若甚無識求之適使憂虞自因
寇亂喪亡頗有大於此者一聞搜索懷懼必多餘孽

尙繁羣情未一因而善撫猶恐危疑若又懼之於何
不有昔人所以掩絕纓而飲盜馬者豈必忘其情愛
蓋知爲君之體然也以小妨大明者不爲天下固多
藝人何必獨在於此所令撰賜渾瑊詔書未敢順旨
帝遂不降詔但遣使而已自車駕播遷贊奏云方今
詔書宜痛自引過罪已以感動人心昔湯武罪已致
興後代推以爲聖人楚昭王失國亡走一言善而復
其國至今稱爲賢君陛下誠能不悋改過以言謝天
下臣雖愚陋爲詔詞無所忌諱庶能令天下叛逆者
廻心喻旨德宗從之故行在制詔始下聞者雖武夫

悍卒無不揮涕感激議者咸以爲帝之尅復寇難旋復天邑不唯神武之功爪牙寘力蓋亦文德廣被腹心有助焉貞元初李抱真來朝因前賀曰陛下之幸奉天山南時赦書至山東士卒無不感泣思奮者臣時見之卽知諸賊不足平也

衞次公貞元末爲左補闕充翰林學士順宗在諒闇外有王叔文輩操權樹黨無復經制次公與鄭絪同處內庭多所規正

李吉甫憲宗元和初爲翰林學士中書舍人時中書小吏滑渙與知樞密劉光琦暱善頗竊朝權吉甫請

去之及劉闢反憲宗誅討之計未決吉甫密贊其謀兼請廣徵江淮之師繇三峽路入以分蜀寇之力事皆允從繇是甚見親信

李絳元和初爲主客員外郎充翰林學士以孜孜規諫爲已任憲宗初卽位叛臣李錡阻兵于浙右錡既誅朝廷將輦歸其家私財帛絳上言曰李錡兇狡叛戾僭侈誅求刻剝六州之人積成一道之苦聖恩本以叛亂致討蘇息一方今輦運錢帛播聞四海非所謂式遏亂略惠綏困窮也伏望天慈並以賜本道百姓今年租賦則百姓欣戴四海歌詠也帝覽狀嘉之時中官吐突承璀自藩邸承恩寵既爲神策軍護軍中尉嘗欲於安國佛寺建立聖德碑大興工作且上聞令翰林爲之文加之厚貺絳卽上言曰陛下布惟新之政剗積習之弊四海延頸日望德音今忽立聖德碑以示天下不廣大易稱大人者與天地合德日月合明執契垂拱勵精求治豈可以文字而盡聖德又安可以碑表而贊皇猷若可敘述是有分限乃反虧損盛德豈謂敷揚至道哉故自堯舜禹湯文武並無建碑之事至秦始皇荒逸之君煩酷之政然後有之與嶧山之碑揚誅伐之功紀巡幸之跡適足爲百

姓所笑萬代所譏至今爲失道亡國之主豈可擬議於此陛下嗣高祖太宗之業舉貞觀開元之政思理不遑食從諫如順流固可與堯舜禹湯文武方駕而行安得追秦皇暴虐不經之事而損聖政近者閒巨源請立紀聖德碑嚴礪請立紀聖功碑陛下詳盡事宜皆不允許今忽令立此與前事頗乖此碑旣在安國寺卽不得不敘載遊觀崇飾之事述遊觀且乖理要敘崇飾又匪政經固非哲王所宜行也其碑伏乞聖恩特令寢罷帝覽狀卽時不令建立先是軍中已建碑樓猶延候帝旨不令毀去帝知之令以牛數十

捜倒絳又嘗因浴堂北廊奏對違忤帝旨指切時病
及論中官縱恣方鎭進獻事宜帝怒甚厲聲曰卿所
論事何太過耶絳前論不已曰臣所陳豈臣身之利
是國家之利陛下不以臣愚使處腹心之地豈可見
事虧聖德致損清時而惜身不言仰屋竊歎是臣負
陛下也若不顧患禍盡誠奏論旁忤倖臣上犯聖旨
以此獲罪是陛下負臣也且臣與內官素不相識又
無嫌隙秖是恐威福大盛上損聖朝臣所以不敢不
論爾使臣緘默非社稷之福也帝見其誠切不廻怒

色卻散稍慰諭曰卿盡節於朕人所不言者卿悉言
之使朕聞所不聞眞忠正誠節之臣也他日南面亦
須如今日絳拜恩而退遽宣宰臣命與改官授中書
舍人依前翰林學士翌日面賜金紫帝親爲絳擇良
笏前後朝臣裴武柳公綽白居易等或爲姦人所排
陷將加貶黜絳每以密疏申論得獲寬宥及鎭州節
度使王士眞死朝廷將用兵討除絳深陳以爲未可
絳旣盡心規益憲宗每有詢訪多叶事機
崔群元和中爲中書舍人翰林學士常以讜言正論
聞於時憲宗嘉賞降宣旨云自今後學士進狀並取
崔群連署然後進來群以禁密之司動爲故事自爾
學士或惡直醜正則其下學士無繇上言群堅不奉
詔三疏論奏方允時吐突承璀恩寵特異惠昭太子
甍議立儲副承璀獨排群議屬意澧王欲以威權自
樹賴憲宗明斷不惑及將册拜太子（郎穆宗也）詔群代澧
王作讓表群奏曰凡事已合當而不爲則有退讓澧
王非嫡不當立復何讓焉憲宗深納之又魏博節度
使田季安進絹五千疋充助修開業寺群以爲事實
無名體尤不可請止絕所進群前後所論率多聽納
白居易元和中爲左拾遺充翰林學士時監察御史
元稹謫爲江陵府士曹掾翰林學士李絳崔群於憲

宗前抗論稹無罪居易累疏切諫曰臣昨緣元稹左
降頻已奏聞臣內察事情外聽衆議元稹左降有不
可者三何者元稹守官正直人所共知自授御史已
來擧奏不避權勢秖如奏李公佐等事多是朝廷親
情人誰無私因以挾恨或假公議將報私嫌遂使誣
謗之聲上聞天聽臣恐元稹左降已後凡在位者每
欲擧職必先以元稹爲誡無人肯爲陛下當官守法
無人肯爲陛下嫉惡繩愆內外權貴親黨縱有大過
大罪者必相容隱陛下從此無繇得知此其不可者
一也昨元稹所追勘房式之事心雖徇公事稍過當

既從重罰足以懲違况經謝恩旋又左降雖引前事以爲責辭然外議喧喧皆以爲元稹與中使劉士元爭廳因此獲罪至於爭廳事理已具前狀奏陳况聞士元蹋破驛門奪將鞍馬仍索弓箭嚇辱朝官承前已來未有此事今中官有罪未聞處置御史無過却先貶官遠近聞知寔損聖德臣恐從今以後中官出使縱暴益甚朝官受辱必不敢言縱有被凌辱毆打者亦以元稹爲戒但吞聲而已陛下從此無繇得聞此其不可者二也臣又訪聞元稹自去年已來舉奏嚴礪在東川日枉法沒入平人資產八十餘家又奏

王紹違法給券令監軍神柩及家口入驛又奏裴玢違勑徵百姓草又奏韓皐改軍將封杖打殺縣令如此之事前後甚多屬朝廷法行悉有懲罰計天下方鎭皆怒元稹守官今貶爲江陵判司即是送與方鎭從此方便報怨朝廷何繇得知臣伏聞德宗時有崔善貞者告李錡必反德宗不信送與李錡錡掘坑熾火燒殺善貞曾未數年李錡果反至今天下爲之痛心臣恐元稹貶官方鎭有過無人敢言陛下無繇得知不法之事此其不可者三也若無此三不可假如朝廷誤左降一御史蓋是小事臣安敢煩瀆聖聽至于再三誠以所損者深所關者大以此思慮敢不極言疏入不報淄青節度使李師道進絹爲魏徵子孫贖宅居易諫曰徵是陛下先朝宰相太宗賞賜殿材成其正宅尤與諸家第宅不同子孫典貼其錢不多自可官中爲之收贖而令師道掠美事實非宜憲宗深然之帝又欲加河東王鍔平章事居易諫曰宰相是陛下輔臣非賢良不可當此位鍔誅剝民財以市恩澤不可使四方之人謂陛下得王鍔進奉而與之宰相深無益於聖朝乃止王承宗拒命帝令神策中尉吐突承璀爲招討使諫官上章者七十人居易面

論詞情切至既而又請罷河北用兵凡數千百言皆人之難言者帝多聽納

李德裕穆宗長慶初爲屯田員外郎充翰林學士時穆宗不持政道多所恩貸戚里諸親邪謀請謁傳道中人之旨與權臣往來德裕上疏曰臣伏見國朝故事駙馬緣係親密並不合與朝廷要官往來玄宗開元中禁止尤切訪聞近日駙馬等輒至宰相及要官宅此輩無他才可以延接唯是漏洩禁密交通中外群情所知以爲甚弊其朝官素是雜流則不妨來往若職在清列豈可知聞伏望宣示宰臣其駙馬自今

已後有公事任至中書見宰相此外更不得至宰相及臺省要官宅帝欣納焉

冊府元龜 詞臣部 獻替一 卷之五百五十二 十九

冊府元龜

巡按福建監察御史臣李嗣京　訂正
知閩縣事臣曹學臣叅閱
知建陽縣事臣黄國琦較釋

詞臣部四

獻替　諛諛　稽緩

獻替第二

唐韋處厚穆宗時爲翰林學士中書舍人時張平叔以便佞詼諧他門捷進自京兆尹爲鴻臚卿判度支不數月宣授戸部侍郎平叔以征利中穆宗意欲希

大任以榷鹽舊法爲弊年深欲官自糶鹽可富國強兵勸農積貨疏利害十八條詔下其奏令公卿議處厚抗論不可以平叔條奏不周經慮未盡以爲利者反害以爲簡者至煩乃取其條目尤不可者發十難以詰之時平叔傾巧有恩自謂言無不允及處厚條件駁奏穆宗稱善令示平叔平叔詞屈無以答其事遂寢處厚以幼主荒忌不親政務既居納誨之地宜有以啓道性靈乃銓擇經義雅言以類相從爲二十卷謂之六經法言獻之錫以繒帛銀器仍賜金紫以憲宗實錄未成詔處厚與路隨兼充史館修撰實錄未成許二人分日入內仍放常參處厚從父權兵部尚書敬宗即位李逢吉用事素惡李紳乃搆成其罪禍將不測處厚與紳皆以孤進同年進士心頗傷之乃上疏曰臣竊聞朋黨議論以李紳貶黜尚輕臣受恩至深職備顧問事關聖德不合不言紳先朝獎用擢在翰林無過可書無罪可戮今羣黨得志讒嫉大興詢於人情皆甚歎駭詩云萋兮菲兮成是貝錦彼譖人者亦已太甚又曰讒言罔極交亂四國自古帝王未有遠君子近小人而致太平者又古人云三年無改於父之道可謂孝矣李紳是前朝任吏縱有罪

愆陛下尤宜洗滌瑕念舊忘過以成無改之美今逢吉門下故吏遍滿朝行儻毀加誣何詞不有所貶如此猶謂太輕蓋曾參有投杼之疑先師有拾塵之戒伏望陛下斷自聖慮不惑姦邪則天下幸甚建中之初山東向化只緣宰相朋黨上負朝廷楊炎爲元載復讎盧杞爲劉晏報怨兵連禍結天下不平伏乞聖明察臣愚懇帝悟其事紳得減死貶端州司馬處厚正拜兵部侍郎謝恩於思政殿時昭愍任恣屢出畋遊每月坐朝不三四月處厚因謝恩從容奏曰臣有大罪伏乞面首帝曰何也處厚對曰臣前爲諫官

不能先朝死諫縱先聖好畋及色以至不壽臣合當
誅然所以不死諫者亦爲陛下此時在春宮年已十
五今則陛下皇太子始一歲矣臣安得更避死亡之
誅帝深感悟其意又山南東道節度牛元翼家悉爲
鎮州節度王庭湊所害敬宗旣聞元翼一家無辜併
命深歎宰輔之無才致使姦兇久未率化處厚因上
疏曰臣聞汲黯在相淮南不敢謀反干木在魏諸侯
不敢加兵王霸之理皆以一士而止百億之師以一
賢而制千里之難伏以裴度勳高巾夏聲播外夷庭
湊克融皆憚其用吐蕃迴鶻悉服其名今若置之嚴

廊委其參決西夷北虜未測中華河北山東必稟廟
筭況幽鎮未靜尤資重臣管仲曰人離而聽之則愚
合而聽之則聖理亂之本非有他術順人則理違人
則亂伏承陛下當食歎息恨無蕭曹今有一裴度尚
不留驅策此所以馮唐感悟漢文雖有廉頗李牧不
能用也夫御宰相當委之信之親之禮之於事不効
於國無勞則置之散寮黜之遠郡如此則在位者不
敢不勵將進者不敢苟求陛下存終始之分但不永
棄則君臣之厚也今進皆負四海責望退亦不失六
曹尚書不肖者無因而勸臣與逢吉素無私嫌臣被
裴度無辜貶官今之所陳上答聖明下答群議披肝
感激伏地涕流伏乞鑒臣愛君矜臣體國則天下幸
甚初度爲逢吉所排至是復兼相任皆處厚與李程
內以公議贊成寶曆元年四月册尊號禮畢大赦天
下是時宰臣李逢吉與端州司馬李紳不叶所撰赦
文但云左降官已經量移者宜與量移不言未量移
者蓋欲使紳不霑恩例也處厚上疏曰伏見赦文節
目中新左降官不該恩澤大宥之體有所不弘臣竊
聞物議皆言逢吉恐李紳量移故有此處置若如此
則應是近來流貶官因李紳一人皆不得量移事體

至大豈敢不言李紳先朝獎任曾在內庭自經貶官
未蒙恩宥古人云人君當記人之功忘人之過管仲
拘囚齊桓舉爲國相冶長縲紲仲尼選爲密親有罪
宏猶蕩滌無辜豈可終累況鴻名大號册禮盛儀天
地百靈之所鑒臨億兆入紘之所瞻戴恩澤不廣實
非所宜臣與逢吉素無讎嫌與李紳且非親黨所論
者全大體所陳者存至公伏乞聖恩察臣肝膈儻蒙
允許仍望宣付宰臣應近年左降官並編入赦條令
准舊例得量移近處帝覽奏深悟其事乃追赦文令
添改繇是紳得移爲江州長史

高釴爲翰林學士敬宗初遷中書舍人學士如故謝恩於思政殿因諫帝以求治莫若躬親用示憂勤之旨也帝嘉深納其言

柳公權文宗太和中爲中書舍人翰林書詔學士文宗因便殿對六學士語及漢文恭儉帝舉袂曰此澣濯者三矣學士皆贊詠儉德唯公權無言帝留而問之對曰人主當進賢良退不肖納諫諍明賞罰服澣濯之衣乃小節耳時周墀同對爲之股慄公權詞氣不可奪累遷諫議大夫工部侍郎學士如故開成中嘗入對帝謂之曰近日外議如何公權對曰自郭旼

除授邠寧物議頗有臧否帝曰旼是尚父之從子太皇太后之季父在官無過自金吾大將軍授邠寧小鎮何事議論耶公權曰以旼勳德除鎮攸宜人情議論者言旼進二女入宮致此除拜此事信乎帝曰二女入宮參太后非獻也公權曰瓜李之嫌何以戶曉因引王珪諫太宗出廬江王妃故事即令南內使張日華送二女還旼公權忠言裨益皆此類也

韋澳大中中爲翰林學士承旨與同僚蕭寘深爲宣宗所遇二人同直無不召見詢訪時事每有邦國刑政大事中使傳宣草詞澳心欲論諫即曰此一事須降御札方敢施行遲留至旦必論其可否帝多從之

李蔚爲翰林學士承旨禮部侍郎懿宗咸通十二年賜安國寺講唱僧重謙僧承澈沉檀木講經唱經座各一仍設萬人齋蔚以帝造寺捨施不已上疏曰臣聞孔丘聖者敷言則引周任之言符融賢者也諫必憑王猛之諫事求師古詞貴達情臣伏覩陛下自纂帝圖克崇佛事止當脩外未堪得中今歷採本朝名臣有忠直裨于上者輒思陳敘以補聖明臣聞天后時曾營大像功踰百萬狄仁傑上疏云夫寶鈒殫于綴飾瓌材竭于輪奐功不使鬼必在役人物不天來

皆從地出非損百姓將何以求生之則有時用之則無度臣每思惟實所悲痛其如在江表像法盛興梁武簡文捨施無限及至二淮沸浪五嶺騰煙列刹盈衢無救危亡之禍緇衣蔽路豈有勤王之師兄近年以來風塵屢擾水旱不節征役稍繁必若多費官錢又苦人力一隅有難將何救之此切當之言一也中宗時公主外戚皆奏度僧姚崇奏曰佛不在外求之於心佛圖澄最賢無益於趙羅什多藝不救于秦何充符融皆遭敗滅齊襄梁武未免災殃但發慈悲行利益事使蒼生安樂即是佛身此切當之言二也

睿宗爲金仙玉真公主造大觀辛替否諫曰自夏已來淫雨不解穀荒不壟麥爛于場入秋已來亢旱成災苗而不實霜損蟲暴草萊枯黄下人咨嗟未知賙賑今陛下愛兩女爲造兩觀燒塼運木載土塡沙道路流言皆云計用錢百萬餘貫伏惟陛下聖人也遠無所不知陛下明君也細無所不見旣知且見知倉有幾年之儲庫有幾年之帛知百姓之間可存活乎三邊之士可轉輸乎當今發一卒以禦邊陲遣一兵以衛社稷多無衣食皆帶飢寒賞賜之間迥無所出軍旅驟敗莫不繇斯而乃以百萬貫錢造無用之觀

以賈六合之怨以違萬人之心乎此切當之言三也又諫造寺曰夫釋教以清淨爲基以慈悲爲主故嘗體道以濟物不利欲以損人毎去已以全真不營身以害教今三時之月築山穿池損命也殫府虛帑損人也廣殿長廊營身也損命則不慈悲損人則不濟物營身則不清淨豈大聖至神之心乎經曰一切有爲法如夢幻泡影如露亦如電臣以爲滅琱琢之費以賑貧人是有如來之德息穿掘之苦以全昆蟲是有如來之仁罷營葺之直以給邊陲是有湯武之功廻不急之祿以購清廉是有唐虞之理陛下緩其所急急其所緩親未來而疎見在失眞實而冀虛無重俗人之所爲而輕天子之功業臣實痛之此切當之言四也臣觀仁傑天后高宗朝上公也元崇先天開元中賢哲也替否中宗睿宗時直臣也毎覽斯文則未嘗不廢卷長歎而感慕之臣幸居近侍叨職貳卿胷臆之間雖寡秋毫之智脾腸之内厚涵春露之濡旣自昧讜言又不稽故事亂顔順旨其何以安願廻日月之明少鑒芻蕘之欵帝循省加歎竟未能罷其事

後唐趙鳳同光中爲翰林學士莊宗命劉皇后拜張

全義爲養父后傳教令草謝全義書鳳以國后無拜人臣爲父之禮乃密上疏陳其失曰臣叨被睿慈復親密勿在可言之地居掌誥之司其或事異常規禮闕草創程式先謀於國輔封章然貢於天聰庶顯公忠免貽錯失今月九日中宮傳命令修張全義書題尚行父事之儀有玷君臨之道旣行文翰難決否臧奉行則罔叶國經違命則恐虧臣節遂修記事取則宰臣貴動合於楷模期永垂爲規範以兹奉職庶顯致君臣聞覆萬物者天載萬物者地非聖王無以體乾道非賢后無以法坤儀百代攸同二儀無改伏惟

陛下俶張九五統馭玄黄外設明廷内崇陰教言勤而華夷知仰弛張而幽顯欽承張全義雖位極於王公而名不離於臣荻承陛下曲旨受皇后重儀致紊彝章不防輿議臣又聞纂洪基者眞王行直道者忠臣不可務一時之緘藏失久長之體制得不恭陳手疏罄露血誠庶裨益於神聰免隳弛於王度伏乞皇帝陛下俯容在響動畏簡書時開睿敏之懷永守文明之訓使聖后式全其内則元臣可保於令圖永揚日月之光載理乾坤之體臣職叨侍從名忝論司儻避事以不言是偷安而冒寵疏奏帝雖嘉其直誠而

劉后已拜全義追改無及

劉贊爲比部郎中知制誥明宗天成二年八月贊上言曰臣聞信者使民不惑義者使民知禁非信無以彰明德非義無以顯聖猷此乃三代英風百王令則伏惟陛下恭臨寶位虔紹鴻圖握金鏡而炤萬方運璇璣而調四序遐敷至德廣納忠言凡列周行許陳封事雖皆聽覽而尙寡依行縱所依行亦未遵守自此或有益國利人之術除姦去弊之謀可以擇其所長便爲永制仍乞特頒詔令峻立條章豈唯示信義於域中抑亦振威風於海内旣遵法度必致治平又

張文寶爲中書舍人天成二年十一月文寶上言曰巡狩省方唐虞之舊典弔民伐罪湯武之前功陛下親統貔貅盡除梟獍剷盪瑕穢殄息氛埃天威已震於華夷霈澤又沾於幽顯動植蘇泰遐邇歡康所宜旋軫神都凝旒紫禁居中土而表正來萬國以均輸允叶億兆之心共樂雍熙之化

于嶠爲戸部員外郎知制誥天成二年嶠上言請邊上兵士起置營田數趙充國諸葛亮之術庶令且戰且耕望致輕徭三年嶠又上言曰有國有家旣定君臨之位無偏無黨方明王者之心苟少虧於同軌同

文則微損于盡美盡善竊知河朔今錄須俟本道薦揚朝廷就加其命况今萬國諸侯猶請行而貢職豈使一方令長獨端坐以邀官未敦革故之風深缺維新之化覩茲闕政敢貢直言乞宣付中書委於銓管此後並從常調七月嶠上言曰協和萬邦明王所以安社稷平章百姓哲后所以懷黎民將延七百載之洪基須安億兆衆之黔首臣幸遇聖明之代敢傾愚直之誠伏以朝廷先有指揮今年不更通括苗畝宜從特旨頒作溥恩且爲夏秋已來霜雨頻降在山川高土則必有豐年想藪墨下田非無水沴脫或已作

潢汙行潦猶徵青苗地頭不唯損邦國風化兼恐傷天地和氣儻或皇帝陛下念茲在宜哀彼災祥特於淹浸之田別示優隆之澤重委鄉村父老通括不令州縣節級下鄉如或撿驗不虛即日蠲減租稅或有司以軍糧未濟兵食是虞即請却於山川之田豐熟之地或於麻畦稗草蠶鹽地頭據其本分價錢折納諸色斛斗所謂公私俱濟苦樂皆均捨其短以從其長將有餘而補不足臣每因急務方敢上言前後所奏十件有司未行一件伏乞陛下念臣苦思察臣盡心或可施行不令停滯

晉程遜初仕後唐爲中書舍人上言以民間機織多有假僞虛費絲纑不堪爲衣請下禁止庶歸朴素後爲翰林學士與學士和凝張厲等上十三事其一前代帝王親觀風俗訪民利病其後不暇親行亦遣使巡行風俗唐朝於十道置採訪使一員請如舊制亦冀民病蘇息其二天成已來久不括田自水旱累年民戶疾苦不均今歲夏秋或稔於當歲請行檢括庶獲均輸其三中原邊上率多閒田可令近下軍都與起屯田舊時銅冶鐵冶亦令軍人與置不費于民其四人君求理欲廣視聽須群臣上言然則人才有短長智略有能否其於聽用之間乞留睿鑒伏恐失人其五朝野官吏人數衆多若不行黜陟之科何以察其能否望准考課令凡中外官歲終較考以行進退其六古人得位相讓所冀不掩賢能得其髦俊請依建中故事群官受命後舉人自代其七治道既知損益務實去華伏見自中興以來或於邊境權立州縣名目戶口不多虛張吏員枉費祿食其權置名目望一切停省以賑邊軍臣伏見徐宿州管內有泗濱院徐山院市丘院自土務所管人戶共數千家請罷廢名額其戶稅請還州縣其八請止遊惰勸農桑減冗

食之員停不急之務其九君上置諫諍之官此期聞過况聞官給諫紙虛佇讜言時政有所不便請諫官陳論詔書有所依違請給事中封駁其十國朝承平時諸監鑄錢不輟尚不能給今國家所鑄絕少而市人銷錢貴賣銅器累行止絕尚未知禁伏乞嚴下條法其銅除鏡鞍轡胥帶外不許市賣銅器犯者以贓論其十一沿邊鎮戍請明斥堠習戰陣謹烽候令夷狄知懼戰必有功其十二每年給散蠶鹽不敷斤兩雜之以砂土請給散之時命清強官止絕其十三伏聞關西河東人民飢饉殍殕者多其城市鄉村積聚

之家望令官司通指姓名俾令出糶以濟飢民中書門下覆奏程遜等十三事其置採訪使難擇公清之吏都生僥倖之門問疾苦則未能勞供須則轉費況刺史廉使自合訪求不勞別置其累年水旱欲與檢田以均勞逸今年夏苗已多災旱秋稼今未及時請下三司可否聞奏其屯田治務興造之初所費不少今國力未辦可俟佗時其受官舉代劉鼎近已上聞其餘九件並可施行擇良善爲心腹群官書考併省州縣止游惰勸耕桑諫官論事給事封奏斷用銅器邊城習武備差官散鹽麴均糶以濟飢民等事詔曰

程遜等所陳時務並關王道兼維霸圖益國利民無所不至成仁去害悉在其間救時病以良多比忠言之更切封駁詔勑尤可施行餘據事條下所司

周張昭遠初仕後唐爲都官員外郎知制誥明宗長興元年昭遠奏古者聖帝明王愛民恤物先要察其利病愍其凶災既甄癘以垂旒難家至而戶曉其間疾苦安測纖微臣每見諸處奏報今春已來穀價絶賤如聞梁益抱聊生之歎登萊有餓殍之人方當盛明深不宜稱臣必恐下民疾若理道未周長吏既不上聞百姓無繇自訴藏姦積弊戚福臨人僻郡遠藩修飾自我苟無廉問何表雍熙竊觀本朝二十聖之規模三百年之基構事皆師古政在安民一歲不登則命輶軒之使三農或歷則覃錫賑之恩所以國祚延長生靈推戴上布穆清之化下無愁難之聲詢於舊章其道猶在唯聖主行之臣請依本朝舊事選擇郎官御史清強幹事者每歲分行天下宣問風俗求瘼懲違凡人間疾苦巨細盡許上聞朝廷詳其利害則皇風遠洽貪吏革心庶幾明時盡除弊政疏奏不報

和凝初仕後唐末帝清泰二年爲翰林學士上言當

貞觀之朝則廣開醫學及開元之代則親制方書爰在明朝宜遵故事方今瘟癘在近疫癘是虞言念軍民宜加軫閔其邊遠戍卒及貧下農人既難息於苦辛或偶縈於疾疹地僻既無藥物家貧難名醫師遂致疾深多罹物故荷戈執耒皆展力於當年問疾賜醫宜覃恩於此日其諸處屯戍兵士令太醫署修合傷寒時氣瘧痢等藥量事給付大軍主掌以給有病士卒之家百姓亦準醫疾令合和藥物救其貧戶兼請依本朝州置醫博士令考尋醫方合和藥物以濟部人其御制廣濟廣利等方書亦請翰林醫官重校

定頒行天下
王易簡仕晉爲中書舍人天福二年易簡進漸治論曰臣聞天地之道起於漸夫天之高畜雷霆之威雨露之惠覆於萬物必從漸而生以地之厚負江海之滋淮濟之潤載於萬物亦從漸而長況人者無天之功乏地之力勞方寸之心豈可急速而治天下也惟我后膺圖履運握鏡臨人蘊勤儉之風秉弘厚之德內無耽翫外絶奢華信任股肱委仗將帥自有仰成之化固多定亂之功今者所以佇撓聖懷親勞御札者何直以庫藏稍虛士卒微損使天威之莫震令王

化之未敷此則非臣下之無謀豈君上之有過蓋承僞廷之困弊遇數歲之亂離今國家安靜以圖功不可躁而取失或欲急徵暴斂則百姓愈逃或以峻法嚴刑則三軍益叛莫若制治於未亂求安於未危者也凡止亂危者應上玄則以好生惡殺爲心接諸侯則以含垢匿瑕爲念夫如是即水旱無累而興干戈何門而動也考諸政教則禮樂咸在刑賞具存任四輔提其綱還百司舉其目必見倉廩常實士馬日精所謂强其幹而弱其枝深其根而固其蔕於是天地有清和之氣星辰無謫見之災可以薄賦恤萬民足以虔恪馭群后或思正名于中夏問罪于殊方人皆同心兵必戮力寰區既定帝道自隆踐元首爲睿聖之君列四輔作賢明之相主則社稷無患臣則子孫永安此則顯漸之功見治之驗矣勑王易簡手演王言心資帝業當開創之運以遠大而論天不能蹔變四時地不能驟成萬物況當華夏盡已從周化未可以驟行事只在於漸治不疾而速其在茲乎所貢論宜付史館
竇貞固仕晉爲翰林學士中書舍人天福三年貞固奏曰臣伏覩先降御札令文武百僚各進封事臣聞

舉善爲明知人則哲聖君在位藪澤莫有於隱淪明代用才政理自無於紊亂求賢若渴從諫如流鄭所以譽子皮魯所以譏文仲爲國之要進賢是先廣選理治之風宏舉仁人之器臣今欲請降勑命指揮文武百寮每一司之內共集議商榷一士奏薦述其人有某能某解堪爲某官某職便請朝廷據奏薦任用若能符薦果爲當才即請量加獎賞或有乖共舉兼涉徇私亦請量加殿罰所貴官勵德序位以才舁三人同行尚聞擇善十目所視必不濫知臣職在論思位叅近侍每謝匪躬之節常慙濡翼之譏將贖貪功

聊陳狂狷勅曰進賢受賞備有前文得士則昌斯爲急務實貞固名參閨纘職在禁庭貢章疏以傾心請班行而薦士于可否之際分賞罰之科所貴當人無或曠職今後宜許文武百寮于縉紳之內草澤之中知灼然有才器者列名以奏納其章疏記彼姓名否臧盡達於予懷用捨免私於公議仍付所司

李詳爲中書舍人上疏曰臣聞除舊布新故順天而設教惟名與器不假人以樹恩所以示寓縣之至公所以仰朝廷之大柄今則既逢英主未革前蹤是敢聊舉一端輕塵四遠酌其損益幸禰涓埃伏覩南衙

兩班內庭諸局或有不文不武非耆非動論伎術則罔有所長語才行則罕聞其異但思月限以貝官常俾五細以在庭使四方而何則有虛華級仍蔭私門忝管更及於子孫祿利徒銷于府庫況今方興戎事久困生民顧無用之官寮具員無闕計有限之財力給藏正虛若不去留定成耗蠹伏望略加澄汰稍辨幽明則支分或減于殷憂內外庶成于通濟又覩十年已來肆赦頻降諸道職掌一例獎酬藩方不守於規程奏薦罔論其高下僕隸則動逾數百絲綸則皆示特恩所以倉場管鑰之微人曹局簡札之小吏至於伶倫賤類洒掃庸奴初命便假於貴階銀章青綬拜賜遽披於法服牙笏紫袍乃致貴賤不分寵榮濫被雖雷雨作解渥澤恐遺於萬物而衣裳在笥貞規何法於百王此後或有溥恩應諸道職員主兵將校外其衙前職列伏乞明示條章俾循事體節度州只許奏都押衙都虞候教練使客將孔目官及有朱記大將十人仍取上名友郡則只許薦都押衙都虞候孔目官其諸色人並委本道量轉職次則得之者感恩有異受之者與衆稍殊寰區仰天子之尊藩后知王澤之貴名器之重治亂是資伏惟陛下俯廻宸覽

略焰愚衷勿爲小善不行勿謂舊弊難改失之在漸誅之在初儻或因此留神自可觸類而長宰臣奏李詳才光鳳閣志奉能圖聰明有作詰之方名器無假人之理以茲留意爰具上章乃是大綱且非小善既叶聖人之教可嘉君子之言所奏節度刺史州衙前職員等事望賜施行從之

竇儼世宗顯德末爲翰林學士上疏曰臣伏覩御札應內外臣寮有所見所聞並許上章議論者臣非才寡識備位曠官仰承綸綍之言聊貢芻蕘之說其一曰伏以設官分職授政任功欲爲政之有倫在命官

之無曠令朝廷多士省寺華貲無事有員十乃六七止於計月待奉計年待遷其中廉幹之人不無愧恥之意如非歷試何展公才伏請改兩畿諸縣令及外州府五千戶上至縣令爲縣大夫昇爲從五品下畿大夫見府尹亦如令之儀其諸州府縣大夫見本部長官如賓從之禮郎中員外郎起居補闕拾遺侍御史殿中侍御史監察御史光祿少卿以下四品太常丞以下五品等並得衣朱紫爲之滿日當在朝一任約舊官遷二等自拾遺監察除授廻日即爲起居侍御史中行員外郎若前官不是三署即罷後一年方

得求事如此則士大夫足以陳力賢不肖無以駕肩各繫否臧明行黜陟利民益國斯實良規其二曰爲國爲家之方守穀守帛而已二者不出於國而出於民其道在天其利在地得其理者蕃阜增積失其理者耗齎燋勞民之顓蒙宜有勸敎伏請於齊民要術及四時纂要韋氏月錄之中采其關於田蠶園圃之事集爲一卷下三司彫木版廣印頒下諸州流布民閒疏奏雖不即行物議韙之

謬誤

夫履赤墀之塗居青瑣之署掌惟行之令代如絲之言必須兼資才識精練典故極其思慮以奉攸司乃有失稽古之意違詳審之理或敘述漏略或高下非宜旣不切於事機且有辱于綸命四禁之制斯爲重焉至於黜免亦自述爾

後魏道武天興初姚興使晉襄陽戍戍將郗恢馳使乞師於常山王遵遵以聞帝詔御史中丞崔逞與裴袞爲遵書以答初恢與遵書云賢兄虎步中原帝以言悖君臣之體勑逞袞亦貶其主號以報之逞袞乃云貴主帝怒曰汝貶其主答乃稱貴何若賢兄也遂賜死

孝文時蠕蠕國有喪帝遣中書監高閭爲書與之不敘凶事帝謂曰卿爲中書監職典文詞所造音書不論彼之凶事若知而不作罪在灼然若情思不至應謝所任閭遂引愆免冠謝罪

唐德宗興元元年杜佑自饒州刺史除嶺南節度使時帝在山南朝廷故事報政往往遺脫舊嶺南節度常兼五管經略使佑獨不兼故五管不屬嶺南自佑始也

貞元三年二月諡大行皇后王后爲昭德皇后詔兵部侍郎李紓爲謚冊文旣進帝以紓之文謂皇后爲

大行皇后非也留中不出復詔翰林學士吳通玄爲之通玄文云咨后王氏議者亦以爲非案貞觀中岑文本撰文德皇后謚册曰皇后長孫氏斯得之矣

十一年五月以宣武軍節度支度營田汴宋亳潁觀察留後汴州刺史兼御史大夫李萬榮爲宣武軍節度副大使知節度事兼管內支度營田汴宋亳潁觀察使依前兼御史大夫又以招義軍節度支度營田澤潞州大都督府左司馬知府事兼御史大夫王虔休爲潞州大都督府長史昭義軍節度副大使知節度事管內支度營田澤潞磁邢洺觀察使依前兼御

史大夫以朔方留後李欒爲靈州大都督府長史朔方靈鹽豐受降城定遠城天德軍節度支度營田觀察押蕃落使依前兼御史中丞初詔下萬榮虔休欒等各除本府司馬及內出告身始爲長史然後追制改焉

十五年八月贈故四鎮北庭涇原節度使田希鑒陝州大都督希鑒自涇原已改尚書衛尉此贈誤官銜也

十六年九月贈左散騎常侍駙馬都尉郭曖工部尚書曖大曆十四年授左常侍建中二年以憂罷興元元年二月授太常卿同正以至于終今詔書言常侍誤也

憲宗元和八年十月戊戌以左神策軍普潤鎮使蘇光榮爲涇州刺史兼御史大夫充四鎮北庭行軍兼涇原等州觀察使翰林學士司門員外郎韋弘景草制漏敘勳勞是月辛丑詔弘景守本官落職

十二年七月丙辰以中書侍郎平章事裴度爲門下侍郎平章事充彰義軍節度由光蔡等州觀察淮西宣慰處置等使其制翰林學士中書舍人令狐楚所草也度以是行兼招撫請改其辭中未翦其類爲未

革其志又以韓弘爲都統請改更張琴瑟爲近輟樞軸又改煩我台席爲授以成算憲宗皆從之乃罷楚學士

十二月詔刑部侍郎韓愈撰平淮西碑文既成而淮西節度使李愬姻聯戚里其妻上言愈敘愬之功不平後有詔刊磨愈文別命段文昌撰述

梁太祖開平三年四月翰林學士鄭珏盧文度以書詔漏略王言罰兩月俸

後唐明宗天成二年十一月壬申詔太宗朝左僕射李靖可册贈太保鄭州僕射陂可改爲太保陂時議

者以僕射陂者後魏孝文帝賜僕射李冲故因以爲
名及是命之降以爲李靖蓋誤也
四年八月太子太傅李琪奉命撰故青州節度使霍
彥威神道碑初琪仕梁至平章事而私懷感遇之意
舊之工碑版者奉勑撰碑皆始敘君上獎功之道承
詔撰述之旨每於立意皆稱臣彥威仕梁位至方面
及茲敘其揚歷必須指名幾任是僞幾任是朝命琪
不欲指斥僞梁所撰碑文自初不稱臣中書覆奏云
李琪所撰霍彥威神道碑文既不分眞僞是混功名
望令改撰從之

稽緩

夫居代言之職處備問之地文有工拙性分利鈍或
持槖而從遊或簪筆而赴名乃有思靡流通情惟底
滯含毫而若失授簡而後成不能屑詞或罹奏免布
之朝聽徒負靦顔如其吐詞雖妍移晷乃就是謂晚
成可以塞責斯則庶幾矣

漢司馬相如武帝時與枚皐俱爲郎從行至甘泉（行音下孟反）雍河東東巡狩封泰山塞決河宣房游觀三輔
離宮館臨山澤弋獵射馭狗馬蹵鞠刻鏤（蹵子六切足蹵之鞠巨六切以韋爲之中實以物蹵蹋爲戲樂）帝有所感輒使賦之皐爲文
疾受詔輒成故所賦者多相如善爲文而遲故所作
者少而善於皐

魏和逌高貴鄉公時爲侍中甘露二年幸辟雍會命
羣臣賦詩逌與尚書陳騫等作稽留有司奏免官詔
曰吾以闇昧愛好文雅廣延文賦以知得失乃爾紛
紜良用憮然其原逌等

宋謝靈運文帝時爲侍中與顔延之俱以詞彩齊名
而遲速懸絶帝嘗勑各擬樂府比上篇延之受詔輒
成靈運久之乃就

梁張率高祖時爲司徒掾直文德待詔省侍宴壽光

殿帝詔羣臣賦詩率與太子中舍人劉孺並醉未及
成帝取孺手板戲題之曰張率東南美劉孺洛陽才
攬筆便應就何事久遲廻

北齊李愔爲中書郎文宣在宴席口勑以魏收爲中
書監命愔於樹下造詔愔以收一代盛才難於率爾
久而未訖比成帝已醉醒遂不重言愔仍不奏事竟
寢

隋薛道衡爲內史侍郎每至搆文必隱空齋蹋壁而
臥聞戶外有人便怒其沉思如此

唐陸餘慶則天時爲中書舍人常引入草詔餘慶惶

感至曉竟不能厝一詞責授左司郎中

李建穆宗長慶元年除兵部郎中知制誥自以草詔思遲不願當其任旋改京兆少尹

後唐崔沂初仕唐昭宗時累遷員外郎知制誥性抗厲守道而文藻非優嘗與同舍顏蕘錢珝俱秉筆見蕘珝贍速草制數十無妨談笑而沂自愧翌日謁國相訴曰沂疎淺不足以供詞翰之職相輔然之移爲諫議大夫

封舜卿唐末爲禮部侍郎知貢舉梁開平中與門生鄭致雍同受命入翰林爲學士致雍有俊才舜卿雖

有文辭才思拙澁及試五題不勝困弊因託致雍秉筆當時識者以爲座主辱門生

周劉温叟初仕晉爲翰林學士知制誥北虜犯闕温叟恐備其行與承旨張允上章求免所職及漢祖至汴宮久而來見執政援引欲置於兩制温叟堅求散秩言稱詆訐蓋温叟在翰苑日遇詞目繁委常難其才之不逮有退倦之志遂除駕部郎中

冊府元龜

巡按福建監察御史臣李嗣京　訂正

知甌寧縣事臣孫以敬　參閱

知建陽縣事臣黃國琦　較釋

國史部一

總序

古之王者世有史官君舉必書書法不隱所以慎言行示勸戒也自伏羲始造書契神農之世民風尚樸官設未備黃軒之臣曰倉頡取象鳥跡以作文字記諸言行竹冊而藏之史官之作蓋自此始一云黃帝得圖書於

河洛史皇倉頡狀焉又云沮誦倉頡爲左右史夏商皆有太史古之太史雖以著述爲宗而兼掌曆象夏太史終古當桀之暴知其將亡乃執其圖法奔於商商太史高勢知紂之亂載其圖法奔于周周監二代並建衆職春官宗伯之屬有太史掌建邦之六典下大夫二人上士四人小史掌邦國之志中士八人下士十有六人內史掌王之八柄之法以詔王治中大夫一人下大夫二人上士四人中士八人下士十有六人外史掌書外令四方之志及三皇五帝之書上士四人中士八人下士十有六人皆有府史胥徒之屬文武之時有史佚穆王有內史作穆天子傳宣王有史籀幽王有太史伯陽一云老子爲柱下史惠王有內史過襄王有內史叔興父諸侯亦各有國史齊有南史子余史嚚晉有太史屠黍見晉之亂亦以其圖法歸周又有太史趙太史董狐史墨史蘇衛有史華龍滑魯有太史克左丘明楚有左史倚相及史老秦穆公十三年初有史以紀事魯又有外史鄭有太史而無名者而晉大夫趙鞅亦有書過之臣乃陪臣之借也戰國之世咸有史官秦趙會澠池各命侍史書事齊田文每對賓客令紀於屏風皆其事也秦并天下有太史令御史之名太史令胡毋敬作博學章御史張蒼掌柱下方書之類是也漢武帝始置太史公位在丞相上以司馬談爲之天下文書先上太史副上丞相談卒子遷嗣宣帝改爲太史令行太史公文書其修撰之職以官領之太史之官唯知占候而已又有禁中起居注注宮中起居之任王莽改置柱下五史秩如御史聽事侍旁記其言行此又起居之職也漢氏中興圖籍多在東觀故使名儒著作其中有其名

而尚未有官明帝時班固傅毅爲蘭臺令史與雒陽令陳宗等四人著作東觀皆他官兼著作之名終漢之世率以他官修史又有起居注馬皇后撰禁中起居之類是魏明、帝太和中詔置著作郎一人佐郎一人並隸中書省專掌國史亦有他官兼領衛覬以侍中充著作是也其後增佐郎爲三人中書著作郎專修國史而起居注無聞焉吳蜀分據亦各有史職蜀有王崇補東觀吳有左國史薛瑩右國史華覈太史令丁孚韋曜等參撰國書晉因魏制而中書著作郎雖掌史注亦爲兼官著作郎俗謂之大著作荀勗以中書監孫盛以秘書監孫綽以散騎常侍並領著作惠帝元康二年改中書著作爲秘書著作專掌史任隸秘書省後雖別置著而所隸如故佐郎八人秘書監自調補之哀帝興寧二年省四人孝武康寧元年復置八人晉制佐著作郎始到必撰名臣入傳僭僞諸國亦有史職前趙劉聰有左國史撰其國君臣紀傳前凉張駿亦令史臣撰國書於東苑後蜀西京紀事委之門下南凉置國紀祭酒使撰錄時事自餘僞主多置著作官前趙和苞後燕董統之類是也宋因晉制改佐著作郎爲著作佐郎掌國史兼集起居注宋室初建以未有名臣可作傳其制遂廢齊太祖建元二年初置史官歷梁陳國史起居之任多以他官兼領齊以散騎常侍檀超驃騎記室江淹掌史職侍中王思遠掌起居注梁周捨爲尚書吏部郎掌國史裴子野爲著作郎仍兼掌國史及起居注之名自齊梁至陳佐郎多爲令僕子起家之選史職率以他官領之後魏置起居令史每行幸宴會則在御左右記錄帝言及賓客訓答後又別置修起居注二人以他官領之而隸

於集書省北齊別置起居省後周六官之建春官府置外史掌王言及作動之事以爲國誌郎起居之職也又有著作上士二人中士四人郎佐郎之在皆掌綴國錄起居著作之任自此分矣而著作不參史氏隋復置著作郎一人佐郎八人隸秘書省掌國史集注起居煬帝置起居舍人二員隸內史省以古有內史外史今著作如外史遂置起居官以掌其內焉唐高祖武德初因舊制史官隸秘書省著作局置郎二人佐郎四人太宗貞觀初省起居舍人改置起居郎二人隸門下省省中每日仗退後帝與宰臣參議政事令起居郎一人執簡記錄三年別置史館於禁中專掌國史以他官兼領卑品有才亦以直館命宰臣監修隸門下省著作局始罷領史職是年又於中書置秘書內省以脩五代史高宗顯慶二年置起居舍人二員隸中書省分掌左右龍朔二年改郎爲左史舍人爲右史咸亨元年復舊武后天授二年又爲左右史長壽二年始修時政紀自永徽以後左右史唯得對仗承旨仗下後謀議皆不聞是年宰相姚璹上言以爲帝王謨訓不可遂無紀述若不宣自宰相史官疎遠無得而書之遂請仗下後所言軍國政要宰相一人撰錄爲時政紀神龍初復以左右史爲起居郎舍人每皇帝御殿對立於殿下左郎右舍人有命臨陛聽退而書之以爲起居注凡冊命啓奏封拜薨免悉載之以送史館明皇開元二十五年移史館於中書省北

以其地切樞密記事附近也憲宗元和四年令登朝官入館者並爲修撰不過三員官高者一人爲判官非登朝者並爲直館其宰相常以一人監修國史亦有只監修國史景龍中以侍中紀處訥中書令楊再思兵部侍郎宋楚客中書侍郎蕭志忠並修國史頓置四人代宗朝宰相元載憲宗朝宰相齊抗並兼修國史史官受任于外亦或兼領史職就治所修撰及有許在家修史者開元八年以并州大都督府長史燕國公張說兼修國史齎史本就并州隨軍修撰其後詔說致仕在家修史吳兢遷荊州司馬令就治所修唐書沈傳師湖南觀察使齎憲宗實錄就領修撰五代官局因循無改

原夫史氏之職肇於上世所以記人君之言動載邪國之美惡著爲典式垂之來裔申褒貶之微旨爲懲

勸之大法故其司筆削之任愼良直之選歷代審官莫斯爲重今之所紀者凡推擇簡任之尤異討論撰述之始末家世職業之嗣掌揚搉讐對之裁議冲識方正以無忒恩遇寵待而隆厚咸用標次以彰厥善其有踈畧差舛受嗤於作者構虛失實有柰乎書法乃至以鄙淺之識貽叨據之誚亦用參紀申儆于後其有注錄之部次諸籍之名學方志之辨析世績之敷述皆司籍之事賫博聞之益咸用緝緝以成倫要

凡國史部十有三門

選任　公正　恩獎

選任

自軒轅之世卽置史官蒼頡沮誦實居其職爾後夏終商摯周任佚籀秦胡毋氏漢司馬遷皆司記事之任竝有良史之目逮于後漢乃命鴻碩入直東觀撰述國史謂之著作歷代而下其選彌重或以文學爲時主之稱或以才識因名臣之薦至有成書於外郡終老於冊府其所寄任亦可知也然則胡毋而上不聞司馬父子是謂私作今之論著以班固爲之首

後漢班固明帝時爲蘭臺令史與前睢陽令陳宗長陵令尹敏司隸從事孟冀共成世祖本紀遷爲郎典校秘書固又撰功臣平林新市公孫述事作列傳載紀二十八篇奏之帝乃復使終成前所著書

劉珍安帝時爲謁者僕射永寧元年詔珍與校書劉騊駼作建武以來名臣傳

李尤爲諫議大夫受詔與謁者僕射劉珍等俱撰漢記

劉騊駼臨邑侯復子也騊駼及從兄平望侯毅竝有才學永寧中鄧太后召毅及騊駼入東觀與謁者僕射劉珍著中興以下名臣烈士傳

張衡字平子南陽人少善屬文安帝雅聞衡善術學

公車特徵拜郎中再遷爲太史令順帝初再轉復爲太史令自去史職五載復還先是永初中謁者僕射劉珍校書郎劉騊駼等著作東觀撰著漢記因定漢家禮儀上言請衡參論其事會病卒

馬融桓帝時爲南郡太守免官復拜議郎在東觀著述

邊韶字孝先陳留浚儀人以文學知名桓帝時爲臨頴侯相徵拜太中大夫著作東觀

伏無忌爲侍中屯騎校尉元嘉中詔無忌與黃景崔寔等共撰漢記

崔寔爲大將軍梁冀司馬與邊韶延篤等著作東觀
延篤傳又載篤爲議郎與朱穆邊韶共著作東觀
楊彪靈帝嘉平中以博習舊聞公車徵拜議郎與馬
日磾盧植蔡邕等著作東觀
荀悅爲黃門侍郎獻帝好典籍嘗以班固漢書文繁
難省乃令悅依左氏傳體以爲漢紀三十篇詔尚書
給筆札辭約事詳論辨多美
吳韋曜爲黃門侍郎廢帝即位諸葛恪輔政表曜爲
太史令撰吳書
華覈爲左國史後主時覈上疏曰臣聞五帝三王皆

立史官敘錄功美垂之無窮漢時司馬遷班固咸命
世大才所撰精妙與六經俱傳大吳受命建國南土
大皇帝末年命太史令丁孚郎中項峻俱非史才其
所撰作不足紀錄至少帝時更差韋曜周昭薛瑩梁
廣及臣五人訪求往事所共撰立備有本末昭廣先
亡曜負恩蹈罪瑩出爲將復以過徙其書遂委滯迄
今未撰奏臣愚淺才劣適可爲瑩等記注而已若使
撰合必襲孚峻之跡懼墜大皇帝之元功損當時之
盛美瑩涉學既博文章尤妙同寮之中瑩爲冠首今
見吏雖多經學記述之才如瑩者少是以慺慺爲國
惜之實欲使卒垂成之功編於前史之末奏上之後
退塡溝壑無所復恨後主遂名瑩還爲左國史
晉傅玄魏末爲郎中與東海繆施俱以時譽選入著
作撰集魏書
華嶠惠帝元康初爲尚書後以嶠博聞多識屬書典
實有良史之志轉秘書監中書散騎著作及治禮音
律天文數術南省文章門下撰集皆典統之
華暢嶠少子也嶠漢書十典未成秘書監繆徵奏暢
爲著作佐郎卒成十典
虞預爲著作郎除散騎常侍仍領著作著晉書四十

餘卷
于寶爲著作郎時中興草創未置史官中書監王導
上疏曰夫帝王之迹莫不秘書著爲令典垂之無窮
宣皇帝廓定四海武皇帝受禪于魏至德大勳等蹤
上聖而紀傳不存於王府德音未被乎管絃陛下聖
明當中興之盛宜建立國史撰集帝紀上敷祖宗之
烈下紀佐命之勳務以實錄爲後代之準厭率土之
望悅人神之心斯誠雍熙之至美王者之弘基也宜
備史官勑佐著作郎于寶等漸就撰集元帝納焉寶
於是始領國史

王隱字處叔陳郡人建興中過江太興初元帝召隱
及郭璞俱爲著作郎令撰晉史
朱鳳晉陵人吳震吳人單族有史才秘書監華譚薦
二人擢補著作佐郎竝皆稱職
謝沉除尚書度支郎何充庾氷竝稱沉有史才遷著
作郎撰晉書三十餘卷
徐廣東莞人孝武時爲員外散騎常侍領著作尚書
奏曰左史述言右官書事乘志顯於晉鄭春秋著乎
魯文自聖代有造中興記者道風帝典煥乎史策而
太和以降世歷三朝玄風聖迹儵爲疇古臣等參詳

宜敕著作郎徐廣撰成國史於是敕廣撰集焉遷驍
騎將軍領徐州大中正轉正員常侍大司農仍領著
作如故勤成晉紀上之因乞解史任不許
宋王韶之琅邪臨沂人私撰晉陽秋成時人謂之宜
居史職即除著作郎使續後事
裴松之爲尚書祠部郎仁威記室參軍出爲諸曁令元
嘉中受詔續何承天宋史未及成而卒
何承天元嘉十六年除著作佐郎撰國史
荀伯子少好學博覽經傳爲員外散騎侍郎著作郎
徐廣重其才學舉伯子及王韶之竝爲佐郎助撰晉
史
南齊丘巨源少舉丹陽郡孝廉爲宋武所知大明五
年敕助徐爰撰國史
檀超爲散騎常侍司徒右長史建元二年初置史官
以超與驃騎記室江淹掌史職
王思遠高宗時爲侍中掌優策及起居注
梁任孝恭以外祖丘它與高祖有舊高祖聞其有才
學召入西省撰史
裴子野撰宋略成吏部尚書徐勉言之於高祖以爲
著作郎掌國史及起居注除通直正員外郎著作如

故敕使撰方國使圖
周興嗣天監中爲員外散騎侍郎佐撰國史十二年
遷給事中撰史如故
劉杳天監初爲太學博士佐周捨撰國史至大通初
爲東宮通事舍人敕代裴子野知著作郎
陸雲公爲尚書儀曹郎頃之郎入直壽光省以本官
知著作郎事俄除著作郎累遷中書黃門郎竝掌著
作
沈峻爲五經博士時中書舍人賀琛奉敕撰梁史乃
啓峻及孔子袪補西省學士助撰錄書成入兼中書

通事舍人
後魏鄧頴爲中書侍郎太武詔太常崔浩集諸文學撰述國書頴與浩弟覽等俱參著作事
崔浩爲光祿大夫太武詔浩曰昔皇祚之興世隆北土積德累仁多歷年載澤流蒼生義聞四海我太祖道武皇帝協順天人以征不服應期撥亂奄有區夏太宗承統光隆前緒釐正刑典大業維新然荒域之外猶未賓服此祖宗之遺志而貽功于後也朕以眇年獲奉宗廟戰戰兢兢如臨深谷故即位之初不遑寧處揚威朔裔掃定赫連逮于神䴥始命史職注集

前功以成一代之典自爾以來戎旗仍舉秦隴克定徐兗無塵平逷寇於龍川討孽豎於京域豈朕一人獲濟於此賴宗廟之靈群公卿士宣力之効也而史闕其職篇籍不著每儷斯事之墜焉公德冠朝列言爲世範小大之任望君存之命公留臺綜理史務述成此書務從實錄浩於是監秘書事以中書侍郎高允散騎侍郎張偉參著作續成前紀至於損益褒貶折衷潤色浩所摠焉
高允與司徒崔浩述成國記以本官領著作郎
陰仲達武威姑臧人少以文學知名司徒崔浩啓仲達與段承根云二人俱凉土才華同修國史除秘書著作郎
段承根好學機辯有文思而性疎薄司徒崔浩見而奇之以爲才堪著述言之太武請爲著作郎引以同事
高讜爲游擊將軍與崔浩共參著作遷中書侍郎
程駿爲著作郎獻文皇帝中除密郡太守尚書李敷奏曰夫君之使臣必須終効駿實史才方申直筆千里之任十室可有請留之數載以成前籍後授方伯愚以爲允書奏從之

李輔字伯尙少有重名孝文每云此李氏之千里駒勑撰太宗起居注尋遷秘書丞
韓顯宗爲著作郎孝文嘗謂顯宗及程靈虬曰著作之任國言是司卿等之才朕自委悉中省之品卿等所聞若取之古人班馬之徒固自遼闊若求當代文學之能卿等應推崔孝伯
袁翻少以才學擅美一時宣武景明初李彪在東觀翻爲徐紇所薦彪引兼著作佐郎以參史事
游雅字伯度爲東雍州刺史徵爲秘書監委以國史之任

崔光本名孝伯字長仁爲著作郎與秘書丞李彪參撰國書宣武初爲侍郎初光與李彪共撰國書太和之末彪改著作專以史事任光彪尋以罪廢宣武居諒闇彪上表求成魏書詔許之彪遂以白衣於秘書省著述光雖領史官以彪意在專功表解侍中著作以讓彪宣武不許

李彪字道固爲秘書丞分領著作事

于忠爲衛尉卿詔與吏部尚書元暉度支尚書元匡河南尹元萇等推定歷代姓族

李琰之爲彭城王勰行臺參軍尋爲侍中李彪啓著

作郎修國史累轉黃門郎修國史

房景先爲員外郎侍中穆紹啓景先撰世宗起居注

陽休之莊宗時爲輕車將軍李神儁監起居注休之與河東裴伯茂范陽盧元明河間邢子明等俱入撰次後爲太保長孫稚府屬尋勑與魏收李同軌等修國史

北齊杜臺卿字少山文筆尤工見稱當世以中書黃門侍郎兼大著作修國史

魏收字伯起後魏節閔時爲散騎侍郎尋勑典起居注并修國史後爲神武府屬崔暹言於文襄曰國史事重公家父子霸王功業皆須具載非收不可文襄啓收兼散騎常侍修國史武定二年除正常侍領兼中書侍郎仍修史神武謂收曰卿勿見陳元康等在吾目下趨走謂吾以爲勤勞我世身名在卿手勿謂我不知尋加兼著作郎天祐元年除中書令兼著作郎二年詔撰魏史帝使收專其任又詔平原王高隆之總監之署名而巳帝勑收曰好直筆我終不作魏太武誅史官

孫搴字彦舉少厲志勤學爲國子助教太保崔光引修國史

權會文義該洽兼明風角玄象被尚書符追著作修國史監知太史局事

後周柳虯爲秘書丞時秘書雖領著作不參史事自虯爲丞始令監掌焉

隋姚察仕陳累遷戎昭將軍知撰梁史事後主纂業勑兼東宮通事舍人將軍知撰史如故高祖開皇九年詔授秘書丞別勑成梁陳二代史

薛德音道衡之從子有儁才起家爲游騎尉佐魏澹修魏史成遷著作郎

劉炫河間人少以聰敏見稱爲郡禮曹從事以吏幹

知名奉勑與著作郎王劭同修國史初劭爲著作佐郎以母憂去職在家著齊書時制禁私撰史爲內史侍郎李元操所奏帝怒遣使收其書覽而悅之於是起爲員外散騎侍郎修起居注

劉焯以儒學知名舉秀才射策甲科與著作郎王劭同修國史

潘徽爲晉王楊州博士煬帝嗣位詔徽與著作佐郎陸從典太常博士褚亮歐陽詢等助越公楊素撰魏書會素薨而止

唐蕭瑀爲中書令武德五年十二月詔曰司典序言史官記事考論得失究盡變通所以裁成義類懲惡

勸善多識前古貽鑒將來伏羲以降周秦斯及兩漢相傳三國並命迄于晉宋載籍備焉自有魏南徙乘機撫運周隋禪代歷世相仍梁氏稱邦跨據淮海齊遷龜鼎陳建宗祊莫不自命正朔緜歷歲祀各殊徽號刪定禮儀至於發跡開基受終告代嘉謀善政名臣奇士立言著績無乏於時然簡牘未編紀傳咸闕炎凉已積謠俗遷訛餘烈遺風泯焉將墜朕握圖馭宇長世字民方立典謨永垂憲則顧彼湮落用深軫悼有懷撰次實資良直中書令蕭瑀給事中王敬業著作郎殷聞禮可修魏史侍中陳叔達秘書丞令狐德棻太史令庾儉可修周史兼中書令封德彝中書舍人顏師古可修隋史大理卿崔善爲中書舍人孔紹安太子洗馬蕭德言可修梁史太子詹事裴矩兼吏部郎中祖孝孫前秘書監魏徵可修齊史秘書監竇璡給事中歐陽詢秦王文學姚思廉可修陳史務加詳覈博採舊文義在不刊書法無隱

房玄齡爲司空貞觀二十年詔玄齡令修國史所更撰晉書詮次舊文裁成義類俾夫湮落之誥咸使發明其有所須可依修五代史故事若少學士亦量追取於是房玄齡與中書令褚遂良太子左庶子許敬宗

掌其事又召中書舍人來濟著作郎陸元仕劉子翼守主客郎中盧承基太史令李淳風太子舍人李義府薛元超起居郎上官儀主客員外郎崔行功刑部員外郎辛玄馭著作佐郎劉胤之光祿主簿楊仁卿御史主簿李延壽校書郎張文恭並當時屬文士分功撰錄

許敬宗爲中書令敬宗先受詔與中書侍郎許圉師太史令李淳風著作佐郎楊仁卿著作郎顧胤等撰貞觀二十三年已後至顯慶三年實錄顯慶四年二月撰成二十卷

劉仁軌爲左庶子同中書門下三品咸亨四年三月詔仁軌與吏部侍郎同中書門下三品李敬玄中書侍郎郝處俊黃門侍郎高如周等竝修國史仁軌等於是引左史李仁實專掌其事

武三思爲特進則天長安三年正月勑宜令三思與納言李嶠正諫大夫朱敬則司農少卿徐彥伯鳳閣舍人魏知古崔融司封郎中徐堅左史劉知幾直史館吳兢修唐史採四方之志成一家之言長懸楷則以貽勸誡

魏元忠爲中書令神龍元年十二月制左散騎常侍

静德郡王武三思與元忠及禮部尚書祝欽明及史官太常少卿徐彥伯秘書少監柳冲國子司業崔融中書舍人岑羲徐堅等修則天實錄

吳兢勵志強學博通經史魏元忠朱敬則居相輔薦兢有史才堪居近侍因令直史館修國史累遷右補闕與韋承慶崔融劉子玄撰則天實錄

張說爲并州大都督府長史開元八年詔曰肇有書契是興簡冊所以彰平得失示以懲勸非夫詳而有體辨而不華含陽秋之蘊總誥之賾豈能光我司典崇其立言右羽林軍將軍攝御史大夫權檢校并州大都督府長史持節天平軍節度大使燕國公張說多識前志學于舊史文成微婉詞潤金石諒可以昭振風雅光揚軌訓可兼修國史仍齎史本就并州修撰

柳芳肅宗朝爲史官與同職韋述受詔添修吳兢所撰國史未竟而亡

于休烈爲工部侍郎修國史宰臣李揆嫉之改爲國子祭酒休烈性本淳謹怡然自適代宗郎位甄別名品宰臣元載稱之乃拜右散騎常侍依前兼修國史

令狐峘博貫群書有口辯楊綰爲禮部侍郎修史引

入史館自華原尉拜拾遺累遷禮部侍郎貶衡州別駕貞元初李泌爲相名拜右庶子史館修撰又貶吉州別駕監修國史奏峘所撰代宗實錄一分請於貶所畢功

張薦字孝舉少精史傳大曆中浙西觀察使李涵表薦其才可掌史任乃詔授左司禦率府兵曹參軍既至闕下以母老疾不拜命母喪闋禮部侍郎于邵舉前事以聞召充史館修撰兼陽翟尉累遷工部侍郎卒薦聰明強記無不通貫自始命至常兼史館修撰在史館二十餘年

蔣乂初名武貞元九年自前河南府王屋縣尉爲右拾遺史館修撰德宗重難其職制未下前召見於延英殿方命官元和四年爲秘書少監兼史館修撰奉詔與獨孤郁韋處厚同修德宗實録

路隨爲翰林侍講學士諫議大夫韋處厚爲中書舍人長慶二年十月勑隨處厚嘗在史館才行可稱伏以憲宗實録未修灼資論撰宜兼充史館修撰仍分日入史館修實録未畢之間且許不入内署仍放朝參

沈傳師爲翰林學士中書舍人史館修撰預修憲宗

實録長慶三年出爲湖南觀察使中書侍郎平章事監修國史杜元穎奏臣自去年奉詔命各據見在史官分修憲宗實録今緣沈傳師改官若更求人選擇非易其沈傳師當分雖捜羅未周條目紀綱已粗有緒竊以班固居鄉里而繼成漢書陳壽處私家而專精國志玄宗國史張説在本鎮兼修代宗編年令狐峘自外郡奏上遠考前代近參本朝皆可明徵實有成例其沈傳師一分伏望勑就湖南修畢先送史館與諸史官參詳然後聞奏庶使官業責成有終始之効傳聞撫實無同異之差制可

蔣係乂子也太和二年爲右拾遺史館修撰與同職沈傳師鄭瀚陳夷行李漢等奉詔撰憲宗實録四年書成奏御轉尚書工部員外郎遷本司郎中皆兼史職

宇文籍以咸陽尉直史館與韓愈同成順宗實録遷監察御史後又爲駕部員外郎史職與韋處厚路隨沈傳師同修憲宗實録

王彦威爲諫議大夫太和六年二月以彦威及戸部郎中楊漢公祠部員外郎蘇滌右補闕裴休竝以本官充史館修撰故事史官不過三員少或止於兩員至是四人竝命時論深以爲非

李讓夷爲諫議大夫開成元年四月以讓夷竝權知起居舍人事先是宰臣於閤内奏起居舍人李褒有痼疾請替帝曰朕聞褚遂良爲諫議大夫嘗兼此官卿可盡言今諫議大夫姓名宰臣李石遂奏李讓夷馮定孫簡蕭俶帝曰讓夷可也

孟穆爲戸部郎中大中八年七月監修鄭朗奏當館修撰直館共四員准故事以通籍者爲直館伏以修史重事合選廷臣秩序或卑筆削不稱其直館伏請停廢更添修撰二員從之其舊直館萬年尉張範涇陽尉李節勒守本官以穆及駕部員外郎李渙竝充

修撰通舊爲四員分修四季之事
蔣偕有史才爲補闕史館修撰咸通中與同職盧耽
牛蘩等受詔修文宗實錄
柳玭爲吏部侍郎昭宗大順中宰相監修國史杜讓
能以宣宗懿宗僖宗三朝實錄未修乃奏玭及右補
闕裴廷裕左拾遺孫泰駕部員外郎李商太常博士
鄭光庭等十五人分修之
後唐張昭長興四年七月以前都官員外郎知制誥
史館修撰復爲尚書職方員外郎依前知制誥著作
郎直史館張守吉爲右補闕竝充史館修撰著作佐

郎尹拙爲左拾遺王愼徽爲右拾遺竝依前直史館
國朝舊事以本官直館者皆爲畿縣尉今以諫官直
史館自拙等始從監修國史李愚奏也
晉趙瑩爲相監修國史天福六年二月勑曰有唐遠
自高祖下暨明宗紀傳未分書志或闕今耳目相接
尚可詢求若歲月更深何由尋訪宜令戶部侍郎張
昭起居郎賈緯秘書少監趙熙吏部侍郎鄭受益左
司員外郎李爲光等修撰唐史仍令宰臣趙瑩監修
其年四月瑩奏所修唐史首尾二十一朝緜歷三百
餘載其於筆削斯實難辨必藉群才司分事任張昭
等五人奉勑同撰內起居郎賈緯丁憂去官竊以刑
部侍郎呂琦侍御史尹拙皆富典墳嘗覩簡牘勸善
懲惡雅符班馬之規廣記備言必稱董南之職上祈
聖鑒俾共編修詔從之以琦爲戶部侍郎以拙爲倉
部員外郎與張昭等同修唐史
漢賈緯爲諫議大夫乾祐二年二月勑曰載唐虞之
盛傳彼古文明得失之由存乎信史恭惟高祖皇帝
受天曆數纘漢基圖戎虜蠻夷懾靈旗而內附禮樂
征伐建王道於大中功格於上玄化行乎率土將欲
示其軌範約彼春秋接高光紀聖之書續班馬紀言

之典廢而不舉闕孰甚焉左諫議大夫賈緯左拾遺
竇儼右拾遺王紳等才學淵深論辯鋒起分職方提
於直筆編年允屬於鴻儒宜令緯等同修高祖實錄
呈進仍令宰臣蘇逢吉監修
周張昭爲兵部尚書顯德三年十二月勑太祖聖皇
帝實錄并梁均帝唐清泰二主實錄宜差張昭修宜
同修官委張昭定名奏請四年正月昭上言奉勑編
修太祖實錄及唐梁二末主實錄今請國子祭酒尹
拙太子詹事劉溫叟同於史館編修

公正

夫簡牘之興得失攸紀善惡無隱曲直遂分是故勸
沮於斯人見信於來裔其或紀言動之任舉春秋之
旨雖微婉之斯在亦纖介之必書故使哥矣之言足
徵於龜鑑直哉之筆若列於日星斯蓋得執簡之餘
芳書法之遺懿者巳
董狐爲晉太史晉趙穿襲殺靈公於桃園（虞翻曰園名也）而
迎趙盾趙盾素貴得民知靈公少侈民不附故爲弑
君盾復位晉太史董狐書曰趙盾弑其君以視於朝
盾曰弑者趙穿我無罪太史曰子正卿而亡不出境
反不能誅國亂非子而誰孔子聞之曰董狐古之良

史書法不隱（不隱盾之罪）宣子良大夫也爲法受惡（聞義則服）
（杜預曰言其爲法受屈也）惜也出疆乃免
齊太史（失姓名）崔杼弑其君莊公光立景公而相之太
史書曰崔杼弑其君崔子殺之其弟嗣書而死者二
人（嗣續也并前有三人死）其弟又書乃舍之南史氏聞太史盡
死執簡以往聞既書矣乃還（傳言齊有史崔杼之罪所以聞）
吳韋曜爲孫皓侍中領任國史皓欲爲父和作紀曜
執以和不登帝位宜名爲傳如是者非一漸見責怒
晉孫盛歷著作郎秘書監著晉陽秋詞直理正稱良
史焉既而大司馬桓溫見之怒謂盛子曰枋頭誠爲
失利何至乃如尊君所說若此史遂行自是關君門
戶事其子遽拜謝因請刪改之時盛年老還家性方
嚴有軌憲雖子孫斑白而庭訓愈峻至此諸子乃共
號泣稽顙請爲百口切計盛大怒諸子遂爾改之盛
寫兩定本寄于慕容儁大元中孝武帝博求異聞始
於遼東得之以相考校多有不同書遂兩存焉
趙泉車敬俱爲符堅著作郎堅母少寡將軍李威有
辟陽之寵史官載之堅收起居注及著作所錄而觀
之見其事慙怒乃焚其書而大檢史官將加其罪泉
敬等巳死乃止

宋王韶之爲黃門侍郎領著作郎之爲晉史序王詢
貨殖王歆作亂詢子弘歆子華並貴韶之懼爲所陷
深結徐羨之傅亮南齊劉祥爲長沙王鎮軍權諮議
參軍撰宋書譏斥禪代尚書令王儉密以啓聞帝銜
而不問
後周柳虬爲西魏祕書監修起居注太祖既廢魏帝
立恭帝大饗群臣虬執簡書於朝曰廢帝文皇帝之
嗣子年七歲文帝言於安定公（即周太祖）曰是子才繇于
公不才亦繇于公宜勉之公既受茲重寄居元輔之
任又納女爲皇后遂不能訓誨有成致令廢黜負文

皇帝付囑之意此咎非安定公而誰太祖乃令太嘗
盧辯作誥諭公卿曰嗚呼我群后曁衆士維文皇帝
以襁褓之嗣托於予訓之誨之庶厥有成而予罔能
弗變厥心庸此乎廢墜我文皇帝之志嗚呼茲咎予
其焉避予實知之矧爾衆人之心哉惟予之顏豈惟
今厚將恐來世以予爲口實
唐杜正倫太宗貞觀二年爲給事中兼知起居注太
宗嘗謂侍臣曰朕每日坐朝欲出一言卽思此言於
百姓有利益不所以不敢多言正倫進曰君舉必書
言存左史臣職當修起居注不敢不盡愚直陛下若

一言乖於道理則千載累於聖德非直當今有損於
百姓願陛下愼之太宗大悅賜綵絹二百疋
褚遂良爲諫議大夫知起居注貞觀十六年四月太
宗謂遂良曰卿知起居注書何等事大抵人君得見
否遂良曰今之起居古之左右史書人君言事且記
善惡以爲鑒誡庶幾人主不爲非法不聞帝王躬自
觀史太宗曰朕有不善卿必記之耶遂良曰守道不
如守官臣職當載筆君舉必記黃門侍郎劉洎曰設
令遂良不記天下之人皆記之矣太宗曰然七月太
宗又謂遂良曰爾知起居比來記我行事善惡遂良
曰今四海太平爲行事耳然史官之設君舉必書善
旣必書過亦無隱
吳兢開元中爲著作郎兼修史時黃門侍郎同中書
門下平章事張說因至史館讀則天實錄見論證對
魏元忠事乃謂兢曰劉五修實錄劉五郎子玄也論齊魏公
事殊不相饒假與說毒手當時說驗知是兢書之所
以假託於劉子玄兢從容對曰是兢書之非劉公修
述草本猶在其人已亡不可誣枉於幽魂令相公有
怪耳同修史官蘇宋等見兢此對深驚異之乃歎曰
若取人情何名爲直筆

于休烈爲太嘗少卿修國史至德二年肅宗謂休烈
曰君舉必書朕有過卿書之否休烈對曰臣聞禹湯
罪己其興勃焉有德之君不忘書過臣不勝大慶
鄭朗爲起居郎太和九年十二月文宗御紫宸殿與
宰臣鄭覃李石等議政宰臣旣退帝命朗等適所記
錄者將來一觀朗對曰臣執筆所記便目爲史臣聞
自古帝王不合觀史帝曰故事何在朗曰臣不敢遠
徵故實嘗聞太宗皇帝欲親覽國史用知得失諫議
大夫朱子奢上表云史官所述義歸盡善若至曾玄
已後或非上智中主庸君飾非護短見極陳善惡恐

致史官何地逃刑又聞褚遂良對曰今之起居古之左右史以記人君言行善惡必書庶幾不爲非法不聞帝王躬自觀史帝又謂朗曰適來所記是且直書未有否臧一見無爽朗乃進所紀帝略覽曰卿宜門外重寫錄進來其日晚内出詔宣示宰臣曰適來鄭朗等奏朝來所紀之事擬不進本人君之言良史善惡必書或有平生之閑話不關理道之體要者諸將來實爲愧恥異日臨朝庶幾稍改何妨一見見戒醜言

魏謩爲起居舍人開成四年十月文宗於紫宸殿對

百寮遣閤門使就謩取注記謩奏曰臣以自古置此以爲聖王鑒戒陛下但爲善事勿冀臣不書如陛下所行錯誤臣不書之天下之人皆得書之臣以陛下爲太宗文皇帝乞陛下許臣比職褚遂良帝曰我向前亦曾取看謩曰自是向前起居不詳故事臣今豈得陷陛下爲非若陛下一覽之後自此文字須有廻避如此則善惡不直非史也遺後代何取信遂止

恩奬

軒后以史名官晉卿因籍命氏文籍既典官守攸重其所繇來遠矣逮乎漢氏之世則天下計書先上太史副上丞相其後列鴻都藏室之署分東觀秘府之局典司著撰裁正編簡鼎國江左以迄于五代未嘗不建官分職克愼其選焉蓋髦士俊民秉時閒作而當世之君莫不隆其禮命形於詔奬或蕃錫加等或崇進異數以至推恩而延賞追美以飾終發乎嘆想形於悼惜蓋夫鴻碩之老良直之士所任重而其才難不可以不欽尚者

後漢高彪除郎中校書東觀遷内黄令帝勑同僚臨送祖于上東門詔東觀畫彪形像以勸學者

吴華覈遷東觀令領右國史覈上疏辭讓後主答曰

得表以東觀儒林之府當講校文藝處定疑難時皆名學碩儒乃任其職乞更選英賢聞之以卿研精墳典博覽多聞可謂悅禮樂敦詩書者也當飛翰騁藻光贊時事以越楊班張蔡之疇怪乃謙光厚自菲薄宜勉修所職以邁先賢勿復紛紛

梁蕭子雲爲太子舍人撰東宮新記奏之勑賜束帛

陳杜之偉爲大匠卿遷太中大夫仍勑撰梁史永定三年卒高祖甚悼惜之詔贈通直散騎常侍賻錢五萬布五十疋棺一具尅日舉哀

後魏韓顯宗爲著作佐郎孝文曾謂顯宗及程靈虬

曰著作之任國書是司卿等之文朕自委悉中省之品卿等所聞若欲取況古人班馬之徒固自遼闊若求之當世文學之能卿等忘推崔孝伯又謂顯宗曰見卿所撰燕志及在齊誌六勝比來之文

北齊魏收散騎嘗侍修國史武定三年除正嘗侍領兼中書侍郎仍修史神武謂收曰卿勿見陳元康等在吾目下趨走謂吾以爲勤勞我世身名在卿手勿謂我不知尋加兼著作郎

隋郎茂大業中爲尚書左丞撰州郡圖經一百卷奏之賜帛三百段

裴矩爲吏部尚書大業初西域諸蕃塞與中國互市煬帝遣矩監其事矩撰西域圖三卷入朝奏之帝大悅賜物五百段

唐房玄齡爲左僕射貞觀十年正月與侍中魏徵散騎嘗侍姚思廉太子右庶子李百藥孔穎達守禮部侍郎令狐德棻守中書侍郎岑文本中書舍人許敬宗等撰成周隋陳齊梁等五代史詣闕上之太宗勞之曰朕覩前代史書彰善癉惡足爲將來之戒秦始皇奢淫無度志存隱惡焚書坑儒用緘談者之口隋煬帝雖好文儒尤疾學者前世史籍竟無所成數代之事殆將泯絶朕意則不然將欲覽前王之得失爲在身之龜鏡公輩以數年之間勒成五代之史深副朕懷極可嘉尚於是進級班賜各有差

高士廉爲吏部尚書貞觀十二年與黄門侍郎韋挺禮部侍郎令狐德棻兼中書侍郎岑文本撰氏族百卷太宗稱善頒賜進級各有差

敬播爲著作郎與司空房玄齡給事中許敬宗貞觀十七年上所撰高祖今上實錄各二十卷玄齡以下班賜進級各有差

褚遂良爲中書令貞觀二十年詔修晉書以司空房

玄齡及遂良太子左庶子許敬宗掌其事又詔中書舍人來濟著作郎陸元仕劉子翼守主客郎中盧承基太史李淳風太子舍人李義府薛元超起居郎上官儀主客員外郎崔行功刑部員外郎辛玄馭著作佐郎劉胤之光祿主簿楊仁卿御史主簿李延壽校書郎張文恭並當時屬文之士分功撰錄莫不博考前文傍求遺逸芟夷繁雜舉其精要又令前雅州刺史令狐德棻太子司議郎敬播主客員外郎李懷安屯田員外郎李懷儼詳其條例重加考正以臧榮緒晉書爲本捃摭諸家傳記而附益之數載而書就頒

賜加級各有差
長孫無忌爲太尉受詔與史官同續修貞觀實錄永徽五年閏五月畢功詣闕表上之起貞觀十五年至二十三年五月勒成二十卷帝覽而歔欷無忌等賜爵加級布帛各有差
于志寧爲太子太傅尚書左僕射先詔太尉長孫無忌與志寧及中書令兼太子詹事崔敦禮與禮官國子祭酒崇賢館文士令狐德棻中書侍郎兼撿挍右庶子弘文館學士李義府著作郎崇賢館學士劉裔之著作郎楊仁卿起居郎弘文館直學士顧裔符璽

冊府元龜　國史部　恩獎　卷之五百五十四　三十一

郎李延壽兼秘書郎弘文館直學士張文恭等修撰國史依紀傳之體凡八十一卷顯慶元年七月勒成無忌等詣闕上之詔無忌已下加爵賜布有差
許敬宗爲中書令與中書侍郎許圉師著作郎楊仁卿等受詔撰貞觀二十三年以後至顯慶三年至公凡成二十卷顯慶四年二月畢功奏上之封敬宗子曰爲新城縣男國子祭酒令狐德棻進封彭陽縣公中書侍郎許圉師封平恩縣公太史令李淳風封昌樂縣男著作郎北平縣男楊仁卿著作郎餘杭縣男顧裔並加朝議大夫並賞修實錄之功也

李延壽爲符璽郎撰南北史一百八十卷卒高宗詔曰故符璽郎李延壽藝文該洽材兼良史撰政典一部詞磾直筆雖其人已亡功有可錄宜賜其家絹五十疋仍令詳正所寫兩本付秘書一本賜皇太子
武三思爲左散騎常侍靜德郡王與中書令齊國公魏元忠禮部尚書魯郡公祝欽明及史官太常少卿徐彥伯秘書少監柳冲韋承慶國子司業崔融中書舍人岑羲徐堅撰則天大聖皇后實錄爲三十卷編次文集一百二十卷神龍二年五月奏之帝稱善降璽書勞問三思賜物二千段魏元忠賜物千段仍封

冊府元龜　國史部　恩獎　卷之五百五十四　三十二

其子衞王諮議參軍昇爲任城縣男祝欽明進爵魯國公賜物八百段徐彥伯等各賜爵二等賚物五百段
竇懷貞爲左僕射與侍中魏知古中書令蕭至忠崔湜中書侍郎陸象先左散騎常侍柳冲太子詹事徐堅左庶子劉子玄先天二年三月奏上所修姓族系錄二百卷懷貞已下加爵賜物各有差
劉子玄爲左散騎常侍修國史開元四年與吳兢撰則天實錄四十卷成以聞又引古義白於執政宰相姚崇奏曰伏見貞觀十七年監修國史房玄齡與史

官給事中許敬宗著作佐郎敬播修高祖實錄二十卷成制封玄齡一子爲縣男賜物一千段敬宗一子爲高陽縣男賜物七百段敬播改授太子司議郎賜物五百段仍並降璽書褒美又神龍二年五月監修國史中書令魏元忠與史官太常少卿徐彥伯國子司業崔融等修則天實錄三十卷成制封元忠一子爲縣男賜物一千段彥伯等各賜爵二等物五百段自餘甲官加兩階物段准處分仍並降璽書褒美令史官劉子玄吳兢等撰睿宗實錄又重修則天中宗實錄並成進訖准撰太宗實錄例並修官已下加爵

及賜命子玄等經臣援引古今欲臣聞奏臣謹尋故事例有恩賞事屬當時不可爲准子玄等始末修撰誠亦勤勞敘事紀言所緣雖重承恩賞賜固不在多子玄吳兢望各賜物一百段許之（一云子玄以修則天實錄封言巢縣子）

吳兢神龍中與韋承慶劉子玄等撰則天實錄成轉起居郎俄遷水部郎中丁憂還鄉里開元三年服闋抗疏言曰臣先修史已成數十卷自停職家貧無紙札乞終餘功乃拜諫議大夫依前修史開元六年七月表乞典郡曰臣自掌史東觀十有七年歲序徒淹勤勞莫著不能勒成大典垂誡將來顧省微躬久妨賢路乞罷今職別就他官至於治人之政在兢尤所詳曉望令試典一郡刺舉外臺必當効績循良不負朝寄又兢父致仕已來俸料斯絶所冀祿秩稍厚甘脆有資烏鳥之誠幸垂矜察帝親札報曰天子臨書是爲盛業史官秉筆必佇良才著作疆記洽聞時議成許牧州典郡此類何求豈轉要以從閑乃廻難而就易私願或愜公道若何八年詔其父鄭州長史處敬爲鳳州刺史仍聽致仕以兢修國史故也

賈躭爲宰相貞元十四年躭獻九州圖幷別錄通錄

十卷德宗賜內廄馬一匹錦綵二百疋銀餅盤各一十七事躭又上海內華夷圖及古今郡國縣道四夷述德宗覽而善之賜錦綵二百疋袍段六錦帳二銀餅盤各一銀榼二馬一匹

令狐峘爲起居舍人撰玄宗代宗實錄順宗初卒元和三年以修實錄功追贈工部尚書

裴垍監修國史元和五年十二月與諸史官進德宗實錄五十卷憲宗覽而稱善乃賜垍繒錦三百疋及銀器等以秘書少監史館修撰蔣武（後名乂）爲諫議大夫直史館盩厔縣尉樊紳爲左拾遺內供奉咸陽縣尉

韋處厚爲右拾遺内供奉萬年縣丞林寶爲太常博士並仍舊職

李吉甫爲宰相元和八年二月進所撰元和州郡圖三十卷賜錦綵二百疋銀椀盤各一

路隨爲翰林侍講學士諫議大夫韋處厚爲中書舍人長慶二年十月勑隨等嘗在史館才行可稱伏以憲宗實錄未修切資論撰宜兼史館修撰其學士如故又勑路隨韋處厚且止後分日入史館修實錄未畢之間且許不入内署仍放朝參至太和四年三月隨以宰相監修國史表上憲宗實錄賜隨及見在史

史官司封郎中蘇景裔起居舍人陳夷行屯田員外郎李漢右拾遺蔣係各錦綵銀器有差

王彥威爲户部侍郎判度支撰唐典自武德終永貞成一部七十卷文宗嘉之賜以錦綵銀器

李紳爲宰相監修國史會昌三年與修撰官鄭亞等再修憲宗實錄畢進上賜銀器錦綵有差

魏謩爲中書侍郎平章事監修國史大中八年修文宗實錄四十卷上之史官給事中盧耽太常少卿蔣偕司勳員外郎王渢右補闕盧告膳部員外牛藂皆頒賜銀器錦綵序遷職秩

後唐趙鳳爲宰相監修國史天成四年上新修懿祖獻祖太祖紀年錄共二十卷莊宗實錄三十卷鳳及修撰張昭遠呂咸休各賜繒綵銀器等

晉姚顗後唐門下侍郎平章事監修國史清泰三年上明宗實錄三十卷同修撰官中書舍人充史館修撰張昭遠授尚書禮部侍郎中書舍人充史館修撰李詳加中大夫上柱國並依前充職户部郎中充史館修撰程遜授右諫議大夫左拾遺充史館修撰吳承範授左補闕充職右拾遺直史館楊昭儉授殿中侍御史各頒賜有差

漢賈緯仕晉爲起居郎天福六年奏曰伏覩史館唐高祖至代宗已有紀傳德宗至文宗亦存實錄武宗至陰齊廢帝凡六代唯有武宗實錄一卷餘皆闕落臣今采訪遺文及耆舊傳說編成六十五卷目爲唐年補遺錄以備將來史官修述臣聞裴子野之修宋略爰在梁時姚思廉之纂陳書乃於唐世咸因喪墜景有研尋皇帝陛下與日齊明固天縱聖華山歸馬崇文之道已行虎殿延儒質疑之論斯啓一昨聿宣綸誥精擇史官以李氏受終想唐年遺事雖追名上號其制相沿而創法定儀於文武異恐謡俗之訛變

致信實以湮沉將絹亡書以修墜典臣久居職分深恥闕遺今錄淺聞別陳短序伏冀特迴睿鑒俯念愚衷芸閣蓬山誠莫禆於良直跡滲掬土願少助於高深請下有司用當取證帝覽之嘉歎賜器皿幣帛

趙熙為兵部郎中天福六年與吏部侍郎張昭受詔修唐史開運中竟畢其功熙授右諫議大夫昭加金紫光祿大夫進封開國子增食邑二百戶賞筆削之功也一云開運二年史館上新修前朝李氏書賜監修宰臣劉昫修史官張昭直館王仲等繒綵銀器各有差

周張昭為兵部尚書與太子詹事劉温叟等顯德五

年撰太祖實錄三十卷上之賜物有差

冊府元龜

冊府元龜

巡按福建監察御史臣李嗣京　訂正

新建縣舉人　臣戴國士　參閱

知建陽縣事　臣黃國琦　較釋

國史部二

採撰

史氏之職舊矣自周衰失官舊章廢紊仲尼因魯史記之文考其眞僞刊而正之以勸戒蓋諸侯之國史也逮司馬遷承重世之業受成書之託踩三五已來上下數千載論次其事爲一家之言班范繼踵述遵

無廢信乎得良史之體爲作者之雄也爾後或被詔著譔或私爲記述乃有特出新意裁成義類追法春秋繫以時月皆研精極慮各自名家至若煥然垂法著爲國典藏在冊府是謂信史者咸不越于長之矩矱矣其有述傳賢耆舊之美詮高逸貞烈之行第職官之儀秩摭記載之遺逸敘天官五行之占候紀輶軒木鐸之方言著爲紀傳參於志錄者亦史臣之一體也咸附出焉

周孔子明王道七十餘君莫能用故西觀周室論史記舊聞興於魯而次春秋上記隱下至哀之獲麟約辭文去其煩重以制義法王道備人事浹七十子之徒口受其傳指爲有所譏刺褒諱挹損之文辭不可以書見也魯君子左丘明懼弟子人人異端各安其意失其眞故因孔子史記具論其語成左氏春秋述

子貢撰越絕書十六卷

尹喜爲函關令撰高士老君內傳三卷

鬼谷先生撰老子傳一卷關令尹喜傳一卷已上並傳記

漢陸賈爲大中大夫撰楚漢春秋五卷

司馬遷生龍門龍門山其東則在今秦州龍門縣北其西則在今同州韓城縣北西河從其中下流河之北山之南也耕牧河山之陽年十歲則誦古文二

十而南遊江淮上會稽探禹穴窺九疑浮沅湘北涉汶泗講業齊魯之都觀夫子遺風鄉射鄒嶧鄒縣名嶧山也於此行鄉射之禮困阨鄱薛彭城鄱縣名也過梁楚以歸反爲太史令以爲漢繼五帝末流接三代絕業周道既廢秦廢去古文焚滅詩書故明堂石室金匱玉板圖籍散亂漢興蕭何次律令韓信申軍法張蒼爲章程叔孫通定禮儀則文學彬彬稍進詩書往往間出自曹參薦蓋公言黃老而賈誼鼂錯明申韓公孫弘以儒顯百年之間天下遺文古事靡不畢集太史公仍父子繼纂其職曰於戲於戲歎也余維先人嘗掌斯事顯於唐

虞至於周復典之故司馬氏世主天官至于余乎欽念哉（欽敬也）罔羅天下放失舊聞王迹所興原始察終見盛觀衰論考之行事略三代錄秦漢上記軒轅下至于茲著十二本紀既科條之矣並時異世年差不明作十表禮樂損益律歷改易兵權山川鬼神天人之際承敝通變作八書二十八宿環北辰三十輻共一轂運行無窮（言衆星共繞北辰諸輻咸歸車轂若文武之臣尊輔天子也）輔弼股肱之臣配焉忠信行道以奉主上作三十世家扶義俶儻不令已失時立功名於天下作七十列傳凡百三十篇五十二萬六千五百字爲太史公書序略

以拾遺補闕藝成一家言（藝六藝也）協六經異傳齊百家雜語藏之名山副在京師（藏于山者備亡失也其副二本乃留京師也）以族後聖君子遷既死後其書稍出宣帝時遷外孫平通侯楊惲祖述其書遂宣布焉（又按史記司馬遷自敘云遷父談且卒執遷手而泣曰今漢興海內一統明主賢君忠臣死義之士余爲太史而弗論載余甚懼焉汝其念哉談卒三歲而遷爲太史令故述陶唐以來至于麟止作史記）

東方朔爲侍郎撰十洲記一卷神異經一卷

劉向爲中壘校尉撰戰國策三十卷

楊雄爲郎給事黃門撰蜀王本記一卷

後漢班彪爲司徒掾才高而好述作遂專心史籍之間武帝時司馬遷著作史記自太初以後闕而不錄後好事者頗或綴集時事然多鄙俗不足以踵繼其書（好事者謂楊雄劉歆陽城衡褚少孫史孝山之徒）彪乃繼採前史遺事傍貫異聞作後傳數十篇班彪卒子固歸鄉里固以彪所續前史未詳乃潛精研思欲就其業既而有人上書顯宗告固私改作國史者有詔下郡收繫京兆獄盡取其家書先是扶風人蘇朗僞言圖讖事下獄死固弟超恐固爲郡所覈考不能自明乃馳詣闕上書得召見具言固所著述意而郡亦上其書顯宗甚奇之召詣校書郎除蘭臺令史與前睢陽令陳宗長陵

令尹敏司隸從事孟異共成世祖本紀遷爲郎典校秘書固又撰功臣平林新市公孫述事作列傳載記二十八篇奏之帝乃復使終成前所著書固謂自古書契之作而有史官其載籍博矣至孔氏纂之斷唐堯下訖秦穆唐虞以前雖遺文其語不經（非經典所說）故言黃帝顓頊之事未可明也及孔子因魯史記而作春秋而左丘明論輯其本是以爲之傳又纂異同爲國語又有世本錄黃帝以來至春秋時帝王公侯卿大夫祖世所出春秋之後七國並爭秦兼諸侯有戰國策漢興代秦定天下有楚漢春秋故司馬遷據左

氏國語采世本戰國策述楚漢春秋接其後事訖于大漢漢紹堯運以建帝業至於六世史臣乃追述功德私作本紀編於百王之末厠於秦項之列太初以後闕而不錄故採纂前記綴輯所聞以述漢書起元高祖終於孝平王莽之誅十有二世二百三十年綜其行事旁貫五經上下洽通爲春秋考紀（春秋考紀謂帝紀也）表志傳凡百篇固自永平中始受詔潛精積思二十餘年至建初中乃成當世甚重其書學者莫不諷誦焉又固記諸國風土人俗皆已詳備前書撰建武以後其事異於先者以爲西域傳皆安帝命班勇所記

云

蔡邕靈帝時爲議郎在東觀與盧植韓説等撰補後漢記會遭事流離不及得成及徙朔方居五原因上書自陳奏其所著十意曰朔方髡鉗徒臣邕稽首再拜上書皇帝陛下臣邕被受陛下尤懸異大恩初繇宰府備數典域以叔父故衞尉質時爲尚書召拜郎中受詔詣東觀著作遂與群儒竝拜議郎沐浴恩澤承荅聖問前後六年質奉機密趣走目下遂竟端右出相好藩還尹輦轂旬日之閒登躡上列父子一門兼受恩寵不能輸寫心力以效絲髮之功一旦被章陷没辜戮陛下天地之德不忍刀鋸截臣首領得就于罪父子家屬徙充邊方完全軀命喘息相隨非臣無狀所敢復望非臣罪惡所當復蒙非臣辭筆所能復陳臣初決罪洛陽詔獄生出宇戶顧念元初中故尚書郎張俊坐漏泄事當伏重刑已出穀門復聽讀鞫詔書馳救一等輸作左校俊上書謝恩以轉徙郡縣促遣偪於吏手不得頓息含辭抱悲無由上達既到徙所乘塞守烽職在候望憂怖焦灼無心復能操筆成章致章闕庭誠知聖朝不責臣謝但愚心有所不竟臣自在布衣嘗以爲漢書十志下盡王莽而世

祖以來唯有紀傳無續志者臣所事師故太傅胡廣知臣頗識其門戶略以所有舊事難未備悉粗見首尾積累思惟二十餘年不在其位非外史庶人所得擅述天誘其衷得備著作郎建言十志皆當撰錄遂與議郎張華分受之所使元順難者皆以付臣先治律歷以籌筭爲本天文爲驗請太師舊注考校連年往往頗有差舛當須增損乃有施行爲無窮法道至深微不敢獨議郎中劉洪密於用筭故臣表上與洪共參思圖牒尋繹適有頭角會臣被罪逐放邊野臣竊自痛一爲不善使史籍所闕胡廣所校二十年之

思中道廢絶不得究竟悽悽之情猶以結心不能違望臣初欲須刑竟乃因縣道具以狀聞今年七月九日匈奴始攻郡監馳縣其時鮮卑連犯雲中五原一月之中烽火不絶不言四夷相與合謀所圖廣遠恐遂爲變不知所濟郡縣咸懼不守朝旦臣所在孤危懸命鋒鏑湮滅灰燼呼吸無期誠恐所懷隨軀腐朽抱恨黄泉遂下設施譴先襲踣刪科條諸志臣所定者一所當接續者四前志所無臣欲著者三及經典群書所宜据摭本奏詔書所當依據分别首自并書章左臣初被考妻子迸竄亡失文書無所按請加惶

怖愁恐思念荒散十分不能識一所識者又恐謬誤觸冒死罪披散愚情願下東觀推求諸奏參以璽書以補綴遺闕昭國體章聞之後雖肝腦流離白骨剖破無所復恨唯陛下省察謹因臨戎長霍圉封上臣頓首死罪稽首再拜以聞列傳又載邕撰集漢事未見錄以繼後史適作零紀及十意又補諸列傳四十二篇因李傕之亂湮滅多不存十意有律曆意第一禮意第二樂意第三郊祀意第四車服意第五車書意第六臣欽若曰餘四意史不載名

荀悅爲黄門侍郎獻帝好典籍嘗以班固漢書文繁難省乃令悅依左氏傳體以爲漢紀三十篇詔尚書給筆札辭約事詳論辨多美

劉艾爲侍中撰漢靈獻二帝紀三卷

蔡質爲衛尉撰典職式

侯瑾公車徵不至案漢書紀撰中興以後行事爲皇德傳三十篇行於世

劉珍爲謁者安帝永平元年詔珍與校書劉騊駼作建武已來名臣傳遷侍中越騎校尉

李尤爲諫議大夫受詔與謁者僕射劉珍等俱撰漢記

應奉官至司隸校尉著漢書後述多所述載袁崧書曰奉天刪史記漢書及漢記三百六十餘年自漢後至其時凡七十卷名曰漢書述

趙曄會稽人舉有道不就著吳越春秋十卷

趙岐爲太常著吳越春秋

郭憲爲光祿勳撰漢武洞冥記一卷

楊孚爲議郎撰交州異物志一卷

魏張璠撰後漢紀雖似未成辭藻可觀

孫該字公達彊志好學著魏書

王粲爲侍中撰漢末英雄記八卷

魚豢爲郎中撰典略十九卷

袁曄撰獻帝春秋一卷

陰澹爲左將軍撰魏紀十二卷

毛范撰吕布本事一卷
孫舒元撰漢魏春秋九卷
蜀譙周入魏封陽城亭侯撰三巴記一卷
吴謝承字偉平權謝夫人弟爲武陵太守撰後漢書百餘卷會稽先賢傳伍卷
韋曜爲黄門侍郎孫亮卽位諸葛恪輔政表曜爲太史令撰吴書華覈薛瑩等皆與同後爲侍中領左國史孫皓忿怒收付獄曜因獄吏上辭曰囚昔見世間有古歷注其所紀載既多虚無在書籍者亦複錯謬囚尋按傳記考合異同采耳目所及以作洞紀起自

庖犧至于秦漢凡爲三卷當起黄武以來别作卷事尚未成又見劉熙所作釋名信多佳者然物類衆多難得詳究故特有得失而爵位之事又有非是愚以官爵今之急不宜乖誤因自志至微又作官職訓又辨釋名各一卷欲上之繕寫始畢會以無狀幽囚待命泯没之日恨不上聞謹以先死列狀乞上言秘府於外料取呈内以聞追懼淺薉不合天聽抱怖省息乞垂哀省曜冀以此求免而皓更怪其書之紕謬竟身死於囹圄
周昭字恭遠與韋曜薛瑩華覈並述吴書
萬震爲丹陽太守撰荆州異物志一卷
陸凱爲左丞相撰雜傳十九卷
胡冲撰吴朝人士品秩狀八卷吴曆六卷
虞溥撰吴士人行狀名品三卷
吴人撰曹瞞傳一卷
晋華嶠遷尚書以博聞多識屬書典實有良史之志轉秘書監加散騎常侍班同中書寺爲内臺中書散騎著作及治禮音律天文數術南省文章門下撰集皆典統之初嶠以漢紀煩穢慨然有改作之意會爲臺郎典官制事繇是得徧觀秘籍遂就其緒起于光

武終孝獻一百九十五年爲帝紀十二卷皇后紀二卷十典十卷傳七十卷譜及三序傳目録凡九十七卷嶠以皇后配天作合前史作外戚傳以繼末編非其義也故易爲皇后紀以次帝紀又改志爲典以有堯典故也而改名後漢書奏之詔朝臣會議時中書監荀勗令和嶠太常張華侍中王濟咸以嶠文質事核有遷固之規實録之風藏之秘府後太尉汝南王亮司空衛瓘爲東宮傳列上通講事獲施行又撰紫陽眞人周君傳一卷
張華撰列異傳三卷

束晳爲佐著作郎撰晉書帝紀十志幷所著二魏人士傳七代通記竝行於世
皇甫謐累徵不起撰帝王世紀年曆高士逸士列女等傳玄晏春秋竝重於世又撰韋氏傳三卷
王接爲臨汾公相國撰列女後傳七十二人
周處爲御史中丞撰集吳書
袁崧爲吳郡太守博學有文章著後漢書百篇
祖台之字元辰爲侍中光祿大夫撰志怪書行於世
陳術字申伯著益部耆舊傳及志
楊方爲高梁太守撰吳越春秋

司馬彪泰始中爲秘書郎轉丞作九州春秋以爲先王立史官以書時事載善惡以爲沮勸撮教世之要也是以春秋不修則仲尼理之關雎既亂則師摯修之前哲豈好煩哉蓋不得已故也漢氏中興訖于建安忠臣義士亦以昭著而時無良史記述煩雜譙周雖已刪除然猶未盡安順以下亡缺者多彪乃討論衆書綴其所聞起於世祖終于孝獻編年二百錄世十二通綜上下旁貫庶事爲紀志傳凡八十篇號曰續漢書
陳壽爲御史治書撰蜀相諸葛亮集奏之除著作郎撰魏吳蜀三國志凡六十五篇時人稱其善敘事有良史之才夏侯湛時著魏書見壽所作便壞己書而罷張華深善之謂壽曰當以晉書相付耳其爲時所重如此元康七年卒梁州大中正尚書郎范頵等上表曰昔漢武帝詔曰司馬相如病甚可遣悉取其書使者得其遺書言封禪事天子異焉臣等按故治書侍御史陳壽作三國志辭多勸誡明乎得失有益風化雖文豔不及相如而質直過之願垂採錄於是詔下河南尹維陽令就家寫其書壽又撰古國志五十篇益部耆舊傳十篇又壽國志云從荊楊來者得陞

凱所諫孫皓二十事博問吳人多云不聞凱有此表又按其文殊甚切直恐非皓之所能容忍也或以爲凱藏之篋笥未敢宣行病困皓遣重朝省問欲言因以付之虛實難明故不著于篇然愛其指摘皓事足爲後戒故鈔列于凱傳左云
虞溥爲鄱陽內史撰江表傳卒于洛子渤過江上江表傳於元帝詔藏于秘書
虞預爲散騎常侍領著作著晉書七十餘卷會稽日錄二十篇諸虞傳十二篇皆行於世
王隱字處叔世寒素父銓歷陽令少好學有著述之

志每私錄晉事及功臣行狀未就而卒隱以儒素自守不交勢援博學多聞受父遺業西都舊事多所諳究建興中過江丞相軍諮祭酒涿郡祖納雅相知重納好博奕每諫止之納曰聊用忘憂耳隱曰蓋古人遭時則以功達其道不遇則以言達其才故否泰不窮也當今晉未有書天下大亂舊事蕩滅非凡才所能立君少長王都游宦四方華夷成敗皆在耳目何不述而裁之應仲遠作風俗通崔子真作政論蔡伯喈作勸學篇史游作急就章猶行於世便爲沒而不朽當其同時人豈少哉而了無聞皆繇無所述作也

故君子疾沒世而無聞易稱自強不息況國史明乎得失之跡何必博奕而後忘憂哉納喟然歎曰非不悅子之道力不足也乃上疏薦隱元帝以草創務殷未遑史官遂寢不報大興初典章稍備乃召隱及郭璞俱爲著作郎令撰晉史著作郎虞預私撰晉書而生長東南不知中朝事數訪於隱并所著書竊寫之所聞漸廣是後更疾隱形於言色預既豪族交結權貴共爲朋黨以斥隱竟以謗免黜于家貧無資用書不成乃依征西將軍庾亮於武昌亮供其紙筆書乃得成詣闕上之隱雖好著述而文辭鄙拙蕪舛不倫其書次第可觀者皆人所撰文體混漫義不可解者隱之作也

孫盛爲秘書監給事中著魏氏春秋晉陽秋詞直而理正咸稱良史焉既而桓溫見之怒謂盛子曰枋頭誠爲失利何至乃如尊君所說若此史遂行自是關君門戶事其子遽拜謝因請刪改之時盛年老還家性方嚴有軌憲雖子孫班白而庭訓愈峻至此諸子乃共號泣稽顙請爲百口切計盛大怒諸子遂爾改之盛寫兩定本寄於慕容儁太元中孝武帝博求異聞始於遼東得之以相考挍多有不同書遂兩存焉

于寶爲著作郎始領國史累遷散騎常侍著晉紀自宣帝起至愍帝五十三年凡二十卷奏之其書簡畧直而能婉咸稱良史性好陰陽術數留思京房夏侯勝等寶父先有所寵侍婢母甚妬忌及父亡母乃生推婢於墓中寶兄弟年小不之審也後十餘年母喪開墓而婢伏棺如生載還經日乃蘇言其父常取飲食與之恩情如生在家中吉凶輒語之考挍悉驗地中亦不覺爲惡既而嫁之生子又寶兄嘗病氣絕積日不冷後遂寤云見天地間鬼神事如夢覺不自知死實以此遂撰集古今神祇靈異人物變化名爲搜

神記凡三十卷以示劉惔惔曰卿可謂鬼之董狐寶旣博採異同遂混虛實因作序以陳其志曰雖考先志於載籍收遺逸於當時蓋非一耳一目之所親聞覩也亦安敢謂無失實者哉衞朔失國二傳互其所聞呂望事周子長存其兩說若此類往往有焉從此觀之聞見之難一蘇來尚矣夫書赴告之定辭據國史之方策猶尚若茲况仰述千載之前記殊俗之表綴片言於殘缺訪行事於故老將使事不二迹言無異塗然後爲信者固亦前史之所病然而國家不廢注記之官學士不絕誦覽之業豈不以其所失者小

所存者大乎今之所集設有承於前載者則非余之罪也若使采訪近世之事苟有虛錯願與先賢前儒分其譏謗及其著述亦足以明神道之不誣也群言百家不可勝覽耳目所受不可勝載今粗取足以演八畧之旨成其微說而已幸將來好事之士錄其根體有以游心寓目而無尤焉

謝沉除尚書度支郎何充庾冰竝稱沉有史才遷爲著作郎撰晉書三十餘卷後漢書百卷及漢書外傳

習鑿齒爲桓溫荆州別駕出爲滎陽太守是時溫覬覦非望鑿齒在郡著漢晉春秋以裁正之始起漢光武終晉愍帝於三國之時蜀以宗室爲正魏武雖受漢禪晉尚爲篡逆至文帝平蜀乃爲漢亡而晉始興焉引世祖諱炎興而爲禪授明天心不可以勢力彊也凡五十四卷　又撰襄陽耆舊傳五卷

韋謏集爲石季龍太子太傅記世事數十萬言

袁宏爲吏部郎遷東陽太守撰後漢紀三十卷及竹林名士傳三卷

薛榮爲散騎常侍撰漢記六十五卷

張瑩爲江州從事撰後漢南紀四十五卷

王沈爲司空撰魏書四十八卷

環濟爲太學博士撰吳紀九卷

張勃撰吳錄三卷

朱鳳爲中書郎撰晉書十卷巳元帝

庾銑撰東晉書七卷

嵇康爲中散大夫撰高士傳三卷

陸機爲平原內史撰晉紀四卷晉惠帝百官名三卷

樂資爲著作郎撰春秋後傳三十卷山陽公載言十卷

荀綽爲下邳太守撰晉後略記五卷

王羲之爲右將軍會稽內史撰許先生傳一卷

王慶爲北中郎將撰二石傳二卷二石僞治時事二
卷
杜預爲鎮南大將軍撰女記十卷
驗歸爲侍御史撰西河記記張軌事
孔衍爲會稽內史撰晉咸和咸康故事四卷一云名驗
盧綝爲廷尉撰晉四王起事四卷八王故事十二卷
范瑗撰交州先賢傳三卷
潘岳爲給事黃門郎撰關中記一卷
葛洪遜爲散騎常侍領大著作固辭不就撰神仙傳
十卷西京雜記一卷

蕭廣濟爲輔國將軍撰孝子傳五卷
戴祚爲西戎太守撰甄異傳三卷西征記一卷
王愆期爲散騎常侍撰救襄陽上都督府事一卷
孔衍爲廣陵太守撰魏尚書八卷春秋時國語十卷
春秋後國語十卷漢尚書十卷漢春秋十卷後漢尚
書二卷後漢春秋九卷後魏尚書十四卷後魏春秋
九卷國志曆五卷
賀循爲太常撰會稽記一卷
鄧粲爲荆州別駕以父騫有忠信言而世無知者乃
著晉元明紀十篇
顧夷撰吳郡記五卷
張氏撰晉書鴻烈六卷
左明楷爲石勒記室與程機撰上黨國記
石泰爲石勒參軍與石同石謙孔隆撰大單于志
和苞撰漢趙記十卷
田融撰趙石記二十卷
周融撰趙義一卷一日石集記云石勒事
范亨撰燕書二十卷
張詮撰南燕錄五卷記慕容德事
游覽先生撰南燕書七卷

王景暉撰南燕錄六卷
張諮撰涼記八卷記張軌事
蓋泓撰珠崖傳一卷
王子年撰拾遺錄二卷隱士無官
何仲熙撰秦書八卷記符健等事
劉景撰敦煌實錄十卷涼書十卷記張軌事
段龜龍爲著作郎撰西河記二卷涼記十卷記呂光事
宋徐廣爲員外散騎常侍領著作尚書奏左史述言
右官書事乘志顯於晉鄭春秋者乎魯史自聖代有
造中興記者道風帝典煥乎史策而太和以降世歷

三朝玄風聖迹條爲畤古臣等參詳宜勑著作郎徐廣撰成國史於是勑廣撰集焉累遷正員常侍大司農仍領著作如故十二年勒成晉紀凡四十六卷表上之因乞解史任不許又撰孝子傳三卷

荀伯子少好學博覽經傳爲員外散騎侍郎著作郎徐廣重其才學舉伯子及王韶之並爲佐郎助撰晉史乃著桓玄等傳又撰薛常侍傳二卷

王儉爲秘書丞元徽初儉表上所撰七志三十卷

王韶之好史籍博涉多聞父偉之少有志泰元隆安時事小大悉撰錄之韶之因此私撰晉安帝陽秋既

成時人謂宜居史職即除著作佐郎使續後事記義熙九年善敘事辭論可觀爲後代佳史又撰孝子傳十卷

續咸著遠遊志異物志皆十卷行於世

范曄左遷宣城太守不得志乃刪衆家後漢書爲一家之作曄所撰十志一皆託謝儼搜撰畢遇曄敗悉蠟以覆車宋文帝令丹陽尹徐湛之就儼尋求已不復得一代以爲恨其志今闕

謝靈運爲秘書監太祖以晉氏一代自始至終竟無一家之史令靈運撰晉書粗立條流書竟不就

裴景仁爲殿中員外將軍時沈曇慶爲徐州刺史景仁助戍彭城本傖人多悉戎荒事曇慶使撰秦記十卷敘符氏僭僞本末其書傳於世

劉謙之好學撰晉紀二十卷

袁炳字叔明有文學爲袁粲所知著晉書未成卒

何法盛爲湘東太守初郗紹作晉中興書數以示法盛法盛有意圖之謂紹曰卿名位貴達不復俟此延譽我寒士無聞於時如袁宏干寶之徒賴有著述流聲於後宜以爲惠紹不與至書成在齋內厨子法盛詣紹紹不在直入竊書紹還失之無復兼本於是遂

行何書

徐爰爲中散大夫撰宋書六十五卷

臨川王義慶撰續漢書五十八卷宣驗記十三卷幽明錄二十卷江右名士傳一卷

檀道鸞爲永嘉太守撰續晉陽秋二十卷

郭季彥爲新興太守撰續晉紀五卷

何承天爲廷尉撰春秋前傳十卷春秋前雜傳九卷

殷國爲新亭侯撰吐谷渾記二卷

劉通會爲北徐州主簿撰先朝故事二十卷

郭緣生爲天門太守撰武昌先賢志二卷述征記二

卷
鄭緝之爲員外郎撰孝子傳五卷東陽記一卷
范晏撰陰德傳二卷
袁生壽撰古異傳三卷
劉敬叔爲給事撰異苑十卷
陶潜爲彭澤令撰搜神後記十卷
東陽無疑爲散騎常侍爲齊諧記七卷
劉損爲太常卿撰京口記二卷
盛弘之爲臨川王侍郎撰荆州記三卷
袁淑爲太子左率撰眞隱二卷

雷次宗以散騎侍郎徵詣宋邑撰豫章記一卷
南齊臧榮緒爲徐州主簿純篤好學括東西晉爲一書記錄志傳一百一十卷又撰續洞記四卷
陸澄爲光祿大夫給事中撰雜傳
檀超爲司徒右長史建元二年初置史官以超與驃騎記室江淹掌史職上表立條例開元紀號不取宋年封爵各詳本傳無假年表立十志律歷禮樂天文五行郊祀刑法藝文依班固朝會輿服依蔡邕馬彪州郡依徐爰百官依范曄合州郡班固五星載天文日蝕載五行改日蝕入天文志以建元爲始帝女自皇宋立傳以備甥舅之重又立處士列女傳詔內外詳議左僕射王儉議金粟之重八政所先食貨通則國富民實宜加編錄以崇務本朝會志前史不書蔡邕稱先師胡廣說漢舊儀此乃伯喈一家之意曲碎小儀無煩錄宜立食貨省朝會洪範九疇一曰五行五行之本先乎水水之精是爲日月五行之宗也今宜憲章前軌無所改革又立帝女傳亦非淺識所安若有高德異行自當載在列女若止於常美則仍舊不書詔日月災隸天文餘如條議超史功未就卒官江淹撰成之猶不備也時豫章熊襄著齊典上起十

代其序云尚書堯典謂之虞書則附所述故通爲齊名爲河洛金匱者
王智深遷太學博士豫章王大司馬參軍兼記室世祖勅智深撰宋紀召見芙蓉堂賜衣服給宅智深告貧於豫章王王曰須卿書成當相論以祿書成三十卷世祖後召見智深於璿明殿令拜表奏上
劉涉撰齊紀十卷
孔稚珪爲散騎常侍卒贈金紫光祿大夫撰陸先生傳一卷
祖冲之爲長水校尉撰述異記十卷

王巾撰法師傳十卷

梁沈約爲尚書令以晉氏一代竟無全書年二十許便有撰述之意太始初征西將軍蔡興宗爲啓明帝有勑賜許二十餘年所撰之書凡一百三十卷條流雖舉而採綴未周永明初遇亂失第五卷齊建元四年被勑撰國史永明二年又領著作撰次起居注五年春又被勑撰宋書百卷齊紀高祖記十一卷

任昉爲新安太守著雜傳二百四十七卷

江淹爲金紫光祿大夫撰齊史十志行於世

李膺爲益州從事著益州記三卷行於世

裴子野爲鴻臚卿初曾祖松之宋元嘉中受詔續修何承天宋史未及成而卒子野嘗欲繼成先業及齊永明末沈約所撰宋書旣行子野更刪撰爲宋畧二十卷其敘事評論多善約見而歎曰吾弗逮也蘭陵蕭琛北地傅昭汝南周捨咸稱重之子野又撰衆僧傳二十卷一云撰名僧錄二十卷又欲撰齊梁春秋始草就而卒

顧協爲荆州記室撰晉仙傳五篇瑣語十卷

陸昫學涉有思理歷中書侍郎尚書左丞撰晉書未就又著陸史十五卷陸氏驪泉志一卷竝行於世

王僧孺爲南康王諮議參軍撰東宮新記

蕭子顯爲吳興太守好學屬文採衆家後漢考正同異爲一家之書又啓撰齊史書成表奏之詔付秘閣所著後漢書一百卷齊書六十卷普通北伐記五卷貴儉傳三卷

蕭子雲爲侍中幼有文彩旣長勤學以晉代竟無全書弱冠便留心撰著至年二十六書成表奏之詔付秘閣及爲太子舍人撰東宮新記奏之勑賜束帛著晉書一百一十卷東宮新記二十卷

吳均爲奉朝請著齊春秋三十卷吳郡錢塘先賢傳

五卷續齊諧記一卷

鍾岏字長丘官至建康令著良吏傳十卷

劉杳累官至尚書左丞自少至長多所著述撰高士傳二卷東宮新舊記四十卷竝行於世

庾詵詔徵中書侍郎不起撰帝歷二十卷

丘仲孚爲左丞撰皇典二十卷南宮故事百卷

江蒨爲光祿大夫好學尤悉朝儀故事撰江左遺典三十卷未就卒

劉之遴爲南郡太守撰神錄五卷

劉昭爲中軍臨川王記室撰幼童傳十卷

臧儼爲鎭南諮議撰棲鳳春秋五卷
陶弘景爲諸王侍讀後辭祿自號華陽隱居撰帝代
年曆五卷周氏冥通記一卷草法師傳一卷
梁暠撰梁武帝大捨三卷
鄭忠撰晉書七卷
謝吴爲中書郎撰梁書四十九卷梁皇帝錄五卷
王琰爲吴令撰春秋二十卷冥祥記十卷
蕭韶爲長沙王撰梁太清紀十卷
蕭世怡一云大圜封樂浪王仕隋位内史侍郎撰淮
海亂離志四卷敘梁末侯景之亂

謝綽爲少府卿撰宋拾遺十卷
王逸撰齊典五卷
周興嗣爲散騎員外侍郎給事中撰梁皇帝實錄三
卷并皇德紀記武帝故事又云謝昊撰五卷
劉仲撰梁帝聖中興畧十卷
後梁安成王欣博學善屬文著梁史百卷遭亂失其
本
陸雲公爲黃門郎兼掌著作奏武帝勑撰嘉瑞記瓌
述其旨而續焉自永定訖于至德勒成一家之言
陳顧野王爲光祿卿撰續洞冥記一卷國史傳三百
卷
何之元爲始興王叔陵諮議參軍及叔陵之誅元乃
屏絶人事鋭精著述以爲梁氏肇自武皇終于敬帝
其興亡之運盛衰之跡足以垂鑒戒定褒貶究其始
終起齊永元元年逮于王琳遇獲七十五年行事草
創爲三十卷號曰梁典其序曰記之興史其流不一
編年之作無若春秋則魯史之書非帝皇之籍也三
皇之簡爲三墳五帝之策爲五典此典義所繇生也
至乃尚書述唐帝爲堯典虞帝爲舜典斯又經文明
據是以典之爲義久矣哉若夫馬史班漢述帝稱紀

自茲厥後因相祖習及陳壽所撰名之曰志總其三
國分路揚鑣唯何法盛晉書變帝紀爲帝典既云師
古在理爲優故今之所作稱爲梁典梁有天下自大
同以前區寓寧晏太清已後寇盜交侵首尾而言未
爲盡美故開此一書分爲六意以高祖創基因乎齊
末尋宗討本起自永元今以前若干卷爲追述高祖
生自布衣長於弊俗知風教之臧否識民黎之情僞
爰逮君臨弘斯政術四紀之内寔云殷阜今以若干
卷爲太平世不嘗夷時無常治非自我後仍屬横流
今以若干卷爲敘亂洎高祖晏駕之年太宗幽辱之

歲謳歌獄訟唯向西陝而不向東都不定之民流遯之士征伐禮樂歸世祖而不歸太宗撥亂反正厥庸斯在治定功成其勳有屬今以若干卷爲世祖至於四海困窮五德舛替則敬皇紹立仍以禪陳今以若干卷爲敬帝驃騎王琳崇立後嗣雖不達天命是其忠節今以若干卷爲後嗣主至在太宗雖加美謚而大寶之號世所不遵蓋以拘於賊景故也承聖紀歷自接太清神筆詒書非宜輒改詳之後論茲有理焉夫事有始終人有業行本末之間頗宜敘述案臧榮緒稱史無裁斷猶起居注耳此而言實資詳悉又編

年而舉其歲次者蓋取分明而易尋也若夫獫狁孔熾鯁我中原始自一君終爲二主事有相涉言成混漫今以末分之前爲北魏既分之後高氏所輔爲東魏宇文所挾爲西魏所以相分別也重以蓋彰殊體繁省異文其闕損益頗有凡例

許亨爲衛尉卿撰齊書并志五十卷遇亂之後撰梁史成者五十八卷

陸從典入隋爲給事郎兼東宮學士又除著作佐郎右僕射楊素奏從典續司馬遷史記迄于隋其書未就值隋末喪亂

姚察入隋授秘書丞別勑成陳梁二代史所撰雖未畢功文帝開皇之時遣中書舍人虞世基索本且進今在內殿梁陳二史多是察之所撰其中序論及紀傳有所闕者臨亡之時仍以體例誡約子思廉博訪撰續思廉流涕奏行思廉初補漢王府行參軍掌記室尋除河間郡司法大業初中書侍郎虞世基奏思廉踵梁陳二代史自是以來稍就補續又撰傳國志十卷

許懋爲著作郎著述行記四卷撰齊記二十卷

趙齊旦爲中郎將撰陳王業曆一卷

冊府元龜

巡按福建監察御史臣李嗣京　訂正

分守建南道左布政使臣胡維霖　參閱

知建陽縣事臣黄國琦較釋

國史部三

採撰

後魏東阿縣公順任城王澄之子撰帝錄二十卷

崔逞初爲慕容燕著作郎撰燕記

封懿仕慕容燕爲中書令撰燕書頗行於世

崔浩爲太常卿初道武詔尚書郎鄧淵注國記十餘

卷編年次事體例未成逮于明元不廢著述神䴥二年詔集諸文人撰錄國書浩及弟覽高讜鄧潁晁繼范亭黄輔等共參著作敘成國書三十卷

高允領著作郎與崔浩述成國記允表曰往年被勑令臣集天文災異使事類相近約而可覩臣聞箕子陳謨而洪範作宣尼述史而春秋著皆所以章明列辟景測皇天者也故先其善惡而驗以災異隨其得失而効以禍福天人誠遠而報速如響甚可懼也自古帝王莫不尊崇其道而稽其法數以自脩勑厥後史官並載其事以爲鑒誡漢成帝時光祿大夫劉向見漢祚將危權歸外戚屢陳妖眚而不見納遂因洪範春秋災異報應者而爲其傳覬以感悟人主而終不聽察卒以危亡豈不哀哉伏惟陛下神武則天叡鑒自遠欽若稽古率錄舊章前言往行靡不究鑒前皇所不逮也臣學不洽聞見寡薄懼無以裨廣聖聽仰酬明旨今謹依洪範傳天文志撮其文辭凡爲八篇大武覽而善之曰高允之明災異亦豈減崔浩乎又允爲中書令遷中書監雖久典史事然而專勤屬述時與校書郎劉模有所緝綴大較依續崔浩故事准春秋之體而時有刊正允所引劉模者頗涉經籍

徵有注籍之用允爲秘書典著作選爲校書郎允修撰國記與俱輯著嘗令模持管籥每日同入史閣接膝對筵屬述時事允年已九十目手稍衰多遣模執筆而授裁斷之意如此者五六歲允成篇卷考論上下模豫有功焉

劉昞爲樂平王從事中郎以三史文繁著畧記百三十篇八十四卷凉書十卷敦煌實錄二十卷方言三卷

劉芳爲員外散騎常侍俄兼通直常侍從駕南巡撰述行事尋而除正

韓始均為著作郎改陳壽魏志為編年之體廣益異聞為三十卷又著冠帶錄

崔鴻為散騎常侍齊州大中正弱冠便有著述之志見晉魏前史皆成一家無所措意以劉淵石勒慕容雋苻健慕容垂姚萇慕容德赫連屈子張軌李權呂光乞伏國仁秃髮烏孤李暠沮渠蒙遜馮跋等並因世故跨僭一方各有國書未有統一鴻乃撰為十六國春秋勒成百卷因其舊記時有增損褒貶焉子子元秘書郎後永安中乃奏其父書曰臣以亡考故散騎常侍給事黃門侍郎前將軍齊州大中正鴻不殞

家風式纘世業古學克明在新必鏡多識前載傳極羣書才史富洽號稱籍甚年止壯立便斐然懷著述之意正始末任屬記言撰緝餘暇乃刊著趙燕秦夏凉乞伏西蜀等遺載為之贊序褒貶評論先朝之日草構悉了唯有李權蜀書搜索未獲闕茲一國遲留未成去正光三年始購得討論適訖而先臣棄世凡十六國名為春秋一百二卷近代之事最為備悉未曾奏上弗敢宣流今繕寫一本敢以仰呈儻或淺陋不迴睿賞乞藏秘閣以廣異家

韓顯宗為著作郎撰馮氏燕志孝友傳各十卷

高謙之為國子博士以舅氏沮渠蒙遜曾王凉土國書漏闕謙之乃修凉書十卷行於世

常景為秘書監撰儒林烈士傳各數十篇

梁祚為秘書令撰陳壽三國志名曰國統

裴伯茂為中書郎曾撰晉書竟未能成

溫子昇為中書郎撰永安記三卷

宋繪好撰述中朝士傳十卷

李公緒為衛州司馬屬疾去官潛居自待雅好著書撰古今異記二十卷趙語十三卷

高閭為侍中撰燕志十卷記馮跋事

姚和都為左人尚書撰奏記十卷記姚萇事

楊衒之撰雒陽伽藍記五卷廟記一卷

北齊魏收天保元年除中書令兼著作郎二年詔撰史四年除魏尹故優以祿力專在史閣不知郡事初帝令羣臣各言爾志收曰臣願得直筆東觀早成魏書故帝使收專其任又詔平原王高隆之總監之署名而已帝敕收曰好直筆我終不作魏太武誅史官始魏初鄧彥撰代記十餘卷其後崔浩典史游允程駿李彪崔光李琰之徒知世修其業浩為編年體彪始分作紀表志傳書猶未出宣武時命邢巒追撰孝

文懿君汪太和十四年又命崔鴻王尊業補續焉下訖孝明事甚委悉濟陰王暉業撰辨宗室錄三十卷收於是部通直常侍房延祐司馬空辛元植國子博士刁柔裴之尚傳總斟酌以成魏書辨定名稱隨條甄舉又搜採亡遺綴續後事備一代史籍表而上聞之勅成一代大典凡十一紀九十二列傳合一百一十卷五年三月奏上之秋除梁州刺史收以志未成奏請終業許之十一月復奏十志天象四卷地形三卷律曆二卷禮樂四卷食貨一卷刑罰一卷靈徵二卷官氏二卷釋老一卷凡二十卷續於記傳合一百

三十卷分爲十二帙其史三十五例二十五序九十四論前後二表一啓焉皇建中詔收更加研審收奉詔頗有改正及詔行魏史收以爲在秘閣外人無錄得見於是命送一本付外省一本付鄴下任人寫之

陽休之爲中書監撰幽州人物志行於世

劉晝與州舉秀中不第撰高才不遇傳四卷

顏之推爲黃門侍郎撰集靈記二十卷寃魂志三卷

李槩撰國春秋二十卷左史六卷

盧思道爲黃門侍郎侍詔文林館撰知己傳一卷

後周蕭大圜爲車騎大將軍儀同三司性好學務於著述人之舊事三十卷寓記三卷

榮建緒性寬直兼有學業爲載師下大夫儀同三司及平齊之始留鎮鄴城因著齊記三十卷

姚最字士會爲太子門大夫遷蜀王秀司馬博通經史尤好著述撰梁後畧十卷行於世又撰序行記十卷

劉璠爲內史中大夫撰梁典三十卷

隋魏澹爲著作郎仍爲太子學士別成魏史爲例一卷其一曰臣聞天子者繼天立極終始絕名故穀梁傳曰太上不名曲禮曰天子不言出諸侯不生名諸侯尚不生名況天子乎若爲太子必須書名良繇子

孝對父生稱父前子名禮之意也是以桓公六年九月丁卯子同生傳曰舉以太子禮杜預注云桓公子莊公也十二公唯子同是嫡夫人之長子備用太子之禮故史書之於策即位之日尊成君而不名春秋之義聖人之微旨也至如司馬遷周之太子並皆言名漢之諸兩俱說其諱以尊漢卑周臣子之意也竊謂雖立此志恐非其義何者春秋禮記太子必書名天王不言出此仲尼之襃貶皇王之稱謂非當時與異代遂爲優劣班固范曄陳壽王隱沈約參差不同尊卑失序至於魏收諱儲君之名書太子之字過又

甚焉今所撰史諱皇帝名書太子字欲以尊君卑臣依春秋之義也其二曰五帝之聖三代之英積德累功乃文乃武聖賢相承莫過周室名器不及后稷追謚止於三王郎前代之茂實後人之龜鏡也魏氏平文以前部落之君長耳太祖遠追二十八帝並極崇高違堯舜憲章越周公典禮但道武出自結繩未師典誥尚須南董有筆裁而正之反更飾非言是觀過所謂决渤澥之水復去堤防襄陵之災未可免也俟力微天女所誕靈異絕世尊爲始祖得禮之宜乎文昭武成雖據塞表英風漸盛圖南之業基自此始長

孫斤之亂也兵交御座太子受命昭成獲免道武此時后緡方娠宗廟復存社稷有主大功大孝實在獻明此之三世稱謚可也自玆以外未之敢聞其三曰臣以爲南巢桀亡牧野紂滅斬以黃鉞懸首白旗幽王死於驪山厲王出奔於彘未嘗隱諱直筆書之欲以勸善懲惡詔誡將來者也而太武獻文並皆非命前史立紀不異天年言論之間頗露首尾殺主害君莫知名姓逆臣賊子何所懼哉君子之過如日月之食圓首方足孰不瞻仰況復兵交御座矢及王屋而可隱沒者乎今始撰史分明直書不敢廻避且隱恒

之死閔昭殺逐丘明據實叙於經下況復懸隔異代而致依違哉其四曰周道陵遲不勝其弊楚子親問九鼎吳人來徵百牢無君之心實彰行路夫子刊經皆書曰卒自晉德不競宇宙分離或帝或王各自署置當其生日聘使往來略如敵國及其終也書之曰死便同庶人存沒頓殊能無懷愧今所撰史諸國凡處華夏之地者皆書曰卒同之吳楚其五曰壺遂發問馬遷答之義已盡矣後之述者仍未領悟董仲舒司馬遷之意本云尚書者隆平之典春秋者撥亂之法興衰理異制作亦殊治定則直敘欽明世亂則辭

無顯晦分路命家不相依放故云周道廢春秋作焉堯舜之盛尚書載之是也漢興以來改正朔易服色臣下百官力誦聖德仍不能盡余所謂述故事而君比之春秋謬矣然則紀傳之體出自尚書不學春秋明矣而范曄云春秋者文既總略好失事形今之擬作所爲短紀傳者史班之所變也網羅一代事義周悉適之後學此焉爲優故繼而述之觀曄此言豈直非聖人之無法又失馬遷之意旨彼蓋自謂贊仰其體而放之魏收云魯史既脩達者貽則子長自拘紀傳不存師表蓋泉源所繇地非企及雖復遜辭畏聖

亦未思紀傳所繇來也澹又以爲司馬遷創立紀傳以來述者非一人無善惡皆爲立論計在身行跡具在正書事既無奇不足懲勸再述乍同銘頌重敘唯覺繁文按丘明亞聖之才發揚聖旨言君子者無非甚泰其間尋常直書而已今所撰史竊有慕焉可爲勸戒者論其得失其無損益者所不論也

王邵爲著作佐郎以母憂去職在家著齊書時制禁私撰史爲內史侍郎李元操所奏帝怒遣使收其書覽而悅之於是起爲員外散騎侍郎遷秘書少監卒邵在著作將二十年專典國史撰隋書八十卷初撰

齊誌爲編年體二十卷復爲齊書紀傳一百卷平賊記三卷爾朱氏家傳二卷

劉善經博物洽聞尤善詞筆歷著作佐郎太子舍人著酬德傳三十卷

牛弘爲史部尚書撰周史十八卷

虞綽字士裕大業初爲秘書學士奉詔與秘書郎虞世南著作佐郎庾自直等撰長洲玉鏡等書十餘部綽所筆削煬帝未嘗不稱善而官竟不遷

許善心大業四年爲給事郎撰六物志奏之九年煬帝嘗言及高祖受命之符因問鬼神之事勑善心與崔祖濬撰靈異記十卷初善心父亨仕陳領大著作撰梁史未就而歿善心述成父志脩輯家書葺畧成七十卷

宇文愷爲左庶子撰東宮典記七十卷

明克讓爲通直散騎常侍著古今代記一卷續名僧記一卷

柳䛒爲秘書監撰晉王北伐記十五卷

侯白爲儒林郎著旌異記十五卷行於世

崔賾爲起居舍人大業中奉詔作東征記

唐王通字仲淹勃之祖也絳州龍門人仕隋爲蜀郡

司戶書佐大業末棄官歸以著書講學爲業依春秋體例自獲麟後歷秦漢至於後魏著紀年之書謂之元經

令狐德棻爲起居舍人高祖武德四年十一月德棻從容言於帝曰近代已來多無正史梁陳及齊猶有文籍至於周隋多有遺闕當今耳目猶接尚有可憑如是十數年後恐事跡湮沒無可紀錄至五年十二月二十六日詔曰司典序言史官記事考論得失究盡變通所以裁成義類懲惡勸善爰自有魏至於陳隋莫不自命正朔緜歷歲祀各殊徽號删定禮儀然

而簡牘未編紀傳咸闕炎凉已積謡俗遷訛餘烈遺
風泯焉將墜朕顧彼湮落深用軫悼有懷撰次實資
至直中書舍人蕭瑀給事中王敬業著作郎殷聞禮可
修魏史侍中陳叔達秘書丞令狐德棻太史令庾儉
可修周史中書令封德彝中書舍人顔師古可修隋
史大理卿崔善與中書舍人孔紹安太子洗馬蕭德
言可修梁史太子詹事裴矩吏部郎中祖孝孫前秘
書丞魏徵可修齊史秘書監竇璡給事中歐陽詢秦
王文學姚思廉可修陳史緜歷數載竟不就而罷修撰之源自德棻始
至貞觀三年於中書置秘書內省以修五代

史十年正月二十日尚書左僕射房玄齡侍中魏徵
散騎常侍姚思廉太子右庶子李百藥孔穎達禮部
侍郎令狐德棻中書侍郎岑文本中書舍人許敬宗
等撰成周隋梁陳齊五代史上之進階頒賜有差顯
慶元年五月四日史官修梁隋齊周陳五代志三十
卷太尉長孫無忌表進之魏徵為侍中初有詔遣令狐德棻岑文本撰周史孔穎達許敬宗撰隋史姚思廉撰梁陳史李百藥撰齊史徵受詔總加撰定多所損益務存簡正隋史序論皆徵所作梁齊各為總論時稱良史史成加左光祿大夫進封鄭國公賜物二千段姚思廉受詔與書監魏徵同撰梁陳二史思廉又採諸家梁史續成父書并推究陳事删益傅縡顧野王所修舊史撰成梁書五十卷陳書三十卷魏徵惟裁其總論其編次筆削皆思廉之功也

裴矩為吏部尚書撰開皇平陳記十二卷
房玄齡為司空貞觀十七年七月玄齡及給事中許
敬宗著作郎敬播上所撰高祖今上即太宗也實錄各二
十卷二十年閏三月詔曰朕拯溺師旋省方禮畢四
海無事百揆多閑遂因暇日詳觀典府考龜文於羲
載辨鳥冊於軒年不出巖廊神交千祀之外穆然旒
纊臨睨九皇之表是知右史序言緜斯不昧左官詮
事歷茲緜遠發揮文字之道導達書契之源大矣哉
蓋史籍之為用也自沮誦攝官之後伯陽載筆之前
易代史臣皆有删著仲尼修而採檮杌倚相誦而闡

丘墳降自西京班馬騰其茂實逮於東漢范謝振其
芳聲既而當塗陳壽敘其國志彤哉有宋沈約裁其
帝籍至若梁陳高氏朕命勒成惟周及隋亦同甄錄
莫不彰善癉惡振一代之清芬褒德懲凶備百王之
令典惟晉氏膺運制有中原上帝啓玄石之圖下武
代黃星之德及中朝鼎謝江右嗣興竝宅寰區惣重
徽號足以飛英麗筆將美方書但十有八家雖存記
注而才非良史書虧實錄榮緒煩而寡要行思勞而
少功叔寧課虛滋味同於畫餅子雲學海涓滴堙於
涸流處叔不預於中興法盛莫通於創業洎乎於陸

曹鄧累紀帝王鸞盛廣松幾編載祀其文既野其事罕傳遂使典午清塵韞遺芳於簡册金行曩誌闕繼美於驪驤遐想寂寥深爲歎息宜令修國史所更撰晉書詮次舊文裁成義類俾夫湮落之誥咸使發明其所須可依修五代史故事若少學士亦量事追取於是司空房玄齡中書令褚遂良太子左庶子許敬宗掌其事又詔中書舍人來濟著作郎陸元仕劉子翼守主客郎中盧承基太史李淳風太子舍人李義府薛元超起居郎辛玄馭著作佐郎劉裔之光祿主簿楊仁卿御史主簿李延壽較書郎張文恭並當時

偽文士分功撰錄莫不博考前文旁求遺逸芟夷蕪蔓舉其精要又令前雅州刺史令狐德棻太子司儀郎敬播主客員外郎李懷安屯田員外郎李懷儼詳其條例重加考正以臧榮緒晉書爲指本擴諸家傳記而附益之爰及晉代文集罔不畢記爲十帝紀十志七十列傳三十載記其太宗所著宣武二帝及陸機王羲之四論稱制旨焉房玄齡以下爲論皆稱史臣後數載而書就藏之秘府頒賜皆洽各有差以其書賜皇太子及新羅使者各一部焉又載李淳風爲史丞預撰晉書及五代史書其天文與曆志皆淳風所作

溫大雅爲禮部尚書撰今上王業記六卷

褚無量爲散騎常侍兼國子祭酒撰帝王記錄三卷

長孫無忌以高宗朝太尉同中書門下三品永徽元年閏五月二十三日修貞觀實錄畢上之起貞觀十五年至二十三年五月勒成二十卷顯慶元年七月無忌又與太子太傅尚書左僕射燕國公于志寧中書令兼太子詹事崔敦禮禮官國子祭酒崇文館學士令狐德棻中書侍郎兼簡較右庶子弘文館學士李義府著作郎崇賢學士劉裔之著作郎楊仁卿起居郎弘文館直學士張文恭等撰國史史成起義寧

盡貞觀末依紀傳之例凡八十一卷成詣闕上之詔無忌已下加爵賜布有差藏其書於内府

許敬宗爲中書令高宗顯慶四年二月敬宗與中書侍郎許圉師太史令李淳風著作佐郎楊仁卿著作郎顧裔受詔撰貞觀二十三年已後至顯慶三年實錄成二十卷添成一百卷帝以敬宗所紀多非實錄謂劉仁軌等日先朝身擐甲冑親履兵鋒戎衣霑馬汗犯鎣生蟣虱削平區宇康濟生靈數年之間四海清晏方始歸功上帝臨馭下人昨觀國史所書多不周悉卿等必須窮微索隱原始要終盛業鴻勳咸使詳備至如先朝作威鳳賦意爲阿舅及士廉敬宗乃移向尉遲敬德傳内又嘗奉溫湯教習長圍四合萬隊俱前忽然雲霧晝昏部伍儳亂先聖既覩斯事恐其枉法者多遂潛隱不出待其整理然後臨觀顧謂朕日振旅訓兵國之大典

此之錯失於法不輕我若見之必須行法一方軍政得罪人多我今不出良爲於此今乃移向魏徵傳內稱是徵之諫語此既垂於實錄何以垂之後世朕嘗從幸未央宮辟仗已過忽於草中見一人身帶橫刀其人云聞辟仗至怕不敢出仗家搜索不覺遂伏不敢動先聖歛轡即還顧謂朕曰此事若發數人合死汝可於後何看早放出之史家唯此一事差似不失其真郝處俊奏曰先聖仁恩觸類皆是臣命係往年宿衞之日被差屢牽供奉見有三衞誤拂御衣此人怕懼五情無主先聖謂之曰此間無御衣我不爲汝作罪過不須怕懼上謂處俊曰此亦須入史至三月部太子左庶子同中書門下三品劉仁軌吏部侍郎同三品李敬玄中書侍郎郝處俊黃門侍郎周智等並修史於是左史李仁實專掌其事將加刊改會仁實卒官又止敬宗又撰文館詞林文人傳一百卷

呂才爲太子司更大夫顯慶四年著隋紀二十卷

孟利貞撰封禪錄十卷入爲著作郎

李延壽爲符璽郎撮近代諸史南起自宋終於東北始自魏卒於隋合一百八十篇號爲南北史帝自製序延壽又撰太宗文皇帝政典三十卷

張昌宗爲太子舍人修文館學士撰古文紀年新傳三十卷

唐臨爲禮部侍郎貶潮州刺史撰冥報記二卷

李義府爲右相流振州著宦遊記二卷

武三思爲特進梁王則天長安三年正月勑三思及納言李嶠正諫大夫敬則司農少卿徐彥伯鳳閣舍人魏知古崔融司封郎中徐堅左史劉知幾直史館吳兢修唐史採四方之志成一家之言長懸指則以貽勸誡

劉仁軌爲文昌左相同鳳閣鸞臺三品著行年紀十卷行於代

杜儒童爲大州刺史撰隋季革命記十二卷傳於代

何彥先爲地官侍郎撰三國戰策十二卷行於代

劉允濟爲著作佐郎嘗採摭魯哀公後十二代至於戰國遺事撰後春秋二十卷表上之盛傳於代遷左史兼直弘文館

魏元忠爲中書令中宗神龍二年五月與左散騎常

侍武三思禮部尚書祝欽明史官太常少卿徐彥伯秘書少監柳冲國子司業崔融中書舍人岑羲徐堅等以則天實錄二十卷上之

元行冲爲太常少卿景龍三年十二月行冲以本族出於後魏未有編年之史乃撰魏典三十卷事詳文簡爲學者所稱

宗秦客爲內史撰聖母神皇實錄十八卷

丘悅爲岐王傳撰三國典略三十卷

劉子玄爲著作郎修史玄宗開元四年十一月與吳兢撰修睿宗實錄二十卷則天實錄三十卷中宗實

錄二十卷以聞

吳兢爲太子左庶子開元十四年七月十六日兢上奏曰臣往者長安景龍之歲以左拾遺起居郎兼修國史時有武三思張易之昌宗紀處訥宗楚客韋温等相次監領其職三思等立性邪佞不循憲章苟飾虛詞殊非直筆臣愚以爲國史之作在乎善惡必書遂潛心積思別撰唐書九十八卷唐春秋三十卷用藏於私室雖綿歷二十餘年尚刊削未就但微臣私門凶釁頃歲以丁憂去官自此便停知史事竊惟帝載王言所書至重儻有廢絶實深憂懼於是彌綸舊

紀重加删緝雖文則不工而事皆從實斷自隋大業十三年迄乎開元十四年春三月即皇家一代之典盡在於斯矣既撰將成此書於私家不敢不奏又卷軸稍廣繕寫甚難特望給臣楷書手三數人并紙墨等至絶筆之日當送上史館於是勑就集賢院修成其書俄又令就史館及兢遷荆州司馬其書竟未能就所修草本兢亦自將帝令中使往荆州取得五十餘卷其記事疎畧不堪行用兢又撰中宗皇帝實錄二十卷

裴光庭爲侍中開元二十年三月丁卯奏曰臣聞聖人述作先宅天人之心次紀皇王之跡垂謨訓於萬代示褒貶於一方湯武道衰斯文將墜周公補其絶紐仲尼振其頹綱然後樂正雅頌懲惡勸善自獲麟已來代歷千祀班馬以紀傳黜凡例魏晉以纂殺爲揖讓既撓亂前軌又聾瞽後代春秋之義非聖人誰能修之伏惟陛下闢四門修六典高視風雅發揮經術微臣末學待罪阿衡職兼弘文懼不勝任昔晉書文詞繁冗穿鑿多門太宗特紆宸衷親爲刊削兼命儒學以成贊論書稱御製臣等不勝大願上自周敬下至有隋約周公舊規依仲尼新例修續春秋經具有褒貶伏望進御裁定指歸如先朝故事其傳請與

館内直學士張琪李融等如左丘明受經敷暢聖意屬詞比事原始要終審逆順之端定君臣之敘繼周孔之絶跡闡文武之鴻休傳之無窮永爲程式帝手詔報曰太上立德其次立言所以稽象緯而垂訓誡也卿博古知今通才達識處弼諧之任則忠讜日聞綜墳籍之司則文儒道長今欲正人倫而美教化因舊史而作春秋斥班馬之紕繆繼經傳之褒貶著述之美當如斯焉將以先朝取朕裁定雖憲章前烈而事業相懸卿且就功隨了續進

韋述開元時爲工部侍郎居史職二十年國史自令

狐德棻至於吴兢雖累有修撰未成一家之言至述始定類例續遺闕勒成國史一百一十三卷并史例一卷事簡而語詳雅有良史之才

劉貺爲左拾遺依劉向説苑撰續説苑十卷以獻玄宗嘉之蘭陵蕭潁士以爲譙周陳壽之流

于休烈肅宗時爲太常少卿兼修國史至德二年十一月二十七日奏曰國史一百六卷開元實録四十七卷起居注并餘書三千六百八十二卷並在興慶宫史館京城陷賊後皆被焚燒且國史實録聖朝大典修撰多時今並無本伏望下御史臺推勘史館所

繇令府縣招訪有人别收得國史實録如送官司重加購賞若是官書仍赦其罪得一部超授官得一卷賞絹十疋數月之内唯得一兩卷前修史官工部侍郎韋述陷賊入東京至是以其家藏國史一百一十三卷送於官又撰五代帝論

元載代宗朝爲相廣德二年四月詔集賢院撰歷代書志從載所請也

令狐峘爲起居郎舍人兼修國史大曆三年峘修玄宗實録一百卷成峘著述雖精屬喪亂之後起居注亡失纂開元天寶間事唯得諸家文集編其詔册名臣傳十無三四後人以漏畧譏之

韓滉爲夏綏銀節度使德宗貞元十三年滉進統載三十卷其書採虞夏以來至於周隋録其事跡善於始終者六百六十八人爲立傳

沈既濟爲左拾遺史館修撰撰建中實録十卷

令狐丕爲太僕寺丞憲宗元和二年七月丕進亡故史官令狐峘所撰代宗實録四十卷詔付史官初峘爲右庶子史館修撰坐貶吉州别駕實録於貶所畢功至是方奏以功贈工部尚書

裴垍爲中書侍郎平章事監修國史元和五年十月

垍與史官蔣武等修成德宗實録表奏之日臣聞格天周物之功繼統事難之績屬當興運則事顯一時貽之後來則名示百代是以舜謂盡善禹稱無間典謨斯在芳烈可徵雖謩訓必資於濬哲顧不朽亦賴之紀述伏以德宗皇帝臨御天下殆三十年躬勤庶政戡難夷凶消復厄運大拯横流貞元之後天下無事亭障寢柝梯航獻琛納蒸人於壽域兼前王之能事加以聖政多暇睿文間作篆諸金石播於管絃扶持翼武之勲死節納忠之士亦猶星拱辰極雲從飛龍君臣協期事業光大宜當刊録以垂無窮陛下掃

清寰區恢復祖業執契求理思覿前鑒爰詔臣等俾
加撰錄臣與修撰官秘書少監蔣武以去年八月論
著絶筆勒成德宗實錄五十卷繕寫整飭今已就功
臣等學愧前脩職叨東觀雖談天測海未究其高深
而褒善貶惡靡憚其良直徒極捜採尚懼闕遺臣屬
有犬馬之疾未任躬自獻上伏以國之大典夙奉德
音編簡既終稽慢爲罪其實錄五帙五十卷并目錄
一卷謹隨表獻上帝覽而稱善詔答之曰朕獲纘丕
緒憲章成式永維皇祖之訓巍乎一代之典爰俾撰
錄冊之無窮以卿台輔元臣清直正氣慱貫程制該

通古今載筆之司遂命監領果諧朕志克就厥功纖
緗永存風烈盡在祗若遺範感慰良深眷乃勤勞增
用嘉歎所進知乃賜埍繒錦三百疋及銀器修史官
蔣武林寶韋處厚樊紳等既頒寵賜又皆命進秩蔣
武後改名乂再居史職前後二十年著大唐宰臣錄
七十卷凌煙閣功臣秦府十八學士史臣傳共四十
餘卷宰相記三卷
劉涑爲右補闕集賢殿學士著傳記三卷
張薦爲工部侍郎初在史館二十餘年著宰輔傳畧
寓居錄令怪集等

馬宇爲秘書少監史館修撰有史學撰鳳池錄五十
卷
范傳正爲宣歙觀察使著西陲要畧三卷
路隋爲翰林侍講學士諫議大夫穆宗長慶二年十
月勅隋及中書舍人韋處厚充史館修撰修憲宗實
錄仍分日入史館修實錄未畢之間且許不入内署
仍放朝參其實錄雖未絶筆統例取捨皆處厚創起
文宗朝隋爲中書侍郎平章事監修國史太和四年
三月隋表上憲宗實錄曰臣聞古者左史記言右史
記事事爲春秋言爲尚書遠自軒皇迄惟列聖其間

睿哲文明之德格天濟物之功實賴記述傳諸不朽
伏以憲宗皇帝承十一葉之基運盪六十年之妖氛
神功燀於無外玄化光於有截語儉德則澣濯以
垂訓言憂勤則躬日昃而忘倦廣聰明則惟恐其不
聞納忠諫則咸許其自達羣臣荷寬裕之德黔首飽
慈惠之仁今之舉盛烈者貞觀開元元和而已誠宜
垂諸簡諜煥被縑緗長慶二年詔監修宰臣杜元穎
命翰林侍講學士臣處厚臣隋暨史官沈傳師鄭澣
宇文籍等分年編次實錄屬中外多故筆削未遑或
慼秩遽移刊綴莫就陛下丕承鴻緒思弘祖德前詔

處厚繼命臣隋比因奏對促令纂勒臣今挼處厚等所錄又與見在史官蘇景裔等傳訪遺逸精加研覈以畢其功逮茲周歲錯綜方就謹撰憲宗皇帝實錄爲四十卷目錄一卷謹隨表奉獻雖刋精極思徒効其勤勞而測海窺天豈知其萬一無任悚惕兢懸之至謹詣光順門奉進以聞詔報曰卿學貫六經究春秋之微旨業精五典得簡冊之菁華編年紀述於皇猷記事備陳於王業稽堯言而可法彰禹績而有光極思盡誠宣我祖德閱覽之際虔感彌深賜監修國史路隋及見在史官司封郎中蘇景胤起居舍人陳

夷行屯田員外郎李漢右拾遺蔣係各綿綵銀器有差隋又進穆宗實錄二十卷文宗時隋爲門下侍郎同中書門下平章事監脩國史太和五年奏曰伏奉七月十七日勅以順宗實錄頗非詳實委臣等重加刋正畢日聞奏者臣奉宣尋以拜恩亦取史本欲加筆削近伏見衛尉卿周居巢諫議大夫王彥威給事中李固言及史官蘇景胤等各上章疏具陳刋改非宜又聞班行以此論議頗衆臣伏以史策之作勸誡所存事有當書理宜歸實匹夫美惡尚不可誣人君得失無容虛載聖恩以前實錄記貞元末數事稍非摭實蓋出傳聞審知差舛便使刋正頃因坐日屢形聖言通計前後至於數四臣及宗閔僧孺亦以永貞已來歲月至近禁中行事在外固難詳知陛下所言皆是接於耳目既聞乖謬因述古今引前史之直不疑盜嫂之言及第五倫撾婦公之說固多此比難盡信書所與睿鑒詳於聽言深愼於行事特此比類上開聰明特蒙降察稍恕前謬繇是近稽宜命令有改修臣等伏以貞觀已來累朝實錄有經重撰不敢固辭但欲粗刪深誤亦固盡存諸說宗閔僧孺相與商量緣此書成於韓愈今史官李漢蔣係皆愈之子婿

若遣參撰或致私嫌以臣職既監修盍令詳正及經奏請事遂施行今者寮庶兢言不如本起表章交奏似有他疑臣雖至昧容非自請既迫羣議輒冒上聞縱臣果獲修成必懼終爲時累且韓愈所書亦非出已元和之後已是相循縱其密親豈害公理使歸本職實謂正名其實錄伏望條示舊紀最錯者宣付史官委之修定則與聖祖稽休永無慚於傳信下臣非據獲臧戾於侵官彰清朝立政之方表公器不私之義流言自弭時論攸宜詔曰其錄中所書德宗順宗朝禁中事尋訪根柢蓋起謬傳諒非信史宜令史

官詳正刊去其他不要更修其餘依奏
李德裕爲中書侍郎平章事太和八年九月己未進
柳芳舊聞三卷又撰異域歸忠傳二卷
王彦威爲戸部侍郎判度支開成二年二月進所傳
撰唐典七十卷其表曰臣去太和元年伏蒙聖恩擢
授諫官又叨史職注記之暇嘗覽國史臣輙畧其繁
文舉其機要起自武德終於永貞撰成唐典一部凡
七十卷謹詣右銀臺門奉進文宗頗嘉之賜以錦綵
銀器仍宜付史館集賢院繕寫
李紳爲宰臣監修國史武宗會昌元年四月奉勑憲

宗實錄宜令史館再修撰進入其先撰成本不得注
破并與新撰本同進來至三年十月紳與修撰官鄭
亞等修畢進至大中二年十一月又降勑曰憲宗實
錄宜施行舊本委天下諸州府察訪如有寫得者並
送館不得藏隱先是李德裕秉政以其父元和初爲宰相前史官或書其不善之事故德裕先請不遷憲宗廟爲議者沮之復請改撰實錄朝野非之
崔龜從爲相大中五年七月上新撰唐曆三十卷
李讓夷爲中書侍郎平章事監修國史撰敬宗實錄
十卷
魏謩爲相監修國史大中八年三月謩修成文宗實
錄四十二卷上之史官給事中盧耽太常少卿將偕
司勳員外郎王渢右補闕盧告須賜銀器錦綵有差
崔玄暐以著述爲業所撰義士傳十五卷友義傳十
卷
柳玭爲吏部侍郎大順二年二月勑玭等修宣宗懿
宗僖宗實錄始丞相監修國史杜讓能以三朝實錄
未修乃奏吏部侍郎柳玭右補闕裴廷裕左拾遺孫
泰駕部員外郎李裔太常博士鄭光庭等十五人分
修之踰年竟不能編錄一字惟廷裕採宣宗朝耳目
聞覩撰成三卷目曰東觀奏紀納於史館

沙仲穆昭宗龍紀中纂野史十卷起自太和終於龍
紀因曰太和野史

冊府元龜

巡按福建監察御史臣李嗣京 訂正

知長樂縣事 臣 夏允彝 參閱

知建陽縣事 臣 黃國琦 較釋

國史部 四

採撰

唐路隋爲翰林侍講學士與中書舍人韋處厚同撰憲宗實錄丙永貞元年九月書河陽三城節度使元韶卒不載其事迹隋等立議曰凡功臣不足以垂後而善惡不足以爲誡者雖富貴人第書其卒而已陶

靑劉舍許昌薛澤莊靑翟趙周皆爲漢相爵列通侯而良史以爲齪齪廉謹備員而已無能發明功名者皆不立傳伯夷莊蹻墨翟魯連王符徐稚郭泰皆終身匹夫或讓國立節或養德著書或出奇排難或守道避禍而傳與周邵管晏同列故富貴者有所屈貧賤者有所伸孔子曰齊景公有馬千駟死之日人無得而稱焉伯夷叔齊餓於首陽之下人到於今稱之然則志士之欲以光耀於後者何待於爵位哉富貴之人排肩而立卒不能自垂於後者德不修而輕義重利故也自古及今可勝數乎

李吉甫爲相監修國史元和八年十月宰臣以伏下候對於延英殿帝以時政記問於宰臣吉甫對曰是宰相記天子事以授史官之實錄也古者左史記言今起居郎是也右史記動今起居舍人是也永徽中宰相姚璹監修國史慮與造膝之言或不下聞因請隨奏對而記伏下以授史官今時政記是也帝曰其間或修或不修者何也吉甫對曰凡面奏德音未及施行總謂機密固不可書以送史官其間謀議有發自臣下者又不可自書以付史官及事已行者制旨昭天下皆得聞之即史官不記不待書以授也且臣

觀時政記者姚璹修長壽及璹罷而事廢賈耽齊抗修貞元及耽罷而事廢然則關於政化者不虛美不隱惡謂之良史

梁李琪貞明中歷兵禮吏侍郎與張袞郗殷象馮錫嘉奉詔脩撰太祖實錄三十卷叙述非工事多漏畧復詔宰臣敬翔別纂成三十卷目之曰大梁編遺與實錄偕行

後唐趙熙明宗時爲起居郎史館脩撰天成二年八月熙上言曰伏以皇帝陛下應天御宇纘聖承乾咸從睿哲之功克致文明之運始自乾坤蕩定京輦廓

清箴規委諫諍之臣輔弼任賢良之士莫不盡編竹帛已播遐陬其有聖德憂勤睿謀沉密至理每叶於神化格言皆契於天時或拱極侍衛之臣或秉政樞機之地或陛下有籌畫之妙或大臣得應對之儀外班既不聞知直史憑何紀錄實慮歲月深久永作遺文自此凡是內中公事及詔書奏對應不到中書者伏乞委內臣一人旋具抄録月終關送史館庶使簡編畢備言動無遺垂萬古之美談顯一時之盛事九月史館奏伏奉九月八日勑國祚中興已逾五載皇基統嗣爰及兩朝其有紀年之書行事之紀未聞編

録實謂曠遺所司既不舉明史官又無起請因循斯久闕漏轉多宜令史臣先修太祖武皇帝莊宗兩朝實録速具奏呈新朝日曆行事亦可精專纂錄無使廢墜者伏以簡編事重久闕鑒修須循廣記之規以備必書之要館司或有闕漏公事盡令提舉施行伏自陛下赴難雒京以副人望宰臣百辟諸道藩侯各貢箴章請臨寶位羣情尤切三讓彌堅且行教令之規先進代王之號既從俞允尋就纘承皇澤播於萬方聖功超於千古伏自大駕臨至德宮宰臣百官諸道侯伯各上勸進箋表及聖旨謙讓批答兼宣諭諸道教令詔書及寶册文并自天成元年四月後至今年九月以前內降詔書陛下日親時政金口所宣去弊除姦及近日敷奏省費從寬之事並請下所司各簡抄録送館所冀編修總無漏畧從之十二月同州節度使盧質准勑録太祖莊宗兩朝功臣書部白進之是月都官郎中庾傳美訪圖書於三川孟知祥處得九朝實録及雜書傳千餘卷並付史館同光已後館中煨燼無幾九朝實録甚濟其闕

趙鳳監修國史天成四年七月鳳奏當館奉勑修懿祖獻祖太祖莊宗四帝實録自今年六月初一日起

手旋具進呈次伏以凡關纂述務合品題承乾御宇之君行事方云實錄追尊册號之帝約文只可紀年所修前件史書今欲自莊宗一朝名爲實録其太祖已上並目爲紀年從之至其年十一月史館上新修懿祖獻祖太祖紀年錄共二十卷莊宗實録三十卷鳳及修撰張昭遠呂咸休各賜繒綵銀器等

崔棁爲都官郎中知制誥長興二年五月棁上言臣聞高祖神堯皇帝初定天下起居舍人令狐德棻上言以近代已來多無正史恐十數年後事跡蔑聞因命儒學大臣分撰南北諸史且言異代猶恐棄遺況

在本朝豈以湮滅臣嘗聞宣宗纘承大業思致時雍
旰食宵衣憂勤庶務十餘年之內可謂治平於時史
官雖有注記尋屬多故輦輅省方未暇刊修皆至淪
墜統臨之盛寂寞無聞伏思年代未遥耳目相接豈
無野史散在人間伏乞特命購求十獲五六亦可備
編修冀成一代之信書永祚千年之盛觀從之
三年五月史館奏當館職備編修理無曠失將美惡
而具載庶古今以同風垂訓將來傳範不朽實有國
之重事乃設教之本根伏自冦盜寢興皇唐中否四
朝之聖君令命寂寞無聞數世之忠臣楷模湮淪罔

紀至於后妃貴主帝子皇孫禮樂廢興制度沿革不
偶文明之運難崇祖述之規既遇昇平須謀纂集勑
旨史館奏陳事件皆叶規程頗驗公勤並宜依允
十一月壬午史館奏自宣宗朝以來時歷四朝未有
實錄年代深遠簡牘散亡更歷歲時轉失根本自中
興已來累於諸道購纂四朝日歷報狀百司關報亦
恐巳曾撰到實錄值亂亡失乞下兩浙湖南巡屬購
募四朝野史及除自報狀關報等庶成撰集之功從
之
四年十一月史館奏先奉勑旨纂修太祖武皇帝莊

宗光聖神閔孝皇帝兩朝實錄呈進者臣學虧富贍
功愧裁成職司獲奉於簡書祖述濫承於綸旨國家
神符運祚代出忠賢始祖自太宗朝初鎮墨離爰崇
官族帶礪之紛華不絕鼎彝之盛美可尋懿祖昭烈
皇帝立功元和翊戴章武東平淮蔡西闢河湟獻祖
文皇帝既紹家聲愈遵堂構破晁夷而還貴主誅潞
孽而定徐方仗鉞分憂振雄名於聞服維城作固濬
靈派於天潢太祖武皇帝投袂勤王誓心報主極三
朝之忠難邁五霸之英威經綸既叶於上玄捲祐乃
延於下武莊宗神閔皇帝謀猷特立睿哲遐宣訓卒

練兵櫛風沐雨纘崇鳳曆恢三百載之世功平盪梟
巢刷四十年之讐耻一登大寶四換周星其間天地
慘舒君臣善惡旋自宮闈變動簡牘散亡遂徧訪於
見聞庶備詳於本末修撰朝議郎左補闕張昭遠傳
於記覽早預編排自今年六月一日與同職官員等
共議纂修獲成紀錄臣叨司筆削比乏史才如其英
妄測於河源禪竈強論於天道殺青斯竟代斲增慙
又以三祖追尊有殊受命約之舊史必在正名謹敘
懿祖書一卷獻祖書二卷太祖書一十七卷並題目
紀年錄先帝自龍飛晉陽君臨天下以日繫月一十

九年謹修成實録三十卷誠多紕繆仰瀆休明覦鑑
素以驚心塵晃旒而洽旹是日賜門下侍郎兼工部
尚書平章事監修國史趙鳳雜綵五十疋盖梲一副
李愚爲門下侍郎監修國史與諸儒修成創業功臣
傳三十卷愍帝應順元年閏正月愚與修撰判館事
張昭遠等詣閤門進新修唐功臣列傳三十卷
韓昭裔爲端明殿學士末帝清泰元年史館上言凡
書詔及處分公事臣下奏議望命近臣以時繫日錄
下史館編修詔昭裔及樞密直學士李專美録送有
司行明宗時舊事也

劉昫自唐末帝時爲丞相監修國史清泰元年七月
昫奏曰史官奏天成二年九月詔纂修太祖至莊宗
實錄及功臣列傳四年十一月修懿祖獻祖太祖紀
年實錄二十卷莊宗實錄三十卷呈進其功臣列傳
委元修史官張昭遠與史館修撰相次編纂列傳計
三十卷今年閏月七日進呈末下所司臣以立功立
事須標於竹帛記言記事靡漏於簡編貴賫褒貶之
文備述艱難之業伏惟陛下大明御宇至道臨人定
袞區以武功守宗祧以文德輝耀三古超越百王莫
不萬國來庭千官舉職臣叨居鈞軸已愧庸虛曾無
筆削之勞謬處監修之任輙茲舉奏冒瀆宸嚴詔所
修列傳付史館先是今春史館進之鄂王省視亦便
屬起兵因是亡失故重繕寫奏故也二年六月制曰
恭惟先皇帝夷凶靜亂開國承家社稷危而再安乾
坤否而復泰弘宣一德寵惠兆民八年之間家給人
足然而致理之績雖已播於頌聲紀事之書尚未編
於史氏緬維纘奉之道良增愧惕之懷其實録宜令
史館疾速修撰呈進唯務周詳勿令闕漏
姚顗爲相兼監修國史清泰三年顗上表奏詔臣等
同修先皇帝實錄進呈自承天旨尋戒百官同申太

史之舊章徧訪茂陵之遺牒莫不囊螢汗簡寢筆懷
鉛粗成典册之大綱詎副宸旒之重委臣聞刻木結
繩之代泥金簡玉之朝傳茂實於無窮播英聲於不
朽良以絃歌誦美竹帛書勳然則序皇猷而有質有
文論帝道而或疎或密疎則見譏於良史密則利澤
於洪源故禹穴藏書作法永垂於千古橋山刻木化
民何止於百年恭惟明宗聖德和武欽孝皇帝務實
去華本仁祖義鄙漢家之霸道薄用刑名遵老氏之
玄言克敦慈儉爰自仗義旂於參野總戎鉞於灤門
三紀訓兵奉列聖而重安鼎祚八年御宇育黎元而

別創蘿圖臣歷覽前經詳觀哲后無如先聖居宗室
而扶持景運作維城而屏翰皇家鷹揚豹變之奇
屈龍伸之智年纔總角位已建牙輔獻祖太祖之經
綸鮮僖宗昭宗之禍難東平巢蔡北靜蕃渾拔榛棘
而立朝廷斬豺狼而興社稷及莊宗失馭寰海橫流
方哀義帝之喪堅守唐侯之位而謳歌遽迫曆數爰
歸於是華秦皇漢武之澆風修貞觀開元之仁政以
臣幽淺何以發揮自捧絲綸如挾冰炭但緣職分難
避擬掄臣即與判館事修撰官中書舍人張昭遠中
書舍人李詳左拾遺吳承範等依約典謨考詳記注

按編年之舊體各次第以分功起龍潛受命四十年
成鳳冊新書三十卷雖研精覃思備振於綱條而事
重才輕仍憂於漏畧加以裝褫鹵莽繕寫生踈旋命
直館右拾遺楊昭儉虞切指蹤專司較勘尚虞舛悞
未盡周詳將冒犯於進呈實倍增於憂負翌日詔奬
飾其書付史館中書門下率百官上章慰賀
晉賈緯爲起居郎史館修撰緯謂監修趙瑩曰唐史
一百三十卷止於代宗已下十餘朝未有正史請與
同職修之瑩異其言具奏晉祖然之謂李崧曰賈緯
欲修唐史何如對曰臣每見史官輩言唐朝近百年

來無實錄旣無根本安能編紀緯聞崧言頗怒而青
崧沮已崧曰與公鄉人理須相惜此事非細安敢輕
言緯見宰相論說不已明年春勑修唐史天福六年
二月巳酉緯奏曰伏覩國史館唐高祖至代宗已有
紀傳德宗至文宗亦存實錄武宗至濟陰廢帝凡六
代唯有武宗實錄一卷餘皆闕落臣今采訪遺文及
耆舊傳說編成五十五卷目爲唐年補遺錄以備將
來史官修述臣聞裴子野之修宋畧爰在梁時姚思
廉之纂陳書乃於唐世咸因喪墜是有研尋皇帝陛
下與日齊明固天縱聖華山歸馬宗文之道已行虎

殿延儒質疑之論斯啓一昨聿宣綸誥精擇史官以
李氏乂終想唐年遺事雖追名上號其制相沿而創
法定儀於文或異恐謠俗之訛變致信實以湮沉將
輯亡書以修墜典臣乂君職分深恥闕遺今錄淺聞
別陳短序伏與特廻睿鑒俯念愚衷芸閣蓬山誠莫
裨於良直蹄涔掬土願少効於高深請下有司用資
取證上覽之嘉歎賜器皿幣帛
晉高祖天福六年二月巳亥詔曰百王大典千古元
龜償不編修永成漏畧有唐氏遠自高祖下自明宗
紀傳未分書志咸闕今耳目相接尚可詢求若歲月

更深何猻尋訪眷言筆削宜屬英髦戶部侍郎張昭遠起居郎賈緯秘書少監趙熙吏部郎中鄭受益左司員外郎李爲光等學並該通文皆微婉俾成信史足展長才宜令張昭等修撰唐史仍令宰臣趙瑩監修昭又以唐朝數帝編簡殘缺詔遣修唐朝一代正史昭長於筆述鋭於採求不三歲取天寶前舊史至濟陰少主實錄野史共纂成二百卷以聞有制稱美尋加戶封書付史館（晉少帝開運二年史官上新修李氏書紀志列傳共二百一十三卷并目錄一卷都計二十帙賜監修前朝劉昫及修史官等繒綵銀器有差）

趙瑩爲相監修國史天福六年四月瑩奏曰伏以唐

室君臨歷年長遠至若王言帝載國史朝經治平之時充溢臺閣自李朝喪亂迨五十年四海沸騰兩都淪覆竹簡漆書之部帙多已散亡石渠金馬之文章遂成殘缺今之書府百無二三臣等虔奉綸言俾令撰述褒貶或從於新意纂修須按於舊書旣闕簡編先憂漏落臣今據史館所闕唐書實錄請下勑購求昔咸通中宰臣韋保衡與蔣伸皇甫煥撰武宗宣宗兩朝實錄又光化初宰臣裴贄撰懿宗僖宗兩朝實錄皆遇國朝多事或值皇輿播越雖聞撰述未見流傳其韋衡裴贄合有子孫見居職任或門生故吏曾託纂修或秘藏於士族之家或韜隱於鉅儒之室聖代方編於舊史者年有事於故朝聞此譔論諒多快愜兒行恩獎以重購求請下三京諸道及中外臣僚凡有將此數朝實錄詣闕進納請量其文武才能不拘資地與除一官如卷帙不足據數進納亦請不次獎擢以勸來者自會昌至天復垂六十年其初李德裕平上黨著武宗伐叛之書其後康承訓定徐方有武寧本末之傳如此色類記述頗多復有世積典墳家傳史筆或收纂當時除目藏在私居或採摭近代制書以爲文集未逢昌運無以發明今屬搜揚誠爲

際會旣仰志業佇見旌讐請下中外臣僚及明儒宿學有於此六十年內撰述得傳記及中書銀臺事史館日曆制詔冊書等不限年月多少並許詣闕進納如年月稍多記錄詳備請特行簡拔不限資序臣與張昭等共議所撰唐史抵敘本紀列傳十志本紀以綱帝業列傳以述功臣十志以書刑政本紀以綱帝業者本紀之法始於春秋以事繫日以日繫月以月繫時以時繫年刑政無遺綱條必舉須憑長曆以編甲子請下司天臺自唐高祖武德元年戊寅至天祐元年爲甲子轉年長曆一道以憑編述諸帝本紀列

傳以述功臣者古者衣冠之家書於國籍中正清議以定品流故有家傳族譜族圖江左百家軒裳繼軌山東四姓簪組盈朝隋唐已來勳書王府故士族子弟多自紀世功備載簡編以光祖考今宸恩渙洽屬意謨論卿士大夫咸多世族閭茲汗簡孰不慰心請下文武兩班及藩侯郡牧各叙累代官婚名諱行業功勳狀一本如有家譜家牒亦仰送官以憑纂叙列傳十志以書刑政者五禮之書代有沿革至開元刋定方始備儀自寶應已來典章漸缺其祇見郊廟册拜公王攝事相禮之文車輅服章之數勢移權倖禮

或僣差故軍容釋奠於儒官舉朝議諸巷伯亳鑾而法服慱士抗論年代既深禮文斯闕請下太常禮院自天寶已後至明宗朝已來五禮儀注朝廷行事或異舊章並據增損節文一一備錄以憑撰述禮志四懸之樂不異前文八佾之容或殊往代隋唐已來樂兼夷夏乃有文舞武舞之制坐部立部之名天寶之初雲韶大備寶應之後音律漸衰郊廟殿庭舊章斯缺自咸秦盪覆鐘石淪亡龍紀返正之年有司特鑄懸樂旋宮之義空有其文請下太常寺共四懸二舞增損始自何朝及諸廟樂章舞名開元十部用廢本末一一按錄以憑撰述樂志刑名之制代有重輕隋唐已來疏爲律令然累朝雖有制勑相次增益舊條以此格律之文未能畫一後勑不編於實錄諸制多在於法書請下大理寺自著律令已來後勑入格條者及會昌已來所經疑獄一一閞報以憑撰述刑法志律曆五行天文災異中書實錄前代具書自唐季亂離簡編淪落太史所奏並不載於册書譌見之文時或存於星曆請下司天臺自會昌已來天文變異五行休咎曆法改更據朝代年月一一條錄以憑撰述天文律曆五行等志唐初定官品令三公三師爲

第一品尚書令僕爲第二品兩省御史臺寺監長官六尚書爲第三品自定令已後官品錯舛比諸令文前後同異又有兼攝簡蔽之例資授册拜之文軍容或盛於朝儀使務漸侵於省局以此官無定令位以賞功臺府之權隨時輕重求諸官志前代無聞請下御史臺自定令已後文武兩班品秩或升或降及府名使額寺署廢置官名更改一一具析以憑撰述職官志畫野離疆實均九貢帶河礪嶽爰命諸侯唐初守邊則有都督總管之號開元命將即有節度按察之名故刺史多帶於使銜郡閣更兼於軍額其後四

安之地因亂多設於戎夷九牧之中乘龍遂邈於虒錢故山河易制名類實繁請下兵部職方自開元巳來山河地理使名單額州縣廢置一一條列以憑撰述郡國志漢述藝文隋編經籍蓋以總括典墳之部帙籠流畧之書唐初以迄開元圖書大備歷朝纂述卷軸彌繁若不統而論之何彰文雅之盛請下秘書省自唐初巳來古今典籍經史子集元撰人姓氏四部大數報館以憑撰述經籍志臣名叨輔弼學愧裁成獲奉制書俾專信史伏以有唐纘曆累葉承平文德武功巳紛綸於圖諜記言載筆尚闕漏於簡書皇

帝陛下永念淪胥深思揖讓周武謁成湯之廟不忘故朝漢皇封王赧之孫蓋悲亡國今則巳覃優渥爰勤纂修凡在臣僚孰不知感所懼史才短淺識局荒唐實慮庸虛有孤宸委所陳條例如可施行請下所司庶幾集事從之

漢實貞固隱帝時爲相乾祐二年貞固上言臣伏覩上自軒昊下及隋唐歷代帝王享國年月莫不裁成信史載在明文或編修只自於本朝或追補亦從於來者曾無漏畧咸有排聯蹤迹相尋源流可别五運生成之道於是乎彰明一時褒貶之書因兹而昭著古既若此今乃宜然輒敢上言俟神有作伏以晉高祖洎少帝兩朝臨御一紀光陰雖金德告衰蓋歸曆數而炎靈復盛固有階緣先皇帝昔任初潛曾經所事舜有歷試之迹禹陳俾乂之功載尋發漸之繇實謂開基之本近見史臣修高祖實錄神功聖德靡不詳明述漢之興繇晉而起安可遺落朝代廢闕編修更若日月滋深耳目不接恐成湮没莫究端繇伏惟皇帝陛下德洽守文功宣下武化家爲國備覩王業之源續聖繼明益表帝圖之美舊章畢舉墜典聿修伏乞睿慈勑史官纂集晉朝實錄勑五運相承歷代

而猶傳鳳紀百王垂訓繼明而具載鴻猷况今司契御乾握圖纂極事每循於師古政必究於化源迨自金行成兹火德所請編錄庶補闕文其晉朝實錄宜令監修國史蘇逢吉與史官賈緯竇儼王伸等修撰呈進至太祖廣順元年七月竇貞固上言臣監修國史時奉詔修晉朝實錄伏以皇帝陛下武功定業文德化民河圖緯書將薦聖明之瑞商俗夏諺無輕典誥之賁厚言貽誡以弘心彰往考來而在念臣等任叨南董才愧班荀屬辭爵朗暢之功總論寡精微之識秩無文於昭代淚塞闕如收遺韻於傳文冀開來

者奉茲鉛槧賞以油緗同傾獻扶之心上副成書之
命所撰晉高祖實錄三十卷少帝實錄二十卷謹詣
東山閣門呈進勅貞固等羣書覩奥直筆記言成一
代之明文繼百王之盛典豈特洪纖靡漏抑亦褒貶
有彰將播無窮永傳不朽歎重褒美傾刻不忘
周世宗顯德三年十二月詔曰伏以太祖聖神恭肅
文武孝皇帝創平多難開啓洪圖用干戈而清域中
修禮樂而治天下克勤克儉乃武乃文入紘方混於
車書三載忽遺於弓劒英謀睿畧旣高冠於前王聖
德神功尚未編於信史詢於典禮闕孰甚焉宜番不

則之文以永無疆之美其太祖聖神恭肅文武孝皇
帝實錄宜差兵部尚書張昭修纂其同修纂官員委
張昭定名奏請又詔曰書契已來史冊相繼明君暗
王罔或遺之所以紀一時之興亡爲千古之鑒誡梁
均帝唐清泰二主皆居大寶奄宅中區雖負扆當陽
不享延洪之數而編年紀事宜存纂錄之規用備闕
文永傳來裔其梁均帝唐清泰二主實錄宜差兵部
尚書張昭修纂其同修纂官員亦委張昭定名奏請
四年正月兵部尚書張昭奏奉勅編修太祖實錄及
唐梁二末主實錄今請國子祭酒尹拙太子詹事劉
溫叟同編修又奏撰漢書者先爲項傳編蜀記者首
序劉璋所貴神器之傳授有因曆數之推遷得序代
緣漢隱帝君臨在太祖之前其歷試之績並在漢隱
帝朝內請先修隱帝實錄以全太祖之事功又梁末
主之上有郢王友珪篡弒君位未有記錄請依宋書
劉劭例書爲元兇友珪其末主請依古義書爲梁廢
帝其書曰後梁實錄唐末主之前有應順帝在位四
月出奔亦未編紀請書爲前廢帝清泰主爲後廢帝
其書並爲實錄兼請於諸道搜索圖記並從之五年
六月兵部尚書張昭等修太祖實錄三十卷上之

顯德六年十二月壬申朔史館奏請差官撰修世宗
實錄從之

冊府元龜

脱二條（本卷各條次序宋本與明本不同）

漢蘇逢吉為相監修國史乾祐二年十月逢吉與史官賈緯上奏曰高祖皇帝誕聖并門書勳晉室經文緯武既歷試於諸難應天順人俄光宅於四海非干戈而濆武實仁義而樂推可謂有典有謨盡善盡美伏惟皇帝陛下纂承鴻業恭守丕圖調雅薦馨笙磬已歌於盛烈表年繫事策書備載於英猷誠為不朽之言以播無窮之美臣等前奉明詔俾勒芸編遂與史臣搜諸策府就日之德深慙筆削之詞揮翰之文庶續

油緗之闕謹叙高祖皇帝行事成實錄二十卷陳進以聞

周張昭遠自後唐明宗時為左補闕天成三年十二月史館以昭遠狀云常讀國書竊見懿祖昭烈皇帝自元和之初獻祖文皇帝於太和之際立功王室陳力國朝安邊盪寇之謀經始開階之緒雖書於簡牘而未有裁成太宗武皇帝自咸通後來勤王勠力翦平多難頻立大功三换節旄再安京國經綸草昧尊奬朝廷一百戰之艱難聲齊漢祖三十年之征伐系比曹公莊宗皇帝當壁應圖化家為國終平大憝奄有中原祖宗歷事於九朝勳業相承於四代神功聖德英略雄圖如闕編修自然湮墜既叨秉筆尤切痛心竊見偽梁朱氏起自細微亂我聖朝僭稱偽號而敬翔輩撰書七十餘卷見在館中猶能采一時之寓言作午溝之故事豈足比聖上中興之運先皇累世之資代繼公台門聯將相致今日昇平之化當大朝明盛之秋光顯祖宗全無載籍史臣奉職寧不愧心昭遠親覩中興備聞舊事太祖勤王之睿躅先皇開國之神功

目所見聞心常記錄伏請與當館修撰參序條綱撰太祖莊宗實錄庶幾奉職微答皇慈者竊以前代史官歸於著作國初分撰五代史方委大臣監修自大歷後來始奏兩員修撰當時選任皆取良能一代之書便成於手及後源流失緒波蕩不還空居修撰之名不舉史官之職及遇編修大典則云别訪通才況當館職司監修撰擇薦取比期於集事陳力當審於不能尸祿養名古人深恥請責和鉛之士更修列聖之書各冀竭才仰塞明詔臣叨膺重寄獲忝監修合

具舉明庶集惇史奉勑虞夏商周歷代而猶存
訓誥隱桓莊閔諸侯而尚載春秋況今光宅寰
區遵行簡冊紀羣右分憂之切編至仁求理之
長免墜薰風須成輿典史臣備舉職分允稱緝
修宜依所奏

冊府元龜

巡按福建監察御史臣李嗣京　訂正
知閩縣事臣曹冉臣參閱
知建陽縣事臣黃國琦較釋

國史部五

論議

自左丘明授經於仲尼而爲之傳其後太史公易編年之舊式明述作之微旨揚搉而論文辭炳焉班氏父子專心載籍亦復斟酌前史譏正得失爾後當筆削之任者蓋不乏其人焉至於考正先民之異同論

次一時之類例斷以年紀裁以體範深述懲勸之本極談書法之事或列於封疏或形於奏記至乃立言以著制移書以布懷罔不磅礴今古講求典賾緒言佳話藹乎前聞足以見作者之志矣

漢司馬談爲太史公談仕於建元元封之間愍學者不達其意而師誖（誖惑也各習師法惑於所見誖布內切）乃論六家之要指曰易大傳（大傳謂易繫辭）天下一致而百慮同歸而殊塗夫陰陽儒墨名法道德此務爲治者也直所從言之異路有省不省耳（言發跡雖殊同歸於治但學者不能省察昧其端緒耳直猶但也）嘗竊觀陰陽之術大詳而衆忌諱使人拘而多畏（陰陽之術月令星官是其枝葉也拘曲礙也）然其敘四時之大順不可失也儒者博而寡要勞而少功是以事難盡從然其敘君臣父子之禮列夫婦長幼之別不可易也（易變也）墨者儉而難遵（言難盡用）是以其事不可徧循然其彊本節用不可廢也法家嚴而少恩然其正君臣上下之分不可改也名家使人儉而善失身（劉向別録云名家者流出於禮官古者名位不同禮亦異數孔子曰必也正名乎）然其正名實不可不察也道家使人精神專一動合無形澹足萬物（澹古贍字）其爲術也因陰陽之大順采儒墨之善撮名法之要（撮揔取也千活切）與時遷徙應物變化立俗施事無所不宜指約而

易操事小而功多（操執持也千高切）儒者則不然以爲人主天下之儀表也君唱臣和主先臣隨如此則主勞而臣佚（佚樂也與逸同）至於大道之要去健羨黜聰明（黜聰棄明僞假太素反本歸貞則理得而海內均也黜廢也）釋此而任術夫神大用則竭形大勞則敝神形蚤衰（蚤古早字）欲與天地長久非所聞也夫陰陽四時八位十二度二十四節各有教令（八位八卦位也十二度十二次也二十四節就中氣也各有禁諱月令者）曰順之者昌逆之者亡未必然也故曰使人拘而多畏夫春生夏長秋收冬藏此天道之大經也（經常也）弗順則無以爲天下紀綱故曰四時之大順不可失也夫儒者以六藝爲

法六藝經傳以千萬數累世不能通其學當年不能究其理也（究盡）故曰博而寡要勞而少功若夫列君臣父子之禮序夫婦長幼之別雖百家弗能易也墨者亦上堯舜言其德行曰堂高三尺土階三等茅茨不翦採椽不斲（屋蓋曰茨以茅覆屋也採柞木也茨疾茲切採音采）飯土簋歠土刑（簋所以盛飯也刑以盛羹也土謂燒土爲之即凡器也飯扶晚切簋音軌歠尺悅切）糲粱之食（糲粗米也一斛粟七斗米爲糲音賴）藜藿之羹（藜草似蓬也藿豆葉也）夏日葛衣冬日鹿裘其送死桐棺三寸舉音不盡其哀教喪禮必以此爲萬民率故天下法若此則尊卑無別也夫世異時移事業不必同故曰儉而難遵也要曰彊

本節用則人給家足之道也（給亦足也人人家家皆得足也）此墨子之所長雖百家不能廢也法家不別親疏不殊貴賤壹斷於法則親親尊尊之恩絕矣可以行一時之計而不可長用也故曰嚴而少恩若尊主卑臣明分職不得相踰越雖百家不能改也（分扶問切）名家苛察繳繞（繳繞猶纏繞也繳功鳥切）使人不得反其意剸決於名時失人情（剸讀與專同）故曰使人儉而善失真若夫控名責實參伍不失（引名責實參錯交互明知事情者）此不可不察也道家無爲又曰無不爲（無爲者守靜一也無不爲者功利大也）其實易行其辭難知（言指趣幽遠）其術以虛無爲本以因循爲用（任自然也）無成勢

無常形故能究萬物之情不爲物先後故能爲萬物主有法無法因時爲業有度無度因物與合（與起也舍廢也）故曰聖人不巧時變是守（無機巧之心但順時也）虛者道之常也因者君之綱也（言因百姓之心以爲教但執其綱而已）羣臣竝至使各自明也其實中其聲者謂之端實不中其聲者謂之窾（窾空也空則明也中當也充也中竹仲切）窾言不聽姦廼不生賢不肖自分白黑廼形（形見也）在所欲用耳何事不成廼合太道混混冥冥（元氣之貌也混故本切）光燿天下復反無名（返還）也凡人所生者神也所託者形也神太用則竭形太勞則敝形神離則死死者不可復生離者不可復合

故聖人重之繇此觀之神者生之本形者生之具不先定其神形而曰我有以治天下何繇哉又謂其子遷曰幽厲之後王道缺禮樂衰孔子修舊起廢論詩書作春秋則學者至今則之自獲麟以來四百有餘歲諸侯相兼史記放絕今漢興海內一統明主賢君忠臣義士子爲太史而論載廢天下之文予甚懼焉爾其念哉又太史公曰先人有言自周公卒五百歲而有孔子孔子至於今五百歲有能紹而明之正易傳繼春秋本詩書禮樂之際意在斯乎意在斯乎小子何敢讓焉（言當已述成先人之業何敢自謙當五百歲而讓之也）上大夫壺

遂曰昔孔子爲何作春秋哉太史公曰余聞之董生（仲舒也）周道廢孔子爲魯司寇諸侯害之大夫壅之孔子知時之不用道之不行也是非二百四十二年之中（是非謂本其得失）以爲天下儀表貶諸侯討大夫以達王事而已矣（以諸侯僭後大夫擅權故貶討之也貶退也討治也）子曰我欲載之空言不如見之於行事之深切著明也春秋上明三王之道下辨人事之經紀別嫌疑明是非定猶與（與讀曰豫）善善惡惡賢賢賤不肖存亡國繼絕世補敝起廢王道之大者也易著天地陰陽四時五行故長於變化（以變化之道爲長也長讀如本字一曰長謂崇長之也竹兩切）禮綱紀人倫故長

於行書記先王之事故長於政詩記山川谿谷禽獸草木牝牡雌雄故長於風詠樂所以立故長於和春秋是非故長於治人是故禮以節人樂以發和書以道事詩以達意易以道化春秋以道義（道言也）撥亂世反之正莫近於春秋春秋文成數萬其指數千萬物之散聚皆在春秋春秋之中弒君三十六亡國五十二諸侯奔走不得保社稷者不可勝數察其所以皆失其本已（巳語中之）故易曰差以毫釐謬以千里（今之易經及象象繫辭正無此語所稱易緯者則有之言斯蓋易象之別記者也）故臣弒君子弒父非一朝一夕之故其漸久矣（易坤卦爻之辭）有國者不可以

不知春秋前有讒而不見後有賊而不知爲人臣者不可以不知春秋守經事而不知其宜遭變事而不知其權（經常也）爲人君父者而不通於春秋之義者必蒙首惡之名（蒙猶被也）爲人臣子不通於春秋之義者必陷篡弒誅死之罪其實皆以善爲之而不知其義（其心雖善以不知義理之故則陷於惡也）被之空言不敢辭（趙盾不知討賊而不敢辭弒君之罪）夫不通禮義之旨至於君不君臣不臣父不父子不子夫君不君則犯（爲臣下所干犯也一曰違法禮義也）臣不臣則誅父不父則無道子不子則不孝此四行者天下之大過也以天下大過予之受而不敢辭故春秋者禮義

之大宗也夫禮禁未然之前法施已然之後法之所爲禁者易見而禮之所禁者難知壺遂曰孔子之時上無明君下不得任用故作春秋垂空文以斷禮義（斷央也央之於禮義也）當一王之法今夫子上遇明天子下得守職萬事既具咸各序其宜夫子所論欲以何明太史公曰唯唯否否（唯唯謙應也否否不通也唯弋癸切）不然余聞之先人曰虙羲至純厚作易八卦（虙讀與伏同）堯舜之盛尚書載之禮樂作焉湯武之隆詩人歌之春秋采善貶惡推三代之德褒周室非獨刺譏而已也漢興已來至明天子獲符瑞封禪改正朔易服色受命於穆清（於歎）

辭也穆美也言天子有美德而政化清也於讀曰烏滹流罔極罔無也極止也海外殊俗重譯欵塞欵叩也請來獻見者不可勝道也道言也臣下百官力誦聖德猶不能宣盡其意力勤也且士賢能矣而不用有國者恥也主明聖德不布聞有司之過也且余掌其官廢明聖盛德不載滅功臣賢大夫之業不述墮先人所言墮毀也謂不修之也音火規切罪莫大焉余所謂述故事整齊其傳非所謂作也而君比之春秋謬矣

後漢班彪爲徐令以病免彪既才高而好著述遂專心史籍之間武帝時司馬遷著史記太初巳後闕而

不錄彪乃繼採前史遺事傍貫異聞作後傳數十篇因斟酌前史而譏正得失其畧論曰唐虞三代詩書所及世有史官以司典籍見於史籍昔夏太史終古殷太史摯周太史儋也暨於諸侯國自有史魯季孫召外史掌惡臣衛史華龍骨者我太史也楚有左史倚相故孟子曰晉之乘楚之檮杌魯之春秋一也乘者興於田賦乘馬之事檮杌者嚚凶之類興於記惡之誡春秋以二始四時以記萬事遂各以爲名其記事一也見趙岐孟子注定哀之間魯定公哀公也魯君子左丘明論集其文作左氏傳三十篇又撰異同號曰國語二十篇繇是乘檮杌之事遂闇不行於是爲闇也其書今亡而左氏國語獨章又有記錄黃帝以來至春秋時帝王公侯卿大夫號曰世本一十五篇春秋之後七國並爭秦并諸侯則有戰國策三十三篇漢興定天下大中大夫陸賈記錄時政作楚漢春秋九篇孝武之世太史令司馬遷採左氏國語刪世本戰國策據楚漢列國時事上自黃帝下訖獲麟武帝大始三年登龍虎首獲白麟遷作史記絕筆於此年也作本記世家列傳書表凡百三十篇而十篇缺焉十篇謂文景紀武紀禮書樂書兵書稭年表日者傳三王世家龜策傳傅靳列傳遷之所記從漢元至武則絕其功也至於採經摭傳分散百家之事甚多疎畧不如其本務欲以多聞廣載爲功論議淺而不篤其論術學則崇黃老而薄五經黃帝老子道家也五經儒學也

遷序傳曰道家使人精神專一動合無所形足萬物之謂崇黃老也又曰儒者傳而寡要勞而少功此謂薄五經也序貨殖則輕仁義而羞貧窮史記貨殖傳序曰家貧親老妻子寡弱歲時無以祭祀飯食被服不足以自適如此不慙恥則無所比矣無巖處奇士之行而長貧賤稽仁義亦足羞也道游俠則賤守節而貴俗功史記游俠傳序曰季次原憲行君子之德義不苟合當世當世亦笑之終身空室蓬戶褐衣疏食不饜今游俠其行雖不軌於仁義然其言必信其行必果已諾必成不愛其軀赴士之厄蓋有足多者今拘學咸範咫尺之義久孤於世豈若卑論儕俗與世沉浮而榮取名哉此其大敝傷道所以遇極刑之咎也極刑謂遷被腐刑也遷與任安書曰最下腐刑極矣然善述序事理辯而不華質而不野文質相稱蓋良史之才也誠令遷依五經之法言同聖人之是非意亦庶幾矣易曰顏氏之子其殆庶幾乎夫

百家之書猶可法也若左氏國語世本戰國策楚漢春秋太史公書今之所以知古後之所繇觀前聖人之耳目也司馬遷序帝王則曰本紀公侯傳國則曰世家卿士特起則曰本傳又進項羽陳涉而黜淮南衡山（謂遷著項羽本紀又陳涉起於隴畝數月被殺無子孫相繼著爲世家淮南衡山漢室之裔當世家而不之列言進退之失也）細意委曲條例不經若遷之著作採獲古今貫穿經傳至廣博也一人之精文重思煩故有其書刋落不盡尚有盈辭多不齊一（刋落者謂削落繁蕪所有不善）若序司馬相如舉郡縣著其字至蕭曹陳平之屬及董仲舒並時之人不記其字或縣而不郡者蓋不

暇也（史記衛青平陽人也張釋之堵陽人並不顯郡之類也）今此後篇慎覈其事整齊其文不爲世家唯紀傳而已傳曰殺史見極平易正直春秋之義也

張衡字平子爲太史令安帝永初中謁者僕射劉珍校書郎劉騊駼等著作東觀撰集漢紀因定漢家禮儀上言請衡參論其事會病卒而衡常歎息欲終成之及爲侍中上疏請得專事東觀收撿遺文畢力補綴表曰臣仰幹史職敢徼官守竊貪成訓息志頑愚願得專於東觀畢力於紀記竭思於補闕俾有漢休烈比長久於天地並光明於日月照示萬嗣永永不朽也又條上司馬遷班固所叙與典籍不合者十餘事其畧曰易稱虙戲氏王天下虙戲氏沒神農氏作神農氏沒黃帝堯舜氏作史遷獨載五帝不記三皇今宜并錄又一集事曰帝系黃帝產青陽昌意周書曰乃命少皡清清即清陽也今宜實定之又以爲王莽本傳但應載篡事而已至於編年月紀災祥宜爲元后本紀又更始君位人無異望光武初爲其將然後即真宜以更始之號建於光武之初書數上竟不聽及後之著述多不許與時人追恨之

劉千秋爲越騎校尉校書東觀好事樊長孫與書曰

漢家禮儀叔孫通等所草創皆隨律令在理官藏於几閣無紀錄者久令二代之業闇而不彰誠宜撰次依擬周禮定位分職各有條序令人無愚智入朝不惑君以公族元老正丁其任焉可以已劉君甚然其言與邑子通人郎中張平子參議未定而劉君遷爲宗正衛尉平子爲尚書郎太史令各務其職未暇恤也至順帝時平子爲侍中典校書方作周官解說乃欲次述漢事會復遷河間相遂莫能立也述作之功猶不易矣既感和言顧見故新汲令王文山小學爲漢官篇畧道公卿內外之職旁及四夷博物條暢多

所發明足知舊制儀品
晉賈謐爲秘書監掌國史朝廷議立晉書限斷中書監荀勗謂宜以魏正始起年著作郎王讚欲引嘉平已下朝臣盡入晉史於時依違未有所決惠帝立便使議之謐上議請從泰始爲斷於是事下三府司徒王戎司空張華領軍將軍王衍侍中樂廣黄門侍郎嵇紹國子博士謝衡皆從謐議騎都尉濟北侯荀畯侍中荀藩黄門侍郎華混以爲宜用正始開元博士荀熙刁協謂宜嘉平起年謐重執奏戎華之議事遂施行

宋徐爰爲太常丞初元嘉中著作郎何承天草創國史孝武初又使奉朝請山謙之南臺御史蘇寶生踵成之六年又以爰領著作郎使終其業爰雖因前作而傳爲一家之書上表曰臣聞虞史炳圖原光被之美夏載昭策先隨山之勤天飛雖王德所至終陟固有資田躍神宗始於俾乂上日兆於納揆其在殷頌長發玄王受命作周寔維雍伯考仁之盛則振古之弘軌降逮二漢亦同兹義基帝業乎豐郊紹祚本於昆邑魏以武命國志晉以宣啓陽秋明黄初非更姓之本泰始爲造物之末又近代之令違史鴻規典謨緬邈紀傳成準善惡具書成敗畢記伏惟皇宋承金行之澆季鍾經綸之屯極擁玄光以鳳翔秉神符而龍舉剗定鯨鯢天人佇屬晉祿數終上帝臨宋便應奄膺統寓對越神工而恭服勤於三分讓德邁於不嗣其爲巍巍蕩蕩赫赫明明歷觀遐聞莫或斯等宜依御書攺文登冊變號起元義熙爲王業之始載序宣力爲功臣之斷其僞玄纂竊同於新莽雖靈武克殄自詳之晉錄及化命於紀受戮霸朝雖揖禪之前皆著之宋策國典體大方垂不朽請外詳議於是外内博議太宰夏江王義恭等三十五人同爰宜以義

熙元年爲斷散騎常侍巴陵王休若尚書金部郎檀道鸞二人謂宜以元興三年爲始太學博士虞龢謂宜以開國爲宋公元年詔曰項籍聖公編錄二漢前史已有成例桓玄傳宜在宋典餘如爰議
范曄爲太子詹事撰後漢書以爲司馬遷班固父子其言史官載籍之作大義粲然著矣議者咸稱二子有良史之才遷文直而事覈固文贍而事詳若固之序事不激詭不抑抗贍而不穢詳而有體使讀之者亹亹而不厭信哉其能成名也彪固譏遷以爲是非頗謬於聖人然其議論常排死節否正直而不叙殺

身成仁之爲美則輕仁義賤守節愈矣固傷俾物洽聞不能以智免極刑然亦身陷大戮智及之仁不能守之嗚呼古人所以致論於目睫也

南齊袁彖爲秘書丞議駁國史檀超以天文志紀緯序位度五行志載當時祥沴二篇所謂事用相懸日蝕爲災宜居五行超欲立處士傳夫事關策用方得列其名行今栖遁之士排斥皇王陵轢將相此偏介之行不可長風移俗故遷書未傳班史莫編一介之善無緣頓略宜列其性業附出他篇

後魏高祐孝文時爲秘書令後與丞李彪等奏曰臣

等聞典謨興文誥言所以光著載籍作戒行事所以昭揚然則尚書者記言之體春秋者錄事之辭尋覽前志斯皆司勳之實錄也夏殷以前其文弗具自周以降典章備舉史官之體文質不同立書之旨隨時有異至若左氏屬詞比事兩至並書可謂存史意而非史體逮司馬遷班固皆博識大才論敘古今曲有條章雖周達未兼斯寔前史之可言者也至於後漢魏晉咸以放之爲推聖朝刱制上古開基長發自始均以後至於成帝其間世數久遠是以史弗能傳臣等疏陋忝當史職披覽國史竊有志焉愚謂自王業始基庶事草創皇始以降光宅中土宜依遷固大體用事類相從紀傳區別表志殊貫如此修綴事可備盡伏惟陛下先天開物洪宣帝命太皇后淳曜二儀惠和王度聲教之所洽風譯之所覃固已義振前王矣加以太和已降年未一紀然嘉符禎瑞備臻於往時洪功茂德事萃於曩世會稽佇王牒之章岱宗想石記之列而秘府策勳述美未盡將令皇風大猷或闕而不載功臣懿績或遺而弗傳著作郎已下請取有才用者參造國書如得其人三年有成矣然後大明之功德光於帝篇聖后之勳業顯於皇策佐命忠

貞之倫納言司直之士咸以備著載籍矣孝文從之時李彪專統著作祐爲令時相關預而已

李彪爲度支尚書除名及宣武踐祚彪求復舊職修史官之事乃上表曰臣聞龍圖出而皇道明龜書見而帝德昶斯冥冥中之書契也自瑞官立而卑高陳氏師建而貴賤序此乃人間之繩式也是以唐典篆欽明之策虞書銘慎微之篇傳著夏氏之箴詩錄商家之頌斯皆國史明乎得失之迹也逮於周姬鑒於二代文王開之以兩經公旦申之以六聯郁乎其文典章大畧也故觀雅頌識文武之丕烈察歌音辯周

公之至孝是以季札聽風而知始基聽頌而識盛德至若尼父之刪魯籍丘明之辨孔志可謂婉而成章盡而不朽者矣自徐乘志之比其亦有趣焉暨史班之錄乃文窮於秦漢事盡於哀平懲勸兩書華實兼載文質彬彬冨哉言也令大漢之風美類三代降及華馬陳干咸有放焉而敷贊弗遠不力致豈虛也哉其餘卒見而書覩事而作者多矣尋其本末亦可往來焉惟我皇魏之奄有中華也歲越百餘年幾十紀太祖以弗違開基武皇以奉時創業虎嘯域中龍飛宇外小往大來品物咸亨自兹以降世濟其光史官

叙錄未充其盛加以東觀中圯册勳有闕美隨日落善因月稀故諺曰一日不書百事荒蕪至於太和之十一年先帝先后遠惟景業緜緜休烈若不恢史闡錄懼上業茂功始有缺矣於是召名儒博達之士充麟閣之選於時志臣衆短釆臣片志令臣出納授臣丞職猥屬斯事無所與讓高祖時詔臣曰平爾雅志正爾筆端書而不法後世何觀臣奉以周旋不敢失墜與著作等鳩集遺文并取前記撰爲國書假有新進時賢製作於此者恐闍門既異出入生疑絃柱既易善音或謬自十五年以來臣使國還頻有南轅之事故載筆遂寢簡牘弗張其於書功錄美不其闕歟伏惟孝文皇帝承天地之實崇祖宗之業景功未就奄焉徂落凡百黎背若無天地賴遇陛下體明叡之貞應保合之量恢大明以燭物履靜恭以和邦天清其氣地樂其靜不愆不忘率繇舊章可謂重明疊聖元首康哉惟先皇之開創造物經綸浩曠加以魏典流製藻績垂篇窮理於有象盡性於衆變可謂日月出矣無幽不燭也記曰善述者欲人繼其行善歌者欲人繼其聲故傳曰文王基之周公成之又曰無周公之才不得行周公之事今之親王可謂當之矣然

先皇之茂勳聖達今王之懿美洞鑒准之前代其德靡悔也時哉時哉可不光昭哉合德二儀者先皇之陶鈞也齊明日月者先皇之洞照也慮周四時者先皇之茂功也合契鬼神者先皇之玄燭也遷都改邑者先皇之鑒也思同書軌者先皇之遠也守在四夷者先皇之略也海外有截者先皇之威也禮緜岐陽者先皇之義也張藻岱郊者先皇之仁也鑾幸幽漢者先皇之智也變代南遷者先皇之禮也外中告成者先皇之肅也親虔宗社者先皇之敬也衮實無闕者先皇之充也開物成務者先皇之貞也觀乎人文

者先皇之蘊也聿奬創新者先皇之志也孝慈道洽
者先皇之裹也先皇有大功二十加以謙尊而光爲
而弗有者可謂四三皇而六五帝矣誠宜功書於竹
素聲播於金石臣竊謂史官之達者大則與日月齊
明小則與四時並茂其大者孔子左丘是也小者史
遷班固是也故能聲流於無窮義昭於來裔是以金
石可滅而風流不泯者其唯載籍乎諺曰相門有相
將門有將斯不唯其性蓋言習之所得也竊謂天文
之官太史之職如有其人宜其世矣故尚書稱羲和
世掌天地之官張衡賦曰學乎史氏斯蓋世傳之義

也若夫良冶之子善知爲裘良弓之子善知爲箕物
登有定習則知耳所以言及此者一職不修事多
淪曠天人之際不可須史闕載也是以談遷世而功
立彪固世而事成此乃前鑒之軌轍後鏡之蓍龜也
然前代史官之不終業者有之皆陵遲之世不能容
善是以平子去史而成賦伯喈通閣而就志近晉
之世有佐郎王隱爲著作虞預所毀亡官在家晝則
樵薪供爨夜則觀文屬綴集成晉書存一代之事司
馬紹勅尚書唯給筆札而已國之大籍成於私家末
世之弊乃至如此此史官之不遇時也今大魏之史
職則身貴祿則親榮優哉游哉式穀休矣而典謨弗
恢者皆有以也而故著作漁陽傅毗北平陽尼河間
邢產廣平宋弁昌黎韓顯宗等並以文才見舉注述
是同皆登年不永弗終茂績前著作程靈虬同時應
舉共掌此務今從他職官非所司唯崔光一人雖不
移任然得官兩兼故載述致闕臣聞載籍之典繇於
大業雅頌垂薦起於德美雖時有文質史有備略然
歷世相仍不改此度也昔史談誡其子遷曰當世有
美而不書汝之罪也是以久而見美孔明在蜀不以
史官留意是以久而受譏取之深哀史談之志賢亮

遠矣書稱無曠庶官詩有職思其憂臣雖今非所司
然昔忝斯任故不以草茅自疎敢言及於此語曰患
爲之者不必知知之者不得爲臣誠不知强欲爲知
耳竊尋先朝賜臣名彪者遠則擬漢史之叔皮近則
准晉史之紹統推名求義欲罷不能佩荷恩澤死而
後已今所求者乞一靜處綜理國籍以終前志官給
事力以充所須雖不能光啓大錄庶不爲飽食終日
耳近則期月不就遠也三年有成正本蘊之麟閣副
貳藏之名山時司徒北海王詳尚書令王肅以其無
祿頗相賑餉遂在秘書省同王隱故事白衣修史歲

餘史業竟未及就然區分書體皆彪之功
張彝宣武時爲光祿大夫表曰竊惟皇王統天必以
顯幽爲美畫理作聖亦假廣採成明故詢於蒭蕘著
之國什輿人獻箴流於夏典不然則美刺無以得彰
善惡有時不達遠於兩漢魏晉雖道有汚隆而被繡
傳檄未始闕也及惠帝失御中夏分離劉符專據秦
西燕趙迭制關左姚夏繼起五凉競立致使九服搖
搖民無定主禮儀典制此焉堙滅曁大魏應曆撥亂
登皇翦彼鯨鯢龕靖神縣數紀之間天下寧一傳輝
七帝積聖如神高祖遷鼎成周永茲八百偃武修文

憲章斯改實所謂加五帝登三王民無德而名焉猶
且慮獨見之不明欲廣訪於得失乃命四史觀察風
謠臣時忝當伯充一使之列遂得仗節揮金宣恩東
夏周歷於齊魯之間徧馳於梁宋之域詢採詩頌所
檢獄情廢片言之不遺輿美刺之俱顯而才輕任重
多不遂心所採之詩竝始申白而值鑾輿南討問罪
宛鄧臣復忝行軍樞機是務及輦駕之返膳御未和
續以大諱奄臻四海摧慕遂爾推遷不及聞徹未幾
叨牧秦藩違離闕下繼以譴疾相纏寧丁八歲常恐
所採之詩永淪丘壑是臣夙夜所懷以爲深憂者也
陛下睿日月之明行雲雨之施察臣往罪之濫矜臣
貧病之切既蒙崇以祿養復得拜掃丘墳明白友朋
無所負愧且臣一二年來所患漸篤省本書粗有彰
歸凡有七卷令寫上呈伏願昭覽勅付有司使魏代
所採之詩不湮於丘井臣之願也
陽尼爲著作郎好學博通舉籍奏佛道宜在史錄後

冊府元龜

巡按福建監察御史臣李嗣京　訂正

知歐寧縣事　臣　孫以敬　叅閱

知建陽縣事　臣　黃國琦　較釋

國史部　六

論議

北齊陽休之爲通直散騎侍郎與魏收等修國史魏收立高祖本紀取平四胡之歲爲齊元收在齊州恐史官改奪其意上表論之武平中收還朝勑集朝賢議其事休之立議從天保爲限斷魏收存日猶兩議

未決收死後便動諷內外發詔從其議

李德林爲通直散騎侍郎魏收與陽休之論齊書起元事勑集百司會議收與德林書曰前者議文總諸事意小如混漫難可領解今便去隨事條列幸爲留懷細加推逐凡言或者皆是敵人之議旣聞人說因而探論耳德林復書曰即位之元春秋常義謹按魯君息姑不稱即位亦有元年非獨即位得稱元年也議云受終之元尚書之古典謹按大傳周公攝政一年救亂二年伐殷三年踐奄四年建侯衛五年營成周六年制禮作樂七年致政成王論者或以舜禹受終爲天子然則周公以臣禮而死此亦稱元非獨終爲帝也蒙示儀文扶病省覽荒情迷識暫得發蒙當世君子必無橫議唯應閣筆贊成而已輒謂前二條有益高議仰見議中不錄謹以寫呈收重遺書曰惠示二事感佩殊深以魯公諸侯之事非小爲疑息姑不書即位舜禹亦不言即位息姑雖攝當得書元舜禹之攝元理也周公居攝乃云一年救亂似不稱元自無大傳不得尋討一之與元其事何別更有所見幸可論之德林荅曰攝之與相其義一也故周公攝政孔子曰周公相成王魏武相漢曹植曰如虞翼唐

或云高祖身未居攝灼然非理攝者專賞罰之名古今事殊不可以禮爲斷陛機見舜肆類上帝班瑞羣后便云舜有天下不須格於文祖也欲使晉之三王異於舜攝竊以爲舜若堯死獄訟不歸便是夏朝之益何得不須格於文祖也若便用王者禮便曰即眞則周公負扆朝諸侯霍光行周公之事皆帝乎斯不然必知高祖與舜不殊不微從士衡之謬或以爲書元年者當時實錄非追書也大齊之興實錄武帝謙匿受命豈直史也比觀論者聞追舉受命之元多有河漢但言追數受命之歲情或安之似所怖懼者元

字耳事類朝三是許其一年不許其元年也按易黃裳元吉鄭玄注云如舜試天子周公攝不殊傳雖無元字一之與元無異義矣春秋不言一年一月者欲使人君體元以居正此蓋史之婉辭非一與元別也漢獻帝死劉備自尊崇陳壽蜀人以魏爲賊寧肯蜀王未立已云魏武受命乎衞自尊本國誠如高議欲使三方鼎峙同爲霸名習氏漢晉春秋意在是也正司馬炎兼并許其帝號魏之君臣吳人竝以爲賊寧肯當塗之世云晉有受命之徵史者編年也故魯號紀年墨子又云吾見百國春秋史又無有事而書年

者是重年驗也若欲高祖事謙冲即須號令皆惟魏氏便是編魏年紀魏事此郎魏末功臣之傳豈復皇朝帝紀者也陸機稱紀元立斷或以正始或以嘉平來晉議云赤雀白魚之事恐晉朝之議是并論受命之元非上代終之斷也公議云陸機不議元者是所未諭願更思之陸機以刊本著於虞書龕黎見於商典以蔽晉朝正始嘉平之議斯又謬矣唯可二代相涉兩史竝書必不得以後朝創業之迹斷入前史若然則世宗高祖皆天保已前入魏氏列傳不作齊朝帝紀可乎此既不可彼復何證

後周柳虯爲太祖丞相府記室虯以史官密書善惡未足懲勸乃上疏曰古者人君立史官非但記事而已蓋所以爲鑒誡也動則左史書之言則右史書之彰善癉惡以樹風聲故南史抗節表崔杼之罪董狐書法明趙盾之愆是知直筆於朝其來久矣而漢魏以還密爲記註徒聞後世無益當時非所謂將順其美規救其惡者也且著述之人密書其事縱能直筆人莫之知何止物生橫議亦自異端互起故班固致受金之名陳壽有求米之論著漢魏者非一氏造晉史者至數家後代紛紜莫知準的伏惟陛下則天稽

古勞心庶政開誹謗之路納忠讜之言諸史官記事者請皆當朝顯言其狀然後付之史閣庶令是非明著得失無隱使聞事善者日修有過者知懼敢以愚管輕冒上聞乞以瞽言訪之衆議事遂施行

唐劉允濟則天長安中爲鳳閣舍人修國史允濟嘗云史官善惡必書言成軌範使驕主賊臣有所知懼此亦權重理合貧而樂道也昔班生受金陳壽求米僕視之如浮雲爾但百寮善惡必書足爲千載不朽之美談豈不勝哉

朱敬則長安中爲正諫大夫平章事兼修國史敬則

請撣史官上表曰國之要者在乎記事之官是以五帝玄風資其筆削三王盛事藉以垂名此才之難其難甚矣何以知其然昔平王東遷歷年數百齊桓之九合天下晉文之一戰諸侯秦穆遠霸西戎楚莊利盡南海禮樂人物闃爾無聞今之所存獨載魯史向若魯無君子記傳則遺雄霸遠圖必墜於地可不惜哉只如齊周小國之主尚能留意於史册齊神武嘗謂著作郎魏收曰卿勿見陳元康楊遵彦等在吾目前趨走謂吾以爲勤勞我後代聲名在於卿乎最是要事勿謂我不知及文宣即位又嘗勑收曰好直筆

勿謂懼我終不作魏太武誅史官又周文帝之爲相也納柳虬之説特命書法不隱其志在懲勸如此伏以陛下聖德鴻業誠可垂範將來儻不遇良史之才則大典無繇而就也且董狐南史豈知生於往代而獨無於此時在乎求與不求好與不好爾今若訪得其善者伏願勗之以公忠期之以遠大更超加美職使得行其道則天下幸甚

劉知幾字子玄爲太子中允修史中宗景龍中侍中韋巨源紀處訥中書令楊再思兵部尚書宗楚客中書侍郎蕭至忠並監修國史知幾以監修者多甚爲國史之弊蕭至忠又嘗責知幾著述無課知幾於是求罷史任奏記於至忠曰僕幼聞詩禮長涉藝文至於史氏之言尤所耽悦尋夫左史右史是曰春秋尚書素王素臣斯稱微婉志晦兩京三國班謝陳習闡其謩六朝江左王陸千孫紀其曆劉石僭號方策委於和張宋齊膺籙傳史歸於蕭沈亦有汲冢古篆蟲穴殘編孟堅所亡葛洪傳其雜記休文所缺荀綽裁其拾遺凡此諸家其流蓋廣莫不賾彼泉藪尋其枝葉原始要終備知之矣若乃劉峻作傳自述長於論才范曄爲書盛言務其贊體斯又當仁不讓庶幾前

哲者焉然自策名士伍待罪朝列三爲史臣再入東觀終不能勒成國典貽彼後來者何哉靜言思之其不可有伍故也何者古之國史皆出自一家如魯漢之丘明子長晉齊之董狐南史咸能立言垂之不朽藏之名山未聞藉以衆功方云絶筆惟後漢東觀大集群儒著述無主條章靡立繇是伯度譏其不實公理以爲可焚張蔡二子糺之於當代傅范兩家嗤之於後葉今者史司取士有倍東京人自以爲荀袁家自稱爲政駿每欲書一事載一言皆閣筆相視含毫不斷故白首可期而汗青無日其不可一也前漢郡

國計書先上太史副上丞相後漢公卿所撰始集公府乃上蘭臺蹊是史書所修載書爲傳爰自近古此道不行史臣編錄唯自詢採而左右二史闕注起居衣冠百家罕通行狀求風俗於州郡視聽不該訪沿革於臺閣簿籍難見雖使尼父再出猶且成其管窺兒限以中才安能遂其博物其不可二也昔董狐之書法也以示於朝南史之書弑也執簡以往而近代史局皆通籍禁門幽居九重欲人不見尋其義者蓋蹊杜彼顏面訪諸請謁故也然今館中作者多士如林皆願長喙無聞齰舌儻有五始初成一字加貶言

未絕口而朝野具知筆未栖毫而搢紳咸誦夫孫盛實錄取嫉權豪子實直言受譏朝士人之情也能無畏乎其不可三也古者刊定一史纂成一家體統各殊指歸咸別夫尚書之教也以疏通知遠爲主春秋之義也以懲惡勸善爲先史記則退處士而進奸雄漢書則抑忠臣而飾主闕斯並曩賢得失之例良史是非之準作者言之詳矣頃史官注記多取禀監修楊令公則云必須直詞宗尚書則云宜多隱惡十羊九牧其命難行一國三公適從安在其不可四也竊以史置監修雖無古式尋其名號可得而言夫監者

盖總領之義如創紀編年則有斷限草傳敘事則有豐約或可畧而不畧或應書而不書此刊削之務也屬詞比事勞逸宜均揮鉛奮槧勤惰須等狀帙某篇付之此職某紀某傳歸之彼官此銓配之理也斯並宜明立科條審言區域儻人思自免則書可立成今監之者既不指授修之者又無遵奉徒使爭學苟且務相推避坐變炎涼徒消歲月其不可五也凡此不可其流實多一言以蔽三隅自反而時談物議鳥得笑僕編次無聞者哉比者伏見明公每汲汲於勸誘勤於課責或云籍墳事重努力用心或云歲序已淹

何時輟手竊以綱維不正而督課徒勤雖威以刺骨之刑昜以懸金之賞終不可得也語曰陳力就列不能則止僕所以比者布心知己瀝懇群公屢辭載筆之官願罷記言之職者正爲此爾當今朝號得人國稱多士蓬山之下良直差肩芸閣之中英奇接武僕既功虧刻鵠筆未絕麟徒彈太官之膳虛索長安之米乞以本職還其舊居多謝簡書請避賢路惟明公足下哀而許之至忠惜其才不許解史任宗楚客嫉其正直謂諸史官曰此人作書如是欲置我於何地也後禮部尚書鄭惟忠嘗問子玄曰自古已來文士

多而史才少何也對曰史才須有三長世無其人故
史才少也三長謂才也學也識也夫有學而無才亦
猶有良田百頃黄金滿籝而使愚者營生終不能致
於貨殖者矣如有才而無學亦猶思兼匠石巧若公
輸而家無楩柟斧斤終不果成其宫室者矣猶須好
是正直善惡必書使驕主賊臣所以知懼此則爲虎
傅翼善無可加所向無敵者矣脫苟非其才不可叨
居史任
李元紘爲中書侍郎開元中詔右丞相張説在家修
史元紘奏曰國史者記人君善惡國政損益一字貶

襃千載稱之今張説在家修史吴兢又在集賢撰録
今國之大典散在數處且太宗别置史館在於禁中
所以重其職而秘其事望勅説等就史館參詳撰録
則典册舊章不墜矣從之
沈既濟爲左拾遺史館修撰既濟以吴兢撰國史以
則天事爲本紀奏議非之曰史氏之作本乎懲勸以
正君臣以維邦家前端千古後法萬代使其生不敢
差死不忘懼緯人倫而經世道爲百王準的不止屬
辭比事以日繫月而已故善惡之道在乎勸誡勸誡
之柄存乎襃貶是以春秋之義尊卑輕重昇降幾微
髣髴雖一字二字必有微旨存焉况鴻名大統其可
以貸乎伏以則天皇后初以聰明睿哲内輔時政厥
功茂矣及弘道之際孝和以長君嗣位而太后以專
制臨朝俄又廢帝或幽或徙既而握圖稱録移運革
名北司鶩喙之蹤難乎備述其後五王建策皇運復
興議名之際得無降損必將義以親隱禮從國諱苟
不及損當如其嘗安可横絶彝典超居帝籍昔仲尼
有言必也正名故夏殷二代爲帝者三十世矣而周
人通名之曰王吴楚越之君爲王者百餘年而春秋
書之爲子盖高下自乎彼而是非稽乎我過者抑之

不及者援之不以弱臧不爲僭奪握中持平不振不
傾使其求不可得而盖不可掩斯古君子所以損其
名也夫則天體自坤順位居乾極以柔乘剛天紀倒
張進以強有退非德讓今史臣追書當稱之爲太后
不宜曰上孝和雖追毋后之命降居藩邸而體元繼
代本吾君也史追書宜稱曰皇帝不宜曰廬陵睿宗
在景龍已前天命未集徒禀何制假臨大寶於倫非
次於義無名史臣書之宜曰相王未宜曰帝若以得
失既往遂而不舉則是非襃貶安所辯正載筆執簡
謂之何哉則天廢國家曆數用周正朔廢國家太廟

立周七廟鼎命革矣徽號易矣旂裳服色既以殊矣今安得以周氏年曆而列爲唐書帝紀徵諸禮經是謂亂名且孝和繼天踐祚在太后之前而敘年製紀居太后之下方之躋僖是謂不智詳今考古並未爲可或曰班馬良史也編述漢事立高后以續帝載豈有非之者乎答曰昔高后稱制因其曠嗣獨有分王諸呂負於漢約無遷鼎革命之甚況其時孝惠帝已歿孝文在下宮中二子非劉氏種不紀呂后將紀誰焉雖云其然議者猶爲不可況遷鼎革命者乎或曰若天后不紀帝緒缺矣則二十二年行事何所繫乎

曰孝和以始年登大位以季年復舊業雖尊名中奪而天命未改足以首事足以表年何所拘閡裂爲二紀昔魯昭之出也春秋歲書其居曰公在乾侯且君在雖失位不敢廢也今請併天后紀今孝和紀每於歲首必書孝和所在以統之書曰某年春正月皇帝在房陵太后行某事改其制云云則紀稱孝和而事述太后俾名不失正而禮不違嘗名禮兩得人無間矣其姓氏名諱入宮之繇歷位之資才藝智畧別纂錄入皇后傳列於廢后王庶人之下題其篇曰則天順聖武皇后云事雖不行而史氏稱之

李翺爲國子博士史館修撰翺以史記事不實奏曰臣謬得秉史館以記錄爲職夫勸善懲惡正言直筆紀聖朝功德述忠賢事業載奸臣醜行以傳無窮者史官之任也凡人之事跡非大善大惡則衆無繇知之舊例皆訪問於人又取行狀謚議以爲一據今之作行狀者非其門生卽其故吏莫不虛加仁義禮智妄言忠肅惠和此不惟其心不實苟欲虛美於所受恩者而已也蓋亦爲文者既非游夏遷雄之列務於華而忘其實溺於詞而棄其理故爲文則失六經之古風紀事則非史遷之實錄不如此則詞句鄙陋不

能自成其文章矣繇是事失其本文害於理而行狀不足以取信若使指事書實不飾虛言則必有人知其真僞不然者縱使門生故吏爲之亦不可謬作德善之事而加之矣臣今請作行狀者但指事說實直載其詞則善惡功跡皆據事實足以自見矣假令傳魏徵但記其諫事之詞自足以爲正直如傳段秀實但記其倒用司農寺印以追逆兵又以象笏擊朱泚自足以爲忠烈矣若考功視行狀之不依此者不得受視依此乃下太常及牒史館太常定謚後亦以謚議牒送史館則行狀之言縱未可以一一皆信與其

虛加妄言都無事實者猶山澤高下不同也史氏記
錄須得本末苟憑往例皆是虛言則使史官何所爲
據伏乞下臣此奏使考功守行臣等要加事實輒敢
陳論制可
李德裕爲司空平章事奏時政記起居注記修史體
例等伏以時政記長壽二年宰臣姚璹以爲帝王謨
訓不可闕於紀述史官疏遠無因得書請自今以後
所論軍國政要宰臣一人撰錄號爲時政記厥後因
循多闕紀述臣等商量爾後坐日每聞聖言如有慮
及生靈事關興替可昭示百代貽謀後昆者及宰臣

獻替謀猷有益風教並請依國朝故事其日知印宰
臣撰錄連署名封印至歲末送付史館起居注記比
者不逐季撰錄至有去官三五年後猶未送納者伏
以每度延英奏事後向外傳說三事猶兩事虛謬豈
有起居注記皆三數年後採拾得傳聞耳目已隔因
非實事向後起居注記望每季初即送納自前一季
文書與史館納訖具狀申中書門下史館受訖亦申
報中書門下其起居改轉便望以注記遲速爲殿最
如有軍國大政傳聞疑誤仍許政事堂都見宰相等
臨時酌量如事已施行非關機密者並一一向說所

與書存信實免有疑誤修史體例臣等伏見近日實
錄多云禁中言者伏以君上與宰臣及公卿言事皆
須衆所聞見方合書於史策禁中之語向外何繇得
之或得於傳聞多出邪佞便載史筆實累鴻猷向後
實錄中有如此類並請刊削更不得以此紀述又宰
臣及公卿論事行與不行須有明據或奏議允愜必
見褒稱或所論乖僻固有懲責在藩鎮獻表者有答
詔居要官啓事者亦合著明並當昭然在衆人耳目
或取捨在於堂案或與奪形於詔勑前代史書載名
自奏議無不繇此近見實錄多載密疏言不彰其明

聽事不顯於當時得自其家實難取信向後所載群
臣章奏其可否得失須朝廷共知者方可紀述密疏
並請不載如此則書之可法人皆守公愛惜之志不
得褒貶之言必信伏見近日實錄事多紕繆若詳求
撫實須舉舊章從之
韋篝爲左拾遺開成三年八月進書史解表共五通
勑令史館商量進來者史館奏曰臣等謹按春秋尚
書最爲前史事言異貫義體兩存今韋篝所著意實
即師古欲使本朝大典與千古同風然漢氏已還更
立史法稽其指要事歸詳盡伏以聖唐馭宇向三百

年聲教遠垂文物大備祖功宗德傳諸不朽本紀實錄之外復有注記典曆盖史氏職司大體簡略文已書定遠難變更臣等參酌古今須歸衡當況歷代編紀名號寔繁雖統制各殊悉傳示於後伏請以籌所進之書藏於史館待其著述功畢令與舊史兼行則國朝典法今古咸備從之

晉曹國珍爲左諫議大夫高祖天福四年國珍上章請於内外臣寮之中擇選才畧之士聚唐六典前後會要禮閣新儀大中統類律令格式等精詳纂集別爲一部商議今古俾無漏畧目之爲大晉政統用作

成規報詔曰國珍職君諫諍志在恢弘當其纂社開基乃欲象魏懸法請詳前代之編備刑創新朝之楷模以示將來甚爲允當其詳議官宜差太子少師梁文矩左騎常侍張允大理卿張澄國子祭酒唐汭大理少卿高鴻漸國子司業田敏禮部郎中呂咸休司勳員外郎劉濤刑部員外郎李知損監察御史郭延丹等一十人允汭等咸曰改前代禮樂刑憲爲大晉政統則堯典舜典當以晉典革名列狀駁之曰作者之謂聖述者之謂明苟非聖明焉能述作若遲因革故則事乃惟新或改正朔而變犧牲或易服色而殊徽號是以五帝殊時不相沿樂三王易世不相襲禮止於近代率繇舊章比及前朝是滋其目多因行事之失改爲立制之初或臣奏條君行可否皆表其年紀以姓名聚類分門成文作則莫不悉稽前典垂範後昆述自聖賢歷於朝代得金科玉條之號設亂言破律之防守而行之其來尚矣皇帝陛下運齊七政曆契千年爰從創業開基莫不積功累德所宜直筆具載鴻猷若備錄前代之編年自作聖朝之政統此則是名不正也夫名不正則言不順而媚時掠美非其實矣若翦截其詞此則是文不備也夫文不備則

落事端而禮樂刑政於斯亂矣若改舊條而爲新制則未審何門可以刊削何事可以編聯既當革故從新又須廢彼行此則未知國朝能守而不失乎臣等同共參詳未見其可況臣等學慙該古識昧析中當君上順道師古之時無臣下亂名改作之犯則天下幸甚天下幸甚疏奏其事遂寢

冊府元龜

冊府元龜

巡按福建監察御史臣李嗣京訂正
新建縣舉人臣戴國士參閱
知建陽縣事臣黃國琦較釋

國史部七

記注　譜諜　地理

記注

古者有左右史之職以記人君之言動蓋君舉必書善惡無隱所以申儆戒防佚豫斯注記之所繇作也非獨臨法坐按卿士而獨有載言書策之典至於歸

宴寢對詹御亦著夫簡牘之記焉周漢而下篇籍可舉第其歲祀多所闕如或但紀編帙而遂忘姓氏隨時隆廢與運休息至或慎簡方正之士典司筆削之任參侍軒墀備預應對故其流風嘉話在於前聽乃有蘊良直之志膺記述之選克謹官守聿遵典訓俾職業之修舉而國書之信實茲可謂匪懈而無諂者矣

周穆王時內史作穆天子傳體制與今起居注正同蓋周時內史所記王命之副也得於汲冢書

漢武帝有禁中起居注至後漢明德馬皇后撰明帝起居注則漢時起居似在宮中爲女史之職矣

後漢劉毅爲平望侯時和熹鄧太后臨朝元初五年毅以太后多德政欲令早有注記上書安帝曰臣聞易載羲農而皇德著書述唐虞而帝道崇故雖明聖必書功於竹帛流音於管絃伏惟皇太后膺大聖之姿體乾坤之德齊蹤虞妃比跡任姒孝悌慈仁允恭節約杜絕奢盈之源防抑逸欲之兆正位內朝流化四海及元興延平之際國無儲副仰觀乾象參之人譽援立陛下爲天下主永安漢室綏靜四海又遭水潦東州饑荒垂恩元元冠蓋交路菲薄衣食躬率群

下損膳解驂以贍黎苗惻隱之恩猶視赤子克己引愆顯揚仄陋崇晏晏之政敷在寬之教興滅國繼絕世錄功臣復宗室追還徙又蠲除禁錮政非惠和不圖於心制非舊典不訪於朝弘德洋溢充塞宇宙洪澤豐沛漫衍八方華夏樂化戎狄混并丕功著於大漢碩惠加於生人巍巍之業可聞而不可及蕩蕩之勳可誦而不可名古之帝王左右置史漢之舊典世有注記夫道有夷崇治有進退若善政不述細異輙書是爲堯湯負洪水大旱之責而無咸熙假天之美高宗成王有雊雉迅風之變而無中興康寧之功也

上考詩書有虞二妃周室三母修行佐德思不踰國未有內遭家難外遇災害寬總大麓經營天物功德巍巍若茲者也宜令史官著長樂宮注聖德頌以敷宣景燿勒勳金石懸之日月攄之罔極以崇陛下烝烝之孝帝從之

獻帝起居注五卷（史失所撰人名氏後皆同）

晉李軌撰泰始起居注二十卷（咸寧起居注十卷一云二十卷泰康起居注二十一卷元康起居注三十一卷咸和起居注十六卷元康起居注一卷梁有永平元康永寧起居注六卷又有惠帝起居注二卷永嘉建興起居注十三卷已下本志失所撰人姓氏建武大興永昌起居注九卷咸康起居注五卷隆和興寧起居注五卷咸安起居注三卷泰和起居注六卷寧康起居注六卷泰

元起居注二十五卷隆安起居注十卷元興起居注九卷義熙起居注十七卷元熙起居注二卷）

趙石勒時傅彪爲大中大夫與賈蒲江軌撰大將軍起居注

南燕起居注一卷（隋志失所撰人姓氏）

宋劉道會撰晉起居注三百一十七卷（又永初起居注十卷已下本志失所撰姓氏景平起居注五十五卷孝建起居注十二卷大明起居注十五卷又有景和起居注四卷明帝在藩注三卷泰始起居注十九卷泰豫起居注四卷梁有永元起居注二十卷昇明起居注六卷）

南齊蘇偘初自太祖爲太尉偘以諮議領錄事除黃門郎後爲上太尉諮議偘事上既久備悉起居乃與丘巨源撰蕭太尉記載上征伐之功

王逡之爲國子博士兼著作撰永明起居注二十五卷（梁又有建元起居注十二卷隆昌延興建武起居注四卷中興起居注四卷）

周顒爲太子僕射兼著作撰起居注遷中書郎兼著作如故

梁王僧孺爲中書郎領著作撰起居注遷尚書左丞領著作如故（又有大同起居注十卷隋書志失所撰人姓氏）

周興嗣撰起居注職儀等百餘卷

徐勉爲侍中嘗以起居注煩雜乃加刪爲別起居注六百卷

陳劉師知爲中書舍人世祖勑師知撰起居注自永定二年秋至天嘉元年冬爲十卷（一云八卷天嘉起居注二十三卷本

志失所撰人姓氏天康光大起居注十卷太建起居注五十六卷至德起居注四卷）

後魏李伯尚高祖時爲通直散騎侍郎勑撰太和起居注

房景先撰世宗起居注

陰道方李莊爲尚書左士郎中修起居注

崔鴻爲員外郎兼尚書虞曹郎中勑撰起居注

裴伯茂文藻富贍爲散騎常侍典起居注

邢昕好學爲太尉記室參軍吏部尚書李神儁奏昕修起居注

封肅博涉經史位太學博士修起居注

韋讀爲侍御中散高祖每與德沙門諮論往復續掌
綴錄無所遺漏頗見知賞轉散騎侍郎
温子昇孝莊時爲主客郎中修起居注
北齊魏收後魏節閔時爲散騎侍郎尋勅典起居注
陳元康爲威烈將軍天保元年修起居注
後周薛寘仕後魏爲中書侍郎修起居注
李彦魏孝武入關著作佐郎修起居注
栁虯西魏大統十六年遷中書侍郎修起居注仍領
丞事
盧柔遷中書侍郎兼著作撰起居注

王羆孫述襲封扶風郡公除中書舍人修起居注改
封龍門郡公
隋開皇起居注六十卷（本志不書撰人姓氏）
王劭爲散騎侍郎修起居注
唐温大雅貞觀初爲禮部尚書著創業起居注三卷
杜正倫爲給事兼知起居注太宗嘗謂侍臣曰朕每
日坐朝欲出一言即思此言於百姓有利益不所以
不敢多言正倫進曰君舉必書言存左史臣職當修
起居注不敢不盡愚直陛下若一言乖於道理則千
載累於聖德非直當今有損於百姓願陛下慎之太
宗大悅賜綵絹二百段
朱子奢爲諫議大夫貞觀九年十月子奢上表曰今
月十六日陛下出聖旨發德音以起居紀錄書帝王
臧否前代但藏之史官人主不見今欲親自觀覽用
知得失愚以爲聖德在躬舉無過事史官所述義歸
盡善陛下獨覽起居於事無失若以此法傳示子孫
竊有未喻大唐雖七百之祚天命無改至於曾玄之
後或非上智但中主庸君飾非護短見時史直辭極
陳善惡必不省躬罪己唯當致怨史官但君上尊崇
臣下卑賤有一於此何地逃刑既不能效朱雲庭折

董狐無隱排霜觸電無顧死亡唯應希風順旨全身
遠害悠悠千載何所聞乎所以前代不觀蓋爲此也
褚遂良爲諫議大夫貞觀十六年四月二十八日太
宗謂遂良曰卿知起居記錄何事大抵人君得觀之
否對曰今之起居古之左右史以記人君言行善惡
必書庶幾人主不爲非法不聞帝王躬自觀史太宗
曰朕有不善卿必記之耶遂良曰守道不如守官臣
職當載筆君舉必書黄門侍郎劉洎曰設令遂良不
記天下之人皆記之矣太宗謂房玄齡曰國史何因
不令帝王觀見對曰國史既善惡必書恐有忤旨故

不得見也太宗曰朕意殊不同今欲自看國史若有善事固不須論若有惡事亦欲以爲鑒誡卿可撰錄進來房玄齡遂刪畧國史表上太宗見六月四日事語多微文乃謂玄齡曰昔周公誅管蔡而周室安季友鴆叔牙而魯國寧朕知所以安社稷利萬代耳史官執筆何煩有隱宜即改削直書其事至七月八日又謂遂良曰爾知起居記何事善惡朕今勤行三事望爾史官不書吾惡一則遠鑒前代敗事以爲元龜二則進用善人共成政道三則斥棄群小不聽讒言吾能守之終不轉也鷹犬平生所好今亦罷之雖有

順時冬狩不踰旬而返亦不曾絕域訪奇異遠方求珍羞比日已來食無兼饌自非膏雨有年師行剋捷未嘗與公等舉杯酒奏管絃朕雖每日兢懼終藉公等輔翊各宜勉之二十二年二月七日太宗以鐵勒諸蕃歸國謂群臣曰吾知勞逸不同者有二鐵勒解辮歸國去危就安邊夷無事豈不逸樂而鮑髮之地盡爲齊人古昔已來書史不載今日起居記朕功業亦爲勤勞　蘇冕曰貞觀中每日朝退後太宗與宰臣參議政事即令起居郎一人執簡記錄縣是貞觀注記政事稱爲畢備及高宗朝會端拱無言有司惟奏辭見二事其後許敬宗李義府用權多妄論奏恐史官直書其短遂奏令隨文仗出不得備聞機務因爲故事

姚璹則天長壽初爲文昌左丞同鳳閣鸞臺平章事舊制左右史唯得對仗承旨仗下已後謀議皆不預聞以爲帝王謨訓不可遂無紀述若不宣自宰相史官無從得書遂表請仗下所言軍國政要即宰相一人專知撰錄號爲時政記每月封送史館宰相之撰時政記自璹始也

趙退翁與賈躭盧邁爲相貞元十二年正月躭邁皆假故退翁獨對於延英德宗問曰近日起居注所記何事退翁奏曰古左史記事右史記言人君動止有事言隨即記錄今起居之職也國朝自永徽已後起

居唯得對仗承旨仗下後謀議皆不得聞其事注記但出於已制勑內標錄更無他事所以長壽中姚璹知政事以爲親承德音謀訓若不宜自宰相史官無繇得書遂請仗下後所言軍國政要宰相專知撰錄號爲時政記每送史館無何此事又廢帝曰君舉必書義存勸誡旣有時政記宰臣宜依故事爲之

庾敬休元和十二年爲起居舍人上疏求復故事勑記事記言史官是職昭其法誡著在典常如聞近者難得詳實恩有釐改用存舊章舉而必書朕所深望自今以後每坐日宰臣及諸司對後如有事可備勸

誠合紀述者委其日承旨宰相宣示左右起居令其綴錄仍准舊例每季送史館以爲常例自隋氏因前代史官起居注故置起居舍人以紀君舉國朝因之貞觀初置郎而省舍人顯慶中始兩立分侍左右仗下秉筆隨宰相入禁殿命令謨猷皆得詳錄若仗在紫宸內閤則夾香案分立殿下直第二螭首和墨濡翰皆即螭首之均處錄是謗傳謂螭頭有水官旣容侍號爲清美永徽之後始與百官仗下俱退長壽年中姚璹爲相以史官不聞獻替表請宰臣一人撰錄軍國政要號爲時政記隨月移之史官館及起居旣

錄自宰臣事同銘述於是推美讓善之義行而信史直書之義闕旣而歲月稍久樞務復繁注記漸簡未幾皆廢其後執事者時或修綴百無一二而左史所守猶因於制勅時在筆削至於右史以職在記言但編集詔書繕寫而已至是啟休上疏累請於時宰臣皆樂復焉旣陳奏而制行故事漸復公議稱美

周墀開成二年二月爲考功員外郎集賢殿直學士兼權知起居舍人事文宗每御紫宸殿與宰臣決事多召左右史問所宜施行墀屢承顧問旣改尚書郎復兼左史其後左右史故有當轉官必令兼領自墀始也

裴素爲起居郎與起居舍人張次宗閣內召對時文宗復故事每入閤左右執筆立於螭頭下宰臣奏事得以備錄或宰臣奏事罷召左右史顧問以決所疑故開成中帝與宰臣之言詳於史氏

楊嗣復開成三年爲宰相上言陛下躬勤庶政超邁百王每對宰臣日旰忘倦正衙決事二史在前便殿坐日全無紀錄長壽初宰臣姚璹奏置時政記旋卽不行貞元中宰臣趙退翁請行故事無何又廢恭惟聖政必在發明今請每致延英坐日對宰臣往復之

詞關德化刑政之事委中書門下直日紀錄月終送付史館所與帝猷不墜國史有倫時同列多不便之事竟不行

魏謩爲起居舍人開成四年十月乙卯文宗於紫宸殿對百寮遣閤門使就謩取注記謩奏曰臣以自古置此以爲聖王鑒誡陛下但爲善事勿謂臣不書如陛下所行錯誤臣不書之天下之人皆得書之臣以陛下爲太宗文皇帝乞陛下許臣比職褚遂良帝曰我何前亦曾取看謩曰自是向前起居不許故事臣今豈得陪陛下爲非若陛下一覽之後自此文字須

有廻避如此則善惡不直如何遺後取信帝遂止

鄭朗開成中爲起居郎初太和末風俗稍奢文宗恭勤節約奐華其風宰臣等言曰陛下躬儉節用風俗已移長裾大袂漸以減損若更令戚屬絶其侈靡不慮下不從教帝曰此事亦難戸曉但去其泰甚自以儉德化之朕聞前時內庫唯二錦袍飾以金鳥一袍玄宗幸溫湯時御之一與貴妃當時貴重如此今奢靡豈復貴之料今富家往往皆有左衛副使張元昌便用金唾壺朕因李訓已誅之矣時朗執筆螭頭下宰臣退帝謂朗曰適所議論卿記錄未吾試觀之朗

對曰臣執筆所記便爲名史伏准故事帝王不可取觀昔太宗欲覽國史諫議大夫朱子奢云史官所述不隱善惡或主非上智飾非護失見則致怨所以義不可觀又褚遂良曰今之起居郎古之左右史也記人君言行善惡必書庶幾不爲非法不聞帝王躬自觀史帝曰適來所記無下否臧見亦何爽乃宣謂宰臣曰鄭朗引故事不欲朕見起居注夫人君之言善惡必書朕恐有平常閑說不闗理體垂諸將來竊以爲恥異日臨朝庶幾稍改何妨一見以誡醜言朗遂進之

後唐趙熙爲起居郎明宗天成二年八月熙奏今後凡內中公事及詔書奏對應不到中書者伏乞委內臣一人旋具抄錄月終闗送史館勑宜令樞密院學士闕至錄送長興二年三月二十八日史館奏當館應諸處及諸司闗送到合編錄公事外伏准舊制國朝有時政記并起居注並合送館以備纂修近代已來闕行此事只以每遇入閤兼內殿起居朝臣侍制轉對公事逐人抄送當館如有顯有須行遂司闗報到者旋據逐件一一於日曆收記其有直下所司并行之事當館無繇得知若只憑本官供到所奏狀本末兗簡編不備本末難窮已後待制轉對公事等除顯具須行闗送到館外應有直下所司及不行未行之事伏乞宣付當館旋依次第編錄其時政記起居注并內庭逐日合書日曆亦乞相次逐旋奏勑朝臣起居入閤奏對公事奏覆後宣付史館宜依其時政記起居注續候勑處分

李崧爲端明殿學士清泰二年史館上言自明宗朝每見宰臣節度使爲軍民政事有所敷陳或宸旨宣揚此闕道理唯近臣聞聽外而不知先朝時詔樞密直學士闕至於奏對時記錄逐季下史館以備纂修自今年四月後詔李專美記錄今以改官其記錄望別差官乃詔崧記錄

晉趙瑩爲相監修國史瑩奏請循近例依唐明宗朝凡有內庭公事及言動之間委端明殿學士或樞密院學士侍立晃旒繫日編錄逐季送當館其百司公事亦望逐季送館旋要編修日曆從之天福四年十一月史館奏

案唐長壽二年右丞姚璹奏帝王謨訓不可闕文然仗下所言軍國政事請令宰臣一人撰錄號時政事至唐明宗朝又委端明殿學士撰錄逐季付史館伏乞遵行者勑宜令宰臣一員撰述

周李轂爲宰臣監修國史顯德元年十月奏曰竊以自古王者咸建史官君臣獻替之謀皆須備載家國安危之道得以直書歷代已來其名不一人君言動則起居注創自累朝輔相經綸時政記興於前代然後秉其事實編作史書蓋緣聞見之間須有來處記錄之際得以審詳今之左右起居即古之左右史也唐文宗朝命其官執筆立於殿階螭頭之下以紀政事後則明宗朝命端明殿及樞密直學士皆輪修日

曆旋送史館以備纂修降及近朝此事皆廢今後欲望以諮詢之事裁制之規別命近臣旋具抄錄每當修撰日曆即令封送史臣從之因命樞密院直學士起今後於樞密使處逐月抄錄事件送付史館先是太晅黜王峻爲商州司馬旣出之後慮其史筆不直因宣取開國已來日曆讀之史臣以不知禁密機事恐成漏畧相與爲憂及世宗嗣位亦留意於史傳因共起請爲編修之備

譜諜

古者聖人吹律定姓以記其族而後之命氏其義有九盖號謚爵國官字君事職之謂也以至姓系蕃衍譜諜散逸繇是傳雅君子圖而籍之紀其閥閱辨其流品使宗派之不紊而人物之惟叙參於部錄埀之軌範自世本起於漢氏昭穆著於晉家宋齊以還迄於唐室作者相繼實繁有徒皆能泝波而討源因枝而振葉別生分類於是乎在若夫錫士之制著於夏書司商所掌表於周典斯乃稽古之大訓非可以忽焉

漢劉向撰世本二卷

晉摯虞爲尚書郎以漢末喪亂譜傳多亡失雖其子孫不能言其先祖撰族姓昭穆十卷上疏進之以爲足以備物致用廣多聞之益

賈弼爲員外散騎常侍好簿狀大披群族所撰十八州一百一十六郡合七百二十卷士庶畧無遺闕其子孫代傳業又云宋王弘劉湛竝好其書弘日對千客不犯一人諱

郭須爲襄陽令撰魏晉世譜十卷

宋劉湛爲選曹撰百家譜隋書有劉湛百家譜二卷

何承天撰姓苑一卷

南齊王儉撰百家譜十卷又云劉湛撰百家譜以助銓序傷於寡畧儉復加之得繁簡之衷

賈淵撰氏族要狀及人名竝行於世

王逡之續王儉百家譜四卷南族譜二卷百家譜拾

遺一卷
賈希鏡昇明中高帝嘉希鏡世學取爲驃騎將軍武陵王國郎中令歷大司馬司徒府參軍竟陵王子良使希鏡撰見客譜出爲句容令先是譜學未有名家希鏡祖弼之廣百氏譜記專心習業晉太元中朝廷給弼之令史書史撰定譜寫藏秘閣及左戶曹希鏡三世傳學凡十八州士族譜合百帙七百餘卷該究精悉皆如貫珠當時莫比永明中衛將軍王儉抄次百家譜與希鏡恭懷撰定建元初希鏡遷長水校尉僚人王秦寶買襲琅琊譜尚書令王晏以啓明帝希

鏡被收當極法子摟長謝罪稽顙流血朝廷哀之免希鏡罪後爲北中郎參軍卒撰氏族要狀及人名書竝行於時
梁顧協撰異姓苑五卷
王僧孺爲北中郎南康王諮議參軍入直西省知撰譜事先是尚書令沈約以爲晉咸和初蘇峻作亂文籍無遺後起咸和二年以至於宋所書竝皆詳定竝在省下左戶曹前廂謂之晉籍有東西二庫此籍既竝精詳定可寶惜位宦高卑皆可依案宋元嘉二十七年始以七條徵發旣立此科人奸互起僞狀巧籍歲月滋廣以至於齊患其不實於是東堂校籍置郎令史以掌之競行奸貨以新換故昨日卑細今日便成士流凡此奸巧竝出愚下不辯年號不識官階或注隆安在元興之後或以義熙在寧康之前此時無此府此時無此國元興唯有三年而猥稱四五部書甲子不與長曆相應校籍諸郎亦所不覺不才令史固自忘言臣謂宋齊二代士庶不分雜役減闕職鄉於此竊以晉籍所餘宜加寶愛武帝以是留意譜籍州郡多離其罪因詔僧孺改定百家譜始晉太元中員外散騎常侍郎平陽賈弼篤好簿狀乃廣集衆家

大搜群族所撰十八州一百一十六郡合七百一十二卷凡諸大品畧無遺闕藏在秘閣副在左右又云僧孺爲譜八十卷東南一族別爲一部不在百家之數
傳昭爲散騎常侍博洽古今尤善人物魏晉官宦簿伐姻通內外舉而論之無所遺失隋書有傳昭撰百家譜十五卷
陳顧野王撰顧氏譜傳十卷
後魏高諒爲驍騎將軍造親表譜錄四十許卷自五世已下內外曲盡覽者服其博記
封偉伯撰封氏本錄六卷
宋會撰姓系譜錄五十篇

盧懷仁撰中表錄二十卷
元暉業撰後魏辯宗錄二卷
後周明帝集公卿已下据採衆書目自羲農以來訖於魏末叙爲世譜凡五百卷
隋劉善修撰諸劉譜三十卷
宋嘉撰世本四卷已下隋志不書朝代
賈執撰百家譜二十卷又撰姓氏英賢譜一百卷按梁有王宣新集諸州譜十二卷又別有諸姓譜一百一十六卷益譜四十卷關東關北譜三卷梁武帝總管境內十八州譜六百九十卷
漢氏帝王譜三卷已下本志不書撰人姓氏

齊帝譜十卷
百家世譜十卷
百家譜鈔五卷
後魏皇帝宗族譜四卷
魏孝文劉姓族牒一卷
後齊宗譜一卷
益州譜三十卷
冀州姓族譜二卷
洪州諸姓譜十一卷
吉州諸姓譜八卷
江州諸姓譜十一卷
諸州雜譜八卷
袁州諸姓譜八卷
揚州譜鈔五卷
京兆韋氏譜二卷
謝氏譜一十卷
楊氏血脉譜一卷
楊氏家譜狀并墓記一卷
楊氏枝分譜一卷
楊氏譜一卷

北地傅氏譜一卷
蘇氏譜一卷
氏族要狀十五卷
復姓苑一卷
齊永元中表簿五卷
唐高士廉爲禮部尚書貞觀十二年正月士廉與行黄門侍郎韋挺禮部侍郎令狐德棻兼中書侍郎岑文本撰氏族志百卷合二百九十三姓千六百五十一家分爲九等以甄士庶太宗稱善頒賞進級各有差時議以山東人士好自矜夸雖復累葉陵遲猶恃其舊地女適他族必多求聘財太宗惡之以爲甚

傷教義乃詔士廉與御史大夫韋挺中書侍郎岑文本禮部侍郎令狐德棻等刊正姓氏於是譜牒仍甄據史傳考其眞僞忠賢者褒進悖逆者貶黜撰爲氏族志士廉乃類其等第以進太宗曰我與山東崔盧李鄭舊既無嫌爲其世代衰微全無冠蓋猶自云士大夫婚姻之間則多邀錢幣才識既下而偃仰自高販鬻松檟依託富貴我不解人間何爲重之只緣齊家唯據北梁陳僻在江南當時雖有人物偏僻小國不足可貴至今猶以崔盧王謝爲重我平定天下四海一家凡在朝上皆功効顯著或忠孝可稱或學藝通傳所以擢用見居三品以上欲共寒代舊門爲親縱多輸錢帛猶被偃仰我今特定族姓譜者欲重崇今朝冠冕何因崔幹猶爲第一等昔漢高祖是山東一匹夫以其平定天下主尊臣貴卿等讀書見其行迹至今以爲美談心懷尊重卿等不貴我官爵耶不須論數土已前止取今日官職高下作等級遂以崔幹爲第三等及書成凡一百卷

詔頒於天下賜士庶物千段

李守素爲天策府倉曹尤善譜學妙識人物自宋晉

以降四海士流及周魏已來諸勳貴等華戎閥閱靡不詳究人有問者應若撞鐘踈是當時號爲肉譜嘗與虞世南等六人同直學館其夜七夕内出珍饌有教賦詩因共談人物初言江左東南猶相酬對及言北臺諸姓次第如流顯其歷葉皆有據證世南但撫掌而笑不復能答既而言曰肉譜定可畏許敬宗因謂世南曰李倉曹以善人物乃得此名雖爲美事然非雅目君既言成準的宜當有以改之答曰卿言是也昔任彦昇善談經籍前代稱爲五經笥今日倉曹爲人物志可乎杜如晦等咸以爲佳焉

呂才爲太常丞高宗永徽初修姓氏錄

許敬宗撰姓氏譜二百卷

路敬淳爲太子司議郎兼知弘文館直學士自魏晉巳來官品姓氏敬淳無不究其始末撰著姓畧二卷傳於代又撰衣冠系錄六十卷

栁冲爲左散騎常侍中宗神龍三年五月冲上表曰臣聞乾元資始而庶物形焉人倫既肇而族類詳焉姓氏之初代本著其義昭穆之序周譜列其風漢晉之年應摯明宗系之說齊梁之際王賈述衣冠之源使夫士庶區分懲勸攸寄昭之後代寔爲盛典自魏

太和巳降作者彌繁或以八族品人倫或以九等量地胄爰洎今日年祀以淹冠冕之家興衰不一胥原纔郤有降爽品許史袁楊一時各盛豈可以曩時之褒貶爲當今之軌模原始要終有所未允伏惟應天皇帝陛下誕膺靈命大庇蒼生道冠羲軒風踰部夏損益前載垂範後昆帝緒皇源與天冲而比大良才人物掩姬漢而飛聲理當自我作古牢籠古昔豈可闕於著紀無示將來臣願得叙大唐之隆修氏族之譜使九圍仰止百代承風豈不大哉豈不盛哉帝從之遂命尚書左僕射魏元忠及修史官工部尚書張

錫禮部侍郎蕭志忠岑羲兵部侍郎崔湜刑部侍郎徐堅工部侍郎劉憲左補闕吴兢等與柳冲依據氏族志重加修撰仍令取其高名盛德素業門風國籍相傳士林標準次復勳庸克懋榮絶當朝中外相輝譽兼時望者各爲等列其諸蕃酋長襲冠帶者亦別爲一品目爲唐姓族系録二百卷

竇懐貞玄宗先天中爲左僕射與侍中魏知古中書令蕭志忠崔湜中書侍郎陸象先左散騎常侍柳冲太子詹事徐堅左庶子劉子玄等奏上所修姓族系録二百卷

劉知幾爲太子中允修國史自負史才嘗慨時無知已乃委國史於著作郎吴兢別撰劉氏家史十五卷譜考三卷推漢氏爲陸終苗裔非堯之後彭城叢城里諸劉出自宣帝子楚孝王囂曾孫司徒居巢侯劉愷之後不承楚元王交皆案據明白正前代所誤雖爲流俗所識學者服其該博

賈至爲著作郎肅宗乾元元年撰百家類例十卷

柳芳爲右金吾衛騎曹參軍史館修撰代宗命芳撰皇室系圖譜（又云永泰二年太常博士柳芳撰皇室永泰譜二十卷上之）

王涯爲兵部員外郎知制誥憲宗元和七年七月撰姓纂十卷成上之

李衢爲屯田郎中文宗開成三年四月與汧王府長史林寶進所撰皇唐玉籙一百五十卷四年爲大理少卿又奉勑撰皇后譜諜

柳璟爲翰林學士開成四年閏正月奏今月十二日面奉進止以臣先祖所撰皇室永泰新譜事頗精詳令臣自德宗皇帝至陛下御極已來依舊樣修續伏請宣付宰臣詔宜令宗正寺與柳璟計會修撰仍令戶部量供紙筆

地理

周官大司徒掌邦之土地之圖以周知九州地域廣輪之數辨其五土之名物邦國都鄙幾疆之制又有土訓誦訓之職以詔地事以道方志傳夾車之問焉自黄軒之世疆理方國唐虞所記頗爲簡畧三代之後方策斯著遷固以來載籍彌廣蓋夫史氏之所職司典之攸記或承制以論譔或守官而采綴或繼世善述乃至名家或顓傳經塗樂於稽古形之油素參於部錄制作之美粲然可觀昔蕭相入秦獨收圖書以知天下阸塞戶口彊弱而成大業信有旨哉

堯以伯禹爲司空作禹貢一篇

周孔子爲魯大司寇述職方以除九丘
漢東方朔爲大中大夫撰十洲記一卷
張騫爲郎使月氏撰出關志一卷
司馬遷爲太史令作河渠書其序曰維禹浚川九州攸寧爰及宣防决瀆通溝
後漢班固爲郎典較秘書撰漢書述地理志兩卷其序曰坤作墜勢高下九則（墜古地字九則九州土田上中下九等也）自黄唐經畧方國燮定東西疆理南北三代損益降及秦漢革剗五等制立郡縣（剗音初限切）畧表山川彰其剖判又述溝洫志一卷其叙曰夏乘四載百川是導唯河

爲蕃災爲後代商竭州移奏决南涯（河竭而商亡秦始皇决河移灌大梁遂滅之）自兹距漢北亡八支（本有九河今塞餘有一也）文堙棗野武作瓠歌（堙音因文帝塞河於酸棗也河决瓠子武帝親臨埤功不成而作歌）成有平年後遂滂沱（成帝治河已平改元日河平）爰及溝渠利我國家
趙岐爲衛尉多所述作著三輔决錄傳於時序曰三輔者本雍州之地世世從公卿大夫吏二千石及高貲皆以陪諸陵五方之俗雜會非一國風不但繫於詩之秦豳也其爲士好高尚義貴於名行其俗失則趨勢進權唯利是視余以不才生於西土耳能聽而聞故老之言目能視而見衣冠之疇心能識而觀其賢愚嘗以玄冬夢黄髮之士姓玄名明字子真與余寤言言必有中善否之間無所依違命操筆者書之近從建武已來暨於斯今其人既亡行乃可書玉石朱紫豁此定矣故謂之史錄岐恐特人不盡其意故隱其書唯以示同郡嚴象
蜀譙周爲光祿大夫撰三巴記一卷
吳顧啓期撰婁地記一卷
晉裴秀爲司空以禹貢山川地名從來久遠多有變易後世說者或疆牽引漸以闇昧於是甄摘舊文疑者則闕古有名而今無者皆隨事注列作禹貢地域

圖十八篇奏之藏於秘府其序曰圖書之來尚矣自古立象垂制而賴其用三代置其官國史掌厥職暨漢屠咸陽丞相蕭何盡收秦之圖籍今秘書既無古之地圖又無蕭何所得惟有漢氏輿地及括地諸雜圖名不設分率又不考正準望亦不備載名山大川雖有麁形皆不精審不可依據或荒外迂誕之言不合事實於義無取大晉龍興混一六合以清宇宙始於庸蜀深入其岨文皇帝乃命有司撰訪吳蜀地圖蜀土既定六軍所經地域近遠山川險易征路迂直校驗圖記周或有差今上考禹貢山海川流原隰陂

澤古之九州及今十六州郡國縣邑疆界鄉陬及古國盟會舊名水陸徑路爲地圖十八篇制圖之體有六焉一曰分率所以辨廣輪之度也二曰準望所以正彼此之體也三曰道里所以定所繇之數也四曰高下五曰方邪六曰迂直此三者各因地而制宜所以較夷險之異也有圖象而無分率則無以審遠近之差有分率而無準望則雖得之於一隅必失之於他方有準望而無道理則施之於山海絕隔之地不能以相通有道里而無高下方邪迂直之較則徑路之數必與遠近之實相違失準望之正矣故以此六

者參而考之然遠近之實定於分率彼此之實定於道里度數之實定於高下方邪迂直之筭故雖有峻山鉅海之隔絕域殊方之迥登降詭曲之因皆可得舉而定者準望之法既正則曲直遠近無所隱其形也秀又撰春秋土地名三卷一云裴秀容撰

周處義興陽羡人著風土記三卷

陸機爲著作郎撰雒陽記一卷

賀循爲吳國內史撰會稽記一卷

戴祚撰西征記一卷

張渤撰吳地記一卷

顧席撰吳郡記一卷

盖泓撰朱崖傳一卷

宋盛弘之爲臨川王侍郎撰荆州記三卷

沈懷遠爲武康令撰南越志

謝靈運爲御史中丞免官東還永嘉撰遊名山志一卷居名山志一卷

雷次宗豫章南昌人撰豫章記一卷

范曄爲宣城太守撰後漢書郡國志五卷其序曰漢書地理志記天下郡縣本末及山川奇異風俗所至矣今但錄中興已來郡縣改易及春秋三史會同征

伐地名以爲郡國志凡前志有縣名今所不載者皆世祖所并省也前無今有者後置也凡縣名先書者郡所治也

南齊宗測不就徵辟嘗遊衡山七領著衡廬山記

乳逭爲衛軍掾著三吳史錄

劉澄之爲郎官尚書撰永初山川古今記二十卷

梁沈約爲尚書令撰宋書一百卷內郡州志四卷

任昉爲秘書監著地記二百五十二卷

蕭子顯爲太尉錄事著齊書州郡志一卷

裴子野爲著作郎掌國史撰方國使圖一卷廣述懷

來之盛自要服至於海表凡二十國
吳均爲奉朝請撰廟記一十二州記十六卷
庾仲容爲尚書左丞抄衆家地理書一十卷
陶弘景冊陽秣陵人除奉朝請尤明山川地理方圖
産物撰古今州郡記
陳顧野王爲大著作掌國史撰分野樞要一卷輿地
志三十卷
江德藻爲散騎常侍爲中書郎劉師知使北齊德藻
撰聘北道里記三卷師知撰聘遊記三卷
姚察爲吏部尚書使隋著西聘道里記一卷

後魏闞駰撰十三州志
劉芳爲通直散騎常侍撰徐地錄一卷
楊衒之撰雒陽伽藍記五卷廟記一卷
北齊魏收爲中書令兼著作郎撰後魏書地形志三
卷
後周薛寘爲御正大夫撰西京記三卷引據該洽世
稱其博聞焉
姚最案十會撰孝行記十卷
隋庾季才高祖開皇初爲通直散騎常侍詔季才與
其子質撰地形志八十七卷

崔賾爲起居舍人煬帝大業五年受詔與諸儒撰區
宇圖志二百五十卷奏之帝不之善更令虞世基許
善心衍爲六百卷
裴矩大業中爲吏部侍郎時西域諸蕃多至張掖與
中國交市帝令矩掌其事矩知帝方勤遠畧諸蕃胡
至者矩誘令言其國俗山川險易撰西域圖記三卷
入朝奏之又撰高麗風俗一卷
郎茂大業中爲尚書左丞撰隋州郡圖經一百卷
許善心大業中爲給事郎撰方物志二十卷
諸葛頴大業中爲著作郎撰鑾駕北巡記三卷幸江

都道里記一卷雒陽古今記一卷
唐姚思廉初仕隋爲河間郡司法書佐煬帝令與崔
祖濬修區宇圖志
房玄齡太宗貞觀中爲司空與中書令褚遂良等撰
晉書地理志兩卷
濮王泰初封魏王太宗時令泰府中別置文學館任
自引召學士官給酒饌泰於是奏引著作郎蕭德言
秘書郎顧胤記室叅軍蔣亞卿功曹叅軍謝偃等就
府撰括地志五百五十卷奏上之
顏師古高宗時爲禮部侍郎監修國史永徽元年撰

隋書地理志三卷

許敬宗爲中書令顯慶三年五月帝以西域盡平遣使分往康國及吐火羅等國訪其風俗物產及古今廢置畫圖以進因命史官撰西域圖志六十卷敬宗監領之書成學者稱其該博焉

賈耽德宗時爲左僕射平章事貞元十四年十月進九州圖并别錄六卷通錄四卷共十卷表曰臣聞楚左史倚相能讀九丘晉司空裴秀創制六體則爲圖之新意臣雖愚昧夙所師範累蒙拔擢遂忝台司雖歷踐職任誠多曠闕而率土山川不忘寤寐其大圖

外薄四海內别九州必藉精詳乃可摹寫見更纘集續輿畢功然而隴右一隅久淪蕃寇職方失其圖記境土難以區分輙和課虛徵採掇輿議畫關中隴右及山南九等圖一軸伏以洮湟舊墟連接監牧甘凉右地控帶朔陲峽路之偵候交通軍鎭之守備衝要莫不匠意就實依稀像眞如聖恩遣將護邊新書授律則靈慶之設險在目原會之封畧可知其諸州諸軍須論里數人額諸山諸水須言首尾源流圖上不可備書憑據必資記注謹撰别錄六卷又黃河爲四瀆之宗西戎乃群羌之帥臣并研尋史諜翦棄浮詞釐所聞知編爲四卷通錄都成十卷文義鄙朴伏增慙悚謹隨表奉進答詔褒之十七年上海內華夷圖及古今郡國縣道四夷述四十卷表曰臣聞地以博厚載物萬國棊布海以委輸環外百蠻繡錯中夏則五服九州殊俗七戎六狄普天之下莫非王臣昔毋丘出師東銘不耐甘英奉使西抵條枝奄蔡乃大澤無涯罽賓則懸度作險或道里迴遠或名號改移古來通儒罕遍詳究臣弱冠之歲好聞方言筮仕之辰注意地理究觀研考垂三十年絕域之比鄰異蕃之習俗梯山獻琛之路乘舶來朝之人咸竆竟其源流

訪求其居處闤闠之行賈戎貊之遺老莫不聽其言而掇其要閭閻之瑣語風謠之小說亦皆收其是而芟其僞然商周以降封畧益明承曆數者八家渾區宇者五姓聲教所及惟唐爲大秦皇罷侯置守長城起於臨洮孝武却地開邊障塞限於雞鹿東漢則哀牢諸夷西晉則俾離結轍隋室列四郡於卑和海西創三州於扶南江北遼陽失律因而棄之高祖神堯皇帝誕膺天命奄有四方太宗繼明重熙柔遠能邇踰大磧通道北至仙娥於骨利幹置玄闕州高宗嗣守丕績克廣前烈遺單車齎詔西域葱山於波剌斯

丘疾陵府中宗復配天之業不失舊物肅宗含光大
之量惟新永圖玄宗以大孝清内以無爲理外大寇
蟣縣歳充内廐與貳師之窮兵黷武登同年哉肅宗
掃平氛祲澤潤生人代宗剗除殘孽彝倫攸叙伏惟
陛下以上聖之姿當太平之運敦信明義嚴德包元
惠養黎蒸懷柔遐裔故瀘南貢麗水之金漠北獻吾
吾之馬玄化洋溢率土霑濡臣幼切磋於師友長趨
侍於軒墀自揣孱愚叨榮非據鴻私莫答夙夜兢惶
自興元元年伏奉進止令臣修撰國圖旋即充使魏
州汴州幽鎮東維東郡間以衆務不遂專門續用久

虧憂愧彌切近乃力衰朽竭思慮殫所聞見叢於冊
青謹令工人畫海内華夷圖一軸廣三丈從三丈三
尺率以一寸折成百里别章甫左衽奠高山大川縮
四極於纖縞分百郡於作繪宇宙雖廣舒之不盈庭
舟車所通覽之咸在目并撰古今郡國縣道四夷述
四十卷中國之禹貢爲首外夷以班史發源郡縣紀
其增減蕃落叙其衰盛前地理書以黔州屬酉陽今
則改入巴郡前西戎志以安國爲安息今則改入康
居凡諸舛謬悉從釐正隴西北地流播於永初之中
遼東樂浪陷爲於建安之際曹公棄陘北晉氏遷江
南緣邊累經侵盗故墟日致堙毀舊史撰録十得二
三今書搜捕所獲大半周禮職方以淄青爲幽州之
浸以華山爲荆河之鎮既有乖於禹貢又不出於淮
中多聞闕疑詎敢編次其古郡國題以墨今州縣題
以朱今古殊文執習簡易臣學謝小成才非博物伏
波之聚米開示衆軍鄧侯之圖書方知阨塞企慕前
哲嘗所寄心輙罄庸陋多慙紕繆無任戰惕之至帝
覽而善之躭好地理學四方之使及自蕃虜來者必與之坐問其土地山川之所終始凡三十年所聞既備因撰海内華夷圖人有披圖以問其郡邑者皆得其實事無虚詞

袁滋貞元中爲祠部郎中持節入南詔慰撫因使行

著雲南記五卷

李吉甫憲宗時爲中書侍郎平章事分天下諸鎮紀
山川險易故事各寫其圖於篇首爲五十四卷號爲
元和郡國圖

孔述睿憲宗元和中爲史館修撰精於地理之學重修
國史地理志時稱詳究

田牟文宗時爲入吐蕃使太和八年四月進宣索入
蕃行記圖一軸并圖經八卷

許康佐宣宗時爲集賢學士撰九鼎記四卷

周張昭仕晉爲戸部侍郎與起居郎賈緯等撰唐史

冊府元龜

冊府元龜國史部地理　卷之五百六十　三十三

第五頁六行後脱一條

張軌魏孝武西遷加左將軍兼著作佐郎修起居注

册府元龜

巡按福建監察御史臣李嗣京　訂
分守建南道左布政使臣胡維霖　輯
知建陽縣事臣黄國琦　較

國史部

世官　自序

世官

載筆之任本乎司曆克善厥職遂世其官自南北重黎二正是典義和仲叔四時分命周世文治簡求嗣掌諸侯司籍亦所圖任兩漢累盛九州洞別遷固父

子時推其長魏晉而下撰續不絕蓋亦著作之重貴乎專門用能論次舊聞申明先業敷述雅志自成一家者矣

堯命義和欽若昊天曆象日月星辰敬授人時重黎之後羲氏和氏世掌天地四時之官故堯命之臣欽若等按左氏傳重少皞之弟黎顓頊之子至于夏商重黎氏世序天地

周司馬氏世典周史

籍伯黶爲晉正卿司晉之典籍以大政故曰籍氏及辛有之二子董之晉於是有董史董督晉典

漢司馬談武帝元鼎末爲太史令子遷爲郎中是時天子始建漢家之封而太史公留滯周南周南洛陽也雒陽而謂周南者自陝以東皆周南之地也臣欽若等曰太史公談也遷之自序不斥其父名不得與從事發憤且卒而子遷適反見父於河雒之閒太史公執遷手而泣曰予先周室之太史也自上世嘗顯功名虞夏典天官事後世中衰絕於予乎女復爲太史則續吾祖矣今天子接千載之統封泰山而予不得從行是命也夫命也夫余死汝必爲太史爲太史毋忘吾所欲論著矣且夫孝始於事親中於事君終於立身揚名於後世以顯父母此孝之大也夫天下稱周公言其能論歌文武之德宣周召之風達太王

王季思慮爰及公劉以尊后稷也幽厲之後王道缺禮樂衰孔子脩舊起廢論詩書作春秋則學者至今則之自獲麟以來四百有餘歲諸侯相兼史記放絕今漢興海內一統明主賢君忠臣義士予爲太史而不論載廢天下之文余甚懼焉汝其念哉遷俯首流涕曰小子不敢請悉論先人所次舊聞弗敢闕卒三歲而遷爲太史紬紬音抽史記石室金匱之書

後漢班彪光武時爲司徒掾才高而好述作遂專心於史籍之間武帝時司馬遷著史記自太初以後闕而不錄彪乃繼採前史遺事傍貫異聞作後傳數十

篇以斟酌前史而譏正得失彪卒子固以彪所續前史未詳乃潛精研思欲就其業既而有人上書明帝告固私改作國史者有詔下郡收固繫京兆獄盡取其家書第超恐固爲郡所覈考不能自明乃馳詣闕上書得召見具言固所著述意而郡亦上其書帝甚奇之召詣較書郎除蘭臺令史與前睢陽令陳宗長陵令尹敏司隸從事孟異共成世祖本紀又撰功臣平林新市公孫述事作列傳載記三十八篇奏之帝乃復使終成前所著書

晉華嶠爲秘書監撰後漢書十典未成而終秘書監

何劭奏嶠中子徹爲佐著作郎使踵成之未竟而卒後監繆徵又奏嶠少子暢爲佐著作郎克成十典并草魏晉紀傳與著作郎張載等俱在史閣永嘉丧亂經籍遺沒嶠書存者三十餘卷

南齊賈淵祖弼之父匪之世傳譜學太祖宋昇明中嘉淵世學取爲驃騎參軍竟陵王子良使淵撰見客譜出爲句容令先是譜學未有名家淵弼之廣集百氏譜記專心治業晉太元中朝廷給弼之令史書史撰定譜𢼸藏秘閣及左民曹淵父及淵二世傳學九十八州士族譜令百帙七百餘卷該究精悉當世莫比永明中衛軍王儉抄次百家譜與淵參懷撰定

梁裴子野爲中書侍郎曾祖松之仕宋爲大中大夫文帝元嘉中受詔續脩何承天宋史未成而卒子野嘗欲繼成先業齊武帝永明末沈約所撰宋書稱松之已後無聞焉子野更撰爲宋略二十卷

陳陸瓊爲給事黄門侍郎領大著作撰國史父雲公仕梁爲黄門侍郎掌著作奉梁武勑撰嘉瑞記瓊述其旨而續焉自永定訖于至德勒成一家之言

姚察爲秘書監知撰梁史事入隋爲秘書丞別勑成梁陳二代史其中序論及紀傳有所闕者臨亡之時

仍以體例誡約子思廉博訪撰續思廉泣涕奉行思廉在陳爲衡陽王府法曹參軍會稽王簿入隋補漢王府行參軍掌記室尋除河間郡司法煬帝文業初中書侍郎虞世基奏思廉踵梁陳二代史自爾以來稍就補續

後魏崔光爲侍中中書監領著作撰魏史徒有卷目初未考正闕略尤多每云此史會非我世所成但須記錄時事以待後人臨薨言鴻於孝明（鴻光弟敬女之子）延昌五年正月詔鴻以本官脩緝國史鴻又撰十六國春秋勒成百卷

後周劉璠爲内中大夫撰梁典三十卷始就未及刊定而卒臨終謂子休徵曰能成我志其此書乎休徵治定繕寫勒成一家行於世

隋許善心爲給事中父亨撰著梁史未就而歿善心述成父志脩緝家書

唐令狐德棻高祖武德中爲秘書丞與侍中陳叔達太史令庾儉同受詔脩周史德棻玄孫峘代宗朝楊綰爲禮部侍郎脩國史引峘入史館脩玄宗實錄一百卷代宗實錄四十卷

李延壽爲東宮典膳丞父太師少有著述之志嘗以

宋齊梁陳齊周隋南北分隔南書謂北爲索虜北書指南爲島夷書本國周悉別國未能備往往失實將擬吳越春秋編年以備南北所撰未畢而卒延壽以太宗貞觀中依司馬遷體以次連綴之始末脩撰凡十六載爲北史南史二書合一百八十卷

劉子玄則天長安中爲左史兼脩國史子貺爲起居即脩國史弟諫右補闕集賢殿學士脩國史

歸崇敬字正禮玄宗天寶末爲起居郎兼史館脩撰子登德宗貞元中爲兵部員外郎史館脩撰

柳芳爲右司郎中集賢學士精於譜學永泰中按宗正譜牒自武德已來宗枝昭穆相承撰皇室譜二十卷號曰永泰新譜自後無人脩續芳孫璟開成初爲翰林學士因召對言及圖譜事文宗曰卿祖嘗爲皇家圖譜朕昨觀之甚爲詳悉卿檢永泰後試脩續之璟依芳舊式續武德後事成十卷以附前譜

沈旣濟德宗貞元中爲史館脩撰建中實錄十卷文宗太和初子傳師繼脩憲宗實錄未竟出鎮湖南特詔成於理所時論榮之

自序

自司馬談父子續先業齊世傳爲之史記以成一家

之言及其斷章自叙發明其族系稽古立論揚榷其官守詮擇文理之要區別祖述之旨亦云備矣班范而降遵用舊式至於世冑之源派簒次之模楷似續之懇厚沿襲之殊軌悉可徵焉然其講世德敘家範亦不能無虛美者矣

漢司馬遷字子長撰史記其自序曰昔在顓頊命南正重以司天北正黎以司地唐虞之際紹重黎之後使復典之至于夏商故重黎氏世序天地其在周程伯休甫其後也（封爲程國伯　休甫字也）當周宣王時失其守而爲司馬氏司馬氏世典周史惠襄之間司馬氏去周

適晉（周惠王襄王有子頹叔帶之難故司馬氏奔晉）晉中軍隨會奔秦而司馬氏入少梁自司馬氏去周適晉分散或在衛或在趙或在秦其在衛者相中山（名喜）在趙者以傳劍論顯（傳謂手搏論而二之史記吳起贊曰非言仁廉勇不能傳劍論兵書也）蒯聵其後也在秦者名錯與張儀爭論於是惠王使錯將伐蜀遂拔因而守之（守郡守也）錯孫靳（一作蘄）事武安君白起而少梁更名曰夏陽靳與武安君阬趙長平軍還與之俱賜死杜郵葬於華池（地名在鄠縣）靳孫昌又爲秦王鐵官當始皇之時蒯聵玄孫卭爲武信君將（張耳傳云武臣自號武信君）而徇朝歌諸侯之相王王卭於殷漢之伐楚卭歸漢

以其地爲河內郡昌生無澤無澤爲漢市長無澤生喜喜爲五大夫卒皆葬高門（長安北門也）喜生談談爲太史公（漢儀注太史公武帝置位在丞相上天下計書先上太史公副上丞相一云百官表無太史公司馬談以太史丞爲太史令）太史公學天官於唐都受易於楊何（淄川人）習道論於黃子（儒林傳云黃生好黃老之術）太史公仕於建元元封之間既掌天官不治民有子曰遷遷生龍門（在馮翊夏陽縣禹所鑿龍門也）耕牧河山之陽年十歲則誦古文二十而南遊江淮上會稽探禹穴（禹巡會稽上有孔穴云禹入此穴）闚九疑浮於沅湘北涉汶泗講業齊魯之都觀孔子之遺風鄉射鄒嶧戹困鄱薛彭城（嶧縣名有山鄱薛三縣屬魯）過梁楚以歸於是遷仕爲郎中奉使西征巴蜀以南略卭筰昆明還報命是歲天子始建漢家之封而太史公留滯周南（今之雒陽）不得與從事故發憤且卒而子遷適使反見父於河雒之間太史公執遷手而泣曰余先周室之太史也自上世嘗顯功名於虞夏典天官事後世中衰絶於予乎汝復爲太史則續吾祖矣今天子接千歲之統封泰山而余不得從行是命也夫命也夫余死汝必爲太史爲太史無忘吾所欲論著矣且夫孝始爲事親中於事君終於立身揚名於後世以顯父母此孝之大者夫天下稱誦周公言其能論

歌文武之德宣周召之風達太王王季之思慮爰及公劉以尊后稷也幽厲之後王道缺禮樂衰孔子脩舊起廢論詩書作春秋則學者至今則之自獲麟以來四百有餘歲（案年表魯哀公十四年獲麟至漢元封元年三百七十一年）而諸侯相兼史記放絶今漢興海內一統明主賢君忠臣死義之士余爲太史而弗論載廢天下之史文余甚懼焉汝其念哉遷俯首流涕曰小子不敏請悉論先人所次舊聞弗敢闕卒三歲而遷太史令紬史記石室金匱之書五年而當太初元年十一月甲子朔旦冬至天歷始改建於明堂諸神受紀（言告於百神與天下更始著紀）

於是太公史曰先人有言自周公卒五百歲而有孔子孔子卒後至於今五百歲有能紹明世正易傳繼春秋本詩書禮樂之際意在斯乎意在斯乎小子何敢讓焉上大夫壺遂曰昔孔子何爲而作春秋哉太史公曰余聞董生曰周道衰廢孔子爲魯司寇諸侯害之大夫壅之孔子知言之不用道之不行也是非二百四十二年之中以爲天下儀表貶天子退諸侯討大夫以達王事而已矣子曰我欲載之空言不如見之於行事之深切著明也夫春秋上明三王之道下辨人事之紀別嫌疑明是非定猶豫善善惡惡賢賢

賤不肖存亡國繼絶世補敝起廢王道之大者也易著天地陰陽四時五行故長於變禮經紀人倫故長於行書記先王之事故長於政詩記山川谿谷禽獸草木牝牡雌雄故長於風樂樂所以立故長於和春秋是非故長於治人是故禮以節人樂以發和書以道事詩以達意易以道化春秋以道義撥亂世反之正莫近於春秋春秋文成數萬其指數千萬物之散聚皆在春秋春秋之中弒君二十六亡國五十二諸侯奔走不得保其社稷者不可勝數察其所以皆失其本已故易曰失之毫釐（一云差毫釐）差以千里（一云繆以千里）（誤按今易無此辭易緯有之）故曰臣弒君子弒父非一旦一夕之故也其漸久矣故有國者不可以不知春秋前有讒而弗見後有賊而不知爲人臣者不可以不知春秋守經事而不知其宜遭變事而不知其權爲人君父而不通於春秋之義者必蒙首惡之名爲人臣子而不通於春秋之義者必陷篡弒之誅死罪之名其實皆以爲善爲之不知其義被之空言而不敢辭（趙盾不知討賊而不敢辭其罪也）夫不通禮義之旨至於君不君臣不臣父不父子不子夫君不君則犯臣不臣則誅父不父則無道子不子則不孝此四行者天下之大過也以

天下之大過予之則受而弗敢辭故春秋者禮義之大宗也夫禮禁未然之前法施已然之後法之所爲用者易見而禮之所爲禁者難知壺遂曰孔子之時上無明君下不得任用故作春秋垂空文以斷禮義當一王之法今夫子上遇明天子下得守職萬事既具咸各序其宜夫子所論欲以何明太史公曰唯唯（唯唯謙應也否否不通者也）否否不然余聞之先人曰伏羲至純厚作易八卦堯舜之盛尚書載之禮樂作焉湯武之隆詩人歌之春秋采善貶惡推三代之德褒周室非獨刺譏而已也漢興已來至明天子獲符瑞封禪改

正朔易服色受命於穆清受天命清和之氣澤流罔極海外殊俗重譯款塞款叩也皆叩塞門來服從也又款寬也藉除守塞者自保不爲寇害請來獻見者不可勝道臣下百官力誦聖德猶不能宣盡其意且士賢能而不用有國者之耻主上明聖而德不布聞有司之過也且余嘗掌其官廢明聖盛德不載滅功臣世家賢大夫之業不述墮先人所言罪莫大焉余所謂述故事整齊其世傳非所謂作也而君比之於春秋謬矣於是論次其文七年天漢三年而太史公遭李陵之禍幽於縲紲乃喟然而歎曰是余之罪也夫是余之罪也夫身毁不用矣退而深惟曰夫

詩書隱約者欲遂其志之思也昔西伯拘羑里在湯陰演周易孔子戹陳蔡作春秋屈原放逐著離騷左丘失明厥有國語孫子臏脚而論兵法不韋遷蜀世傳呂覽韓非囚秦説難孤憤詩三百篇大抵賢聖發憤之所爲作也此人皆意有所鬱結不得通其道也故述往事思來者於是卒述陶唐以來至於麟止武帝獲麟遷以爲述事之端上紀黄帝下至麟止猶春秋止於獲麟者也自黄帝始著十二本紀既科條之矣並時異世年差不明作十表禮樂損益律曆改易兵權山川鬼神天人之際承敝通變作八書二十八宿環北辰三十輻共一轂承黄帝以下三十世家老子言車三十輻運行無窮已象王者如此運行無窮輔拂股肱之臣配焉忠信行道以奉主上作三十世家扶義俶儻不令已失時立功名於天下作七十列傳凡百三十篇五十二萬六千五百字爲太史公書序略以拾遺補藝六藝也成一家之言厥協六經異傳齊整百家雜語藏之名山副在京師俟後世聖人君子遷沒之後文景紀武紀禮書樂書律書漢興已來將相年表日者列傳三王世家龜策列傳靳蒯列傳元成之間褚先生補缺作武帝紀三王列傳言辭鄙陋世家龜策日者非遷本意也

後漢班固字孟堅撰漢書其自序曰班氏之先與楚同姓令尹子文後也子文初生棄於楚瞢中而虎乳

之瞢云瞢澤也楚若敖娶於䢵生鬭比若敖卒從其母畜於䢵淫於䢵子之女生子文焉䢵夫人使棄諸瞢中虎乳之䢵子田見之懼而歸夫人以告遂使收之楚人謂乳爲穀謂虎爲於菟故名穀於菟字子文楚人謂虎班其子以爲號子文之子鬭班亦爲楚令尹秦之滅楚遷晉代之間因氏焉遂以班爲姓始皇之末班壹避墜於樓煩雁門之縣致馬牛羊數千群值漢初定與民無禁當孝惠高后時以財雄邊國家不設衣服車旗之禁故班氏多財而爲邊地之雄豪出入弋獵旌旗鼓吹年百餘歲以壽終故北方多以壹爲字者馬邑人聶壹之內也壹生孺孺爲任俠州郡歌之孺生長長官至上谷守長生回以茂才爲長子令上黨之縣回生况舉孝廉爲郎積功

勞至上河農都尉（上河地名農都尉典農事）大司農奏課連最入爲左曹校尉成帝之初女爲倢伃致仕就第貲累千金徙昌陵昌陵後罷大臣名家皆占數于長安（占度也自隱度家之口數而著名籍也）况生三子伯斿稺伯少受詩於師丹爲侍中光祿大夫斿博學有俊才左將軍史丹舉賢良方正以對策爲議郎遷諫大夫右曹中郎將稺少爲黃門郎中常侍方直自守遷廣平王相稺生彪彪字叔皮幼與從兄嗣共遊學家有賜書內足於財好古之士自遠方至父黨楊子雲以下莫不造門嗣雖脩儒學然貴老嚴之術（老子莊周也明帝諱莊漢書作嚴）叔皮唯聖

人之道然後盡心焉年二十遭王莽敗世祖即位於冀州時隗囂據隴擁衆招輯英俊而公孫述稱帝於蜀漢天下雲擾大者連州郡小者據縣邑叔皮著王命論以救時難遁避墜於河西河西大將軍竇融嘉其美德訪問焉（每事皆與與）舉茂才爲徐令以病去官後數應三公之召仕不爲祿所如不合（如往也不苟得祿故所往之處不合其意）學不爲人博而不俗言不爲華述而不作有子曰固弱冠而孤永平中爲郎典校秘書專篤志於博學以著述爲業以爲唐虞三代詩書所及有典籍故雖堯舜之盛必有典謨之篇然後揚名於後世冠德於百王（德爲百王之上）故曰巍巍乎其有成功煥乎其有文章（此篇論語載孔子美堯之言也）漢紹堯運以建帝業至於六世史臣乃追述功德私作本紀（謂武帝時司馬遷作史記）編於百王之末厠於秦項之列太初以德闕而不錄故探篹前記綴輯所聞以述漢書起于高祖終孝平王莽之誅十有二世二百三十年綜其行事旁貫五經上下洽通（固所撰諸表序及至經典之義號爲良史）爲春秋考記表志撰凡百篇

宋范曄爲宣城太守刪衆家後漢書爲一家之作後與孔熙先等謀逆事發繫於獄中與諸甥姪書以自敘曰吾狂釁覆滅豈復可言汝等皆當以罪人棄之

然平生行已在懷猶應可尋至於能否意中所解汝等或不悉知吾少懶學問晚成人年三十許正始有尚耳自爾以來轉爲心化推者將智者亦當未已也往往有微解言乃不能自盡爲性不尋注書心氣惡小苦思便憒閙口機又不調利以此談功至于通解處皆自得之於胷懷耳文章轉進但才少思所以於操筆其所成篇殆無全稱者常恥作文士又患其事盡於形情急於藻義牽其旨韻移其意雖時有能者大較多不免此累正可類功巧圖繢竟無得也常謂情志所託故當以文傳意以意爲主則其旨必見以

文傳意則其辭不流然後抽其芬芳振其金石耳此
中性情旨趣千條百品屈曲有多不能賞意或異故
也性則宮商識清濁斯自然也觀古今文人多不全
了此處縱有會此者不必從根本中來中來言之皆
有實証非爲空談年少中謝莊最有分手筆差易文
不拘韻故也吾思乃無定方特能濟難適輕重所禀
之分猶當未盡但多公家之言少於事外遠致以爲
恨亦由無意於文名故也本未關史書正嘗學其不
可解耳既造後漢轉得統緒詳觀古今著述及詳論
殆少可意者班氏最有高名既任情無例不可甲乙

辨後贊於理近無所得唯志可推耳傳贈可不及之
整理未必愧也吾雜傳論皆有精意深旨既存裁味
故約其辭句至於循吏以下及六夷諸序論筆勢縱
放實天下之奇作其中合者往往不減過秦篇嘗共
比方班氏所作非但不愧之而已欲遍作諸志前漢
可有者悉令備難事不必且使見文得盡又欲因事
就卷内發論以正一代得失意復未果贊自是吾文
之傑思殆無一字空設奇變不窮同合異體乃自不
知所以稱之此書行故應有賞音者紀傳例爲舉其
大略耳諸細意甚多古自體大而思精未若此也恐

世人不能盡之多貴古賤今所以稱情狂言耳吾於
音樂聽功不及自揮但所精非雅聲爲可恨然至於
一絶處亦復何異耶其中體趣言之不盡絃外之意
虛響之音不知所從而來雖少許處而旨能無極亦
嘗以授人士庶中未有一毫似者此永不傳矣吾書
雖小小有意筆勢系央餘意不成就每愧此名
梁沈約字休文撰宋書約稱史臣其自序曰昔少皥
金天氏有胤子曰昧爲玄冥師生允格臺駘能業其
官帝顓頊嘉之封諸汾川其後四國沈姒蓐黄沈子
國今汝平輿沈亭是也春秋之時列於盟會晉使蔡

伐沈滅之其後因國爲氏自茲以降譜諜罔存秦末
有沈逞徵丞相不就漢初逞曾孫保封邑侯保子遵
自本國遷居九江之壽春官至太傅九代孫戎字威
卿劇賊漢光武封海昏縣侯因避地徙居會稽烏程
縣之餘不鄉遂世家焉順帝永建元年分會稽爲吳
郡後爲郡人吳孫皓寶鼎初分吳郡爲吳興復爲郡
縣人雖邦邑屢改而築室不遷史臣七世祖延始居
縣東鄉之博陸里餘烏村王父戎徙官京師義熙十
一年高祖館于建康都亭里之運巷戎子鄭零陵守
弟一子許安平相少子景河間相演之慶曇懷文其

後也許子鸞鸞子眞眞子儀少篤學有雅才以儒素
自業州郡禮請一府交辟公車徵並不屈以壽終子
矯字仲當以節氣立名仕爲偏將軍封列侯孫皓時
有將帥之稱吳平侯不仕卒子陵元帝之爲鎭東命
爲參軍子延潁川太守子賀南中郎參軍子警字世
明惇篤有行業謝安命爲參軍甚相敬重警內足於
財爲東南豪士無進仕意謝病歸安固留不止警子
稜夫字彥和少好學王恭命爲前軍主簿隆安三年
孫恩於會稽作亂三吳皆響應稜夫時在會稽恩以
爲餘姚令恩敗警及稜夫遇害稜夫子淵子雲子田

子林子淵子字敬深少有志節隨高祖剋京城封繁
畤侯爲太尉參軍雲子元嘉中爲太尉參軍田子字
敬先從高祖剋京城進平京邑封營道侯官至咸陽
始平二郡太守林子字敬士少有大度博覽衆書留
心文義從高祖剋京城進平都邑領建熙令封資中
侯高祖踐祚以佐命功封漢壽伯子璞字道眞好學
不倦善屬文所著文章皆遇亂零落今所餘詩筆雜
文凡二十首有子曰約史臣年十三而孤少頗好學
雖棄日無功而伏膺不改嘗以晉氏一代竟無全書
年二十許便有撰述之意太始初征西將軍蔡興宗

爲啓明帝有敕賜許自此迄今年餘二十所撰之書
凡一百二十卷條流雖舉而採綴未周永明初遇盜
失第五袠建元四年未被敕撰國史永明三年又忝
兼著作郎撰次起居注自此王役無暇復撰五年春
又被敕撰宋書六年二月畢功表上之曰臣聞大
禹刊木事炳虞書西伯戡黎功煥商典伏惟皇基積
峻帝烈弘深樹德往朝立勳前代若不觀風唐世無
以見帝嬀之美自非覩亂秦之餘何用知漢祖之業
是以掌言未記爰動天情曲詔史官追述大典實臣
庸妄文史多闕以茲下才對揚成旨是用夕惕載懷

忘其寢食者也臣約頓首頓首死罪死罪竊惟宋氏
南面承曆統天雖世窮八世年減百載而兵車亟動
國道屢長垂文簡牘事數繁廣若夫英主啓基名臣
鼎昭被方策及虐后暴朝前王罕貳國釁家禍曠古
建績拯世夷難之功配天光宅之運亦足以勸名鍾
未書又可以式規萬葉作鑒于後宋故著作郎何承
天始撰宋書草立紀傳止於武帝功臣篇牘未廣其
所撰志唯天文律曆自此以外悉委奉朝請山謙之
謙之孝建初又被詔撰述尋値病亡仍使南臺侍御
史蘇寶生續造諸傳元嘉名臣皆其所撰寶生被誅

大明中又命著作郎徐爰因何蘇所述勒爲一史起自義旗之初訖于大明之末至於臧質魯爽王僧達諸文皆孝武所造自永光以來至于禪讓十餘年中闕而不續一代典文始末未舉但事屬當時多非實録又立傳之方取捨乖衷進由時旨退傍世情貽之方來難以取信臣今謹更創立製成新史始自義熙肇號終於昇明三年桓玄譙縱盧循馬魯之徒身爲晉賊非關後代吳隱謝混郗僧施義正前朝不宜濫入宋典劉毅何無忌魏詠之檀憑之孟昶諸葛長民志在興復情非造宋今並刊除歸之晉籍臣遠愧南

董近謝遷固以閭閻小才述一代盛典屬辭比事望古慙良鞠躬跼蹐覥汗亾厝本紀傳繕寫已畢合七帙七十卷今謹奏呈所撰諸志須成續上謹條目錄詣省拜衣奉書以聞

北齊魏收撰後魏書自序曰漢初魏無知封高良侯子均均子恢恢子產產子歆成帝世鉅鹿守乃家焉收祖父悅濟陰守子子建益州刺史風化大行遠近清靜俄嘗衞卿元顥入洛子建遂攜家居洛南顥平乃就拜驃騎二子收祚收字伯起十五已屬文值四方多難時習武事以文才除大學博士永興初遷中書郎出帝狩嵩山之南敀寒苦朝野怨嗟帝與從官皆胡服宮人及妃王雜其間奇伎異飾多非禮度收欲言則畏懼欲黙不能已乃上南狩賦以諷武定中以嘗侍兼著作轉秘書監齊天保三年受詔撰魏史又詔嘗侍房延祐博士刁柔裴昂之尚書郎高孝幹等共緝成紀傳

隋許善心爲給事中父亨撰著梁史未就而殁善心述成父志脩緝家書其序傳末述製作之意曰謹按太素將萌洪荒初判乾儀資始辰象所以正時坤載厚生品物於焉播氣參三才而育德眷二統而降靈

有人民焉樹之君長有貴賤矣爲之宗極保上天之睠命應下土之樂推莫不執大方振長策感召風雲驅馳英俊干戈揖讓取之也殊功鼎玉龜符成之也一致革命創制行素之道稍章紀事記言筆墨之官漸著炎農以往存其名而漏其迹黄軒以來晦其文而顯其用登丘納麓具訓誥及典謨貫鼎入房傳夏正與殷祀洎辨方正位論時訓功南北左右兼四方之别擣杌乘車擅一家之稱國惡雖諱君舉必書故賊子亂臣天下大懼元龜明鏡昭然可察及三郊逅襲五勝相沿俱稱百谷之王並以四海自任重光累

德何世無哉逮有梁之君臨天下江右建國莫斯爲
盛受命在於一君纂統傳乎四王克昌四十八載餘
祚五十六年武皇帝出自諸生爰升寶曆極百王之
弊救萬民之危反澆季之末流登上皇之獨道朝多
君子野無遺賢禮樂必備憲章咸舉弘深慈於不殺
濟大忍於無形蕩蕩巍巍可爲稱首屬陰戎入頹羯
胡侵雖沸騰彌驟三季所未聞掃地滔天一元之巨
厄廊廟有序剪成狐兎之塲珪帛有儀碎夫犬羊之
手福善積而身禍仁義在而國亡豈天道歟豈人事
歟嘗別論之在序論之卷先君昔在前代早懷述作

凡撰齊書爲五十卷梁書紀傳隨事勒成及闕而未
就者目錄注爲一百八卷梁室交喪墳籍銷盡家壁
皆燬不卑無所盜帷囊同毀陳農何以求秦儒既拒
先王之道將墜漢臣徒請口授之文亦絶所撰之書
一時亡散有陳初建詔爲史官補闕拾遺心識口誦
依舊目錄更加脩撰且成百卷已有六秩五十八卷
上祕閣訖善心早嬰荼蓼弗荷薪搆太建之末頻抗
表聞至德之初蒙授使任方顧油素採訪門庭記錄
脩撰弱才仰成先志而罝宗少強近虛室類原頗退
屏無所交游棲遲不求進益假班嗣之書徒閱其語
給王隱之筆未見其人加以庸瑣京能孤陋未學忝
職即著撰陳史致此書延時未即成績禎明二年
以臺郎入聘值本邑淪覆他鄉播遷行人失時將命
不復望都亭而長慟還別館而懸壺家史舊書在彼
焚蕩今止有六十卷在又竝缺落失次自入京以來
隨見補葺略成七十卷四帝紀八卷后妃一卷三太
子錄一卷爲一秩十卷宗室王侯列傳一秩十卷其
臣列傳二秩二十卷外戚傳一卷孝德傳一卷誠臣
傳一卷文苑傳二卷儒林傳二卷逸民傳一卷數術
傳一卷藩臣傳一卷合一秩十卷止足傳一卷列女

傳一卷權幸傳一卷羯賊傳二卷逆臣傳二卷叛臣
傳二卷敘傳論述一卷合一秩十卷凡稱史臣者皆
先君所言下稱名按者並善心補闕別爲敘論一篇
託于敘傳之末
唐李延壽撰北史其序傳曰李氏之先出自帝顓頊
高陽氏當唐堯之時高陽氏有才子曰庭堅爲堯大
理以官命秩爲理氏歷夏殷之季其後理徵字德靈
爲翼隸中吳伯以直道不容得罪于紂其妻契和氏
攜子利貞逃隱伊候之墟食李子而得全遂改理爲
李氏周時裔孫曰乾娶于益壽氏女嬰敷生子耳字

伯陽爲柱下史子孫散居諸國或在衞或在趙或在秦在魏者爲段干大夫段干本其後也别孫悝爲魏文侯與冨國之術焉在趙者曰曇以功封栢人武安君牧其後也在秦者名興族爲將軍生子伯佑建功北狄封南鄭公伯祐生子德德子信爲秦時將信孫元曠仕漢爲侍中元曠弟仲翔位太尉討叛羌於素昌一名狄道臨陣殞命葬狄道後因家焉史記李將軍傳所云其先自槐里徙居成紀實始此也仲翔曾孫廣廣子當戶椒敢當戶子陵戰沒敢子禹位至侍中禹生承公承公生蜀郡太守先先生長宗長宗生博士

况况生孝本孝本字上明生巴郡太守名次公次公生臨淮太守軌軌字逸文生積弩將軍隆隆字棨緒生雍雍仕魏歷尚書即濟比東莞二郡太守雍生柔柔字德遠仕晋爲比地太守雍生弇字季子歷天水太守衞將軍子昶字仲堅昶生暠字玄盛稱涼王謚曰武昭則皇室七廟之始也暠第二子歆字士業嗣爲涼公爲沮渠蒙遜所滅世子重耳奔于江左遂仕于宋後歸魏爲弘農太守延壽曾祖曉字仁略太尉虎子也臣欽若等按唐書重耳生熙熙生天賜天賜生虎也北齊天保中歷廣武東二郡太守曉生起字仲舉仲舉生太師字君威

唐初以賓建德禮部侍郎譴徙酉會州怱怱不樂乃爲羈思賦以見其事侍中觀公楊恭仁時鎮涼州見賦異之召至河西深相禮重日與游處太師少有著述之志常以宋齊梁陳魏齊周隋南北分隔南書謂北爲索虜北書指南爲島夷又各以其本國周悉書别國並不能備亦往往失實嘗欲改正將擬吳越春秋編年以備南北至是無事侍中楊恭仁鎮涼州家冨有書籍得恣意披覽宋齊梁魏四代有書自餘竟無所得居二年恭仁入爲吏部尚書大師復還會州武德九年會赦至京師尚書僕射封德彝中書令

房玄齡竝與太師親通觀留不去日時屬惟新人思自效方事昇退恐失行藏之道太師曰昔唐堯在上下有箕山之節雖以不才請慕其義於是趣裝東歸家本多書因編緝前所脩書貞觀二年五月終於鄭州滎陽縣野舍時年五十九既所撰未畢以爲沒齒之恨焉所製文筆詩賦播遷及遭火多致失落存者十卷子慶孫正禮利王延壽安世延敬播俱在中書侍郎顔師古給事中孔穎達下刪削既家有舊本思欲追終先志其齊梁陳五代舊事所未見因編緝之暇晝夜抄錄之至五年以内憂去職服闋從官蜀中

以所得者編次之然尚多闕未得及終十五年任東官典膳丞日右庶子彭陽公令狐德棻又啓延壽脩晉書因兹得勘究宋齊魏三代之事所未得者十七年尚書右僕射褚遂良奉勑脩隋書十志復准勑召延壽撰錄因此遍得披尋時五代史旣出延壽不敢使人抄錄家業貧窶又不辦顧人書寫至於魏齊周陳宋齊梁隋正史並手自寫本紀依司馬遷體以次連綴之又從此八代正史外更勘雜史與正史所無有一千餘卷皆以編入其煩冗者即削去之始末脩撰凡十六載始宋終隋凡八代爲北史南史二書

合百八十卷其南史先寫訖以呈監國史國子祭酒令狐德棻始末蒙讀了乖失者亦爲改正之許令聞奏次以北史諮知亦爲詳正周遍諮宰相乃表上之

冊府元龜

巡按福建監察御史臣李嗣京 訂正
知長樂縣事 臣夏允彝 參閱
知建陽縣事 臣黃國琦 較釋

國史部九

疏謬 不實 非才

疏謬

廣記備言國史之職也章往考來春秋之義也夫司
記言動紬繹編簡爲一代之典流千秋之訓固宜書
法不隱敘事可觀研思覃精間不容髮豈有脫落時

事采述異端體無外而不倫文混漫而難辨否臧非
允論次乖方物議飽喧訟牒斯集固知述作之際宜
國任于良士焉

晉王沈初仕魏爲侍中與荀顗阮籍共撰魏書多爲
時諱未若陳壽之實錄也

郭頒撰魏晉世語蹇乏全無宮商最爲鄙劣以時有
異事故頗行於世于寶孫盛等多采其言以爲晉書

王隱爲著作郎後黜歸于家撰晉書成詣闕上之隱
雖好著述而文辭鄙拙蕪舛不倫其書次第可觀者
皆其父所撰文體混漫義不可解者隱之作也

後魏鄧淵爲尚書吏部郎道武詔淵撰國記淵造十
餘卷唯次年月起居行事而已未有體例

李彪爲祕書丞奏著作事自文成帝已來至於太和
崔浩高允著作國書編年序錄爲春秋之體遺落時
事三無一存

崔鴻爲散騎常侍齊州刺史撰十六國春秋鴻經綜
既廣多有違謬至如太祖天興二年姚興改號鴻始
而鴻以爲改在元年太宗永興二年慕容超擒於廣
固鴻又以爲事在元年太常二年姚泓敗於長安而
鴻亦以爲滅在元年如此之失多不考正

山偉爲祕書監遷侍中中書令皆領著作國史自鄧
淵崔琛崔浩高允李彪崔光以還諸人相繼撰錄綦
集及偹等謟說上黨王天穆及爾朱世隆以爲國書
正應代人脩緝不宜委之餘人是以綦偹等更主大
籍守舊而已初無述著故自崔鴻死後迄終偉身二
十許載時事蕩然萬不記一後人執筆無憑致史之
遺闕偉之由也

北齊魏收爲中書令兼著作郎詔撰魏史既成時論
言收著史不平前後投訴百有餘人文宣重收才不
欲加罪然猶以群口沸騰敕魏史且勿施行令群官

博識聽有家事者入署不實者陳牒於是衆口諠然號爲穢史

陽休之爲中書監魏收之卒也文宣命休之裁正其所撰魏書休之收敘其家事稍美且寡才學淺延歲時竟不措手唯削去嫡庶一百餘人

朱孝王爲北平王文學求入文林館不遂因非毀朝士撰別錄二十卷會周平齊改爲關東風俗傳更廣見聞勒成三十卷以上之事多妄繆篇第冗雜無著述體

隋王劭爲著作郎累遷祕書少監在著作將二十年

專典國史撰隋書八十卷多錄口勑又採迂怪不經之語委巷之言以類相從爲其題目辭義繁雜無足稱者遂使隋代文武名臣烈將善惡之迹湮沒無聞初撰齊誌爲編年體二十卷復爲齊書紀傳一百卷及平賊記三卷或文詞鄙野或不軌不物駭人視聽大爲有識所嗤鄙

唐吳兢爲左庶子史館脩書撰唐書九十八卷唐春秋三十卷未就開元十七年玄宗令中使就取浮五十餘卷其記事疎略不堪行用又云兢居史職凡三十年敘事簡要人用稱之末年傷于太簡出爲荆州司馬累遷嘗王傳嘗以五代史繁雜及別撰梁齊周史各十卷陳史五卷隋史二十卷又傷疎畧兢雖老耄猶希史職而行步傴僂李林甫以其年老不用卒後其子進兢所撰唐書八十餘卷事多紕繆終不逮於壯年

令狐峘爲左庶子史館脩撰在史館脩玄宗實錄百卷撰代宗實錄四十卷雖勤苦然多遺漏不稱良史至元和二年其子丕爲太僕寺丞進峘所撰代宗實錄四十卷詔付史館贈峘工部尚書敘事用舍咸不當而又多於漏略名臣如房琯不立傳宜既如顏眞卿略而不載

不實

傳曰書法不隱又曰不刊之書蓋聖人垂世立法懲

惡勸善者也若乃因嫌而沮善瀆貨以隱惡或畏威而曲加文飾或徇時而蔑紀勛伐恣筆端而溢美擅胸臆以厚誣宜當穢史之名豈曰傳信之實垂於後也不其惡歟

後漢靈帝時長水挍尉劉珍等撰東觀漢記云中常侍孫程北新城人衞康叔之胄孫林父之後自程已下十九人與程同功者皆敘其所承本系蓋當時史官懼程等威權故曲爲文飾

晉陳壽武帝時爲著作郎撰三國志初壽父爲蜀將馬謖參軍謖爲諸葛亮所誅壽父亦坐被髡亮子瞻

又輕壽故壽爲亮立傳亮將略非長無應敵之才言瞻惟工書名過其實議者以此少之（一說壽嘗爲瞻吏爲瞻所辱故云宦官黄皓竊弄權柄而瞻將護無能矯正也）又魏志云曹公與袁紹相持於官渡時公兵不滿萬傷者十二三裴松之以爲魏武初起兵已有衆五千自後百戰百勝敗者二十三而已矣但一破黄巾受降卒三十餘萬所呑并不可悉紀雖征戰損傷未應如此之少也夫結營相守異於摧鋒決戰本紀云紹衆十餘萬屯營東西數十里魏太祖雖機變無方略不出世安有數千之兵不得逾時相抗者哉以理而言竊謂不然紹爲屯數十里

公能分營與相當此兵不得甚少一也紹若有十倍之衆理應當悉力圍守使出入斷絶而公使徐晃等擊其運車公又自出擊淳于瓊等揚旌往還曾無抵閡明紹力不能制是不得甚少二也諸書云公坑紹衆八萬或云七萬夫八萬人奔散非八千人所能縛而紹之大衆皆拱手就戮何緣力能制之是不淂甚少三也將記述者欲以見奇非實録也案鍾繇傳云公與紹相持繇爲司隷送馬二千餘匹以給軍本紀及世語竝云公時有騎六百餘匹繇馬爲安在哉

王沉武帝時爲侍中典著作與荀顗阮籍共撰魏書多爲時諱未若陳壽之實録也

梁沈約初仕南齊及武帝爲太子令家撰宋書多載孝武明帝諸鄙瀆事帝遣左右謂約曰孝武事迹不容頓稱我昔經事宋明帝卿可思諱惡之義於是多所省除

吳均天監中爲奉朝請表求撰齊春秋之書成奏之高祖以其書不實使中書舍人劉之遴告問數條竟支離無對勑付省焚之坐免職

蕭韶太清初爲舍人城陷奉詔西奔及至江陵人士多往尋覓令韶說城内事韶不能人人爲說乃疏一

卷客問者便示之湘東王聞而取看謂曰昔王韶之爲隆安紀十卷說晉末之亂離今之蕭韶亦可爲太清紀十卷矣韶乃更爲太清記其諸議論多謝昊爲之韶既承旨撰著多非實録

北齊魏收天保中爲中書令兼著作郎詔撰魏史引史官並非史才脩史諸人祖宗姻戚多被書録飾以美言收頗性急不甚能平夙有怨者多沒其善每言何物小子敢共魏收作色舉言之則使上天按之當使入地初收在神武時爲太常少卿脩國史得楊休之助因謝休之曰無以謝德當爲卿作佳傳休之父

固魏世爲北平太守以貪虐爲中尉李平所彈獲罪載在魏起居注收書云固爲北平甚有惠政坐公事免官又云李平深相敬重爾朱榮於魏爲賊收以高祖出自爾朱且納榮子金故減其惡而增其善論云若修德義之風則韓彭伊霍夫何足數史既成時論言收著史不平文宣詔收於尚書省與諸家子孫共議論討前後投訴百有餘人云遺其家世職位或云其家不見記錄或云妄有非毀收皆隨狀荅之范陽盧裴父同附出族祖玄傳下頓丘李庶家傳稱其本是梁國家人裴庶譏議云史書不直收性急不勝其

冊府元龜　國史部　不實　卷之五百六十二　七

憤啓誣其罪欲加屠害帝大怒親自詰責裴裴曰臣父仕魏位至儀同功業顯著名聞天下與收無親遂不立傳博陵崔綽位止本郡功曹更無事迹是收外親乃爲傳首收曰綽雖無位名義可嘉所以合傳帝曰卿何由知其好人收曰高允曾爲綽讚稱有道德帝曰司空才士爲人作讚正應稱揚亦如卿爲人作文章道其好者豈能皆實收無以對戰慄而已但帝先重收才不欲加罪時太原王松年亦謗史及裴庶並獲罪各被鞭配甲坊或因以致死盧思道亦抵罪然猶以群口沸騰勅魏史且勿施行令群臣傳議聽有家事者入署不實者陳牒於是衆口喧然號爲穢史投牒者相次無以抗之時左僕射楊愔右僕射高德正二人勢傾朝野與收皆親收遂爲其家並作傳二人不欲言史不實抑塞訴辭終文宣世更不重論又以尚書陸操嘗謂愔曰魏收魏書可謂博物宏才有大功於魏室其後群臣多言魏史不實武成復勅更審收又迴換遂爲盧仝立傳崔綽反更附出楊愔傳本云有魏以來一門而已至是改此八字又先云弘農華陰人乃改自云弘農以配王慧龍自云太原人此其失也收爲左僕射武平三年卒既緣史筆多

冊府元龜　國史部　不實　卷之五百六十二　八

憾於人齊亡之歲收冢被發棄其骨於外

刁柔天保中爲國子博士時魏收撰魏史啓柔等與同其事柔性頗專固自是所聞收嘗所嫌憚在史館未久逢勒成之際志存偏黨魏書中與其內外通親者並虛美過實深爲時論所譏

唐許敬宗顯慶中爲太子少師仍東西臺三品依舊脩國史先是國子祭酒令狐德棻依紀傳之體撰成國史八十卷其後敬宗續脩增爲一百卷敬宗自掌知國史記事不直論者尤之初虞世基與敬宗父善心同爲宇文化及所害封德彝時爲國史舍人備見

其事因謂人曰世基被戮世南匍匐而請代善心之死敬宗舞蹈以求生敬宗聞而銜之及爲德彝立傳盛加其罪惡左監門大將軍錢九隴皇家之隷也敬宗與之結婚乃爲九隴曲叙門閥妄加其功績敬宗爲子娶尉遲寶琳孫女爲妻多得賂遺及作寶琳父敬德傳悉爲隱諸過咎太宗作威鳳賦以賜長孫無忌敬宗改云賜敬德白州人龎孝泰蠻酋七品率兵從征高麗賊知其懦襲破之敬宗又納其寶貨稱孝泰頻破賊徒斬獲數萬漢將驍健者唯蘇定方與龎孝泰耳曹繼叔劉伯英皆出其下虛美隱惡如此初

高祖太宗兩朝實錄其敬播所脩者頗多詳直敬宗又輙以已愛增曲事刪改論者尤之

韓愈憲宗元和中爲比部郎中史館脩撰順宗實録五卷至太和五年勑宰臣監脩國史路隋等重加刊正隋等奏曰臣自奉宣旨尋取史本欲加筆削近伏見衛尉卿周君巢諫議大夫王彦威給事中李固言及史官蘇景裔等各上草疏具陳刊改非宜又聞班行以此議論頗衆臣伏以史策之作勸誡所存事有當書理宜歸實匹夫美惡尚不可誣人君得失無容虛載聖恩以前實録記貞元末數事稍非摭實蓋出傳聞審知差舛便使刊正頃因日曆形聖言通計前後至於數四臣及宗閔僧孺亦以永貞已來歲月至近禁中行事在外固難詳知陛下所言皆是接於耳目旣聞乖謬因述古今引前史直不宜盜婢之言及第五倫撾婦公之說固多此比難盡信書所與曆謄詳於聽言深宮慎於行事持此比類上開聰明特蒙降察稍恕前謬由是近垂宣命令有改脩臣等伏以貞觀已來累朝實録有經重撰不敢固辭但欲粗刪深誤亦固盡存諸説宗閔僧孺相與商量縁此書成於韓愈今史官李漢蔣係皆愈之子婿若遣參撰或

致私嫌以臣旣職監脩盡令詳正及經奏請事遂施行今者寮庶競言不知本起表章交奏似有他疑臣雖至昧容非自請旣進羣議輙冐上聞縱臣果獲脩成必懼終爲時累且韓所書亦出非已元和之後已是相循縱其密親豈害公理使歸本職實謂正名其實録狀伏望條示舊記最錯者宜付史官委之脩定則與聖祖垂休永無慙於傳信下臣非據獲減戾於侵官彰清朝立政之方表公罷不私之義流議自弭時論攸宜詔曰其錄中所書德宗順宗朝禁中事尋訪根抵蓋其謬傳諒非信史宜令史官詳正刊去其

他不要更脩餘依奏開元二年二月文宗御紫宸殿
又謂宰臣鄭覃李石曰順宗實録似未詳實
史官韓愈不是當時屈人否石曰韓愈貞元末間爲
四門博士帝曰司馬遷與任安書全是怨望所以漢
武本紀事多不實覃曰漢武中年後大發兵馬拓土
開邊生人耗竭糧饟不給本紀所述亦非過言石曰
史筆不宜率多無後鄭覃所陳志在議諫欲陛下究
竟盛德故言漢武不屈帝曰靡不有初鮮克有終此
誠可爲戒

李紳會昌中爲平章事監脩國史武宗遣紳與脩撰

鄭亞重脩憲宗實録紳亞取行狀謚議將相之間過
爲增飾至宣宗中太中二年十一月勅憲宗實録宜
施行舊本其新本委州府長史察訪如録得者竝送
史舘不得輙留

周賈緯初仕漢爲諫議大夫史舘脩撰判舘事乾祐
中受詔與王伸竇儼脩晋高祖少帝漢高祖三朝實
録緯以筆削爲已任然而褒貶任情記注不實晋宰
相桑維翰執政日薄緯之爲人不甚見禮緯深啣之
及叙維翰傳稱維翰身没之後有白金八千挺他物
稱是翰林學士徐台符緯邑人也與緯相善謂緯曰
切聞吾友書桑魏公白金之數不亦多乎但以十目
所覩不可厚誣緯不得已改爲白金數十挺

非才

夫史氏之職掌四方之志善惡不隱言動必書固宜
妙選良材圖任明職庶示懲勸之義俾適詳畧之體
成大典于一代垂信辭於千祀若乃司載筆之官昧
叙事之方徒淹歲時空索編簡或紬繹之靡就或頒
次之無文昧進曠官盖可懲也

後魏李諧爲長史集中書侍郎崔光引爲著作郎諧
在史職無所厝意

孫惠蔚爲黄門郎代崔光爲著作首尾五載無所撰
著自披其傳注數行而已

劉仁之爲著作郎兼中書令既非其才在史未嘗執
筆

李琰之爲著作郎黄門郎皆脩國史每自誇文章從
姨兄常景笑而不許前後再居史職無所編緝

谷纂爲著作郎監國史不能有所緝綴

宋欽初仕沮渠蒙遜爲中書郎入國拜著作郎欽在
河西撰蒙遜記無足可稱

游雅爲祕書監委以國史之任不勤著述竟無所成

北齊魏收爲中書令兼著作郎詔撰魏史引史官恐其淩逼惟取學流先相依附者其房延祐辛元植睦仲讓雖夙涉朝位並非史才刁柔裴昂之以儒業見知全不堪編緝高季幹以左道求進

唐李融爲壽安丞開元中侍中弘文館學士裴光庭引融并拾遺張琪著作郎司馬利賓昔直弘文館撰續春秋經傳上表請以經爲御撰而光庭等相依左氏之體爲之作傳玄宗又手制褒賞之光庭筆削於李融書竟不就

柳玭爲吏部侍郎昭宗詔脩宣宗懿宗僖宗實錄始

丞相監脩國史杜讓能以三朝實錄未脩乃奏玭及右補闕裴庭裕左拾遺孫泰駕部員外郎李胤太常博士鄭光庭等十五人分脩之踰年竟不能編錄一字

冊府元龜

第九頁十二行下脱注三百七十五字

高宗以敬宗所紀多非實錄命太子左庶子同中書門下三品劉仁軌吏部侍郎同中書門下三品李敬玄中書侍郎同中書門下三品郝處俊黄門侍郎高智周同修之謂仁軌等曰先朝身擐甲冑親履兵鋒戎衣露馬汗鞮鍪生蟣虱削平區宇康濟生靈數年之間四海清晏方始歸功上帝臨馭下人昨觀國史所書多不周悉卿等必須窮微索隱原始要終盛業鴻勳咸使詳備至如先聖作威鳳賦意屬阿舅及士廉敬

宗乃移向尉遲敬德傳内又嘗温湯教習長圍四合萬隊俱前忽然雲霧晝昏部伍錯亂先聖既覩斯事恐其掛法者多遂潛隱不出待其整理然後臨觀顧謂朕曰振旅訓兵國之大典此之錯失於法不輕我若見之必須行法一虧軍政得罪人多我令不出良為於此今乃移向魏徵傳内稱是徵之諫語此既乖於實錄何以垂之後昆朕嘗從幸未央宮僻仗已過忽於草中見一人身帶横刀其人云聞僻仗至怕不敢出仗家搜索不覺遂伏不敢動先聖欲鑾即還顧

謂朕曰此事若發數人合死汝可於後伺看早
放出之史家唯此一事差似不失其真

册府元龜 補 卷之五百六十二 十五

冊府元龜

巡按福建監察御史臣李嗣京　訂正

知閩縣事臣曾冉參閱

知建陽縣事臣黃國琦較釋

掌禮部

總序

夫禮本太一而生緣人情以制故作者之謂聖述者之謂明繇是官有御事有職禮有序焉唐虞命伯夷爲秩宗典天地人之三禮商因夏禮損益之可知周監二代其文彬郁春官大宗伯小宗伯之職掌建邦

之天神人鬼地祇之禮以佐王建保邦國其屬凡六十秦置奉常掌宗廟禮儀有丞博士掌通古今秩比六百石員多至數十人漢興命叔孫通爲奉常制禮儀景帝中六年更名奉常爲太常屬官有太樂太祝太宰太史太卜太醫六令丞又均官都水兩長丞又諸廟寢園食官令長丞又有雍太宰太祝令丞五時各一尉又博士及諸陵縣皆屬焉宣帝黃龍元年稍增太常博士員十二人東漢因前制太常卿一人中二千石掌禮儀祭祀每祭祀先奏其禮儀及行事常贊天子其屬有贊饗一人秩六百石每選試博士奏其能否太射養老大喪皆奏其禮儀每月前晦察行陵廟丞一人以千石掌凡行禮及祭祀小事總署曹事舉廟中非法其署令掾史隨事爲員諸卿皆然也博士祭酒一人六百石太祝令一人六百石凡國有祭祀掌讀祝及迎送神居祭太祝令主席酒員吏其下又有斗食佐學士學事有秩祝人宰屠者等員太宰太子高廟等令亦然丞一人掌祝小神事太宰令一人六百石掌宰官鼎俎饌豆之物凡國祭祀小宰陳饌具明堂丞一人靈臺丞一人並二百石太子樂令一人六百石掌樂凡國祭祀掌請奏樂及大饗用

樂掌其陳序員吏丞一人律卑者之子不得舞宗廟之酎除吏二千石到六百石及關內侯到五大夫子取適子高五尺以上年十二到十六顏色和身體脩治者以爲舞人也丞一人高廟令一人六百石掌案行掃除無丞世祖廟令一人六百石如高廟先帝每陵令各一人六百石掌守陵園案行除掃丞及校長各一人校長主兵戎盜賊事丞皆選孝廉郎年少薄伐者遷補府長史都官令侯司馬先帝陵每陵食官令各一人六百石掌望晦時節祭祀每陵食監一人秩六百石監丞一人三百石中黃門八人從官二人

粢食監即是食官令也大常有祠祀令一人後漢屬少府有太卜令六百石後省並太史章帝又置祀令丞延平元年省魏太常特置博士屬官有太祀令丞掌宗祀五帝之事又改太子樂令復曰太樂令丞武帝平荆州得杜夔能識舊樂章以爲協律都尉又尚書礿置祠部曹晉承魏制有博士協律校尉員又統大學諸博士祭酒及太史太廟太樂鼓吹陵等令又有祠部尚書常與右僕射通職不常置又諸曹有祠部郎宋太常府有博士亦謂之太學博士齊因之梁陳亦兼統國學博士其丞視尚書郎太常凡統太學

太醫乘黃及諸陵等令丞又有祠部尚書領祠部儀曹二曹齊梁陳皆然齊太常府置丞一人五官功曹主簿領官博士國子祭酒博士助教又統太廟明堂太祝太史廩犧太樂諸陵乘黃客館等令丞其下各有職吏又有祠部尚書右僕射通職不俱置梁太常統廩犧鼓吹太祝太樂清商鼓吹并署令丞太常位視金紫光祿大夫班第十四三品勲位丞班第五視尚書郎主簿一人其遷爲五官功曹又位不登十八班者別爲七班主簿第四博士兼統國學博士陳並因之後魏太常卿第三品少卿正四品丞正六品博士從七品太祝令從正九品祝史從九品下又置太樂博士六品下鼓吹令闕又有太醫博士助教太卜博士從七品下廩犧令從五品下又有儀曹尚書北齊太常掌陵廟群祀禮樂儀制衣冠之屬其屬官有博士協律郎八書博士等員統諸陵太廟太樂衣冠鼓吹太祝太醫廩犧太宰等署令丞而太廟兼領郊祠崇元二局丞太樂兼領清商部丞鼓吹兼領黃戶局丞太史兼領靈臺太卜二局丞又祠部尚書統主客虞曹屯田起部五曹後周依周禮建官太常卿爲宗伯少卿爲小宗伯屬官有守廟典祀太司樂等中

大夫小守廟小典祀小司樂太卜太祝等下大夫又有小卜小祝等上士又有司郊治禮樂師樂胥司巫等中士及下士春官又有禮部後改爲司宗又春官之屬有典命後改爲大司理俄改大司理復爲禮部大夫隋太常等又有博士四人協律郎二人奉禮郎十六人統郊社太廟諸陵太祝衣冠太樂清商鼓吹太醫太卜廩犧等署各置令丞又置禮部尚書統禮祠主膳四曹唐制太常寺卿一人正三品掌邦國禮樂郊廟社稷之事以八署分而治焉一曰郊社二曰太廟三曰諸陵四曰太樂五曰鼓吹六曰太醫七曰

太卜八日廩犧總其屬而行其政令少卿爲之貳舊官有博士四人掌辨五禮之儀式本先王之法制通變隨時而損益焉太祝六人掌出納神主于太廟之九室而奉享薦禘祫之儀奉禮郎二人掌設君臣之版位以奉朝會祭祀之禮協律郎二人掌和六律六呂以辨四時之氣六風五音之節太廟齊郎京都各一百三十人門僕京都各三十二人自少卿及諸令以下有丞主簿録事府史典事掌故等員以屬焉太常自龍朔三年改爲奉常正卿又改禮部尚書爲司禮太常伯咸亨中各復舊光宅元年奉常改爲司禮

寺禮部爲春官神龍元年司禮復爲太常寺春官復爲禮部禮部摠判祠禮膳部及主客事奉禮郎本爲治禮避高宗諱改爲太常又有禮直五人乾元初省又貞元七年又置禮儀直兩員九年以太常寺禮院置脩撰檢討官各一員禮生員三十五人長慶二年又置守闕人太中四年詔曰太常少卿宜與太卿通判文案五代因之無所改作夫人紀肇脩禮用爲急歷代而下厥職茂焉若乃稽古憲官因時變革本聰明之至德非臣下之所專其有講貫藝文發明制度折衷得失裁正是非必資洽聞允膺乃事至於四方異俗五音制賜咸以類別亦用典掌則有奇含旨意紊亂法度罔揆荒繆恣成矯誣有司之過可不慎歟

凡掌禮部有九門

制禮第一

夫禮者所以法天地之經建上下之紀敎訓正俗防邪窒慾序人倫而制邦治者也故三五異代而不相沿襲蓋有損益之殊範因革之異宜青素之尚不同驪翰之變非一是以先王治定制禮因人情而爲之防者也夏商之代莫得而詳周姬之祖述叅於經藝漢氏而下儀法昭著故其弛張之名數創制之軌範

祀享朝宴之節文物聲名之度隨時降殺與運消長執簡所記咸足徵焉至或申命鴻碩加之論討叅酌前訓講求方冊形於撰集煥乎編綴亦類其說而次叙之云

周成王六年周公旦述文武之積制周官及儀禮以爲後王法（臣欽若等曰周官即周禮也周公覩夏商之禮而增損之事爲之制曲爲之防故稱禮經三百威儀三千皆周公所制也）

漢高祖五年即皇帝位於定陶博士叔孫通就其儀號（就成也）高帝悉去秦儀法爲簡易羣臣飲酒爭功醉或妄呼（呼音大呼故切）拔劍擊柱帝患之通知帝益厭之說

帝曰夫儒者難與進取可與守成臣願徵魯諸生與
臣弟子共起朝儀高帝曰得無難乎通曰五帝異樂
三王不同禮禮者因時世人情爲之節文者也故夏
殷周禮所因損益可知者謂不相復也復重也因也音扶目切
臣願頗采古禮與秦儀雜就之帝曰可試爲之令易
知度吾所能行爲之於是通使徵魯諸生三十餘人通爲使者而徵諸生
魯有兩生不肯行曰公所事者且小主皆
面諛親貴今天下初定死者未葬傷者未起又欲起
禮樂禮樂所由起百年積德而後可興也言行德教百年然後可定禮樂也
吾不忍爲公所爲不合古吾不行公往矣毋

污我通笑曰若眞鄙儒不知時變若女也鄙言不通遂與所
徵三十人西西入關及上左右爲學者左右謂近臣也爲學謂素有學術
與其子弟百餘人爲緜蕞野外謂以茅樹地爲纂位尊卑之次也春秋傳曰置茅蕝
習之月餘通曰帝可試觀帝使行禮曰吾
能爲此迺令群臣習肄肄亦習也音弋二切會長樂宮成諸侯
百官群臣朝十月適會于十年十月而長樂宮新成也漢時尚以十月爲正月故行明義之禮史家追書十月
先平明未平明之前謁者治禮引以次入殿
門廷中陳車騎戍卒衛官設兵張旗志志與幟同音式餌切傳
曰趨傳聲教入者皆令趨趨謂疾行爲敬也殿下郎中俠陛陛數百人俠與俠門扶其兩旁每陛皆數百人也
功臣列諸侯將軍軍吏以次陳西

方東鄉文官丞相以下陳東方西鄉鄉皆讀曰嚮大行設
九賓臚句傳上傳語告下爲臚下告上爲句也於是皇帝輦出房百
官執戟傳警傳聲而唱警引諸侯王以下至吏六百石以
下奉賀自諸侯王以下莫不振恐肅敬至禮畢盡伏
置法酒法酒者猶言禮酌謂不飲之至醉諸侍坐殿上皆伏抑首抑屈也謂依禮法不敢平坐而視
以尊卑次起上壽觴九行謁者言罷
酒御史執法舉不如儀者輒引去竟朝置酒無敢讙
譁失禮者於是高帝曰吾迺今日知爲皇帝之貴也
拜通爲奉常
文帝卽位初太中大夫賈誼以爲漢興二十餘年天

下和洽宜當改正朔服色制度定官名興禮樂迺草
具其儀法草謂創造之帝謙讓未皇也皇暇也自以爲不當改制
十六年帝使博士諸生刺六經中作王制
武帝卽位初招良趙綰王臧等以文學爲公卿議立
明堂制禮服以興太平服謂衣服之色也會竇太后好黃老
言不說儒術說讀曰悅其事乃廢至建元元年始議立明
堂
元封二年秋作明堂于泰山下初天子封泰山泰山
東北阯古時有明堂處處險不敞言其險隘不顯敞帝欲治
明堂奉高帝未曉其制度濟南人公玉帶上黃帝時

明堂圖（公王姓也帶名也呂氏春秋齊有公王舟此蓋其舊族也）明堂中有一殿四面無壁以茅蓋通水水圜宮垣（圜繞也）爲複道上有樓從西南入名曰昆侖天子從之入以拜祀上帝焉於是帝令奉高作明堂汶上如帶圖

平帝元始三年詔光禄大夫劉歆等雜定婚禮四輔公卿大夫博士郎吏家屬皆以禮娶親迎立軺併馬（軺音謠立乘小車也併馬驪駕也謂新定此制也併者步昂切）

後漢光武建武二十六年南單于烏桓來降邊境無事百姓新去兵革歲仍有年家給人足司空張純以聖王之建辟雍所以崇尊禮義既富而教者也乃按

七經讖明堂圖河間古辟雍記孝武太山明堂制度及平帝時議欲具奏之未及上會博士桓榮上言宜立辟雍明堂章下三公太常而純議同榮乃許之

中元元年十一月初起明堂靈臺辟雍及北郊兆域（大戴禮云明堂者凡九室一室有四戶八牖三十六戶七十二牖以茅蓋上上員下方赤綴戶也白綴牖也禮圖又曰建武三十一年作明堂上員下方十二堂法日辰九室法九州室八窓八九七十二法一時之數室有十二戶法陰陽之數胡伯始云古清廟蓋以茅今蓋以瓦下藉茅存古制也漢官儀曰明堂四面起土作壍壍中無水明堂去平城門二里許天子出從平城門先立明堂乃至郊祀又曰辟雍從北門入三月九月名皆於中行鄉射禮辟雍以水周其外以節觀諸侯曰泮宮東西南有水北無下天子也漢宮閣疏曰靈臺高三丈十二門天子曰靈臺諸侯曰觀臺漢官儀北郊臺在城西北角去城一里所謂方壇四陛但有壇祠舍而已其鼓吹樂及舞人御帳皆從南郊之具也祇位南面西上高皇后配西南皆有壝上地里群神從食壇下南郊焚燎北郊埋瘞）

明帝永平元年正月率公卿以下朝於原陵如元會儀是時帝即位踰年群臣朝正感先帝不復聞見此禮乃帥公卿百僚就園陵而創焉

章帝元和二年下詔曰河圖稱赤九會昌十世以光十一以興尚書旋璣鈐曰述堯理世平制禮樂放唐之文予末小子託於數終曷以纘興崇弘祖宗仁濟元元帝命驗曰順堯考德題期立象且三五步驟優劣殊軌況于頑陋無以克堪雖欲從之末由也已每

見圖書中心恧焉博士曹褒知帝旨欲有興作乃上疏曰昔者聖人受命而王莫不制禮作樂以著功德功成作樂化定制禮所以救世俗致禎祥爲萬姓獲福於皇天者也今皇天降祉嘉瑞并臻制作之符甚於言語宜定文制著成漢禮丕顯祖宗盛德之美章下太常太常巢堪以爲一世大典非褒所定不可許帝知群僚拘攣難與圖始朝廷禮憲宜時刊立

和帝永元五年春正月登靈臺望雲物

魏文帝黄初元年詔曰孔子稱行夏之時乘殷之輅服周之冕樂則韶舞此聖人集群代之美事爲後王

制度也傳曰夏數爲得天朕承唐虞之美至於正朔當依虞夏故事若殊徽號異器械制禮樂易服色用牲幣自當隨土德之數每四時之季月服五十八日臘以丑牲用白其節毛自當赤但節幡黄耳其餘郊祀天地朝會四時之服宜如漢制宗廟所服一如周禮尚書令桓階等奏據三正周復之義國家承漢氏人正之後當受之以地正犧牲宜用白今從漢十三箇月正則犧牲不得獨改今新建皇統宜稽古典先代以從天命而正朔犧牲一皆不改非所以明革命之義也詔曰服色如改所奏其餘宜如虞承唐但臘

月用丑耳

二年正月乙亥朝日於東門之外詔曰漢氏不拜日於東郊而旦夕常於殿下東西拜日煩褻似家人之事非事天郊神之道也按禮天子以春分朝日於東郊秋分夕月於西今正月非其時也至明帝太和元年二月丁亥朔朝日於東郊八月己丑夕月於西郊此古禮也

明帝太和元年正月丁未郊祀武帝以配天宗祀文帝於明堂以配上帝是時二漢郊禮之制具存魏郎損益可知也

青龍五年山茌縣龍見詔三公曰昔在庖犧繼天而王始據木德爲群代首自茲以降服物氏號開元著統者既膺受命曆數之期握皇靈遷興之運承天改物序其紀綱雖炎黄少昊顓頊高辛唐虞夏后世系相襲同氣共祖猶豁顯所受之運著明天人去就之符無不革易制度更定禮樂誕群后班瑞信使之煥炳可述於後也至于正朔之事當明不變改以彰異代曷疑其不然哉文皇帝踐祚之初庶事草創遂襲漢正不革其統朕在東宮及臻在位每覽書籍之林揔公卿之議夫言三統相變者有明文云虞夏相因者無其言也曆志曰天統之正在子物萌而赤地統之正在丑物化而白人統之正在寅物成而黑但含

生氣以微成著故太極運三辰五星於上元氣轉五綱五行於下登降周旋終則又始言天地與人所以相通也仲尼以大聖之才祖述堯舜憲章文武制作春秋論究人事以貫百王之則故於三微之月每月稱王以明三正迭相爲首夫祖述堯舜以論三正則其明義豈使近在殷周而已乎朕以眇身繼承洪緒既不能紹上帝之遺風揚先帝之休德又使王教之弛者不張帝典之闕者未補亹亹之德不著亦惡乎已乎今推三綱之次魏得地綱當以建丑之月爲正考之群藝厥義彰矣改青龍五年春三月爲景初元

年孟夏四月服色尚黃犧牲用白戎事乘黑首之白馬建太赤之旗朝會建太白之旗春夏秋冬孟仲季月雖與歲不同至於郊祀迎氣礿禘烝嘗巡狩蒐田分至啓閉班宣時令中氣晚早敬授民事諸若此者皆以正歲斗建爲節曆數之序乃上與先聖合符同契重規疊矩者也今遵其義庶可以顯祖考大造之基崇有魏維新之命於戲王公群臣百辟卿士靖康厥職帥意無怠以永天休司徒布露咸使聞知稱朕意焉按服色尚黃據土行也犧牲旂旗一用殷禮行殷之時故也周禮巾車職建大赤以朝大白以即戎此則周以正色之旗朝會以先代之旗即戎魏用殷禮變周之制故建白以朝大赤即戎也

明帝又詔曰以建寅之月爲正者其牲用玄以建丑之月爲正者其牲用白以建子之月爲正者其牲用騂此爲牲色各從其正不隨所祀之陰陽也祭天不嫌於用玄則祭地不得獨疑於用白也天地用牲得無不宜異耶更議於是議者各有引據無適可從又詔曰諸議所依據各參錯若陽祀用騂陰祀用黝復云祭天用玄祭地用黃如此用牲之義未爲通也天地至尊用牲當以所尚之色不得專以陰陽爲別也今祭皇帝天皇后地天地郊明堂宗廟皆宜用其別祭五郊各隨方色祭日月星辰之類用騂社稷山川之屬用玄此則尊卑方色陰陽衆暢矣初明帝即位便有改正朔之意朝議多異同持疑不決久乃下詔曰黃初以來諸儒共論正朔或以改之爲宜或以不改爲是意取駁異于今未決朕在東宮時聞之意嘗以夫子作春秋通三統爲後王法正朔各從色不同因襲自五帝三王以下或父子相繼同體異德或納爲大麓受終文祖或尋干戈從天行誅雖遭遇異時步驟不同然未有不改正朔易服色表明文物以章受命之符也由此而言之何必以改正爲是耶於是公卿以下博議侍中高堂隆議曰按自古有文章以

來帝王之興受禪之與干戈皆改正朔所以明天道定民心也易曰乾元亨利貞有孚改命吉湯武革命從乎天應乎人其義曰水火更用事猶王者必改正朔易服色也易通卦驗曰王者必改正朔爲服色以應天地三氣三色書曰若稽古帝舜曰重華建皇授政改朔初高陽氏以十一月爲正薦玉以赤繒高辛氏以十三月爲正薦玉以白繒尚書傳曰舜定鍾石論人聲乃及鳥獸咸變於前故更四時改堯正詩曰一之日觱發二之日栗烈三之日于耜傳曰一之日周正月二之日殷正月三之日夏正月詩推度災曰

如有繼周而王者雖百世可知以前驗後文質相因法度相改三而復者正色也二而復者文武也以前驗後謂軒轅高辛夏后氏漢皆以十三月爲正少昊有唐有殷皆以十二月爲正高陽有虞有周皆以十一月爲正後雖百皆以前代而復也禮大傳曰聖人南面而治天下必正度量考文章改正朔易服色殊徽號樂稽曜加曰禹將受位天意大變迅風雷雨以明將去虞而適夏也是以舜禹雖太平受禪猶制禮樂改正朔以應天從民夏以十三月爲正法物之始其色尚黑殷以十二月爲正法物之牙其色尚白周

以十一月爲正法物之萌其色尚赤能察其類能正其本則嶽瀆致雲雨四時和五稼成麟皇翔集春秋十七年夏六月甲子朔日有蝕之傳曰當夏四月是謂孟夏春秋元命苞曰王者受命昭然明於天地理故必移居處更稱號改正朔易服色以明天命聖人之寶文質再而改窮則相承周則復始正朔改則天命顯凡典籍所記不盡於此略舉大較亦足以明也太尉司馬懿尚書僕射衛臻尚書薛悌中書劉放中書侍郎刁幹博士秦靜趙怡中候中詔季岐以爲宜改侍中繆襲散騎常侍王肅尚書郎魏衡太子舍人黄史嗣以爲不宜改至是始定

晉文帝爲晉王命司空荀顗因魏代前事撰爲新禮參考古今更其節文羊祜任愷庾峻應貞並共刊定成立六十五篇奏之（太康初尚書僕射朱整奏付尚書禮摯虞討論之虞表所宜增損曰臣典較故太尉顗所撰五禮臣以爲史筆命以垂統帝王之美事也隆禮以率敎邦國之太務也是以臣前表禮事稽畱未逮請施行）

武帝泰始二年正月詔曰有司前奏郊祀權用魏禮朕不慮改作之難令便爲永制衆議紛紜遂不時定不得以時供饗神祇配以祖考日夕難企聅食忘安其便郊祀時群臣又議五帝即天地五氣時異因殊

其號雖名有五其實一神明堂南郊宜除五帝之坐五郊改五精之號皆同稱昊天上帝各設一坐而已地郊又除先后配祀帝悉從之是年二月丁丑郊祀宣皇帝以配太宗文皇帝於明堂以配上帝十一月有司議奏古者丘郊不異宜并圓丘方丘於南北郊更脩立壇兆其二至之祀合於二郊又從之一如宣帝所用王肅議也是月庚寅冬至帝親祠圓丘於南郊自是後圓丘方澤不別立

六年十二月帝臨辟雍行鄉飲酒之禮詔曰禮儀之廢久矣乃今後講肄舊典賜太常絹百疋丞博士及

學生牛酒
十年將聘拜三夫人九嬪有司奏禮皇后聘以穀珪
無妾媵禮贄之制詔曰拜授可依魏氏故事於是臨
軒使使持節兼太常拜夫人兼御史中丞拜九嬪
太康五年脩作明堂辟雍
懷帝即位遵舊制臨太極殿使尚書郎讀時令
元帝太興元年三月辛卯親郊祀饗配之禮初尚書
令刁協國子祭酒杜夷議宜須旋都雒邑乃脩之司
徒荀組據漢獻帝居許即便立郊自宜於此脩奉驃
騎王導僕射荀崧太常華恒中書侍郎庾亮皆同組

議事遂施行其制度皆太常賀循依晉之舊也
四月合朔中書侍郎孔愉奏曰春秋日有蝕之天子
伐鼓于社攻諸陰也諸侯伐鼓於朝臣自攻也按尚
書符若日有變便伐鼓于諸門有違舊典詔曰郎
陳有正義輙勑外改之
孝武帝太元十三年正月後辛祀明堂車服之儀率
遵漢制出以法駕服以袞冕
宋文帝元嘉十五年四月皇太子納妃六禮文與納
后不異百官上禮其月壬戌於太極殿西堂敘宴二
宮隊主副司徒征北鎮南三府佐揚兗江三州綱彭
城江夏南譙始興武陵曹七國侍郎以上諸二千石
在都邑者並豫會
二十一年十月命刺史郡守脩東郊耕籍之儀
孝武即位初軍府造次不曉朝章徐爰素諳其事既
至莫不嘉悅以爲太常丞撰立儀注大明五年五月
起明堂於國學南丙巳之地六年置凌室脩藏冰之
禮
前廢帝即位以郊舊地爲吉祥移還本處先是北郊
晉成帝世始立本在覆舟山南來太祖以其地爲樂
遊苑移於山西北後以其地爲北湖移於湖塘西北

其地卑下泥濕又移於白石村東其地又以爲湖乃
移於鍾山北京道西與南郊相對後罷白東湖北郊
還舊處
南齊太宗建元元年七月祭五帝之神於明堂有功
德之君配明堂制有五室從尚書僕射王儉議也
梁高祖天監九年有事靈壇以爲雨既類陰而求之
正陽其謬已甚東方既非盛陽而爲生養之始則雩
壇應在東方祈晴亦宜此地於是遂移於東郊（初大雩國南除地爲壇至是改焉）
十二年太常丞虞皭引周禮明堂九尺之筵以爲高

下脩廣之致堂祟一筵故偕高九尺漢家制度猶遵此禮故張衡云度堂以筵者也鄭玄以廟寢三制既同但應以九尺爲度制可於是毀宋太極殿以其材搆明堂十二間基准太廟以中央六間安六座悉南向東來第一青帝第二赤帝第三黄帝第四白帝第五黒帝配帝聰配享五帝在阼階東上西向大殿後爲小殿五間以爲五佐室焉礿高祖以明堂在國之陽其祀之法猶依齊制欲有改作乃下制旨而與群臣切磋其義制曰明堂唯大戴禮九室八牖三十六戶以茅蓋屋上圓下方鄭玄據援神契亦云上圓下

方又云八窻四達明堂之義本是祭五帝神九室之數未見其理若五堂而言雖當五帝之數向南則皆汁光紀向北則皆赤熛怒東向西向又亦如此於事殊未可安且明堂之祭五帝則是摠義在郊之祭五帝則是別義知祀所配復應有室若專配一室則是義非配五若皆配五則便成五位以理而言明堂本無有室朱异以爲月令天子居明堂左个右个聽朔之禮既在明堂今若無室則於義成闕制曰若如鄭玄之義听朔必在明堂此則人神混淆莊敬之道有廢春秋云介居二大國之間此言明堂左右箇者謂所記五常明堂之南又有小堂亦號明堂分爲三處聽朔既三處則有左右之義在營域之内明堂之外則有箇名故曰明堂左右箇也以此而言聽朔之處自在五帝堂之外人神有別差無相干其義是非莫定礿尚未改至是詳議乃定

十六年四月詔曰人神無常饗饗于克誠所以西鄰禴祭實受其福宗廟祭祀猶有牲牢無益至誠有累冝遵自今四時烝嘗外可量代之八座議以大脯代一元大武八座又奏既停宰殺無復省牲之事請立省饌儀其衆官陪列並同省牲帝從之

普通六年尚書僕射徐勉上脩五禮表曰臣聞立天之道曰陰與陽立人之道曰仁與義故稱道之以德齊之以禮夫禮所以安上治人引風訓俗經國家利後嗣者也唐虞三代盛必由之在乎有周憲章尤備因殷革夏損益可知雖復經禮三百曲禮三千經文三百威儀三千其大歸有五郎宗伯所掌典禮吉爲上凶爲之次賓次之軍次之嘉爲下也故祠祭不以禮則不齊不莊喪紀不以禮則背死忘生者衆賓客不以禮則朝僅失其儀軍旅不以禮則致亂於師律冠婚不以禮則男女失其時爲國脩身於斯攸急洎

周室大壞王道既衰官守斯文日失其序禮樂征伐出自諸侯小雅盡廢舊章缺矣是以韓宣適魯始知周公之德叔侯在晉用辨郊勞之儀戰國縱橫政教愈泯暴秦滅學掃地無餘漢氏鬱興日不暇給猶命叔孫於外野方知帝王之爲貴末葉紛綸遞有興毀或以武功鋭志好黄老之言禮義之式於焉中正及東京曹褒南宮制述集其散略百有餘篇雖寫以尺簡而終闕于奏其兵革相尋異端互起章句既淪俎豆斯輟方領矩步之容事滅於旌鼓蘭臺石室之文用盡於帷蓋至乎晉初爰定斯禮荀顗制之於前摯

虞刪之於末既而中原喪亂罕有所遺江左草創因循而已釐革之風是則未暇伏惟陛下睿明啓運先天改物撥亂惟武經時以文作樂在乎功成制禮弘於業定光啓二學皇枝等於貴遊客茲五館草萊升以好爵爰自受命迄於告成盛德形容備矣天下能事畢矣穀穀穆穆無得而稱焉至若玄符靈貺之祥浮溟棧山之賮同亦日書左史副在司存今可得而略也是以命彼群才搜甘泉之法延茲碩學闡西臺之儀淄上淹中之儒連蹤繼軌負笈懷鉛之彥匪旦伊夕諮以化穆三雍人從五典秩宗之教勃焉以興

伏尋所定五禮起齊永明三年太子步兵校尉伏曼容表求制一代禮樂于時參議置舊學士十人止脩五禮諮稟衛將軍丹陽尹王儉學士亦分住郡中製作歷年猶未克就及文憲薨殂遺文散逸後又以事付國子祭酒何胤經涉九載猶復未畢建武四年胤還東山齊明帝勑尚書令徐孝嗣舊事本末隨在南第東昏永元中孝嗣於此遇禍又多零落當時鳩斂所餘權付尚書左丞蔡仲熊驍騎將軍何佟之共掌其事脩禮局住在國子學中門外東昏之代頻有軍火其所散失又踰太

半天監元年佟之啓審省置之宜勑使外詳時尚書參詳以天地初革庶務權輿宜俟隆平徐議刪撰欲且省禮局併還尚書儀曹詔旨云禮壞樂缺故國異家殊實宜以時脩定以爲永準但頃之脩撰以情取人不以學進其掌知者以貴總一不以稽古所以歷年不就有名無實此既經國所先外可議其人定便即撰次於是尚書僕射沈約等參議請五禮各置舊學士一人人各自舉學士二人相助抄撰其中有疑者依前漢石渠後漢白虎隨源以聞請旨斷決乃以舊學士右軍記室參軍明山賓掌吉禮中軍田曹行

參軍兼太常丞賀陽掌賓禮征虜記室參軍陸璉掌軍禮右軍事司馬褧掌嘉禮尚書左丞何佟之總參其事佟之後以鎮北諮議參軍伏暅嚴植掌凶禮暅尋遷官以五經博士繆昭掌凶禮復以禮儀繁廣記載殘缺宜須博論共盡其致更使鎮軍將軍丹陽尹沈約太常卿張充及臣三人同參厥務臣又奉别勅總知其事末又使中書侍郎周捨庾於陵二人復豫參知若有疑義所掌學士當職先立議通諮五禮舊學士及參知各言同異條牒啓聞決之制旨疑事既多歲時又積制旨裁斷其數不少莫不網羅經誥玉

振金聲義貫幽微理入神奧前儒所不擇後學所未聞凡諸藝決皆載篇首具列聖旨爲不刊之則洪規盛範冠絶百王茂實英聲方垂千載寧孝宣之能擬豈孝章之足云五禮之職事有繁簡及其列畢不得同時嘉禮儀注以天監六年五月七日上尚書合十有二袟一百十六卷五百四十六條賓禮儀注以天監六年五月二十日上尚書合十有七袟一百三十三卷五百三十五條軍禮儀注以天監九年十月二十九日上尚書合十有八袟一百八十九卷二百四十條吉禮儀注以天監十一年十一月十日上尚書合二十有六袟二百二十四卷一千五百條凶禮儀注以天監十一年十一月十七日上尚書合四十有七袟五百一十四卷五千六百九十三條大凡一百二十袟一千一百七十六卷八千一十九條又列副秘閣及五經典書各一通繕寫較定以普通五年二月始獲完畢竊以撰正履禮歷代罕就皇明在運厥功克成周代三千舉其成數今之八千隨事附益質文相變故其數兼倍猶如八卦之爻因而重之錯綜成六十四也昔文武二王所以紀綱周室君臨天下公旦修之致太平龍鳳之瑞自斯厥後甫備茲日孔子

曰其有繼周者雖百世可知豈所謂齊功比美者歟臣以庸識謬司其任淹留歷稔允當斯責兼勒成之初未遑表上寔由才輕務廣思力不周永言慙惕無忘寤寐自今春鑾駕將親六師搜尋軍禮閱其條章靡不該備所謂郁郁文哉煥乎洋洋信可以懸諸日月頒之天下者矣愚心喜抃彌思陳述兼前後聯官一時皆逝臣雖幸存老已將及慮皇世大典遂闕騰奏不任下情輒具載撰修始末并職掌人所成袟條目之數謹拜表以聞詔曰經禮大備政典載弘今詔有司按以行事也又詔曰勉表如此因革允釐憲章

大備功成業定於是乎在可以㫖破八表施諸百代
俾萬世之下知在斯文王者其按以遵行勿有失墜
陳宣帝太建五年六月治明堂
十年八月乙巳立方明壇于婁湖
後魏道武天興元年定都平城郎皇帝位詔儀曹郎
董謐撰朝覲饗宴郊廟社稷之儀
二年命禮官招採古事制三駕一日鹵簿駕軍戎大
祠則設之二日法駕郊符小祠則設之三日小駕遊
宴離宫則設之
六年詔有司制冠服隨品秩各有差（時事未暇多失古禮）

孝文帝太和四年八月乙卯詔諸州置冰室十二年
正月辛巳朔初建五牛旌旗
十五年四月巳卯經始明堂
五月丙辰詔造五輅
八月乙巳親定禘祫之禮
戊午詔日先帝有水火之神四十餘名及城北星神
今圓丘之下既祭風伯雨師司中司命明堂祭門戸
井竈中霤毋神皆有此四十神計不須立悉可罷之
甲寅集群官詔日近論朝日夕月皆欲以二分之日
於東西郊行禮然月有餘閏行無常准若一依分日
或值月出於東而行禮於西尋情卽禮不可施行昔
祕書監薛謂等嘗論此事以爲朝日以朔夕月以朏
卿等意謂朏二分何者爲是尚書游明根對日考按
舊式推校衆議宜從朏月
十六年正月帝昇靈臺以觀雲物降居青陽左个布
政事毋朔依以爲常
宣武帝延昌三年十二月詔立明堂
孝明帝熙平元年九月侍中儀同三司崔光表奉詔
定五時朝服
正光二十二月詔司徒崔光安豐王延明等議定章

服（初孝文太和中始考舊典以制冠服百僚各有差以制未用給至是又詔光等及在朝名學更條章程備焉）
北齊文宣天保元年皇太子監國在西林會群議皆
東面（臣欽若等日北齊書無志此禮儀之事並載散書君臣名號不知制作何人編也）
二年皇太子於北城地内冬會又議東面吏部郎陸
卭疑非禮親收改爲西面邢子才執爲東面援引經
據大相往復竟徙西面爲定
後周明帝武成元年吐谷渾寇邊帝服乘馬遣大司
馬賀蘭祥於太祖之廟司憲奉鉞進授大將軍拜受
以授從此禮畢出受兵甲

隋高祖開皇元年旣受周禪欲新制度乃命國子祭酒辛彦之議定祀典爲九丘於國之南太陽門外道東二里其丘四成各高八尺一寸下成廣二十丈再成廣十五丈三成廣十丈四成廣五丈再歲冬至日祀昊天上帝於其上以太祖武元皇帝配爲方丘於宫城之北一四里其丘再成成高五天下成方十丈上成方五丈夏至日祭皇地祇於其上南郊爲壇於國之南太陽大外道西一里去宫十里壇高七尺廣四丈孟春上辛祠所感帝赤熛怒於其上北郊孟冬祭神州之神並以太祖武元皇帝配

四年十一月詔曰古稱臘者接也取新故交接前周歲首今之仲冬建亥之月稱禘可也後周用夏后之時行姬氏之禘考諸先代於義有違其十月行禘者停可以十二月爲臘

五年正月詔行新禮是禮部尚書牛弘奏曰聖教凌替國章殘缺漢晉爲法隨俗因時未足經國庇人弘風施化且制禮作樂事歸元首江南王儉偏方一臣私撰儀注多違古法就廬非東階之位凶門豈設重之禮兩蕭累代舉國遵行後魏及齊風牛本隔殊不尋究遥相師祖故山東之人浸以成俗西魏已降師旅弗遑賓嘉之禮盡未詳定今休明啓運憲章伊始請據前經革兹俗弊詔曰可弘因奏徵學者撰儀禮百卷悉用東齊儀注以爲准亦微採梁王儉禮脩畢上之詔遂班天下咸使遵用焉

八年晉王廣將伐陳内史令李德林攝太尉告於太廟禮畢又命有司宜于太社

十三年帝以明堂未立令牛弘辛彦之等定議其後簡較將作大匠事宇文愷依月令文造明堂木樣重檐複廟五房四達丈尺規矩皆有準憑以獻帝異之命有司於郭内安業里爲規兆方欲崇建又命詳定

諸儒爭論莫之能決弘等又條經史正文重奏時非議旣多久而不定又議罷之

十四年詔以所乘輦輅因循近代事非經典令更議定於是命有司詳考故實改造五輅及副王輅

十七年帝謂侍臣曰禮主於敬皆當盡心黍稷非馨在祇肅廟庭設樂本以迎神齋祭之日觸目多感當此之際何可爲心在路奏樂禮未爲允群公卿士宜更詳之遂下詔曰五帝異樂三王殊禮皆隨事而有損益因情而立節文仰惟祭享宗廟瞻敬如在罔極之感情深兹日而禮畢升路鼓吹發音還入宫門金

石板響斯則哀樂同日心事相違情所不安理實未允宜改茲往式用弘禮教自今已後享廟日不須備鼓吹殿庭勿設樂縣

二十年太尉晋王廣北伐突厥次上禡祭軒轅皇帝以太牢制幣陳甲兵行三獻之禮

仁壽二年閏十月詔曰禮之爲用時義大矣黄琮蒼璧降天地之神粢盛莊食展宗廟之敬正父子君臣之序明婚姻喪紀之節故道德仁義非禮不成安上治人莫善於禮自區宇亂離綿歷年代王道衰而變風作微言絶而大義乖與代推移其獘日甚至於四

時郊祀之節衣冠服麻葛之降殺是非異説踳駁殊塗致使聖教彫訛輕重無准朕祇承天命撫臨生人當洗滌之時屬干戈之代克定禍亂先運武功删正彝典日不暇給今四海乂安五戎勿用理宜弘風訓俗導德齊禮綴往聖之舊章興先王之茂則尚書左僕射越國公楊素尚書右僕射邳國公蘇威吏部尚書奇章公牛弘内史侍郎薛道衡秘書丞許善心内史舍人虞世基著作郎王劭或任居端揆博達古今或器推令望學綜經史委以裁緝寔允僉議同並脩定五禮

煬帝大業元年詔吏部尚書牛弘工部尚書宇文愷兼内史侍郎虞世基給事郎許善心儀曹郎袁朗等憲章古制創造衣冠自天子逮于胥皂服章皆有等差若先所有者則因循取用弘等議既定帝幸脩文殿覽之乃令開府何稠起部郎閻毗等造儀上呈二年總了始班下行焉軒冕之盛貫古今矣其後師旅務殷車駕多行幸百官行從唯服袴褶而軍旅間不便

冊府元龜

册府元龜

巡按福建監察御史臣李嗣京訂正
知甌寧縣事臣孫以敬參閱
知建陽縣事臣黄國琦較釋

掌禮部三

制禮　儀注

制禮第二

唐高祖武德元年旣受隋禪未遑制作郊廟宴享悉
用隋代舊儀

太宗貞觀七年以新禮頒示先帝踐祚之初詔中書

令房玄齡秘書監魏徵等禮官學士脩改舊儀著吉
禮六十一篇賓禮四篇軍禮十二篇嘉禮四十二篇
凶禮六篇國恤五篇揔百三十篇分爲百卷至是始
令頒示

十一年三月詔曰先王之辨方正位體國經野象天
地以制法通神明以施化樂由內作禮自外成可以
安上治民可以移風易俗揖讓而天下治者其惟禮
樂乎固以同和無體者非飾玉帛之容宗鐘鼓之奏
日往月來朴散淳離淫慝以興流湎忘本魯昭所習
惟在折旋魏文所重止於鄭衛秦氏縱暴載籍咸亡
漢朝循緝典章不備將更戰國多所未遑雅道淪喪
歷兹永久朕恭承明命嗣膺寶曆懼深馭朽情切納
隍憑宗廟之靈資股肱之力上下交泰遐邇乂安率
土阽危旣極之於塗炭群生遂性思納之於軌物興
言正本夕惕在懷葢知禮樂之情者能作識禮樂之
文者能述作者之謂聖述者之謂明朕雖德謝前王
而情深好古傷大道之旣隱懼斯文之將墜故廣命
賢才旁求遺逸探六經之奥旨採三代之英華古典
之廢於今者咸擇善而脩復新聲之亂於雅者並隨
違而矯正莫不本之人心稽乎物理正情性而節事

宜窮高深而歸簡易用之邦國彝倫以之攸叙施之
律度金石於是克諧今脩撰旣畢可頒天下俾富教
之方有符先聖人倫之化貽厥後昆

十四年正月庚子命有司讀春令詔百官之長升太
極殿列坐而聽焉

高宗永徽二年七月詔曰朕聞合宫靈府創鴻規於
上代大室總章標茂範於中葉雖復質文殊制奢儉
異時然其立大中作人極布政施教歸之一揆朕嗣
膺下武丕承上烈思所以荅眷上靈遵事孝養而法
宫曠典明堂寢備永言大禮朕甚懼焉宜令所司與

禮官學士等考覈故事詳議得失務依典禮造立明堂庶曠代闕文獲申於兹日因心展敬永垂於後昆其明堂制度宜令諸曹尚書及左右丞詳定於是太常博士柳宣依鄭玄義以爲明堂之制當爲五室内直丞孔志約據大戴禮及盧植蔡邕等議以爲九室曹王友趙慈皓秘書郎薛文思等各造明堂圖諸儒分爭各有不同上以九室之議爲是乃令所司詳定形制及辟雍門闕等務從典故

顯慶三年正月太尉長孫無忌侍中許敬宗兼中書令李義府黄門侍郎劉祥道許圉師太常少卿韋琨博

士蕭楚才孔志約等脩新禮成凡一百三十卷二百九十九篇奏上之詔中外頒行焉時許敬宗李義甫用事其所損益多涉希旨行用已後學者紛議以爲不及貞觀禮上元三年三月下詔令依貞觀年禮爲定儀鳳二年又詔顯慶新脩禮多有事不師古其五禮並依周禮行事

乾封二年二月詳議明堂定詔曰朕以寡薄忝承丕緒奉二聖之遺訓撫億兆之初臨馭朽兢懷推溝在念而上玄垂祐宗社降休歲稔時和人殷俗阜車書混一文軌大同檢玉泥金升中告禪百蠻執贄萬國來庭朝野歡娛華夷胥悦但爲郊禋嚴配未安太室布政施行猶闕合宫朕所以日旰忘疲中宵輟寢討論墳籍錯綜群言採三代之精微探九皇之至賾斟酌前載制造明堂棟宇方圓之規雖兼故實度筵陳俎之法獨運財成宣諸内外博考詳議求其短長與廣異聞而鴻生碩儒俱稱盡善搢紳士子竝奏該通創此宏模自我作古因心既展情禮獲申永言宗祀良深感慰宜命有司及時赴作務從折衷稱朕意焉

總章二年三月丁亥詔曰首出萬物實顯崇高之位曾覽八紘無遠嚮明之道合宫聽朔闡皇軒之茂範靈符通神敷帝勛之景化殷人陽館青珪備禮姬氏玄堂彤璋合獻雖運殊驪翰時變質文至於立大中

建皇極軌物施教其歸一揆暨乎西京創歷駁政逾繁東漢開基舊章猶闕考圖汶上僅存公玉之儀度室圭躔綿祀中元之制三方鼎據亦傾於金馬五胡塵擾道喪於蒼鵝自此相仍時經版蕩遂使昭配之典久淪於緜載端扆之化允屬於隆平朕恭膺寶命肅奉瑶圖昧旦求衣反景忘食賴上玄垂祐宗社降靈幽明宅心中外禔福封金岱嶺昭累聖之鴻勲勸石九都成文考之先志功標偃革時會委裘固可以作化明臺顯庸太室備機之曆既表於嘉名布政之宫式崇於美制是用求中測景取則陰陽考廣袤於

裁圭定晷高於置槷傍羅八柱周建四墉架序儀天
踐基象地窓闥齊布應路並輿導辟水以環階應旋
衡而結極重阿複道用循測管之模上圓下方仍准
分蓍之數木工不琢土事無文豐約折衷經始勿亟
句芒候序入春圃而司儀蓐收戒時下秋園而奉職
事符神造鈎繩之用畢陳義叶子來豐落之期非遠
將以肅禋清祀展敬薦於皇靈施教法宮暢休聲於
太帝百神執贄咸尊孝饗之風萬國來庭共覩太平
之政闕文斯備大禮聿脩制作之規可依別勑宜須
示天下永垂來葉於是博考經籍爲明堂制度須下

其明堂院每面三百六十步以象周易乾坤之策爲
歲饑竟不克建立而寢

上元元年天后上表曰至如父在爲母服止一朞雖
心喪三年服由尊降竊謂子之於母慈愛特深非母
不生非母不育推燥於濕咽苦吐甘生養勞瘁恩斯
極矣所以禽獸之情猶知其母三年在懷理宜崇報
若父在爲母服止一朞尊父之敬雖同報母之慈有
闕且齊衰之制足爲差減更令周以一朞恐傷人子
之志今請父在爲母終三年之服高宗下詔依行焉

則天垂拱四年十二月以東都明堂成制曰昔軒皇
御曆朝萬方於合宮丹陵握符咨四岳于衢室有虞
輯瑞總章之號既存大禹錫珪重屋之名攸建殷人
受命置陽館以辨方周室凝圖立明堂以經野用能
範圍三極幽贊五神展尊祖之懷申宗祀之典爰從
漢魏迨及周隋經始之制雖興脩廣之規未備朕以
庸昧辱膺厚託受寄於綴衣之夕荷顧於仍几之前
伏以高宗往年已屬意於陽館故京輔之縣預紀明
堂之名改元之朔先著總章之號朕於乾封之際已
奉表上塵雖簡宸心未遑營構今以郟鄏勝壤圭邑
名區處天地之中順陰陽之序舟車是湊貢賦攸均

爰籍子來之功式尊奉先之旨夫明堂者天子宗祀
之所朝諸侯之位也闢乾坤之秘奧法氣象之運行
故能使災害不生禍亂不作眷言盛烈豈不美歟然
比者鴻儒禮官所執各異咸以爲明堂者置之三
里之外七里之內在國陽明之地今既俯邇宮掖恐
黷靈祇誠乃布政之居未爲宗祀之所朕以景巳之
地去宮遙遠每月所居因時饗祭禮備之物頗有煩
勞在於朕懷殊非所謂今故裁基紫掖闢宇彤闈經
始成之匪但敬事天地神明之德乃彰尊祀祖宗嚴
恭之志方展若使唯云布政負扆臨人則茅宇土堦

取適而已豈必勞百姓之力制凡筵而御哉誠以薦
耗蘋蘩虔奉宗廟故也時既沿革莫或相遵自我作
古用適於事今以上堂爲嚴配之所下室爲布政之
居光敷禮訓式展敬誠來年正月一日可於明堂宗
祀三聖以配上帝宜令禮官博士學士內外明禮者
詳定儀注務從典要速以奏聞
永昌元年正月元日始親享明堂是月四日御明堂
布政頒九條以訓于百官是時吐蕃及諸夷以明堂成遣使來賀
天冊萬歲二年三月重造明堂成臣欽若等曰證聖元年正月佛堂災延燒明堂並盡至是重造成號爲通天宮四月御通天宮之端扆

殿有司讀時令布政于群后
玄宗開元五年正月幸東都將行太享之禮太常少
卿王仁忠博士馮宗陳貞節等議以武氏所造明堂
有乖典制詔令所司詳議奏聞刑部尚書王志愔等
奏議請改易依舊造乾元殿乃下詔曰古之操皇綱
執大象者何嘗不上稽天道下順人極或變通以隨
時爰損益以成務且衢室創制度堂以筵用之以禮
神是光孝享用之以布政葢稱視朔先王所以厚人
倫感天地者也少陽有位上帝斯歆此則神貴於不
黷禮殷於至敬今之明堂俯鄰宮掖此之嚴祀有異
寅恭苟非憲章將何軌物由是禮官博士公卿大夫
廣參詳議欽若前古宜存露寢之式用罷辟雍之號
可改爲乾元殿每臨御宜依正禮季秋大享祀依舊於圓丘行事
十三年將封泰山帝以靈山清潔不欲多人上欵初
獻於山上壇行事亞獻終獻于山下壇行事因召禮
官學士賀知章等入講儀注因問之知章等奏曰昊
天上帝君位五方精帝臣位帝號雖同而君臣異位
陛下享君位於山上群臣祀臣位於山下誠足以垂
範來葉爲變禮之大者也禮成於三初獻亞終合於
一處帝曰朕正欲如是故問卿耳於是勑三獻于山

上行事其五方帝及諸神於山下壇行事
二十年九月以新脩開元新禮一百五十卷頒示天
下先是十四年通事舍人王嵒上疏請改撰禮記削
去舊文而以今事編之詔付集賢院學士詳議右丞
相張說曰禮記漢朝所編遂爲歷代不刊之典今去
聖久遠恐難改易今之五禮儀注貞觀顯慶兩度所
脩前後頗有不同其中或未折衷望與學士等更討
論古今刪改行用制從之乃令學士右散騎常侍徐
堅及左拾遺李銳太常博士施敬本等撿撰歷年不
就說卒後蕭高代爲集賢院學士始奏起居舍人王

丘撰成至是上奏之
二十六年四月己亥朔始令太常卿韋縚讀時令于宣政殿百寮于殿上列坐而聽之
二十七年勑古者分命公卿巡謁陵寢率皆乘輅以備其儀雖禮則是當不可廢闕而事有適要亦在變通宜令太僕等司每陵各支輅兩乘并儀仗等送至陵所貯掌既免勞煩無虧肅敬其公卿出城日如常儀至陵所准此
肅宗乾元元年十二月丙寅立春帝御宣教殿太常少卿于休烈讀春令常參官五品以上正員並升殿

序坐而聽之
上元二年九月改元爲元年詔圜丘方澤依常存一太牢皇廟諸祠臨時獻熟今昊天上帝太廟一牢羊豕各三餘祭盡隨亦供以備禮明火犧餼之禮亦不暇矣
元年建卯月辛亥詔曰朕敬授人時愼徽月令庶無極備以獲休徵自今以後每至四孟月迎氣之日與百辟卿士舉而行之
代宗廣德二年正月禮儀使杜鴻漸奏郊廟大禮其祝文自今已後請依唐禮板上墨書其玉簡金字者一切停廢如允臣所奏望編爲常式制曰宜用竹簡從古禮也
德宗貞元元年十月詔曰郊祀之義本於至誠制禮定名宜從事實五方配帝上古哲王道濟蒸人禮著明祀論善計功則朕德不類統天御極則朕位攸同而祝文稱臣以祭既無益誠敬有黷等威此豈朕禋祀聰明昭格上下之意前京兆府司錄參軍高佩上疏其理精詳朕重變舊儀訪于卿士申明大義是用釋然依從改正以敦至禮自今已後五方配帝祀文勿稱臣餘禮如舊

六年十一月有事於南郊詔以皇太子爲亞獻親王爲終獻帝問禮官亞獻終獻合受誡誓否吏部郎中柳冕曰准開元禮獻官前七日於內受戒誓詞云各揚其職不供其事國有常刑今以皇太子爲亞獻請改誓詞云各揚其職肅奉常儀從之
憲宗元和十三年八月太常簡討王彥威進元和曲臺新禮三十卷（彥威太常散吏於禮閣掇拾自隋已來沿革吉凶五禮以類區分撰成三十卷進之特授太常博士）
文宗太和八年二月中書門下奏今月十七日臣等於延英奏事陛下以近歲陰陽不和水旱爲害恐作

事有乖於時令施教未合於天心問臣等讀月令因
何停廢伏以堯命羲和之官以理四時節授人事至
漢丞相魏相奏云陰陽者五事之本群生之命自古
賢聖未有不由者也蕭引高帝時相國蕭何奏云自
天子王侯有土之君能法天地順四時以理國家身
無禍夭年壽永久是奉宗廟安天下之大禮也願選
氣未應災害之作實恐由斯臣等商量古者敬其事
則命以始請從來年正月依開元禮讀時令陛下御
宣政殿如朝朔之禮蕪請太常卿先撰儀注務於簡
便以酌時宜所冀簡而易從行之可久從之

明通知陰陽者四人各主一時時至明言所職宣帝
納用亦致理平開元二十五年十月制自今春夏秋
冬常以孟月朔日於正殿受朝讀時令至二十六年
夏四月朔始令太常卿韋縚讀時令於宣政殿百寮
於殿上列坐而聽自天寶已後干戈薦興盛典久廢
軍旅以便宜從事法令以變權濟時故大化不行和
開成三年二月太常卿王起准勅造禮神十玉圖
晉高祖天福初詔國朝文物制度起居入閣宜依唐
明宗朝事例施行（臣欽若等曰五代礼志所述五禮皆沿前代無所改易故不編錄）

儀注

王者成治定之業垂明備之制大則封禪郊廟社稷
之事次則朝覲享宴冠婚之文其或舊章湮沒書記
罕存則必訪博見洽聞之士咨該練敏識之流俾夫
沿革於古今損益乎名數討河間之墜簡講淹中之
舊聞車服羽儀煥然咸序聲明文物浹於天下億兆
覩之而悅服夷狄仰之而內向所以傳徐氏之容著
曲臺之記載諸油素垂爲軌範可不美歟
周周公旦成王時爲相制威儀三十（所謂冠婚吉凶蓋儀禮是）
漢叔孫通以高祖爲漢王時通爲博士漢王已幷天
下諸侯共尊爲皇帝於定陶通就其儀號（就成也）

后蒼元帝時爲博士著曲臺記（行射禮于曲臺后蒼爲記）
後漢衛宏字敬仲光武時爲議郎撰漢舊儀四卷漢
中興儀一卷
馬伯弟（史不載官自此已後不書官者皆史闕）建武末制封禪儀
樊儵明帝時爲長水校尉與公卿雜定郊祀禮儀
鄭玄爲大司農撰哀服譜一卷
應劭獻帝時以前太山太守爲袁紹軍謀校尉時始
遷都於許舊章湮沒書記罕存劭慨然嘆息乃綴集
所聞著中漢輯敘漢官儀及禮儀故事凡十一種百
三十六卷朝廷制度百官儀式所以不亡者由劭之

記
劉表爲荆州刺史撰新定禮一卷
魏荀攸魏國初建爲尚書令撰魏官儀一卷一說魏顗爲尚書令詔典著作爲魏官儀
王粲爲侍中時舊儀廢弛興造制度粲嘗典之
蜀蔣琬爲丞相撰喪服要義一卷
吳張昭爲綏遠將軍與孫韶滕胤鄭禮等採周漢撰
定朝儀
謝慈爲齊王傅撰喪服變除圖五卷
晉衛瓘爲太保撰喪服儀一卷

荀顗爲司空撰晉新儀二十卷
杜預爲鎮南將軍撰喪服要集二卷
崔遊爲相府舍人撰喪服圖一卷行於世
蔡謨爲司徒撰晉七廟錄十卷
范汪爲安化將軍撰諸府州郡儀十卷
賀循爲司空撰喪服要記十卷喪服譜一卷
環濟爲太學博士撰喪服要略一卷
葛洪爲散騎常侍撰喪服變除一卷
孔衍爲廣陵相撰凶禮一卷
劉逵爲侍中撰喪服要記一卷

范隆爲侍中國子祭酒撰三禮吉凶宗記甚有條義
綦環史失其姓爲安成太守撰新定儀注四十卷按隋書經籍志有晉雜儀注十一卷晉尚書儀十卷甲辰儀五卷封禪儀六卷鹵簿圖一卷鹵簿儀二卷史失撰人姓名
宋徐廣晉末爲漢祖文學祭酒義熙初奉詔撰車服
儀注又撰尚書儀曹所定儀注四十一卷車服雜注
一卷
何承天爲錢塘令高祖在壽陽召爲尚書祠部郎中
與傅亮共撰朝儀
庾蔚之爲員外散騎常侍撰喪服二十一卷
傅暢撰晉公卿禮秩故事九卷

范曄爲太子詹事撰百官階次一卷
張鏡爲新安太守撰東宮儀記二十三卷
徐爰撰家儀一卷按隋書經籍志有宋儀注十卷又有宋儀注二十卷宋尚書雜注十八卷宋長秋禮太妃薨弔荅書十二卷史失所撰姓名
南齊王儉爲衛將軍撰喪服古今集記三卷弔荅書
儀十卷吉凶書儀二卷
王弘爲太保撰書儀十卷
王俊之爲光祿大夫撰喪服世行要記十卷禮儀制
度十三卷
王珪之爲長水校尉撰齊職儀凡五十卷永明中其

子中軍參軍顯啓上詔付祕閣（按隋書經籍志有齊鹵簿儀一卷諸衛左右旗圖樣一卷史失所撰人姓名）

梁伏暠容初仕齊爲太子率更令與衛將軍王儉（儉）撰相交好令與河内司馬憲吳郡陸澄共撰喪服古今襍記

何胤仕齊爲國子博士時尚書令王儉受詔撰新禮未就而卒使特進張緒續成之緒又卒屬在司徒竟陵王子良子良以讓胤乃置學士三十人佐胤撰録有政禮十卷士喪儀注九卷（按南齊列傳中書郎劉繪吳郡杜栖竝助胤制禮儀也）

嚴植之天監初授後軍騎兵參軍事高祖詔求通儒治五禮有司奏植之治凶禮撰儀注四百七十九卷録四十五卷

明山賓爲國子博士撰吉禮儀注二百四十四卷禮儀二十卷孝經喪服十五卷録六卷（一云吉禮儀注十卷賓禮儀注十卷）

陸璉撰軍禮儀注一百九十二卷録二卷

賀瑒爲步兵校尉領五經博士撰賓禮儀注一百四十五卷（一云九十卷）

司馬褧爲晉安王長史撰嘉禮儀注一百一十二卷録二卷

鮑泉爲五經博士於儀禮尤明撰新儀四十卷行於世（一云二卷）

謝朏爲司徒尚書令撰書筆儀二十卷

任昉爲新安太守撰梁儀注十卷

丘仲孚爲豫章太守撰尚書具事雜儀行於世又撰皇典

徐勉爲衛將軍撰齊職儀十卷又撰太廟祀文二卷

何點徵侍中不起撰禮儀注九卷

周捨爲太子詹事卒撰書儀疏一卷

周遷撰古今輿服雜事二十卷

蕭子雲爲國子祭酒撰東宮新記二十卷

裴子野爲通直郎撰喪服傳一卷

鮑行卿爲步兵校尉撰皇室儀十三卷（按隋書經籍志有梁雜凶禮四十二卷雜儀注一百八卷梁尚書職儀注四十一卷史人撰人姓名）

陳沈文阿爲通直散騎常侍兼國子博士撰儀禮八十餘卷

馬樞字要理徵度支尚書辭不應命撰遁儀四卷

鄭灼爲尚書儀曹郎廣沈文阿儀注撰五禮

戚袞爲國子助教始與王府録事參軍袞於梁代撰

三禮儀記值亂亾失按隋書經籍志有陳尚書雜儀注五百五十卷陳吉禮一百七十一卷陳賓禮六十五卷陳軍禮六卷陳嘉禮一百二卷鹵簿圖一卷史失撰人姓名

後魏崔玄伯道武時爲黃門侍郎撰朝覲宴饗郊廟社稷之儀

李韶爲儀曹令孝文時脩改車服及羽儀制度皆令韶典焉宣武時遷將作大匠勑參定朝儀律令

常景爲太常博士與太常劉芳撰朝令未及班行别典儀注多所草創未成芳卒景纂成其事拜謁者僕謝孝明時勑撰太和之後朝儀已施行者凡五十餘卷後遷中書舍人與侍中崔光安豐王延明受詔儀

定服章勑景叅脩其事遷爲中散大夫蠕蠕主阿那瓌歸闕朝廷疑其位次高陽王雍訪景曰昔咸寧中南單于來朝晉世處之王公特進之下今日爲班宜在藩王儀同三司之間雍從之靈太后詔依漢世陰鄧二后故事親奉廟禮與帝交獻景據正以定儀注朝廷是之後爲祕書監撰儀注三十卷

邢昕爲中書侍郎受詔與祕書監常景典儀注事出帝行釋奠禮昕與祕書裴伯茂等俱爲録義

盧觀爲著作佐郎與太常少卿李神儁光禄大夫王誦等在尚書上省撰定朝儀按隋書經籍志有後魏儀注五十卷史失撰人姓名

北齊崔瞻初仕後魏爲大夫中庶子孝明時太子納妃斛律氏勑瞻與鴻臚崔劼撰定婚禮儀注仍面受别旨曰雖有舊事恐未盡善可好定此儀以爲後式

崔昂爲散騎常侍與太子少師邢邵議定朝儀定國初禮

趙彥深爲司徒撰吉禮七十二卷皇太子喪禮十卷

袁律脩爲祕書監天統中詔與趙郡王叡等議定五禮按隋書經籍志有後齊儀注二百九卷雜要禮三十八卷皇太子序親簿一卷史失所撰姓名

後周周惠達初仕西魏爲右僕射自關右草創禮樂

缺然惠達與禮官損益典章至是儀軌稍備

薛憕仕西魏爲中書侍郎文帝大統初儀制多闕太祖令憕與盧辯檀翥等參定之

薛寘仕西魏爲中書令朝廷方改物創制欲行周禮乃詔寘與少宗伯盧辯斟酌古今共詳定之

庾璜爲司宗中大夫内史撰新儀十編一云書儀十篇

隋薛道衡初仕北齊爲散騎常侍武平初詔與諸儒脩定五禮

宇文弼初仕後周爲禮部上士奉詔定五禮

裴政仕周爲散騎侍郎與盧辯依周禮建六卿設公

卿大夫士并撰次朝儀車服罷用多遵古禮革僕魏之法事並施行

潘徽字伯彦吳郡人煬帝鎮江都引爲揚州博士令諸儒撰江都集禮一部後令徽作序（按隋書經籍志有婦人書儀八卷失所撰人姓名又有梁脩端文儀二卷謝元内外書儀四卷蔡超書儀二卷李穆叔趙李家儀十卷録一卷釋曇瑗僧家書儀五卷失其朝代）

唐竇威隋末爲考功郎稱病去官及高祖定關中引爲相國司録草創儀制多威所定高祖嘗謂裴寂曰叔孫通不能加也

令狐德棻累官太常卿撰皇帝封禪儀六卷

張文琮爲江州刺史撰喪儀纂要七卷

姚璹爲納言則天將封嵩嶽命璹揔知撰儀注

路敬淳爲太子司議郎崇賢館學士數受詔脩緝吉凶雜儀

韋叔夏爲春官員外則天將拜廟雍及享明堂皆别授制共當時儒者祝欽明郭山惲撰定儀注凡所立義衆咸推伏久之歷遷成均司業久視元年下制曰吉凶禮儀家國所重博士亦甚詳明成均司業韋叔夏太子率更令祝欽明博涉經史多所諳練委以参掌典得精詳自今禮司所脩儀注並令叔夏等刊定訖然後奏進

鄭餘慶爲右僕射憲宗以其諳練典章朝廷禮樂制度有乖故事專委餘慶參酌施行遂爲詳定使又以行部侍郎韓愈禮部侍郎李程副知詳定右司郎中崔郾吏部郎中陳諷刑部員外楊嗣復禮部員外庾敬休並充詳定判官從餘慶之請也朝廷儀制吉凶五禮咸有損益焉

韋處厚爲翰林學士敬宗寳曆末樞密使王守澄議立文宗問儀於處厚處厚諳博今古一夕制置無不得禮且曰詰旦江王宜先下教布告群臣言已平内

難下教訖群臣然後合班勸進禮畢太皇太后當有令奏册江王即皇帝位於是一如處厚議

後唐劉岳爲太常卿文學之外通於典禮明宗天成中奉詔撰新書儀一部文約而理當至今行於世

第十一頁十一行至十六行共六行應移在本頁第六行後

册府元龜　補　卷之五百六十四　二十一

册府元龜

總按福建監察御史臣李嗣京訂正
新建縣舉人臣戴國士參閱
知建陽縣事臣黄國琦較釋

掌禮部三

作樂

易曰先王以作樂崇德殷薦之上帝傳曰功成作樂又云移風易俗莫善於樂蓋古之應期運改正朔一統類協群志未有不正金石之聲定綴兆之容以象乎功德以和乎人神者也三五而降因革殊制易宫

不參考鍾律推本天理和聲而通乎政成文而協於雅以共祀事以導物情與德音而共流偕禮容而爲盛至於干戚羽旄之物鏗鏘鼓舞之變損益云異沿襲不同若乃宣暢乎欝堙祓飾乎宴喜以節百事以行八風法象之所存治道之所出非可以暫廢者也

朱襄氏之治天下也（朱襄氏古天子炎帝之別號）多風陽氣畜積萬物散解果實不成（解落也有蓏曰果）故士達作爲五絃之瑟以和陰陽以定群生（士達朱襄侍臣）

葛天氏之樂三人操牛尾投足以歌八闋（葛天氏古帝名也投足猶蹀足　闋終也）一曰載民二曰玄鳥三曰遂草木四曰奮五曰敬天常六曰達帝功七曰依地德八曰總禽獸之極（樂之八篇名也）

伏羲樂名扶來亦曰立基（一云伏羲有網罟之詠）

神農樂名扶持亦曰下謀（一云神農有五絃）

黄帝令伶倫作爲律（伶倫黄帝臣也）伶倫自大夏之西（大夏西方之山）乃之阮隃之陰（阮隃山名也山北曰陰）取竹之嶰谷以生空竅厚鈞者斷兩節間（竹生嶰谷者取鈞斷兩節間以爲鍾律管也嶰或作懈）其長三寸九分而吹之以爲黄鍾之宫（斷竹長三寸九分吹之音中黄鍾之宫）曰舍少次制十二筩（六律六呂各有管故曰十二筩舍或作含）以之阮隃之下聽鳳鳥之鳴以別十二律其雄鳴爲六雌

鳴亦六以比黄鍾之宫適合（合和諧也）黄鍾之宫皆可以生之故曰黄鍾之宫律之本也（法鳳之雌雄故律有陰陽上下相生故曰黄鍾之宫皆可以生之也）黄帝又令伶倫與榮援鑄十二鍾和五音以英韶以仲春之月乙卯之日日在奎始奏之命曰咸池（奏十二鍾樂名謂之咸池）是時岐伯作鼓吹鐃短簫鐃歌（蔡邕曰軍樂也所以揚德建武勸士諷敵也）

少昊作大淵

顓頊生自若水實處空桑（處居也空桑邑也）乃登爲帝惟天之合正風乃行（惟天之合德與天合也風化也）其音若凄鏘帝顓頊好其音乃令飛龍效八風之音（八風八卦之風也）命之曰承

雲（一云顓頊作六英）以祭上帝（上帝昊天上帝）乃命鱓先爲樂倡（倡始也）鱓乃偃寢以其尾鼓其腹（鼓擊也）其音英英（英英和盛貌）帝嚳命咸黑作爲唐歌九招六列六英倕有作爲鼙鼓鍾磬吹苓展管篪鞀推衡帝嚳乃令卞（兩手相擊曰卞）或鼓鼙擊鍾磬吹苓展管篪因令鳳鳥天翟舞帝嚳大喜乃以康帝德（康樂安也）帝堯立乃命質爲樂質乃效山谿之音以歌（質當爲夔）乃以麋輅置缶而鼓之（鼓擊）乃拊石擊石以象上帝玉磬之音以舞百獸鼓搏乃拌五絃之瑟（拌猶分）作爲十五絃之瑟命之曰大章以祭上帝（一云堯作大章）又以陰多伏

湛積陽道壅塞不行其序（有洪水之災）民氣鬱閼（鬱閼止也）筋骨瑟縮不達故作爲舞以宣道之帝舜作五絃之琴以歌南風（一云堯有十五絃之瑟舜益以八絃爲二十三絃之瑟）又命伯禹爲司空四海之內咸戴帝舜之功於是禹興九韶之樂（韶繼也言舜能繼堯之德）致異物鳳凰來翔又命夔曰汝典樂教胄子聲依永律和聲（聲謂五聲宮商角徵羽也律謂六律六呂十二月之音氣也言當依聲律以和樂）八音克諧無相奪倫神人以和夔曰戞擊鳴球搏拊琴瑟以詠祖考來格（戞擊所以作樂也搏拊以韋爲之實所以節樂球玉磬此舜廟之樂民悅其化神歆其祀禮備樂和故以祖考來至明之）虞賓在位群后德讓（丹朱爲王者後故稱賓言與諸侯助祭年爵同推先

有德）下管鼗鼓合止柷敔（堂下樂也上下各有樂）笙鏞以間鳥獸蹌蹌（鏞大鍾間迭也吹笙擊鍾鳥獸化德相率而舞蹌蹌然）簫韶九成鳳凰來儀（韶舜樂名言簫見細樂之備雄曰鳳雌曰凰靈鳥也儀有容儀備樂九奏而致鳳凰則餘鳥不待九而率舞）夔曰於予擊石拊石百獸率舞庶尹允諧（尹正也衆正官之長信皆和諧言神人洽始於任賢治立以禮治成以樂所以太平）又云夔始作樂以賞諸侯

夏禹擘陶作夏籥九成以昭其功（一云九夏）

殷湯命伊尹作大濩歌晨露脩九招六列以見其善（大濩晨露九招六列皆樂名也）

周文王始居岐山之陽躬行召南之教以成王業至

三分天下乃宣周南召南之化本其德之初刑于寡妻至于兄弟以御于家邦故謂之鄉樂用之房中武王作大武（武王以功定天下也）又奏象舞象用兵時刺伐之舞故作維清之詩焉成王始作樂而合乎祖作有瞽之詩（王者治定制禮功成作樂合者大合諸樂而除之）諸侯助祭遣於廟作臣工之詩周公居攝既成雒邑朝諸侯率以祀文王作清廟之詩以歌焉又作勺（言勺先祖之道也）又有房中之樂以歌后妃之德春官大司樂舞教國子（公卿大夫之子弟也）舞雲門大卷大咸大韶大夏大濩大武（此周所以存六代之樂黃帝曰雲門大卷黃帝

能成名萬物以明人共財言其德如雲之所以出入得以有族類也以六律六同五聲八音六舞大合樂以致鬼神以和邦國以諧萬民以安賓客以悅遠人以作動物六律合陽聲者六同合陰聲者此十二者以銅爲管轉而相生黃鍾爲首其律長九寸各因而二之上生者三分益一分下生者三分去一分焉故語曰律所以立均出度也古之神瞽考鍾聲而量之以制度律均鍾呂以中聲定律以律立鍾之均也大合樂者謂偏作六代之樂也以冬日至作之致天神人鬼以夏日至作之致地祇物魅動物羽贏之屬虞書曰夔曰戞擊鳴球搏拊琴瑟以詠祖考來格虞賓在位群侯德讓下管鼗鼓合止祝敔於予擊石拊石百獸率舞庶尹允諧此其於宗廟九奏效應之也乃分樂而序之以祭以享以祀分謂各用一代之樂乃奏黃鍾歌大呂舞雲門以祀天神以黃鍾之鍾大呂聲爲之均也黃鍾陽聲之首大呂爲之合奏之以祀天神尊之也天神五帝及日月星辰王

者又各以夏正月祀其所受命之帝於南郊尊之也孝經說曰王者祀天於南郊就陽位是也乃奏大簇歌應鍾舞咸池以祭地祇太簇陽聲第二者應鍾爲之合咸池大咸地祇所祭于此郊謂神州之神及社稷也乃奏姑洗歌南呂舞大韶以祀四望姑洗陽聲第三者南呂爲之合四望五嶽四鎭四瀆此言祀者司中司命風師雨師或亦用此樂也歟乃奏蕤賓歌函鍾舞大夏以祭山川蕤賓陽聲第四者函鍾爲之合函鍾一名林鍾乃奏夷則歌小呂舞大濩以享先妣夷則陽聲第五者小呂爲之合小呂一名中呂先妣姜源履大人跡感神靈而生后稷是周之先母周立廟而祭之謂之閟宮閟由無所配是以特立廟而祭之謂之閟宮閟祿之也乃奏無射歌夾鍾舞大武以享先祖無射陽聲之下也夾鍾爲之合夾鍾一名圜鍾先祖謂先公先王也王出入則令奏王夏尸出入則令奏肆夏牲出入則令奏昭夏二夏皆樂章名凡日月食四鎭五嶽摧大傀異災諸侯薨令去樂四鎭山之重大者謂揚州之會稽青州之沂水山幽州之毉無閭冀州之霍山五嶽岱在兗州衡在荊州華在豫州吳在雍州嘗在并州傀猶怪也大怪之異災謂天地之奇變若星辰奔霣及地震裂爲害者去樂藏之也春秋傳曰壬午猶繹萬人去籥萬言入則去者不入藏之可知也大札大災大凶大臣死凡國之太憂令弛縣札疫癘也凶年也災水火弛釋下之若今休兵鼓之爲也

秦始皇更周房中樂名曰壽人又更周舞名曰五行舞

漢高祖時叔孫通因秦樂人制宗廟大祝迎神於廟門奏嘉至嘉善也善神之至也皇帝入廟門奏永至以爲行步

之節猶古采薺肆夏歌樂在遂詩乾豆上奏登歌獨上歌不以筦絃亂人聲欲在位者徧聞之猶古清廟之歌也登歌再終下奏休成之樂叔孫通所奏作也美神明旣享也皇帝就酒東廂坐定奏永安之樂美禮巳成也又有房中祠樂歌高祖唐山夫人所作也唐山姓也周有房中樂至秦名曰壽人凡樂樂其所自生禮不忘其本高祖樂楚聲故房中樂楚聲也四年作武德舞以象天下樂巳行武以除亂也高祖所奏六年更舜韶舞曰文始以示不相襲也又作昭容樂禮容樂昭容者猶古之昭夏主出武德舞言昭容樂生於武德舞禮容者主出文始五行舞舞人無樂者將至至尊之前不敢以樂也出用

樂者言舞不失節能以樂終也大氐皆因秦舊事焉

十一年高祖破英布軍還過沛置酒沛官與故人父老相樂醉酒觀樂作風起之詩令沛中父兒一百二十人習而歌之

惠帝二年使樂府令夏寬備其簫管更房中樂爲安世樂

文帝時樂人竇公桓譚新論云竇公年八十歲兩目皆昏文帝奇之問何至此對曰臣年十三失明父母哀其不及衆教鼓琴臣導引無所服餌獻其書乃周官大宗伯之大司樂章也帝自造四時舞以示天下之安和也

景帝元年十月詔高廟酎武德文始五行之舞孝惠廟酎奏文始五行之舞孝文廟奏昭德之舞昭明也以明休德

武帝定郊祀之禮乃立樂府始置之也樂府之名蓋於此起采詩夜誦采詩采取百姓謳歌以知政教得失也夜誦者其言辭或秘不可宣露故於夜中歌誦也有趙代秦楚之謳初李延年以好音見帝善之下公卿議曰民間祀有鼓舞樂今郊祀而無樂豈稱乎公卿曰古者祠天地皆有樂而神祇可得而禮或曰泰帝使素女鼓五十絃瑟悲帝禁不止泰帝一謂泰昊也不止謂不能自止也故破其瑟爲二十五絃於是塞南越禱祀泰一后土始用樂舞益召歌兒作二十五絃及坎篌瑟自此起延年爲協律都尉多舉司馬相如等數十人造爲詩賦略論律呂以合八音之調作十九章之歌以正月上辛用事甘泉圜丘使童男女七十人俱歌昏祠至明十九章歌練時日一帝臨二青陽三朱明四西顥五玄冥六維泰七天地八日出入九天馬十天門十一景星十二齊房十三后皇十四華爗爗十五五神十六朝隴首十七象載瑜十八赤蛟十九又作安世房中歌十七章是時河間獻王德有雅材亦以爲治道非禮樂不成因獻所集雅樂一云河間獻王好儒與毛生等共采周官及諸子言樂事者以作樂記八佾之舞與所制不相遠天子下大樂官常存肄之肄習也歲時以備數然不常御常御及郊廟

皆非雅聲郊廟詩歌未有祖宗之事八音調均又不協於鍾律而內有掖庭才人外有上林樂府皆以鄭聲施於朝廷

宣帝本始二年六月尊孝武廟爲世宗廟奏盛德文始五行之舞

成帝建始元年丞相匡衡奏罷鸞路龍鱗更定詩曰涓選休成涓除也除惡選美成者也又奏罷黻繡周張更定詩曰肅若舊典是時謁者恒山王禹世受河間樂能說其義其弟子宋畢等上書言之下大夫博士平當等考試當以爲漢承秦滅道之後賴先帝聖德博受兼聽脩廢官立太學河間獻王聘求幽隱脩興雅樂以助

化時大儒公孫弘董仲舒等皆以為音中正雅立之太樂春秋鄉射作於學官希闊不講講謂論習也故曰公卿大夫觀聽者但聞鏗鏘不曉其意而欲以風諭衆庶其道無由風化也是以行之百有餘年德化至今未成畢等守習孤學大指歸於興助教化衰微之學興廢在人宜領屬雅樂以繼絕表微表顯也孔子曰人能弘道非道弘人論語中孔子之言河間區區小國藩臣區區小貌以好學脩古能有所存存意於禮樂民到於今稱之況於聖主廣被之資被猶覆也脩起舊文放鄭近雅述而不作信而好古於以風示海內揚名後世誠非小功小美

也事下公卿以為迂遠難分明當議復寢是時鄭聲尤甚黃門名昌丙彊景武之屬冨顯於世貴戚五侯定陵冨平外戚之家五侯王鳳以下也定陵淳于長也冨平張放也淫侈過度至與人主爭女樂

哀帝自為定陶王時性不好音及即位下詔曰惟世俗奢泰文巧而鄭衛之聲興夫奢泰則下不孫而國貧文巧則趨末背本者衆鄭衛之聲興則淫辟之化流而欲黎庶敦朴家給人足猶濁其源而求其清流豈不難哉孔子不云乎放鄭聲鄭聲淫其罷樂府官郊祭樂及古兵法武樂在經非鄭衛之樂者條奏別屬地官丞相孔光大司馬何武奏郊祭樂人員六十二人給祠南北郊大樂鼓員六人嘉至鼓員十人邯鄲鼓員二人騎吹鼓員三人江南鼓員二人淮南鼓員四人巴俞鼓員三十六人巴巴人也俞俞人也當高祖初為漢王得巴俞人並趫捷善舞與之三秦滅楚因存其武樂也巴俞之樂因此始也巴郡今之巴州俞即今之俞州歌鼓員二十四人楚嚴鼓員一人梁皇鼓員四人臨淮鼓員二十五人茲邡鼓員三人凡鼓十二員百二十八人相賀置酒陳殿下應古兵法外郊祭員十三人諸族樂人兼雲招給祠南郊用六十七人拚讀與翻同兼給事雅樂用四人夜誦員五人剛別柎員二人給盛

德剛及別柎皆鼓名也主調篪員二人篪以竹為之七孔亦笛之類也聽工以律知日冬夏至一人鐘工磬工簫工員各一人僕射二人主領諸樂人皆不可罷竽工員三人一人可罷竽笙類也三十六簧琴工員五人三人可罷柱工員二人一人可罷柱工主箏瑟之柱者繩弦工員六人四人可罷弦琴瑟之弦繩言主糾合作之也鄭四會員六十二人一人給事雅樂六十一人可罷張瑟員八人七人可罷安世樂鼓員二十人十九可罷沛吹鼓員十二人族歌鼓員二十七人陳吹鼓員十三人商樂鼓員十四人東海鼓員十六人長樂鼓員十三人緩樂鼓員十三人緩樂雜樂也凡鼓八員

百二十八人朝賀置酒陳前殿房中不應經法治竽員五人楚鼓員六人當從倡三十人當從象人四人象人若今戲蝦魚師子者也詔隨當從倡十六人秦倡員二十九人秦倡象人員三人詔隨秦倡一人雅大人員九人朝賀置酒為樂楚四會員十七人巴四會員十二人銚四會員四十二人姚國名齊四會員十九人秦謳員三人齊謳員六人竽瑟鐘磬員五人皆鄭聲可罷師學百四十二人其七十二人給大官桐馬酒挏音動以馬乳為酒橦桐乃成也馬酪味如酒而飲之亦可醉故呼馬酒也其七十人可罷大凡八百二十九人其三百八十八人不可罷可領屬大

樂其四百四十一人不應經法成鄭衛之聲皆可罷奏可

後漢光武建武十三年四月平公孫述傳送述瞽師郊廟樂罷保車輿輦於是法物始備瞽無目之人也為樂師取其無所見於聲審也郊廟之罷鎛虡之屬也樂罷鐘磬之屬葆車謂上建羽葆也合聚五采羽名為葆輿者車之總名也輦者駕人以行法物謂大駕鹵簿儀式也時草創未暇今得之始備增廣郊祀高皇帝配食樂奏青陽朱明西皓玄冥雲翹育命舞北郊及祀明堂並奏樂如南郊迎時五部春歌青陽夏歌朱明並舞雲翹之舞秋歌西皓冬歌玄冥並舞育命之舞季夏歌朱明兼舞二舞

明帝永平三年八月戊辰改太樂官曰太子樂詩曲操以俟君子祕帝即位博士曹充上言漢再受命仍有封禪之事而禮樂衰壞不可為後嗣法五帝不相沿樂三王不相襲禮大漢自制禮以示百世帝問制禮樂云何充對曰河圖括地象曰有漢世禮樂文推出尚書璇機鈐曰有帝漢出德洽作樂名予帝善之是歲公卿奏議世祖廟登歌八佾舞功名東平王蒼以為漢制舊典宗廟各奏其樂皆不相襲以明功德秦為無道殘賊百姓高帝受命誅暴元元各得其所萬國咸熙作武德之舞孝文皇帝躬行節儉除誹謗

德茂盛威震海外開地置郡傳之無窮孝宣帝制戚德之舞光武皇帝受命中興撥亂反正武暢方外震服百蠻戎狄奉貢宇内治平登封告成脩建三雍肅穆典祀功德巍巍比隆前代以兵平亂武功盛大歌所以詠德舞所以象功世祖廟樂名曰大武之舞元命苞曰緣天地之所雜樂為之文典文王之時民樂其興師征伐而詩人稱有武功樞璣鈐曰有帝漢出德洽作樂名與虞韶禹夏湯護周武無異不宜以名舞協圖徵曰大樂必易詩傳曰頌言成也一章成篇也宜列德故登歌清廟一章也漢書百官頌所登御

者去肉刑澤施四海孝景帝制昭德之舞孝武皇帝
功一章十四句依書文始五行武德昭真脩之舞節
損益前後之宜六十四節爲舞曲副八佾之數十月
蒸祭用其文始行之舞如故勿進武德舞歌詩曰於
穆世廟肅雍顯清俊乂翼翼秉文之成越序上帝駿
奔來寧建立三雍封禪泰山章明圖讖放唐之文休
矣惟德罔射恊同本支百世永保厥功詔書曰驃騎
將軍議可進武德之武如故也十月蒸祭光武廟冬祭日蒸蒸衆也冬物畢成可祭者衆礿奏文始五行武德之舞文始舞者本舜韶舞也高祖六年更名曰文始其舞人執羽籥五行者本周武舞也秦始皇二十六年更名曰五行其舞

人冠冕衣服法五行色武德者高祖四年作五行武以除亂也其舞人干戚光武草創禮樂未備今始奏之故云礿也永平末散騎常侍劉劭著樂論十四篇事成未上會帝即位不施行
章帝以永平十八年八月即位十二月有司奏尊明
帝廟曰顯宗其四時禘祫於光武之堂間祀悉更依
共進武德之舞如孝文皇帝祫祭高廟故事制曰可
建初二年七月太常丞鮑鄴上樂事下車騎將軍馬
防防奏言鄴上言王者飲食必須四時五味故有食
舉之樂所以順天地養神明求福應也移風易俗莫
善於樂者天地之和不可久廢今官樂但有太簇皆
不應月律作可十二月均各應其月氣乃能感天地
和氣宜應明帝始造靈臺六律候而未設其閒樂縣
日十二月行之所以宣氣豐物也月開斗建之門而
奏歌其律誠宜施行須與待詔嚴崇及能作樂器者
共作治之考工給所宜詔下太常太常上言作樂器
直錢百四十六萬請太僕作成上之奏寢今明詔下
臣防輙問鄴及待詔知音律者皆言聖人作樂所以
宣氣致和順陰陽也臣愚以爲可順上天之明待因
歲首今正發太簇之律奏雅頌之音以立太平以迎
和氣其條貫甚備詔書以防言下三公也五年冬始行月令迎氣樂

元和元年玄武司馬班固奏籍田歌用商頌載芟祠
先農
二年改宗廟樂
三年帝自作詩四篇一曰思齊姚皇二曰六騏驎三
曰竭肅雍四曰陟叱根合前六曲故事食舉有鹿鳴承元氣二曲合帝作四篇也以爲宗廟食舉重來上陵二曲合八曲爲上陵
食舉减宗廟食舉承元氣一曲加惟天之命天之曆
數二曲合七曲爲殿中御食飯舉又漢太樂食舉十
三曲一曰鹿鳴二曰重來三曰初造四曰來安五曰
歸來六曰遠期七曰有所思八曰明星九曰清涼十

曰淡大海十一曰大置十二曰承元氣十三曰海淡淡魏氏及荀勗傳玄並爲歌辭魏時以遠期承元氣海淡淡三曲多不通利之者

和帝以章和二年二月即位三月有司奏章帝廟舞曰肅宗共進武德之舞制曰可漢自東京大亂絕無金石之樂樂章亡缺不可復知故光武而下廟樂不可記

順帝陽嘉二年十月庚午行禮雍奏應鍾始復黃鍾作樂隨月律于爲黃鍾律長九寸聲有輕重長短度量皆出黃鍾隨月律謂月令正月律中大蔟二月律中夾鍾三月律中姑洗四月律中仲呂五月律中蕤賓六月律中林鍾七月律中夷則八月律中南呂九月律中無射十月律中應鍾十一月律中黃鍾十二月律中大呂東觀記用元和已來音度不調脩復如舊典

靈帝熹平四年正月中出雲臺十二門新詩下太子樂官習誦被聲是西園鼓吹有李堅者能鞞樂聲舞未詳所起然漢代已施於燕享矣傅毅張衡所賦皆其事也舊曲有五篇一關東有賢女二章和二年中三樂久長四四方皇五殿前生桂樹

獻帝建安八年十月己巳公卿初迎冬於北郊斯禮久廢故曰初總章始復備八佾舞袁宏紀云迎氣北郊始用八佾佾列也謂舞者之行列往因亂廢今始備之總章樂官名古之安世樂

魏太祖以後漢建安十八年魏國初建侍中王粲作登歌安世詩先是太祖平荊州獲漢雅樂郎河南杜夔能識舊法以爲軍謀祭酒使創定雅樂時又有散騎郎鄧靜尹商善訓雅樂歌師尹胡能歌宗廟郊祀之曲舞師馮肅服養曉知先代諸舞夔悉總領之遠詳經籍近採故事考會古樂始設軒縣鍾磬

文帝黃初元年公卿奏曰臣聞德盛而化隆者則樂舞足以象其形容音聲足以發其歌詠故薦之郊廟而鬼神享其和用之朝廷則君臣樂其美使四海之內徧知至德之盛而光輝日新者禮樂之謂也故先王殷薦上帝以配祖考蓋當其時而制之矣周之末世上去唐虞樂二千年韶箾南籥武象之樂正聲遺

烈皆可得而論也由斯言之禮樂之事弗可以已今太祖武皇帝樂宜曰咸熙之舞咸皆也熙興也言應受命之運天下由之皆興也至於群臣述德論功建定烈祖之稱而未制樂舞非所以昭德紀功夫歌以詠德舞以象事於文爲文於武爲武兼乎文武聖德所章明也臣等謹制樂名章斌之舞昔簫韶九奏親於虞帝之庭武象大武亦振於文武之作特以顯其德教著其成功天下被服其光輝習詠其風聲者也自漢高祖文帝各逮其時而爲武德四時之宜以當今成業之美播揚弘烈莫盛於章斌焉樂志曰鐘磬

干戚所以祭先王之廟又所獻酹報酢也在宗廟之中君臣莫不致敬族長之中長幼無不從和故仲尼答賓牟賈之問曰周道四達禮樂交通傳云有禘樂實祭禮大享通用盛樂之明文也今事於天地宗廟此三舞之然後乃合古制事神訓民之道開於萬代其義益明又臣等思惟三舞宜有總名可名大鈞之樂鈞平也言大魏三世同功以至隆平也於名爲美於義爲當尚書奏宜如所上帝初不許制章斌之樂三請乃許之

三年改漢巴渝舞曰昭武舞漢高祖自蜀漢將定三秦閬中范因率賓人以

從帝爲前鋒及定秦中封因爲閬中侯復賓人七姓其俗喜舞高祖樂其猛銳數觀其舞後使樂人習之閬中有渝水因其所居故名曰巴渝舞二曲有矛渝本歌曲安弩渝本歌曲安臺本歌曲行辭本歌曲總四篇其辭既古莫能曉其句度魏初乃使軍謀祭酒王粲改創其詞巴渝師李管仲王歌曲章試使聽之以考較歌曲而爲之改爲矛渝新福歌曲弩渝新福歌曲安臺新福歌曲行辭新福歌曲行辭以述魏德至是改曰昭武

二改宗廟定世樂曰嘉止樂嘉至樂曰迎靈樂拾容樂曰昭業樂虛翔舞曰鳳翔舞育命舞曰靈應舞武德舞曰武頌舞文始舞曰大韶舞五行舞曰大武舞其衆歌詩多卽前代之舊唯魏國初建如王粲改作所以類物表庸而不忘其本者也凡音樂以舞爲主自黃帝雲門以下至於周文武皆大廟舞名也然則其所司之官皆曰大樂所以總領諸物不可以物名武皇帝廟樂未稱其議定廟樂及樂舞舞者所執綴旒之制聲歌之詩務令詳備樂官自如故爲大樂太樂漢舊名後漢依讖改太子樂官至是改復舊

明帝太和中左延年改杜夔三曲更自作聲節初夔傳舊雅樂四曲一曰鹿鳴二曰騶虞三曰伐檀四曰文王皆古聲辭延年改之其名雖存而聲實異唯因夔鹿鳴全不改易每正日大會太尉奉璧群后行禮東廂雅樂常作者是也後又改三篇之行禮詩第一曰於赫篇詠武帝聲節與古

鹿鳴同第二曰巍巍篇詠文帝用延年所改騶虞聲第三曰洋洋篇詠明帝用延年所改文王聲第四曰復用鹿鳴鹿鳴之聲重用而除古代檀

齊王景初元年尚書奏考覽三代禮樂遺曲據功象德奏作武始咸熙章斌三武皆執羽籥武皇帝撥亂反正爲魏太祖樂用武始之舞文皇帝應天受命爲魏高祖用咸熙之舞明帝制作興治爲魏烈祖樂用章斌之舞三祖之廟萬世不毀是時尚書奏祀圜丘以下武始舞者晁黑介幘玄衣裳白領袖絳領袖中衣絳合幅袴縫絑黑韋鞮咸熙舞者冠委貌其餘服如前章斌舞者與武始咸熙舞者同服奏於朝廷則

武始舞者武冠赤介幘生絳袍單衣絳領袖皂領袖
中衣虎文畫合幅袴白布韎黑韋鞮咸熙舞者進賢
冠黑介幘生黃袍單衣白合幅袴其餘服如前奏可
史臣案武始咸熙二舞冠制不同而云章斌與武始
咸熙同服不知何冠也侍中繆襲又奏安世歌本漢
時歌名今詩歌舞往詩之文則宜變改案周禮注云
安世樂猶周房中之樂也是以往昔議者以房中歌
后妃之德所以風天下正夫婦宜改安世之名曰正
始之樂自魏國初建故侍中王粲所作登歌安世詩
專以思詠神靈及説神靈鑒享之意襲後又依歌省

讀漢安世歌詩亦説高張四縣神來燕享嘉薦令儀
永受厥福毋有二南后妃風化天下之言今思惟往
者謂房中爲后妃之歌者恐失其意方祭祀娛神登
堂歌先祖功德下堂歌詠燕享無事歌后妃之化也
自宜依其事以名其樂歌改安世歌曰享神歌奏可
是年尚書又奏曰文昭皇后廟置四縣之樂當銘顯
其均族次第依太祖廟之名號曰昭廟之具樂尚書
奏曰禮婦人繼夫之爵同牢配食者樂不異文昭皇
后今雖別廟至於宮懸樂罷音均宜如襲議奏可散
騎常侍王肅議曰王者以其禮制事天地今説者據
周官韗文爲經國大體懼其局而不知弘也漢武帝
東巡封禪還祠太乙于甘泉祭后土于汾陰皆盡用
其樂説者爲盡用宮縣之樂也天地之性貴質者益
謂其罷之不文耳不謂庶物當復減之也禮天子宮
縣舞八佾今祀圓丘方澤宜以天子制設宮縣之樂
八佾之舞衛臻繆襲左延年等咸同肅議奏可肅又
議曰説者以爲周家祀天唯舞雲門祭地唯舞咸池
宗廟唯舞大武似失其義矣周禮賓客皆作備樂左
傳王子頹享五大夫樂及偏舞六代之樂也然則一
會之日具作六代之樂矣天地宗廟事之大者賓客

燕會比之爲細王制曰庶羞不踰牲燕衣不踰祭服
可以燕樂而踰天地宗廟之樂乎周官以六律六同
五聲八音六舞大合樂以致鬼神以和邦國以諧萬
民以安賓客以悦遠人夫六律六同五聲八音皆一
時而作之至於六舞獨分擘而用之所以不厭人心
也又周官韎師掌教韎樂祭祀則帥其屬而舞之大
享亦如之韎東夷之樂也又鞮鞻氏掌四夷之樂與
其聲歌祭祀則次而歌之燕亦如之四夷之樂乃入
宗廟先代之典獨不得用大享及燕日如之者明古
今夷夏之樂皆主之於宗廟而後播及其餘也夫作

先王樂者貴能包而用之納夷之樂者美德廣之所
及也高皇大皇帝高祖太祖文昭廟皆宜兼用先代
及武始大均之舞有司奏宜如肅議奏可肅私造宗
廟詩頌十二篇不歌先是漢時有短簫鐃歌之樂其
曲有朱鷺思悲翁艾如張上之回雍離戰城南巫山
高上陵將進酒君馬黄芳樹有所思雉子班聖人出
上邪臨高臺遠如期石留務成玄雲黄爵行釣竿等
曲列於鼓吹多序戰陣之事及魏受命改其十二曲
使繆襲爲詞述以功德代漢改朱鷺爲楚之平言魏
也改思悲翁爲戰滎陽言曹公也改艾如張爲獲呂

布言曹公東圍臨淮擒呂布也改上之回爲克官濤
言曹公與袁紹戰破之於官渡也改雍離爲舊邦言
曹公勝袁紹於官渡還譙收藏死亡士卒也改戰城
南爲定武功言曹公礿破鄴武功之定始乎此也改
巫山高爲屠柳城言曹公越北塞歷白檀破三郡烏
桓於柳城也改上陵爲平南荆言曹公平荆州也改
將進酒爲平關中言曹公征馬超定關中也改有所
思爲應帝期言文帝以聖德受命應運期也改芳樹
爲邕熙言魏氏臨其國君臣邕穆庶績咸熙也改上
邪爲太和言明帝繼體承統太和改元德澤流布也

其餘並同舊名
吴大帝使韋昭製十二曲名以述功德受命改朱鷺
爲炎精缺言漢室衰孫堅奮迅猛志念在拯救王迹
始乎此也改思悲翁爲漢之季言堅悼漢之微痛董
卓之亂興兵奮擊功蓋海内也改艾如張爲攄武師
言大帝卒父之業而征伐也改上之回爲烏林言魏
武既破荆州順流東下欲來爭鋒大帝命將周瑜逆
擊之於烏林而破走也改戰城南爲克皖城言魏武
志圖并兼而大帝親征破之於皖也改巫山高爲關
背德言蜀將關羽背弃吴德大帝引師浮江而擒之

也改上陵曲爲通荆州言大帝與蜀交好齊盟中有
關羽自失之愆終復礿好也改將進酒爲章洪德言
大帝章其大德而遠方來附也改有所思爲順曆數
言大帝順籙圖之符而建大號也改芳樹爲承天命
言其時主聖德踐位道化至盛也改上邪曲爲玄化
言其時主脩文武則天而行仁澤流洽天下喜樂也
其餘亦用舊名不改

第十二頁十行末脱二十字

去肉刑澤施四海孝景帝制昭德之舞孝武皇

帝功

册府元龜 補 卷之五百六十五 二十三

廵按福建監察御史臣李嗣京　訂正
分守建南道左布政使臣胡維霖　叅閱
知建陽縣事臣黃國琦　較釋

掌禮部　四

作樂第二

晉武帝泰始二年詔郊祀明堂禮樂權用魏儀尊周室肇稱殷禮之義但改樂章而已使傅玄制爲二十二篇述以功德代魏改朱鷺爲靈之祥言宣帝之佐魏猶虞舜之事堯既有石瑞之徵又能用武以誅孟

達之逆命也改思悲翁爲宣受命言宣帝禦諸葛亮養威重運神兵亮震怖而死改艾如張爲征遼東言宣帝陵大海之表討滅公孫而梟其首也改上之回爲宣輔政言宣帝聖道深遠撥亂反正網羅文武之才以定二儀之序也改擁熙離時運多難言宣帝致討吳方有征無戰也改戰城南爲景龍飛言景帝克明威教貴順遺逆隆無疆崇洪基也改巫山高爲平玉衡言景帝一萬國之殊風齊四海之乖心禮賢養士而纂洪業也改上陵爲文皇統百揆言文帝始統百揆用人有序以敷太平之化也改將進酒爲因時運言因時運變聖謀潛施解長蛇之變離羣桀之黨以武濟文以邁其德也改有所思爲惟庸蜀言文帝既平萬乘之蜀封建萬國復五等之爵也改芳樹爲天序言聖皇應歷受禪弘濟大化用人各盡其才也改上邪爲大晉承運期言聖皇膺籙受圖化象神明也改君馬黃爲金靈運言聖皇踐祚致敬宗廟而孝道行於天下也改雉子班爲於穆我皇言聖皇受禪德合神明也改聖人出爲仲春振旅言大晉申文武之教畋獵以時也改臨高臺爲夏苗田言大晉畋狩順時爲苗除害也改遠如期爲仲秋獮田言大晉雖

有文德不廢武事順時以殺伐也改石留爲順天道言仲冬大閱用武修文大晉之德配天也改務成爲唐堯言聖皇德陟帝位化光四表也玄雲依舊名言聖皇用人各盡其才也改黃爵行爲伯益言赤烏銜書有周以興今聖皇受命神雀來也釣竿依舊名言聖皇德配堯舜又有呂望之佐濟大功致太平也

五年尚書奏使太僕傅玄中書監荀勗黃門侍郎張華各造正旦行禮及王公上壽酒食舉樂歌詩詔又使中書郎成公綏亦作張華表曰案魏上壽食舉詩及漢氏所施用其文句長短不齊未皆合古以比依

詠絃節本有因循而識樂知音足以制聲度典法用大率非凡近之所能改二代三京隨而不變雖詩章辭異興廢隨時至其韻逗遷曲折皆繫於舊有由然也是以一皆因就不敢有所改易荀氏則曰魏氏歌詩或二言或三言或四言或五言與古詩不類以問司律中郎將陳頎曰被之金石未必皆當故勗造晉歌皆爲四言唯王公上壽酒一篇爲三言五言此則華勗所明異旨也一云元會大饗四樂辭太僕傅玄撰正旦大會行禮歌詩四章壽酒詩一章食舉東西樂十三章黃門侍郎張華作上壽食舉行禮詩十六章中書監荀勗侍郎成公綏作言數各異又傅玄作祀先農先蠶夕牲夏歌詩一篇入句迎送神一篇享社稷先農先聖先蠶歌詩三篇前

一篇十二句中一篇十六句後一篇十二句辭皆敘田農事胡道安先農饗神詩一篇竝入句樂府相傳舊歌三章

九年光祿大夫荀勗以杜夔所制律呂較太樂總章鼓吹八音與律呂乖錯乃制古尺作新律呂以調聲韻律成遂班下太常使太樂總章鼓吹淸商施用勗遂典知樂事啟朝士解音律者共掌之使郭瓊宋識等造正德大豫二舞而勗及傅玄張華又各造北舞歌詩勗所作新律笛十二枚散騎侍郎阮咸譏聲高近哀思不合中和勗以其異已出咸爲始平相晉又改魏昭武舞曰宣武舞羽籥舞曰宣文舞是時又有鞞舞歌詩五篇一曰洪業篇當鼙曲明明魏皇帝古曲關中有賢女二曰天命篇當魏曲太和有聖帝古曲章和二年中三曰景皇篇當魏曲魏歷長古曲樂久長四曰大晉篇當魏曲天生烝民古曲四方皇五曰明君篇當鼙曲爲君不易古曲殿前生桂樹又有鐸舞歌一篇幡舞歌一篇鼓舞伎六曲竝陳於元會

咸寧元年詔定祖宗之號而廟樂乃停宣武宣文二舞而同用荀勗所使郭瓊宋識等所造正德大豫二舞

太康中天下爲晉世寧舞務手以接杯拌反覆之漢世惟有拌舞而晉加之以杯反覆之

惠帝元康三年詔黃門侍郎荀藩修定金石以施郊廟藩勗之子勗既以新律造二舞又更修正鍾磬事

未竟而勗薨乃詔藩修定會值喪亂遺聲舊制莫有記者

元帝建武元年初立宗廟尚書下太常祭祀所用樂名太常賀循答云魏氏增損漢樂以爲一代之禮未審大晉樂名所以爲異遭離喪亂舊典不存然此諸樂皆和之以鍾律文之以五聲詠之於歌辭陳之於舞列宮縣在下琴瑟在堂八音迭奏雅樂竝作登歌下管各有常詠周人之舊也自漢氏以來依放此禮自造新詩而已舊樂荒廢今既散亡音韻曲折又無識者則於今難以意言于時以無雅樂器及伶人省

太樂幷鼓吹

明帝大寧末以元帝時頗得登歌食舉之樂猶有未備又訪阮孚等增益之

成帝咸和中乃復置太樂官鳩集遺逸而未有金石也

咸康七年尚書蔡謨奏八年正會儀人唯作鼓吹鍾鼓其餘伎樂盡不作侍中張澄給事黃門侍郎陳逵駮以爲王者觀時設教至於吉凶殊斷不易之道也今四方觀禮陵有償弔之位庭奏宮懸之樂二禮兼用哀樂不分體國經制莫大於此詔曰今既以天下

體大禮從權宜三正之饗宜盡用吉禮也至娛耳目之樂所不忍聞故闕之耳事之大者不過上壽酒稱萬歲已許其大不足復闕鍾鼓鼓吹也澄逵又啟今大禮雖降事吉於朝然償弔顯於園陵則未滅有哀禮服定於典文義無是吉是以咸寧之會有徹樂之典實先朝稽古憲章垂式萬世者也詔曰若元日大饗萬國朝宗庭廢鍾鼓之奏遂闕起居之節朝無磬制之音賓無蹈履之度其於事義不亦闕乎亦惟有量輕重以制事中散騎侍郎顧臻表曰臣聞聖王作樂讚揚聖道養以仁義防其淫佚上享宗廟下訓黎元體五行之正音協八風以陶物宣聲正方而好義角聲堅齊而率禮絃歌鍾鼓金石之作備矣故通神至化有率舞之感移風易俗致和樂之極元屬世之伎設禮外之觀逆行連倒頭足入筥之屬皮膚外剥肝心內推敎彼行葦猶謂勿踐矧伊生靈而不惻愴加四海朝覲言觀帝庭耳聆雅頌之聲目覩威儀之序足以蹋天頭以履地反天地之至順傷彝倫之大方今夷狄對岸外禦爲急兵食十斗忘身赴難過泰之戲日廩五升方掃神州經略中甸若此之事不可示遠宜下太常纂備雅樂簫韶九成惟新於盛運功

德頌聲永著于來葉此乃所以燕及皇天克昌厥後者也諸伎而傷人者皆宜除之流簡儉之德邁康哉之詠清風旣行下應如草此之謂也愚管之誠惟垂採察於是除高絙紫鹿跂行鼈食及齊王捲衣笮兒等樂又減其廩其後復高絙紫鹿焉

穆帝永和十一年謝尚鎭壽陽於是採拾樂人以備太樂幷制石磬雅樂始具江表始有金石之樂自尚始也　晉氏之亂也樂人悉沒戎虜及胡亡鄴樂人頗有來者尚因之以具鍾磬

孝武太元中破苻堅獲其樂工楊蜀等閑習舊樂於是四廟金石始備焉乃使曹毗王珣等增造宗廟歌

詩然郊祀遂不設樂

宋高祖永初元年七月有司奏皇朝肇建廟祀應設雅樂太常鄭鮮之等八十八人各撰立新歌黃門侍郎王韶之所撰歌辭七首並合施用詔可（一云韶之造四夏四章行禮一章登歌二章食舉十章前後舞歌各一章）

十二月有司奏依舊正旦設樂參詳屬三有改太樂諸歌舞詩黃門侍郎王韶之立三十二章合用教試日近宜逆誦習輒申攝施行制可又改正德舞曰前舞大豫舞曰後舞

文帝元嘉九年太樂令鍾宗之更調金石（十四年治書史奚

○又改之）

十三年司徒彭成王義康於東府王會依舊給伎摠章工馮大列相承給諸王伎十四種其舞伎三十六人太常傅隆以爲未詳此人數所由唯杜預注左傳八佾舞云諸侯六六三十六人嘗以爲非夫舞者所以節八音者也八音克諧然後成樂必以八人爲列自天子至士降殺以兩兩者減其二列耳預以爲一列又減二人至士止餘四人豈復成樂案服虔注傳云天子八八諸侯六八大夫四八士二八其義甚允今諸侯王不復舞佾其摠章舞伎即古之女樂也殿庭八八諸王則應六八理例坦然又春秋鄭伯納晉悼公女樂二八晉以一八賜魏絳此樂以八人爲列之證也若如議者唯天子八則鄭應納晉三六晉應賜絳一六也自天子至士其文物典章尊卑差級莫不以兩未有諸侯旣降二列又列輒減二人近降大半非唯八音不具於兩義亦乖杜氏之謬可見矣國典事大宜令詳正事不施行

十八年九月有司奏二郊宜奏登歌又議宗廟舞事錄尚書江夏王義恭等十二人立議未及列奏值軍興事寢

二十二年南郊始設登歌詔御史中丞顏延之造郊天夕牲迎送神饗神歌詩三篇饗地神辭一篇餘與南郊同

孝武孝建二年九月甲午有司奏前殿中曹郎荀萬秋案禮祭天地有樂者爲降神也故易曰雷出地奮豫先王以作樂崇德殷薦之上帝以配祖考周官曰作樂於員丘之上天神皆降作樂於方澤之中地祇皆出又曰乃奏黃鍾歌大呂舞雲門以祀天神乃奏大簇歌應鍾舞咸池以祀地祇由斯而言以樂祭天地其來尚矣今郊享闕樂竊以爲疑祭統曰夫祭有

三重焉獻之屬莫重於祼聲莫重於升歌舞莫重於舞宿夜此周道也至於秦舞五行魏舞咸熙皆以用享爰逮晉氏泰始之𥘉傳玄作晉郊廟歌詩三十三篇元康中荀藩受詔成父勗業金石四縣用之郊廟是則承郊廟有樂之證也今廟祠登歌雖奏而象舞未陳懼闕備禮夫聖王經世異代同風雖損益或殊隆殺迭運未嘗不執古御今同規合矩方茲休明在辰文物大備禮儀遺逸罔不具舉而況出祇降神輟於郊祭昭德舞功有闕於廟享謂宜設備樂於是使內外博議驃騎大將軍竟陵王誕等五十一人並同

萬秋議尚書左僕射建平王宏議以為聖王之德雖同創制之禮或異樂不相沿禮無因襲自寶命開基皇符在運業富前王風動振古朝儀國章並循先代自晉東遷日不暇給雖大典畧備遺闕尚多至於樂號廟禮未該往正今帝德再昌大孝御寓宜討定禮本以昭來葉尋舜樂稱韶漢改文始周樂大武秦革五行眷夫祖有功而宗有德故漢高祖廟樂稱武德太宗廟樂曰昭德魏制武始舞武廟制咸熙舞文廟則祖宗之廟別有樂名晉氏之樂正德大豫國𥘉不更名宜為前後二舞依據晉代義舛事乖今宜釐改權稱凱容為韶舞宣烈為武舞祖宗廟樂揔以德為名君廟非不毀則樂舞別稱為漢高文武咸有嘉號惠景二主樂無餘名章皇太后廟依諸儒議唯奏文樂何休杜預范甯注𥘉獻六羽並云不言佾者干在其中明婦人無舞事也郊祀之樂無復別名仍同宗廟而已尋諸漢志永至等樂各有義況宜仍舊不改爰及東晉太祝唯送神而不迎神近議者云廟以居神當如在也不宜有迎送之事意以為並乖其衷立廟居靈四時致享以申孝思之情矣夫天神升降無常何必常安所處故祭義云樂以迎來哀以送往鄭

注云迎來而樂樂親之來送往而哀哀其享否不可知也尚書曰祖天又云神保適歸注曰歸於天地也此並言神有去來則有送迎明矣即周肆夏之名備迎送之樂古以尸象神故儀禮祝有迎尸送尸近代雖無尸豈可闕迎送之禮又傳曰有迎神送神歌辭明江左不迎非舊典也散騎常侍丹陽尹建城縣開國侯顏竣議以為德業殊稱則干羽異容時無沿制故物有損益至於禮失道愆稱習忘反中興釐運視聽所革先代謬章宜見刊正郊之有樂蓋生周易周官歷代著議莫不援準夫掃地而祭器用陶匏唯質

與誠以章天德文物之備理固不然周官曰國有故則旅上帝及四望又曰四圭有邸以祀天旅上帝兩圭有邸以祀地旅四望四望非地則知上帝非天孝經云郊祀后稷以配天宗祀文王於明堂以配上帝則豫之作樂非郊天地大司樂職奏黃鍾歌大吕舞雲門以祀天神鄭注天神五帝及日月星辰也王者以夏正月祀其所受命之帝於南郊則二至之祀又非天地考之衆經郊祀有樂未見考證宗廟之禮事炳載籍爰自漢元迄乎有晉雖時或更制大抵相因爲不襲名號而已今樂曲淪滅知音世希改作之事

臣聞其語正德大豫禮容具存宜殊其徽號飾而用之以正德爲宣化之舞大豫爲興和之舞庶足以光表世烈悅彼後昆前漢祖宗廟處各異主名既革舞號亦殊今七廟合食庭殿共所舞蹈之容不得廟有別制後漢東平王蒼已議之矣又王肅韓祇以王者德廣無外六代四夷之舞金石絲竹之樂宜備奏宗廟愚謂蒼肅祇議合於典禮適於當今左僕射建平王宏又議竣據周禮孝經天與上帝連文重出故謂上帝非天則易之作樂爲非祭天也案易稱先王以樂崇德殷薦之上帝以配祖考尚書云肆類於上帝

春秋傳曰告昊天上帝凡上帝之言無非天也天尊不可以一稱故或謂之天或謂昊天或謂上帝或謂昊天上帝不得以天有數稱便謂上帝非天徐邈推周禮國有故則旅上帝是以知禮天旅上帝同是祭天言禮天者謂常祀也旅上帝者有故而祭也孝經稱嚴父莫大於配天故云郊祀后稷以配天宗祀文王於明堂以配上帝旣天爲義則上帝猶天益明也不欲使二天之同故變上帝耳周禮祀天之言再見故鄭注以前天神爲五帝後冬至所祭爲昊天竣又云二至之祀又非天地未知天地竟應以何時致享

記云掃地而祭器用陶匏皆明所用質素無容以樂降神萬秋謂郊宜有樂事有典據竣又云東平王蒼以爲前諸祖別廟是以祖宗之廟可得各有舞樂至於祫祭始祖之廟則專用始祖之舞故後漢諸祖共廟同庭雖祖宗不宜入別舞此誠一家之意而未統適時之變也後漢從儉故諸祖共廟猶以異室存別室之禮晉室以來登歌誦美諸室繼作至於祖宗樂舞何猶不可迭奏苟所詠者殊雖復共庭亦非嫌也魏三祖各有舞樂豈復是異廟邪衆議並同宏祀南郊迎神奏肆夏皇帝初登壇奏登歌初獻奏凱容宣

烈之舞送神奏肆夏祠廟迎神奏肆夏皇帝入廟門
奏永至帝詣東壁奏登歌初獻奏凱容宣烈之舞終
獻奏永安送神奏肆夏詔可漢郊祀歌皆四言至是孝武使謝莊造辭莊依
五行數才數用三火數用四土數用五金數用九水
數用六按洪範五行一日水二日火三日木四日金
五日土月令木數八火數七土數五金數九水數六
蔡邕云東方有木三土五故數八南方有火二土五
故數七西方有金四土五故數九北方有水一土五
故數六又有納音數一言得土三言得火五言得水
七言得金九言得木若依洪範木數用三則應水一
火二金四也若依月令金九水六則應木八火七也
當以洪範一二之數言不成文故有取捨而
使兩義並違未詳以數立言爲何依據也
十月辛未有司又奏郊廟舞樂皇帝親奉初登壇及
入廟詣東壁並奏登歌不及三公行事左僕射建平

王宏重參議公卿行事亦宜奏登歌有司又奏元象
及二廟齊祠登歌伎舊並於殿庭設作尋廟祠依新
儀注登歌人上殿管絃後下今元會登歌人亦上殿
管絃徙下並詔可
大明中以鞞拂雜舞合鍾石施於殿庭初文帝太后
廟未有樂章至是使尚書左丞殷琰造新歌
明帝時自改鞞舞曲歌辭并詔近臣虞龢並作
順帝昇明二年尚書令王僧虔上表曰臣聞風雅之
作由來尚矣大者繫乎興喪其次著於率舞存於心
而木石感鏗鏘奏而國俗移故鄭相出郊辯聲知戚
延陵入聘觀樂知風是則音不妄啟曲豈徒奏歌唱
既設休戚已徵清濁是均山琴自應斯乃天地之靈
和升降之明節今帝道四達禮樂交通誠非寡陋所
敢裁酌伏以三古缺聞六代潛響舞詠與日月偕湮
精靈與雲煙俱滅追餘操而長懷撫遺器而太息此
則然矣夫鍾縣之器以雅爲用凱樂之制以八佾爲
體故羽籥擊拊以相諧應季氏獲誚將在於此今總
章舊佾二八之流袨服既殊曲律亦異推今較古皎
然可知又歌鍾一肆亦克諧女樂以歌爲稱非雅器
也大明中即以宮縣合和拂舞節數雖會慮乖雅體

將來知音或譏聖世若謂鍾舞已諧不欲廢罷別立
歌鍾以調羽佾止於別宴不關朝享四縣所奏謹依
雅則斯則舊樂前典不墜於地臣昔已制歌磬猶在
樂官具以副鍾配成一部即義沿理如或可安又今
之清商實猶銅雀魏氏三祖風流可懷京雒相高江
左彌重諒以金縣干戚事絕於斯而情變聽改稍復
零落十數年間亡者將半自頃家競新哇人尚謠俗
務在噍危不顧律紀流宕無涯未知所極排斥典正
崇長煩淫卿士有等差無故不可以用之禮樂有攸
序長幼不可以共聞故諠醜之製日盛於閭里風味

之韻獨盡於衣冠夫川震社亡同蕃異戒哀思靡濩異世齊驩休咎徵殊而欣畏竝用竊所未譬也方今塵靜畿中波恬海外雅頌得所實在茲辰臣以爲宜命典司務勤課習緝理舊聲迭相開曉凡所遺漏悉使補拾曲全者祿厚藝敏者位優利以動之則思以自勸風以靡之可不順自革反本還源庶可跂踵詔曰僧虔表如此夫鍾鼓既陳雅頌斯辨所以風感人祇化動翔泳頃金籥弛韻羽佾未凝正俗移風良在茲日昔阮咸清識王庭昭奇樂緒增修異世同功矣便可付外遵詳

裴松之爲太子洗馬于時議立五廟樂松之以臧氏廟樂亦宜與四廟同

南齊太祖初爲齊王令司空褚淵造太廟登歌二章

建元元年詔黄門侍郎謝超宗造廟樂歌詩十六章

武帝永明二年尚書殿中曹奏太祖高皇帝廟神室高德宣烈之舞未有歌詩郊應須歌詩郊應須歌辭穆皇后廟神室亦未有歌辭案傅玄云登歌廟異其文饗神七室同辭此議爲允又尋漢世歌篇多少無定皆稱事立文竝多八句然後轉韻時有兩三韻而轉其例甚寡張華夏侯湛亦同前式傅玄改韻頻數更傷簡節之美近世王韶之顏延之竝四韻乃轉得賒促之中顏延之謝莊作三廟歌皆各三章章八句此於序述功業詳畧爲宜今宜依之郊廟之日改降尊作王禮殊宗廟穆后母儀之化事異經綸此二歌爲一章八句別奏享奉御行詔可尚書令王儉造太廟二室及郊配辭

四年籍田詔驍騎將軍江淹造籍田淹製二章上勑付太樂歌之

明帝建武二年雩祭明堂謝朓造辭一依謝莊

梁高祖初在雍鎮有童謠云襄陽白銅蹄反縛揚州

兒識者言銅謂金蹄謂馬白金色也及義師之興兵以鐵騎揚州之士皆面縛果如謠言故即位之後更造新聲帝自爲之詞三曲又令沈約爲三曲以被管絃篤敬佛法又制善哉天樂大歌歡天道仙道神王龍王滅過惡除愛水斷苦輪等十篇名爲正樂皆述佛法又有法童子伎童子倚歌梵唄設無遮大會則爲之天監元年下詔訪百寮曰夫聲音之道與政通矣所以移風易俗明貴辨賤而韶濩之稱空傳咸英之實靡託魏晉以來陵替滋甚遂使雅鄭混淆鐘石斯謬天人缺九變之節朝讌失四懸之儀朕昧旦坐

朝思求厥旨而舊事靡存未獲釐正寤寐有懷所爲歎息卿等學術通明可陳其所見於是散騎常侍尚書僕射沈約奏答曰竊以秦代滅學樂經殘亡至於漢武帝時河間獻王與毛生等共採周官及諸子言樂事者以作樂記其內史丞王定傳授常山王禹劉向校書得樂記二十三篇與禹不同向別錄有樂歌詩四篇趙氏雅瑟七篇師氏雅琴八篇龍氏雅琴百六篇唯此而已晉中經簿無復樂書別錄所載已復亡逸案漢初典章滅絕諸儒捃拾溝渠墻壁之間得片簡遺文與禮事相關者即編次以爲禮記非皆聖

人之言月令取呂氏春秋中庸表記緇衣皆取子思子樂記取公孫尼子檀弓殘雜非方幅典誥之書也禮記是行已經邦之切故前儒不得不補綴以備事用樂書事大而用緩自非逢欽明之主制作之君不見詳議漢氏以來主非欽明樂既非人臣急事故言之者寡陛下以至聖之德應樂推之符實宜作樂崇德殷薦上帝而樂書云亡尋案無所宜選諸生分令尋討經史百家凡樂事無大小皆別纂錄乃委一舊學撰爲樂書以起千載絕文以定大梁之樂使五英懷慙六莖興愧是時對樂者七十八家咸多引疏略浩蕩其詞皆言樂之宜改不言改樂之法帝既素善鍾律詳悉舊事遂自制定禮樂又立爲四器名之爲通通受聲廣九寸宣長九尺臨樂高一寸二分每通皆施三絃一曰玄英通應鍾絃用一百四十二絲長四尺七寸四分差強黃鍾絃用一百七十絲長九尺大呂絃用二百五十二絲長八尺四寸三分差弱二曰青陽通太簇絃用二百四十絲長八尺夾鍾絃用二百二十四絲長七尺五寸弱姑洗絃用一百四十二絲長七尺三寸一分強三曰朱明通仲呂絃用一百九十絲長六尺六寸六分弱蕤賓絃用一百八

十九絲長六尺三寸二分強林鍾絃用一百八十絲長六尺四寸四曰白藏通夷則絃用一百六十八絲長五尺六寸二分弱南呂絃用一百六十六絲長五尺三寸大強無射絃用一百一十九絲長四尺九寸九分強因以通聲轉推月氣悉無差違而還相得中又制爲十二笛黃鍾笛長二尺八寸大呂笛長三尺六寸大簇笛長三尺四寸夾鍾笛長三尺二寸姑洗笛長三尺一寸仲呂笛長二尺九寸蕤賓笛長二尺八寸林鍾笛長二尺七寸夷則笛長二尺六寸南呂笛長二尺五寸無射笛長二尺四寸應鍾笛長二尺

三寸用笛以寫通聲合古鍾玉律幷周代古鍾玉律竝皆不差於是被以八音施以七聲莫不和韻先是鼓吹宋齊竝用漢曲又充庭用十六曲高祖乃去四曲留其十二合四時也更制新歌以述功德其第一漢曲朱鷺改爲水紀言齊謝梁升也第二漢曲思悲翁改爲賢首山言武帝破魏兵於司部肇王迹也第三漢曲艾如張改爲桐柏山言武帝牧司王業彌彰也第四漢曲上之回改爲道亡言東昏喪道義師起樊鄧也第五漢曲雍熙離改爲忱威言破加湖元勳也第六漢曲戰城南改爲東流言義師克魯山城也

第七漢曲巫山高改爲鶴樓峻言平郢城兵威無敵也第八漢曲上陵改爲昏主恣淫慝言東昏政亂武帝起義平九江姑熟大破朱雀伐罪弔人也第九漢曲將進酒改爲石首篇言義師平京城仍廢昏主定大事也第十漢曲有所思改爲期運集言武帝膺籙受盛化遠也十一漢曲芳樹改爲於穆言大梁闡運君臣樂休祚方遠也十二漢曲上邪改爲惟大梁言梁德廣運仁化洽也

四年掌賓禮賀瑒請議皇太子元會出入所奏帝別制養德之樂瑒謂宜名元雅迎送二傅亦同用之取禮一有元良萬國以貞之議明山賓嚴植之及徐勉等以爲周有九夏梁有十二雅此竝則大數爲一代之曲今加一雅便成十三瑒又疑東宮所奏武帝下其議瑒以爲天子爲樂以賞諸侯之有德者觀其舞知其德況皇儲養德春宮式瞻攸屬謂宜備大壯大觀二舞以言文武之德帝從之於是改皇太子樂爲元貞奏二舞是時禮樂制度粲然有序普通中薦蔬之後改諸雅歌勅蕭子雲製辭旣無牲牢遂省滌雅牲雅云南郊舞奏黃鍾取陽始也北郊舞奏林鍾取陰始也明堂宗廟所尚者敬蕤賓是爲敬之名復有

陰生之義故同奏焉其南北郊明堂宗廟之禮加以登歌又勅蕭子雲改諸歌辭爲相和五引斛依五音宮商角徵羽爲第次非隨月次也舊三朝設樂有登歌以其頌祖宗之功烈非君臣之所獻也於是去之三朝第一奏相和五引第二衆官入奏俊雅第三皇帝入閤奏皇雅第四皇太子發西中華門奏胤雅第五皇帝進王公奏發足第六王公降殿同奏寅雅第七皇帝入儲奏變服第八皇帝變服出儲同奏皇雅第九公卿上壽酒奏介雅第十太子入預會奏胤雅十一皇帝食舉奏需雅十二撤食奏雍雅十三設大

壯武舞十四設大觀文舞十五設雅歌五曲十六設
緋伎十七設鞞舞十八設鐸舞十九設拂舞二十設
巾舞并白紵二十一設舞盤伎二十二設舞輪伎二
十三設刺長追花幢伎二十四設受猾伎二十五設
車輪𢱊䐑伎二十六設長蹻伎二十七設須彌山三
峽伎二十八設跳鈴伎二十九設跳劒伎三十設擲
倒伎三十一設擲倒案伎三十二設青絲幢伎三十
三設一撤花幢伎三十四設雷幢伎三十五設金輪
幢伎三十六設白獸幢伎三十七設擲蹻伎三十八
設獮猴幢伎三十九設啄木幢伎四十設五案幢呪

願伎四十一設辟邪伎四十二設青紫鹿伎四十三
設白武伎作訖將白鹿來迎下四十四設寺子遵安
息孔雀鳳凰文鹿胡舞登連上雲樂歌舞伎四十五
設緣高絙伎四十六設變黃龍弄龜伎四十七皇太
子起奏胤雅四十八衆官出奏俊雅四十九皇帝興
奏皇雅

陳高祖永定中詔求宋齊故事太常卿周弘讓奏曰
齊氏承宋咸用元徽舊式宗祀朝饗樂俱同唯北郊
之禮頗有增益皇帝入壝門奏永至飲福酒奏嘉胙
太尉亞獻奏凱容埋牲奏隸幽帝還便殿奏休成衆
官並出奏肅成此乃元徽所闕永明六年之所加也
唯送神之樂宋孝建二年秋起居注云奏肆夏永明
中改奏昭夏帝遂依之是府並用梁樂惟改七室舞
文帝天嘉元年始定圓丘明堂及宗廟樂都官尚書
劉仲舉權奏衆入出皆奏肅成牲入出奏引犧上毛
血奏嘉薦迎送神奏昭夏皇帝入壝奏永至皇帝升
陛奏登歌皇帝初獻及太尉亞獻光祿大夫終獻並
奏宣烈皇帝飲福酒嘉胙就燎位奏昭遠還便殿奏
休成至太建元年定三廟之樂採梁故事第一奏相
和五引各隨五則先奏其鍾唯衆官入奏俊雅林鍾

作太簇參應之取其臣道也鼓吹作皇帝出閤奏皇
雅黃鍾作太簇夾鍾姑洗小呂皆應鼓吹作皇太子
入至十字陛奏胤雅太簇作南呂參應之取其二月
少陽也皇帝延王公登奏寅雅夷則作夾鍾應之取
其月法也皇帝入宁變服奏皇雅黃鍾作林鍾參應
之鼓吹作皇帝出宁及升坐皆奏皇雅並如變服之
作上壽酒奏介雅太簇作南呂參應之取其陽氣盛
長萬物輻輳也食舉奏需雅蕤賓作大呂參應之取
火主於禮所謂食我以禮也撤饌奏雍雅無射作中
呂參應之取其津潤已竭也武舞奏大壯夷則作鍾

參應之取七月金始王以其堅斷也鼓吹引而去來
文舞奏大觀姑洗作應鍾參應之三月萬物必榮取
其布者也鼓吹引而去來衆官出奏俊雅甤賓作林
鍾夷則南呂無射應鍾太簇參應之鼓吹作皇帝起
奏皇雅黃鍾作林鍾夷則南呂無射參應之鼓吹作
詞用宋曲宴準梁樂蓋取人神不雜也制曰可
五年詔尚書左丞劉平儀曹郎張崖定南北郊及明
堂儀注改天嘉中所用齊樂盡以韶爲名工就位定
協律校尉舉麾大樂令跪贊云奏懋韶之樂降神奏
通韶牲入出奏潔韶帝入壇及還便殿奏穆韶帝勑

再拜舞七德工執干楯曲終復綴出就懸東繼舞九
序工執羽籥獻爵於天神及太祖之座奏登歌飲福
酒奏嘉韶就望燎奏報韶
六年十一月侍中尚書左僕射建昌矦徐陵儀曹郎
中沈罕奏來年元會儀注稱舍人蔡景歷奏勑先會
一日太樂展宮懸高絚五案於殿庭客入奏相和五
引帝出黃門侍郎舉麾於殿上掌故應之舉於階下
奏康韶之樂詔延王公登奏變韶奉珪璧訖初引下
殿奏亦如之帝興入便殿奏穆韶更衣又出奏亦如
之帝舉酒奏綏韶進膳奏侑韶帝御茶果太常丞跪
請進舞七德繼之九序其鼓吹雜伎取晉宋之舊微
更附益舊元會有黃龍變文康伎子之類太建初定
制皆除之至是蔡景歷奏悉復設焉其制鼓吹一部
十六人則簫十三人笳二人鼓一人東宮一部降三
人簫減二人諸王一部又降一人減簫一庶姓一部
又降一人復減簫一

終

冊府元龜

巡按福建監察御史臣李嗣京訂正
知長樂縣事臣夏允彝參閱
知建陽縣事臣黄國琦較釋

掌禮部五

作樂第三

後魏道武天興元年十一月詔尚書吏部郎中鄧淵定律呂協音樂及追尊皇曾祖皇祖皇考諸帝樂用八佾舞皇始之舞皇始舞道武所作也以明開大始祖之業後更制宗廟門奏迎神曲猶古降神之樂乾

豆上奏登歌猶古清廟之樂曲終下奏神祚嘉神明之饗也皇帝行禮七廟奏陛步以爲行止之節皇帝出門奏總章次奏八佾次奏迎神曲又舊禮孟秋祀天西郊兆壇西備列金石樂具皇帝入兆內行禮咸奏舞八佾之舞孟夏有事於東廟用樂畧與西郊同帝初冬至祀天於東南郊圓丘樂用皇矣奏雲和之舞事訖奏維皇將燎夏至祭地於北郊方澤樂用天祚奏大武之舞正月上日饗羣臣宣布政教備列宮懸正樂兼奏燕趙秦吳之音五方殊俗之曲四時饗會亦用焉凡樂者樂其所自生禮不忘本掖庭中歌員人代歌上敘祖宗開基所由下及君臣廢興之跡凡一百五十章昏晨歌之時與絲竹合奏郊廟宴饗亦用之六年冬詔太樂總章鼓吹增修雜戲造五兵角抵麒麟鳳凰仙人長蛇白象白虎及諸畏獸魚龍辟邪鹿馬仙車高絙百尺長趫緣橦跳丸五案以備百戲大饗設之於殿庭如漢晉之舊

明元時撰合大典更爲鐘鼓之節

大武時破赫連昌獲古雅樂及平涼州得其伶人器服並擇而存之後通西域又以悅般鼓舞設於樂署

孝文太和初垂心雅古務正音聲時司樂上書樂章

有闕求集中秘羣官議定其事并訪吏民有能體解古樂者與之修廣器數甄立名品以諧八音詔可雖經衆議於時卒無洞曉聲律者樂部不能立其事彌缺然方樂之制四夷歌舞稍增列于太樂金石羽旄之飾爲壯麗於往時矣

五年文明太后及帝並爲歌章誡勸上下皆宣之管絃

七年秋中書監高允奏樂府歌詞陳國家王業符瑞及祖宗德美又隨時歌謠不準古舊辨雅鄭也

十一年春文明太后令曰先王作樂所以和風改俗

非雅曲正聲不宜庭奏可集新舊樂章參採音律除去新聲不典之曲俾增縣鐘磬鏘之韻

十五年冬詔曰樂者動天地感神祇調陰陽通人鬼故能關山川之風以播德無外繇此言之治用大矣逮乎末俗陵遲正聲頓廢多好鄭衛之音以悅耳目故使樂音散缺伶官失守今方鳌革舊章稽古復禮庶令樂正雅頌各得其宜今置樂官寔須任職不得仍令濫吹也遂簡置焉

十六年春詔曰禮樂之道自古所先故聖王作樂以和中制禮以防淫音聲之用其致遠矣所以通感人

神移風易俗至乃簫韶九奏鳳凰來儀擊石拊石百獸率舞有周之季斯道亡缺故夫子忘味於聞韶正樂於反魯逮漢魏之間樂章復闕然博採音韻粗有篇條自魏室之興太祖之世尊崇古式舊典無墜但干戈仍用文教未淳故令司樂失洪定之雅音習不典之繁曲比太樂奏其職司求與中書參議覽其所請愧感兼懷然心喪存躬未忍聞此但禮樂事大乃為化之本自非通博之才莫能措意中書監高閭器識詳富志量明允每間陳奏樂典頗體音律可令與大樂詳採古今以備茲典其內有堪此用者任其參議也

宣武正始元年秋詔曰太樂令公孫崇更調金石燮理音律准其書二卷并表悉付尚書（太和中中書監高閭引給事中公孫崇昔考音律景明中崇乃言樂事至是成焉）夫禮樂之事有國所重可依其請八座已下四門博士已上此月下旬集大樂署考論同異必博採古今以成一代之典也十月尚書李崇奏前被二日勅以兼太樂令公孫崇更調金石并其書表付外考試登依旨勅以去八月初詣署集議但六樂該深五音妙遠至如仲尼淵識故將忘味吳札善聽方可論辨自斯已降莫有詳之今既草

刱悉不窮解雖微有詰論畧無究悉方欲商權淫濫作範將來寧令聊爾一試便垂竹帛今請依前所詔之官并博文通學之士更申一集考其中否研窮音律辨括權衡若可施用別以聞請制可時亦未能考定也

四年春公孫崇復表言伏惟皇魏龍躍鳳舉配天光宅世祖太武皇帝革靜荒嵎廓清宇內先醜尚繁戎軒仍動制禮作樂致有闕如高祖孝文皇帝德鍾後仁之期道協先天之日顧雲門以興言感簫韶而忘味以故中書監高閭博識明敏天思優洽給躬成均

寔允所寄乃命閭廣程儒林究論古樂依據六經參諸國志錯綜陰陽以制聲律鐘石管絃略以克具八音聲韻事別粗舉値遷邑崧湮未獲周密五權五量覺不能就自爾迄今率多褫落金石虛懸宮商未會伏惟陛下至聖承天纂戎鴻烈以金石未協詔臣緝理謹即廣搜秬黍中形又採梁山之竹更裁律呂制聲造鐘依律竝就但權量差謬其來久矣頃蒙付并州民王顯達所獻古銅權稽之古範考以今制鐘律準度與權參合昔造猶新始刱若舊異世同符竝合規矩樂府先正聲有正夏四夏登歌鹿鳴之屬六十

餘韻又有始皇五行酌舞太祖礿興制始皇之舞復有吳夷東夷西戎之舞樂府之內有此七舞太和礿用之郊廟中京造次但用文始五行皇始三舞而已切惟周之文武頌聲不同漢之祖宗廟樂又別伏惟皇魏四祖三宗道邁隆周功超鴻漢頌聲廟樂宜有表章或文或武以旌功德自非懿望茂親雅量淵遠博識洽聞者其孰能識得失衛軍將軍尚書右僕射臣高肇器度淹雅神賞入微徽讃大猷聲光海內宜委之監就以成皇代典謨之美昔晉中書監荀勗前代名賢受命成均委以樂務崇述舊章儀形古典事光前載豈遠乎哉又先帝明詔內外儒林亦任高閭申請今之所須求依前比世宗知肇非才詔曰王者功成治定制禮樂以宣風化所以通明神理萬品贊陰陽光功德治之大本所宜詳之可令太常卿劉芳亦與主之

永平二年秋尚書令高肇尚書僕射清河王懌等奏言案太樂令孫崇所造八音之器并五度五量太常卿劉芳及朝之儒學執諸經傳考辨合否尺寸度數悉與周禮不同問其所以稱必依經文聲則不協以情增減殊無准據竊惟樂者皇朝治定之盛事光贊

祖宗之茂功垂之後王不刊之制宜憲章先聖詳依經史且二漢魏晉歷諸儒哲未聞器度依經而聲調差謬臣等參議使臣芳準依周禮更造樂器事訖之後集議竝呈從其善者詔可芳上書言調樂諧音本非所曉且國之大事亦不可決於數人今請更集朝彥衆辨是非明取典據資決元凱然後營制肇及尚書邢巒等奏許詔可於是芳主修營時揚州民張陽子義陽民倪鳳鳴陳孝孫戴當千吳殿陳文顯陳成子等七人頗解雅樂正聲八佾文武二舞鐘磬管絃登歌聲調芳皆請令教習參取是非

二年冬太常卿劉芳上言觀古帝王罔不據功象德而制舞名及諸樂章今欲教文武二舞施之郊廟請參制二舞之名竊觀漢魏以來鼓吹之曲亦不相緣今亦須制新曲以揚皇家之德美詔芳與侍中崔光郭祚黃門游肇孫惠蔚等四人參定舞名并鼓吹諸曲芳又上言臣聞樂者感物移風調民變俗先王所以教化黎元湯武所以改章功德晉氏失政中原紛蕩劉石以一時姦雄跋扈魏趙符姚以部帥強豪趙起關輔於是禮壞樂隳廢而莫理大魏應期啓運奄有萬方雖日不暇給當以禮樂爲先古樂虧闕詢求

靡所故項年以來剏造非一考之經史每乖典制遂使鏗鏘之禮未備於郊廟鼓舞之式尚闕於庭陛臣忝官宗伯禮樂是司所以仰慙俯愧不遑寧處者矣自獻春被旨賜令博採經傳更制金石并教文武二舞及登歌鼓吹諸曲今始較就謹依前勑延集公卿幷一時儒彥討論終始莫之能異謹以申聞請與舊者參呈若臣等所營形合古制擊拊會節元日大饗則須陳列旣歲事云暮三朝無遠請共本曹尚書及郎中部率呈試如蒙允許賜垂勑判詔曰舞可用新餘且仍舊鼓吹雜曲遂寢焉

孝明神龜二年夏有司問陳仲儒樂事仲儒者自江南歸國頗行樂事請依京房立准以調八音有司問狀仲儒言前被符問京房准定六十之數後雖有存較之者尠至熹平末張光等猶不能定絃之急緩聲之清濁仲儒受自何師出何典籍而云能曉但仲儒在江左之日頗愛琴又嘗覽司馬彪所撰續漢書見京房准術成數昞然而張光等不能定仲儒不量庸昧竊有意焉遂竭愚思鑽研甚久雖未能測其機妙至於聲韻頗有所得度量衡曆出自黃鍾雖造管察氣經史備有但氣有盈虛黍有巨細差之毫釐失之

千里自非管應時候聲驗吉凶則是非之原諒亦難定此則非仲儒淺識所敢聞之至於准者本以代律取其分數調較樂器則宮商易辨若尺寸小長則六十宮商相與微濁若分數加短則六十徵羽類皆小清與其大本居然微異至於清濁相宣諧會歌管皆得應合雖積黍驗氣取聲之本清濁諧會亦須有方若聞准意則辨五音清濁之韻若善琴術則知五調調音之體參此二途以均樂器則自然應和不相奪倫如不練此必有乖謬案後漢順帝陽嘉二年冬十月行禮辟雍奏應鍾始復黃鍾作樂器隨月律是爲

十二之律必須次第爲宮而商角徵羽以類從之尋調聲之體宮商宜濁徵羽用清若依公孫崇止以十二律聲而云還相爲宮清濁悉足非唯未練五調調器之法至於五聲次第自是不足何者黃鐘爲聲氣之元其管最長故以黃鐘爲宮太簇爲商林鐘爲徵則一徃相順若均之八音猶須錯採衆聲配成其美若以應鐘爲宮大呂爲商蕤賓爲徵則徵濁而宮清雖有其韻不成音曲若以夷則爲宮則十二律中唯得取中呂爲徵其商角羽竝無其韻若以中呂爲宮則十二律內全無所取何者中呂爲十二之窮變律

之首依京房書中呂爲宮乃以去滅爲商執始爲徵然後方韻而崇乃以片呂爲角林鐘爲商黃鐘爲徵何由可諧仲儒以調和樂器文飾五聲非唯不妙若如嚴嵩文子心賞清濁是則爲難若依案見尺作准調緩急清濁可以意推耳但音聲精微史傳簡畧舊誌唯云准形如瑟十三絃隱間九尺以應黃鐘九寸調中一絃令與黃鐘相得案尺以求其聲遂不辨准須柱以成柱有高下絃有精細余十二絃復應若爲致今覽者望風拱手又案房准九尺之內爲一十七萬七千二百四十七分一尺之內爲萬九千六百八

十三分又復十之是爲於准一寸之內亦爲萬九千六百八十三分然則於准一分之內乘爲二千分又爲小分以辨強弱中間至促雖復離朱之明猶不能窮而分之雖然仲儒私曾考驗但前却中柱使人准常尺寸之內則相生之韻已自應合分數既微器宜精妙其准面平直須如停水其中絃一柱高下須與二頭臨岳一等移柱上下之時不使離絃不得舉絃又中絃粗細與琴宮相類中絃須施軫如琴軫調聲令與黃鍾一管相合中絃下依數畫出六十律清濁之節其餘十二絃須施柱如箏又凡絃皆須務張使

臨時不動即於中絃案畫一周之聲度著十二絃上然後依相生之法以次運行取十二律之商徵商徵既定又依琴五調調聲之法以均樂器其瑟調以宮爲主清調以商爲主平調以徵爲主五調各以一聲爲主然後錯採衆聲以文飾之方如錦繡上來消息調准文方竝史之所畧出仲儒思若事有乖此聲則不和仲儒尋准之分數精微如彼定絃緩急艱難若此而張光等親掌其事尚不知藏中有准既未識其器又焉能施絃也且燧人不師資而習火延壽不束脩以變律故云知之者欲教而無從心達者體之而

無師苟有一毫所得皆關心授豈必要經師受然後爲奇哉但仲儒自省膚淺才非一足正可粗識音韻纔言其理致耳時尚書蕭寶寅奏言金石律呂制度調均中古以來尠或通曉仲儒或粗述書文頗有所說而學不師受云出己心又言舊器不任必須更造然後克諧上違成勅用舊之旨輒持己心輕欲制作臣竊思量不合依許詔曰禮樂之事蓋非常人所明可知所奏

正光中侍中安豐王延明受詔監修金石博採古今樂事令其門生河間信都芳考筭之屬天下多難終

無制造芳後乃撰延明所集樂說並諸器物圖准二十餘事而注之不得在樂署考正聲律也

孝莊永安末以樂器殘缺命萬年鄉男元孚監儀注孚上表曰昔太和中中書監高閭太樂令公孫崇修造金石數十年間乃奏功成時大集儒生考其得失太常卿劉芳請別營造久而方就復名公卿並雒令否論者沸騰莫有適從登被旨勑並見使用往歲大軍入雒戎馬交馳所有樂器亡失垂盡臣至太樂署問太樂令張乾龜等云承前以來置宮樂四箱栒簴六架東北架編黃鍾之磬十四雖器名黃鍾而聲實夷則考之音制不甚諧韻姑洗懸於東北太蔟編於西北蕤賓列於西南並皆像器差位調律不和又有儀鍾十四簴懸架首初不叩擊今便刪廢以從正則臣今據周禮鳧氏修光廣之規磬氏倨句之法吹律求聲叩鍾求音損除繁雜討論實錄依十二月爲十二呂各准辰次當位懸設月聲既備隨用擊奏則會還相爲宮之義又得律呂相生之體今量鍾磬之數各以十二架爲定奏可于時搢紳之士咸往觀聽靡不咨嗟歎服而反太傅錄尚書長孫承業妙解聲律特復稱善

前廢帝普泰中詔錄尚書長孫稚太常卿祖瑩營理金石

出帝永熙二年春長孫稚等表曰臣聞安上治民莫善於禮移風易俗莫善於樂易曰先王以作樂崇德殷薦上帝以配祖考書曰戛擊鳴球搏拊琴瑟以詠祖考來格詩言志律和聲敦敘九族平章百姓天神于焉降歆地祇可得而禮故樂以象德舞以象功干戚所以比其形容金石所以發其歌頌薦之宗廟則靈祇饗其和用之朝廷則君臣協其志樂之時義大矣哉雖復沿革異時晦明殊位周因殷禮百世可知

也太祖道武皇帝應圖受命光宅四海義合天經德符地緯九戎薦舉五禮未詳太宗世祖重輝累耀恭宗顯祖誕隆丕基而猶經營四方匪遑制作高祖孝文皇帝承太平之緒纂無爲之運帝圖既遠王度維新太和中命故中書監高閭草刱古樂閭尋去世未就其功閭亡之後故太樂令公孫崇續修遺事十有餘載崇敷奏其功時太常卿劉芳以崇所作體制差舛不合古義請更修營被旨聽許芳又釐綜久而申呈時故東平王元匡共相論駁各樹朋黨爭競紛綸竟無底定及孝昌已後世屬艱危內難孔殷外敵滋

甚永安之季胡賊入京燔燒樂庫所有之鐘悉畢賊手其餘磬石咸爲灰燼普泰元年臣等奉勅營造樂器責問太樂前來郊丘懸設之方宗廟施安之分故太樂令張乾龜答稱芳所造六格北箱黃鐘之均實是夷則之調其餘三箱宮商不和共用一笛施之前殿樂人尚存又有姑洗太蔟二格用之後宮簡其聲韻復是夷則於今尚在而芳一代碩儒斯文攸屬討論之日必應考古深有明證乾龜之辨恐是歷歲稍遠伶官失職芳久殂沒遺文殘毀無可遵訪臣等謹詳周禮分樂而序之凡樂圜鐘爲宮黃鐘爲角太蔟爲徵姑洗爲羽若樂九變人鬼可得而禮至於布置不得相生之次兩均異宮並無商聲而同用一徵書曰於予擊石拊石百獸率舞八音克諧神人以和計五音不具則聲豈成文七律不備理無和韻八音克諧莫曉其旨聖道幽玄微言已絕漢魏以來未能作者案春秋魯昭公二十年晏子言於齊侯曰先王之齊五味和五聲以平其心成其政也聲亦如味一氣二體三類四物五聲六律七音八風九歌以相成服子慎注云黃鐘之均黃鐘爲宮太蔟爲商姑洗爲角林鐘爲徵南宮爲羽應鐘爲變宮蕤賓爲變徵一懸

十九鐘十二懸二百二十八鐘八十四律卽如此義乃可尋究今案周禮小胥之職樂懸之法鄭玄注云鐘磬編懸各二八十六漢成帝時犍爲郡於水濱得古磬十六枚獻呈漢以爲瑞復依禮圖編懸十六去正始中徐州薛城送玉磬十六枚亦是一懸之器檢太樂所用鐘磬各一懸十四不知何據魏侍中繆襲云周禮以六律六同五聲八音六舞大合樂以致鬼神今之樂官徒知古有此制莫有明者又云樂制既亡漢成謂韶武始與太均可以備四代之樂奏黃鐘舞文始以祀天地奏太蔟舞大舞以祀五郊明堂奏

姑洗舞武德巡狩以祭四望山川奏蕤賓舞武始大均以祀宗廟祀圜丘方澤羣廟祫祭之時則可兼舞四代之樂漢亦有雲翹育命之舞罔識其源漢以祭天魏又以雲翹兼祀圜丘天郊育命兼祀方澤地郊今二舞久亡無復知者臣等謹依高祖所制尺周官考工記梟氏爲鐘鉦鼓之分磬氏爲磬倨句之法典禮五聲十二律還相爲宮之義以律呂爲之剸量奏請制度經紀營造依魏晉所用四箱宮懸鐘磬各十六懸塤箎箏筑聲韻區別蓋理三稔于此始就五聲有節八音無爽笙鏞和合不相奪倫元日備設百僚

允矚雖未極萬古之徽蹤實是一時之盛事切惟古先哲王制禮作樂各有所稱黃帝有咸池之樂顓頊作承雲之舞大章大韶堯舜之異名大夏大濩禹湯之殊稱周言大武秦曰壽人及焚書之後舊章淪滅無可准據漢高祖時叔孫通因秦樂人制宗廟樂迎神廟門奏嘉至皇帝入廟門奏永至登歌再終下奏休成之樂通所作也高祖六年有昭容樂禮容禮文有房中祀樂高祖時唐山夫人所作也孝惠二年使樂府令夏侯寬備其簫管更名安世樂高祖廟奏武德文始五行之舞孝文廟奏昭德文始四時五行之舞孝武廟奏盛德文始四時五行之舞武德者高祖四年作也以象天下樂已行武以除亂也文始舞者舜韶舞高祖六年更名曰文始以示不襲也五行舞者本周舞秦始皇二十六年更名曰五行也四時舞者孝文所作以明天下之安和也孝景以武德爲昭德孝宣以昭德舞爲盛德光武朝奏大德並奏文始五行四時之舞及卯金不祀當塗勃興魏武庙樂改云韶武用虞之大韶用之大武揔號大均也曹失其鹿典午乘時晉氏之樂更名正德自昔帝王莫不損益相沿徽號殊別者也而皇魏統天百十三載至於

樂舞迄未立名非所以聿宣皇風章明功德贊揚懋軌垂範無窮者矣案今后宮饗會及五郊之祭皆用兩懸之樂詳覽先誥大爲紕繆古禮天子宮懸諸侯軒懸大夫判懸士特懸皇后禮數德合王者名器所資豈同於大夫哉孝經言嚴父莫大於配天宗祀文王於明堂以配上帝即五精之帝也禮記王制庶羞不踰牲醼衣不踰祭服論語禹卑宮室盡力於溝洫惡衣服致美於黻冕何有殿庭之樂過於天地乎失禮之差遠於千里昔漢孝武帝東巡狩封禪還祀泰一於甘泉祭后土於汾陰皆盡用明其無減普泰元

年前侍中臣爭及臣瑩等奏求造十二懸六懸裁訖續復營造尋蒙旨判令六懸既成臣等思量鍾磬各四鋪鎛相從十六格宮懸已足今請更營二懸通前爲八宮懸兩具矣一具備於太極一具列於顯揚若圜丘方澤上辛四時五郊社稷諸祀雖時日相交用之無闕孔子曰周道四達禮樂交通傳曰魯有禘樂賓祭用之然則天地宗廟同樂之明證也其升斗權量當時未定請即刊校以爲長準周存六代之樂雲門咸池韶夏濩武用於郊廟各有所施但世運遥緬隨時亡缺漢世唯有虞韶周武魏爲武始咸熙錯綜

風聲爲一代之禮晋無改造易名正德今聖朝樂舞未名舞人冠服無準稱之文武舞而已依魏景初三年以來衣服制其祭天地宗廟武舞執干戚著平冕黑介幘玄衣裳白領袖絳領袖中衣絳合幅袴袜黑烏鞮文舞執羽籥冠委貌其服同上其奏於朝廷武舞武弁赤介幘生絳袍單衣絳領袖皂領袖中衣虎文畫合幅袴白布袜黑烏鞮文舞者進賢冠黑介幘生黄袍單衣白合幅袴服同上其魏晋相應承用不改古之神室房各別有所故聲歌各異今之太廟連基接棟樂舞同奏於義得通自中原喪亂晋室播蕩永嘉以後舊章湮沒太武皇帝破平統萬得古雅樂一部正聲歌五十曲工伎相傳間有施用自高祖遷居世宗晏駕内外多事禮物未周今日所有王夏肆夏之屬二十三曲循得擊奏足以闡累聖之休風宣重光之盛美伏惟陛下仁格上皇義光下武道契玄機業隆寶祚思復典章留心軌物反堯舜之風復文武之境土飾宇宙之儀刑納生人於福地道德熙泰樂載新聲天成地平於是乎在樂舞之名乞垂旨判臣等以愚昧忝司問道呈御之日日伏增懼詣其樂名付尚書博議以聞其年夏集羣官議之瑩復議曰

夫樂所以乘虛通化舞所以象物昭功金石播其風聲絲竹申其歌詠郊天祀地之道雖百世而可知奉神育民之理經千載而不昧是以皇帝作咸池之樂顓頊有承雲之舞堯爲大章舜則大韶禹爲大夏湯爲大濩周曰大武秦曰壽人漢爲大予魏名大均晋曰正德雖三統遞變五運代降莫不述作相因徽號殊別者也皇魏道格三才化清四宇奕世載德累葉重光或以文教興邦或以武功平亂功成治定於是乎在及主上龍飛載造景命維新書軒自同典刑罔二覆載均於兩儀仁澤被於四海五聲有序八音克

諸樂舞之名空以詳定案周兼六代之樂聲律所施有次第滅學以後經禮散亡漢來所存二舞而已請以韶武爲崇德武舞爲章烈揔名曰嘉成漢樂章云高張四懸神來醼饗宗廟所設官懸明矣計五郊天神尊於人鬼六宮陰極體同至尊理無減降空皆用宮懸其舞人冠服制裁咸同舊式庶得光贊鴻功敷揚大業錄尚書事長孫稚已下六十人同議申奏詔曰王者功成作樂治定制禮以成爲號良有間然又六代之舞皆以大爲名今可准古爲大成也凡音樂以舞爲主故干戈羽籥禮文無別但依舊爲文舞武

舞而已餘如議詔侍中崔光臨淮王彧竝爲郊廟歌詞而迄不施用樂人傳習曲加以訛失了無章句後太樂令崔九龍言於太常卿祖瑩曰聲有七聲調有七調今之七律起於黃鐘終於仲呂今雜曲隨調舉之將五百曲恐諸曲名後致亡失今輒條記存之於樂府瑩依而正之九龍所錄雅鄭或至於淫俗四夷但記其聲折而已不能知其本意又名多謬舛莫識所繇隨其淫正而取之樂署今見傳習其中復有所遺至於古雅尤多亡矣詔高祖討淮漢世宗定壽春收其聲伎江左所傳中原舊典明君聖主公莫白鳩之屬及江南吳歌荆楚西聲揔謂清商於殿庭饗宴兼奏之其圓丘方澤上辛地祇五郊四時拜廟三元冬至社稷馬射籍田樂人之數各有差等焉

北齊文宣受東魏禪未改舊章宮懸各設十二鎛鐘於其辰位四面竝設編鐘磬各一筍簴合十二架設建鼓於四隅郊廟會同用之其後將有剙革尚樂典御祖珽自言舊在雒下曉知舊樂上書曰魏氏來自雲朔肇有諸華樂操土風未移其俗至道武帝皇始元年破慕容寶於中山獲晉樂器不知採用皆委棄之天興初吏部郎鄧彥海奏上廟樂創製宮懸而鐘

管不備樂章既闕雜以簸邏迴歌初用八佾作皇始之舞至太武帝平河西得沮渠蒙遜之伎賓嘉大禮皆雜用焉此聲所興蓋苻堅之末吕光出乎西域得胡戎樂因又改變雜以秦聲所謂秦漢樂也至武帝永熙中錄尚書長孫承業共臣先人太常卿瑩等斟酌繕修戎華兼採至於鐘律煥然大備自古相襲損益可知今之創制請以爲准珽因採魏安豐王延明及信都芳等所著樂說而定正聲始具宮懸之器仍雜西京之曲樂名廣成而舞不立號所謂雒陽舊樂者也孝昭帝皇建元年九月詔議定三祖樂十一月

癸丑有司奏太祖獻武帝廟室奏武德之樂昭烈之舞太宗文襄皇帝廟室奏文德之樂宣政之舞顯祖文宣皇帝廟室奏文政之樂光大之舞詔曰可

武成帝時始定四郊宗廟之樂羣臣出入奏肆夏牲入出薦毛血竝奏昭夏迎送神及皇帝初獻亞禮五方上帝竝奏高明之樂爲覆燾之舞皇帝入壇門及升壇飲福酒就燎位還便殿竝奏皇夏以高祖配饗奏武德之樂爲昭烈之舞裸地奏登歌其四時祭廟及禘祫皇六世祖司空五世祖吏部尚書高祖秦州刺史曾祖太尉武貞公文穆皇帝諸神室竝奏始基

之樂爲恢祚之舞高祖神武皇帝神室奏武德之樂爲昭烈之舞文襄皇帝神室奏文德之樂爲宣政之舞顯祖文宣皇帝神室奏文正之樂爲光大之舞蕭宗孝昭皇帝神室奏文明之樂爲休德之舞其出入之儀同四郊之禮其鼓吹二十曲皆改古以敘功德第一漢朱鷺改名水德謝言魏亡齊興也第二漢思悲翁改名出山東言神武帝戰廣阿創大業破爾朱兆也第三漢艾如張改名戰韓陵言神武滅四胡定京雒遠近賓服也第四漢上之回改名於關隴言神武遣侯莫陳悅誅賀拔岳定關隴平河外漢北款秦中附也第五漢擁離改名滅山胡言神武屠劉蠡升高車懷殊俗蠕蠕來向化也第六漢戰城南改名立武定言神武竝魏王天下旣安而能遷於鄴也第七漢巫山高改名戰芒山言神武斬周十萬之衆其軍將脫身走免也第八漢上陵改名擒蕭明言梁遣兄子貞陽侯來寇彭城宋文襄帝遣太尉清河王岳一戰擒殄俘馘萬計也第九漢將進酒改名破侯景言文襄遣清河王岳摧殄侯景克復河南也第十漢軍馬黃改名定汝潁言文襄遣清河王岳擒周大將軍王思政於長葛汝潁悉平也第十一漢芳樹改名尅

淮南言文襄遣清河王岳南翦梁國獲其司徒陸法和尅壽春合肥鍾離淮陰盡取江北之地也第十二漢有所思改名嗣丕基言文宣帝統纘大業也第十三漢雉子班改名聖道洽言文宣克隆堂構無思不服也第十四漢聖人出改名受魏禪言文宣應天順人也第十五漢上邪改名平瀚海言蠕蠕盡部落入寇武州之塞而文宣命將出征平殄北荒滅其國也第十六漢臨高臺改名服江南言文宣道洽無外梁主蕭繹來附化也第十七漢遠如期改名刑罰中言孝昭帝舉直錯枉獄訟無怨也第十八漢石流行改

名遠夷至言時主化霑海外西夷諸國遣使朝貢也
第十九漢務成改名嘉瑞臻言世主應期河清龍見
符瑞總至也第二十漢玄雲改名禮樂成言時主功
成化治制禮作樂也古又有黃雀釣竿二曲畧而不
用亟議定其名被於鼓吹諸州鎮戍各給鼓吹樂人
多少各以大小等級爲差諸王爲州皆給赤鼓赤角
皇子則增給吳鼓長鳴角上州刺史皆給青鼓青角
中州以下給諸鎮戍皆給黑鼓黑角樂器皆有衣竝
同鼓色雜樂有西涼鼙舞清樂龜玆等然吹笛彈琵
琶五絃及歌舞之伎後主能度曲親執樂器悅翫無

倦倚絃而歌别採新聲爲無愁曲音韻窈窕極於哀
思使胡兒閹官之輩齊唱和之曲終樂闋莫不殞涕
雖行幸道路或時馬上奏之樂往哀來竟以亡國
後周太祖爲西魏丞相恭帝元年平荆州大獲梁氏
樂器以屬有司及建六官乃詔曰六樂尚矣其聲歌
之節舞蹈之容寂寥已絕不可得而詳也但方行古
人之事可不本於玆乎自宜依准制其歌舞祀五帝
日月星辰於是有司詳定郊廟請祀五帝日月星辰
用黃帝樂歌大吕舞雲門祭九州社稷水旱雩禜用
唐堯樂歌應鍾舞大咸祀四望饗諸侯用虞舜樂歌

南吕舞大韶祀四類幸辟雍用夏禹樂歌函鍾舞大
夏祭山川用殷湯樂歌小吕舞大濩享宗廟用周武
王樂歌夾鍾舞大武皇帝出入奏皇夏賓出入奏肆
夏牲出入奏昭夏蕃國客出入奏納夏功臣出入奏
章夏皇后進羞奏深夏宗室會聚奏族夏上酒宴樂
奏陔夏諸侯相見奏驁夏皇帝大射歌騶虞諸侯歌
貍首大夫歌采蘋士歌采蘩雖著其文竟未之行也
明帝武成二年正月朔旦會羣臣於紫極殿始用百
戲初長孫紹遠爲大司樂廣名工人創造樂器土木
絲竹爲得其宜唯黃鍾不調紹遠每以爲意嘗因退

朝經韓使君佛寺前過浮屠三層之上有鳴鐸焉忽
聞其音雅合宫調取而配奏方始克諧紹遠乃啓明
帝行之
武帝保定元年詔罷百戲帝又以梁鼓吹熊羆十二
案每元正大會列於懸間與正樂合奏
天和元年十月甲子初造山雲舞以備六代之樂南
北郊雩壇太廟禘祫俱用六舞南郊則大夏降神大
濩獻熟次作大武正德武德山雲之舞北郊則大濩
降神大夏獻熟次作大武正德武德山雲之舞雩壇
以大武降神正德獻熟次作大夏大濩武德山雲之

舞太廟禘祫則大武降神山雲獻熟次作正德大夏
太濩武德之舞時享太廟以山雲降神大夏獻熟次
作武德之舞拜社以大濩降神大武獻熟次作正德
之舞五郊朝日以大夏降神大濩獻熟神州夕月籍
田以正德降神大濩獻熟
建德三年十月甲辰六代樂成奏於崇信殿羣臣咸
觀其宮懸依梁三十六架朝會則皇帝出入奏皇夏
皇太子出入奏肆夏王公出入奏驁夏五等諸侯正
月獻玉帛奏納夏宴族人奏族夏大會至尊執爵奏
登歌十八曲食舉奏深夏舞六代大夏大濩正德武

德山雲之舞於是正定雅音爲郊廟樂創造鍾律頗
得其宏劭太常卿長孫紹遠奏樂以八爲數故梁黃門侍郎裴正上書以爲昔者大舜欲聞七始
下洎周武爰創七音時林鍾作黃鍾以爲正調之首詔與紹遠詳議往復於是遂定以八爲數焉及武帝
讀史書見武王克殷而作七始又欲廢八而懸七并除黃鍾之正宮用林宮爲調首紹遠奏云天子懸八
肇自先民百王共軌萬古不易下逮周武甫循七始之音詳諸經義又無廢八之典且黃鍾爲君王子正
位今欲廢之未見其可後武帝竟廢七音屬紹遠遘疾未獲面陳慮有司遽損樂器乃書與樂部齊樹言
之後疾甚乃上遺表又陳之而辛帝省表涕零渼痛惜之
宣帝時革前代鼓吹制爲十五曲第一改漢朱鷺爲
玄精理言魏道淩遲太祖肇開王業也第二改漢思
悲翁爲征隴西言太祖起兵侯莫陳悅掃清隴右也
第三改漢艾如張爲迎魏帝言魏武西幸太祖奉迎
宅關中也第四改漢上之回爲平竇泰言太祖擁兵
討泰悉擒斬也第五改漢雍離爲復常農言太祖尅
復陝城關東震肅也第六改漢戰城南爲苞沙苑言
太祖俘斬齊十萬衆於沙苑神武脫身至河單舟走
免也第七改漢巫山高爲戰河陰言太祖破神武於
河上斬其將高敖曹魚多婁貸文等也第八改漢上
陵爲平漢東言太祖命將平隨郡安陸俘馘萬計也
第九改漢將進酒爲取巴蜀言太祖遣兵平定蜀地
也第十改漢有所思爲拔江陵言太祖命將擒蕭繹

平南土也第十一改漢芳樹爲受魏禪言閔帝受終
於魏君臨萬國也第十二改漢上邪爲宣重光言明
帝入承大統載隆皇道也第十三改漢君馬皇爲哲
皇出言高祖以聖德繼天天下向風也第十四改漢
雉子班爲平東下言高祖親率六師破齊主於青州
一舉而定山東也第十五改漢古聖人出爲擒明徹
言陳將吳明徹侵軼徐部高祖遣將盡俘其衆也

冊府元龜終

巡按福建監察御史臣李嗣京訂正
分知閩縣事臣曹鼎臣叅閱
知建陽縣事臣黃國琦較釋

掌禮部 六

作樂第四

隋高祖開皇元年令定宮懸四面各二虡通十二鎛鐘爲二十虡虡各一人建鼓四面柷敔各一人歌琴瑟簫一箏搊箏臥箜篌小琵琶四面各十人在編磬下笙竽長笛簫篴篥塤篪四面各八人在編鐘下舞

各八佾宮懸簨虡金五博山飾以旒蘇樹羽其樂器應漆者天地之神皆朱宗廟加五色漆畫天神懸內加雷鼓地祇加靈鼓宗廟加路鼓登歌鐘一虡磬一虡各一人歌四人兼琴瑟簫笙橫笛塤篪各一人其漆畫及博山旒蘇樹羽典宮懸同登歌人介幘朱連裳烏皮履宮懸及下管人平巾幘朱連裳凱樂人武弁朱褠履韈文舞進賢冠絳紗連裳帛內單皂領袖襈烏皮鞮左執籥右執翟二人執纛引前在舞人數外衣冠同舞人武弁朱褠衣烏皮履三十二人執戈龍楯三十二人執戚龜楯二人執旌居前二人執鼗二人執鐸二人執鐃十二人執錞四人執弓矢四人執殳四人執戟四人執矛自旌巳下夾引並在舞人數外衣冠並同舞人皇帝宮懸及登歌與前同應漆者皆五色漆畫懸內不設鼓皇太子軒懸去南面設三鎛鐘於辰丑申三建鼓亦如之其登歌去兼歌者減二人其簨虡金三博山樂器應漆者皆朱漆之其餘與宮懸同畫大鼓小鼓加大駕鼓吹並朱漆金鐲凱樂及節鼓飾以羽葆其長鳴中鳴橫吹皆五色衣幡緋掌畫交龍五彩腳大角幡亦如之大鼓長鳴工人皂地苣文金鉦㧎鼓小鼓中鳴橫吹工人青地苣

文凱樂工人武弁朱褠衣橫吹緋地苣文爲帽袴褶大角工人平巾幘緋衫白布大口袴內宮鼓樂服色皆準此皇太子鐃及節鼓朱漆畫飾以羽葆餘鼓吹並朱漆大鼓小鼓無金鐲長鳴中鳴橫吹五綵衣幡緋掌畫蹲獸五綵腳大角幡亦如之大鼓長鳴橫吹工人紫帽緋袴褶金鉦㧎鼓小鼓中鳴工人青帽青袴褶鐃吹工人武弁朱褠衣大角工人平巾幘緋衫白布大口袴正一品鐃及節鼓朱漆畫飾以羽葆餘鼓吹並朱漆長鳴中鳴橫吹五綵衣幡緋掌畫蹲獸五綵腳大角幡亦如之大鼓長鳴橫吹工人赤帽赤

布袴褶金鉦掆鼓小鼓中鳴工人青帽青布袴褶鐃吹工人武弁朱褠衣大角工人平巾幘緋衫白布大口袴三品已上朱同正一品四品鐃及二人衣服同三品餘鼓皆綠沉金鉦掆鼓工人青帽布袴褶

二年北齊黃門侍郎顏之推上言禮壞樂崩其來日久今太常雅正並用胡聲請憑梁國舊事考尋古典高祖不從曰梁樂亡國之音奈何遣我用邪是時尚因周樂令工人齊樹提撿較樂府改換聲律亦不能通韻而柱國沛公鄭譯奏上請更修正於是詔太常卿牛弘國子祭酒辛彥之國子博士何妥等議正樂

妥上表曰臣聞明則有禮樂幽則有鬼神然則動天地感鬼神莫近於禮樂又云樂至則無怨禮至則不爭揖讓而治天下者禮樂之謂也臣聞樂有二一曰姦聲二曰正聲夫姦聲感人而逆氣應之逆氣成象而淫樂興焉正聲感人而順氣應之順氣成象而和樂興焉故樂行而倫清耳目聰明血氣和平移風易俗天下皆寧孔子曰放鄭聲遠佞人故鄭衛宋趙之聲出內則發疾外則傷人是以宮亂則荒其君驕商亂則陂其官壞角亂則憂其人怨徵亂則哀其事勤羽亂則危其財匱五者皆亂則國亡無日矣魏文侯問子夏曰吾端冕聽古樂則欲寐聽鄭衛之音而不知倦何也子夏對曰夫古樂者始奏以文復亂以武修身治家平均天下鄭衛之音姦聲以亂溺而不止擾雜子女不知父子今君所問者樂也所愛者音也夫樂之與音相近而不同為人君者謹審其好惡案聖人之作樂也非止苟悅耳目而已矣欲使在宗廟之內君臣同聽之則莫不和敬在鄉里之內長幼同聽之則莫不和順在閨門之內父子同聽之則莫不和親此先王立樂之方也故知聲而不知音者禽獸是也知音而不知樂者眾庶是也故黃鍾大呂絃歌

干戚童子皆能舞之能知樂者其唯君子不知音者不可與言音不知音者不可與言樂知樂則幾於道矣紂為無道太師抱樂器以奔周晉君德薄師曠固惜清徵上古之時未有音樂鼓腹擊壤樂在其間易曰先王作樂崇德殷薦之上帝以配祖考至於黃帝之咸池顓頊作六莖帝嚳作五英堯作大章舜作大韶禹作大夏湯作大濩武王作大武從夏以來年代久遠唯有名字其聲不可得聞自殷至周備於詩頌故自聖賢已下多習樂者至如伏羲減瑟文王足琴仲尼擊磬子路鼓瑟漢高擊筑元帝吹簫漢高之初

叔孫通因奏樂人制宗廟之樂迎神于廟門奏嘉至之樂猶古降神之樂也皇帝入廟門奏永至之樂以爲行步之節猶古采齊（音茨）肆夏也乾豆上薦奏登歌之樂猶古清廟之樂也登歌再終奏休成之樂美神饗也皇帝就東廂坐定奏永安之樂美禮成也其休成永至二曲叔孫通所制也漢高廟奏武德文始五行之舞當春秋時陳公子完奔齊陳是舜後故齊有韶樂孔子在齊聞韶三月不知肉味是也秦始皇滅齊得齊韶樂漢高祖滅秦韶傳於漢高祖改名文始以示不相襲也五行舞者本周大武樂也始皇改曰

五行及于孝文復作四時之舞以示天下安和四時順也孝景采武德舞以爲昭德孝宣又采昭德以爲盛德雖變其名大抵皆因秦舊事至於晉魏皆用古樂魏之三祖竝制樂辭自永嘉播越五都傾蕩樂聲南度是以大備豆東宋齊以來至於梁代所行樂事猶皆傳名三雍四始實稱大盛及侯景篡逆樂師分散其四舞三調悉度爲齊齊氏雖知傳授得曲而不用之於宗廟朝廷也臣少好音律留意管絃年雖耆頗皆記憶及東土魁定樂人悉反訪其逗遛果云是梁人所教今三調四舞竝皆有手雖不能精熟亦頗具雅聲若令教習傳授庶得流傳古樂然後取其會歸撮其指要因循損益更制嘉名歌盛德於當時傳雅正於來葉豈不美歟謹具錄三調四舞曲名又制歌辭如別其有聲曲流宕不可以陳於殿庭者亦悉附之於後書奏別勅太常取妥節度於是作清平瑟三調聲又作八佾鞞鐸巾拂四舞四舞者案漢魏已來竝施於宴饗鞞舞漢巴渝舞也至章帝造鞞舞詞云關東有賢女魏明代漢曲云明明魏皇帝鐸舞傳云代魏詞云振鐸鳴金成公綏賦云鞞鐸舞庭八音竝陳是也拂舞者沈約宋志云吳舞吳人思晉化其

詞本云白符鳩是也巾舞者公莫舞伏滔云項莊因舞欲劒高祖項伯紆長袖以捍其鋒魏晉傳爲舞焉驗此雖非至樂亦前代舊聲故梁武報沈約云鞞鐸巾拂古之遺風楊泓云此舞本二十八人桓玄即真增爲八佾後因而不改

九年十二月甲子詔曰朕祇承天地清蕩萬方百王衰弊之後兆庶澆浮之日聖人遺訓掃地備盡制禮作樂今也其時朕情存古樂深思雅道鄭衛淫聲魚龍雜戲樂府之內盡已除之今欲更調律呂改張琴瑟且妙術精微非因教習工人代掌止傳糟粕不足

達神明之德論天地之和區域之間奇才異藝天知神授何代無哉蓋晦迹於非時俟昌言於所好宜可搜訪速以奏聞庶覩一藝之能其就九成之業仍詔太常牛弘通直散騎常侍許善心秘書丞姚察通直郎虞代基等議定作樂先是牛弘等以訛謬既久音律多乖積年議不定高祖大怒曰我受天命七年樂府循歌前代功德邪命治書侍御史李諤引弘等下將罪之諤奏武王克殷至周公相成王始制禮樂斯事體大不可速成高祖意稍解又詔求知音之士集尚書參定音樂鄭譯云考尋樂府鐘石律呂皆有宮

商角徵羽變宮變徵之名七聲之內三聲乖應每常求訪終莫能獲周武帝時有龜茲人曰蘇祗婆從突厥皇后入國善胡琵琶聽其所奏一均之中間有七聲因而問之答云父在西域稱爲知音代相傳習調有七種以其七調勘較七聲冥若合符一曰娑陁力華言平聲即宮聲也二曰雞識華言長聲即南宮聲也三曰沙識華言質直聲即角聲也四曰沙矦加濫華言應聲即變徵聲也五曰沙臘華言應如聲即徵聲也六曰般贍華言五聲即羽聲也七曰矦利箑華言斛牛聲即變宮聲也譯因習而彈之始得七聲之正然則就此七調又有五旦之名旦作七調以華言譯之旦者則謂均也其聲亦應黃鍾太簇南呂姑洗五均以外七律更無調聲遂因其所捻琵琶絃柱相飲爲均推演其聲更立七均合成十二以應十二律律有七音音立一調故成七調十二律合八十四調旋轉相交盡皆和合仍以其聲考校太樂所奏林鍾之宮應用林鍾爲宮乃用黃鍾爲宮應用南呂爲商乃用太簇爲商應以應鍾爲角乃取姑洗爲角故林鍾一宮七聲三聲並戾其十一宮七十七音例皆乖越莫有通者又以編懸有八因作八音之樂七音之

外更立一聲謂之應聲譯因作書二十餘篇以明其指至是譯以其書宣示朝廷並立議正之時邳國公世子蘇夔亦稱明樂駁譯曰韓詩外傳所載樂聲感人及月令所載五音所中音皆有五不言變徵又春秋左氏所云七音六律以奉五聲准此而言每宮應立五調不聞更如變宮變徵二調爲七調七調之作所出未詳譯答之曰周有七音之律漢書律歷志天地人及四時謂之始黃鍾爲天始林鍾爲地始太簇爲人始是爲三始沽洗爲春蕤賓爲夏南呂爲秋應鍾爲冬是爲四時四時三始是以爲七今若不以二

變爲調曲則是冬夏聲闕四時不備是故每宮須立
七調衆從譯議譯又與夔俱云案今樂府黃鍾乃以
林鍾爲調首失君臣之義淸樂黃鍾宮以小呂爲變
徵乖相生之道今請雅樂黃鍾爲調首淸樂去小呂
還用蕤賓爲變徵衆皆從之夔又與譯議欲累黍立
分正定律呂時以音律久不通譯夔等一朝能爲之
以爲樂聲可定而何妥舊以學聞雅爲高祖所信高
祖素不悅學不知樂妥又恥已宿儒不逮譯等欲沮
壞其事乃立議非十二律旋相爲宮曰經文雖道旋
相爲宮恐是直言其理亦不適隨月用調是以古來

不取若依鄭玄及司馬彪須用六十律方得和韻今
譯唯取黃鍾之正宮兼得七始之妙義非止金石諧
韻亦筍虡不繁可以享百神可以合萬舞矣而又非
其七調之義曰近代書記所載縵樂鼓琴吹笛之人
多云三調三調之聲其來久矣請存三調而已時牛
弘揔知樂事不能精知音律又有識音人萬寶常修
雒陽舊曲言幼學音律師於祖孝徵知其上代修調
古樂周之壁翣殷之崇牙懸八用七盡依周禮備矣
所謂正聲又近前漢之樂不可廢也是時競爲異議
各立朋黨是非之理紛然淆亂或欲令各修造待成

撰其善而從之妥恐樂成善惡易見乃請高祖張樂
試之遂先說曰黃鍾者以象人君之德及奏黃鍾之
調高祖曰滔滔和雅甚與我心會妥因陳黃鍾之宮
不假餘律高祖大悅班賜妥等修樂者自是譯等議
寢是時既已平陳獲宋齊樂詔於太常置淸商署以
管之求陳太樂令蔡子元于普明等復居其職繇是
牛弘奏曰臣聞周有六代之樂止韶武而已秦始皇
改周武曰五行漢高帝改韶舞曰文始以示不相襲
也又造武德自表其功故高帝廟奏武德文始五行
之舞又作昭容禮容增演其意昭容生於武德蓋猶

古之韶也禮容生於文始矯秦之五行也文帝又作
四時之舞故孝景帝追述先功採武德舞作昭德舞
被之管絃薦於太宗之廟孝宣採昭德舞爲盛德舞
更造新歌薦於武帝之廟據此而言遞相因襲縱有
改作竝宗於韶至明帝時東平獻王採文德舞爲太
武之舞薦于光武之廟漢末大亂樂章淪缺魏武平
荆州獲杜夔以爲軍謀祭酒使創雅樂時散騎常侍
鄧靜善詠雅歌樂師尹胡能習宗祀之曲舞師馮肅
曉知先代諸舞揔練硏精復於古樂自夔始也文帝
黃初改昭容之樂爲昭業樂武德之舞爲武頌舞文

文始之舞爲大韶舞五行之舞爲大武舞明帝初公卿奏上太祖武皇帝樂曰武始之舞高祖文皇帝樂曰咸熙之舞又制樂舞名曰章斌之舞有事於天地宗廟及臨朝大饗竝用之晋武帝太始二年遣傅玄等造行禮及上壽食舉歌詩張華表曰案漢魏所用雖章辭各異興廢隨時至音韻曲折竝係於舊一皆因襲不敢有所改也九年荀勗典樂使郭夏宗議造正德大豫之舞改魏昭武舞曰宣武舞羽籥舞曰宣文舞江左之初典章湮紊賀循爲太常卿始有登歌之舞明帝大寧末阮孚等又增益之成帝咸和間鳩

集遺逸鄴没胡後樂人頗復南渡東晋因之以興鐘律孝武太元間破苻丕因又獲樂工楊蜀等閑練舊樂於是金石始備尋其設懸音調竝與江左是同慕容垂破慕容永於長子盡獲苻氏舊樂垂悉爲魏所敗其鐘律令李佛等將太樂細伎奔慕容德於鄴德遷都廣固子超嗣立其母先没姚興超以大樂伎一百二十人詣興贖母及宋武帝入關悉收南渡永初元年改正德舞曰前舞大豫舞曰後舞文帝元嘉九年太樂令鍾宗之更調金石至四年典書令奚縱復改定之又有凱容宣業之舞齊代因而用之蕭子顯

齊書志曰宋孝建初朝議以凱容舞爲韶舞宣業舞爲武德舞據韶爲言宣業即是古之大武非武德也故志有前舞凱容歌辭後舞凱容歌辭者矣至於梁初猶用凱容宣業之舞後改爲大壯大觀焉今人猶喚大觀爲前舞故知樂名雖隨代而改聲韻曲折理應當同前尅荆州得梁家雅曲今平蔣州又得陳氏正樂更傳相承以爲合古且觀其曲體用聲有次請修緝之以備雅樂其後魏雒陽之曲據魏史云太武平赫連昌所得更無明證後周所用者皆是新造雜有邊裔之聲戎音亂華皆不可用請悉停之制曰制

禮作樂聖人之事也功成化洽方可議之今宇内初平政化未洽遽有變革我則未暇晋王廣又表請帝乃許之牛弘遂因鄭譯之舊又請依古五聲六律旋相爲宫奏議云謹案禮五聲六律十二管還相爲宫周禮奏黄鐘歌大吕奏太簇歌應鐘皆是旋相爲宫之義蔡邕明堂月令章句曰孟春月則太簇爲宫姑洗爲商蕤賓爲角南吕爲徵應鐘爲羽大吕爲變徵他月倣此故先王之作律吕也所以辨天地四方陰陽之聲楊子雲曰聲生於律律生於辰故律吕配五行通八風歷十二辰行十二月循還轉運義無停止

譬如立春木王火相立夏火王土相季夏余分土王金相立秋金王水相立冬水王木相還相爲宫者謂當其王月名之爲宫今若十一月不以黄鍾爲宫十二月不以太簇爲宫便是春木不王夏土不相豈不陰陽失度天地不通哉劉歆鍾律書云春宫秋律百卉必彫秋宫春律萬物必榮夏宫冬律雨雹必降冬宫夏律雷必發聲以斯而論誠爲不易且律十二今直爲黄鍾一均唯用七律以外五律竟復何施恐失聖人制作本意故須依禮作還相爲宫之法上曰不須作旋相爲宫且作黄鍾一均也又引論六十律不

可行謹案續漢書律歷志元帝遣韋玄成問京房於樂府房對授學故小黄令焦延壽六十律相生之法以上生下皆三生二以下生上皆三生四陽下生陰陰上生陽終於中吕而十二律畢矣中吕上生執始執始下生去滅上下相生終於南吕而六十律畢矣十二律之變至於六十猶八卦之變至於六十四也冬至之聲以黄鍾爲宫太簇爲商姑洗爲角林鍾爲徵南宫爲羽應鍾爲變宫蕤賓爲變徵此聲氣之元五音之正也故各統一月其餘以次運行當月各自爲宫而商徵以類從焉房又曰竹聲不可以度調故

作准以定數准之狀如瑟長丈而十三絃隱間九尺以應黄鍾之律九尺中央一絃下畫分寸以爲六十律清濁之節執始之類皆房自造房云受法於焦延壽未知延壽所承也章帝元和年待詔侯鍾殷彤上言官無曉六十律以准調音者故待詔嚴嵩具以准法教其子宣故願召宣補學官主調樂器太史丞引試宣十二律其二中其四不中其六不知何律宣遂罷自此律家莫能爲准施絃嘉平年東觀召典律者太子舍人張光問准意光等不知歸閲舊藏乃得其器形制如房書猶不能定其絃緩急故史官能辨清

濁者遂絶其可以相傳者唯大權常數及候氣而已據此而論京房之法漢世已不能行沈約宋志曰詳案古典及今音家六十律無施於樂禮云十二管還相爲宫不言六十封禪書云黄帝使素女鼓五十絃瑟而悲破爲二十五絃假令六十律爲樂得成亦所不用取大樂必易大禮必簡之意也又議曰案周官云大司樂掌成均之法鄭衆注曰均調也樂師主調其音三禮義宗稱周官奏黄鍾者用黄鍾爲調歌大吕者用大吕爲調奏者謂堂下四懸歌者謂堂上所歌但一祭之間皆用二調是知據宫稱調其義一也

明六律六呂迭相爲宮各自爲調合見行之樂用黃鍾之宮乃以林鍾爲調與古典有違晉內書監荀勗依典記以五聲十二律還相爲宮之法制十二笛黃鍾之笛正聲應黃鍾下徵應林鍾以姑洗爲清角太呂之笛正聲應大呂下徵應夷則以外諸均倒皆如是然今所用林鍾是勗下徵之調不取其正先用其下於理未通故須改之高祖猶憶妥言注弘奏下不許作旋宮之樂但作黃鍾一宮而已於是牛弘及秘書丞姚察通直散騎常侍許善心儀同三司劉臻通直郎虞世基等更共詳議曰後周之時以四聲降神

雖採周禮而年深代遠其法久絕不可依用謹案司樂凡樂圜鍾爲宮黃鍾爲角太蔟爲徵姑洗爲羽舞雲門以祭天函鍾爲宮太蔟爲角姑洗爲徵南呂爲羽舞咸池以祭地黃鍾爲宮太呂爲角太蔟爲徵圜鍾爲羽舞部以祀宗廟馬融曰圜鍾應鍾也賈逵鄭玄曰圜鍾夾鍾也鄭玄又云此樂無商聲祭尚柔剛故不用也于寶云不言商商爲臣王者者謂故置其實而去其名若曰有天地人物無德以主之謙以自牧也先儒解釋旣莫知適從然此四聲非直無商又律管乖次以其爲樂無克諧之理今古事異不可得

而行也秦東觀書馬防傳太常丞鮑鄴等上作樂事下防防奏言建初二年七月鄴上言天子飲食必順於四時五味而有食舉之樂所以順天地養神明求神應也今觀雅樂獨有黃鍾而食舉樂但有太蔟皆不應月律恐傷氣類可作十二月均各應其月氣公卿朝會得聞月律乃能感天和氣宜應詔下太常評焉太常上言作樂器直錢一百四十六萬奏寢今明詔復下臣防以爲可須上天之明時因歲首之嘉月發太蔟之律奏雅頌之音以迎和氣其條貫甚具遂獨施行起於十月爲迎氣之樂矣又順帝紀云陽嘉

二年冬十月庚午其禮辟雍隸太學隨月律作應鍾三月作姑洗元和以來音戾不調修復黃鍾作樂器如舊典據此而言漢樂宮懸有黃鍾均食舉太蔟均止有二均不旋相爲宮亦以明矣計從元和至陽嘉二年纔五十歲用而復止驗黃帝聽鳳以制律呂尚書曰予欲聞六律五聲周禮有分樂而祭此聖人制作以合天地陰陽之和自然之理乃云音戾不調斯言誣之甚矣今梁陳雅曲竝無用宮聲案禮五聲十二律還相爲宮盧植云十二月五管流轉用事當用事者爲宮君也鄭玄曰五聲宮商角徵羽其陽管曰

律陰管爲呂布十二辰更相爲宮始自黃鍾終於南
呂凡六十也黃侃疏還相爲宮者十一月以黃鍾爲
宮十二月以太呂爲宮正月以太蔟爲宮餘月倣此
凡十二管各備五聲合六十聲五聲成一調故十二
調此即什鄭議之明文無用商角徵羽調之法矣樂
稽耀嘉曰東方春其聲角樂當宮於夾鍾余方答於
其中律爲宮若有商角徵羽理不得云宮於夾鍾也
又云五音非宮不調五味非甘不和又動聲儀宮唱
而商和是謂善本太平之樂也周禮奏黃鍾歌大呂
以祀天神鄭玄以黃鍾之鍾大呂之聲爲均均調也

故崔靈恩云六樂十二調亦不獨論商角徵羽也又
云六樂者皆文之以五聲播之以八音故知每樂皆
須五聲八音錯綜而能成也禦寇子云師文鼓慈命
宮而總四聲則慶雲浮景風翔唯韓詩云聞其宮聲
使人溫厚而寬大聞其商聲使人方廉而好義及古
有清角清徵之說此則當聲爲曲今以五引爲五聲
迎氣所用者是也餘曲悉用宮聲不勞商角徵羽何
以得知荀勗論三調爲均首者得正聲之名明知雅
樂悉在宮調已外徵羽角自爲淫俗之音耳且西涼
龜茲雜音等曲數既多故得隸於衆調調各別曲至

如雅樂少須以宮爲本歷十二均而作不可分配餘
調更成雜亂也其奏大抵如此帝竝從之故隋代雅
樂唯奏各一人竝立階下悉進賢冠絳公服斟酌今
古多而用之祀神宴會通行之若有大祀臨軒陳於
階壇之上若冊拜王公設宮懸不用登歌舞奠則唯
用登歌而不設懸古者人君食皆用當月之調以取
和故鮑鄴上言天子食飲必順四時有食舉樂所以
順天地養神明可作十二月均感天和氣此則殿庭
月調之氣也祭祀既已分樂臨軒朝會竝用當月之

律正月懸太蔟之均乃十二月懸太呂之均欲感人
君情性允協陰陽之序也又云舞六十四人竝介幘
冠進賢冠絳紗連裳內單皂褾領襈裾帶烏皮履十
六人執翟十六人執帗十六人執旌十六人執羽左
手皆執籥二人執纛引前右舞人數外衣冠同舞人
武舞六十四竝服武弁朱褠衣革帶烏皮履左執朱
干右執大戚衣朱干玉戚之文二人執旌居前二人
執鼗二人執鐸金錞四人輿二人作二人執鐃次之
二人執相在左二人執雅在右各工一人作臼旌以
祟設鍾磬正倍參懸之弘等竝以爲非而據周官小

胥職懸鍾磬半之爲堵全之爲肆鄭玄曰鍾磬編懸之二八一十六而在一虡鍾一堵磬一堵謂之肆又引樂緯官爲君商爲臣君臣皆尊各置一副故加十四而懸十六又據漢成帝時犍爲水濱得石磬一十六枚此皆懸八之義也懸鍾磬法每虡准之懸八用七不取近用之法懸七也又參用儀禮及尚書大傳爲宫懸陳布之法北方南面應鍾起西磬次之黄鍾次之鍾次之大呂次之皆東陳一建鼓在其東二鼓東方西向太簇起北磬次之夾鍾次之鍾次之姑洗次之皆南陳一建鼓在其南南鼓南方北向中呂起

東鍾次之蕤賓次之磬次之林鍾次之皆西陳一建鼓在其西西鼓西方東向夷則起南鍾次之南呂次之磬次之無射次之皆北陳一建鼓在其北西鼓其大射則撤北面而加鉦鼓祭天則用雷鼓雷鼗祭地則用靈鼓靈鼗宗廟用路鼓路鼗各兩設在懸內又准儀禮宫懸四面設鎛鍾十二虡各依辰位又加甲景庚壬位各設鍾一虡乙丁辛癸位各陳磬一虡共爲十二虡其宗廟殿庭郊丘社並同樹建鼓于四隅以象二十四氣依月爲均四箱同作蓋取毛詩傳云四懸皆同之義古者鎛鍾據儀禮擊爲節儉而無合

曲之義又大射有二鎛皆亂擊焉乃無成曲之理依後周以十二鎛相生擊之音韻克諧每鎛鍾建鼓各一人每鍾磬筍簴各一人歌二人執節一人琴瑟箏筑各一人每鍾簴竽笙簫笛塤篪各一人懸內柷敔各一人柷在東敔在西二舞各八佾樂人皆平巾幘絳褠衣樂器並採周官參之梁代擇用其尤善者其筍簴皆金五博山飾以崇牙樹羽旒蘇其樂器應漆者天地之神皆朱漆宗廟及殿庭則五色漆畫晉宋故事箱別各有柷敔既同時憂之今則不用又周官大司樂奏黄鍾歌大呂舞雲門以祀天神奏太簇歌

應鍾舞咸池以祭地祇奏姑洗歌南呂舞大韶以祀四望奏蕤賓歌函鍾舞大夏以祭山川奏夷則舞大武以享先祖此乃周制立二王三恪通已爲六代之樂至四時祭祀則分而用之以六樂配十二調一代之樂則用二調矣隋去六代之樂又無四望先妣之祭今既與古祭法有別乃以神祇位次分樂配焉奏黄鍾歌大呂以祀圓丘黄鍾所以宣六氣也耀魄天神最爲尊極故奏黄鍾以祀之奏太簇歌應鍾以祭方澤太簇所以贊陽出滯崐崘厚載之重故奏太簇以祀之奏姑洗歌南呂以祀五郊神州姑洗所以修

絜百物竝郊神州天地之次故奏姑洗以祀之奏蕤
賓歌函鐘以祭宗廟蕤賓所以安靜神人祖宗有國
之本故奏蕤賓以祀之奏夷則歌小呂以祭社稷先
農夷則所以詠歌九穀貴在秋成故奏夷則以祀之
奏無射歌夾鐘以祭巡狩方嶽無射所以示人軌物
觀風望秩故奏無射以祀之同用文武二舞其圜丘
降神六變方澤降神八變宗廟禘祫降神九變皆用
昭夏其餘祭享皆一變又周禮王出奏王夏其餘尸
出奏肆夏叔孫通法迎神奏嘉至今亦隨事立名皇
帝入出皆奏皇夏羣官入出皆奏肆夏食舉上壽奏

需夏迎送鬼神奏昭夏薦獻郊廟奏諴夏宴享殿上
奏登歌并文舞武舞合爲八曲古有宮商角徵羽五
引梁以三朝元會奏之今改爲五音其音悉依宮商
不使差越唯迎氣於五郊降神奏之月令所謂孟春
其音角是也通前爲十三曲并內宮所奏天高地厚
二曲於房中奏之合十五曲其登歌法准禮郊特牲
歌者在上匏竹在下大戴云清廟之歌懸一磬而尚
拊搏又在漢代獨登歌者不以絲竹亂人音近代以
來有登歌五人別昇於上絲竹一部進處階前此蓋
尚書戛擊鳴球搏拊琴瑟以詠祖考來格此之義也

梁武樂論以爲登歌者須祖宗功業簡禮記乃非元
日所奏若三朝大慶百辟俱陳昇工籍殿以詠祖考
君臣相對便須涕洟以此說非通還以嘉慶用之後
周登歌備鐘磬琴瑟階上設笙管今遂因之合於儀
禮荷瑟升歌及笙入立於階下間歌合樂是燕飲之
事矣登歌法有十四人鐘東磬西工各一人琴瑟箏
筑各一人并歌者三人執節一人竝坐階下笙竽簫
笛塤篪各一人竝立階下悉進賢冠絳公服斟酌今
古參而用之祀禘宴會通行之若有大祀臨軒陳於
階壇之上若冊拜王公設宮懸不用登歌什奠則用

唯登歌而不設懸古者人君食皆用當月之調以取
時律之聲使不失五常之性調暢四體令得時氣之
和故鮑鄴上言天子食飲必順四時有食舉樂所以
順天地養神明可作十二月均感天和氣此則殿廷
月調之義也祭祀既以分樂臨軒朝會竝用當月之
律正月懸太簇之均乃十二月懸大呂之均感人君
情性允協陰陽之義也又文舞六十四人竝介幘冠
進賢冠絳紗連裳內單皂褾領襈褠革帶烏皮履十
六人執翣十六人執帗十六人執旄十六人執羽左
手皆執籥二人執纛引前在舞人數外衣冠同舞人

武舞六十四人弁服武弁朱襴衣革帶烏皮履左執朱干右執大戚依朱干玉戚之文二人執旌居前二人執鼗二人執鐸金錞四人與二人作二人執鐃次之二人執相在左二人執雅在右各工一人作自旌以下夾引竝在舞人數外衣冠同舞人周官所謂以金錞和鼓以金鐲節鼓金鐃止鼓金鐸通鼓也又依樂記象德擬功初來就位摠干而山立思君道之難也發揚蹈厲威而不殘也武亂皆坐四海咸安也武始而受再成而定山東三成而平蜀道四成而北狄是通五成而江南是拓六成復綴以闡太平高祖曰

不須象功德直象事何也然竟用之近代舞出入皆作樂謂之階步咸用肆夏今亦依定即周官所謂樂出入奏鐘鼓也又魏晉故事有矛俞弩俞及侏儒導引今據尚書直云下羽禮又稱羽籥干戚今文舞執羽籥武舞執干戚其矛俞弩俞等蓋漢高祖自漢中歸巴俞之兵執伏而舞也旣非正典悉罷不用

十四年三月樂定秘書監奇章縣公牛弘秘書丞北絳郡公姚察通直散騎常侍虞部侍郎許善心兼內史舍人虞世基儀同三司東宮學士饒陽伯劉臻等奏曰臣聞蕢桴土鼓繇來斯尚雷出地奮著自易經遂古經邦馭物揖讓而臨天下者禮樂之謂也秦焚經典樂書亡缺爰至漢興始加鳩採祖述增廣緝成朝憲魏晉相承更加論討沿革之宜備於故實永嘉之後九服分離燕石苻姚遞據華土此其戎乎何必伊川之上吾其左衽無復微管之功前言往式於斯而盡金陵建社朝士南奔帝則皇規粲然更舉中原隔絕三百年於兹矣伏惟明聖膺期會昌在運今南征所獲梁陳樂及晉宋其章宛然俱至曩代所不服者今悉服之前朝所未得者今悉得之化洽功成於是乎在臣等伏奉明詔詳定雅樂博訪知音傍求儒

彥研校是非定其去就取爲一代正樂具在本司升換歌詞三十首四月乙丑詔曰在昔聖人作樂崇德移風易俗於斯爲大昔晉氏播遷兵戈不息雅樂流散年代已多四方未一無該辨正賴上天鑒臨神明降福拯兹塗炭安息蒼生天下大同歸於治理遺文舊物皆爲國有此命所司總令研究正樂雅聲詳考已訖宜即施用見行者停人間音樂流僻日久棄其舊體競造繁聲浮宕不歸遂以成俗宜加禁約務存其大

十七年十月庚午詔曰昔五帝異樂三王殊禮皆隨

事而有損益因情而立節文仰惟祭享宗廟瞻敬如在罔極之感情深茲日而禮畢升輅鼓吹發音還入宮門金石振響斯則哀樂同日心事相違情所不安理實未允宜改茲往式用弘禮教自今已後享廟日不須設鼓吹殿庭勿設樂懸在廟內及諸祭竝依舊其王公已下祭私廟日不得作音樂故事天子有事於太廟備法駕陳羽葆以入於次禮畢升車鼓吹竝作詔罷之

仁壽元年詔吏部尚書奇章公牛弘開府儀同三司領太子洗馬柳顧言秘書丞攝太常少卿許善心內史舍人虞世基禮部侍郎蔡徵等更詳故實創制雅

歌詞先是高祖遣內史侍郎李元操直內史省盧思道等制清廟歌詞十二曲令齊樂人曹妙達於太樂教習以代周歌其祠迎神七言以象世蓋曲獻奠登歌六言象傾杯曲送神五言象行天曲弘響但改其聲合於鐘律而詞經勅定不敢易之至是煬帝初爲皇太子從享於太廟聞而非之乃上言曰清廟歌詞文多浮麗不足以宣功德請更議之故有是詔其祠圓丘皇帝入至版位定奏昭夏之樂以降天神升壇奏皇夏之樂受玉帛登歌奏昭夏之樂皇帝降南階詣罍洗洗爵訖升壇竝奏皇夏初升壇俎入奏昭夏之樂皇帝初獻奏誠夏之樂皇帝既獻作文舞之舞皇帝飲福酒作需夏之樂皇帝反爵於坫還本位奏皇夏之樂武舞出作肆夏之樂送神作昭夏之樂就燎位還大次竝奏皇夏圓丘降神奏昭夏

冊府元龜終

冊府元龜

巡按福建監察御史臣李嗣京訂正
知甌寧縣事臣孫以敬叅閱
知建陽縣事臣黄國琦較釋

掌禮部 七

作樂第五

隋煬帝大業元年詔曰古先哲王經國成務莫不因人心而制禮則天明而作樂昔漢氏諸廟旣別所樂亦不同至於光武之後始立共堂之制魏文承運初營廟寢太祖一室獨爲別宮自兹之後兵車交爭制

作規模日不暇給伏惟高祖文皇帝功侔造物道濟生靈享薦宜殊樂舞須別今若月祭時饗旣與諸祖共庭至於武功獨於一室交違禮意未合人情其詳議以聞有司未及陳奏帝又以禮樂之事總付祕書監柳顧言少府副監何稠著作郎諸葛穎祕書郎袁慶隆等增多開皇樂器大益樂員郊廟樂懸並令新制其後帝復難於改作其議竟寢諸郊廟歌詞亦並依舊制唯新造高祖廟歌九首又遣祕書省學士定殿前樂工歌十首

二年突厥染干來朝帝欲誇之先是齊武平中有魚龍漫衍俳優侏儒山車巨象抜井種瓜殺馬剝驢等奇怪異端百有餘物名爲百戲周時鄭譯有寵於宣帝奏徵齊散樂人並會京師爲之蓋秦角抵之流者也開皇初並放遣之至是總追四方散樂大集東都初於芳華苑積翠池側帝帷宮女觀之有舍利先來戲於場內須臾跳躍激水滿衢黿鼉龜鼈水人蟲魚遍覆於地又有大鯨魚噴霧翳日倏忽化成黄龍長七八丈聳踊而出名曰黄龍變又以繩繫兩柱相去十丈遣二倡女對舞繩上相逢切肩而過歌舞不輟又爲夏育扛鼎取車輪石臼大盆器等各於掌上而

跳弄之并二人戴竿其上有舞忽然騰透而換易之又有神鼇負山幻人吹火千變萬化曠古莫儔染干大駭之自是皆於太常教習每歲正月萬國來朝留至十五日於端門外建國門內綿亘八里列於戲場百官起棚夾路從昏達旦以縱觀之至晦而罷伎人皆衣錦繡繒綵其歌舞者多爲婦人服鳴環珮玉飾以毛氅者殆三萬人初課京兆河南製此衣服而兩京繒錦爲之中虛初高祖定令置七部樂一曰國伎二曰清樂伎三曰高麗伎四曰天竺伎五曰安國伎六曰龜兹伎七曰文康伎又雜有疏勒扶南康國百

滙突厥新羅倭國等使至是乃定清樂西涼龜茲天竺康國疏勒安國高麗禮畢以爲九部樂器工衣創造旣成大備於兹矣帝又置宴饗設鼓吹依梁爲十二架按案别有錞于鉦鐸軍樂鼓吹等二部案下皆熊羆貙豹騰倚承之以象百獸之舞其大駕鼓吹竝朱漆畫大鼓加金鐲羽葆鼓鐃節鼓皆五彩重蓋其羽葆鼓仍飾以羽葆長鳴中鳴大小横吹五彩衣幡緋掌畫交龍五彩脚大角亦如之大鼓長鳴大横吹節鼓及横吹後笛簫篳篥笳桃皮篳篥等工人服緋地苣文爲袍袴及帽金鉦棡鼓皆如八角紫繖小鼓

中鳴其鐃鼓小横吹及横吹後笛簫篳篥笳桃皮篳篥等工人服並青地苣文袍袴及帽羽葆鼓鐃及歌簫笛工人服竝武弁朱褠衣革帶大角工人平巾幘緋衫白皮大口袴其鼓吹督帥服與大角同以下准督師服亦如之鐃鼓一曲一十二變夜警用一曲俱盡次奏大鼓大鼓一十五曲供大駕一十二曲供皇太子一十曲供王公等小鼓九曲供大駕三曲供皇太子及王公等長鳴色角一百二十具供大駕三十六具供皇太子十六具供王公等吹鳴色角一百二十具供大駕十二具供皇太子一十具供王公等大

角第一曲起捉馬第二曲被馬第三曲騎馬第四曲行第五曲入陣第六曲收軍第七曲下營皆以三通爲一曲其詞竝本之鮮卑鐃鼓十二曲供大駕六曲供皇太子三曲供王公等其樂器有鼓并歌簫笳大横吹二十九曲供大駕九曲供太子七曲供王公其樂器有角節鼓笛簫篳篥笳桃皮篳篥小横吹十二曲供大駕夜警則十二曲供用其樂器有角笛篳篥笳桃皮篳篥六年二月大括魏齊周陳樂人子弟悉配太常竝於關中爲防置之其數益多前代是年諸夷大獻方物突厥啓民以下皆國主親來朝賀乃於

天津街盛陳百戲自海內凡有竒伎無不總萃崇侈器玩盛飾文服皆用珠翠金銀錦罽絺繡其營費鉅億萬關西以安德王雄總之東都以齊王暕總之金石匏革之聲聞數十里外彈絃擫管以上八千人大列炬火光燭天地百戲之盛振古無比自是每年以爲常焉先是漢至梁陳樂工其大數不相踰越及周并齊隋并陳各得其樂工多爲編户至是始大搜括焉柳顧言等又奏先都宫內四時祭享還用太廟之樂歌功論德别製其詞七廟同院樂依舊式又造享宴殿庭宫懸樂器布陳簨簴大抵同前而於四隅各

立建鼓三桉文設十二鎛鐘別鐘磬三架各依辨位為調合三十六架至於音律節奏皆依雅曲意在演令繁會自梁武帝始也開皇時廢不用至是又復焉柳顧言復增房內樂益其鐘磬奏議曰房內樂者主為王后絃歌諷誦而士君子故以房室為名燕禮鄉飲酒禮亦取而用也故云用之鄉人焉用之邦國焉文王之風繇近及遠樂以感人須存雅正既不設鐘鼓義無四懸何以取正於婦道也磬師職云燕樂之鐘磬鄭玄曰燕房內樂也所謂陰聲金石備矣以此而論房內之樂非獨絃歌必有鐘磬也內宰職云正

后服位詔其禮樂之儀鄭玄薦其入出賓客理亦宜同請以歌鐘歌磬各設二簴土革絲竹並副之並升歌下管總名房內之樂女奴隸習朝燕用之制曰可於是內宮懸二十簴其鎛鐘十二皆以大磬充去建鼓餘飾並殿庭同皇太子軒懸去南面設三鎛鐘於辰丑申三建鼓亦如之編鐘三簴編磬三簴共三鎛鐘為九簴其登歌減省二人簨簴金三博山樂器應漆者朱漆之其二舞用六佾其雜樂鼓吹多依開皇之故雅樂合十二器今列之如左金之屬二一曰鎛鐘每鐘懸一簨簴各應律呂之音即黃帝所命伶倫鑄十二鐘和五音者也二曰編鐘小鐘也各應律呂大小以次編而懸之上下皆八合十六鐘懸於一簨簴石之屬一曰磬用玉若石為之懸如編鐘之法絲之屬四一曰琴神農制為五絃周文王加二絃為七者也二曰瑟三十七絃伏羲所作者也三曰筑十二絃四曰箏十三絃所謂秦聲蒙恬所作者也竹之屬三一曰簫十六管長二尺舜所造者也二曰篪長尺四寸八孔蘇公所作者也三曰笛凡二十孔漢武帝時丘仲所作者也京房備五音有七孔以應七聲黃鐘之笛長二尺八寸四分四釐有奇其餘亦上下相

次以為長短匏之屬二一曰笙二曰竽並女媧之所作者也笙列管十九於匏內施簧吹之竽大三十六管土之屬一曰塤六孔暴辛公之所作者也革之屬五一曰建鼓夏后氏加四足謂之足鼓殷人柱貫之謂之楹鼓周人懸謂之懸鼓近代相承植而貫之謂之建鼓蓋殷所作也棲翔鷺於其上不知何代所加或曰鵠也取其聲揚而遠聞或曰鷺鼓精越王勾踐擊大鼓如雷門以厭吳晉特遺於建康有雙鷺唳鼓而飛乎雲或曰皆非也詩云振振鷺鷺于飛鼓咽咽醉言歸古之君子悲周道之衰頌聲之輟飾鼓以鷺

存其風流未知孰是靈鼗鼉鼗並八面雷鼗六面路鼓路鼗四面鼓以桴擊鼗貫其中而手搖之又有節鼓不知誰所造也木之屬二一曰柷如桶方二尺八寸中有椎柄連底動之令左右擊以節樂二曰敔如伏虎背有二十七鉏鋙以竹長尺横櫟之以止樂焉簨虡所以懸鐘磬横曰簨飾以鱗屬植曰虡飾以臝及羽屬簨加木板於上謂之業殷人刻其上爲崇牙以掛懸周人畫繪爲翣戴之以璧垂五采羽於其下樹於簨虡之角近代又加金博山於簨上垂旒蘇以合采羽帝又博訪知鐘律歌管者皆追之時有曹士

立裴文通唐羅漢常實全等雖知操弄雅鄭莫分然總付太常詳令删定議修一百四曲其五曲在宮調黄鐘也一曲應調太呂也二十五曲商調太簇也十四曲角調姑洗也一十三曲變徵調蕤賓也八曲徵調林鐘也二十五曲羽調南吕也一十三曲變宮調應鐘也其曲大抵以詩爲本參以古調漸欲播之絃歌被之金石仍屬戎車不遑刊正禮樂之事竟無成功焉

唐高祖武德初吏部郎中祖孝孫奏請作樂時軍國多務未遑改創每燕享因隋舊制奏九部樂（一燕樂 二清商 三西涼 四扶南 五高麗 六龜茲 七安國 八疎勒 九康國）

九年正月命祕書監竇璡太常少卿祖孝孫修定雅樂

太宗貞觀元年正月丁亥宴群臣奏秦王破陣樂之曲太宗謂侍臣曰朕昔在藩屢有征討世間遂有此歌豈意今日登於雅樂然其發揚蹈厲雖異文容功業繇之致有今日所以被於樂章示不忘於本也尚書左僕射封德彝進對曰陛下以聖武戡難立極安人功成化定陳樂象德實弘濟之盛烈將來之壯觀文容習儀豈得爲比太宗曰朕雖以武功定天下終

當以文德綏内外文武之道各隨其時公謂文容不如蹈厲斯爲過矣德彝頓首曰臣不敏不足以知之

其後令魏徵虞世南褚亮李百藥改製歌詞

二年六月祖孝孫奏所製雅樂先是陳梁舊樂雜用吳楚之音周齊舊樂多涉胡戎之伎於是斟酌南北考以古音作爲大唐雅樂以十二律各順其月旋相爲宮按禮記云大樂與天地同和故製十二和之樂合三十一曲八十四調祭圓丘以黄鐘爲宮方澤以林鐘爲宮宗廟以太簇爲宮五郊朝賀享宴則隨月用律爲宮初隋但用黄鐘一宮唯扣七鐘餘五鐘虡

懸而不扣及孝孫建旋宮之法皆遍扣鐘無復虛懸者矣祭天神奏豫和之樂地祇奏順和宗廟奏永和天地宗廟登歌俱奏肅和皇帝臨軒奏太和王公出入奏舒和皇帝食舉及飲酒奏休和皇帝受朝奏政和皇太子軒懸出入奏承和元日冬至皇帝禮會登歌奏昭和郊廟俎入奏雍和皇帝祭享酌酒讀祝文及飲福受胙奏壽和五郊迎氣各以月律而奏其音又郊廟祭享奏化康凱安之舞周禮旋宮之義亡絶已久時莫能知一朝復古自此始也太宗曰禮樂之設蓋聖人緣物設教以爲治然治之隆替豈此之繇御史大夫杜淹對曰前代興亡實繇於樂陳將亡也爲玉樹後庭花齊將

亡也而爲伴侶曲行路聞之莫不悲泣所謂亡國之音也以是觀之蓋樂之繇也太宗曰不然夫音聲能感人自然之道也故歡者聞之則悅憂者聽之則悲悲歡之情在於人心非繇樂也將亡之政其民必然苦心所感故聞而則悲何有樂聲哀怨能使悅者悲乎今玉樹伴侶之曲其聲具存朕當爲公奏之知公必不悲矣尚書右丞魏徵曰奏古人稱禮云禮云玉帛云乎哉樂云樂云鐘鼓云乎哉樂在人和不繇音調太宗然之孝孫卒協律郎張文收善音律嘗覽蕭吉樂譜以爲未詳悉乃取歷代沿革截竹爲十二律吹之備盡旋宮之義太宗召文收於太常令與少卿祖孝孫參定雅樂大樂有古鐘十二代唯用七餘有五鐘俗號啞鐘莫能通者文收吹律調之皆響徹人服其能復採三禮言孝孫雖創其端至於郊禋用樂事未周備詔文收與大常掌禮官等更釐改於是依周禮祭昊天上帝以圜鐘爲宮黄鐘爲角太簇爲徵姑洗爲羽奏豫和之舞若封太山同用此樂祭地祇方岳以函鐘爲宮太簇爲角姑洗爲徵南呂爲羽奏和順之舞禪梁甫同用此樂禘祫宗廟以黄鐘爲宮太呂爲角太簇爲徵應鐘爲羽奏永和之舞五郊日月星辰及類于上帝黄鐘爲宮奏用豫和之曲大蜡大報以黄鐘太簇姑洗蕤賓夷則無射等調奏豫和順和永和之舞明堂雩以黄鐘爲宮奏豫和之曲神州社稷籍田宜以太簇爲宮雨師以姑洗爲宮山川以蕤

賓爲宮並奏順和之曲享先妣以夷則爲宮奏永和之舞大享燕奏姑洗蕤賓二調皇帝郊廟食舉以月律爲宮並奏休和之曲皇帝郊廟出入奏太和之樂臨軒出入奏舒和之樂竝以姑洗爲宮皇帝太射姑洗爲宮奏騶虞之曲皇太子奏貍首之曲皇太子軒懸姑洗爲宮奏永和之曲凡奏黄鐘歌大呂奏太簇歌應鐘奏姑洗歌南呂奏蕤賓歌林鐘奏夷則歌中呂奏無射歌夾鐘黄鐘蕤賓爲宮其樂九變大呂林鐘爲宮其樂八變太簇夷則爲宮其樂七變夾鐘南呂爲宮其樂六變姑洗無射爲宮其樂五變中呂應

鍾爲宮其樂四變天子十二鍾上公九侯伯七子男五卿六大夫四士三及成奏之太宗稱善於是加級頒賜各有差

六年九月幸慶善宮讌三品已上賦五言詩於是起居郎呂才請於樂府被之管絃名爲功成慶善樂之曲令童兒八佾皆進德冠紫袴褶爲九功之舞冬正享宴及國有大慶與七德之舞偕奏於庭是年詔褚亮虞世南魏徵等分作樂章

七年正月帝制破陣樂舞圖左圓右方先偏後伍魚麗鵝鸛箕張翼舒交錯屈伸首尾回互以象戰陣之

形令起居郎呂才依圖教樂工一百二十八被甲執戟而習之凡爲三變每變爲四陣有往來疾徐擊刺之象以應歌節數日而就更名七德之舞癸巳宴三品已上及州牧蠻夷酋長於玄武門太宗謂侍臣曰四海和平天下同樂自古帝王罕得事太上皇萬福膝下之懽有倍嘗慶於是奏七德九功之舞觀者覩其抑揚蹈厲莫不扼腕勇躍凜然震竦武臣烈將咸上壽云此舞皆是陛下百戰百勝之形容羣臣咸稱萬歲蠻夷十餘種自請率舞詔許之久而罷賜帛各有差

十四年正月陝州言河水變清又有景雲見張文收採古朱鴈天馬之義制景雲河清歌名曰讌樂奏之管絃爲諸樂之首元會第一奏者是也（工人緋綾袍絲布袴舞二十人分爲四部）

六月詔曰殷薦祖考以崇功德比雖加以誠潔而廟樂未稱宜令所司詳諸故實制定奏聞八座議曰七廟觀德義冠於宗祀三祖在天式彰於嚴配致敬之情允洽大孝之道攸宜是以八佾具陳肅儀刑於綴兆四懸備展被鴻徽於雅音考作樂之明義擇皇王之令典前聖所履莫大於茲伏惟皇帝陛下天縱感

通率繇宸極孝理昭懿先被於八埏愛敬純深追崇於百葉永言錫祚斯弘頌聲鐘律格音播鏗鏘於響薦羽籥成列申蹈厲於蒸嘗爰詔典司加隆稱謂循聲覆實敬闡尊名竊以皇靈滋慶濬源長委邁吞燕之生商軼擾龍之肇漢盛韜光於九二漸發迹於三分高祖紐地補天重張區宇反魂肉骨再造生靈恢恢帝圖與二儀而合大赫赫皇道共七曜以齊明雖復聖迹神功不可得而窺測經文緯武敢有寄於名言敬備樂章式昭彝範皇祖弘農府君宣簡公懿王三廟樂請同奏長發之舞太祖景皇帝廟樂請奏大

甚之舞世祖元皇帝廟樂請奏大明之舞文德皇后
廟樂請奏光大之舞七廟登歌請每室別奏制可之
十六年十一月乙亥宴百寮奏十部樂先是伐高昌收其樂付太常乃增九部爲十部也
高祖以貞觀二十三年五月卽位八月有司奏言謹
按太廟每室有樂舞太宗皇帝廟將禘祔廟未有舞
名太尉長孫無忌侍中于志寧議曰易云先王作樂
崇德殷薦上帝以配享考請名崇德之舞詔從之
永徽三年五月有司奏言文德皇后廟樂請停光大
之樂唯進崇德之舞從之

顯慶元年正月庚寅改破陣樂舞爲神功破陣樂
三年十月辛亥太常奏白雪琴曲先是帝以琴中雅
曲古人歌之近代以來此聲頓絕令所司簡樂工解
琴笙者修習舊曲至是太常上言謹按禮記及家語
云舜彈五弦之琴歌南風之詩是知琴操曲弄皆合
於歌又張華博物志云白雪是天帝使素娥鼓五十
絃琴曲又楚大夫宋玉對襄王云有客於郢中歌陽
春白雪國中和者數十人是知白雪琴曲本宜合歌
以其詞高人和遂寡自宋已來迄于千祀未有能歌
白雪者臣今准敕倣琴中舊曲定其宮商然後教習
竝合於歌輒以御製雪詩爲白雪歌詞又按古今樂
府正奏曲之後皆別有聲君唱臣和事彰前史輙以
侍中許敬宗等奉和雪詩以爲送聲各十六節今悉
教訖竝皆諧韻帝善之乃付太常編於樂府
龍朔元年正月丙申朔帝欲伐遼詔李勣李義府任
雅相許敬宗許圉師張延師蘇定方阿史那忠于闐
王伏闍上官儀等謀於雒城門觀屯營新教之舞名
之曰一戎大定樂時欲親征遼以象用武之勢
麟德二年十月壬戌詔曰國家平定天下革命創制
紀功德久被樂章今郊祀四懸猶干戚之舞先朝

作樂韞而未伸其郊廟享宴等宮懸文舞宜用功成
慶善之樂皆着履執拂依舊服袴褶童子冠其武舞
宜用神功破陣之樂皆衣甲持戟其執纛之人亦着
金甲仍量加簫笛歌鼓等於懸南列坐與宮懸合奏
咸亨四年十一月丙寅帝自製樂章有上元二儀三
才四時五行用之儀又詔有司諸大祠享並奏之
上元三年十二月勅新造上元之舞先令大祠享皆
將陳設自今已後圓丘方澤太廟祠享然後用此舞
餘祭並停
儀鳳二年八月太常少卿韋萬石奏曰據貞觀禮郊

享曰文舞奏豫和順和永和等樂其舞人着委貌冠服手執籥翟其武舞奏凱安其順人着平冕手執干戚奉麟德二年十月敕文舞改用功成慶善樂武舞改用神功破陣樂並改器服但以慶善樂不可降神破陣樂又未入雅樂雖改用器服其舞猶依舊迄今不改事既不安恐須別有處分詔曰舊文舞武舞既不可廢并其器服揔宜依舊若軒懸作上元舞曰仍奏成功破陣樂及功成慶善樂并殿庭用舞並須引出懸外而作其安置舞曲宜更商量作安穩法并錄凱安六變法象奏聞萬石又與刊正樂官等奏曰謹

按凱安舞是貞觀年中所造武舞准貞觀禮及今禮但郊廟祭享奏武舞之樂即用之凡有六變一變象龍興參野二變象尅靜關中三變象東夏賓服四變象江淮寧謐五變象獫狁慴伏六變復位以崇象兵還振旅謹按貞觀禮祭享曰武舞惟作六變亦如周之大武六成禮止按樂有因人而止如禮云諸侯相見揖讓而入門入門而懸興揖讓而升堂升堂而樂闋是也有著成數者數終則止不得取行事賒促爲樂終早晚即禮云三闋六成八變九變是也今禮奏武舞六成而數終未止既作非師古不可依行其武舞凱安望請依古禮及貞觀禮六成樂止立部伎内破陣樂五十二遍修雅樂只有兩遍名曰七德立部伎内慶善樂七遍修大雅樂只有一遍名九功上元舞二十九遍今入雅樂一無所減每見祭享日三獻已終上元舞猶自未畢今更加破陣樂慶善樂恐酌獻已後歌舞更長其雅樂内破陣樂慶善樂及上元舞三曲並望修改通融令長短與禮相稱冀望於事爲便破陣樂有象武事慶善樂有象文事先儒所傳國家以揖讓得天下則先奏文舞若以征伐得天下則奏武舞望請應二舞日先奏神功破陣樂次奏功

成慶善樂先奉敕於圜丘方澤太廟祠享日則用上元之舞臣據見行禮欲於天皇酌獻降復位已後即作凱安六變樂止有神功破陣樂功成慶善樂上元之舞二曲得修改訖以次通融作之即得新舊並行前後有序詔從之時萬石奏太樂博士弟子等有遭喪者教習向成一朝國家隨亦荒廢又此輩皆無別業雖放行服家舍必更舊伎鄉閭請百日之後量追赴上侍御史劉思立劾之曰竊以移風易俗莫善於樂睦親化人莫善於孝所以三年之禮貴賤咸達金革之事始有墨縗縱此輩小人先無俯就猶欲凡在

其上昜之企及若遺釋服作樂則甚紊禮經帶經埋音又全虧國體豈以其居家不能執禮遂欲曹司約為非法萬石身居禮樂之官輒昧吉凶之本須之率土理恐未安既爽風化之源請挂糾繩之末上方委任萬石竟不從思立所奏三年七月帝在九成宮於咸亨殿宴集有韓王元嘉霍王元軌及南北軍將軍等樂作太常少卿韋萬石奏稱破陣樂舞者是文皇發迹所繇宣揚祖宗盛烈傳之於後永永無窮自天皇臨馭四海寢而不作既緣聖情感愴群下無敢關言臣忝職樂司廢墜是懼依禮祭之日天子親總干

戚以舞先祖之樂與天下同樂之也今破陣樂久廢羣下無所稱述將何以發孝思之情帝矍然改容俯遂所請有制令奏樂舞既畢帝歔欷感咽涕泗交流臣下悲淚莫能仰示久之顧謂兩王曰不見此樂垂三十年乍此觀聽實深哀感追思往日王業艱難勤勞若此朕今嗣守洪業可忘武功古人云富貴不與驕奢期驕奢自至朕謂時見此舞以自誡昜異無盈滿之過非為歡樂奏陳之耳侍宴羣臣咸呼萬歲

調露三年正月乙酉帝御雒城南樓賜宴太常奏新造六合還淳之舞

則天光宅元年九月制高宗廟樂以鈞天為名

天授中製天授樂舞四人畫五綵鳳

長壽二年正月親享萬象神宮先是自製神宮大樂舞用九百人至是舞于神宮之庭是時又製長壽樂武十有二人畫衣冠

延載元年正月製越古長年樂一曲又有鳥歌萬歲樂時宮中養鳥能人言嘗稱萬歲為樂以象之舞三人緋大袖並畫鸜鵒冠作鳥像

大定元年幸京師同州刺史蘇瓌進聖主還京樂舞御行宮樓觀之賜以束帛令編於樂府

睿宗景雲元年有司奏宗廟奏太和之舞

玄宗開元二年六月左拾遺蔡孚獻龍池集公卿士已下凡三百篇請付太常寺其間詞合音律者為龍池樂章以歌聖德從之初帝在藩與宋王等居于興慶里時人謂為五王子宅及景龍末宅內神池涌出泛灩清瑩流之不竭中有龜龍遊焉故羣臣歌之舞十二人冠飾以芙蓉備用雅樂而無鐘磬舞人躡履

六年十月制睿宗廟樂奏景雲之舞

八年九月瀛州司法參軍趙盛言論郊廟用樂表曰祭天地宗廟樂合用商音又周禮三處大祭俱無商

調鄭玄云此無商調者祭尚柔商堅剛也以臣愚知斯義不當但商金聲也周家木德金能尅木作者去之今皇唐土王卽殊周室五音損益須逐便宜豈可將木德之義施土德之用又說者以商聲配金卽作剛柔理解殊不知聲無定性音無常主剛柔之體實係其人人和則音柔人怒則聲烈故禮稱怒心感人者其聲麗以厲愛心感者其聲和以柔祇如宮聲爲君商聲爲臣豈以臣位配金爲臣道便爲剛乎是知周制無商不爲堅剛見闕蓋以扶木德忌金行故國祚靈長後葉昌盛卜代三十卜年八百是去金之應

也卽人神之心可見剛柔之理原乎聖人之情詳夫作者之旨車服器械爲易代之通規郊禋聲調避德王之刑尅此不疑之理也其三祭並請加商調去角調又郊廟二舞人不依古制未恊人神按周禮以樂舞教國子舞雲門大咸大護大武是知古之舞者卽諸侯子孫容服鮮麗故得神祇降福靈光燭壇今之舞人並容貌蕞陋屠沽之流用以接神欲求降福固亦難矣有隋之祭猶以品子爲之號爲二舞郎逮乎聖朝遂變斯制誠願革茲近誤著復古道其二舞人望取品子年二十已下顔容修正者充令太常博士主之准國子學給科行事之外習六樂之道學五禮之儀經十周年量文武授散官號曰雲門生又按周禮奏太簇歌應鍾以享地祇註云地祇謂神州社稷也太簇陽也位在寅應鍾陰也位在亥故斗建亥則日月會於寅斗建寅則日月會於亥是知聖人之制取合於陰陽歌奏之儀用符於交會今之祭社稷乖古法乃下奏太簇上歌黃鍾但太簇黃鍾俱是陽律上下歌奏不異仍是陽合於陽非特違其禮經抑亦乖於會合其社壇歌黃鍾望改爲應鍾又五郊工人舞人衣服各依方色按周禮以蒼璧禮天以黃琮禮

地以青圭禮東方以赤璋禮南方以白琥禮西方以玄璜禮北方是知五天帝德色王不同四時文物各隨方變異以同色相感同事相宜陰陽交泰莫不繇此今祭器茵褥總隨於五方五郊衣服獨乖其方色舞者常持皁飾工人常服絳衣以臣愚知深爲不便但五行相尅賢愚共悉絳爲火色有忌於金方皂爲水位則妨於火德事理乖迕居然可明其工人舞人衣服望各依方色其宗廟黃色仍各以所主禮神又以樂理身心禮移風俗請立樂教以化兆人周禮曰以樂德教國子中和祇庸孝友其國子諸生望教以

樂經同於禮傳則人人知禮家家知樂然後移風易俗災害不生其樂經章目雖詳稍乖旨要望委通明傳識修撰訖然後頒

十二年正月詔曰朕聞舞者所以節八音而行八風豈徒誇詡時代眩曜耳目而已也自立雲韶內府百有餘年都不出於九重今欲陳於萬姓冀與群公同樂豈獨娛於一身且珠翠綺羅孰非珍玩嘗念百金之費毎惜十家之產是以所服之服但非綺羅所冠之冠亦非珠翠若至弋綈之制大帛之衣德雖謝於古人儉不忘於曩哲庶群公等覩此當體服之不奢

十三年詔燕國公張說改定樂章帝自定聲度說爲之詞令太常樂工就集賢院敎習數月方畢因定封禪郊廟詞曲及舞至今行焉十五年太常卿韋縚令博士韋逌直太樂季尚冲樂正沈元禮郊社令陳虔申懷操等銓敘前後所行用樂章爲五卷以付太樂鼓吹兩署令工人習之時太常舊相傳有讌樂五調歌詞各一卷或云貞觀中侍中楊恭仁趙方等所銓集詞多鄭衛皆近代詞人雜詩至是縚又令太樂孫玄成更加整革編爲七卷

二十九年六月太常奏曰准十三年東封太山所定雅樂日豫和六變以降天神順和八變以降地祇皇帝行用太和之樂其封太山也登歌奠玉幣用肅和之樂迎俎用雍和之樂酌福飲福用福和之樂送文迎武用夾鍾宮豫和之樂禪社首也送神用林鍾宮順和之樂享太廟也迎神用永和之樂獻祖宣皇帝酌獻用光大之舞懿祖光皇帝酌獻用長發之舞太祖景皇帝酌獻用太政之舞代祖元皇帝酌獻用大成之舞高祖神堯皇帝酌獻用大明之舞太宗文祖武聖皇帝酌獻用崇德之舞高宗天皇大帝酌獻用均天之舞中宗孝和皇帝酌獻用大和之舞睿宗大

聖眞皇帝酌獻用景雲之舞徹豆用雍和之舞送神用黃鍾宮永和之樂臣以樂章殘缺積有歲時自有事東巡親謁九廟聖情敦禮精祈感通皆祠前累月考定音律請編諸史策萬代施行帝曰制禮作樂者古之人所用心孰免遺音兼之散失未有舉正昌感神明朕或得之於自然推之於律度卿之前請尋已施行令重彰闡宜編史策乃下制曰王者作樂右之大猷蓋以殷薦上帝嚴配祖考况順天地之理開山川之風發揮雅音導達和氣揖讓而理不其盛歟自戰國以來此道寖壞但絕鏗鏘之節寧探述作之源

歷代因循莫之改革朕甞以聽政之暇緬尋前典雖舊制之空存而正聲之多鈌將何以列彼詞祀感於明靈斯事體大諒資合度是用躬親有以裁狀定六律而爲本避五行之相尅哀慢淫過去其弊也清濁剛柔適其中也亦旣恊應頗爲成文或得之於自然乃不知其本故登上皇幽贊俾正闕遺者哉方於六代之作亦各一時之義也乃命奉常陳於祀事用昭誠敬且敦風俗而王公卿士爰及有累詣闕上言請以唐樂爲名者斯至公之事朕安得而辭焉然則大咸大護大夏皆以大字表其樂章今之所請宜曰大

唐樂自弘農府君至大武皇帝六廟貞觀中詔顏師古等定樂章舞號至是太常又奏所定獻祖宣皇帝至睿宗真皇帝九廟酌獻用武之號是時有立坐二部立部伎有八部一安樂後周平齊所作周代謂之城舞二太平樂亦謂之五方師子舞三破陣樂四慶善樂五大定樂亦謂之八紘同軌樂太宗平遼時作六上元樂高宗所作七聖壽樂武太后所作舞時行列成字有聖超千古道泰百王皇帝萬年寶祚彌昌八光聖樂玄宗所造自安樂已下每奏皆擂大鼓同用龜茲樂茲立奏之其大定樂加以金鉦唯慶善樂獨用西凉樂最爲閑雅其破陣上元慶善三舞皆易其衣冠合之鐘磬以享郊廟坐部伎有六部一讌樂張文收所作也又分爲四部有景雲慶善破陣承天等樂二長壽樂武太后長壽年所作三天授樂武太后天授年所作四鳥歌萬歲樂武太后所作因養吉了鳥常稱萬歲故爲樂以像之五龍池樂玄宗所作大小破陣樂玄宗所作生於立部伎舞用四人被之金甲自長壽已下皆用龜茲樂人皆著靴唯龍池用雅樂而無鐘磬舞人盡躡履而行貞觀中有裴神符者妙解琵琶唯作勝蠻奴火鳳傾盃樂三曲聲度清美太宗深愛之高宗末其伎遂盛於時自天后至神龍之際大增加立坐部伎諸舞尋亦廢之

天寶元年命有司定玄元廟告享所奏樂太常奏降

神用混成之樂送神用太乙之樂從之

十三載七月十四日改諸樂名太簇宮時號沙陁調龜茲佛曲改爲金華洞真因度王改爲歸聖曲承天順天景雲君臣相遇九真九仙天册永昌樂永代樂慶雲樂冬樂樂長壽樂紫極萬國歡封禪曜日光合佛兒胡歌改爲欽明引河東婆改爲燕山騎俱倫僕改爲寶倫光色俱騰改爲紫雲騰摩醯首羅改爲歸真火羅鶻鵃監改爲白蛤監羅刹朱羅改爲合浦明珠勿薩睒改爲無疆壽蘇莫剌耶改爲玉京春阿箇盤陁改爲元昭慶急龜茲佛曲改爲急金華洞真蘇末遮改爲萬宇清舞仙鶻乞婆婁改爲仙雲昇太簇商時號大食調破陣樂大定樂英雄樂歡心樂山香樂年年樂武城昇平樂興明樂黃驄驃人天雲卷白雲遼帝什婆野婆改爲九野歡優婆師改爲泛金波半射渠沮改爲高唐雲半射沒改爲慶惟新耶婆色雞改爲司農寶雞野鵲監改爲神鵲監捺利梵改爲布春陽蘇羅師祁歌改爲懷思引萬歲樂太簇羽時號般涉調

太和萬壽樂天統九勝樂元妃真元妃樂監女采樂
真女采樂山水白鶴郎剌耶改爲芳桂林移師都改
爲大仙樂借泉沙魚改爲躍泉魚供倫朗改爲日重
輪蘇剌耶改爲未央年吒鉢羅改爲芳林苑苑伎改
爲泛蘭叢悉你都改爲瓊臺花春楊柳
天倉寶引蘇剌耶胡歌改爲寶廷引 太簇角 大同樂六
合來庭安平樂成服
來賓安公子紅藍花 林鍾宮時號道調 道曲垂拱樂萬國歡九仙
步虛飛仙景雲欽明引玉京寶輪光曜日
光紫雲騰剛改爲神仙急火鳳改爲監 林鍾商時
號小食調 天地大寶迎天歡心樂太平樂破陣樂五更轉聖明樂卷白雪凌波神九成樂泛龍
舟月殿蟬曲英雄樂山香會仙迎祥翊聖司晨寶雞
九野歡訖陵加胡歌改來賓引胡殘改儀鳳蘇羅密
改丹朝陽須婆栗特改芳苑墟捺雞背陵改爲北戍
還淳金波借席改爲金鳳廄磨賊改爲慶淳風慶惟
新 林鍾羽時號平調 大風真大風急大風舞媚娘長命兩河三臺監行天急行天儀
陽女神白馬春楊柳無愁改爲長歡因地利支胡歌
改爲玉關引大仙都都春臺爽祇羅改爲祥雲飛文明

新造勝蠻奴改爲塞塵清 林鍾角調 紅藍花綠沉盃赤白桃李花太白紵堂堂十二時天下兵
改爲荷來蘇 黃鍾宮 太封山樂 黃鍾商時號越調 破陣樂天授樂無爲傾盃
樂文武九華急九華大疊瑞蟬曲北雒歸淳變淳風
杜蘭烏多迴改爲蘭山吹弄壽改天長寶壽春鸞囀
吹急蘭山高麗改爲來賓引耶婆地調歌改爲靜邊
引婆羅門改爲霓裳羽衣思歸進牟雞胡歌改爲金
方引非朝陽三部羅改爲三輔安 黃鍾羽時號黃鍾調 火鳳火急鳳春楊柳飛仙
大仙都天統司歸達菩提梵改爲洞靈章明
鳳樂真鳴鳳阿藍堆百舌鳥改爲濮陽女 中呂商
時號雙調 破陣樂太平樂傾盃樂大䴊樂迎天樂蟬曲山香月殿大百歲老壽改天長寶壽五
更轉同昌還城樂慶惟新金風汎金波司晨寶雞
金方引俱摩尼佛改紫府洞真神雀鹽北雒歸淳 南
呂商時號水調 破陣樂九野歡汎金波陵波昇朝陽蘇莫歡心樂蟬曲來賓引天地大寶
五更轉 金風調 蘇莫遮改爲感皇恩日天月天風天木天火天五天婆伽兒改爲流芳 時

司空楊國忠左相陳希烈奏中使輔璆琳至奉宣進
止令臣將新曲名一本立石刊於太常寺者今旣傳
之樂府勒在貞珉仍望宣付所司頒示中外勅旨所
請依 玄宗在位多年善樂音若燕設酺會明御勤政
樓先一日金吾引駕仗北衙四軍甲士未明陳
仗衛尉張設光祿造食候明百寮朝侍中進中嚴外
辦中官素扇天子開簾受朝禮畢又素扇垂簾百僚
常參供奉官貴戚二王後諸蕃酋長謝食就坐太常
大鼓藻繪如錦樂工齊擊聲震城闕太常卿引雅樂
每色數十人自南魚貫而進列於樓下鼓笛雞婁充
庭考擊大常樂立部伎坐部伎依點鼓舞間以胡夷
之伎日旰即內閑廄引蹀馬三千餘使爲傾盃樂曲
奮首鼓尾從橫應節又施三層板牀乘馬而上抃轉
如飛又令宮女數百人自帷出擊雷鼓爲破陣樂太
平樂慶善樂上元樂雖太常積習皆不如其妙若聖
首樂則迴身換衣作字如畫又五坊使引大象入場
或拜或舞動容鼓振中於音律竟日而退玄宗又於

聽政之暇教太常樂工子弟三百人爲絲竹之戲音
響齊發有一聲誤玄宗必覺而正之號爲皇帝弟子
又云梨園弟子以置院近於禁苑之梨園又有別教
院教供奉新曲太常每凌晨鼓笛亂發於太樂署別
教院廩食常千人宮中居宜春院玄宗又製新曲四
十餘又親製樂譜每初年望夜又御勤政樓觀燈作
樂貴臣戚里借看樓觀望夜闌太常樂府懸散樂畢
即遣宮女於樓前縛架出眺歌舞以娛之若繩戲竿
伎詭異巧妙固無其比及玄宗西幸祿山遣其逆黨
載京師樂器樂伎盡入雒城尋而肅宗尅復兩京將
行大禮命禮儀使太常少卿于休烈使屬吏於東京
留臺押領赴于朝廷諸給錢使休烈造伎衣及大舞
等服於是樂工
二舞始備矣
肅宗乾元元年三月帝以太常舊鍾磬自隋以來所
傳五聲或有差錯謂太常少卿于希烈曰古者聖人
作樂以應天地之和以合陰陽之序則人不夭札物

不甁厲且金石絲竹樂之器也以親享郊廟每聽樂聲或宮商不倫或鍾磬失度可盡將鍾磬來朕當於內自定太常進入帝集樂工考試數日審知差錯然後令再造及磨刻二十五日一部先畢召太常樂工帝臨二殿親觀考擊皆合五音送太常二十八日帝又於內造樂音三十一章送太常郊廟歌之中書門下及百僚上表稱賀

代宗寶應二年六月庚辰太常奏玄宗室請奏廣運之舞調用太簇肅宗室請奏惟新之舞調用夷則

德宗以大曆十四年卽位十一月禮儀使奏代宗室

樂用保泰之舞

貞元三年三月以昭德皇后廟樂章九首付有司初帝令有司議廟舞之號禮官請號坤元之舞從之樂章初令宰相張延賞柳渾等撰之及進留留不下又命翰林學士吳通玄爲之

四年河東節度使馬燧獻定難曲帝御麟德殿命閱試之

四年五月詔有司補諸廟所缺樂章自開元以來外風伯雨師爲中祀及創置德明皇帝興聖皇帝讓皇帝武成王廟假郊廟樂章並未奏撰及是有司以功績各異請補其缺詞帝乃令其臣李泌撰之泌未及撰物故遂命于邵包佶李舒等分爲之

十三年十二月昭義節度使王虔休上表曰臣聞於師夫君子爲能知樂是故審音以知聲審樂以知政則治道備矣清明廣大終始周旋與天地同其和與四時合其序豈止於鍾鼓管磬云乎哉伏見開元中天長節著于甲令每於是日海縣懽娛稱萬壽之無疆樂一人之有慶故能追堯接舜邁禹踰湯自周巳後不能議矣今陛下降誕之辰未有惟新之典無乃臣子之分或有所闕愚臣不揆頑昧敢思祖述每私歌藉抃忘寢與食久矣適遇有知音者與臣論其樂

章探微賾奥窮理盡情臣乃遣造繼天誕聖樂一曲大抵以宮爲調表五音之奉君也以土爲德知五運之君中也凡二十五遍法二十四氣而足成一歲也每遍一十六拍象八元八凱登庸於朝也與於雲門咸池永傳於律呂空桑孤竹合爲於宮懸不聞慆懘之聲長作中和之樂可使九域之人頓忘於肉味四夷之俗皆播於皇風與唐惟休終古盡善臣不勝懇款屏營之至謹昧死陳獻以聞其所造曲譜謹同封進先時自太常樂人劉玠流落至潞州虔休因令造此樂也

十四年帝自造中和樂御麟德殿奏之并製觀新樂
詩令太子書示百官
十六年正月南詔異牟尋作奉聖樂舞因西川節度
韋臯以進
十九年四月修德明興聖及獻懿二祖廟遷神主于
廟太常寺奏德明興聖獻祖懿祖廟樂用宮懸詔曰
可
憲宗永貞元年十二月丙申有司奏德宗廟室酌獻
奏文明之舞用黃鍾爲宮
元和元年有司奏順宗初室奏大順之舞中書侍郎

同平章事段文昌撰樂章
八年九月詔太常習樂始復用大鼓先是德宗自興
元以還關輔有李懷光吐蕃之虞而又都中屢驚初
令習樂者去大鼓及是太子少傅判太常卿鄭餘慶
奏復之
是月宣武軍節度韓弘進新撰聖朝萬歲樂等曲譜
共三百首
穆宗以元和十五年正月即位四月禮儀使奏憲宗
皇帝廟樂舞號臣得樂官閻叔逸狀六月祔廟用當
月均調林鍾宮臣聞樂以表功舞以象德皇王大政
被無窮伏以憲宗皇帝道邁前古業崇丕搆憂勤庶
績夙夜惟寅振揚武烈誅謀定命戡剪不乂廓清寰
中功格上玄德侔厚載綴八佾以成象昭萬祀之徽
音憲宗皇帝廟樂請用象德之舞謹按律曆志曰黃
鍾太簇林鍾謂之三正律皆音之君也今祔饗始於
六月辛未聲應林鍾之宮制可中書侍郎平章事段
文昌進撰樂章
敬宗以長慶四年正月即位有司奏穆宗室奏和寧
之舞中書侍郎平章事牛僧孺奉勅撰奏樂章
文宗以寶曆二年即位有司奏敬宗廟奏大鈞之舞

中書侍郎平章事韋處厚撰樂章
太和三年八月太常禮院奏謹按凱樂鼓吹之歌曲
也周官大司樂王師大獻則奏凱樂註云獻功之樂
也又大司馬之職師有功則凱獻于社注云兵樂曰
凱司馬法曰得意則凱樂所以示喜也左氏傳載晉
文公勝楚振旅凱入魏晉已來鼓吹曲章多述當時
戰功是則歷代獻捷必有凱歌太宗平東都破宋金
剛其後蘇定方執賀魯李勣平高麗皆備軍容凱歌
入京都詳簡貞觀顯慶開元禮書并儀註今參酌古
今備其陳設及奏歌曲之儀凡命將征討有大功獻

俘馘者其日備策兵衛於東門外如獻俘嘗儀其凱樂用鐃吹二部笛篳篥簫笳鐃鼓每色二人歌工二十四人樂工等乘馬執樂器次第陳列如鹵傳之式鼓吹令其前導分行於兵馬俘馘之前將入都門鼓吹振作迭奏破陣樂等四曲破陣樂應聖期賀朝歡君臣同慶樂

九月庚辰太常卿王涯少府監庾承憲太常丞李廓等領雲韶樂工於梨園會昌殿獻賜王涯錦綵一百疋銀器三事又賜李廓及樂工等有差文宗天資弘約自登極絕不爲畋遊之戲視朝之暇好古博雅務追古先聖哲之所尚且以近俗鄭衛之音促速惑人聞聽乃命修復開元雅正之音以爲娛悅自後朝臣恩渥淳厚者往往就賜以示殊寵

八年十月宣太常寺准雲韶樂舊用人數令於本寺閱習進來

九年五月丁巳太常少卿馮定押進雲韶樂官三百八十人上於麟德殿觀閱翌日以樂成頒賜有差

開成元年七月教坊進霓裳羽衣舞女十五已下者三百人帝絕畋遊馳騁之事思王帛鍾鼓之本語及音律每謂絲竹自有正聲人但趣於鄭衛乃造雲韶等法曲遇內宴奏之顧大臣曰笙磬同音沈吟味不圖爲樂之至於斯十月太常教成雲韶樂

武宗以開成四年卽位有司奏文宗廟室奏文成之舞中書侍郎崔洪撰樂章

宣宗以會昌五年卽位武宗廟樂奏大定之舞

昭宗以文德元年卽位將親謁郊廟先是廣明初黄巢干紀樂工淪散金奏幾亡至是有司請造樂懸詢於舊工莫知制度時太常博士殷盈孫按周官考工記究其樂鎛於鼓鉦舞之法用算法乘除鎛鍾之輕重高徑乃定懸下編鍾正黄鍾九寸五分下至登歌倍應鍾三寸三分半凡四十八等口項之量徑衡之圍悉爲圖進遣金工依法鑄之凡二百四十口修奉使宰臣張濬求知聲者處士蕭承訓樂工陳敬言太

樂令李從周令先較定石磬合而擊拊之八音克諧觀者聳聽

光化四年正月宴於保寧殿帝自制曲名曰讚成功時中官劉季述幽帝於西內監州雄毅軍使孫德昭等殺季述昭宗反正乃製曲以褒之又作樊噲排難戲以樂焉

哀帝天祐元年卽位昭宗祔太廟太常禮院撰定酌獻用咸寧之舞

冊府元龜

巡按福建監察御史臣李嗣京訂正
新建縣舉人臣戴國士參閱
知建陽縣事臣黃國琦較釋

掌禮部 八

作樂　夷樂

作樂第六

梁太祖開平元年旣受唐禪始建宗廟凡四室每室有登歌酌獻之舞肅宗宣元皇帝室日來儀之舞烈祖文穆皇帝室日昭德之舞

二年正月太祖將議郊禮有司撰進樂名舞名樂日慶和之樂舞日崇德之舞皇帝行奏慶順之曲奠玉幣登歌奏慶平之曲迎俎奏慶肅之曲酌獻奏慶熙之曲飲福酒奏慶隆之曲送文舞迎武舞奏慶融之曲亞獻終獻奏慶休之曲太廟迎神舞開平之舞

後唐莊宗同光二年正月將有事於南郊光祿大夫簡較尚書左僕射行太常卿充南郊禮儀使李燕進太廟登歌樂章洎舞名其懿祖昭烈皇帝室登歌酌獻日昭德之舞獻祖文皇帝室登歌酌獻日文明之舞太祖武皇帝室登歌酌獻日應天之舞昭宗皇帝室登歌酌獻日永平之舞從之

明宗天成元年八月太常定莊宗廟室酌獻奏舞武成之舞

四年二月諸樂章有霓裳曲名與德祖孝成皇帝廟諱同改爲雲裳曲

長興三年九月壬辰宴羣臣於長春殿敎坊進新曲是日奏畢賜名日長興樂

末帝淸泰元年五月太常卿盧文紀言明宗皇帝祔廟其一室酌獻舞曲歌辭臣請名雍熙之舞從之

晉高祖天福元年卽位（臣欽若等按五代史天福二年三月追尊四親廟而不載

樂章）

四年十二月庚戌禮官奏歲正旦王公上壽皇帝舉酒奏玄同之樂再飮三飮並奏文通之樂三飮訖羣臣再拜樂奏大同蕤賓之鐘左右皆應（是月壬戌又奏正旦上壽宮懸歌舞未全且請雜用九部雅樂歌敎坊法曲從之）

五年八月詳定院奏先奉詔正冬二節朝會舊儀廢於離亂之時與自和平之代將期備物全繫用心須議擇人同爲定制其正冬朝會禮節樂章二舞行列等事宜差太常卿崔棁御史中丞竇貞固刑部侍郎呂琦禮部侍郎張允與太常等官一一詳定禮從新

意道在舊章庶知治世之和漸見移風之善今衆官篇討典禮具述制度按禮云天子以德爲車以樂爲御大樂與天地同和大禮與天地同節又曰安上治人莫善於禮移風易俗莫善於樂故樂書議舞曰夫樂在耳曰聲在目曰容聲應乎耳可以聽知容藏於心難以貌覩故聖人假干戚羽旄以表其容發揚蹈厲以見其意聲和合則大樂備矣又按義鏡問鼓吹十二案合於何所答云周禮鼓人掌六鼓四金漢朝乃有黄門鼓吹崔豹古今註云因張騫使西域得摩訶兜勒一曲李延年增之分爲二十八曲梁置鼓吹

清商令二人唐又有棡鼓金鉦大鼓長鳴歌簫笳笛合爲鼓吹十二按大享會則設於懸外此乃是設二舞及鼓吹十二按之繇也今議一從令式排列教習文舞郎六十四人分爲八佾每八佾人左手執籥禮云箏籥伊耆氏之樂也周禮有籥師教國子爾雅曰籥如笛三孔而短大者七孔謂之産歷代以來文舞所用凡用籥六十有四右手執翟周禮所謂羽舞也書云舞干羽於兩階翟山雉羽分析連攢而爲之二人執纛前引數於舞人之外舞人冠進賢冠服黄紗袍白紗中單白領褾白練褴襠白布大口袴革帶烏皮履白布襪武舞郎六十四人分爲八佾左手執干干楯也今之旁牌所以翳身也其色赤中畫獸形故謂之朱干周禮所謂兵舞取其武象周楯六十有四右手執戚戚斧也上飾以玉故謂之玉戚二人執旌前引旌似旗而小絳色畫升龍二人執鼗鼓二人執鐸周禮有四金之奏其三曰金鐸以通鼓形如大鈴仰而振之金錞二每錞二人舉之一人奏之周禮四金之奏一曰金錞以和鼓銅鑄爲之其色玄其形圓若椎上大下小高三尺六寸有六分圓二尺四寸上有伏虎之狀旁有耳獸形銜環二人執鐃以次之周禮四金之奏二曰金鐃以止鼓如鈴無舌揘柄以鳴

之二人掌相在左禮云理亂以相制如小鼓用皮爲表實之以糠撫之以節樂二人掌雅在右禮云訊疾以雅以木爲之狀如漆角而掩口大二圍長五尺六寸以羧皮鞔之旁有二紐髹畫賓醉而出以器築地明行不失節武舞人服弁手尚幘金支緋絲布大袖緋絲竹布襦襠甲金飾白練褴襠錦螣蛇起梁帶豹文大口布袴烏皮靴工人二十數於舞人之外舞弁朱構革帶烏皮履白練褴襠白布襪殿庭仍如鼓吹十二按義鏡云帝設氈按以氈爲床也今請制大床

容九人振作歌樂其床爲熊羆貙豹騰倚之狀以承之象百獸率舞之意分置於建鼓之外各三按每按羽葆鼓一大鼓一金錞一歌二人簫二人笳二人十二按樂工一百有八人舞助一百三十有二人取年十五已上弱冠已下容止端正者其歌曲名號樂章詞句中書條奏差官修撰從之

十一月冬至帝受朝於崇元殿王公上壽列二舞於樂懸之北舉觴奏玄同之樂三爵奏文同之樂帝舉食文武歌昭德之舞又歌成功之舞上舉四爵登歌作羣臣飲懸下樂作又奏龜茲樂一部以俟食畢時以

二舞久廢自此復興樂工舞人多取教坊伶官充用其歌聲靡曼抗墜端折舞容綴兆屈伸俯仰動作皆合節無離濩遲速之累及龜茲樂終乃奏霓裳法曲朝士咸以官舞爽舞所謂雅部而鄭衛之音更奏其內甚非禮也其後樂司自名一舞即及音聲人多出市井之徒限六十日教習教習未畢會正旦上壽登歌發聲則悲離煩慝如薤露虞殯之音其舞進退不成旅蹈厲不應方識者皆曰歌舞所以導德禮樂所以觀政今大失其序無如成之節季札無譏者此近之矣故其年駕幸鄴都安從進安重榮皆興兵向闕明年高祖晏駕次年契丹入寇至哉吉凶形兆之於樂也昭昭然其若是其可不重乎

少帝以天福七年卽位禮儀使奏奉勅撰高祖皇帝祔饗太廟酌獻樂章舞名伏請以咸和之舞爲名者勅恭依典禮

開運二年太常丞劉渙上表曰伏以古今所重禮樂爲先禮者安上治民樂者祭天祀地禮樂和則陰陽順陰陽順則災禍銷故禮云天下大定然後正六律和五聲又云功成作樂治定制禮乃知禮不可不興樂不可不正臣伏自忝昇禮寺竊見全少樂工或冬正御殿或郊廟陳儀則旋差京府衙門樂官權充每差到雖曾按習且臨時未免生疏兼又各業胡部音聲不閑太常歌曲有期忝雜慮失恭虔伏乞聖慈宣下所司量支請給據數見闕樂師添名便令在寺舊人依古制教習並須精研方可備於懸栅爲樂府薦於天地和其神人使八音以克諧期百獸而率舞與

獲昭感永福生靈勅宜令太常寺除見管兩京雅樂節級樂官四十人外更添六十人內三十八人宜抽塡教習仍令三司定支春冬衣及月糧聞奏其舊管教坊貼部樂官兼充餘二十二人宜令本寺招名充四十人亦令量支添請給其年中書舍人陶穀奏曰臣前任太常少卿伏見本寺見管二舞郎皆坊市大戶州縣居民若不盡免差徭無緣抜名鼓舞竊以制禮作樂國家大事非造次可爲也古者百獸率舞鳳凰來儀非他也樂之至和所致今宮懸之內有琴瑟簫竽之屬豈惟樂器不堪兼且樂工不曉每至御殿

但執之而已樂旣無聲舞將奚用非擊石拊石手舞足蹈之義也進作象功之事且僮厚誣退思治世之音不應如是方今戎車尚駕武備猶嚴士農工商咸供力役獨此舞者無所取裁况正殿會朝已久停罷其見管兒數等每有身亡皆是旋塡補旣不曾敎習但虛免差徭伏乞聖明且議停廢俟三邊寧靜五稼豐登然後集會禮官叅酌故事先調律呂俾無慆濫之音次授干戚畫去婆娑之態庶於昭代不爽中和勑曰樂工且令敎習舞郎權且停廢議者曰高祖以雅樂久廢而興之嗣王以舞人爲病輟之降神和人其制旣亡羊亡禮廢於義何在敎習可也寢停非也

漢高祖卽位稱天福十二年是年閏七月追立六廟制定太廟六室奠獻樂章舞名吏部侍郎權判太常卿張昭議曰臣聞先王作樂崇德所以殷薦上帝嚴配祖宗是明大夏雲門本匪自娛而至空桑雷鼓爰因孝享而興自遂古以來施於郊廟至我太祖高皇帝始定天下詔叔孫通定禮樂通始爲廟樂有降神納俎登歌薦祼等曲孝景皇帝以高皇帝有創業大功及神主祔廟帝親奠獻及作武德之舞以歌詠高帝之功自是繼文之君祔廟之時特爲舞曲前朝祭祀降神用文舞送神用武舞其登歌俎又卽奏十二和之樂唯酌獻一曲每室別立舞名今六祖在天四懸將奏合神酌獻之舞仰詠積累之功臣實蒭蕘不置鍾律獲備擬倫之職敢竭愚鄙之誠恭以太祖皇帝創業垂統翼子貽孫洪唯藝祖神宗平揖放勛文命按孝景皇帝詔曰祖有功而宗有德制禮作樂各有其繇歌者所以發德舞者所以明功高廟酌獻可奏武德之舞太祖高皇帝室酌獻請依舊奏武德之舞歌用無射宮調世祖光武皇帝力攘大憝再造丕基軒臺未泯於餘威備室仍歌於盛德按東平王蒼奏議曰漢制宗廟名皆不相襲以明功德光武皇帝

受命中興撥亂返正武暢方外震服百蠻功德巍巍比隆前代夫歌以詠德舞以象功世祖廟樂宜曰大武之舞時有制可之今世祖光武皇帝廟室酌獻請依舊奏大武之舞歌用黃鍾宮調恭以文祖明元皇帝濬發達源肇興洪業再啓斬蛇之運誕繫吞鷰之祥因斯勤斯至矣美矣遺德巳暄於絃誦展誠復播於聲詩文祖明元皇帝室酌獻請奏靈長之舞歌用黃鍾宮調恭以德祖恭僖皇帝若木分暉春山寫潤家門中厚早彰虛革之仁邦族顧瞻共仰籬桑之末卽時謳詠猶在管絃虔奉几筵宜光綴兆德祖恭僖

皇帝室酌獻請奏郎善之舞歌用黃鍾宮調恭以翼祖貽獻皇帝胙土開家分圭懋寵賢豪攺觀咸驚白水之圖書歷數將歸共指黃星之分野業勤昧旦義感殊隣魯戈之却日如存幽籥之舊風安在式崇明祀用廣德音翼祖貽獻皇帝室酌獻請奏顯仁之舞歌用太簇宮調恭以顯祖章聖皇帝當璧象賢藏符繼業藉累葉之繁祉搆與邦之永圖道濟續隆恩浮顧復既祇見於天地將對越於靈祇式詠休勳茂貽玄貺顯祖章聖皇帝室酌獻請奏章慶之舞歌用姑洗宮調

九月權判太常卿張昭上議曰臣聞歌以詠德舞以象功必於開剏之時便定聲詩制蓋以鋪舒文教宣暢武經觀舜帝簫韶則揖讓之儀可見覩周家大武則蹈厲之世如存儻無夔緤管絃旦調鍾律何以顯文祖受終之迹紀盟津誓衆之年是以王者功成必須有作伏惟皇帝陛下身爲律度烝協荃英倦開卧聽之音思奏無邪之頌將欲配祖宗於清廟禮天地於圜丘是以整八佾之羽旄考四廂之金石俾其合敘靡至奪倫臣謬以菲才暫司樂職周朝用六代之舞粗識旨歸秦帝改五行之歌頗詳沿革今宮懸一部歷代雅音其登歌象舞之詩孝享羣禋之用諷須合度奏亦有倫近月改更率違根本徒呈章句之學安論制作之繇臣謹詳按舊章發揮新意不改旋宮之義別爲雅樂之名翼自我朝以爲定制又義改二舞名曰昔周公相成王制禮殿庭遍奏六代舞所謂雲門大咸大韶大夏大濩大武也周室既衰王綱不振諸樂不廢惟大韶大武二曲存焉秦漢以來名爲二舞文舞韶也武舞武也漢時改爲文始五行之舞歷代因而不改貞觀作樂之時祖孝孫改隋文舞爲治康之舞武舞爲凱安之舞貞觀中有秦王破陣樂

功成慶善樂二舞樂府又用爲二舞是舞有四焉前朝行用年深不可遽廢俟國家偃息靈臺郎別名工師更其節奏今且改其名具書如右祖孝孫所定二舞曰治康之舞請改爲治安之舞取詩治世之音安以樂義武舞曰凱安之舞請改爲振德之舞取振旅士德之義貞觀中二舞名文舞功成慶善樂前朝名爲九功舞請改爲觀象之舞取易君子居則觀其象義武舞秦王破陣樂前朝名爲七德舞請改爲講功之舞取講武策勳義其治安振德二舞請依舊郊廟行用以文舞降神武舞送神其觀象講功一舞請依舊宴會行用請改十二和樂昔周朝奏六

代之樂卽今二舞之類是也其實祭嘗用别有九夏之樂卽肆夏皇夏等名是也梁武帝善音樂改九夏爲十二雅前朝祖孝孫改雅爲和示不相沿也臣今改爲成取節樂九成之義十二成樂曲名祭天神奏豫和之樂請改爲禋成之樂祭地祇奏順和請改爲順成祭宗廟奏永和請改爲裕成祭天地宗廟登歌奏肅和請改爲肅成皇帝臨軒奏太和請改爲政成王公出入奏舒和請改爲弼成皇帝食舉及飲宴奏休和請改爲德成皇帝受朝皇后入宮奏正和請改爲扆成皇太子軒懸出入奏成和請改爲裔成元日

冬至皇禮會登歌奏昭和請改爲慶成郊廟俎入奏雍和請改爲騂成皇帝祭享酌獻讀祝文及飲福受胙奏壽和請改爲壽成祖孝孫原定十二和曲開元朝又奏三和遂有十五和之名凡制作禮法動依典故梁置十二雅蓋取十二天之成數契八音十二律之變執益以三和有乖稽古又緣祠祭所用不可盡去臣取其一焉祭孔宣父齊太公廟降神奏宣和請改師雅之樂三公升殿會訖下階履行奏祴和請奏同用弼成享先農耕籍田奏豐和請奏同用順成

隱帝乾祐元年七月禮儀使張昭上高祖廟奠獻舞曲名并歌調表曰臣聞書稱舜禹之歌詩載商周之頌蓋示清廟貽謀之本表玄王創業之難固宜播在謳謡被之絃管永煥斷鼇之迹式彰伐鼓之勤伏惟高祖睿文聖武昭肅孝皇帝龍躍唐郊龜謀代邸應黃星而炳帝緒殲青犢以正乾綱爰在出潛備經歷試逐陰山之醜虜令振北門持分陝之權衛化流南國大勳允集駿命攸歸麾頭落而胡運亡蜀井燃而漢圖霸大驪湩酪重滌寰瀛按稷嗣之舊儀遵未央之故事祇見天地朝拜寢園誓帶礪以賞功臣儀環瑲而酬佐命比昭烈之雄王壘寄奴之王金陵瞻彼

一偶寧光二祖湛湛清雅峩峩德暢上林之仆柳重芳南頓之嘉禾再茂洪惟聖考無忝神宗黎民方慶其削平仙馭奄辭於顧復今則爰開畢陌龍去鼎湖九虞之尸祝虛陳三后之衣冠已祔崇牙設簴萬舞盈庭覩總干山立之人如觀牧野聽夏籥序典之韻似宴横汾象功之舞雖陳詠德之歌仍缺昔秦王破陣周帝降成而猶寫在宮商形於綴兆聖作物覩夫何讓焉臣載考聲詩恭詳典禮書曰七世之廟可以觀德高祖皇帝廟室奠獻舞曲請以觀德爲名

周太祖廣順元年五月丙子太常卿邊蔚上太廟四

室奠獻舞詞表曰臣聞禮莫尊於明祀孝莫重於奉
先歷觀哲王必嚴清廟所以二篇可用陳於羲易之
中百世不遷著在周詩之內旣修祀典爰奏樂章惉
懘之音不可以致來格蹁躚之貌不可以達至誠是
宜詳按舊規發揚新號庶正動容之列永符觀德之
文自西漢之初詔叔孫通重定禮樂始有廟樂及降
祖納俎登歌薦祼等曲迨至唐朝降神用文舞送神
用武舞其餘卽奏十二和之樂每室酌獻一曲則別
立舞名降及前朝亦詢此制今者將新郊廟嚴配祖
宗合更率舞之名仰詠累功之盛恭惟信祖睿和皇

帝天輔其德岳降其神源發凫丘九曲遐通於溟渤
日騰陽谷四方咸仰於貞明大志克伸嘉猷永播肇
屬登三之運爰尊得一之名蒸嘗既達於孝誠綴兆
難從於舊式信祖睿和皇帝室酌獻請奏肅雍之舞
恭惟僖祖明憲皇帝茂著王公善修世德龍蟠大澤
動施雷雨之恩鳳舞高岡上絕雲霓之勢爰符廣運
式薦鴻名豆籩方備於祭儀干戚雖陳於舞位僖祖
明憲皇帝室酌獻請奏章德之舞恭惟義祖巽順皇
帝善馭英豪允兼文武雄心莫測呑七澤於胸中戎
略素浮運三宮於掌內蓋有貽孫之慶遂資啓帝之

祥遺音廣備於詠歌盛禮克昭於禋祀義祖巽順皇
帝室酌獻請奏善慶之舞恭惟慶祖章肅皇帝英華
發外淸明在躬龍德終潛莫契飛天之義龜書不出
孰爲受命之符大功昔啓於霸圖景命今鍾於聖緒
遂正居尊之號以伸念始之情仍舉象功更符章德
慶祖章肅皇帝室酌獻請奏觀成之舞
七月太常卿邊蔚上言王者誕膺駿命光啓皇圖應
天順人之期時聞有異制禮作樂之道理亦同歸所
以堯作大章周爲大武克表欽明之運爰形蹈厲之
容歷代而然舊章斯在伏惟皇帝陛下上承帝祉下

感人心必修逸禮而秩無文執古道而御今有朱絃
寶瑟將觀淸廟之登歌方澤圓丘欲祀二儀而展禮
爰詳執事俾易舊章庶成雅頌之聲仰達神明之德
臣學窺周孔職嗣夷夔諧虞庭之八音未覩率舞審
姬朝之六奏徽辨象成輒變大予以明光宅所議改
舞名遠自秦漢下洎隋唐六代之舞不全四懸之器
徒在陳周之後唯有大韶大舞之曲歷代相沿以爲
二舞祖孝孫目文舞曰治康武舞曰凱安貞觀中復
有功成慶善樂爲九功舞秦王破陣樂爲七德舞近
朝多故舞位虛陳雖未至於盡亡實罕明於述作俟

五兵不試九序載歌特委名臣重修盛禮使朱于王戚無差綴兆之容大夏雲門復振鏗鏘之韻臣今沿革止異名言具修如別前朝改祖孝孫所定二舞名文舞曰治安之舞武舞曰振德之舞今請改治安爲政和之舞振德爲善勝之舞前朝改貞觀中二舞名文舞曰觀象之舞武舞曰講功之舞今請改觀象爲崇德之舞講功爲象成之舞又議改十二成在昔周邦善行古道奏六代之樂則大章大濩之倫列九夏之名乃皇夏肆夏之類及至梁室爲十二雅之樂唐朝改雅爲和前朝改和爲成皆用殊時之制臣今改

成爲順十二順樂曲名祭天神奏禋成請改爲昭順之樂祭地祇奏順成請改爲寧順之樂祭宗廟奏裕成請改爲肅順之樂祭天地宗廟登歌奏肅成請改爲感順之樂皇帝臨軒奏政成請改爲治順之樂王公出入奏弼成請改爲忠順之樂皇帝食舉奏德成請改爲康順之樂皇帝受朝皇后入宮奏扆成請改爲雍順之樂皇太子軒懸出入奏齊成請改爲溫順之樂元日冬至皇帝禮會登歌奏慶成請改爲禮順之樂郊廟俎入奏騂成請改爲禋順之樂皇帝祭享酌獻讀祝及飲福受胙奏壽成請改爲福順之樂梁武帝改九夏爲十二雅以協陽律陰呂十二管旋相之義祖孝孫改爲十二和開元中乃益三和前朝去三和改一雅臣今以爲名旣異時作宜稽古今去其雅只用十二順之曲祭孔宣父齊太公廟降神奏師雅請同用禮順之樂三公升殿會訖下階履行同用弼成請同用忠順之樂享先農及籍田同用順成請同用寧順之樂正冬仗公卿入並奏忠順之樂皇帝坐奏治順之曲皇帝舉爵奏康順之曲羣臣會畢降階奏忠順之曲公卿獻壽奏福順之曲公卿出奏忠順之曲皇帝謁太廟用樂歌詞降神用文舞奏肅順

之曲皇帝行奏治順之曲登歌酌獻奏感順之曲迎俎奏禋順之曲皇帝飲福奏福順之曲送文舞出迎武舞入奏忠順之曲武舞奏善勝之曲徹俎奏肅順之曲送神奏肅順之曲皇帝南郊大禮歌詞降神用文舞奏昭順之曲皇帝行奏治順之曲登歌奠玉幣奏感順之曲迎俎奏禋順之曲皇帝初獻奏福順之曲亞獻同奏福順之曲皇帝飲福奏福順之曲送神文舞出迎武舞入奏忠順之曲武舞奏善勝之曲送神奏昭順之曲

世宗顯德元年即位有司上太祖廟室酌獻奏明德

之舞

五年六月命中書舍人竇儼參詳太常雅樂十一月翰林學士竇儼上疏論禮樂刑政之源其一曰請依唐會要所分門類上自五帝迄于聖朝凡所施爲悉命編次凡關禮樂無有闕漏名之曰大周通禮俾禮院掌之其二曰伏請博通之士上自五帝迄于聖朝凡樂章沿革總次編錄繫于歷代樂錄之後永爲定式名之曰大周正樂俾樂寺掌之依文教習務在齊肅詔曰竇儼所上封章陳備政要舉當今之急務疾近世之因循器識可嘉辭理甚當故能立事無愧莅

官所請編集大周通禮大周正樂宜依仍令於內外職官前資前名中選擇文學之士同共編集具名以聞委儼總領其事所須紙筆下有司供給

六年正月樞密使王朴上疏云臣聞禮以簡形樂以治心禮樂者聖人之大教也形體順於外心氣和於內而不治者未之有也故理定必制禮功成必作樂一人作之於上萬人化之於下政令不嚴功力不勞而天下理者禮樂也行政者禮也成禮者樂也故聖人盡心焉夫樂作於人心成聲於物聲樂既和反感於人心者也所假之物大小有數九者成數也是以皇帝吹九寸之管得黃鐘之聲爲樂之端也半之清聲也倍之緩聲也三分其一次損益之相生之聲也十二變而復黃鍾聲之總數也乃命之曰十二律旋迭爲均均有七調合八十四調播之於八音著之於歌頌將以奉天地事祖宗和君臣接賓旅恢政教厚風俗以其功德之形容告於神明俾百代之後知邦國之所繇興風教之所繇行者也宗周而上率繇斯道自秦而下旋宮聲廢洎東漢雖有太子丞鮑鄴興之亦人亡而息無嗣續之者漢至隋垂十代凡數百年所存者黃鐘之宮一調而已十二律中唯用七聲

其餘五律謂之啞鐘蓋不用故也唐太宗有知人之明善復古道故用祖孝孫張文收考正雅樂而旋宮八十四調復見於時在懸之器方無啞者所以知太宗之道與三五同功焉安史之亂京都爲墟器之與工十不存一所用歌奏漸多紕繆逮乎黃巢之餘工器都盡購募不獲文記亦亡集官酌詳終不知其制度時有太常博士商盈孫按周官考工記之文鑄鎛鐘十二編鐘二百四十處士蕭承慶較定石磬今之在懸者是也雖有樂器之狀殊無相應之和逮乎魏梁後唐歷晉與漢皆享國不遠未暇及於禮樂至於

十二鑄鐘不問聲律宮商但循環而擊編鐘編磬徒懸而已絲竹匏土僅有七聲作黃鐘之宮一調亦不和備其餘八十三調於是乎泯絶樂之缺壞無甚於今陛下天縱文武奄宅中區上黨一戰并胡喪氣東西二征秦吳開境大功既著思復三代之風遺文絶編咸令遐訪墜典庶務無不聿修宗廟朝廷之儀車服物象之數於是乎昭明遠名樂懸親自考聽知其亡失深動上心乃命中書舍人竇儼參詳太常樂事不踰月調品八音初家和會以臣曾學律歷宣示古今樂錄令臣討論臣雖不敏敢不奉詔遂依唐法以

秬黍較定尺度長九寸虛徑三分爲黃鐘之管與見在黃鐘之聲相應以上下相生之法推之得十二律管以爲衆管互吹用聲不便乃作律準十三絃宣聲長九尺張絃各如黃鐘之聲以第八絃六尺設柱爲林鐘第三絃三尺設柱爲太簇第十絃五尺三寸四分設柱爲南呂第五絃七尺一寸三分設柱爲姑洗第十二絃四尺七寸五分設柱爲應鐘第七絃六尺三寸三分設柱爲㽔賓第八絃八尺四寸四分設柱爲大呂第九絃五尺六寸三分設柱爲夷則第十絃七尺五寸一分設柱爲夾鐘第十一絃五尺一分設柱爲無射第十二絃六尺六寸八分設柱爲中呂第十三絃四尺五寸設柱爲黃鐘之清聲十二聲中施用七聲迭爲均焉均之主者宮也徵商羽角變宮變徵次焉發其均主之聲歸乎本音之律七聲迭應而不亂乃成其調均有七調聲有十二均合八十四調歌奏之曲繇之出焉旋宮之聲久絶一日而補出臣獨見恐未詳悉望下中書門下集百官及內外知音者較其得失然後依調制八曲十四調曲有數百見存者九曲而已皆調之黃鐘之宮聲今詳其音數內三曲即是黃鐘宮聲其餘六曲錯雜諸調蓋傳習之

誤也唐初雖有旋宮之樂至於用曲多與禮文相違既不敢用唐爲則臣又懵學獨力未能備究古今亦望集多聞知禮之者上本古典下順常道定其義理於何月行何禮合用何調何曲聲數長短幾變成議定而制曲方可久長行用所補雅樂旋宮八十四調幷所定尺所吹黃鐘管所作律準謹並上進去聖踰遠獨學難周莫副天心空塵聖鑒疏奏帝善之乃詔尚書省集百官詳定兵部尚書張昭等獻議曰伏覩樞密使王朴奏太常寺樂懸鐘石不和今依古準法均調月律十二管旋相爲宮定八十四調以下太常

寺教習三十五調訖望集衆官詳議於何月行何禮用何曲調及聲數變數欲議定而製曲者伏奉命敕據王朴所奏事下尚書省集三省官翰林學士御史臺太常寺官員及禮官博士等同商榷前代沿革典故并據所習新聲律準管尺等參詳可否議定奏聞者臣等聞昔帝鴻氏之制樂也將以範圍天地協和人神張八節之風聲測四時之正氣氣之清濁不可以筆授聲之善否不可以口傳故梟氏鑄金伶倫截竹爲律呂相生之管宮商正和之音乃播之於管絃宣之於鐘石然後覆載之情訢合陰陽之氣和同八

氣從律而不姦五聲成文而不亂空桑孤竹之韻足以禮神雲門大夏之容無虧觀德然月律有還宮之法備於大師之職經秦滅學雅道淩夷漢初制氏所調唯存鼓舞旋宮十二均更用之法世莫行聞漢元帝時京房善易別音探求古義以周官均法每月更用五音乃立準調旋相爲宮成六十調又以日法析爲三百六十傳於樂府而編懸復舊律呂無差遭漢中微雅音淪缺京房準法屢有言者事終不成錢樂空記其名沈重但條其說六十六法寂寥不嗣梁武帝素精音律自造四通十二笛以領八音又引古五

造二變之音旋相爲宮得八十四調與律準所調音同數異候景之亂其音又絶隋朝初定雅樂群黨沮議曆載不成而沛公鄭譯因龜茲琵琶七音以應月律五更二變七調克諧旋相爲宮復爲八十四調工人萬寶常又減其絲數稍令古淡隋高祖不重雅樂令儒官集議博士何妥駁奏其鄭萬所奏八十四調並廢隋代郊廟所奏唯黃鐘一均與五郊迎氣雜用蕤賓但七調而已其餘五鐘懸而不作三朝宴樂用緩九部迄於革命未能改更唐太宗爰命舊工祖孝孫張文收整比鄭譯寶常所均七音八十四調方得

絲管並懸鐘石俱奏七始之音復振四廂之韻皆調自安史亂離咸秦蕩覆崇牙樹羽之器掃地無餘戛擊搏拊之工窮年不嗣郊廟所奏何異南箕波蕩不還知音殆絶臣等竊以音之所起出自人心夔曠不能長存人事不能常泰人亡則音息世亂則樂隳若不深知禮樂之情安明制作之本伏惟皇帝陛下心苞萬化學富三雍觀兵耀武之功已光鴻業尊祖禮神之致尤軫皇情乃睠奉常痛淪樂職親閱四懸之器思復九奏之音爰命庭臣重調鐘律臣等據樞密使王朴條奏採京房之準法練梁武之通音考鄭譯

賓嘗之七均較孝孫文收之九變積黍累以審其度聽聲詩以測其情依權衡嘉量之前文得備數和聲之大旨施於鐘簴足洽簫韶臣等今月十九日於太嘗寺集命太樂令賈峻奏王朴新法黃鐘調七均音律和諧不相凌越其餘十一管諸調望依新法教習以備禮寺施用其五郊天地宗廟社稷三朝大禮合用十二管諸調並載唐史開元禮近代嘗行廣順中太嘗卿邊蔚奉勅定前件祠祭朝會舞名舞曲歌詞寺司合有簿籍伏恐所定曲新法曲調聲韻不協請下太嘗寺簡詳較試如或乖件請本寺依新法聲調

別撰樂章舞曲令歌者誦習永爲一代之法以光六樂之書議上詔曰禮樂之重國家所先近朝以來雅音全廢雖時運之多故亦官守之因循遂使擊拊之音空留梗槩旋相之法莫究指歸樞密使王朴博識古今懸通律呂討尋舊典撰集新聲復六代之正音成一朝之盛事其王朴所奏旋宮新詞宜依張昭等議狀施行仍令有司依調製曲其間或有凝滯更取王朴裁酌施行先是雅音廢墜久矣累朝已來未能考正是歲將立歲仗有司以崇牙樹羽宿設于殿庭帝因親臨樂懸試其聲奏見鐘磬之類有施而不擊者訊於工師皆不能對帝甚惻然乃命翰林學士判太嘗事竇儼參詳其失又命朴考正其聲朴因獻是議及以所作律准上進帝覽而稱善因命百議而行之

恭帝以顯德六年六月即位有司奏世宗廟酌獻舞定功之舞

夷樂

周官鞮鞻氏掌四夷之樂僸佅兜離是其戴也詳夫納於魯廟獻於漢庭求之歷代貴亦多矣各所以象風俗和人神娛耳目者也智者審之雖夷夏不同而

享樂無異王者聲被八表德及四荒向化而來重譯而止亦符會昌之期也

周成王時命魯公世世祀周公以天子之禮樂（同之於周尊之也魯公謂伯禽）是以魯君季夏六月以禘禮祀周公於太廟昧東夷之樂也任南蠻之樂也納夷蠻之樂於太廟言廣魯於天下也

敬王時魯定公與齊景公會於夾谷（今在祝其縣）孔子攝相事齊有司趨而進曰請奏四方之樂景公曰諾於是旍旄羽袯矛戟劍撥鼓譟而至孔子趨而進歷階而登不盡一等舉袂而言曰吾兩君爲好會夷狄之

樂何爲於此請命有司有司却之不去則左右䙆晏子與景公必作麾而去之

漢高祖初爲漢王還伐三秦時板楯蠻爲漢前鋒俗喜歌舞喜音虛記切高祖觀之曰此武王伐紂之歌也乃命樂人習之所謂巴渝舞也

武帝時博望侯張騫入西域得胡角傳其法於西京橫吹雙角卽胡舞也惟得摩訶兜勒一曲李延年因胡曲更造新聲二十八解乘輿以爲樂舞後漢以給邊和帝時萬人將軍得之魏晉以來二十解不復具存用者有黃鵠龍頭出關入關出塞入塞折楊柳黃覃子赤之楊望行人十曲

後漢安帝永寧元年西南夷撣國王獻樂撣音檀及幻人能吐火自支解易牛馬頭明年元會作之於庭帝與群臣共觀大奇之諫議大夫陳禪離席舉手曰帝王之庭不宜作夷狄之樂尚書陳忠劾奏禪廷訕明政有詔勿收

前涼張重華據涼州時天竺國重四譯來貢其樂樂器有鳳首箜篌琵琶五絃笛毛圓銅鼓都曇銅鼓等九種爲一部工十二人歌曲有沙石疆舞曲有矢曲

後梁呂光旣滅龜茲因得其樂樂器有豎箜篌琵琶五絃笙笛簫篳篥毛圓鼓都曇鼓答臘鼓腰鼓羯鼓雞婁鼓銅鼓貝等十五種爲一部工二十二人歌曲

有善善摩尼解曲婆伽兒舞曲有小天疎勒監呂氏亡其樂亡散後魏有中原復獲之至隋有西龜茲之號凡三部開元中大盛於時

後魏大武旣平北燕馮氏通西域得疎勒安國等樂疎勒樂器有豎箜篌琵琶五絃笛簫篳篥答臘鼓腰鼓羯鼓雞婁鼓十種爲一部工十二人歌曲有元利死讓樂舞曲有遠解曲有鹽曲安國樂有箜篌琵琶五絃笛簫雙篳篥正鼓和鼓銅鈸等簫小篳篥桃皮篳篥齊鼓檐鼓貝等十四等爲一部工十八人歌曲有歌芝栖舞曲有舞枝棲

北齊文宣愛龜茲樂每彈嘗自擊胡鼓和之後周武帝保定五年皇后阿史那氏至自突厥得其所獲康國龜茲等樂更雜以高昌之舊初大祖輔魏之時高昌款附乃得其妓敎習以備享宴之禮又云康國起自周閔帝聘北狄女爲后得所獲西戎狄伎因得其聲樂器有笛正鼓銅鈸等爲一部工七人並於太樂習焉採用其聲被於鐘石取周官制陳之又云武帝娉虜女爲后西域諸國來媵如龜茲疎勒康國之樂大聚長安胡兒令羯人白智通敎習雜以新聲

天和六年省掖庭四夷樂

建德六年旣平北齊威振海外高麗百濟二國爲獻其樂列於樂部謂之國伎

隋高祖開皇初定令置七部樂一曰國伎二曰清樂

伎三日高麗伎四日天竺伎五日安國伎六日龜茲伎七日文康伎又雜有疎勒扶南康國百濟突厥新羅倭國等伎六年高昌國獻聖明樂曲帝令知音者於館所聽之歸而肄習及客先獻於前奏之胡夷大驚

煬帝大業中平林邑國獲扶南樂工及其匏琴朴陋不可用但以天竺樂轉寫其聲又云五方師子舞師子摯獸出於西南夷天竺師子等國綴毛爲之人居其中像其俛仰馴狎之容二人持繩秉拂爲習弄之狀五師子各位其方色百四十人歌太平樂舞抃以足持繩者服飾作崑崙狀是時帝定清樂西京龜茲天竺康國疎勒安國高麗禮畢以爲九部樂器工衣

創造旣成大備於茲矣臣欽若等曰清樂禮畢二部中夏之樂餘七部並夷樂也

唐太宗貞觀中平高昌國收其樂付太常初高祖武德中因隋舊制奏九部樂至是增爲十部又滅百濟高麗二國盡得其樂則天時高麗樂猶二十五曲貞觀末惟能習一曲衣服亦漸失其本風矣中宗時百濟曲工人死散開元中岐王範爲太常卿復奏置焉

中宗神龍二年三月并州清源縣尉吕元泰上疏曰比見都邑坊市相率爲渾脫駿馬明服名爲蘇莫遮非雅樂也疏奏不報

玄宗開元元年十二月勑臘月乞寒外蕃所出漸浸成俗因循已久自今已後無問蕃漢卽宜禁斷乞寒者本西國外蕃之樂也中宗神龍二年并州清源縣尉吕元泰睿宗景雲二年左拾遺韓朝宗先天二年中書令張說皆上疏諫之至是乃禁

德宗貞元十六年正月南詔異牟尋作奉聖樂因西川押雲南八國使韋皐以進帝御麟德殿以閱之

十八年正月驃國王獻樂凡一十二曲以樂工三十五人來朝其國與天竺相近故多演釋氏之詞每爲曲皆齊聲唱各以兩手十指齊開齊斂爲赴節之狀一低一昂未嘗不相對有類中國柘枝舞也

冊府元龜

冊府元龜

巡按福建監察御史臣李嗣京　訂正
分守建南道左布政使臣胡維霖　參閱
知建陽縣事臣黃國琦較釋

掌禮部

討論第一

傳曰先王之制禮也不可多也不可寡也惟其稱也故有順有體有宜然後沿革之道殊損益之文異是以博聞強識之士司局宿業之官憤悱於函丈之下戒懼乎委巷之失詢求用捨博訪遺逸稽合乎同異

折中乎今昔蓋有意於化民成俗著誠去偽達神明之德同天地之節者矣故其周旋裼襲之數吉凶賓嘉之典弛張因襲之本法度經緯之義咸得而觀焉蓋先儒之嘉論作者之遺意於是乎在矣

孔子為魯大夫哀公問曰大禮何如君子之言禮何其尊也孔子曰丘也小人不足以知禮謙不答也君曰否吾子言之也孔子曰丘聞之民之所繇生禮為大非禮無以節事天地之神也非禮無以辨君臣上下長幼之位也非禮無以別男女父子兄弟之親昏姻疏數之交也君子以此之為尊敬然言君子以此故尊禮然後以其所能教百姓不廢其會節君子以其所能於禮教百姓使其不廢此上事節之期有成事然後治其雕鏤文章黼黻以嗣上事行於民有成功乃後續以治文餙以為尊卑之差其順之然後言其喪筭備其鼎俎設其豕腊修其宗廟歲時以敬祭祀以序宗族即安其居節醜其衣服卑其宮室車不雕幾器不刻鏤食不貳味以與民同利昔之君子之行禮者如此言語也筭數也即就也醜類也幾附纏之也言君子既尊禮民以為順乃復語以喪祭之禮就安其居處正其衣服教之節儉與之同利者上不俱足也哀公又問曰寡人願有言然冕而親迎不已重乎已猶大也惟親迎乃服祭祀孔子愀然作色而對曰合二姓之好以繼先聖之後以為天地宗廟社

稷之主君何為已重乎先聖周公也公曰寡人固不問焉得聞此言也寡人欲問不得其辭請少進固不固言吾繇鄙故固也請少進欲其為以言曉已孔子曰天地不合萬物不生大婚萬世之嗣也君何謂已重焉孔子遂言曰內以治宗廟之禮足以配天地神明出以治直言之禮足以立上下之敬物恥足以振之國恥足以興之為政先禮禮其政之本與宗廟之禮祭宗廟也夫婦配天地有日月之象焉禮器曰君在阼夫人在房大明生於東月生於西此陰陽之分夫婦之位也直猶正也正言謂出政教有夫婦之禮焉昏義曰天子聽外治后聽內職教順成俗外內和順國家理治此之謂盛德物猶事也事恥臣恥也振猶救也國恥君恥也君臣之行有可恥者禮足以興復之子張子貢言游侍坐於孔子縱

言至於禮（言游言偃子游也縱言泛說事）子曰居女三人者吾語女禮使女以禮周流無偏也（居女三人坐也使之坐凡與尊者言更端則起）子貢越席而對曰敢問何如（對應也）子曰敬而不中禮謂之野恭而不中禮謂之給勇而不中禮謂之逆子曰給奪慈仁（奪猶亂也巧言足恭之人似慈仁實鮮仁特言是者感子貢也子貢辭近於給）子曰師爾過而商也不及子產猶衆人之母也能食之不能教也（過與不及言敏鈍不同俱違禮也衆人之母言子產慈仁多不矜莊又與子張相反子產嘗以其乘車濟冬涉者而車梁不成是慈仁以違禮）子貢越席而對曰敢問將何以爲此中也者子曰禮乎禮夫禮所以制中也（禮乎禮唯有禮也）子貢退言游進曰敢問禮也者領惡而全

好者與子曰然（領猶治也好善也）然則何如子曰郊社之義所以仁鬼神也嘗禘之禮所以仁昭穆也饋奠之禮所以仁死喪也射鄉之禮所以仁鄉黨也食饗之禮所以仁賓也（仁猶存也凡存此者所以全善之道也郊社嘗禘饋奠存死之善者也射鄉食饗存生之善者也郊有社稷社有勾龍）子曰明乎郊社之義嘗禘之禮治國其如指諸掌而已乎子張問政子曰師乎前吾語女乎君子明於禮樂舉而措之而已（言禮樂足以爲政也措猶施行也）子張復問子曰師爾以爲必鋪几筵升降酌獻酬酢然後謂之禮乎爾以爲必行綴兆興羽籥作鐘鼓然後謂之樂乎言而履之禮也行而樂之樂也君子力此二者以南面而立夫是以天下太平也諸侯朝萬物服體而百官莫敢不承事矣禮之所興衆之所治也禮之所廢衆之所亂也目巧之室則有奧阼席則有上下車則有左右行則有隨立則有序古之義也室而無奧阼則亂於堂室也席而無上下則亂於席上也車而無左右則亂於車也行而無隨則亂於塗也立而無序則亂於位也昔聖帝明王諸侯辨貴賤長幼遠近男女內外莫敢相踰越皆繇此塗出也（服體二服也言萬物之符長皆來爲瑞應也衆之所治衆之所以治也衆之所亂衆之所以亂也目巧謂但用巧目善息作室不齋法度猶有奧阼賓主之處也自目巧以上下古今嘗事不可廢改也）三

子既得聞此言者也於夫子昭然若發蒙矣（乃曉禮樂不可廢改之意也）子夏問於孔子曰何謂三無孔子曰無聲之樂無體之禮無服之喪此之謂三無子夏曰三無既得略而聞之矣敢問何詩近之（於意未察求其類於詩人長人之情）孔子曰夙夜其命宥密無聲之樂也威儀逮逮不可選也無體之禮也凡民有喪匍匐救之無服之喪也（詩讀其爲基聲之誤也基謀也密靜也言君夙夜謀爲政教以安民則民樂之此非有鐘鼓之聲也逮逮安和之貌也言君之威儀安和逮逮然則民傚之此非有升降揖讓之禮也救之賙恤之言君於民有喪有以賙恤之則民傚之此非有衰絰之服）子夏曰言則大矣美矣盛矣言盡於此而已乎孔子曰何爲其然也君子之服之也猶

有五起焉言盡於此乎意以爲未盡也服猶習也君子習讀此詩起此之義其說則有五也子夏曰何如孔子曰無聲之樂氣志不違無體之禮威儀遲遲無服之喪內恕孔悲無聲之樂氣志既得無體之禮威儀翼翼無服之喪施及四國無聲之樂氣志既從無體之禮上下和同無服之喪以畜萬邦無聲之樂日聞四方無體之禮日就月將無服之喪純德孔明無聲之樂氣志既起無體之禮施及四海無服之喪施於孫子不違者民不違君之氣志也孔甚也施易也從順也畜孝也使萬抑之民競爲孝就成也將大也使民之傚禮日有所成至月則大矣起猶從也宰我問三年之喪期已久矣君子三年不爲禮禮必壞三年不

爲樂樂必崩舊穀既沒新穀既升鑽燧改火期可已矣周書月令有更火之文春取榆柳之火夏取棗杏之火季夏取桑柘之火秋取柞楢之火冬取槐檀之火一年之中鑽火各異木故曰改火也子曰食夫稻衣夫錦於女安乎曰安女安則爲之夫君子之居喪食旨不甘聞樂不樂居處不安故不爲也今女安則爲之旨美也責其無仁恩於親故再言女安則爲之宰我出子曰予之不仁也子生三年然後免於父母之懷子生未三歲爲父母所懷抱夫三年之喪天下之通喪也自天子達於庶人予也有三年之愛於其父母乎言子於父母欲報之恩昊天罔極而予也有三年之愛乎子貢問喪子曰敬爲上哀次之瘠爲下顏色稱其情戚容稱其服問喪問居父母之喪也喪

上哀言敬爲上者疾時尚不能敬也容戚儀也孝經曰容止可觀請問兄弟之喪子曰兄弟之喪則有乎書策矣言疏者如禮行之未有加也齊斬之喪哀容之體經不能載矣又子貢觀於蜡孔子曰賜也樂乎對曰一國之人皆若狂賜未知其樂也蜡也者索也歲十二月合聚萬物而索享之也國索鬼神而祭祀則黨正以禮而民而飲酒於序以正齒位於是時民無不醉者如狂矣曰未知其樂怪之也子曰百日之蜡一日之澤非爾所知也蜡之祭主先嗇也大飲蒸勞農以休息之言民皆勤稼穡有百日之勞喻久也今一日使之飲酒燕樂是君之恩澤非爾所知言其義大子游問喪具夫子曰稱家之有亡子游曰有無惡乎齊惡乎齊問豐省之比夫子曰有毋過禮苟亡矣斂首足形形體還葬還之言便也言巳斂郎葬不待三月縣棺而封不設碑繂不備禮封當爲

窆窆下棺也人豈有非之者哉又問於孔子曰喪慈母如母禮與如母謂父卒三年也子游意以爲國君亦然禮所云者乃大夫以下父使所妾養子孔子曰非禮也古者男子外有傅內有慈母君命所使教子也何服之有言無服也此指謂國君之子也大夫士子爲庶母慈已者服小功父卒乃不服昔者魯昭公少喪其母有慈母良及其死也公弗忍也欲喪之有司以聞曰古之禮慈母無服據國君也良善也謂之慈母故爲其善國君之妾子於禮不服也昭公年三十乃喪齊婦猶無慼容是不少又安能不忍於慈母此非昭公明矣未知何公也今也君爲之服是逆古之禮而亂國法也若終行之則有司將書之以遺後世無乃不可乎公曰古者公子練冠以燕居公弗忍也遂練

冠以喪慈母自魯昭公始也公之言又非也天子練冠以燕居蓋謂庶子王
爲其母　曾子問曰卿大夫將爲尸於公受宿矣而有齊
衰內喪則如之何孔子曰出舍乎公宮以待事禮也
吉凶不可以同處　又問曰竝有喪如之何何先何後竝謂父母若親
同月死者同　孔子曰葬先輕而後重其奠也先重而後輕
禮也自啓及葬不奠不奠務於當葬者　行葬不哀次不哀次輕於在
殯者　及葬奠而後辭於殯遂脩葬事賓當爲賓聲之誤也辭於賓謂告將
葬啓期也　其虞也先重而後輕也孔子曰宗子雖七十無
無主婦族人之婦不可無統　非宗子雖無主婦可也又問曰將
冠子冠者至揖讓而入聞齊衰大功之喪如之何冠者

賓及贊者　孔子曰內喪則廢外喪則冠而不醴徹饌而歸
郎位而哭如冠者未至則廢內喪同門也不醴不醴子也其廢者喪以成服
因喪而冠　如將冠子而未及期日而有齊衰大功小功之
喪則因喪服而冠廢吉禮而因喪冠俱當之人服及至也　除喪不改冠
乎孔子曰天子賜諸侯大夫冕弁服於太廟歸設奠
服賜服於斯乎有冠醮無冠醴酒爲醮冠禮醴重而醮輕此服賜服酌用
酒尊賜也不醴明不改冠改冠當醴也　父沒而冠則已冠埽地而祭於
禰已祭而見伯父叔父而後饗冠者饗謂禮之　又問曰祭
如之何則不行旅酬之事矣孔子曰聞之小祥者主
人練祭而不旅奠酬於賓賓弗舉禮也奠無尸虞不致爵小祥不

旅酬大祥無筭爵彌吉也　昔者魯昭公練而舉酬行旅非禮也孝
公大祥奠酬弗舉亦非禮也孝公隱公之祖父　又問曰小功
可以與於祭乎祭謂虞祭哭時　孔子曰何必小功耳自斬衰
以下與祭禮也曾子曰不以輕喪而重祭乎惟使重者執事
孔子曰天子諸侯之喪祭也不斬衰者不與大夫齊
衰者與祭士祭不足則取於兄弟大功以下者又問
曰相識有喪服可以與於祭乎問已有喪服可以助相識者祭否　孔
子曰緦不祭又何助於人又問曰廢喪服可以與於
饋奠之事乎謂新除喪服也　孔子曰說衰與奠非禮也執事於人
之神爲其忘哀疾也　以擯相可也又問曰昏禮既納幣有吉日

女之父母死則如之何吉日取女之吉日　孔子曰壻使人弔
如壻之父母死則女之家亦使人弔必使人弔者未成兄弟　父
喪稱父母喪稱母禮宜各以其敵者也父使人弔之辭云某子聞某之喪某子使某如
何不淑母則若云宋蕩伯姬聞姜氏之喪伯姬使某如何不淑凡弔辭一耳　父母不在則
稱伯父母弔禮不可廢也伯父母又不在則稱叔父母　壻已葬壻之伯父
致命女氏曰某之子有父母之喪不得嗣爲兄弟使
其致命女氏許諾而弗敢嫁禮也必致命者不敢以累年之喪使人失
嘉會之時　壻免喪女之父母使人請壻弗取而後嫁之禮
也請請成昏　女之父母死壻亦如之女免喪壻之父母亦使人請其已葬時而
致命　又問曰親迎女在塗而壻之父母死如之何孔子

日女改服布深衣縞總以趨喪布深衣縞總婦人始喪未成服之服女在途而女之父母死則女反奔喪服期如壻親迎女未至而有齊衰大功之喪則如之何孔子曰男不入改服於外次女入改服於內次然後即位而哭不聞喪即改服者昏重禮於齊衰以下　又問曰除喪則不復昏禮乎復猶償也孔子曰祭過時不祭禮也又何反於初重踰輕也同牢及饋享相飲食之道又問曰女未廟見而死則如之何孔子曰不遷於祖不附於皇姑壻不杖不菲不次歸葬於女氏之黨示未成婦也遷朝廟也壻雖不備喪禮猶爲之服齊衰也　又問曰取女有吉日而女死如之何孔子曰壻齊衰而弔既葬而除之夫

死亦如之未有期三年之恩也女服斬衰　又問曰古者師行必以遷廟主行乎孔子曰天子巡守以遷廟主行載於齊車言必有尊也今也取七廟之主以行則失之矣齊車金路當七廟五廟無虛主虛主者惟諸侯薨與去其國與祫祭於祖爲無主耳吾聞諸老聃曰國君薨則祝取群廟之主而藏諸祖廟禮也卒哭成事而後主各反其廟老聃古壽老者之號也與孔子同時藏諸主於祖廟象有凶者聚也卒哭成事先祔之祭名也君去其國太宰取群廟之主以從禮也鬼神依人者也祫祭於祖則祝迎四廟之主祝接神者也主出廟入廟必蹕蹕止行者　又問曰古者師行無遷主則何主孔子曰主命問

曰何謂也孔子曰天子諸侯將出必以幣帛皮圭告於祖禰遂奉以出載於齊車以行每舍奠焉而後就舍以脯醢禮神乃敢即安也所告而云以出即埋也反必告設奠卒斂幣玉藏諸兩階之間乃出蓋貴命也　又問曰諸侯旅見天子入門不得中禮廢者幾旅衆孔子曰請問之曰太廟火日食后之喪雨霑服失容則廢太廟始祖廟宗廟皆然主於始祖耳如諸侯皆在而日食則從天子救日各以其方色與其兵示奉時事有所討也方色者東方衣青南方衣赤西方衣白北方衣黑兵未聞也　太廟火則從天子救火不以方色與兵　又問曰當祭而日食太廟火其祭也如之何孔子曰接祭而已矣如牲

至未殺則廢接祭而不迎尸也　又問曰三年之喪弔乎孔子曰三年之喪練不群立不旅行爲其苟語忘哀也　君子禮以飾情三年之喪而弔哭不亦虛乎爲彼哀則不專於親也爲親哀則是忘弔　曾子問曰大夫有私喪可以除之矣而君有服焉其除之也如之何孔子曰有君喪服於身不敢私服又何除焉重踰輕也私喪家之喪也喪服四制曰門外之治義斷恩於是乎有過時弗除也君之喪服除而後殷祭禮也謂主人也支子則否又問曰父母之喪弗除可乎以其有終身之憂孔子曰先王制禮過時弗舉禮也非弗能勿除也患其過於制也故君子過時不祭禮也言制禮以爲民中過其時則不成禮也　又問曰父

母之喪既引及塗聞君薨如之何孔子曰遂既封改服而往封當爲窆改服括髮徒跣布深衣扱上衽不以私喪包至尊又問曰宗子爲士庶子爲大夫其祭也如之何孔子曰以上牲祭於宗子之家貴祿重宗也上牲大夫少牢祝曰孝子某爲介子某薦其常事介副也不言庶使若可以祭然若宗子有罪居於他國庶子爲大夫其祭也祝曰孝子某使介子某執其常事此之謂宗子攝大夫攝主不厭祭不旅不假不綏祭不配皆辭正主厭厭飫神也厭有陰有陽迎尸之前祝酌奠奠之且饗是陰厭也尸祭之後徹薦俎敦設於西北隅是陽厭也此不厭者不陽厭也不旅不旅酬也假讀爲嘏不嘏不嘏主人也不綏祭謂令主人也綏周禮作墮不配者祝辭不言以某妃配某氏布奠於賓賓奠而不舉布奠謂主人酧賓奠

觶於薦北賓奠謂取觶奠於薦南也此酬之始也奠之不舉止旅不歸肉肉俎也諸與祭老留之共燕其辭於賓曰宗兄宗弟宗子在他國使某辭辭猶告也宿賓之辭與宗子爲列則曰宗兄若宗弟昭穆異者曰宗子而已其辭若云宗兄某在他國使某執其常事使某告又問曰宗子在他國庶子無爵而居者可以祭之乎孔子曰祭有子孫存不可以乏先祖之祀請問其祭如之何孔子曰望墓而爲壇以時祭不祭於廟無爵者賤遠辟正主若宗子死告於墓而後祭於家言祭於家若無廟也宗子死稱名不言孝孝宗子之稱不敢與之同其辭但言子某薦常事身沒而已至子可以稱孝子游之從有庶子祭者以此以用也用此禮祭也若義也若順今之祭者不首其義故誣其祭也首本也誣猶妄也又問曰祭必有尸乎言無益無用爲若厭祭亦可乎厭時無尸孔子曰祭成喪者必有尸尸必以孫孫幼則使人抱之無孫則取於同姓可也人以有子孫爲成人子不殤父義繇此也祭殤必厭蓋弗成也厭飲而已不成其爲人祭成喪而無尸是殤之也與不成人同孔子曰有陰厭有陽厭言祭殤之禮有於陰厭之者有於陽厭之者曾子問曰殤不祔祭何謂陰厭陽厭祔當爲備聲之誤也言殤乃不成人祭之不備禮而云陰厭陽厭乎此失孔子之指也祭成人始設奠於奥迎尸之前謂之陰厭尸謖之後改饌於西北隅謂之陽厭殤則不備孔子曰宗子爲殤而死庶子弗與後族人以其倫代之明不序昭穆立之廟其祭之就其祖而已代之者主其禮其吉祭特牲尊宗子從成人也凡殤則特豚自卒哭成事之後爲吉祭祭殤不舉無肵俎無玄酒不告

利成此其無尸及所降也其它如成人舉肺脊折俎利成禮之始於尸者是謂陰厭是宗子而殤祭之於奥之禮小宗爲殤其祭禮亦如之凡殤與無後者祭於宗子之家當室之白尊於東房是謂陽厭凡殤謂庶子之適也或昆弟之子或從父昆弟無後者如有昆弟及諸父此則今死者皆宗子大功之內親共祖禰者言祭於宗子之家者爲有異居之道也無廟者爲墠祭之親者共見牲物宗子皆主其禮當室之白奠於東房異於宗子之爲殤當室之白謂西北隅得尸明者曰陽凡祖廟在小宗之家小宗祭之亦然宗子之適亦爲凡殤適此以往則不祭也祭適者天子下祭五諸侯下祭三大夫下祭二士以下祭子而止又問曰葬引至於道日有食之則有變乎且不乎孔子曰昔者吾從老聃助葬於巷黨及道日有食之老聃曰丘止柩就道右止哭以聽變既明反而後行曰禮也巷黨黨名

也就道右者行相左變日食也反復也反葬而丘問之曰夫柩不可以反者也日有食之不知其已之遲數則豈如行哉已止也數讀爲遠老聃曰諸侯朝天子見日而行逮日而舍奠大夫使見日而行逮日而舍舍奠每將舍奠行主夫柩不蚤出不莫宿侵晨夜則近姦冦見星而行者唯罪人與奔父母之喪者乎日有食之安知其不見星也爲無日而慝作豫止也且君子行禮不以人之親痁患痁病也以人之父母行禮而恐惟其有患害不爲也吾聞諸老聃云又問曰爲君使而卒於舍禮曰公館復私館不復凡所使之國有司所授舍則公館已何謂私館不復復始死招䰟孔子曰善乎何之也善其問難明也

自卿大夫士之家曰私館公館與公所爲曰公館公館復此之謂也公館若今縣官館也公所爲君所命使舍已者又問曰下殤土周葬於園遂輿機而往塗邇故也士周堲周也周人以夏后氏之堲周葬下殤於園中以其去成人遠不就墓也機輿尸之牀也以繩縛其中央又以繩從兩旁而鉤之以機舉尸輿之以就園而歛葬焉塗近故耳今墓遠則其葬也如之何今人歟下殤於宮中而葬於墓與成人同墓乃塗遠其葬堂與其棺平載之也問禮之必然也孔子曰吾聞諸老聃曰昔者史佚有子而死下殤也墓遠葢欲葬墓安長殤從成人也長殤有送葬車者則棺載之矣史佚武王時賢史也賢猶有所不知召公謂之曰何以不相歛於宮中欲其歛於宮中如成人也歛於宮中則葬猶當載之史佚曰吾敢乎哉畏知禮也召公言於周公爲史佚問周公曰豈不可言是豈於禮不可不許也使佚行之佚指以爲許也遂用召公之言下殤用棺衣棺自史佚始棺謂歛於棺公儀仲子之喪檀弓免焉故爲非禮以仲子也禮朋友皆在他邦乃袒免仲子舍其孫而立其子此其所立非也公儀蓋魯同姓周禮適子死立適孫爲後檀弓曰何居我未之前聞也格讀爲姬姓之姬齊魯之間語助也前猶故也趨而就子服伯子於門之曰仲子舍其孫而立其子何也去賓位就主人兄弟之賢者而問之子服伯子蓋仲孫蔑之玄孫子服景伯蔑魯大夫伯子曰仲子亦猶行古之道也昔者文王舍伯邑考而立武王微子舍其孫腯而立衍也夫仲子亦猶行古之道也伯子爲親者隱耳立子非也文王立武王權也微子適子死立其弟衍殷禮也子游問諸孔子孔子曰否立孫

據禮言偃與人字子游有子與子游立見孺子慕者有子謂子游曰予不知夫喪之踊也予欲去之久矣情在於斯其是也夫喪之踊猶孺子之號慕子游曰禮有微情者節哭踊有以故興物者衰絰之制有直情而徑行者戎狄之道也哭踊無節衣服無制禮道則不然與戎狄異人喜則斯陶陶鬱也陶斯咏咏謳也咏斯猶猶當爲搖聲之設也搖謂身動搖也秦人猶搖聲相近猶斯舞手舞也舞斯慍慍怒也慍斯戚戚憤恚戚斯歎歎吟息歎斯辟辟拊心辟斯踊矣踊躍品節斯斯之謂禮舞踊皆有節乃成禮人死斯惡之矣無能也斯倍之矣無能心謂之無所復能是故制

紋衾設蔞翣爲使人勿惡也(紋衾尸之飾蔞翣棺之牆飾周禮蔞作柳)始死脯醢之奠將行遣而行之既葬而食之(將行將葬也葬有遺奠食反虞之祭)未有見其饗之者也自上世以來未之有舍也爲使人勿倍也(舍廢也)有子之所刺於禮者亦非禮之訾也(訾病也)又公叔木有同母異父之昆弟死問子游(木當爲朱春秋作戍衛公叔文子之子定公十四年奔魯)子游曰其大功乎(疑所服也親者屬大功是)卜商字子夏狄儀有同母異父昆弟死問於子夏子夏曰我未之前聞也魯人則爲之齊衰狄儀行齊衰今之齊衰狄儀之問也又孔子之喪有自燕來觀者

舍於子夏氏子夏曰聖人之葬人與人之葬聖人也子何觀焉(與及也)昔者夫子言之曰吾見封之若堂者矣(封築土爲壟堂形四方而高)見若坊者矣(坊形旁殺平土而長)見若覆夏屋者矣(覆謂芙尾也夏屋今之門廡也其形旁廣而卑)見若斧者矣(斧形旁殺平土而長)後若斧者焉(孔子以爲及上難登狄又易爲功)馬鬣封之謂也(俗間名)今一日而三斬板而已封(板蓋廣二尺長六尺斬板謂斷其縮也三斷止之旁殺蓋高四尺其廣袤未聞也詩云縮板以載)尚行夫子之志乎哉(尚庶幾也)衛司徒敬子死(司徒官氏公子許之後)子夏弔焉主人未小斂經而往子游弔焉主人既小斂子游出經反哭(皆以朋友之禮往而三人異)子夏曰聞之也與曰聞諸夫子未改服則不經

曾子名參南武城人也有子問於曾子曰問喪於夫子乎(有子孔子弟子有若也夫子卒後問此庶有異聞也喪謂亡失位也魯昭公孫于齊曰喪人其何稱)曰聞之矣喪欲速貧死欲速朽有子曰是非君子之言也(貧朽非人所欲)曾子曰參也聞諸夫子也有子又曰是非君子之言也曾子曰參也與子游聞之有子曰然然則夫子有爲言之也曾子以斯言告於子游子游曰甚哉有子之言似夫子也昔者夫子居於宋見桓司馬自爲石椁三年而不成(桓司馬宋向戌之孫名魋)夫子曰若是其靡也死不如速朽之愈也死之欲速朽爲桓

司馬言之也(魋後)南宮敬叔反必載寶而朝(敬叔魯僖子之子仲孫閱蓋嘗失位去魯得反載寶來朝於其君)夫子曰若是其貨也喪不如速貧之愈也喪之欲速貧爲敬叔言之也曾子以子游之言告於有子有子曰然吾固曰非夫子之言也曾子曰子何以知之有子曰夫子制於中都四寸之棺五寸之椁以斯知不於速朽也(中都魯邑名也孔子嘗爲之宰爲民作制孔子孫中都宰爲司空孫司空爲司寇)昔者夫子失魯司寇將之荆(將應聘於楚)蓋先之以子夏又申之以冉有以斯知不欲速貧也(言汲汲於仕得祿)仲憲子言於曾子曰夏后氏用明器示民無知也(所謂致死之仲憲孔子弟子原憲)殷人用祭器示民

有知也所謂致生之周人兼用之不疑也言所民疑於無知與有知曾
子曰其不然乎其不然乎非其說之非也夫明器鬼器也祭
器人器也夫古之人胡爲而死其親乎言仲憲之言三者皆非此
或用鬼器或用人器曾申問於曾子曰哭父母有常聲乎曰中
路嬰兒失其母焉何常聲之有嬰猶鷖彌也言其若小兒亡母啼號安得
常聲乎所謂哭泣哀穆公之母卒穆公魯哀公之曾孫使人問於曾子曰
如之何問居喪之禮曾子曾參之子名申對曰申也聞之申之父曰
哭泣之哀齊斬之情饘粥之食自天子達子喪父母尊卑同
有子名若魯人曾子曰晏子可謂知禮也已恭敬之
有焉言禮者敬之而已矣有若曰晏子一狐裘三十年遣車一
冊府元龜　掌禮部　討論　卷之五百七十一　十七
乘及墓而反國君七个遣車七乘大夫五个遣車五
乘晏子焉知禮言其大儉偪下非之及墓而反言其既窆則歸不留賓有事也人臣賜車
馬者乃得有遣車遣車之差大夫五諸侯七天子九諸侯不以命數喪數略也个謂所包遣奠牲體之數
也雜記曰遣車示牢具
仲梁子魯人也曾子曰尸未設飾故帷堂小斂而徹
帷仲梁子曰夫婦方亂故帷堂小斂而徹帷斂者動搖尸帷
堂爲人褻之言方亂非也仲梁子魯人也
或問於曾子曰夫既遣而包其餘猶既食而裹其餘
與君子既食則裹其餘乎言遣既奠以後包之是與食於人已而裹其餘將去
何與與君子寧爲是乎言傷廉也曾子曰吾子不見大饗乎夫大饗

既饗卷三牲之俎歸於賓館父母而賓客之所以爲
哀也子不見大饗乎既饗歸俎所以厚之也言父母家之主今賓客之是孝子哀親
之去也又小斂之奠子游曰於東方曾子曰於西方斂
斯席矣曾子以俗說非義大斂奠於堂乃是有席小斂之奠在西方魯禮
之末失也末世失禮之爲
縣子魯人也陳莊子死赴於魯魯人欲勿哭君無哭鄰國大
夫之禮陳莊子齊大夫陳恒之孫名伯繆公召縣子而問焉縣子曰古
之大夫束脩之問不出境雖欲哭之安得而哭之以其
不外交今之大夫交政於中國雖欲勿哭焉得而弗哭
言時君弱臣強政在大夫專盟會以交接且臣聞之哭有二道有愛而哭
冊府元龜　掌禮部　討論　卷之五百七十一　十八
之有畏而哭之以權微勸之公曰然然則如之何而可縣
子曰請哭諸異姓之廟明不當哭於是與哭諸縣氏
子思孔子孫伯魚之子也曾子謂子思曰伋吾執親
之喪也水漿不入於口者七日言已以疾時禮而不如子思曰
先王之制禮也過之者俯而就之不至焉者跂而及
之故君子之執親之喪也水漿不入於口者三日杖
而後能起爲曾子言難繼以禮抑之
栁若衛人也子思之母死於衛伯魚卒其妻嫁於衛栁若謂子
思曰子聖人之後也四方於子乎觀禮子蓋謹諸見子
思欲爲嫁母服恐其失禮戒之嫁母齊衰期子思曰吾何慎哉吾聞之有

其禮無其財君子弗爲也謂時可行而財不足以備也有其禮有其財無其時君子弗行也謂財足以備禮而時不得行者吾何慎哉時所止則止時所行則行無所疑也喪之禮如子贈襚之屬不踰主人

冊府元龜

冊府元龜　掌禮部　討論　卷之五百七十一　十九

冊府元龜

巡按福建監察御史臣李嗣京　訂正
知長樂縣事臣夏允彝參閱
知建陽縣事臣黄國琦較釋

掌禮部一十

討論第二

魏蔣濟爲太尉時侍中高堂隆論郊祀事以魏爲舜後推舜配天濟以舜本姓嬀其苗曰田非曹之先著文以追詰隆及與尚書繆襲往反竝有理據又難鄭玄注祭法云有虞以上尚得禘郊宗廟配用有德自

夏巳下稍用其姓濟曰夫蚪龍神於獺獺自祭其先不祭蚪龍也麒麟白虎仁於豺豺自祭其先不祭麒虎也如玄之說虞巳下豺獺之不若邪臣以爲祭法所云見疑學者久矣鄭玄不考正其違而就通其義

吳張昭弱冠察孝廉不就汝南主簿應劭議宜爲舊君諱論者皆互有異同事在風俗通昭著論曰客有見大國之議士君子之論云起元建武巳來舊君名諱五十六人以爲後生不得協也取乎經論譬諸行事義高辭麗甚可嘉美愚意褊淺切有疑焉蓋乾坤部分萬物定形肇有父子君臣之經故聖人順天之性制禮尚敬在三之義君實食之在喪之哀君親臨之厚莫重焉恩莫大焉誠臣子所尊仰萬夫所天恃焉得而同之哉然親親有等尊尊有殺故禮服上不盡高祖下不盡玄孫又傳記四世而緦麻服之窮也五世袒免降殺同姓也六世而親屬竭矣又曲禮有不建事之義則不諱者蓋名之謂屬絶之義不拘於協況乃古君五十六哉邾子會盟季友來歸不稱其名咸書字者是時魯人嘉之也何解臣子爲君父諱乎周穆王諱滿至定王時有王孫滿者共爲大夫是臣協君也又厲王諱胡及莊王之子名胡其比衆多

夫類事建議經有明據傳有徵案然後進攻退守萬無奔北垂示百世永無咎失今應劭雖上尊舊君之名而下無所斷齊猶歸之疑云曲禮之篇疑事無質觀省上下闕義自證文辭可謂倡而不法將來何觀言聲一放猶拾瀋也過辭在前悔其何追　又云昭與王朗共論舊君諱事州里才士陳琳等皆稱善

晉蔡謨爲太常康帝建元元年太史上元日合朔後復疑應却會與否庾氷輔政寫劉劭議以示八座於時有謂劭爲不得禮意荀或從之是勝人之一失謨遂著議非之曰劭論災消異伏又以梓慎裨竈猶有

錯失太史上言亦不必審其理誠然也云聖人垂制不爲變異預廢乎禮此則謬矣災祥之發所以譴告人君王者之所重誠故素服廢樂退避正寢百官降物用幣伐皷䩯親而救之夫敬誠之事與其疑而廢之寧慎而行之故孔子老聃助葬於巷黨以喪不見星而行故日蝕而止柩曰安知其不見星也而邵廢之是棄聖賢之成規也魯桓公壬申有災而以乙亥甞祭春秋譏之災事既過猶追懼未已故廢宗廟之祭況聞天告將至行慶樂之會於禮乖矣禮所云諸侯入門不得終禮者謂日官不豫言諸侯既入見蝕

乃知耳非先聞甞蝕而朝會不廢也引此可謂失其義旨劉邵所執者禮記也夫子老聃巷黨之事亦非禮記所言復違而反之進退無據然荀令所言漢朝所從遂使此言至今見稱莫知其言矣後君子將擬以爲式故正之云爾於是氷從衆議遂以却會至永和中殷浩輔政又欲從劉邵議不却會王彪之據咸寧建元故事又曰禮云諸侯旅見天子不得終禮而廢者四自謂卒暴有之非爲先存其事而僥倖史官推衍謬錯故不豫廢朝禮也於是又從彪之議

宋傅亮爲中書令時御史中丞蔡廓疑揚州刺史廬陵王義真朝堂班次亮與廓書曰揚州自應著刺史服耳然謂坐起班次應在朝堂諸官上不應依官次坐下足下誠更尋之詩序云王姬下嫁於諸侯衣服禮秩不係其夫下王后一等推王姬下王后一等則皇子居然在王公之上陸士衡起居注式乾殿集諸皇子悉在三司上今抄疏如別又海西即位敍文太宰武陵王第一撫軍將軍會稽王第二大司馬第三大司馬位既最高又都督中外而次在二王之下益非皇子耶此文命具在也永和中蔡公爲司徒司馬簡文爲撫軍開府對錄朝政蔡爲正司不應反在儀

同之下而於時位次相王在前蔡公次之耳諸例甚多不能復具疏揚州反乃居卿尹之下恐此失禮宜改之也廓答曰揚州位居卿尹之下甞亦爲疑然朝廷以位相次不以本封復無明文云皇子加殊禮齊獻王爲驃騎孫秀來降武帝欲復異之以秀爲驃騎轉齊王爲鎮軍在驃騎上若如足下言皇子便在公右則齊王本以自尊何改鎮軍令在驃騎上明知故依見位爲次也又齊王爲司空賈充爲太尉俱錄尚書署事甞在充後潘正叔奏公羊事於時三錄梁王彤爲衛將軍署在太尉隴西王泰司徒王玄冲下近

太元初賀新官成司馬太傅爲中軍而以齊王柔之
爲賀首立安帝爲太子上禮徐邈爲郎位次亦以太
傅在諸王下又謂李太后崇正尚書符令以高密王
爲首時王東亭僕射王徐皆是近世識古今者足下
引式乾公王吾謂未可爲據其云上出式乾古傳中
彭城王紘荀組潘岳嵇紹杜斌然後道足下所疏四
王在三司之上及在黃門郎下有何義且四王之下
則云大將軍梁王肜車騎趙王倫然後云司徒王戎
耳梁趙二王亦是皇子屬尊位齊在豫章王嘗侍之
下又復不通蓋書家言疏時事不必存其班次式乾

亦是私宴異於朝堂如故今含章西堂足下在僕射
下侍中在尚書下耳來示又云曾祖與簡文對錄位
在簡文下吾家故事則不然今寫如別王姬身無爵
位故可得不從夫而以王女爲尊皇子出任則有二
位二位則依朝復示之班序唯引太和赦文差可爲
言然赦文前後亦參差不同太宰上公自應在大司
馬前耳簡文雖撫軍時已授丞相禮又中外都督故
以本任爲班不以督中外更在公右也今護軍總方
伯而位故次在持節都督下足下復思之
建平王宏爲左僕射孝武建武元年六月湘東國太

妃以去三十年閏六月二十八日薨未詳周忌當在
六月爲取七月未詳服秋禮官儀正博士丘邁之議
案異商議閏月亡者應以本正之月爲忌諸三閏論
雖各有所執商議爲允宜以今六月爲忌宏謂邁之
議不可准據按晉世及皇代以來閏月亡者以閏之
後月祥宜以來七月爲祥忌
南齊王儉爲尚書左僕射時竟陵王子良母太妃以
七月薨子良以八月奉凶閒及小祥疑南陽王應相
待儉議以爲禮有倫序義無徒設如今違則不待近
必相須禮例既乖即心無取若疑兄弟同居吉凶非

雜則違之子毋應開立别門以終喪事靈筵祭奠隨
在家之人再朞而毀庶子在家亦不待嫡而兄儲妃
正體王中軍長莫之重天朝又行權制進退彌復非
疑謂應不相待中軍緦縞之日聞喜致哀而已不受
弔慰至聞喜變除昆弟亦宜相就寫情不對客從之
後魏裴延儁宣武時爲司州别駕加鎮遠將軍及詔
立明堂群官博議延儁獨著一堂之論太傅清河王
懌時典衆議讀而笑曰子故欲違符僕射也
李謐涿郡人少好學傳通諸經覽考工記大戴禮盛
德篇以明堂之制不同遂著明堂制度論日余謂論

事變物當取正於經典之真文援證定疑必有驗於周孔之遺訓然後可以稱準的矣今禮文殘缺聖言靡存明堂之制誰所制使正之是以後人紛糾競興異論五九之說各信其習是非無準得失相半故歷代紛紜靡所取正及使裴頠云今群儒紛糾互相掎摭就令其象可得而圖其所以居用之禮莫能通也爲設虛器耳况漢氏所作四維之介復不能令各處其辰愚以爲尊祖配天其義明著廟宇之制理據未分宜可爲殿屋以崇嚴父之祀其餘雜碎一皆除之斯豈不以群儒舛牙並乖其實據義求衷莫適可從

哉但恨典文殘滅求之靡據而已矣乃復遂去室牖諸制施之於教未知其所隆政求之於情未可喻其所以必須惜哉言乎仲尼有言曰賜也爾愛其羊我愛其禮余以爲隆政必須其禮豈彼一羊哉推此而論則聖人之於禮殷勤而重之裴頠之於禮任意而忽之是則顏賢於仲尼矣以斯觀之裴氏子以不達而失禮之旨也余切不自量頗有鄙意據理尋義以求其真貴合雅衷不苟偏信乃藉之以紀傳考之以訓注博採先賢之言廣搜通儒之說量其當否參其同異棄其所短收其所長推義察圖以折厥衷豈敢

必善聊亦合其言志矣凡論明堂之制者雖衆然較其大略則二途而已言五室者則據周禮考工之記以爲本是康成之徒所執言九室者則按大戴盛德之篇以爲源是伯喈之論所持此之二書雖非聖旨然是先賢之中博見洽通者也但各記所聞未能全正可謂既盡善也然先儒不能考其當否便各是所習卒相非毀豈達士之確論哉小戴氏傳禮事四十九篇號曰禮記雖未能全當然多得其衷方之前賢亦無愧矣而月令玉藻明堂三篇頗有明堂之義余故採掇二家參之月令以爲明堂五室古今通則君

室其中居者謂之太室太室之東者謂之青陽當太室之南者謂之明堂堂之西者謂之總章當太室之北者謂之玄堂四面之室各有夾房謂之左右个三十六戶七十二牖矣室个之形今之殿前是其遺像耳个者即寢之房也但明堂與施用既殊故房个之名亦隨事而遷耳今粗書其像以見鄙意按圖察義畧可驗矣故簡之五室則義明於考工較之戶牖則數叶於盛德考之施用則事著於月令求之閑也合周禮與玉藻既同夏殷又符周秦雖乖衆儒儻或在斯矣考工記曰周人明堂度以九尺之筵東西九筵

南北七筵堂崇一筵五室几筵室中度以几堂上度
以筵余謂記得之於五室而謬於堂之脩廣何者當
以理推之令愜古今之情也夫明堂者盖所以告月
朔布時令宗文王祀五帝者也然營構之範自當因
宜行制耳故五室者合於五帝各五居一室之義且
四時之祀皆據其方之正又聽朔布令咸得其月之
辰可謂施政及記二三得允求之古義切爲當矣鄭
康成漢末之通儒後學所宗耳正釋五室之位謂土
居中木火金水各居四維然四維之室旣乖其正施
令聽朔各失厥衷左右之个棄而不顧乃及文之以

美說餙之以巧辭言水木用事交於東北木火用事
交於東南金火用事交於西南金水用事交於西北
既以依五行當從其用事之交出何經典可謂攻於
異端言非而博疑誤後學非所望於先儒也禮記玉
藻曰天子聽朔於南門之外閏月則闔門左扉立於
其中鄭玄注曰天子之廟及路寢皆如明堂制明堂
在國之陽每月就其時之堂而聽朔焉卒事及宿路
寢亦如之閏月非常月也聽其朔於明堂中門還處
路寢門終月也而考工記周人明堂玄注曰或舉王
寢或舉明堂互之以明其制同也其同制之言皆出
鄭注然則明堂與矣而尚書顧命篇曰迎子釗於南
門之外延人翌室此之翌室卽路寢矣其下曰大貝
賁鼓在西房垂之竹矢在東房此則路寢有左右房
見於經史者也禮記喪大記曰君夫人卒於路寢小
斂婦人髽帶麻於房中鄭玄注曰此盖諸侯禮帶麻
於房中則西房也天子諸侯有左右房見於注者也
諸路寢則列其左右房言明堂則闕其左右个同制
之說還相矛盾通儒之注何其能乎使九室之徒奮
筆而争鋒者豈不繇處室之不當哉記云東西九筵
五室凡室二筵置五室於斯堂雖使班垂搆思王爾

營度則不能令三室不居其南北也然則三室之間
使居六筵之地而室壁之外裁有四尺五寸之堂焉
豈有天子布政施令之所宗祀文王以配上帝之堂
周公負扆以朝諸侯之處而室戶之外僅餘四尺而
已哉假在儉約爲陋過矣論其堂宇則偏而非制求
之道理則未愜人情其不然一也余恐爲鄭學者苟
求必勝競生異端以相訾抑云二筵者乃室東西耳
南北則狹焉余故備論之曰若東西二筵則室戶之
外爲丈三尺五寸矣南北戶外復如此則三室之中
南北各丈二尺耳記云四房兩夾窓若爲三尺之戶

二尺之窻窻戸人之明裁盈一尺絶樞甕牖之室蓽
門圭竇之堂尚不然矣假令復欲小廣之則四面之
外闊狹齊東西既浮南北更淺屋宇之制不爲通矣
驗之衆塗畧無筭焉且凡室二筵丈八地耳然則戸
牖之間不踰二尺也禮記明堂天子負斧扆南向而
立鄭玄注曰設斧扆於戸牖之間而鄭氏禮圖説扆
制曰從廣八尺畫斧文於其上今之屛風也以八尺
扆置二尺之間此之叵通不待智者較然可見矣且
若二筵之室爲四尺之戸則戸之兩頰裁各七尺耳
全以置之猶不自容矧復戸牖之間哉其不然二也

又復以世代簡之卽虞夏尚朴殷周尚文造制之差
每加崇飾而夏后世室堂脩二七周人之制反便促
狹豈是夏禹卑宫之意周監郁郁之美哉以斯察之
其不然三也又云堂崇一筵便是基高九尺而壁戸
之外裁四尺五寸於營制之法自不相稱其不然四
也又云室中度以几堂上度以筵而復云凡室二筵
而不以几還自相違其不然五也以此驗之記者之
謬抑可見矣盛德篇云明堂凡九室三十六戸七十
二牖上圓下方東西九仞南北七筵堂高三尺也余
謂盛德篇云得之於戸牖失之於九室何者五室之
制旁有夾房面各有戸有兩牖此乃因事立則非拘
異術戸牖之數固自然矣九室者論之五帝事既不
合施之時令又失其辰左右之个重置一隅兩辰同
處參差出入斯乃義無所據未足稱也且又堂之脩
廣裁六十二尺耳假使四尺五寸爲外基其中五十
四尺便是五室之地計其一室之中僅可一丈置其
戸牖則於何容之哉若必小而爲之以容其數則令
帝王側身出入斯爲怪矣此匪直不合典制抑亦可
咽之甚也余謂其九室之言誠亦有蹊然切以爲戴
氏聞三十六戸七十二牖弗見其制靡知所置便謂

一室有四方之窻計其外牖之數卽以爲九室耳或
未之思也蔡伯喈漢末之時學士而見重於當時卽
議其脩廣之不當而必未思其九室之爲謬更脩而
廣之假其法像可謂因僞飾詞順非而澤諒可歎矣
余今省彼衆家委心從善庶探其衷不爲苟異但是
古非今俗間之甞情愛遠惡近世中之甞事而千載
之下獨論古制驚俗之譏固延多誚脫有淫賞君子
覽而揣之儻或有焉

隋劉炫爲散騎尉吏部尚書牛弘建議以爲禮諸侯
絶傍朞大夫降一等今之上柱國雖不同古諸侯比

大夫可也官在第二品宜降傍親一等議者多以爲然兹駁之日古之仕者宗一人而已庶子不得進孫是先王重適其宗子有分祿之義族人與宗子雖疎遠猶服縗三月良孫受其恩也今之仕者位以才昇不限嫡庶與古既異何降之有今之貴者多忽近親若或降之民德之疎自此始矣遂寢其事

唐張柬之聖曆初爲鳳閣舍人時弘文館直學士王元感著論云三年之喪合三十六月柬之著論駁之日三年之喪二十五月不刋之典也謹按春秋魯僖公三十三年十二月乙巳公薨文公二年冬公子遂

如齊納幣左傳日禮也杜預注云僖公喪終此年十一月納幣在十二月士婚禮納采納徵皆有玄纁束帛諸侯則謂之納幣蓋公爲太子已行婚禮故傳稱禮也公羊傳日納幣不書此何以書譏喪娶在三年之外何以譏三年內不圖婚何休注云僖公以十二月薨至此冬未滿二十五月納采問名納吉皆在三年之內故譏何休以公十二月薨至此冬十二月纔二十四月非二十五月是未三年而圖婚也按經書十二月乙巳公薨杜以長曆推乙巳是十一月十二日非十二月經書十二是經誤文公元年四月葬我君僖公傳日緩也諸侯五月而葬若是十二月薨即是五月不得言緩明知是十一月薨故注僖公喪終此年至十二月而滿二十五月故丘明傳日禮也據此推步杜之考較豈公羊之所逮况丘明親受經於仲尼乎且二傳何杜所爭惟爭一月不爭一年其二十五月除喪孫來無別此則春秋三年之喪二十五月之明驗也尚書伊訓云成湯既没太甲元年惟元祀十有二月伊尹祀於先王奉嗣王祗見厥祖孔安國注云湯以元年十一月殂據此則二年十一月小祥三年十一月大祥故太甲中篇云惟三祀十有二

月朔伊尹以冕服奉祀王歸於亳是十一月大祥訖十二月朔日加王冕服吉而歸亳也是孔言湯元年十一月之明驗顧命云四月哉生魄王不懌是四月十六日也翌日乙丑殂是十七日也丁卯命作冊度是十九日也越七日癸酉伯相命士須材是四月二十五日也則成王殂至康王麻冕黼裳中間有十日康王方始見廟則知湯殂在十一月淹停至殯訖方始十二月祗見其祖顧命見廟訖諸侯出廟門俟伊訓言祗見厥祖侯甸群后咸在則殂及見廟殷周之禮並同此周因於殷禮損益可知也不得元年以前

别有一年此尚書三年也喪二十五月之明驗也禮記三年問云三年之喪二十五月而畢哀痛未盡思慕未忘然而服以是斷之者豈不送死有已復生有節又喪服四制云變而從宜故大祥鼓素琴告人以終又問傳云朞而小祥食菜果又朞而大祥有醯醬中月而禫食酒肉又喪服小記云再朞之喪三年也朞之喪二年也九月七月之喪三時也五月之喪二時也三月之喪一時也此禮記三年之喪二十五月之明驗也儀禮士虞禮云朞而小祥又朞而大祥中月而禫禫是吉祭此禮周公所制則儀禮三年之喪

二十五月之明驗也此四驗者竝禮經正文或周公所制或仲尼所述吾子豈得以禮記戴聖所脩輙欲排毀漢初高堂生傳禮記未周備宣帝時少傳后倉因淹中孔壁所得五十六篇著曲臺記以授弟子戴德戴聖慶溥三人合以正經及孫卿所述竝相符會列於學官年代已久今無端搆造異論既無依據深可歎息其二十五月先儒考較唯鄭康成注儀禮中月而禫以中月間一月自死至禫凡二十七月又解禫云禫然澹言平安之意也今皆二十七月復常從鄭議也喻月入禫禫既復常則二十五月爲免服二十五月二十七月其議本同切以子之於父母喪也有終身之痛創巨者日久痛深者愈遲豈徒歲月而已乎故練而慨然蓋悲慕之懷未盡而踊擗之情已歇祥而廓然者蓋哀傷之痛已除而孤邈之念更起此皆情之所致豈外飾哉故記曰三年之喪義同過隙先王立其中制以成文理是以祥則縞帶素紕禫則無所不佩今吾子將徇情棄禮實爲乖僻夫棄縗麻之服襲錦縠之衣行道之人皆不忍也直爲節之以禮無可奈何故繇也不能過制爲姊服鯉也不能過朞哭其母夫豈不懷懼名教逼已也至若孔鄭何

杜之徒竝命代挺生軌模來裔宮牆積仞未易可窺但鑽仰不休當漸入勝境詎勞終年矻矻虛肆荂言請所有摘擿先儒願且以時消息時人以東之所駁頗合於禮典

顔真卿爲憲部尚書肅宗復西京將還宮闕遣左司郎中李巽先行告宗廟之禮有司撰祝文稱嗣皇帝真卿禮儀使使崔器曰上皇在蜀稱嗣可乎器遽改之中旨宣勞以爲明儒深達禮典

冊府元龜

巡按福建監察御史臣李嗣京訂正

知閩縣事臣曹肯臣叅閱

知建陽縣事臣黃國琦較釋

掌禮部　五百七十三

奏議

夫禮者因人之情而爲之節文以爲人防也故王者必斟酌前典講求遺範順時施宜有所損益故曰三王異代不相襲禮若夫改正朔易服色建廟社以脩祭法卜郊兆以定神位崇徽號以謹制度稽舊章而

興禮樂巡幸以展義封禪以告成負扆而朝諸侯拆俎而宴羣后升降上下之數周旋揚襲之制斯固從大夫之後參外庭之議者皆得以考其質文參其隆殺取稽古之理叶隨時之義然後奏之於天子者矣漢氏而下咸可徵焉觀其揚榷故實援述經義極討論之致究質文之辯非多聞彊識之士疇足以稱之哉

漢賈誼文帝時爲大中大夫以爲漢承秦之敗俗廢禮義損廉恥今其甚者殺父兄盜者取廟器而大臣特以簿書不報期會爲故（特但也言公卿俱以文按簿書報答爲事也）至於風俗流溢恬而不怪（恬安也謂以爲是適然耳言心以爲安正當如此非失道也）夫移風易俗使天下回心而鄉道（鄉讀曰嚮）類非俗吏之所能爲也夫立君臣等上下使綱紀有序六親和睦（六親謂父子從父弟從祖昆弟曾祖昆弟從昆弟者也）此非天之所爲人之所設也人之所設不爲立不脩則壞（爲作也）漢興至今二十餘年宜定制度興禮樂然後諸侯軌道百姓素樸獄訟衰息（軌道言尊道循車行之依軌轍也）迺草具其儀（草謂草創也立其事也）天子說焉而大臣絳灌之屬害之故其儀遂寑（絳謂絳侯周勃也灌謂灌嬰也）

王吉宣帝時爲諫大夫上疏言欲治之主不世出（言時一出而難常遇）

公卿幸得遭遇其時未有建萬世之長策舉明主于三代之隆者也其務在于簿書斷獄訟而已此非太平之基也今俗吏行以牧民者非有禮義科指可世世通行者也以意穿鑿各取一切（首顧一時非王道）是以詐僞萌生刑罰無極質樸日消恩愛寑薄（寑古浸字漸也）孔子曰安上治民莫善於禮非空言也願與大臣延及儒生述舊禮明王制敺一世之民濟之仁壽之域（言以仁道治之皆得其性則壽考也域界也）則俗何以不若成康何以不若高宗（成康周之後王太平之時也高宗殷王武宗享國五十九年故曰壽之者也）帝不納其言告以病去

貢禹元帝時爲御史大夫初高祖時令諸侯王都皆立太上皇廟至惠帝尊高帝廟爲太祖廟景帝尊孝文廟爲太廟行所嘗幸郡國各立太祖太宗廟至宣帝太始三年復尊孝武廟爲世宗廟行所巡狩亦立焉凡祖宗廟在郡國六十八合百六十七所（六十八者郡國之類也百六十七所宗廟之數者也）而京師自祖下至宣帝與太上皇悼皇考各自居陵旁立廟（悼皇考者宣帝之父）并爲百七十六又園中各有寢廟便殿（便殿者非正大之處寢者陵上正殿若平生露寢矣便殿者寢之別殿耳）日祭於寢月祭於廟時祭於便殿寢日四上食廟歲二十五祠（漢儀注宗廟一歲十二祠五月嘗食六月七月三伏立秋貙婁又嘗

粢八月先夕饋飱一太牢祭九月太牢嘗稻一太牢又飲蒸二太牢十一月嘗十二月臘二太牢又每月一太牢如閏加一祠與此上十二爲二十五祠）便殿歲四祠又月一游衣冠而昭靈后武哀王昭哀后孝文太后孝昭太后衛思后戾太子戾后各有寢園與諸帝合凡三十所一歲祠上食二萬四千四百五十五用衛士四萬五千一百二十九人祝宰樂人萬二千一百四十七人養犧牲卒不在數中至是禹奏言古者天子七廟今孝景廟皆親盡宜毀及郡國廟不應古禮宜正定天子是其議未及施行而禹卒

韋玄成爲丞相永光四年詔曰朕聞明王之御世也遭時爲法因事制宜往者天下初定遠方未賓因嘗所親以立宗廟（親謂親臨幸處也）蓋建威銷萌一民之至權也今賴天之靈宗廟之福四方同軌蠻貊貢職久遵而不定今疏遠卑賤共承尊祀（共字讀曰恭）殆非皇天祖宗之意朕甚懼焉傳不云乎吾不與祭其與將軍列侯中二千石二千石諸大夫博士議丞相玄成御史大夫鄭玄太子太傅嚴彭祖少府歐陽地餘諫大夫尹更始等七十人皆曰臣聞祭非自外至者也繇中出生於心也（繇讀與由同）故爲聖人爲能饗親立廟京師之居躬親承事四海之內各以其職來助祭尊親之

大義五帝三王所共不易之道也詩云有來雍雍至止肅肅相維辟公天子穆穆（周頌雍篇禘太祖之詩也）春秋之義父不祭於支庶之宅君不祭於臣僕之家王不祭於下士諸侯臣等愚以爲宗廟在郡國宜無修臣請勿復修奏可因罷昭靈后武哀王昭后衛思后戾太子戾后園皆不奉祠裁置吏卒守焉罷郡國廟後月餘復下詔曰蓋聞明王制禮立親廟四祖宗之廟萬世不毀所以明尊祖敬宗著親親也朕獲承祖宗之重惟大禮未備戰栗恐懼不敢自顓（顓專同）其與將軍列侯中二千石二千石諸大夫博士議玄成等四十四

人奏議曰禮王者始受命諸侯始封之君皆爲太祖
以下五廟而迭毁毁廟之主藏乎太祖五年而再殷
祭言一禘一祫也殷大也禘禘也一一祭之也祫合也禘音大系以祫音洽祫祭
者毁廟與未毁廟之主皆合食於祖父爲昭子爲穆
孫復爲昭古之正禮也祭義曰王者禘其祖自出以
其祖配之而立四廟言始受命而王祭天以其祖配
而不爲立廟親盡也立親廟四親親也親盡而迭毁
親疏之殺示有終也殺斬降也列所列切周之所以七廟者以
后稷始封文王武王受命而王是以三廟不毁與親
廟四而七非有后稷始封文武受命之功者皆當親

盡而毁成王成二聖之業制禮作樂功德茂盛廟猶
不世以行爲謚而已謂之成王是則以行表謚也禮廟在大門之
內不敢遠親也遠難也音于萬切臣愚以爲高帝受命定天
下宜爲帝者太祖之廟世世不毁承後屬盡者宜毁
今宗廟異處昭穆不序宜入就太祖廟而序昭穆如
禮太上皇孝惠孝文孝景廟皆親盡宜毁皇考廟親
未盡如故悼皇考于文帝祖也大司馬車騎將軍許嘉等二十
九人以爲孝文皇帝除誹謗去肉刑躬節儉不受獻
罪人不私其利重罪之人不及妻子是不私其利也出美人重絶人類
賓賜長老收恤孤獨德厚侔天地利澤施四海宜爲
帝者太宗之廟廷尉忠以爲孝武皇帝改正朔易服
色攘四夷宜爲世宗之廟諫大夫更始等十八人以
爲皇考廟上序于昭穆非正禮宜毁于是上重其事
依違者一年乃下詔曰蓋聞王者祖有功而宗有德
尊尊之大義也存親廟四親親之至恩也高皇帝爲
天下誅暴除亂受命而帝功莫大焉孝文皇帝國爲
列王諸吕作亂海內搖動然羣后黎庶靡不一意北
面而歸心猶謙辭固讓而后即位削亂秦之迹興三
代之風是以百姓晏然咸獲嘉福莫盛焉高皇帝爲
漢太祖孝文皇帝爲太宗世世承祀傳之無窮朕甚

樂之孝宣皇帝乃爲孝昭皇帝後於義一體一體謂俱爲昭也祖孫與禮俱爲昭帝之于昭帝爲從孫故云于義一
體孝景皇帝廟及皇考廟
皆親盡其正禮儀玄成等奏曰祖宗之廟世世不毁
繼祖以至五廟而迭毁今高皇帝爲太祖孝文皇帝
爲孝宗孝景皇帝爲昭孝武皇帝爲穆孝昭皇帝與
孝宣皇帝俱爲昭皇考廟親未盡太上孝惠廟皆親
盡宜毁太上廟主宜瘞園孝惠皇帝爲穆主遷於太
祖廟寢園皆復無脩奏可議者又以爲清廟之詩交
神之禮無不清靜清廟周頌祀文王之詩其詩云於昭穆廟肅雍顯相又曰對越在天
駿奔在廟今衣冠出游有車騎之重風雨之氣非所謂清

靜也祭不欲數數則瀆瀆則不敬宜復古禮四時祭
於廟諸寢園日月間祀皆可勿復脩（間音工莧切）上亦不
改也明年玄成復言古者制禮別尊卑貴賤國君之
母非適不得配食則薦於寢（適讀曰嫡）身没而巳陛下躬
至孝承天心建祖宗定迭毁序昭穆大禮既定孝文
后孝昭太后寢祠園宜如禮勿復脩奏可
後衡爲丞相元帝寢疾夢祖宗譴罷郡國廟上少弟
楚孝王亦夢焉帝詔問衡議欲復之衡深言不可帝
疾久不平衡惶恐禱高祖孝文孝武廟曰嗣皇孫皇
帝共承洪業夙夜不敢康寧思育休烈以章祖宗之

盛功故動作接神必因古聖之經往者有司以爲前
因所幸而立廟將以公海內之心非爲尊祖嚴親也
今賴宗廟之靈六合之內莫不附親廟宜一居京師
天子親奉郡國廟可止毋脩皇帝祗肅舊禮尊重神
明即告于宗祖而不敢失（不敢失禮）今皇帝有疾不豫迺
夢祖宗見戒以廟楚王夢亦有其序皇帝悼懼即詔
臣衡復脩立謹按上世帝王承祖禰之大禮皆不敢
不自親郡國吏卑賤不可使獨承又承祀之義以民
爲本間者歲數不登百姓困乏郡國廟無以脩立禮
凶年則歲事不舉以祖禰之意爲不樂是以不敢復

加誠非禮義之中違祖宗之心咎盡在臣衡當受其
殃大被其疾隊（隊讀曰墜）在溝瀆之中皇帝至孝肅慍宜
蒙祐福惟高皇帝孝文皇帝孝武皇帝省察右饗皇
帝之孝開賜皇帝眉壽亡疆令所疾日瘳平復反常
永保宗廟天下幸甚又告謝毁廟曰往者大臣以爲
在昔帝王承祖宗之休典取象於天地天序五行人
親五屬（五屬謂同族之五服斬衰齊衰大功小功緦麻也）天子奉天故率其
意而尊其制是以禘嘗之序靡有過五受命之君躬
接于天萬世不墮繼烈以下五廟而遷（墮毁也音火規切）上
陳太祖間歲而祫其道應天故福祿永終太上皇非

受命而屬盡義則當遷又以爲孝莫大於嚴父故父
之所尊子不敢不承父之所異子不敢同禮父子不
得爲母信爲後則於子祭於孫止（不得信尊其母也父子去其所而爲太宗後尚得私祭其母爲孫即上不得祭公子母也明斷祖不復顧其私祖母也信讀曰申）尊祖
嚴父之義也寢日四上食園廟間祠皆可亡脩皇帝
思慕悼懼未敢盡從惟念高皇帝聖德茂盛受命溥
將欽若稽古承順天心（溥廣也將大也欽敬也若善也稽考也商頌烈祖之篇曰我受溥將虞書堯典曰欽若昊天又曰若稽古帝堯故衡總引之）子孫本支陳錫亡
疆（詩大雅文王之篇曰陳錫哉周侯文王孫子文王孫子本支百世陳敷也哉始也本本宗也支支子也言子孫承受數錫初始之福故得永久無窮竟也）誠以爲遷廟合祭久長之

策高帝之意廼敢不聽郎以令日(令善也謂吉日也)遷太上孝惠廟孝文太后孝昭太后寢將以昭祖宗之德順天人之序定亡窮之業今皇帝未受此福乃有不能共職之疾(共讀曰恭)皇帝願獲脩立成祀臣衡等咸以爲禮不得(于禮不合)如不合高皇帝孝惠皇帝孝文皇帝孝武皇帝孝昭皇帝孝宣皇帝太上皇孝文太后孝昭太后之意罪盡在臣衡等當受其咎今皇帝尚未平詔中朝臣具復毀廟之文臣衡中朝臣咸復以爲天子之祀義有所斷禮有所承違統背制不可以奉先祖皇天不祐鬼神不饗六藝所載皆言不當無所以

緣以作其文事如失措罪乃在臣衡深受其殃皇帝宜厚蒙其福祉嘉氣日興疾病平復永保宗廟與天亡極羣生百神有所歸息諸廟皆同文久之上疾連年遂盡復諸所罷寢廟園皆脩祀如故初上定迭毀禮獨尊孝文廟爲太宗而孝武廟親未盡故未毀止於是廼復申明之曰孝宣皇帝尊孝武廟曰世宗損益之禮不敢有與焉(與讀曰預下同)他皆如舊制唯郡國廟遂廢成帝即位衡奏言前以上體不平故復諸所罷祠卒不蒙福按衛思后戾太子戾后園親未盡孝惠孝景廟親盡宜毀及太上孝文孝昭太后昭靈后昭哀后武哀王祠請悉罷勿奉奏可衡又與御史大夫張譚奏言帝王之事莫大乎承天之序莫重於郊祀故聖王盡心極慮以建其制祭天於南郊就陽之義也瘞地於北郊即陰之象也(祭地曰瘞薶)天之於天子也因其所都而各饗焉往者孝武皇帝居甘泉宮即於雲陽立泰畤祭於宮南今帝幸長安郊見皇天及北之太陰祠后土及東之少陽事與古制殊又至雲陽谿谷中阸陿且百里汾陰則渡大川有風波舟楫之危皆非聖主所宜數乘郡縣治道共張吏民困苦(共音居用切張讀曰帳)百官煩費勞所保之民(保養也)行危險之

地難以奉神靈而祈福祐殆未合於承天子民之意昔者周文武郊於酆鄗成王郊于雒邑由此觀之天隨王者所居而饗之可見也甘泉泰畤河東后土之祠宜可徙置安民合于古帝王願與羣臣議定奏可大司馬車騎將軍許嘉等八人以爲所從來久遠宜如故右將軍王商博士師丹議郎翟方進等五十人以爲禮記曰燔柴于大壇祭天也瘞薶於大析祭地也(大析爲于壇所析地爲方澤之形也)兆於南郊所以定天位也祭地於大析在北郊就陰位也郊處合在聖王所都之南北書越三日丁巳用牲于郊牛三周公加牲告

徙新邑定郊禮於雒明王聖主事天明事地察神明章矣天地以王者爲主故聖王制祭天地之禮必于國郊長安聖主之居皇天所觀視也甘泉河東之祠非神靈所饗宜徙就正陽太陰之處違俗復古循聖制定天位如禮便於是衡譚奏議曰陛下聖德聰明上通聰與惣同承天之大典覽羣下使各悉心盡慮議郊祀之處天下幸甚臣聞廣謀從衆則合于天心故洪範曰三人占則從二人言言少從多之議也論當往古宜于萬民則依而從之違道寡與則廢而不行今議者五十八人其五十人言當徙之義皆著于經傳

同于世上便于吏民八人不校經藝考古制而以爲不宜無法之議難以定吉凶太誓曰正稽古立功立事可以永年丕天之大律詩曰毋曰高高在上陟降厥士日監在茲言天之日監王者之處也又曰廼眷西顧此維予宅言天以文王之都爲居也宜如長安定南北郊爲萬世基天子從之既定衡言甘泉泰畤紫壇八觚宣通象八方五帝壇周環其下又有羣神之壇以尚書禋六宗望山川徧羣神之義紫壇有文章采鏤黼黻之飾及玉女樂漢舊儀云祭天用綵緰帳六重用玉几鄃器也七十女樂即唐童男女俱欲也石壇僊人祠瘞鸞路騂駒寓龍馬不能得其象於古臣聞郊紫壇饗帝之義歸地而祭上質也歌大呂舞雲門以俟天神歌大族舞咸池以俟地祇其牲用犢其席藁稭稭音皆其器陶匏皆因天地之性貴誠上質不敢修其文也以爲神祇功德至大雖脩精微而備庶物猶不足以報功惟至誠爲可故上質不飾以章天德紫壇僞飾女樂鸞路騂駒龍馬石壇之屬宜皆勿脩衡又言王者各以其禮制事天地非因異世所立而繼之今郊雍鄜密上下畤本秦侯各以其意所載術也秦文公宣公所立漢興之初儀制未及定即且因秦故祠復立北畤今既稽古建定天地之

大禮郊見上帝青赤白黃黑五方之帝皆畢陳各有位饌祭祀備具諸侯所妄造王者不當長遵北畤未定時所不立不宜復脩天子皆從焉及陳寶祠由是皆罷

平當成帝時爲博士時謁者常山王禹世受河間樂能說其意其弟子宋曅等上書言之曅音于折切下大夫博士等議當以爲漢承秦滅道之後賴先帝聖德博受兼聽修廢官立六學河間獻王聘求幽隱脩興雅樂以助時化時大儒公孫弘董仲舒等皆以爲音中正雅之大下樂春秋鄉射作於學官希闊不講講謂論習

故自公卿大夫觀聽者但聞鏗鎗不曉其意而欲以
風諭衆庶其道無由風化也是以行之百有餘年德化
至今未成畢等守習孤學大指歸於興助教化衰微
之學興廢在人宜頗屬雅樂以繼絕表微表顯也孔子
曰人能弘道非道弘人河間區區小國藩臣區區小貌以
好學脩古能有所存存意于禮樂民到于今稱之況於聖
王廣被之資被猶覆也脩起舊文放鄭近雅述而不作信
而好古于以風示海內揚名後世誠非小功小美也
事下公卿以爲久遠難分明當議復寢
劉向成帝時爲中壘校尉揵爲郡於水濱得古磬六

十枚濱水涯也議者以爲善祥向因是說上宜興辟雍設
庠序陳禮樂隆雅頌之聲盛揖讓之容以風化天下
如此而不治者未之有也或曰不能其禮或曰者劉向設爲難
者之言而后答釋也禮以養人爲本如有過差是過而養人也
過差謂失錯也刑罰之過或至死傷今之刑非皐陶之法也
而有司請定法削則削筆則筆削者謂有所削去以刀削簡牘也筆者謂
有所增益以筆就而書也救時務也至於禮樂則曰不敢是敢於
殺人不敢於養人也爲其俎豆管絃之閒小不備因
是絶而不爲是去小不備而就大不備惑莫甚焉大不
備者事之虧失莫甚于此夫教化之比於刑法刑法輕是舍所重
而急所輕也舍廢也且教化所恃以爲治也刑法所以
助治也今廢所恃而獨立其所助非所以致太平也
自京師有誖逆不順之子孫誖乖也音布內切至於陷大辟
受刑戮者不絶繇不習五常之道也繇與由同五常仁義禮智信人
性所常行之也夫承千載之衰周繼暴秦之餘弊民漸漬惡
俗貪饕險詖不閑義禮貪甚曰饕言行險曰詖饕音土高切詖音彼義切不
示以大化而獨敺以刑罰終已不改敺與驅同故曰道之
以禮樂而民和睦孝經著孔子之言也初叔孫通將制定禮儀
見非於齊魯之士然卒爲漢儒宗業垂后嗣斯成法
也成帝以向言下公卿議會向病卒丞相大司空奏

請立辟雍案行長安城南營表未立而哀帝即位乃
止
師丹爲大司空哀帝即位成帝母稱太皇太后成帝
趙皇后稱皇太后而上祖母傅太后與母丁后皆在
國邸自以定陶共王爲稱高昌后董宏上書言奏莊
襄王母本夏后氏而爲華陽夫人所子莊襄王始皇之父也華陽
夫人孝文王之夫人也子謂養以爲子也及即位後俱稱太后且立定陶
共王后爲皇太后事下有司時丹以左將軍與大司
馬王莽共劾奏宏知皇太后至尊之號天下一統而
稱引亡秦以爲比喻詿誤聖朝非所宜言大不道上

新立譙讓納用莽丹言免宏爲庶人傅太后大怒要
上欲必稱尊號上於是追尊定陶共王爲共皇帝尊
傅太后爲共皇太后丁后爲共皇后郎中令冷褒黄
門郎段猶等復奏言（冷音零）定陶共皇太后共皇太后
皆不宜復引定陶藩國之名以冠大號車馬衣服宜
皆稱皇之意（皇者至尊之號共服御宜皆副稱之也稱音尺孕切）置二千石以
下各共其職（謂詹事太僕少府等衆官也）又以爲共立皇廟京師
帝復下其議有司皆以爲宜如褒猶言丹議獨曰聖
王制禮取法於天地故尊卑之禮明則人倫之序正
人倫之序正則乾坤得其位而陰陽順其節人主與

萬民俱蒙福祐尊卑者所以正天地之位不可亂也
今定陶共皇太后共皇后以定陶共爲號者母從子
妻從夫之義也欲立官置吏車服與太皇太后並非
所以明尊卑亡二上之義也定陶共皇號謚已前定
議不得復改禮父爲士子爲天子祭以天子其尸服
以士服子亡爵父之義尊父母也爲人後者爲之子
故爲所後服斬衰三年而降其父母期明尊本祖而
重正統也孝成皇帝聖恩深遠故爲共王立後奉承
祭祀今皇長爲一國太祖萬世不毁恩義以備陛下
既繼體先帝特重太宗承宗廟天地社稷之祀義不
得復奉定陶共皇祭入其廟今欲立廟於京師而使
臣下祭之事無主也又親盡當毁空去一國泰祖不
墮之祀（墮以毁也音大惟切）而就無主當毁不正之禮非所以
尊厚共皇也丹由是浸不合帝意

孔光哀帝時爲丞相與大司空何武奏言永光五年
制書高皇帝爲漢太祖孝文皇帝爲太宗建昭五年
制書孝武皇帝爲世宗損益之禮不敢有與臣愚以
爲迭毁之次當以時定非令所爲擅議宗廟之意也
臣請與羣臣雜議奏可於是光禄勳彭宣詹事滿昌
博士左咸等五十三人皆以爲繼祖宗以下五廟而

迭毁後雖有賢君猶不得與宗祖並列子孫雖欲褒
大顯揚而立之鬼神不饗也孝武皇帝雖有功烈親
盡宜毁太僕王舜中壘校尉劉歆議曰臣聞周室既
衰四夷並侵獫狁最强於是匈奴是也至周宣王而
伐之詩人美而頌之曰薄伐獫狁至於太原（小雅六月之詩也薄伐言逐出之）又曰嘽嘽推推如霆如雷顯允方叔征伐
獫狁蠻荆來威（小雅采芑之詩也嘽嘽衆也推推盛也顯明也允信也方叔周之卿士爲將率也言出師衆盛有如雷霆方叔又能信明其德伐獫狁懲其侵暴則南荆之蠻亦威畏而來服也嘽音他丹切推音他回切）故稱中興其至幽王犬戎來伐殺幽王
取宗器（宗器宗廟之器也）自是之後南夷與北夷交侵中國

不絶如綫（綫縷也音思薦切）春秋紀齊侵桓南伐楚北伐山
戎孔子曰微管仲吾其被髮左衽矣（左衽夷狄之服言無管仲在齊
征討則皆將爲戎狄也）是故棄桓之過而錄其功以爲伯首（伯讀
曰霸）及漢興冒頓始強破東胡禽月氏（氏讀曰支）竝其土地
地廣兵強爲中國害南越尉佗總百粵自稱帝故中
國雖平猶有四夷之患日無寧歲一方有急三面救
之是天下皆動而被其害也孝文皇帝厚以貨賂與
結和親猶侵暴無已甚者興師十餘萬衆近屯京師
及四邊歲發屯備虜其爲患久矣非一世之漸也諸
侯郡守連匈奴及百粵以爲逆者非一人也匈奴所

殺郡守都尉略取人民不可勝數孝武皇帝愍中國
罷勞無安寧之時（罷讀曰疲）乃遣大將軍驃騎伏波樓船
之屬南滅百粵起七郡北攘匈奴降昆邪十萬之衆
（昆音下門切）置五屬國起朔方以奪其肥饒之地東伐朝
鮮起玄菟樂浪以斷匈奴之左臂（樂音來各切浪音郎）西伐大
宛并三十六國結烏孫起燉煌酒泉張掖以鬲婼羌
裂匈奴之右臂（婼音而遮切）單于孤特遠遁于幕北四垂
無事斥地遠境起十餘郡功業既定乃封丞相爲富
民侯以大安天下富實百姓其規撫可見（撫讀曰模）又招
集天下賢俊與協心同謀興制度改正朔易服色立

天地之祠建封禪殊官號存周後定諸侯之制永無
逆爭之心至今累世賴之單于守藩百蠻服從萬世
之基也中興之功未有高焉者也高帝建大業爲太
祖孝文皇帝德至厚也爲文太宗孝武皇帝功至著
也爲武世宗此孝宣皇帝所以發德音也禮記王制
及春秋穀梁傳天子七廟諸侯五大夫三士二天子
七日而殯七月而葬諸侯五日而殯五月而葬大夫
三日而殯三月而葬此喪事尊卑之序也與廟數相
應其文曰天子三昭三穆與太祖之廟而七諸侯二
昭二穆與大祖之廟而五故德厚者流光德薄者流

卑（流謂流風餘福）春秋左氏傳曰名位不同禮亦異數自上
以下降殺以兩禮也（殺音所例切）七者其正法所可常數
者也宗不在此數宗中變也（非常數故云變也）苟有功德則
宗之不可預爲設數故于殷太甲爲太宗太戊曰中
宗武丁曰高宗（太甲湯之孫太丁之子也太戊太康之子雍巳之弟也武丁小乙之子）
周公爲毋逸之戒舉殷三宗以勸成王（毋逸尚書篇名戒以無逸
豫也）繇是言之宗無數也（繇與由同）然則所以勸帝者之功
德博矣以七廟言之孝武皇帝未宜毀以所宗言之
則不可謂無功德禮記祀典曰夫聖王之制祀也功
施于民則祀之以勞定國則祀之能救大災則祀之

竊觀孝武皇帝功德皆兼而有焉凡在于異姓猶將特祀之況于先祖或說天子五廟無明文又說中宗高宗者宗其道而毀其廟名與實異非尊德貴功之意也詩云蔽芾甘棠勿剪勿伐召伯所茇（剪字與𧤗同茇音步各切）思其人猶愛其樹況宗其道而毀其廟乎迭毀之禮自有常法無殊功異德固以親疏相推及至祖宗之序多少之數經傳無明文至尊至重難以疑文虛說定也孝宣皇帝舉公卿之議用衆儒之謀旣以爲世宗之廟達之萬世宣布天下臣愚以爲孝武皇帝功烈如彼孝宣皇帝崇立之如此不宜毀上覽其議

而從之制曰太僕舜中壘校尉歆議可歆又以爲禮去事有殺（去音立呂切殺音所例切其下並同）故春秋傳曰日祭月祀時享歲貢終王祖禰則日祭曾高則月祀二祧則時享壇墠則歲貢（祧是遠祖也築土爲壇除地爲墠祧音兆堯切墠音善）大禘則終王（蠻夷終王乃入助祭各以其珍貢以共大禘之祭也每一王終所正祭位乃來助祭）德盛而游廣親親之殺也（游亦流也）彌遠則彌尊故禘爲重矣孫居王父之處正昭穆則孫常與祖相代此遷廟之殺也聖人於其祖出於情矣禮無所不順故無毀廟（以情推子以子光祖勿得人心禮何所建故無毀棄不禘之至也謂下三廟廢而爲虛者也）自貢禹建迭毀之議惠景及太上寢園廢而爲虛（虛讀曰墟）失禮意矣

王莽平帝時爲大司馬元始中莽奏本始元年丞相義等議（蔡義也）謚孝宣皇帝親曰悼園置邑三百家至元康元年丞相相等奏（魏相也）父爲士子爲天子祭以天子悼園宜稱尊號曰皇考立廟益故奉園民滿千六百家以爲縣臣愚以爲皇考廟本不當立累世奉之非是又孝文太后南陵（在伯陵之南故曰南陵）孝昭太后雲陵園雖前以禮不復修陵名未正謹與大司徒晏等百四十七人議皆曰孝宣皇帝以兄孫繼統爲孝昭皇帝後以數故孝元世以孝景皇帝及皇考廟朝未

盡不毀此兩統二父違于禮制案議奏親謚曰悼裁置奉邑皆應經義相奏悼園稱皇考立廟益民爲縣違離祖統乖謬本義父爲士子爲天子祭以天子者乃謂若虞舜夏禹殷湯周文漢之高祖受命而王者也非謂繼祖統爲後者也臣請皇考祖考廟奉明園毀勿修（奉明園悼考之園也）罷南陵雲陵爲縣奏可莽又奏言王者以父事天故爵稱天子孔子曰人之行莫大于孝孝莫大于嚴父嚴父莫大于配天王者尊其考欲以配天緣考之意欲尊祖推而上之遂及始祖是以周公郊祀后稷以配天宗祀文王于明堂以配上

帝禮記天子祭天地及山川歲徧春秋穀梁傳以十二月下辛卜正月上辛卯郊高皇帝受命日雍四畤備五帝未共天地之祀孝文十六年用新垣平議初起渭陽五帝一祭泰一地祇以太祖高皇帝配日冬至祠泰一夏至祠地祇皆并祠五帝而共一時上親郊拜後平復詐誅廼不復自親而使有司行事孝武皇帝祠雍日今上帝朕親郊而后土無祠則禮不答也于是元鼎四年十一月甲子始立后土祠于汾陰或曰五帝泰一之佐宜立泰一五年十一月癸未始立泰一祠于甘泉二歲一郊與雍更祠亦以高祖配

不歲事天皆未應古制建始元年徙甘泉泰畤河東后土于長安南北郊永始元年三月㠯（古以字）未有皇孫復甘泉河東祠綏和三年㠯卒不獲祐復長安南北郊建平三年懼孝哀皇帝之疾未瘳復甘泉汾陰祠竟復無福臣謹與太師孔光長樂少府平晏大司農左咸中壘校尉劉歆大中大夫朱賜博士薛順議郎國由等六十七人議皆曰宜如建始時丞相衡等議復長安南北郊如故莽又頗改其祭祀曰周官天墬之禮（墬古地字）樂有別有合其合樂曰㠯六律六鍾五聲八音六舞大合樂祀天神祭墬祇祀四望祭山川享先妣先祖凡六樂奏六歌而天墬神祇之物皆至四望盖謂日月星海也三光高而不可得親也海廣大無限界故其樂同祀天則天文從祭地則地理從三光天文也山川地理也故合祭先祖配天先妣配墬其誼一也天地合精夫婦判合祭天南郊則以地配一體之誼也天地位皆南鄉同蓆（鄉讀曰向下同）地在東共牢而食高帝高后配於壇上西鄉后在北亦同席共牢牲用繭栗玄酒陶匏禮記曰天子籍田千畝（每古畆田字）㠯事天地繇是言之宜有黍稷天地同牲一燔尞瘞薶用牲一（尞與燎同）高帝高后用牲一天用牲尤及

黍稷瘞于北郊其旦東鄉再拜朝日其夕西鄉再拜夕月然後孝弟之道備（弟讀曰悌）而神祇嘉享萬福降朝（與集同）此天地合祀㠯祖妣配者也其制樂曰冬日至于地上之圜丘奏樂六變則天神皆降夏日至于澤中之方丘奏樂八變則地祇皆出天地有常位不得常合此其合特祀者也陰陽之別於日冬夏至其會也㠯孟春正月上辛若丁天子親合祀天地于南郊以高帝高后配陰陽有離合易曰分陰分陽迭用剛柔以日冬至使有司奉祠南郊高帝配而望羣后日夏至使有司奉祭北郊高后配而望羣陰皆以助致

微氣通道幽弱當此之時后不省方（后告也方嘗也不親當務）故天子不親而遣有司所以正承順天地復聖王之制顯太祖之功也渭陽祠無復脩羣望未悉定定復奏奏可三十餘年間天地之祀五徙焉後莽復奏曰類于上帝禋于六宗歐陽大小夏侯三家說六宗皆曰上不及天下不及地旁不及四方在六者之間助陰陽變化實一而名實不相應禮記祀典功施于民則祀之天文日月星辰所瞻仰也地理山川海澤所生殖也易有八卦乾坤六子水火不相逮雷風不相誖山澤通氣然後能變化既成萬物也（乾爲父坤爲母震爲長男巽爲

長女離爲中男坎爲中女艮爲少男兌爲少女故云六子也水火坎離也雷風震巽也山澤艮兌也）臣前奏從甘泉泰畤汾陰后土皆復于南北郊謹案周官兆五帝于四郊山川各因其方今五帝兆居在雍五畤不合于古又日月雷風山澤易卦六子之尊氣所謂六宗也星辰水火溝瀆皆六宗之屬也今或未特祀或無兆居謹與太師光大司徒官義和歆等八十九人議皆曰天子父事天母事地今稱天神曰皇天上帝泰一兆曰泰畤而稱地祇曰后土與中央黃靈同又兆北郊未有尊稱宜令地祇稱皇后祇兆曰廣畤易曰方以類聚物以群分分羣以類相從爲五部兆天地之別神中央帝黃靈后土畤及日廟北辰北斗塡星中宿中宮于長安城之未墬（塡與鎮同）兆東方帝太昊青靈句芒畤及雷公風伯廟歲星東宿東宮于東郊兆南方炎帝赤靈祝融畤及熒惑星南宿南宮于南郊兆西方少皞白靈蓐收畤及太白星西宿西宮于西郊兆北方帝顓頊黑靈玄冥畤及月廟雨師廟辰星北宿北宮于北郊奏可於是長安旁諸廟兆畤甚盛矣莽又言帝王建立社稷帝王不易社者土也宗廟王者所居稷者百穀之主所以奉宗廟共粢盛（共與供同）人所食以生活也王者莫不尊重親自爲之

主禮如宗廟詩曰及立冢土（冢大也土土神謂大社也）又曰以御田祖以祈甘雨（言設樂以御祭於神爲農求其霖也）禮記曰唯祭宗廟社稷爲越紼而行事（紼以縮車索也言當祭則越紼行事不以私喪廢公祀也）聖漢興禮儀稍定已有官社未立官稷（高帝除秦社稷立漢社稷所謂大社也特又立官社配所謂五社也）遂於官社後立官稷以夏禹配食官社后稷配食官稷稷樹（穀樹栢樹也其子類谷故於稷種）徐州牧歲貢五色土各一封

冊府元龜

巡按福建監察御史臣李嗣京訂正

知甌寧縣事臣孫以敬參閱

知建陽縣事臣黃國琦較釋

掌禮部二十二

奏議第二

後漢杜林爲侍御史光武建武七年大議郊祀制多以爲周郊后稷漢當祀堯詔復下公卿議議者僉同光武亦然之林獨議曰當今政卑易行禮簡易從人無愚智思仰漢德基業特起不因緣堯堯遠於漢人

不曉信言提其耳終不悅諭后稷近周人戶知之又據以與基緣其作詩曰不愆不忘率繇舊章宜如舊制以解天下之惑

張純爲五官中郎將以宗廟未定昭穆失序建武十九年乃與太僕朱浮共奏言陛下興於匹庶蕩滌天下誅鉏暴亂興繼祖宗竊以經義所紀人事衆心雖同創革而名爲中興宜奉先帝恭承祭祀者也元年以來宗廟奉祀高皇帝爲受命祖孝文皇帝爲太宗孝武皇帝爲世宗皆如舊制又立親廟四世推南頓君以上盡於舂陵節侯禮爲人後者則爲之子旣事太宗則降其私親今禘祫高廟陳序昭穆而舂陵四世君臣並列以卑廁尊不合禮意設不遭王莽而國嗣無寄推求宗室以陛下繼統者安得復顧私親違禮制乎昔高帝以自受命不繇太上宣帝以孫後祖不敢私親故爲父立廟獨群臣侍祠臣愚謂宜除今親廟以則二帝舊典願下有司博採其議詔下公卿大司徒戴涉大司空竇融議宜以宣元成哀平五帝四世代今親廟宣元皇帝尊爲祖父可親奉祀成帝以下有司行事別爲南頓君立皇考廟其祭上至舂陵節侯群臣奉祀以明尊尊之敬親親之恩帝從之

是時宗廟未備自元帝以上祭於雒陽高廟成帝以下祀於長安高廟其南頓四世隨所在而祭焉二十六年詔純曰禘祫之祭不行已久矣三年不爲禮禮必壞三年不爲樂樂必廢宜據經典詳爲其制純奏曰禮三年一祫五年一禘春秋傳曰大祫者何合祭也毀廟及未毀廟之主皆登合食乎太祖五年而再殷漢舊制三年一祫毀廟主合食高廟存廟主未嘗合祭元始五年諸王公列侯廟會始爲禘祭又前十八年親幸長安亦行此禮禮說三年一閏天氣小備五年再閏天氣大備故三年一祫五年一禘禘之爲

言諦諦定昭穆尊卑之義也禘祭以夏四月夏者陽氣在上陰氣在下故正尊卑之義也祫祭以冬十月冬者五穀成熟物備禮成故合聚飲食也斯典之廢於茲八年謂可如禮施行以時定儀帝從之自是禘祫遂定

曹褒章帝元和初爲博士三年詔曰朕以不德膺祖宗弘烈乃者鸞鳳仍集麟龍並臻甘露宵降嘉穀滋生赤草之類紀於史官朕夙夜祗畏上無以彰於先公下無以克稱靈物漢遭秦餘禮壞樂隳且因循故事未可觀省有知其說者各盡所能褒省詔乃嘆息

謂諸生曰昔奚斯頌魯考甫詠殷夫人臣依義顯君竭忠彰聖行之美也當仁不讓吾何辭焉遂復上疏具陳禮樂之本制改之意拜褒侍中從駕南巡既還以事下三公未及奏詔召玄武司馬班固問改定禮制之宜固曰京師諸儒多能說禮宜廣招集共議得失帝曰諺言作舍道旁三年不成會禮之家名爲聚訟互生疑異筆不得下昔堯作大章一夔足矣章和元年正月乃詔褒詣嘉德門令小黃門持班固所上叔孫通漢儀十二篇勑褒曰此制散略多不合經今宜依禮條正始可施行於南宮東觀盡心集作褒既受命乃次序禮事以準舊典雜以五經讖記之文撰次天子至於庶人冠婚吉凶終始制度以爲百五十篇寫以二尺四寸簡其年十二月奏上帝以衆論難一故但納之不復令有司平奏和帝即位褒乃爲作章句帝遂以新禮二篇冠擢褒監羽林左騎永元四年遷射聲校尉後太尉張酺尚書張敏等奏褒擅制漢禮破亂聖術宜加刑誅帝雖寢其奏而漢禮遂不行

張奮和帝永元中爲司徒罷在家上疏曰聖人所美政道至要本在禮樂五經同歸而禮樂之用尤急孔

子曰安上治民莫善於禮移風易俗莫善於樂又曰揖讓而化天下者禮樂之謂也先王之道禮樂可謂盛矣孔子謂子夏曰禮以脩外樂以制內丘已矣夫又曰禮樂不興則刑罰不中刑罰不中則民無所措其手足臣以爲漢當制作禮樂是以先帝盛德數下詔書愍傷崩缺而衆儒不達議多駮異臣累世台輔而大典未定私竊惟憂不忘寢食臣犬馬齒盡誠冀先死見禮樂之定十三年更詔拜太常復上疏曰漢當改作禮樂圖書著明王者化定制禮功成作樂謹條禮樂異議三事願下有司以時考定昔者孝武皇

帝光武皇帝封禪告成而禮樂不定事不相副先帝以詔曹褒今陛下但奉而成之猶周公斟酌文武之道非自爲制誠無所疑久執謙讓令大漢之業不以時成非所以章顯祖宗功德建太平之基爲後世法帝雖善之猶未施行

陳忠爲尚書安帝永初三年有詔大臣得行三年喪服闋還職忠因此上言孝宣皇帝舊令人從軍屯及給事縣官者父母死未滿三月皆無徭令得葬送請依此制太后從之至建光中尚書令祝諷（祝或作役）尚書孟布等奏以爲孝文皇帝定約禮之制光武皇帝絶

告寧之典貽則萬世誠不可改宜復建武故事忠上疏曰臣聞之孝經始於愛親終於哀戚上自天子下至庶人尊卑貴賤其義一也夫父母於子同氣異息一體而分三年乃免於懷抱先聖緣人情而著其節制服二十五月是以春秋臣有大喪君三年不呼其門閔子雖要經服事以赴公難退而致位以究私恩故稱君使之非也臣行之禮也周室陵遲禮制不序蓼莪之人作詩自傷曰缾之罄矣惟罍之耻言己不得終竟子道者亦上之耻也高祖受命蕭何創制大臣有寧告之制合於致憂之義建武之初新承大亂凡諸國政多趨簡易大臣既不得告寧而群司營祿念私鮮循三年之喪以服願復之恩者禮義之方實爲彫損大漢之興雖承衰弊而先王之制稍以施行故籍田之耕起於孝文孝廉之貢發於孝武郊祀之禮定於元成三雍之序備於顯宗大臣終喪成乎陛下聖功美業靡以尚茲孟子有言老吾老以及人之老幼吾幼以及人之幼天下可運於掌臣願陛下登高北望以甘陵之思揆度臣子之心則海內咸得其所宦監不便之竟寢忠奏

周舉爲大鴻臚梁太后臨朝詔以殤帝沖幼廟次宜

在順帝下太常馬訪奏宜加詔書諫議大夫呂勃以爲應依昭穆之序先殤帝後順帝詔下公卿舉議曰春秋魯閔上孔子譏之書曰有事於太廟躋僖公傳曰逆祀也及定公正其序經曰從祀先公爲萬世法也今殤帝在先於秩爲父順帝在後於親爲子先後之義不可改昭穆之序不可亂呂勃議是也太后下詔從之

蔡邕靈帝時爲郎中上封事曰明堂月令天子以四立及季夏之節迎五帝於郊所以導致神氣祈福豐年清廟祭祀追往孝敬養老辟雍示人禮化皆帝者

之大業祖宗所祗奉也而有司數以蕃國踈喪宮內
産生及吏卒小汙屢生忌故竊見南郊齊戒未嘗有
廢至於它祀輒與異議豈南郊卑而它祀尊哉孝元
皇帝策書曰禮之至敬莫重於祭所以竭心奉親以
致肅祗者也又元和故事復中先典前後制書推心
懇惻而近者以來更任太史忘禮敬之大任禁忌之
書拘小信故以虧大典禮妻妾産者齋則不入側室
之門無廢祭之文也所謂宮中有卒三月不祭者謂
士庶人數堵之室共處其中耳豈謂皇居之曠臣妾
之衆哉自今齋制宜如故典庶答風霆災妖之異書
奏帝乃親迎氣北郊及行辟雍之禮後爲左中郎將

奏議曰漢承亡秦滅學之後宗廟之制不用周禮每
帝即位世輒立一廟不止於七不列昭穆不定迭毀
元皇帝時丞相康衡御史大夫貢禹始違大議曰非
禮孝文孝武孝宣皆以功德茂盛爲宗不毀孝宣尊
崇孝武廟稱世宗中正大夫夏侯勝等猶執異議不
應爲宗至孝成皇帝議猶不定太僕王舜中壘較尉
劉歆據不可毀上從其議古人據正重順不敢私其
君父若此其至也後遭王莽之亂光武皇帝受命中興
廟稱世祖孝明皇帝聖德聰明政參文宣廟稱顯宗
孝章皇帝至孝蒸蒸仁惠傳大廟稱肅宗皆方前世
得禮之宜自此以下政事多釁權移臣下嗣帝殷勤
各欲襃崇至親而已臣下懦弱莫能執夏侯之直今
聖朝遵古復禮以求厥中誠合禮儀元帝世在第八
光武世在第九故以元帝爲考廟尊而奉之孝明遵
述以下敢毀孝和以下穆宗威宗之號皆省去五年
而再殷合食於太祖以遵先典議遂施行

魏董遇漢末爲黃門侍郎既詣鄴轉爲散冗常從太
祖西征道繇孟津過弘農王冢太祖疑欲謁顧問左
右左右莫對遇乃越第進曰春秋之義國君即位未
踰年而卒未成爲君弘農王即位既淺又爲暴臣所

制降在藩國不應謁太祖乃過

嘗林爲太常明帝太和中魯相上言漢舊立孔子廟
襃成侯歲時奉祀辟雍行禮必祭先師王家出穀春
秋祭祀今宗聖侯奉嗣未有命祭之禮宜給牲牢長
吏奉祀尊爲貴神制三府議博士傳祗以春秋傳言
立在祀典則孔子是也宗聖適足繼絕世章盛德耳
至於顯立言崇明德則宜如魯相所上林議以爲宗
聖侯亦以王命祀不爲未有命也周武王封黃帝堯
舜之後及三恪禹湯之世不列於時或特命他官祭

也今周公以上達於三皇忽焉不祀而其禮經亦存其言今獨祀孔子者以世近故也以大夫之後特受無疆之祀禮過古帝義踰湯武可謂崇明報德矣無復重祀於非族也

高堂隆青龍中爲侍中領太史令以爲改正朔易服色殊徽號異器械自古帝王所以神明其政變民耳目故三春稱王明王統也於是敷演舊章而改焉明帝從其議

晉杜預爲尚書武帝太始十年旣葬楊皇后於峻陽陵依舊制帝及群臣除喪卽吉先是尚書祠部奏從

博士張靖議皇太子亦從制倶釋服博士陳逵議以爲今制所依蓋漢帝權制興於有事非禮之正皇太子無有國事自宜終服有詔更詳議預以爲古者天子諸侯三年之喪始同齊斬旣葬除喪服諒闇以居心喪終制不與士庶同禮漢氏承秦天下爲天子修服三年漢文帝見其下不可久行而不知古制更以意制祥禫除喪卽吉魏氏直以訖葬爲節嗣君皆不復諒闇終制學者非之久矣然竟不推究經傳考其行事專謂王者三年之喪當以衰麻終二十五月嗣君苟若此則天子群臣皆不得除喪雖志在居篤更逼而不行至今世主皆從漢文輕典踈虛制者非制也今皇太子與尊同體宜復古典卒哭除衰麻以諒闇終制於義旣不應不除又無取於漢文乃所以篤喪禮也於是尚書魏舒問預證據所依預云傳稱三年之喪自天子達此謂天子絶朞唯有三年喪也非謂居喪衰服三年與士庶同也故后世子之喪而叔向稱有三年之喪二也周公不言高宗服喪三年而云諒闇三年此釋服心喪之文也叔向不譏景王除喪而譏其燕樂已早明旣葬應除而違諒闇之節也春秋晉侯享諸侯子產相鄭伯時簡公未葬請免喪

以聽命君子謂之得禮宰咺來歸惠公仲子之賵傳曰弔生不及哀此皆旣葬除喪諒闇之證先儒舊說往往亦見學者未之思耳喪服諸侯爲天子亦斬衰豈可謂終服三年耶上考七代未知王者君臣上下衰麻三年者誰不推將來恐百世之主其理一也非必不能乃事勢之得故知聖人不虛設不行之制仲尼曰禮所損益雖百世可知此之謂也於是欽舒從之遂命預造議奏曰侍中尚書令司空魯公臣賈充侍中尚書僕射奉車都尉大梁侯臣盧欽尚書新沓伯臣山濤尚書奉車都尉平春侯臣胡威尚書劇陽

子臣魏舒尚書堂陽子臣石鑒尚書豐樂亭侯臣杜預稽首言禮官叅議博士張靖等議以爲孝文權制三十六日之服以日易月道有汙隆禮不得全皇太子亦宜割情除喪博士陳逵等議以爲三年之喪人子所以自盡故聖人制禮自上達下是以今制將使諸遭父母喪皆假寧二十五月敦崇孝道所以風化天下皇太子至孝著於內而哀服除於外非禮所謂稱情者也宜其不除臣欽臣舒臣預謹按靖逵等議各見所學之一端未統帝者居喪古今之通禮也自上及下尊卑貴賤物有其宜故禮有以多爲貴者有

以少爲貴者有以高爲貴者有以下爲貴者唯其稱也不然則本末不經行之不遠天子之與群臣雖哀樂之情若一而所居之宜實異故禮不得同易曰上古之世喪期無數虞書稱三載四海遏密八音其後無文至周公旦乃稱殷之高宗諒闇三年不言其傳曰諒信也闇默也下逮五百餘歲而子張疑之以問仲尼仲尼答云何必高宗古之人皆然君薨百官總已以聽於冢宰三年周景王有后世子之喪既葬除喪而樂晉叔向譏之曰三年之喪雖貴遂服禮也王雖弗遂宴樂已早亦非禮也此皆天子喪事見於古文者也稱高宗不云服喪三年而云諒闇三年此釋服心喪之文也譏景王不譏其除喪而譏其宴樂已早明既葬應除而違諒闇之節也堯喪舜諒闇三年故稱遏密八音繇此言之天子居喪齊斬之制苴杖經帶當遂其服既葬而除諒闇以終三年無改父之道故百官總已聽於冢宰喪服已除故稱不言之美明不復寢苫枕塊以荒大政也禮記三年之喪自天子達又云父母之喪無貴賤一也又云端衰喪車皆無等此通謂天子居喪衣服之節同於凡人心喪之禮終於三年亦無服喪三年之文然繼體之君猶多

荒寧自從廢諒闇之制至今高宗擅名於往代子張致疑於當時此乃賢聖所以爲譏非譏天子不服終喪也秦燔書籍率意而行亢上抑下漢祖草創因而不革乃至率天下皆終重服旦夕哀臨經罹寒暑禁塞嫁娶飲酒食肉制不稱情是以孝文遺詔斂畢便葬葬畢制紅禫之除雖不合高宗諒闇之義近於古典故傳之後嗣於時預營陵廟故斂葬得在浹辰之內因以定制近至明帝存無陵寢五旬乃葬安在三十六日此當時經學疏略不師前聖之病也魏氏革命以既葬爲節合於古典然不垂心諒闇同譏前代

自泰始開元陛下追遵諒闇之禮愼終居篤允臻古制超絶於殷宗天下歌德誠非靖等所能原本也天子諸侯之禮當以具矣諸侯惡其害已而削其籍今其存者唯士喪一篇戴聖之記雜錯其間亦難以取正天子之位至尊萬機之政至大群臣之衆至廣不同之於凡人故大行既葬祔祭於廟則因疏而除之已不除則群臣莫敢除故屈已以除之而諒闇以終制天下之人皆曰我王之仁也屈已以從宜皆曰我王之孝也既除而心喪皆曰我王猶若此之篤也凡等臣子亦焉得不勉以崇禮此乃聖制移風易俗之

本高宗所以致雍熈登唯衰裳而已哉若如難者更以權制自居疑於屈伸厭降欲以職事爲斷則父在爲母碁父卒三年此以至親屈於至尊之義也出母之喪以至親爲屬而長子不得有制體尊之義升階皆從不敢獨也禮諸子之職掌國子之倅國有事則帥國子而致之太子惟所用之傳日君行則守有守則從從日撫軍守日監國不無事以喪服母爲長子妻爲夫妾爲主皆三年內宮之主可謂喪事擬度漢制孝文之喪紅禫既畢孝景即吉於未央薄后竇后必不得齊斬於別宮此可知也況皇太子配二至尊與國爲體固宜遠遵古禮近同時制屈除以寬諸下協一代之成典君子之於禮有直而行有曲而殺有經而等有順而去之存諸內已禮云非玉帛之謂喪云唯衰麻之謂乎此既臣等所謂經制大義且卽實近言亦有不安今皇太子至孝蒸蒸發於自然號咷之慕匍匐殯宮大行既奠往而不反必想像乎故彷徨寢殿若不便從諒闇則東宮臣僕義不釋服此爲永德官屬當獨衰麻從事出入殿省亦難以繼今將吏雖蒙同二十五月之事寧至於大臣亦奪其制昔翟方進自以身爲漢相居喪三十六日不敢踰國典

而況於皇太子臣等以爲皇太子宜如前奏除服諒闇終制於是太子遂以厭降之儀從國制除衰麻諒闇終制於時外內卒聞預異議多恠之或者乃謂其違禮以合時時預亦不自解說退使博士段暢博採典籍爲之證據令大義著明足以垂示將來暢承預旨遂撰集書傳舊文條諸實事成言以爲定證以弘指趣其傳記有與今議同者亦具列之傳舉一隅明其會歸以證斯事

魏舒爲左僕射領吏部太康初上言今選六官聘以玉帛而舊使御府丞奉聘宣成嘉禮贄重使輕以爲

拜三夫人宜使卿九嬪使五官中郎將美人良人使
謁者於典制爲弘有詔詳之衆議異同遂寢
華嶠爲散騎嘗侍太康六年奏議曰先王之制天子
諸侯親耕籍田千畝后夫人躬蠶桑官今陛下以聖
明至仁修先王之緒皇后體貲生之德合配乾之義
而坤道未光蠶禮尚闕宜依古式備斯盛典詔曰昔
天子親籍以供粢盛后夫人躬蠶以備祭服所以聿
遵孝敬明教示訓也今籍田有制而蠶禮不脩綵中
間務多未暇崇備今天下無事宜修禮以示四海其
詳依古典及近代故事以參今宜明年施行於是蠶

於西郊盖與籍田對其方也乃使侍中成粲草定其
議
朱整爲尚書武帝太康八年有司奏婚納徵大婚用
玄纁束帛加珪馬二駟王侯玄纁束帛加璧乘馬大
夫用玄纁束帛加羊古者以皮馬爲庭實天子加以
穀珪諸侯加大璋可依周禮改璧用璋其羊鴈酒米
玄纁如故諸侯婚禮加納采告期親迎各帛五疋及
納徵馬四匹皆令夫家自備惟璋官爲具致之整議
按魏氏故事王娶妃公主嫁之禮天子諸侯以皮馬
爲庭實天子加以穀珪諸侯加以大璋漢高后制聘
后黃金一百斤馬十二匹夫人金五十斤馬四匹魏
氏王娶妃公主嫁之禮用絹百九十疋晉與故事用
絹三百疋詔曰公主嫁繇夫氏不宜皆爲備物賜錢
使足而已惟給璋餘如故事
傅咸爲車騎司馬晉初仍魏大社有稷而官社無稷
故二社一稷至太康九年改建宗廟而社稷祠壇與
廟俱徙乃詔曰社實一神其并二社之祀咸表曰祭
法王社太社各有其義天子尊事宗廟故冕而躬耕
也者所以重孝享之粢盛親耕故自報自爲立社者
爲籍田而報者也國以人爲本人以穀爲命故又爲

百姓立社而祈報焉事異報殊此社之所以有二也
王景侯之論王社亦謂春祈籍田秋而報之也其論
太社則曰王者布下圻內爲百姓立之謂之太社不
自立之於京都也景侯此論據祭法大夫以下成群
立社曰置社景侯解曰今之里社是也景侯解祭法
則以置社爲人間之社矣而別論復以太社爲人間
之社未曉此旨也太社天子爲百姓而祀故稱天子
社郊特牲曰天子太社必受霜露風雨以群姓之衆
王者通爲立社故稱太社也若夫置社其數不一盖
以里所爲名左氏傳盟於清立之社是衆庶之社既

已不稱太矣若復不立之京都當安所立乎祭法又曰王爲群姓立七祀王自爲立七祀言自爲者自爲而祀也爲群姓者爲群姓而祀也太社與七祀其文正等説者竊此因云墳籍但有五祀無七祀也按祭五祀國之大祀七者小祀周禮所云祭凡小祀則墨冕之屬也景侯解大厲曰如周社鬼有所歸乃不爲厲今云無二社者稱景侯祭法不謂無二則曰口傳無其文也夫以景侯之明擬議而後爲解而欲以口論除明文如此非但二社當曰思惟景侯之解亦未易除也前被勑尚書召誥乃社於新邑惟一太牢不

二社之明義也按郊特牲曰社稷太牢必援一牢之文以明社之無二無稷無牲矣説者曰舉社則稷可知苟可舉社以明稷何獨不舉一以明二國之大事在祀與戎若有二而除之不若過而存之況存之有義而除之無據乎周禮封人掌社設壝無稷字今帝社無稷蓋出於此然國主社稷故經傳動稱社稷周禮王祭社稷則絺冕此王社有稷之文也封人所掌壝之無稷字説者以爲畧文從可知也謂宜仍舊立二社而加立帝之稷特成粲議稱景侯論太祖不立京都欲破鄭氏學咸奏表以爲祭法之論景侯[illegible][illegible]以此壞大雅云乃立冢土毛公解曰冢土太社也景侯解詩即用此説禹貢惟土五色景侯解曰王者取五色土爲太社封四方諸侯各割其方色王者覆四方也如此太社復爲立京都也不知此論何從而出而與解乖上違經記明文下壞景侯之解臣雖頑蔽少長學門不能默也謹復續上劉寔與咸議同詔曰社稷一神而相襲二位衆議不同何必改作其便仍舊議一如魏制其後摯虞奏以爲臣按祭法王爲群姓立社曰太社王自立社曰王社周禮大司徒設其社稷之壝又曰以血祭祭社稷則太社也又曰封

人掌設王之社壝又有軍旅宜乎社則王社也太社爲群姓祈報祈報有時主不可廢故凡祝社纍被王奉以從是也此皆三社之明文前代之所尊以尚書召誥社於新邑之文詩稱乃立冢土無兩社之文故廢帝社惟立太社詩書所稱各指一事又皆在公旦制作之前未可以易周禮之明典祭法之正義前改建廟社營一社之處朝議斐然執古正今世祖武皇帝躬發明詔定二社之義以爲永制宜定新禮從二社詔從之至元帝建武元年又依雒京立二社一稷其太社之祝曰地德普施惠存無疆乃建太社保佑

萬邦悠悠四海咸賴嘉祥其帝社之祝日坤德厚載邦畿是保乃建帝社以神地道明祀惟辰景福來造

摯虞爲尚書郎先是明堂郊祀以文帝配後復以宣帝尋復還以文帝配其餘無所變革是則郊與堂同配異配參差不同矣虞議以爲漢魏故事明堂祀五帝之神親禮五帝即上帝即天帝也明堂除五帝之位惟祭上帝按仲尼稱郊祀后稷以配天宗祀文王於明堂以配上帝祀天旅上帝祀地旅四望四望非地則上帝非天斷可識矣郊丘之祀掃地而祭牲用繭栗器用陶匏事反其始故配以遠祖明堂之祭備

物以薦三牲並陳籩豆成列禮同人理故配以近考郊堂兆位居然異體牲幣品物質文殊趣且祖考同配非謂尊嚴之美三日再祀非謂不黷之義其非一神亦足明矣昔在上古生爲明王沒則配五行故太昊配木神農配火少昊配金顓頊配水黃帝配土此五帝者配天之神同兆之於四郊報之於明堂祀天大裘而冕祀五帝亦如之或以爲五精之帝佐天育物者也前代相因莫之或廢晉初始從異庚午詔書明堂及南郊除五帝之位惟祀天神新禮奉而用之前太醫令韓楊上書宜如舊祀五帝太康十年詔已施用宜定新禮明堂及郊祀五帝如舊議詔從之又漢魏故事王公群妾見於夫人夫人不答拜晉新禮以爲禮無不答更制妃公侯夫人答妾拜虞以爲禮妾事女君猶婦之事姑妾服女君朞女君不報則敬與婦同而又加賤也名位不同本無酬報禮無不答義不謂此先聖殊嫡庶之別以絕陵替之漸曉明其防猶有僭違宜定新禮自如其舊詔可其議又漢魏故事皇太子稱臣晉新禮以太子既以子爲名而又稱臣臣子兼稱於義不通除太子稱臣之制虞以爲孝經資於事父以事君義兼臣子則不嫌稱臣宜定

新禮皇太子稱臣如舊詔從之

賈充武帝時爲司空尚書河南尹王恂上言弘訓太后入廟合食於景皇帝齊王攸不得行其子禮充議以爲禮諸侯不得祖天子公子不得禰先君皆謂奉統承祀非謂不得原其父祖也攸身宜服三年喪事自如臣制有司奏若如充議服子服行臣制未有前比宜如恂表攸喪服從諸侯之例帝從充議

束晳爲賊曹屬惠帝元康六年禖壇石中破爲二詔問石毀今應復不博士議禮無高禖置石之文未知造設所緣既已毀破可無改造更下西府博議晳議

以爲石在壇上蓋主道也祭器斃則埋而置新今宜
埋而更造不宜遂廢時此議不用後得高堂隆故事
魏青龍中造立此石詔更鐫
謝衡爲散騎常侍惠帝太安元年三月皇太孫尚薨
有司奏御服齊衰朞詔通議衡以爲諸侯之太子誓
與未誓尊卑體殊喪服云爲嫡子長殤謂未誓也已
誓則不殤也中書令卞粹曰太子始生故曰尊重不
待命誓若衡議已誓不殤則元服之子當斬衰三年
未誓而殤則雖十九當大功九月誓與未誓其爲升
降也微斬與大功其爲輕重也遠而今注云諸侯不

降嫡服大功爲重嫡之服則雖誓無服有三年之理
明矣男能奉衛社稷女能奉婦道各以可成之年有
已成之事故可無殤非孩亂之謂也殤後者尊之如
父猶無所加而止殤服恐以天子之尊而無服之殤
行成人制耶凡諸宜重之殤皆士大夫不加服而令
至尊獨居其重未之前聞也博士蔡克同粹秘書監
摯虞議太子初生舉以成人之禮則殤理除矣太孫
亦體君重繇位成而服令非以年也天子無服殤之
義絶朞故也於是御史以上皆服齊衰

巡按福建監察御史臣李嗣京　訂正
新建縣舉人臣戴國士叅閱
知建陽縣事臣黃國琦較釋

掌禮部　二十三

奏議

晉袁瓌元帝中興爲治書御史時東海王越尸既爲石勒所焚妃裴氏求招魂葬越朝廷疑之瓌與博士傅純議以爲招魂葬是謂埋神不可從也帝然之雖許裴氏招魂葬越遂下詔禁之

丁潭爲琅邪王裒郎中令元帝建武元年裒薨潭上疏求行終喪日在三之義禮有達制近代以來或隨時降殺宜一正準以敦於後轍案令文王侯之喪官僚服斬既葬而除今國無繼統喪廷無主臣實陋賤不足當重謬荷首任禮宜終喪詔下博議國子祭酒杜夷議古者諒闇三年不言下及周世稅衰效命春秋之時天子諸侯既葬而除此所謂三代損益禮有不同故三年之喪蹤此而廢然則漢文之詔合於隨時凡有國者皆宜同也非施於帝皇而已按禮殤於無後降於成人有後既葬而除今不得以無後之故而獨不除也愚以丁郎中應除衰麻自宜主祭以終三年太常賀循議禮天子諸侯俱以至尊臨人上下之義君臣之禮自古以來其例一也故禮盛則全其重禮殺則從其降春秋之士天子諸侯不行三年至於臣爲君服亦宜以君爲節未有君除而臣服君服而臣除者今法令諸侯卿相官屬爲君斬衰既葬而除以令文言之明諸侯不以三年之喪與天子同可知也君若遂服則臣子輕重無應除者也若當皆除無一人獨重之文禮有攝主而無攝重故大功之親主人喪者必爲再制練祥未有以大功之服主人三

年喪者也苟爲諸侯與天子同制國有嗣王自不全服而人主居喪素服主祭三年不攝吉事以尊令制若當遠迹三代令復舊典不依法令者則諸侯之服貴賤一例亦不得唯一人於是詔使除服心喪三年

鍾雅爲尚書右丞時元帝有事於太廟雅奏曰陛下繼承世數於京兆府君爲玄孫而今祝文稱曾孫恐此因循之失宜見改正又禮祖之昆弟從祖父也景皇帝自以功德爲世宗不以伯祖而登廟亦宜除伯祖之文詔曰禮事宗廟自曾祖已下皆稱曾孫此非日循之失也義取於重孫可歷世共其名無所改也

稱伯祖不安如所奏

孔愉爲中書侍郎元帝太興元年四月合朔愉奏曰春秋日有蝕之天子伐鼓於社攻諸陰也諸侯伐鼓於朝臣自攻也按尚書符云若日有變便擊鼓於諸門有違舊典詔曰所陳有正義輒勑外改之

賀循爲太常太興初宗廟始建舊儀多闕或以惠懷二帝應各爲世則潁川世數過七宜在迭毀事下太常循議以爲禮兄弟不相爲後不得以承代爲世殷之盤庚不序陽甲漢之光武不繼成帝別立廟寢使臣下祭之此前代之明典承繼之著義也惠帝無後

懷帝成統弟不後兄則懷帝自上繼世祖不繼惠帝當同殷之陽甲漢之武帝議者以聖德冲遠未便改舊諸如此禮通所未論是以惠帝尚在太廟而懷帝復入數則盈八盈八之理繇惠帝不出非上祖宜遷也下世既升上世乃遷遷毀對代不得相通未有下升一世而上毀二世者惠懷二帝俱繼世祖兄弟旁親同爲一世而上毀二世爲一世今以惠帝之來巳毀豫章懷帝之入復毀潁川如此則一世有遷祖位橫折求之古義未見此例惠帝宜出尚未輕論況可毀一祖而無義例乎潁川既無可毀之理則見神之數居然自八此盡有繇而然非爲數之常也既有八神則不得不於七室之外權安一位也至尊於惠懷俱是兄弟自上後世祖不繼二帝則二帝之神行應別出不爲廟中當有八室也又武帝初成太廟時正神止七而楊元后之神亦權立一室永熙元年告世祖謚於太廟八室此是苟有八神不拘於七之舊例也又議者以景帝俱巳在廟則惠懷一例景帝盛德元功王基之本義著祖宗百世不毀故以特在本廟且亦世代尚近數得相容安神而巳無逼上祖如王氏昭穆既滿終應別廟也以今方之既輕重義異又

七世之親昭穆父子位也若當兄弟旁滿輙毀上祖則祖位空懸世數不足何取於三昭三穆與太祖之廟然後成七哉今七廟之義出於王氏之禰以上至於高祖親廟四世高祖以上復有五世六世無服之祖故爲三昭三穆并太祖而七世也故世祖郊定廟禮京兆潁川曾高之親豫章五世征西六世以應此義今至尊繼統亦宜有五世六世之祖豫章六世俱不應毀今既云豫章先毀又當重毀潁川此爲廟中之親惟從高祖巳下無復高祖以上二世之祖於王氏之義三昭三穆廢闕其二甚非宗廟之本所據承

又違世祖祭征西豫章之意於一王定禮所闕不少時尚書僕射刁協與循異議循答義深備竟從循議焉循又奏元帝父琅琊恭王宜稱皇考循議曰按禮子不敢以已爵加父元帝納之

温嶠爲驃騎長史太興三年正月乙卯詔曰吾雖上繼世祖然於懷愍皇帝皆北面稱臣今祠太廟不親執觴酌而令有司行事於情禮不安可依禮更處太常言今聖上繼武皇帝宜準漢世祖故事不親執觴爵又曰今上承繼武帝而廟之昭穆四世而已前太常賀循博士傅純並以爲惠懷及愍宜別立廟然臣

愚謂室當以客主爲限無拘常數殷世有二祖三宗若拘七室則當祭禰而已推此論之宜還復豫章潁川全拘七廟之禮嶠議凡言兄弟不相入廟既非禮文且光武奮劒振起不策名於孝平務神其事以應九世之讖又古不共廟故別立焉今上以策名而言殊於光武之事躬奉烝嘗於繼既正於情又安矣太常欲還二府君以全七世嶠謂是宜驃騎將軍王導從嶠議嶠又曰其非子者可直言皇帝敢告某皇帝又若以一帝爲一世則不祭禰反不及庶人帝從嶠議悉施用之於是乃更定制還復豫章潁川於昭穆之位以同惠帝嗣武故事而惠懷愍三帝自從春秋尊卑之義在廟不替也

卞壼爲尚書令明帝太寧三年三月立皇子衍爲皇太子詔曰禮無生而貴者故帝元子方之於士而漢魏以來尊崇儲貳使官屬稱臣朝臣咸拜此甚無謂吾昔在東宮未及洛華今衍幼沖之年使臣先達將令日習所見謂之自然此豈可以教之邪主者其下公卿內外通議使必允禮中壼議以爲周禮王后太子不會明禮同於君皆所以重儲貳異正嫡苟奉之如君不得不拜矣太子若存謙沖故宜答拜臣以爲

皇太子之立郊告天地正位儲宮豈得同之皇子指讓而已謂宜稽則漢魏闔朝同拜從之

荀奕爲侍中成帝咸和中時通議元會日帝應敬司徒王導及博士郭熙杜援等以爲禮無拜臣之文謂宜除敬侍中馮懷議曰天子修禮莫盛於辟雍當爾之日猶拜三老況今先帝師傅謂宜盡敬事下奕議曰三朝之首宜明君臣之體則不應敬若他日小會自可盡禮又至尊與公書手詔則曰頓首言中書爲詔則云敬問散騎優冊則曰制命今詔文尚異況大會之與小會理豈同得詔從之

王導成帝時爲司徒先是會稽內史周札兄子筵爲吳興內史王敦使人告札及諸兄謀不軌殺之敦死札筵故吏訟冤宜加贈謚事下八座尚書卞壼議以札石頭之役開門延寇遂使賊敦恣亂札之責也追贈意所未安楙筵兄弟宜復本位導議以札在石頭忠存社稷義在亡身至於往年之事自臣等有識以上與札情豈有異此言實貫於聖鑒論者見奸逆既彰便欲徵往年已有不臣之漸即復使爾要當時衆所未悟既悟其姦萌札與臣等便以身許國死而後已札亦尋取梟夷朝廷檄命既下大事既定便正以

爲逆黨邪正失所進退無據誠國體所宜深惜臣謂宜與周顗戴若思等同例尚書令郗鑒議曰夫褒貶臧否宜令體明例通今周戴以死節復位周札以開門同例事異賞均意所疑惑如司徒議謂往年之事自有識以上皆與札不異此爲邪正坦然有在昔宋文失禮華樂荷不臣之罰齊靈嬖孽高厚有從昏之戮以古況今譙王周戴宜受若此之責何加贈復位之有乎今據已顯復則禮宜貶責明矣導重議曰省令君議必札之開門與譙王周戴異今札開門直出風言竟實事邪便以風言定褒貶意莫若原情考微也論者謂札知隗協亂政信敦營救苟正救信姦佞除即所謂流四凶族以隆人主巍巍之功耳如此札所以忠於社稷也後敦悖謬出所不圖札亦闔門不同以此滅族是其死於爲義也夫信敦當時之營救不圖將來之大逆惡隗協之亂政不失爲臣之真節者于時朝士豈惟周札耶若盡謂不忠懼有誣乎譙王周戴各以死衛國斯亦人臣之節也但所見有同異然期之於忠故宜申明耳即如令君議宋華齊高其在隗協矣昔子糾之難召忽死之管仲不死若以死爲賢則管仲當貶若以不死爲賢則召忽之死爲

失先典何以兩通之明爲忠之情同也死雖是忠之一目亦不必爲忠皆當死也漢祖遺約非劉氏不王非功臣不侯違命天下共誅之後呂后王諸呂周勃從之王陵廷爭可不謂忠乎周勃誅呂尊文安漢社稷忠莫尚焉則王陵又何足言而前史兩爲美談固知死與不死爭與不爭苟原情盡意不可定於一槩也且禮關棺定謚違逆黨順受戮凶邪不負忠義明矣鑒又駁不同而朝廷竟從導議追贈札衛尉遣使者祠以少牢

蔡謨爲太常咸康四年成帝臨軒使拜太傅太尉司

空儀注大樂宿懸於殿庭門下奏非祭祀宴享則無設樂之制謨議曰凡敬其事則備其禮禮備則制有樂樂者所以敬事而明義爲耳目之娛故冠亦用之不惟宴享宴享之有樂亦所以敬賓也故郤至使楚楚子享之郤至辭曰不忘先君之好貺之以大禮重之以備樂壽斯辭也則宴樂之意可知也公使大臣人君所重故御坐爲起在輿爲下言稱伯舅傳曰國卿君之貳也是以命使之日御親臨軒百僚陪列此卽敬事之意也古者天王享下國之使及命將帥遣使臣皆有樂故詩序曰皇皇者華君遣使臣也又曰

采薇以遣之出車以勞還杕杜以勤歸皆作樂而歌之今命大臣拜輔相比於下國之臣輕重殊矣輕誠有之重亦宜然故謂臨軒遣使宜有金石之樂議奏從焉

虞譚爲衛將軍咸康七年詔使內外詳議武悼楊后配廟之儀譚議曰世祖武皇帝光有四海元皇后應乾作配元后既徂悼后繼作至楊駿肆逆禍延天母孝懷皇帝追復號謚豈不以繇殛禹興義在不替者乎又太寧二年臣忝宗正帝譜泯棄罔所循按時博諮舊齒以定昭穆與故驃騎將軍華尚書荀崧侍中荀邃因舊譜參論撰次尊號之重一無改替今聖上孝思祗肅禋祀詢及群司將以恢定大禮臣輒思詳伏見惠皇帝起居注群臣議奏列駿作逆謀危社稷引魯之文姜漢之呂后臣竊以文姜雖莊公之母實爲父讎呂后寵樹私戚幾危劉氏按此二事異於今日昔漢章帝竇后殺和帝之母和帝即位盡誅諸竇當時議者欲貶竇后及后之亡欲不以禮葬和帝以奉事十年義不可爲臣子之道務從豐厚仁明之稱表於往代又見故尚書僕射裴頠議悼后故事稱繼母雖出追服無改是以孝懷皇帝尊崇號謚還葬峻

陵此則母子道全而廢事蕩革也於時祭於弘訓之宮未入太廟蓋是事之未盡非義典也若以悼后復位爲宜則應配食世祖若復之爲非則譜謚宜闕未有位號居正而偏祠別室者也若以孝懷皇帝私隆母子之道特爲立廟者此苟崇私情有虧國典則國譜帝諱皆宜除棄匪徒不得同祀於世祖之廟也會稽王昱中書監庾冰中書令何充尚書令諸葛恢尚書謝廣光祿勳蔡謨丹陽尹殷融護軍將軍馮懷散騎常侍鄧逸等咸從譚議繇是太后配食武帝

顧臻爲散騎常侍咸康七年上表曰臣聞聖王制樂

讚揚治道養以仁義防其淫泆上享宗廟下訓黎民體五行之正音協八風以陶氣宮聲正方而好義角聲堅齊而率禮絃歌鐘鼓金石之作備矣故通神至化有率舞之感移風改俗致和樂之極末世之伎設禮外觀逆行連倒頭足入筥之屬皮膚外剥肝心內摧敦彼行葦猶謂勿踐矧伊生民而不惻愴加四海朝覲言觀帝庭耳聆雅頌之聲目覩威儀之序足以踰天頭以履地反兩儀之至順傷彝倫之大方今夷狄對岸外禦爲急兵食七升忘身赴難過泰之費日廪五升方掃神州經畧中甸若此之事不可示遠宜

下太常纂脩備樂簫韶九成惟新於盛運功德頌聲永著於來葉此乃所以燕及皇天克昌厥後者也雜伎而傷人者皆宜除之流簡儉之德邁康哉之詠清風旣行民應如草此之謂也愚管之誠惟垂採察於是除高絙紫鹿跂行鼈食及齊王捲衣笮兒等樂又減其廪其後復高絙紫鹿焉

顧和爲太常康帝建元元年正月將北郊有疑議和表泰始中合二至之禮於二郊北郊之月古無明文或以夏至或用同陽漢光武正月辛未是北郊此則與南郊同月及中興草創百度從簡合七郊於一丘憲章未備權用斯禮蓋時宜也至咸和中議別立北郊同用正月魏承後漢正月祭天以地配時高堂隆等以爲禮祭天不以地配而稱周禮三王之郊一用夏正於是從和議後爲尚書令時汝南王統江夏公衛崇並爲庶母制服三年和乃奏曰禮所以軌物成教故有國家者莫不崇正明本以一其統斯人倫之紀不二之道也爲人後者降其所出奪天屬之性顯至公之義降殺節文著於周典按汝南王統爲庶母居廬服重江夏公衛崇本繇疎屬開國之緒近喪所生復行重制違冐禮度肆其私情閭閻許其過厚談

者莫與爲非則政道陵遲繇乎禮廢憲章頹替始於容違若弗糾正無以齊物皆可下太常奪服若不祗王命應加貶黜詔從之

謝尚康帝時爲司徒西曹掾時有遭亂與父母乖離議者或以進仕理王事婚姻繼百世於禮非嫌尚議曰典禮之興皆因循情理開通弘勝如運有屯夷要當斷之以大義夫無後之罪三千所不過今婚姻將以繼百世崇宗緒此固不可塞也然至於天屬生離之間父子乖絶之痛深者莫深於茲夫以一體之小患猶或忘思慮損聽察況於抱傷心之巨痛懷忉怛

之至戚方寸既亂豈能綜理時務哉有心之人决不
冐榮苟進冐榮苟進之儔必非所求之旨徒開偷薄
之門而長流弊之路或有執志丘園守心不華者猶
當崇其操業以弘風尚而況含艱履戚之人勉之以
榮貴耶
殷融爲太常穆帝即位幼冲褚太后臨朝時議后父
褚裒進見之典蔡謨王彪之並以虞舜漢高祖猶執
子道況后乎王者父無拜禮尚書八座議以爲純子
則王道缺純臣則孝道虧謂公庭如臣私覿則嚴父
爲允融議依鄭玄議衛將軍裒在公庭則盡臣敬太

后歸寧之日自如家人之禮太后詔曰典禮誠所未
詳如所奏事情所不能安也更詳之征西將軍翼南
中郎尚議爲父尊盡於一家君敬重於天下鄭玄議
合情禮之中太后從之
孫綽爲尚書郎永和二年七月有司奏十月殷祭京
兆府君當遷祧室昔征西豫章潁川三府君毀主中
興之初權居天府君在廟門之西咸康中太常馮懷
表續太廟奉還於西儲夾室謂之爲祧疑亦非禮今
京兆遷入是爲四世遠祖長在太廟之上昔周室太
祖世遠故遷有所歸今晉廟宣皇爲主而四世居之

是屈祖就孫也殷祫在上是代太祖也領司徒蔡謨
議四府君宜改築別室若未展者當入就太廟之室
人莫敢卑其祖文武不先不屈以祭之日征西東面
處宣皇之上其後遷廟之主藏於征西之祧祭薦不
絶護軍將軍馮懷議禮無廟者爲壇以祭可立別室
藏之至殷禘則祭於壇也輔國將軍譙王司馬無忌
等議禘諸儒謂太王王季遷主藏於文武之祧如此
府君遷主宜在宣帝廟中然今無寢室宜變通而改
築又殷祫太廟征西東面綽與無忌議同曰太祖雖
位始九五而道以從暢替人爵之尊篤天倫之道所

以成教本而光百代也尚書郎徐禪議禮去祧爲壇
去壇爲墠歲祫則祭之今四祖遷主可藏之右室有
禱則祭於壇又遣禪至會稽訪處士虞喜喜答曰漢
世韋玄成等以毀主瘞於園魏朝議者云應埋兩階
之間且神主本在太廟若今側室而祭則不如永藏
又四君無追號之禮益明應毀而無祭是時簡文爲
撫軍將軍與尚書郎劉邵等奏四祖同居西祧藏主
右室禘祫乃祭如先朝舊儀時陳留范宣兄子問此
禮宣答曰舜廟所以祭皆是庶人其後世遠而毀不
居舜廟上不序昭穆今四君號猶依本非以功德致

祭也若依虞主之瘞則猶藏子孫之所若依夏主之埋則又非本廟之階宜思其變則築一室親未盡則禘祫處宣帝之上親盡則無緣下就子孫之列其後太常劉遐等同蔡謨議博士或疑陳於太祖者議皆其後之毀主憑按古義無別前後之文也禹不先鯀則遷主居太祖之上亦可疑也於是京兆入西儲同謂之祧如前三祖遷主之禮故正宣猶十一也

王彪之為太常升平元年將納皇后何氏彪之大引經傳及諸故事以定其禮深非公羊婚禮不稱主人之義遂建議曰王者之於四海無非臣妾雖父兄之

親師友之賢皆純臣也夫崇三綱之始以定乾坤之儀安有天父之尊而稱臣下之命以納伉儷安有臣之卑而稱天父之名以行大禮違尋古禮無王者此制近求史籍無王者此比於情不安於義不通按咸寧二年納悼皇后時弘訓太后母臨天下而無命咸屬之臣為武皇后兄主婚之文又考大晉已行之事咸寧故事不稱父兄師友則咸寧華常所上禮合於舊臣愚謂今納后儀制宜一依咸寧故事於是從之

何琦為涇縣令升平中論脩五嶽祠曰唐虞之制天子五載一巡狩順時之方柴燎五嶽望於山川徧於群神故日因名山升中於天所以昭告神祇享報功德是以災厲不作而風雨寒暑以時降及三代年數雖殊而其禮不易五嶽視三公四瀆視諸侯著在經紀所謂有其舉之莫敢廢也及秦漢都西京涇渭長水雖不在祀典以近咸陽故盡得比大川之祀而正立之祀可以闕哉自永嘉之亂神州傾覆茲事替矣惟灊之天柱在王畿之內也舊臺選百戶吏卒以奉其職中興之際未有官守廬江郡常進太史兼假四時禱賽春釋寒而冬請水咸和迄今又復隳替計今非典之祀可謂非一考其正名則淫昏之鬼推其糜

費則百姓之蠹而山川大神更為簡闕禮俗頹紊人神雜擾公私奔惑漸以繁滋良由頃國家多難日不暇給草建廢滯事有未遑今元憝已殲宜修舊典嶽瀆之域風教所被來蘇之衆咸蒙德澤而神明禋祀未之或甄巡狩柴燎其廢尚矣崇明前典將俟皇輿北旋稽古憲章大釐制度俎豆牲牢祝假辭說舊章靡記可令禮官作式歸諸誠簡以達明德馨香如斯而已其諸妖孽可粗依法先去其甚俾邪正不黷時不見省

江虨為尚書僕射哀帝即位欲尊崇章皇太妃大司

馬桓溫議宜稱太夫人彩議曰虞舜體仁孝之性盡事親之禮貴爲天王富有四海而瞽叟無立錐之地一級之爵蒸蒸之心昊天罔極寧當忍父卑賤不以爲號顯之豈不以子無爵父之道理窮義屈靡所厝情者哉春秋經曰紀季姜歸于京師傳曰父母之於子雖爲天王后猶曰吾季姜言子尊不加父母也或以爲子尊不加父母則武王何以追王大王王季文王乎周之三王德配天地王跡之典自此始也是以武王仰尋前緒遂奉大命追崇祖考明不以子尊加父母也按禮幼不誅長賤不誅貴幼賤猶不得表彰

長貴況敢錫之以榮命邪漢祖感家令之言而尊大公荀悅以爲孝莫大於嚴父而以子貴加之父母家令之言過矣爰逮孝章不上賈貴人以尊號而厚其金寶幣帛非子道之不致也蓋聖典不可踰也當春秋時庶子承國其母得爲夫人不審直子命母邪故當告於宗祧以先君之命命之耶竊見詔書當臨軒拜授貴人爲皇帝太妃今稱皇帝策命命貴人斯則爵母也貴人北面拜授斯則母臣子也天尊地卑名位定矣母貴子賤人倫序矣雖欲加崇貴人而實卑之雖顯明國典而實廢之且人主舉動史必書之如當載之方策以示後世無乃不順乎竊謂應告顯宗之廟稱貴人仁淑之至宜加殊禮以酬鞠育之惠奉先靈之命事不在已妃后雖是配君之名然自后以下有夫人九嬪無稱妃焉桓溫謂宜進號太夫人非不允也如以夫人爲少可言皇太夫皇君也君太夫人於明禮順矣帝特以下詔拜皇太妃又詔曰朝臣不爲太妃敬爲合禮下太常江逌議位號不及不盡應故

孔嚴爲尚書左丞隆和九年詔天文失度太師雖有禳祈之事猶釁眚屢彰今欲依洪祀之制於太極殿

前廷親執虔肅嚴奏曰洪祀雖出尚書大傳先儒所不究歷代莫之與承天接神豈可疑殆行事天道無親惟德是輔陛下祗順恭敬留心兆庶可以消災復異皆已蹈而行之德合神明丘禱久矣豈須屈萬乘之尊修雜祀之事君舉必書可不慎與帝嘉之而止

江逌爲太常哀帝以天文失度欲依尚書洪祀之制於太極前殿親執虔肅冀以免咎使太常集儒士草其制逌上疏諫曰臣尋史漢舊事藝文志劉向五行傳洪祀出於其中然自前代以來莫有用者又其文惟說爲祀而不載儀注此蓋久遠不行之事非常人

所叅較按漢儀天子所親之祀惟宗廟而已祭天於雲陽祭地於汾陰在於別宮遥拜不詣壇所其餘群祀之所必在幽靜是以圜丘方澤列於郊野今若於承明之庭正殿之前設群臣之坐行親卜之禮準之舊典有乖當式臣聞妖眚之發所以鑒悟時主故寅畏上通則宋災退度德禮增修則殷道以隆此往代之成驗不易之定理頃者星辰頗有變異陛下祇戒之誠達於天人在予之懼忘寢與食仰虔玄象俯凝庶政嘉祥之應實在今日而猶乾乾夕惕思廣茲道誠實聖懷殷勤之至然洪祀有書無儀不行於世詢

訪時學莫識其禮且其文曰洪祀大祀也陽曰神陰曰靈舉國相率而行祀順四時之序無令過差今按文而言皆漫而無適不可得詳若不詳而修其失不小帝不納適又上疏曰臣謹更思尋叅之時事今疆戎據於關雍桀狄縱於河朔封豕四逸虔劉神州長旌不捲鉦鼓日戒兵疲人困歲無休已人事弊於下則七曜錯於上災沴之作固其宜然又頃者以來無乃大異彼月之蝕義見詩人星辰莫同載於五行故洪範不以爲沴陛下今以晷度之失同之六沴引其輕變方之重肯求已篤於禹湯憂勤踰乎日昃將修

大祀以禮神祇傳曰外順天地時氣而祭其鬼神然則神必有號祀必有義按洪祀之文惟神靈大畧而無所祭之名稱舉國行祀必無貴賤之阻有赤黍之盛而無牲醴之奠儀法所用缺畧非一若率文而行則舉義皆闕有所施補則不統其源漢侍中盧植時之達學受法不究則不敢厝心誠以五行深遠神道幽昧探賾之求難以常思錯綜之禮不可一驟誠非至精孰能與此帝猶敕撰定適又陳古義帝乃止

徐藻爲太學博士孝武太元元年崇德太后褚氏喪后於帝爲從嫂或疑其服藻議資父事君而敬同又

禮傳其夫屬乎父道者妻皆母道也則夫屬君道妻亦后道矣服后宜以資母之儀魯譏逆祀以明尊尊今上躬奉康穆哀皇及靖后之祀致敬同於所天豈可敬之以君道而服廢於本親謂應服齊衰朞於是帝制朞服

范甯爲中書侍郎太元十一年九月皇女亡及應烝祠甯奏按喪服傳有死宮中者三月不舉祭不別長幼之與貴賤也皇女雖在嬰孩臣竊以爲疑於是尚書奏使三公行事

康弘之爲博士太元十二年議二王坐與太子先後

弘之及尚書參議並以爲陳留國之上賓皇太子雖
國之儲貳猶在臣位陳留王坐應在太子上
徐邈爲祠部郎中孝武太元十二年五月壬戌詔曰
昔建太廟每事從儉太祖虛位明堂未建郊祀國之
大事而稽古之制闕然便可詳議邈議圓丘郊祀經
典無二宣皇帝嘗辨斯義而簡以聖典爰及中興備
加研極以定南北二郊誠非異學所可輕改也謂仍
舊爲安武皇帝建廟六世祖三昭三穆宣皇帝創基
之主寔惟太祖而親則王考四廟在上未及遷也權
虛東向之位也兄弟相及義非二世故當今廟祀世

數未足而欲太祖正位則違事七之義矣又禮曰庶
子王亦禘祖立廟蓋謂支裔援立則親近必復京兆
府君於今六世宜復立此室則宣皇未在六世之上
須前世既遷乃太祖位定耳京兆遷毀宜藏主於右
室雖禘祫猶弗及何者傳稱毀主升合乎太祖升者
自下之名不謂可降尊就卑也太子太孫陰室四主
儲嗣之重升祔皇祀所託之廟世遠應遷然後從食
之孫與之俱毀明堂方圓之制綱領已舉不闕配帝
之祀且王者以天下爲家未必一邦故周平光武無
廢於二京也明堂所祀之神積疑莫辯按易殷薦上
帝以配祖考祖考同配上帝亦爲天而嚴父之義顯
周禮旅上帝者有故告天與郊祀典祀同周禮四圭
故並言之若上帝是五帝經文何不言祀天旅五帝
祀地旅四望乎侍中車裔議同又曰明堂之制既其
難詳且樂主於和禮主於敬故質文不同音器亦殊
既茅茨廣厦不一其度何必守其形範而不弘本從
俗乎九服咸寧河朔無塵然後明堂辟雍可崇而修
之時朝議多同於是奏行所改又元帝鄭夫人生簡
文帝孝武太元十九年尊號簡文太后時群臣希旨
多謂鄭太后應配食於元帝者帝以問邈邈曰臣按

陽秋之義母以子貴魯隱尊桓母別考仲子之宮而
不配食於惠廟又平素之時不伉儷於先帝至於子
孫豈可爲祖考立配其崇尊盡禮繇於臣子故稱太
后陵廟備與若乃祔葬配食則義所不可從之
車裔爲侍中領國子博士太元中尚書符問王公已
下見皇太子儀及所衣衣服裔議朝臣宜朱衣褠幘
拜敬太子答拜按經傳不見其文故太傅羊祜歲慶
太子稱叩頭死罪此則拜之證也又太寧三年詔議
其典尚書卞壺謂宜稽則漢魏閤朝同拜其朱衣冠
冕惟施之天朝宜褠幘而已朝議多同又臺符問皇

太子既拜廟朝臣奉賀應上禮與不云百辟卿士咸預盛禮展敬拜伏不須復上禮惟方伯牧守不覲大禮自非酒牢貢羞無以表其誠故宜有上禮循如元正大慶方伯莫不上禮朝臣奉璧而已太學博士虞弘之議按咸寧三年始平濮陽諸王新拜有司奏依故事聽京城近臣諸王公主應朝賀者復上禮今皇太子國之儲副既已崇建普天同慶謂上禮奉賀同徐邈又引一有元良慶在於此封諸侯及新官上禮既有前事亦皆已瞻仰致敬而又奉觴上壽應亦無疑也

劉憙爲祭酒時中山王睦表乞依六蓼祀皐陶鄫杞祀相立廟事下太常依禮典平議憙與博士議禮記王制諸侯五廟二昭二穆與太祖之廟而五是則立始祖之廟謂嫡統承重一人得立耳假令支弟竝爲諸侯始封之君不得立廟也今睦非爲正統若立祖廟中山不得竝也後世中山乃得爲睦立廟爲後世子孫之始祖耳詔曰禮文不明此制度大事宜令詳審可下禮官博議乃處當之

册府元龜

巡按福建監察御史臣李嗣京　訂正

分守建南道左布政使臣胡維霖　參閱

知建陽縣事臣黃國琦較釋

掌禮部一十四

奏議第四

宋臧燾初仕晉孝武太元中爲國學助教孝武追崇庶祖母宣太后議者或爲宜配食中宗燾議曰陽秋之義母以子貴（呂欽若等曰陽秋即春秋也晉杜太后諱春秋因而改焉）故仲子成風咸稱夫人經云考仲子之宮若配食惠廟則宮

無緣別築前漢孝文孝昭太后並繫子爲號祭於寢園不配於高祖孝武之廟後漢和帝之母曰恭懷皇后安帝祖母曰敬隱皇后順帝之母曰恭愍皇后雖不繫子爲號亦祭於陵寢不配章安二帝此則二漢雖有太后皇后之異至於並不配食義同陽秋惟光武追廢呂后故以薄后配高祖廟又衛后既廢霍光追尊李夫人爲皇后配孝武廟此非母以子貴之例直以高武二廟無配故耳又漢立寢於陵自是晉制所異謂宜遠準陽秋考宮之義近摹二漢不配之典尊號既正則罔極之情申別建寢廟則嚴禰之義顯繫子爲稱兼明母貴之所由一舉而允三義固哲王之高致也議者從之後參高祖中軍事入補尚書度支郎時太廟鴟尾災燾謂著作郎徐廣曰昔孔子在齊聞魯廟災曰必桓僖也今征西京兆四府君宜在毀落而猶列廟饗此其徵乎乃上議曰臣聞國之大事在祀與戎將營宮室宗廟爲首古先哲王莫不致恭誠心盡崇嚴乎祖考然後能流淳化於四海通幽感於神明固宜詳廢興於古典脩情理以求中者也禮天子七廟三昭三穆與太祖而七自考廟以至祖考五廟皆月祭之遠廟爲祧有二祧享嘗乃止去祧

爲壇有禱然後祭之此宗廟之次親疏之序也鄭玄以爲祧者文王武王之廟王肅以爲五世之祖尋去祧之言則祧非文武周之祖宗何云去祧爲壇乎明遠廟爲祧者無服之祖也又遠廟則有享嘗之禮去祧則有壇墠之殊明世遠者其義彌疏也若祧文武之廟宜同月祭於太祖雖推后稷以配天由功德之所始非尊崇之義每有差降也又禮有以多爲貴者故傳稱德厚者流光德薄者流卑又云自上以下降殺以兩禮也此則尊卑等級之典上下殊異之文而云天子諸侯俱祭五廟何哉又王祭嫡殤下及來孫

而上祀之禮不過高祖推恩施於下流替誠敬於尊屬亦非聖人制禮之意也是以秦始建廟從王氏議以禮父爲士子爲天子諸侯祭之天子諸侯其尸服以士服故上及征西以備六世之數宣皇雖爲太祖常存子孫之位至於敬祭之日未申東向之禮所謂子雖齊聖不先父食者矣今京兆以上既遷太祖始得居正議者以昭穆未足欲屈太祖於卑坐臣以爲非禮典之旨也所與太祖而七自是昭穆既足太祖在六世之外非爲須滿七廟乃得居太祖也議者又以四府君神主宜永同於殷祫臣又以爲不然傳所

明毀廟之主陳乎太祖謂太祖以下先君之主也故白虎通云禘祫祭遷廟者以其繼君之體特其統而不絶也豈如四府君在太祖之前乎非繼統之主無靈命之端非王業之基昔以世近而及今則情禮已遠而當長饗殷祫永虛太祖之位求之禮籍未見其可昔永和之初大議斯禮于時虞喜范宣並以淵儒碩學咸謂四府君神主無緣永存於百世或欲瘞之兩階藏之石室或欲爲之改築雖所執小異而大歸是同若宣皇既居群廟上而四主禘祫不已則大晉殷祭長無太祖之位矣夫理貴有中不必過厚禮與世宜豈可順而不繼故臣子之情雖篤而靈厲之謚彌彰追遠之懷雖切而遷毀之禮爲用豈不有心於加厚顧禮制不可踰耳石室則藏於廟北改築則未知所處虞主所以依神神移則有瘞埋之禮四主若饗祀宜廢亦神之所不依也准傍事例宜同虞主之瘞埋然經典難詳群言紛錯非臣卑淺所能折中時學者多從燾

徐廣仕晉安帝隆安中爲司部郎李太后薨廣議服曰太皇后名位允正體同皇極理制備盡情禮彌申陽秋之義母以子貴既稱夫人禮服從正故成風顯

夫人之號僖公服三年之喪子於父之所生體尊義重且祖不壓孫固宜遂服無屈而緣情立制若嫌明文不存則疑斯從重謂應同於爲祖母從齊衰三年服從廣議

王淮之爲黄門侍郎武帝永初二年奏曰鄭玄注禮三年之喪二十七月而吉古今學者多謂得禮之宜晉初用王肅議祥禫共月故二十五月而除遂以爲制江左以來惟晉朝施用縉紳之士多遵玄義天先王制禮以大順群心喪也寧戚著自前訓今大宋開泰品物遂理愚謂宜同即物情以玄義爲制朝野一

禮則家無殊俗從之
裴松之爲中書侍郎時彭城王義康驃騎主簿庾炳之未到疑於府公禮敬下禮官傳議松之議曰按春秋桓公八年祭公逆王后于紀公羊傳曰女在國稱女此其稱王后何王者之無外其辭成矣推此而言則炳之爲吏之道定於受命之日矣其辭巳成理在無外名器旣正則禮亦從之且今宰牧之官拜之不職未接之民必有其敬者以旣受王命則成君民之義故也吏之被勑猶除者受拜民不以未見闕其被禮吏安可以未到廢其節乎愚懷所見宜執吏禮從

冊府元龜 掌禮部 奏議 卷之五百七十六 五

之
傅隆爲太常文帝以新撰禮論付隆使更下意隆上表曰臣以下愚不渉師訓孤陋閭闔面牆靡識謬蒙詢逮愧懼流汗原夫禮者三千之本人倫之至道故用之家國君臣以之至親用之婚冠少長以之仁愛夫妻以之義順用之鄉人友朋以之三益賓主以之敬讓所謂極乎天蟠乎地窮高遠測深厚莫尚於禮也其樂之五聲易之八象詩之風雅書之典誥春秋之徴婉懲勸無不本乎禮而後成由乎禮而後立也其源遠其流廣其體大其義精非夫睿哲大賢孰能明乎此哉況遭秦焚亾百不存一漢興始徵召故老搜集殘文其躰例紕繆首尾脫落難可詳論幸高堂生頗識舊義諸儒各爲章句之說旣明不獨達所見不同或師資相傳共枝別幹故聞人二戴俱事后蒼俄巳分異盧植鄭玄偕學馬融人各名家又後之學者未逮曩時而問難星繁充斥兼兩摛文列錦煥炳可觀然而五服之本或差哀敬之制殊雜國典未一於四海家法參駁於縉紳誠宜考詳遠慮以定皇代之盛禮者也伏惟陛下欽明玄聖同規唐虞疇咨四岳興言三禮而伯夷未登微臣竊位所以大懼負乘

冊府元龜 掌禮部 奏議 卷之五百七十六 六

形神交惡者無忘夙夜矣而復猥充博採之數與聞爰發之求寔無以仰酬聖旨萬分之一不敢廢嘿謹率管穴所見五十二事上呈蟲鄙茲浪伏用竦赧
徐道娛爲駙馬都尉奉朝請元嘉六年上表曰謹案晉博士曹弘之議立秋御讀令上應著緗幘遂改用素相承至今臣淺學管見竊有惟疑伏尋禮記月令王者四時之服正云駕蒼龍載赤旂衣白衣服黑玉季夏則黃文極於此無白冠則冠屨纂爲也且幘又非古服出自後代上附於冠下屬於衣冠固不革而幘豈容異色愚謂應常與冠同色不宜隨節變綵土

令在近謹以上聞如或可採乞付外詳議太學博士
荀萬秋議伏尋幘非古冠冕之服禮無其文案蔡邕
獨斷云幘是古卑賤供事不冠人所服又董仲舒止
雨書曰其執事皆赤幘知並不冠之服也漢元始用
衆臣率從故司馬彪輿服志曰尚書幘名曰納言迎
氣五郊各如其色從章服也自茲相承迄于有晉大
宋受命禮制因循斯既歷代成准謂宜仍舊有司奏
謹案娛啓事以士令在近謂幘不宜變萬秋雖云幘
宜仍舊而不明無讀士令之文今書舊事于左魏臺
雜訪曰前後但見讀春秋夏冬四時令至於服黃之

時獨闕不讀
殷景仁爲侍中文帝所生章太后早亡奉太后所生
蘇氏甚謹元嘉六年蘇氏卒車駕親往臨哭下詔曰
朕夙罹偏罰情事兼常每思有以光隆懿戚少申罔
極之懷而禮文遺逸取正無所監之前代用否又殊
故惟疑累年在心未遂蘇夫人奄至傾殞情禮莫寄
追思遠恨與事而深日月有期將卜窀窆便欲粗依
春秋以貴之義式遵二漢推恩之典但動籍史筆傳
之後昆稱心而行或容未允可時共詳論以求其中
執筆永懷益增感塞景仁議曰至德之感靈啓厥祥
文母俔天實熙皇祚王上聿遵先典號極徽崇以貴
之義禮盡於此蘇夫人階緣戚屬情以事深寒泉之
思寔感聖懷明詔爰發詢求厥中謹尋漢氏推恩加
爵于時承秦之弊儒術蔑如自君作故罔或前典懼
非盛明所宜軌蹈晉監二代朝政之所因君舉必書
哲王之所慎體至公者懸爵賞於無私奉天統者每
屈情以申制所以作孚方國貽則後昆臣豫蒙博逮
謹露庸短帝從之
何承天爲率更令領著作佐郎元嘉十六年丹陽丁
況等久喪不葬承天議曰禮所云還葬當謂荒儉一

時故許其稱財而不求備丁況三家數十年中葬輙
無棺櫬實由淺情薄恩於禽獸者耳竊以爲丁寶等
同伍積年嘗勸之以義繩之以法十六年冬既無新
科又未申明舊制有何嚴切欻然相糾或由鄰曲分
爭以興此言如聞在東諸處此例既多江西淮北尤
爲不少若但謫此三人治無整肅開其一端則互相
恐動里伍縣司競爲姦利財賂既逞獄訟必繁懼虧
聖明烹鮮之美臣愚謂況等三家且可勿問因此附
定制旨若民人葬不如法同伍當卽糾言三年除服
之後不得追相告列於事爲宜後爲御史中丞元嘉

二十三年七月奏尚書刺海塩公主所生毋蔣美人喪海塩公主先離婚今應成服撰儀注參詳宜下二學禮官博士議公主所服輕重大學博士顧雅議今旣成用士禮便宜同齊衰削杖布帶疏屨碁禮必心喪三年博士周野王議又云今諸公主咸用士禮譙王衡陽王爲所生太妃皆居重服則公主情禮亦宜家中朞服爲允其博士庾邃之顏測殷明王淵之四人同雅議何惔王羅雲二人同野王議如所上臺案今之諸王雖行士禮是施於傍親及自巳以至於爲帝王所厭猶一依古典又永初三年九月符循議亾

廣德三公主以餘尊所厭猶服大功海塩公主體自宸極當上厭至尊所得遂服臺據經傳正文并引事例依源責失而博士顧雅周野王等捍不肯伏方稱自有宋以來皇子蕃王皆無厭降同之士禮者於事緦功之服不廢於戚顧獨妟於所生是申其所輕李其所重豈緣情之謂臺伏尋聖朝受終于晋凡所施行莫不上稽禮文兼用晋事又太原中晋恭帝特皇子服其所生陳氏練冠緣此則前代施行故事譙依禮文者也又廣德三公主爲所生毋符循議服大功此先君餘尊之所厭者也元嘉十三年第七皇子不服曾婕妤止於麻衣此厭乎至尊者也博士旣不據古又不依今背違施行見事而多作浮辭自衛乃云五帝之時三王之季又言長子去斬妻除禫杖皆是古禮不少今世博士雖復引此諸條無救於失又詰臺云蕃國遂其私情此義出何經記臣案南譙衡陽太妃並受朝命爲國小君是以二王得遂其服豈可爲美人比例尋蕃王得遂者聖朝之所許也皇子公主不得申者由有厭而然也臺登重更責失制不得過十日而復不詶荅旣被催攝二三日甫輸帖辭雖理屈事窮猶闇義趾服臣闕喪紀有制禮之大經降

殺攸宜家國傳典古之諸侯衆子猶以尊厭況在王室而欲同之士庶此之僻謬不俟言而顯太常統寺曾不研却所謂同乎失者失亦得之宜加裁正引明國典謹案太學博士顧雅國子助教周野王博士王羅雲顏測殷明何惔王淵之前博士遷員外散騎侍郎庾邃之等抽飾補位前疑旣不謹守舊文又不審據前准遂上背經典下違故事率意妄作自造禮章太常臣敬叔位居宗伯問禮所司騰述往反了無研却混同茲失亦宜及咎請以見事並免今所居官解野王領國子助教推野王初立議乘殊巾執捍愆未

違十日之限雖起一事合成三愆羅雲掌押捍失三
人加禁固詔叔徵白衣領職餘如奏
徐爰以孝武郎大位爲尚書右丞奏議曰郊祀之位
遠古蔑聞禮記燔柴太壇祭天也兆於南郊就陽位
也漢初甘泉河東禋埋易位終亦徙於長安南北光
武紹祚定二郊洛陽南北晉氏過江悉在北及郊兆
之議紛然不一又南出道狹未議開闢遂於東南巳
地創立丘壇皇宋受命因而弗改且居民之中非邑
外之謂今聖圖重造舊章畢新南驛開塗陽路修遠
謂宜郊正午以定天位博士司馬興之傅郁太常丞

陸澄並同爰議乃移郊兆於秣陵牛頭山西正在午
地大明四年九月有司奏陳留國王曹虔季長兄虔
嗣早卒季襲封之後生子銑以繼虔嗣今依例應拜
世子永祥應以銑爲世子爲應立次子鍇太學博士
王溫之汪長議並爲應以銑爲正嗣太常陸澄議立
鍇爰議謂禮後太宗以其不可乏祀記諸侯世奉春
秋成義處嗣承家傳爵身爲國王雖薨沒無子猶列
昭穆立後之日便應即纂國統于時既無承繼虔嗣
以次襲紹虔嗣既列廟享故自與出數而遷豈容蒸
嘗無闕橫取佗子爲嗣爲人裔嗣又應恭祀先父案
禮文公子不得稱諸侯虔嗣無緣降廟既寢銑本長
息宜還爲虔季世子詔如爰議
陸澄爲太學博士武帝孝建元年六月巳巳有司奏
故十六皇弟休倩薨夭年始及殤追贈謚東平沖王
服制未有准輒下禮官詳議澄議案禮有成人之道
則不爲殤今既追胙土宇遠崇封秩圭黻備典成孰
大爲典文遠昭殤名去矣夫典文垂式元服表猶以
免子之制全丈夫之義安有名頒爵首而可服以殤
禮尋議無名證却使秉正更上證重議竊謂贈之爲
義所以追加名器故贈公者便成公贈之以王得不

爲王乎然則有在生而封或既沒而爵俱受命不爲
吉凶殊典備文物豈以存亡異數今璽策咸秩是成
人之禮群后臨哀非不殤之制若用喪成人親以殤
服末學含疑未之或辨敢求詳衷如所稱左丞臣羊
希㕘尋澄議既無惜然前例不合准據案禮子不殤
父臣不殤君君父至尊臣子恩重不得以幼年而降
又曰尊同則服其親服推此文者旁親自宜服殤所
不殤者惟施臣子而已詔可後爲通直郎兼左丞明
帝太始六年詔皇太子朝賀服袞冕九章澄與儀曹
郎丘仲起議服冕以朝實著經文秦除六冕漢明還

備魏晋以來不欲令臣下衮冕故位公者加侍官今
皇太子禮絶群后宜遵聖王盛典革近代之制
王應之爲太學博士孝建三年二月有司奏故散騎
常侍右光祿大夫開府儀同三司義陽王師三偃喪
逝尊爲服緦三月成服仍卽公除至三月竟未詳當
服與不又皇后依朝制服心喪行喪三十日公除至
祖葬日臨葬當著何服又舊事皇后心喪服終除之
日更還著未公除時然後就除未詳今皇后除心制
當依舊更服爲但釋心制中所著布素而已勒禮官
處正應之議尊卑殊制輕重有級五服雖同降厭則

異禮天子心降旁親外易緦麻本在服例但衰絰不
可以臨朝饗故有公除之儀雖脫衰襲冕尚有思月
之制愚謂至尊服三月既竟猶宜除釋又義吉凶異
容情禮相稱皇后一月之限雖過二功之宜服已釋
哀喪所極莫深於尸柩覩見之重不可以無服案周
禮爲弟兄既除喪已及其葬也乃服其服輕喪雖除
猶齎衰以臨葬舉輕明重則其禮可知也謂王右光
祿祖葬之日皇后宜反齊衰又議喪禮卽遠變除漸
輕情與日殺服隨時改權禮既行服制已變豈容終
除之日而更重服乎

孫豁之爲太學博士孝建三年八月戊子有司奏雲
杜國解稱國子檀和之所生親王求除太夫人檢無
國子除太夫人先例法又無科下禮官議正豁之議
曰春秋母以子貴王雖爲妾是和之所生案五等之
例鄭伯許男同號夫人國子體例王合如國所生太
常丞庾蔚之議以子貴雖春秋明義古今異制因革
不同自頃代以來所生蒙榮惟有諸王既是王者之
嬪御故宜見尊於蕃國若功高勳重列爲公侯亦有
拜太夫人之禮凡此皆朝恩曲降非國之所求子男
妾母未有前比祠部郎中朱膺之議以爲子不得爵

父母而春秋有母以子貴當謂傳國嗣君母本先公
嬪媵所因籍有由故也始封之身所不得同若殊績
重勳恩所特錫時或有之不由司存所議以蔚之爲
允詔可
王燮之爲博士大明元年九月有司奏皇后副車未
有定式詔下禮官議正其數燮之議鄭玄云后象王
立六宮亦正寢一而燕寢五推其所立每與王同謂
十二乘通關爲允帝從之遂爲後式今請依乘輿不
須差降制曰可二妃乘翟車以赤爲質駕二馬九嬪
已下並乘犢車青幰朱網絡

朱膺之領儀曹郎大明二年正月有司奏故右光祿
大夫王偃喪依格皇后服期心喪三年應再周來二
月晦撿元嘉十九年舊事武康公主出適二十五月
心制終盡從禮即吉昔國哀再周孝建二年二月其
月末諸公主心制終則應從吉于時猶心禫素二十
七月乃除二事不同膺之議詳尋禮文心喪不應有
禫皇代考驗已爲定制元嘉季年禍難深酷聖心天
至喪紀過哀是以出適公主還同在室即情變禮非
革舊章今皇后二月晦宜依元嘉十九年制釋素即
吉

孫武爲博士大明二年六月有司奏凡侯伯子男世
子喪嗣求進次息爲太子簡無其例下禮官議正武
議案晉齊北侯荀勗長子連卒以次子輯拜世子先
代成准宜爲今例博士傅郁議禮記爲子立衍商禮
思行仲子舍孫娵典攸貶歷代遵循靡替于舊今胙
土之君在而世子卒厥嗣未育非孫之謂愚以爲次
子有子自宜紹爲世孫若其未也無容遠捜輕屬承
綱繼體傳之有由父在立子允稱情典曹郎諸葛雅
議案春秋傳云世子死有母弟則立無則立長年均
擇賢義均則卜古之制也今長子早卒無嗣進立次
息以爲世子取諸左氏理義無違又孫武所據晉齊
北侯荀勗長子卒立次子亦近代成例依文採比竊
所允安謂開許以爲永制參議爲允詔可

虞和爲太學博士大明五年七月有司奏故永陽縣
開國侯劉叔子夭喪年始四歲傍親服制有疑和與
領軍長史周景遠司馬朱膺之前太常丞庾蔚之等
議竝云宜同成人之服東平冲王服殤宜由追贈異
於已受茅土博士司馬興之議應同東平殤服左丞
荀萬秋等三議南面君國繼體承家雖則佩觿未闕
成德君父名正不容服殤故云臣不殤君子不殤父

推此則知傍親故依殤制東平冲王已經前議若外
仕朝列則爲大成故鄱陽哀王追贈太常親戚不降
愚謂下殤以上身居封爵宜同成人年在無服之殤
以澄官爲斷今永陽國臣自應全服王於傍親宜從
殤禮詔和等議爲允至明帝泰始五年爲國子博士
十一月有司奏案晉江左以來太子婚納徵禮用玉
一虎皮二未詳何所准况或者虎取威猛有彪炳徵
玉以象德而有潤尋珪璋既玉之美豹皮義兼炳蔚
熊亦婚禮吉徵以類取象亦宜並用未詳何以遷遺
又晉氏江左禮物多闕後代因襲未遑研考今法章

嶶儀方將大備宜憲範經籍稽諸舊典今皇太子婚納徵禮合用珪璋豹皮熊皮與不下禮官詳依經記更正若應用者爲各用一爲用兩博士裴昭明議案周禮徵玄纁束帛儷皮鄭玄注云束帛十端也儷兩也皮鹿皮也儀注以虎皮二太元中公主納徵以虎豹皮各一具豈謂婚禮不辨王公之序故取虎豹皮以尊革其事乎虎豹雖文而徵禮所不用熊羆吉祥而婚典所不及珪璋雖美或爲用各異今帝道弘明徽則光闡儲皇聘納宜准經誥凡諸僻謬並合詳裁雖禮代不同文質或異而鄭爲儒宗既有明說守文

淺見蓋有惟疑兼太常丞孫詵議以爲聘幣之典損益惟義歷代行事取制士婚若珪璋之用實均璧品采豹之章義齊虎文熊羆表祥繁衍攸寄今儲后崇聘禮先訓遠皮王之美宜盡暉備禮稱束帛儷皮則珪璋數合同璧熊羆文豹各應用二也兼國子博士虞龢議禮納徵直云玄纁束帛雜皮而已禮記郊特牲云虎豹皮與玉璧非虛作也則虎豹之皮居然用兩珪璋宜仍舊各一也參詵和二議不異今加珪璋各一豹熊羆皮各二以和議爲允詔可

司馬興之爲太學博士大明五年閏九月有司奏皇太子妃薨至尊皇后竝服大功九月皇太后小功五月未詳二御何當得作鼓吹及樂興之議案禮齊衰大功之喪三月不從政今臨軒拜授則人君之大典今古既異賒促不同愚謂皇太子妃祔廟之後便可臨軒作樂及鼓吹右丞徐爰議皇太子妃雖未出塋臨軒拜官舊不爲礙梓棺在殯應懸而不作祔後三御樂宜更學官擬禮上與之又議案禮大功至則辟琴瑟誠無自奏之理但王者體大禮絶凡庶故漢文既葬悉皆復吉惟縣而不樂以此表哀今准其輕重侔其降殺則下流大功不容撤樂終服夫金石賓享

之禮簫管警塗之衞寔人君之盛典當陽之威飾故亦不可久廢於朝又禮無天王服嫡婦之文直後學推貴嫡之義耳既以制服成日虛縣中宮亦足以甄崇家正標明禮矣爰又參議皇太子朞服內不合作樂鼓吹又興平國解稱國子哀愍孫母王氏應除太夫人檢無國子除太夫人例下禮官議正興之議案禮下國卿大夫之妻皆命天子以斯而推則子男之母不容獨異博士程彥議以爲五等雖差而承家事等公侯之母崇號德崇子男於親尊秩宜顯故春秋之義母以子貴固知從子尊有國君法參議以興之

議爲允除王氏爲興平縣開國子太夫人詔可
王慶緒爲博士明帝泰始二年九月有司奏皇太子所生陳貴妃主在內相見又應何儀慶緒議百僚內外敬貴妃應與皇太子同其東朝臣隷理歸臣節太常丞虞愿等同慶緒尚書令建安王休仁議稱禮云妾既不得體君班秩視子爲序母以子貴經著明文內外致敬貴妃誠如慶緒議天子姬嬪不容通音分於外雖義可致虔不應有戚表參詳依休仁議爲允
詔可
周山文爲太學博士後廢帝元徽二年七月有司奏

第七皇弟訓養母鄭修容喪未詳制下禮官正議案庶母慈母亡者小功五月鄭玄云其使養之不命爲母子亦服庶母慈己之服愚謂第七皇弟宜從小功之制參議並同

巡按福建監察御史臣李嗣京　訂正
知長樂縣事臣夏允彝叅閲
知建陽縣事臣黄國琦較釋

掌禮部一十五

奏議第五

南齊王逡之仕宋爲尚書左丞順帝昇明三年錫齊王大輅戎輅各一乘黄五輅無大輅戎輅逡之議大輅殷之祭車故不登周輅之名而明堂位云大輅殷輅也注云大輅木輅也月令中央土乘大輅注云殷

輅也禮器大輅繁纓一就注云大輅殷之祭天車也周禮五輅玉輅金輅象輅革輅木輅則周之木輅殷之大輅周革輅建大白以即戎此則戎輅也意謂國之大事在祀與戎故錫以殷祭天之車與周之即戎之輅祀則以殷戎必以周者明郊天義遠遠前代之禮即戎事近故以今世之制明堂云魯君孟春乘大輅載旂十有二旒日月之章祀帝于郊夫必以大輅以錫諸侯良有以也今木輅即大輅也太尉左長史王儉議宜用輅九旒特乘黄無副借用五輅天朝臨軒權列三輅

王儉爲左僕射高帝建元元年大常上朝堂諱訓儉議曰后諱依舊不立訓禮天子諸侯諱群祖臣隷既有從敬之義宜爲太常府君諱至於朝堂牓題本施至極旣追尊所不及禮降於在三晋之京兆宋之東安不列牓題孫緬議稱京兆列在正廟臣下應諱而不上牓宋初博士司馬道敬議東安府君諱宜上牓何承天執不同即爲明據其有人名地名犯太常府君及帝后諱者皆改宣帝諱同二名不偏諱所以改承明門爲北掖以榜有之字與承并東宮承華門亦改爲宣華云是年有司奏郊殷之禮未詳郊在何年

復以何祀配郊殷復在何時未知得先殷與不明堂亦應與郊同年而祭不若應祭者復有配與無配不祀者堂殿職僚毀置云何八座丞郎通關博士議議曹郎中裴昭明議曹郎中孔逷議今年七月宜殷祠來年正月宜南郊明堂並祭而無配殿郎中司馬憲議南郊無配饗祠如舊明堂無配宜應廢祀其殷祠同用今十月儉議案禮記王制天子先祫後時祭諸侯先時祭後祫春秋魯僖二年祫明年春禘自此以後五年再殷禮緯稽命徵曰三年一祫五年一禘經記所論禘祫與時祭其言詳矣初不以先殷後郊爲

嫌至於郊配之事重由王迹是故杜林議云漢業特起不因緣堯宜以高帝配天魏高堂隆議以舜配天蔣濟云漢時奏議謂堯巳禪舜不得爲漢祖舜亦巳禪禹不得爲魏之祖今宜武皇帝配天晋宋因循即爲前式又按禮及孝經援神契並云明堂有五室天子每月於此聽朔布教祭五帝之神配以有功德之君大戴禮記曰明堂者所以明諸侯尊卑也許慎五經異義曰布政之宫故稱明堂明堂盛貌也周官匠人職稱明堂有五室鄭玄云周人明堂五室帝一室也初不聞有文王之寢鄭志趙商問云說者謂天子

廟制如明堂是爲明堂即文廟耶鄭荅曰明堂主祭上帝以文王配耳猶如郊天以后稷配也袁孝尼云明堂法天之宫本祭天帝而以文王配之配其父於天位則可牽天帝而就人鬼則非義也泰元十三年孫耆之議稱郊以配天故配之以后稷明堂以祀帝故配之以文王由斯言之郊爲皇天之位明堂即上帝之廟徐邈謂配之爲言必有神主郊爲天壇則堂非文廟史記云趙綰王臧欲立明堂于時亦未有郊配漢文祀汾陰五時即是五帝之祭亦未有配議者或謂南郊之日巳旅上帝若又以無配而特祀明堂則一日再祭於議爲黷案古者郊本不共日蔡邕獨斷曰祠南郊禮畢次北郊又次明堂高廟世祖廟謂之五供馬融云郊天之祀咸以夏正五氣用事有休有王各以其時兆於方郊四時合歲功作相成亦以此月總旅明堂是則南郊明堂各日之證也近代從省故與郊同日猶無煩黷之疑何者其爲祭雖同所以致祭則異孔晁云言五常佐天化育故有從祀之禮旅上帝是也至於四郊明堂則是其本祀之所譬猶功臣從饗豈復廢其私廟且明堂有配之時南郊亦旅上帝此則不疑於共日今何故致嫌於同辰又

禮記天子祭天地四方山川五祀歲遍尚書堯典咸秩無文詩云昭事上帝聿懷多福據此諸義則四方山川猶必齊祀五帝大神義不可畧魏文帝黃初二年正月郊天地明堂上帝太和元年正月以武皇帝配天文皇帝配上帝然則黃初中南郊明堂皆無配也又郊日及牲色異議紛然郊特牲云郊之用辛周之始郊也盧植云辛之爲言自辛絜也鄭玄云用辛日者謂人當齋戒新身也漢魏以來或丁或巳而用辛常多考之典據辛日爲允郊特牲又云郊牲幣宜以正色繆龍據祭法云天地騂犢周家所尚魏以建

丑爲正牲宜尚白白虎通云三王祭天一用夏正所以然者夏正得天之數也魏用異朔故牲色不同今大齊受命建寅創曆郊廟同牲一依晉宋謂宜以今年十月祀宗廟自此以後五年再郊來年正月上辛有事南郊宜以共日還祭明堂又用次辛饗祀北郊而並無配犧牲之色率由舊章詔可明堂可更詳有司又奏明堂尋禮無明文惟以孝經爲正切謂設祀之意蓋爲文王有配則祭無配則止愚謂旣配上帝則以帝爲主今雖無配不應闕祀徐邈近代碩儒每所折衷其云郊爲天壇明堂非文廟此實明據內外

百司立議已定如更詢訪終無異說傍儒依史竭其管見旣聖旨惟疑群下所未敢詳廢置之宜仰由天鑒詔依舊

四年世祖卽位儉爲尚書令其秋有司奏尋前代嗣位或數前郊年或別始晉宋以來未有畫一今年正月巳郊未審明年應南北二郊祀明堂與不依舊通關八座丞郎博士議儉議案秦爲諸侯雜祀諸畤始皇并天下未有定祠漢高受命因雍四時而起北畤始祠五帝未定郊丘文帝六年新垣平議初起渭陽五帝廟武帝初至雍郊見五時後帝三歲一時祠雍元鼎四年始立后土祠於汾陰明年立太一祠於甘泉自是以後二歲一郊與雍更祠成帝初卽位丞相廷尉康衡於長安定南北郊哀平之際又復甘泉汾陰祠天地平帝元始五年王莽奏依丞相衡議還依後長安南北二郊光武建武二年定郊兆於洛陽魏晉因循率由漢典雖時或參差而類多間歲至於嗣位之君參差不一宜有定制檢晉明帝太寧五年南郊其年九月成帝卽位明年改元卽郊簡文咸安二年南郊其年七月孝武卽位明年亦郊宋元嘉三十年正月南郊其年二月孝武嗣位明年改元亦郊此

則二代明例差可依放謂明年正月宜饗祀二郊虞祭明堂自茲厥後仍舊間歲尚書領國子祭酒張緒等十七人並同儉議詔可是年司空褚淵薨時司空掾屬以淵未拜疑應爲吏敬不儉議依禮娉在塗聞夫家喪改服而入今掾屬雖未服勤而吏禀於天朝宜申禮敬司徒府又以旣淵解職而未恭後授府僚應上服以不儉又議依中朝士孫德祖從樂陵遷爲陳留未入境卒樂陵郡吏依見君之服陳留迎吏依娶女有吉日齊衰弔司徒府宜依居官制服次

永明元年當南郊而立春在郊後世祖欲遷儉啓案

禮記郊特牲云郊之祭也迎長日之至也大報天而主日也易說三王之郊一用夏正盧植云夏正在冬至後傳曰啓蟄而郊此之謂也然則圜丘與郊各自行不相害也鄭玄云建寅之月晝夜分而日長矣王肅曰周以冬祭於天圜丘以正月又祭天以祈穀祭法稱燔柴太壇則圜丘也春秋傳云啓蟄而郊則祈穀也謹尋禮傳二文各有其義盧王兩說有若合符中朝省二丘以并二郊即今之郊禮義在報天事兼祈穀既不全以祈農何必候啓蟄史官惟見傳義未達禮旨又尋景平元年正月三日辛丑南郊其月十

一日立春元嘉十六年正月六日辛未南郊其月八日立春此後是近世明例不以先郊後春爲嫌若或以元日合朔爲礙者則晉成帝咸康元年正月一日加元服二日親祠南郊元服之重百僚備列雖在致齋行之不疑今齋内合朔此即前准若聖心過恭寧在嚴潔合朔之日散官備防非預齋之限者正於軍門外別立慢省若日色有異即列於省前望實爲允謂無煩遷日從之

是年十二月有司奏今月三日臘祠太社稷一日合朔日蝕既在致齋内未審於社祠無礙不曹檢未有前准檢議禮記曾子問天子嘗禘郊社五禮之祭簠簋既陳惟大喪乃廢至於當祭之日火及日蝕則停尋伐鼓用特由來尚矣而簠簋初陳問所不及據此而言致齋初日仍值薄蝕則不應廢祭又後漢初平四年士孫端議以日蝕廢冠而不廢郊朝議從之王者父天母地郊社不殊此則前准謂不宜廢詔可

三年正月詔立學創立堂宇召公卿子弟下及員外郎之嗣凡置生二百二十人其年秋中悉准有司奏宋元嘉舊事學生到先釋奠先聖先師禮又有釋菜未詳今當行何禮用何樂及禮器儉議周禮春入學

舍釋菜合舞學記云始教皮弁祭菜示敬道也又云始入學必釋菜於先聖先師中朝以來釋菜禮廢今之所行釋奠而已金石俎豆皆無明文方之七廟則輕比之五禮則重陸納車武子謂宜尼廟宜依亭侯之爵范甯欲依周公之廟用王者儀范宣謂當其爲師則不臣也釋奠日宜備帝王禮樂此則車陸失於過輕二范傷於大重喻希云若至生者自設禮樂則肆賞於致敬之所若欲嘉美先師則所况非備尋其此說守附情理皇朝屈尊引教以師資禮同上公即事惟允裴松之議應儛六佾以郊樂未具故權奏登

歌今金石已備宜設軒縣之樂六佾之舞牲牢器用
悉依上公其冬皇太子講孝經親臨釋奠車駕幸聽
五年十月有司奏南郡王昭業冠求儀注未有前准
儉議皇孫冠事歷代所無禮雖有嫡子嫡孫而地居
正体不及五世今南郡王体自儲暉實惟國重元服
之典宜異列蕃案士冠禮主人玄冠朝服賔加其冠
賛者結纓鄭玄云主人冠者之父兄也尋其言父及
兄則明祖在父不爲主也大戴禮記公冠篇云公冠
自爲主四加玄冕以卿爲賔此則繼體之君及帝之
庶子不得稱子者也小戴禮記冠義玄冠於阼以著

代也醮於客位三加彌尊加有成也注稱嫡子冠於
阼庶子冠於房記又云古者重冠故於廟所以自卑
而尊先祖也據此而言彌與鄭注義禮相會是故中
朝以來太子冠則皇帝臨軒司徒戎事之所乘犧牲
璽握之所薦竝宜悉依尚色三代服色以姓音爲尚
漢不識音故還尚其行運之色今既無善律則大齊
所尚亦宜依漢道若有善吹律者便應還取姓尚太
子僕周顒議三代姓音古無前記裁音配尚起自曼
容是曼容善識姓聲不復方假吹律何故能識遠代
之宮商而更迷皇代之律吕而云當今無吹律以定

尚宜附漢以從闕耶皇朝本以行運爲尚非闕不定
於音氏如此設有善律之知無不依導聲以爲尚散
騎常侍劉郎之等十五人竝議駁之事不行
蔡履爲祠部郎永明三年履議郊與明堂本宜異日
漢東京禮儀志南郊禮畢次北郊明堂高廟世祖廟
謂之五供蔡邕所據亦然近存簡省制故郊堂共日
來年郊祭宜有定准太學博士王祐議來年正月上
辛宜祭南郊次辛有事明堂後辛饗祀北郊兼博士
劉蔓議漢元鼎五年以辛巳得事自後郊日畧無違
異元封元年四月癸卯登封泰山坐明堂五月甲子

以高祖配漢家郊祀非盡天子之縣故祭祀之日事
有不同後漢永平以來明堂兆於國南而郊以上下
故供修三祀得并在初月雖郊有常日明堂猶無定
辰何則郊丁社甲有說則從經禮無文難以意造是
以必算辰良而不祭寅丑且禮之尊祭無同共者惟
漢以朝日合於報天耳若依漢書五供便應先祭北
郊然後明堂則是地先天食所未可也兼太常丞蔡
仲熊議鄭志云正月上辛祀后稷於南郊還於明堂
以文王配故宋氏創立明堂郊還卽祭是用鄭志之
說也蓋爲志者失非玄意也玄之言曰未審周明堂

以何日於月令則以季秋案玄注月令季秋大饗帝云大饗遍祭五帝又云大饗於明堂配以文武大司樂凡大祭祀宿縣尋預縣之旨以日出行事故也若日闇而後行事則無假預縣果日出行事何得方俟郊還東京禮儀志不記祭之時日而志云郊天夕牲之夜夜漏未盡八刻進熟明堂夕牲之夜又夜漏未盡七刻進熟明堂在郊前一刻而進獻奏樂方待郊還魏高堂隆表九日南郊十日北郊十一日明堂十二日宗廟案隆此言是審於時定制是則周禮二漢及魏皆不共日矣禮以辛郊書以丁祀辛丁皆合宜

臨時詳擇太尉從事中郎顧憲之議春秋傳以正月上辛郊祀禮記亦云郊之用辛尚書獨云丁巳用牲于郊先儒以爲先甲三日辛後甲三日丁可以接事天神之日後漢永平二年正月辛未宗祀光武皇帝於明堂辛既是常郊之日郊又在明堂之前無容不郊而堂則理應郊堂同日西閣祭酒梁王議孝經鄭玄注云上帝亦天別名如鄭旨與天亦言不殊近代同辰良亦有據泰和元年正月丁未郊祀武皇帝以配天宗祀文皇帝於明堂以配上帝此則以行之前准驍騎將軍江淹議郊旅上天堂祀五帝非爲一日

再黷之謂無俟釐革尚書陸澄議遺文餘事存乎舊書郊宗地近勢可共日而不共者義在必異也元始五年正月六日辛未郊高皇帝以配天二十一日丁亥宗祀孝文於明堂配上帝永平二年正月辛未宗祀五帝於明堂光武皇帝配章帝元和二年巡狩岱宗柴祭翌日祠五帝於明堂柴山祠帝尚不共日郊堂宜異於側益明陳忠奏事云延光三年正月十三日南郊十四日北郊十五日明堂十六日宗廟十七日世祖廟仲遠五祀緄繞五供與忠此奏皆爲相符高堂隆表二郊及明堂宗廟各一日摯虞新禮議明

堂南郊間三兆禋天饗地共日之證也又上帝非天昔人言之已詳今明堂用日宜依古在北郊後漢惟南郊備大駕自北郊以下車駕什省其二今祠明堂不應大駕尚書令王儉議前漢各自後漢亦不共辰魏晉故事不辨同異宋立明堂惟據自郊徂宫之義未達祠天旅帝之旨何者郊壇旅天甫自詰朝還祀明堂便在日昃雖致祭有由而煩黷斯甚異日之議於理爲弘春秋感精符云王者父天母地則北郊之祀應在明堂之先漢魏北郊亦皆親奉晉泰寧有詔未及遵遂咸和八年甫得營繕太常顧和秉議親奉

康皇之世巳纘遵州宋氏因循未遑釐革今宜親祠北郊明年正月上辛祠昊天次辛瘞后土後辛祀明堂御並親奉車服之儀率遵漢制南郊大駕北郊明堂降爲法駕衮冕之服諸祀咸同詔可

何諲之爲太常丞永明三年有司奏來年正月二十五日丁亥可祀先農即日輿駕親耕宋元嘉大明以來竝用立春後亥日尚書令王儉以爲亥日籍田經記無文通下詳議兼太學博士劉蔓議禮孟春之月立春迎春又於是月以元日祈穀又擇元辰躬耕帝籍盧植說禮通辰日曰甲至癸也辰子至亥也郊天

陽也故以日籍田陰也故以辰陰禮卑後必居其末亥辰之末故記稱元辰注曰吉亥又五行之說木生於亥以亥日祭先農又其義也諲之議鄭注云元辰蓋郊後吉亥也亥水辰也凡在墾稼咸存灑潤五行說十二辰爲六合寅與亥合建寅月東耕取月建與日辰合也國子助教桑惠度議尋鄭玄以亥爲吉辰者陽生於子元起於亥取陽之元以爲生物亥又爲水十月所建百穀賴茲沾潤畢熟也助教周山文議盧植云元善也郊天陽也故以日籍田陰也故以辰蔡邕月令章句解元辰云日幹也辰支也有事於天

用日有事於地用辰助教何佟之議少牢饋食禮云孝孫某來日丁亥用薦歲事于皇祖伯某注云丁未必亥也直舉一日以言之耳禘太廟禮日用丁亥若不得丁亥則用巳亥辛亥苟有亥可也鄭又云必用丁巳者取其令名自丁寧自變改皆爲謹敬如此丁亥自是祭祀之日不專施於先農漢文用此日耕籍祠先農故後王相承用之非有別議殿中郎顧暠之議鄭玄稱先郊後吉辰而不說必亥之由盧植明于亥爲辰亦無常辰之證漢世躬籍肇發漢文詔云農天下之本其開籍田斯乃草創之令未覩親載之吉

也昭帝癸亥耕鉤盾弄田明帝癸亥耕下邳章帝乙亥耕定陶又辛丑耕懷魏之烈祖寔書辛未不繫一辰徵於兩代矣推晋之革魏宋之因晋正是服膺康成非有異見者也班固序亥位云陰氣應亡射該藏萬物而雜陽閡種且亥旣水辰含育爲性播厥取吉其在茲乎固序丑位云陰大旅助黃鍾宣氣而牙物序未位云陰氣受任助蕤賓君主種物使長大茂盛是漢朝迭選魏所遷的舊用丑實兼有據參議奏用丁亥詔可六年諲之議今祭有生魚一頭干魚五頭少牢饋食禮云司士升魚腊膚肉用鮒十五上旣云

腊下必是鮮其數宜同稱膚足知鱻薧無毁記云槁魚曰商祭鮮魚曰脡祭鄭注商量脡直也尋商量肯裁截脡義在全賀循祭義猶用魚十五頭今鮮頓删約槁皆全用謂宜鮮槁各二頭槁微斷首尾亦存古義國子助教桑惠度議記稱尚玄酒而俎腥魚玄酒不容多鮮魚理宜約于魚五頭者以其既加人功可法於五味以象酒之五齊也今欲鮮槁各雙義無所法謚之議不行後爲祠部郎十年詔故太宰褚淵故太尉王儉故司空柳世隆故驃騎大將軍王敬則故鎮東大將軍陳顯達故鎮東將軍李安民六人配饗

太祖廟廷謚之議功臣配饗累行宋世檢其遺事題列坐位具書贈官爵謚及名文不稱主便是設板也白虎通祭之有主孝以繫心也揆斯而言外配廟庭不容有主宋時板度既不復存今之所制大小厚薄如尚書召板爲得其衷有司攝太廟舊人亦云見宋功臣配饗坐板與尚書召板相似事見於儀注

王晏爲右僕射永明十一年與吏部尚書徐孝嗣侍中何胤奏故太子祔太廟既無先准檢宋元后故事太尉行禮太子拜伏與太尉俱臣等參議依擬前典太常王廟位太尉執禮祔太孫拜伏皆與之俱正禮既畢陰室之祭太孫宜親自進奠詔可

庾曇隆爲通直散騎常侍明帝建武二年上啓伏見南郊壇圓兆外內永明中起瓦屋形製宏壯檢案經史無所准尋周禮祭天於圜丘取其因高之義兆於南郊就陽位也故以高敞貴在上昭天明旁流氣物自秦漢以來雖郊祀參差而壇域中間並無更立宮室其意何也正是質誠尊天不自崇樹兼事通曠必務開遠宋元嘉南郊至時權作小陳帳以爲休息太祝薄加修廣永明初彌漸高麗往年工匠遂起立瓦屋前代皇帝豈於上天之祐而昧營構所不爲者深

有情矣記稱掃地而祭於其質也器用陶匏天地之性也故至敬無文以素爲貴竊謂郊事宜擬休偃不俟高大以明謙恭肅敬之旨庶或仰允大靈俯愜群望詔付外詳國子助教徐景嵩議伏尋三禮天地兩祀南北二郊但明祭取特牲器用陶匏不載人君偃處之儀今帳瓦之構雖殊具非千載成例宜務因循太學士賀瑒議周禮王旅上帝張氊案設皇邸國有故而祭亦旅氊案以氊爲牀於幄中不聞郊所置宮宇兼左丞王摛議掃地而祭於郊謂無築室之議並同曇隆驍騎將軍虞炎議以爲誠慤所施止在一壇

漢之郊祀饗帝甘泉天子自行宮望拜息殿去壇場
既遠郊奉禮畢旋幸於此旄殿之輿惟宮謂無關簡
格祠部郎李㧑議周禮凡祭祀張其旅幕張尸次尸
則有幄仲師云尸次祭祀之尸所居更衣帳也凡祭
文之設旣不止於郊祀竝尸之言理應關於宗廟古
則張幕今則旁省宗廟旅幕可變爲棟宇郊祀氊案
何爲不轉製擔甍曇隆議不可
蕭琛爲尚書左丞永泰元年有司議帝初立應廟見
不尚書令徐孝嗣議嗣君卽位竝無廟見之文蕃支
纂業乃有虔謁之禮琛議曰竊聞祗見厥祖義著商

冊府元龜 掌禮部 奏議 卷之五百七十七 十七

書朝于武宮事先晉冊豈有正位居體繼業承天而
不虔覲祖宗格于太室毛詩周頌篇曰烈文成王卽
政諸侯助祭也鄭注云新王卽政必以朝享之禮祭
於祖考告嗣位也又篇曰閔予小子嗣王朝廟也鄭
注云嗣王者謂成王也除武王之服將始卽政朝於
廟也則隆周令典煥炳經紀體嫡居正莫若成王又
以二漢由太子而嗣位者西京七主東都六帝其昭
成哀和四君竝皆謁廟文存漢史其惠景武明章五
君前史不載謁事或是偶有闕文理無異說議者乃
云先在儲宮已經致敬卒哭之後卽親奉時祭卽是
廟見故無別謁之禮竊以爲不然儲后在宮亦從郊
祭若謂前虔可兼後敬開元之始則不假復有配天
之祭矣若不親奉時祭仍爲廟見者自漢及晉支庶
嗣位竝皆謁廟旣同有蒸嘗何爲獨循繁禮且晉成
帝咸和元年改號以謁廟咸康元年加元服又更謁
廟夫時非異主猶不疑二禮相因況位隔君臣而追
以一謁兼敬宜遠纂周漢之盛範近黜晉宋之乖義
展誠一廟駿奔萬國奏可
徐孝嗣爲尚書令永泰元年奏議曰夫人倫之始莫
重冠婚所以尊表成德結歡兩姓年代汙隆古今殊

冊府元龜 掌禮部 奏議 卷之五百七十七 十八

則繁簡之儀因時或異三加廢於王庶六禮限於天
朝雖因習永久事難頓改而大典之要深宜損益案
士冠禮三加畢乃醴冠者醴則惟一而已故醴辭無
二若不醴則每加輒醮以酒故醮辭有三王肅云醴
本古味其禮重酒用時味其禮輕故也或醴或醮二
三之義詳於經文今皇王冠畢一酌而已卽可擬古
設醴而猶用醮辭寔爲乖衷尋婚禮實籠以四爵加
以合巹旣崇尚質之理又象判合之義故三飯卒食
再酳用巹先儒以禮成好合事終於三然後用巹合
儀注先酳巹以三有違旨趣又郊特牲曰三王作牢

而用太古之器重夫婦之始也今雖以方樏示約而爾乖昔典又連巹以鏁盖出近俗復別有牢燭彫費乎飾亦虧曩制方今聖政日隆聲教惟穆則古昔以敦風存餼羊以愛禮沿襲之規有功治要嘉禮實重宜備舊章謂自今王侯已下冠畢一酌醴以遵古之義醴即用舊又於事爲元婚亦依古以巹酌終酳之酒並除金銀連鏁自餘雜器悉用埏陶堂人執燭足充炳燎牢燭華侈亦宜停省庶別斲雕可期移俗有漸參議並同奏可

册府元龜

冊府元龜

巡按福建監察御史臣李嗣京 訂正
分守建南道左布政使臣胡維霖 參閱
知建陽縣事臣黄國琦較釋

掌禮部一十六

奏議第六

梁何佟之初仕齊爲祠部郎武帝永明十一年奏議曰按禮記郊特牲社祭土而主陰氣也君南向於北牖下答陰之義也鄭玄云答猶對也北牖社內北墻外王肅云陰氣北向故君南向以答之是相對之

稱乃知古祭社北向設位齋官南向明矣近代相承帝社南向太社及稷竝東向而齋官在帝壇北西向於神背後行禮又名稷社甚乖禮意乃未知失知失在原此理當未乂竊以皇齊改物禮樂惟新中國之神莫貴於社若遂仍前僭虧盛典謂二社語其義則殊論其神則一位竝宜北向稷若北向則成相背稷是百穀之總神非陰氣之主宜依先東向齋官立社壇東北南向立以東爲上諸執事西向立南爲上稷依禮無兼稱今若欲尊崇正可名爲太稷耳豈得謂爲稷社邪儀祠太祖社日近按奏事御改定注儀曹稱治禮學士議曰郊特牲又云君之南向答陽也臣之向北答君也若以陽氣在南則位應向北陰氣向北則宜向南今南北二郊一限南向皇帝黑瓚階東西向故知壇墠無計於陰陽設位寧拘於南北羣神小祠類皆南面薦饗之時北向行禮蓋欲申靈祇之尊表求幽之義魏世秦靜使社稷別營稱自漢以來相承南向漢之於周世代未遠郊上顯基商丘餘樹猶應尚存迷方失位未至於此通儒達識不以爲非庾蔚之昔已有此議徐爰周景遠竝不同仍舊不改終之議來難引君南向答陽臣北向答君敢問答之

爲言爲是相對爲是相背相背則社位南向君亦南向可如來議郊特牲云臣之北向答君復是君背臣今言君南臣北相向稱答則君南不得稱答矣記何得云祭社君南向以答陰邪社果同向則君亦宜西向何故在社南向在郊西向邪解則不然云君之南向答陽此明朝會之時盛陽在南故君南何對之猶聖人南面而聽向明而治之義耳寧是祈祠天地之日乎知祭社北向君答故南向祠天南向君答宜北向矣今皇帝黑瓚皆東西向者斯蓋始入之別位非接對之時也按記云社所以神地之道也又云社祭

土而主陰氣又云不用命戮于社孔安國云社主陰陰主殺傳曰日蝕伐鼓於社社豫云責群陰也社陰氣之盛也北向設位以本其義耳餘祀雖亦地祇而不主此義故位向不同不得見餘陰祀不北向便謂社應南向也按周禮祭社南向君求幽論宜北向而記云君南向答陰之義求幽之論不亦乖歟魏漢社稷同營共門稷壇在社壇北皆非古制後移宮南自當如禮如靜此言乃是顯漢社失周法見漢世舊事爾寺祭社南向未審出何史籍就如議者靜所言是祭社位向仍漢舊法又襲周成規因而不改者則社

稷三座並應南向今何改帝社南向泰社及稷並東向邪治禮又難佟之凡三往反至明帝建武二年有司議治禮無的然顯據佟之議乃行

初鬱林王隆昌元年有司奏參議明堂咸以世祖配國子助教謝曇濟議按祭法禘郊祖宗並列嚴祀鄭玄注義亦據兼享宜祖宗兩配文武雙祀助教徐景嵩光祿大夫王逡之謂宜以世宗文皇帝配佟之議周文武尚推后稷以配天謂文皇宜推世祖以配帝雖事施於尊祖亦義章於嚴父焉左僕射王晏議以爲若用鄭玄祖宗通稱則生有功德沒垂尊稱歷代配帝何止於二而今薦上帝允屬世祖百世不毀其文廟乎詔可建武二年正月有司以世宗文皇帝二十九日大祥三月二十九日祥禫至尊及群臣泄哀之儀應定准下三學八座丞郎博士陶韶以爲名立義生自古之制文帝正號祖宗式序昭穆祥忌禫日皇帝宜服出太極泄哀百僚亦參服陪位太常丞李撝議曰尊號既追重服宜正但已從權制故苴杖不税至於鑽燧既同天地亦變容得無感乎且晉景獻皇后喪群臣備小君之服追尊之后無違後典追尊之帝固宜同帝禮矣雖臣子一例而禮隨時異至

尊龍飛中典事非嗣武理無深哀之變但王者體國亦應弔服出正殿舉哀百僚致慟一如常式給事中領國子助教謝淡議曰夫喪禮一制限節兩分虞祔追亡之情小祥抑存之禮斯蓋至愛可申極痛宜屈耳文皇帝雖君德早凝民化未洽追崇尊極寔緣子姓今言臣則無實論已則事虛聖上馭寓更奉天眷祇禮七廟非從三后周忌祥禫無所依設太學博士崔偃同陶韶議太常沈淡同李撝議國子博士劉警等同謝淡議佟之議曰春秋之旨臣子繼君親雖恩義有殊而其禮則一所以敦資敬之情篤方喪之義

主上雖仰嗣高皇嘗經北面方今聖曆御寓慈訓無窮在三之恩禮不容替竊謂世祖祥忌至尊宜吊服升殿群臣同致哀慼事畢百官詣宣德宮拜表仍致哀陵園以引追遠之慕尚書令王晏等一十九人同佟之議詔可是年有司奏景懿后遷登新廟車服之儀佟之議曰周禮王之六服大裘爲上衮冕次之五車玉輅爲上金輅次之皇后六服褘衣爲上褕翟次之首飾有三副爲上編次之五車重翟爲上厭翟次之上公無大裘玉輅而上公夫人有副及褘衣是以祭統云夫人副褘立于東房也又鄭云皇后六服惟

上公夫人亦有褘衣詩云翟茀以朝鄭以翟茀爲厭翟侯伯夫人入廟所乘今上公夫人副褘旣同則重翟或不殊矣况景皇懿后禮崇九命且晉朝太妃服章之禮同於太后宋代皇太妃惟無五年旗爲異其外侍官則有侍中散騎常侍黃門侍郎各二人分從前後部同於王者內職則有女尚書女長御各二人參引同於太后又魏朝之晉王晉之宋王竝置百官擬於天朝至於晉文王終猶稱薨而太上皇稱崩則是禮加於王矣故前議景皇后悉依近代皇太妃之儀則侍衛陪乘竝不得異后乘重翟亦謂宜檢尋齊

初移廟宜神主至乘金輅皇帝親奉亦乘金輅先往東廟往行禮畢仍從神主至新廟今宜依准也從之是年旱有司議雩祭依明堂佟之議曰周禮司巫云若國大旱則帥巫而雩舞旱祭也天子於上帝諸侯以下於上公之神又女巫云旱暵則舞雩鄭玄云使女巫舞衆祭崇陰也鄭玄云求雨以女巫禮記月令云命有司爲民祈祀山川百源大雩帝用盛樂鄭衆云陽氣盛而當旱山川百源能興雲致雨者也衆水所出百源必先祭其本又尋雩呼嗟求雨之祭也雩帝謂爲壇南郊之旁五精之帝配以先帝也自鞉鞞

至柷敔爲盛樂他雩用歌舞而已百辟卿士古者上公以下謂勾龍后稷之類也春秋傳曰龍見而雩止當以四月王肅云大雩求雨之祭也傳曰龍見而雩謂四月也若五月六月大旱亦用雩禮於五月著雩義也晉永和中中丞啓雨制在國之南爲壇祈上帝百辟舞童八列六十四人歌雩漢時皆以孟夏得雨報大牢于時博士議舊有壇漢魏各自討尋月令云命有司祈祀山川百源乃大雩又云乃命百縣雩祀百辟卿士則大雩所祭惟應祭五精之帝而已勾芒等五神旣是五帝之佐依鄭玄說宜配食於庭也鄭

玄云雩壇在南郊壇之旁而不辨東西尋帝道尊右
雩壇方郊壇爲輕理應在左宜於郊壇之東營域之
外築壇旣祭五帝謂壇宜尋雩壇高廣禮傳無文明
按覲禮設方明之祀爲壇高四尺用珪璋等六玉禮
天地四方之神王者率諸侯親禮爲所以教尊尊也
雩祭五帝粗可依放謂令築壇宜崇四尺其廣輪仍
以四爲度經四丈周十二丈而四陛也設五帝之位
各依其方如在明堂之儀皇齊以世祖配五精於明
堂今亦宜配享於雩壇矣古者孟春郊祀祈嘉穀孟
夏雩祈甘雨二祭雖殊而所爲者一禮惟有冬至報

天初雖無雨賽帝今雖闕冬至之祭而南郊兼祈報
之禮理不容別有賽荅之事也禮祀帝於郊則所尚
省質周祭靈威仰后稷各用一牲今祀五帝世祖亦
宜各用一犢斯外悉如南郊之禮也武皇遏密未終
月可不奏盛樂至于旱祭舞雩蓋是嗟呼之義旣非
存懽樂謂此不涉嫌其餘祝史稱辭仰祈靈澤而已
禮舞雩乃使無闕今之女巫竝不習歌舞方就敎試
恐不應速依晉朝之議使童子或得取舍之宜也司
馬彪禮儀志云雩祀者皂衣蓋是崇陰之義今祭服
皆緇差無所革其所歌之詩及諸供須輒勑王者申

萬備辦從之
是年佟之又奏按周禮太宗伯以蒼璧禮天黃琮禮
地鄭玄又云皆有牲幣各放其器之色知禮天員丘
用玄犢禮地方澤用黃牲矣牧人云凡陽祀用騂牲
陰祀用黝牲鄭玄云騂赤黝黑也陽祀祭天南郊及
宗廟陰祀祭地北郊及社稷祭法云燔柴於泰壇祭
天也瘞埋於泰折祭地也用騂犢鄭玄云地陰祀用
黝牲與天俱用犢故連言之耳如此祭天地卽南北
郊矣今南北兩郊同用玄牲又明堂宗廟社稷俱用
已有違昔典又鄭玄云祭五帝于明堂勾芒等配食

自晉以來幷員丘於南郊是以郊壇列五帝勾芒等
今明堂祀五精更闕五神之位北郊祭地祇而設重
黎之座二三乖殊懼虧盛則前軍長史劉繪議語云
犂牛之子騂且角雖欲勿用山川其舍諸未詳山川
舍爲陰祀不若在陰祀則與黝乖矣佟之又議周禮
以天地爲大祀四望爲次祀山川爲小祀周人尚赤
自四望以上牲色各依其方者以其祀大宜從本也
山川以下說豈不合符叅議爲允從之
永元元年佟之爲步兵較尉奏議曰蓋聞聖帝明王
之治天下也莫不尊奉天地崇敬日月故冬至祀天

於圓丘夏至祀地於方澤春分朝日秋分夕月所以
訓民事君之道化下嚴上之義也故禮云王者必父
天母地兄日姊月周禮典瑞云王搢大圭執鎮圭藻
五采五就朝日馬融云天子以春分朝日秋分夕月
覲禮大子出拜月於東門之外盧植云朝日以立春
之日也鄭玄云端當爲冕朝日春分之時也禮記朝
事議云天子冕而執鎮圭尺有二寸率諸侯朝日於
東郊所以教尊尊也故鄭知此端爲冕也禮記保傳
三代之禮天子春朝朝日秋暮夕月所以明有簌也
而不明所用之定辰馬鄭云用二分之時盧植云用

立春之日佟之以爲日者太陽之精月者太陰之精
春分陽氣方永秋分陰氣向長天地至尊用其始故
祭以二至日月禮次天地故朝以分差有理據則融
玄之言得義矣漢世則朝朝日暮夕月魏文帝詔曰
覲禮天子拜日東門之外返祀方明朝事儀曰天子
冕而執鎮圭率諸侯朝日於東郊以此言之蓋諸侯
朝天子祀方明縣率朝日也漢敗周法群公無四朝
之事故不復朝於東郊得禮之變矣然旦夕常於殿
下東向拜日其禮太煩今採周春分之禮損漢日拜
之儀又無諸侯之事無所出東郊今正殿即亦朝會

行禮之庭也宜常以春分於正殿之庭拜日其夕月
又不分明其議奏魏秘書監薛循論云舊事朝日以
春分夕月以秋分按周禮朝日無常日鄭玄云用二
分故遂施行秋分之月多東潛而西向拜之皆實遠
矣朝日宜用仲春之朔夕月宜用仲秋之朔淳于士
春駁之引禮記云祭日於東祭月於西以端其位周
禮秋分夕月竝行於上世西向拜月雖如背實亦猶
月在天而祭之於次不復言背也佟之按禮器云爲
朝夕必於日月鄭玄云日出東方月出西方又云大
明生於東月生於西此陰陽之分夫婦之位也鄭玄

云大明日也知朝日東向夕月西向斯蓋各本其位
之所在耳猶如天子東西遊幸朝堂之官及拜官者
猶北向朝拜寧得以背實爲疑耶佟之謂魏世所行
善得與奪之衷晉初棄員丘方澤於兩郊二至輕禮
至於二分之朝致替無義江左草創舊章多闕宋氏
因循未能反古切惟皇齊應天御極典教惟新謂宜
使盛典行之盛代以春分朝於殿庭之西東向而拜
日秋分於殿庭之東西向而拜月此即所謂必於日
月以端其位之義也使四方觀化者莫不欣欣而頌
美旒藻之飾蓋本天之至質也朝日不得同昊天至

質之禮故玄冕三旒也近代祀天著冕十二旒極文章之義則是古今禮之變也禮天朝日既服宜有異頃世天子小朝會著絳紗褾通天金博山冠斯即今朝之服次袞冕者也切宜依此拜日月甚得差降之宜也佟之任非禮局經奏大典寔爲侵官伏追慙震從之

永元二年佟之又建議曰按祭法有虞氏禘黄帝而郊嚳祖顓頊而宗堯周人禘嚳而郊后稷祖文王而宗武王鄭玄云禘郊祖宗謂祭祀以配食也此禘謂祭昊天於圜丘也祭上帝於南郊曰郊祭五帝五神

於明堂曰祖宗郊祭一帝而明堂祭五帝小德配寡大德配衆王肅云祖宗是廟不毁之名果如肅言殷有三祖三宗並應不毁何故止稱湯契且王者之後存焉舜寧立堯頊之廟傳世祀之乎漢文以高祖配泰時至武帝立明堂復以高祖配食一人兩配有乖聖典自漢明以來未能反昔故明堂無兼配之祀竊謂先皇宜列二帝於文祖尊新廟爲高宗並世祖而泛配以申聖主嚴父義先皇於武皇倫則弟爲季義則經爲臣設配饗之座應在世祖之下並列俱西向國子博士王摛議孝經周公郊祀后稷以配天宗文王於明堂以配上帝不云武王又周頌思文后稷配天也我將祀文王於明堂也武王之文惟執競云祀武王此自周廟祭武王詩彌知明堂無矣佟之又議孝經是周公居攝時禮祭法是成王反位後所行故孝經以文王爲宗祭法以文王爲祖又孝莫大於嚴父配天則周公其人也尋此言寧施成王乎若孝經所說審是成王所行則爲嚴祖何得云嚴父邪且思文是周公祀后稷配天之樂歌我將是祀文王配明堂之樂歌若如摛議則此二篇皆應在復子明辟之後請問周公祀后稷祖文王宗武王韋昭云周公

時以文王爲宗其後更以文王爲祖武王爲宗益文王以文治而爲祖武王以武定而爲宗欲明文亦有大功武亦有大德故鄭注祭法云祖宗通言耳是以詩云昊天有成命二后受之注云二后文王武王也且明堂之祀有單有合故鄭云四時一氣於郊祭一帝還於明堂因祭一帝則以文王配明一賓不容兩主也享五帝於明堂則泛配文武泛而爲言無的之内其禮既盛故祖宗並配參議以佟之爲允詔可

高祖天監元年爲尚書左丞是年皇子統立爲太子其母丁貴嬪有司奏曰禮母以子貴王儲所生不容

無敬宋太豫元年六月議百官以吏敬敬帝所生陳
太妃則宋明帝在時百官未有敬臣竊以謂毋以子
貴義著春秋皇太子副二震極率土咸執吏禮旣盡
禮皇儲則所生不容無敬但帝王妃嬪義與外隔以
理以例無致敬之道也今皇太子聖眷在躬儲禮夙
備子貴之道抑亦有舊章王侯妃主嘗得通信問下
及六宫三夫人雖與貴嬪同列並應以敬皇太子之
禮敬貴嬪宋元嘉中始興武陵國臣並以吏敬敬所
生潘淑妃路淑媛貴嬪於官臣雖非小君其義不異
宋太豫朝議百官以吏敬二帝所生事義正同謂宫

闈施敬宜同吏禮詣神獸門舉牋致謁年節稱慶亦
同如此婦人無闔外之事賀及問諱牋所同百官報
問而已夫婦人之道義無自專若不仰繫於夫則當
俯繫於子榮親之道應極其所榮未有子所行而所
從不足者也故春秋凡王命爲夫人則禮與子等列
國雖異於儲貳而從尊之義不殊前代依准布在舊
事貴嬪載誕元良克固大業禮同儲君實惟舊典尋
前代始置嬪位次皇后爵無所視其次職者位視相
國爵比諸侯王此貴嬪之禮已高朝例況母儀春宫
義絶常等且諸妃作配率繇盛則以婦踰姑彌如從
序謂貴嬪典章太子不異於是貴嬪備典章禮數同
爲太子言則稱令
三年佟之奏議曰禘於首夏物皆未成故爲小祫於
秋冬萬物皆成其禮元太司勳列功臣有六皆祭於
大蒸知祫猶大乃及之也近代禘祫並及功臣有乖
典禮宜改詔從之自是祫祭乃及功臣
是年佟之又議公卿以祭服裏有中衣即今之中單
也按後漢輿服志明帝永平二年初詔有司採周官
禮記尚書乘輿服從歐陽說公卿以下服從大小夏
侯說祭服絳緣領袖爲中衣絳袴袜示其赤心奉神

今中衣絳緣足有所明無俟於袴旣非聖法謂不可
施遂依議除之四年有司言平天冠等一百五條自
齊以來隨故而毀未詳所送佟之議禮祭服弊則焚
之於是並燒除之其珠玉以付中署明山賓爲治書
侍御史掌治吉凶禮天監四年尚書左丞何佟之議
按禮未祭一日大宗伯省牲鑊祭日之晨君親牽牲
麗碑後代有冐暗之防而人主猶必親奉故有夕牲
之禮比代人君不復躬牽丞相丹陽尹牽牲於古無
取宜依以未祭一日之暮太常省牲視鑊祭日之晨
使太尉牽牲出入也省牽饋食殺牲於廟門外今儀

注詣厨烹牲謂宜依舊帝可其奏佟之又曰鄭玄云天子諸侯之祭禮先有裸尸之事乃迎牲今儀注乃至薦熟畢太祝方執珪瓚裸地違謬若斯又近代人君不復躬身裸禮太尉旣攝位寔宜親執其事而越使卑賤太祝甚乖舊典愚謂祭日之晨宜使太尉先行裸獻乃後迎牲帝曰裸尸本使神有所附今無尸裸神將安設佟之曰如馬鄭之意裸雖獻尸而義在求神今雖無尸求神之義恐不可闕帝曰此本因尸以祀神今若無尸則宜立寄求之所裸義乃定佟之曰祭統云獻之屬莫重于裸今旣存尸求食之獻則

裸鬯之求寔不可闕又送神更裸經記無文宜依禮草奏未報而佟之卒後山賓復申其理帝曰佟之旣不復存宜從其議也自是始使太尉代太祝行裸而又牽牲太甞任昉又以未明九刻呈牲加又太尉裸酒三刻施饌閒中五刻行儀不辦近者臨祭從事寔以二更至未明三刻方辦明山賓議謂九刻已疑太早况二更非復祭旦帝日夜半子時卽是晨始宜取三更省牲餘依儀注又有司以爲三牲或離殘依制埋瘞豬羊死則不埋請議其制司馬褧等議以爲牲死則埋必在滌矣謂三牲在滌死悉宜埋帝從之

五年山賓議樽彝之制祭圖唯有三樽一曰象樽周樽也二曰山罍夏樽也三曰著樽殷樽也徒有彝名竟無其器直酌象樽之酒以爲珪瓚之寔竊尋裸重獻不容共樽宜修彝器以備大典按禮器有六彝春祠夏禴裸用鷄彝王以珪瓚初裸后以璋瓚亞裸故春夏兩祭倶用二彝今古禮殊無復亞裸止修其二春夏鷄彝秋冬斝彝庶禮物備也帝曰鷄是金禽亦主巽位但金火相代用之通夏於義爲疑山賓曰臣愚管不奉明詔則終年乖舛按象彝是南方之物則主火位本生於火宜以象彝春夏兼用帝從之

是年山賓奏稱伏尋制旨周以建子祀天五月祭地殷以建丑祀天六月祭地夏以建寅祀天七月祭地自頃代以來南北二郊同用夏正月詔更詳議山賓以爲二儀並遵三朝慶始同以此日二郊爲允并請迎五帝於郊皆以始祖配享及郊廟受福唯皇帝再拜明上靈降祚臣下不敢同也詔並依議

六年議者以爲北郊有岳鎭海瀆之座而又有四望之座疑爲煩重儀曹郎朱异議曰望是不卽之名豈容局於星海拘於岳瀆明山賓曰舜典云望于山川春秋傳曰江漢沮漳楚之望也而今北郊設岳鎭海

瀆又立四望竊謂煩黷宜省徐勉曰岳瀆是山川之宗至於望祀之義不止於岳瀆也若省四望於義爲非議久不能決至十六年有事北郊帝復下其議於是八座奏省四望松江浙江五湖等并其鍾山白石既土地所在並留如故

冊府元龜

册府元龜

巡按福建監察御史臣李嗣京　訂正
知甌寧縣事臣孫以敬　參閱
知建陽縣事臣黄國琦　較釋

掌禮部一十七

奏議第七

梁周捨爲尚書禮部郎天監七年議詔旨以王者衮服宜畫鳳凰以示差降按禮有虞氏皇而祭深衣而養老鄭玄所言皇則是畫鳳凰羽也又按禮所稱雜服皆以衣定名猶如衮冕則是衮衣而冕明有虞言

皇者衣名非冕明矣畫鳳之旨事實灼然制可又王僧崇云今祭服三公衣身畫獸其腰及袖又有青獸形與獸同義應是蜼即宗彝也兩袖各有禽鳥形類鸞鳳似是華蟲今畫宗彝即是周禮但鄭玄云蜼禺屬昂鼻長尾是獸之輕小者謂宜不得同獸尋冕服無鳳應改爲雉又裳有圓花於禮無礙疑是畫餙加鷄耳藻朱黼黻並乖古制今請改正并去圓花帝曰古文日月星辰此以一辰攝三物也山龍華蟲又以一山攝三物也藻火粉米又以一藻攝三物也是爲九章今衮服畫龍則宜應畫鳳明矣孔安國云華者花也則爲花非疑若一尚畫雉差降之文復將安寄鄭義是所未允帝又曰禮主祀昊天上帝則大裘而冕祀五帝亦如之又云莞席之安而蒲越稾秸之用斯皆至敬無文貴誠重質今如用陶匏與古不異而大裘蒲秸獨不復存其於質敬恐有未盡且一獻爲質其劒佩之餙及公卿所着冕服可共詳定五經博士陸瑋等並云祭天猶存掃地之質而服章獨取黼黻爲文於義不可今南郊神座皆用莞席此猶莞類未盡質素之理以藁秸爲下藉蒲越爲上席又司服云王祀昊天服大裘明諸臣禮不得同自魏以來皆

用衮服今請依古制更大裘制可瑋等又尋大裘之制惟鄭玄注司服云大裘羔裘也既無所出未可爲據按六冕之服皆玄上纁下今宜以玄繒爲之其制式或如裘其裳以纁皆無文繡冕則無旒詔可又乘輿宴會服單衣黑介幘舊三日九日小會初出乘金輅服之入年帝改去還皆乘輦白服紗帽九年司馬筠等參議禮記玉藻云諸侯玄冕以祭裨冕以朝雜記又云大夫冕而祭於公弁而祭於已今之尚書上異公侯下非卿士止有朝衣本無冕服但既豫齋不來同於在朝宜依太常及博士諸齋官例着白衣絳

褀中單竹葉冠若不親奉則不須入廟帝從之
梁孔休源爲尚書左丞是年舍人周捨以爲禮王輅以祀金輅以賓則祭日應乘玉輅詔下其議休源議玉輅既有明文而儀注金輅當縣宋齊乖謬宜依捨議帝從之
司馬褧爲祠部郎是年武帝以一獻爲質三獻則文事天之道理不應然詔下詳議博士陸瑋明山賓與褧以爲宗祧三獻義兼臣下上天之禮主在帝王約理申義一獻爲允自是天地之祭皆一獻始省太尉亞獻光祿終獻

司馬筠爲祠部郎是年建議曰今大事徧告七廟小事止告一室於是議以封禪南北郊祀明堂巡省四方御臨戎出征皇太子加元服寇賊平蕩築宮立闕纂嚴解嚴戒嚴合十一條則徧告七廟講武修宗廟明堂臨軒拜封公王四夷欵化貢方物諸公王以愆削封及詔封王紹襲合六條則告一室從之先是梁主迎氣以始先祖配牲用特牲儀同南部筠議是昆蟲未蟄不以火田鳩化爲鷹罻羅方設中春之月祀不用牲止珪璧及幣斯又事神之道可以不殺明矣况今祀天豈容尚此謂夏初迎氣祭不用牲帝從之

是年安成太妃陳氏薨江州刺史安成王季荆州刺史始興王憺並以慈母表解刺史詔不許還攝本任而太妃薨京邑喪祭無主舍人周捨議曰賀彥光稱慈母之子不服慈母之黨婦又不從婦而服慈姑功服無徒故也庾蔚之云非從子不從母而服其黨孫又不從父服而其慈孫斯而言慈祖母無服明矣尋門內之哀不容自同於常按父之祥禫子並受弔今二王諸子宜以成服日單衣一日爲位受弔制曰二王在遠世子宜攝祭事捨又曰禮云縞冠玄武子姓之可冠則世子衣服爲異於常可著細布衣絹爲

領帶三年不聽樂又禮及春秋庶母不世祭也蓋爲無王命者耳吳太妃既朝命所加得用安成禮秩則當祔廟五親盡乃毀陳太妃命數之重雖則不異慈孫既不服廟食理無傳祀子祭孫止是會經文高祖因是勑禮官議皇子服訓養母禮依庶母慈己宜從小功之制按曾子問云子游曰喪慈母禮歟孔子曰非禮也古者男子外有傅內有慈母君命所使教子也何服之有鄭玄注云此指爲國君之子也若國君子不服則王者之子不服可知又喪服經云君子子爲庶母慈己者傳曰君子子者貴人子也鄭玄引內

則三毋止施於卿大夫以此而推之則慈母之服不
在五等之嗣下不逮三士之恩儻其服者止卿大夫
尋諸侯之子尚無此服况乃施之皇子謂宜依刋除
以反前代之惑高祖以爲不然曰禮言慈母凡有三
條一則妾子之無母妾之子子者養之命爲母子服
以三年喪服齊衰章所言慈母是也一則嫡妻之子
無母使妾養之慈撫隆至雖均乎慈愛但嫡妻之子
重妾無爲母之義而恐浮事重故服以小功喪服小
功章所以不直言慈母而云庶毋慈巳者明於三年
之慈母也其三則子非無母正是擇賤者視之義同

師保而慈愛故亦有慈母之名師保旣無其服則此
慈母亦無服矣内則云擇於諸母與可者使爲子師
其次爲慈母其次爲保母此其明文此言擇諸母是
擇人而爲此三母非謂擇取兄弟之母也何以知之
若是兄弟之母其先有子者則是長妾長妾之禮寔
有殊嘉和容次妾生子乃退成保母斯不可也又有
多兄弟之人於義或可若始生之子便應三母俱闕
邪豈是推之内則所言諸母是謂三母非兄弟之母
明矣子游所問自是師保之慈母無服之證乎鄭玄
不辯三慈混爲訓釋引彼無服以注慈巳後人致謬

實此之繇經言君子子者此雖起於大夫猶爾自斯
以上彌應不異故傳云君子子者貴人子也總言之
貴則無所苞經傳玄文相顯發則知慈母加之義通
乎大夫以上矣宋代此科不乘禮意便加除削良是
所疑筠等諸依制改定嫡妻之子毋殁爲父妾所養
服之五月貴賤竝同以爲永制
徐勉爲吏部郎天監八年有司以爲禮云凡爲人子
者升降不繇阼階按今學堂凡有三階愚謂客若降
等則就主人之階今先師在堂義所尊敬太子宜豋
阼階以明從師之義若釋奠事訖宴會之時則無復

先師之敬太子升堂則宜從西階以明不繇阼義勉
議鄭玄云繇命士以上父子異宫室宫室旣異無不
繇阼階之禮請釋奠及宴會太子升堂竝宜繇東階
若輿駕幸學自然中陛從之後爲尚書右僕射時人
間喪事多不遵禮朝終夕殯相尚以速勉上疏曰禮
記喪制云三日而大殮者以使其生也三日而不生
亦不生矣自頃巳來不遵斬制送終之禮殯以朞日
潤屋豪家乃或半晷衣衾棺槨以速爲榮親戚徒隷
各念休反故屬纊纔畢灰釘巳具志狐鼠之顧步愧
燕雀之徊翔傷情滅理莫此爲大且人子承衾之時

志懲心絶喪事所資悉關佗手愛憎深淺事實惟原
覬覦或奕存沒違濫使萬有其一怨酷已多豈若綴
其告斂之辰申其望生之冀請自今士庶宜悉依古
三日大斂如有不奉加以糾繩詔可其奏
朱异爲儀曹郎先是明堂在國之陽梁初依宋齊其
祀之法猶依齊制禮有不通者武帝更與學者議之
齊儀郊祀帝皆以袞冕至天監七年始造大裘而明
堂儀注猶云袞服十年异以爲禮大裘而冕祭昊天
上帝五帝亦如之良繇天神高遠儀須誠質今泛祭
五帝理不容文於是改服大裘异又以爲齊儀初獻

樽彝明堂貴質不應三獻又不應象樽禮云朝踐用
大樽鄭云大樽瓦也記又云有虞氏瓦樽此皆在廟
所用猶以質素況在明堂理不容象今請改用瓦樽
庶合文質之中又曰宗廟貴文故庶羞百品天義尊
遠則須簡約今儀注所薦與廟不異即理徵事如爲
未允請自今明堂有饎饌三郊但帝之爲名本主生
育成歲之功實爲顯著非如昊天義絶言象雖曰同
郊復應微異若水土之品蔬菓之屬猶宜以薦止用
梨棗橘栗四種之果薑蒲葵韭四種之葅粳稻黍粱
四種之米自此以外郊所無者請從省除初儁士明

山賓制儀注明堂祀五帝行禮先自赤帝始异又以
爲明堂暨泛祭五帝不容的有先後東階而升宜先
春帝請改從青帝始又以爲明堂籩豆等器皆以雕
飾尋嘗郊祀貴質改用陶匏宗廟貴文誠宜彫俎明
堂之禮既方郊爲文則不容陶匏比此廟爲質又不
應彫俎斟酌二途須存厥中理請改用純漆异又以
舊爲明堂祀五帝先酌鬱鬯灌地求神及初獻清酒
次酌終醱禮畢大祝取俎上黍肉嘗御前以授請依
郊儀止一獻清酒且五帝天神不可求之於地二郊
之祭竝無黍肉之禮竝請停灌及授俎法又以爲舊

明堂皆用大牢按記云郊用特牲又云天地之牛角
繭栗五帝既曰天神禮無三牲之祭而毛詩我將篇
云祀文王於明堂有維羊維牛之說良繇周監二代
其義貴文明堂方郊未爲極質故特用二牲止爲一
代之制今斟酌百王義存通典蔬果之薦雖符周禮
而牲牢之用宜遵夏殷請自明堂止用特牛既合質
文之中又是貴誠之義帝竝從之十年武帝以雩祭
燔柴以火祈水於理爲乖异議曰按周宣雲漢之詩
手注有瘞埋之文不見有燔柴之說若以五帝必柴
今明堂又無其事於是停用柴從坎瘞典十一年帝

日四望之祀頃來遂絶宜更議復升議鄭衆云四望謂日月星海鄭玄云謂五岳四鎮海瀆尋二鄭之說互有不同竊以望是不即之名凡厥遥祭皆有斯目豈容局於星海拘於海瀆請令天司有闕水旱之義爰有四海名山大川能興雲致雨一皆備祭帝從之

劉孝綽爲僕射普通三年十一月始興王薨舊事以東宮禮絶傍親朝見並依嘗儀昭明太子意以爲疑令孝綽議其事孝綽議曰按張鏡撰東宮儀記稱三朝發哀者踰月不舉樂鼓吹寢奏服限亦然尋傍絶之義義在去服服雖可奪情豈無悲鐃歌轅奏良亦

爲此既有宜稱兼慕卒哭之後依嘗舉樂稱悲與此理例相符謂猶應無慕至卒哭僕射徐勉左率周捨家令陸襄並同孝綽議太子令曰張鏡儀記云依士禮終服闋稱慕綽又曰凡三朝發哀者踰月不舉樂劉僕射議云傍絶之義義在去服服雖可奪情豈無悲卒哭之後依嘗舉樂稱悲竟此理例相符尋情悲之說止卒哭之後緣情爲論此自難一也用張鏡之舉樂棄張鏡之稱悲一鏡之言取捨有異此自難二也陸家令止云多歷年所恐非事證雖復累稔所用意嘗未安延亦嘗經以此問縣來立意謂猶慕悼之言張豈不知舉樂事大稱悲事小所以用小而忽大良亦有以至如元正六佾事爲國章雖情或未安而禮不可廢鏡吹軍樂比之亦然書疏方之事則成小差可緣心聲樂自外書疏自内樂自他書自己劉僕射之議卽情未安可令諸賢更共詳衷司農卿明山賓中兵較尉朱异議議稱慕悼之宜終服月於是令付典書遵用以爲永准

梁賀琛爲尚書左丞參禮儀事普通中皇太子議大功之末可以冠子嫁女琛駁之曰令旨以大功之末可得冠子嫁女不得自冠自嫁推以記文竊猶致惑

按嫁冠之禮本是父之所成無父之人乃可自冠故稱大功小功並以冠子爲文非關准得爲子以身不可也小功之末既得自嫁娶而亦云冠子娶婦其義益明故先列二服每明冠子嫁女于後方顯自娶之義既明小功自娶則知大功自冠矣蓋是約言而見旨若謂緣父服大功子服小功服故不得自嫁自冠者則小功之末非明父子服殊不應復云冠子嫁子也若謂小功之文言巳冠故知身有大功不得自行嘉禮但得冠子嫁女竊謂有服不行嘉禮本爲吉凶不可相干子雖小功未可得爲其嫁冠若父於本功

之末可以冠子嫁女是於吉凶禮無礙吉禮無礙豈
不得自冠自嫁若自冠自嫁於事有礙則冠子嫁女
寧獨可通今許其冠子而塞其自冠是琛之所惑也
又令指推下殤小功不可娶婦則降服大功亦不得
爲子冠嫁伏尋此旨若謂降服大功不可冠子嫁女
則降服小功亦不可自冠自娶是爲凡厥降服大功
小功皆不得冠娶矣記文應云降服則不可娶得准
稱下殤今不言降的舉下殤寔有其義夫出嫁出後
或有稱降出後之身於本嫁姊妹降爲大功若是大
夫服士又以尊降則成小功其於冠嫁義無以異所

以然者出嫁則有受我出後則有傳重並欲薄於此
而復於彼昔寔朞親雖再降猶依小功之禮可冠可
嫁若夫朞降大功降爲小功止是一等降殺有倫服
末嫁冠故無有異唯下殤之服特明不娶之義者蓋
緣以推之故天奪情深既愛厚佗姓又異傳重彼宗
嫌其年稚服輕頓申殺略故特明不娶其義若此則
不得大功之降服皆不可冠嫁也且記云下殤小功
言下殤則不得通於中上語小功又不兼於大功若
實大小功降服皆不冠嫁上中二殤小功則不可恐
非文意此又琛之所疑也遂從琛議琛後遷御史中
丞祭禮儀事奏今南北二郊及籍田往還並宜御輦
不復乘輅三郊請用素輦籍田往還乘常輦皆以侍
中陪乘停大將軍及太僕詔付尚書詳議施行改素
輦名大桐輦郊祀宗廟乘珮輦
徐摛大通中爲中庶子是時臨城公納夫人王氏郎
簡文妃之姪女也晉宋以來初婚三日婦見舅姑衆
賓皆列觀引春秋義云丁丑夫人姜氏至戊寅公使
大夫宗婦覿用幣戊寅丁丑之明日故禮官據此皆
云宜依舊規太宗以問摛摛曰儀禮云質明贊見婦
於舅姑雜記又云婦見舅姑兄弟姊妹皆立于堂下

正言婦是外宗未審嫺令所以停坐三朝觀其七德
舅延外客姑率內賓堂下之儀以備盛禮近代婦於
舅姑本有戚屬不相瞻看夫人乃妃姪女有異佗姻
覿見之儀謂應可略簡文從其議
蕭子雲爲侍中領國子祭酒大同中郊廟未革牲牷
樂辭皆沈約撰至是承用子雲始建言宜改啓曰伏
惟聖敬率遜尊嚴郊廟得西鄰之心知周孔之迹載
革牢俎德通神明黍稷蘋藻竭誠嚴配經國制度方
懸日月垂訓百王於是乎在臣比兼職齋官見伶人
所歌猶用未革牲前曲圓丘眂燎向言式備牲牷北

郊城雅亦奏牲云孔備清廟登歌而稱我牲以綮三
朝食學循詠朱尾碧鱗聲被鼓鍾未符盛制臣職司
儒訓意以爲疑未審應改定樂辭以不勑答曰此是
王者中誅宜悉改也仍使子雲撰定

陳顧和爲侍中永定元年高祖即位散騎常侍徐陵
白所定乘輿御服皆採之舊制又以爲冕旒後漢用
白玉珠晉過江服章多闕遂用珊瑚雜珠飾以翡翠
和奏今不能備玉珠可用白璇從之蕭驕子云白璇
蚌珠是也帝曰形制依此今天下初定務從節儉應
用繡織成者竝可採畫金色宜塗珠玉之飾任用蚌

珠玉天嘉初悉改易之

沈洙爲員外散騎常侍大匠卿永定初有司奏前寧
遠將軍建康令沈孝軌門生陳三兒牒呈主人翁靈
柩再周主人奉使關內因欲迎喪久而未返此月晦
日即是再周主人弟息見在此者爲至月末除靈內
外即吉爲侍主人還情禮申竟以事諮左丞江德藻
德藻謂王衛軍云久喪不葬惟主人不變其餘親各
終月數而除蓋引禮文論在家內有事故未得葬者
耳孝軌既在異域雖已迎喪還期無指諸弟若遂不
除永絶婚嫁此於人情或爲未允中原淪陷以後理
有事例宜諮沈常侍詳議曰禮有變正又有從宜禮
小記云久而不葬者惟主祭者不除其餘以麻終月
數者除喪已注云其謂傍親如鄭所解衆子皆應不
除王衛軍所引此蓋禮之正也但魏氏東關之役失
亡尸柩葬埋無期議以爲禮無終身之喪故制使除
服晉氏喪亂或死於虜庭無緣迎殯江左故復申明
舊制李喬之祖王華之父竝存亡不測子皆制服依
時釋縗此竝變禮之宜也孝軌雖因奉使便欲迎喪
而戎狄難親還期永尅愚謂宜依東關故事在此國
內者竝應釋除縗麻毀靈附祭若喪柩得還别行改

葬之禮自天下寇亂西朝傾覆流播絶域情禮莫申
若此之徒諒非一二寧可喪期無數而弗除衰服朝
廷自應爲之限制以義斷恩通訪博士折禮之衷德
藻依洙奏可

許亨爲太中大夫攝太常卿文帝天嘉中南郊改以
高祖配北郊以德皇帝配享奏曰昔梁武帝云天數
五地數五五行之氣天地但有故南北郊内竝祭五
祀臣按周禮以血祭社稷五祀鄭玄云陰祀自血起
貴氣臭也五祀五官之神主五行隸於地故與埋沉
疈辜同爲陰祀既非煙柴無關陽祭故何休云周爵

五等者法地有五行也五行位在北郊圜丘不宜重
設制曰可亨又奏曰梁儀注曰一獻爲質三獻爲文
事天之事故不三獻臣按周禮司罇彝所言三獻施
於宗祧而鄭注一獻施於群小祀今用小祀之禮祀
施於天神大帝梁武此議爲不通矣且罇俎之物依
於質拜獻之禮主於虔敬今請凡郊丘祀事准於宗
祧三獻爲允制曰依議亨又奏曰梁武帝議箕畢自
是二十八宿之名風伯雨師自是箕畢下隸非即星
也故郊雩之所皆兩祭之臣按周禮大宗伯之職云
槱燎祀司中司命風伯雨師鄭衆云風師箕也雨師

畢也詩云月離于畢俾滂沱矣如此則風伯雨師即
箕畢星矣而今南郊祀箕畢二星復祭風伯雨師恐
乖祀典制曰若郊設星位任即除之
王元規爲尚書祠部郎初宣帝即位以南北二郊卑
下議更增廣久而不決至泰建十一年元規議曰按
前漢黄圖上帝壇徑五丈高九尺后土壇方五丈高
六尺梁南郊壇上徑十一丈下徑十八丈高二丈七
尺北郊壇上方十丈下方十二丈高一丈即日南郊
壇廣十丈高二丈二尺五寸北郊壇廣九丈三尺高
一丈五尺今議增南郊壇上徑十二丈則天大數下
徑十八丈取於三分益一高二丈七尺取三倍九五
之堂北郊壇上方十八丈以則地義下至十五丈亦
取三分益一高一丈二尺亦取二倍漢家之數禮記
云爲高必因丘陵爲下必因川澤因名山升中于天
因吉土饗帝于郊周官云冬日至祠天於地上之圜
丘夏日至祭地於澤中之方丘祭法云燔柴於太壇
祭天也瘞埋於太折祭地也禮云至敬不壇掃地而
祭於其質也此以報覆幬持載之功爾雅亦云丘言
非人所造爲古圓方兩丘並因見有而祭本無高廣
之數後世遂事遷都而建立郊禮或有吉地而未必

有丘或有見丘而不必廣潔故有築建之法而制丈
尺之儀愚謂郊祀事重圓方丘高下廣狹既無明文
但五帝不相沿三王不相襲今謹迹漢梁並即日三
代壇不同及更修丈尺如前聽旨尚書僕射臣繕左
戶尚書臣尤僥左丞臣周確舍人臣蕭淳儀曹郎臣
沈客卿同元規議詔遂依用

冊府元龜

巡按福建監察御史臣李嗣京　訂正
分守建南道左布政使臣胡維霖　參閱
知建陽縣事臣黃國琦　較釋

掌禮部一十八

奏議第八

後魏高允文成初爲中書侍郎以婚娶喪葬不依古式乃上疏曰前朝之世屢發明詔禁諸婚娶不得作樂及葬送之日歌謠鼓舞殺牲燒葬一切禁斷雖條旨久頒而俗不革變將由居上者未能悛改爲下者

習以成俗教化陵遲一至於斯昔周文以百里之地修德布政先於寡妻及於兄弟以至家邦三分天下而有其二明爲政者先自近始詩云爾之教矣民胥效矣人君舉動不可不慎禮云嫁女之家三夜不息燭娶婦之家三日不舉樂今諸王納室皆樂部給伎以爲嬉戲而獨禁細民不得作樂此一異也古之婚者皆揀擇德義之門妙選貞閑之女先之以媒娉繼之以禮物集僚友以重其別親御輪以崇其敬婚姻之際如此之難今諸王十五便賜妾別居然所配者或長少差舛或罪人掖庭而作合宗王妃嬪藩懿失禮之甚無復此過往年及今頻有簡勑誡是諸王過酒致責跡其元起亦由色衰相棄至此紛紜今皇子娶妻多出宮掖令天下小民必依禮限此二異也凡萬物之生靡不有死古先哲王作爲禮制所以養生送死折諸人情若毀生以奉死則聖人所禁也然葬者藏也死者不可再見故深藏之昔堯葬穀林農不易畝舜葬蒼梧市不改肆秦始皇作爲地市下錮三泉金玉寶貨不可計數死不旋踵尸焚墓掘由此推之堯舜之儉始皇之奢是非可見今國家營葬費損巨億一旦焚之以爲灰燼苟靡費有益於亡者古之

臣奚獨不然今上爲之而不輟而禁下民之必止此三異也古者祭必立尸序其昭穆使亡者有憑致食饗之禮今葬人之魂其求貌類者事之如父母宴好如夫妻損敗風化瀆亂情禮莫此之甚上未禁之下不改絕此四異也夫饗者所以定禮儀訓萬國故聖王重之至乃爵盈而不飲肴乾而不食樂非雅聲則不奏物非正色則不列今之大會内外相混酒醉喧譊罔有儀式又俳優鄙褻汚辱視聽朝廷積習以爲美而責風俗之清純此五異也今陛下當百王之末踵晉亂之弊而不矯然釐改以厲頹俗臣恐天下蒼

生永不聞見禮教矣

刁雍爲征南大將軍文成和平六年表曰臣聞有國有家者莫不禮樂爲先故樂記云禮所以制外樂所以修內和氣中釋恭敬温文是以安上治民莫善於禮易俗移風莫善於樂且於一民一俗尚須崇而用之兒統御八方陶鈞六合者哉故帝堯修五禮以明典章作咸池以諧萬類顯皇軌於云岱揚鴻化於介丘令木石革心鳥獸率舞包天地之情達神明之德夫感天動神莫近於禮樂故大樂與天地同和大禮與天地同節和故百物阜生節故報天祭地禮行於郊則上下和肅肅者禮之情和者樂之致樂至則無怨禮至則無違揖讓而治天下者禮樂之謂歟惟聖人知禮樂之不可以已故作樂以應天制禮以配地所以承天之道治人之情故王者治定制禮功成作樂虞夏殷周易代而起及周之末王政凌遲仲尼傷禮樂之淪亡痛文武之將墜自衛返魯各得其中逮乎秦皇翦棄道術灰滅典籍坑燼儒士盲天下之目絶象魏之章簫韶來儀不可復矣賴大漢之興改正朔易服色協音樂制禮儀正聲古禮粗欲周備至於孝章每以三代損益優劣殊軌歎其薄德無以易民視聽博士曹褒覩斯詔也知上有制作之意乃上疏求定諸儀以爲漢禮終於休廢寢而不行及魏晉之日修而不備伏惟陛下無爲以恭已使賢以御世方鳴和鸞以陟岱宗陪群后以昇中岳而三禮闕於唐辰象舞替於周日夫君舉必書古之典也所望之禮帝王盛事臣今以爲有其時而無其禮有其德而無其樂史闕封石之文工絶清頌之饗良繇禮樂不興王政有缺所致也臣聞樂繇禮所以象德禮繇樂所以防淫五帝殊時不相沿樂三王異世不相襲禮事與時竝名與功偕故也臣識慙先儒管窺不達謂宜修禮正樂以光大聖之治詔今公卿集議

游明根爲尚書孝文太和十二年大駕將有事於圓丘方澤因臨皇信堂引見群臣詔曰禮記祭法稱有虞氏禘皇帝大傳曰禘其祖之所自出又稱不王不禘論語曰禘自旣灌之後詩頌長發大禘爾雅曰禘大祭也夏殷四時祭礿禘蒸嘗周改禘爲礿祭之義稱春禘秋嘗亦夏殷祭也王制稱禘礿祫禘祫嘗祫蒸其禮傳之文如此鄭玄解禘天子祭圜丘曰禘祭宗廟大祭亦曰禘三年一祫禘則合毀群廟之主於大廟合而祭之禘則增及百官配食者當禘而祭之

天子先祫而後時諸侯先時祭而後禘祫魯禮三年喪畢而祫明年而禘圓丘宗廟大祭俱稱禘祭有兩禘明也王肅解禘祫稱天子諸侯皆禘於宗廟非祭天之祭郊祀后稷不稱禘宗廟稱禘禘祫一名也合而祭之故稱祫合而審禘之故稱禘非兩祭之名三年一祫五年一禘總而互舉之故稱五年爾殷祭不言一禘一祫斷可知矣禮文大畧諸儒之說盡具於此卿等便可議其是非明根與左丞郭祚中書侍郎封琳著作郎崔光等對曰鄭氏之義禘者大祭之名大祭圓丘謂之禘者審禘五精星辰也大祭宗廟謂

之禘者審禘其昭穆圓丘嘗合不言祫宗廟時合故言祫斯則宗廟祫禘竝行圓丘一禘而已宜於宗廟俱行禘祫之禮禮異故名殊依禮春廢祫犆礿於禘則禘祫嘗則禘嘗於蒸則祫蒸不廢三時三時皆行禘祫之禮中書監高閭儀曹令李韶中書侍郎高遵等十三人對稱禘祭圓丘之禘與鄭義同其宗廟禘祫之祭與王義同與義同者以爲有虞禘黃帝黃帝非虞在廟之帝不在廟非圓丘如何又大傳稱祖其所自出之也圓丘在廟之文論語云禘自既灌事以據尒雅稱禘大祭也頌長發大禘也殷王之祭斯皆非諸侯之禮諸侯無禘禮惟夏殷夏祭稱禘又非宗廟之禘魯行天子之儀不敢專行圓丘之禘改殷之禘取其禘名於宗廟因先有祫惟生兩名據王氏之義祫而禘祭之故言禘祫總謂再殷祭明不異也禘祫一名也其禘祫止於一時者祭不欲數數則黷一歲而三禘愚以爲過數帝曰尚書中書等據二家之義論禘祫詳矣然於行事取衷猶有未允監等以禘祫爲名義同王氏禘祭圓丘事與鄭同無所閒然尚書等鄭氏同兩名兩祭竝存竝用理有未稱俱據二義一時禘祫而闕二時之禘事有難從矣先王制禮

內緣人子之情外協尊卑之序故天子七廟諸侯五廟大夫三廟數盡則毀藏主於太祖之廟三年而祫祭之世盡則毀以示有終之義三年而祫以申追遠之情禘祫既是一祭分而兩之事無所據毀廟三年一祫又不盡四時於情爲闕七廟四時嘗祭祫則三年一祭而又不究四時於情爲簡王以禘祫爲一祭王義爲長鄭以圓丘爲禘與宗廟大祭同名義亦爲當今互取鄭王二義禘祫竝爲一名從王祫是祭圓丘大祭之名上下同用從鄭若以數則黷五年一禘改祫從禘五年一禘禘則四時盡禘以稱今情禘則

依禮文先王禘而後時祭便卽施行著之於令永爲世法高閭曰書稱云肆類于上帝禋于六宗六宗之祭禮無明文名位壇兆歷代所疑漢魏及晉諸儒異說或稱天地四時或稱六者之間或稱易之六子或稱風雷之類或稱星辰之屬或曰百代所宗宗廟所尚或曰社稷五祀凡有十一家自晉以來逮于聖世以爲論者雖多皆有所闕莫能評究遂相因承別立六宗之兆總爲一位而祭之比勑臣等評議取衷附之祀典臣等承旨被究往說各有其理較而論之長短互有若偏用一家事或差舛衆疑則從多今惑則

仍古請依先別處六宗之兆總爲一祀而祭之帝曰詳定朝令祀爲事首以疑從疑何所取正昔石渠虎閣之議皆准類以引義原事以證情故能通百家之要定累世之疑況今有文可據有本可推而不評而定之其致安在朕躬覽尚書之文稱肆類上帝禋於六宗文相連屬理似一事上帝稱肆而無禋六宗言禋而不別其名以此推之上帝六宗當是一時之祀非別祭之名肆類非獨祭之目焚禋非佗祀之用六宗者必是天皇大帝及五帝之神明矣禋是祭帝之事故稱禋以關其佗故稱六以證之然則肆類上帝禋于六宗一祭也互舉以成之今祭圓丘五帝在焉其牲幣俱禋故稱肆類上帝禋于六宗一祭而六祀備焉六祭旣備無煩復別立六宗之位便可依此附令永爲定法

李彪爲秘書令太和十九年十一月庚午帝幸委粟山議定圓丘巳卯帝在合溫室引咸陽王禧司空公穆亮吏部尚書任城王澄及議禮之官詔曰朝集公卿欲論圓丘之禮今短晷斯極長日方至案周官祀昊天上帝於圓丘禮之大者兩漢禮有參差魏晉猶亦未一我魏氏雖上叅三皇下考叔世近代都祭圓

丘之禮復未考周官爲不刋之法令以祭圓丘之禮示卿等欲與諸賢叅之厥衷帝曰夕牲之禮無可依准近代在我都巳立其議殺牲祼神誠是一日之事終夕而殺牲待明而祭員外散騎常侍劉芳對曰臣謹按周官牧人職正有夕展牲之禮實無殺牲之事彪曰夕不殺牲誠如聖旨未審告廟與不臣聞魯人將有事于上帝必先有事于泮宮注曰先仁以此推之應有告廟帝曰卿言有理但朕先以郊配意欲廟告而卿引證有據當從卿議帝又曰圓丘之牲色無常准覽推故事乖互不一周家用爲解言是尚晉代

靡知所據舜之命夔悉用堯辭復言玄牲告于后帝今我國家時用夏正至於牲色未知何准秘書令李彪曰觀古用玄似取天玄之義臣謂用玄至於五帝各象其方色亦有其義帝曰天何時不玄地何時不黄意欲從玄又曰我國家嘗聲鼓以集衆易稱二至之日商旅不行后不省方以助微陽微陰今若依舊鳴鼓得無闕寢鼓之義員外郎崔逸曰臣按周禮當祭之日雷鼓雷鞀八面而作猶不助陽臣竊謂以鼓集衆無妨古義

孫惠蔚爲博士太和十九年太師馮熙薨有數子尚

幼議者以爲童子之節事降成人謂爲衰而不裳免而不絰又無腰麻繆垂惟有絞帶慧蔚上書言臣雖識謝古人然微涉傳記近取諸身遠取諸理驗情以求理尋理以推制竊謂童子在幼之儀居喪之節冠杖之制有降成人衰麻之服畧爲不異以玉藻二簡微足名之曰童子之節錦紳并紐錦紳即大帶既有佩觿之韋又有錦紐之紳此明童子之紳已佩二帶以內類吉則腰絰存焉又曰童子無緦服鄭注曰雖不服緦猶免深衣是許其有裳但不殊上下又深衣大制長幼俱服童子爲服之緦猶不深衣况居有服之斬而反無裳乎臣又聞先師舊説童子常服類深衣衰裳所施理或取象但典無成言故未敢孤斷又曰聽事則不麻則知不聽事麻矣故注曰無麻往給事此明族人之喪童子有事貫絰帶麻執事不易故暫聽去之以便其使往則不麻則絰如使童子本自麻其腰首聽與不聽俱闕兩經惟舉無麻是明不備豈得言聽事不麻乎以此論之有絰名矣且童子不杖不廬之節理俭於責不裳不絰之制未覩其說又臣竊解童子不衣裳之記是有閑之言將謂童子時甫稚齡未就外傳出則不交族人內則事殊長者餕

二日父母之前往來慈乳之子故許其無裳以便易之若在志學之後將冠之初年居二九質並成人道道成均之學釋業上庠之內將命孔氏之門執燭曾參之室而惟有掩身之衣無蔽下之裳臣愚未之安矣又女子未許嫁二十則笄觀祭祀納酒漿助奠廟堂之中視禮至敬之處其於婉容之服寧無其備以此推之則男女雖幼理應有裳但男子未冠禮謝三加女子未出衣殊狄緣無名之服禮文罕見童子雖不當室苟一成人之心則許其服緦之絰輕猶有絰斬重無麻是爲與輕而奪重非理之意此臣之所以

深疑也又衰傍有袛以掩裳服如使無裳袛便徒設
若復去袛衰又不備設有齊斬之故而使成童男惟
服無袛之衰去其裳經此識禮之所不行亦以明矣
若不行於已而立制於人是謂違制爲家法從制以
誤人懇禮而行埋將異此詔從其議後爲秘書丞宜
武景明二年上言曰臣聞國子大禮莫崇明祀祀之
大者莫過禘祫所以嚴祖敬宗追養繼孝合饗聖靈
審諦昭穆遷毀有常制尊卑有定體懿著於中順應
於外是以惟王剏制爲建邦之典仲尼述定爲不刊
之式鑑秦焰詩書鴻籍泯滅漢氏興求拾綴遺篆捻

中之經孔安所得惟有卿大夫士饋食之篇而天子
諸侯饗廟之祭禘祫之禮盡亡虛臺之記戴氏所述
然多載尸灌之義牲獻之數而行事之法備物之體
蔑有具焉今之取證惟有王制一簡公羊一冊考此
二書以求厥旨自餘經傳雖時有片記至於取正無
可依攬是以兩漢淵儒魏晉碩學咸據斯文以爲朝
典然持論有深淺析義有精浮故令傳記雖一而探
意乖舛伏惟孝文皇帝合德乾元應靈誕載玄思洞
微神心暢古禮括商周樂宣韶護六籍幽而重昭五
典淪而復顯舉三經於和中揖姬公於雒邑陛下獻

哲淵凝欽明道極應必世之期屬功成之會繼文垂
則寔惟下武而祫禘二殷國之大事蒸嘗合饗朝之
盛禮此先皇之所留心聖懷以之永慕臣聞司宗祔
開致禮清廟敢竭愚管輒陳所懷謹案王制曰天子
犆礿祫禘祫嘗祫蒸鄭玄曰天子諸侯之喪畢合先
君之主祖廟而祭之謂之祫後因以爲嘗魯禮三年
喪畢而祫於太祖明年春禘之群廟自爾後五年再
殷祭一祫一禘
崔光爲黄門侍郎太和十九年廣川王諧薨詔曰古
者大臣之喪有三臨之禮此蓋三公以上至于卿司

以下故應自漢已降多無此禮庶仰遵古典哀感從
情雖以遵降伏私痛寧爽欲令諸王有期親者爲之
三臨大功之親者爲之再臨小功緦麻爲之一臨廣
川王於朕大功必欲再臨再臨者欲於大歛之日親
臨盡哀成服之後斷緦衰而弔旣殯之後脫去緦麻
理在無疑大歛之臨當否如何爲須撫柩於始喪爲
應盡哀於闔柩早晩之宜釋其厥中光與黄門侍郎
宋弁通直常侍劉芳典命下大夫李元凱中書侍郎
高聰等議曰三臨之事乃自古禮爰及漢魏行之者
稀陛下至聖慈仁方尊前軌志必哀喪慮同寧戚臣

等以爲若期親三臨則大功宜再始喪之初哀至之極既以情降宜從始喪大斂之臨也伏如聖旨詔曰魏晉已來親臨多闕至於戚臣必於東堂哭之頃大司馬安定王薨朕既臨之後復更受蔚於東堂今日之事應更哭不光等議曰東堂之哭蓋以不臨之故陛下躬親撫視群臣從駕臣等參議以爲不宜復哭詔曰若大司馬戚尊位重必哭於東堂而廣川既是諸王之子又年位尚幼卿等議之朕無異焉諸將大爲孝文素服深衣哭之入室哀慟撫尸而出光後爲侍中國子祭酒孝明神龜元年十一月上言臣之被

臺祠部曹符文昭皇太后改葬議至尊皇太后群臣服制輕重部四門博士劉季明議云按喪服記雖云改葬緦文無指據至於注解乖異不同馬融王肅三年鄭乃三月然而後來諸儒符融者多與玄者少今請依馬王諸儒之議至尊宜服緦案記外宗爲君夫人猶内宗鄭注云爲君服斬夫人齊衰不敢以親服至尊也今皇太后雖上奉宗廟下臨朝臣至於爲姑不得過期計應無服其清河汝南二王母服三年亦宜有緦自餘王公百官爲君之母妻惟朞而已並應不服又太常博士鄭玄議云謹簡喪服并中代雜記論云改葬緦鄭注臣爲君子爲父妻爲夫親尸柩不可以無服故緦服三年者緦則朞以下無服竊謂鄭氏得無服緦之旨謬三月之言如臣所見請依康成之服緦既葬而除愚以爲允詔可

封軌宣武初爲通直散騎常侍時思空清河王懌表修明堂辟雍詔百僚集議軌議曰明堂者布政之宫在國之陽所以嚴父配天羅明設教其經構之式蓋已尚矣故周官匠人職云夏后氏世室殷人重屋周人明堂五室九階四戶八牎鄭玄云或舉宗廟或舉王寢或舉明堂互之以見同制然則三代明堂制一

也按周與夏殷損益不同至於明堂因而弗革明五室之義得天數一是以鄭玄又曰五室者象五行也然則九階者法九土四戶者達四時八牎者通八風誠不易之大範有國之常式若其上圓下方以則天地通水環宮以節觀者茅蓋白盛爲之質飾赤綴爲之戶牖皆典籍所具載制度之明義也在秦之世焚滅五典毁黜三代變更三聖不依舊憲故呂氏月令見九室之義大戴之禮著十二堂之論漢承秦法亦不能改東西二京俱爲九室是以皇圖白虎通蔡邕應劭等咸稱九室以象州十二堂以象十二辰夫室

以祭天堂以布政依天而祭故室不過五依時布政故堂不踰四州之典辰非可爲法九筵十二用將安在今聖朝欲遵道訓民備禮物宜則五室以爲永制至如廟學之嫌臺沼之雜袁淮之徒已論正矣遺論俱在不復須載

劉芳爲太常卿芳以所置五郊及日月之位去城里數於禮有違又靈星周公之祀不應隷太常及上疏曰臣聞國之大事莫先郊祀郊祀之本實在審位是以列聖格言彪炳綿籍先儒正論昭著經史臣學謝全經業乖通古豈可輕薦瞽言妄陳管說竊見所

置壇祠遠近之宜考之典制或未允衷既曰職司請陳膚淺孟春令云其數八又云迎春東郊盧植云東郊八里之郊也賈逵云東郊木帝太昊八里許慎云東郊八里郊也鄭玄云孟春令注云王居明堂禮也曰王出十五里迎春蓋殷禮也周禮近郊五十里鄭玄別注云東郊去城八里高誘云迎春氣於東方八里郊也王肅云東郊八里因木數也此皆同謂春郊八里之明據也孟春令云其數七又云迎夏於南郊盧植云南郊七里郊也賈逵云南郊火帝炎帝七里許慎云南郊七里郊也鄭玄云南郊去都城七里高誘云南郊七里之郊也王肅云南郊七里因火數也此又南郊七里之審據也中央令云其數五盧植云中郊五里之郊也賈逵云中黃帝之位并南郊之位故云北五帝於四郊也鄭玄云中郊西南未地去都城五里此又中郊五里之審據也孟秋令云其數九又云以迎秋於西郊盧植云西郊九里郊賈逵云西郊金帝少昊九里許慎云西郊九里郊也鄭玄云西郊去都城九里高誘云西郊九里之郊也王肅云西郊九里因金數也此又西郊九里之審據也孟冬令云其數六又云迎冬於北郊盧植云北郊六里郊也

賈逵云北郊水帝顓頊六里許慎云北郊六里郊也鄭玄云北郊去都城六里高誘云北郊六里之郊也王肅云北郊六里因水數也此又北郊六里之審據也宋氏含文嘉注云周禮王畿千里二十分其一以爲近郊近郊五十里倍之爲遠郊迎王氣蓋於近郊漢不設王郊則以其方數爲郊處故東郊八里南郊七里西郊九里北郊六里中郊在西南未地五里祭祀志云建武二年正月初制郊兆於雒陽城南七里依採元始中故事北郊在雒陽城北四里此又漢世南北郊之明據也今地祇准此至於三十里之郊進

乖鄭玄所引殷周二代之據退違漢魏所行故事凡
邑外曰郊今計四郊各以郭門爲限里數依上禮朝
拜日月皆於東西門外今日月之位去城東西路各
三十里竊又未審禮又云祭日於壇祭月於坎今計
造如上禮儀志云立高禖祠于城南不云里數故今
仍舊靈舊靈星本非禮事兆自漢初專在圻甸嘗隷
郡縣郊祀云高祖五年制詔御史其令天下立靈星
祠牲用大牢縣邑令長侍祠晉祠令云郡縣國祠社
稷先農縣又祠靈星靈星在天下諸縣之明據也周
公廟所以別在維陽者蓋姬旦創城維邑故傳世維

陽崇祀不絶以彰厥庸夷齊廟者亦世爲維陽界內
神祀今並移太常恐乖其本天下此類甚衆皆當部
郡縣修理公私於此禱請竊太常所司郊廟神祇自
有常限無宜臨時斟酌以意若遂爾妄營則不免褻
祀二祠在太常之在維陽於國一也然貴在審本臣
以庸蔽謬忝今職考括墳籍博採群議旣無異端謂
粗可依據今玄冬務隙野罷人閑遷易郊壇二三爲
便詔曰所上乃有明據但先朝制立已久且可從舊
先是高祖於代都詔中書監高閭大常少卿陸琇幷
公孫崇等十餘人修理金石及八音之器後崇爲太
樂令乃上請尚書僕射高肇更共營理宣武詔芳共
主之芳表以禮樂事大不容輒決自非博延公卿廣
集儒彥討論得失研窮是非則無以垂之萬葉爲不
朽之式被報聽許數旬之間頻煩三議于時朝士頗
以崇專綜旣久不應乖謬各嘿然無發論者芳乃探
引經誥搜括舊文共相難質皆有明據以爲盈縮有
差不合典式崇雖云相酧蓋而不會問意卒無以自
通尚書依事述奏仍詔委別更考制是於學者彌歸
宗焉芳以社稷無樹又上疏曰依合朔儀注日有變
以朱絲爲繩以繞係社樹三匝而今無樹又周禮司

徒職云設其社稷之壝而樹之田主各以其社之所
宜木鄭玄注云所宜木謂松栢栗也此其一證也又
小司徒封人職云掌設王之社壝爲畿封而樹之鄭
玄注云不言稷者王主於社稷之細此其二証也又
論語曰哀公問社於宰我宰我對曰夏后氏以松殷
人以栢周人以栗是乃土地之所宜也此其三證也
又白虎通云社稷所以有樹何也尊而識之也使民
望見即敬之又所表功也按此正解所以有樹之義
了不論有之與無也此其四證也此云社稷所以有
樹也然則稷亦有樹明矣又五經通議云天子太社

王社諸侯國社侯社制度柰何曰社皆垣無屋樹其中以以木有木者土立生萬物莫善於木故樹木也此其五證也此最其丁寧備解有樹之意也又云五經要議云社必樹之以木周禮司徒職曰班社而樹之各以土地所生尚書逸篇曰太社惟松東社惟栢南社惟梓西社惟栗北社惟槐此其六證也此又大社及四方皆有樹別之明據也又有諸家禮圖社稷圖皆畫爲樹惟戒社戒稷無樹此其七證也雖辨有樹之據猶未正所殖之木按論語夏后氏以松殷人以栢周人以栗便是世代不同而尚書逸篇則云太

社惟松東社惟栢南社惟梓西社惟栗北社惟槐如此便以一代之中而五社各異也愚以爲宜植以松何以言之逸書云太社惟松今者植松不慮失禮惟稷無成證乃社之細蓋有不離松也帝從之

冊府元龜

巡按福建監察御史臣李嗣京訂正
分守建南道左布政使臣胡維霖叅閱
知建陽縣事臣黃國琦較釋

掌禮部一十九

奏議第九

後魏甞景宣武正始初爲太常博士時高肇尚平陽公主未幾主薨肇欲使公主家令居廬制付禮官議正施行尚書又以訪景景以婦人無專國之理家令不得有純臣之義乃執議曰喪紀之本寔稱物以立

情輕重所因亦緣情以制禮雖理關盛衰事經今古而制作之本降殺之宜寔一焉是故臣之爲君所以資敬而崇重爲君母妻所以從服而制義然而諸侯大夫之爲君者謂其有地土有吏屬無服文者言其非世爵也今王姬降適雖加爵命事非君邑理異列土何者諸王開國備立臣吏生有趨奉之勤死盡致喪之禮而公主家令惟有一人其丞已下命之屬官既無接事之儀寔闕爲臣之體原夫公主之貴所以立家令者蓋以主之内事脫或須關外事理無自達必也因人然則家令惟通内外之職及典主家之事耳無關君臣之理名義之分也繇是推之家令不得爲純臣公主不可爲正君男子之爲臣古禮所不載先朝所未議而四門博士裴道廣孫榮仁等以主爲之君以家令爲之臣制服以斬乖繆彌甚又張虚景吾難羈等不推君臣之分不尋制服之情猶同其議准母制齊求之名實理未爲允竊謂公主之爵既非食菜之君家令之官又無純臣之式若附如母則情義罔施若惟小君則從服無據按如經禮事無成文即之愚見謂不應服朝廷從之

袁翻正始中爲尚書殿中郎是時修明堂辟雍翻議

曰謹按明堂之義今古諸儒論之備矣異端競搆莫適所歸故不復遠引經傳傍採紀籍以爲之證且論意之所同以訓詔肯耳蓋唐虞已上事難該悉夏殷已降較可知之謂典章之極莫如三代郁郁之盛從周斯美制禮作樂典刑在焉遺風餘烈垂之不朽按周官考工所記其時事具論夏殷名制豈其紕繆是知明堂五室三代同焉配帝像行義則明矣及淮南呂氏與月令同文雖布政班時有堂个之別然推其體則無九室之證既而世衰禮壞法度淆弛正義殘隱妄說斐然明堂九室著自戴禮探緒求源罔知所

出而漢世因之自欲爲一代之法故鄭玄云周人明堂五室是帝一室也合於五行之數周禮依數以爲之室禮行於今雖有不同時說昞然本制著存而言無明文欲復何責本制著存是周五室也於今不同是漢異周也漢爲九室畧可知矣但就其此制猶竊有憎焉何者張衡東京賦云乃營三宮布教班嘗複廟重屋八達九房此乃明堂之文也而薛綜注云房室也謂堂後有九室之制非臣異乎裴頠又云漢氏作四維之箇不能令各處其辰就使其像可圖莫能通其居用之禮此爲設虚器也甚矣漢世徒欲削滅

周典損棄舊章改物刱制故不復拘於載籍且鄭玄之詁訓三禮及釋五經異義並盡思窮神故得之遠矣覽其明堂圖義皆有悞人意察察著明確乎難奪諒足以狀微顯幽不墜周公之舊法也伯喈損益漢制章句繁雜既違古背新又不能易玄之妙矣魏晉書紀亦有明堂祀五帝之文而不記其經始之制又無坦然可準觀夫今之基跡猶或髣髴高卑廣狹頗與戴禮不同何得以意抑必便謂九室可明且三雍異所復乖盧蔡之義進退亡據何用經通晉朝亦以穿鑿難明故有一屋之論並非經典正義皆以意妄作茲爲曲學家談不足以範時軌世皇代既乘乾統曆得一馭宸自宜稽古則天憲章文武追蹤周孔述而不作四彼三代使百世可知豈容虚追子氏於篇之浮說徒損經紀雅誥之遺訓而欲以支離横議損畫妄圖儀刑宇宙而貽來葉者也又北京制置未皆允悟繕修草刱以意良多事移禮變存者無幾理苟宜革何必仍舊且遷都之始日不遑給先朝規度每事循古是以數年之中悛換非一良以永法爲難數改爲宮室府庫多因故迹而明堂辟雍獨遵此制建立之辰復未可知矣既猥班訪逮輙輕率瞽言明堂

五室謂同周制郊建三雍求依故所庶有會經誥無失典刑識偏學疎追慙謬浪

孫景邕爲國子博士永平四年十二月員外將軍兼尚書都令史陳終德有祖母之喪欲服齊衰三年以無世爵之重不可陵諸父若下同衆孫恐違後祖之義請求詳正景邕與博士劉懷義封軌高綽太學博士袁昇四門博士陽寧居等議嫡孫後祖特重三年不爲品庶生二終德宜先諸父太常卿劉芳議按喪服乃士之正禮合有天子諸侯卿大夫之事其中復下同庶人者皆列標顯至如傳重自士以上古者卿

士咸多世位又士以上乃有宗廟世儒多云嫡孫傳重下通庶人以為差謬何以明之禮稽命徵曰天子之元士二廟諸侯之上士亦二廟中下士一廟一廟者祖禰共廟祭法又云庶人無廟既如此分明豈得通於庶人也傳重者主宗廟非謂庶人祭於寢也兼累世承嫡方得為嫡子孫耳不爾者不得繼祖也又鄭玄別變除云為五世長子服斬也魏晉以來不復行此禮矣按喪服經無嫡孫為祖持重三年正文惟有為長子三年嫡孫朞故傳及注因說嫡孫傳重之義今世既不復為嫡子服斬卑位之嫡孫不凌諸叔

而特重則可知也且准終德資階方之於古未登士人在官復無斯禮考之舊典驗之今世則茲範空行且諸叔見存喪主有寄宜依諸孫服期為允景邕等又議云喪服雖以士為主而必下包庶人何以論之自大夫以上每條標列逮於庶人含而不述此同士制不復疑也惟有庶人為國君此則明義服之輕重不涉於孫祖且受國於曾祖廢疾之祖父亦無重可傳而猶三年不必繇此世重也夫霜咸露濡異識咸感承重主嗣寧甄寢廟嫡孫之制固不宜殊又古自卿以下皆不殊承襲末代僭踰未可以語通典是以春秋譏於世卿王制稱大夫不世此明訓也喪服經雖無嫡孫為祖三年正文而有祖為嫡孫朞豈祖以嫡服己服己與庶孫同為祖朞於義可乎服祖三年此則近世未嘗變也准古士官不過二百石已上終德即古之廟士也今假終德未班朝次苟曰志仁必也斯遂況乃官歷士流當訓章之運而以庶叔之嫌替其嫡重之位未是成人之善也芳又議國子所云喪服雖以士為主而必下包庶人本亦不謂一篇之內全不下同庶人正言嫡孫傳重專士以上此經傳之正文不及庶人明矣戴德喪服變除云父為長子

斬自天子達於士此皆士以上乃有嫡子之明據也且承重者以其將代己為宗廟主廟主了不云寢又其證也所引大夫不世者此公羊穀梁近儒小道之書至如左氏詩易尚書論語皆有典證或是未寤許叔重五經異義云今春秋公羊穀梁說卿大夫世位則權并一姓議周尹氏齊崔氏也而古春秋左氏說卿大夫皆得世祿傳曰官族易曰食舊德舊德謂食父故祿也尚書曰世選爾勞予不絕爾善詩云惟周之士不顯奕世論語曰興滅國繼絕世國謂諸侯世謂卿大夫也斯皆正經及論語士以上世位之明證

也士皆世祿也八品者一命斯乃信然但觀此據可謂覩其綱未炤其目也按晉官品令所制九品皆正無從故以第八品准古下士今皇朝官令皆有正從若以其員外之資爲第十六品也豈得爲正八品之士哉推考古今謹如前議邕等又議喪服正文大夫以上每事顯列惟有庶人含而不言此通下之義了然無惑且官族者謂世有功食舊德者謂德侯者世位與滅國繼絕世王謂諸侯卿大夫無罪誅絕者耳且金貂七眊楊氏四公雖以位相承豈得言世祿乎晉太康中令使殷遂以父詳不及所繼求還爲祖母

三年時政以禮無代父追服之文亦無不許三年之制此即晉世之成規也尚書邢巒奏依芳議詔曰嫡孫爲祖母禮今有處士人通行何勞方致疑請也可如國子所議

崔鴻爲三公郎中延昌三年春偏將軍乙龍虎喪父給假二十七月而虎并數閏月詣府求上領軍元珎上言案違制律居三年之喪而冒哀求仕五歲刑龍虎未盡二十七月而請宿衛依律結刑五歲鴻駁曰三年之喪二十五月大祥諸儒或言祥月下旬而禫或言二十七月各有其義未知何者會聖人之旨龍虎居喪已二十六月若依王杜之義便是過禫即吉之月如其依鄭玄二十七月禫中復可以從御職事禮云祥之日皷素琴然則大祥之後喪事終矣旣可以御職事求上何爲不可若如府判禫中皷琴復有罪乎求之經律理實未允下更詳辯珎又上言按士虞禮三年之喪朞而小祥又朞而大祥中月而禫鄭玄云中猶閒也自喪至此凡二十七月又禮言祥之日皷素琴鄭云皷琴者存樂也孔子祥後五日彈琴而不成十日而成笙歌鄭注與鄭志及踰月可以歌皆身自踰月可爲此謂存樂也非所謂樂者使工爲

之晉博士許猛解三驗曰按黍離麥秀之歌小雅曰君子作歌惟以告哀魏詩曰心之憂矣我歌且謡若斯之類豈可謂之金石之樂哉是以徒歌謂之謡徒吹謂之和記曰比音而樂之及干戚羽毛謂之樂若夫禮樂之施於金石越於聲音者此乃所謂樂也至於素琴以示終笙歌以省哀者則非樂矣閒傳云大祥除衰杖而素縞麻衣大祥之服也雜記注云玄衣黄裳則是禫祭黄者未大吉也檀弓云祥而縞是月禫徙月樂鄭志趙商問鄭玄答云祥謂大祥二十五月是禫謂二十七月非謂上祥之月也徙月而樂許

猛釋六徵曰樂者自謂八音克諧之樂也謂在二十
八月工奏金石之樂耳而駁云大祥之後喪事終矣
脫如此駁禫後馬施又駁云禫中鼓琴複有罪乎然
禫則黃裳未大吉也鼓琴存樂在禮所許若使三奏
八音融然成韻既未徙月不罪伊何又駁云禫中既
得從御職事求上何爲不可簡龍虎居喪二十六月
始是素縞麻衣大祥之中何謂禫乎三年沒閏理無
可疑麻衣在體冒仕求榮寔爲大尤罪甚焉捨又省
依王杜禫祥同月全乖鄭義喪凶尚遠而欲速除何
怱怱者哉下府愚量鄭爲得三何者禮記云吉事尚

近日凶事尚遠日又論語云喪與其易寧戚而服限
三年痛盡終身中月之解雖容二義尚遠寧戚又檢
王杜之義起於魏末晉初及越騎校尉程猗贊成王
肅駁鄭禫二十七月之失爲六徵三驗上言於晉武
帝曰禮國之大典兆民所日用豈可二哉今服禫者
各各不同非聖氏一統之謂鄭玄說二十七月禫甚
乖大義臣每難鄭失六有徵三有驗初未愚能破臣
難而通玄說者如猗之意謂鄭義廢矣大康中許猛
上言扶鄭釋六徵解三驗以鄭禮二十七月爲得猗
及王肅爲失而博士宋昌等議猛扶鄭爲衰晉武從
之王杜之義於是敗矣王杜之義見敗者晉武知其
不可行故也而上省同猗而贊王欲虧鄭之成轍竊
所未寧更無異義還從前處鴻又駁曰按三年之喪
沒閏之義儒生學士猶或病諸龍虎生自戎馬之鄉
不嘗稽古之訓數月成年便懼違緩原其本非貪榮
求位而欲責以義方未可便爾也且三年之喪再朞
而大祥中月而禫鄭玄以中爲間王杜以爲是月之
中鄭亦未爲必會經旨王杜豈於必乖聖意既諸儒
採先聖後賢見有不同晉武後雖從宋昌許猛之駁
同鄭禫議然初亦從程猗贊成王杜之言二論得否

未可知也聖人大祥之後鼓素琴成笙歌者以喪事
既終餘哀之中可以存樂故也而樂府必以干戚羽
毛施之金石然後爲樂樂必使工爲之庶民凡品於
祥前鼓琴可無罪乎律之所防豈止爲貴士亦及凡
庶府之此義彌不通矣魯人朝祥而暮歌孔子以爲
踰月則可矣爾則大祥之後喪事已終鼓琴笙歌經
禮所許龍虎欲宿衛皇宮豈欲合刑五歲就如鄭義
二十七月而禫二十六月十五升布深衣素冠縞紕
及黃裳綵纓以居者此則三年之餘哀不在服數之
內也衰絰則埋之於地杖則棄之隱處此非喪事終

乎府以大祥之後不爲喪事之終何得復言素琴以示終也喪事尚遠日誠如鄭義龍虎未盡二十七月而請宿衛實爲忩忩於戚之理合在情責便以深衣素縞之時而罪同杖絰苦絲之日於禮憲未允詳之律意冒喪求仕謂在斬焉草土之中不謂除衰杖之後也又龍虎具别居喪日月無所隱冒府應告之以禮遣終月便奉彼昧識欲加之罪豈是遵禮敦風愛民之致乎正如鄭義龍虎罪亦不合也忩忩之失宜科鞭五十

封祖胄爲大學博士延昌三年七月司空清河王懌

第七叔母北海王妃劉氏薨司徒平原郡開國公高肇兄子太子洗馬員外並上言未知出入猶作鼓吹不請下禮官議祖胄議喪大記云朞九月之喪既葬飲酒食肉不與人樂之五月三月之喪比葬飲酒食肉不與人樂之世叔母故主宗子直云飲酒食肉不言不與人樂之鄭玄云義服恩輕以此推之明義服葬容有樂理又禮大功言而不議小功議而不及樂言論之間尚自不及其於聲作明不得也雖復功得樂在宜止四門博士蔣雅哲議凡三司之尊開國之重其於五服皆有厭絕若尊同體敵雖疏尚宜徹樂如或不同子姓之喪非嫡者既殯之後義不闕樂國子助教韓神固議夫羽旄可以展耳目之適絲竹可以肆遊宴之娛故於樂貴懸有哀則廢至若德儉如禮昇降有數文物昭旂旗之明錫鸞爲行動之響鳴鐃以警衆聲笳而清路者所以辯等列明貴賤非措哀樂於其間矣謂威儀鼓吹依舊爲允兼儀曹郎中房景先駁曰按祖胄議以功緦之喪鼓吹不作齊衰卒哭簫管必陳準之輕重理用未安聖人推情以制服據服以副心何容拜虞奠於神宮服衰麻而奏樂火燧一移哀情頓盡反心以求豈制禮之意就如所

言義服恩輕既虞而樂正服一朞何以爲斷或義服尊正服卑如此之比復何品節雅哲所議公子之喪非嫡者既殯之後義不闕樂按古雖有尊降不見作樂之文未詳此據竟在何典然君之於臣本無服體但恩誠相感致存隱惻是以仲遂卒埀笙籥不入智悼在殯杜簣明言豈天倫之痛既殯而樂乎又神固等所議以爲笳鼓不在樂限鳴鐃以警衆聲笳而清路者所以辯等列明貴賤耳雖居哀恤施而不廢麤而言之似如可通考諸正典未爲符合按詩云鍾鼓既設鼓鍾代磬又云於論鼓鍾於樂辟雍言則相連

得非樂乎八音之數本無笳名推而類之簫管之比豈可以名稱小殊而不為樂若以王公位重威飾宜崇鼓吹公給不可私辭者魏絳和戎受金石之賞鍾公勲茂掌五熟之賜若審功膺賞君命必行豈可陳嘉牢於齋殯之時擊鍾磬於升祔之後尋究二三未有依據國子職兼文學令問所歸宜明據曲盡斟酌率繇必衷以辯溶感何容總議並申無所折剖更詳得失據典正議秘書監國子祭酒孫惠蔚太學博士封祖胄等重議司空體服衰麻心懷慘切其於聲樂本無作理但以鼓吹公儀致有疑論耳按鼓吹之制

蓋古之軍聲獻捷之樂不常用也有重位茂勲乃得備作方之金石准之管絃其為音奏雖曰小殊然其大體與樂無異是以禮云鼓無當於五聲五聲不得不和竊惟今者加臺司之儀蓋欲兼廣威華若有哀用之無變於吉便是一人之身悲樂並用求之禮情於理未盡二公雖受之於公用之非私出入聲作亦以娛已今既有喪心不在樂笳鼓之事明非欲聞宜從寧戚之義廢而勿作但禮崇公卿出入之儀至有趨以采齊行以肆夏和鑾之聲佩玉之飾者所以顯槐鼎之至貴彰宰府之為重今二公地處尊親宜殊百辟鼓吹之用無容全去禮有懸而不樂今陳之以備威儀不作示哀痛在禮即情愚謂為允詔曰可從國子後議清河王懌所生母羅太妃薨表求申齊衰三年詔禮官博議侍中中書監太子少傅崔光議喪服大功章云公之庶昆弟為母傳曰先君餘尊之所厭不得過大功記公子為其母練冠麻衣縓緣既葬除之傳曰何以不在五服中也君之所不服子亦不敢服也此皆謂公侯枝子藉父兄以為稱其母本妾猶繫之於君不得以子貴為夫人者也至如應韓啓宇厥母故自申內主之尊凡將別封其親亦容盡君

妣之重若然便所謂周公制禮而子姪共尊漢世諸王之國稱太后宮室百官同制京邑自當一傍天子之式而不用公庶之軌魏氏以來雖群臣稱微然嘗得出臨民士恐亦未必捨近行遠服功衰與練麻也羅太妃居王母之尊二十許載兩裔蕃后並建大邦子孫盈第臣吏薾國堂堂列辟禮樂備陳吉慶凶哀宜稱情典則不應傍之公第仍拘先厭愚謂可遠准春秋子貴之文上祔周漢侯王之體成母后之尊齒帝妾之賤申疏衰之極慕撥功練之輕悲誠如此則三年之喪無乖於自達巨創之痛有遂乎在中寧戚

過哀情禮俱允時議者不同詔服大功時又疑清河國官從服之制大學博士李景林等二十一人議按禮文君爲母三年臣從服期今司空自爲先帝所厭不得申其罔極依禮大功據喪服厭降之例並無從厭之文今太妃旣捨六宫之稱加太妃之號爲封君之母尊崇一國臣下固宜服朞不得以王服厭屈而更有降禮有從輕而重義包於此大學博士封偉伯等十人議按臣從君服降君一等君爲母三年臣則朞今司空以仰厭先帝俯就大功臣之從服不容有過但禮文殘缺制無正條竊附情理謂宜小功庶君

臣之服不失其序升降之差頗會禮意清河國郎中令韓子議謹按喪服大功章云公之庶昆弟爲其母妻傳曰何以大功先君餘尊之所厭不敢過大功也夫以一國之貴子猶見厭況四海之尊固無申理頃國王遭太妃憂議者援引斯條正王之服尋究義例頗有一途但公之庶昆弟或爲士或爲大夫士之卑賤不得仰疋親王正以餘厭共同可以奪情相擬然士非列士無臣從服今王有臣服不得一准諸士矣議者仍令國臣從以朞露眛所見未曉高趣按不杖章云爲君之父母妻長子祖父母傳曰父母長子君服斬妻則小君父卒然後爲祖後者服斬傳所以深釋父卒爲祖服斬者蓋恐君爲祖朞臣亦同朞也明臣之後朞緣君服斬若緣君服斬然後朞則君服大功安得亦朞也若依公之庶昆弟不云有臣從朞若依爲君之父母則出應申三年此之二章殊不相干引彼則須去此引此則須去彼終不得兩服功朞渾雜一國也議者見餘尊之厭不得過大功則令王依庶昆弟見不杖章有爲君之父母便令臣從服以期此乃據殘文守一隅恐非先聖之情達禮之喪矣且從服之體自有倫貫雖秩微閽寺位卑室老未有君

服細經裁踰三時臣着疏衰獨涉兩歲按禮天子諸侯之大臣惟服君之父母妻長子祖父母其餘不服也惟近臣閽寺隨君而服耳若大夫之室老君之所服無所不從而降一等此三條是從服之通旨較然之明例雖近臣之賤不過隨君之服未有君從輕而臣服重者也議云禮有從輕而重臣之從君義包於此愚謂服問所云有從輕而重公子之妻其爲皇姑直是禮記之異獨此一條耳何以知其然按服問經云有從輕而重公子之妻爲其皇姑而大傳云從服有六其六曰有從輕而重注曰公子之妻爲其皇姑

若從輕而重不獨公子之妻者則鄭君宜更見流輩廣論所及不應還用服同之文以釋大傳之義明從輕而重惟公子之妻臣之從君不得苞於此矣君復有君爲母大功臣從服朞當云有從輕而重公子之妻爲其皇姑君爲母大功臣從服朞何爲不備書兩條以杜將來之惑哉而偏著一事彌結今日之疑且臣爲君母乃是徒從徒從之體君亡則已妻爲皇姑旣非徒從雖公子早没可得不制服乎爲君之父母妻子君已除喪而後聞喪則不稅蓋以恩輕不能追服假令妻在遠方姑没遥域過期而後聞喪復可不

稅服乎若姑亡必不關公子在否聞喪則稅不計日月遠近者則與臣之從君聊自不同矣又按臣服君黨不過五人悉是三年其餘不服妻服夫黨可宜五人乎朞功以降可得無服乎臣妻事殊邈然胡越苟欲引之恐非通例也愚謂臣有合離三諫待決妻無去就一醮終身親義旣有參差喪服固宜不等故見厭之婦可得申其本服君屈大功不可過從以期所以從麻而齊專屬公子之妻隨輕而重何關從服之臣尋理求途儻或在此必以臣妻相准未覩其津也于慤誠不能遠探墳籍曲論長智請以情理較其得

失君遭母憂巨創之痛臣之爲服從君之義如何君至九月便蕭然而即吉臣獨期年仍哀哭於君第創巨而反輕從義而反重緣之人情豈日見哉侍中崔光學綜今古達禮之宗頃探幽立義緣三年之服雖經典無文前儒未辯然推例求旨理亦難奪若臣服從期宜依侍中之論脱君仍九月不得如議者之談且嬴氏焚坑禮經殘缺故今追訪靡據臨事多惑愚謂律無正條須準傍以定罪禮闕舊文宜準類以作憲禮有朞同緦功而服如齊疏者蓋以在心實輕於義乃重故也今欲一依喪紀不可從君九月而服周

年如欲降一等兄弟之服不以君服母詳諸二途以取折衷謂麻布可如齊衰除限則同小功所以然者重其衰麻尊君母蹙其日月隨君降如此衰麻猶重不奪君母之嚴日月隨降可塞從輕之責尚書李平奏以爲禮臣爲君黨妻爲夫黨俱爲從服各降君夫一等故君服三年臣服一朞今司空臣懌因以尊嚴之禮奪其罔極之心國臣厭所不及當無隨降之理禮記大傳云從輕而重鄭玄注云公子之妻爲皇姑旣舅不厭婦明不厭者還應服其本服此卽是其例也詔曰禮有從無服而有服何但從輕而重乎懌今自

以厭故不得中其過隊衆臣古無疑厭之論而有從輕之據曷爲不得申其本制也可從尚書及景林等議尋詔曰比决清河國臣爲君毋服期以禮事至重故追而審之今更無正據不可背章生條但君服既促而臣服仍近禮緣人情遇厭須變服不還從前判既葬除之

冊府元龜掌禮部奏議九　卷之五百八十一　十九

冊府元龜

冊府元龜

巡按福建監察御史臣李嗣京 訂正
分守建南道左布政使臣胡維霖 參閱
知建陽縣事臣 黃國琦 較釋

掌禮部 二十

奏議第十

後魏紹爲太常卿孝明熙平元年六月中侍中劉騰等奏中宮僕射列車輿朽敗自昔舊都禮物頗異遷京已來未復更造請集禮官以裁其制靈太后令曰付尚書量議紹與少卿元端博士鄭六劉臺龍等議

按周禮王后之五輅重翟錫面朱總厭翟勒面繢總安車雕面鷖總皆有容蓋翟車貝面組總布幄輦車組輓有翣羽蓋重翟后從王祭禮所乘厭翟后從王賓享諸侯所乘安車后朝見於王所乘翟車后出桑所乘輦車后宮中所乘謹以周禮聖制不刊之典其禮文允備孔子云其或繼周者雖百世可知也以其法不可踰以此言之後王輿服典章多放周式文質時變輅各宜存雕飾雖異理無全捨當今聖后臨朝親覽庶政輿駕之式宜備典禮臣等學缺通經叨參議未輙率短見宜准周禮備造五輅雕飾之制隨時增減太學博士王延業議按周禮王后有五輅重翟以從王祠厭翟以從王饗賓客安車以朝見於王翟車以親桑輦車宮中所乘文漢輿服志云秦并天下閱三代之禮或曰殷瑞山車金根之色殷人以爲大輅於是始皇作金根之車漢承秦制御爲乘輿太皇太后皇太后皇后皆御金根車加交輅帷裳非法駕則乘紫罽軿車雲欂文畫輈黃金塗五輅朱蓋爪左右騑駕三馬阮諶禮圖并載秦漢以來輿服亦云金根輅皇后法駕乘之以禮婚見廟桑輅后法駕乘之以親桑安車后小駕乘之以助祭后山軿車后待則

乘之紺罽軿車后小行則乘之以哭公主邑君王妃公侯夫人入閤與后出入閤宮中小遊則乘之晉先蠶儀注皇后乘雲母安車駕六騩按周秦漢晉車輿儀式互見圖書雖名號小異其大較畧相依擬金根車雖起自秦造即殷之遺制今之乘與五輅是其象也華飾典麗容觀壯美司馬彪以爲孔子所謂乘殷之輅即此之謂也按阮氏圖桑車亦飾以雲母晉之雲母車即是一輿周之翟車其用正同安車旣名同制制又用同重翟山軿車按圖飾之以紫紺罽軿車雖制用異於厭翟而寔同用於今入閤輿輦其用又

同按圖今之黑漆畫扇輦輿周之輦車其形相似竊
以爲秦滅周制百事擲華官名軌式莫不殊異漢魏
因循繼踵仍舊雖時有損益而莫能反古良緜去聖
久遠典儀殘缺時移易俗物隨事變雖經賢哲祖襲
無改伏惟皇太后叡聖淵凝昭臨萬寓動循典故貽
則後王今輙竭管見稽之周禮考之漢晉採諸圖史
驗之時事以爲宜依漢晉法駕則御金根車駕四馬
加交給帷裳御雲母車駕四馬以親桑其非法駕則
御紫罽軿車駕三馬小駕則御安車駕三馬以取祭
小行則御紺罽軿車駕三馬以哭公主王妃公侯夫

人宮中出入則御畫扇輦車按舊事比之周禮唯闕
從王饗賓客及朝見於王之乘竊以爲古者諸侯有
朝會之禮故有從饗之儀今無其事宜從省畧又今
之皇居宮掖相逼就有朝見理無結駟即事考實亦
宜闕廢又哭公主及王妃周禮所無施之於今寔合
事要損益不同同捨隨時三代異制其道然也又金
根及雲母駕馬或三或六訪之經禮無駕六之文今
之乘輿又皆駕四義符古典宜仍駕四其餘小駕宜
從駕三其制用形飾備見圖志司空領尚書令任城
王澄尚書左僕射元暉尚書右僕射李平尚書齊王
蕭寶寅尚書元欽尚書元昭尚書左丞盧同左丞元
洪超考功郎中劉懋北主客郎中源子恭南主客郎
中游思進三公郎中崔鴻長兼駕部郎中薛悅起部
郎中杜遇左主客郎中元韡騎兵郎中房景先外兵
郎中石士基長兼石外兵郎中鄭幼儒都官郎中李
秀之兼尚書左士郎中朱元旭度支郎中谷穎左兵
郎中張均金部郎中李仲東庫部郎中賈思同國子
博士薛禎邢晏高諒爰延大學博士邢湛崔瓚韋朏
鄭季明國子助教韓神固四門博士楊邠羅唐荆實
王令儁吳珍之宋婆羅劉燮高顯邕杜施四海廟樂

不稱朕甚懼焉其爲孝文皇帝廟爲昭德之舞以明
休德然後祖宗之功施於萬代其與丞相列侯中一
千石禮官具儀禮奏焉丞相申屠嘉等奏曰功莫大
於高皇帝德莫盛於孝文皇帝高皇帝廟宜爲帝者
大祖之廟孝文皇帝廟宜爲帝者太宗之廟天子宜
代代獻祖宗之廟文漢宣帝詔夙夜惟念孝武帝躬
履仁義選明將討不服功德茂盛不能盡宣而廟樂
未稱其議以奏時有司奏請尊孝武廟爲大宗廟奏
盛德文始五行之舞天子諸代代獻之此子孫褒崇
祖宗之明據也自天寶之後兵宿中原彊侯締交覬

闢甚衆貢賦不入刑政自出包荒含垢以至于貞元
德宗戀奉天之難厭征伐之事戎臣優以不朝終老
于外其卒則以幕吏將較代之故長城在王折之內
斥逐主將矣河中居股肱之郡坐邀符節矣韋皐國
備邊之勢自擅靈關李錡竊貲海之資專制澤國而
兩河藩鎮或倉卒易帥甚於奕碁或陸梁弄兵同於
拒轍憲宗宿憤舉昇平之典法始命將漢禮儀志立
春京都百官皆青衣服青幘秋夏悉如其色自漢逮
于魏晉迎氣五郊用績從服改色隨氣斯制因循相
承不革冠冕仍舊未聞有變今皇魏憲章前代損益

從宜五時之冠謂如漢晉用幘爲允靈太后令曰太
傳博學洽通多識前載旣綜朝議稱悉其事便可諮
訪以決所疑懌與給事黃門侍郎韋延詳奏議按前
勅制五時朝服嘗訪國子議其舊式太學博士崔瓚
等議自漢逮于魏晉迎氣五郊用幘從服改色隨氣
斯制因循相承不革冠冕仍舊未聞有變今大魏憲
章前代損益從宜五時之冠謂如漢晉用幘爲允尚
書以禮式不輕請訪議事奉勅付臣令加考決臣以
爲帝王服式方爲萬世則不可輕裁請更集禮官在
下省定議蒙勅聽許謹集門下及學官以上四十三

人尋考史傳量古較今一同國子前議幘隨服變冠
冕弗改又四門博士臣王僧奇蔣雅哲二人以爲五
時冠冕宜從衣變臣等謂從國子前議爲允靈大后
令日依議

神龜初靈大后父司徒胡國珍薨贈太上秦公時疑
其廟制大學博士王延業議曰按王制云諸侯祭二
昭二穆與太祖之廟而五又小記云王者立四廟鄭
玄云高祖已下與始祖而五明立廟之正以親爲限
不過於四其外有大功者然後爲祖宗然則無太祖
者止於四世有太祖乃得爲五禮之正文也文王世

子云五廟之孫祖廟未毀雖爲世人冠娶必告鄭玄
云實四廟而言五廟者容高祖爲始封君之子明始
封之君在四世之外正位太祖乃得稱五廟之孫君
未有太祖已祀五世則鄭無爲釋高祖爲始封君之
子也此先儒精義當今顯證也又喪服傳曰公子之
子孫有封爲國君者世祖是人不祖公子鄭玄云後
世爲君者祖比受封之君不復祀別子公子若在高
祖已下則如其親後遷之乃毀其廟明始封猶在親
限故祀止高祖又云如親而遷尤知高祖之父不立
廟矣此又立廟明法與今事相當者也又禮緯云夏

四廟至子孫五殷五廟至子孫六注云言至子孫則
初時未備也此又顯在緯籍區别若斯者也又晉初
以宣帝是始封之君應爲太祖而以猶在祖位故惟
祀征西巳下六世待世世相推宣帝出居太祖之後
然後七廟乃備此又依倣前軌若重規襲矩者也竊
謂太祖者功高業大百世不遷故親廟之外特更崇
立苟無其功不可獨居正位而遽見遷毁且三世以
前廟及於五玄孫巳後祀止於四一與一奪名位莫
定求諸典禮未所前聞今太上泰公疏爵列土大啓
河山傳祚無窮永同帶礪實有始封之功方成不遷

之廟但親在四世之内名班昭穆之序雖應爲太祖
而尚在稱位不可遠探高祖之父以合五者之數太
祖之室當須世世相推親盡之後乃出居正位以備
五廟之典夫脩文責實理貴允當考躰宗祊得禮爲
美不可苟免虚名取樂多數求之經紀竊謂爲允又
武始侯本無采地於皇朝制令名准大夫按如禮意
諸侯奪宗武始四時蒸嘗立於泰公之廟博士盧觀
議按王制天子七廟三昭三穆與太祖之廟而七諸
侯五廟二昭二穆與太祖之廟而五大夫三士一自
上而下降殺以兩庶人無廟死爲鬼焉故曰尊者統
遠卑者統近是以諸侯及太祖天子及其祖之所自
出祭法曰諸侯五廟一壇一墠曰考廟王考廟皇考
廟皆月祭之顯考廟祖考廟享嘗乃止去祖爲壇去
壇爲墠去墠爲鬼至於禘祫方合食太祖之宫太傅
日别子爲祖喪服傳曰公子不得稱先君公孫不得
祖諸侯鄭説不得祖稱者不得立廟而祭之不得祖
是人者謂世世祖受封之君不復祖子公子若存高
祖巳下如其親後遷之乃毁其廟耳愚以爲遷者遷
於太祖廟乃毁者從太祖而毁之若不遷太祖不須
發祖是人之文明非始封故復見乃毁之節何以知

之按諸侯有祖考之廟祭五世之禮五禮正祖爲輕
一朝頓立而祖考之廟要待六世之君六世以前虚
而蔑主求之聖旨未爲通諭曾子問曰廟無虚主虚
主唯四祖考不與焉明太祖之廟必不空置禮緯曰
夏四廟至子孫五殷五廟至子孫六周六廟至子孫
七見夏無始祖待禹而五殷人郊契得湯而六周有
后稷及文王故至武而七言夏卽大禹之身言子謂
啓誦之世言孫是迭遷之時禹爲受命不毁親湯爲
始君不遷五主文武方二祧亦不去三昭三穆三昭
三穆謂通文武若無文武親不過四觀遠祖濮侍中

碩所說云然鄭玄馬昭亦皆同爾且天子迹加二祧得并爲七諸侯預合太祖何爲不得爲五乎今始封君之子立禰廟頗似成王之於一祧孫卿曰有天下者事七世有一國者事五世假使八世天子乃得事七六世諸侯方通祭並推情准理其不謬乎雖王侯用禮文質不同三隅反之自然昭灼且文宣公方爲太祖世居子孫今立五廟竊謂爲是禮緯又曰諸侯五廟親廟四始祖一明始封之君或上或下雖未居正室無廢四祀之親小記曰王者禘其祖之所自出以其祖配之而立四廟此寔殷湯時制不爲難也卿

復標務畧引章條愚意不足以待大問儁議曰大學博士王延業及盧觀等各率異見按禮記王制天子七廟三昭三穆與太祖之廟而七諸侯五廟二昭二穆與太祖之廟而五並是後世追論備廟之文皆非當時據立神位之事也良繇去聖久遠經禮殘缺諸儒注記曲制無因雖稽考異聞引證古誼然用捨從世通塞有時折衷取正固難詳矣今相國秦公初構國廟追立神主惟當仰祀二昭二穆上極高曾四世而已何者秦公身是始封之君將爲不遷之祖若以功業隆重越居正室恐以卑臨尊亂昭穆也如其權立始祖以備五廟恐數滿便毀非禮意也昔司馬懿立功於魏爲晉太祖及至子晉公昭乃立五廟亦犯四世止於高曾太祖之位虛侯宣文待其後裔數滿乃止此亦前代之成事方今所殷鑒也又禮緯云夏四廟至子孫五殷五廟至子孫六周六廟至子孫七明知當時太祖之神仍依昭穆之序要待子孫世世相推然後太祖出居正位耳遠稽禮緯諸儒所說近循晉公之廟故事宜依博士王延業議定立四主親止高曾且虛太祖之位以待子孫而備五廟焉又延業盧觀前經詳議並據許慎鄭玄之解謂天子諸侯

作主大夫及士則無意謂此議雖出前儒之事寔未允情禮何以言之原夫作主之禮本以依神孝子之心非主莫依今銘旌紀柩設重憑神祭必有尸神必有廟皆所以展事孝敬想象平存上自天子下及於士如此四事並同其禮何至於主唯謂王侯云重主道也此爲埋重則立主矣故王肅曰重未立主之禮也士喪禮亦設重則士有主明矣孔悝反祏載之左史饋食設主著於逸禮大夫及士既得有廟題紀祖考何可無主公羊傳君有事於廟聞大夫之喪去樂卒事大夫聞君之喪攝主而往今以爲攝主者攝神

欽主而已不暇待徹祭也何依云宋攝行主事而從
也意謂不然君聞臣喪尚爲之不懌況臣聞君喪豈
得安然代主終祭也又相國立廟設主依神主無貴
賤紀座而已若位擬諸侯者則有主位爲大夫者則
無主便是三神有主一位獨闕求諸情禮寔所未安
宜通爲主以銘神位懌又議曰古者七廟廟堂皆列
光武以來異室同堂故先朝祀堂令云廟皆四栿五
架百楹設座東昭西穆是以相國構廟唯制一室同
祭祖考比來諸王立廟者自任私造不依公令或五
或一參差無准要須議行新令然後定其法制相國

之廟已造一室寔合朝令宜即依此展其享祀詔依
懌議
元端爲太常少卿熙平二年三月上言謹按禮記祭
法有虞氏禘黃帝而郊嚳祖顓頊而宗堯夏后氏亦
禘黃帝而郊鯀祖顓頊而宗禹殷人禘嚳而郊冥祖
契而宗湯周人禘嚳而郊稷祖文王而宗武王鄭玄
注云禘郊祖宗謂祭祀以配食也有虞氏以上尚德
禘郊祖宗配用有德者自夏以下稍用其姓代之是
故周人以后稷爲始祖文武爲二祧訖於周世配祭
不毀按禮嚳雖無廟配食禘祭謹詳聖朝以太祖道
武皇帝配圜丘道穆皇后劉氏配方澤太宗明元皇
帝配上帝明密皇后杜氏配地祇又以顯祖獻文皇
帝配雩祀太宗明元皇帝之廟旣毀上帝地祇配祭
有式國之大事惟祀與戎廟配事重不敢專決請召
群官集議以聞靈太后令曰依請於是太師高陽王
雍太傅領太尉公清河王懌太保領司徒公廣平王
懷司空公領尚書令任城王澄侍中中書監胡國珍
侍中領著作郎崔光等議竊以尚德尊功其來自昔
郊稷宗文周之茂典仰惟世祖太武皇帝以神武纂
業尅清禍亂德濟生民功加四海宜配南郊高祖孝

文皇帝大聖膺期惟新魏道刑措勝殘功同天地宜
配明堂令曰依議施行
李琰之爲國子博士熙平二年七月侍中領軍將軍
江陽王繼表言臣功緦之內太祖道武皇帝之後於
臣始是曾孫然道武皇帝之後於臣傳業無窮四祖
三宗功德最重配天郊祀百世不遷而曾玄之孫烝
嘗之薦不預拜於廟廷霜露之感闕陪莫於階席今
七廟之後非直隔歸胙之靈五服之孫亦不霑出身
之叙較之墳史則不然驗之人情則未允何者禮云
祖遷於上宗易於下臣曾祖是帝世數未遷便疏同

庚族而孫不豫烝斯之爲屈古今罕有昔堯敦九族
周隆本枝故能磐石維城禦侮於外今臣之所親生
見隔棄豈所以楨幹根本隆逮公族者也伏見高祖
孝文皇帝著令銓衡取曾祖之狀以爲資蔭至今行
之相傳不絕而況曾祖爲帝而不見錄伏願天縣有
以昭臨令皇恩洽穆宗人咸叙請付博議永爲定准
靈太后令曰付八座集禮官議定以聞四門小學博
士王僧奇等議按孝經曰郊祀后稷以配天宗祀文
王於明堂以配上帝然則太祖不遷者尊王業之初
基二祧不毀者旌不朽之法列其旁枝遠冑豈得同

四廟之親哉故禮記婚義曰古者婦人先嫁三月祖
廟未毀教於公宮祖廟既毀教於宗室又文王世子
曰五廟之孫祖廟未毀雖及庶人冠娶必告死必赴
不忘親也親未絕而列於庶人賤無能也鄭注云赴
告於君也實四廟孫而言五廟者容顯考爲始封子
也鄭君別其四廟理協一祭而廟者在當世服屬之
內可以與於子孫之位若廟毀服盡豈得同於此例
乎敢竭愚昧請以四廟爲斷琰之議按祭統記曰有
事於太廟群昭群穆咸在鄭氏注昭穆咸在謂同宗
父子皆來古禮之制如是其廟而當今儀注惟限親

廟四愚竊疑矣何以明之設使世祖之子男於今存
者既身是戚蕃號爲重子可得賓於門外不預碑鼎
之事哉又固宜變法禮有其說記言五廟之孫祖廟
未毀爲庶人冠娶必告死必赴注曰實四廟而言五
者容顯考始封之君子今因太祖之廟在仍通其曾
玄侍祠與彼古記甚相符會且國家議親之律指取
天子之玄孫不乃旁准於時后至於助祭必謂與世
王想倫難均一壽有短長世有延促終當何時可得
齊同謂宜入廟制率從議親之條祖祧之裔各聽畫
其玄孫使得駿奔堂壇肅承禘祫則情理差通不宜

復各爲例令事事舛駁侍中司空公領尚書令任城
王澄侍中尚書左僕射元暉奏臣等參量琰之等議
雖爲始封君子又祭統曰有事於太廟群昭群穆咸
在而不失其倫鄭注云昭穆謂同宗父子皆來也言
未毀及同宗則共四廟之辭云未絕與父子明崇五
屬之稱天子諸侯繼立無殊吉凶之赴同止四廟祖
祧雖存親殺彌遠吉赴拜薦典記無文斯繇祖遷於
上見仁親之義疎宗易於下著五服之恩斷江陽之
論不告聞拜薦寧容輒豫高祖孝文皇帝聽聖去覽

師古立政陪拜止於四廟衣恤斷自緦宗郎之人情
冥然符一推之禮典事在難違此所謂明王相沿今
古不革者也太常少卿元端議禮記祭法云王立七
廟曰考廟曰王考廟曰皇考廟曰顯考廟曰祖考廟
遠廟爲祧有二祧而祖考以功重不遷二祧以盛德
不毀迭遷之議其在四廟也祭統云祭有十倫之義
六日見親疎之殺焉夫祭有昭穆昭穆者所以別父
子遠近長幼親疎之厚而無亂也是故有倫注云昭
穆咸在同宗父兄皆來指謂當廟父兄爲群不繼於
昭穆也若一公十子便謂群公子豈待數公而立稱

乎文王世子云五廟之孫祖廟未毀雖有援引然與
朝儀不同如依其議匪直太祖曾玄諸玄子孫悉應
預列既無正據竊謂太廟臣等愚見請同僧奇等議
靈太后令曰議親律注云非惟當世之屬籍歷謂先
帝之五世此乃明親親之義篤骨肉之恩尚書以遠
及諸孫太廣致疑百僚助祭可得言狹也祖廟未毀
曾玄不預壇堂之敬便是宗人之昵反外於附庸王
族之近更疎於群辟先朝舊儀草𥛚未定刊制律憲
垂之不朽琰之援據甚久情理可依所執

冊府元龜

巡按福建監察御史臣李嗣京　訂正
分守建南道左布政使臣胡維霖　參閱
知建陽縣事　臣　黄國琦　較釋

掌禮部　二十一

奏議第十一

後魏張普惠爲司空倉曹參軍孝明熙平十二年十一月廣陵王恭北海王顥疑爲所生祖母服朞與三年博士執意不同太尉清河王懌表曰臣聞百王所尚莫尚於禮禮之重者喪紀斯極世代沿革損益不同

遺風餘烈景行終在至如前賢往喆商榷有異或並證經文而論情别緒或各言所見而討事共端雖憲章祖述人自名家而議論紛綸理歸詳正莫不隨時所宗各爲一代之典自上達下罔不遵用是使叔孫之儀專擅於漢朝王肅之禮獨行於晉世所謂共同軌文四海畫一者也至乃折旋俯仰之儀哭泣升降之節去來闔巷之容出入閨門之度尚須疇咨禮官博訪儒士載之翰紙著在通法辯答乖殊證據不明即詆訶疵謬糾劾成罪此乃簡牒成文可具閲而知者也未有皇王垂範國無一定之章英賢贊治家制異同之式而欲流風作則永貽來世比學官雖庠序未脩稽考古今莫專其任暨乎宗室喪禮百寮尚事冠服製裁日月輕重率令博士一人輕議邇廣陵王恭北海王顥同爲庶母服恭則治重居廬顥則齊朞居室論親則恭顥俱是帝孫語貴則人並爲藩國不知兩服之證據何經典俄爲舛駁莫有裁正懿王昵戚尚或如斯自兹巳降何可紀極歷觀漢魏喪禮諸儀卷盈數百或當時名士往復成規或一代居宗較然爲則況堂堂四海藹藹如林而令喪禮參差始於帝族非所以儀刑萬國綴旒四海臣忝官臺傅備位

喉脣不能秉國之均致斯爽缺具瞻所誚無所逃罪謹略舉恭顥二國不同之狀以明喪紀乖異之失乞集公卿樞納内外儒學博議定制班行天下使禮無異准失有歸并因事而廣永爲條例庶塵嶽沾河微酧萬一靈太后令曰禮者爲政之本何得不同如此可依表定議普惠議曰謹按二王宗母皆受命先朝爲二國太妃可謂受命於天子爲始封之母矣喪服慈母如母在三年章傳曰貴父命也鄭注云大夫之妾子父在爲母大功則士之妾子爲母朞父卒則皆得申此大夫命其妾子以爲所慈猶曰貴父命之三

年况天子命其子爲列國王命其所生之母爲國后
妃反自同公子爲母練冠之與大功乎輕重顛倒之
甚也傳曰始封之君不臣諸父昆弟則當服其親服
若魯衛列國相爲服朞判無疑矣何以明之喪服君
爲姑姊妹女子嫁於國君者傳曰何以大功尊同也尊
同則得服其親服諸侯之子稱公子公子不得稱先
君然則兄弟一體位列諸侯自以尊同得相爲服不
可還准公子遠壓天王故降有四品君大夫以尊降
公子大夫之子以壓降名例不同何可亂也禮大夫
之妾子以父命慈己申其三年太妃既受命先帝光
冊府元龜　掌禮部　奏議十一　卷之五百八十三　三
炤一國二王胙土茅社顯錫大邦舍尊同之高據附
不爾之公子雖許蔡失位亦不是過服問曰有從輕
而重公子之妻爲其皇姑公子雖壓妻尚獲申况廣
陵北海論君則封君之子語妃則命妃之孫承妃之
篡望遠别先皇更以先后之正統壓其所生之祖母
嫡方之皇姑不亦遥乎今既許其申服而復限之以
期比之慈母不亦爽歟經曰爲君之祖父母父母妻
長孫傳曰何以朞父母長子君服斬妻則小父卒然
後爲祖後者服斬今祖乃獻文皇帝諸侯不得祖之
母爲太妃蓋二王三年之證議者近背正經以附其
頖差之毫毛所失何遠且天子尊則配天莫非臣妾
何爲命之爲國母而不聽子服其親乎記曰徒從者
所從之則已又曰不爲君母之當服今所從既已不
以親服服其所生則屬從之服於何所施若以諸王
入爲公卿便同大夫者則當今之議皆不須以國爲
言也今之諸王自同列國雖不之國别置臣寮玉食
一方不得以侯言之敢據周禮輒同三年當時議者
亦有異同國子博士李郁於議罷之後書難普惠普
惠據禮還答鄭重三反郁議遂屈
任城王澄爲侍中司空領尚書令熙平二年十二月
冊府元龜　掌禮部　奏議十一　卷之五百八十三　四
與度支尚書崔亮奏謹按禮記曾子問曰諸侯旅見
天子不得成禮者幾孔子曰太廟火日蝕后之喪雨
沾服失容則廢臣等謂元日萬國賀應是諸侯旅見
之義若禘廢朝會孔子應云五而獨言四明不廢朝
賀也鄭玄禮注云魯禮三年畢喪祫於太祖明年春
禘於群廟又鄭玄志簡魯禮春秋昭公十一年夏五
月夫人歸氏薨十三年夏五月大祥七月釋禫公會
劉子及諸侯於平丘八月歸不及於祫冬公如晋明
十四年春歸乃祫故明十五年春乃禘經曰二月癸
酉有事於武公傳曰禘乃於武公謹按明堂位曰魯

王禮也喪畢祫禘似有退理詳考古禮未有以祭事廢元會者禮云吉事先近日脫不吉容改筮三旬葬攝太史令趙翼等列稱正月二十六日祭亦吉請移禘祀在中旬十四日時祭移二十六日循日奏禘八非退義祭則無疏怠之議三元有順軌之美既被成二日宜即宣行臣等伏度國之大事在祭與戎君舉必書恐貽後誚輒訪引古籍竊有未安臣等學缺通經識不稽古備位樞納可否必陳冒陳所見伏聽裁衷靈太后令日可如所執

源子恭正光中爲起部郎時明堂辟雍並未建就子

恭上書曰臣聞壁臺望氣軌物之德既高方堂布政範世之道斯遠是以書契之重理冠於造化推尊之義事絶於生民至如郊天享帝蓋以對越上靈宗祀配天是用酬膺下土大孝莫之能加嚴父以慈爲大乃皇王之休業有國之盛典竊惟皇魏居震統極總宙馭宇革制土中垂戒無外自北徂南同卜惟於雒食定鼎遷民均氣候於寒暑高祖所以始眷祖宗於是憮搆按功成作樂治定制禮乃訪遺文脩廢典建明堂立學校興一代之茂矩標千載之英規永平之中始刱雉構基址草昧迄無成功故尚書外令任城王澄按故司空臣沖所造明堂樣并連表詔答兩京模式奏求營起緣斯發旨即加葺繕侍中領軍臣乂總勤作官宣贊授令自茲厥後方配兵人或給一千或與數百進退節縮曾無定準欲望速了理在難尅若使專役此功長得營造委成責辦容有就期但所給之夫本自寡少諸處競借動即千計雖有繕作之名終無就功之實爽塏荒茫淹積年載結架崇構指就無兆仍令賜曹之禮奄抑而不追養老之儀寂寥而不返搆厦止於尺土爲山頓於一簣良可惜歟愚謂兆民經始必有子來之歌興造勿亟將致不日之

美況本兵不多兼之牽役廢此與彼循環無極便是輟創禮之重資不急之費廢經國之功供寺舘之役求之遠圖不亦闕矣今諸寺又作稍以龕擧並可徹減專事經綜嚴勒工匠務令尅成使祖宗有薦配之期蒼生覩禮樂之富書奏從之

李崇爲驃騎大將軍冀州刺史不行上表曰臣聞世室明堂顯於周夏二黌兩學盛自虞殷所以宗配上帝以著莫大之嚴宣布十二以彰則天之軌養黃髮以詢格言育青襟而敎典式用能享國久長風徽萬祀者也故孔子稱巍巍乎其有成功郁郁乎其有文

章此其盛矣爰暨亡秦政失其道坑儒滅學以蔽黔首國無黌序之風野有非時之役故九服分離斥終二世炎漢勃興更修儒術文景以降禮樂復彰化致升平治幾刑措故西京有六學之美東都有三本之盛莫不紛綸卷舒響流無已逮自魏晉廢亂相因兵革之中學校不絕遺文燦然方軌前代伏惟高祖孝文皇帝稟聖自天道鏡今古從馭嵩河光宅函雒模唐虞以革軌儀規周漢以新品制列教序於鄉黨敦詩書於郡國使揖讓之禮橫被於崎嶇歌詠之聲洋溢於側陋但經始事殷戎軒屢駕未遑多就弓劍弗

追世宗統曆聿遵先緒永平之中大興板築續以水旱戎馬生郊雖建爲山還停一簣竊惟我遷中縣垂三十祀而明堂禮樂之本乃鬱荊棘之林膠序德義之基空盈牧豎之跡城隍嚴固之重闕塼石之功墉堞顯望之要少樓櫓之飾加以風雨稍侵塹致虧墜又府寺初營頗亦壯美然一造至今更不修繕廳宇彫朽墻垣頽壞皆非所謂追隆堂構儀刑萬國者也伏聞朝議以高祖大造區夏道侔姬文擬祀明堂式配上帝今若基宇不修仍同丘畎即使高皇神享闕於國陽宗祀之典有聲無實此臣子所以匪寧億兆所以失望也臣又聞官方授能所以任事事既任矣酬之以祿如此上無曠官之譏下絕尸素之謗今國子雖有學官之名而無教授之實何異兎絲燕麥南箕北斗哉昔劉向有言王者宜興辟雍陳禮樂以風化天下夫禮樂所以養人刑法所以殺人而有司勤勤請定刑法至於禮樂則曰未敢是則敢於殺人不敢於養人也臣以爲當今四海清平九服寧晏經國要重理應先營脫復稽延則劉向之言徵矣但事不兩興須有進退以臣愚量宜罷上方雕靡之作頗省永寧土木之功并減瑤光材瓦之力兼分石窟鐫琢

之勞及諸事役非急者三時農隙脩此數條使辟雍之禮蔚爾而復興諷誦之音煥然而更作美榭高墉嚴壯於外槐宮棘宇顯麗於中更發明令重遵鄉飲敦進郡學精課經業如此則元凱可得之於上庠游夏可致之於下國豈不休歟誠知佛理淵妙含識所宗然比之治要容可少緩苟使魏道羲熙元首唯康爾乃經營未爲晚也靈太后令曰省表具悉體國之誠配饗大禮爲國之本比以戎馬在郊未遑脩繕今四表晏寧年和歲稔當勑有司别議經始

賈思伯爲衛尉卿于時議建明堂多有同異思伯上

議曰按周禮考工記云夏后氏世室殷重屋周明堂皆五室鄭注云此三者或舉宗廟或舉王寢或舉明堂互言之以明其制同也若然則夏殷之世已有明堂矣唐虞以前其事未聞戴德禮記云明堂蔡邕云明堂者天子太廟享功養老學教選士皆於其中九室十二堂按戴德撰記世所不行且九室十二堂其於規制恐難得厥中周禮營國左祖右社明堂在國之陽則非天子太廟明堂矣然則禮記月令四堂及太室皆謂之廟當以天子暫配享五帝故爾又王制云周人養國老於東郊鄭注云東膠即辟雍在王宮

之東又詩大雅云雍雍在宮肅肅在廟鄭注云宮謂辟雍宮也所以周之文王養老養老則尚和助祭則尚敬又不在明堂之驗矣孟子云齊宣王謂孟子曰吾欲毀明堂若明堂是廟則不應有毀之問且蔡邕論明堂之制云堂方一百四十尺象坤之策屋圓徑二百一十六尺象乾之策方六丈徑九丈象陰陽九六之數九室以象九州屋高八十一尺象九九之數二十八柱以象宿外廣二十四丈以象氣按此皆以天地陰陽氣數為法而室獨象九州何也若立五室以象五行豈不快也如此蔡氏之論非為通典九室之言或未可從竊尋考工記雖是補缺之書相承已久諸儒注述無言非者方之後作不亦優乎且孝經援神契五經要義舊禮圖皆作五室及徐劉之論同考工記者多矣朝廷若獨絕今古自為一代制作者則所願也若循祖述舊章規摹前事不應捨殷周成法襲近代妄作且損益之極極於三王後來疑議難可准信鄭玄云周人明堂五室是帝各有一室也合於五行之數周禮依數以為之室施行於今雖有不同時說然爾尋鄭此論理非無當按月令亦無九室之文原其制置不乖五室其青陽右个即明堂左个

明堂右个即總章左个總章右个即玄堂左个玄堂右个即青陽左个如此則室猶是五而布政十二五室之理謂為可安其方圓高廣自依時量戴氏九室之言蔡子廟學之議子幹靈臺之說逸民一室之論及諸家紛紜並無取焉學者善其議

西魏崔猷為司徒大長史武帝大統中太廟初成四時祭祀猶設俳優角觝之戲其郊廟祭官多有假兼猷上疏諫書奏並納焉

東魏崔昂為度支尚書孝靜武定六年二月將營齊獻武王廟議定室所形制昂與司農卿盧元明秘書

監王元景散騎常侍裴獻伯國子祭酒李渾御史中尉陸操黄門侍郎李騫中書侍郎楊休之前南青州刺史鄭伯猷秘書丞崔劼國子博士邢峙國子博士宗萬振太學博士張毓太學博士高元壽國子助教王顯季等議按禮諸侯五廟太祖及親廟四今獻武王始封之君便是太祖既通親廟不容立五室且帝王親廟亦不過四今宜四室二間兩頭各一頰室夏頭徘徊鵄尾又按禮圖諸侯止開南門而二王後祔祭儀法云執事列於廟東門之外既有東門明非一門獻武禮數既隆備物殊等准據今廟宜開四門內

院南面開三門餘面及外院四面皆一門其內院四面皆架爲步廊南出夾門各置一屋以禮器及祭服內外門牆并用赭堊廟東門道南置齋坊道北置二坊西爲典祠廨并廚宰東爲廟長廨並置車輅其北爲養犧牲之所詔從之

北齊魏收爲中書令文宣天保元年皇太子監國在西林園冬會群臣會議皆東面二年於北城第內冬會又議東面吏部郎陸卬疑非禮收改爲西面邢子才議欲依前日凡禮有同者不可令異詩說天子至於大夫皆乘四馬況以方面之少何可皆不同乎若太子定西面者王公卿大夫士復何面邪南面人君正位今一官之長無不南面太子聽政亦南面坐議者言晉舊事太子在東宮西面爲避尊位非爲何臺殿也子才以爲東晉博議依漢魏之舊太子皆臣四海不以爲嫌又何疑於東面禮世子絕房親世子冠於阼冢子生接以太牢漢元著令太子絕馳道此皆禮同於君又晉王公世子攝命臨國乘七旒安車駕用三馬禮同三公近宋太子乘象輅皆有同處不以爲嫌況東面者君臣通禮猶何爲避明爲向臺所以然也近皇太子在西林園在於殿猶且東面於北城非

宮殿之處更不得邪諸人以東面爲尊宴會須避按燕禮燕義君位在東賓位則在西君位在阼階故有武王踐阼篇不在西也禮乘君之車不敢曠左君在惡空其位左亦在東不在西也君在阼夫人在房鄭注人君尊東也前代及今皇帝宴會接客亦東堂西面若以東面爲貴皇太子以儲后之禮監國之重別第宴臣賓自得申其正位禮者皆東宮臣屬公卿接宴觀禮而已若以西面爲卑實是君之正位太公不肯北面說丹書西面則道之西面乃尊也君位南面有東有西何可皆避且事雖少異有可相比者周公

臣也太子子也周公爲冢宰太子爲儲貳明堂尊於別第朝侯重於宴臣賓南面貴於東西臣踈於子冢宰輕於儲貳周公攝政得在明堂南面朝諸侯今太子監國不得於別第宮東面宴客情所未安且君行以太子監國君宴不以公卿爲賓明父子無嫌君臣有嫌按儀注親王受詔冠婚皇子皇女皆東面今不約王公南面而獨約太子何所取邪議者南尊改就西面轉君位更非合禮方面旣少難爲節文東西二面君臣通用太子宜然於禮爲允收議云去天保初皇太子監國冬會群官於西園都亭坐從東面義取

於向中宮臺殿故也二年於宮冬會坐乃東面收竊以爲疑前者遂有別議議者同之邢尚書以前定東西之議復申本懷此乃國之大禮無容不盡所見收以爲太子東宮位在於震長子之義也按易八卦震位向中皇太子今居北城於宮殿爲東北南面而坐於義爲背也前者立議據東宮爲本又按東宮舊事太子宴會多以西面爲禮此又誠證非徒言也不言太子嘗無東南二面之座但用之有所至如西園東面所不疑也未知君臣車服有同異之議何謂而發就如所云但知禮有同者不可令異不知禮有異者不可令同苟別君臣同異之禮恐重紙累札書不盡也子才竟執東面收執西面援引據大相往復其後竟從西面爲定皇建中詔議二王三恪收執王肅杜預義以元氏司馬氏爲二王通曹氏備三恪詔諸禮學之官皆執鄭玄五代之議孝昭后姓元議恪不欲廣及故議從收

邢劭字子才天保初爲太常卿中書監時議疑官吏之姓與太子名同子才謂曰按曲禮大夫士之子不與世子同名鄭注云君先生亦不改漢法天子登位布名於天下四海之內無不咸避按春秋經衞石惡

出奔晉在衞侯卒之前衞卒其子惡始立明石惡與長子同名諸侯長子在一國之內與皇太子於天下禮亦不異鄭言先生不改蓋以此義衞石惡宋向戍皆與君同名春秋不譏皇太子雖有儲貳之重未爲海內所避何容便改人姓然事有消息不得皆同於古官吏至微而有所犯朝名從事亦是難安宜聽出官尚書更補他職制曰可

刁柔爲國子博士參議律令時議者以爲立五等爵邑承襲者無嫡子立嫡孫子弟無嫡子弟立嫡子孫弟柔以爲無嫡子立嫡孫不應之嫡子弟議曰柔按

禮立嫡以長故謂長子爲嫡嫡子死以嫡子之子爲嫡孫死則曾玄亦然然則嫡子名本爲傳重故喪服曰庶子不爲長子三年不繼祖與禰也禮記公儀仲子之喪檀弓曰何居我未之前聞仲子舍其孫而立其子何也服伯子曰仲子亦猶行古之道也昔者文王舍伯邑考而立武王微子舍其孫腯而立弟衍仲子亦猶行古之道也鄭注曰伯子爲親者諱爾立子非也文王之立武王權也微子嫡子死立其弟衍殷禮也子游問諸孔子孔子曰否立孫注曰據周禮然則商以嫡子之毋弟周以嫡子死立嫡子之子爲

嫡孫故春秋公羊之義嫡子有孫而死質家親親先立弟文家尊尊先立孫喪服云爲父後者爲出毋無服小記云祖父卒而後爲祖毋後者三年爲毋服者喪者不祭故也爲祖毋三年者太宗傳重故也今議以嫡子死子立嫡子毋弟嫡子毋弟者則爲毋後矣嫡子毋弟本非承嫡故得爲父後則嫡孫之弟理亦應得爲父後則是父卒然後爲祖後者服斬既得爲祖服斬而不得爲傳重者未之聞也若用商家親親之義本不應嫡子死而立嫡孫若從周家尊尊之文豈宜舍其孫而立其弟或文或質愚用惑焉小記後

云嫡婦不爲舅姑後者則舅姑爲之小功注云謂夫有廢疾他故若死無子不受重者小功庶婦之服凡父母於子舅姑於婦將不傳重於嫡及將所傳重者非嫡服之皆如衆子庶婦也言死無子者謂絕世無子非謂無嫡子如其子焉得云無後夫雖廢疾無子婦猶以嫡爲名嫡名既在而欲廢其子者其如禮何有損有益革代相沿必謂宗嫡可得而變者則爲後服斬而亦宜有因而改

冊府元龜

巡按福建監察御史臣李嗣京　訂正
知甌寧縣事臣孫以敬　条閲
知建陽縣事臣黄國琦　較釋

掌禮部二十二

奏議第十二

隋裴正爲太子庶子攝太常少卿時高祖初即位將改後周制度乃下詔曰宣尼制法云行夏之時乘殷之輅服周之冕爽葉共遵禮無可革然三代所尚衆論多端或以爲所建之時或以爲所感之瑞或當其

行色因以從之今雖夏數得天歷代通用漢尚於赤魏尚於黄驪馬玄牲已弗相踵明不可建寅歲首嘗服於黒朕初受天命赤雀來儀兼姬周已還於兹六代三正迴復相生總以言之並宜火色垂衣以降損益可知尚色雖殊嘗兼前代其郊丘廟社可依衮冕之儀朝會衣裳宜盡用赤昔丹烏木運姬有太白之旂黄星土德曹乘黒首之馬在祀與戎其尚嘗異今之戎服皆可尚黄在外嘗所着者通用雜色祭祀之服須合禮經宜集通儒更可詳議正奏議曰竊見後周制冕加爲十二旣與前禮數乃不同而色應五行又非典故謹按三代之冠其名各別六等之冕承用區分璪玉五綵隨班異飾都無迎氣變色之文唯月令者起於秦代乃有青旂赤玉白輅黒衣與四時而色變全不言於弁冕五時冕色禮既無文稽於正色難以經證且後魏已來制度全闕天興之歳草創繕修所造車服多参胡制故魏收論之稱於違古是也周氏因襲將爲故事大象成統咸取用之輿輦衣冠甚多迂怪今皇隋革命憲章前代其魏周輦輅不合制者已勑有司盡令除廢然衣冠禮器尚且兼行乃有立夏衮衣以赤爲質迎秋平冕用白成形既越典

章須革其謬謹按續漢書禮儀志云立春之日京都皆着青衣秋夏悉依其色逮於魏晉迎氣五郊行禮之人皆同此制考尋故事唯幘從衣色今請冠及冕色並用玄唯應着幘者任衣漢晉制曰可

許善心爲給事郎開皇初皇太子自非助祭皆冠遠遊冠後尚書牛弘奏曰皇太子冬正大朝請服衮冕帝問善心曰太子朝謁着遠遊有何典故對曰晉令皇太子給五時朝服遠遊冠至宋泰始六年更儀注儀曹郎丘仲起議按周禮公自衮冕以下至卿大夫之玄冕皆其朝聘之服也伏尋古之公侯尚得服衮

以朝見況皇太子儲副之尊謂宜式遵盛典服袞朝賀兼左丞陸澄議服冕以朝實著經典自秦除六冕之制後漢始備古章魏晉以來非祀宗廟不欲令臣下服其袞冕位爲公者必加侍官故太子入朝因亦不着但承天祚副禮絕群后宜遵前王之令典革近代之陋制皇太子請服冕自宋以下始定此儀至梁簡文之爲太子嫌於上逼還冠遠遊下及於陳皆依此法後周之時亦言服袞入朝至開皇復遵魏晉故事臣謂袞冕之章服雖美一日而觀頗欲相類臣子之道義無上逼故晉武帝泰始三年詔太宰安平王

子着侍內之服四年又賜趙燕樂安王等散騎常侍之服自斯以後臺閣貴臣並加貂璫武弁故皇太子遂着遠遊謂不逼尊於禮爲允帝曰善竟用開皇舊式善心後攝太常少卿太業初煬帝欲遵周法營立七廟詔有司詳定其禮善心與博士褚亮等議曰謹按禮記天子七廟三昭三穆與太子之廟而七鄭注云此周制也七者太祖及文王武王之祧與親廟四也殷則六廟契及湯與二昭二穆也夏則五廟無太祖禹與二昭二穆而已玄又據王者禘其祖之所自出而立四廟按鄭玄義天子惟立四親廟并始祖而

爲五周以文武爲受命之祖特立二祧是爲七廟王肅注禮記尊者尊統上卑者尊統下故天子七廟諸侯五廟其有殊功異德非太祖而不毀不在七廟之數按王肅以爲天子七廟是通百代之言又據王制之文天子七廟諸侯五廟大夫三廟降二爲差是則天子立四親廟又立高祖之父高祖之祖并太祖而爲七廟周有文武姜嫄合爲十廟漢諸帝之廟各立無迭毀之義至元帝時貢禹匡衡之徒始建其禮以高帝爲太祖而立四親是爲五廟唯劉歆以爲天子七廟諸侯五廟降殺以兩之義七者其正法可常數

也宗不在數內有功德則宗之不可預設爲數也是以班固稱考論諸儒之義劉歆博而篤矣光武即位建高廟於雒陽乃立南頓君以上四廟就祖宗而爲七室魏初高堂隆爲鄭學議立親廟四太祖武帝在四親之內乃虛置太祖及之祧以待後代至景初間乃依王肅更立五世六世祖就四親而爲六廟晉武受禪博議宗祀自文帝以上六世祖征西府君宜宣帝亦序於昭穆本非太祖故祭止六世也江左中興賓循知禮至於寢廟之儀皆依魏晉舊事宋武帝初受晉命爲王依諸侯立親廟四即位之後增祠五世

祖相國椽府君六世祖右[illegible]乎府君止於六廟逮身
殁王升從昭穆猶太祖之位也降及齊梁守而弗革
加崇迭毀禮無違舊臣等又按姬周自太祖巳下皆
別立廟至於禘祫俱合食於大祖是以炎漢之初諸
廟名立歲時嘗享亦隨處而祭所用廟樂皆象功德
而歌舞焉至光武乃總立一堂而群主異室斯則新
承喪亂欲從約省自此以來因循不變伏惟高祖文
皇睿哲玄覽神武應期受命開基垂統聖嗣當文明
之運定祖宗之禮且損益不同沿襲異趣時王所制
所以垂法自歷代以來雖用王鄭二義若尋其指歸

按以優劣康成止論周代非謂經通於雍總貫皇王
事兼長遠今請依據古典崇建七廟受命之祖宜別
立廟祧百代之後爲不毀之法至於鑾駕親奉申孝
享於高廟有司行事竭誠敬於群主俾夫規模可則
嚴祀易道表有功而彰明德太復古而貴能變臣又
按周人立廟亦無處置之文據家人識而言之先王
居中以昭穆爲左右阮忱所撰禮圖亦從此義漢京
諸廟既遠不序禘祫今若依周制理有未安雖用漢
儀事難全採謹詳立別圖附之議案其圖太祖高祖
各殿准周文武二祧與始祖而三餘並分室而祭始
祖及二祧之外從迭毀之法詔可
劉炫開皇中與諸儒脩定五禮吏部尚書牛弘建議
以爲禮諸侯絕傍朞大夫降一等今之上柱國雖不
同古諸侯比大夫可也官在第二品宜降傍親一等
議者多以爲然炫駁之曰古之仕者宗子一人而巳
庶子不得進祿是先王重適其宗子有分祿之義族
人與宗子雖疎遠猶服齊縗三月良緣受其恩也今
之仕者位以才昇不限嫡庶與古既異何降之有今
之貴者多忽近親若或降之民德之疎自此始矣遂
寢其事

劉子翊開皇中爲侍御史時永寧令李公孝四歲喪
母九歲外繼其父更別娶後妻妻至是而亡河澗劉
炫以無撫育之恩議不解任子翊駁之曰傳云繼母
如母與母同也當以配父之尊居母之位齊杖之制
皆如親母又爲人後者爲其父母朞服朞服者自以
本生非殊親之與繼也父雖自處傍親之地於子之
情猶須隆其本重是以令云爲人後者爲其母並解
官申其心喪父卒母嫁爲父後者雖不服亦申心喪
其繼母嫁不解官專據嫁者生文耳將如繼母在父
之室則制同親母若謂非有撫育之恩同之行路何

服之有服既有之心喪焉可獨異三省令旨其義其
明今言令許不解何其謬與且後人爲其父母朞未
有變隔以親繼親旣等故知心喪不殊服問云母出
則爲繼母之黨服不以出母族絶推而遠之繼母配
父引而親之子思曰爲伋也妻是爲白也母不爲伋
也妻是不爲白也母實知服以名重情因父親所以
聖人敦之以孝慈和之以名義是使子以名服同之
親母繼以義報等之已生如謂繼母之來在子出之
後制有淺深者孝之經傳未見其文譬出後之人所
後者初亡後之者至此後可以無撫育之恩而不服

重乎昔長沙人王毖漢末爲上計詣京師旣而吳魏
隔絶毖於同國更娶生子昌毖死後爲東平相始知
吳之母亡便情繫居重不攝職事於時議者不以爲
非然則繼母之與前母於情無别若要以撫育始生
服制王昌後何足云乎又晉鎮南將軍羊祜無子取
弟子伊爲子祜薨伊不服重祜妻表聞伊辭曰伯生
存養伊已不違然無父命故還本生尚書彭權議子
之出養必繇父命無命而出是爲叛子於是下詔從
之然心服之制不得緣恩而生也論云禮者稱情而
立文仗義而設教還以此義論彼之情稱情者稱如

母之情仗義者仗爲子之義名義分定然後能尊父
順名崇禮篤敬苟以姆養之恩始成母子則恩繇彼
至服自己來則慈母如母何得待父命又云繼母慈
母本實路人臨己養己同之骨血若如斯言子不繇
父繼有恩育得如母乎其慈繼雖在三年之下而居
齊朞之上禮有倫例服以稱情繼母本以名服豈藉
恩之厚薄哉至於兄弟之子猶子私服之心實殊禮
服之制無二彼言以輕如重自以不同此謂如重之
辭卽同重法若使輕重不等何得爲如律云准枉法
者但准其罪以枉法論者卽同眞法律以弊刑禮以

設教准者准擬之名以者卽眞之稱如以二字義同
不殊禮律兩文所防是一將此明彼足見其義取譬
伐柯何遠之有又論云取子爲後者將以供承祧廟
奉養已身不得使宗子歸其故宅以子道事本父之
後妻也然本父後妻因父而得母稱若如來旨本父
亦可無心喪乎何直父之後妻論又云禮言舊君其
尊豈復君乎已去其位非復純臣須言舊以殊之别
有所重非復已孝故言其以見之目以其父之文是
名異也此又非通論何以言之其舊訓殊所用亦别
舊者易新之稱其者因彼之辭安得以相類哉至如

禮云其父析薪其子不克負荷傳云僻雖小其君在焉若其而有異其父其君復有異乎斯不然矣今炫敢違禮乖令侮聖干法使出後之子無情於本生名義之分有虧於風俗徇飾非於明時彊媒孽於禮經雖欲揚己露才不覺言之傷理事奏竟從子翊之議

牛弘爲禮部尚書上議曰竊謂明堂者所以通神靈感天地出教化崇有德孝經曰宗祀文王於明堂以配上帝祭義云祀於明堂教諸侯孝也黃帝曰合宮堯曰五府舜曰總章布政興治由來尚矣周禮考工記曰夏后氏世室堂修二七廣四脩一鄭玄注云

脩十四步其廣益以四分脩之一則堂廣十七步半也殷人重屋堂修七尋四阿重屋鄭云其脩七尋廣九尋也周人明堂度九尺之筵南北七筵五室凡室二筵鄭云此三者或舉宗廟或舉王寢或舉明堂互之明其同制也馬融王肅干寶所注與鄭亦異今不具出漢司徒馬宮議云夏后氏世室室顯於堂故命以室殷人重屋屋顯於堂故命以屋周人明堂堂大於夏室故命以堂夏后氏益其堂之廣自四十四尺周人明堂以爲兩序間大夏后氏七十二尺若據鄭玄之說則夏室大於周堂如依馬宮之言則周堂大於夏室後王制轉文周大爲是但宮之所言未詳其義此皆去聖久遠禮文殘缺先儒解說家異人殊鄭注玉藻亦云宗廟路寢與明堂同制王制曰寢不踰廟大小是同今依鄭注每室及堂止有一丈八尺四壁之外四尺有餘若以宗廟論之祫享之時周人旅酬六尸并后稷爲七先公昭穆二尸先王昭穆二尸合十一尸三十六主及君北面行事於二丈之堂愚不及此若以正寢論之便須朝宴據燕禮諸侯宴則賓及卿大夫脫屨升坐是知天子宴則二公九卿並須升堂燕義又云席小卿次上卿言皆侍席止於二

筵之間豈得行禮若以明堂論之總享之時五帝各於其室設青帝之位須於木室之內少北西面太昊從食坐於其西近南北面祖宗配享者又於青帝之南稍退西面丈八之室神位有三加以簠簋籩豆牛羊之俎四海九州美物咸設復須席上升歌出罇反坫揖讓升降亦以隘矣據此而說近是不然按劉向別錄及馬宮蔡邕等所見當時有古大明堂禮王居明堂禮明堂圖明堂大圖明堂陰陽太山通義魏文侯孝經傳等並說立明堂之事其書皆亡莫得而正今明堂月令者鄭玄云是呂不韋著春秋十二紀之

首章禮家鈔合爲記蔡邕王肅云周公所作周書內有月令第五十三卽此也各有證明文多不載束晳以爲夏時之書劉瓛云不韋鳩集得者尋於聖王月令之事而記之不韋安能獨爲此記今按不得全稱周書亦未可卽爲秦典其內雜有虞夏殷周之法皆聖王仁恕之政也蔡邕具爲章句又論之曰明堂者所以宗祀其祖以配上帝也夏后氏曰世室殷人曰重屋周人曰明堂東曰青陽南曰明堂西曰總章北曰玄堂內曰太室聖人南面而聽嚮明而治人君之位莫不正焉故雖有五名而主以明堂也制度之數

各有所依堂方一百四十四尺坤之策也屋圓楣徑二百一十六尺乾之策也太廟明堂方六丈通天屋徑九丈陰陽九六之變且圓蓋方覆九六之道也八闥以象卦九室以象州十二宮以應日辰三十六戶七十二牖以四戶八牖乘九宮之數也戶皆外設而不閉示天下以不藏也通天屋高八十一尺黃鍾九尺之實也二十八柱布四方四方七宿之象也高三尺以應三統四向五色各象其行水闊二十四丈象二十四氣於外以象四海王者之大禮也觀其模範天地則象陰陽必據古文義不虛出今若直取考工不參月令青陽總章之號不得而稱九月享帝之禮不得而用漢代二京所建與此說悉同建安之後海內大亂京邑焚燒憲章泯絕魏氏三方未平無聞興造晉則侍中裴頠議曰尊祖配天其義明著而廟宇之制理據未分可具爲一殿以崇嚴父之祀其餘雜碎一皆除之宋齊以還咸率茲理此乃世之通儒時無博識前王盛事於是不行後魏代都所造出自李沖三三相重合爲九室簷不覆基房間通街穿鑿處多迄無所取及還宅雒陽更加營構五九紛競遂至不成宗配之事於焉靡託今皇猷遐闡化澤海內方

建大禮垂之無窮弘等不以庸虛謬當議限今簡較堂必須五室者何尚書帝命驗曰帝者承天立五府赤曰文祖黃曰文神白曰顯紀黑曰玄矩蒼曰靈府鄭玄注曰五府與周之明堂同矣且三代相沿多有損益至於五室確然不變夫室以祭天天實有五若立九室四無所用布政視朔自依其辰鄭司農云十二月分在青陽等左右之位不云居室鄭玄亦言每月於其時之堂而聽政焉禮圖畫箇皆在堂隅是以須爲五室明堂必須上圓下方者何孝經援神契曰明堂者上圓下方八窗四達布政之宮禮記盛德篇

曰明堂四戸八牖上圓下方五經異義稱講學大夫淳于登亦云上圓下方鄭玄同之是以須爲圓方明堂必須重屋者何按考工記夏言九階四傍兩夾窻門堂三之二室三之一殷周不言者明一同夏制殷言四阿重屋周承其後不言屋制亦盡同可知也其殷人重屋之下本無五室之文鄭注云五室者亦據夏以知之明周不云重屋因殷則有灼然可見禮記明堂位曰太廟天子明堂言魯爲周公之故得用天子禮樂魯之太廟與周之明堂同又曰複廟重檐刮楹達鄉天子之廟飾鄭注複廟重屋也據廟既重屋

明堂亦不疑矣春秋文公十三年太室屋壞五行志曰前堂曰太廟中央曰太室屋其上重者也服虔亦云太室太廟太室之上屋也周書作雒曰乃立太廟宗室路寢明堂咸有四阿反坫重亢重廊孔晁注曰重亢累棟重廊累屋也依黃圖所載漢之宗廟皆爲重屋此去古猶近遺法尚在是以須爲重屋明堂必須辟雍者何禮記盛德篇云明堂者明諸侯尊卑也外水曰壁雍堂陰陽錄曰明堂之制周圜行水左旋以象天內有外室以象紫宮此明堂有水之明文也然馬宮王肅以爲明堂辟雍太學同處蔡邕盧植亦

以爲明堂靈臺壁雍太學同室異名邕云堂堂者取其宗祀之清貌則謂之清廟取其正室則曰太室取其堂則曰明堂取其四門之學則曰太學取其周水圜如璧則曰壁雍其實一也其言別者五經通義曰靈臺以望氣明堂以布政壁雍以養老教學三者不同袁準鄭玄亦以爲別歷代所疑豈能輒定今據郊祀志云欲治明堂未曉其制濟南人公玉帶上黃帝時明堂圖一殿無壁蓋之以茅水圜宮垣天子從之以此而言其來則久漢中元二年起明堂壁雍靈臺於雒陽並別處然明堂亦有壁水李尤明堂銘云流

水洋洋是也以此須有壁雍夫帝王作事必師古今造明堂須以禮經爲本形制依於周法度數取於月令遺闕之處參以餘書庶使該詳沿革之禮其五室九階上圓下方四阿重屋四旁兩門依考工記孝經說堂方一百四十尺屋圓楣徑二百一十六尺太室方六丈通天屋徑九丈八闥二十八柱堂高三尺四向五色依周書月令論殿垣外有圜水徑三百步依太山盛德記觀禮經仰觀俯察皆有則象足以盡誠上帝祗配祖宗弘風布教作範於後矣弘等學不稽古輒申所見可否之宜伏聽裁擇高祖以時事草創

未遑制作竟寢不行

閻毗爲起部郎高祖太備法駕嫌屬車太多顧謂毗日開皇之日屬車十二乘於事亦得今八十一乘以牛駕車不足以益文物朕欲減之從何爲可毗曰臣初定數共宇文愷參詳故實據漢胡伯始蔡邕等議屬車八十一乘此起於秦遂爲後式故張衡賦云屬車九九是也次及法駕三分減一爲三十六乘此漢制也又據宋孝建時有司奏議晉遷江左唯設五乘尚書建平王宏曰八十一乘議兼六國三十六乘無所准馮江左五乘儉不中禮但帝王文物旂旒之數

爰及冕玉皆用十二今宜準此設十二乘開皇平陳因以爲法今憲章往古大駕依秦法駕依漢小駕依宋以爲差等帝曰何用秦法大駕宜三十六法駕宜一十二小駕除之毗研精故事皆此類也

宇文愷爲工部尚書初自永嘉之亂明堂廢絶隋有天下將復古制議者紛然皆不能決愷傳考群籍奏明堂議表曰臣聞在天成象房心爲布政之宮在地成形丙午居正陽之位觀雲告月順生殺之序五室九宮統人神之際金口木舌發令兆民玉瓚黃琮式嚴宗祀何嘗不歆莊房宇畫妙思於規摹凝睟冕旒致子來於矩矱伏惟皇帝陛下提衡握契御辯乘乾咸五登三復上皇之化流凶去暴丕下武之緒用百姓之異心驅一代以同域康哉康哉民無能而名矣故使天符地實吐醴飛甘造物資生澄源反朴九圍清謐四表削平襲我之冠齊其文軌茫茫上玄陳珪璧之敬肅肅清廟感霜露之誠正金奏九韶六莖之樂定石渠五官三雍之禮乃卜瀍西爰謀雒食辯方面勢仰稟神謀敷土濬川爲民立極兼聿遵先旨表置明堂爰詔下臣占星揆日於是採崧山之秘簡披汶水之靈圖訪通議於殘亡購冬官於散逸總集衆

論勤成一家昔張衡渾象以三分爲一度裴秀輿地以一寸爲千里臣之此圖用一分爲一尺推而演之冀輪奐有序而經構之旨議者殊途或以綜弁爲重屋或以圓楣爲隆棟各以臆說事不經見今錄其疑難爲之通釋皆出證據以相發明議曰臣愷謹按淮南子曰昔者神農之治天下也甘雨一時五穀蕃植春生夏長秋收冬藏月省時考終歲獻貢以時嘗穀祀於明堂明堂之制有蓋而無四方風雨不能襲濕濕不能傷遷延而入之臣以爲上古朴略剏立典刑尚書帝命驗曰帝者承天立五府以尊天重象赤曰

文祖黃日文神白日顯紀黑日玄矩蒼日靈府在云唐虞之天府夏之世室殷之重屋周之明堂皆同矣尸子曰有虞氏曰總章周官考工記曰夏后氏世室堂脩二七博四脩一注云脩南北之深夏度以步今堂脩十四步其博益以四方脩之一則明堂博十七步半也臣愷按三王之世夏最爲古從質尚文理應漸就寬大何因夏室乃大殷堂相形爲論理恐不爾記云堂脩二七博四脩一若夏度以步則應脩七步注云今堂脩十四步乃夏增益記文殷周二堂獨無加字便是其義類例不同山東禮本輒加二七之字

何得殷無加尋之大周開增筵之義研窮其趣或是不然讐校古書並無二字此乃桑間俗儒信情加減黃圖議曰夏后氏益其堂之大一百四十四尺周人明堂以其兩杆間馬宮之言止論堂之一面據此爲準則三代堂基並方得爲上圓之制諸儒所說並云下方鄭注周官獨爲此義非直與古違異亦乃乖背禮文尋文求理深恐未愜尸子曰殷人陽館考工記曰殷人重屋堂脩七尋堂崇三尺四阿重阿注云其脩七尋五丈六尺防夏周則其博九尋七丈二尺又日周人明堂度九尺之筵東西九筵南北七筵堂崇

一筵五室凡室二筵禮記明堂位曰天子之廟複廟重檐鄭注云複廟重屋也注玉藻云天子廟及路寢皆如明堂制禮圖云於內室之上起通天之觀觀八十一尺得宮之數其聲濁君之象也大戴禮曰明堂者古有之凡九室一室有四戶八牖以茅蓋上圓下方外水曰壁雍赤綴戶白綴牖堂高三尺東西九仞南北七筵其宮方三百步凡人民疾六畜疫五穀災生於天道不順天道不順生於明堂不飾故有天災則飾明堂周書明堂曰堂方百六十二尺高四尺階博六尺三寸室居內方百尺室內方六十尺高八尺

博四尺作雒曰明堂太廟路寢咸有四阿重亢重廊孔氏注云重亢累棟重廊累屋也禮圖曰秦明堂九室十二階各有所居呂氏春秋曰有十二堂與月令同並不論尺丈臣愷按十二階雖不與禮合一月一階非無理思黃圖曰堂方百四十四尺坤之策也方象地屋圓楣徑二百十六尺乾之策也圓象天太室九宮法九州太室方六尺法陰之變數七十二牖法五行所行日數八闥象八風法八卦通天臺徑九尺法乾以九覆六高八十一尺法黃鐘九九之數二十八柱象二十八宿堂高三尺土階三等法三統堂四

向五色法四時五行殿門去殿七十二步法五行所
行門堂長四丈取大室三之二垣高無蔽目之炤牖
六尺其外倍之殿垣方在水内法地陰也水四周於
外象四海圓法陽也水濶二十四丈象二十四氣水
内徑三丈應覲禮壇三成武帝元封二年立明堂汶
上無室其外畧依此制泰山通義令云不可得而辯
也元始四年八月起明堂辟雍長安城南門制度如
儀殿垣四門八觀水外周堤壤高四方和會築作三
旬五年正月六日辛丑始郊太祖高皇帝以配天二
十二日丁亥宗祀孝文皇帝於明堂以配上帝及先
冊府元龜 掌禮部 奏議十二 卷之五百八十四 十九
賢百辟卿士有益者於是秩而祭之親扶三老五更
祖而剖牲跪而進之因班時命宣恩澤諸侯王宗室
四夷君長匈奴西國侍子虞奉貢助祭禮圖曰建武
三十年作明堂明堂上圓下方上圓法天下方法地
十二堂法日辰九室法九州室八窻八九七十二法
一時之王室有二户二九十八户法土王十八日内
堂正壇高三尺土階三等胡伯始注漢官云古清廟
蓋以茅今蓋以瓦瓦下藉茅以存古制東京賦曰乃
營三宫布政頒常複廟重屋八達九房造舟清池惟
水泱泱薛綜注云覆重簷覆謂屋平覆重棟也續漢

書祭祀志云明帝永平二年祀五帝於明堂五帝坐
各處其方黄帝在未皆如南郊之位光武位在青帝
之南少退西面各一犢奏樂如南郊臣愷案詩云我
將祀文王於明堂也我將我享維牛維羊據此則備
太牢之祭今云一犢恐與古殊自晉以前未有鴟尾
其垣墻壁水一依本圖晉起居注裴頠議曰尊祖配
天其義明著廟宇之制理據未分直可爲一殿以崇
嚴祀其餘雜碎一皆除之臣愷按天垂象聖人則之
辟雍之星既有圖狀晉堂方構不合天文既闕重樓
又無壁水空堂乖五室之義直殿建九階之文非古
冊府元龜 掌禮部 奏議十二 卷之五百八十四 二十
欺天一何過甚後魏於北城南造圓墻在壁水外門
在水中迴立不與墻相連其堂上九室三三相重不
依古制室間通巷違舛處多其室皆用墼累極成褊
陋後魏樂志曰孝昌二年立明堂議者或言九室詔
斷從五室後元乂執政復改爲九室遭亂不成宋起
居注曰孝武帝大明五年立明堂其墻宇規範擬則
太廟唯十二間以應朞數依漢文上圖儀設五帝位
太祖文皇帝對饗鼎俎簠簋一依廟禮梁武帝卽位
之後移宋時太極殿以爲明堂無室十二間禮疑議
云祭用純俎瓦樽文於郊質於廟一獻用清酒平陳

之後臣得目觀逐量步數記其尺丈猶見基內有焚燒殘柱毀斫之餘入地一丈儼然如舊柱下以樟木爲跗長丈餘闊四尺許兩兩相並凡安數重宮城處所乃在廓內雖湫隘卑陋未合規摹祖宗之靈得崇嚴祀周齊二代闕而不修大饗不典於焉靡託自古明堂圖有二本一是宗周劉熙阮諶劉昌宗等作三圖畧同一是後漢建武三十年作禮圖有本不詳撰人臣遠尋經傳傍求子史研究衆說總撰今圖其樣以木爲之下爲方堂堂有五室上爲圓觀觀有四門帝可其奏會遼東之役事不果行

巡按福建監察御史臣李嗣京　訂正
新建縣舉人臣　戴國士　条閱
知建陽縣事臣　黃國琦　較釋

掌禮部 二十三

奏議第十三

唐魏徵爲侍中貞觀五年太宗將造明堂太子中允孔穎達以諸儒立議頗乖故實上表曰伏尋前敕依禮部尚書盧寛國子助教劉伯莊等議以爲從崑崙道上層祭天又尋後敕爲左右閣道登樓設祭臣謹

按六藝群經百家諸史皆基上曰堂樓上曰觀未有重樓之上而有堂名孝經云宗祀文王於明堂不云明樓明觀其義一也又明堂法天聖王示儉或有翦蒿爲柱緝茅作蓋雖復古今異制不可膏然猶皆依大典貴在樸素是以席惟藁秸器止陶匏用繭犢以貴誠服大裘以訓儉今若飛樓架迥浮閣凌雲考古言之實堪疑慮按郊祀漢至武明堂之制四面無壁上覆以茅祀五帝於上坐祀后土於下防臣以上坐正於基上下防惟是基下既云四面無壁未審伯莊以何知上層祭神下有五室且漢武所爲多用方士之說違經背正不可師祖又盧寛等議云上層祭天下堂布政欲使人神位別事不相干臣以古者敬重大事與接神相似是以朝覲祭祀竝皆在廟豈亦樓上祭祖樓下侍朝閤道升樓路便窄隘乘輦則接神不敬步陟則勞勤聖躬侍衛在傍百司供奉求之經誥全無此理臣非敢固執愚見欲求已長伏以國之大典不可不愼伏乞以臣愚表下付群司詳議爲徵議曰稽諸詁訓参以舊圖其上圓下方複廟重屋百慮一致異軫齊歸洎當塗膺錄未遑斯禮典午聿興無所取則裴頠以諸儒持論異端鋒起是非舛互靡

所適從遂乃以人廢言止爲一殿宋齊即仍其舊梁陳遵而不改雖嚴配有所祭饗不匱求之典則道實未弘夫孝因心生禮緣情立心不可極故備物以表其誠情無以盡故飾宮以廣其敬宣尼美歎意在茲乎臣等親奉德音得參大議思竭塵露增崇山海凡聖人有作義重隨時萬物斯覩事資通變若據蔡邕之說則至理失於文繁若依裴頠所爲則大體傷於質略求之情理未臻厥中今之所議非無用捨請爲五室重屋上圓下方既體有則象又事多故實下室備布政之居上堂爲祭天之所人神不雜禮亦宜之

其高下廣袤之規几筵尺丈之度則竝隨時立法因事制宜自我作故不必師古廓千載之疑議爲百王之懿軌不使泰山之下惟聞黄帝之法汶水之上獨稱漢武之圖則通乎神明庶幾可使子來經始成之不日

朱子奢爲諫議大夫貞觀九年將行高祖遷祔之禮太宗命有司詳議廟制子奢建議曰按漢丞相韋玄成奏立五廟諸侯同五劉子駿議開七祖邢君降二鄭司農踵玄成之轍王子雍揚國師之波分途竝騖名相師祖咸翫其所好習同惡異遂令歷代祧祀多

少參差優劣去取曾無獲一傳稱名位不同禮亦異數易云卑高以陳貴賤位矣豈非別嫌愼微遠防陵僭尊君卑佐升降無舛所貴禮者義在茲乎若使天子諸侯俱立五廟便是賤可以同貴臣可以濫主名器無準冠履同歸禮亦異數義將安設戴記又稱禮有以多爲貴者天子七廟諸侯五廟若天子五廟纔與子男埒以多爲貴何所表乎愚以諸侯立高祖以下并太祖五廟天子立七廟四海之尊也降殺以兩禮之正焉前史所謂德厚者流光德薄者流卑此其義也伏惟聖祖在天山陵有日祔享嚴配昭事在斯宜依七廟用崇大禮若親盡之外有王業之所基者如殷之玄王周之后稷尊爲始祖儻無其例請三昭三穆各置神主太祖一室考而虛位將作待七百之祚遞遷方處庶上依晉宋傍愜人情於是八座奏曰臣聞揖讓受終之后革命創制之君何嘗不崇親親之義篤尊尊之道虔奉祖宗致敬郊廟自義乖闕里學滅秦庭儒雅旣衰經籍湮殄雖兩漢纂修從及魏晉敦尚斯文而宗廟制度典章散逸習所傳而競偏說是所見而起異端自昔迄茲多歷年代語其大略兩家而已祖鄭玄者則陳四廟之制述王肅者則引

七廟之文貴賤混而莫辯是非紛而不定陛下至德自然孝思罔極號慕踰匹夫之志制作窮聖人之道誠宜定一代之宏規爲萬世之彝則臣奉述叡旨討論往載紀七廟者寔多稱四祖者蓋寡較其得失昭然可見春秋穀梁傳及禮記王制祭法禮器孔子家語竝云天子七廟諸侯五廟大夫三廟士二廟尚書曰七世之廟可以觀德至於孔卿孔安國劉歆班彪父子孔晁虞喜干寶之徒或學推碩儒或才稱博物商較古今咸以爲然故其文曰天子三昭三穆與太祖之廟而七晉宋齊梁皆依斯義立親廟六豈非有

國之茂典不刊之休烈乎若使違群經之明文從累代之疑議背子雍之篤論遵康成之舊學則天子之禮下逼於人臣諸侯之制上僭於王者非所謂尊卑有序名位不同者焉况夫禮緣人情自非天降大孝莫重於尊親厚本莫先於嚴配數盡四廟非貴多之道祀建七世得加隆之心是知德厚者流光乃經世之高義德薄者流卑寔不易之令範臣等參議請依晉宋故事立親廟六其祖宗之制式遵舊典庶承天之道與於理定之辰尊祖之義成於孝治之日制從之於是增脩太廟始崇祔弘農府君及高祖神主并舊四室爲六室

貞觀中大宗謂禮官曰同爨尚有緦麻服恩而嫂叔無服又舅之與姨親疎相似而服紀有殊理未得宜集學者詳議餘有親重而服輕者亦附奏聞丁邪尚書八座禮官定議曰臣竊聞之禮所以決嫌疑定猶豫別同異明是非者也非從他出人情而已矣親疎有九服術有六隨恩以薄厚稱情以立文然舅之與姨雖爲同氣論情度義先後寔殊何則舅爲母之本族姨乃外戚他姓求之母族姨不預焉考之經文舅誠爲重故周王念齊稱舅甥之國秦伯懷晉切渭陽之詩今在舅服止一時爲姨居喪五月循名責寔逐末棄本蓋古人之情或有未達所宜損益寔在茲乎記曰兄弟之子猶子蓋引而進之也嫂叔之不服蓋推而遠之也禮繼父同居則爲之朞未嘗同居則不爲服從母之夫舅之妻二夫相爲服或曰同爨緦然則繼父之徒並非骨肉服重繇乎同爨緦輕在乎異居故知制服雖繼於名亦緣恩之厚薄者也或有長年之嫂遇孩童之叔劬勞鞠養情若所生分饑共寒契闊偕老譬同居之繼父方他人之同爨情義之深淺寧可同日而言哉在其生也愛之同於骨肉及其

死也則曰推而遠之求之本源深所未喻若推而遠之爲是則不可生而共居生而共居爲是則不可死同行路重其生而輕其死厚其始而薄其終稱情立文其義安在且事嫂見稱載籍非一鄭仲虞則恩禮甚篤顔弘都則竭誠致感馬援則見之必冠孔伋則哭之爲位此並躬踐教義仁深孝友察其所行之旨豈非先覺者歟但於時上無哲王禮非下之所議遂使深情鬱乎千載至禮藏於萬古其來久矣豈不惜哉今屬欽明在辰聖人有作五禮詳洽一物無遺猶且永念慎終凝神遐想以爲尊卑之敘雖煥乎大

備喪紀之制或理有未隆爰命秩宗更詳考正臣等奉遵明命觸類傍求採摭羣經討論傳記或引兼名實無文之禮咸秩敦睦之情畢舉厚薄俗於滓往垂篤義於將來信六籍所不能談超百王而獨得者也諸儒所守無有異同詳求厥中申明聖旨謹按高祖父母舊服齊衰三月請加爲齊衰五月嫡子婦舊服大功請加爲朞衆子婦舊服小功今請與兄弟子婦同爲大功九月嫂叔舊無服今請小功五月報其弟妻乃夫兄亦小功五月舅舊服緦麻請於從母同服小功制可之

顔師古爲秘書監貞觀九年十一月詔曰太原之地肇基王業事均豐沛義等宛譙理宜別建寢廟以彰聖德詳覽漢典抑有成規但先皇遺旨務存儉約虔奉訓誡無忘啓處宜令禮官與公卿等詳議以聞師古議曰臣究觀祭典考驗禮經宗廟皆在京師不與下土別置至若周之酆鎬並爲遷都乃是因事更營非云一時俱立其郡國造廟爰起漢初率意而行事不稽古原流漸廣大違典制是以貢禹韋玄成等招聚儒學博詢廷議據禮陳奏遂從廢毀自斯巳後彌歷年代輟而不爲今若增立寢廟別安主祐有乖先旨靡率舊章垂裕後昆理謂不可固宜勉割深衷俯從大禮

韋挺爲太常卿貞觀十六年四月有司言將行禘祭依令禮祫享功臣配享於廟廷禘享則不配依今祫祭之日功臣並得配享請集禮官學士等議挺等一十八人議曰古之王者富有四海而不朝夕上膳於太廟者患其過禮也故曰春秋祭祀以時思之至於臣有大功享祿其後子孫率禮絜粢豐盛礿祠蒸嘗四時不輟國家大祫又得配焉所以昭明其勳尊顯其德以勸嗣臣也其禘及時享功臣皆不應預故周

禮六功之家皆配太蒸而巳先儒皆以大蒸爲祫祭高堂隆庾蔚之等多遵鄭學未有將爲時享又漢魏祫祀皆在十月晉朝禮官欲用孟秋殷祭左僕射孔安國啓彈坐免官者不一梁初務禘功臣左丞何佟之義武帝久而依行降暨周齊俱遵此義竊以五年稱殷合禮祭大道一大一小通人雅論小則人臣不預大則兼及有功今禮禘無功臣誠謂禮不可易詔改令從禮爲是年太宗征遼渡遼澤詔朝高祖忌日有司請曰禮云君子有終身之憂而無一朝之樂此所爲星廻改歲親沒同辰思其居處不可爲樂自大駕

南贛晉徙東徙或增名似之節而出典彝之外既乖俯就流若不歸襄公擊淆陵而墨縗伯禽赴徐戎而變金革之事無所不通伏惟陛下親御六軍巳登毖境戎務繁擁伏待詔斷不可以遵先聖之嘗經畧近代之公議請今月六日所有軍機要切百司依式奏聞手詔答曰省所奏悲感何言天地運流弓劍聊邈方寸乆亂泣血無追憂乃終身豈惟一日哀以內結非假外彰今既戎旅事大不可失在機速昔周武伐殷載廟在道雖多虧小禮而功成大孝徙賢之道可不遵歟所以抑順古風俯從今請臨紙摧心動焉如割

許敬宗爲禮部尚書貞觀二十三年太宗神主祔廟敬宗奏言弘農府君廟應迭毀謹按舊議漢丞相韋玄成以爲毀主瘞埋但萬國宗享有所從來一旦瘞藏事非允愜晉博士范宣意欲別立廟宇奉征西等三主安置其中方之瘞埋頗叶情理然事無典故亦未足依又議者或言毀主藏於天府祥瑞所藏本非斯意今謹准量去祧之外猶有壇墠祈禱所及竊謂所宜今府廟制與古不同共基別室西方爲首若在西夾之中仍處尊位祈禱則祭未絕抵享方諸舊議情實可安弘農府君廟遠親殺詳據舊章禮合迭毀臣等參議遷奉神主藏於夾室本情篤教在理爲宜從之至高宗龍朔二年爲修禮官奏曰據祠令及新禮並用鄭玄六天之義圜丘祀昊天上帝南郊祭太微感帝明堂祭太微五天帝臣等謹按鄭玄唯據緯書所說六天皆謂星象而昊天上帝不屬穹蒼故注月令周官皆謂圜丘所祭昊天上帝北辰星耀魄寶又說孝經郊祀后稷以配天及明堂嚴父配天皆爲太微五帝考其所說乖謬特之深按易云日月麗於天百穀草木麗於地又云在天成象在地成形足明

神象非天草木非地毛詩傳云元氣昊大則稱昊天遠視蒼蒼則稱蒼天此則天以蒼爲體不入星辰之例且天地合一是日兩儀天上無二焉得有六是王肅群儒咸駁此義又簡太史圖圓丘天昊天上帝坐外別有北辰坐與鄭義不同得太史令李淳風等狀稱昊天上帝圖位自在第二與北斗並列爲星官內坐之首不同鄭玄據緯之說此乃羲和所掌觀象制圖推步有徵相沿不謬又按史記天官書等太微官有五帝者自是五精之神五星所奉以其是人主之象故況之日帝亦如房心爲天王之象並是天乎周

禮兆五帝於四郊又云祭五帝則掌百官之誓惟稱
五帝皆不言天自太微之神本非穹昊之天又孝經
唯云郊祀后稷無別圜丘之文王肅等皆以爲郊即
圜丘圜丘即郊猶王城京師異名同實符合經典其
義甚明而今從鄭說分爲兩祭圜丘之外別有南郊
違棄正經理涉未允且簡禮部式惟有南郊陪位更
不別載圜丘式文旣遵王肅祠令仍行鄭義令式相
乖理宜改革又孝經云嚴父莫大於配天下文即云
周公宗祀文王於明堂以配上帝明是明堂所祀正
在配天而以爲但祭星官交違明義又按月令孟春

之月抵穀於上帝左傳亦云凡祀啓蟄而郊郊而後
耕故祀后稷以祈農事然啓蟄郊生自以祈穀謂爲
感帝之祭事甚不經今請憲章姬孔去取王鄭肆郊
迎氣存太微五帝之祀南郊明堂廢緯書六天之義
其方丘祭地之外別有神州謂之北郊分地爲二文
旣無據理又不通請爲一祀以符古義仍並修附入
式永垂後則詔可之敬宗等又奏稱簡新禮祭畢收
玉帛牲醴置於柴上然後燔柴燎壇又在神壇之左
臣敬宗謹按祭祀之禮必先降神周人尚臭則祭燔
柴爲始然後行正祭祭地以瘞血爲先然後行正祭

文禮記論太常賀循上言積柴舊在壇南燎祭天之
牲用犢左胖漢儀用頭今郊用脅適足明燔柴所用
與升俎不同是知自在祭俎別燔牲體非於祭末燒
神餘饌此則晉氏之前仍遵古禮惟周魏以降妄爲
損益若告廟之幣事畢瘞埋因改燔柴將爲祭末事
無典實禮闕降神又燔柴正祭牲玉皆別蒼璧蒼犢
之流柴之所用四圭騂犢之屬祀之所須故郊天之
有四圭猶祀廟之有圭瓚是以周官典瑞文藝相因
並事畢收藏不在燔例而今新禮引用蒼璧不顧圭
瓚遂亦俱燔義旣有乖理難因襲又燔柴作樂俱以

降神則處置之宜須相依准柴燎在左作樂在南求
之禮情實爲不類且論說積柴之處在神壇之南新
禮以爲壇左交無典故今請改燔柴爲祭始位在樂
懸之南外壝之內其陰祀瘞埋亦請准此詔可之
敬宗等又奏曰依古喪服甥爲舅緦麻舅報甥亦同
制貞觀中八座議奏舅服同姨小功五月而今律疏
舅報甥服猶三月謹按傍尊之服禮無不報以非正
尊不敢降之也故舅爲從母五月從母報甥小功甥
爲舅緦麻舅亦報甥三月是其義也今甥爲舅服同
從母之喪則舅宜進甥以同從母之報修律疏人不

知禮意舅報甥服尚損緦麻例旣不通禮須刋正今請修改律疏舅服甥亦小功又曰庶母古禮緦麻新禮無服謹按庶母之子卽是已之昆季爲之杖齊而已與之無服同氣之內凶吉頓殊求之禮文深謂非禮請依故典爲服緦麻又皇帝爲諸臣及五服親舉哀禮著四服今乃云白帢禮令乖舛須歸一塗且白帢出自近代事非稽古風著令文不可行用請改爲素服以會禮文詔並從之

于志寧爲侍中永徽元年衡山公主欲出降長孫氏議者以時旣公除合行吉禮志寧上疏曰臣聞明君

馭曆當俟獻替之臣聖主握圖必資鹽梅之佐所以堯詢四岳景化洽於區中舜任五臣懿德被於無外左有記言之史右有記事之官大小咸書善惡俱載著懲勸於簡牘垂褒貶於人倫爲萬古之範圍作千齡之規鏡伏見衡山公主出降欲就今秋成禮切按禮記云女年十五而笄二十而嫁有故二十三而嫁鄭玄云有故謂遭喪也固知須終三年春秋云魯莊如齊納幣杜預云母喪未再朞而圖婚二傳不譏失禮明有故也此卽史策具載是非歷然斷在聖情不待問於臣下其有議者云准制公除之後須並從吉漢文創制其儀爲天下百姓至於公主服是斬縗縱使服隨例除無宜情隨例改心喪之內方復成婚非惟違於禮經亦是人情不可伏惟陛下嗣膺寶位臨統萬方理宜繼美羲軒齊芳湯禹弘奬仁孝之日敦崇名教之秋此事行之若難猶須抑而守禮況行之甚易何容廢而受譏此禮有識之所共知非假愚臣之說也伏願遵高祖之令軌畧孝文之權制國家於法無虧公主情禮得畢於是詔公主待三年服闋後出降

閻立德爲工部尚書永徽三年六月內出明堂九室

樣更令損益有司奏言內樣堂基三重每基十二階上基方三百尺高一筵下基方三百六十尺上基象黃琮爲八角四面安十二階請依內圖爲定其基請准周制高九尺方二百三十八尺中基下基望並不用又內樣室各方三筵開四闥八窻屋圓楣徑二百九十一尺按季秋大享五帝各在一室商量不便請依兩漢季秋合享總於大室若四時迎氣之禮則各於其方之正其安置九室之制增損明堂故事三三相重太室在中央方六丈其四隅之室謂之左右房各方二丈四尺當太室四面靑陽明堂總章玄堂等

室各長六尺以應太室闊二丈四尺以應左右房室間並通巷各廣一丈八尺其九室并巷在堂上總方一百三十四尺法坤之策屋圓楣指檐或爲未允請據鄭玄盧植等説以前梁爲楣其徑二百一十六尺法乾之策圓柱旁出九室四隅各七尺法天以七紀柱外餘基共作司約准面別各餘一丈七尺內樣室別四闥八窻撿於古今請依爲定其戶仍古外而不開內樣有柱三十六每柱十梁內有七間柱根以至上梁高三尺梁以上至屋峻計起高八十一尺上圓下方飛檐應規請依內樣爲定其蓋屋形制仍望據

考工記改爲四阿并依禮加重檐准太廟安鴟尾堂四面五色請依周禮白盛爲便其面向各隨方色請施四垣及四門辟雍按大戴禮及前代説辟雍多無水廣內徑之數蔡邕云水廣二十四丈四周於外三輔黃圖曰水廣四周與蔡邕不異仍云水外周隄又張衡東京賦稱造舟爲梁禮記明堂陰陽錄水左旋以象天商量水廣二十四丈恐傷較闊今請減爲二十四步垣水量取周足仍依故事造舟爲梁其外周以圓隄并取陰陽以行左旋之制殿垣按三輔黃圖殿垣四周方在水外高不蔽目殿門去殿七十二步准令行事設猶恐窄小其方垣四門去堂步數請准太廟南門去廟基遠近爲制仍立四門外觀依太廟門別各安三門施玄門闔四角造三重巍闕此後群儒分競各執異議尚書左僕射于志寧等請爲九室太常博士唐曠等請爲五室帝令所司於觀德殿依兩議張設親與公卿觀之帝曰明堂之禮自古有之議者不同未果營建今設兩儀公等以何者爲宜立德對曰兩儀不同俱有典故九室似闇五室似明取捨之宜斷在聖慮帝亦以五室爲便議又不定繇是且止

巡按福建監察御史臣李嗣京　訂正
分守建南道左布政使臣胡維霖　參閱
知建陽縣事臣黄國琦較釋

掌禮部　二十四

奏議第十四

唐長孫無忌爲太尉顯慶元年六月與脩禮官等奏曰伏見祀令以高祖太武皇帝配五天帝於明堂太宗文皇帝配五人帝亦在明堂之側座臣等謹尋方冊歷考前規宗祀明堂必配天帝而伏羲五代本配

五郊預入明堂自緣從祀今以太宗作配理有未安伏見永徽二年七月制建明堂追奉太宗已遵嚴配當時高祖先在明堂禮司致惑竟未遷祀率意定議遂便着令乃以太宗文皇帝降配五人帝雖復亦在明堂不得對越天帝深乖明詔之意又與先典不同謹按孝經云孝莫大於嚴父嚴父莫大於配天昔者周公宗祀文王於明堂以配上帝伏惟詔意義在於斯今所司殊爲失旨又尋漢魏晉宋歷代禮儀並無父子同配明堂之義祭法云周人禘譽而郊稷祖文王而宗武王鄭玄注曰禘郊宗祖謂祭祀以配食也

禘謂祭昊天於圓丘郊謂祭上帝於南郊祖宗謂祭五神於明堂也尋鄭此注乃以祖宗合爲一祭又以文武共在明堂連在配祀良爲謬矣故王肅駁曰古者祖宗自是不毁之名非配食於明堂者也審如鄭義則孝經當言祖祀文王於明堂不得言宗祀矣凡宗者尊也周人既祖其廟又尊其祀孰謂祖於明堂者乎鄭引孝經以解祭法而不曉周公本意殊非仲尼之義旨也又解宗武王云配勾芒之類是謂五神位在堂下武王降位失君敘矣又按六韜曰武王伐紂雪深丈餘五車二馬行無轍迹詣營求謁武王怪

而問焉太公對曰此必五方之神來受事耳遂以其名召入各以其職命焉亦既克殷風調雨順豈有生來受職殁則配之降尊敵卑理不然矣故春秋外傳曰禘郊宗祖報五者國之典者也傳言五者故知各是一事非謂祖宗合祀於明堂也臣謹上考殷周下洎貞觀並無一代兩帝同配於明堂唯南齊蕭氏以武明昆季並於明堂配食事乃不經未足援據又檢武德時令以元皇帝配於明堂兼配感帝至貞觀初緣情革禮奉祀高祖於明堂奉世遷祖專配感帝此即聖朝故事已有遞遷之典取法宗廟古之制焉伏

惟太祖景皇帝締構有周建絶代之丕業啓祚汾晉創聖曆之洪基德邁發生道符立德又世祖元皇帝潛鱗韜慶屈道事周遵濬發之靈源肇光澤之垂裕稱祖清廟萬代不遷請停配祀以符古義伏惟高祖太武皇帝躬受天命奄有神州創制改物體元居正爲國始祖抑有舊章昔者炎漢高帝當塗太祖皆以受命例並配天請遵故實奉祀高祖於圓丘以配昊天上帝伏惟太宗文皇帝道格上玄功清下黷拯率土之塗炭布大造於生靈請准詔明堂以配上帝又請依武德故事兼配感帝作主斯乃遠協孝經近申

詔意從之

是年九月又奏曰惟武德初撰衣服令乘輿祀天地服大裘冕九旒臣無忌志寧敬宗等謹按郊特牲云周之始郊日以至被衮以象天戴冕藻十有二旒則天數也而此二禮俱說周郊衮與大裘事乃有異按月令孟冬天子始裘明以御寒理非當暑若啓蟄祈穀冬至報天行事服裘義歸通允至於季夏迎氣龍見而雩炎熾方隆如何可服謹尋歷代唯服衮章與郊特牲義旨相協按周廷輿服至云漢明永平二年詔採周官禮記始制祀天地服百官備十二章沈約宋書志云魏晉郊天亦皆服衮又王智深宋記曰明帝詔云以大冕純玉藻玄衣郊祀天地後魏周齊迄于隋氏勘其禮令祭服悉同斯則百王通典炎京無妨復爲祀經事無乖舛今請憲章故實郊祀天地皆服衮其大裘請停仍改禮令又改新祀皇帝祭社稷服繡冕四旒三章祭日月服玄冕三旒衣無章謹按令文是四品五品之服此即三公亞獻皆服衮衣孤卿助祭服毳及鷩斯典章數同於大夫君少臣多殊爲不可據周禮云祀昊天上帝則服大裘而冕五帝亦如之享先王則衮冕享先公則鷩冕祀四望山川

則毳冕祭社稷五祀則絺冕諸小祀則玄冕又云公侯伯子男孤卿大夫之服衮冕以下皆如王之服所以三禮義宗遂有三釋一云公卿大夫助祭之日所着之服降王一等又云悉與王同求其折衷俱未通允但名位不同禮亦異數天子以十有二爲節義在法天豈有四旒三章翻爲御服若諸臣助祭冕與王同便是貴賤無分君臣不別如其降王一等則王著玄冕之時臣次服爵弁既屈天子又貶公卿周禮此文久不施用亦猶祭祀之位立尸侑君親之拜臣子覆巢設硩蔟之官去鼃置蟈氏之職唯施周代事不

通行是故漢魏以來下迄隋代相承舊事唯用袞冕今新禮親祭日月乃服五品之服臨事施行極不穩便請遵歷代故實諸祭並用袞冕詔可之

二年七月又奏曰謹按禮記祭法云聖王之制禮也法施於人則祀之以死勤事則祀之以勞定國則祀之能禦大災則祀之能捍大患則祀之又云堯舜禹湯文武皆有功烈於人及日月星辰人所瞻仰非此族也不在祀典唯此帝王合與日月同例當加祭享義在報功爰及隋代並遵斯典漢高祖祭法無文但以前代迄今多行秦漢故事始皇無道所以棄之漢

祖立法垂裕於後自隋以下亦在祀例大唐稽古垂化網羅前烈唯此一祀咸秩未申新禮及令無祭先代帝王之令請聿遵故實三年一祭以仲春之月祭唐堯於平陽以契配祭虞舜于河陽以咎繇配祭夏禹于安邑以伯益配祭殷湯于偃師以伊尹配祭周文王於酆以太公配祭武王于鄗以周公召公配祭漢高祖于長陵以蕭何配又准貞觀二十一年詔以孔子爲先聖更以左丘明等二十一人與顔子俱配尼父於太學並爲先師今據永徽令文改用周公爲先聖遂出孔子降爲先師顔回丘明並無從祀謹按禮記云凡學春秋官釋奠于先師鄭玄云官謂詩書禮樂之官也先師者若漢禮有高唐生樂有制氏詩有毛公書有伏生可以爲之又禮記云始立學釋奠于先聖鄭注曰若周公孔子也據理爲定昭然自別聖則因天合德師則偏善一經漢魏以來取舍各異顔回夫子互作先師宣父周公更爲先聖求其節文遞有得失所以貞觀末親降綸言依禮記之明文酌成康之典記正夫子爲先聖加衆儒爲先師永垂制於後昆革往代之紕繆而今不詳制旨趣事刊改遂違明詔但成王幼年周公踐極制禮作樂功比帝王

所以禹湯文武成王周公爲六君子又說明堂孝道乃述周公嚴配此即姬旦鴻業合同王者祀之儒館實貶其功仲尼生衰周之末拯文喪之弊祖述堯舜憲章文武引聖教於六經闡儒風於前代故孟軻稱生靈以來一人而已自漢以降奕葉封侯崇奉其聖迄於今日胡可降茲上哲俯入先師又且丘明之徒見行其學貶爲從祀亦無故事請改令從詔於義爲允其周公仍依別禮配享武王詔並可之

隴西郡王博文爲司禮太常伯龍朔二年八月司文正卿蕭嗣業嫡繼母改嫁而卒請申心制有司奏稱

據令繼母改嫁及父爲長子並不改官乃下勅日雖云嫡母終是繼親據禮緣情須有定制付所司議定奏之博文等奏議曰緬尋喪服母名斯定嫡繼慈養皆在其中惟出母之制特言妻之子明非生巳皆則無服是以令着母嫁之夫又云出妻之子出言其子以別所生嫁則言母通苞養嫡俱當解任並合心喪其不解者惟有繼母之嫁繼爲名止據前妻之子嫡於諸孽禮無繼母之文申令今既見行嗣業禮申心制然奉勅議定方垂永則今有不安亦須釐正切以嫡繼慈養皆非所生嫁雖比出稍輕於父終爲義絶

繼母之嫁既殊慈母嫡義同繼豈合心喪望請凡非所生父母卒而嫁爲父後者無服非承重者杖朞並不心喪亦同繼母有符情禮無玷舊章又心喪之制唯施厭降杖朞之服悉不解官而令文三年齊衰亦入心喪例杖朞解官文有妻喪之姘又依禮庶子爲其母緦麻三月既是所生母服准例亦合解官令文漏而不言於事終須附入既與嫡母等嫁同不令條總講議改理之繼其禮及律疏有相關者亦請准此改正嗣業既嫡母改醮不合解官從之

孫茂道爲司禮少常伯龍朔二年九月奏稱准令諸臣九章服君臣冕服章數雖殊飾龍名衮尊卑相亂望請諸臣九章衣以雲及麟代龍升山爲上改名爲冕又依舊令六品七品着綠八品九品着青青深亂紫非卑品所服望請依舊六品七品着綠八品九品着碧朝參之處並依此制非常朝參處聽兼服黃從之

劉祥道爲司禮太常伯麟德二年上言准禮封壇舊儀當以奉常卿爲亞獻昔三代六卿位重故得佐祠爰至兩漢尚書秩卑亦以九卿行事自魏晉以降事歸臺省九卿皆爲常伯屬官今登封大禮不以三公

八座行事而用九卿無乃徇虛言而忘故事也帝又從其議乃詔封祠日以司徒徐王元禮爲亞獻祥道爲終獻

李敬貞爲羅舍府果毅麟德二年將封泰山敬貞上言曰淮南子云方諸陰燧大蛤磨拭令熱以向月則水生以銅盤受之下水數石王充論衡云陽燧取火於日方諸引水於月相去甚遠而火至水來者氣感之驗也漢舊儀云八月飲酎車駕夕牲以鑒方諸取水於月陽燧取火於日周禮考工記云有六齊金錫相半謂之鑒燧之齊鄭玄注云方鑒燧取火於日月

之器也准鄭此注則水火之器皆以金錫爲之今司宰有陽燧形如圓鏡以取明火陰鑒形如方鏡以取明水從比年祠祭皆用陽燧取火應時得之以陰鑑取水未有得者常用井水代之請准淮南論衡以方諸取之則禮神之物備矣帝令奉常與敬貞考驗其事敬貞又言周禮金錫相半自是造鏡之法鄭玄錯解以爲陰鑒之制又先嘗以八九月望夜取蛤一尺二寸者依法試之自人定至夜半得水數斗即與淮南論衡所說符同奉常奏曰封禪祭祀即須明水實樽敬貞所陳檢較有故實又稱先經試驗請令敬貞

取自蛤便付泰山與所司考驗從之詔曰古今典制文質不同至於制度皆隨代革唯祭祀天地獨不改章斯乃自處於厚奉天以薄又今封禪即用玉牒金繩器物之間復有瓦樽越席一時行禮文質頓乖駁而不備深爲未當其封祀降壇所設上帝后土位先設藁秸瓦甂瓢杯等並宜改用茵褥罍爵每事從文其諸郊祀亦宜准此

程玄素爲殿中侍御史總章元年高麗平將有事於南郊前一夕帝備法駕舉於太壇東北隅之壝外奉常既須儀注時玄素監祭事謂奉常卿裴明禮博士陸遵揩曰准儀注祭之日皇帝就次未升壇先引太尉奠玉升自午階禮以別同異辯嫌疑爲太尉人臣之責皇帝在次而先升午階可改也乃詣齋宫上奏曰臣伏見儀注皇帝升壇及降並繇午階初引太尉奠玉亦從南陛臣不敢廣陳典故以煩聖覽必謂君王不可與臣下同階太尉奠玉請從卯階依西獻禮則登降有數君臣道存從之夜漏五刻下奉常明禮又報奏帝不許曰我不讀書此誰之過也

史璨爲太常博士上元三年十月有司祫享于太廟璨奏議曰按禮緯三年一祫五年一禘公羊傳云五

年而再殷祭兩文雖互其義畧同禮記正義引鄭玄祫禘志云春秋僖公三十三年十二月薨文公二年八月丁卯大享于太廟公羊傳云大享者何祫也是三年喪畢新君二年當祫明年春禘于羣廟僖公宣公八年皆有禘則後禘去前禘五年以此定之則新君二年祫三年禘又昭公十三年齊姬薨至十三年喪畢當祫爲平丘之會冬公如晋至十四年祫十五年禘傳云有事于武宫是也至十八年祫二十年禘二十三年祫二十五年禘昭公二十五年有事于襄公是也如上所云則禘後後隔三年而祫巳後隔一

年而禘此則雅合禮經不違傳義自禘祫之祭依璨議定

賈大隱爲太常博士儀鳳二年太常以仲春告祥瑞於太廟高宗令禮官徵求故實大隱對曰古者祭以首時薦用仲月近代相承元日奏祥瑞二月告于廟益緣告必有薦便於禮也又簡貞觀以來勅令無文禮司因循不知所起高宗令依舊行焉

蘇知機爲太常博士是年上言曰去龍朔年司禮少常伯孫茂道奏請諸臣九章服與乘輿冕服章數雖殊飾龍名袞尊卑相亂望請諸臣九章衣以雲及麟

代龍升山爲上仍正冕名當時竟未施行今請制大明十二章乘輿服之加日月星辰龍或山火麟鳳玄龜雲水等象鷩冕八章三公服之毳冕六章三品服之黼冕四章五品服之詔下有司詳議崇文館學士較書郎楊炯奏議曰古者太昊庖犧氏仰以觀象俯以察法造書契而文籍生焉次有黃帝軒轅氏長而敦敏成而聰明垂衣裳而天下理其後數遷五德君非一姓體國經野建邦設都文質所以再而復正朔所以三而改夫改正朔者謂夏后氏建寅殷人建丑周人建子至於以日繫月以時繫年此則三王相襲之道也夫易服色者謂夏后氏尚黑殷人尚白周人尚赤至於山龍華蟲宗彝藻火粉米黼黻此又百代可知之道也謹按虞書曰予欲觀古人之象日月星辰山龍華蟲作會宗彝藻火粉米黼黻絺繡此言之則其所從來者尚矣夫日月星辰者光明炤下土也山者布散雲雨象聖王澤霑下人也龍者變化無方象聖王應機布教也華蟲者雉也身被五采象聖王體兼文明也宗彝者虎蜼也以剛猛制物象聖王神武定亂也藻者逐水上下象聖王隨世代之應也火者陶冶烹飪象聖王至德日新也米者人恃以生

象聖王物之所賴也黼者能斷割象聖王臨事能決也黻者兩已相背象君臣可否相濟也及有周氏乃以日月星辰爲旌旗之飾又登龍於山登火於宗彝於是乎製袞冕以祀先王九章者法陽數也以龍爲首章袞者卷也龍德神異應變潛見表聖王深沈遠制卷舒神化也又制鷩冕以祭先公鷩者雉也有耿介之志表公賢才能守耿介之節也又制毳冕以祭四望四望者岳瀆之神也虎蜼山林所生明其象也制絺冕以祭社稷社稷者土穀之神也粉米繇是而成象其功也又制玄冕以祭羣小祀也百神異形難

可遍擬但取黼之相背異名也夫以周公之才美也故化定制禮功成作樂夫以孔宣之將聖也故行夏之時服周之冕先王之法服乃此之自出矣天下之能事又於是乎異矣今表狀請奏大明冕十二章乘輿服之者謹按日月星辰者已施於旌旗龍虎山火者又不踰於古矣而云麟鳳有四靈之名玄龜有負圖之應雲有紀官之號水有盛德之祥此益別表休徵終是無餘比象然則皇王受命天地與符仰觀則璧合珠連俯察則銀黃玉紫暨南宮之粉壁不足寫其形狀譬東觀之鉛黃無以紀其名實固不可畢陳

於法服也雲也者龍從之氣也水也者藻之自生也又不假別為章目也此蓋不經之甚也又鷩冕八章三公服之鷩者天子之瑞也非三公之德也鷹鸇鷙鳥也適可以辯祥刑之職也羆熊猛獸也適可以旌武臣之力也又稱藻為水草無所法象引張衡賦云帶倒茄於藻井披紅葩之狎獵謂為蓮花取其文彩者夫茄者蓮莖變古從今既不如草木之名亦未達文章之制此又不經之甚也又毳冕六章三品服之者按此王者祀四望之服名也今三品乃得同王之毳冕而三公不得同王之袞名豈惟顛倒衣裳抑亦自相矛楯此又不經之甚也又絺冕四章五品服之考之於古則無其名驗之於今則無章首此又不經之甚也若夫禮惟從俗則命為制令為詔秦皇之故事猶可以適於今也夫義取隨時則出稱警入稱蹕乃漢國舊儀猶可以行於代矣亦何取於變周公之軌物改宣尼之法度者哉繇是竟寢知機所請

韋萬古為太常少卿儀鳳三年奏曰明堂大享准古禮鄭玄義祀五天帝王肅義祀五行帝貞觀禮依鄭玄義祀五帝顯慶以來新脩禮昊天上帝奉乾封二年勅祀五帝又奉制并祀昊天上帝者伏奉上元

三年三月勅五禮行用已久並依貞觀年禮定又奉去年勅顯慶已來新脩禮多有事不師古其禮並依周禮行事者今用樂須定所祀之神未審定依何禮臣以去年十二月錄奏至今未奉進止所以樂章不足上令廣召學者更參議

元萬頃為鳳閣舍人則天垂拱元年七月有司議圓丘方丘及南郊明堂嚴配之禮成均助教孔玄義奏議曰謹按孝經云孝莫大於嚴父嚴父莫大於配天既言莫大於配天明祀尊大之天昊天是也物之大者莫大於天推父比天與之相配行孝之大莫過於

此以明尊嚴之極也又易云先王以作樂崇德殷薦之上帝以配祖考鄭注上帝天帝也故知昊天之祭合祖考並配請奉太宗文武聖皇帝高宗天皇大帝配昊天上帝於圓丘義符孝經周易之文也神堯皇帝肇基王業應天順人請配感帝於南郊義符大傳之文也又按祭法云祖文王而宗武王祖始也宗尊也所以名祭爲尊始者明一祭之中有此二義又孝經云宗祀文王於明堂文王言祖而云宗也亦是通武王之義故知明堂之祭配以祖考請奉文武聖皇帝高祖天皇大帝配祭於明堂義符周易及祭法之

文也太子右諭德沈伯儀議曰謹按禮有虞氏禘黃帝而郊嚳祖顓頊而宗堯夏后氏禘黃帝而郊鯀祖顓頊而宗禹殷人禘嚳而郊冥祖契而宗湯周人禘嚳而郊稷祖文王而宗武王鄭玄注云祖宗謂祭祀以配食也禘謂祭昊天於圓丘祭上帝於南郊曰郊祭五帝五神於明堂曰祖宗伏尋嚴配之人於此最爲詳備虞夏則郊嚳殷人則捨契郊冥去取既差前後乖次得禮之序莫尚於周禘嚳郊稷不聞於二王明堂宗祀始兼於兩配成以文王武王父子殊別文王爲父上主五帝武王對父下配五神孝經云嚴父

莫大於配天則周公其人也若周公宗祀文王於明堂以配上帝不言嚴武王以配天則武王雖在明堂理未齊於昭配稱天宗祀義獨主於尊嚴雖同兩祭終爲一主故孝經緯曰后稷爲天地主文王爲五帝宗也必若一神兩祭千祠萬獻蘋蘩禮虧於數此則神無二主之道禮崇一配之義切尋貞觀永徽共遵專記顯慶之後始創兼尊必順古而行實謂從周爲美高祖神堯皇帝請配圓丘方丘太宗文武聖皇帝請配南郊北郊高宗天皇大帝德邁九皇功開萬寓制禮作樂告禪昇中率土共休普天同賴雖莫大之

孝理當總配五天萬頃與鳳閣舍人范履氷等議曰伏惟高祖神堯皇帝鑿乾構象闢土開基太宗文武聖皇帝紹統披元脩機闡極高宗天皇大帝弘祖宗之大業廓文武之宏規三聖重光千年接旦神功叡德罄南面而難稱盛烈鴻猷超古今而莫擬豈徒錙銖堯舜糠粃殷周而已哉謹按見行禮昊天上帝等五祠所咸奉高祖神堯皇帝太宗文武聖皇帝兼配今議者引祭法周易孝經之文雖近稽古之詞殊失因心之旨但子之事父臣之事君孝以承志忠而順美竊惟兼配之禮待稟先聖之懷爰取訓於通規遂

申情於大孝詩云昊天有成命二后受之易曰殷薦之上帝以配祖考敬尋厥旨本合斯義今若遠據遺文近乖成典拘常不變守滯莫通便是臣黜於君遽易郊丘之位下非於上靡遵弓劒之心豈所以申太后哀感之誠循皇帝孝思之德愼終追遠良謂非宜嚴父配天寧當若是伏據見禮高祖神堯太宗文武聖皇帝今旣先配五祠理當依舊先攺高宗天皇大帝齊尊耀魄等邃舍樞淵三葉之宏規開萬代之鴻業重規疊矩在功烈而無差享地郊天豈祠祝之有別請奉高宗天皇大帝歷配五祠制從萬頃議

韋叔夏爲春官郎中天授二年十月奏言謹按禮明堂大享唯禮五方五帝故月令季秋令云是月也大享帝則曲禮所云大享不問卜鄭玄注云謂徧祭五帝於明堂莫適卜是也又按祭法云祖文王而宗武王鄭玄注云祭五帝五神於明堂曰祖故孝經云宗祀文王於明堂以配上帝據此文明堂正禮唯五帝配以宗祖及五帝五官神等自外餘神並不合預伏唯陛下追遠情深崇禮志切故於明堂享祀加昊天上帝皇帝祇重之以先后配享此乃補前王之闕典弘嚴配之虔誠往以神都郊壇未建乃於明堂之下廣祭衆神蓋義出權時非不刊之典也謹按禮經其內官中官等五岳四瀆諸神並合從祀於二至明堂總奠事乃不經然則宗祀配天雜與小神同薦於尊嚴之道理有不安望請每歲元日唯祀天地大神配以帝后其五岳以下請依禮於冬夏二至從方丘圜丘庶不煩黷從之

王方慶爲鸞臺侍郎萬歲通天二年七月淸邊道大總管建安王攸宜平契丹凱旋詣闕獻俘內史王其善以爲軍將入城例有軍樂今旣屬孝明皇帝忌月請備而不奏方慶奏曰臣謹按經但有忌日而無忌

月晉穆帝納后用九月九月是康帝忌月于時疑下太常禮官荀納議稱禮只有忌日無忌月語若有忌月合有忌歲益無理據當時從納所議軍樂是軍容與常樂不等臣謂振作於事無嫌從之聖曆元年方慶又奏議曰唯今朞喪大功未葬並不得預朝賀仍終喪不預宴會比來朝官不遵禮法身有哀慘陪預朝會手舞足蹈公違憲章名教旣虧實黜皇化伏望申明令式更令禁斷從之

巡按福建監察御史臣李嗣京 訂正
知長樂縣事臣夏允彝參閱
知建陽縣事臣黄國琦較釋

掌禮部 二十五

奏議第十五

唐吳陽吾爲成均博士則天聖曆元年臘月辛亥制每月一日於明堂拜告朔之禮博士辟閭仁諝奏議曰謹按經史正文無天子每月告朔之事唯禮記玉藻云天子聽朔於南門之外周禮天官太宰正月之

吉布政于邦國都鄙干寶注云周正建子之月告朔日也此即玉藻之聽朔矣今每年歲首元日於通天宮受朝讀時令布政事京官九品已上諸州朝集使等咸列於廷此則聽朔之禮畢而合於周禮玉藻之文矣而鄭玄注玉藻聽朔以秦制月令有五常五官之事遂云凡聽朔必特牲告其時帝及其神配以文王武王此鄭注之謬也故漢魏至今莫之用按月令云其帝太昊其神句芒者謂宣布時令告示下人其令詞云其帝其神爾所以敬授之欲使人奉其時而務其業每月有令故謂之月令非謂天子月朔日以以祖配帝而祭告之其每月告朔諸侯之禮也故春秋左氏傳曰公既視朔遂登觀臺又鄭注論語云禮人君每月告朔於廟有祭謂之朝享魯自文公始不視朔是諸侯之禮明矣今王者行之非所聞也按鄭所謂告其帝者即太昊等五人告其神者即重黎等五行官雖功施於人列在祀典無天子每月拜祭告朔之文臣謹按禮論及三禮義宗江都集禮貞觀禮顯慶禮及祠令並無天子每月告朔之事若以爲代無明堂故無告朔之禮則江都集禮貞觀禮顯慶禮及祠令著祀五方上帝於明堂即孝經宗祀文王於

明堂也此則無明堂而著其享祀何爲告朔獨闕其文若以爲君有明堂即合告朔則周秦有明堂而經典正文並無天子每月告朔之事臣等詳求今古博考載籍既無其禮不可襲非望請停每月一日告朔之祭以正國經竊以天子之尊而用諸侯之禮非所謂頒告朔令諸侯奉而行之義也鳳閣侍郎王方慶又議奏曰謹按明堂天子布政之宮也蓋非所以明天氣統萬物動而儀德被於四海者夏曰世室殷曰重屋姬曰明堂此三代之名也明堂天子太廟所以宗祀其祖以配上帝東曰青陽南曰明堂西曰總章

北曰玄堂中曰太室雖有五名而以明堂爲主漢代達學通儒咸以明堂太廟爲一漢左中郎將蔡邕立議亦以爲然取其宗祀則謂之清廟取其正室則謂之太室取其向陽則謂之明堂取其建學則謂之大學取其圜水則謂之辟雍異名而同事古之制也天子以孟春正月上辛於南郊總授十二月之政還藏於祖廟月取一政班於明堂諸侯孟春之月朝於天子受十二月之政藏於祖廟月取一政而行之蓋所以和陰陽順天道也如此禍亂不作災害不生矣仲尼美而稱之明王之以孝理天下也君以其禮告廟

則謂之告朔聽視此月之政則謂之視朔亦曰聽朔雖有三名其實一也今禮官議稱按經史正文無天子每月告朔之事者臣謹按春秋文公六年閏十月不告朔穀梁傳曰閏附月之餘日天子不以告朔左氏傳云閏月不告朔非禮也閏以正時時以作事事以厚生生人之道於是乎在矣不告閏朔棄時政也臣據此文則天子閏月亦告朔矣寧有別月而廢其禮者乎傳考經籍其文甚著何以明之周禮太史職云頒告朔於邦國閏月告王居門終月又禮記玉藻文云閏月則闔門左扉立于其中並是天子閏月而行告朔之事也禮官又稱玉藻天子聽朔於南門之外周禮天官太宰正月之吉布政於邦國都鄙干寶注云周建子之月告朔日也此即玉藻之聽朔矣今每歲首元日通天宮受朝讀時令布政事京官九品已上諸州朝覲使等咸列於廷此聽朔之禮畢而合於周禮玉藻之文禮論及三禮義宗江都集禮貞觀禮顯慶禮及祠令無王者告朔之事者臣按玉藻云玄冕而朝日於東門之外聽朔於南門之外鄭玄注云朝日春分之時也東門皆謂國門也明堂在國之陽每月就其時明堂而聽朔焉卒事反宿於路寢凡

聽朔必以特牲告其時帝及其神配以文王武王臣謂今歲首元日通天宮受朝讀時令及布政自是古禮孟春之上辛受十二月之政藏於祖廟之禮爾而月取一政班於明堂其義昭然猶未行也即如禮官所言遂闕其事臣又按禮記月令天子每月居青陽明堂總章玄堂即是每月告朔之事先儒舊說天子行事一年十八度入明堂大享不問卜一入也今禮官立義唯歲首一入爾與先儒旣異臣不敢同鄭玄云凡聽朔告帝臣愚以告朔之時五方上帝之一帝也春則靈威仰夏則赤熛怒秋則招拒冬則叶光紀

季月則合樞紐也並以始祖而配之人帝及神列在祀與亦於其月而享祭之魯自文公始不視朔子貢見其禮廢欲去其羊孔子以羊存猶可識其禮羊亡禮遂廢故云爾愛其羊我愛其禮也漢承秦滅學庶事草創明堂辟雍其制作闕漢武帝封禪始造明堂於太山既不立於京師所以無告朔之事至漢平帝元始中王莽輔政庶幾復古乃建明堂辟雍焉禘祫於明堂諸侯王列侯宗室子弟九百餘人助祭畢皆益戶賜爵及金帛贈秩補吏各有差漢末喪亂尚傳其禮爰至後漢祀典仍存明帝永平二年郊祀五帝

於明堂以光武配祭牲各一犢奏樂如南郊董卓西移載籍湮滅告朔之禮於此而墜暨于晉末戎馬生郊禮樂衣冠掃地總盡元帝過江是稱狼狽禮儀制度南遷蓋寡彞典殘缺無復舊章軍國所資臨事議之既闕明堂寧論告朔宋朝何承天纂集其文以爲禮論雖加編次事則闕如梁代崔靈恩撰三禮義宗但捃摭前儒因循故事而已隋大業中煬帝命學士撰江都集禮指抄撮舊禮更無異文貞觀禮顯慶禮及祠令不言告朔者蓋爲歷代不傳所以其文遂闕各有由緒不足依據今禮官引爲明堂證在臣誠實有疑陛下肇建明堂幸遵古典告朔之禮猶闕舊章欽若稽古應須補葺若每月聽政於明堂事亦煩數孟月視朔亦不可廢帝又令春官廣集鴻儒取方慶仁諝所奏議定得失陽吾與大學博士郭山惲奏曰臣等謹按周禮禮記及三傳皆有天子告朔之禮天子頒告朔於諸侯秦政焚滅詩書繇是告朔禮廢今明堂肇建總章新立紹百王之絕軌樹萬代之鴻規上以嚴祀祖宗下以敬授時令使人知禮樂道適中和災害不生禍亂不作今若因修班朔每月依行禮貴隨時事須沿革望依王方慶議用四時孟月及季

夏於明堂修復告朔之禮以頒天下其帝及神亦請依方慶用鄭玄義告五帝於堂上則嚴配之道通於神明至孝之德光於四海制從之

祝欽明爲禮部尚書中宗神龍元年三月制東都創置太廟社稷太常博士張齊賢建議曰昔孫卿子云有天下者事七代有一國者事五代則天子七廟古今達禮故尚書稱七代之廟可以觀德祭法稱王立七廟一壇一墠王制云天子七廟三昭三穆與太祖之廟而七莫不尊始封之君謂之太祖太祖之廟百代不遷祫祭之禮毀廟之主陳於太祖未毀之主皆

升合食於太祖之廟太祖東向昭南向穆北向商之契周之后稷是也太祖之外更無始祖但商自玄王已後十有四代至湯而有天下周自后稷已後十有七代至武而有天下其間代數稍遠遷廟親廟皆出太祖之後故合食有序尊卑不差其後漢高受命無始祖卽以高皇帝爲太祖太上皇之父立廟享祀不在昭穆合食之列爲尊於太祖故也魏武創業文帝受命亦卽以武帝爲太祖其高皇太皇處士君等並爲屬尊不在昭穆合食之列晉宣創業武帝受命亦卽以宣帝爲太祖其征西豫章潁川京兆府君等亦

爲屬尊不在昭穆合食之列歷兹已降至于有隋宗廟之制斯禮不易故宇文氏以文皇帝爲太祖隋室以武元皇帝爲太祖國家誕受天命累聖重光景皇帝始封唐公實爲太祖中間代數既近列在三昭三穆之内故皇家太廟唯有六室其弘農府君宣光二帝尊於太廟親盡則遷不在昭穆合食之數今皇極再造孝思匪寧奉二月二十九日勅七室已下依舊號尊崇文奉三月一日勅既立七廟須尊崇始祖速令詳定者伏尋禮經始祖卽是太祖太祖之外更無始祖周朝太祖之外以周文王爲始祖不合禮經或有引白虎通義云后稷爲始祖文王爲太祖乃鄭玄注詩雍序云太祖謂文王以爲說者其義不然彼以禮王者祖有功而宗有德周人祖文王而宗武王故謂文王爲太祖爾非祫祭羣主合食之太祖今之議者或有欲立梁武昭王爲始祖斯爲不可何者昔在商周稷卨始封湯武之興祚繇稷卨故以稷卨爲太祖卽皇家之景皇帝是也梁武昭王勳業未廣後主失國守土不傳景皇始封實基明命今乃捨封唐之盛烈崇西京之遠構考之前古實乖典禮魏氏不以曹參爲太祖晉氏不以殷王卬爲太祖宋氏不以楚

元王爲太祖齊梁不以蕭何爲太祖陳隋不以胡公楊震爲太祖則皇家安可以梁武昭王爲太祖乎漢之東京大議郊祀多以周郊后稷漢當郊堯制下公卿議者僉同帝亦然之唯杜林正議獨以爲周室之興祚繇后稷漢室特起功不緣堯祖宗故事所宜因循竟從林議又傳云欲知天上事問長人以其近之武德貞觀之時主聖臣賢其去梁武昭王蓋亦近於今矣當時不立者必不可立故也今既年代浸遠方復立之是非三祖二宗之意也實恐景皇失職而震怒武昭虚位而不答非社稷之福也宗廟事重禘祫

禮崇先王以之觀德或者不知其說旣灌而往孔子不欲觀之今朝命惟新宜應愼重祭如神在理不可誣請勑加太廟爲七室享宣皇以備七代其始祖不合別有尊崇太常博士劉承慶尹知章又議曰謹按王制天子七廟三昭三穆與太祖而七此載籍之明文古今之遺制唐皇稽考前範詳稱列辟崇建宗靈式遵斯典但以開基之王受命之君王迹有淺深而太祖有遠近昔湯文祚基稷禼太祖代遠出乎昭穆之上故七廟可也若夏繼唐虞功非鯀縣漢除秦項力不因堯及魏晉經圖周隋撥亂皆勳隆近代祖業

非遠受命始封之王不離昭穆之親故肇立宗祊罕聞令制夫太祖以功建昭穆以親崇有功百代而不遷親盡七葉而當毀或以太祖代淺廟數非備更於昭穆之上遠立合遷之君齒從七廟之文深乖迭毀之制皇家千齡啓聖四葉重光景皇帝睿德基唐代數猶近號雖宗於太祖親尚列於昭穆且臨六室之位未申七代之尊是知太廟當六未合有七故先朝唯有宣光景元神堯文武六代親廟文帝神主外祔於廟室以宣皇帝代數當滿准禮復遷上有先皇帝以下六代親廟非是天子之廟數不當七本緣太祖有遠近之異故初建有多少之殊敬惟三后臨朝代多儒雅神祊事重禮豈虛存規模可沿理資變革宜皇旣遷其廟不合重立若禮終運往建議復崇實違古制之文不合先廟之旨請依貞觀之故事無改三聖之宏規光崇六室不虧古義時有制令宰臣更加詳定禮部尚書祝欽明等奏曰博士三人自分兩義張齊賢以景帝始封爲唐宗太祖不合更祖昭王劉承慶以王制三昭不同重崇宣帝臣等商議依張齊賢景皇帝爲太祖依劉承慶崇六室制從之

是月欽明與禮官等奏謹按經典無先農之文禮記

祭法云王自立社曰王社先儒以爲其社在籍田詩再芟篇序云春籍田而祈社稷也永徽年中猶名籍田垂拱已後刪定改爲先農然先農與社本是一神妄有改張以惑人聽其先農壇以應經禮王社之義其祭先農改爲帝社禮仍令用孟春吉亥祠后土以句龍氏配制從之於是改先農爲社壇立丙帝稷壇禮同太社太稷壇不備方色所以異乎太社也

彭景直爲太常博士景龍二年諸陵每日奠祭景直以爲乖於古禮上疏奏曰謹按三禮正文無諸陵日祭之事惟著宗廟月祭之禮故祛祭云天下有王分

地建國置都立邑設廟祧壇墠而祭之乃爲親疏多少之數是故王立七廟一壇一墠曰考廟曰王考廟曰皇考廟曰顯考廟曰祖考廟皆月祭之遠廟爲祧有二祧享嘗乃止去祧爲壇去壇爲墠壇墠有禱焉祭之祭志云天子之廟始祖及高祖祖考皆每月朔加薦以象平生朔食也謂之月祭二祧也廟無月祭此譙周所著與古禮義相附近亦無日祭之文今諸陵月祭有朔望并諸節日斯則古禮殷事之義矣諸節日猶古薦新之義矣故鄭玄注禮記云殷事月朔月半薦新之奠也又注儀禮云月朔月半猶平常之

朝夕也大祥之後及諸節四時焉此則古者祭皆在廟近代以來始分月朔月半及諸節日祭於陵寢在廟四時正享及臘爲五享前所奏定並依古禮正文不旁求外傳故祭義云祭不欲數數則煩煩則不敬考據經史無日祭於漢七廟議京師自高祖下至宣帝與太上皇悼皇考各自居陵旁廟又園中各有寢便殿日祭於寢月祭於廟時祭於便殿至元帝時貢禹以爲太煩奏請罷郡國廟丞相韋玄成等議七廟之外寢園皆無復修奏可議者亦以爲不欲祭數數則黷宜復古禮四時祭於廟丞相康衡亦奏七廟迭毁之義帝從之又數改劉歆以爲禮去事有殺引春秋外傳云日祭月祀二祧則時享壇墠則歲貢至後漢陵寢致祭祀無明文以言魏氏三祖皆不祭於墓故晉書云魏文帝黃初元年自作終制立壽陵無封樹無寢殿夫塋者藏也欲人之不明見禮不墓祭欲存亡不黷也明帝遵奉之晉宣帝預於首陽山爲土藏不墳不樹斂以時服不設明器景文皆奉成命無所加焉景帝後依宣帝故事自魏三祖以下不於陵寢致祭並附於古禮至於江左亦不崇園寢及宋齊梁陳其祭並無聞今參詳以爲三禮者不刊之書懸

諸日月外傳所記不與經合不合依憑國家率由典章討論典禮謀事作範垂裕將來擇善而行依經爲允其諸陵請准禮停日祭疏奏上謂侍臣曰禮官奏言諸陵准禮不合別進食者但禮因人情事有沿革陵寢如昨祇薦是常乃按日月之期請停朔夕之奠乍覽此奏哀慕增懷乾陵宜依舊朝晡進奠昭獻二陵每日一進所司供辦辛苦可減朕嘗膳以爲常式因歔欷久之

唐紹爲太常博士舊制每年四季之月嘗遣使往諸陵起居景龍二年三月紹以爲准諸事元無此禮止

謂送形而往山陵爲幽靜之宮迎精而返宗廟爲享薦之室但以春秋仲月命使巡陵鹵薄衣冠禮容必備自天授已後時有起居因循至今乃爲嘗事起者以起動爲克居者以居止爲名詳起居之義非陵寢之法生事以禮必勤於定省死葬以禮當閟於安厝豈可以事居之道行送往之時敢辭命使勞繁但恐不安靈域又降誕之日穿針之辰皆以續命爲名時人多有進奉今聖靈日遠仙駕難追進止起居恐乖先典況京畿傳驛機速極繁加以諸陵往來其馬便多死損望停四季及降誕并節日起居陵使但唯式

二時巡陵庶得義合禮經陵寢安謐制不許又武氏昊陵順陵置守戶五百人又梁宣王三思及魯忠王崇訓墓各置守戶六十人又韋氏襃德廟守戶一百人紹以爲深乖常典上疏曰謹按昊陵順陵恩勅特令依舊因循前例守戶與昭陵數同又先代帝王陵戶唯二十人今雖外氏恩隆亦須附近常典請准式量減取足防閑庶無逼上之嫌不失尊崇之道又親王守墓唯得十人梁魯近加追贈不可越於本爵唯令贈官用蔭各減正官一等故知贈之與正義有抑揚禮不可踰理須義制請同親王墓戶各置十人爲限又太廟宿衛准配正兵縱令壖內掃除還以其兵應役襃德別加廟戶兼配軍人既益煩勞又虧常典縱使恩加極禮須准太廟汙隆別置百人亦請停不納三年遷左臺侍御史兼太常博士是年十一月十三日乙丑冬至陰陽人盧雅等請奏促冬至就十二日甲子以爲吉會紹奏曰禮所以冬至祀圜丘於南郊夏至祭方澤於北郊者以其日行躔次極於南北也日北極當晷度循半日南極當晷度環周是日一陽交生爲天地交際之始故易曰復其見天地之心乎即冬至卦象也一歲之內吉莫大焉甲子但爲六

甲之首一年之內隔月常遇既非大會當斟運未周唯總六甲之辰助四時而成歲今欲避環周以取甲子是背大吉而就小吉也太史令傅孝忠奏曰准漏刻經南陸北陸并日校一分若用十二日甲子即欠一分未南極即不得爲至帝曰俗諺云冬至長於歲亦不可改竟依紹議以十三日乙丑祀圜丘焉遷左司郎中又上疏曰臣聞王公以下送終明器等物具標甲令品秩高下各有節文孔子曰明器者不用備物以芻靈者善爲俑者不仁傳曰俑者有面目機微似於生人也以此而葬殆於殉故曰不仁比者王公

百官競爲厚葬偶人象馬雕飾如生徒以眩耀路人本不因心致禮更相扇慕破產傾資風流遂行下兼士庶若無禁制奢侈日增望請王公已下送葬明器皆依令式並陳於墓所不得衢路將行士庶結親之儀備諸六禮所以承宗廟事舅姑當須昏以爲期詰朝謁見往者下里庸鄙時有鄣車邀其酒食以爲戲樂近日此風轉盛上及王公乃廣陳音樂多集徒侶遮擁道路留滯淹時邀致財物動踰萬計遂使鄣車之禮過於聘財歌舞諠譁殊非助感旣虧名教實蠹風猷違紊禮經須加節制請昏嫁鄣車者並令禁斷

其犯者官蔭家請准名教例付簿無蔭人决杖六十各科本罪制從之

褚元量爲國子司業兼修文館學士景龍二年將親祀南郊禮官博士修定儀注國子祭酒祝欽明司業郭山惲等皆希旨請以皇后爲亞獻元量獨與太常博士唐紹蔣欽緒固爭以爲不可元量建議曰夫郊祀者帝王之盛事國家之大禮其行禮者不可以臆斷不可以請求皆上順天心下符人事欽若稽古率由舊章然後可以交神明可以膺福祐然禮文雖衆莫如周禮周禮者周公致太平之書先聖極由衷之典法天地而行教化辯方位而敘人倫其義可以幽贊神明其文可以經緯邦國備物致用其可忽乎至如冬至圜丘祭中最大皇后內主禮位甚尊若合郊天助祭當具著禮典今遍檢周禮都無此制蓋緣祭天南郊不以地配唯將始祖爲主不以祖妣配天故唯皇帝親行其禮皇后不合預也謹按太宗伯職云若王不祭祀則攝位注云王有故代行其祭事下文云凡大祭祀王后不預則攝其薦豆籩不親徹若皇后合助祭承此下文當云若不預祭祀則攝其薦豆今於文上更起凡則是别生餘事與上異則别起凡

凡者生上起下之名不專繫於本職周禮一部之內此例極多備在文中不可具錄又王后助祭親薦豆籩而不親徹者按九嬪職云凡祭祀贊后薦注云后進之而不徹則知申徹者爲宗伯生文若宗伯攝祭則宗伯親徹不别使人又按外宗掌宗廟之祭王后不預則贊宗伯此之一文與上文相證何以明之按外宗唯掌宗廟祭祀不掌郊天足明此文是宗廟祭也按王后行事總在內宰職中檢其職唯云大祭祀後祼獻則贊瑶爵亦如之鄭注云謂祭祀宗廟也注所以知者以文不祼獻祭天無祼以此得知又祭天

之器則用陶匏亦無瑶爵又以此知是宗廟也又内司服掌王后六服無祭天服而巾車職掌王后之五輅亦無后祭天之輅祭天之獻無后亞獻以此諸文參之故王后不合助祭天也唯漢書郊祀志則天地合祭祭皇后預享之事此則西漢末代强臣擅朝悖亂彛倫黷神諂祭不經之典事涉誣神故易傳曰誣神者殃及三代泰誓曰王稽古立功立事可以永年承天之大律斯史策之良誡豈可不知今南郊禮儀事不稽古叅守經書不敢黙然請旁詢碩儒俯遵舊典採曲臺之故事行圜丘之正儀使神明叶晧曠之

塗天下知文物之盛豈不幸甚時宰相韋巨源等阿旨叶欽明之議竟不從元量所奏

第四頁十七行一入也下脫二十二字

每月告朔十二入也四時迎氣四入也巡狩之年一入也

冊府元龜

巡按福建監察御史臣李嗣京訂正

知閩縣事臣曹學臣叅閱

知建陽縣事臣黄國琦較釋

掌禮部

奏議第十六

唐韋湊爲太府少卿睿宗景雲元年十月太子重俊謚曰節愍湊上疏曰臣竊見故太子重俊擁北軍禁旅上犯宸居破扉斬關突禁而入騎騰紫微兵指黄屋孝和移御玄武門以避其鋭親降德音以諭順逆

而太子據鞍自若督衆不停俄而其黨悔非轉逆爲順或廻兵討賊或投狀自拘多許伏誅太子逃竄向使同惡共濟以成不道其爲禍也胡可忍言及孝和引見羣臣兩淚交集曰幾不共卿等相見其爲危懼不亦甚乎臣每思之不勝憤毒今聖明雪罪禮葬謚爲節愍臣切惑焉昔漢成帝之爲太子行不絶馳道周之衰微也秦師過周左右免胄而王孫滿猶以其不卷甲譏其無禮必敗由是言之秦稱兵宮内跨馬御前其爲悖逆不亦甚乎以其斬武三思父子而嘉之乎弄兵討逆以安君父可也當解甲於朝以請罪而乃因欲危君父是競爲逆也以其廢韋氏而嘉之乎韋氏逆未彰義絶可也而當時韋氏逆節未彰韋則母也太子子也豈有廢母之理乎又非中宗之命而廢之是刼父廢母也夫君或不君臣安可不臣父或不父子安可不子借君父有桀紂之行臣子無廢殺之理昔獻公惑驪姬之譖將殺太子申生公子重耳曰子盍行乎申生曰不可天下豈有無父之國吾何行之申生受賜而死再拜自縊其行如此僅謚曰恭今則反是可謚節愍乎漢武末年江充爲巫蠱陷太子遂矯節斬充因而逃匿非稱兵詣闕無逆誅於

父然身死於湖不葬無謚至宣帝時方獲禮葬而猶謚曰戾今節愍之行豈可比之乎又陛下之猶子也而可謚爲節愍臣願得與謚者議於御前若臣言爲非甘趍鼎鑊也書奏不納後爲將作大匠開元六年別造義宗廟湊上疏曰臣聞王者制禮是曰規模規模之興實資師古師古之道必也正名惟名與實故當相副其在宗廟禮之大者豈可失哉禮祖有功而宗有德祖宗之廟百代不毁故殷太甲曰太宗太戊曰中宗武丁曰高宗於周宗文王武王漢則文帝爲太宗武帝爲世宗其後代有稱宗皆以方制海内德

澤可宗列於昭穆其於不毀祖宗之義不亦大乎况孝敬皇帝位正東宮未嘗南面聖道誠冠於儲副德教不被於寰瀛立廟稱宗恐非合禮况別起寢廟不入昭穆稽諸祀典何義稱宗而廟號義宗稱之萬代以臣庸識且謂不可望更令有司詳議務合於禮於是太常請以本謚孝敬爲廟稱從之

源乾曜爲諫議大夫景雲二年二月上疏曰夫聖王理天下也制人情人情正則孝於家忠於國此道不替無不理也故君子三年不爲禮禮必壞三年不爲樂樂必崩是以古人擇士先觀射以明和容之義非

取樂一時夫射者別正邪觀德行中祭祀辟冠戎古先哲王莫不遁襲臣竊見數年以來射禮便廢或緣所司惜費遂令大射有虧臣愚以爲所費者財所全者禮故孔子云爾愛其羊我愛其禮今乾坤再闢日月貞明望大射之儀春秋不廢聖人之教今古常行天下幸甚

劉子玄爲太子左庶子景雲二年八月皇太子將釋奠於國學有司草儀注令從臣皆乘馬著衣冠子玄進議曰古者自大夫已上皆乘車而以馬爲騑服魏晉以來迄于隋氏朝士又駕牛車歷代經史具有其事不可一一言也且如李廣北征解鞍憩息馬援南伐據鞍顧眄行於軍旅戎服所乘貴於便習者也按江左官至尚書郎而乘輕馬則爲御史所彈又顏延之罷官後好騎馬出入閭里當代稱其放誕此則專車憑軾可襲朝衣單馬御鞍宜從褻服求之近古灼然之明驗也自皇家撫運沿革隨時至如陵廟巡謁王公冊命則盛服冠履乘彼輅車其士庶有衣冠親迎者有服箱充馭者在他事無復乘車貴賤所行通用鞍馬而已臣伏見比者鑾輿出幸法駕首塗左右侍臣皆以朝服乘馬夫冠履而出可配車而行今乘

車既停而冠履不易可謂唯知其一而未知其二也何者褒衣博帶革履高冠本非馬上所施自是車中之服必襪而升鐙跣以乘鞍非唯不師古道亦自驚於今俗求之折中進退無可且長裾廣袖襜如翼如鳴佩紆組鏘鏘奕奕馳驟於風塵之內出入於旌棨之間儻馬有驚逸人從顛墜遂使屬車之右遺履不收清道之旁絓驂相續固以受嗤行路有損威儀今議者皆以祕閣有梁武帝南郊圖多有衣冠乘馬者此則近代故事不得謂之無文臣按此圖是後人所爲非當時所撰且觀有古今圖畫者多矣如張僧繇

晝羣公祖二疏而兵士有着芒屩者閻立本晝昭君入匈奴而婦人有帷帽者夫芒屩出於山鄉非京華所有帷帽創於隋氏非漢宮所作議者豈可徵此二晝以爲故實者乎由斯而言則梁武南郊之圖義同於此又傳稱因俗禮貴緣情殷輅周冕規模不一秦官漢佩用捨無常況我國家道冠百王功高萬古事有不便理資變通其乘馬衣冠宜從省廢臣懷此議其來自久日不暇給未及榷揚今屬殿下親從齒胄將臨國家所以輒進狂言用申鄙見皇太子令付外宜行編入令以爲甞式

賈曾爲諫議大夫太極元年正月辛巳親祀南郊初有事於南郊有司立議祭昊天上帝而不設皇帝祇位曾上表曰徵臣詳據典禮謂宜天地合祭謹按禮祭法曰有虞氏禘黃帝而郊嚳夏后氏禘黃帝而郊鯀傳曰大祭曰禘然則郊之與廟俱有禘祭禘廟則祖宗之主俱合於太祖之廟禘郊則地祇羣望俱合於圓丘以始祖配享皆有事而大祭異於甞祀之義大傳曰不王不禘故知王者受命必行禘禮虞書曰月正元日舜格于文祖肆類于上帝禋于六宗望秩于山川徧于羣望此則受命而行禘禮者也言格于文祖則餘廟云享可知矣且山川之祀皆屬於地羣望尚徧況地祇乎周官以六律六呂五聲八音六舞大合樂以致神祇以和邦國以和萬人云凡六變而致象物及天神此則郊合天神地祇人鬼而祭之樂也三輔故事漢祭圓丘儀上帝位正南面后土位亦南面而少東又東觀漢記云光武即位爲壇於鄗之陽祭告天地采用元始故事二年正月於雒陽城南依鄗爲圓壇天地位其上皆南面西上按兩漢時自有后土北郊祀而此云於圓丘明是禘祭之儀又春秋說云王者一歲七祭天地合食於四孟別於分至

此復天地自常有同祭之儀王肅云孔子言祀圓丘於南郊郊則圓丘圓丘則郊又祭天而分昊天上帝爲二神專憑緯文事匪輕見又其注大傳禮不王不禘義則云正歲之正祭感帝之精以其祖配注周官大司樂圓丘義則引大傳之禘以爲冬至之祭遞相矛楯未足可依伏惟陛下膺籙居尊纘文在曆自臨宸極未親郊祭今之南郊正當禘禮固宜合秩百神答受命之符彰致敬之道豈可同彼常郊使地祇無位未從禘享今請備設皇地祇并從祠等座則禮得稽古義合緣情然郊丘之祀國之大事或失其儀精

禋將闕臣術不通經識慙博古徒以昔謬膺職今忝
諫曹正議是司敢不陳上儻事有可采惟斷之聖慮
制令宰相召禮官詳議可否禮官國子祭酒褚元量
國子司業郭山惲等咸請依曾所奏
奏皎爲太常卿玄宗開元四年七月戊子勅宜令禮
官上七廟昭穆議皎及禮官奏議曰禮天子三昭三
穆與太祖爲七昭穆迭毁而太祖嘗在聖人之典也
若禮名不正則奠獻無序矣太常博士陳貞節蘇獻
等奏議曰謹按孝和皇帝在廟七室已滿今睿宗大
聖貞皇帝是孝和之弟甫及仲冬禮當遷祔但弟兄

入廟古則有焉遞遷之禮昭穆須正謹按禮論太常
賀循議云禮兄弟不相爲後也故殷之盤庚不序於
陽甲而上繼於先君漢之光武不嗣於孝成而上承
於元帝又曰晉惠帝無後懷帝承統懷帝自繼於世
祖而不繼於惠帝當同陽甲孝成別出爲廟又曰若
兄弟相代則共是一代昭穆位同不可兼毁二廟此
蓋禮之嘗例也荀卿子曰有天下者事七代謂從禰
已上也尊者統廣故恩及遠祖若傍容兄弟上毁祖
考此則天子有不得全事於七代之義也孝和皇帝
有中興之功而無後嗣請同殷之陽甲漢之成帝出
爲別廟時祭不及大祫之辰合食太祖奉睿宗神主
升祔太廟上繼高宗則昭穆永貞獻祼當序制從之
初令以儀坤廟爲中宗廟尋又改造中宗廟於太廟
之西貞節等又以肅明皇帝不令與昭成皇后配祔
睿宗奏議曰禮宗廟父昭子穆皆有配坐每室一帝
一后禮之正儀自夏殷而來無易茲典伏惟昭成皇
后有太姒之德已配食於睿宗則肅明皇后無啓母
之尊自應別立一廟謹按周禮云奏夷則歌小吕以
享先妣者姜嫄是帝嚳之妃后稷之母特爲立廟名
曰閟宮又禮云晉伏系之議云晉簡文鄭宣后旣不

配食乃築宮于外歲時廟已全享祭肅明皇帝無祔
配之位請同姜宣后別廟而處四時享祭如舊儀制
從之於是遷昭成皇后神主祔於睿宗之室惟留肅
明神主於儀坤廟時是年十二月皎復與禮官上奏
曰臣聞敬宗尊祖享德崇恩必也正名用光時憲禮
也伏見太廟中則天皇后配高宗天皇大帝題云天
后聖帝武氏伏尋昔居寵秩親承顧託因攝大政事
乃從權神龍之初已去帝號岑羲等不閑政體復題
帝名若使帝號長存恐非聖朝通典夫七廟者高祖
神堯皇帝之廟也父昭子穆祖德宗功非夫帝子天

孫乘乾出震者不得升祔於斯矣但皇后祔廟配食
高宗位號舊章無宜稱帝今山陵日近漢祔非遥請
行陳告之儀因除聖帝之字云則天皇后武氏詔從
之
陳貞節爲太常博士開元五年十月伊闕人孫平子
上封事曰臣聞昔者帝王之爲國也行其禮則皇圖
昌廢其禮則宗社危臣竊見今年正月太廟毀此乃
蹄聖賢所致也夫宗廟國之大事陛下當今聖主臣
不敢曲意巧言而陳之謹按經傳具陳引休咎特望
天恩少察臣言則可晏然無慮也故臣不避誅以言

之伏惟陛下俯垂許擇臣按左傳云君薨卒哭而祔
祔而作主特祀于王蒸嘗禘於廟今日有違於此也
昔魯文公二年宗伯弗忌躋僖公于閔公上後致太
室壞春秋異而書之今日有司於彼也君子以弗忌
爲失禮仲尼曰臧文仲不仁者三縱逆祀一也又按
五行志書僖公雖閔公之兄嘗爲閔公臣臣居君上
爲失禮也遂太室壞且兄臣於弟猶不可躋之弟上
况弟臣於兄豈可躋弟於兄上耶昔莊公三十三年
薨閔公三年吉禘自薨至禘向有二年春秋猶非之
失禮况夏療冬禘其不亦太速乎且太廟中央曰太
室尊高也魯自是陵夷將墮周公之祀臣昧死據此
斷之即太廟毀亦今日將欲陵夷之象墮先帝之祀
也斯亦上天祐我唐國乃降此災以陛下去年禘孝
和於別室吉祭於太廟未祭孝和先祭太上皇此乃
與僖閔事同先臣後君也昔躋兄弟上今弟先兄祭
過有甚於古也昔登臣君上今亦如之事豈不同耶
昔太室屋壞今聖朝太廟毀變豈不同耶若以兄弟
同昭則不合出致別廟若以臣子之例則孝和合進
爲昭昔武氏篡國十五餘年孝和挺劒龍飛再興唐
祚反正朔服色咸依貞觀故事此即有功於天下也

今禘於別殿是廢先聖之訓棄中興之功下君上臣
輕長重幼若以孝和無道則位不合稱帝墳不得稱
陵傳曰子雖齊聖不先父食久矣杜氏曰臣繼君父
也昔禹不先鯀湯不先契文武不先不窋故宋鄭不
以帝乙厲王不肖而猶尊尚之况孝和有大功乎魯
頌曰春秋匪懈享祀不忒皇皇后帝皇祖后稷詩曰
問我諸姑遂及伯姊禮爲其後伯姊而先諸姑者何
也尊其先也弗忌欲阿時君先其所親亂國大事故
傳特引二詩深責其意方今太廟毀雖臣阿曲之過
恐危陛下之國也昔晉太康五年宣帝廟地陷梁折

八年正月太廟殿陷改作殿宇更營新廟遠致名材雜以銅柱自八年九月造至十年四月乃成十一月又梁折毀壞據此言之天降災譴非枯朽也晉不知過天下分離王室大亂英雄競起夷狄滿國特望天恩少垂詳察臣知言必就誅夷而昧死言之者以陛下聖明寬容博物納諫而此事恐史筆書之令來代君子以巍巍聖代野無博識朝無忠直臣將何以彰陛下招諫伏請速召宰相已下御史已上衆共謀議移孝和入廟何必苦違禮典以同魯晉哉陛下前降明制令所司到朝堂進封極言時政得失又舉方康

顧問又徵賢山野而寂無人言非朝不招諫時惡直言竊爲儒生不達大體也特請陛下於其書傳親加省覽以聖慮斷之頃秋夏之間淫雨彌旬傷稼敗邑漢書五行志云簡宗廟不禱祀逆天時則致災也臣又見兩畿戶口逃去者半嘗侍解宛招攜不還李傑奏請訪括不得臣能使之如鷹有縚若馬有絆夫鳥飛於空魚沉於泉鹿走於野猿猱騰於山猶尚取而馴之屠而食之况於人不能飛沉乎伏望天恩許臣面奏亦爲宗廟未安不敢即言仰恃鴻恩之厚不懼雷霆之威昧死連封伏深戰越詔下禮官議貞節與

太常博士馮宗蘇獻等議曰王制天子七廟三昭三穆并太祖而七昭穆者父子之位則知七代之廟無兄弟之義矣殷繼成湯至于帝乙父子兄弟十有二君其正代止六而已易乾鑿度曰殷之帝乙六代王也此即兄弟不數爲代之明據也又殷人六廟親四并湯而六殷代兄弟四人相次爲君若以爲代使當上毀四室如此則無復祖禰之祭矣古之廟位自禰已上極於太祖雖數諡迭毀隨而上遷三穆未嘗有闕也又禮太宗無子則立支子又曰爲人後者爲支子無兄弟相爲後之文所以捨至親取遠屬益以兄

弟一體無父子之道故父子曰繼兄弟曰及禮兄弟不相入廟者假如兄弟代立孫姪承統告享之日不得稱嗣孫則當上列云伯考伯祖下繫云姪孫此乃可成七廟之位號何成繼統之義序焉斯又不可之甚者也後漢論次昭穆定所繼之統以爲盤庚不序陽甲之廟而上繼先君光武不入成帝之廟而繼元帝以弟不可繼兄故也又殷十二代唯三祖三宗明兄弟相及自別立廟不必繼之七代也後漢祖列敘七廟而惠帝不入其數豈非文帝之嫡兄乎及文帝代立子孫克昌爲漢之太宗晉景亦晉文之兄緣景

帝絶嗣不列七廟之數何以知之據永典元年告謚代祖稱景帝爲從祖也若以晉武越次尊崇其父而致廟壞遂及亂亡何因漢氏遷出惠帝宗尊文帝而享代二十有四歷年四百三十殷廟何嘗見隳漢朝未始經折殺漢之盛委而不言晉之災引以爲驗是以春秋書太室壞者乃垂明誡何必閔僖晉太廟所以毀折者天誅奢麗不以遷廟然天子七廟諸侯五廟辯貴賤之差也父子相繼億萬人之心也昭穆列序重繼統之義也今孝和皇帝若與聖貞皇帝相亞在廟正成六代何以辯貴賤乎禘嗣絶滅何以宗

後代乎昭穆失序何以成繼統之義乎况國家遠尊殷之陽甲近法漢之成帝時以孝和實中興之明主開百代不毀之廟別立園寢永以寧神歲時蒸嘗與國終始有何不可乎又孝和在則天末年自身處儲嗣目宗小豎素宣威權惡盈稔貫衆所共棄南衙則宰相歸奉北門則將軍嚮從推崇嗣君誰曰不可豈若韋氏悖逆干紀亂常總軍國之權操生殺之柄既行不軌欲振凶威將誅懿親以絶人望睿宗大聖貞皇帝枕戈代邸泣血待晨志切仇讐義殷家國沈謀內斷委策聖明開元成武皇帝仰稟成規俯懷秘畧挺身奮臂突入北軍不及終宵一戎定保致君親於堯舜拯社稷於阽危自開闢以來未之有也建立聖明之副弘宣祖宗之業前史不疑漢文繼統今亦何怪聖貞之代宗乎禮兄弟相繼不稱嗣子而曰及王明當用繼先君不繼兄之絶統也今睿宗雖代孝和而立故當同繼高宗則兩室並存便成二穆求之於禮不可同列於廟必須一室別居開元皇帝光臨區宇主祭宗廟豈容旁繼伯考之絶緒遂棄巳親之正統乎乃云太廟壞緣躋聖賢所致引僖公後甍遷居閔公之上稱爲逆祀取類當今聖貞皇帝亞室高宗

孝和皇帝時出立廟孝和升新寢之後聖貞方上祔高宗斯則未嘗一日躋居孝和之上引此爲證豈非誣罔朝廷耶乎子云春秋傳稱君甍卒哭而祔祔而作主特祀于王蒸嘗禘于廟今日有違於此者自山陵甫終九虞卒哭特祀正寢附于太廟四時享祭於禮何虧乎子又云子雖齊聖不先父食昔禹不先鯀湯不先契文武不先不窋者自去歲昇祔之後時孝和新廟未有樂懸所以差辰緣闕備物初非承制蓋是權宜修敎者成即當同日禮曾華省具列事由豈緣尊卑致隔先後借如睿宗一室誠卑孝和不可緣

睿宗之甲後六祖之祭重尊之道禮極繼先因親之義情殷旁及平子云今太廟毀由臣下阿曲之過恐危陛下之國昔太康五年宣帝廟地陷梁折八年正月太廟殿陷改作新廟築堦及泉遠徵名材雜以銅柱十二年四月乃成十一月又梁折據此言之天降災譴非枯朽者也按孔子在齊景公在焉左右曰周使至言先王廟災孔子曰此必釐王廟夫釐王變文武之制而作玄黃華麗之飾故天誅其廟焉有頃左右報所災者釐王廟景公曰善哉聖人之智過人也故晉之太廟掘地及泉雜以銅柱綴以珠玉踰先王

之制降皇天之罰與釐王之廟異代同誅今國家太廟因隋舊制開皇之祭創造新都移故太極殿是符堅所造經今將四百年日月滋深朽蠹而毀晉朝則新構梁折豈得非災唐朝則歲久簷摧誠何足怪夫論徵說咎須義正經理苟異於斯便成妖妄平子不識忌諱肆其狂瞽危言高論謗訟朝廷引衰晉之朝比聖明之代惑亂視聽漸不可長平子又云廟雖造畢災尚未除來有何變故然史策垂範義實多門妖孽之興理難固必廟簷墜落自有別由天道難知豈得專尤別廟且廟屋雖年深朽壞聖上猶兢懼不已尊儒學於內殿慎刑書於外朝居纖以禮側身脩德同殷湯之罪己等周文之小心縱令熒惑守辰猶能退舍况咎徵不見逆說其災平子又云莊公三十二年甍閔公二年吉禘自甍至禘向有二年春秋猶非其失禮况夏喪冬禘其可得乎不亦太速乎後又云秋夏間淫雨彌旬傷稼敗邑漢書五行志簡宗廟不禱祀逆天時則致此災也夫水以潤下爲體不能潤下者水德微也何繫於淫雨哉斯乃妄引淫雨證成咎徵牽合災祥推於宗廟平子既前非速於祭禘後嫌簡不禱祀前後立義互相矛楯速稱越禮簡復貽

災未詳二途何者爲適且祔後時享與禘全殊蒸礿無愆何名爲簡虐旱淫雨時運或然堯日湯年安能累德平子言僞而辯禮所不容狀久不決後竟從貞節等議

田再思爲刑部郎中開元五年右補闕盧履冰上言唯禮父在爲母一周除靈三年心喪則天皇后請同父没之服三年然始除靈雖則權行有紊彝典今陛下孝理天下動合禮經請仍舊章庶叶通典於是下制令百官詳議并舅及嫂叔服不依舊禮亦令議定再思建議曰乾尊坤卑天一地二陰陽之位分矣夫

婦之道配焉至若死喪之戚隆殺之等禮經五服之制齊斬有殊考妣三年之喪貴賤無隔以報免懷之德以酬罔極之恩者也稽之上古喪期無數暨乎中葉方有歲年禮云五帝殊時不相沿樂三王異代不相襲禮白虎通云質文再而變正朔三而服自周公制禮之後孔父刊經已來殊壓降之儀以標服紀之節重輕從俗斟酌隨時故知禮不從天而降不由地而出也在人消息爲之適中耳春秋諸國魯最知禮以周公之後孔子之邦也晉韓起來聘言周禮盡在魯矣齊仲孫來盟言魯猶秉周禮子張問高宗諒陰

三年子思不聽其子服出母子游謂同母其父昆弟之服大功子夏謂合從齊衰之制此等并四科之數十哲之人高步孔門親承師訓及遇喪事猶此致疑即明自古以來降昇不一者三年之制說者紛紜鄭有以爲二十七月王肅以爲二十五月又改葬鄭云服緦三月王云訖葬而除又繼母出嫁鄭云皆服王云從子繼育乃爲之服又無服之殤鄭云子生一月哭之一日王云以哭之日爲易服之月鄭王祖經宗傳各有異同荀摯來古求遺亙爲損益方知去聖漸遠殘缺彌多也故曰會禮之家名爲聚訟寧有定哉

爲父在爲母三年行之已踰四紀出自高宗大帝之代不從則天皇后之朝大帝御極之辰中宮獻書之日往時參議謂可施行編之於格服之已久前王所是疏而爲律後王所是著而爲令何必乖先帝之旨阻人子之情虧純孝之心背德義之本有何妨於聖化有何紊於彝倫而欲服之周年與伯叔母齊焉與姑姊妹同焉夫三年之喪如白駒之過隙君子喪親有終身之憂何況再周乎夫人者體也履也示之以迹孝者畜也養也因之以心小人不恥不仁不畏不義服之有制使愚人企及衣之以衰使見之摧痛以

此防人人猶有朝死夕忘者以此制人人猶有釋服從吉者方今漸歸淳朴須敦孝義抑賢引愚理資寧戚食稻衣錦所不忍聞若以廢事朝議一依周禮則古之人臣見君也公卿大夫贄羔鴈珪璧今何故不依乎周之用刑也墨劓割刖今何故不行乎周則不五十不仕七十不朝今何故不依乎周則井邑丘甸以立征稅今何故不行乎周則分任五等父死子及今何故不行乎周則冠冕衣裘乘車而戰今何故不行乎周則三老五更膠庠養老今何故不行乎諸如此例不可勝述何獨孝思之事愛一年之服於其母

乎可爲痛心可爲慟哭者詩云哀哀父母生我劬勞禮記云父之親子也親賢而下無能母之親子也賢則親之無能則憐之阮嗣宗晉代之英才方外之高士以爲母重於父據齊斬升數麤細已降何忍服之節制減至於周豈後代之士盡慙於古循古未必是依今未必非也又同爨服緦禮經明義嫂叔遠別同諸路人引而進之觸類而長猶子減衣苴枲季父不服緦麻推遠之情有餘睦親之義未足又母之昆弟情切渭陽翟滂訟舅之冤甯氏宅甥之相我之出也義亦設焉不同從母之尊遂降小功之服依諸古禮

有乖俗情今貶舅而宗姨是陋今而榮古此並太宗之制也行之百年矣輒爲刊復實用有疑於是紛議不定履冰又上疏曰禮父在爲母十一月而練十三月而祥十五月而禫心喪三年上元中則天皇后上表請同父沒之服亦未有行用垂拱年中始編入格錫氏之後俗乃通行臣開元五年頻請仍舊恩勅并嫂叔舅姊之服亦付所司詳議諸司所議同異相叅所司唯執齊斬之文又云亦合禮竊見新修之格猶依垂拱之僞致有祖父母尚在子孫之妻亡沒下房筵几亦立再周甚無謂也據易家人卦云利女貞女正位乎內男正位乎外男女正天地之大義家人有嚴君焉父母兄弟夫婦之謂也家道正天下正矣禮女在室以父爲天出嫁以夫爲天又在家從父出嫁從夫夫死從子本無自專抗尊之法卽喪服四制云天無二日土無二王國無二君家無二尊以理之也所以父在爲母服周者避二尊也伏惟陛下正持家國孝理天下而不斷在宸衷詳正此禮隳末俗之願念兒女之情臣恐後代復有婦奪夫政之敗者疏奏未報履冰又上表奏曰臣聞夫婦之道人倫之始尊卑法於天地動靜合於陰陽陰陽和而天地生成夫

婦正而人倫有序自家刑國牝雞無晨四德之禮不愆三從之義斯在卽喪服四制云天無二日土無二王國無二君家無二尊以理之也故父在爲母服周者見無二尊也准舊儀父在爲母一周立靈再周心喪父必三年而後娶者達子之志焉豈先聖無情於所生固有意於家國者矣原夫上元肇年則天已潛秉政將圖僭篡預自崇光請升慈愛之喪以抗尊嚴之禮雖齊斬之儀不改而几筵之制遂同數年之間尚未通用天皇晏駕中宗蒙塵垂拱之末果行聖母之僞符載初之元遂啓錫氏之深釁孝和雖名反正

韋氏復效晨鳴孝和非意而終韋氏旋踵稱制不蒙陛下與簒宗廟何由克復易云臣弑其君子弑其父非一朝一夕之故其漸之謂也臣謹尋禮意防杜實深若不早圖刊正何以垂戒於後所以薄言禮教請依舊章恩勅通明裳付所司詳議且臣所獻者蓋請正夫婦之綱豈忘子母之道諸議持久不討其本源所非議者大凡只論罔極之恩喪也寧戚禽獸識母而不識父秦燔書後禮經殘缺後儒纘集不足可憑豈得與伯叔母同服豈得與姑姊妹等制三王不相襲禮五帝不相沿樂齊斬足爲升降歲年何恐不同

此並道聽途說之言未習先王之旨又安足以議經邦理俗之禮乎臣請據經義以明之所云罔極之恩者春秋祭祀以時思之君子有終身之憂霜露之感豈止二周之服已哉聖人恐有朝死而夕忘曾鳥獸之不若爲立中制使賢不肖共成文理而後釋之喪也寧戚者孔子答林放之問至如太奢太儉太易太戚皆非禮中苟不得中名爲俱失不如太儉太戚焉毀而滅性猶愈於朝死夕忘焉此論臨喪哀毀之容豈比於同宗異姓之服所云禽獸識母而不識父者禽獸羣居聚麀而無家國之禮少雖知親愛其母長而不解尊嚴其父引此爲喻則亦禽獸之不若乎所云秦書燔後禮經殘缺後儒纘集不足可憑者人間或有遺逸豈亦家到戶至而燔之假若盡燔苟不可信則墳典都謬庠序徒存非聖之談復云安屬所云與伯叔姑姊妹服同者伯叔姑姊妹豈有筵杖之制三年心喪乎所云五帝不相沿樂三王不相襲禮者誠哉是言此是則天懷私苞禍之情豈可復沿襲乎所云齊斬足爲升降者母齊父斬不易之禮按三年問云將由修飾之君子與三年之喪若駟之過隙遂之則禮是無窮也然則何以周也曰至親以周斷是

何也曰天地則已易矣四時則已變矣其在天地之中者莫不更始焉以是象之也然則何以三年曰加重焉爾故父加至再周父在爲母加三年心喪今者還同父父之制則尊厭之律安施喪服四制又云凡禮之大體體天地法四時則陰陽順人情故謂之禮此言者是不知禮之所由生非徒不識禮之所由變恐未達孝之通義臣謹據孝經以明陛下孝理之合至德要道請論由俗此言禮之徒與夫至德謂孝悌要道謂禮樂移風易俗莫善於樂安上理民莫善於禮又禮有無體之禮樂有無聲之樂按孝經援神契

云天子孝曰就就之為言成也天子德被天下澤及萬物始終成就則其親獲安故曰就也諸侯孝曰度度者法也諸侯居國能奉天子法度得不危溢則其親獲安故曰度也卿大夫孝曰譽譽之為言名也卿大夫言行布滿能無惡稱譽達遐邇則其親獲安故曰譽也士孝曰究究者以明審為義士始升朝辭親入仕能審資父事君之禮則親獲安故曰究也庶人孝曰畜畜含畜為義庶人含性受朴躬耕力作以畜其德則其親獲安故曰畜也陛下以韋氏搆逆中宗降福宸衷哀憤睿情卓然初無一旅之衆遂殄九重

之妖定社稷於阽危拯宗枝於塗炭此陛下孝悌之至通於神明光於四海無所不通使諸侯得守其法度公卿大夫得盡其言行士得資親以事君庶人得用天而分地此陛下無體之禮以安上理人也上元已來政由寗氏文明之後法在凶人賊害宗親誅戮良善勳階歲累酺赦年頻安之則榮華正之則遷謫神龍景雲之際其事尤繁先天開元之間斯獘都革此陛下無聲之樂以移風易俗也臣前狀單畧議者未識臣之懇誠謹具狀重進請付中書門下商量處分臣言若讜然敢側足於軒墀臣言不忠伏請竄迹於荒裔又散騎常侍元行沖奏議曰天地之性惟人最靈者葢以智周物睿作聖明貴賤辯尊卑遠嫌疑分情禮也是以古之聖人徵性識本緣情制服則有申有厭天父天夫故斬衰三年情理具盡盡者同心立極也生則齊體死則同穴此陰陽配合同兩儀之成化而妻喪杖周情禮俱殺者葢遠嫌疑尊乾道也父為嫡子三年斬衰而不去職者葢尊祖重嫡崇禮殺情也資於事父以事君孝莫大於嚴父故父在為母罷職齊周而心喪三年謂之尊厭者則情申而禮殺也斯制也可以異於飛走別於華夷羲農堯舜莫

之易也文武周孔同所尊也今若捨尊厭之重虧嚴父之意畧純素之嫌貽非聖之責則事不師古有傷名教矣姨兼從母之名即母之女黨加於舅服有理存焉嫂叔不服避疑也若引同爨之緦以志推遠之迹旣乖前聖亦謂難從謹詳三者之疑並請依古為當自是百寮議竟不決至七年八月下勅曰惟周公制禮當歷代不刊況子夏為傳乃孔門所授格條之內有父在為母齊衰三年此有違尊厭之義與其改作不如師古諸服紀宜一依喪服文自是卿士之家父在為母行服不同或旣周而禫禫服六十日釋服

心喪三年者或有旣周而禫禫服終於三年或有依上元之制齊衰三年者時議者是非紛然元行冲謂人曰聖人制厭降之禮豈不知母恩之深也但尊貴彌欲其遠別禽獸近異夷狄故也人情易摇淺識者衆一紊其度其可止乎二十年中書令蕭嵩與學士改修定五禮又議請依上元勅父在爲母齊衰三年爲定及頒禮乃一切依行焉

冊府元龜　掌禮部　奏議十六　卷之五百八十八　二十五

冊府元龜

册府元龜

巡按福建監察御史臣李嗣京　訂正

知甌寧縣事臣孫以敬叅閲

知建陽縣事臣黄國琦較釋

掌禮部 二十七

奏議第十七

唐張說為中書令開元十一年與秘書監賀知章叅定南郊之禮奏議曰晉元帝建武二年定郊禮於建業之南去城七里一壇之上尊卑雜位千有五百神去聖日遠損益不同臣等按祠令五星已下内官五

十三座中官一百六十座外官一百四座衆星三百六十座臣共所由勘史傳及星經内外所主職有尊卑舊圖座位升降頗錯今奉墨勅授尊卑升降又新加降等座總三百一十九座并衆星三百六十九座凡六百八十七座具圖如左詔遂須於有司以為常式十三年撫州三脊茅生有上封者言曰昔齊桓公九合諸侯一正天下將欲封禪問於夷吾夷吾對曰江淮間三脊茅生用以縮酒乃可封禪其時無茅桓公大慙而罷自歷千古今始一生昔宣王南征責楚包茅不入王祭不供則是其地生茅今高一尺至七八月長足方堪縮酒特望聖恩至時令采用祭太山并根掘取苑内植之時宰臣已遣使於岳州採沅江茅乃奏曰管夷吾為桓公是諸侯不合封禪故稱茅拒之及伐楚之日尊周室行霸道乃責楚云包茅不入王祭不供若以茅瑞是不知經義臣等歷任荊楚博訪貢茅沅江最勝臣已牒岳州取訖今撫州有茅請移根入苑且貉不踰汶橘不過江移根苑中信是虚妄勑撫州日進六束與沅江相比用之帝曰可

韋縚為太常少卿開元十七年四月禘享太廟九室命有司攝行禮初唐禮祫序昭穆禘各於其室縚奏

曰准古禮五年再殷祭一祫一禘其義合聚昭穆定次序又孔安國王肅等先儒皆以為序昭穆唯鄭玄云禘各於其室若如鄭言則與常享不異臣恐鄭謬於周經請依古禮如王肅等議序列昭穆許之二十一年五月縚奏曰奉今年二月三日勑宗廟所奉尊敬之極因以名署情所未安宜令禮官詳擇可宜奏聞者謹詳經典尋令式宗廟享薦皆主奉當別置署司事非稽古其署望廢令本司專奉其事許之縚尋遷太常卿二十三年正月制以籩豆之薦或未能備物宜令禮官學士詳議具奏縚請宗廟之奠每坐籩

豆各加一二又今之酌獻酒爵制度全小僅無一合執持甚難請今廣大其郊祀奠獻亦准此仍望付尚書省集衆官詳議務從折衷於是兵部侍郎張均及職方郎中韋述等建議曰謹按禮祭統曰凡天之所生地之所長茍可薦者莫不咸備水草陸海三牲八簋昆蟲之異草木之實陰陽之物備薦矣聖人知孝子之情深而物類之無限故爲之節制使有常禮物有其品器有其數上自天子下至公卿貴賤差等無相踰越百代嘗行無易之道也又按周禮膳夫掌王之食飲膳羞食用六穀膳用六牲飲用六清羞用百

二十品珍用八物醬用百有二十罋則與祭祀之禮豐省本殊左傳曰饗以訓恭儉宴以示慈惠恭儉以行慈惠以布政又曰饗有體薦宴有折豆杜預曰饗有體薦爵盈而不飲肴乾而不食宴則相與共食饗之與宴猶且異文祭奠所陳固不同矣又按周禮籩人豆人各掌四籩四豆之實以供祭祀與賓客所用各殊據此數文祭奠不同嘗時其來久矣且人之嗜好本無憑準宴私之饌與時遷移故聖人一切同歸於故雖平生所嗜非禮亦不薦也平生所惡是禮則不去也楚語曰屈到嗜芰有疾召宗老而屬曰祭我必以芰及祥宗老將薦芰屈建命去之曰祭典有之國君有牛享大夫有羊饋士有豚犬之奠庶人有魚炙之奠籩豆脯醢則上下共之不羞珍異不陳庶侈不以私欲干國之典遂不用此則禮外之食前賢不敢薦今欲取甘旨之物肥濃之味隨所有皆充祭用茍踰舊制其何限焉雖籩豆有加豈能備也傳曰太羮不和粢食不鑿昭其儉也書曰黍稷非馨明德惟馨事神在於虔誠不求厭飫三年不禘不欲黷也三獻而終禮有成也風有采蘋采蘩雅有行葦泂酌守以忠信神其舍諸若以今之珍饌平生所習求神無

方何必古器簠簋可去而盤盂杯棬當在御矣韶濩可息而箜篌箏笛當在奏矣凡斯之流皆非正物或典於近代或出於蕃夷耳目之娛本無則象後嗣何觀欲爲永式恐未可也且自漢以降諸陵皆有寢宮歲時朔望薦以常饌此既常行亦足盡至孝之情矣宗廟正禮宜依典故率情變革人情所難又按舊制一升曰爵五升曰散禮器稱宗廟之祭貴者獻以爵賤者獻以散此明貴小賤大示之節儉又按國語觀射父曰郊禘不過繭栗蒸嘗不過把握天神之精明臨人者也所求備物不求豐大茍失於禮雖多何爲

豈可捨先王之遺法徇一時之所尚廢棄禮經以從流俗裂冠毀冕將安用之且君子愛人以禮不求苟合況在宗廟敢忘舊章請依古制庶可經久禮部員外郎楊仲昌議曰謹按禮曰夫祭不欲煩煩則黷亦不欲簡簡則怠又鄭云人生尚褻食鬼神則不然神農時雖有黍稷猶未有酒醴及後聖作爲醴酪猶存玄酒亦不忘古春秋曰蘋蘩薀藻之菜潢汙行潦之水可羞於王公可薦於鬼神又曰太羹不和粢食不鑿此明君人者有國奉先敬神嚴享豈肥濃以爲尚將儉約以表誠則陸海之物鮮肥之類旣乖禮云之

情而變作者之法皆克祭用非所詳也易曰樽酒簋二用缶納約自牖此明祭在簡易不在繁奢所以一樽之酒二簋之奠爲明祀也抑又聞之夫義以出禮禮以體政違則有紊是稱不經薦肥濃則褻味有祭加籩爵則事非師古與其別行新制寧如謹守舊章時太子賓客崔沔戶部郎中楊伯成左衞兵曹劉秩等皆建議以爲請依舊禮不可改易於是宰臣等具沔述等議以奏玄宗曰朕承祖宗福德至於享祀粢盛實思豐潔禮物之具諒在昭忠其非芳潔不應法制者亦不可用於是更令太常量加品味絡又奏請每室加籩豆各六每四異品以當時新果及珍羞用薦制可之又酌獻酒爵玄宗令用藥升一升合於古義而多少適中自是常依行焉二十四年以服制之紀有所未通命有司議姨舅母百官奏請多異同帝曰朕以爲親姨舅旣服小功則舅母於舅有三年之服是受我而厚以服制情則舅母之服不得全降於舅也宜服緦麻百官等咸獻議曰臣等又以外族之親禮無厭降外甥旣爲舅母制服舅母還合報之夫之外甥旣合報服則與夫之姨舅以類是同外甥之妻不得無服所增者頗廣所引者漸疎愚蒙猶有未

達伏聽進止帝曰從服有六此其一也降殺之制古禮無文此皆自仁率親用爲服數所存抑引盡用推恩朕情有未安故令羣議非欲苟求變古以示不同卿等以爲外族之親禮無厭降服之節制所引甚疎且姨舅屬從之至近也以親言之則亦姑伯之匹敵也豈可以所引者疎而降所親者服又婦從夫而服尤是睦親實欲令不肖者企及賢者俯就又堂姨堂舅古未制服朕思敦睦九族引而親之宜服袒免又鄭玄注禮記云同爨緦若此堂姨舅於爨親則厚矣又喪服傳云外親之服不得過本而須爲外曾祖父

母及外伯叔父母制服亦何傷乎皆睦親敦本之意鄭等更熟詳之中書門下奏曰頻奉墨制垂令詳議臣等淺陋不達不敢措詞聖旨深微特垂開曉陛下體至仁之德廣推恩之道將弘引進以示睦親再發德音更令詳議謹按大唐新禮親舅加至小功與從母同服此蓋當時特命不以輕重遞增今聖制親姨舅小功更制舅母緦麻堂舅祖免等服取類新禮垂示將來通於物情自我作古羣儒凡議徒有稽留並望准制施行從之二十七年紹以開元六年秋睿宗喪畢祫享于太廟自後又相承三年一祫五年一禘

各自計年不相通數至二十七年凡經五禘七祫其年夏禘訖冬又當祫乃建議曰禘祫二禮俱爲殷祭祫謂合食祖廟禘謂締序尊卑申先君逮下之慈成羣嗣奉親之孝事異常享有時行之然而祭不欲數數則黷亦不欲疎疎則怠故王者法諸天道制祀典焉烝嘗象時禘祫如閏五歲再閏天道大成宗廟法之再爲殷祭者也謹按禮記王制周官宗伯鄭玄注解高堂所議並云國君嗣位三年喪畢祫於太廟明年禘於羣廟自爾已降五年再殷一祫一禘漢魏故事貞觀寔録並用此禮又按禮緯及魯禮禘祫注云

三年一祫五年一禘所謂五年而再殷祭也又按白虎通及五經通義許慎異議何休春秋賀循祭議並云三年一禘何也以爲三年一閏天道小備五年再閏大備故也此則五年稱殷通計其數一祫一禘迭相乘矣今廟禘祫各自數年兩岐俱下不相通計或比年頻祫或同歲成序或一禘之後併爲稱祫或五年之後驟有三殷法天象閏之期既違其度五歲稱殷之制數又不同求之禮文頗爲乖矣說者或云禘祫二禮大小不侔祭名有殊年數相絳祫以三紀殺小而合禘以五斷至十而周有茲叅差難爲通計竊

以三祫五禘之說本出禮緯五歲稱殷之數同在其篇會通二文非相詭也蓋以禘後置祫二周有半舉以全數謂之三年一閏只用三十二月也其有禘祫異稱各稱四時秋冬爲祫春夏爲禘祭名雖異爲殷則同譬如礿祀烝嘗其體一也鄭玄謂祫大禘小傳成謂祫小禘大夫肆陳之間或有增減通計之義初無異同蓋象天之法相傳不失惟晉代陳舒有三年一殷之議自五年八年歷十一十四年尋其議文所引亦以象閏五年一禘又奚所施矛盾之說固難憑也夫以天之度既有指歸稽古之禮若茲昭著禘祫

二祭通計明矣今請以開元二十七年己卯四月禘至辛巳年十月祫至甲申年四月又禘至丙戌年十月又祫至己丑年四月又禘至辛卯年十月又祫自此五年再殷週而復始又禘祫之說非惟一家五歲再殷之文旣相師矣法天象閏之理大抵亦同而禘後置祫或近遠盈縮之度有二法焉鄭玄宗高堂則先三而後二徐邈之議則先二而後三謹按鄭氏所注先王之法約三祫五禘之文存三歲五年之序以甲年旣禘丁年當祫己年又禘壬年又祫甲年又禘丁年又祫周而復始以此相承祫後去禘十有八月

而近禘後去祫三十二月而遐分拆不均粗於筭矣假如攻乎異端置祫於秋則三十九月爲前二十一月爲後雖有小愈其間尚偏竊據本文皆云象閏二閏相去則平分矣兩殷之序何不等耶且又三年之言本數全數二周有半寔桃三年於此置祫不違文矣何必拘滯遂隔三年乎盍千慮一失通儒之蔽也徐氏之議有異於是研覈周審最爲可憑以爲二禘相去爲月六十中分三十置一祫焉若甲年夏禘丙年終禘有象閏法毫釐不偏三年一祫之文旣無乖越五歲再殷之制疎數又均較之諸儒義實長久今

請依據以定二殷預推祭月周而復始禮部員外郎崔宗之駁下太常令更詳議今集賢學士陸善經等更加詳覈善經亦以其議爲允於是縚奏曰禮有禘祫俱稱殷祭二法更用鱗次相承或云五歲再殷一禘一祫或云三年一祫五年一禘法天象閏大趣皆以太廟禘祫計年有差考於經傳微有所乖須在四月以前禘享今指孟冬又申祫儀合食禮頻恐違先典伏以陛下能事畢舉舊物或甄宗祐祇愼之時經訓申明之日臣等忝在持禮職思討論輒據舊文定其倫序請以今年夏禘便爲殷祭之源自此之後禘

祫相代五年再殷周而復始今年冬祫准禮合停望令所司但行時享即嚴禋不黷庶合舊議從之

裴耀卿爲侍郎開元二十二年制曰服制之紀或有所未通宜令禮官學士詳議聞奏太常卿韋縚奏曰謹按儀禮喪服舅緦麻三月從母小功五月傳曰何以小功以名加也堂姨舅舅母恩所不及外祖父母小功五月傳曰何以小功以尊加也舅緦麻三月並是親情而服屬疎者也外祖正尊同於從母之服姨一等服則輕重有別堂姨舅親旣疎末恩絕不相爲服親舅母未承外族同爨之禮不加竊以古意猶有

所未暢者也且爲外祖小功此則正尊情甚親而服屬疏者也請加至大功九月姨舅齊既無别服宜齊等請爲舅加至小功五月堂姨舅疏降除之此則聖人因言以立訓援事而抑情明例也禮不云乎無輕議禮明其蟠於天地並彼日月賢者由之安敢小有損益也況夫喪服之紀先王大猷奉以周旋以正人道一詞寧措千載是遵涉於異端豈曰弘教伏望各依正禮以厚儒風太常所謂加恩愚見以爲不可又戶部郎中楊伯成左監門錄事參軍劉秩同是議與沔等畧同議奏上又手勅侍臣等曰朕以親姨舅既

服小功則舅母於舅有三年之服是受我而厚以服制情則舅母之服不得全降於舅也宜服緦麻堂姨舅今古未制服朕思敦睦九族引而親之宜服袒免又鄭玄注禮記云同爨緦若比堂姨舅於同爨親則厚矣又喪服傳云外親之服皆緦是以亦不隔於堂姨舅也若以所服不得過本而須爲外曾祖父母及外伯叔祖父母制服亦何傷乎是皆親親之本意卿等更熟詳之耀卿與中書令張九齡禮部尚書李林甫等奏曰外族之親禮無厭降外甥爲舅母制服舅母還合報之夫之外甥既爲報服則與夫之姨舅以類是同外甥之妻不得無服所增者頗廣所引者漸疏微臣愚蒙猶有未達玄宗又手制答曰從服有六此其一也降殺之制禮無明文此皆自仁率親用爲服數所存抑引盡用推恩朕情有未安故令詳議非欲苟求變古以示不同卿等以爲外族之親禮無厭降服之節制所引甚疏且姨舅者屬從至近也以親言之則亦姑伯之匹敵也豈可以所引者疏而降所親者服又婦從夫者也夫之姨舅夫既有服從夫而服是謂睦親實欲令不肖者企及賢者俯就卿等宜熟詳之耀卿等奏曰陛下躬至仁之德廣推恩之道

將弘敦睦稱發德音復令詳議臣等按大唐新禮親舅加至小功與從母同服此益當時特命不以輕重遞增蓋不欲參於本宗慎於變禮者也今聖制親姨舅小功更制舅母緦麻堂姨舅袒免等服取類新禮垂示將來通於物情自我作古羣儒凡議徒有稽留並望准制從之二十七年寧王憲將葬玄宗遣中使勅其子璡等務令儉約送終之物皆令衆見所司請依諸陵舊例壙內置千味食時耀卿爲監護使奏曰尚食所料水陸等味一千餘種每色瓶盛安於藏內皆是非時瓜果及馬牛驢犢麞鹿等肉並諸藥酒三

十餘色儀注禮料皆無所憑臣據禮司所科奠祭相
次事無不備典制分明天恩每申讓帝之志務令儉
約禮外加數竊恐不安又非時之物馬驢犢等並野
味魚鴈鵝鴨之屬所用銖兩動皆宰殺盛夏胎養聖
情所禁又須造作什物動餘千計求徵市井實謂煩
勞千味不供禮無所闕伏望依禮減省以取折衷制
從之
顔眞卿爲御史大夫肅宗至德二年自鳳翔還京眞
卿議云春秋時新宮災魯成公三日哭今太廟爲盜
毁請築壇於野皇帝東向哭然後遣使竟不能從後

爲吏部尚書充禮儀使代宗大曆十四年七月奏言
高祖至肅宗七聖廟號尊謚文字繁多皇帝則悉有
大聖之號皇后盡有順聖之名使言之者惑於今行
之者異於古請高祖已下累聖謚號悉取初謚爲定
請按舊制上謚號高祖爲文皇帝高宗爲大皇大帝
中宗爲孝和皇帝睿宗爲聖眞皇帝玄宗爲孝明皇
帝肅宗爲孝宣皇帝其廟號如故仍請准漢魏國朝
故事於尚書省議定奏御行之時以謚號前後文繁
多不經而儒學之臣思改者久矣會眞卿上奏皆謂
必克正焉而兵部侍郎袁傪不詳典故乃上言陵廟
中玉冊既刊勒矣不可輕改遂罷之傪曾不知陵中
玉冊寶紀其初號後雖追尊而冊文如故是年十月
代宗神主將祔廟眞卿以元皇帝代數已遠准禮合
祧請遷於西夾室奏議曰王制天子七廟三昭三穆
與太祖之廟而七又禮器云有以多爲貴者天子七
廟又伊尹曰七代之廟可以觀德此經典之明證也
七廟之外則去祧爲壇去壇爲墠故歷代儒者制迭
毁之禮皆親盡宜毁伏以太宗文皇帝七代之祖高
祖神堯皇帝國朝首祚萬葉所承太祖景皇帝受命
於天始封於唐元本皆在不毁之典代祖元皇帝地

非開統親在七廟之外代宗皇帝升祔有日元皇帝
神主禮合祧遷或議者以祖宗之名難於迭毁昔漢
朝近古不敢以私滅公故前漢十二帝爲祖宗者四
而已至後漢漸遠經意子孫以推美爲先自光武已
下皆有廟號則祖宗之名莫不違也安帝以讒害大
臣廢太子無上宗之奏後自建武以來無毁者因以
陵號稱恭宗至桓帝失德尚有宗號故初平中左中
郎蔡邕以和帝已下功德無殊而有過差不應爲宗
餘非宗者追尊三代皆奏毁之是知祖有功宗有德
存至公之義非其人不居蓋三代立禮之本也自東

漢以來貽此道喪矣魏明帝自稱烈祖論者以爲逆
自稱祖宗故近代此名悉爲廟號未有子孫踐祚而
不祖宗先王者以此明之則不得獨據兩字而爲不
合祧遷之證假令傳祚百代豈可上崇百代以爲孝
乎請依三昭三穆之義永爲通典寶應二年並祔玄
宗肅宗則獻祖懿祖已從迭毀伏以代宗睿文孝皇
帝卒哭而祔合上遷一室元皇帝代數已遠其神主
准禮當祧至禘祫之時然後饗祀於是祧元皇帝於
西夾室祔代宗神主焉建中元年三月眞卿上言東
都太廟闕木主請造以祔詔下議之初武太后於東

都立高祖太宗高宗三廟中宗以後而京大廟四時
並享至德亂後木主多亡缺未祔於是議者紛然而
大指有三一曰必存其廟遍立羣主時享之日以他
官攝行二曰建廟立主存而不祭若皇輿時巡則就
饗焉三曰存其廟瘞其主篤或東幸則飾齋車奉京
師羣廟之主以往議皆不决而罷是年十一月辛酉
詔曰冠婚之義人倫大經昔唐堯降嬪帝乙歸妹逮
於漢氏同姓主之爰自近代禮教凌替公主郡主法
度僭差姻族闕齒序之義舅姑有拜下之禮自家刑
國多愧古人今縣主有行將俟嘉命俾親執棗栗以

見舅姑遵尊宗婦之儀降就家人之禮事資變革以
抑浮華宜令禮儀使典禮官約古今儀禮詳定公主
郡縣主出降覲見之儀以聞於是禮司銓定儀制請
依開元禮婦見舅姑之儀又曰故事朝廷三品以上
清望官定名匙婚會謂之觀花燭又有障車下壻及
詠扇之詩非宜也請皆去之又按禮經壻執贄以相
見也當於奠鴈時男女相見親迎以歸然後同牢而
食合巹而酳近代別設氈帳擇地而置乃元魏穹廬
之制不可爲准當於室中施帳以紫綾幔爲之又云
今俗以子卯午酉之歲娶婦者謂之當梁不得見舅

姑又呂才新定陰陽書五十篇並無此說其俗忌諱
皆禁之乃爲永制王公百官率用此禮否者並使劾
之又婚禮皆用誕馬在禮經無文按周禮玉人有瑑
諸侯以聘女禮云玉以比德今請駙馬加以璋郡主
壻加以璧以代用馬又其函書出自近代事無經據
請罷勿用皆從之無何殿中少監李洞清嫁女用俗
法施氈帳禮儀使舉送御史臺按之眞卿尋遷太子
少師依前禮儀使二年十月癸卯祫祖神主出行祫
禮初寶應二年玄宗肅宗神主祔廟始遷憲祖懿祖
神主於西夾室是時禮儀使于休烈以國喪畢將行

祫享以太祖旣位當東面獻祖懿祖屬宗於太祖若同祫享卽太祖不得居正位於是永闕二祖神主於西夾室至是有司亦以國喪旣畢當行祫禮於是太常博士陳京上疏言今年十月祫享太廟并合享遷廟獻祖懿祖二神主春秋之義毁廟之主陳于太祖未毁廟之主皆升合食於太祖太祖之位在西而東向其下子孫昭穆相對南北爲別無毁廟遷主不享之文徵是禮也自於周室而國朝祀典當與周異且周以后稷配太廟爲始封之祖而乃立廟廟毁主遷皆在太祖之後禘祫之時無先於太廟太祖者故太

祖東向之位全其尊而不疑然今年十月禘享太廟伏請據魏晉舊制爲比則搆築別廟東晉以征西等四府君爲別廟至禘祫之時則於太廟正太祖之位以申其尊別廟登高皇太皇征西等四府君以敘其親伏以國家若用此則宜别爲獻祖懿祖立廟禘祫祭之以重其親則太祖於太廟遂居東向以全其尊伏以德明興聖二皇帝曩立廟至禘祫之時尚用享禮今則別廟之制便就興聖廟藏祔爲宜勅下尚書省百寮集議眞卿議曰議者云獻祖懿祖親遠廟遷不當祫享宜永閟於西夾室又議者云二祖宜同祫享與太祖並昭穆而空太祖東向之位又議者云二祖若同祫享卽太祖之位永不得正宜奉遷二祖神主祔藏於德明皇帝廟臣伏以三議俱未爲允且禮經殘缺旣無明據儒者以方義類斟酌致中則可舉而行之葢可於正也伏惟太祖景皇帝以兩命始封之功處百代不遷之廟配天崇享是極尊嚴且禘祫之時蹔居昭穆之位屈已申孝敬奉祖宗緣齒族之禮廣尊先之道此是太祖明神蒸蒸之本意亦所以化被天下率循孝弟也請依晉蔡謨等議至十月祫享之日奉獻祖神主居東面之位自懿祖太祖洎諸

祖宗遵左昭右穆之列此有彰國家重本尚順之明義足爲萬代不易之令典也又議者請奉遷二祖神主於德明皇帝廟行祫祭之禮夫祫合也故公羊傳曰大事者何祫也若祫祭不陳於太廟而享於德明廟斯乃分食也豈謂合食乎名實相乖深失禮意二不可行也議奏留中不下將及祫享眞卿又奏請從蔡謨議爲定從之

三年閏正月眞卿上言武成王廟是中祠上元元年禮儀使杜鴻漸奏罷祭今旣修葺廟宇已成伏請准月令每春秋二仲以上戊日行釋奠之禮又武成王

自齊太公追封侯王名義同廟庭用樂合准諸侯之數今請軒懸從之

于休烈爲工部侍郎充禮儀使舊儀冬至元日百官於光順門朝賀皇后乾元元年張皇后遂行此禮休烈先奏曰據周禮有命夫命婦朝夫人王婦朝女君自明慶元年以則天爲皇后始行此禮其日命婦又朝光順門朝官命婦雜處殊爲失禮有詔乃停

第十一頁三行堂姨舅疎降下脱一千三百四十七字

之例先無制服之文並望加至袒免臣聞禮以飾情服從義制或有沿革損益可明事體既大理資詳審望付尚書省集衆官吏詳議務從折衷永為典則於是太子賓客崔沔建議曰竊聞大道既隱天下為家聖人因之然後制禮教之設本為正家家道正而天下定矣正家之道不可以貳揔一之義理歸本宗父以尊崇母以厭降豈忘受敬宜存倫序是以内有齋斬外服皆緦尊名所加不過一等此先王不易之道也前聖所志後賢所傳其來久矣昔辛有適伊川見被髮而祭於野者曰不及百年此其戎乎其禮先亡矣貞觀先禮特改舊章漸廣渭陽之恩不遵洙泗之典及弘道之後唐隆之間國命再移於外族矣禮亡徵兆儻或斯見天人之際可不誡哉開元初補闕盧履冰嘗進狀論喪服輕重勑命僉議于時羣議紛拏各要積習太常禮部奏依定陛下運稽古之思發獨斷之明至開元之年特降別勑一依古禮事符故實人知向方

式固宗盟社稷之福更圖異議竊所未詳願守八年明旨以為萬代成法職方郎中韋述議曰天生萬物惟人最靈所以尊尊親親別生分類存則盡其愛敬没則盡其哀戚緣情而制服考事而立言往聖討論亦已勤矣上至曾祖下至玄孫以及其身謂之九族由近而及遠稱情而立文差其輕重遂其五服雖則或以義降或以名加教有所存理不踰等百王不易三代可知日月同懸咸所仰也自微言既絶大義復乖雖文質有遷而必遵此制謹案儀禮喪服傳曰外

親之服皆緦鄭玄謂外親異姓正服不過緦麻外祖父母小功五月以尊加也從母小功五月以名也舅甥外孫中外昆弟皆依本服緦麻三月差以正敵外祖則祖也姨舅伯叔則父母之恩不殊而獨殺於外氏聖人之心良有以也喪服傳曰禽獸知母而不知父野人曰父母何筭焉都邑之士則知尊禰矣大夫及學士則知尊祖也諸侯及其太祖天子及其始祖之所自出聖人究天道而厚於祖禰繫姓族而親其子孫近則別其賢愚遠則異於禽獸由此言之母黨

比於本族不可同貫明矣且家無二斬人之所奉不可貳也特重於大宗為降小宗為人後者減其父母之服女子出嫁殺其家之喪蓋所存者遠而所抑者私也今若外祖及舅更加服一等堂舅及姨列於服紀之內則中外之制相去幾何廢禮徇情所務者末古之作者知人情之易搖恐失禮之將漸別其同異輕重相懸欲使後來之人永不相離微旨所在豈徒然哉且五服有上殺之義必循源本方及條流伯叔父母本服大功九月並以其出於祖其服不得於祖

也從祖父母從祖昆弟小功五月以出於曾祖服不過於曾祖也族祖父母族昆弟皆緦麻三月以其出於高祖其服不得過於高祖也堂舅姨既出於外曾祖若為之制服外曾祖父母及外伯叔祖父母亦宜制服矣外祖加至大功九月則外曾祖合至小功外高祖合至緦麻若舉此而捨彼事則不均并親而錄疎理則不順推而廣之是與本族無異矣服皆有報則堂外甥外曾孫姪女之子皆須制服矣聖人豈薄其骨肉皆其恩愛情之親者服制乃輕蓋本於公者

薄於私存其大者略其細義有所繼不得不然苟可加也亦可減也往聖可得而非則禮經可得而隳矣先王之制謂之彝倫奉以周旋猶恐失墜一紊其敘庸可止乎且舊章淪胥為日已久所存者無幾又欲棄之雖曰未達不知其可請依儀禮喪服為之禮曰外服皆緦又曰外祖父母以尊加從母以名加並為小功五月其為舅緦鄭文貞公魏徵已議同從母例加至小功五月訖今之所加豈異前旨雖文貞賢也而周孔聖也以賢改聖後學何從堂舅母並升為祖

免則何以祖述禮經乎如以外祖父母加至大功則豈無加報於外孫乎如外孫為報服大功則本宗庶孫何用等而相淺乎儻必如是深所不便竊恐内外乖序親踈奪倫情之所沿何所不至恐理必然也昔子路有姊之喪而不除孔子問之子路對曰吾寡兄弟而不忍也子曰先王制禮行道之人皆不忍也子路聞而

冊府元龜

巡按福建監察御史臣李嗣京　訂正
新建縣舉人臣戴國士　參閱
知建陽縣事臣黄國琦　較釋

掌禮部二十八

奏議第十八

唐歸崇敬爲膳部郎中肅宗寶應元年以百官朔望朝服袴褶非古禮上疏云案三代典禮兩漢史籍並無袴褶之制亦未詳所起之繇隋代以來始有服者事不師古伏請停罷從之又議東都太廟不合制木

主謹案典禮虞主用桑練主用栗作桑主則埋栗主作栗主則埋桑主所以神無二主天無二日土無二王也今東都太廟是則天皇后所建以置武氏木主中宗去其主而存其廟蓋將以備行幸遷都之制也殷人屢遷前三後五則殷遷都一十三度不可每都而别立神主也議者或云東都神主已曾虔奉而禮之豈可一朝而廢乎且虞祭則立桑主而虔祀練祭則立栗主而埋桑主豈桑主不曾虔祀而乃埋之又所闕之主不可更作作之不時恐非禮也又議云每年春秋二時釋奠文宣王祝板御署訖北面揖臣以爲其禮太重謹按大戴禮師尚父授周武王丹書武王東面而立今署祝板伏請准武王東面禮之輕重庶得其中是年崇敬與禮儀使杜鴻漸禮官薛頎等議以高祖神堯皇帝非始封之君不合配天地大祖景皇帝始封於唐郊天地請以景皇帝配告宗廟亦以景皇帝酌獻詔可之永泰二年夏大旱時上封事者云太祖景皇帝追封唐國高祖受命之祖唐有天下不因於景皇今配享失位故神不降福愆陽爲灾詔下百司就尚書省議崇敬確執前議乃止崇敬又議祭五人帝不合稱臣云大皞五帝人帝也於國家

即爲前後之禮無君臣之義若於人帝而稱臣則天地復何稱也議者或云五帝列於月令分配五時則五神五音五祀五蟲五獸皆備五數以此備其時之色數非謂别有尊也

黎幹爲諫議大夫寶應元年禮儀使太常卿杜鴻漸與水部員外郎薛頎歸崇敬等議以神堯受命之主非始封之君不得爲太祖以配天地太祖景皇帝始受封於唐即殷之契周之后稷也請以太祖景皇帝郊配天地告請宗廟亦以太祖景皇帝酌獻諫議大夫黎幹議以太祖景皇帝非受命之君不合配享天

地二年五月進議狀爲十詰十難曰據集賢校理潤州别駕歸崇敬議狀及水部員外郎薛頎等議曰禘謂冬至祭天於圜丘周人以遠祖配今欲以景皇帝爲始祖配昊天於圜丘臣幹詰曰國語云有虞氏夏后氏俱禘黄帝商人禘舜周人禘嚳俱不言祭昊天於圜丘一也詩商頌曰長發大禘也又不言祭昊天於圜丘二也詩周頌曰雍禘太祖也又不言祭昊天上帝於圜丘三也禮記祭法曰有虞氏夏后氏俱禘黄帝殷人周人俱禘嚳又不言祭昊天上帝於圜丘四也禮記大傳曰不王不禘王者禘其祖之所出以

其祖配之又不言祭昊天上帝於圜丘五也爾雅釋文曰禘大祭也又不言祭昊天上帝於圜丘六也家語曰凡四代帝王之所郊皆以配天也其所謂禘者皆五年大祭也又不言祭昊天上帝於圜丘七也盧植云禘祭名禘者諦也事遵明禘故曰禘又不言祭昊天上帝於圜丘八也王肅曰禘謂五年大祭又不言祭昊天上帝於圜丘九也郭璞云禘五年之大祭也又不言祭昊天上帝於圜丘十也臣幹謂禘是五年宗廟之祭詩禮經傳文義昭然今畧舉十詰以明之臣唯見禮記祭法及禮記大傳商頌長發等之處

鄭玄注或稱祭昊天或云祭靈威仰臣精詳典籍更無禘爲祭昊天於圜丘及郊天者審知禘是祭之最大則孔子説孝經爲萬代百年法稱周公大孝何不言禘祀帝嚳於圜丘以配天而反言郊祀后稷以配天是以五經俱無其説聖人所以不言輕議大典亦何容易猶恐不悟今更作十難其一難曰周頌雍禘太祖也鄭玄箋云禘大祭也太祖文王也商頌云長發大禘也鄭玄箋云大禘祭天也夫商周之頌其文互説或云禘太祖祭天其禘俱是五年宗廟之大祭詳覽典籍更無異同惟鄭玄箋長發乃稱是郊祭天

詳玄之意因此商頌禘加大字便云祭天始春秋大事雖有大字亦是宗廟之大祭可得便稱祭天乎若如所説大禘卽是郊祭稱禘卽是祭宗廟又祭法説虞夏商周禘黄帝與嚳大傳不王不禘上俱無天字云何因便稱祭天乎又長發所云亦不歌嚳與感生帝故知長發之禘而非禘嚳及郊祭天明矣殷周五帝之大祭羣經衆史及鴻儒碩學自古立言者論序之詳矣無以禘爲祭天何棄周孔之法獨取康成之小注便欲違經非聖誣亂祀典謬哉其二難曰大傳稱不王不禘王者禘其祖之所自出以其祖配之諸

侯則及其太祖者說王者則當禘謂祭法虞夏殷周禘黃帝及嚳不王則不禘所當禘其祖之所自出謂虞夏出黃帝殷周出帝嚳以近祖配而祭之自出之祖旣無宗廟卽是自外至者故同之天地神祇以祖配而祀之自出之說非但於天於父母亦然左傳子産云陳則我周之自出此可得稱出於大微五帝乎故不王不禘王者祖其祖之所自出以其祖配此之謂也及諸侯之禘則降於王者不得祭自出之祖祇及太祖而已諸侯及其太祖此之謂也鄭玄錯亂分禘爲三注祭法云禘謂祭昊天於圓丘一也注左傳

稱郊祭昊天以后稷配靈威仰箋商頌又稱郊祭天二也注周頌云禘大祭大於四時之祭而小於祫太祖謂文王三也禘是一祭玄析之爲三顛倒錯亂皆率胸臆曾無典據何足可憑其三難曰虞夏殷周已前禘祖之所自出其義昭然自漢魏晉已還千餘歲其禮遂闕又鄭玄所說其言不經先儒所棄未曾行用愚以爲錯亂之義廢棄之注不足以正大典其四難曰所稱今三禮行於代者皆是鄭玄之學請據鄭以明之議雖云據鄭學今欲以景皇帝爲始祖之廟以配天復與鄭議相乖何者王制云天子七廟玄云此周禮也七廟者太祖及文武之祧與親廟四也殷則六廟契及湯與二昭二穆也據鄭學夏不以鯀及顓頊昌意爲始祖昭然可知也而欲引稷契爲例其義又異且稽上古洎今無以人臣爲始祖者唯殷以契周以稷夫稷契者皆天子元妃之感神而生者帝嚳以妃簡狄有娀氏之女吞玄鳥之卵因生契長而佐禹治水有大功舜乃命契作司徒百姓旣和遂封於商故詩曰天命玄鳥降而生商此之謂也后稷者其母有邰氏之女曰姜嫄爲帝嚳妃出野履巨跡歆然有孕生稷稷長而勤於稼穡堯聞舉爲農師天下

得其利有大功舜封於邰號曰后稷唐虞夏之際皆有令德故詩曰履帝武敏歆然生子卽有邰家室此之謂也禹舜有天下稷契在其間量功比德抑其次也舜受職則播百穀敷五教禹讓功則平水土宅百揆故國語曰聖人之制祀德施於人則祀之以死勤事則祀之契爲司徒而人輯睦稷勤百穀皆居前代祀典子孫有天子得不尊而祖之乎其五難曰旣遵鄭說火德配寡遂以后稷祇配一帝尚不得全配五帝今以景皇帝特配昊天於鄭義可乎其六難曰衆議詰臣云上帝一也所引春官祀天旅上帝祀地旅

四望旅訓衆也則上帝是五帝臣曰不然旅雖訓衆乃出於爾雅及爲祭名春官則訓旅爲陳注有明文若於所言旅上帝便成五帝則季氏旅於泰山可得便是四鎮乎其七難曰所云據鄭學則景皇帝親盡主合祧却欲配祭天地錯亂宗祖夫始祖者經綸草昧體太則天所以元氣廣大萬物之宗尊以長至陽氣萌動之始乃俱祀於南郊也夫萬物之始天也人之始祖也田之始制也掃地而祭質也器用陶匏性也牲用犢誠也兆於南郊就陽位也至尊至質不敢同於先祖禮也故白虎通云祭天歲一何天至尊至

質事之不敢褻黷故因歲之陽氣始達而祭之今國家一歲四祭黷莫大焉上帝五帝其祀遂闕怠亦甚矣黷與怠皆禮之失不可不知夫親有限祖有常聖人制禮君子不以情變易國家重光累聖歷祀百數豈不知景帝封於唐當時通儒議功度德乃尊神堯以配天宗太宗以配上帝神有定主爲日已久今黜神堯配含樞紐以太宗配上帝則紫微五精之帝佐也以子先父豈禮意乎非止神祇錯位亦以宗祖乖序何必上稱皇天祖宗之意哉若夫神堯之功太宗之德格于皇天上帝臣以郊祀無以加焉其八難曰欲以景皇帝爲始祖既非造我區宇經綸草昧之主故非與夏始祖禹殷始祖契周始祖稷漢始祖高帝魏始祖武帝晉始祖宣帝國家始祖神堯皇帝同功比德而忽升于圜丘之上與昊天匹曾謂圜丘不如林放乎其九難曰所言魏文帝丕以武帝操爲始祖晉武帝炎以宣帝懿爲始祖者孟德仲達皆人傑擁天下之强兵挾漢魏之微主專治海内令行草偃服袞冕陳軒懸天子决事於私第公卿列拜於道左名雖爲臣勢實爲君後主因之而業帝前王繇之而禪代子孫尊而祖之不亦可乎其十難曰所引商周魏

晉既已審矣則景皇帝不爲始祖明矣高祖拔出羣之才廓清隋室極生民之塗炭則夏禹之勳不足多成帝業於數年則漢祖之功無以比然而夏以禹爲始祖漢以高帝爲始祖則我唐以神堯爲始祖法夏則漢於義何嫌今欲革皇天之祀易太祖之廟事之大者莫大於斯曾無按據一何寡陋不愧於心不畏於天乎以奉詔令諸司各據禮經定議者臣忝竊朝列官以諫爲名以直見知身以學見達不敢不罄竭以裨萬一議奏不報

杜鴻漸爲太常卿充禮儀使代宗廣德二年正月命

有司定祀典鴻漸奏曰冬至祀昊天上帝夏至祀皇地祇請太祖景皇帝配享孟春祈穀祀昊天上帝孟冬祀神州請以高祖神堯大聖大光孝皇帝配享夏雩祀昊天上帝請以太宗文武大聖大光孝皇帝配享季秋大享明堂祀昊天上帝請以肅宗文明武德大聖大宣孝皇帝配享從之

李岧爲司門郎中禮儀使判官德宗建中三年十月肅王詳薨詳德宗第六子薨時年四歲廢朝三日贈揚州大都督帝念甚不令起墳穿壙特命層塼造塔如西國法岧上言曰墳墓之式經典有嘗爰自古今

不聞異制塼塔出於天竺號爲浮圖行之中華竊恐非禮況肅王天屬品位尊崇喪葬之儀存於簡策舉而不法垂訓非經伏請准令造墳庶遵典禮從之

關播爲刑部尚書知刪定禮儀貞元二年二月奏上元中詔擇古今名將十人於武成王廟配享如文宣王廟之儀伏以太公古稱大賢今其下置亞聖賢之有聖於義不安又孔門十哲皆是當時弟子今所擇名將年代不同於義既乖於事又失臣請刪去名將配享之儀及十哲之稱從之三年正月修昭德皇后別廟帝初務從省約欲藏皇后神主於陵所祠寢殿播於禮官奏以典故無文且陵所祠殿非安神主之所准故事昭成肅明元獻皇后並置別廟今太廟之西卽元獻皇后故廟也今請修葺以爲昭德皇后別廟從之

李紓爲兵部侍郎貞元四年八月奏准開元十九年勑置齊太公廟以張良配太常卿少卿及丞充三獻官又案開元禮祝文云皇帝遣某官昭告于齊太公漢留侯至於上元元年勑追贈太公爲武成王享祭之典一同文宣王有司因差太尉充獻兼御署祝板伏以太公卽周之太師張良卽漢之少傅聖朝列於

祀典已極褒崇今屈禮於至尊施敬於臣佐理或過當神何敢歆伏以文宣王垂教百代宗師五常訓明紀綱制立家國繇是正素王之位加先聖之名樂用宮懸獻差太尉尊師崇道雅合政經且太公述作止於六韜勳業形於一代豈擬諸盛德均其殊禮其祝文請不進署敢昭告請改爲敬祭于其昭告請改爲致祭于留侯其獻官請准舊式詔百寮集議刑部員外郎陸淳請罷封王立廟之制依貞觀之磻溪置祠命有司時享左領軍大將令狐建等諸將軍二十四人請仍舊大理卿于頎四十六人請依李紓帝謂曰

文化武功皇王之二柄自今上將軍已下克獻官餘依紓奏

劉滋爲吏部侍郎貞元六年正月詔羣官有私喪並宜禁斷公祭初御史監祭者以開元禮有緦已上喪不享廟移牒吏部請以差奏祭官有私喪者於是吏部乃奏曰准禮諸侯絕周大夫絕緦所以殺旁親之喪不敢廢太宗之祭士則緦不祭謂同宮未葬欲人吉凶不相黷也魏晉以降變禮行權緦已上喪假內衣縗謂之喪服假滿卽吉謂之公除凡旣葬公除卽爲吉祭者非也故其時公除者皆行公祭蓋大夫不

以家事亂王事春秋之義也今國家公除之令旣已卽吉於祭無嫌今私家之祭則無廢者公家之祭則猶禁之是以有司限文進退維谷若以服爲禁卽懼廢祭禮若以例奏差則懼違令文先王立禮所以進人爲善也立法所以禁人爲非也被公除者人思君親莫不欲祭使子得祭其父孝莫大焉臣得祭其君厚莫重焉苟祭而不許是禁人爲善苟私祭不禁則公祭無嫌是則垂之空文不若行其變禮今請申明舊令使行之可守凡有慘服旣葬公除及聞哀假滿者請許吉服赴宗廟之祭其同宮未葬唯公除者請依前禁之庶輕重有倫以一王法從之

柳冕爲吏部郎中貞元六年將有事於南郊德宗重愼其禮每事必詢訪於禮官乃命冕與司封郎中徐岱倉部郎中陸質工部員外郎張薦皆攝太常博士同修儀注以備顧問旣詔以皇太子亞獻親王終獻帝令問冕等當受誓戒否冕與禮官等奏請唯開元禮並以前七日數內受誓戒詞云各揚其職不供其事國有常刑冕等以誓皇太子更其詞云各揚其職肅奉常儀帝又問升郊廟云舄履及象笏尺寸之度祝文輕重之宜冕等咸引據禮經及歷代沿革故事

奏聞帝甚嘉賞之是年復親王母號曰太妃定公母曰太儀初帝以諸王若叔父諸弟長公主若姑姊妹其母多無封號朝謁之際無以稱之乃下有司詳議禮官苐奏曰伏尋漢制諸王母稱王國太后晉宋以降則曰王國太妃國朝酌前代典故從晉宋之儀王母命爲太妃著在程式謹按封爵及太唐六典王母爲太妃高祖宇文昭儀生韓王元嘉後爲韓國太妃太宗燕妃生越王貞後爲越國太妃位號所崇存於簡冊其長公主之母歷代故事並無稱案大典內命婦有六儀位次三妃秩正三品公主母旣因女貴伏

請降王母一等命爲太儀各以公主本封加太儀之上其品位同儀者取母儀之盛太者請因子而尊庶辨等威以弘敦睦詔可其奏

裴郁爲太常卿貞元七年十一月奏疏曰禘祫之禮以遷廟皆出太祖之後故得合食有序尊卑不差及漢高受命無始封祖以高皇帝爲太祖太上皇高帝之父立廟享禮不在昭穆合食之列爲尊於太祖故也魏武創業文帝受命亦卽以武帝爲太祖其高皇太祖處士君等並爲屬尊不在昭穆合食之列晉宣創業武帝受命亦卽以宣帝爲太祖其征西頴川等

四府君亦爲屬尊不在昭穆合食之列國家誕受天命累聖重光景皇帝始封唐公實爲太祖中間世數旣近於三昭三穆之内故皇家太廟唯有六室其弘農府君宣光二祖尊於太祖親盡則遷不在昭穆之數著在禮志可舉而行開元中加置九廟獻懿二祖皆在昭穆是以太祖景皇帝未得居東向之尊今二祖已祧九室惟序則太祖之位又安可不正伏以太祖上配天地百代不遷而居昭穆獻懿二祖親盡廟遷而居東向徵諸故實實所未安請下百寮僉議勑旨依八年二月又奏乃者宗子名御皆云皇某親行於文疏曹署此非避嫌自卑之道也謹按儀禮曰諸侯之子稱公子公子不稱先君公子之子稱公孫公孫不得祖諸侯此自卑別尊之道也又禮記公君有合族之道族人不得以其戚戚君位也鄭玄注云族人皆臣也不得以父兄子弟之親自戚於君位謂齒列也所以尊君別嫌今宗子若以皇宇爲稱首從數爲序親誠非卑別尊不戚君位之義又按儀禮從父昆弟卽今同堂也從祖昆弟卽今再從也族昆弟卽今三從也聖朝方崇敦敘宜辯等威其三從内伏請依舊其餘各以祖禰本封爲其王公子孫則親疎有

倫名理歸正從之九年六月郁奏議曰謹案孝敬皇帝忌不廢務伏以讓皇帝位非正統親則旁尊詳考舊章合同孝敬其忌日廢務請罷詔可是月郁奏議准季冬盡日以十一月九日貢舉人謁先師今與親享太廟日同准六典上丁釋奠若與大祠同卽用中丁其謁先師請別擇日從之

李嶸爲太子左庶子貞元八年正月議太常卿裴郁所論禘祫之禮曰王制天子七廟三昭三穆與太祖而七周制也七者太祖及文王武王之祧與親廟四也太祖后稷也殷則六廟契及湯與三昭三穆夏則

五廟無太祖禹與二昭二穆而晉朝博士孫欽議云王者受命太祖及諸侯始封之君其已前神主據已上數過五代即毀其廟禘祫不復及也禘祫所及者謂受命太祖之後夫毀主上升藏於二祧者也雖百代禘祫及之伏以獻懿二祖則太祖以前親盡之主也儗三代以降之制則禘祫不及矣代祖神主則太祖已下毀廟之主則公羊傳所謂已毀廟之主陳于太祖者是也謹案元帝下詔議罷郡國廟及親盡之祖丞相韋玄成議太上孝惠廟皆親盡宜毀太上廟主宜瘞於園孝惠主遷於太祖廟奏可太上則太祖

已前之主瘞於園禘祫不及故也則今獻懿二祖之比也孝惠遷於太祖廟明太祖以下子孫則禘祫所及則今代祖元皇帝神主之比也自魏晉及宋齊隋陳相承始受命之君皆立廟虛太祖之位自太祖之後至七代君則太祖東向位乃成七廟太祖以前之主魏明帝則遷處士置於園邑歲時使令丞奏薦世數猶近故也至東晉成帝時以征西等三祖遷入西徐名之祧以准遠廟至穆帝立於京兆遷入西徐同謂之祧如前之禮並禘祫所不及國朝始享四廟宣光并太祖世祖神主祔于廟至貞觀九年將祔高祖

于太廟朱子奢請准禮立七廟其三昭三穆各置神主太祖依宋以來故事虛其位待遞遷方立東向位於是始封祔弘農府君及高祖爲六室虛太祖之位而行禘祫至二十三年大宗祔廟弘農府君乃藏于西夾室文明元帝高祖祔廟始遷宣皇帝西夾室開元元年玄宗特立九廟於是追尊宣皇帝爲獻祖復列於正室光皇帝爲懿祖以備九室禘祫猶虛太祖之位祝文於三祖不稱臣明全廟數而已至德二載尅復後新作九廟神主遂不造弘農府君神主明禘祫不及故也至寶應二年祔玄宗肅宗於廟遷獻懿

二祖於西夾室始以太祖當東向位以獻懿二祖爲是二祖以前親盡神主准禮禘祫不及凡十八年建中二年十月將祫享禮儀使顏真卿伏奏合出獻懿二祖主行事其布位次第及東向尊位請准東晉蔡謨等議爲定遂以獻祖東向以懿祖於昭位南向以太祖於穆位北向以左昭右穆陳列行事且蔡謨當時雖有其議事竟不行而我唐廟祧豈可爲准㨿伏以嘗禘郊社尊無二上泰毀遷藏禮有義斷獻懿以爲親盡之主太祖以當東向之尊一朝改移實非典故謂宜復先朝故事獻懿神主藏於西夾室以數祭

法所謂遠廟爲祧去祧爲壇去壇爲墠墠有禱則祭無禱
乃止太祖既昭配天地位當東向之尊庶上守貞觀之首
制中奉開元之成規下遵寶應之嚴式符合經義不失舊
章又後魏時公孫邃主藏于文武之廟其周已受命之祧
乎故有二祧所以異廟也今獻祖已下之祧猶公先也太
祖已下之祧猶先王也請築別廟以居二祖則天周之禮
復古之道故漢因於周魏因於漢隋因於魏皆立三廟有
二祧又二私廟四於南陽亦後漢制也以爲人之子事太
宗降其私親故私廟所以尊本宗太廟所以尊正統雖古
今異時文質異禮而知禮之情與問禮之本者莫不通其

冊府元龜　掌禮部奏議十八　卷之五百九十　十七

變酌而行之故上致其崇則太祖屬尊乎上矣下盡其殺
則祧主親盡于下矣中處其中則主者主祧於中矣工部
郎中張薦等議曰昔殷周以稷卨之後所以昭穆合祭尊
卑不差如夏后氏以禹始封遂爲不遷之祖故夏五廟禹
與二昭二穆而已據此不先鯀鯀之親盡其主已遷左氏
既稱禹不先鯀足明遷廟之主雖屬尊於始封祖者不在
合食之位矣又據晉宋齊周隋史其太祖已下並同禘祫
未嘗限斷遷毀之主伏以南北八代非無碩學巨儒宗廟
大事議必精驗於史冊其禮僉同又詳魏晉宋齊梁北齊
周隋事及貞觀明慶開元所禘祫並虛東向既行之已久

實羣情所安且太祖處清廟第一之室其神主雖百
代不遷永歆蒸嘗上配天地於郊廟無不正矣若至
禘祫之時躋居昭穆之列屈已申孝以奉祖禰豈非
伯禹蒸敬鯀之道歟亦是魏晉及周隋之太祖不敢
以卑壓尊之義也議者或欲遷二祖於興聖廟及請
別置築室至禘祫年享之夫祫合也此乃分食殊乖
禮意又欲藏於西夾室永不及祀無異漢氏瘞園尤
爲不可輒敢微據正經考論舊史請奉獻懿二祖與
太祖並從昭穆之位而虛東向司勳員外郎裴樞議
曰禮必立宗子者蓋爲收其族人東向之主亦繇是

冊府元龜　掌禮部奏議十八　卷之五百九十　十八

也若祔於遠廟無乃中一有間等上不倫西位嘗虛
則太祖永厭於昭穆異廟別祭則祫享事主乎合食
永祕此於姜嫄則推祥禖而無事禮云親親故尊祖
尊祖故敬宗敬宗故收族收族故宗廟嚴宗廟嚴故
重社稷繇是言也太祖之上復有追尊之祖則親親
尊祖之義無乃乖乎太祖之外輕置別祭之廟則宗
廟無乃不嚴社稷無乃不重乎且漢丞相韋玄成請
瘞於園晉徵士虞喜請瘞於廟兩階之間喜又引左
氏說古者先王日祭於祖考月祀於曾高時享及三
祧歲祫及壇墠終禘及郊宗石室是謂郊宗之祖斯

最近矣但當時議所居石室未有准的喜請於夾室中愚以爲石室可據所以處之之道未安何者夾室謂居太祖之下毀主非是安太祖之上藏主也未有卑處正室尊位尊在旁居考理卽心恐非允叶今若建石室於園寢遷神主以永安揆漢晉之舊章依祫禘之一祭修古禮之殘缺爲國朝之典故庶乎春秋變之正禮動也中者焉考功員外郎陳京議曰京前爲太常博士已於建中二年九月四日奏議祫享獻懿二祖所安之位請下百寮博採所從其時禮儀使顏眞卿因是上狀與京議異京議未行伏見去年十

一月二十八日詔下太常卿裴郁所奏大抵與京議相會伏以聖典皇帝則獻祖之曾祖懿祖之高祖夫以曾孫祔引於曾高之廟豈禮之不可哉實人情之大順也京兆少尹韋武議曰凡三年一祫五年一禘祫則羣廟大合禘則各序其祧謂主遷彌遠祧室既修當祫之歲嘗以獻祖居於東向而懿祖序其昭穆以極行所親若行禘禮則太祖復延於西以衆主列其左右是則於太祖不爲降居於獻祖無所厭卑考禮酌情謂當行此爲勝同官縣尉仲子陵議曰今儒者乃援子雖齊聖不先父食之言欲令已祧獻祖權居東向配天太祖屈居昭穆此不通之甚也凡左氏不先食之言且以正文公之逆祀儒者安知非夏后廟數未足之時而言禹不先鯀乎且漢之禘祫蓋不足徵魏晉已還太祖之上皆有遷主歷代所疑或引閟宮之詩而永閟或因虞主之義而瘞園或緣還廟爲祧以築宮或言太祖實卑而虛位唯東晉蔡謨憑左氏不先食以爲說欲令正西東向均之數者最不安且蔡謨此議非晉所行前有司不本謨旼築之言取正西東向之一句爲萬代法此其不可甚也臣又思之永閟瘞園則臣子之心有所不安權虛正位則

太祖之尊無時而定則別築一室義差可安且典聖之於獻祖乃曾祖也昭穆有序享祀以時伏請奉獻懿二祖遷於德明興聖廟此其大順也或以祫者合也今二祖別廟是分食也何合之爲臣以爲德明興聖二廟每禘祫之年亦皆享薦是亦分食奚疑於二祖乎其月二十七日吏部郎中柳冕上禘祫義證凡一十四道以備顧問并議奏聞至三月十二日祠部奏郁議狀並留中

盧邁爲尚書左丞貞元八年七月將作監元亘當攝太尉薦享昭德皇后廟以私忌日不受誓戒爲御史

劾奏令尚書省與禮官法官集議於是邁等奏曰謹案禮記曰大夫士將奉祭於公旣視濯而父母死猶是奉祭也又案唐禮散齋有大功喪致齋有周親喪齋中疾病則還家不奉祭事皆無忌日不受誓戒之文雖假寧令忌日有給假一日春秋之義不以家事辭王事今亘以假寧常式而辭攝祭新命酌其輕重誓戒則祀事之嚴較其禮式忌日乃循常之制詳求典據事緣薦獻不宜以忌日爲辭繇是亘坐罰

陸淳爲左司郎中貞元十一年七月十二日勅于頎等議狀論禘祫事所請各殊理在討論用求精當宜

令尚書省會百寮與國子監儒官切磋舊狀定可否仍委所司具事件聞奏其月二十六日淳奏曰臣竊尋七年百寮所議雖有一十六狀總其歸趣三端而已于頎等一十四狀並云復太祖之位張薦狀則云並列昭穆而虛東向之位韋武狀則云當祫之歲獻祖居于東向行禘之禮太祖復延於西請按禮經及先儒之說復太祖之位正也義在不疑太祖之位旣正獻懿二主當有所歸詳考十四狀其意有四一曰藏諸夾室二日置之別廟三日遷於園寢四日祔于興聖藏諸夾室是無享獻之期異乎周人藏於二祧之義禮不可行也置之別廟始於魏明之說禮經實無文晉義熈九年雖立此義已後亦無行者遷于園寢是亂宗廟之儀旣無所憑殊乖禮意不足徵也唯有祔于興聖之廟禘祫之歲乃一祭之庶乎亡於禮者之禮而得變之正也時雖奏議竟亦不決

巡按福建監察御史臣李嗣京　訂正
分守建南道左布政使臣胡維霖　參閱
知建陽縣事臣黃國琦　較釋

掌禮部　二十九

奏議第十九

唐韋彤為太常博士貞元十二年十月與博士裴堪上疏議太廟朔望饗祭日臣等謹按禮經前代故事在廟無朔望祭食之儀於陵寢有朔望上食之禮國家自貞觀至開元修定禮令皆遵舊典天寶十一年

閏三月初別令尚食朔望進食於太廟自太祖已下每室奠享其進奠之儀在臣禮司並無著令或當時禮官王璵不本禮意妄推緣生之義請用宴私之饌此則可薦於寢宮而不可黷於太廟一時之制久未變更至今論禮者罪王璵之議伏請今月八日進止令宗正與太常計會辨集者伏以陛下虔奉宗廟齋心自中事歸有司各合盡敬然後詳議故實臣得竭誠謹按禮祭統云夫祭者非物自外至者也自中出生於心也心怵而奉之以禮由是牲牢有定制籩豆有常數馨天生地長之物極昆蟲草木之異苟可薦

者莫不咸在先王以此饗宗廟交神明全孝敬也若王之食飲膳羞八珍百品可嗜之饌隨好所遷炙胣旨甘皆爲褻味此先王以此宴賓客接人情示慈惠也則知薦饗宴食於文已殊聖人別之以異爲敬今若以熟食薦太廟恐違禮本又祭義曰祭不欲數數則煩煩則不敬祭不欲疏疏則怠怠則忘是故祠禴烝嘗感時致饗此聖人備就之中制也今陵寢每月二祭不爲疏也太廟每歲五饗不爲數也則人臣執事在數疏之間得盡忠也若令牲牢俎豆之司更備膳羞盤盂之饌月朔月半將以爲常環四時之中雜

五饗之禮爲數既甚黷亦隨之雖曰不然臣不信也夫聖王之制必師於古訓不敢以孝思之極而過於禮不敢以肴膳之多而褻於味伏願陛下遵開元萬代之則省天寶權宜之制陵寢之上得極珍羞宗廟之中請依正禮臣等忝司禮職敢罄愚衷帝令宜示宰臣曰此禮已經先帝所定朕未敢據有改移待更商量期於允當十三年八月詔張茂宗起復左衛將軍駙馬都尉尚義章公主彤與堪上疏言伏見駙馬都尉張茂宗猶在母喪聖恩念其亡母遺表所請許公主出降仍令茂宗借吉就婚者伏以夫婦之義人

倫大端所以關雎冠詩之首者王化之先也天屬之親孝行爲本所以齊斬居服之重者也道之厚也聖人以二端爲訓人之本不可變也故制婚禮曰納采問名納吉納徵皆主人几筵聽命於廟稱事立禮謂之嘉所以上承宗廟下繼後嗣也又制喪禮曰創巨者其日久痛甚者其愈遲三年之喪二十五月而畢稱情立文通謂之凶所以送死有已復生有節也然後夫義婦順父慈子孝馴致不失臻於太和歷代實之以爲至敬昔者魯侯變服晉襄墨縗事至重於奪情義亦許其權變又兵法鑿門而出以凶禮處之以

情相因體或爲顯若茂宗釋縗服而衣冕裳去堊室而行親迎雖云輟哀借吉是亦以凶瀆嘉豈唯失先王之重典抑亦爲國家之爽法儻茂宗留俟免喪則日月非遠今公主指期下嫁又儀注有嬪固不可廢重而就輕捨大而取小伏惟皇帝陛下體天撫運統人立法何嘗不守先王之至德聖哲之明謨下盡群言上留玄鑒彝倫攸敘懿範昭明所以八表肅清四夷歸化方弘禮義之日大敦名教之時於無爲之朝有異議之事衆情不違疑懼交深伏願抑茂宗亡母之誠顧典章不易之義待其終制然後賜婚收天情

於至難察有司之懇守彝之史冊聖德彌光則天下幸甚臣謬備禮官懼於失職不勝致君愛禮之至疏奏不納

齊抗爲太常卿貞元十四年十二月奏曰元日朝賀奏事官戶部尚書司天監准開元禮兼合於橫班同群官拜訖然後依次奏事自項因循並未拜已前先就于階立奏事畢隨例便退臣與禮司商量請依開元禮戶部尚書已下於南班再拜訖便隨上公升于階就東向位立准儀注奏事庶裨闕典以補舊儀可

陳京爲給事中貞元十九年三月奏今年夏禘饗于

太廟須定太祖景皇帝東向之位并遷廟之位伏以禘祫是審禘大合祖宗次序之祭必遵太祖之位以正昭穆今年遇禘大祭恐須定比來所議之禮饗日既近臣職忝刊緝經籍謹遂奏聞伏以建中二年及貞元七年十一年特令都省詳議者三竟未正太祖東向之位至十二年禘十七年祫猶未得中其於至正之饗不可重難依違又以過此也詔百官議定以聞鴻臚卿王權議曰案祭法曰周人祖文王而宗武王故毛詩清廟章云清廟祀文王也不言太王王季也又案雍禘章疏云太王王季已上皆云祔於后稷

之虚廟蓋以太祖東向之位至尊也太王王季之尊私禮也后稷之廟天下爲公不敢以私奪公也又案鄭玄注祭法曰古者先王遷廟之主以昭穆合藏於始祖今獻祖懿祖之主愚臣竊以爲宜祔於興聖廟不當祭於太廟也如此太宗東向之位得其尊獻祖懿祖之位得其所也時前後議者亦多言祔於興聖廟然無引據上意不决自寶應巳前太祖尚在昭穆故虚東向以祔太祖及廣德二年太廟室數巳滿遷二祖於夾室方正太祖東向之位凡十九年至建中二年冬祫祭有司誤引東晉蔡謨議請虚東向當蔡

謨議本請別築宫廟以居潁川京兆以上四府君其宫廟未成以前請權虚東向之位待制廟成遷四府君神主於別廟然後太祖正東向之位雖有此議屬晉室兵革議不暇行建中初有司雖引蔡謨虚東向之位禮終亦不行乃誤以宣皇帝居東向降太祖在昭穆之位及是覽羣臣之議以太祖居東向是百代不刊之典以二祖皆追祟非有土子民之尊禮當祔別廟及覽權議引據詩禮成文上意遂定遷二祖於德明興聖廟每禘祫年一饗遂正太祖東向之位是時左僕射姚南仲等獻議狀五十七封詔付都省再

集百寮議定聞奏戸部尚書王紹等五十五人議請奉遷獻祖懿祖神主祔德明興聖廟請別増兩室奉安神主緣二十四日禘祫祭修廟未成請於德明興聖廟垣内權設幕屋爲二室權安神主候増廟室成准禮遷祔神主於新廟每至禘祫年各於本室行饗禮從之是月十五日遷獻祖懿祖神主權祔德明興聖廟之幕殿二十四日饗太廟自此景皇帝始居東向之尊元皇巳下依左昭右穆之列矣二祖新廟成日奉遷獻祖懿祖神主正太祖至景皇帝之位虔告之禮當在重臣令宜簡較司空平章事杜佑攝太尉

告太清宫門下侍郎平章事崔損攝太尉告太廟又詔曰國之大事式在於明禋王者孝饗莫重於殷祭所以尊祖宗而正昭穆也朕承列聖之休德荷上天之睠命虔奉牲幣二十五年永惟宗廟之位禘嘗之序夙夜祇栗不敢自專是用延訪公卿稽參古禮博考群議至於再三敬以令辰奉遷獻祖宣皇帝神主懿祖元皇帝神主祔于德明興聖皇帝廟太祖景皇帝正東向之位宜令所司備禮務極精潔祇肅祀典載深感惕咨爾中外宜悉朕懷

杜黄裳爲太常卿貞元二十一年正月順宗即位二

月乙卯奏曰禮云喪三年不祭唯天地社稷周禮黄鍾之均六變天神皆降林鍾之均八變地祇咸出不廢天地之祭不敢以卑廢尊也樂者所以降神也不以樂則祭不成今遵遺詔行易月之制請制內遏密輟樂制外用樂從之又奏禮三年不祭宗廟國家故事未葬不祭今請俟祔廟畢復嘗從之是年十一月德宗神主將祔黄裳與禮官王涇等請遷高宗神主于西夾室其議曰自漢魏已降沿革不同古者祖有功宗有德皆不毀之名也自秦漢魏晉迄于陳隋漸違經意子孫以推美爲先光武以下皆有祖宗之號

故至於迭毀親盡禮亦迭遷國家九廟之尊皆法周制伏以太祖景皇帝受命于天始封元本德同周之后稷也高祖神堯皇帝國朝首祚萬葉所承德同周之文王也太宗文皇帝應天靖亂垂統立極德同周之武王也周人郊后稷而祖文王宗武王也聖唐郊景皇帝高祖而宗太宗皆在不遷之典高宗皇帝今在三昭三穆之外謂之親盡新主入廟禮合迭遷藏於從西第一夾室每至禘祫之月合食於嘗於是祧高宗神主於西室祔德宗神主焉

王涇爲太常博士憲宗元和元年七月順宗神主將祔有司疑於遷毀涇建議曰禮經祖有功宗有德皆不毀之名也唯三代之漢魏以降雖曰祖宗親盡則遷無功亦毀不得行古之道也昔夏后氏十五代祖顓頊而宗禹殷人十七代祖契而宗湯周人三十六王以后稷爲太祖祖文王而宗武王至唐德厚流廣遠法殷周奉景皇帝爲太祖祖高祖而宗太宗皆在百代不遷之典故代宗升祔遷代祖也德宗升遷高宗也今順宗升祔中宗在三昭三穆之外謂之親盡遷于太廟夾室禮則然也或議者以則天太后革命中宗復而興之不宜在遷藏之例臣竊未喻也且者

高宗晏駕中宗奉遺詔自儲副而陟元后則天太后臨朝廢爲廬陵王聖曆元年太后詔復立爲皇太子屬太后聖壽延長御下日久姦臣擅命紊其紀度敬暉桓彥範等五臣亘唐舊臣佐輔王室翊中宗而承大統此乃子繼父業是中宗得之而且失之母授子位是中宗失之而復得之二十年間再爲皇太子再踐皇位失之在已得之在已可謂革命中興之義殊也又以周漢之例推之幽王爲犬戎所滅平王東遷周不以平王爲中興不遷之廟其例一也漢呂后專權產祿秉政文帝自代邸而立之漢不以文帝爲

中興不遷之廟其例二也霍光輔宣帝再盛基業而不以宣帝爲不遷之廟其例三也伏以中宗孝和皇帝於聖上爲六代祖母尊非正統廟亦親盡爰及周漢故事是與中興功德之主不同奉遷夾室固無疑也

蔣武爲司勳員外郎順宗山陵將畢議遷廟之禮有司以中宗爲中興之君當百代不遷宰相召武問之武對曰中宗以弘道元年於高宗柩前即位時春秋已壯矣及母后篡奪神器潛移其後賴張柬之等同謀國祚再復此蓋同於反正恐不得號爲中興之君

凡非我失之自我復之謂之中興漢光武晉元帝是也自我失之因人復之晉孝惠孝安是也今中宗與惠安二帝事同即不可爲不遷之主矣有司又云五王有再安社稷功今若遷中宗廟則五王永絕配享如之何武曰凡配饗功臣每至禘祫年方合食於廟居常即無饗禮今遷中宗神主而禘祫之年毀廟之主並陳於太廟此則五王配食與前時如一也有司不能答宰相奏下公卿重議翌日兵部侍郎李巽等集議並與武同由是竟遷中宗神主於是禮儀使奏高宗皇帝十二月四日忌則天皇后十二月二十六日忌中宗皇帝六月二日忌和惠皇后四月七日忌謹按禮記云捨故而諱新此謂已遷之廟則不諱也今順宗神主升祔禮畢高宗中宗神主上遷則忌日並不合行香仍依禮不諱制可

武元衡爲門下侍郎平章事元和二年九月與諸宰相上言伏以先王制禮皆有著定之文後聖沿情或狥一時之敬過猶不及遂至於煩瀆於有司兼酌禮意若無釐改有黷舊章其太廟諸陵日遣使臣等商量每歲除太廟時饗及太廟朔望上食諸陵朔望奠親陵朝晡奠外餘饗食及忌日告陵等並請停其果

實并橘蒲萄菱梨等皆遠方進奉陵邑所無並請遣使於諸陵薦獻果實之中并瓜特異亦請至時上薦其餘瓜果及四時雜物並望委陵令與奉陵縣計會及時供薦其專遣使亦請停庶弘聖敬之心不虧嚴潔之祀制可

三年四月癸亥太常禮院上言太廟時饗及告廟朔望薦食同日謹按禮經祭不欲數伏以太廟禘祫祭禮重於時饗准禮時饗與禘祫同月即其月但行禘祫祭不行饗蓋不欲煩是禮先重者今時饗重於朔月薦食稽求禮情參酌輕重於時饗之月其月朔薦

佮亦合便停若兩禮兼行卽祭恐煩黷伏請至時饗
及臘饗其月朔望食請停餘月一准舊例如告廟日
與朔望薦食月同伏請先行告禮然後薦食卽與踈
數有節合於禮中從之
鄭元爲京兆尹元和三年五月條奏王公士庶喪葬
節制一品二品三品爲一等四品五品爲一等六品
至九品爲一等凡命婦各准本品如夫子官高聽從
夫子其葬器悉請以瓦木爲之是時厚葬成俗久矣
雖詔下事竟不行
韋公肅爲太常博士充禮院修撰官元和九年正月

上疏曰准禮無忌月禁樂今太常及教坊以正月是
國家忌月停習郊廟饗宴之音中外士庶咸罷慶樂
伏尋經典切恐乖宜臣謹按禮記有忌日不樂無忌
月之文漢魏以降代襲斯旨唯晉穆帝將納后以康
帝忌月下議禮官荀訥王洽曹耽王彪之僉當時知
禮者皆稱禮有忌日無忌月若有忌月卽一月忌時
忌歲蓋無禮據時從其宜伏以承前所禁皆在二十
五月之中今既踰違禮須改革臣又聞統人立法必
守先王之常經僉及俯就不違聖哲之明訓下盡群
言上留玄鑒不以私懷而踰於禮節又記曰是月禮

從月樂明王制樂漸去其懷不應以追遠而立禮反
重也今太常停習郊廟之樂是反重而慢神有司禁
中外之音是無故而去樂詳其前典情理不倫考其
沿襲又無所據儻陛下正因循之越度法經典之明
文約禮之儀傳於史冊天下幸甚詔付中書門下令
召太常卿典禮官詳議可否中書門下奏曰忌日太
常寺及教坊悉停習中外士庶亦皆禁斷准禮文及
歷代典故並無忌月禁樂請依常教習者勅旨宜依
其士庶之家亦准此
武儒衡爲中書舍人元和十四年二月太常丞王涇

上疏請去太廟朔望上食詔令百官議開元禮太廟
每歲禴祀嘗蒸臘凡五享天寶末玄宗以尚食每朔
望具常饌令宮闈令上食於太廟後遂爲常由是朔
望不視朝此之大祠故也國子博士史館修撰李翺
奏議曰國語曰王者祭禮記曰王立七廟皆月祭之
周禮不祭禴祀蒸嘗漢氏皆雜用之蓋遭秦焚書禮
經燼滅編殘簡缺漢以來之先儒穿鑿各申已見皆
記古聖賢之名以信其語故其所記各不同也古者
廟有寢而不墓祭秦漢始建寢廟於園陵而上食焉
國家因之而不改貞觀開元禮並無宗廟日祭月祭

之禮以日祭月祭旣已行於陵寢矣故太廟之中每歲五饗六告而已不然者房玄齡魏徵之徒皆一代名臣傳極經史豈不見國語禮記有日祭月祭之詞乎斯足以明矣伏以太廟之饗籩豆牲牢三代之通禮是貴誠之義也園寢之奠改用常饌秦漢之不制乃食味之道也今朔望上食於陵寢循秦漢故事斯爲可矣若朔望上食於太廟豈非用褻味而貴多品乎且非禮所謂至敬不饗味而貴氣臭之議也傳稱屈到嗜芰有疾召其家老而囑之曰祭我必以芰及祭薦芰其子屈建命去芰而用羊饋籩豆脯醢君子

是之言事祖考之義當以禮爲重不以其生存所嗜爲之薦明非食味也然則薦常饌於太廟無乃與薦芰爲比乎且非三代聖王之所行也况祭器不設俎豆祭官不命三公執事者唯宮闈令與宗正卿而已謂之上食也安得以爲祭乎且時享于太廟有司攝事祝文曰孝曾孫皇帝臣某謹遣太尉臣名敢昭告于高祖神堯皇帝祖妣太穆皇后竇氏時惟孟春永懷罔極謹以一元大武柔毛剛鬛明粢薌合薌萁嘉蔬嘉薦醴齊敬脩時享以申追慕尙饗此祝詞也前享七日質明太尉誓百官於尙書省曰某月某日時享于太廟各揚乃職不供其事國有常刑凡陪享之官散齋四日致齋三日然後乃可以爲祭也宗廟之禮非敢擅議雖有知者其誰敢言故六十餘年行之不廢今聖廟以弓矢旣櫜禮樂爲大故下百寮使得詳議臣等以爲貞觀開元禮並無太廟上食之文以禮斷情罷之可也至若陵寢上食採國語禮記日祭月祭之詞因秦漢之制循而存之以廣孝道可也如此則經義可據故事不遺大禮旣明永息異論可以繼二帝三王而爲萬代法與其黷禮越古貴因循而憚改作猶天地之相遠也儒衡議曰臣謹案開元禮

太廟九室每年惟五饗六告祭用牲牢俎豆而已劉歆祭議曰大禘則終王壇墠則歲貢二祧則時享曾高則月祀祖禰則日祭國語云王者日祭月饗時類歲祀此則往古之明徵國朝之顯據蓋日祭者薦新也言物有可薦之不必卜擇日時也故叔孫通之言且曰古有嘗果足明古禮非漢制也月饗者朔也論語子貢欲去告朔之餼羊孔子以爲不可則告朔必具牲牢明矣春秋又譏閏月不告朔猶朝于廟此則月祭殷周已降皆有之也薦園寢者始於秦之代漢氏因之而不改人君三年之制以日易月喪紀旣以

二十七日而降朔望奠酹不復親執故旣葬之後移之園陵又諸陵祠殿月遊衣冠取象平生務從豐潔所以陵寢朔望上食與太廟日祭月饗本旨不同今王涇所引太廟與陵寢同日時設祭以爲越禮臣切謂王涇但宜論太廟陵寢朔望奠祭可行可廢之旨不當以同日同時爲議何者漢朝宗廟園陵一百六十七所郡國祠祀豈不與宗廟同時者乎在禮旣祭於室又繹於祊蓋廣乎求神者也宗廟陵寢嘗祔同時理固無害又韓皐引漢官儀古不墓祭臣據周禮冢人之職凡祭墓則爲之尸則古亦墓祭但與漢家

陵寢不同耳安得謂之無哉又王涇狀以太廟設祭別家嘗饌以爲褻味而韓皐則云法饌依經固非黷祭臣案春官大宗伯以肆獻祼饗先王者謂解牲體薦血腥灌之以鬱鬯者也又祭義云祭之日君牽牲入廟門麗于碑卿大夫袒而毛牛尚耳取膟膋祭腥敬之至也夫豈謂嘗饌耳文王之祭思死者如不欲生夫豈知增嘗饌耶蓋其慤焉盡其禮而不過失焉所以然也是以簠簋有數籩豆有殺雖多更聖賢不敢加也今夫嘗饌庖人羞之膳夫裴之糅以羶香雜以鹹辛具有司之烹炊漏神明於媟近意雖不褻而事已褻矣況古者天子立七廟又謂壇墠以祭去祧之主近則起土遠則掃地蓋彌遠而彌尊益敬而益簡臣以爲陵廟近也親親也朔望奠獻尙潔務豐宜備嘗饌以廣孝也宗廟遠也尊尊也禘祫時享告朔薦新宜從古制以正禮也唯太廟望祭無所本據蓋異時有司因其陵寢有朔祭望祭以爲宗廟旣有朔祭則望祭亦合行之殊不知宗廟朔祭乃告朔也臣以爲宜罷此耳仲尼三年無改於父之道蓋言理有改更則三年之外斯可矣況天寶之令行於一時者哉今陛下開十聖之景光廓八紘之氛祲風掃長彗

神驅大妖剗金戟以厚農直玉斗而序政傳採群議講求典經將欲成一王之敎垂萬代之法安可因陵寢緣情取象之禮宗廟薦鬯涓選之儀甚不然也事竟不行

李建爲禮部侍郎元和十五年正月穆宗卽位四月禮部奏睿宗皇帝神主祧遷石室准貞觀故事遷廟之主藏於夾室西壁南北三間第一間代祖室第二間高宗室第三間中宗室伏以山陵日近睿宗皇帝祧遷有期夾室西壁三室外無置室處准江都集禮古者遷廟之主藏於太宗廟北壁之中今請於夾室

非壁以西爲上置睿宗皇帝神主石室制可
王彥威爲太常博士是時淮南節度使李夷簡上議曰王者祖有功宗有德太行皇帝戡翦寇逆累有武功廟號合稱祖陛下正當決在宸斷無信譊譊書生也遂詔下公卿與禮官議其可否彥威奏議曰伏惟禮經及三代之制始封之君謂之太祖太祖之外又祖有功而宗有德故夏后氏祖顓頊而宗禹殷人祖契而宗湯周人郊祀后稷祖文王而宗武王自東漢魏晉漸違經意沿革不一子孫推美於先故自始祖已下並有建祖之制蓋非典訓不可法也國朝祖宗

制度本於周禮以景皇帝爲太祖又祖神堯而宗太宗至高宗以後則但稱宗謂之尊名著爲成法不然則何以太宗造有區夏致禮升平玄宗掃清內難翼戴聖父肅宗龍飛靈武收復兩京此皆應天順人撥亂反正至於廟號亦但稱宗謹案經義祖者始也宗者尊也故傳曰始封必爲祖書曰德高可尊故號高宗今宜本三代之定制去晉魏之亂法守貞觀開元之憲章而擬議大名竊以爲訓太行皇帝廟號宜稱宗從之十二月太常禮院奏來年正月三日皇帝有事於南郊同日立春後丑祀風師案周禮大宗伯云以槱燎祀風師鄭玄云風箕星也故今禮立春後丑於城東北就箕星之位爲壇祭之開元禮祀昊天上帝於圓丘百神咸秩箕星從祀之位在壇之第三等并日月神州以下緣對昊天上帝皇地祇尊不得申並爲從祀悉無上公行事並御署祝板之儀風師旣是星辰厭降之義便當倍祭如非遇郊祀其特祭如當儀又大禮月有司薦獻太清宮薦饗太廟准開元禮并六典時饗薦獻並在孟月其五日太廟有司行事合權停制可是年十二月穆宗問有司有事於南郊合卜日與否禮官奏曰伏惟禮令祠祭皆卜日然

自天寶以後凡欲郊祀必先朝太清宮次日饗太廟又次日郊天相循至今並不卜日從之辛巳命中使問有司祀上帝於圓丘太一從祀有祝文與否禮官奏曰准開元禮皇帝有事於南郊百神咸秩五天帝神州并日月並在壇第一等雖天之貴神乃星中之尊耳位在壇第二等旣爲從祀不置祝文其春秋祭於九宮本壇則如當禮從之
李渤爲庫部員外郎分司東都長慶元年奏太微宮神主請歸祔太廟勅付東都留守鄭絪商量聞奏絪奏云臣謹案詳三代典禮上稽高祖太宗之制度未

嘗有並建兩廟并饗二主之禮天授之際厖與變革中宗初復舊物未暇詳考典章遂於雒陽創立宗廟是行遷都之制實非建國之儀及西歸上都因循未發德宗嗣統墜典克修東都九廟不復告饗謹按禮記仲尼荅曾子問云天無二日土無二王嘗禘郊社尊無二王所以明二主之非禮也陛下接千載之大統揚累聖之耿光憲章先王垂法後嗣凡宗廟之禮至尊至重違經黷祀時謂不欽特望擇三代令典守高祖太宗之憲度鑒神龍權宜之制尊建中矯正之禮依經復古久屬聖明伏以太微宮光皇帝三代廥

宗聖文孝武皇帝神主參考經義不合祔饗至於遷置神主之禮三代以降禮無明文伏望委中書門下與公卿禮官質正詳定勑付有司太常博士王彥威等奏議曰謹案國初故事無兩都並建宗廟並行饗薦之禮伏尋周書詔誥雒誥之說實有祭告豐廟雒廟之文是則周人兩都並建宗祧至則告饗然則兩都皆祭祖考禮必並興自神龍復辟中宗嗣位廟既皆作饗亦並行天寶末兩京傾陷神主亡失肅宗既復舊物但建廟作主於上都其東都神主至大曆中始於人間得之遂寓於太微宮不復祔饗臣等謹按經傳王者之制凡建宮室宗廟爲先廟必有主主必在廟是則兩都立廟蓋行古之道主在廟實依禮之經今謹參詳理合升祔謹案元皇帝高宗中宗睿宗是追王及祧廟之祖其神合藏於太廟從西第一夾室景皇帝是始封不遷之主其神主合藏於太廟從西第一室高祖太宗玄宗肅宗代宗是創業有功親廟之祖伏惟江都集議正廟之主藏於太室之中禮記群廟之主有故則聚而藏諸祖廟伏以德宗之下神主未作代宗之上后祖先亡若歸本室則有虛主事雖可據理或未安今高祖以下神主並合藏於太

祖廟依舊准故事不饗如陛下肆覲東后移都雒陽自非祧主合歸本室其餘閏主又當時而作祔饗時祭禘祫如儀臣又按國家追王故事太祖之上又有德明興聖懿祖別廟今光皇帝神主即懿祖也伏緣東都先無前廟安光皇帝神主今請權祔於太廟夾室居元皇帝之上如駕在上都即准上都式營建別廟作德明興聖獻祖神主備禮升祔又於太廟夾室奉迎光皇帝神主歸別廟第四室禘祫如儀或問曰禮作栗主瘞桑主漢議並有瘞主之議大曆中亦瘞孝敬皇帝神主今祔而不瘞如之何荅曰禮作練主

瘞虞主其義以桑栗代謝捨故取新夫作主以依神無可埋之理是以禮說廟之主藏於西壁非壁之中故韋玄成議瘞太上皇惠帝之主終見非於漢代秦靜請瘞處士君亦不行於魏朝貞觀中議遷廟主亦云萬國宗饗食所從來一旦瘞藏事非允愜孝敬尊非正統廟廢而主獨存從而瘞藏謂叶情理又問古者天子巡狩必載遷主如鑾駕東幸則准此文載主而前今東都神主又祔於廟便是廟有二主如之何荅者曰古者行以遷主無則主命自非遷廟之主則無出廟之文凡邑有宗廟先君之主曰都則兩都宗

廟各宜有主又問曰古者作主必因虞練若主必歸祔則室不可虛則當補已亡之主創當祔之主禮無其說如之何荅曰虞練作主禮之正也非時作主事之權也王者遭時爲法因事制宜苟無其文則思其變如車駕東幸廟仍虛主即准肅宗廣德二年上都作主故事特作闕主向祔蓋主不可闕故禮貴從宜春秋之義而變之正者也臣伏思祖宗之主神靈所憑寓於太微不入宗廟據經復本允屬聖明至是下尚書省集議而郎吏所議與彥威多同丞郎則各執所見或云神主合藏於太微宮或云並合埋瘞或云閟主當作或云乘輿東幸即載上都神主而東咸以意度不本經據竟以紛議不定遂不舉行

牛僧孺爲禮儀使長慶四年七月奏謹案周禮天子七廟三昭三穆與太祖之廟合而爲七尚書咸有一德篇亦曰七代之廟可以觀德荀卿子曰有天下者祭七代有一國者祭五代則知天子上祭七代典籍通規祖宗功德不在其數國朝九廟之制法昔周之文太祖皇帝始爲唐肇基天命義同周之后稷也高祖神堯皇帝創業經始化隋爲唐義同周之文王也太宗皇帝神武應期造有區夏義同周之武王也其

下三昭三穆謂之親廟四時常饗自如禮文今以新主立廟玄宗明皇帝在三昭三穆之外是親盡之祖雖有功德禮合祧遷祫禘之歲則從合食詔從之

劉寬夫爲監察御史敬宗寶曆元年閏七月上言近日攝祭多差王府官僚位望既輕有乖嚴敬伏請已後攝太尉差尚書省三品已上及保傅賓詹等官如人少即請取丞郎通攝從之

劉敦儒爲起居郎寶曆二年二月太常奏追謚孝敬皇帝陵號恭陵追謚讓皇帝陵號惠陵追謚奉天皇帝陵號齊陵追謚承天皇帝陵號順陵並二時朝拜

上擬祖宗情禮之差遐緒不及其郁冉請停又追謚文敬太子廟在長安坊追謚惠明太子廟在懷真坊悉置官吏四時置享禮經無文况九廟遞遷族屬彌遠推恩降殺祼獻宜停又贈奉天皇帝廟贈承天皇帝廟贈貞順皇后廟及永崇坊隱太子已下七室下同爲一廟弁贈靖恭太子亦祔在此廟凡此制置皆是追崇或狥一時且非禮意日月既久祀享尋停其神主望准故事瘞於廟地庶情禮終始不失經訓勑旨宜付所司集百寮參議可否聞奏敦儒奏曰朝拜陵寢禮經無文列聖相沿久爲故事就中四陵尤乖

典禮請於太常所奏其二太子廟謹按禮記云殤於無後者從祖祔食又曰王不祭殤亡又曰有陰厭有陽厭陰謂嫡殤也注云爲宗子之殤祭於奧爾雅云西南隅謂之奧此明幼傷而死故祭於祖廟陰闇之處也陽厭爲祭庶殤也疏云祭於宗子之家祖廟之內當室顯露之處故曰陽厭所以明嫡庶也過焉以往則不祭也伏以惠昭太子位登諸闈業當主鬯親則高祖神堯皇帝之宗子屬則於皇帝爲伯祖父雖禮文於旁親無服而骨肉之恩不移於宗子若坎室於德宗皇帝廟內西南隅遷祔神主以時牲展祭不舉樂無所狙去玄酒不告利成庶合古禮若准魏晋故事即晋愍懷太子殤太子哀太孫冲太孫皆於祖廟北墉置陰室歲時祔饗以至親盡今伏以國家變三代之典從東漢之制九廟既有同殿之隘一室難修虞與之儀况別廟陰室具爲變禮依前享獻於事爲安其廟請不廢禮官或云惠昭太子棄東宮之日已過殤年若合祼享安同祭臣以爲古處於奧今祀於廟雖不以成人而別以合過殤之禮矣又或云若以成人合有主後臣以爲惠昭太子裔嗣皆在宮中若未勝冠自家抱負文以同姓爲尸者今但令宗正

官屬主奠即雅符祀典矣其文敬太子生非繫本之重殁有追命之榮今於皇帝爲曾叔祖非大功之親禮經爲庶而服屬已遠列於嘗祀實爲非經請依太常所奏又隱太子以下神主或累朝嫡嗣或聖代名藩今其子孫皆居列土因緣食祿亦謂承家各令自列廟祧用申嚴配臣伏詳開元中勑諸贈太子有後者咸令自主其祭今請復行此制各使子孫奉迎神主歸祔私廟庶別子爲祖符列國不祧之尊遠裔傳家聞聖王教孝之典其無後之廟及真順皇后神主即請依太常所奏其贈奉天皇帝贈承天皇帝神主

旣有嘗號禮不可黷蓋王者不享于下士諸侯不敢
祖天子之義縱有主後法不當祭亦請依太常所奏
制可
崔龜從爲太常博士文宗太和元年七月奏議曰伏
以廢朝軫悼義重君臣所貴及哀尤宜示信自頃已
來輟朝非奏報之時備禮於數日之外臣不敢遠徵
古書請引近朝故事貞觀中任瓌卒有司對仗奏太
宗責其乖禮岑文本旣歿其夕爲罷警嚴張公謹之
亡哭之不避辰日是知憫悼之意不宜過時臣謂大
臣薨禮合輟朝縱有機務急速便殿須召宰臣不臨

正朝無爽於事詔下太常寺叅定太常上言曰伏以
近日文武三品以上薨卒皆爲輟朝其有未經親重
之官令任是散列者爲之變禮誠恐非宜自今已後
文武三品以上非曾建功勳及曾任將相及曾在密
近宜加恩禮者餘請不在輟朝例其餘並請依元奏
狀及列上詔令中書門下詳定中書門下又上言曰
古有嘗祭告喪義在申情同體過時及哭於理稍乖
禮院所請合輟朝者若以聞喪之來日請依餘約太
常所奏別具品列輕重進定謹按儀制令百官正一
品官喪皇帝不視朝一日又准官品令自一品至三
品已上薨歿逼有輟朝之制伏以君臣之間情理所
及事必繫於委遇官則與時重輕一用舊儀或乖中
道臣等叅酌其留守節察防禦經略等使及京輔刺
史並請各據所兼憲官爲例可之
是月太常禮院上言敬宗廟祝文皇帝稱孝弟臣審
詳孝字載考禮文義本主於子孫理難施於兄弟按
禮記卜虞之文子孫曰哀兄弟曰某然則虞之稱哀
與祭之稱孝其義一也於祖禰則理宜稱孝於伯仲
則止於稱名又東晋温嶠議宗廟祝辭以爲非子者
則不稱旁親在言敢告當時朝儀咸以爲宜今臣上

考禮經無兄弟稱孝之據下徵晋史有不稱旁親之
文臣謂饗敬宗廟宜去孝弟兩字又上言九宮貴臣
舊制是太祠伏以九宮貴神經典不載天寶中術士
奏請遂立祠壇事出一時禮同郊祀臣詳其圖法皆
主星名縱司水旱兵荒品秩不過列星今者五星悉
是從祀日月猶在中祠豈容九宮獨越嘗禮倘列三
事誓誡群官尊卑乖儀莫甚於此若以嘗在祀典不
可廢除臣請降爲中祠並可之先是太傅崔龜從列
上前朝祠祀之非是者凡數事上重慎其變更詔令
太常卿已下叅定又中書門下酌其可否悉以龜從

奏爲當然後下詔焉

舒元輿爲監察御史太和三年八月奏七月十八日祀九宮貴神臣次合監察職當撿察禮物伏見祝板九片臣伏讀旣竟竊見陛下親署御名及稱臣於九宮之神臣伏以天子之尊除祭天地宗廟之外無稱臣者王者父天母地兄日姊月此以九宮爲目是宜分方而守其位臣又覩其名號乃太一天一招搖軒轅咸池青龍太陰天符攝提也此九神於天地猶子男也於日月猶侯伯也陛下尊爲天子豈可乃臣於天地之子男耶臣竊以爲過縱陰陽者流言其合祀

則陛下當全稱皇帝遣某官致祭於九宮之神不宜稱臣與名臣實愚聾不知其可伏緣行事在明日鷄初鳴時成命已行臣不敢滯伏乞聖慈異日降明詔命禮官詳議與明萬乘之尊無所虧降悠久惧典因此可正詔都省議皆如元輿之議乃降爲中祠祝板稱皇帝不署

巡按福建監察御史臣李嗣京訂正
知長樂縣事臣夏允彝叅閲
知建陽縣事臣黄國琦較釋

掌禮部三十

奏議第二十

唐王起爲兵部尚書元皇太子侍讀兼判太常卿事開成二年二月太常博士丘濡奏祠祭圭玉請依禮文詔令有司詳定起等議曰伏以邦國之禮祀爲大事圭璧之儀經有前規臣等謹案周禮天地四方以

蒼璧禮天黄琮禮地青圭禮東方赤璋禮南方白琥禮西方玄璜禮北方又云四圭有邸以祀天兩圭有邸以祀地圭璧以祀日月星辰凡此九器皆禮神之玉也又云以禋祀昊天上帝鄭玄注云禋之言煙也或有玉幣燔燎而升煙所以報陽今與開元禮儀同此則焚玉之驗也又周禮天府掌國之玉鎮大寶器若大祭旣事而藏之此則收玉之證也所以梁朝崔靈恩三禮義云凡祭天神各有二玉一以禮神一則燔之禮神者訖事却收祀神者與牲俱燎則靈恩之義合於禮經今國家郊天報地祀神之玉常用守經據古禮神之玉則無臣等請詔下有司精求美玉創造蒼璧等九器祭訖具而藏之其餘燎玉請依常制所與國禮可久之文守而不失周官巳墜之典舉而更新制可三年二月起與太常少卿裴泰章太常少卿兼權勾當國子司業楊敬之太常博士崔立等狀奏准今月十日堂帖天寶初置七太子廟異室同堂國朝故事足以師法今欲聞奏以懷懿太子神主祔惠昭及悼懷太子廟不爵情禮又甚便宜送太常寺三卿與禮官同商量議狀者伏以三代巳降廟制不同光武爲總立一堂群主異室覩盡廟毀昭穆遞遷

此蓋祖宗之廟也然則太子廟出於近或散在他處別置一室或尊卑序列共立一堂伏准國初太子廟散在諸方至天寶六載赦文章懷節愍惠宣等太子並與隱太子列次同爲一廟應緣祭事並合官給號爲七太子廟又准大曆三年三月以榮王天寶中追贈靜恭太子神主未祔詔祔七太子廟加一室今懷懿太子爲姪以姪祔叔享獻得宜請於惠昭太子廟添置一室擇日升祔從之四年四月又奏議皇帝廟去月二十四日詔下太常寺委三卿及博士同詳議聞奏者臣等伏以讓皇帝追尊位號恩出一時別立

廟祠不涉正統旣非昭穆禘祫所及無子孫饗獻之儀親盡則瘞歲久當華杜鴻漸所議禘祫之月時一祭者蓋以時近恩深未可頓忘故也今睿宗玄宗旣已祧去又文敬等七太子中亦有追贈奉天承天皇帝之號當以倂廢則讓帝之廟不宜獨存臣等參詳伏請准中書門下狀便從廢罷於情定禮實議叶宜從之

杜宣猷爲監察使開成四年正月奏伏准開元三十三年正月二十四日勑自今後有大祠宜差丞相特進少保少傅尚書賓客御史大夫攝祭行事者伏以

郊祀蒸嘗國家大典肅將明命合差重官苟異於斯則爲瀆祭臣伏見近日大祠差王府官攝太尉行事人輕位散不足交神昧陛下恭潔之誠阻百靈正直之福事有不便實資改更臣請起今春季以後祠祀南郊薦獻太淸宮宰臣行事外其餘大祠攝太尉司徒司空伏請差六尚書左右丞列曹侍郎諸三品以上淸望官充其中祠小祠官員不足卽任差王府官充臣職監祠事不敢因循從之

李德裕武宗時爲宰相會昌元年三月與陳夷行崔珙李紳等奏請尊憲宗曰章武孝皇帝爲不遷廟狀曰臣等伏聞開成中文宗嘗顧訪宰臣欲褒稱憲宗功德其時宰臣莫能推順美之心明祖宗之義臣等至愚竊所感嘆臣等伏思國家受命二百五年矣列聖之功德區宇之廣大王化之感明禮樂之備具過於殷周遠矣而未有中興之朝臣等所以夙夜而發憤也禮祖有功而宗有德夏之祖宗經傳無文殷則一祖三宗成湯爲始祖太甲爲太宗太戊爲中宗武丁爲高宗劉歆曰天子七廟苟有功德則宗之所以勸帝者功德博矣故周公作無逸舉殷之三宗以勸成王漢景帝詔曰孝文皇帝德厚侔天地利澤施四

海廟樂不稱朕甚懼焉其爲孝文皇帝廟爲昭德之舞以明休德然後祖宗之功施於萬代其與丞相列侯中二千石禮官具儀禮奏焉丞相申屠嘉奏曰功莫大於高皇帝德莫盛於孝文皇帝高皇帝廟宜爲帝者太祖之廟孝文皇帝廟宜爲帝者太宗之廟天子宜代代獻祖宗之廟又漢宣帝詔夙夜惟念孝武帝躬履仁義選明將討不服功德茂盛不能盡宣而廟樂未稱其議以奏時有司奏請尊孝武廟爲太宗廟奏盛德文始五行之舞天子請代代獻之此子孫褒崇祖宗之明據也自天寶之後兵宿中原疆候締

交髖髀甚衆貢賦不入刑政自出苞荒含垢以至于貞元德宗懲奉天之難厭征伐之事戎臣優以不朝終老於外其卒則以幕吏將校代之故長城在王圻之内斥逐主將矣河中居股肱之郡坐邀符節矣韋皐因僻遠之勢自擅靈鹽李錡竊煮海之資專制浙國而兩河藩鎮或倉卒易帥甚於奕棋或陸梁弄兵同于拒轍憲宗宿憤舉昇平之典法始命將帥順天行誅元年戮琳璺闢季年梟元濟李師道其他或折簡而召或執珪請覲獻其名城割其愛子不可遍舉矣豈有去天下之害不享其名致生人之安不受其

報乎臣伏見元和議遷廟之禮而史官稱中宗不得號爲中興之君凡非我失之自我復之謂之中興漢光武晉元帝是也臣等竊思此議實所未盡中宗廟自以政事多釁權移后妃所以未得稱爲中興恐議者復以此爲疑夫興業之與隆道事實不同漢光武再造邦家不失舊物晉元帝之在江左亦能纂續此乃王業中興可謂有功矣殷高宗躬行大孝求賢俾乂周宣王微而復盛此乃王道中興可謂有德矣故詩云車攻宣王復古也宣王能内修政事外攘夷狄復文武之境土又蒸民美宣王能任賢使能致周室中興也又江漢美宣王能興衰撥亂命召公平淮夷也又漢書宣帝贊曰功光祖宗業垂後嗣可謂中興德侔殷宗周宣之美矣若皆如漢光武晉元帝則殷宗周宣並不得稱中興也臣等伏思任賢使能内修政事平淮夷之叛復祖宗之土皆憲宗有之所謂王道中興與殷高宗周宣王漢宣帝侔德矣臣等敢遵古典請尊憲宗章武孝皇帝爲百代不遷之廟上以彰陛下大孝之德廣貽謀之訓下以表臣等思古之憤申欲報之誠如合聖心望令諸司清望官四品以下尚書兩省御史臺與禮官參議帝荅曰所論至好

待續施行其表留中不出

是年十二月中書門下奏准天寶三年十月六日勑九宮貴神實司水旱功佐上帝德庇下人冀嘉穀歲登災害不作每至四時節令中書門下徃攝祭者准禮九宮次昊天上帝壇在太清宮太廟上用牲牢璧幣類於天地天寶三載十二月玄宗親祀乾元二年正月肅宗親祀伏自累年以來水旱愆候恐是有司禱請精誠稍虧今屬孟春合修祭典至明年正月祭日差宰臣一人禱請向後四時祭並請差僕射少師少保尚書太常卿等官所冀稍重其事以申嚴敬臣

等十一月一十五日巳於延英面奏伏奉聖旨令簡儀進來者今欲祭時伏望令有司崇飾舊壇務於嚴潔勅旨依奏

二年正月四日太常禮院奏准監察御史闕牒今月十三日祀九宮貴神已勅宰相崔珙攝太尉行事今授誓誡及有司徒司空臣伏以前件祭本稱大祠准太和三年七月二十四日勅降爲中祠昨據勅文只稱崇飾舊壇務于嚴潔不令別進儀注更有改移伏恐不合却用大祠禮料伏候裁旨中書門下奏曰臣准天寶三年十月六日勅九宮貴神實司水旱臣等

伏以旣經兩朝親祀必是所請有徵况自太和以來水旱愆候陛下嘗憂稼穡每念蒸黎臣等合副聖心以修墜典伏見太和二年禮官狀云從水旱兵荒品秩不過列宿今者五星悉是從祭日月猶在中祀竊詳其意以星辰不合比於天地會不知統而言之爲天地在於辰象自有尊卑謹案後魏王鈞志非辰第二星盛而嘗明者爲元星露寢大帝嘗居始由道而爲變通之迹又天皇大帝其精曜魄寶蓋萬神之秘圖河海之命紀皆禀焉據茲說卽昊天上帝也天一掌八氣九精之政令以佐天極徵命而有常則陰陽序大運興太一掌十者十有六神之法度以輔人極徵明而得中則神人和而王道興外又非斗有權衡二星天一太一參居其間所以財成天地輔相神道也若一槩以列宿論之實爲淺近按漢書云天神貴者太一佐曰五帝古者天子以春秋祭太一列於祀典其來久矣今五帝猶爲大祠則太一無宜降祀稍重其事固爲得所劉向有言曰祖宗所立神祇舊位誠未易動又曰古今異制經無明文至尊至重難以疑說正也其意不欲非祖宗舊典也以劉向之博通尚難於改作臣等學不究於天人識尤惰於祀典欲

爲參酌恐未得中伏望更令太常卿學官同詳定庶獲明據從之簡較僕射太常卿王起廣文博士盧就等獻議曰伏以九宮貴神位列星座往因致福詔立祠壇降至尊以稱臣就東郊以親拜在祀典雖云過禮庇群生豈患無文思福黔黎特申嚴奉誠聖人屈巳以安天下之心也厥後祝史不明精誠亦怠禮官建議降處中祠今聖德憂勤期臻壽域兵荒水旱寐寢軫懷爰命台臣緝興墜典伏准九宮所稱之神則太一攝提軒轅招搖天符青龍咸池太陰天一者也謹按黃帝九宮經及蕭吉五行大義一宮其神太一

其星天逢其卦坎其行水其方白二宮其神攝提其星天内其卦坤其行土其方黑三宮其神軒轅其星天衝其卦震其行木其方碧四宮其神招搖其星天輔其卦巽其行木其方綠五宮其神天符其星天禽其卦離其行火其方黄六宮其神青龍其星天心其卦乾其行金其方玄七宮其神咸池其卦兌其行金其方赤八宮其神太陰其星天任其卦艮其行土其方白九宮其神天一其星天英其卦離其行火其方紫觀其統八卦運五行土飛於中數轉於極雖敬事迎釐不聞經見而範圍亭育有助昌時以此兩朝親

祀而臻百祥也然以萬物之精上爲列星星之運行必繫於物貴而居者則必統八氣總萬神幹權化於混茫賦品彙於陰騭與天地日月誠相參也豈得緊賴於敷佑而屈降於等夷又據太尉攝祀九宮貴神舊儀前七日受誓誡於尚書省散齋四日致齋三日牲用犢祝版御署稱嗣天子臣圭幣樂成比類中祠則無等級今據江都集禮及開元禮行祭之日大明夜明二座及朝日夕月皇帝致祝皆率稱臣若以爲非泰壇配祀之時得主日報天之義卑緣厭屈尊用德伸不以著在中祠取類嘗祀此則中祠用大祠之禮也又據太社太稷開元之制列在中祠天寶三載二月十四日勅改爲太祀自後因循復用前禮長慶三年正月禮官獻議始准前勅稱爲太祠唯御署祝文稱嗣天子謹遣某官昭告文義以爲植物粒人則宜增秩致祝稱禱有異方丘不以是爲太祠遂屈尊稱此又大祠用中祠之禮也參之日月既如彼考之社稷又如此所謂功鉅者因之以殊禮位稱者不敢易其文是前聖後儒陟降之明徵也今九宮貴神既司水旱降福穰灾人將賴之追舉舊章誠爲得禮然以立祠非古宅位有方分職既異其司存致祝必參

乎等列求之折衷宜有變通稍重之儀有以爲比伏請自今已後却用大祠之禮誓官備物無有降差唯御署祝文以社稷爲准伏緣已稱臣於天帝無二尊故也勅旨依之付所司三年正月又奏奉宣今日已後百官並不得於京城内置廟者臣等伏據禮記云君子將營宮室宗廟爲先廄庫爲次居室爲後又帝彤五經精義對曰古制廟必中門之外吉凶大事皆告而後行所以親而尊之不自專也今令城外置廟稍異禮文書于史籍恐乖聖政伏以朱雀門及至德門凡有九坊其六長興坊是皇城南第三坊便有朝官

私廟實則逼近宮闕自威遠軍向南三坊俗偁圍外地至甚閑僻人鮮經過於此置廟無所妨碍臣等商量今日已後皇城南六坊內不得置私廟至朱雀門緣是南郊御路至明德門夾街兩面坊及曲江側近亦不得置餘圍外深僻坊並無所禁冀不違禮意感悅人心臣等頻奉聖旨有事許再三論奏輒罄所見貴補聰明從之

鄭路爲太常博士會昌五年八月中書門下奏東都太廟九室神主共二十六座自祿山叛後取太廟爲軍營神主棄於街巷所司潛收聚見在太微宮內新

造小屋之內其太廟屋並在可以修崇太和中太常博士議以爲東都不合置神主車駕東幸即載主而行至今因循尚未修建望令尚書集公卿及禮官詳議如不要更置須有收藏去處如合置望以所折大寺材木修建旣是宗室官居守便望令充修東都太廟使勾當修繕奉勑宜依六年三月路與禮官等奏東都太微宮神主二十座去二月二十九日禮院分析聞奏訖伏奉今月七日勑此禮至重須遵典故宜令禮官同議聞奏者臣今與學官同議獻祖宣皇帝宣莊皇后懿祖光皇帝光懿皇后文穆皇后高宗天皇大帝則天皇后中宗大聖大昭孝皇帝和思皇后昭成皇后孝敬哀皇后已前十二座親盡迭毀宜遷諸太廟祔于興聖廟禘祫之歲乃一祭之東都無興聖廟可祔伏請且權藏於太廟夾室未題神主十四座前件神主旣無題號之文難申祝告之禮今與學官等同商議伏請告遷之日但瘞於舊太微宮內空閑之地參酌事理庶叶從宜太常博士段環等三十九人奏議曰禮之所立本於誠敬廟之所設實在尊嚴旣曰薦誠則宜統一昔周之東西有廟亦可徵其所出但緣卜維之初旣須營建又以遷都未決因議

兩留酌其事情匪務於廣祭法明矣伏以東都太廟廢已多時若議增修稍乖前訓何者東都始制寢廟於天后中宗之朝事出一時非貞觀開元之法爾後因循不廢者亦踵鎬京之文也記曰祭不欲數數則煩天寶之中兩京悉爲寇陷兩都廟貌如故東都因此散亡是知九廟之靈不欲歆其煩祀也自建中不葺之後彌歷歲年今若廟貌惟新即須室別有主舊主雖在大半祫祧必几遊而存之所謂宜祧不祧也孔子曰當七廟五廟無虛主也謂廟不得無主者也舊主如有留去新廟便合創添謹按左傳云祔練作

主又戴聖云虞而立几筵如或非時成之便是以卤于吉劃添既不典虛廟又非儀考諸禮文進退無守或曰漢於郡國置宗廟凡百餘所今止東西立廟有何不安者當漢氏承秦焚燒之餘不識典故至于廟制率意而行比及元成二帝之間貢禹韋玄成等繼出果有正論竟從毀除足知漢初不本於禮經又安可程法也或曰几筵不得復設廟寢何妨修營候車駕時巡便舍所載之主也究其始終又得以論之昨者降勑參詳本爲欲收舊主既不立廟更何可施假令行幸九州一一皆立廟乎愚以爲廟不可修主宜

藏瘞或就坔於墻室或瘞於兩階間此乃萬代當行不易之道也其年九月勑段環等詳議東都不可立廟李福等列狀又有異同國家制度須合典禮證據未一則難建立宜令赴都省對議須歸至當工部尚書薛元賞等議伏以建中時公卿奏議修建東都太廟當時之議大旨有三其一曰必存其廟備立其主時饗之日以他官攝行二曰建廟立主存而不祭皇輿時巡則就饗焉三曰存其廟瘞其主臣等立其三議恭酌禮經理宜存廟不合置主謹按祭議曰建國之神位右社稷而左宗廟禮記云君子將營宮室宗廟爲先是知王者建邦設都必先宗廟社稷況周武受命始於都豐成王相宅又卜于雒烝祭歲于新邑策周公于太室故書曰戊辰王在新邑烝祭歲王入太室祼成王厥後復歸于豐雖成雒邑未嘗久處逮於平王始定東遷則周之豐鎬皆有宗廟明矣又案曾子問廟有二主夫子對以天無二日土無二王嘗禘郊社尊無二上未知其爲禮者昔桓公作二主夫子譏之以爲僞主是知二主不可並設亦明矣夫聖王建社以厚本立廟以尊祖所以京邑必有宗社今國家定周秦之兩地爲東西兩宅闢九衢而立宮

闕設百司而嚴拱衛取法玄象號爲京師既嚴帝宅難虛神位若無祖廟何謂皇都然依人者神在誠者祀誠非外至必由中出理合親敬用交神明位宜存於兩都廟可偕立誠難專於二祭主不並設或以禮云七廟無虛主是謂不可無主所以天子巡狩亦有所尊嘗飾齋車載遷主以行今若修廟瘞主則東都太廟九室皆虛既違於經須徵其說臣後探賾禮意因得盡而論之所以云七廟五廟無虛主是謂見饗之廟不可虛也今之兩都雖各有廟禘祫饗獻斯皆新奉於上京神主几筵不可虛陳於東廟且云唯聖

人爲能饗帝孝子爲能饗親者漢韋玄成議廢郡國祀亦曰立廟京師躬親承事四海之内各以其職來祭人情禮意於此較然三宅既不並居二廟豈宜偕附但所都之國見饗之廟既無虛室則叶通經議者又欲置主不饗以俟廵幸昔曾作僖公之主不於虞練之時春秋書而譏之今祔之主作非其時尚爲所譏今若置不合祔之主不因時而作違經越禮莫甚於斯豈有九室合饗之主而有置而不饗之文兩廟始創於周公二主獲譏於夫子自古制作皆範周孔舊典猶在足可明徵臣以爲東都廟則合存主不合

置今將修建廟宇誠不黷于典禮其見在太微宮中六主請待東都修建太廟畢具禮迎置于西夾室閟而不饗式彰陛下嚴祀之敬以明聖朝尊祖之義吏部郎中鄭亞等五人議據禮院以爲東都太廟既廢不可復修見在太微宮神主請瘞於所寓之地有乖經訓不敢雷同臣所以別進議狀請修祔主並依典禮兼與建中元年禮儀使顔真卿所奏同臣與公卿等重議皆以爲廟固合修主不可瘞即與臣等議狀意同但衆議猶疑東西二廟各設神主恐涉廟有二主之義請修廟虛室以太微宮所寓神主藏於夾室之中伏以六神位有不祧之宗今用遷廟之儀猶未合禮臣等猶未敢署衆狀蓋爲闕疑太學博士直弘文館鄭遂等七人議曰夫論國之大事必本乎正而根乎經以臻于中道聖朝以廣孝爲先以得禮爲貴而臣下敢不以經對三論六故已詳於前議矣再捧天問而陳乎諸家之說求于典訓考乎大中廟有必修之文主無可置之理則正經正史兩都之廟可徵禮稱天子不卜處太廟擇日卜建國之地則宗廟可知若廢廟之說恐非所安謹案詩書二經及漢朝正史兩都並設廟而載主之制久已行之敢不明徵而

去其文飾援據經文不易前見東都太廟合務修崇而舊主當瘞請瘞於太微宮所藏之所皇帝有事于雒則奉齋車載主以行太常博士胡德章議曰夫禮雖緣情將明厥要實在得中必過禮而求多則反黷於誠敬伏以神龍之際天命有歸移武氏廟於長安即其地而置太廟以至天寶初復不爲建都而議曰中宗立廟于都無乖舊典徵之古意不亦謬乎又曰東都太廟至於睿宗玄宗猶不易者蓋緣嘗所尊奉不可輒廢也今則廢已多時宜循莫舉之典也又曰雖貞觀之始草創未暇豈可謂此事非開元之法者

詳案定開元六典勑曰聽政之暇錯綜古今法以周官作爲唐典覽其本末千載一朝春秋謂考古之法也行之可久不曰然歟此時東都太廟見在六典序兩都宮闕西都具太廟之位東都則存而不論足明事出一時又安得云開元之法也又三代禮樂莫盛于周作者論議之時便宜細尋夫取周遷而立廟今立廟不因遷何羨之而不能師之也又曰建國神位右社稷而左宗廟君子將營宮室宗廟爲先者謹案六典承旨中則天以東都爲神都遂後漸加營構宮室百司於是備矣今之宮室百司乃武氏改命所備

也上都已建國立宗廟不合引言又曰東都維陽祭孝宣等五帝長安祭孝成等三帝以爲置廟之例則又非也當漢兩處有廟所祀之地各別今東都建廟作主與上都盡同詳而論之失之甚者又曰今或東維復立太廟有司同日侍祭以此爲數實所未解者謹按天寶二載詔曰頃四時有事於太廟兩京同日自今已後兩京別宜各擇日載於祀典可得而詳且立廟造主所以祭神而曰嚴而勿祀出自何經當七廟五廟無虛而欲立虛廟法於何典前稱廟貌如故者即指建中之中就有而言以爲國之光也前以非時不造主者謂見有神主不得非時造也若江左至德之際主並散亡不可拘以例也或曰廢主之瘞請在太微宮者謹按天寶二年詔曰古廟東間添置兩室定爲九代十一室之例以全臣子思敬之義庶叶大順之宜得變禮之正折古今之紛紜立群疑之的指俾因心廣孝永燭於皇明昭德事神無虧於聖代勑曰宗廟事重實資參詳宜令尚書省御史臺四品以上官大理卿京兆尹等集議以聞鄭涯與衆官等奏議曰夫禮經垂訓莫重於嚴配必參損益之道則合典禮之大況有明徵是資折衷伏自敬宗文宗武

宗三朝嗣位皆以兄弟考之前代理有顯據今謹詳禮院所奏並上稽古文旁摭史氏叶於通變允謂得宜臣等商量請從禮官所議從之

朱儔爲太常禮院修撰官會昌六年四月禮院奏禘祫祝文稱號穆宗皇帝宣懿皇后韋氏敬宗皇帝文宗皇帝武宗皇帝緣從前序親親以穆宗皇帝室稱爲皇兄未合禮文得儔狀稱禮敘親親陛下於穆宗敬宗武宗三室祝文恐須但稱嗣皇帝臣某昭告于某宗臣等同考禮經於義爲允從之

任疇爲太常博士會昌六年五月上言去月禘禮當

時五室列於雒都三帝留於京廟行幸之歲與合食之期相會不奉齊車又安可以成此禮則知兩廟周人成法載主以行漢家通制或以當虛一都之廟爲不可而引七廟無虛主之文禮言一都之廟室不虛主非爲兩都各廟而不可虛也旣聯出征之詞更明載主之意因事而言理實相統非如詩人更可斷章以取義也古人求神之意非一意神之所無二故廢重作桑主廢桑作栗主旣事埋之以明其一也或又引左氏傳築郿凡例謂有宗廟先君之主曰都而立建主之論按魯莊公二十八年冬築郿左傳爲築錄

凡例穀梁譏因藪澤之利公羊稱避凶年造邑之嫌三傳異同左氏爲短何則當春秋二百年間魯凡城二十四邑唯郿一邑稱築其二十三皆有宗廟先君之主乎執此爲建主之端又非通論或又曰廢之瘞之何以在太微宮所藏之所且捨故取新前已列矣案瘞主之位有三或於北墉之下或在西階之間廟之事也其不當立之主但隨其所在所以瘞之夫主瘞於當立廟斯不然矣以在所而言則太微宮所藏之所與漢之寢園無異歷代以降建一都者多兩都者少今國家崇東西之宅極嚴奉之典而以合廟爲擬合以建都故事以相質正即周漢是也今詳議所徵失其年代率皆一都之時豈可擬議亦孰敢獻酬於其間詳考經旨古人謀寢必及於廟未有設寢而不立廟者國家承隋氏之弊草創未暇後雖建於垂拱而寧有所合其後當干戈寧戢之歲文物大備之朝歷于十一聖不議廢之豈不以事雖出於一時廟有合立之禮不可一一革也今雒都之制上自宮殿樓觀下及百辟之司與西京無異鑾輿之至也雖所後之賤必歸其所理也豈先帝之主獨無其所安乎時也廣主尚瘞廢主宜然或以馬融李冉二人稱寢

無傷於僭立廟不妨於暫虛是則馬融李冉可法於宜尼矣以此擬議乖當則條或稱凡邑有宗廟先君之主曰都無曰邑邑曰築都曰城者謹按春秋二百四十年間唯郿一邑稱築於城郎費之類各有所因或以他防或以自固謂之盡有宗廟理則極非或稱聖主有復古之功簡册有考文之美五帝不同樂三王不同禮遭時爲法因事制宜此則改作有爲非有司之事也如有司之職但令二經變禮從時則須俟明詔也凡不修之證略有七條廟立因遷一也已廢不舉二也廟不可虛三也非時不造主四也今載遷

主行五也尊無二上六也六典不書七也謹按文王遷豐立廟武王遷鎬立廟成王遷雒立廟今東都不因遷而欲立廟是違因遷立廟也謹按禮記曰凡祭有其廢之莫敢舉也有其舉之莫敢廢也今東都太廟廢已入朝若果立之是違已廢不舉也謹按禮記曰當七廟無虛主今欲立虛廟是違廟不可虛也謹案左傳丁丑作僖公主書不時也記又曰過時不祭祀也合禮之祭過時猶廢非禮之主可以作乎今欲非時作主是違非時不作主也謹案曾子問古者師行以遷廟主行載於齋車言必有尊也今取七廟之

主以行則失之矣皇氏云遷廟主者載遷一室之主也今欲載遷廟之主以行是違載遷之主也謹按禮記曰天無二日土無二王嘗禘郊社尊無二上今欲兩都建廟作主是違尊無二上也謹按六典序兩都宮闕及廟宇此明東都有廟不載是六典不合修廢以武德貞觀之中作法垂範之日文物大備儒口畢臻若可修營不應議不及矣記曰樂由天作禮以地制天之體動也地之體止也此明樂可作禮難變也伏惟陛下誠明宰物莊敬御天孝方切於祖宗事乃求於根本再令集議俾定所長臣實職司敢不條白

以對德章又有上中書門下及禮院詳議兩狀並同載於後其一曰伏見八月六日勑欲修東都太廟令會議事此時已有議狀准禮不合更修尚書丞郎以下三十八人皆同署狀德章官在禮寺實忝司存當聖上嚴禋敬事之時會相公尚古黜華之日脫國之祀典有乖禮文豈唯受責於曠官竊懼貽譏於明代所以懃懇將不言而又言也昨者異同之意盡可指陳一則以有都之名便合立廟次則欲崇修廟宇以候時巡殊不知廟不合虛主唯載一時謹案貞觀九年詔曰太原之地肇基王業事均豐沛義等宛譙約

禮而言須議立廟時秘書監顏師古議曰臣旁觀祭典遍考禮經宗廟皆在京師不於下土別置昔周之豐鎬實爲遷都乃是因事便營非云一時別立太宗許其奏即日而停由是而言太原豈無都號太原爾時猶廢東都不立可知且廟室惟新則須有主主既藏瘞非虛而何是有都立廟之言不攻而自破矣又案曾子問曰古者師行必載遷廟主行乎孔子曰天子巡狩必以遷廟主行載於齋居言必有尊也今也取七廟之主以行則失矣皇氏云遷廟主者唯載新遷一室之主也如祧廟之主無載行之文假使將候

時延自可修營一室議搆九室有何依憑夫宗廟尊事也重事也至尊至重安得以疑文定論言苟不經則爲擅議近者勑旨凡以議事皆須一一披經若無經文任以史證如或經史皆無據者不得率意而言則立廟東都正經史無據果從臆說無乃前後相違也書曰三人占則從二人之言會議者四十八人所同者六七人耳比夫二三之喻又何其多也夫堯舜之爲帝迄今稱詠之者非有他術異智者也以其賢臣輔翼能順考古道也故堯之書曰若稽古帝堯孔氏傳曰能順考古道傳說佐殷之君亦曰事不師古

匪說攸聞考之古道既如彼驗以國章又如此將求典實無以易諸伏希必本正經稍抑浮議踵皐夔之古道法周孔之遺文則天下守真之儒實所幸甚其餘已具前議其二曰夫宗廟之設主於誠敬旋觀典禮二則非誠是以匪因遷都更不可別立廟宇記曰天無二日土無二王嘗禘郊社尊無二上又曰凡祭有其廢之莫敢舉也有其舉之莫敢廢也則東都太廟廢已多時若議增修稍違前志何者聖曆神龍之際武后始復明辟中宗取其廟易置太廟焉本欲權固人心非經久之制也伏以所存神主既請祧藏今廟室維新即須有主非時不造廟寢又無虛如議修復以候時延則時延唯載一主備在方冊可得而詳又引經中就有數等或是弟子之語或是他人之言今廟不可虛尊無二上非時不造主合載一主行皆大聖祖及宣尼親所發明者比之嘗據不可同餘又丘明修春秋悉以君子定褒貶至陳洩冶以忠獲罪晉文以臣召君於此數條不復稱君子將評得失特以宣尼料之傳曰危疑之理須聖言以明也或以東都不同他都地有壇社宮闕欲議搆葺自是無妨此則酌於意懷非日經據也但以遍討今古無有壇社

立廟之證用以爲說實所未安謹上自殷周旁稽故實除因遷都之外無別立廟之文制曰自古議禮皆酌人情必稷嗣知機賈生達識方可發揮大政潤色皇猷其他管窺蓋不足數公卿之議實可施行德章所陳最爲淺近豈得茍申獨見妄有異同事貴酌中理宜從衆宜令有司擇日修崇太廟以留守李石充使勾當六年三月擇日既定禮官旣行旋以武宗登遐其事遂寢宣宗即位竟遷太微神主祔東都太廟

鄭涯爲尚書左丞會昌六年三月宣宗即位五月禮儀使奏武宗昭肅皇帝祔廟并合祧遷者伏以自徽

宗文宗武宗兄弟相及已歷三朝昭穆之位與承前不同所可疑者其事有四一者兄弟昭穆同位不相爲後二者已祧之主復入舊廟三者廟數有限無後之主則宜出置別廟四者兄弟既不相爲後昭爲父道穆爲子道則昭穆同班不合異位據春秋文公二年躋僖公何休云躋升也謂西上也惠公與莊公當同南面西上隱桓與閔僖當同北面西上孔穎達亦引此義釋經文賀循云殷之盤庚不序陽甲漢之光武上繼元帝晋元帝簡文皆用此義蓋以昭穆位同不可兼毀二廟故也尚書云七世之廟可以觀德

且殷家兄弟相及有至四帝不及祖禰何容更言七代於理無疑矣二者今以兄弟相及同爲一代矯前之失則合復祔代宗神宗於太廟或疑已祧之主不合更入太廟者案晋代元明之時已遷豫章潁川矣及簡文即位乃元帝之子故復豫章潁川二神主於廟又國朝中宗已祔太廟至開元四年乃出致別廟至十年置九廟而中宗神主復祔太廟則以遷復入亦可無疑三者廟有定數無後之主出置別廟者按魏晋之初多同廟蓋取上古清廟一宮遵遠神祇之義自後晋武所立之廟雖有七主而實六代蓋景文同廟故也又案魯立姜嫄文王之廟不計昭穆以尊尚功德也晋元帝上繼武帝而惠懷愍三帝時賀循等諸儒議以別爲主廟親遠義疏都邑遷異於理無嫌也今以文宗棄代纔六七年武宗甫邇復土遽移別廟不齒祖宗在於有司非所宜議四者添置廟之室案禮論晋太常賀循云廟以容主爲限無拘常數故晋武帝時廟有七主六代至元帝明帝廟皆十室及成康穆三帝皆至十一室自後雖遷故祔新大抵以七代爲准而不限室數伏以江左名儒通賾規與事有明據固可施行今若不行是議更以迭毀爲制

則當上不及高曾未盡之親下有恐臣子恩義之道今儻討古今參校經史上請復代宗神主於太廟以存高曾之親下以敬宗文宗武宗同爲一代之制禮存合祀祭用質明義兼取於尚幽情實緣於既沒我聖祖澹然當在乃道之宗既殊有盡之期宜展事生之禮自今已後每至聖祖宮有昭告宜改用卯時者今欲以主瘞於宮所即與此物全乖又日主不合瘞請藏夾室者謹按前代藏主廟有異同至於夾室宜用以序昭穆也今廟主既不中禮則無禘祫之文又日君子將營宮室以宗廟爲先則建國營宮而宗廟

必設今東都旣有官室而太廟不可不營洮以論之其義斯勝盛而西周東漢並列兩都其各有宗廟之證經史昭然又得以極思於揚摧詩曰其繩則直縮板以載作廟翼翼大雅瓜瓞言豊廟之作又曰於穆清廟肅雍顯相維邑旣成以率文王之祀此詩豊維之廟也書曰成王旣都雒烝祭歲文王騂牛一武王騂牛一又曰祼於太室康王又居豊命畢公保釐東郊登有無廟而可烝祭非都而設保釐則書東西之廟也逮于後漢卜雒西京之廟亦存建武二年於雒陽立廟而成哀平三帝祭于西京一十八年親幸長

安行十七日享德明典聖廟得廟直佚論狀稱懿祖室在獻祖室之上當時雖以為然便依行事猶牒報監察使及宗正等請遇祭詳窺玉牒如有不同即相知聞奏爾後伏簡高祖神尭皇帝本紀伏審獻祖為懿祖之昭懿祖為獻祖之穆昭穆之位天地極殊今廟至舛倫不即陳奏尙爲苟且罪不容誅仍勅修撰朱儔簡討王皞研精詳覆得報稱天寶二年制追尊咎繇為德明皇帝涼武昭王為興聖皇帝十載立廟至貞元十九年制從給事中陳京右僕射姚南仲等一百五十八人之議以為禘祫是祖宗以序之祭凡有

國者必尊太祖今國家以景皇帝為太祖太祖之上施於禘祫不可為位請接德明興聖廟共成四室祔遷獻懿二祖謹尋儔等所報即當時表奏並獻居懿上伏以國之大事宗廟為先禘祫之禮不當失序四十餘載埋難尋詰伏祈聖鑒即垂詔勅具禮遷正其月儔又奏曰伏奉今月十三日勅以臣所奏獻祖懿祖二室倒置事宜令禮官集議聞奏者臣去月十七日緣遇太廟祫享太祖景皇帝已下群主唯貞元十九年所祔獻祖懿祖於德明廟共為四室准元勅各於本室行饗禮審知獻祖合居懿祖之上昭穆方正

其時親見獻祖之室倒居懿祖之下於後遍簡圖籍實見差殊遂敢聞奏今奉勅宜令禮官集議聞奏者臣得奉禮郎李岡太祝柳仲年協律郎諸葛玫李潼簡討官王皞修撰官朱儔博士闞慶之等七人狀稱謹案高祖神尭皇帝本紀及皇室圖譜并武德貞觀永徽開元以來諸禮著在甲令者並云獻祖宣皇帝是神尭之高祖懿祖光皇帝是神尭皇帝之曾祖以高祖辨之則獻祖是懿祖之父懿祖是獻祖之子即博士任疇所奏倒祀不虛臣疇伏乞即垂詔勅具禮遷正其事遂行

陳商爲禮部侍郎會昌六年六月詔遣東都備法駕迎太微宮木主歸祔太廟勅神龍中取武氏廟爲太祖自太祖以下神主皆祔焉祿山入雒以廟爲馬廄有木主遂散他處協律郎嚴郢奉之以聞詔歸于廟及思明入雒又亡之後留守盧正已得于他所寄于太微宮至大曆十四年留守路嗣恭奏之朝廷下議百寮紛然不一禮儀使顏真卿奏請歸祔詔許之臨事而止會昌五年河南尹李石因太微宮摧毀奏以廢弘敬寺爲以其木主廢置未詳闕白宰執中書奏請下公卿議之商議曰今月五日勅再議東都太廟

神主廢置今臣等議者伏以古者將營宮室宗廟爲先故詩美文王乃召司徒俾立室家其繩則直作廟翼翼雒誥曰周公往營成周十二月戊辰成王蒸祭入太室祼徵之周氏文王有廟於豐成王有廟於雒即二都得置宗廟之顯據也然兩置神主曖昧無文旣闕明徵難可臆斷臣愚輒斟酌前代以言之夫宗廟以安神神必依主故喪禮始以重爲主旣虞即以桑爲主旣祔即以松栗爲主神明之道不可一日無主蒸嘗之本不可一日無神曾子問曰喪有二孤廟有二主禮與孔子曰天無二日土無二王嘗禘郊社尊無二上未知其爲禮也夫煩則不敬所求惟精雖神之所適無方而神之所依惟一求之未當神亦不歆孔聖之言蓋有深旨今東都之主修之則非神所憑存之則無典可祭嚴祀之道豈其爾乎稽諸異同考以經禮二都有宗廟於古無嫌東西有神主於理無據國家承乾開統爰法唐虞制度等威實尊文武況東京宮廟中宗玄宗所奉又是國家之別都巡幸之時展敬有在是同周室豐雒各得建置之義以臣愚見恐不得廢也若添修神主方著彝章旣無媿漢遺文且乖禘祫之典是同嘗禘郊社尊無二上之義

以臣愚見恐不可置也今議者或引周氏藏先公先王之主於后稷文武之廟禘嘗之時以祭薦者此是周家祧廟之主親盡而遷准禮須存以備五年再殷一禘一祫者也今國家上都主祔昭穆具存親盡已祧之主藏於祖之廟舊矣與周家之制無異雖之主雖存又須崇飾以之禘祫則無文以之禴嘗則非禮存而不論則又非敬臣以東都宗廟宜如聖旨使留守李石充使增修其廟中神主不當立宜依祔栗主廢虞主之例公羊云虞主瘗之殿兩楹之間爲非人所踐蹋又云瘗之廟非方者陰陽無事主亦無事

今請瘞藏之雖廟非墉下若相宅成周自可奉迎京師之主以行若歲廵時遹自依三公攝祭庶不遺承襲之典時武宗不用此議勑令迎祔之幹車法駕並至雒下尋遇國事而止至是帝乃行之兩都太廟自此始也

孫簡爲吏部尚書會昌六年九月太常禮院奏十月十三日太廟祫享朝廷配享功臣得修撰官朱儔狀自高祖至德宗每室皆有功臣配享伏以憲宗皇帝誅盪淮蔡削平河朔武功英畧赫耀中興啟沃謨猷必資元輔其配享功臣伏請聞奏定名降下勑遣尙

書御史臺四品巳上兩省五品巳上同詳定聞奏簡與衆官上議曰伏以憲宗皇帝玄德英猷邁越千古神機睿筭恢復四方始者旣戮惠琳連誅闢錡睿求良輔果集大勳乃覆淮蔡之妖巢大芟河朔之餘孽皇威震耀寰宇和寧偃武修文幾無遺事陛下崇嚴享禮爰軫孝思將舉元勳以顯丕績臣等伏思故司徒兼中書令贈太師裴度天縱忠公道施康濟始處司言之任屢陳憂國之誠嘗因別召深得聖旨乃貳邦憲使于藩方處嫌疑者悉付心誠懷顧慮者必得要領俄登相位專任大事遂乃擒元濟梟師道承宗筯順劉聰叩頭程權來朝同捷就戮蓋憲宗有知人之明而度盡致君之道也於是息瘡痍培根本宇內無獷悍之俗元和爲盛明之代薰灼天下將明帝圖古往今來善無與讓郎祇配聖德光揚大勳詳考功行無先於度詔曰朕以憲宗皇帝道叶中興威加寰海開啟聖意則有杜黃裳弼成功業則有裴度著在國史時無比倫宜以杜黃裳裴度同配享禮又詔曰論功配食文武宜兼元和一朝武臣功力最高者定一人與黃裳裴度同配享憲宗皇帝室項李愬有平蔡之績高崇文有收蜀之功校其二人功孰爲重宜

令尙書省議奏簡等又上議曰伏以蜀蔡之功實皆超卓勳力雖等艱危則殊高崇文憲宗御宇之初朝廷討叛之始雷霆斯赫物力方全劉闢起參佐而爲兇魁行惡者勢同烏合崇文統百萬而命群師起行者理足鷹揚所以嚴道雖深劍門不能恃其固汙俗未久刀州莫與結其思大勳誠集於忠勞作孽本無其根據此崇文所以不辱專征之寄克成定蜀之勳至于李愬之所立適當伐蔡累年旁有苞荒數鎮元濟襲父業而成邪計兇黨皆爲其致命同惡懼齒寒而爲陰援軍須必從以有資是故埵窟益深毒爛不

誅愬於此時獨能善貸行權寬謀沉斷跳驅間道乘
夌堅壁不俟拔幟而坐失金湯未暇請纓而巳纍俘
虜斯賓軍鋒之冠萬夫之將由是言之伐蜀當專征
之始衆銳且同於楚金攻蔡承連兵之餘群疑頗同
於魯縞及成功而雖一在出奇而尤高昔光武比耿
弇於韓信優之獨收勍冠今陛下令臣等校崇文與
李愬之功逈出等夷儻聖慈以格言所著德宜有降
武功之中功皆難掩則愬居第一崇文次之廢盡公
言上符詔旨勑旨並令同配食憲宗廟廷

册府元龜 掌禮部 奏議 卷之五百九十二 三十三

冊府元龜

巡按福建監察御史臣李嗣京 訂正
知閩縣事臣曹學臣叅閱
知建陽縣事臣黃國琦較釋

掌禮部三十一

奏議第二十一

唐楊發爲左司郎中大中三年十二月宣宗追尊順宗憲宗謚號禮院奏廟中神主巳題舊號請改造及重題詔禮官議發與都官郎中盧摶獻議曰臣等伏尋舊典栗主升祔之後在禮無改造之文亦無重加

尊謚改題神主之例求之曠古曾無其文周加太王王季文王之謚但以得合王周遂加王號未聞改謚易主且文物大備禮法可稱最在兩漢並無其事光武中興都雒陽遣大司馬臣鄧禹入關奉高祖巳下十一帝后神主祔雒陽宗廟蓋神主不合新造故也自魏晉迄於周隋雖代有放恣之君亦有知禮講學之士不聞加謚追尊改主重題書之史策何以覆視今議者唯引東晉重造鄭太后神主事爲證伏以鄭太后本琅邪王妃薨後巳祔琅邪邸廟其後母以子貴將升祔太廟賀循請重造新主改題皇后之號備禮告祔當時用之伏以諸侯廟主與天子廟主長短不同若以王妃八寸之主上配至極禮似不同時詔臣貪君私用此謬禮改造神主比量晉事義絕非宜且宣懿非穆宗之后實武宗之母以子之貴也祔別廟正爲得禮饗薦無虧今若從祀至尊題主稱爲太后因子正得其宜今若改造新主題去大字卽穆宗上僊之後臣下追致作嬪之禮瀆亂正經實驚有識臣當時並列朝行知其謬戾以漢律擅論宗廟者以大不敬論又其時無詔下議遂默塞不敢出言今又欲重用東晉謬禮穢媟聖朝大典猥蒙下問敢不盡

言臣謹按國朝例甚有明文武德元年伍月備法駕於長安通於義理廟奉迎宣簡公懿王景皇帝神主升祔太廟旣言於舊廟奉迎足明必奉舊主其加謚追尊之禮自古本無其事自則天太后攝政之後累累有之自此之後數用其禮歷簡國史並無改造重題之文若故事有之無不書於簡冊臣等愚見宜但告新謚於廟止其改造神主故事有開元初太常卿韋縚以高宗廟題武后神主云太后聖帝武氏縚奏請削去天后聖帝之號別題云則天順聖皇帝后武氏詔從之卽不知其時削舊題耶重造主耶亦不知

用何代典禮禮之疑者決在宸衷以臣所見但以新諡寶冊告陵廟正得其宜改造重題恐乖禮意時宰臣覆奏就神主改題而知禮者非之以爲議意爲是

令狐綯爲相大中五年十一月奏准太常禮院奏中書侍郎兼吏部尚書平章事崔龜從奏准令式合立私廟祔准會昌五年二月一日勅百官並不得京城內置廟如欲於京城內置者但准舊於所居處置廟即不失敬親之禮伏以武宗時緣南郊行事見天門街左右有廟宇許令私第內置若令依舊會昌五年勅文盡勒於所居處置廟兼恐十年間私廟漸逼於

宮牆齊人必告於吞併臣具詳本末與便公私今請夾天門街左右諸坊不得立私廟其餘圍外遠坊任取舊廟及擇空閑地建立廟宇應立廟之初先取禮司詳定兼請准開元禮二品已上祠四廟三品祠三廟三品已上不須兼爵者四廟外有始封祖通祠五廟三品已上不得過九架並廈兩頭其三室廟制合造五間其中三間隔爲三室兩頭各廈一間虛之前後亦虛之每室中西壁三分之一近南去地四尺開一埳室以石爲之可容兩神主廟垣合開南門東門并有門屋餘並准開元禮及元和曲臺禮爲定制其享獻之禮除依舊禮使少牢特牲饋食外有設時新及令時熟饌者並聽仍請永爲定式從之

李景儉爲御史大夫大中十一年右羽林統軍鄭光卒輟朝三日景儉上疏曰鄭光是陛下親舅外族之愛誠軫聖心今以輟朝之數比於親王公主即前列所無縱有亦不可純用何者先王制禮所貴防微大凡人情於外族則深於宗屬則薄於先王制禮割愛厚親據開元禮外祖父母親舅喪止服小功五月若親伯叔弟兄即服齊縗周年所以疎於外而密於內也有天下者尤不可使外戚强盛今鄭光輟朝日數

望速改詔命輟朝一日或兩日示其升降有差恩禮無偕吞之百王永播芳烈疏奏乃詔罷兩日

牛叢爲太常卿中和元年四月僖宗在成都府有司請享太祖已下十一室詔公卿議其儀叢與儒者同議其事或曰王者巡狩以遷廟主行如無遷廟之主則祝奉幣帛皮珪告于祖禰遂奉以出（奉幣帛皮珪以出）載于齋車每舍奠焉今非巡狩是失守宗廟夫失守宗廟則當罷宗廟之事叢疑之將作監王儉太子賓客李文虞部員外郎袁皓建議同異及左丞崔厚爲太常卿遂議立行廟以玄宗幸蜀時道宮玄元殿之前

架屋幕爲十一室義無神主題神版位而行事違禮者非之以爲止之可也

殷盈孫爲太常博士光啓三年二月僖宗自興元還京以宮室未備權駐鳳翔禮院奏皇帝還宮先謁太廟今宗廟焚毁神主失墜請准禮例脩奉者禮院獻議曰案春秋新宮災三日哭傳曰新宮宣公廟也三日哭禮也案國史開元五年正月二日太廟四室摧毁時神皆存迎奉於太極殿安置玄宗素服避正殿寶應元年肅宗還京師以宗廟爲賊所焚於光順門外設次廟哭歷簡故事不見百官奉慰之儀然帝旣

素服避殿百官奉慰亦合情禮切循故事以附參詳恐須宗正寺具宗廟焚毁及神主失墜事由申奏皇帝素服避殿受慰訖輟朝三日下詔委少府監擇日依禮新造列聖神主如此方似合宜伏緣採栗須十一月漸恐遲晚修奉使宰相鄭延昌具議申中書門下奏曰伏以前年冬再有震驚俄然廵幸主司宗祐迫以蒼黃伏以移蹕鳳翔未敢陳奏今將廻鑾輅皆舉典章清廟再營孝思式備伏請降勑命所司參詳典禮修奉勑曰朕以凉德祗嗣寶圖不能上承天休下正人紀兵革競興於寓縣車輿再越於藩垣宗廟震驚蒸嘗廢闕敬承典禮倍切哀摧宜付所司又修太廟使宰相鄭延昌奏太廟大殿十一室二十三間十一架功績至大計料支費不少兼宗廟制度有素難爲損益今不審依元料修奉爲復更有商量請下禮官詳議盈孫奏議言如依元料難以速成況帑藏方虛須資變禮切以至德二年以新修太廟未成具新造神主權於長慶殿安置便行饗告之禮如同宗廟之儀以候廟成方爲遷祔今京城除充大内及正衙外别無殿宇伏聞先有詔旨欲以少府監大廳權充太廟其廳五間伏緣十一室於五間之中陳設隘

狹請更接續修建成十一間以備十一室薦饗之所其三太后廟卽於少府監内取西南屋三間以備三室告饗之所勅旨從之大順元年將行禘祭有司請以王太后神主祔饗於太廟王后者孝明太皇太后鄭氏宣宗之母恭僖皇太后王氏敬宗之母貞獻皇太后蕭氏文宗之母三后皆作神主有故不當入太廟當時禮官建議並置别廟一年五饗及三年一禘五年一祫皆於本廟行事無奉神主入太廟之文至是亂離之後舊章散失禮院憑曲臺禮欲以三太后祔饗盈孫獻議非之曰臣謹按三太后憲宗穆宗之

后也二帝巳祔太廟二后所以立别廟者不可入廟故也與帝在位皇后别廟不同今有司誤用王彦威曲臺禮禘别廟太后於太廟乖戾之甚臣切究事體有五不可曲臺禮云别廟皇后禘祫於太廟祔於祖姑之下乃皇后巳造神主夫在帝位如昭成肅明元獻昭德之比昭成肅明秉世睿宗在位元獻秉世玄宗在位昭德秉世肅宗在位四后於太廟未有本室故創立别廟當爲太廟合食之主故禘祫乃奉以饗其神主但題云某謚皇后明共後太廟有本室卽當遷祔帝方在位故皇后暫立别廟耳本是太廟合食

之主故禘祫乃升太廟未有位故祔祖姑之下今恭僖貞獻二太后皆穆宗之后恭僖會昌四年造神主合祔穆宗廟室時穆宗廟巳祔武宗母宣懿皇后神主故爲恭僖别立廟其神主直題云皇太后明其終安别廟不入太廟故也貞獻太后大中元年作神主别立廟其神主亦題爲太后並與恭僖義同孝明咸通五年作神主合祔獻宗廟室憲宗廟巳祔穆宗之母懿安皇后故孝明亦别立廟是懿宗祖母故題爲太皇太后與恭僖貞獻亦同帝在位后先作神主之例今以别廟太后神主禘祭并享太廟一不可也曲臺禮别廟皇后禘祫於太廟儀注云内常侍奉别廟皇后神主入置於廟庭赤黄褥位奏云某謚皇后禘祫祔享太廟然後以神主升今卽須奏云某謚太皇太后且太廟中皇后神主二十一室今忽以太皇太后入列於昭穆二不可也若但云某謚皇后卽與所題都異神何依憑此三不可也古今禮要云舊典同立姜嫄别廟四時祭薦及禘祫與七廟皆祭唯不入太廟祖廟爲别配文思甄后明帝母廟及寢依姜嫄之廟四時及禘皆與諸廟同此舊禮明文得以爲證今以别廟太后禘祫於太廟四不可也所以置别廟

太后以孝明不可以懿安並祔憲宗之室今禘享乃處懿安於舅姑之上此五不可也且祫合祭也合猶不入太祖之廟而況於禘乎竊以爲並皆置於别廟爲定且恭僖貞獻二廟以在朱陽坊禘祫赴太廟皆須備法駕典禮甚重儀衛至多咸通之時累遇太饗耳目相接歲代未遥人皆見聞事可詢訪非敢以臆斷也或曰三廟故禘祫于别廟或可矣而將來有可疑焉謹按睿宗親盡巳祧今昭成肅明二后同在夾室如後代憲宗穆宗親盡而祧三太后神主其得不入夾室乎若遇禘祫則如之何對曰此又誤也三太

廟若親盡合祧但當闕而不享安得處于夾室禘祫
則就別廟行之歷代已來何嘗有別廟神主復入太
廟夾室乎禘祫禮之大者無宜錯失宰相孔緯曰儒
士之言是也昨禮院所奏儀注今已勅下大祭日近
不可遽改且依行之于是遂以三太后祔祫太廟達
禮者訊其大謬
薛昭緯爲禮部員外郎光啟三年四月將行禘祭有
司引舊儀禘德明興聖二廟及懿祖獻祖神主先祔
興聖德明廟通爲四室黃巢之亂廟已焚毁及是將
禘俾議其儀博士殷盈孫議曰臣以德明等四廟功

非創業義止追封具於今皇帝年代極遥昭穆甚遠
可依晉帝弘屋朽乃以之例因而廢之勅下百僚都
省會議昭緯奏議曰伏以禮貴從宜過猶不及祀有
常典理當據經謹按德明追尊實爲遐遠推諸歷代
莫有其倫自古典禮該詳無踰周室后稷實始封之
祖文王乃建極之君且不聞后稷之前別議立廟以
至二漢則可明徵稽彼簡書並無追號迨於興聖本
非經據蓋以始王於凉遂列爲祖類長沙於後漢之
代等楚元於宋高之朝悉無尊祀之名不爲憲章之
驗重以獻祖懿祖皆非宗有德而祖有功親盡宜祧
理當毁廢遷於二廟亦出一時且武德之初議宗廟
之事神堯聽之大宗參之碩學通儒森然在列而不
議立皐陶凉武昭之廟蓋知其非所宜立也尊太祖
代祖爲帝而以獻祖爲宣簡公懿祖爲懿王卒不加
帝號者謂其親盡則毁明矣春秋左氏傳孔子在陳
魯廟災曰其桓僖乎已而果然蓋以親盡不毁宜致
天災炳然之徵不可忽也據太常禮院狀所引至德
二年克復後不治弘農府君廟神主及晉帝弘屋朽
乃已之議頗爲明據深叶禮經其興聖等四室請依
禮院之議奉勅依典禮付所司

梁末帝貞明中諸王納妃公主下降皆宮殿門廷行
揖讓之禮物議非之太常少卿馬縞上疏曰臣聞詩
美何穠傳稱築館將就肅雍之德必分內外之規故
日主王姬者自公門出舊禮以几筵告於宗廟以候
迎者故於廟之外朝門築館得禮之正也昔漢賈誼
上書云古者見君之乘車必下見君之几杖必起入
正門必趨又孟子云朝廷不越位而與人言不踰階
而相揖孔丘過位色勃遽瑗望闕趨風近亦有僕射
與員外郎共列謝官班次蓋以公器不私尊無二上
亦得禮之正也臣竊以入正門必趨不踰階相揖者

於前史實有舊文則豈可臣下而於官殿門庭行賓主揖讓之儀使華夏觀禮之人或於非據言動必書之史疑爽彝倫臣雖處典司寧分禮道以其所見恐未合宜伏乞宣付中書門下參酌可否施行

後唐莊宗同光二年三月太常禮院奏准制尚書令秦王李茂貞備禮冊命簡詳舊儀無不帶節度使判冊之命宜准故襄州節度使趙凝封楚王例施行秦王受冊自備革輅一乘載冊特車一乘并本品鹵簿鼓吹如儀從之

是月祠部奏本朝舊儀太微宮每年五薦獻其南郊

壇每年四祠祭吏部申奏請差中書門下攝太尉行事其太廟及諸郊壇並吏部差三品已上攝太尉行事從之

四月太常禮院奏准制以次月十三日行皇后冊命令簡詳臨軒命使冊皇后舊儀皇后廟見如納后之儀受冊後合別定廟見日其日皇后乘重翟車鹵簿鼓吹儀仗導從從之又奏議按開元禮臨軒冊皇后表謝朝皇太后並如納后之儀不載朝謝皇帝之禮准納后儀則皇帝服袞冕降迎於門恐禮太重今詳酌請其日常服御內殿皇后首飾褘衣尚儀引入至殿廷階間再拜又再拜訖退如常儀從之

六月太常禮院奏國家在鄴都興建之時於非京已置宗廟自六龍都雒却復本朝宗祧詳求典禮無二廟之文其非京廟據禮徹去遂下尚書省議其可否禮部尚書王正言等奏議曰伏以官室之制宗廟爲先陛下卜雒居尊開基御宇龍樓鳳輦式當表正之初玉葉金枝悉在股肱之列事當師古神必依人非京先制之宗廟不宜並設竊以每年朝享固有常儀時日既同神何所據嘗聞近例禮有從權如神主已修迎之藏于夾室若廟宇已崇虛之乃爲常制昔桓

公之廟二主靡有所從由是古者師行亦從遷于廟主昔天后之崇鞏雒悉謂非宜漢皇之變豐滕終無所設而況本廟故事禮院具明且雒邑舊都嵩丘正位當定鼎測圭之地乃居衝處要之方今則皇命承天握圖纂祀九州是務四海爲家豈宜遠官闕之居建祖宗之廟事斷可久理屈從長非京宗廟請停從之

七月中書門下奏據太常禮院人每年太微宮五薦獻南郊壇四祠祭並宰臣攝太尉行事唯太廟時祭獨遣宗庶雖爲舊規慮成闕禮臣等商量自此後太

廟祀祭亦望差宰臣行事從之
是月太常禮院奏按本朝舊儀自一品至三品婚禮得服衮冕劒珮衣九章今皇太子與聖官使繼笈聮未封建官是簡較太尉合准一品婚禮施行其妃准禮婦人從夫之爵亦准一品命婦至行親迎之日太常鹵簿鼓吹前導乘輅車其妃花釵九枝幨髮褕翟衣九等其日平明皇帝差官告親廟一室宗正卿攝婚主行禮其夕親迎與聖宮使乘輅車鹵簿鼓吹前導至女氏之門以結綵車御輪交車從之
十一月禮儀使奏伏准禮喪三年不祭惟祭天地社

稷爲越紼行事此古制也爰自漢文益尊神器狥至公絕私之義行以日易月之制事久相沿禮從順變今園陵已畢祥禫既除宗廟不可以乏饗神祇不可以廢祀宜遵禮意式展孝思伏請自貞簡太后升祔禮畢應宗廟使樂及郡祀並准舊施行從之
明宗天成元年八月莊宗皇帝神主以此月十日祔太廟七室之內合有祧遷中書門下奏議請祧懿祖皇帝室後下百寮集議於尚書省禮部尚書蕭頃等奏議曰歷代故事沿革不同蓋就所宜期於合禮事雖稽古理亦從長七廟之致享斯存萬世之承基靡絕禮分遠近事宼否藏懿祖既違於昭宗創業又非於巳力倚諸列聖可議祧遷皇帝陛下道繼百王德符三代撥禍亂於艱難之際救蒼生於交喪之秋方啟洪圖是崇宗祐爲四方之准的稱萬國之炤臨中書所定祧遷於議爲允請下所司施行從之
十月左散騎常侍姚顗奏曰明王御宇哲後垂衣必崇郊薦之儀以表君臨之道伏自陛下興隆寶祚展禮群神每祈福以爲人必差官而行事先七日受誓戒於南省后三日各致齋於本司必在精誠以感靈貺臣伏見南郊壝壇之側及諸祠壇並無宿齋之所

請下所司量事修建屋宇俾嚴祇事允屬聖朝
是年中書舍人馬縞上言曰伏以宗廟立制今古通規損益所宜徵求可見伏惟陛下俯狥群願入纘丕基率土推誠遐方向化臣是以竊規舊典敢有上聞伏見漢晋以來以諸侯王宗室承襲帝統除七廟之外皆別追尊親廟漢光武皇帝立先四代於南陽其後自安帝巳下亦皆遐考前修追策先代四時禋祀陳豐絜於豆登多士駿奔認等差於藻稅伏以陛下奄有四海爲天下君雖繼統承祧無忘日慎而敦本崇往尚辯時思伏乞以兩漢舊事別立宗廟於便賭

屣霜露以陳誠薦馨香而盡敬禮於是在誰曰不然詔下南宮集百寮定議禮部尚書蕭頃等議曰伏見方冊所載聖槩斯存將達蘋藻之誠宜新粢稅之制伏惟陛下以孝敬日躋之德上合穹旻秉恭儉罔怠之規再康寰宇爰臻至化難抑時思馬縞儒學優深禮法明練所奏果符於睿旨載詳固叶於典經臣等集議其追尊位號及建廟都邑則乞俟自宸衷特降制命

二年春宰臣鄭珏等上言曰恭以皇帝陛下特降睿慈俯詢輿議尊歷朝之正典允多士之虔祈廣濟天

孝治之風慰萬國仁親之道臣聞自古英主入紹洪基莫不愼固遠圖凝思往事敬宗尊祖追養存誠廣殊號於園陵展異儀於塋域春秋殷薦霜露永懷又聞兩漢以諸侯王入繼帝統則必易名上謚廣孝稱皇載於諸王故事孝德皇孝仁皇孝元皇是也伏冀聖慈猥從人願許取皇而薦號兼上謚以尊名改置園陵仍增兵衛御札報曰朕猥承基構實賴祖宗將申報本之儀嘗切奉先之志爰崇祀典思固遠圖冀上答於劬勞庶永資于孝理卿等咸堅輔弼共副咨詢徵兩漢之舊規弘三皇之故事乃飛章而定議請薦號以尊名兼廣園陵仍增兵衛載覽矢謨之意備覩顒羨之誠感歎良深嘉愧無已宜依上表施行詔禮院定其儀制太常傳士王丕等引漢桓帝入嗣尊其祖河間孝王曰孝穆皇帝蠡吾侯曰孝崇皇帝爲例請付太常定謚議刑部侍郎權判太常卿馬縞復議曰伏准兩漢舊事以諸侯王宗室入承帝統亦必追尊父祖修樹園陵西漢宣帝東漢光武孝享之德故事具存自安帝入嗣遂有皇太后令别崇謚法追曰某皇所謂孝德孝穆之類是也前代惟孫皓自烏程侯繼嗣追父和爲文皇帝事出非常不堪垂訓據

禮院狀漢安帝巳下若據本紀又不見有帝字伏以謚法德象天地曰帝伏緣禮院巳曾奏聞難將兩漢故事便述尊名詔右僕射李琪集百寮議曰伏以別制四廟徵漢室以定儀崇上尊名詳謚法以取證伏覩歷代以來宗廟成制繼襲無異沿革或殊伏惟陛下應運開祥體乾覆物纘紹之德咸頌聖於鴻圖孝思之心乃垂光於帝範馬縞所奏禮有按據乞下制令馬縞更依典册以述尊名帝手詔報曰朕聞開國承家得以制禮作樂故三皇不相襲五帝不相沿隨代創規於理無爽夠或情關祖禰事繫蒸嘗將崇追

達之交以示化民之道馬縞秉持古學歷覽群書授
兩漢之舊儀雖明據考百王之立制未盡變通且
議謚追尊稱皇與帝旣有增減之字合陳褒貶之辭
大約二名俱爲尊稱若三皇之代則不可加帝五帝
之代亦不可言皇爰自秦朝便兼其號爾後纂業承
基之主握乾應用之君洎至我唐不易斯議至若玄
元皇帝事隔千祀宗追一源猶顯冊于鴻名豈須遵
于漢典況朕居九五之位爲億兆之尊不可總二名
于渺躬借一字于先代苟隨執議何表孝誠又如堯
咸舜韶夏松殷栢隨時變禮厥理斯存縞則以徵事

上言深觀動靜朕則以奉先爲切慮致因循須定一
塗以安四廟可特委宰臣與百官詳定集兩班于中
書逐班各陳所見唯李珙等請于祖禰二室先加帝
字宰臣合衆議而奏曰臣聞德教重于日新禮經不
自天降故歷代之有損有益隨時之可止可行且羲
蟲象豕之規三皇未備雲鳥紀官之制五帝皆殊考
其言而旣出舊章窮其理而便爲故實恭惟朝廷之
重宗廟爲先事繁承祧義符致美將以覩盛德于七
代展明祀於十倫一時而儻墜斯文千載而永爲闕
典且聖朝追尊之日卽引漢氏舊儀在漢氏封崇之
時後依何代故事是以理關疑滯未日聖謨道合變
通方爲民則且王者功成治定制禮作樂正朔服色
尙有改更尊祖奉先何妨沿革若應州必立別廟卽
地遠上都定爵孝享之儀徒有尊崇之稱伏據開元
中追尊皐陶爲德明皇帝凉武昭王爲興聖皇帝皆
立廟於京都制度斯在況陛下入淸內難光闡帝圖
德澤廣浹於華夷廟享猶虧於祖禰若宮廟須成于
遠塞則蒸嘗慮闕于孝思今臣等商量所議追尊四
廟望依御札並加帝號兼請于雒京選地立廟中旨
令就應州舊宅立廟餘依

四月左散騎常侍李光憲上言曰臣聞國之重事惟
祀與戎四時薦享之儀合以敬恭備禮每祭三公具
列御史監臨行事群官皆宿壇廟或屋宇不庇風雨
或止泊投寄村園無戶牖以防虞無薦席以藉地苟
傷棲旅難責精虔禮或不周福將安望乞令量事添
置庶保肅恭疏下所司竟不行
三年十一月中書奏舊制凡降冊命至尊臨軒伏自
陛下纂襲繼有封崇但申持節之儀尙闕臨軒之禮
今後有封冊請御正衙雖勞萬乘之尊輿重九天之
命如此則行之者禮備受之者感深寧惟轉耀于皇

歟實亦永標于青史從之
是月太常定唐少帝爲昭宣光烈孝皇帝廟號景宗
博士呂朋龜奏曰謹按禮臣不誄君稱天以謚之是
以本朝故事太尉率百寮奉謚册告天於圓丘迴讀
于靈座前並在七月之内謚册入陵若追尊定謚册
於太廟藏册於本廟伏以景宗皇帝頃負沉冤歲月
深遠園陵以修不祔于廟則景宗皇帝親在七廟之
外今聖廟申冤追尊定謚重新帝號須撰禮儀又禮
云君不逾年不入宗廟且漢之殤冲質君臣已成晋
之惠懷愍俱負艱難皆不列廟食止祀于園寢臣等

切詳故實欲請立景宗皇帝廟于園所命使奉册書
寶綬上謚于廟便奉太牢祀之其四時委守令奉薦
請下尚書省集三省官詳議施行右散騎常侍蕭用
等議請依禮院所奏奉勑宜令曹州城内選地起廟
四年五月中書門下奏先據太常寺定少帝謚昭光
烈孝皇帝廟號景宗伏以本朝基搆垂三百年昭宣
以中否東遷少帝以沉冤晏駕始封侯於偽室立新
廟于聖朝追奕世之尊雪當年之耻先皇帝勑定中
原之後昭宗少帝等合一時入廟所司不舉遂成闕
禮既聯昭穆難會蒸嘗太廟有合食之儀外邑無登
歌之奏生曾爲帝享乃承祧號景宗合入太廟加不
入廟難以言宗須叶徽章免貽群議于理而論祧一
遠廟安少帝神主于太廟卽昭穆序而宗祀正今或
且居別廟卽欲不言景宗祗云昭宣光烈孝皇帝兼
册文内有基字是玄宗廟諱尋嘗從行詔勑皆不迴
避少帝是繼世之孫册文内不欲斥列聖之諱今改
爲宗字勑旨可之議者以毁廟之主恩遠屬絶名不
可諱且昭宣上去玄宗十四世奏改册文非典故也
六月國子博士田敏上言曰禮有五經祭在其首國
之大事祀亦居先則知祭祀者有國是遵百王所重

是以肅雍清廟禋祀玄天立四時則大駕親臨將置
齋則仲尼所慎莫不嚴崇宮室潔滌樽罍陳其肅肅
之儀報以穰穰之福臣竊見四郊祠祭並無齋室行
事官吏旅寓鄉村有瀆至誠恐非清潔伏乞特下有
司俾於四郊量起屋宇詔下有司竟不行
八月大理正路航奏見春秋彝奠于文宣王廟武成
王廟久曠時祭國之二柄文武之宗請復嘗祀從之
九月大常博士段顒奏臣聞國之大事惟有祀典竊
見時祭遇大祠則差宰臣行事中祀則諸寺卿監行
事小祀則委大祝奉禮而已並不差官以臣蒭愚竊

謂不可令小祀請差五品官行事從之
十月中書門下奏太微宫太廟南郊壇宰臣行事宿
齋百官皆入廟伏以奉命行事精虔宿齋儻徧見於
朝官恐不虔於祠祀今後宰臣行事文武兩班望令
並不得到宿齋處者奉勑宜依
十二月奏今後宰臣致齋内請不押班知印不赴内
殿起居或遇國忌應行事官受誓戒並宜不赴行香
並奏覆刑殺公事及大祀致齋内請不開宴從之又
奏今後大忌前一日請不坐朝從之
長興元年五月丁丑明宗臨軒命使册淑妃曹氏爲

皇后時禮院上言百官上疏于皇后日皇后殿下六
宫及率土婦人慶賀祇呼殿下不言皇后中書覆奏
若祇呼殿下恐與皇太子無所分别凡上中宫表章
呼皇后殿下若不行文字尋常祇呼皇后從之
九月太常禮院草定册秦王儀注太常博士田顒奏
議據開元禮臨軒册命諸大臣其日受册者服朝服
從苐脩鹵簿與群臣俱集朝堂就次受册訖通事舍
人引出不載謁廟還苐之儀自開元已後册拜諸王
皆止銜命使詣延英閣進册皇帝御内殿高品引王
入詣殿庭立于高位宣制讀册王受册訖歸王院亦

無乘輅及謁廟之禮臣按五禮精義云古者皆因禘
嘗而發爵祿所以示無所專稟祖宗也今雖册命不
在禘嘗然拜大官封大邑必至廟庭者敬順之道也
今册命秦王當司欲准開元禮册命儀注其日秦王
服朝服自理所乘輅車脩鹵簿與群臣俱集朝堂就
次受册訖出應天門外奉册載於册車王升輅謁太
廟訖還理所如來儀從之
是月太常禮院奏來年四月孟夏禘饗于太廟謹按
禮經三年一祫以孟冬五年一禘以孟夏已毁之主
未毁之主並合食於太祖廟功臣配饗于太廟之庭

本朝寶應元年定禮奉景皇帝爲始封之祖既東向
之尊自代祖元皇帝高祖太宗已下列聖子孫各序
昭穆南北相向合祀于前聖朝中興重脩宗廟今太
廟見饗高祖太宗懿宗明宗獻祖太祖莊宗七廟太
祖景皇帝在祧廟之數不列廟饗將來禘禮若奉高
祖居東向之尊而又禘饗不及於太祖代祖亦已祧
廟太祖東向之位則有違於禮意而沿革未聞今所
司奉脩祧廟神主及諸色法物已備合預請參詳事
須具狀申奏勑下尚書省集百寮商議戶部尚書韓
彥惲署百寮議狀奏曰伏以三年祫而五年禘遂古

通規祖有德而宗有功前王令範始封爲百代之王親盡從群廟之祧跡是昭穆罔差尊卑式敘標諸前典是謂格言我國家土德中興瑶圖再造旣展郊禋之禮爰崇禘祫之儀典冊畢陳孝思無極恭以本朝尊受命之祖景皇帝爲始封之君百代不遷累朝頫議自貞觀至於天祐無所改移聖祖神孫左昭右穆洎經兵革久廢蒸嘗蕪沒宮庭陸沉園寢迨夫中興國祚重立宗祊議出一時制行七廟遂致太祖景皇帝在祧廟之數不列祖宗伏惟聖明神武文德恭孝皇帝陛下紹復鴻圖不失舊物欲尊太祖之位將行

東向之儀爰命群臣畢同集議伏詳本朝列聖之舊典明皇定禮之新規開元十年特立九廟子孫尊守歷代無虧今旣行七廟之規又以祧太祖之室昔德宗朝行禘祫之禮顔眞卿立議請奉獻祖神主居東向之位景皇帝暫居昭穆之列考之於貞元則以爲誤引之說行之於今日雅得其變禮之宜今欲請每遇禘祫之歲暫奉景皇帝居東向之尊自元皇帝已下敘列昭穆群寮聚議貴在酌中臣等謬列周行咸非博識約其故事庶叶典章勑旨從之

十月國子博士田敏奏請依春秋藏冰頒冰之儀以消陰陽愆伏之沴勑旨藏冰之制載在前經獻廟之儀廢於近代旣朝臣之特舉按典禮以宜行田敏所奏祭司寒獻羔事宜依其桃弧棘矢以下事久不行理難備創其諸侯亦宜准往制任藏冰

二年五月中書門下覆奏尚書都官員外郎知制誥張昭遠丁母憂伏以大臣枕凶有弔祭之恩群寮寢苫無慰問之例高下之位不等君親之義無偏況卿士甚多有父母者極少固於孝道上軫聖懷張昭遠望量與恩賜兼自此朝臣或有丁憂亦依此制

第二十四頁九行或有丁憂亦下脱九十九字

又二條（原有依此制三字應刪）

乞頒賚其狀尋已印出令具官員等第所定支給數目如後自是文班三品至七品武班二品至四品凡丁憂者皆有等第頒給是月尚書左丞崔居儉奏以中祠大祠皇帝合與祭近雖差官行事是日亦不視朝竊覩乘輿有時或出於禮不便請不行焉從之

三年五月國子博士蔡同文奏伏見每年春秋二仲月上丁釋奠於文宣王以兗公顔子配坐

以閔子騫等爲十哲排祭之時祇在宣聖兖公十哲坐前祭奠其有七十二賢圖形於四壁面前皆無酒脯又見每歲春秋二仲月上戊釋奠於武成王廟以漢留侯張良配坐武安君白起等爲十哲當排祭之時祇於武成王張良十哲面前其范蠡等六十四人圖形於四壁面前並無酒醢自今乞准本朝舊例文宣王武成王廟四壁諸賢畫像面前請各設一豆一爵祀饗中書帖太常禮院檢討禮例申上禮院檢郊祀錄釋奠文宣王武成王中祠例祭以少牢其配座

十哲見今行釋奠之禮伏自喪亂已來廢四壁英賢之祭今准帖爲國子博士蔡同文奏文宣王武成王四壁英賢請各設一豆一爵祠饗者當司今詳郊祀錄文宣王武成王從祀諸座各籩二實以栗黄牛脯豆二實以葵俎鹿醢簋簠各一實以黍稷飯酒爵一禮文所設祭器無一豆一爵之儀奉勑文宣王武成王四壁英賢自此每至釋奠宜准郊祀錄各陳脯醢等諸物以祭

四年二月太常博士路航奏比來小祠已上公卿皆著祭服行事近日唯郊廟太微宮具祭服五郊迎氣日月諸祠並祇常服行事兼本司執事人等皆著隨事衣裝狼籍鞋履便隨公卿升降於壇墠按祠部令中祠已上應齋郎等升壇行事者並給潔服事畢收納今後中祠已上公卿請具祭服執事升壇人並著履具緋衣幘子又臣檢禮閣新儀太微宮使卯時行事近年依諸郊廟例五更初便行事今後請依舊以卯時從之

冊府元龜

巡按福建監察御史臣李嗣京　正
分守建南道左布政使臣胡維霖　訂
知建陽縣事臣黃國琦　較

掌禮部三十二

奏議第二十二

後唐閔帝應順元年正月中書門下奏太廟見饗七室高祖太宗懿宗昭宗獻祖太祖莊宗今明宗升祔禮合祧遷獻祖請下尚書省集議太子少傅盧質等議曰臣等以親盡從祧垂於舊典疑事無質素有明

文項莊宗皇帝再造寰區復隆宗廟追三宗於先遠復四室於本朝式遇祧遷旋成沿革及莊宗升祔以懿祖從祧蓋非嗣立之君所以先遷其室光武滅新之後始有追尊之儀只此在於南陽元不歸於太廟引事且疎於故實此時須稟於新規將來升祔先廟次合祧遷獻祖旣叶隨時之義又符變禮之文從之時議者以懿祖賜姓於懿宗以支庶繫大宗例宜以懿祖爲始祖次昭宗可也不必祖神堯而宗太宗若依漢光武則宜於代州立獻祖而下親廟其唐廟依舊禮行之可也而議諡者忘咸通之懿宗又稱懿祖父子俱懿於禮可乎將來朱耶三世與唐室四廟連叙昭穆非禮也議祧者不知受氏於唐懿宗而祧之今又及獻以禮論之始祧昭宗次祧獻祖可也而懿祖如景皇帝豈可祧乎

末帝清泰元年四月中書門下上言太常以五月朔御明堂受朝三日夏至祀皇地祇前二日奏告獻祖室不坐此至是日有祀事則次日受朝今祀在五鼓前質明行禮畢御殿在始旦後請此例行之詔曰日出御殿與祀事無妨宜依常年例

五月戊申中書門下奏太常以明宗二十日祔廟太

尉宰臣攝緣馮道在假李愚十八日私忌在致齋內令劉昫又奏臣判三司事繁免祀事詔禮官參酌有司上言曰愚私忌在致齋內諸私忌日愚大朝會入閤宜召皆赴朝參今祔饗事大忌日屬私致齋日請比大朝會宜召例從之

六月中書門下奏據太常禮院申冊拜王公如在京城所司備鹵簿車輅法物皇帝臨軒行冊如在外鎮正衙命使押冊赴本道行禮其車輅法物故事不出都城禮無明文今奉制命幽州趙德鈞封北平王青州房知溫封東平王皆備禮冊命其合用車輅法物

在兵部太常太僕寺請載往本州行禮後送納本司從之

十一月中書門下奏二十六日明宗聖德和武欽孝皇帝忌群臣奉慰行香固有常禮伏以皇帝陛下礽遇忌辰不用常歳臣等商議請於忌辰前後各一日不坐朝從之

三年二月太常禮院奏據兵部侍郎馬縞上疏言古禮嫂叔無服蓋推而遠之按五禮精義貞觀十四年魏徵等議親兄弟之妻請服小功五月令所司給假差錯爲大功九月太常傳上段顯稱自來給假無依

令式若云違古不獨嫂叔一條舊爲親姨服小功令式服大功爲親舅服小功令服大功爲妻父母緦麻令服小功爲女聟爲外甥緦麻令並服小功此五條在令式與精義不同未審依馬縞所奏爲復且依令式右贊善大夫趙咸又議曰臣聞三代制禮無降減之名五服容喪有寧戚之義此蓋聖人隨時設教稱情立文沿革不同吉凶相變或服繇恩制喪以禮加太宗文皇帝引彼至仁推其大義因覽同爨有緦之義遂制嫂叔小功之服列聖遵行已爲故事傳于令式加至大功今馬縞奏論以爲錯謬況縞昔事本朝累至梁室曾爲博士累歷歳年今始奏陳未爲允當謹按儀禮凡制五服或以名加或以尊制或推恩而有服或引義而當喪故嫂叔大功良有以也其如叔以嫂之子爲猶子爲猶子之妻叔服大功令嫂是猶子之母安可却服小功若以名加嫂豈踈於猶子之婦若以尊制嫂豈卑於猶子之妻論恩則有生同骨肉之情引義則有死同宅兆之理若以推而遠之爲是卽令式兼無小功旣有稱情制安之文何止大功九月請依令式永作彝倫勅下尚書省集百官議尚書左僕射劉昫等議曰伏以嫂叔服小功五月開

元禮會要皆同其令式正文内元無喪服制度只有一本内編在假寧令後不言奉勅編附年月除此一條又簡七條令式與開元禮相連者所司行已多年固難輕改旣當議事須按舊章今若鄙宣父之前經紊周公之往制黍太宗之故事廢開元之禮文而欲取差誤近規行編附新意稱制度且違大典言令式又非正文若便改更恐難經久臣等集議嫂叔服并諸服紀並請依開元禮爲定如要給假却請下太常依開元禮内五服制度録出一本編附令文從之

晋高祖天福二年三月左僕射劉昫等奏參議冊四

廟狀曰臣等據太常博士段顒議云夫宗廟之制歷代爲難須廣按禮經旁求故實通古今之理爲規式合天道人情爲楷模伏緣禮有隨時損益各異遂置議論多別禮出衆途今總歷代之宏規議新朝之定制謹按尚書舜典曰正月上日受終於文祖此是堯之廟也猶未載其數又按郊祀錄云夏立五廟殷立六廟周立七廟漢初立祖宗廟郡國共計一百六十七所後漢光武中興後別立六廟魏明帝初立親廟四後重議上依周法立七廟晉武帝受禪初立六廟後却立七廟宋武帝初立六廟齊朝亦立六廟隋文

帝受命初立親廟四至大業元年煬帝欲尊周法議立七廟欠便禪命於唐武德元年六月四日始立四廟於長安貞觀九年命有司詳議廟制遂立七廟後至開元十一年後創立九廟又按禮記喪服小記曰王者禘其祖之所自出以其祖配之而立四廟鄭玄注云高祖以下至禰四世卽親盡也更立始祖爲不遷之廟共爲五廟也又按禮記祭法及王制孔子家語春秋穀梁傳並云天子七廟諸侯五廟大夫三廟士二廟此是降殺以兩之義也又按尚書咸有一德曰七世之廟可以觀德又按疑義云天子立七廟或

四廟蓋有其義也如四廟者從禰至高祖已上親盡故有四廟之禮又立七廟者緣自古聖王祖有功宗有德更立始祖卽於四親廟之外或祖功宗德不拘定數所以有五廟六廟或七廟九廟要後代子孫觀其功德故尚書云七世之廟可以觀德矣又按周捨論云自江左以來晉宋齊梁相承多立七廟矣今顒等叅詳唯立七廟四廟卽並通其理伏緣宗廟事大不敢執以一理定之故簡錄七廟四廟二件之文俱得其宜他所論者並皆勿取請下三省集百官詳議勅旨宜依者臣等今月八日於尚書省集百官詳議

伏以將敷至化以達萬方克致和平必先宗廟是以孝爲教本所以弘愛敬而厚人倫禮乃民防蓋欲辨尊卑而明法制故禮記王制云天子七廟諸侯五廟大夫三廟疏云周制之七廟者太祖及文王武王之祧與親廟四太祖后稷也殷六廟契及湯與二昭三穆夏則五廟無太祖禹與二昭二穆而已自夏及周少不减五多不過七又云天子七廟皆據周也有其人則七無其人則五若諸侯廟制雖有其人則不過五此則天子諸侯七五之異名矣至於三代已後魏晉宋齊隋及唐初多立六廟或四廟蓋於建國之始

不盈七廟之數也伏惟皇帝陛下大定寰區方興教理既先自家形國固當率土咸賓今欲請立自高祖已下四親廟共始祖一廟未敢輕議伏惟聖裁恐於講德論功有失靈源茂緒稟自中旨共謂得宜臣等奉列明庭獲逢景運顯奉如綸之命共詳立廟之儀雖竭討尋慙非該博有愧上塵聖鑒實慮未協宸衷不免迂踈仍虞漏略又據御史中丞張昭遠奏臣前月中預都省集議宗廟事伏見議狀於親廟外請別立始祖一廟近奉中書門下牒再令百官於都省議定聞奏者臣讀十四代史書見二千年故事觀諸家

家宗廟都無始祖之稱惟殷周二代以稷契爲太祖禮記日天子七廟三昭三穆與太祖之廟而七鄭玄注云此周制也七者太祖后稷及文王武王與四親廟也又日殷人六廟契及湯與二昭二穆也夏后氏立五廟不立太廟唯禹與二昭二穆而已據王制鄭玄所釋即殷周以稷契爲太祖夏后氏無太祖亦無追諡之廟自殷周以來時更十代皆於親廟之中以有功者爲太祖無追崇始祖之例具引今古即恐詞繁事要證明須陳梗槩漢以高祖父太上皇執嘉無社稷功不立廟號高帝自爲高祖魏以曹公相漢垂三十年始封於魏故爲太祖晉以宣王輔魏室有功立爲高祖以景帝始封於晉故爲太祖宋氏先世官閥卑微雖追崇帝號劉裕自爲高祖南齊高帝之父位至右將軍生無封爵不得爲太祖高帝自爲太祖梁武帝父順之佐命齊室封侯位至領軍丹陽尹雖不受封於梁亦爲太祖陳武帝父文讚生無名位以武帝功梁室贈侍中封義興公及武帝即位亦追爲太祖周閔帝以父泰相西魏經營王業始封於周故爲太祖隋文帝父忠輔周室有大功始封於隋故有太祖唐祖神堯祖父虎爲周上柱國隋代追封唐公

故爲太祖唐末梁室朱氏有帝位變四廟朱公先世無名位雖追冊四廟不立太祖朱公自爲太祖此則前代追冊太祖不出親廟之成例也王者祖有功而宗有德漢魏之制非有功德不得立爲祖宗殷周受命以稷契有大功於唐、虞之際故追尊爲太祖自秦漢之後其禮不然雖祖有功乃須親廟今亦粗言往例以取證明秦稱造父之後不以造父爲始祖漢稱唐堯劉累之後不以堯累爲始祖魏稱曹參之後不以參爲始祖晉稱趙將司馬卬之後不以卬爲始祖宋稱漢楚元王之後不以元王爲始祖齊梁皆稱蕭何之後不以何爲始祖陳稱太丘長陳實之後不以實爲始祖元魏稱李陵之後不以陵爲始祖後周稱神農之後不以神農爲始祖隋稱楊震之後不以震爲始祖唐稱皐陶老子之後不以皐陶老子爲始祖唯唐高宗皇帝則天武后臨朝革唐稱周更立七廟仍追册周文王姬昌爲始祖此蓋當時附麗之徒不諳故實武立姬廟乖越以來曲臺之人到今嗤誚臣遠覩秦漢下洎周隋禮樂衣冠聲名文物未有如唐室之盛也武德議廟之初英才間出溫魏顔虞通今古封蕭薛杜達禮儀制度憲章必有師法夫追先祖之

儀起於周代據史記及禮經云武王纘太王王季文王之緒一戎衣而有天下尊爲天子宗廟享之周公成文武之德追王太王王季祀先公以天子之禮又曰郊祀后稷以配天據此言之周武雖祀七世追爲王號者但四世而已故自東漢已來有國之初多從四廟從周制也況殷因夏禮漢習秦儀無勞博訪之文宜約已成之制請依隋唐有國之初創立四廟推四世之中名位高者爲太祖謹議以聞敕宜令尚書省集百官將前議狀與張昭遠所陳速再與奪聞奏者又奏曰臣等今月十三日再於尚書省集百官詳議夫王者祖武宗文郊天祀地故有追崇之典以申配饗之儀切詳太常禮院議狀准立七廟四廟即並追其理其他所論並皆勿取七廟者按禮記王制云天子七廟三昭三穆與太祖之廟而七鄭玄注云此周制也詳其禮經即是周家七廟之定數四廟者謂高曾祖禰四世也按周本紀及禮記大傳皆云武王即位追王太王王季文王以后稷爲堯稷官故追尊爲太祖此即周武王初有天下追尊四廟之明文也故自漢魏已降迄於周隋創業之君追謚不過四世約周制也此禮行之已久事在不疑今參詳都省前

議狀請立四廟外別引始祖取裁未爲定議續准敕據御史中丞張昭遠奏請創立四廟之外無別封始祖之文備引古今細詳沿革合前王之茂典是歷代之通規况國家禮樂刑名皆約唐典宗廟之制須據舊章請依唐朝追尊獻祖宣皇帝懿祖光皇帝太祖景皇帝代祖元皇帝故事追尊四廟爲定臣等考詳典禮上奉聖明雖共竭於懇誠實倍慙於淺近從之

三年二月中書門下奏按禮不諱嫌名二名不偏諱注云嫌名謂音聲相近若禹與雨丘與區也二名不偏諱孔子之母名徵在言在不言徵言徵不稱在此

古禮也唐太宗玄宗二名皆諱人姓與國諱音聲相近是嫌名者亦改姓氏與古禮有異廟諱平聲字則不諱側聲若諱側聲字即不諱平聲所諱字正文及偏傍皆闕點畫望令依令式施行勅朝廷之制今古相沿道在人弘禮非天降况以方闕曆數虔奉祖宗雖踰孔子之文未爽周公之訓冀崇孝行永載簡編所爲二名及嫌名事宜依唐朝行

四月詳定院奏太常博士段顒進封事云臣竊見雒京四面所有祠祭諸壇等自近年以來相次官員祭告不任芟薙掃除漸似低平又虧增飾今乞下太常

寺牒河南雒陽兩縣應有管係壇所方以農務未興之時各勒逐近量差三十人功添補脩泥須及元格尺丈高闊其齋宮慮有經費據難脩營稍候秋登亦望條理自然百虛允集萬福攸歸臣等參詳大凡祀祭事在敬恭惟於齋壇最宜崇飾從之

四年六月司天臺奏七月一日太陽有虧缺於井極於東復於南未盈而没太常禮官詳舊制日有變天子素服避殿太史以所司救日於社陳五兵五鼓麾東戟南矛西弩北盾中央置鼓服從其位百職廢務素服守司重列於庭每等異位向日而立明復而罷今所司濾物咸不能具去歲正旦日有蝕之唯謹藏兵伏皇帝避正殿尚素食百官守司而已中書奏欲行禮從之

八月乙巳中書奏太常禮院定來歲長安公主出降儀太僕寺供厭翟二馬車殿中省備圓方偏扇各十六行障三坐障二繖一大扇一團大扇二今車障傘扇是同光年皇后濾物欲雅飾牙使厭翟之車后以四馬權去二馬用之詔從其議

十一月禮官奉詔約開元禮重定正冬朝會其畧曰開元禮三品以上升殿群臣在庭竊以九品分官隨

時有異或以卑高定分或以清濁爲資積習是當造次難議請沿近禮依內宴列坐開元禮稱賀之後皇帝戴通天冠服絳紗袍百官朝服以侍坐解劒履於樂縣之西北竊以開元舊制長安廣庭故可以究皇儀而展帝容陳百辟而賛群后今京邑新造殿廡未史若用前規慮爲隘狹議請皇帝冠烏紗巾服赭黃袍百寮具公服候朝堂弘敞即舉舊儀二舞鼓吹熊羆之案工師樂器等事縣久廢無次頗甚歲月之間未可補備請且設九部之樂權用教坊伶人詔曰三品之官尚書方得升殿其餘所議宜悉從之

是月太常禮院奏唐朝制度請以至德宮正殿隔爲五室室三分之南去地四尺以石爲埳中容二主廟之南一屋三門門戟二十四東西一屋一門門無棨戟四仲之祭一羊一豕如其中祠幣帛牲牢之類光祿主之祠祝之文不進不署神廚之具鴻臚督之五帝五后凡十主未遷者六未立者四未謚者三高祖太宗與其后曁莊宗凡六主在清化里之寢宮祭前一日以殿中繖扇二十迎置新廟以行饗禮閔帝莊宗明宗二后及魯國孔夫人神主四座請脩製祔廟及三后請定謚瀍從之

五年五月宰臣馮道奏宰臣朝見辭謝在朝堂橫街之南及至餘官即悉於崇元門內此蓋事因偶爾習以爲當又入閤禮畢之時群官退於門外定班如初俟宣放伏唯翰林學士前任郡守等不隨百辟即時直出惟此二者禮儀序失乞改正勑官爵之班即分高下見謝之位豈有異同宜立通規以爲定制今後宰臣使相朝見辭謝並於崇元門外與諸官崇行異位一時列拜假蒲橫行即從舊例又入閤之儀其翰林學士前任郡守等今後入閤宜依百官班例不得先出

是月御史中丞竇貞固奏每遇國忌行香宰臣跪爐僧人表讚文武百官儼然列坐今後復請宰臣跪爐百官依當位立班從之仍令行香之後齋僧一百人永爲定制

二月太常禮院奏長安公主以三月出降按唐德宗朝禮儀使顏真卿議婚用駙馬在禮無文周禮諸侯以璋聘女禮云玉以比德今請駙馬加以璋郡主之聟加玄纁以代用馬函書之禮出自近代事無正經請廢之勿用詔曰納采之時主人再拜使者不答雖開元禮具載其儀宜令答拜仍令鄭王重貴主其婚

姻其婚禮中外不賀餘依太常禮院所奏

少帝以天福七年即位是年太常禮院奏國朝見饗四廟靖祖肅祖睿祖憲祖今高祖將行升祔按會要唐武德元年立四廟於長安至貞觀九年有司詳議廟制以高祖神堯皇帝神主并舊四室祔廟今高祖神主請同唐高祖神主升祔從之

開運二年二月右輔闕盧燮奏曰臣聞國之大事在祀與戎祀則必盡其誠戎則不加無罪伏見以時祭嶽瀆皆是本道觀察使親賫御降祝文詞所行禮唯中嶽頃自故河南尹張全義年德俱高遂請少尹貳

上灑賓席攝祭近歲多差文參府掾習以爲常不唯
有瀆於靈祇兼慮漸隳於祀典臣欲請河南尹郤於
華州兗州定州孟州觀察使例親行獻禮仍令本縣
令讀祝文者勑曰盧燮請河南尹親及廟貌冀表精
虔在祷山川誠爲重事且浩穰都邑豈可闕人今後
祭中嶽宜令河南尹往彼行禮
三年六月西京留司監察使奏以祠祭所定行事官
臨日多遇疾病或奉詔赴闕留司稟勑巳遲乞以留
司吏部郎中一人主判有闕便依次第定名庶無闕
事從之

漢高祖卽位稱天福十二年是年太常博士段顒奏
曰伏以宗廟之制歷代爲難須按禮經旁求故實又
緣禮貴隨時損益不定今參詳歷代故事立高曾祖
禰四廟更上追遠祖光武皇帝爲始祖百代不遷之
廟居東向之位供爲五廟庶符往例又合禮經詔尚
書省集百官詳議吏部尚書竇貞固等議曰按禮記
王制云天子七廟諸侯五廟大夫三廟疏云周制七
廟者太祖及文王武王之祧與親廟四太祖后稷也
又云天子七廟皆據周也有其人則七無其人則五
至於光武中興及歷代多立六廟或四廟蓋建國之
始未盈七廟之數又按郊祀錄王肅云德厚者流澤
廣天子可以事六代之義也今欲請立高祖以下四
親廟又自古聖王祖有功宗有德卽於四親廟之外
祖功宗德不拘定數今除四親廟外更請上追高皇
帝光武皇帝共六廟從之
隱帝乾祐元年六月太常禮院准奏天福十二年六
月中勑追尊六廟當司尋各牒所司請排比法物修
製冊寶并衮龍服通天冠絳紗袍鎮珪等所司修製
並無次第者伏緣當司勘造逐年四季祠祭晝日內
正月上辛祈穀四月孟夏雩祭及夏至九月季秋大

享明堂十一月冬至皆祀昊天上帝夏至祀皇地祇
十月孟冬神州地祇皆以祀前二日准禮例奏告大
廟一室配座并四孟月及臘饗於太廟伏以國之大
事在祀與戎晝日無配座之儀宗廟闕薦饗之禮今
詳典墳有虧禮敬伏乞再下所司申請修制從之
九月高祖神主將升祔太廟有司奏議文祖明元皇
帝室神主祧之置於夾室祫享卽出之
二年司封郎中裴巽上言國家郊廟社稷百神祀祭
皆在雒陽臣每見差官行事諸神壇墠多無齋宿之
所十三公之職衣冠於旅舍田家猥籍囚穢無所不

有恐非精誠蠲潔展敬之道也臣請下河南府於京城四郊聊葺屋宇充齊宿神廚之所從之

三年河南府京兆尹言差官簡較高祖長陵世祖原陵高下步數言竝無祠廟初國家議立宗廟議官不詳舊事乃以前漢高祖後漢光武槃六廟乃脩緣廟寶冊太常卿詔臣曰高祖世祖寶冊已在陵內不勞復製但告之而已爲輿言所惑竟爲之

宗正卿上言諸帝陵園所司時享須有寢殿司官今高祖世祖二陵竝無祠祭之所請各下本處令於陵側粗脩齋宮以當寢廟下所司計度所司引唐朝奉

陵故事所費鉅萬遂寢其事以至國亾二祖之陵不霑一奠

周太祖廣順元年正月中書門下奏太常禮院議合立太廟室數若守文繼體則魏晉有七廟之文若創業開基則隋唐有四廟之議聖朝請依近禮追謚四廟伏恐所議未同請下百官集議從之

二月太子太傅和凝等恭以肇啓洪圖惟新黃室左宗廟而右社稷率繇舊章崇祖禰而辨尊卑載於前史雖文質互變義趣各殊式觀損益之規咸繫興隆之始伏惟皇帝陛下體元立極本義祖仁開變家成國之基尊奉先思孝之道言爲軌範動合典墳超百代之哲王總一時之盛業據禮議立四親廟允叶前文從之

四月中書門下奏太常禮院申七月一日皇帝御崇元殿命使奉冊四廟以舊儀服袞冕卽座太尉引冊案入皇帝降座引立於御座前南向中書令奉冊案進皇帝搢珪捧授冊使使跪受轉授舁冊官其進寶授寶儀如冊案恭以興王之始稽古爲先四方見尊祖之心萬代傳敬親之道臣等參詳至時請皇帝降階從之

十月禮儀使言奉迎太廟社稷神主到東宮日未審皇帝親出郊外迎奉否當使此無禮例故實簡詳請三省官集議勑宜令尚書省四品以上中書門下兩省五品以上同參議聞奏時議者以人君謁廟有時又祭服行事若迎郊謁見難行饗獻之禮常服又恐非宜是以集議及兩省集議司徒竇貞固司空蘇禹珪主議或言吳王孫休卽位迎其祖父於吳郡入祔太廟休前一日出城野次明日常服奉迎此其例也禮附人情假令齋車載主以從行未必皆須祭服行事迎之宜也司徒竇貞固等獻議曰陛下方祗見於

祖宗展孝思於迎奉酌人情而制禮迎廟主以爲宜
臣等未見舊章止依情理以車駕出城爲是其迎奉
之儀請下禮儀使酌量草定從之禮儀使言來年正
月一日皇帝有事於南郊合祭天地於圜丘准禮以
祖廟配祭依祠令以信祖懿和皇帝配敕敬依典禮
三年二月内司製國寶兩坐詔太常具制度以聞有
司言唐六典符寶郎掌天子八寶其一曰神寶其二
曰受命寶其神寶方六寸高四寸六分厚一寸七分
蟠龍紐文與傳國璽同傳國寶秦皇以藍田玉刻之
李斯篆方四寸面文曰受命於天既壽永昌紐盤五

龍二寶歷代相傳以爲神器別有六寶一曰皇帝行
璽二曰皇帝之璽三曰皇帝信璽四曰天子行璽五
曰天子之璽六曰天子信璽此六寶因文爲名並白
玉螭虎紐歷代相傳或亾失則補之北朝鑄之以金
至則天太后以璽字涉嫌改之爲寶八寶唐代符寶
郎典之貞觀十六年別置玄璽一坐其文曰皇天景
命有德者昌白玉螭虎紐同光中製寶一坐文曰皇
天受命之寶天福四年製寶一坐文曰皇帝神寶其
同光天福二寶内司製造不見紐象分寸製度敕令
製國寶兩坐宜用白玉方四寸螭虎紐其一宜以皇

帝承天受命之寶文其一宜以皇帝神寶爲文命中
書令馮道書寶史臣曰國以玉璽爲符授神器邃古
無文還斗樞曰舜爲天子黃龍負璽世本曰魯昭公
始作璽秦兼七國稱皇帝李斯取藍田之玉玉工孫
壽刻之方四寸斯爲大篆書文之形制爲魚龍鳳鳥
之狀希世之至寶也秦亾子嬰以璽降於軹道漢高
祖得之與斬白蛇劒世世傳寶之王莽之篡使王舜
求璽於元后后怒投之於階一角微缺莽誅公孫賓
以璽送更始劉玄敗以授盆子及熊耳之敗盆子以
璽降光武漢末黃門亂張讓投璽於井孫堅討董卓

入雒見井有五色氣乃杍得之持歸以授袁術術敗
荆州刺史徐璆得之詣許授獻帝漢禪魏文帝得之
魏禪晉武帝得之劉聰陷雒陽得之聰死歸劉曜爲
石勒所擒璽歸於鄴石季龍傳冉閔閔敗東濮陽太
守戴施入鄴得之送江東授穆帝晉禪宋劉裕得之
宋禪齊蕭道成得之齊禪梁蕭衍得之臺城之陷侯
景得之景敗其將侯子鑒欲以璽走江北爲追兵所
迫乃投於栖霞寺井中寺僧永杍得匿之陳永定三
年永弟子曾智以璽上陳文帝隋平陳隨叔寶入長
安隋之始得秦眞傳國寶煬帝在江都宇文化及篡

逆以璽北度至韋縣爲寶建德所敗寶入建德建德擒於武牢其妻曹氏以寶獻唐高祖祿山之亂肅宗即位於靈武上皇遣崔圓送璽於鳳翔代宗之避狄分陝德宗之移幸山南皆以八寶從黄巢之亂僖宗再幸山南昭宗播越石門神器俱在天祐四年輝王禪位於梁命宰臣楊涉送寶於大梁梁亾莊宗入汴得之同光末内難作亂兵犯暉寶爲火所灼文字訛缺明宗淸泰復傳之淸泰敗以傳國寶隨身自焚而死其寶遂亾失其神寶者方六寸厚一寸七分高四寸六分蟠龍隱起文與秦璽同但玉色不及形制高

大耳不知何代造東晉孝武十九年南雍州刺史郗恢於慕容永部得之送於金陵東晉末傳於宋高祖宋亾入齊蕭道成得之齊亾入梁蕭衍得之臺城之陷侯景得之景敗侍中趙思齊携走江北獻齊文宣帝宇文氏滅齊武帝得之歸長安宇文亾入隋文帝改號傳國璽又改爲受命璽開皇九年平陳始得秦氏眞傳國璽仍以秦璽後出得於亾陳以北朝所傳神璽爲第一秦璽次之隋亾寶建德妻與秦璽俱獻長安唐高祖得之唐末不知所在秦初制受命寶將別製六璽一曰皇帝行璽封冊諸王公用之二曰皇帝之璽與王公書用之三曰皇帝信璽諸夏發兵用之四曰天子行璽封冊蕃國用之五曰天子之璽賜蕃國書用之六曰天子信璽徵蕃國兵用之六璽皆白玉刻螭虎紐方一寸五分高二寸傳之歷代或有亾失北朝鑄之以金所謂乘輿八寶也太宗貞觀中別刻玄璽莊宗府或引玄璽又別刻受命寶天福初晉高祖以傳國寶爲淸泰所焚特製寶一坐開運末契丹陷中原張彦澤入京城晉主奉表歸命於虜王遣皇子延煦等奉國寶并命印三面送與虜王其國寶即天福初所造者也延煦等廻虜王與晉帝詔曰

所進國寶騐來非眞傳國寶其眞寶速進來晉主奏曰眞傳國寶因淸泰末僞主從珂以寶自焚自此亾失先帝登極之初特製此寶左右臣寮備知固不敢別有藏匿也漢朝二帝未遑俯製故太祖命有司特製此二寶焉

八月太常上言祭禮宗廟之祀三年一祫以孟冬五年一禘以孟夏所以別尊卑審昭穆也四時之祭薦其嘗事故禘祫之月則不行時饗恭惟追尊四廟經今三年准禮合於十月孟冬薦饗爲祫并徧祭七祀從之史臣曰禮官謬舉也禘祫之祭比以祧廟之主

烝嘗饗故有三年五年合食於太祖之禮今太廟四室聯褄而承五饗何合之有言審昭穆者禮天子七廟三昭三穆與太祖之廟七今但三昭三穆而已無勞審也

九月將有事於南郊議於東京別建太廟時太常禮院言准雒京廟室一十五間分爲四室兩頭有夾室四神門每門屋三間每間一門戟二十四別有齋宮神廚屋宇准禮左宗廟右社稷在國城內請下所司修奉從之

是月南郊禮儀使奏郊祀所用珪璧制度准禮祀上

帝以蒼璧祀地祇以黃琮祀五帝以珪璋琥璜其玉各依本方正色祀日月以珪璋祀神州以兩珪有邸其用幣天以蒼色地以黃色配帝以白色日月五帝各從本方之色皆長一丈八尺其珪璧之狀璧圓而琮八方珪上銳而下方半珪曰璋琥爲虎形半璧曰璜其珪璧琮璜皆長一尺二寸四珪有邸邸本也珪著於璧而四出也日月星辰以珪璧五寸前件珪璧雖有圖樣而長短之說或殊按唐開元中玄宗詔曰禮神以玉取其精潔比來用珉不可行也如或以玉難辦寧小其制度以取其眞今郊廟所修珪璧量玉大小不必皆從古制伏請下所司修製從之

是月禮儀使奏郊廟祝文例云古者文字皆書於冊而有長短之差魏晉郊廟祝文書於冊唐初悉用祝板惟陵廟用玉爲冊玄宗親祭郊廟用玉爲冊德宗朝博士陸淳議准禮用祝板祭已燔之可其議貞元六年親祭又用竹冊當司准開元禮并用祝板梁朝依禮行之至明宗郊天又用竹冊今詳酌禮例祝板爲宜從之

世宗顯德二年八月癸卯兵部尚書張昭上言今月十二日伏蒙宸慈召對面奉聖旨以每年祀祭多用

太牢念其耕稼之勤更備犧牲之用比諸豢養特可愍傷令臣等討故事可以他牲代否臣仰稟綸言退尋禮籍三牲八簋之制五典六樂之文著在典墳迭相沿襲累經朝代無所改更臣聞古者犧黍捭豚尚多質略近則梁武麵牲爭牖不可宗師雖好生之德則然於奉先之議太劣蓋禮主於信孝本因心黍稷非馨鬼神饗德不必牲牢之巨細籩豆之方圓苟血祀長保於宗祧而牲牷何須於繭栗但以國之大事儒者久行易以他牢恐未爲便以臣愚管其南北郊宗廟社稷朝日夕月等大祠如皇帝親行事備用三

牲帥有司攝行事則用少牢以下雖非舊典貴減犧
牛是時太常卿田敏又奏云臣奉聖旨爲祠祭用犢
事今太僕寺供犢一年四季都用犢二十二頭唐會
要武德九年十月九日詔祭祀之意本以爲民窮民
事神有乖正直殺牛不如禴祭明德即是馨香望古
推今民神一揆其祭圓丘方澤宗廟已外竝可止用
少牢者特待時和年豐然後克脩常禮又按會要天
寶六載正月十六日赦文祭祀之典犧牲所備將有
達於虔誠蓋不資於廣殺自今後每大祭祀應用騂
犢宜令所司量減其數仍永爲常式其年起請以舊

料每年用犢二百一十二頭今請減一百六十三頭
止用三十九頭餘祠饗宜竝停用犢至上元二年九
月二十一日赦文國之大事郊祀爲先貴其至誠不
美多品黍稷雖設猶或非馨牲牢空多未爲能饗圓
丘方澤仍依常式宗廟諸祠臨時獻熟用懷明德之
馨庶合西鄰之祭其年起請昊天上帝太廟各太牢
一餘祭竝隨事而供若據天寶六載自二百一十二
頭減用三十九頭武德九年每年用犢十頭圓丘方
澤一宗廟五據上元二年起請只昊天上帝太廟又
無方澤則九頭矣今國家用牛比開元天寶則不多

比武德上元則過其大半按會要太僕寺有牧監掌
孳課之事乞今後太僕寺餋孳課牛其犢遇祭旦一豢
太廟前三月養之滌宮取其蕩滌清潔餘祭則不養
滌宮若臨時買牛恐非典故謹具奏聞奉勑祭祀尚
誠祝史貴信非誠與信何以事神禴祭重於殺牛黍
稷輕於明德犧牲之數具載典經前代以來或有增
損宜採酌中之禮且從貴少之文起今後祭圓丘方
澤社稷竝依舊用犢太廟及諸祠宜准上元二年九
月二十一日制竝不用犢如皇帝親行事則依常式
四年四月乙酉禮官博士等准詔議祭器祭玉制度

以聞時國子祭酒尹拙引崔靈恩三禮義宗云蒼璧
所以禮天其長十有二寸蓋法天之十二時又引江
都集白虎通等諸書所說云璧皆內方外圓又云璜
琮所以禮地其長十寸以法地之數其琮外方內圓
八角而有好國子博士聶崇義以爲璧內外皆圓其
徑九寸又按阮氏鄭玄圖皆云九寸周禮玉人職又
有九寸之璧及引爾雅云肉倍好謂之璧好倍肉謂
之瑗肉好若一謂之環郭璞注云好孔也肉邊也而
不載尺寸之數崇義又引冬官玉人云璧好三寸爾
雅云肉倍好謂之璧蓋兩邊肉各三寸通好共九寸

則其璧九寸明矣崇義又云璜琮八方以象地每角各剡出一寸六分共長八寸厚一寸按周禮疏及阮氏圖竝無好又引冬官玉人云琮八角而無好崇義又云琮璜珪璧俱是禮天地之器而爾雅惟言璧玦環三者有好其餘琮璜之器竝不言之則璜琮八角而無好明矣時太常卿田敏已下議以爲尹拙所說雖有所據而崇義援引周禮正文其理稍優請從之其諸祭品制度亦多以崇義所議爲定

五年六月癸酉禘於太祖先是言事者以皇家宗廟無祧廟之主不當行禘祫之禮國子司業兼太常博

士聶崇義以爲前代僃廟累遷及追尊未毁皆有禘祫及引故事凡九條以爲其証其畧曰魏明帝以景初三年神主入廟至五年二月禘祭明年又禘自兹已後五年爲嘗且魏以武帝爲太祖至明帝始三帝而已未有毁主而行禘祫其證一也宋文帝元嘉六年祠部定十月三日大祠其太學博士議云按禘祫之禮三年一五年再宋自高祖至文帝才亦三帝未明毁主而行禘祫其證二也梁武帝用謝廣議三年一禘五年一祫謂之大祭禘祭以夏祫祭以冬且梁武乃受命之君才追尊四廟而行禘祫則知祭者是追養之道以時移節變孝子感而思親故薦以首時祭以仲月間以禘祫序以昭穆乃禮之經也非關宗廟備與不備其證三也文多不載至是終從崇義之議

册府元龜

冊府元龜

巡按福建監察御史臣李嗣京　正

分守建南道左布政使臣胡維霖　訂

知建陽縣事臣黃國琦　較

掌禮部三十三

謚法

夫生有爵死有謚其來尚矣或曰謚者行之迹周公為之所以彰善惡之迹垂沮勸之道君子知勸小人知懼焉故周公太史漢官大行實掌其事自春秋已降載籍所紀始自列國之辟以迄有位之臣或有司考行遵節惠之文或冊書褒德舉尊名之典乃至牧

宰旌於高士弟子表其先生雖無封爵亦著稱謂其間謚美者有列曹之駁議追命者有故吏之奏記咸可銓次以明行實復有性惟檮昧行匪純正或謬舉於公朝或肆奢於私室或矜伐以忤物或朋比而構釁徧類而言為累匪一繇是舉易名之典示貶惡之義則後之觀者得不悚懼而為善乎

申生晉獻公世子也獻公將殺世子信驪姬之旨公子重耳謂之曰子蓋言子之志於公乎蓋皆當為盍何不也志意重耳欲使言見譖之意重耳申生異母弟後為文公世子曰不可君安驪姬是我傷公之心也言其意則驪姬必誅也驪姬獻公伐驪戎所獲女也申生之母蚤卒驪姬嬖焉曰然則盍行乎行猶去也世子曰不可君謂我欲弒君也天下豈有無父之國哉吾何行如之言人有父則皆惡欲殺父使人辭於狐突曰申生有罪不念伯氏之言也以至於死申生不敢愛其死辭猶告也狐突申生之傅舅犯之父也前此者獻公使申伐東山皋落氏狐突謂申生欲使之行今言爾之伯氏狐突別氏雖然吾君老矣子少國家多難子驪姬之子齊伯伯氏不出而圖吾君圖猶謀也不出為君謀國家之政然則自皋落氏反後狐突懼乃稱疾伯氏苟出而圖吾君申生受賜而死賜猶惠也再拜稽首乃卒既告狐突乃雉經是以為恭世子也言行如此可以為恭於孝則未之有

鄭幽公為子家所弒鄭人討幽公之亂斲子家之棺而逐其族改葬幽公謚之曰靈

楚成王之卒謚曰靈不瞑曰成乃瞑

共王疾告大夫曰不穀不德少主社稷生十年而喪先君未及習師保之教訓而應受多福多福謂為君是以不得而亾師於鄢以辱社稷為大夫憂其孔多矣孔大也若以大夫之靈獲保首領以沒於地唯是春秋窀穸之事窀厚也穸夜也厚夜猶長夜春秋謂祭祀長夜謂葬禮所以從先君於禰廟者從先君代為禰廟請為靈若厲欲受惡也以歸先君也亂而不損曰靈戮殺不辜曰厲大夫擇焉莫對及五命乃許秋楚共王卒子

謀謚大夫曰君有命矣子囊曰君命共若之何毁之赫赫楚國而君臨之撫有蠻夷奄征南海以屬諸夏而知其過可不謂共乎請謚之共大夫從之謚一曰子囊之言

公叔文子卒文子衛南公之孫名拔或作發其子戍請謚於君曰日月有時將葬矣請所以易其名者君曰昔者衛國凶饑夫子爲粥與國之餓者是不亦惠乎君靈公也昔者衛國有難夫子以其死衛寡人不亦貞乎難爲魯昭公二十年盜殺衛侯之兄縶也齊豹作亂夫子聽衛國之政脩其班制以與四鄰交衛國之社稷不辱不亦文乎班制謂尊卑之差故謂夫

子貞惠文子後不言貞惠者文有以兼之此云公叔文子之臣大夫僎與文子同升諸公孔子聞之曰可以爲文矣

孔圉衛大夫也既卒謚曰文子貢問曰孔文子何以謂之文也子曰敏而好學不恥下問是以謂之文也

北宮喜爲大夫卒衛侯賜謚曰貞子臧齊氏故

析宋鉏爲大夫卒衛侯賜謚曰成子從公故

漢衡山王勃值七國反王堅守無二心徙王濟北以褒之及薨遂賜謚爲貞王

河間王德立二十七年薨中尉常麗以聞曰王身端行治端直治理温仁恭儉篤敬愛下明知深察惠於鰥寡大行令奏謚法曰聰明叡智曰獻叡深也通也宜謚曰獻王

霍去病爲驃騎將軍薨謚之并武與廣地曰景桓侯景武謚曰桓廣地謚也謚灋布義行剛曰景辟土服遠曰桓

張勃嗣父富平侯爲諫議大夫元帝初即位詔列侯舉茂材勃舉太官獻丞陳湯獻丞主貢獻物也湯待遷父死不犇喪犇古奔字司隷奏湯無循行勃選舉故不以實坐削戶二百會薨因賜謚曰繆侯以其所舉不得人故加惡謚繆者妄

陽城侯劉德子向坐鑄僞黃金當伏灋律鑄僞黃金棄市也德上書訟罪會薨大鴻臚奏德訟子罪失大臣體不宜

賜謚置嗣制曰賜謚繆侯以其妄訟子

王立元帝時以太后弟封江陽侯王仁嗣父譚爲平河侯平帝時王莽輔政忌之奏令就國家遣使者迫守立仁令自殺賜立謚曰荒侯仁謚曰剌侯

杜業以列侯爲太常坐灋免官就國平帝時以憂恐發病死初業尚成帝妹潁邑公主無子薨業家上書求還京師與主合葬不許而賜謚曰荒侯

後漢祭遵爲征虜將軍建武九年卒博士范升上疏追稱遵曰臣聞先王崇政遵美屏惡昔高祖大聖深見遠慮班爵割地與下分功著錄勳臣頌其德美生

則寵以殊禮奏事不名入門不趍死則疇其爵邑世継絶嗣丹書鐵券傳於無窮斯誠大漢厚下安人長久之德所以累世十餘歷載數百廢而復興絶而復續者也陛下以至德受命先明漢道褒序輔佐封賞功臣同符祖宗征虜將軍穎陽侯之不幸早薨陛下仁恩爲之感傷遠迎河南惻怛之慟形於聖躬喪事用度仰給縣官重賜妻子不可勝數送死有以加生厚亡有以過存矯俗厲化卓如日月古者臣疾君視臣卒君弔德之厚者也陵厲以來久矣及至陛下復興新禮群下感動莫不自厲臣竊見遵脩行積善竭

忠於國北平漁陽西拒隴蜀先登坻上深取維陽衆兵旣退獨守衝難制御王心不越溏虔所在吏人不知有軍清名聞於海内廉白著於當世所得賞賜輙盡與吏士身無奇衣家無私財同産兄午以遵無子娶妾送之遵乃使人逆而不受自以身任於國不敢圖生慮繼嗣之計臨死遺誡牛車載喪薄葬雒陽問以家事終無所言任重道遠死而後已遵爲將軍取士皆用儒術對酒設樂必雅歌投壺又建爲孔子立後奏至五經大夫雖在軍旅不忘俎豆可謂好禮悅樂守死善道者也禮生有爵死有諡爵以殊尊卑諡以明善惡臣愚以爲宜因遊藝論敘衆功詳按諡法以禮成之顯彰國家篤古之制爲後嗣法帝乃下升章以示公卿至葬車駕復臨贈以將軍侯印綬朱輪容車介士軍陣送葬諡曰成侯

朱頡脩儒術安帝時至陳相卒頡子穆與諸儒考依古義諡曰貞宣先生及穆卒蔡邕與人共諡爲文忠先生（袁山松書載蔡邕議曰魯季文子君子以爲忠而諡曰文子又傳曰文忠之實也忠以爲實文以彰之遂共諡穆荀爽聞而非之故張璠論曰夫諡者上之所贈非下之所造故顏閔至德不聞有諡朱蔡各以衰世臧否不立故私議之）

楊厚爲侍中病歸以黃老教授卒於家鄉人諡曰文

父

張霸爲侍中卒將作大匠翟酺等與諸門人追錄本行諡曰憲文

郭鎮爲尚書延光中中黃門孫程誅中常侍江京等立濟陰王鎮率羽林士擊殺衛尉閻景以成大功後爲廷尉卒子賀累遷復至廷尉及賀卒順帝追思鎮下詔賜鎮諡曰昭武侯賀曰成侯

荀靖字叔慈有至行不仕年五十而終號曰玄行先生（靖少有俊才動止以禮靖弟爽亦以才顯於當時或問汝南許章曰爽與靖孰賢章曰皆玉也慈明外朗叔慈内潤及卒學士惜之誄靖者二十六人穎陰令丘禎追諡靖曰玄行先生）

范冉冉作丹卒大將軍何進移書陳留太守累行論謚
曰宜爲貞節先生清白守節曰貞好廉自克曰節
陳寔字仲弓潁川許人也靈帝時大將軍竇武辟爲
掾屬後歸鄉閭絶人事三公每缺議者歸之累見徵
命遂不起卒於家何進遣使弔海內赴者三萬餘人
制衰麻者以百數共刊石立碑謚爲文範先生
夏恭爲泰山都尉會爲文章卒官諸儒共謚曰宣明
君子牙少習家業著賦頌讚詩凡四百篇舉孝廉卒
早鄉人號曰文德先生
蔡稜陳留郡人邕之父也有清白行謚曰定公邕祖携碑

云携字叔業有周之胄昔蔡叔沒成王命其子仲使
處諸侯之位以國氏姓君其後也君曾祖父勳哀帝
時以孝廉爲長及君之身增脩厥德順帝以司空高
第遷新蔡長年三十九卒長子稜字伯直虞係孤黨
不協於時垂翼華髮人爵不升年五十三卒
謚法清白守節曰貞其行不差曰定
魏大傅鍾繇薨有司議謚以爲繇昔爲廷尉辨理刑
獄決嫌明疑民無怨者猶于張之在漢也詔曰大傳
功高德茂位爲師保論行賜謚當先依此兼敘廷尉
于張之德耳乃策謚曰成侯
吳質爲侍中太和四年卒以怙威肆行謚曰醜侯質
子應乃上書論枉至正元中乃改謚威侯
蜀陳祗爲侍中守尚書令加鎮軍將軍祗上承王指
下接閹豎深見信愛景耀元年卒後主痛惜發言流
涕乃下詔曰祗統職一紀柔嘉惟則幹肅有章和義
利物庶績允明命不融遠朕用悼焉夫存有令問則
亡加美謚謚曰忠侯
趙雲爲鎮東將軍後軍敗貶爲鎮軍建興七年卒追
謚曰順平侯初先主時惟法正見謚後主時諸葛亮
功德蓋世蔣琬費禕荷國之重亦見謚陳祗寵待特
加殊獎夏侯霸遠來歸國故復得謚於是關羽張飛
馬超龐統黃忠及雲乃皆追謚時論以爲榮雲別傳載後主
詔曰雲昔從先帝功績既著朕以幼冲涉塗艱難賴
恃忠順濟於危險夫謚所以敘元勳也外議云宜謚

大將軍姜維等議以爲雲昔從先帝勞績旣著經營
天下遵奉法度功效可書當陽之役義貫金石忠以
衛上君念其賞禮以厚下臣忘其死死者有知足以
不朽生者感恩足以殞身謹按謚法柔賢慈惠曰順
執事有班曰平克定禍亂
曰平應謚雲曰順平侯
晉何曾爲太宰侍中咸寧四年薨將葬下禮官議謚
博士秦秀議曰故太宰何曾雖階世族之裔而少以
高亮嚴肅顯登王朝事親有色養之名在官奏科尹
之謨此二者實得臣子事上之槩然資性驕奢不循
軌則詩云節彼南山惟石巖巖赫赫師尹民具爾瞻
言其德行高峻動必以禮爾丘明有言儉德之恭侈
惡之大也大晉受命勞謙隱約曾受寵二代顯赫累

世暨乎耳順之年身兼三公之位食大國之租荷紱
傳之貴執司徒之均二子皆金貂卿校列於帝側方
之古人責浮負重雖舉門盡死猶不稱位而乃驕奢
過度名被九域行不履道而饗位非常以古義言之
非惟失輔相之宜違斷金之利也穢皇代之美壞人
倫之敎生天下之醜示後生之傲莫大於此自近世
以來宰臣輔相未有受垢辱之聲被有司之劾父子
塵累而家恩貸若曾者也周公弔二季之陵遲哀大
敎之不行於是作謚以紀其終曾參奉之啓手歸全
易簀而沒蓋明愼終死而後已齊之史氏亂世陪臣

爾猶書君賊累死不懲況於皇代守典之官敢畏強
盛而不盡禮管氏有言禮義廉恥是謂四維四維不
張國乃滅亾宰相大臣人之表儀若生極其情罪又
無貶是則帝室無正刑也王公貴人復何畏哉所謂
四維復何寄乎謹按謚法名與實爽曰繆恬亂肆行
曰醜曾之行已皆與此同宜謚繆醜公武帝不從策
謚曰孝太康末子紹自表改謚曰元
賈充爲太尉錄尚書太康三年薨初充用韓謚爲嗣
武帝特許之及下禮官議充謚博士秦秀議曰充舍
宗族弗授而以異姓爲後悖禮溺情以亂大倫昔鄫
養外孫莒公子爲後春秋書莒人滅鄫聖人豈不知
外孫親耶但以義推之則無父子耳又按詔書自非
功如太宰始封後如太宰所取必已自出如太宰不
得以爲比然則以外孫爲後自非元功顯德不之得
也天子之禮蓋可然乎絕父祖之血食開朝廷之禍
門謚法昏亂紀度曰荒請謚荒公帝不從博士段暢
希旨建謚曰武帝乃從之
劉毅爲尚書左僕射卒羽林左監北海王宮上疏曰
中詔以毅忠允匪躬贈班台司斯誠聖朝考績以毅
著勳之美事也臣謹按謚者行之迹而號者功之表

今毅功德並立有號無謚於義不體臣竊以春秋之
事求之謚法主於行而不繼爵然漢魏相承爵非列
侯則雖沒而高行不加之謚至使三事之賢臣不如
野戰之將銘跡所殊臣願聖世舉春秋之遠制改列
爵之舊限使夫功行之實不相掩替則莫不率賴若
以革舊毀制非所倉卒則毅之忠益雖不攻城略地
論德進爵亦應在例臣敢惟行輔周之義謹牒毅功
行如右武帝出其表使八座議之多同宮議奏寢不
報
晋志爲散騎常侍遭母憂居喪過禮因此篤病喜怒

失嘗及卒太常奏以惡謚崔褒歎曰魏顆不從亂以病爲亂也今謚曹志而謚其病豈謂其病不爲亂乎於是謚爲定

陳準爲太尉廣陵公及薨太常奏謚散騎常侍領國子博士秦秀稽紹駁曰謚號所以垂之不朽大行受大名細行受細名文武顯於功德靈厲表於闇蔽自頃禮官協情謚不依本準謚爲過宜謚曰謬事下太常時雖不從朝廷憚焉

郭奕爲尚書卒太常上謚爲景有司議以貴賤不同號謚與景皇同不可請謚曰穆紹曰謚所以旌德表行按謚法一德不懈爲簡奕忠毅清直立德不踰於是遂賜謚曰簡太康八年十月太常上謚故太常平陵男郭奕爲景侯有司奏云晉受命以來祖宗號謚群下未有同者故郭奕與景皇同不可聽宜謚曰穆王濟羊傒等并云夫無窮之作名謚不一者皆相避於制難全如悉不復非推崇之事尊之禮宜依諱名之義但及七廟祖宗而已不及於毀之廟成粲武茂劉納並云同謚非嫌號謚者國之大典所以萬世作教經文人之遠一也同雖歸父義有所不墮及在臣子或以行顯故能使上下愚德罔有意拒顧加也同堯舜以來司謚之禮舍漢魏近制相辟之議又引周公文子同謚文武帝詔曰非言君臣不可同正以奕謚景不甚當爾宜謚與簡及大元四年侍中王攸之表君臣不嫌同謚尚書奏以攸之言爲然

滕脩初仕吳爲廣州刺史吳平以脩爲安南將軍廣州牧太康九年卒謚曰聲脩之子竝上表曰亾父脩羈紲吳壤爲所驅馳幸逢開通沐浴至化得從俘虜握戎馬之要未覲聖顏委南藩之重實懸勞勳少聞天聽故也年衰疾篤屢乞骸骨未蒙垂哀奄至薨殞臣承遺意輿櫬還都瞻望雲闕實懷痛裂竊聞博士謚脩曰聲直章流播不稱行績不勝愚情冒昧聞訴帝乃賜謚曰忠

周處爲御史中丞從征西將軍梁王肜征氐人齊萬年力戰而沒及元帝爲晉王將加處策謚太常賀循議曰處履德清方才量高出歷守四郡安人立政人司百僚直節不撓在戎致身見危授命此皆忠賢之

茂實烈士之遠節按謚法執德不回曰孝遂以謚焉

庾珉字子琚少歷散騎常侍本國中正侍中封長岑男懷帝之沒劉元海也珉從在平陽元海大會因使帝行酒珉不勝悲憤再拜上酒因大號哭賊惡之會有告珉及王雋等謀應劉琨者元海因圖殺逆珉等竝遇害太元末追謚曰貞

謝石爲衛將軍薨請謚下禮官議博士范弘之議曰石階籍門蔭屢登崇顯總司百揆翼贊三臺閑練庶事勤勞匪懈內外僉議皆曰與能當淮淝之捷勳極危墜雖皇威遐震狡寇天亾因時立功石亦與焉又

問建學校以延胄子雖盛化未洽亦愛禮存羊然古之賢輔大則以道事君侃侃終日次則厲身奉國夙夜無怠下則愛人惜力以濟時務此數者然後可以免惟塵之議塞素飱之責矣今石位居朝端任則論道唱言無忠國之謀守職則容身而已不可謂事君貨黷京邑聚斂無厭不可謂厲身坐擁大衆侵食百姓大東流於遠近怨毒結於衆心不可謂愛人工徒勞於土木思慮殫於機巧紈綺盡於婢妾財用縻於絲桐不可謂惜力此人臣之大害有國之所去也先王所以正風俗理人倫者莫尚乎節儉故夷吾受謗

於三歸平仲流美於約已自頃風軌陵遲奢僭無度廉耻不興利競交馳不可不深防原本以絕其流漢文襲弋綈之服諸侯猶侈武帝焚雉頭之裘靡麗不息良縣儉德雖彰而威禁不肅道自我建而行不及物若存罰其違亾貶其惡則四維必張禮義行矣按謚法因事有功曰襄貪以敗官曰墨宜謚曰襄墨公朝議不從單謚曰襄

王述爲尚書令卒追贈侍中驃騎將軍開府謚曰穆以避穆帝改白簡

何無忌爲會稽內史左將軍征虜循兵敗握節死詔贈侍中司空謚曰忠肅

宋何勗以尚公主封安成公與臨汝公孟靈休並各奢豪勗官至侍中追謚荒公

顏師伯爲散騎常侍尚書僕射領丹陽尹爲前廢帝所害明帝即位詔曰師伯昔逢代運豫班榮賞遭罹厄會殞命濫刑宗嗣殄絕良用矜悼但其心濵貨宜貶贈典可詔封社以慰冤魂謚曰荒

王敬弘卒昇明二年詔曰夫珍祕蘭幽貞芳載越徽猷沈遠懋禮彌昭故侍中左光祿大夫開府儀同三司敬弘神運沖簡職宇標峻德敷象魏道藹丘園高

挹榮冕凝心塵外清光粹範振俗淳風宜以累朝延賞聲華在詠而嘉篆闕文猷策韜釆尚想遐外輿懷寢寤便可詳定輝謚式旌追典謚爲文貞公

劉延孫爲侍中僕射卒有司奏謚忠穆詔爲文穆

南齊長沙王晃有武力爲太祖所愛太祖嘗曰此我任城也世祖緣此意故謚曰威

褚彥回爲尚書令卒先是陶季直齊初爲尚書北部郎時彥回與季直素善頻以爲司空司徒主簿委以府事彥回卒尚書令王儉以彥回有至行欲謚爲文孝公季直請曰文孝是司馬道子謚恐其人非具美

不如文簡儉從之
王晏爲吏部尚書以舊恩見寵時尚書令王儉雖貴
而疎晏既領選權行臺閣與儉頗不平儉卒禮官議
謚帝欲依王導謚爲文獻晏啓帝曰導乃得此謚但
宋來不加素族出謂親人曰平頭憲事已行矣
梁劉巘有賢行天監元年下詔爲巘立碑謚曰貞簡
先生
徐勉爲侍中衛將軍卒有司奏謚曰居敬行簡曰簡
帝謚曰執心決斷曰肅因謚簡肅公
沈約爲尚書令侍中天監十二年卒有司謚曰文高

祖曰懷情不盡曰隱故改爲隱
劉峻居東陽吳會人士從其學普通二年卒時年六
十八門人謚曰玄靖先生
安成康王秀世子機爲寧遠將軍湘州刺史大通二
年薨於州時年二十機美姿容善吐納家既多書傳
學強記然而好弄尚力遠士子近小人爲州專意聚
斂無治績頻被案劾及將葬有司議謚高祖詔曰王
好內怠政可謚曰煬
蕭子顯爲吳郡太守卒性凝簡負其才氣及葬請謚
高祖手詔云恃才傲物宜謚曰驕

蕭曄爲晉陵太守卒於郡初曄寢疾歷年官曹擁滯
有司按謚法言行相違曰替乃謚替侯
邵陵王綸爲西魏軍所敗死於汝南岳陽王詧遣迎
喪葬於襄陽望楚山南贈太宰謚曰安後元帝議追
加謚尚書左丞劉瑴議謚法怠政交外曰携從之
王僉爲太子中庶子卒贈侍中承聖三年世祖追贈
曰賢而不伐曰恭謚恭
王孺爲吏部尚書以母憂去職居喪未葬以毀卒時
年五十九謚曰孝子
劉訏平原人州辟主簿不就及卒宗人至友相與刊

石立銘謚曰玄貞處士
阮孝嗣陳留尉氏人性至孝沈靜爲名流所欽重南
平元襄王聞其名致書要之不赴後卒時年五十八
門徒誄其德行謚曰文貞處士
劉歊博學有文才不娶不仕隱居求志遨遊林澤以
山水書籍相娛精心學佛及卒親故誄其行迹謚曰
貞節處士
蕭眎素徵中書侍郎辭不就及卒親故迹其事行謚
曰貞文先生
陳周敷爲鎮南將軍豫州刺史討周廸與廸對廸給

數曰吾昔與勇戮力同心宗從臣他豈規相害今頹
伏罪還朝因弟披露心腑乞先挺身共立盟誓赦許
之方登壇爲越所害詔曰敷受任遐征淹時違律虛
禖姦詭遂貽喪仆但夙著勤誠亟勞戎旅循涯惻慘
愍悼於懷可存其第賦量所賻郵還喪京邑謚曰脫
裒泌爲司徒左長史卒於官臨終戒其子芳華曰吾
於朝廷素無功績瞑目之後無得受贈謚其子述泌
遺意朝廷不許謚曰質
魯悉達以孝聞及爲吳州刺史遭母憂哀毀過禮
因遘疾卒謚曰孝侯

後魏穆崇爲太尉封宜都公天賜三年薨先是衛王
儀逆崇預焉道武惜其功而秘之及有司奏謚帝親
覽謚法至述義不尅曰丁太祖曰此當矣乃謚曰丁
公
樂王丕坐劉潔事以憂薨謚曰戾生王
任城王世儁爲尚書令輕薄好去就及薨謚曰躁戾
鄭羲爲兗州刺史多所授納政以賄成徵爲秘書監
卒尚書奏謚曰宣詔曰蓋棺定謚先典成式激揚清
濁治道明範故何曾幼學艮史不改繆醜之名賈充
寵晉直士循立荒公之稱羲雖宿有文業而治闕廉
清稽古之效未光於朝榮賄貨之謗已形於民聽謚
以善問殊乖於衆又前歲之選匪繇備行之舉自荷
後任勳績未昭尚書何乃情遺至公愆違明典依謚
法博聞多見曰文不勤成名曰靈可贈以本官加謚
文靈
高祐爲宋王昶傅昶薨徵爲宗正卿久而不赴詔免
鄉太和二十三年卒太常議謚曰煬侯詔曰不遵上
命曰靈可謚爲靈
彭城王勰孝文宣武時累有功及薨太常卿劉芳議
勰謚曰王挺德弱齡誕資至孝睿性過人學不師授

卓爾之操發自天然不群之美幼而獨出及入參政
務綸綍有光爰登中鉉敷明五教。北告危皇赫問
罪王內親藥膳外總六師及宮車晏駕上下哀懍奮
猛衛威英畧潛通翼衛靈輿整戎振旆歷次宛謝近
於魯陽送往奉居無懃周霍稟遺作輔遠至邇安分
陝嘗方流詠燕趙廓清江西威懾南越入整百揆庶
績咸熙履勤不憚在功愈挹溫恭愷悌忠雅寬仁典
居有度善終篤始高尚厥心功成身退義亮聖衷美
光世典依謚法保大定功曰武善問周達曰宣謚曰
武宣王

于忠爲尚書右僕射甍贈侍中司空公有司奏太常少卿元端議忠剛直猛暴專戇好殺按謚法性剛理直曰武怙威肆行曰醜宜謚武醜公大常卿元脩儀議忠盡心奉上翦除凶逆依謚法除僞寧眞曰武夙夜恭事曰敬宜謚武敬公二議不同事奏靈太后令曰可依正卿議

石祖興常山九門人也太守田文彪縣令和直等表亡祖興自出家絹二百餘疋營護喪事州郡表列孝文嘉之賜爵二級爲上造後拜寧陵令卒吏部尚書李韶奏其節義請加贈謚以奬來者靈太后令如所

奏有司乃謚曰恭

源懷爲車騎大將軍卒贈司徒冀州刺史盧昶奏太常寺議謚曰懷體尚寬柔器操平正依謚法柔直考終曰靖宜謚靖公司徒府議懷作牧陝西民飲惠化入總端二朝列歸仁依謚法布德執義曰穆宜謚穆公二議不同詔曰府寺所執並不克允愛民好與曰惠可謚惠公

索敞爲中書博士篤勤訓教多所成益前後所出顯達位至尚書牧守者數十人出補扶風太守在任清貧未幾卒官昨舊同學生等爲請謚詔謚曰獻

王肅爲散騎常侍都督淮南諸軍事楊州刺史甍有司奏以肅貞心大度宜謚康公詔謚宣簡

甄琛孝明時爲車騎將軍特進加侍中卒贈司徒公尚書左僕射太常議謚文穆吏部郎袁翻奏曰案禮謚者行之迹也車服者位之章也是以大行受大名細行受細名行生於巳名生於人故闔棺然後定謚者累其生時美惡所以爲將來勸戒身雖死使名常存也凡甍亡者所屬即言大鴻臚移本郡大中正條其行迹功過承中正移言公府下太常部博士評議爲謚列上謚不應法者博士坐如選舉不以實論若行

狀失實中正坐如博士自古帝王莫不殷勤重慎以爲褒貶之實也今之行狀皆出自其家行其臣子自言君父之行無復相是非之事臣子之欲光揚君父但苦迹之不高行之不美是以極辭肆意無復限量觀其狀也則周孔聯鑣伊顏接衽論其謚也雖窮文盡武罔或加焉然今之博士與古不同唯知依其行狀又先問其家人之意臣子所求便爲議上都不復斟酌與奪商量是非致號謚之加與此階莫異專以極美爲稱無復貶降之名禮官之失一至於此案甄司徒行狀至德與聖人齊蹤鴻名共大賢比迹文穆

之諡何足加爲但比來贈諡於例普重如貌之流望
不復諡謂宜依諡法慈惠愛民曰孝宜諡曰孝穆丞
自今已後明勑太常司徒有行狀如此言辭流宕無
復節限者悉請裁量不聽爲受必准人立諡不得優
越復有踵前來之失者付法司科罪從之
馮誕爲司徒卒有司奏諡詔曰案諡法善行仁德曰
元柔克有光曰懿昔貞惠兼美受三諡之榮忠武雙
徽錫兩號之茂式准前迹宜契具贈既自少綢繆知
之唯朕案行定名諡曰元懿
年祖爲平北將軍卒太常少卿元端博士劉臺龍議

諡曰祖志在埋輪不避强禦及贊戎律熊武斯裁仗
節撫藩邊夷識德化沾殊俗襁負懷仁謹案諡法布
德行剛曰景宜諡爲景侍中侯剛給事黃門侍郎元
纂等駁曰臣聞唯名與器弗可妄假定諡准行必當
其迹案祖志性急酷所在過威布德罕聞暴聲屢發
而禮官虛述諡之爲景非直失於一人實毁朝則請
還付外准行更量虛實靈太后令曰依駁更議元端
臺龍上言竊唯諡者行之迹狀者迹之稱然尚書銓
衡是司釐品庶物若狀與迹乖應抑而不受錄其實
狀然後下寺諡法准狀科正豈有舍其行迹外有所

求去狀去稱將何所准簡祖以母老辭藩乃降手詔
云卿綏撫有年聲實兼著安邊寧境實稱朝望及其
歿也又加顯贈言祖誠著累朝勑彰內外詔冊褒美
無替倫望然君子使人器之義無求備德有數德優
劣不同剛而能克亦爲德焉謹依諡法布德行剛曰
景謂前議爲允司徒右長史弘烈主簿李瑒駁稱按
祖歷官累朔當官允稱委捍西南邊隅靖遏准行易
名獎戒攸在竊謂無虧體例尚書詔又述奏以府寺
爲允太后可其奏
馬熙文明太后之兄也爲內都大官太師薨於代有

司奏諡詔曰可以威彊恢遠曰武奉諡於公柩
後周趙善爲左僕射西魏文帝大統九年從戰芒山
爲大軍不利善爲敵所獲卒於東魏建德初周齊通
好齊人乃歸其柩其子表請贈諡詔諡曰敬
隋楊雄封觀德王及薨有司考行請諡曰懿帝曰王
道高雅俗德冠生民乃賜諡曰德
劉炫爲太學博士以品卑去任歸於河間時盜賊蠭
起穀食踊貴教授不行因凍餒而死時年六十八其
後門人諡曰宣德先生
唐陳叔達貞觀初爲尚書坐閨庭不理歸第及卒太

嘗議謚曰繆後贈戸部尚書改謚曰忠
呈𥅽無逸貞觀中爲益州刺史其母疾篤太宗令馹
召之無逸性至孝承問惶懼不能飲食因道病而卒
贈禮部尚書太常考行謚曰孝禮部尚書王珪駁之
曰無逸入蜀之初自當扶持老母與之同去中其色
篤而乃留在京師子道未足何得爲孝謚爲良
虞世南卒贈禮部尚書貞觀十二年十一月勑曰虞
世南學綜古今行篤終始至孝忠直事多弘益易名
之典抑有舊章前雖謚懿未盡其美可謚曰文懿
蕭瑀卒贈司空太常初謚曰德尚書省謚曰肅太宗

以易名之典必考其行蕭瑀性多猜貳有失其眞更
據實謚曰貞褊公
封德彝卒贈司空太常初謚曰明後治書侍御史唐
臨追駁曰包藏之狀死而後發𢚩加贈謚未正嚴科
大宗令百官詳議民部尚書唐儉等議曰罪暴身後
恩結生前所歷之官不可追奪請除贈改謚詔從之
乃謚曰繆
宇文士及卒贈左衛大將軍初謚爲恭黃門侍郎劉
洎駁之曰士及居家侈縱不宜爲恭竟議謚爲縱
許敬宗爲侍中高陽郡公卒太常定謚博士袁思古
議曰敬宗位以才升歷居清級棄長子於荒徼少
女如夷落聞將學禮事絕於趨庭納采問名唯聞於
黷貨白珪斯玷有累清虛易名之典須憑實行按謚
法名與實爽曰繆請謚爲繆敬宗孫太子舍人彥伯
訟稱思與之許氏先有嫌怨請改謚博士黃福時議
曰謚者飾終之稱也得失一朝榮辱千載若使嫌隙
是實即合據法推繩如其不然未虧直道義不可奪
官不可侵二三其德何以言禮請依思古議爲定戸
部尚書戴至德謂福時曰高陽公任遇如此何以定
謚爲繆答曰昔晉司空何曾旣忠直且孝徒以日食

萬錢所以貶爲繆醜況敬宗忠孝不逮於何曾飲食
男女之累有逾於何曾而定謚爲繆無負於許氏矣
詔令尚書省集五品以上重議禮部尚書楊思敬議
稱按謚法旣過能改曰恭請謚曰恭
韋巨源卒贈特進荆州大都督太常博士李處直議
謚曰昭戸部員外郎李邕駁之曰三思引之爲相阿
韋託之爲親無功而封無德而祿同族則醜正安石
他人則附邪楚客謚之曰昭良恐不當初巨源與安
石迭爲宰相時人以爲情不相叶故邕以此稱之處
直仍因請依前謚爲定邕又貶曰夫古之議謚在乎

勸沮將杜小人之業獎長君子之風故善者雖在不貴仕而没有餘名此賢達所以守節也爲惡者雖生有所幸死懷所慾此囘邪所以易心也嗚呼巨源嘗未斯察而乃闘義不從與惡相濟蓄罔上之志叶群凶之謀苟容聖朝貪昧厚祿自以宰臣之貴不崇朝而買害者國鬼得而誅之也彼則匹夫之微未受命而行刑者國人得而誅之也幽明之慎斷焉可知天地之心自此而見矣頃者皇運中興功臣翼政時彦未幾邪逆執權姦慝者拜爵於私門忠正者降黜於藩郡巨源此際用事方殷於阿韋何親而結爲昆季

於國家何力而累忝大官此則闘通中人附會武氏託城社之固亂皇家之基故其罪一也又國之大事在祀與戎酌於禮經陳於郊野將以對越天地光揚祖宗既告成功以觀海内摧昔亞獻不聞婦人阿韋蓄無君之誠懷自逵之意潛圖帝位議啄皇孫弄璽擬儀拜賜明命將豫家事無守國章巨源創跡於前悖濱成功於後時有禮部侍郎徐堅太常博士唐紹蔣欽緒彭景直竝言之莫從其罪二也又上天不弔先帝遇毒悔禍無欽阿韋將篡晝計未果逆心尚搖周章夷猶倉卒迷繆於是太平公主矯爲陳謀上官昭容給草遺詔故得令上輔政阿韋參謀大業垂成而休命中輟者職繇巨源躡韋温之足楚客附巨源之耳梟聲遽發很顧相驚以阿韋臨朝以韋温當國其罪三也又人爲邦本財實聚人奪其財則人心自離無其人則國本何恃巨源屢踐台輔專行勾徵麇越餘年崇尚僥刻搆怨天下剝害生靈兆庶流離戶言減耗况以三思食邑在在貝州時屬九陰災逢多雨租庸捐免甲令昭明匪令獨然自古不易三思慮其封物巨源啟此異端以爲祿秩湮沉雖無菽粟絲桑織紝可輸庸調致使河朔黎人海内士女去其鄉

井鬻其子孫饑寒切身朝夕奔命其罪四也但巨源長於華宗仕於累代作萬國之楷處具瞻之秋蔽日月之曆輝負丘山之重責今乃妄加襃述安能分謗考哉當時雖不從邕議論者是之

程行諶卒贈尚書左丞相謚曰貞與岐王府長史裴子餘謚曰孝同時列上中書令張說省之曰程裴二謚可謂議之無愧者

朱慶禮卒贈工部尚書太常博士張星定謚曰慶禮太剛則折至察無徒有事東北所以萬計所謂害於家凶於國按謚法好功自是曰專請謚爲專禮部員

外郎張九齡駁之曰營州鎮彼戎夷扼喉斷臂逆則制其死命順則爲其主人是稱業都其來尚矣尋罷海運克廣歲儲邊亭宴然河朔無擾與夫興師之費轉輸之勞較其優劣孰爲利害而云所亾萬計一何繆哉安有踐其迹以制實貶其謚以誨虚乘慮始之謗聲忘經遠之權利義非得所孰謂其當請以所議更下太常庶表行之迹可尋而易名之典不墜也是後執前議慶禮兄子辭上稱寃乃謚曰敬

張説爲尚書左丞燕國公卒太常初謚爲文貞左司郎中楊伯成駁曰謚者德之表行之迹將以激勵風

俗簡求名教固無虚譽是存實錄准張説罷相制云不肅細微之人頗乖周慎之旨又致仕制云行虧半古防闕周身未免瓜李之嫌而喧衆多之口且玉之有瑕尚可磨也人之斯玷焉可追也謚曰文貞何成勸沮請下太常更據行事定謚工部侍郎張九齡又議請依太常爲定衆論未决上爲制碑文賜謚曰文貞繇是始定

裴光庭爲侍中卒贈太師太常博士孫琬將議光庭謚以其用循資格非獎勸之道建議謚爲克時人以爲希蕭嵩意旨帝聞而特下詔賜謚曰忠獻仍令中書令張九齡爲其碑文史官韋述以改謚爲非論曰春秋之義諸侯死王事葬之加一等蓋加其有功也而不及其賞也爰至漢魏則襚之郎受寵被窀窆雖德是褒崇虚受也近代以來寵贈無紀或以職位崇顯一切優錫或以子孫榮貴恩例無加賢愚虚實爲一貫矣裴光庭以守法之吏驟登相位踐我機衡豈不多愧贈以師範何其濫歟張燕公有扶翊之勳居講諷之舊秩躋九命官歷二端議者猶謂贈之過當況光庭去斯猶遠何妄竊之甚哉蓋名器假人昔賢之所惋也

杜暹卒贈尚書左丞相初謚貞肅右司員外郎劉同昇都官員外郎韋康廉駁曰暹有忠孝之美太常所謚不盡其行博士裴總執曰杜尚書在以墨縗受職事雖奉國不得爲孝請依舊爲定暹子孝友詣闕陳訴上聞而更令所司詳定竟謚曰貞肅

盧奕爲安祿山所害贈兵部尚書太常博士獨孤及議曰盧奕剛毅朴忠直方而清勵精吏事所居可紀天寶十四載雒陽陷没於時東京人事狼狽鹿駭猛虎磨牙而爭其肉居位者皆欲保性命而全妻子或競先策蹇爭脱羿彀或不恥苟活甘飲盗泉奕獨正

身守位伏義不去以死全節誓不辱身勞劬力屈以
朝服就死猶慷慨數賊梟獍之罪觀者伏慄奕不變
其色西面辭君而後受害雖古烈士方之者鮮矣或
曰徂陽之存操兵者實任其咎非執法吏所能抗師
敗將奔去之可也委身寇讐以死誰懟奕以爲不然
勇者禦而忠者守必社稷是衛則死生以之危而去
之是智免也忠於何有苟息殺身於晉不食其言也
仲由結纓於衛不避其難也玄冥勤其官而水死守
位而忘軀也伯姬待姆而火死先禮而後身也彼四
人者死之日皆於事無補夫豈愛死而賈禍也以爲

死輕於義而揹生古史書之使事君者勸然則安祿
山亂大於里丕奕廉察之任切於玄冥之官分官所
繫不啻於保姆逆黨兵威烈於水火於斯時也與能
執干戈者同其戮力挽之不來推之不去豈不以師
叉之下執與夫懷安偷生者同其風義講按謚法圖
國忘死曰貞秉德遵業曰烈奕執憲戎馬之間志藩
王室可謂圖國國危不能拯而繼之以死可謂忘死
歷官十一任言必正事必果而淸節不撓去之若始
至可謂秉德先黄門以直道佐時奕嗣之忠純可謂
遵業請謚曰貞烈從之
華陂爲左僕射卒太常博士程皓議謚爲忠孝刑部
尚書顔眞卿以爲忠則以身許國見危致命孝則晨
昏色養取樂庭闈不合二行殊高以成忠孝主客員
外郎歸崇敬又駁之紛議不已右僕射郭英乂不達
其禮請從太常之狀
吳兢爲嗇王傅天寶八載卒於家寶應二年三月洪
吉等州觀察使洪州刺史張鎬奏曰故嗇王傅吳兢
先朝史臣歷踐中外大行忠信彰於朝野伏以訓誠
明旨謚法依遵臣早歲服膺備知名實相副特乞聖

恩褒其嘉謚從之
苗晉卿卒贈太師初謚爲懿獻及勑出改曰文懿太常議謚曰懿獻初晉卿東都留守引用大理評事元載爲推官至是載爲中書侍郎平章事懷舊恩諷有司改謚曰文貞
郭知運爲隴右節度使卒贈涼州都督子英乂等勰
南節度議謚曰威右司員外郎崔厚駁之曰郭知運
承恩詔塋向五十餘年今請易名竊謂非禮又按禮
經云禮始爲大又曰過時不及爲禮也昔衛公叔文
子卒將葬其子戌請謚於君曰日月有時將葬矣請
所以易其名者蓋時不可踰也今知運既名不浮行

授紱之前門生故吏已合請謚今乃申請竊將有爲
而爲其子英乂頃屬多故屢制方隅朝廷策勲崇位
牖捘附從者竊不中之禮會無妟之求况今裂土者
棱軫專征者百輩若率而行之誰曰無請不唯有司
疲於簡牘抑恐名器等於草芥雖欲曲全竊將不可
又禮經云已孤暴貴不爲父作謚若知運合謚而不
以其時則嗣子廢先君之德若不合謚而苟遂其志
則先君因嗣子而見尊以僕射而言旣詒越禮之誚
以國家而言又殊旌善之體請下太常寺重議傳士
獨孤及議曰禮時爲大順次之將葬易名時也有故

闕禮追遠請謚順也公叔戍請謚適當葬前謹按三
百經禮三千威儀曾不言已葬則不追謚况帝王殊
途不相沿襲新禮則死必有謚不云日月有時今請
易名者五家無非葬後苗太師一年矣呂湮四年矣
盧奕五年矣顔杲卿八年矣並荷褒寵無異同之論
獨知運不幸遂以過時見抑苟必以已葬未葬爲節
則八年與五年其緩一也而與奪殊制無乃不可乎
議云已孤暴貴不爲父作謚此謂其父無爵而子爲
貴位不當以已之貴加榮於父若知運方面重寄列
位九卿茂勲崇名與衛霍侔飾終之禮宜加於他將
一等豈待因嗣子然後作謚今之專征者率多起居
販皂隸之中雖逢風雲化爲王侯而其間祖父爵位
與知運等當請謚者有幾何乃催名器等於草芥以
是廢禮竊爲近誣考彼載籍徵諸舊史易名之禮請
如前議

呂禋爲江陵尹卒贈吏部尚書太常議謚曰恭度支
員外郎嚴郢駁曰今太常議荆南之政詳矣而日在
台司亂領無匪躬之能者乃捜瑕掩德非中道之言
也國家故事宰臣之謚皆有二字以彰善旌德焉夫
呂公文能禁奸貞則幹事身則利人威烈烈規不可

備傳舉傳敘八元之德曰忠肅恭懿若以美謚擬於
形容傳士獨孤及議曰秦侍必加謚二字具以忠配
肅謹按舊議凡沒者之故吏得以行狀請謚於尚書
省而考行定謚則有司存朝廷辨可否宜在衆議今
駁議撰謚異同之說並故吏專之伏恐亂庖人尸祝
之分違公器不私之誠且非唐虞師人僉曰之道謚
法在懲惡勸善不在字多必稱其大而略其細故言
文不言武言武不言文三代以下朴散禮壞乃有二
字之謚非古也其源生於衰周漢蕭何張良霍去病
霍光俱以文武大略佐漢致太平其業不一謂一名

不足以紀其善於是有文忠文成景桓宣成之謚經
顯禮焚天然猶褒不失人唐與參用周秦之制以魏
徵爲文貞蕭瑀爲貞褊其杜如晦封德彝陳叔達溫
彥博岑文本唐休璟魏知古崔日用並當時赫赫以
功名居宰相者謚之不過一字不聞子孫佐吏有以
字少稱屈者此言二字不必爲褒一字不必爲貶若褒
貶果存乎數字則是堯舜禹湯文武成康不如周威
烈愼靚也齊宣晉文不如趙武靈魏安釐也杜如晦
王珪已下或成或明或懿或憲不如蕭瑀之貞褊也
然肅者盛德克就之名足以表之矣以禮之從政威

能閑邪德可濟衆故以肅易名而忠在其中矣亦猶
隨會甯俞之不稱文豈必因重之然後爲美魏晉以
賈詡之籌算賈逵之忠壯張既之政能程昱之勇智
顧雍之密重王渾之器量劉惔之鑒裁庾翼之志畧
彼八君子者方之東平宜無慙德身死之日並謚曰
肅當代不以爲貶何嘗徵一字二字爲之升降乎上
稽前典下據甲令參之禮經而究其行事請依前謚
曰肅
楊綰卒贈司徒太常謚爲文貞北部郎中蘇端駁曰
古者美惡無私褒貶必當將以嘉善勸懲惡爲列辟
之明典也可不愼歟今謹詳前謚文貞者稽法考衆
恐非允光時論發揚來訓矣夫道德博聞曰文淸白
守節曰貞且元載與司徒友敬殊深推爲長者首舉
淸要人莫與京及司徒寵望漸高載畏其逼又知載
隳壞紀綱心貳於君既懼其疑因而疎簡有口皆知
載惡而獨曾無一言或有發載之惡證告未明抱誠
坐法者司徒時居上列奏達非難不能因此披衷正
詞全志士之命露兇狡之私而乃宴安自泰優游過
日使元載禍大滅身竟勞聖上防伺之慮豈守節不
隱耶豈懷道無毒耶非謂文貞明矣洎元載將誅不

思罔聰蔽聖聽恩於下招怨於上使井塞人勞有過
時之戎西郊虜入無弔災之惠磁邢堅義之士將死
復生梁宋傷夷之人或寒或餒搜訪旌恤中外所急
載皆絕之王澤不及於下爲行路所嗤而楊公當聖
上維新之時居天下得賢之望誠宜不俟終日造次
速言乃寂寥啓悟禁閉謨猷貪食萬錢之賜虛承一
心之顧使防河之人家聞採箓之歎近甸諸邑多興
祈父之憂豈慈惠愛人乎既曰不慈不惠何以謂之
文有隱有毒何以謂之貞矣古者諸侯有國卿大夫
有家上以報祖宗下以處子孫之義也楊公歷處厚

倖人謂儒宗曾不立家又無私廟寧使人世間敬祖之禮位極亾祭禰之宮凡在衣冠誰不歎恨又乖大義克兢慤仁接禮之義矣曰文與貞曷可以議聖人立謚有八無私所以周宣不敢私於父謚曰厲漢宣不敢私於祖謚曰戾百王明制歷聖通則昔公叔之子有死衛之節脩班制之勤社稷不辱方居此謚爰及太宗初魏徵有規救公直之忠中宗末蘇瓌有保安不奪之節所以諸賢甚衆謚文貞者不過數公至於燕公張說先朝輸能名節昭著省司倘謂不可至今人故稱之錄是言之焉可比德請牒太常詳他謚

以守彝章庶乎青史之筆不乖於周漢黄泉之魂免慙於蘇魏詔曰褒德勸善春秋之舊章考行易名禮經之通典垂範作則存乎格言故朝議大夫中書侍郎同中書門下平章事集賢殿崇文館太學博士脩國史上柱國賜紫金魚袋贈司徒楊綰履道居貞含和毓德行為人紀文合典謨清而晦名黜自伐之善約以師儉有不矜之謙方冊直書秩宗相禮碎稱良史學茂醇儒委任樞衡掌兹密命彌契沃心之道累陳造膝之誠將以布天下五行之和同君臣一德之運遽軫藏舟之歎未展濟川之材素業久而逾彰清風歿而可尚自古飾終之義皆賜以美名謚法曰忠信愛人曰文平易不懈曰簡宜謚曰文簡以其簡儉之風厚於俗也

張伯儀為荊南節度使李希烈叛詔伯儀收安州官軍失利後除右龍武統軍及卒伯儀故吏請謚於有司博士李吉甫論之曰或以伯儀嘗以推轂之任挫師安州於謚法得無貶乎愚以為不然自中興三十年而來兵未戢者患在將帥以養寇自重縱敵藩身若進而亾師貶以為義誠總干戈者必托於萬全之名而忘一戰之効矣然則保其利者亦君子所嫌也

錄其忠而勸善者非陽秋之志歟矧平居進退之節不敢二色稱為忠臣議名之際褒勸所在請謚曰恭以旌厥美

段秀實為朱泚所害贈太尉興元初加褒贈謚曰忠烈初泚盜據宮闕也泚以秀實嘗為涇源節度頗得士心後罷兵權以為蓄憤且久必肯同惡乃召與謀秀實初詐從之陰說大將劉海賓何明禮姚令言判官岐靈岳同謀殺泚以兵迎乘輿三人者皆秀實夙所獎遇遂皆許諾泚時遣其將韓旻為馬步三千疾趨奉天時蒼黄之中未有武備秀實以為宗社之危

期於項刻乃使人走諭靈岳教其竊令言印不遂乃以弘農印倒印符以追兵還至雒驛得牒莫辨其印惶遽而廻秀實謂海賓等曰旻之來吾黨無類矣我當直搏殺泚不得則死終不能向此賊稱臣乃與海賓約事垂繼而令明禮應於外明日泚召秀實議事原休姚令言李子平皆在坐秀實戎服與休並膝語至僭位秀實勃然而起執休腕奪其象笏奮躍而前唾泚面大罵曰狂賊吾恨不斬汝萬段我豈逐汝反耶遂擊之泚舉臂自捍纔中其額流血匍匐而走兇徒愕然初不敢動而海賓不至秀實乃曰我不同汝

反何不殺我兇黨群至遂遇害焉至是加褒贈

馬燧爲司徒卒太常奏燧諡景武上改爲莊武以避

太祖諱

王武俊爲成德軍節度使貞元十七年薨太常諡曰威烈德宗曰武俊盡忠奉國賜諡忠烈

張柬之爲相誅張昌宗輔立中宗爲武三思所害元和三年柬之曾孫曛以諡事詣中書陳訴宰相上聞因令有司授曛官仍定柬之等諡柬之爲文正彥範爲忠烈敬暉爲貞烈崔玄暐爲文忠袁恕巳爲貞烈

冊府元龜

巡按福建監察御史臣李嗣京　訂正
分守建南道左布政使臣胡維霖　叅閱
知建陽縣事臣黃國琦較釋

掌禮部三十四

謚法　希旨　繆妄

謚法第二

唐鄭珣瑜爲相卒贈尚書右僕射太常博士徐復議請謚文獻兵部侍郎李巽駁曰夫謚所以昭德德既昭矣則文無以加焉故相國鄭公端操持立寡言慎

行及居台司有蠲逋恤人之美有知難不汙之節雖無文若之進拔無孟子之是非無賑施之仁無謇諤之義然足以稱賢相也夫文者大則經緯天地次則潤色王猷周文以至德爲西伯季孫以道事其主咸謚曰文爲美無以尚矣亦焉用兩字然後爲備哉竊觀兩字之謚或有兼德一字不足以盡盛德之形容故有兩字生焉然亦興於近古非三代兩漢之事也夫舉典之道信其正不信其邪春秋大旨也則兩字之謚非春秋之正也故相國鄭公之謚爲文足矣焉用獻哉爲獻可矣焉用文哉兩字兼謚切所未諭請下太常重議太常博士徐復議曰鄭珣瑜令德清規坐鎮風俗理人而善政浹洽作相而謀猷密勿其終始事跡當時罕儔所以表賢易名實曰文獻夫文者煥乎大行獻者軒然高名今而褒之厥有經義亦猶貞惠文子累數其功至於再三以勸事君者今奉駁議議其無進拔無是非無賑施無謇諤且曰二字之謚非三代兩漢事愚以爲異之駁所謂進拔者豈不推擇群萃致之於庭乎珣瑜往司銓衡暨當均軸流品式敘英髦在朝若無獎拔之明則何以至此但如來議寡言慎行故其端兆不可得而窺也當先朝之

日上體不平姦臣王叔文招權作朋將害於國其視丞相如無也輕詣相府不循舊章珣瑜意雖難詠力固不足移疾高謝萬情所歸則是非之明孰大於此夫所謂賑施者在禮家施不及國賢人君子廣愛爲心莫不開稱物之源布厚生之政曩者恤災患免逋租亦旣當之矣其於篤親庇族衣無當主踐名教者誰則不行若以分孤寡之資同於賑施則珣瑜所羞言也奚謂無哉至如謇謇匪躬前議已書其微婉矣既承高論敢不指明德宗季年李實爲京兆尹殊恩畫接貴幸無比而實以羨餘稱代莫之敢非珣瑜衆

誥所縣上陳利害且日取於人而未讐其直焉得有
餘是其言不可謂之無謇諤矣伏以國朝宰輔謚文
而兼字者代有人焉故房玄齡謚曰文昭狄仁傑謚
曰文惠魏徵陸象先蘇環宋璟張說崔祐甫並謚曰
文貞劉仁軌劉幽求姚元崇裴耀卿張九齡並謚曰
文獻李元紘韓休並曰文忠薛元超曰文懿盧懷慎
曰文成蘇頲曰文憲楊綰曰文簡其餘不可悉數若
以文包美不宜以他字配之則房玄齡狄仁傑以降
昭惠貞獻忠懿成簡皆不得正矣我唐聲名文物二
百年更閱群才參揮王度豈擬名之典獨未得中邪

不然何輕沮之爲駁正所設但當論謚之當否不宜
誥字之多少苟有不當雖一字可乎若皆允宜雖二
字何害如韋巨源附會兇黨李非海奪其嘉名所言
至公人則悅服今既曰賢相而又非之君子於其言
豈得苟而已乎若曰二字非三代兩漢之規則又異
乎愚所學者矣夫成烈慎靚周王之文謚也文脩文
成漢祖之佐命也霍光爲宣成孔光爲宣烈中代之
勳德也劉寬爲昭烈楊賜爲文烈東都之名臣也安
謂其無二字哉况文之爲名其義多矣有經緯天地
焉有忠信節禮焉有寬立不撓堅強不暴焉有敏而

好學不耻下問焉夫匪一端各有所當若皆西伯季
孫之德然後可稱文則魯侯與文伯歜之類皆不爲
文矣故誄謚之制因時旌別前狀議珣瑜之行曰爲
一代之名臣斯其旨歟謹上探禮經旁觀舊史參諸
國典以定二名請依前謚曰文獻兵部侍郎李巽再
議曰鄭珣瑜兩字之謚今太常請依前謚曰文獻者
夫謚者春秋褒貶之旨也仲尼書法隨類推廣雖一
字褒貶其文猶博蓋欲指明事業以昭示後代俾後
之人懲其惡而勸其善政不可苟夫謚一字正也堯
舜禹湯周公邵公是也兩字非正也故謚法不載或

人臣不守彝章苟逞異端威烈慎靚是也或時主之
權以功德加厚於臣也蕭何霍光房玄齡魏徵是也
不加而加僭也孔光劉寬薛元超李元紘是也三字
過也貞惠文子是也亦謚法所不載也古今無有也
公叔文子謚衛君之過也衛之亂制也不然則記之
失也以一善加一字即堯舜禹湯當累數十字以爲
謚也夫禮記者非盡聖賢之意也非盡宣尼所述也
當時雜記也昔后蒼爲曲臺記其弟子戴聖增損刊
定爲小戴禮今禮記是也若盡宣尼所述即戴聖豈
得而增也昔宣尼脩春秋游夏不能措一詞以知禮

記非畫宣尼所述故戴聖得以增損也則貞惠文子之謚衛君亂制也古今無有也非宣尼所述又何足法哉鄭珣瑜和茂修整始終無缺可謂美矣至於議行考功而度越等輩比於鄭文成梁文昭魏文貞則不作而謚號無差輕用國典失春秋之旨矣向者鄭梁數公皆經綸草昧輔翼興王以道輔君致於化洽彰灼千古言之者凜然生敬而以珣瑜齒之豈無愧於心哉夫數公者皆時王感風雲之會懷謨明之美故加於嘗典以明其行亦所以篤君臣之義也然非正也權制也若後之人非數賢之比則當循嘗以避

數賢地也其劉仁軌薛元超李元紘等加字之謚皆黷國典而昧彝倫言之可爲寒心豈當舉之爲訓也其餘姚元崇宋璟劉幽求或輔相一代致理平之化或忘身徇難成中興之業又豈珣瑜之比以典選爲進善以辭疾爲嫉邪皆尚口爲辨非守典確論也夫以典選者皆爲進善邪若然者則國家有天下二百年何裴行儉馬戴盧從愿等數賢獨見稱於時也循資置署謂爲進善異乎余所聞也又珣瑜之病數月而終豈僞疾邪借使僞疾尤可怪也昔子路之冗食家臣尤殺身徇難而珣瑜履台輔之重當危難之際居平則享其高爵厚祿見危則奉身自保以此爲是非之明卽董狐之書趙盾爲妄作也珣瑜之辭可賓於太常舉以爲德信君臣之義非常人所知也珣瑜之下詰李實誠中其病可謂美矣然則珣瑜自始筮仕至於敵手足垂四十年歷諫職持風憲特中規激發恐有過此者今太常舉其下詰李實未爲多也謂爲謇諤者衆豈能使汲黯魏徵有慚色哉前異議云三代兩漢無二字之謚此未學之過也無荀令君之進善無孟軻之是非無文子之賑施無周舍之謇諤以珣瑜之行清而無缺可謂掩之不足辨也今所議

兩字之謚亦又不當其議固不足斥也前異之言過也但兩字之謚加等之美以蕭何房玄齡言不在珣瑜也巽雖不敏至於言謚美以惑人聽此當所激切而不平也終不欲有僭齒於蕭何房玄齡之宗不欲有造次擬於魏文貞姚元崇宋璟劉幽求之讜言僭主茂績殊勳也夫前車之覆後車所以易轍也前有司之失後有司則當以矯之也不矯則遂迤遂達以至於亂制也此有國之誡也威烈慎靚孔光劉寬薛元超李元紘之同於禹湯文武蕭何霍光房玄齡魏徵前有司之過也後之專筆削則宜有以矯之典禮

寖亂矣有司不可以尤而効之也不可黨所見而遂僭典也鄭珣瑜兩字之謚請下太常重議若一字不足盡珣瑜之盛德必須兩字則敢候再告敬從復議謚文獻

元載爲中書侍郎同中書門下平章事誅死太常博士崔節請謚曰荒左司郎中韋孔景請下太常重議博士王炎改謚成縱二議交持故事不行爾後太常王彦威議曰元載謚成則不得爲縱縱則不得爲成成縱竝施美惡齊致考之嘗法實不通經夫蕭瑀謚貞詔命加褊事出恩制不可擬據依爾後崔節以平

厲謚楊炎以壯繆易伊愼此皆感於貞褊混淆不可之文詳在駁議今明其說恐懼後來事寖不報

王士貞爲成德軍節度使卒以其子承宗不順不加謚太常博士馮宿以爲懷柔之議不可遺其忠勞遂加之美謚

李吉甫爲宰相薨太常謚爲恭懿博士尉遲汾請爲敬度支郎中張仲方駁議曰古者易名請謚禮之典也處大位者取其巨節蔑諸細行垂範當代昭示後人然後書之番於不朽善惡不可以誣故稱一字則至明矣定褒貶是非之實泯同異紛綸之論贍司徒吉甫稟氣全才乘時佐雜傳涉多藝含章炳文熒賛陰陽經緯邦國惜乎通敏資性便媚取容故載踐樞衡疊致台衮大權在已沉謀罕成好惡徇情輕脫寡信諂淚在險遇便則流巧言如簧應機必發夫人臣之翼戴元后者端恪致治孜孜夙夜緝熙庶績平章百揆兵者𠚕器不可從我始及乎伐罪則料敵以成功至使內有害輔臣之盜外有懷毒蠆之蔓師徒暴野戎馬生郊皇上旰食宵衣公卿大夫且慙且耻農人不得在畝績婦不得在桑耗賦斂之常貲散帑廩之中積徵邊徼之備遏運輓之勞僵尸流血胔骼成

岳毒痛之病號訴無辜勦絶群生迨今四載禍胎之兆實始其謀遺君父之憂而豈謂之先覺者乎夫論大功者不可以妄取不可以枉致爲資畫著體理不顯不競而豈妨令美當削平西蜀乃言語從侍之臣掄簡東吳則訏謨廊廟之輔較其功則有異言其力則不倫何捨其所重而録其所輕收其所小而畧其所大且奢靡是嗜而曰愛人以儉受授無守而曰慎才以輔斥諫諍之士於外豈不近之蔽聰也舉忠烈之廟豈不近之匿愛也焉有蔽聰匿愛家範無制而稱法作程憲章百度乎謹按謚法曰敬者夙夜警戒

敬以直内内而不肅何以刑外憲也者刑也法也戴記曰憲章文武又發憲憲義以爲敬恪終始載考歷位未嘗効一法官讞一小獄及居重位以安和平易寬柔自處考其名與其行不類研其事與其道不胼一定之辭惟精惟審異日詳制賜諸史官請侯蔡冦將平天下無事然後都堂聚議亦未運憲宗方用兵惡仲方深言其事怒甚貶爲遂州司馬賜謚曰忠

于頔薨贈太子賓客太常博士王彦威議曰于頔剛毅狩立博游文藝蘊開物成務之志爲從横倜儻之才刺湖州復南朝舊陂以溉人田由是舄鹵生稻粱

歲時大化得丁壯之物籍者取什一代貧人租入故輕重以濟江南卑濕送終者無懸窆封樹之制高不可隱深則及泉土縂周棺水至露骨頔悉命以官地收瘞當時稱之爲蘓州則繕完隄防疏鑿畎澮列樹以表道决水以溉田其爲襄陽當吳少誠弄兵王師有征軍不乏見糧師未嘗退表赴吳房朗山生得賊將遽以兵柄授之惟誠於人有古將畧然惜其不能善終如始奉矜以還跋扈立名滿盈不戒則有司擬議之際安可不善善而惡惡哉元洪剌郡以官事被謫中貴人銜命部領便道之徙所路出于漢頔遷合武上持刃捕捽洪既就執王人徙歸又不奉詔出師而西停於鄧軍聲甚雄人聽日駭夫師出以律其出不命將人不能識其指歸王者功成而作樂諸侯則否頔之反旆於蔡也作文武順聖樂貞元御寓務求寵綏有司請編優詔莫遂事出一時之澤樂作諸侯之庭良可惜哉然則如頔者是知樂之可作而不知禮之不可作者也迹其馭衆爲政之術蓋務以利與害去爲已任而令行禁止其源出於法家者流文深意苛有犯無捨至有屋誅同命之慘然未嘗別白其罪以示顯戮人到於今而寃之洎乎天姻下浹元侯

入覲朝廷申婚姻之好復以宰相待之則文子罪官輅而連起國獄縉紳之論浸益非之謹按謚法殺戮不辜曰厲復狠遂過曰厲請謚爲厲或曰太保謚文學政事而揚歷中外卒當登壇補衮之寄推於事任亦謂難能則易其名者宜兼舉美惡二字以正褒貶令特謚爲厲或有未安愚以爲不然夫類能而授聖王之勸勉議謚貴當有司之職分禮經言謚蓋節以一惠至於論譔之際要當美惡咸在細大無遺議平易名則以優述春秋議也况授其功不足以補過挈其美不足以掩瑕其馭下也任威少恩其事上也失

忠與敬謚之爲厲不亦宜乎勅賜謚曰思而尚書右丞相張正甫封勅駁奏不荅留中不下然賜謚勅封在都省亦不下至明年張正甫改爲同州刺史所封勅取中書門下處分宰相令都省收曾竟不施行太常傳士王彥威又上表云聞古之聖王立謚法之意所以彰善惡垂勸戒使一字之褒寵逾紱冕之錫片言之貶辱過市朝之刑此邦家之禮典而陛下勸懲之大柄也伏以故太子賓客致仕于頔頃擁節旄恣行暴虐人神所怨法令不容擅舉全師僭作王樂侵辱中使擒止制囚殺戮不辜誅求無度故以定謚爲

厲今陛下不忍改賜曰思誠爲聖慈實害聖政伏以陛下自臨宸極愸建大中聞善若驚從諫不倦况當統天立極之始所謂執法慎名之時一垂恩光盡望徼倖且如頔之不法不道而陛下不忍焉臣恐將來不逞之徒不法不道必有如頔者衆矣此其謚也則又引頔爲例則陛下何以處之是恩發於前而獘生於後矣又臣此見長藩鎮服大僚者率多驕淫不道誅求自封貨足以藩身威足以鉗口而法吏顧望自愛或不能度糾天刑生前網已漏鯨没後戮而就木若以李吉甫近賞賜謚引之則吉甫之枓也豈徒上

殺人乎以頔况之恐非倫比如或以頔嘗入錢助國改過求覲兩使藩國可以贖論夫傷財而害人剥下以奉上進家財以求幸尤不可長焉自兩河宿兵垂七十年王師謥征瘡疾不絶其後張茂昭以易定來程權以滄景來故國家高爵以勸或臣申恩以徠來者而襄陽名鎮也于頔文吏也居肘腋之下有嵎崟之名錫之姻親始脩覲禮豈可持此况彼而以朝覲爲功乎若然者則頔雖有游夏文學龔黃政令班超之絶漢匪躬卜式之持錢助國終恐不足以彌縫惡迹降減罪名伏惟陛下以至聖至明之姿用無偏無

頗之道恩繇義斷政以禮成使褒貶道存僥倖路絶則天下幸甚右補闕高錢上疏曰夫謚者所以懲惡勸善激濁揚清使忠臣義士知勸亂臣賊子畏罪忠臣義士雖受屈於生前死獲美名亂臣賊子雖竊位於當時没加惡謚者所以懲暴戾垂沮勸孔子修春秋亂臣賊子懼蓋爲此也垂範如此尚不能救况又隳其典法乎臣風聞此事是徐泗節度使李愬奏請李愬勳臣節將陛下寵其勳勞賜其爵祿車服第宅則可若亂朝廷典法將何以沮勸仲尼曰惟名與器不以假人名器君子所司也若以假人是與之政也

政下則國家從之矣于頔頃鎮襄漢殺戮不辜恣行兇暴移軍襄鄧廹脇朝廷擅留逐臣邀遮天使當先帝嗣位之始貴安反側以靖四方幸免鈇鉞之誅得全履領而斃誠宜謚爲繆厲以沮兇邪豈特加美名以惠奸惡如此則是于頔生爲奸臣死獲美謚竊恐天下有識之士以爲聖朝無人有此倒置伏請速追蒲詔却依太常謚爲厲使典法無虧國章不黍

杜佑卒贈太傅太常博士柳應規謚忠簡太常博士尉遲汾又議曰佑之寬容得衆全和葆光不病於物類其能考終得不爲寬容乎和好不爭自卑士而極不爲

重任一心於理以惠物潔行廉正人無尤怨得不爲一德不懈乎請謚爲安簡

范希朝卒贈太師太常博士馮定請謚忠武禮部員外郎王源中駁請下太常重定太常請如前謚忠武

王源中重駁博士王塈改謚宜

馬暢卒贈工部尚書太常博士林寶議謚曰敬工部郎中崔備駁議曰謹按謚法敬字之義與馬暢始終名跡不同考行之義尚乖易名之典未正事須再牒禮院請重議者且以暢墳土猶濕物議尚存皆可徵言盡堪覆視在春秋隱惡之義可也加史冊虛美之命難乎況尚書責實當窆是非易名宜存褒貶夫國之禮法懸在不刊而文士多病於愧詞史臣或許其使傳舊章既失後代何觀雖以禮之愛乂無而亂名之責豈絕幸稽前士用示後人其馬暢所謚爲敬請更參議尚書兵部員外郎甯奕駮曰太常考馬暢之行舉夙夜就事廉方徑正之敬以易其名異乎無所苟於言也比建中興元間暢以父有征討之勳推恩而授爵位父薨家富於財以酒色自娛貞元中嘗傾産交中官因獻田宅以求幸德宗薄其人而終不信用生前與孤侄寡嫂分居競財醜聲聞於時殁後使

孽子孀妻披姦抉私公言盈於庭此皆章著於視聽者可以謚爲敬乎議者云先司徒之籌畫而暢揣摩者策而遊焉暢叅計於閨庭之内苟所言屢中而不可隱當指明其効實而書之俾行道者無所惑不然則莊武公之才略光於典策矣而乃餙虛辭以攘其善爲子請謚得非繆濫之甚耶又稱名儒端士皆從之游未知孰爲其田蘇邪孟軻云尹公他端人也其取友必端矣夫與端士而游乎暢之門況謚法夙夜就事者以其績用已犯非謂其曠日引月以至乎終身也廉方徑正則暢處巳行事未嘗造次而踐其途

焉何以謚爲敬乎大凡言功伐議德行尊其跡亦以
觀善貶其名有以懲惡罔非膚考事也如暢之輩烏
足以黷典法哉若有司以有爲而爲之則宜乎貶之
例也請下太常重定其謚博士崔韶改謚曰縱議曰
馬暢承藉故業歷居通顯家富於財以奢縱自處不
能撫安嫂姪使之離拆其千進也趍利如轉圜其居
家也操下如束濕故時論鄙之謹按國史宇文士及
居家脩縱謚爲縱暢之行已同於士及請以縱爲謚
蔣清爲東都採訪判官死祿山之難太和三年考功
奏請謚曰初安祿山反清爲留守李憕從事與憕盧

奕俱死以秩卑當時未行謚典至是其外孫吏部郎
中王高上聞故追謚焉
房式卒左散騎常侍博士陵亘請謚曰傾吏部郎中
韋乾度駁曰詳觀貞元之末西蜀之事逆堅劉闢構
難之初兗邪叶謀嗷囂相聚年深事遠十不記一然
而磈磊不平鋒刺纍深者藏在骨髓請舉其梗槩一
二焉式自忠州刺史故太師奏授劍南西川支度副
使後兼御史中丞又部符蜀州是時貞元十八年也
式因晝日昏曠如醉經宿乃寤詳其左右僮僕不知
其所從來後逾年却復此職會故使太師薨殁劉闢

潛扇逆謀禍亂始胎式遂倖姦人之意爲謟悅之語
謂闢曰乃者蜀州昏病之中見公爲上相盧文若爲
侍郎儀衛甚盛富貴極矣他日無相忘賊闢大喜而
蒲單縣自以爲神授非人力也賊每接賓客肆譚論
撫群邪申號令也未嘗不以是爲先浮自以爲祥兆
也豈不因式作異言兹妖孽惑亂平人堅壯兇險不
然何區區之蜀璅璅之寇王師討伐經費萬計崎嶇
嶮阻留年乃拔何哉蓋以式浮爲浹洽之辭激切闢
固不然何盤抵固根之甚也故使太師永貞元年八
月薨其時乾度任殿中侍御史前使支度判官劉闢

日攝行軍司馬節度留後九月初乾度被逐攝簡州
刺史名雖守郡其實囚之明年四月追廻勸攝成都
縣令其時闢授西川節度詔命初下東川之圍未解
乃召募亡命兼收骨內鎮兵張皇虛聲熒惑郡縣祭
兵七千馬畜三萬號爲十五萬人轉牒盩厔以來縣
道郡次酒肉畢具蒭茭無匱署牒首日闢副日式參
謀曰符載令下之日妖氣坌興下愚沸騰貪冒姦賞
奔走叛命戶磨斂擊爭死恐後當此之時邛蜀震驚
田野廢業竄伏山谷邑居人吏分散道路如此之事
非得之於人皆親所聞睹時賊圍逼梓州又王師諸

軍稍稍既至猖狂兇冠不復張矣然嘗察式之爲人柔而善俊不顧不義不然何劉闢文若喬規符載皆咨諏執禮拳拳以事之以斯而言可以知其所止矣伏以聖上法維天之度崇納汚之德雖泫澤滂流兹盪瑕洗易名之典在正根源苟非其人不可加美如式西蜀之事大節已虧缺矣何面目以求謚焉傾之爲謚頗乖前狀請下太常專議太常博士李虞等重議曰式之在西蜀也入人耳目其事彰矣固非愛之者所能粉飾而文其論惡之者所能披抉而裝其說蜀之此時雖女子小人亦知兇闢斷頭之不日然爲

其用者乃敕死於頸語其無勇烈之心斯可矣豈可盡披其附麗之名乎如式之於劉闢既不能死可謂求生害仁者也而駁議曰大節已虧無乃過言歟何從聞之闢之走西山也召所疑畏者十數輩於庭將盡殺之然後去而式在其間賴蒼黄之際闢黨有獲持者僅免於難推嚮之論則不當如是明矣然居此時有將見危授命之義殺身成仁之道詰之者稱式無愧色愚不信也如是則式之去希烈也理河南也蒞宣城也何以無忠敬之目歟愚謚之曰式也不疾任求之目不閉吉邑之卩其罪也無王浩棄家之心無譙玄受毒之志其罪也如闢之反天子棄墳墓乃日顧式說一夔以結其心署一牒以張其勢豈其然乎夫人臣不幸羅於是惟死而已矣然孟子曰生吾所欲也矧自輕已下哉使死之易則王諒李業虞悝鴻信不足貴也意者將不可以必死望人乎始以不死罪之以懷生貶之是異論也夫謚者易其名者也夫子曰名以出信不日名之必可言也名不正則言不順以至於形罰不中正謂此耳夫豈容易哉語曰於其所不知蓋闕如也恍惚之夢駁議之外無言者權非所以昭示後世也皐陶謨曰五刑五用哉言用

刑必當其罪也刑其支體於一時猶須當其罪矧刑其行義揭之於千萬年歟康誥曰敬明乃罰請依前謚爲傾

伊慎卒贈太子太保太常博士崔韶請謚壯繆吏部尚書韓皐駁議不報

崔從爲淮南節度使卒從少以貞晦恭護自處不交權利忠厚方嚴爲正人宿儒所推階品合立門戟終不之請四爲方鎮無聲妓之娱太常定謚曰貞

令狐楚爲興元節度使甍將死戒諸子曰吾生何益於人無請謚號無受軍府賵贈葬以布車一乘無或

加飾無用皷吹及終將葬嗣子請奉行遺言詔曰主
爲名臣歿有理命終始之分可謂兩全然以鹵簿哀
榮之末節難違往意詠謚國家之大典須守夔童鹵
簿宜停易名須准舊例太常謚曰文
李愬元和中平吳元濟有功及卒博士元從質謚曰
武尚書省議以其謚與父西平王晟同宜改之從質
云愬無他行以功定謚不可改也問難數四竟不能
駁其議今之定謚則不然也唯顧其勢望恐爲子孫
之嫌歸於苟且故會昌朝陳商曾爲禮部侍郎貽博
士書曰古者太常博士職以公卿諸侯大夫死第其

所行舉而褒貶焉使世世以一二字觀其道與不道
拘蔡言爲文武忠孝所以失褒也執巳見爲繆荒赧
醜所以失貶也二柄之失博士不得職往者不得享
爲政者不得道夫執巳見拘蔡吉是有上中下貿其
一二字視緍金之重輕以緍金重輕貽後之麗微偷
忠盜貞罔世間人爲盡善加於行路皆博士忍其過
而阿其時也夫天下人望執事以爲質正然未見有
執事能針其膏肓之病者若當貶而褒當褒而貶是
猶錄跖殺夷經緯混淆者也褒而褒之貶而貶之經
紀既著善惡懸白勸大而用微所以使後代力行不
易如日月山河江海草木四支七竅以統幹而治自
從其教也於戲博士職蓋不細願出意念慮焉
宋申錫官至宰相爲鄭注搆誣貶開州司馬會昌中
報復官爵追謚曰穆
白居易爲太子太傅以刑部尚書致仕卒大中三年
十二月中書侍郎平章事白敏中表請謚從之太常
謚曰文又云大中十三年宰臣白敏中表請謚曰臣頃自布衣爰及仕進飽偕儒之惠義師居易之文章斯人之匹各巳數載屬先帝憂勤之際贈典未行遇陛下聖明之初謚法宜頒其將行業以傳[illegible]書從之居易謚曰文僧儒謚曰簡

後唐朱漢賓太子少保致仕卒贈太子少傅至晉天
福二年太常博士林弼議謚曰漢賓嘗侍側儻不習
蕪隅過鄴都姦卒之訛言時銷叛亂却華師親隨之
浮議俗致安康開國承家忠貞保義而又散巳捧而
代逋欠闢荒榛而種麰麥民有袴襦之謠野無萑蒲
之患安民禁暴威惠兼行而又知進退存亡之理得
善始令終之名亦所爲知幾其神也謚法忠道不撓
保節揚名曰貞愛民好學寬裕慈仁曰惠請謚貞惠
可之
安元信爲昭義軍節度澤潞等州觀察處置等使卒
贈太師太常博士賈緯議謚曰明居禮職式考儒經

德雖以百行相成謚乃取一善爲定公經邦緯俗積行累功宜立懋名用彰殊號按謚法事君盡節曰忠體和居中曰懿左傳曰公家之事知無不爲忠也春秋正義曰保已精粹立行純厚懿也公稱揚事任周旋盛明嘗險阻艱難秉溫良恭儉或宣風千里有負𧗓之民或布政百城致隨軒之雨道光群后功著歷朝凡士大夫歎開幕之芙蕖乂謝無賢不肖感成蹊之桃李空存煥彼[illegible]琳豐諸碑版今被實錄非讓古人事君既有忠規爲臣足以御衆復彰懿行從政倘爲前代所高斯謚爲當今請謚曰忠懿從之

錢元瓘爲天下兵馬都元帥吳越國王天福八年所司議謚曰莊穆王奉勅改謚曰文穆王

漢高從誨爲荊南節度使南平王乾祐二年卒勅宜令太常定謚故事臣下請謚即故吏陳行狀上考功覆奏下乃議謚今降勅新例也

周劉詞爲永興軍節度使薨贈中書令謚曰忠惠詞發身軍校亟歷戎事嘗以忠勇自負洎領藩鎮能靖恭爲理無苛政及民謚曰忠惠議者韙之

希旨

夫禮者所以定親疏決嫌疑別同異明是非也故三代而下濬哲之主曷嘗不講求文質稽考遺墜著爲大法垂之方來者乎然而大臣矢謨攸司奏議當執折衷之論用成經久之規乃有回邪其心險詖其行以揣摩爲已任以附麗爲身謀忘典冊之格言縱詭隨之聽說卒使舊章斯亂大政攸斁聿興相鼠之刺終起白圭之詠貽誚千古守官者得不鑒之哉

夏父弗忌魯大夫也文公三年有事於太廟躋僖公逆祀也僖是閔兄不得爲父子嘗爲臣位應在下令居閔上故舊曰逆祀於是弗忌爲宗伯宗伯掌宗廟昭穆之禮尊僖公且明見曰吾見新鬼大故鬼小新鬼僖公既爲兄死時年又長故鬼閔公死年少弗忌明言其見先大後小

順也躋聖賢明也人以僖公爲聖賢明順理也君子以爲失禮無不順祀國之大事也而逆之可謂禮乎雖齊聖不先父食久矣齊肅也臣繼君猶子繼父故禹不先鯀湯不先契鯀禹父契湯十三世祖文武不先不窋不窋后稷子宋祖帝乙鄭祖厲王猶上祖也帝乙微子父厲王桓公父二國不以帝乙厲王不肖而猶尚之是以魯頌曰春秋匪解享祀不忒皇皇后帝皇祖后稷忒差也皇皇美也后帝天也云頌僖公郊祭上天配以后稷君子曰禮謂其后稷親而先帝也先稱帝也詩曰問我諸姑遂及伯姊衞女思歸而不得故思致問於姑姊君子曰禮謂其姊親而先姑也僖親文公父夏父弗忌欲阿時君先其所親故傳以此二詩深責其意

漢霍光爲大將軍昭帝初光緣武帝雅意以李夫人
配食（緣國也雅意素舊之意）追上尊后曰孝武皇后
晉段暢爲博士太尉賈充薨下禮官議充謚博士秦
秀議謚曰荒武帝不納暢希旨建議謚曰武帝乃從
之
宋徐爰爲將作大匠便僻善柔能得人主微旨頗涉
書傳尤悉朝儀文帝元嘉初便入侍左右預兹顧問
既長於附會又飾以典文故爲帝所任遇大明世委
寄尤重朝廷大禮儀非爰議不行雖復當時碩學所
解過人者既不敢立異議所言亦不見用孝武殷淑

儀卒既追進貴妃謚曰宣又諷有司創立新廟爰之
議宜貴妃既加殊命禮絶五宮考之古典顯有成據
梁劉勰爲南康王記室兼東宮通事舍人時七廟饗
薦已用蔬菓而二郊農社猶用犧牲勰乃表言二郊
宜與七廟同改詔付尚書議依勰所陳遷步兵校尉
兼舍人如故
唐許敬宗爲太子賓客高宗永徽初議者以貞觀禮
未盡節長孫無忌與杜正倫李義府及敬宗等重加
緝定至顯慶三年奏上之時敬宗義府用事其所損
益多涉希旨行用已後學者紛議以爲不及貞觀
祝欽明爲國子祭酒中宗景龍三年十一月將南郊
欽明希旨上言皇后亦當助祭遂建議曰謹按周禮
天神曰祀地祇曰祭宗廟曰享大宗伯職曰祀大神
祭大祇享大鬼理其大禮若王有故則攝而薦徹豆
籩又追師職掌王后之首服以待祭祀又内司服職
掌王后之六服凡祭祀供后之衣服又九嬪大祭祀
后祼獻則贊贊瑶爵亦如之據此諸文即知皇后合
助皇帝祀天神祭地祇明矣故鄭玄注司服云闕狄
皇后助王祭群小祀之服然則小祀尚助王祭中大
推理可知闕狄之上猶有兩服第一禕衣第二揄狄

第三闕狄此三狄皆助祭之服闕狄既助祭小祀即
知揄狄助祭中祀禕衣助祭大祀鄭舉一隅故不委
說唯祭宗廟周禮王有兩服先王袞冕先公鷩冕鄭
玄因此以后助祭宗廟亦分兩服云禕衣助祭先王
揄狄助祭先公不言助祭天地社稷自宜三隅而返
又春秋外傳云禘郊之事天子親射其牛王后親舂
其粢故代婦職但云詔皇后之禮事不言主宗廟也
若事主祭廟者則内宗外宗職皆言掌宗廟祭祀此
皆禮文分明不合疑惑舊說以天子父天母地兄日
姊月所以祀天於南郊祭地於北郊朝日於東門之

外夕月於西門之外以昭事神訓人事君必躬親以禮之有故然後使攝此其義也又禮記祭統曰夫婦親之所以備內外之官也官備則具備又哀公問孔子曰冕而親迎不亦重乎孔子愀然作色而對曰合二姓之好以繼先聖之後以爲天地宗廟社稷之主君何謂已重焉又漢書郊祀志云天地合祭先祖配天先妣配地天地合精夫婦合判祭天南郊則以配一體之誼也據此諸文則知皇后合助祭儀注同進帝意頗以爲疑召禮官親問焉太常博士唐紹蔣欽緒對曰皇后南郊助祭於禮不合帝問曰據何禮文

不合欽緒對曰欽明所奏執是祭宗廟禮非祭天地禮又鄭玄王后六服最上禕衣從祭先王無祭天地之服欽明又進對曰此實鄭玄大錯誤不可依也帝命宰臣等取兩家狀對定奏聞欽緒遂議曰周禮凡言祀祭享三者皆祭之雅名本無定議何以明之案周禮典瑞職云兩珪有邸以祀地則祭地亦稱祀也又司几筵設祀先王之祚席則祭宗廟亦稱祀也又內宗職云掌宗廟之祭祀此又非獨天地稱祭祀也又按禮記云惟聖爲能享帝此則祀天亦稱享也又按孝經云春秋祭祀以時思之卽宗廟亦言祭祀也

經典此文不可備數據此則欽明所執天曰祀地曰祭宗廟曰享未得爲定明矣又周禮凡言大祭祀者祭天地宗廟之摠名非獨天地之爲大祭也何以明之按爵人職云大祭祀與量人受舉斝之卒爵按尸與斝皆宗廟之事則宗廟亦稱大祭祀又欽明狀引九嬪職凡大祭祀后祼獻則贊瑤爵據祭天無祼獻亦無瑤爵此宗廟稱大祭祀之明文欽明所言大祭祀卽爲祭天地未得爲定明矣又周禮大宗伯職云凡大祭祀王后有故不與則攝而薦豆籩徹欽明唯執此文以爲王后有祭天地之禮欽緒等據此文乃

是王后薦宗廟之禮非祭天地之事何以明之按此文凡祀大神祭大祇享大鬼師執事而卜日宿視滌濯涖玉鬯省牲鑊奉玉齍制大號理其大禮詔相王之大禮若王不與祭祀則攝位此皆宗廟之事故通言大神大祇之祭也下文云凡大祭祀王后不與則攝而薦豆籩徹此一凡直是王后祭宗廟之事故惟言大祭祀也若云王后合助祭天不應重起凡大祭祀之文也爲嫌王后有祭天地之疑故重起後凡以別之耳王祭宗廟自是大祭祀何故上凡相天王之禮以混下凡王后祭宗廟之文此是本經科段明白

又按周禮外宗掌宗廟之祭祀佐王后薦玉豆凢后獻亦如之王后有故不與則宗伯攝而薦豆籩徹外宗贊之内宗外宗所掌皆佐王后宗廟之薦本無祭天地之禮但天地尚質宗廟尚文玉豆宗廟器物非祭天所設請問欽明若王后助祭天地在周禮使何人贊佐若宗伯攝后薦豆祭天又令何人贊佐並請明徵禮文郎知攝薦是宗廟之禮明矣按周禮司服云王祀昊天上帝則服大裘而冕享先王則衮冕内司服掌王后祭服無王后祭天地之服案三禮義宗明王后六服謂褘衣揄翟闕翟鞠衣展衣禒衣也褘

衣從王祭先王則服之揄翟祀先公及享諸侯則服之鞠衣以采桑則服之展衣以禮見王及見賓客則服之禒衣燕居則服之王后無助祭於天地之服但自先王已下及三禮義宗明王夫人之服云后不助祭天地五嶽故無助祭天地四望之服按此則王后無祭天地之服明矣又三禮義宗明王后五輅謂重翟厭翟安車翟車輦車也重翟者后從王祭先王所乘也厭翟者后從王享諸侯所乘也安車者后宫中見於王所乘也翟車者后親桑之所乘也輦車者后遊宴之所乘也按此則王后無祭天之車明矣禮記郊特牲義贊云祭天地無祼鄭玄注云唯人道宗廟有祼天地大神至尊不祼圜丘之祭與宗廟祫同朝踐王爵泛齊以獻是一獻按此后無祭天之事大宗伯次酌醴齊以獻是二獻按此則祭圜丘大宗伯次王爲獻非攝王后之事欽明等所執王后有故不預則宗伯攝薦豆籩是攝王后宗廟之薦非攝天地之祀明矣欽明建議引禮記祭統曰夫祭也者必夫婦親之按此是王與后祭宗廟之禮非關祀天之義按漢魏晋宋後魏周陳隋等歷代史皇后無助祭之事又高祖神堯皇帝太宗文武聖皇帝南郊祀天無皇

后祭處高宗天皇大帝永徽二年十一月辛酉親有事於南郊又總章元年十二月丁卯親拜南郊亦無皇后助祭之禮又按大唐禮亦無皇后南郊助祭之禮欽緒等幸忝禮官親承聖問竭盡聞見不敢依隨伏以主上稽古志遵舊典所議助祭實無明文若以王者制禮自我作古在明主聖斷非臣下敢言國子司業褚無量又議曰夫郊祀者明王之盛事國家之大禮行其禮者不可以臆斷不可以情求皆上順天心下符人事欽若稽古率繇舊章然後可以交神明可以膺福祐然禮文雖衆莫如周禮周禮者周公致

太平之書先聖極縣裒之典法天地而敷教化辨方土而教人倫其義可以幽贊神明其文可以經緯邦國備物致用其可忽乎至如冬祀圜丘祭中最大皇后內主禮位甚尊若今郊天助祭當具著禮典今遍簡周官無此儀制蓋緐祭天南郊不以地配唯將始祖爲主不以祖妣配天故唯皇帝親得行其禮皇后不合預也謹按大宗伯職云若王祭祀則攝位注云王有故代行其祭事下文凡大祭祀王后不與則攝其薦豆籩徹若皇后合助祭承此下節當云后若不與祭祀則攝其薦豆籩於文上更起凡明是別生餘

事矣是則上異則別起凡凡者生上起下之名不專繫於本職周禮一部之內此例極多備在文中不可具錄又王后助祭親薦豆籩而不親徹按九嬪云凡祭祀贊后薦徹豆籩皇后進之而不徹者爲宗廟祭則宗伯親徹不別使人又按外宗掌宗廟之祭祀王后不與則贊宗伯此之一文與上文相證何以明之按外宗唯掌宗廟祭不掌郊天足明此文是宗廟祭也又按王后行事總在內職中簡其職文唯云大祭祀后祼獻則贊瑤爵亦如之鄭注謂祭宗廟也注所以知者以文云祼獻祭祀無祼以得知又祭天之器

則用陶匏亦無瑤爵注以此知是宗廟也又內司服掌王后六服無祭天之服而巾車職掌王之五輅亦無后祭天之輅祭天七獻無后亞獻以此諸文參之故知后之不合助祭天也唯漢書郊祀志則有天地合祭皇后預享之事此則西漢末代彊臣擅朝悖亂彝倫黷神諂祭不經之典事涉誣神故易傳曰誣神者殃及三代泰誓曰正稽古立功事可以永年天之大律斯史策之良戒豈可不知今南郊禮儀事不稽古悉守經術不敢緘默請詢碩儒俯考典臺之故事行圜丘之正義使聖朝叶昭曠之途天下知文物之

盛豈不幸甚時定儀注官尚書左僕射韋巨源又希皇后旨叶同欽明之議奏言皇后合助祭請依欽明議爲定帝納其言竟以皇后爲亞獻大臣李嶠等女爲齋娘執籩豆焉欽明又以安樂公主獨任權勢欲請公主爲終獻遂引南郊儀注謁者引終獻以爲女相唐紹及蔣欽緒與之固爭欽明止遂以尚書左僕射韋巨源爲終獻

王璵少習禮學博求祠祭儀注以干時開元末爲太常博士侍御史充祠祭使璵專以祀事希倖其祭祀之制或焚紙錢禳祈福祐近於巫者以是稍承恩遇

肅宗即位累遷太常卿亦以祀事見寵

謬妄

夫學不足以待問智不足以體遠罔識損益之理靡達弛張之訓亦何足以識乎禮經之制作矣中代而下去聖逾遠師資出於淺近討論乖於通儒以致忝掌厥事或非其人草創之初罔克稽古違失經旨貽儒先之誚紛錯儀範著史氏之譏斯亦出於獨見因其失傳寖以成非罔之能正其或乘其繆誤慫乎封執黷祭遠禮徇情失度垂之後世良可惡哉

漢武帝元鼎中令諸儒習射牛草封禪儀數年至且行而群儒既以不能辨明封禪事又拘於詩書古文而不敢騁帝爲封祠器視群儒視讀曰示群儒或曰不與古同徐偃又曰太常諸生行禮不如魯善徐偃傳士姓名周霸屬圖封事屬音之欲切會也會諸儒圖封事也周霸人姓名於是帝黜偃霸而盡罷諸儒弗用

魏文帝黃初二年正月乙亥祀朝日於東門之外違禮二分之義禮春分祀朝日於東秋分祀夕月於西今正月非其時也

明帝景初元年六月有司奏武皇帝撥亂反正爲太祖樂用武始之舞文皇帝應天受命爲高祖用咸熙之舞帝創作興治爲烈祖樂用章武之舞三祖之廟萬世不毀其餘四廟親盡迭毀如周后稷文武廟祧之制孫盛曰夫謚以表行廟以存容皆於既沒然後著焉所以原始要終以示百世也未有當年遂制祀宗未終而預自尊顯昔華樂以厚葬致譏周人以豫凶違禮魏之群司於是乎失正

蜀後主景耀六年詔爲丞相諸葛亮立廟於沔陽先是亮初亡所在各求爲立廟朝議以禮秩不聽百姓遂因時節私祭之於道陌上言者或以爲可聽立廟於成都者後主不從步兵校尉習隆中書郎向充等共上表以爲因宜近墓立之於沔陽聽親屬以時祀祭凡其臣故吏欲奉祀者皆限至廟斷其私祀以崇正禮於是始從之何承天曰周禮凡有功者祭於大烝故後代尊之以元勳配享充等曾不是正後主又從之並非禮也

晉元帝大興元年立南郊於巳地非禮所謂就陽位之義也南出道狹未議開闢遂於東南巳地創立丘壇

四年四月始有司奏應報賽宗廟山川詔曰所廟云賽非奉尊下辭吾意有疑以爲舊山川有許報故兩賽非大事不應告廟臣子無要君之道黷祭稱賽於禮有違

成帝咸康二年臨軒遣使兼太保領軍將軍諸葛恢兼太尉護軍將軍孔愉六禮備物拜皇后杜氏即日入宮帝御太極殿群臣畢賀非禮也禮娶婦之家三日不舉樂而群

臣賀爲失禮

宋孝武末公除後晉安王子勛侍讀博士諮將作大匠徐爰宜習業與不爰荅曰居喪禮習業何嫌少始安王子真傅士又諮爰曰小功廢業三年喪何容讀書其專斷乖謬皆此類

明帝時廷尉虞和議社稷合爲一神散騎常侍王琨按舊糾駁時和深被親寵朝廷歎琨強正

唐德宗貞元九年十二月葬故太師李晟帝御南望春門臨送之又令中人宣詔於柩車文武常叅官哭拜於路太常卿裴郁草儀誤引令中書隔品致敬之

文乃請宰相及二品以上者哭而不拜送葬不拜禮官失也

穆宗元和十五年正月即位六月勅宗廟之禮嚴肅居先薦告之詞精審爲切方將昇附安可九室皆同既已祧遷豈宜四昭咸在宗正少卿李子鴻實司祀事誤進祝文罪有根源理難降減宜停見任博士既失於詳定御史又曠其監臨若不薄懲恐乖至敬王彥威宜罰兩月俸料削一階崔郾宜罰一季俸削兩階其後禮合變文事宜中節者太常博士不得更稱舊制致有差殊故事將有祔禮先告於太極殿然後奉神主赴太廟侍中於廟庭跪奏八室日以今吉辰某皇帝神主祔謁遂奉神主詣第七室祔饗而不再告饗畢祔於第九室設安神之幕而揖之然則告於太極殿不再告於太廟以孫祔於祖尊不得申也是時憲宗神主升祔宰臣不詳舊典今有司再告祔禮於太極殿禮官執議不聽適屬宗正寺進祝板誤以憲宗尊號爲睿宗御史士職當省察不知其誤宰臣秉怒之遂下詔削罰而變其舊禮時甚非之

長慶元年正月辛丑郊祀禮畢太赦天下宣赦畢宰臣率百寮稱賀於樓前伏退帝朝太后於興慶宮先

是南郊禮畢不設御榻帝立受群臣稱賀及御樓使退百僚復不賀於興慶宮舉大典而有二闕皆有司之過也

文宗太和五年六月貶權知太常博士權安爲河南府兵曹叅軍安任險以朋附得官好持論而無依據以博士定故宰相韋處厚謚議逞私憾誣枉不實朝論雜然非之故有是命

後唐明宗天成四年五月中書奏先據太常寺定少帝謚昭宣光烈孝皇帝廟號景宗伏以本朝基構香三百年昭宗以中否東遷少帝以沉寃寞駕始封侯

於僞室新立廟於聖朝追奕世之尊雪當時之耻先
皇帝勍定中原之後昭宗少帝靠合一時入廟而司
不舉遂成闕禮旣睽昭穆難會蒸嘗太廟有合食之
儀外邑無登歌之奏生曾爲帝享乃承祧旣號景宗
合入太廟如不入廟難以言宗須叶徽章免貽群議
於理而論祧以遠廟安少帝神主於太廟卽昭穆序
而宗祀正今或且居别廟卽欲不言景宗只云昭宣
光烈孝皇帝兼册文内有基字是玄宗廟諱尋嘗泛
行節勑皆不迴避少帝是繼世之孫册文内不欲斥
列聖之諱今改基爲宗字勑皆可之論者以爲追尊

之廟謚不稱宗於禮得矣至如云生曾爲帝享乃承
祧卽子孫纘嗣以宗祧爲本明矣下文後云祧一遠
廟安少帝於太廟則祧之一字義有兩說乎時人多
謂祧字爲祧去之祧禮則不然按祭法云遠廟爲祧
有二祧鄭玄解祧者超也謂超然上去之意孔穎達
正義云遠廟爲祧五世而遷之主藏於祧廟去祧爲
壇去壇爲墠所謂遠廟者卽始祖之廟也五世之後
合遷之例以其有德百世不遷故謂之二祧文王武
王是也高祖太宗是也祧與遷異義在此矣又云册
文中有基字是玄宗廟諱夫先王制禮貴在折中君
子有終身之憂三年之喪豈盡其情哉賢者俯而及
之欲重其制也五世不諱所謂報之極也按風俗通
陳孔璋議諱云尊尊有節親親有殺喪祭哀敬各有
攸終欲令言著而可遵事施而不犯禮云卒哭之後
宰執木鐸徇於宫曰舍故而諱新故者卽毁廟之主
也恩遠屬絶名不可諱今昭宣皇帝上去玄宗十五
世矣奏改册文以避遠諱將以垂法信不典也如或
上無所斷下無所齊卽百代之主皆可避也舍故諱
新寧虚語乎名不正則至於人爲無所措手足制禮
作法可不慎歟

周世宗顯德元年十月太常禮院上言去冬遷宗社
於浚都其諸祠郊壇奉勑依四京制度修築伏緣司
寒神元在兩京後園水井所祠祭未審且在彼祭爲
復於此勑曰據月令孟冬祭司寒於北郊其司寒一
祠一且准月令施行藏氷開氷祭司寒之神事屬别
祭後有氷室尚取指揮時田敏以鴻儒爲太常卿朝
廷之内禮義差失謂可質正而司寒小祀不能按故
實舉行翻以水井爲請中書止引月令命正之大爲
士子所笑

册府元龜